Geschichte der Sexualwissenschaft

Volkmar Sigusch

Geschichte der Sexualwissenschaft

Mit 210 Abbildungen und einem Beitrag von Günter Grau

Campus Verlag
Frankfurt/New York

Bibliografische Information der Deutschen Nationalbibliothek:
Die Deutsche Nationalbibliothek verzeichnet diese Publikation in der
Deutschen Nationalbibliografie. Detaillierte bibliografische Daten
sind im Internet unter http://dnb.d-nb.de abrufbar.
ISBN 978-3-593-38575-4

Das Werk einschließlich aller seiner Teile ist urheberrechtlich geschützt.
Jede Verwertung ist ohne Zustimmung des Verlags unzulässig. Das gilt
insbesondere für Vervielfältigungen, Übersetzungen, Mikroverfilmungen
und die Einspeicherung und Verarbeitung in elektronischen Systemen.
Copyright © 2008 Campus Verlag GmbH, Frankfurt/Main
Umschlaggestaltung: Guido Klütsch, Köln
Umschlagmotiv: Bruce Nauman, Seven Figures © VG Bild-Kunst, Bonn 2007
Satz: Fotosatz L. Huhn, Linsengericht
Druck und Bindung: Druckhaus »Thomas Müntzer«, Bad Langensalza
Gedruckt auf säurefreiem und chlorfrei gebleichtem Papier.
Printed in Germany

Besuchen Sie uns im Internet: www.campus.de

Für
Martin Dannecker
und
Gunter Schmidt

Inhalt

150 Jahre Sexualwissenschaft 11
Einleitung und Danksagung

A. Die Anfänge der Sexualwissenschaft

1   Voraussetzungen der neuen Disziplin 27

2   Pioniere und ihre Werke 52

3   Erste Organisationen und Periodika 81

4   Ein wollüstiges Jahrhundert, potente Frauen und die Liebe
    des Mannes zum Weib 121
    Paolo Mantegazza als Begründer einer namenlosen Wissenschaft

5   Die natürliche und gesunde Liebe des Mannes zum Mann 144
    Karl Heinrich Ulrichs als erster Schwuler und als Pionier
    der Geschlechterforschung

6   Vorletzte Kämpfe gegen die Onanie und das Problem
    der kranken Fantasie 166
    Heinrich Kaan und die erste *Psychopathia sexualis*

7   Perversionen oder die Psychiatrisierung sexueller Vorlieben 175
    Richard von Krafft-Ebing zwischen Kaan und Freud

B. Von der Blüte bis zur Zerstörung durch die Nazis

8   Reine Wissenschaft oder soziale Bewegung
    Albert Moll, Magnus Hirschfeld und problematische Verhältnisse 197

9   Verachtete Weiber und verfolgte Urninge 234
    Albert Eulenburg über Lebensdrang und Lebensekel

10 Der Kampf gegen Geschlechtskrankheiten und Prostitution 247
    Alfred Blaschko als Menschenfreund

11 Neue Ethik, Mutterschutz und freie Liebe 254
    Helene Stöckers Kampf gegen Männermoral,
    Frauenunterdrückung und Krieg

12 Fantasie oder Verhalten 261
    Sigmund Freud und das Verhältnis von Psychoanalyse
    und Sexualwissenschaft

13 Reine Heterosexualität und reine Sexualwissenschaft 285
    Iwan Blochs Disziplinierungsversuche

14 Kontrazeption, Rassenhygiene und die Grenzen der
    sexuellen Liberalisierung 308
    Max Marcuse als Organisator einer neuen Wissenschaft

15 Das erste Institut für Sexualwissenschaft der Welt 345
    Aufklärung, Schutz und Begutachtung

16 Die Zerstörung des ersten Instituts für Sexualwissenschaft
    durch die Nazis 365
    Bericht eines Augenzeugen

17 Die Sexualwissenschaft, der Nationalsozialismus und die Eugenik . 371
    75 Jahre danach

C. Vom Wiederbeginn nach 1945 bis zur Jahrtausendwende

18 Der Neuanfang in der BRD 391
    Von Hans Giese bis zur Studentenbewegung

19 Kontinuität und Diskontinuität 415
    Die Deutsche Gesellschaft für Sexualforschung

20 Vom verspäteten Kinsey bis zum Einbruch von Aids 430
    Sexualforschung in den letzten Jahrzehnten des 20. Jahrhunderts

21 Einmaleins der Lust? 459
    Die Anfänge einer kritischen Sexualmedizin

22 Perversion als Straftat und die kochende Volksseele 478
    Die Anfänge einer verstehenden Sexualforensik

23 Sexualwissenschaft in der DDR – ein Resümee 487
    von Günter Grau

24 Kritische Sexualwissenschaft 510
    Eine Standortbestimmung am Ende des 20. Jahrhunderts

D. Anhang

Die Anfänge der Sexualwissenschaft
Eine Chronologie der Ereignisse 543

Pseudonyme 570

Weiterführende Literatur nach Sachgebieten 572

Literaturverzeichnis 590

Bildnachweis 688

Personenregister 689

Sachregister 711

150 Jahre Sexualwissenschaft

Einleitung und Danksagung

Immer wieder wird gesagt, die Sexualwissenschaft sei Ende des 19. Jahrhunderts von dem Nervenarzt Richard von Krafft-Ebing oder Anfang des 20. Jahrhunderts von dem Hautarzt Iwan Bloch begründet worden. Ich bin dagegen zu dem Schluss gekommen, dass die Sexualwissenschaft bereits vor 150 Jahren entstanden ist.

Am Beginn, zwischen 1850 und 1870, stellten zwei Gelehrte die Weichen in Richtung auf eine Wissenschaft von der Wonne und von der Liebe, die merkwürdigerweise trotz ihres umfangreichen Werkes bis heute nicht als Pioniere der Sexualwissenschaft gewürdigt worden sind: der katholische Norditaliener Paolo Mantegazza und der protestantische Norddeutsche Karl Heinrich Ulrichs.

Diese Pioniere der Pioniere könnten unterschiedlicher nicht sein. Mantegazza, Arzt, Anthropologe und Schriftsteller, liebte die Frauen, vor allem seine Mutter, wie sonst nichts auf der Welt, forschte in fremden Ländern, wurde Universitätsprofessor und starb hoch geehrt als Senator des Königreichs Italien. Ulrichs, Jurist, Latinist und Schriftsteller, liebte die Männer, vor allem junge Soldaten, heiß und innig, war überzeugt, eine weibliche Seele in einem männlichen Körper zu haben, kämpfte mit zahllosen Pamphleten gegen die Verachtung der mannmännlichen Liebe, könnte wegen seines Mutes als der erste Schwule der Weltgeschichte bezeichnet werden und starb nach Verfolgungen mutterseelenallein in den italienischen Abbruzzen.

Geburt der Sexualwissenschaft

Offenbar stärker als andere Zeitgenossen sind beide bereits durchdrungen vom Furor sexualis, das heißt von dem, was wir heute Sexualdiskurs nennen würden, allerdings noch nicht unter dem alles zusammenzwingenden Sammel- und Leitbegriff »Sexualität«. Bekanntlich kommt das Hauptwort »Sexualität« weder in der Bibel noch bei Homer noch bei Shakespeare vor. Das ist für die kritische Sexualwissenschaft nicht nebensächlich, sondern die Sache selbst. Und diese *Tat*sache ist: Vergesellschaftung von Venus Urania und Venus vulgivaga, von Minne, Wohllust und Wollust, von Geschlecht und Liebe. Die Transformation der zahllosen Wonnen, Empfindungen und Vorstellungen in eine einzige, scheinbar ebenso gott- wie naturgewollte Sexualform kann am leichtesten daran abgelesen werden, dass an die Stelle der zahllosen Wörter, die vor dem 19. Jahrhundert kursierten, ein einziges Wort trat, ein Kollektivsingular, der all die Vorgänger von Venus bis Nisus verschlang: »Sexualität«.

Mantegazza handelte noch von »Piacere« und »Amore« zwischen Männern und Frauen – wir sagen heute: von Lust und Liebe bei Heterosexuellen. Und die wissenschaftliche Disziplin, die in diesen Jahrzehnten entsteht, hieß bei ihm namenlos »diese Wissenschaft« oder »Wissenschaft vom Genusse«. Ulrichs handelte von einer »namenlosen Liebe« und den Geschlechtseigentümlichkeiten jener, die sie lebten – wir sagen heute: von Homosexualität, sexueller Präferenz und Geschlechtsidentität. Mantegazza experimentierte als Mediziner bereits im heutigen Sinn des Wortes. Er argumentierte physiologisch, anthropologisch, ethnologisch, hygienisch, empirisch und damit oft moderner als viele spätere Sexualforscher. Mit seinen zahllosen Büchern in vielen Sprachen und mit einzigartig hohen Auflagen erreichte er das lesende Publikum in Europa und darüber hinaus. Ulrichs argumentierte rechtsphilosophisch, ethisch, sittengeschichtlich, embryologisch, geschlechterwissenschaftlich und politisch und musste zwangsläufig überwiegend im Verborgenen wirken. Er klagte aber Freiheitsrechte für verfolgte und verpönte Geschlechts- und Sexualsubjekte in aller Welt so mutig und unbeirrt auch öffentlich ein, dass er heute als Vorkämpfer der Homosexuellen-Emanzipation verehrt wird. Bei Mantegazza sind die Frauen den Männern noch mit ihrer Liebes- und Lustpotenz überlegen und nicht alle Abweichungen von der Fortpflanzung zur krankhaften Perversion missraten, geht es sogar, anders als bei seinen Nachfolgern, um eine Kunst zu lieben und zu genießen. Gemeinsam ist beiden Kulturkritikern der Kampf gegen die herrschende Heuchelei in Sachen Liebe und Lüste sowie der Kampf für eine breite Aufklärung. Zugleich aber glaubten sie an die befreiende Wirkung der aufkommenden, angeblich rationalen Wissenschaften.

Wenn gesagt wird, Paolo Mantegazza oder Richard von Krafft-Ebing oder gar erst Alfred C. Kinsey hätte die Sexualwissenschaft begründet, dann muss eine solche Aussage natürlich relativiert werden. Denn eine einzelne Person kann keine Wissenschaft aus sich heraus gebären. Grenzte sich in der Vergangenheit eine Richtung vom Hauptstrom des wissenschaftlichen Denkens und Tuns erfolgreich als eigenständige Disziplin ab, war immer die Zeit dafür reif. Strukturell waren dann durch allgemein wirkende Imperative oder Diskurse die Weichen bereits gestellt, zahllose Vorläufer hatten dann bereits ganz ähnliche Ideen geäußert. Kraft ihres individuellen Könnens trieben einzelne Personen die Sache auf die Spitze oder dachten Ideen auf überzeugende Weise zusammen. Seitdem jenes Denken zur allgemeinen Struktur geworden ist, das wir heute wissenschaftlich nennen, kann aber jeder Pionier ersetzt werden. Leonardo da Vinci war noch eine singuläre Erscheinung. Aber schon ein James Watt war austauschbar. Denn die Dampfmaschine lag gewissermaßen in der Luft, das heißt im Gang der Wissens- und Industrialisierungsgesellschaft, sodass unzählige andere Wissenschaftler über kurz oder lang diesen Einfall gehabt oder diese Schlüsse gezogen hätten.

Ganz weit gefasst könnte die Ideengeschichte der neuen Disziplin bis in die griechische Antike zurückverfolgt werden, wird beispielsweise an die Geschlechtermythologie in Platons *Symposion* gedacht, nach der die ursprünglichen, mit beiden Geschlechtsorganen ausgestatteten Kugelmenschen von den Göttern zur Strafe in zwei Hälften, eine weibliche und eine männliche, geteilt worden sind, sodass sie sich auf Dauer nacheinander sehnen und zu verschmelzen wünschen. Ansonsten aber handelten die Alten nicht von »unseren« Begierden und Lüsten, sondern von ihrer Gesundheit, für die sie eine Diätetik zu entwerfen suchten.

Nicht ganz so weit zurückgehend, aber immer noch weit gefasst, begönne die Geschichte der Erotologie und der Sexuologie in den drei bis fünf Jahrzehnten vor und nach 1800, weil zu dieser Zeit die allgemeinen Voraussetzungen für derartige Disziplinen entstanden sind, wie wir im Kapitel 1 hören werden. Im emphatisch aufklärerischen Sinn aber und als ein Abgegrenztes, also eng gefasst, ist die Sexuologie nach meiner Auffassung erst in den drei bis fünf Jahrzehnten vor und nach 1900 entstanden, also etwa zwischen 1850 und 1930. In dieser Zeit, die drei bis vier Forschergenerationen umfasst, mausert sich die neue Betrachtungsweise zu einer Disziplin mit eigener Theoriebildung, mit Standard- und Sammelwerken, Zeitschriften, Fachgesellschaften, Fachkongressen, einem Spezialinstitut außerhalb der Universität und, wenngleich nur nominell, einem innerhalb der Universität (vgl. Kap. 3) sowie programmatischen Erklärungen und öffentlichen Interventionen. Sozialpolitisch wird die neue Disziplin zunehmend als eine Notwendigkeit angesehen: Die »sexuelle Frage« ist jetzt gesamtkulturell gestellt.

Davon handelt dieses Buch, nicht von den ganz andersartigen Anschauungen und Regulierungen der klassischen griechischen Antike oder der mittelalterlichen Moraltheologie oder der abweichenden protestantischen Theologie oder der Säftelehremedizin, wobei deren Überlegungen vielleicht eingeflossen sind in die scheinbar so neuen und anstößigen Theorien der modernen Sexualwissenschaft.

Wilhelm von Humboldts Entwurf

In der unmittelbaren Vorlaufphase der neuen Disziplin, um 1800 herum, sticht ein modern im Sinn von rational und weitsichtig wirkender Entwurf von Wilhelm von Humboldt aus dem Jahr 1827 oder 1828 hervor (vgl. Kap. 13). Dieser Entwurf, betitelt *Geschichte der Abhängigkeit im Menschengeschlechte* (s. Dokument), geht auf Pläne aus den 1790er Jahren zurück. So hat Humboldt (1794, 1795) in Schillers *Horen* über den Geschlechtsunterschied und über die Geschlechtsformen geschrieben und eine Geschichte der »Hurerei« geplant, an die Karoline von Wolzogen in einem undatierten Brief an Karoline von Humboldt erinnert, der wahrscheinlich um 1799 geschrieben worden ist.

Da die Natur als Ganzes in Humboldts Weltbild »unveränderlich« ist, »findet sie in der gegenseitigen Eigenthümlichkeit beider Geschlechter eine mächtige Stütze. Indess sie aus dem einen Rastlosigkeit schöpft, verbürgt ihr das andre die Stätigkeit«. Auf diese Weise »gelang es der Natur, widersprechende Eigenschaften zu verbinden, und das Endliche dem Unendlichen zu nähern. Denn überall droht [...] Untergang. Darum beseelte die Natur ihre Söhne mit Kraft, Feuer und Lebhaftigkeit, und hauchte ihren Töchtern Haltung, Wärme und Innigkeit ein. [...] Dieser erhabenen Bestimmung genügen sie aber nur dann, wenn sich ihre Wirksamkeit gegenseitig umschlingt, und die Neigung, welche das eine dem andren sehnsuchtsvoll nähert, ist die Liebe« (Humboldt 1794/1980: 293 ff). Und wie »in der Menschheit sich die Naturnothwendigkeit mit der Freiheit gattet«, so ist »die

Geschichte der Abhängigkeit im Menschengeschlechte

Einleitung.

I. Geschichte des weiblichen Geschlechts.
1. Philosophische Erörterung. Grundsätze. Allgemeine Gesetzgebung.
2. Körperlicher Zustand.
3. Anzug.
4. Geistiger Zustand.
5. Ehe.
6. Lediger Zustand.
7. Verwittweter Zustand.
8. Geschichtliche Ereignisse.

II. Geschichte des Zeugungstriebes.
1. Philosophische Erörterung. Grundsätze. Allgemeine Gesetzgebung.
2. Beschaffenheit überhaupt.
3. Umgang beider Geschlechter mit einander.
4. Umgang jedes Geschlechtes mit sich.
5. Umgang mit Thieren.
6. Umgang mit sich.
7. Geschichtliche Ereignisse.
8. Hetaeren.

III. Geschichte der Dienstbarkeit.
1. Philosophische Erörterung. Grundsätze. Allgemeine Gesetzgebung.
2. Arten der Dienstbarkeit.
3. Zustand.
4. Arbeiten.
5. Züchtigungen.
6. Geschichtliche Ereignisse.

IV. Geschichte der Abhängigkeit in männlicher Freiheit
1. Arbeit.
2. Leiden.
3. Geschichtliche Ereignisse.

Schlussbetrachtungen.

Wilhelm von Humboldts Entwurf einer Geschichte der Geschlechter und des Triebes aus dem Jahr 1827 oder 1828 (nach Gesammelte Schriften, hg. von der Königlich Preussischen Akademie der Wissenschaften, Band 7, 2. Hälfte: Paralipomena, S. 653–655. Berlin: Behr 1908 [Nachdruck Berlin: de Gruyter 1968]) schöne Bestimmung« des weiblichen Geschlechts, den »Mann, der durch seine Thätigkeit leicht aus sich selbst herausgerissen wird, wieder in sich zurückzuführen; was sein Verstand trennt, durch das Gefühl zu verbinden, [...] und die höchste Vernunfteinheit, nach der er strebt, ihm in der Sinnlichkeit darzustellen« (Humboldt 1795/1980: 315, 335).

Von der *Onania* und der *Psychopathia sexualis* zur Sexualwissenschaft

Humboldt hat seine Geschichte nicht geschrieben. Stattdessen hatte sich, wie wir hören werden, so etwas wie eine antiwissenschaftliche »Onanologie« der Theologen, Pädagogen und Mediziner entfaltet, die nach und nach von einer Sexualpsychopathologie abgelöst worden ist, die für sich auch nicht in Anspruch nehmen konnte, eine aufklärerische und emanzipative Sexualwissenschaft zu sein. Sie war vielmehr ein Untergebiet eines Untergebiets, nämlich ein Teil der Psychopathologie, die wiederum ein Teil der weitgehend unaufgeklärten Psychiatrie war und ist.

Um von Sexualwissenschaft im emphatischen Sinn sprechen und entsprechend handeln zu können, muss nicht nur ein anatomisch-physiologisches Basiswissen über Aufbau und Funktion des Geschlechts- und Sexualkörpers vorhanden sein, sodass die Trennung der Sphäre der Sexualität von der Sphäre der Fortpflanzung zumindest vorübergehend als theoretisch sinnvoll erscheint und praktisch möglich wird. Es muss auch eine Seelentheorie entworfen werden, die das Sexuelle gewissermaßen entpsychopathologisiert. Und tatsächlich werden die sexuellen Äußerungen von den Vertretern der sich konstituierenden Sexualwissenschaft einschließlich Psychoanalyse – zu nennen sind hier vor allem Albert Moll, Havelock Ellis, Sigmund Freud und Helene Stöcker – nicht mehr vorrangig als Sünden, Straftaten und Krankheiten angesehen und behandelt, sondern zunehmend als ein *gesundes menschliches Vermögen sui generis* bezeichnet und propagiert, als ein einzigartiges Vermögen, das menschliche Nähe, Erregung, Ruhe, Lust, Sicherheit und Befriedigung zu spenden vermag.

Das neue Fach musste aber nicht nur zur psychiatrischen Sexualpsychopathologie auf Distanz gehen, die durch Richard von Krafft-Ebings enormes deskriptives Engagement und vor allem durch den riesigen Erfolg seines Hauptwerkes *Psychopathia sexualis* beim so genannten Laienpublikum direkt und indirekt bestimmte, was Sexualforschung zu tun habe. Um eine eigenständige Disziplin werden zu können, musste die Medizin insgesamt zurückgedrängt werden, namentlich jene Fachvertreter, die danach gierten, das Sexuelle zu zerstückeln und in Form diverser Störungen und Krankheiten ihrem oft noch um allgemeine Anerkennung ringenden Gebiet einzuverleiben. Dabei handelte es sich einerseits um Fächer, die wie Gynäkologie, Urologie, Venerologie und später Andrologie durch ihre Zuständigkeit für die Genitalien gewissermaßen einen privilegierten Zugang zu dem neuen Forschungsfeld hatten, andererseits um Fächer, die sich diesen Zugang erst durch mehr oder weniger gewagte oder auch überaus interessante und Erfolg versprechende ätiologisch-therapeutische Konstruktionen ergattern wollten wie die Chirurgie und die Endokrinologie oder heutzutage Biochemie und Pharmakologie.

Gleichzeitig waren die Vertreter des neuen Gebietes sehr bemüht, nicht die Verbindung zu der leitenden Wissenschaft zu verlieren, von der die Medizin bis heute wider besseres Wissen behauptet, sie stünde ihr besonders nahe. Ich meine die Biologie im weitesten Sinn, die spätestens seit Darwin diskursiv den Ton angab, eine Wissenschaft, mit der Entdeckungen und Erfindungen zusammenhingen, die das Leben der Menschen veränderten, wie zum Beispiel der erfolgreiche Kampf gegen die verheerenden Geschlechtskrankheiten der Zeit, namentlich die Syphilis. Es ist also nicht verwunderlich, wenn praktisch alle Sexualwissenschaftler gewissermaßen unwillkürlich der Biologie ihre Reverenz erwiesen, auch die, die erklärtermaßen über die Medizin hinaus wollten wie Paolo Mantegazza und Iwan Bloch, die sich der Anthropologie und der Ethnologie zuwandten, oder wie Freud, der Begründer der Psychoanalyse, den Frank J. Sulloway nicht von ungefähr einen »Biologen der Seele« genannt hat.

Die sexuelle Frage

Der Übergang von der Sexualpsychopathologie zur Sexualwissenschaft im emphatischen Sinn, das Zurückdrängen einer als krankhaft angesehenen zugunsten einer als normal und gesund angesehenen sexuellen Lust, das In-den-Vordergrund-Treten massenhafter Probleme wie unfreie Liebe, Nichtwissen, Wohnungsnot, Prostitution, Empfängnisverhütung, Abtreibung, Geschlechtskrankheiten usw. – all das wurde nur möglich, weil inzwischen die sexuelle Frage *als ein Teil der sozialen Frage* allgemein aufgeworfen worden war (s. dazu auch Kap. 24). Für breite soziale Schichten wurden die Bedingungen eines Geschlechts- und Sexuallebens materiell und ideell thematisiert, das zugleich frei, liebeszentriert, lustvoll und zunehmend auch antisexistisch und geschlechtergerecht sein sollte.

Für die um Reformen ringenden Sexualforscherinnen und Sexualforscher standen auf dem Höhepunkt der Entwicklung des Faches in der Weimarer Republik folgende Fragen und Probleme im Zentrum ihrer Bemühungen:

– Geburtenregelung
– Schutz lediger Mütter und unehelicher Kinder
– Befreiung der Ehe von kirchlicher und staatlicher Bevormundung
– Eugenische »Verbesserung« der Nachkommen
– Toleranz gegenüber homosexuellen Männern und Frauen
– Verhinderung der Prostitution
– Prävention der Geschlechtskrankheiten
– Umwidmung sexueller »Triebstörungen« von Sünden oder Verbrechen in Krankheiten
– Liberalisierung des Sexualstrafrechts
– Sexualaufklärung und -erziehung der Heranwachsenden
– Gleichberechtigung der Frau
– Freie Liebe

Die individuelle Geschlechtsliebe

Wie die Sexualform, die wir haben, ist die sexuelle Frage unterm Strich eine Frucht des Kapitalismus. Beide konnten nur heranreifen und abfallen, weil die Not der Menschen nicht mehr überwiegend Hungersnot war und gleichzeitig alle menschlichen Vermögen und Kräfte isoliert und als solche fetischisierend vergesellschaftet wurden. Auch die »Frauenfrage« konnte historisch erst auf die gesellschaftliche Tagesordnung gesetzt werden, als es in Alteuropa und Neuamerika endlich um mehr ging als ums nackte Überleben im tagtäglichen Kampf gegen Hunger, Krankheiten und äußere Gewalt. Für August Bebel, die proletarische und die sozialistische Frauenbewegung gehörten folglich die soziale Frage und die Frauenfrage zusammen.

Kein Wunder also, dass die sexuelle Frage immer ein Teil der sozialen Frage war. Auch heute meint sie sehr viel mehr als die staatliche Billigung des Abbruchs einer Schwangerschaft oder sexuelle Entladungen in einem Sex-Kino. Vor einhundert Jahren fiel die sexuelle Frage mit der Frage nach Lebenssinn und Lebensglück zusammen. Das war nur möglich, weil sich in den Jahrzehnten um 1900 die erste »sexuelle Revolution« ereignete. Heute, nach weiteren »sexuellen Revolutionen«, projizieren die Gesellschaftsmitglieder nicht mehr ausschließlich oder vorrangig ihre Wünsche nach Glück und Rausch in die sexuelle Sphäre. Noch immer aber wird jenseits der praktischen Fragen, die die Empfängnis- und Zeugungsverhütung, die Wohnverhältnisse oder den Kampf gegen Aids betreffen, an der Idee der freien, gleichen, individuellen Geschlechtsliebe als Kern der sexuellen Frage festgehalten. Diesen neuen sittlichen Maßstab hat die Bourgeoisie in die Welt gesetzt: Liebe als ein Menschenrecht beider, des Mannes *und* der Frau, Liebe als freie Übereinkunft autonomer Individuen, die Gegenliebe beim geliebten Menschen voraussetzt, Liebesverhältnisse als Gewissensverhältnisse von Dauer wie von Intensität. An dieser Idee wird bis heute festgehalten, weil die Liebe in unserer Warenwelt eine einzigartige Kostbarkeit ist, die weder produziert noch gekauft werden kann.

Gespannter Bogen

Fassen wir bis hierher zusammen. Es dauerte etwa einhundert Jahre nach der historischen Geburt der »Sexualität« als allgemeiner Form, bis sich die Scientia sexualis im emphatischen Sinn entfaltete. Von einer Sexualwissenschaft im ungeschmälerten Sinn kann erst gesprochen werden, wenn das Theoretisieren eines als Einheit Gedachten dazu führt, dass dieses Gedachte nicht nur als Mittel der Fortpflanzung, als Laster, Verbrechen oder Krankheit, nicht nur als männlich oder männlich-homosexuell erscheint, und wenn die Vertreter der neuen Disziplin begriffen haben, dass der Gegenstand ihres Interesses vom Gesellschaftlich-Kulturellen nicht nur »überlagert«, sondern durchdrungen wird bis in die letzte Krypte. Es dauerte etwa einhundert Jahre, bis aus dem erkenntnistheoretischen Problem »Mensch katexochen« das Seitenproblem »Sexualität des Menschen katexochen« hervorging, und zwar in dem Sinn, dass es nicht nur um die Festlegung des Körpergeschlechts oder das Erforschen der Reproduktionsvorgänge oder das Klassifizieren als krankhaft angesehener sexueller Auffälligkeiten ging, also nicht nur um morphologische und medizinische Gesichtspunkte, sondern darum, wie die gesunde Sexualität beschaffen sei bei neuartig ethnologisch-psychologisch-soziologischer Betrachtung und welche Reformen notwendig wären, soll die gerade, aber auch die ungerade Sexualität möglichst frei lebbar sein.

In vielen Kapiteln dieses Buches wird auf weitere Aspekte der Sexualwissenschaft eingegangen. So kann dem Kapitel über die Pioniere entnommen werden, wie vielfältig die theoretischen Ansätze, Vernetzungen mit anderen Disziplinen und praktischen Konsequenzen der einzelnen Sexualforscher oder der einzelnen Richtungen innerhalb der Sexualwissenschaft waren. Es ergibt sich bei der Lektüre dieses Kapitels auch, dass zwar nicht die Pioniere der Pioniere, also Mantegazza und Ulrichs, sehr wohl aber die meisten Sexualforscher, die wir heute noch kennen, aus einer jüdischen Familie stammten, ohne sich jedoch als religiös zu bezeichnen. Gleichwohl wirft diese Tatsache die Frage auf, ob die Sexualwissenschaft eine »jüdische Wissenschaft« sei. Christina von Braun hat darauf eine komplexe Antwort gegeben, die nachzulesen sich lohnt. Wir werden darauf zurückkommen.

Dem Kapitel über die Periodika, Organisationen und Institute kann entnommen werden, dass die Etablierung der Sexualwissenschaft als eigenständige Disziplin in den Gründungsjahren nur außeruniversitär gelang. In dem Kapitel, in dem das Verhältnis von Moll und Hirschfeld im Zentrum steht, wird ausführlich auf den Konflikt eingegangen, der sich daraus ergab, dass die einen Sexualforscher ihre Profession als »reine« Wissenschaft ansahen, während die anderen sich als Teil einer größeren sozialen und politischen »Bewegung« verstanden, Partei ergriffen und Sexualreformen verlangten.

Im Kapitel 24 schließlich wird nach den historisch-theoretischen Prämissen und Aporien der Sexualwissenschaft gefragt, aber auch nach den individuell-subjektiven und politischen Voraussetzungen und Grenzen. Der wissenschaftliche Status der Sexuologie wird ebenso problematisiert wie deren Praxis. Kritische Sexualwissenschaft wird als eine Subjektwissenschaft vorgestellt, die, durch Freud'sche Psychoanalyse und Kritische Theorie hindurchgegangen, zu affirmativer oder bloß fortschrittlicher Sexuologie auf Distanz geht.

Eine Chronologie der Ereignisse, die für die Konstitution einer Scientia sexualis von Belang sind, kann dem Anhang entnommen werden. Diese enthält auch Hinweise auf Personen und Werke, die im fortlaufenden Text nicht berücksichtigt werden konnten.

Zur Geschichte des Buches

Die Erkenntnis, dass Mantegazza und Ulrichs am Beginn einer Sexualwissenschaft im emphatischen Sinn stehen, hat sich uns erst im Laufe der Forschungsjahre ergeben. Als Bernd Meyenburg und ich auf Wunsch von Hugo G. Beigel, dem in Wien geborenen Chef des *Journal of Sex Research*, 1977 zum ersten Mal in den USA über europäische Sexualforschung schrieben, war weder von Ulrichs noch von Mantegazza die Rede. Und als zehn Jahre später Barbara Zeh und ich auf der 20. Jahrestagung der *International Academy of Sex Research* über »Sex research in Germany before and after the Nazi era« sprachen, war wenigstens schon von Ulrichs die Rede.

Aus persönlichen und unpersönlichen Gründen braucht historische Forschung sehr viel Zeit. So beginnt die Geschichte dieses Buches vor mehr als dreißig Jahren, als das Institut für Sexualwissenschaft der Universität Frankfurt am Main gegründet wurde. Wir, das waren damals vor allem Agnes Katzenbach und ich, beschlossen, eine möglichst komplette Bibliothek der alten sexuologischen Werke aufzubauen und Nachlässe aus dem Land getriebener oder von den Nazis ermordeter Sexualforscher jüdischer Herkunft zu suchen.

Durch die großzügige finanzielle Unterstützung der von Jan Philipp Reemtsma eingerichteten Hamburger Stiftung zur Förderung von Wissenschaft und Kunst waren wir in der Lage, ohne zeitliche und sonstige Behinderungen durch Verwaltungen zu handeln. So konnten wir zum Beispiel teure Stücke auf Auktionen kaufen, Konvolute von privaten Sammlern übernehmen, Spezialarbeiten bezahlen und vor allem Nachlässe jüdischer Gelehrter, die wir in Israel und in den USA gefunden hatten, sicher nach Deutschland bringen. Da uns die Nachkommen der Verfolgten die Stücke aus dem Nachlass mit der Erwartung übergeben haben, dass das Lebenswerk ihres Vorfahren angemessen gewürdigt wird, bin ich sehr froh, endlich dieses Buch trotz widriger Umstände so vorlegen zu können, wie ich es mir immer gewünscht und den Nachkommen indirekt auch versprochen habe.

Ihren Höhepunkt hatte die Sexualwissenschaft in den zwei Jahrzehnten vor der Nazizeit erreicht. Die Nazis trieben alle jüdischen Forscher und Forscherinnen aus dem Land, von Max Marcuse und Magnus Hirschfeld bis zu Sigmund Freud. Keine und keiner kehrte nach Hitlers Untergang nach Deutschland oder Österreich zurück. Vielen politisch links stehenden Gelehrten erging es nicht anders, wenn sie nicht im so genannten Dritten Reich, obgleich so genannte Arier, ermordet wurden. Nie wird sich die deutschsprachige Sexualforschung von diesem Vernichtungsschlag ganz erholen können.

Havelock Ellis, der bis heute bedeutendste englische Sexualwissenschaftler, schrieb 1912 (S. 159 ff), die sexuologischen Pioniere seien immer Deutsche gewesen. So kommt es auch, dass in diesem Buch die deutschsprachige Sexualforschung überwiegt. Es gibt aber außerdem den Grund, dass die Entwicklung von Sexualwissenschaft und der mit ihr vernetzten Eugenik in den deutschsprachigen Ländern prototypisch ist für die Entwicklung in den anderen westlichen Regionen, sofern dort überhaupt eine Sexuologie existierte. Prototypisch, weil die jeweiligen Extreme, einerseits kreativ und kritisch, andererseits affirmativ und stoffgläubig zu sein, in keiner anderen Region so ausgeprägt zu beobachten sind, auch nicht in den USA, in denen es weder die wissenschaftlichen eugenologischen Exzesse vor 1945 gegeben hat noch nach 1968 eine Jahrzehnte anhaltende gesellschaftskritische Reflexion innerhalb der Sexualwissenschaft.

Trotzdem entstand nach dem Zweiten Weltkrieg der Eindruck, Sexualforschung sei eine Errungenschaft der US-Amerikaner in Gestalt von Alfred C. Kinsey. Die Nazis hatten es geschafft, selbst die Erinnerung an die Weltgeltung der deutschjüdischen Sexualforscher auszulöschen. Und die westdeutsche Sexualwissenschaft, die in den 1950er Jahren von Hans Giese aufgebaut wurde, brauchte aus Gründen der Verstrickung, Zerstörung, Ignoranz und Scham drei Jahrzehnte, um sich endlich ihrer Vergangenheit zu besinnen.

Grenzen der Geschichtsschreibung

Eine objektive Geschichtsschreibung gibt es nicht. Immer werden die Ereignisse der Vergangenheit, angeblich unumstößliche Tatsachen, nach den wissenschaftlichen, kulturellen und ethischen, politischen und geschlechtsabhängigen Vorstellungen der Gegenwartsgesellschaft interpretiert, die sich in einer Person mehr oder weniger konzentriert und subjektiv drapiert niedergeschlagen haben. Das Vergangene wird von der Gegenwart produziert.

So kommt es beim Blick auf vergangene Ereignisse ununterbrochen zu Umwertungen und Missverständnissen. Beispielsweise, wenn sich ein moderner Kommentator des *Simplicissimus*, der in der zweiten Hälfte des 17. Jahrhunderts erschienen ist, nicht erklären kann, warum der Verfasser dieses großartigen Werkes ständig seinen Namen änderte, also offenbar auch auf persönlich zugedachten Ruhm verzichtete. Der Kommentator übersieht dabei die Kleinigkeit: dass der Verfasser, heute überwiegend Grimmelshausen genannt, noch kein Individuum, kein Autor und kein Egoist im heutigen Sinn war und dass keine Medien- und Reklamegesellschaft existierte. So dauerte es noch Generationen, bis einem Verfasser eine stabile Individualität mit festem Eigennamen zugeschrieben werden konnte.

Oder ein anderes Beispiel. Ein Zeitgenosse meinte in einem Zeitungsessay, Thomas Hobbes lasse seine Analogisierung von Organismus und Staat in Gestalt des Leviathan an der Gürtellinie enden, schließe also die Genitalien und damit die Sexualität aus. Hier stoße wohl das Analogiemodell an seine logischen Grenzen, mehr noch: Sexualität lasse sich eben nur schwer in das statische Konzept eines wohlgeordneten Staates einpassen. Als diesen Vorstellungen vom Verhältnis von Polis und Eros diametral entgegengesetzt führt er dann Überlegungen des Marquis de Sade an, nach denen die Republik in ihrem wohlverstandenen Eigeninteresse viele Bordelle einrichten sollte, in denen die Lust Suchenden jeder Zeit von willigen Sklaven befriedigt werden. Der Witz der diametralen Differenz aber ist: Als Hobbes 1651 seinen *Leviathan* veröffentlichte, gab es, überspitzt gesagt, noch keine Sexualität in unserem Sinn. Als de Sade zur Feder griff, am Ende des 18. Jahrhunderts, wurden beide gesellschaftlich installiert: der Mensch als solcher und seine Sexualität als solche. Davon handelt dieses Buch im 1. Kapitel.

Ebenso gravierend ist: Alle Erzähler und Interpreten haben blinde Flecken, sehen vieles gar nicht, anderes dafür umso heller, je nach individueller Vorliebe und zeitgebundenem Interesse. Auch wenn manfrau diese Probleme reflektiert hat, wird es immer wieder zwangsläufig geschehen, dass historischen Personen Motive unterstellt werden, die sie gar nicht haben konnten, weil wir nun einmal von unseren eigenen Beweggründen nicht abstrahieren können, wenn wir denken und bewerten. Und weil das so ist, halte ich die vorliegende Geschichte der Sexualwissenschaft für eine der möglichen, angesichts der bisher publizierten und allzu fehlerhaften Bruchstücke allerdings für die erste, die diesen Namen überhaupt verdient.

Zurückgegriffen habe ich in diesem Buch selbstverständlich auf frühere, eigene Veröffentlichungen zu einigen Pionieren der Sexualwissenschaft, insbesondere in der von uns gegründeten, im Georg Thieme Verlag Stuttgart und New York erscheinenden *Zeitschrift für Sexualforschung*: 1992 zu Eberhard Schorsch, 1995 zu Albert Moll und Magnus Hirschfeld, 1999 zu Karl Heinrich Ulrichs, 2001 zur Geschichte der Deutschen Gesellschaft für Sexualforschung, 2002 zu Richard von Krafft-Ebing und 2003 zu Heinrich Kaan. Außerdem sind Passagen aus meinem zuletzt 2007 im selben Verlag erschienenen Buch *Sexuelle Störungen und ihre Behandlung* in das Kapitel über die Anfänge der Sexualmedizin eingegangen.

Eine Sorge ist, dass die Geschichte der Sexualwissenschaft mit der Geschichte der Sinne und der Sexualität verwechselt wird. Das wäre sehr problematisch. Denn die Sexualität als gesellschaftliche oder wissenschaftliche Form ist nicht leibhaftig sexuell. Wirklich sexuell ist kritischer Sexualwissenschaft, wie wir noch hören werden, Sexualität nur individuell. Eine Geschichte der Sexualität in diesem Sinn muss also ganz anders geschrieben werden. Aus jüngerer Zeit seien drei solche Geschichten erwähnt: die Studie *Kultur der Begierde* von Franz X. Eder (2002), die vom 17. bis zum ausgehenden 20. Jahrhundert reicht; das von Claudia Bruns und Tilmann Walter (2004) herausgegebene Sammelwerk *Von Lust und Schmerz*, das zwischen Bedürfnis, Diskurs und Erfahrung differenziert, sowie die von Dagmar Herzog (2005) unter dem Titel *Die Politisierung der Lust* veröffentlichte deutsche Geschichte, die von der Weimarer Republik über die Nazi-Zeit bis zum letzten Drittel des 20. Jahrhunderts reicht.

Eine andere Sorge ist, dass die Sexualwissenschaft von mir in diesem Buch streckenweise zu freundlich, ja unkritisch behandelt wird, weil ich nun einmal Partei bin, ob ich will oder nicht, und weil es in mehreren Kapiteln um Aufklärung im besten Sinn und um den Kampf der Sexualwissenschaftler für mehr Freiheitsrechte der Sexualsubjekte geht und nicht um diskursidiotische Versuche, das Sexuelle zu rationalisieren – zum Beispiel, wenn Magnus Hirschfeld (1908c) in einem programmatischen Aufsatz die Liebe als Reflexmechanismus im biologischen Sinn darstellt –, Versuche, die das Sexuelle zu beseitigen suchen, indem sie ihm die Dimensionen des Imaginären, Unverständlichen oder Unmessbaren wissenschaftlich absprechen. Jenen Leserinnen und Lesern, die diese Sorge teilen, sei Kapitel 24 ans Herz gelegt, in dem ich anzudeuten versuche, wie kritische Sexualwissenschaft in Distanz zu jener, die diskursaffirmativ oder nur fortschrittlich ist, die Dinge sieht. Denn die Sexualwissenschaft gab einerseits den entrechteten und unterdrückten Sexualsubjekten eine Stimme, andererseits aber raubte sie sie ihnen.

Danksagung

Es musste so viel Material aus 150 Jahren bewegt und allein aus Platzgründen auf so viele Personen und Gedanken verzichtet werden, dass sich auch nach Beendigung des Buches kein Gefühl der Erleichterung oder gar der Freude einstellen wollte. Umso dankbarer aber bin ich.

Zuallererst danke ich sehr herzlich Agnes Katzenbach, die mich 30 Jahre lang als Bibliothekarin und Dokumentaristin begleitet hat, sowie Jan Philipp Reemtsma und seiner *Hamburger Stiftung zur Förderung von Wissenschaft und Kunst*, die das Projekt finanziell großzügig gefördert haben.

Ebenso selbstlos war die Hilfe, die ich direkt oder indirekt aus dem nächsten fachlichen Umkreis von Sophinette Becker, Martin Dannecker, Folker Fichtel, Günter Grau, Bernd Meyenburg, Bärbel Kischlat-Schwalm, Reimut Reiche, Andrea Rübsamen, Gunter Schmidt und Gabriele Wilke erhielt.

Für Gespräche sehr verbunden bin ich den Verwandten bekannter Sexualforscher, die im jeweiligen Kapitel des Buches zitiert werden: der Enkelin Marion Josefine Georgine † und dem Urenkel Rainer Franz Constantin von Richard von Krafft-Ebing, dem Sohn Robert † von Iwan Bloch, dem Sohn Yohanan von Max Marcuse, der Tochter Eva von Wilhelm Reich und der Schwester Evemarie † von Hans Giese.

Unschätzbar ist die Übernahme von Nachlässen oder Teilnachlässen, die die erwähnten Verwandten oder andere Personen vermittelt haben. So erhielten wir Stücke aus den Nachlässen von Iwan Bloch, Hans Giese, Rudolf Klimmer, Richard von Krafft-Ebing, Karl Heinrich Ulrichs, Hans Vahle und Walter Zadek (mit Manuskripten oder Autografen von Hertha Riese, Max Dessoir, Paul Heyse, Karen Horney, Fritz Giese, Carl Müller-Braunschweig, Berndt Götz, Helenefriderike Stelzner, William Stern, Paul Plaut, Hermann Muckermann, Nelly Wolffheim, Rudolf Goldschmidt, Otmar von Verschuer u.v.a.), den gesamten Nachlass von Max Marcuse aus Tel Aviv, den Nachlass von Ernst Klimowsky aus Tel Aviv, den Nachlass von Hugo G. Beigel und Robert V. Sherwin aus New York (zusammen mit Manuskripten und Autografen von Anna Freud, Albert Ellis, Henry Guze, Alexander Lowen, John Money, Ira L. Reiss, Lea Schaefer, Christopher Tietze, William H. Masters, Virginia E. Johnson u.v.a. sowie den Gründungspapieren der *Society for the Scientific Study of Sex* und den Vorläuferpublikationen des *Journal of Sex Research*), den Nachlass von Heinz F. S. Liehr und Johannes Werres sowie die Original-Briefe von Jürgen Bartsch. Für die Vermittlung der Nachlässe danke ich Nathalie Alfaundre, Rainer Feucht, Carl Linde, Paul Moor, Yohanan und Michael Meroz, Dieter Schiefelbein sowie Hans-Jürgen Döpp, der mir außerdem gestattete, Bilder aus seiner einzigartigen Sammlung in diesem Buch abzudrucken.

Unschätzbar sind auch die Gespräche mit Forschern wie Harry Benjamin † aus New York, Ernst Klimowsky † aus Tel Aviv und Hans Lehfeldt † aus New York, die einige Pioniere wie Freud und Hirschfeld noch persönlich gekannt haben. Sehr verbunden bin ich Otto Winkelmann, der mich den Nachlass Albert Molls durchsehen ließ und mir viele Anregungen gab. Ebenso einmalig ist die Sammlung von

Michael Holy zur zweiten deutschen Homosexuellenbewegung, die wir mit Hilfe der Reemtsma-Stiftung übernehmen konnten.

Für bibliothekarische Auskünfte und Recherchen danke ich Liana Zhou, Head of the Library, The Kinsey Institute for Research in Sex, Gender and Reproduction, Indiana University, Bloomington, Indiana; OR Dr. Kurt Mühlberger, Leiter des Archivs der Universität Wien; Mag. O. M. Gugler, Universitätsbibliothek Wien; Doris Schneider, Österreichische Nationalbibliothek; Pfarrsekretärin Sigrid Kern, Pfarre St. Peter und Paul, Pfarramt Erdberg, Wien 3; Univ.-Doz. Dr. Ferdinand Opll, Direktor des Wiener Stadt- und Landesarchivs, und Senatsrat Univ.-Doz. Dr. Peter Csendes, Stellv. Direktor des Wiener Stadt- und Landesarchivs; Hans Grüters vom Freien Deutschen Hochstift in Frankfurt am Main; HR Dr. Michael Göbl, Österreichisches Staatsarchiv/Allgemeines Verwaltungsarchiv Wien; Hermann Staub, Börsenverein des Deutschen Buchhandels; Archiv des Springer-Verlages, Berlin, Heidelberg, New York; Institut für Geschichte der Medizin der Universität Wien; Ärztekammer für Salzburg; Ärztekammer für Tirol; Archiv der Stadt Innsbruck; Pfarre St. Othmar, Wien 3; Comune di Merano und Museo di Merano; Frau Petra Hesse vom Universitätsarchiv Leipzig; Frau Hunerlach vom Universitätsarchiv Heidelberg; Univ.-Doz. Mag. Dr. Alois Kernbauer vom Universitätsarchiv Graz; Dr. W. Schultze vom Archiv der Humboldt-Universität Berlin; Dr. Franziska Rogger vom Universitätsarchiv Bern; Prof. Dr. Urs Boschung vom Medizinhistorischen Institut der Universität Bern; Frau Dr. Nakath vom Brandenburgischen Landeshauptarchiv Potsdam; den Ltd. Medizinaldirektorinnen Dr. Peters und Dr. Leppek vom Stadtgesundheitsamt Frankfurt am Main; Dr. Rebentisch und Dr. Schneider vom Institut für Stadtgeschichte (Stadtarchiv) Frankfurt am Main; Herrn Losert vom Archiv der Albert-Ludwigs-Universität Freiburg im Breisgau; Dietmar Jazbinsek vom Wissenschaftszentrum Berlin für Sozialforschung; Margit Hartleb von der Thüringer Universitäts- und Landesbibliothek Jena (Universitätsarchiv) und Johannes Schellakowsky, M. A., von der Kommission für die Geschichte der Julius-Maximilians-Universität Würzburg (Historische Kommission).

Schließlich danke ich ohne Titeleien, aber herzlich Martin Arnert, Alexander Boroffka, Ralf Dose, Pierre Frevert, Philipp Gutmann, Margret Hauch, Hans Wolfram von Hentig, Rainer Herrn, Wilhelm Höpker †, Brunhild Kring, Constantin von Kuczkowski, Marlis Kuhlmann, Michael Laier, Armand Mergen †, Christian Müller-Glissmann, Rüdiger Lautmann, Elisabeth Müller-Luckmann, Richard Plant †, Wilfried Rasch †, Andreas Rieckert, Franz Schindler, Andreas Seeck, Wolfram Setz, Helmut Siefert, Michael Soeder, Marcus Wawerzonnek und Barbara Zeh, die mir im Verlauf vieler Jahre Quellenmaterial überlassen, Hinweise gegeben, bei Recherchen und Übersetzungen geholfen oder Kritik geäußert haben.

Der Sexualforscher und Medizinhistoriker Dr. Günter Grau, der die DDR vom Anfang bis zum Ende erlebt hat, war so liebenswürdig, für das vorliegende Buch das Kapitel über die sexuologische Entwicklung in diesem deutschen Land zu schreiben. Viel gelernt habe ich außerdem von den Autorinnen und Autoren eines »Personenlexikons der Sexualforschung«, das ich demnächst zusammen mit Günter Grau herausgeben werde.

Nicht zuletzt danke ich Adalbert Hepp, dem Verlagsleiter Wissenschaft im Campus Verlag, für das Vertrauen, das er mir immer wieder geschenkt hat, und seiner Nachfolgerin Dr. Judith Wilke-Primavesi für die oft schmerzhaften, aber immer überzeugenden Eingriffe, durch die das Buch in jeder Hinsicht gewonnen hat.

Frankfurt am Main, im November 2007 Volkmar Sigusch

A. Die Anfänge der Sexualwissenschaft

1 Voraussetzungen der neuen Disziplin

Bevor von Personen und ihren Werken ausführlicher die Rede sein soll, müssen die allgemeinen Bedingungen, die das Aufkommen einer neuen Wissenschaft ermöglichten, etwas genauer beschrieben werden. Vielleicht klingt es verrückt. Aber um eine Wissenschaft von der Sexualität entfalten zu können, muss es epistemologisch, das heißt in der Ordnung des Wissens, der so genannten Episteme, zunächst einmal drei abgegrenzte Dinge geben: den Menschen, die Wissenschaft und die Sexualität.

Die neue Ordnung des Wissens

Die allgemeinen Voraussetzungen einer Scientia sexualis, einer Sexual-Wissenschaft, die sich in den drei bis fünf Jahrzehnten um 1800 ergeben haben, sind demnach:

- Der Mensch als solcher ist auf eine neuartige Weise als selbstmächtiges Subjekt zum *erkenntnistheoretischen Problem* geworden.
- Die Wissenschaft hat den Durchschlagsgrad eines *Objektivs* erreicht und liefert einen neuen, generell verbindlichen Maßstab zur Untersuchung und Beurteilung des Geschlechts- und Liebeslebens, der die religiöse Weltsicht ablöst.
- Das bisherige Geschlechts- und Liebesleben ist als Problem von anderen menschlichen Vermögen und Aktivitäten abgegrenzt und überwiegend als Sexualität zur *gesellschaftlichen Form* geworden. Die Menschen sind jetzt nicht nur sexuiert (oder ganz modern gesagt: genderiert), das heißt als Geschlechtswesen eingeordnet, sondern auch sexualisiert und damit potenzielle Sexualsubjekte.

In den zwei bis drei Jahrzehnten vor und nach 1800 ereignete sich dem heutigen philosophischen Diskurs zufolge ein epistemologischer Bruch: Der *Mensch* als selbstmächtiges, organisierendes Subjekt trat ins Zentrum des Wissens. Vor dieser Schwellenzeit gab es kein erkenntnistheoretisches Bewusstsein vom Menschen als solchem, *katexochen*. Die vorausgegangene Episteme isolierte kein spezifisches und eigenes Gebiet »des« Menschen. Deshalb sagt Foucault (1966/dt. 1993: 373) lapidar: »Vor dem Ende des achtzehnten Jahrhunderts existierte der *Mensch* nicht«.

Erst jetzt traten *Objekt*bereiche und *Subjekt*vermögen ins Zentrum des Wissens, die uns epistemologisch noch vertraut sind, die aber wieder zurückzutreten scheinen: Arbeit und Arbeitskraft, Leben und Lebenskraft, Sexualität und Sexualtrieb, Sprache und Sprachvermögen. Der Begriff des Lebens wurde »für die Anordnung der natürlichen Wesen unerläßlich« (ebd., dt.: 282). Die fundamentale Opposition von Leben und Tod, von Lebendigem und Nichtlebendigem tauchte auf. Biologie konnte entstehen. Das Organische wurde zum Lebendigen, das produziert, indem es wächst und sich reproduziert. Das Anorganische wurde zum Nichtlebendigen, das unfruchtbar und bewegungslos mit dem Tod zusammenfällt. Im Fortgang wurden die als natural angesehenen Grenzen des Körpergeschlechts, der Fortpflanzung, der Keimbahn oder der Generationenfolge nach und nach überschritten.

Die Ordnung des Wissens, die buchstäblich bestimmte, was Sexualität wurde, bildete sich im Übergang zum 18. Jahrhundert heraus, als die Strahlkraft der religiösen und politischen Fetische drastisch abnahm. Könnte als Elementarform der neuen Gesellschaft, die Kapitalismus genannt werden wird, die Ware mit dem Generalobjektiv Tausch bezeichnet werden, trat damals nicht mehr übersehbar die Elementarform Wissen hinzu. Spätestens am Ende des 19. Jahrhunderts übertrumpfte die Elementarform Wissen mit ihrem Generalobjektiv Wissenschaft zunehmend alle Fetische, die von der kritischen Philosophie analysiert worden sind. Altmodisch gesprochen, wurde die Elementarform Wissen mit dem Objektiv Wissenschaft zum ideellen Gesamtfetisch, der all das verheißt, worauf die gesellschaftliche Ordnung hinauswill: immer tiefer, exakter und perfekter, immer schneller, machtvoller und besser zerlegen und neu zusammensetzen ohne Rücksicht auf Mensch, Moral und Natur.

Unter einem »Objektiv« verstehe ich eine gesellschaftliche Installation, in der sich materiell-diskursive Kulturtechniken, Symbole, Lebenspraktiken, Wirtschafts- und Wissensformen auf eine Weise vernetzen, die eine historisch neuartige Konstruktion von Wirklichkeit entstehen lässt. Da sich diese Installationen, einmal etabliert, aus sich selbst heraus generieren, imponieren sie in eher alltagssoziologischer Betrachtung als Sachzwänge, denen nichts Wirksames entgegengesetzt werden kann, und in eher alltagspsychologischer und ethisch-rechtlicher Betrachtung erscheinen sie als Normalität und Normativität, die einzig in der Lage sind, Ordnung, Ruhe und Sicherheit zu garantieren. Im Anschluss an Foucault (z.B. 1978: 119 ff) könnte eine allgemein installierte Strategie »Dispositiv« genannt werden. An die Theoriestelle des Diskurses oder »évènement discoursif«, das bereits transsubjektiv ist, tritt in seiner Genealogie und Analytik der Macht das »dispositif«. Darunter ist eine jeweils historisch spezifische Machtstrategie zur Integration von diskursiven (Aussageformationen) und nichtdiskursiven Praktiken (Inhaltsformationen institutioneller, ökonomischer, sozialer, politischer usw. Art) zu verstehen, eine Integration von Innen (das Gleiche) und Außen (das Andere, das Schweigen). Die konkrete Gestalt des Dispositivs wird nicht philosophisch, sondern sozialgeschichtlich bestimmt. Weil ich die hinter diesem Theorem stehende Philosophie der Macht, die den Faden der Kritik der Politischen Ökonomie abreißen lässt, nicht mittransportieren möchte, spreche ich jedoch lieber von »Objektiven« als von »Dispositiven«.

Das Sexualitätsobjektiv

Als allgemeines Objektiv existiert die Sexualität im abendländisch-nordamerikanischen Kulturkreis erst seit zwei- bis dreihundert Jahren. Die magisch-religiöse Weltsicht verblasste, die rational-wissenschaftliche Weltsicht wurde immer durchdringender, die waren- und wissenproduzierende Experimental- und Tauschgesellschaft entstand. Vordem Versprengtes wurde zur gesellschaftlichen Form zusammengezwungen und als solche, als *unsere* Sexualität, isoliert, problematisiert, dramatisiert, moralisch und ästhetisch ebenso erniedrigt wie erhöht (s. insbes. auch Kap. 24).

Bildlich und nachträglich gesprochen, wurde nach einer Vorbereitungsphase, die etwa ein Jahrtausend dauerte, im Haus des entstehenden bürgerlichen Subjekts, das zunehmend zum Selbst verkümmerte und als Selbst erblühte, das sich jetzt nach außen immer stärker abschirmte und transpersonal-transzendentale Relationen zugunsten personal-familiärer einfror oder aufgab – im Haus dieses Subjekts wurde ein neues Zimmer zwischen Keller und Dach abgetrennt und eingerichtet, jedenfalls erkenntnistheoretisch. Bei der Eröffnung hing an der Tür ein Schild mit der Aufschrift »Wollust/Liebe/Sexualität! Eintritt verboten!«. Darunter war bereits ein Gemälde angebracht, auf dem ein nacktes Weib mit prallen Brüsten und triefenden Lefzen seine weißen Schenkel ins Schwarze spreizte.

Michel Foucault
(Foto: Michèle Bancilhon)

Nur Ehemänner konnten den Eintritt offiziell verlangen und legal erzwingen, sofern sie beabsichtigten, Nachkommen zu zeugen. Die Normativität, die jetzt herrscht, und die Normalität, die jetzt entsteht, zwingen die vagabundierenden, namenlosen, noch nicht mit dem Subjekt identifizierend und identitätsbildend zusammenfallenden Lüste, die noch Wohl- und nicht Wollüste heißen, in ein Korsett, dessen Stäbe aus der noch gar nicht so genannten Heterosexualität, aus der Lizenz zur Ehe, dem Zeugungswillen, der Potenz des Mannes, der technisch-praktischen Genitalität sowie dem von den beteiligten Familien anerkannten Nutzen der Verbindung bestehen. War die Ehe zunächst nicht mehr als ein Tauschgeschäft, setzte sich nach und nach das durch, was wir heute gegenseitige Liebe, Individualisierung und Familiarisierung nennen. Noch bei Kant heißt es aber in der *Metaphysik der Sitten* (1797, I. Teil, § 24, S. 389 f) lapidar: »Geschlechtsgemeinschaft (commercium sexuale) ist der wechselseitige Gebrauch, den ein Mensch von eines anderen Geschlechtsorganen und Vermögen macht (usus membrorum et facultatum sexualium alterius) [...] die Ehe (matrimonium), d.i. die Verbindung zweier Personen verschiedenen Geschlechts zum lebenswierigen wechselseitigen Besitz ihrer Geschlechtseigenschaften.«

Nach und nach disponierte ein einzigartiger *Prozess der Zivilisation* (Elias 1939/1969) die Alteuropäer und Neuamerikaner für die neue Ordnung, für die erotisch aufgeladene Kleinfamilie mit dem Verbot von kindlicher Sexualbetätigung und Inzesten aller Art, für die Konzentration aller Triebe in der Liebe zwischen Mann und Frau mit dem Ziel der Fortpflanzung, für die vom Staat geregelte und kontrollierte Erziehung der Heranwachsenden und Militarisierung der jungen Männer, für nützliche, Gewinn abwerfende Rationalisierung möglichst vieler Lebensbereiche, für die medizinische Definition und Überwachung der revoltierenden Geister, abnormen Seelen, Lust spendenden und Kinder gebärenden Körper.

Während für die mittelalterliche Gesellschaft eine extreme Uneinheitlichkeit des Empfindens und Verhaltens charakteristisch war, werden die Bedürfnisse und Reaktionen der Menschen in der Neuzeit immer stärker vereinheitlicht, sodass das Liebes- und Sexualleben von der Kleidung bis zur Phänomenologie des Küssens zunehmend schematisiert wird. Erst in den letzten Jahrzehnten des 20. Jahrhunderts konnte bei uns eine Gegenbewegung beobachtet werden, die an alte Vielfältigkeiten erinnert, ohne den »Prozess der Zivilisation« rückgängig machen zu können (Sigusch 2005a).

Die Weichen in Richtung auf eine paradoxe, mehr oder weniger geschickt maskierte Lüsternheit, die bis heute bei älteren männlichen Gesellschaftsmitgliedern zu beobachten ist, wurden im 17., vor allem aber im 18. und 19. Jahrhundert gestellt. Physisch und damit greifbar wurde sie im Kampf von Theologen und Juristen und zunehmend Philosophen, Pädagogen und vor allem Ärzten um die Körper (und später Seelen) und deren Wonnen, Sensationen, Lüste und Fähigkeiten. Foucault (1977: 128) macht die Produktion der Sexualität als Dispositiv, als ein »großes Oberflächennetz«, auf dem sich Stimulierungen und Kontrollen und Widerstände »in einigen großen Wissens- und Machtstrategien miteinander verketten«, an der Hysterisierung des weiblichen Körpers, an der Pädagogisierung der kindlichen Sexualität, an der Sozialisierung des Fortpflanzungsverhaltens und an der Psychiatrisierung der perversen Lust fest, sodass vier Figuren geschichtlich hervortreten: die hysterische Frau, das masturbierende Kind, das familienplanende Paar und der perverse Erwachsene. Fraglos könnten weitere Figuren hinzugefügt werden: der Zwitter, die Nymphomanin, die Prostituierte, später das asexuelle Kind, die frigide Frau, das liebende Kind, das liebende Paar, der sexuell gewalttätige Mann, der sexuell abstinente Mann usw., und heute zum Beispiel die Drag Queen, der Gender Blender, die transsexuelle Frau, der oder die Bisexuelle, die Fake Sexerin, der abwesende Vater, die zuviel liebende Mutter, der Missbrauchstäter, die oder der in einer staatlich anerkannten Lebenspartnerschaft lebende Homosexuelle, die oder der Objektophile, die oder der erwachsene Asexuelle usw.

Als die Sexualform in der so genannten Moderne fabriziert wurde, erhielt sie ideologisch zwangsläufig eine patriarchale Struktur: in einer Männergesellschaft von Männern für Männer fantasiert. Philosophen und Wissenschaftler verwandten im 19. Jahrhundert viel Energie darauf, Frauen eine eigenständige Geschlechts- und Sexualform und damit eine eigenständige Sexualität abzusprechen, nachdem sie ihre Vorgänger nur als Sinnes- und Gemütswesen hatten sehen können. Da der Frau allgemein der Status eines vernunftbegabten und selbstmächtigen Subjekts vorenthalten wurde (de Beauvoir 1949), blieben als ideologische Fluchtpunkte nur die Schöpfungsordnung einerseits und die Naturzwecke der scheinbar Aufgeklärten andererseits. Das heißt, der »Geschlechtstrieb« der Frau war keine Angelegenheit von Individuen; er erfüllte den Gattungszweck der Fortpflanzung, ordnete sich der Schöpfung instinktiv und damit transindividuell ein. Das sexuell-aggressiv Triebhafte der Frauen wurde so lange und so erfolgreich gesellschaftlich dekonstruiert und wegkodiert, »verdrängt«, bis es schien, es wäre einer »organischen« Rückbildung erlegen. Alte Sexologen meinten folglich, den Frauen sei der Geschlechtstrieb

»wegerzogen« worden, und die Frigidität des Weibes wäre so allgemein, dass man sie gar nicht als krankhaft bezeichnen könne. Die »organische Verdrängung« des »Geschlechtssinnes« der Frau war jedenfalls stabiler als seelische Verdrängung und instabiler als somatische Rückbildung, wie die sexuellen Revolutionen des 20. Jahrhunderts gezeigt haben, durch die es zunächst zu einer Resexualisierung der Frau als Genus und anschließend zu einer Regenuierung der im modernen Sinn erstmals eigensinnigen weiblichen Sexualform gekommen ist.

Zweihundert Jahre zuvor hatte Hegel (1798: 268 f) bei allen Gesellschaftsmitgliedern »ein Seufzen nach einem reineren, freieren Zustande«, eine Sehnsucht nach besseren und gerechteren Zeiten beobachtet. Alles drängte nach Veränderung. Das Gegenwärtige erschien als instabiler Zeitgeist. Mentalitäten und Begriffe der Veränderung wie Bewegung, Krise, Entwicklung, Fortschritt, Revolution und Emanzipation entstanden. Einzelne Sexualsubjekte wie Karl Heinrich Ulrichs, der in der Mitte des 19. Jahrhunderts die erste moderne Theorie der noch nicht so genannten Homosexualität aufstellte, und Paolo Mantegazza, der die allgemeine Heuchelei anprangerte und allerlei Lanzen für die Wollust des Mannes und der Frau brach, drückten den Wunsch nach Veränderung aus und wollten ihn als mit Hilfe der immer mächtiger werdenden Wissenschaften im Sinn einer Aufklärung und Emanzipation erfüllen. Da aber der autonome Bürger, der schon im Prozess seines Entstehens zerfiel, »mit der Wirklichkeit«, wie Hegel (ebd.) sagte, »entzweit« blieb, nicht zuletzt weil er das weibliche Geschlecht zum Negativ des männlichen, zum Sexus sequior, das heißt zum zweiten Geschlecht degradierte, hielt das »Seufzen« an, verschwand die Not des Lebens nicht, verloren die Menschen das Gefühl des »Unbehagens in der Kultur« nicht, von dem Sigmund Freud später (1930) gesprochen hat. Und so schleppen sie sich seit mehr als einhundert Jahren von einer sexuellen Revolution zur nächsten und hoffen, dass das Leben beginnt.

Heutzutage, nach einem langen Prozess der Fabrikation einer allgemeinen Sexualform und der Disziplinierung der Triebliebe herrscht eine gigantische Paradoxie: Das, was gedrosselt oder beseitigt werden sollte, Eigenmächtigkeit und Selbstbefriedigung, bestimmt in einerseits autopoietischen, andererseits autodestruktiven Prozessen als Egoismus und Selfsex das Leben der Menschen in den reichen Ländern, real mit einer gewissen Autonomie und zugleich scheinbar, weil nun einmal Diskurse und Objektive die Dinge strukturieren und die Menschen bewegen. Generell geht es bei uns vorrangig um das manifeste und nicht um das spirituelle Befriedigen von Gier und Neugier – anders als in anderen Kulturen. Auch deshalb unterliegt der Bereich, den wir erst seit dem 19. Jahrhundert unter der Bezeichnung »Sexualität« isoliert und dramatisiert haben, einer ständigen Transformation. Ununterbrochen werden Wünsche produziert, die sich unverzüglich niederschlagen sollen. Ununterbrochen wird die scheinbare Einheit Sexualität zerlegt, um ihr neue Begierden zuschreiben, neues Wissen einpflanzen und neue Konsumationen abmarkten zu können.

Bis heute wird gestritten, ob der angedeutete Prozess der Herausbildung der Sexualität als Allgemeinform seiner Haupttendenz nach befreiende oder repressive Züge habe. Ich denke, Foucault (1976) hat, der *Dialektik der Aufklärung* von Horkheimer und Adorno (1947) unwillkürlich nahe kommend, beide Seiten dieses Prozesses am überzeugendsten bedacht, wobei er zu seiner Zeit, in der die so genannte Repressionshypothese im Zug der Studentenproteste ideologisch dominierte, die sexualitätsbejahenden Tendenzen antidiskursiv überbetonen musste. Tatsächlich aber liegen Repression und Emanzipation ineinander, kann von dem einen nur gesprochen werden, wenn das andere zumindest gedacht worden ist, weil die Tendenz zur Unterdrückung die Tendenz zur Befreiung logisch voraussetzt. Einerseits wurde vordem unauffälligen, »normalen«, »physiologischen« Vorgängen eine Bedeutung beigemessen und eine Wollust eingeblasen, die alte Raster sprengte, hat das aufdringlich permanente Reden über sexuelle Dinge, das Isolieren, Beobachten, Untersuchen, Protokollieren, Übertreten, Sündigen, Beichten, Gestehen, Systematisieren, Analysieren, Trainieren, Beraten, Behandeln, Kodifizieren usw., die Sexualität im Verlauf des 18., 19. und 20. Jahrhunderts groß gemacht, aufgeplustert, maßlos überschätzt, mit einer symbolischen und realen Bedeutung versehen und einer Mächtigkeit über die Menschen ausgestattet wie vergleichbar nur die Fetische Ware und Geld. Andererseits wurde alles Erotische, Erregende, Sexuelle beschwiegen und tabuisiert, verboten und bestraft, durfte nicht bei einem Namen gerufen werden. Diese Paradoxie, etwas zugleich hervorzuheben und zu verschweigen, zu dem anzustiften, was verpönt wird, das zu propagieren, was verschwinden soll, selbst zu veröffentlichen, was selbstindiziert ist, diese Paradoxie, die bis heute, nur sehr viel raffinierter, anhält, diese verbietende Erzeugung reizvoll repressiver Besessenheit, dieses Ineinander von tilgendem Verbot und produzierender Forderung garantierte der sexuellen Sphäre permanente Aufmerksamkeit und unstillbare Konflikthaftigkeit.

Die Anti-Masturbations-Kampagne

Um einen kleinen Eindruck von der Art und Weise und vor allem von der Wirkmächtigkeit eines Diskurses zu geben, der wesentlich an der Produktion der allgemeinen Sexualform beteiligt war, scheinen mir einige Bemerkungen zum Kampf gegen die kindliche Sexualität angebracht zu sein. Als dieser Kampf entbrannte, wurde bemerkenswerterweise von den Diskursteilnehmern so getan, als habe das alles mit Wonne/Lust/Amor (wir sagen heute: Sexualität) gar nichts zu tun – ein Beweis dafür, dass das Erotisch-Sexuelle zu dieser Zeit noch nicht zur gesellschaftlichen Form geworden war. Objektival, d.h. von den Objektiven her gesehen, ging es eher um so etwas wie Hand-an-sich-Legen, wobei die Ausdrücke Masturbation und Manustupration bereits auf die sich später herausstellende Doppelsinnigkeit des Prozesses hinweisen, denn *manu/stupratio* meint am ehesten »Schändung mit der Hand«, und *mas/turbatio* meint am ehesten »Erregung des Männlichen«.

Der Feldzug gegen die Masturbation (s. Tabelle), der sich bei uns bis in die sechziger Jahre des 20. Jahrhunderts hinzog, war auf seinem Höhepunkt eine auch heute noch rätselhafte, kaum nachzuempfindende massenhafte Treibjagd auf Kinder und Heranwachsende mit unendlichen Seelenqualen und brutalen Körperverstümmelungen bis hin zum Tod. Seit der Mitte des 19. Jahrhunderts wurden vermehrt nicht nur apparative Torturen gegen die unwillkürliche Erregung und willkürliche Reizung der Genitalien ersonnen, sondern auch, vor allem in England, operative Klitorisabtrennungen, Penisdurchstoßungen und Vorhautbeschneidungen durchgeführt. Im 6. Jahrhundert – das Zölibat war bereits eingeführt – taten sich nach der eher dezent austarierten Haltung in der Antike (z.B. Krenkel 1979) zunächst christliche Prediger hervor, ohne jedoch bei ihren Verdikten die Brutalität nachfolgender Aufklärer auch nur annähernd zu erreichen. In den Beicht- und Pönitenzbüchern wurde zunächst nur eine »Versuchung«, später eine kleine »Sünde« deklariert. Die vorgesehenen Strafen bei »Onaniterey« waren so milde wie zunächst die Heilungsversuche der Ärzte: Psalmensingen oder Kamille (Spitz 1952). Vernichtend ging es erst zu, nachdem sich der christliche Fundamentalismus puritanisch-pietistisch-calvinistischer Provenienz als Protestantismus etabliert und mit der bürgerlich-wissenschaftlichen Aufklärung auf einem technologischen Niveau mit Hilfe einer »Schwarzen Medizin« gepaart hatte, insbesondere in England, der Schweiz und verzögert in Deutschland: um den Geist der modernen Sexualität aus sich herauszupressen. Ein Resultat der Anti-Masturbations-Kampagne ist besonders einschneidend gewesen und bis heute besonders eindrucksvoll: Die Kindheit wurde so sehr diszipliniert, insbesondere entkörperlicht, und die Selbsterregung so sehr verteufelt, dass später Sexualwissenschaft und Psychoanalyse ohne Übertreibung sagen konnten, sie hätten die infantile Sexualität und den Autoerotismus entdeckt.

Der Kampf gegen die Masturbation vom 17. bis zum 19. Jahrhundert am Beispiel einiger theologischer, medizinischer, pädagogischer und philosophischer Traktate

1633   CAPEL, Richard: Tentations: Their nature, danger, cure usw. London (dt.: Geistreicher Tractat. Von Sündlichen Versuchungen worinne ihre Gefahr Natur und Cur gezeiget wird. Anitzo Zur Beförderung des wahren Christentums aus dem Engelländischen ins Hoch-Teutsche übersetzt. Aschersleben, Quedlinburg 1701)

1642   MENGERING, Arnold: Scrutinium conscientiae catecheticum usw. Altenburg

1688   VENETTE, Nicolai [unter dem Pseudonym Salionci]: [De la génération de l'homme, ou] Tableau de l'amour conjugal usw. Parme [i.e. Amsterdam] 1688 (dt.: Von Erzeugung der Menschen. Leipzig 1698)

um 1712   [ANONYMUS, früher vermutet ein gewisser BEKKERS, heute MARTEN, John:] Onania, or the heinous sin of self-pollution, and all its frightful consequences, in both sexes, considered. With spiritual and physical advice for those who have already injur'd themselves by this abominable practice. London (Titel nach Exemplar von 1716; dt. nach der 15. engl. Ausgabe: Onania, oder Die erschreckliche Sünde der Selbst-Befleckung, mit allen ihren entsetzlichen Folgen, so dieselbe bey beyderley Geschlecht nach sich zu ziehen pfleget; nebst geist- und leiblichem Rath vor alle diejenigen, welche sich durch diese abscheuliche Gewohnheit bereits Schaden zugefüget haben. Leipzig 1736)

1720	SCHURIG, Martin: Spermatologia historico-medica usw. Frankfurt/M.
um 1725	[PHILO-CASTITATIS:] »Onania« examined and detected usw. London
1727	ROBINSON, Nicholas: A new method of treating consumptions usw. London
1740	SARGANECK, Georg: Ueberzeugende und bewegliche Warnung vor allen Sünden der Unreinigkeit und Heimlicher Unzucht usw. Züllichau
1758	TISSOT, S[amuel] A[uguste] D[avid]: Tentamen de morbis ex manustupratione. Lausanne 1758 [Anhang zu: Dissertatio de febribus biliosis usw., 1755] (dt.: Versuch von denen Krankheiten, welche aus der Selbstbefleckung entstehen. Aus dem Lateinischen übersetzt. Frankfurt/M., Leipzig 1760)
1760	TISSOT, Samuel Auguste: L'onanisme, ou dissertation sur les maladies produites par la masturbation. Lausanne (dt.: Von der Onanie oder Abhandlung über die Krankheiten, die von der Selbstbefleckung herrühren. Wien 1782)
	[DUTOIT-MAMBRINI, Philippe:] De l'onanisme ou Discours philosophique et moral sur la luxure artificielle et sur tous les crimes relatifs. Lausanne
1762	ROUSSEAU, Jean-Jacques: Émile ou De l'éducation. 4 Bde. Amsterdam (dt. u.a.: Emil oder über die Erziehung. 4 Bde. Braunschweig 1789–1791)
1770	BASEDOW, Johann Bernhard: Das Methodenbuch für Väter und Mütter der Familien und Völker. Altona, Bremen
1772	ZIMMERMANN, Joseph: Briefe für Knaben von einer kleinen Sittenakademie. Solothurn
1779	ZIMMERMANN, Johann Georg: Warnung an Eltern, Erzieher und Kinderfreunde wegen der Selbstbefleckung, zumal bei ganz jungen Mädchen. In: Baldinger, E. G. (Hg.): Neues Magazin für Aerzte. Bd. 1, Stück 1. Leipzig
	CAMPE, Joachim Heinrich: Sittenbuechlein für Kinder, aus gesitteten Ständen. Frankfurt/M., Leipzig
1779–1788	FRANK, Johann Peter: System einer vollständigen medicinischen Policey [Polizey] usw. 4 Bde. Mannheim
1782	KERN, Johannes: Ueber die Liebe gegen das andere Geschlecht. Ein Lesebuch für Mädchen und Jünglinge. Winterthur
1783	PESTALOZZI, Johann Heinrich: Ueber Gesezgebung [sic] und Kindermord. Frankfurt/M., Leipzig
	CAMPE, Joachim Heinrich: Theophron usw. Hamburg
	ZOLLIKOFER, Georg Joachim: Abhandlung über die moralische Erziehung. Leipzig
1783–1788	SALZMANN, Christian Gotthilf: Carl von Carlsberg oder über das menschliche Elend. 6 Bde. Leipzig
1785	SALZMANN, Christian Gotthilf: Ueber die heimlichen Sünden der Jugend. Leipzig

	SALZMANN, Christian Gotthilf: Ists recht über die heimlichen Sünden der Jugend öffentlich zu schreiben? Schnepfenthal
1786	VOGEL, Samuel Gottlieb: Unterricht für Aeltern, Erzieher und Kinderaufseher. Wie das unglaubliche gemeine Laster der zerstörenden Selbstbefleckung am sichersten zu entdecken, zu verhüten und zu heilen. Stendal
1796	HUFELAND, Christoph Wilhelm: Makrobiotik oder die Kunst, das menschliche Leben zu verlängern. 5., verm. Aufl. Berlin 1823
1797/98	KANT, Immanuel: Von der wohllüstigen Selbstbefleckung. In: Die Methaphysik der Sitten
1844	KAAN, Heinrich: Psychopathia sexualis. Leipzig
1899	ROHLEDER, Hermann: Die Masturbation. Leipzig

Am Beginn des 18. Jahrhunderts trat ein bis heute ominöser, undurchschauter Anonymus hervor, den man zunächst für einen Engländer holländischer Abstammung namens Bekker oder Bekkers gehalten hat, heute jedoch eher für den Mediziner John Marten hält (Stolberg 2000). Er war offenbar schon aufs Geschäftemachen programmiert und verstand es, Druckschriften, die ebenso Angst wie einen pornografischen Kitzel hervorriefen, erfolgreich unter die Leute zu bringen (Laqueur 2003). Durch diesen moralisierenden Pamphletisten wurde die in jeder Hinsicht falsche, spätestens seit der Mitte des 17. Jahrhunderts verwandte Bezeichnung »Onanie« popularisiert, ein von Theologen erfundener Ausdruck, der den langen Titel seines Machwerkes anführt: *Onania, or the heinous sin of self-pollution, and all its frightful consequences, in both sexes, considered. With spiritual and physical advice for those who have already injur'd themselves by this abominable practice.* Falsch ist diese Bezeichnung, weil sie von dem biblischen Mann Onan

Titelseite des berühmten Pamphlets *Onania* eines Anonymus, hier als deutschsprachige Ausgabe von 1749

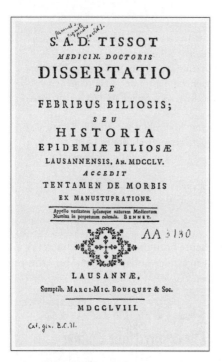

Titelseite der berühmten Schrift von S. A. D. Tissot gegen die Masturbation, hier als Erstveröffentlichung in lateinischer Sprache von 1758

abgeleitet ist, der sich weigerte, dem Gesetz der Leviratsehe zu gehorchen und der Witwe seines Bruders einen Sohn zu zeugen, indem er den Koitus unterbrach, seinen Samen auf die Erde spritzte und dafür von Gott getötet wurde (1. Buch Mose, Kap. 38: 1–10). Onan »onanierte« also nicht, er praktizierte das, was heute Coitus interruptus genannt wird.

Im Gegensatz zur *Onania*, die nach momentanem Forschungsstand zwischen 1708 und 1716 erschienen ist (von den ersten Auflagen gibt es offenbar keine Exemplare mehr), hatte die ein halbes Jahrhundert später verfasste Schrift des überaus einflussreichen Schweizer Medizinprofessors Samuel Auguste André David Tissot eine weichenstellende Wirkung. Sie erschien zunächst unbemerkt 1758 in lateinischer Sprache, um dann ab 1760 in mehreren europäischen Sprachen in zahllosen Ausgaben den Diskurs anzufeuern, an dem sich Gott und die Welt beteiligte.

Unter den Parolen Menschenfreundlichkeit, natürliche Offenheit und Reform, also nur das Beste wollend, schrieben nicht zuletzt philanthropinische Pädagogen wie Joachim Heinrich Campe und Christian Gotthilf Salzmann den Eltern vor, wie sie ihre Kinder rund um die Uhr zu belehren, zu beobachten und zu züchtigen hätten.

Noch wirkmächtiger als die Traktate der Pädagogen und Mediziner waren möglicherweise literarische Lebensbeichten und Erziehungstraktate. Von geradezu paradigmatischer Bedeutung sind *Émile ou De l'éducation* (1762) und *Les confessions* (1782) von Jean-Jacques Rousseau, an dessen Wirken die Paradoxien der Aufklärung besonders leicht zu erkennen sind: einerseits naturnah, gesellschaftskritisch und das Gefühlsleben befreiend, andererseits eine unnatürliche, verkrampfte, unfreie, antisoziale Moral predigend.

Während früher kaum eine substanzielle Arbeit über die Anti-Masturbations-Kampagne vorgelegt worden ist, wenn von René Spitz (1952) und Jos van Ussel (1970) einmal abgesehen wird, liegen heute mehrere interessante Abhandlungen vor (z. B. Stengers und van Neck 1984, Lütkehaus 1992, Dohr 1993, Wernz 1993, Bennett und Rosario 1995, Braun 1995, Richter 1996, Foucault 1999/2003, Stolberg 2000, Laqueur 2003). Auf sie kann hier lediglich verwiesen werden, weil in diesem Buch nicht die Geschichte der Sexualität, sondern die der Sexualwissenschaft erörtert wird. Einige weitere Bemerkungen zur Anti-Masturbations-Kampagne als Diskurs sind aber zum allgemeinen Verständnis unumgänglich, auch wenn es nicht im engeren Sinn um die Geburt der Wissenschaft vom Sexuellen geht.

Einer der berühmtesten Ärzte des 18. Jahrhunderts, Johann Georg Zimmermann, der die Onanie von Mädchen gefährlicher fand als die von Jungen, beschreibt in seinem Werk *Ueber die Einsamkeit* von 1785 besonders eindrücklich, wie ein Diskurs nicht nur abstrakt verheerend wirkt, sondern einen Menschen auch konkret und schlagartig niederstrecken kann. Er berichtet:

> »Ein junger Genueser von sehr guter Erziehung fragte mich wegen einer Nervenkrankheit um Rath [...]. Als ein junger Knabe ward er auf seiner Schule in Genua zu dem Fehler verleitet, der itzt auf Schulen so allgemein ist, vermuthlich es auch immer war, aber ohne daß sich die Aerzte vor Tissot sonderlich darum kümmerten. Lange wußte er nicht, daß das Unrecht sey [...], er verfiel dadurch lange nicht in keine Krankheit, und setzte deswegen sein Verbrechen immer fort. Nach Verlauf von drey und ein halb Jahren hörte er zufälliger Weise von einem Knaben in Genua, Onanie sey Sünde. Dieses Wort fuhr wie ein Blitz durch die schöne Seele. Von dieser Stunde an verfiel mein Kranker für anderthalb Jahre in eine erschreckliche religiöse Melankolie, sodann noch für mehr als vier Jahre in eine Art von gelinderer Melankolie, die aus kindischen Bedenklichkeiten bey den unbedeutendsten Dingen des Lebens bestand, und endlich in eine fürchterliche Nervenkrankheit. – Gegen seine religiöse Melankolie suchte er Hilfe durch sein Gebet. Aber dann fiel ihm immer dabey ein, für ihn sey Beten ein Verbrechen. Er glaubte Gott durch die allergleichgültigste Handlung zu beleidigen; zum Exempel, wenn er ausspuckte. [...] Tagelang wälzte er sich auf der Erde, unter beständigem und entsetzlichem Geschrey, so oft man ihn alleine ließ. [...] Er zweifelte an dem Daseyn von allem was er sah, von allem was vor ihm stand, von allem was er mit Händen griff. Der herzgute Mann sagte mir, es habe ihm zwischendurch doch oft geschienen, alle seine Bedenklichkeiten seyen nur Krankheit, und oft habe er selbst mit seinen Freunden darüber gelacht. Aber mit Schauder und Schrecken versicherte er mir auch, daß er zehn Mordthaten begangen hätte, wenn es möglich gewesen wäre, dadurch diese Krankheit los zu werden, die seine Imagination bey jeder allergleichgültigsten Handlung des Lebens befiehl. – Durch Studiren suchte er Hülfe; aber er konnte keine einzige Idee festhalten. Meine Seele, sagte er mir, entwischte mir immer, wenn ich sie am meisten bedurfte. Er hatte nicht so viel Denkkraft, um zu berechnen wie viel Geld man ihm zurückgeben müsse, wenn er eine Kleinigkeit mehr für eine Tasse Chocolade bezahlte als ihm gefordert ward; und wollte er diese Rechnung mit Gewalt machen, so bekam er auf der Stelle ein Erbrechen, oder eine Pollution. [...]« (Zimmermann 1785, Bd. 2: 177 ff, 180 f).

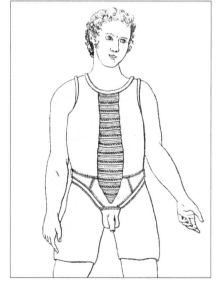

Korsett zur Verhinderung der Masturbation

Einige moderne Geschichtsschreiber haben diese Vorstellungen und Reaktionen als irgendwie verrückt und unseriös, jedenfalls als nicht nachvollziehbar bezeichnet. Das ist eine recht theorielose Sicht der Dinge, die die Materialität eines Diskurses im Sinne Foucaults unterschätzt, eine Theorielosigkeit, die sich nicht vorstellen kann, dass ein Diskurs, der keine Diskussion und kein Gerede ist, Leben vernichten und an dessen Stelle treten kann. Der in unseren Breiten grassierende Onanie-Fanatismus des 18. und 19. Jahrhunderts war so ver-rückt und unverständlich und zugleich selbstverständlich wie unser gegenwärtiger Warenfetischismus beim Blick von außen. Nur extrem wenige, auf eine einzigartige Weise unabhängige Personen wie Georg Christoph Lichtenberg konnten sich dem gleichschaltenden, alles Widersprechende wegschwemmenden Diskursstrom entgegenstemmen. Lichtenberg, dieser kleine große Denker, war nicht nur in der Lage, sein Onanieren, das er »Soulaschieren« nannte, allein oder mit anderen zu genießen (und in seinem bisher zur Schande der Deutschen nur auszugsweise veröffentlichten »Staats-Kalender« als »vehementissimo« oder »fürchterlich gut« gegen den Geist der Zeit festzuhalten); er durchschaute auch die Doppelbödigkeit des Anti-Masturbations-Diskurses, der durch seine permanenten, lauten und detaillierten Schilderungen faktisch das propagierte, was er angeblich zum Verschwinden bringen wollte. Aber, wie gesagt,

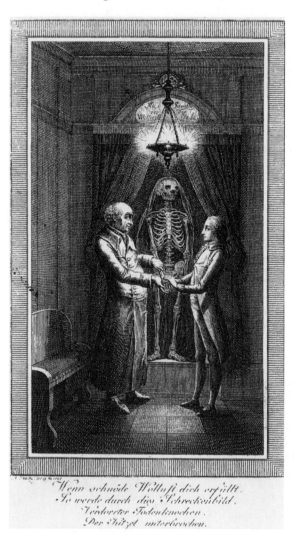

Ein »Schreckenbild« für den riskierten Sohn: »Wenn schnöde Wollust dich erfüllt, so werde [...] der Kitzel unterbrochen« (aus Anonymus [d.i. Gotthilf Sebastian Rötger]: Über Kinderunzucht und Selbstbefleckung, 1787)

Lichtenbergs Haltung war singulär. Beinahe alle anderen Denker und Moralisten der Zeit wurden vom Diskurs erfasst und plapperten mit. Selbst Immanuel Kant:

»*Unnatürlich* heißt eine Wohllust, wenn der Mensch dazu, nicht durch den wirklichen Gegenstand, sondern durch die Einbildung von demselben, also zweckwidrig, ihn sich selbst schaffend, gereizt wird. [...] Daß ein solcher naturwidriger Gebrauch (also Mißbrauch) seiner Geschlechtseigenschaft eine und zwar der Sittlichkeit im höchsten Grad widerstreitende Verletzung der Pflicht wider *sich selbst* sei, fällt jedem [...] so fort auf. [...] einer solchen ihn selbst unter das Vieh herabwürdigenden Behandlung seiner eigenen Person fähig zu sein [...]« (Kant 1797/1798: 557 f). Das Laster scheine der Gesinnung nach »selbst das des Selbstmordes noch zu übergehen«, mache den Menschen »zur genießbaren [...] Sache, d.i. zum *ekelhaften Gegenstand*« (ebd.: 558; alle Hervorhebungen von Kant). – »Nichts schwächet den Geist wie den Leib des Menschen mehr, als die Art der Wollust, die auf sich selbst gerichtet ist, und sie streitet ganz wider die Natur des Menschen.« Dem Jüngling müsse man, gewöhnlich vom 13. oder 14. Lebensjahr an, diese Art der Wollust »in ihrer ganzen Abscheulichkeit darstellen, ihm sagen, daß er sich dadurch für die Fortpflanzung des Geschlechtes unnütz mache, [...], daß er sich dadurch ein frühes Alter zuziehe, und sein Geist sehr dabei leide [...]. Der physische Effekt ist überaus schädlich, aber die Folgen, in Absicht der Moralität, sind noch weit übler. Man überschreitet hier die Grenzen der Natur.« Und dann klagt Kant das Errichten der »bürgerlichen Ordnung« mit ihren Pflichten ein und sagt nebenbei unumwunden, worum es eigentlich geht: »Genügsamkeit mit äußern Umständen, und Duldsamkeit in Arbeiten: Sustine et abstine«, das heißt: ertrage und sei enthaltsam. »Wenn man nicht bloß Vergnügungen verlangt, sondern auch geduldig im Arbeiten sein will, so wird man ein brauchbares Glied des gemeinen Wesens« (Kant 1803: 759 ff).

Die Materialität des Diskurses und die Vielfalt der Transformationen

Besonders eindrucksvoll ist immer wieder der Blick über mehrere Jahrhunderte hinweg. Junge Menschen der reichen westlichen Länder sehen heute die Selbstbefriedigung als hilfreich, angenehm und harmlos an, ja sogar als eine Sexualpraktik eigener Berechtigung und Bedeutung, die nicht aus Not oder Mangel an Besserem gewählt wird (vgl. z.B. Dekker und Schmidt 2002, Schmidt et al. 2006). Das hat es zuvor nicht gegeben. Außerdem diskutieren die Experten heute eher die heilsamen denn die schädigenden Wirkungen der Masturbation (z.B. Bockting und Coleman 2002).

Demgegenüber wurden der Selbstbefriedigung von den Aufklärern der vergangenen Jahrhunderte alle nur denkbaren Schwächen, Verhängnisse, Sittenfäulnisse und Krankheiten angelastet, von Verstopfung über Epilepsie bis hin zu Schwindsucht und Wahnsinn, die zum Tod führen würden. Das Unentrinnbare dabei war: Die Krankheit Onania war schlimmer als alle anderen, sie war die Noxe, die Krankheitsursache schlechthin, hatte aber keine feststehende Symptomatik und keinen nachvollziehbaren Verlauf, an denen sie diagnostisch und differenzialdiagnostisch hätte erkannt werden können. So aber konnte jeder Prediger oder Quacksalber eine postmasturbatorische Entkräftungsstörung vermuten, konnte jeder Mensch sie sich bei jedem beliebigen Symptom einreden: eine Waffe unheimlichen Kalibers in den Händen der Medizin, die dabei war, sich zu einer gesellschaftlichen Deutungs- und Kontrollmacht aufzublähen.

Vom späteren Resultat her gesehen, schießen im Anti-Onanie-Diskurs mehrere Objektive und Imperative zusammen, althergebrachte und solche, die erst mit der wenngleich letztlich misslingenden Subjektwerdung der sich vordem epistemisch und epistemologisch keineswegs im Zentrum des allgemeinen Geschehens befindenden Gesellschaftsmitglieder drastisch an Durchschlagskraft gewinnen. Das Christentum, insbesondere dessen puritanischer Niederschlag, machte aus der Wohllust (so heißt sie noch gelegentlich bei Kant) eine höllische Wollust. Treffend entfährt dem jungen Schopenhauer am Beginn des 19. Jahrhunderts in einem Gedicht über die einsame Sünde der Stoßseufzer »O Wollust, o Hölle«, den Lütkehaus (1992) seiner lesenswerten Textsammlung als Titel vorangestellt hat. Das aufkommende Bürgertum, namentlich das protestantische, handelte nach folgenden Devisen: Selbstzucht und Selbstbeherrschung! Transparenz! Keine Geheimnisse! Rationalität! Keine Verschwendung kostbarer Güter! Heute hinterlassen die Emanationen der historischen Anti-Masturbations-Kampagne den Eindruck, als könnten wir beobachten, wie die Strukturen und Mentalitäten einer kommenden Gesellschaftsform festgelegt werden: lustfixiert und zugleich anterotisch, intim und zugleich öffentlich, wissenschaftsgläubig, kleinkariert, denunziatorisch, hypochondrisch, ertüchtigend und verbessernd, ab- und aufbauend, zeugend, züchtend, erfassend und totalisierend.

Tatsächlich kann am Anti-Masturbations-Kampf studiert werden: der Zerfall der religiösen Weltsicht; die Suche nach einem Religionsersatz; der Bedeutungsverlust körperloser Spiritualität und das In-Regie-Nehmen der Lebensgeister; die Reduktion der vielschichtigen christlich-geistigen Gewissenslenkung, die »Aufstachelungen und Aufreizungen, den Sinneskitzel, die Begierden, das Gefälligsein, das Ergötzen, die Wollust usw.« unterschied, auf die simple und zudem somatisierte Beziehung der Hand zum Körper (Foucault 2003: 345); der Übergang von patriarchal-katholischer Autorität zu patriarchal-protestantischer Selbstkontrolle; das Aneinanderbinden der Eltern und Kinder in der modernen Kleinfamilie ohne Ammen und Dienstmädchen mittels einer Aufsicht, die eine Krankheit zum Tode verhindern soll; das Tabuisieren erotisch-sinnlicher Eltern-Kind-Beziehungen im extrem engen, schwül aufgeladenen Affektraum der Kleinfamilie; der »Quasi-Inzest der Blicke und Handlungen um den Kinderkörper herum«, dieser »epistemophile Inzest«, der »die Basis der modernen Familie« wird (ebd.: 329); die Infantilisierung genitaler Sensationen; die Transformation von Versuchungen und Sünden in Krankheiten und Verbrechen; der Niederschlag kultureller Ängste als Störungen von Körper und Seele; die Medizinisierung der modernen Familie, des modernen Körpers und der modernen Empfindungen; die Somatisierung der Eigenverantwortung und der Selbstbeherrschung; die Produktion brauchbarer Glieder eines gemeinen bürgerlichen Wesens, die ihres vordem erkenntnistheoretisch belanglosen Leibes Herr werden müssen, die ihren Körper von einem Säftebehältnis in eine Druck-Maschine umwandeln, ohne im falschen Moment den Dampf abzulassen; die Forderung von Staat und »neuen Produktionsformen«, die Ausgaben für Familie und Kinder »nicht durch einen vorzeitigen Tod der Kinder nutzlos werden« zu lassen (ebd.: 338); die Sexualität der Kinder als »Köder« und »Falle«, in die die Eltern insofern geraten, als dieser »große Betrug« an der elterlichen Gewalt dem »Staat« in die Fänge spielt, der öffentlich erziehen und ertüchtigen will, um den anderen Körper der Kinder zu formen, den »Körper der Fähigkeit oder der Leistung« (ebd.: 342); die neuen Relationen zwischen den Gesellschaftseinzelnen und der Sozietät; der Versuch, das durch den Dreißigjährigen Krieg von Menschen entleerte West- und Mitteleuropa (in dem die Kämpfe gegen die Onanie, diese Verweigerung der Zeugung, tobten) wieder mit Menschen aufzufüllen, um den Staat, das Militär und die Wirtschaft zu stärken; das Aufkommen neuer Politiken, namentlich einer neuen Bevölkerungspolitik, und neuer Deutungsmächte, namentlich der Medizin. All das kann am Anti-Masturbations-Kampf studiert werden.

Ein eigenmächtiger, selbstständiger, wie das Denken und Fantasieren schwer zu kontrollierender Akt, faktisch die einzige Sexualpraktik, über die ein Individuum allein entscheiden kann (übrigens auch die einzige Sexualpraktik, die im 20. Jahrhundert kontinuierlich quantitativ zugenommen und qualitativ eindeutig gewonnen hat nach allen empirischen Studien), diese Praktik wird durch einen Prozess der Allo- und Autopathologisierung in eine nicht mehr versiegende Quelle von Fahrlässigkeit und Schuld der bewachenden und erziehenden Erwachsenen, von Schwäche und Lebenshypothek der Heranwachsenden sowie von Gestört- und Abnormsein beider transferiert, ein beängstigender Prozess, der Überwachungs- und Reparaturmächte notwendig macht. Die Anti-Masturbations-Kampagne zeigt, wie das bürgerliche Subjekt im Moment seines Entstehens zerrissen wird, sich selbst zu vernichten sucht, paradoxerweise durch lustvolle Sensationen, die zur Selbstschändung geworden sind. Indem die Wonne des Soulaschierens ausgetrieben wird, werden die Traktierten sexualisiert, und das Orgiastische lässt sich in den Fahndungsorgien nieder. Jetzt beginnen die Soulaschanten zu wissen, dass das, was ihnen eine ebenso harmlose, weil unproblematisierte Wohllust bereitet hatte, eine Wollust ist, die entweder in die überirdisch-seelische Hölle führt oder ins irdisch-körperliche Verderben – bis einem mit Tissot das Hirn in der Schale rasselt. Das Wort Masturbation erinnert noch, wie wir hörten, an beide Zu- und Abflüsse, und das erwähnte »Hand-an-sich-Legen« kann als Tertium comparationis von Selbsterregung und Selbstmord gelesen werden. Die Kampagne zeigt auch, wie die bürgerliche Sexualform im Moment ihres Entstehens dadurch deformiert wird, dass sich in ihr alte Raster der Sündhaftigkeit und des Verbrechens mit neuen des Viehischseins, der Unnatürlichkeit, der Unkontrolliertheit, der Entgleisung und Verschleuderung kostbarster Lebensgüter, des Raubbaues an sich selbst, der Dysfunktionalität und der Abnormität zu einem monströsen Konstrukt aus Unzucht/Delinquenz/Laster/Störung/Krankheit verschränken.

Der Wertewandel, der mit den angedeuteten Transformationen einherging, kann

Im Handel befindlicher Selbstbefriedigungsapparat für Frauen aus den 1920er Jahren

am leichtesten am Wechsel der jeweils hervorstechenden, bisher überwiegend polar strukturierten kulturellen Normativitäten studiert werden. In den Jahrhunderten vor der Konstruktion der modernen Sexualform ging es darum, ob das Liebes- und Geschlechtsleben aktiv oder passiv, sündhaft oder gottgefällig, züchtig oder unzüchtig war – ohne dass alle Erscheinungen über den einen Leisten geschlagen worden wären. Gegen Ende des 18. Jahrhunderts tritt der Wertungsgegensatz menschlich versus viehisch/tierisch sowie natürlich/physiologisch versus unnatürlich/pathologisch immer deutlicher hervor. Ein halbes Jahrhundert später wird er bei Mantegazza durchgehend ins Auge stechen, vor allem in einer nervalen und hygienischen Version. Um 1900 dominieren dann die Wertungspaare normal versus unnormal/abnorm/pervers sowie lustvoll versus unlustvoll. Freud behandelt in seinen epochalen *Drei Abhandlungen zur Sexualtheorie* von 1905 zuallererst das sexuell Abnorme und stellt bekanntlich im Fortgang neben ein Realitätsprinzip ein Lustprinzip. Im Verlauf des 20. Jahrhunderts bestimmen dann die Normierungspaare orgastisch versus frigide/anorgastisch und befriedigend versus unbefriedigend die Beurteilungen. Am Beginn des 21. Jahrhunderts konzentrieren sich die Betrachtungen auf den Gegensatz funktional versus dysfunktional, wobei alte nervale und physikochemische Vorstellungen eine epistemologisch-technologische Renaissance feiern, ohne dass durchbrechende Forschungsergebnisse vorgewiesen würden.

War die Onanie *die* sexuelle Krankheit des 18. Jahrhunderts, der der »christliche Diskurs des Fleisches« (Foucault 2003: 304) vorausging, lösten sie im 19. Jahrhundert die »Perversionen« ab, darunter vor allem die »konträre Geschlechtsempfindung«, die heute Homosexualität genannt wird, so genannte Sexualpsychopathien, die heute in unserem Kulturkreis weitgehend als keineswegs

Anerkennung der Selbstbefriedigung heute. Zum Beispiel durch eine Künstlerin: »Annie Sprinkle with Cigarette and Clitoris«, 2001 (aus Thomas W. Laqueur: Solitary sex, 2003)

kranke Variationen oder Abweichungen angesehen werden. Im 20. Jahrhundert dominierten dann neben den »Perversionen« sexuelle »Funktionsstörungen«, kurz die »Impotenz« des Mannes und die »Frigidität« bzw. »Anorgasmie« der Frau, sowie »Störungen der Geschlechtsidentität« die wissenschaftlichen Debatten. Gegenwärtig sticht klinisch-sexuologisch am ehesten »Lustlosigkeit« bei Frauen und Männern hervor, während im kulturellen Leben, speziell in mehr oder weniger »queeren« Milieus, Verwerfungen der normalerweise plakatierten Geschlechtsidentität im doppelten Sinn des Wortes ins Auge springen, theoretisch einschließlich »Degendering« und praktisch einschließlich »Gender Blending«, Selbstpraktiken, die zu Medizin und Psychologie grundsätzlich auf Distanz gehen, sie allenfalls als Service-Einrichtungen anerkennen wie ein Reisebüro oder ein Transportunternehmen.

Objektiv der Krankheits- und Menschentypisierung

Zwei weichenstellende gesellschaftliche Konstruktionsprozesse, die zwischen dem 17. und dem 20. Jahrhundert abliefen, stechen nach meinem Verständnis neben dem Sexualitätsobjektiv als allgemeiner Sexualform hervor und verschränken sich mit ihm: erstens die strategische Installation, die ich Krankheitsobjektiv nenne und durch die unangepasste, aufsässige Menschen der Medizin überantwortet werden, und zweitens die strategische Installation, die ich Typisierungsobjektiv nenne und durch die Menschengruppen auf ein Merkmal (z.B. Hautfarbe, Physiognomie, Körperbeschaffenheit, Sexualverhalten, ungewöhnliche Ideen) festgelegt und anhand dieses Merkmals be- und verurteilt werden.

Der Prozess der Konstituierung des Krankheitsobjektivs wurde durch den Anti-Masturbations-Diskurs eingeleitet, jedenfalls soweit die sexuelle Sphäre betroffen ist. Dieser Diskurs beerbte nicht nur die christlichen Beichtpraktiken und medizinisierte die Körper der Kinder; er machte die moderne Kleinfamilie auch zur Agentur der neuen Überwachungsmacht Medizin. Nach und nach fiel das Krankheitsobjektiv mit dem Wissensobjektiv zusammen und erhob die Medizin (und im 20. Jahrhundert auch die Psychologie) zu einer Deutungsmacht. Bis heute können auf diese Weise allgemeine Missstände als individuelle erscheinen und behandelt werden. Zugleich wurde aus Polymorphem, Zwitterhaftem, Unsortiertem Zug um Zug Di- und Unimorphes, Polares, Eindeutiges, Festgelegtes. Aus oft namenlosen Vorlieben oder Sonderbarkeiten, aus vorübergehenden Reaktionsweisen und Verfehlungen wurden Typen wie »der Monstermensch« (z.B. »der Hermaphrodit«), »der Onanist«, »der sexuell Abnorme« (z.B. »der Konträrsexuale«, aus dem »der Homosexuelle« und »der Schwule« hervorgingen), »der Transvestit«, »der Transsexuelle«, »der Sexualstraftäter«, »der Missbrauchstäter« usw. – ein Prozess der identifizierend entlarvenden und der identitätsstiftend aufbauenden Zuschreibung. Oft diente ein einziges Merkmal, eine einzige Verhaltensweise, ein einziges Vergehen oder eine einzige Präferenz von vielen dazu, die ganze Person ein für allemal mit lebensvernichtenden Konsequenzen zu stigmatisieren.

In der zweiten Hälfte des 19. Jahrhunderts wurde das moderne Objektiv der Krankheit allgemein installiert. Das bedeutete: Mentale, körperliche, soziale, politische oder sexuelle Abweichungen wurden nicht mehr oder nicht mehr überwiegend als Verbrechen gegen Gott, die Natur oder die Gesellschaft interpretiert, sondern als eine Krankheit oder Missbildung des inzwischen entstandenen bürgerlichen Individuums, für die es nicht oder nicht ganz und gar zur Verantwortung zu ziehen war, die vielmehr verstanden und behandelt werden musste. Wie es Objektive (oder Dispositive) an sich haben, entging auch dem der Krankheit keine und keiner, der irgendwie aus dem Rahmen fiel. Über Konstrukte wie Dégénéréscence, Moral Insanity/Folie morale oder Entartung, die dem Krankheitsobjektiv mühelos entsprangen, wurden große Menschengruppen auf einen Schlag mit naturwissenschaftlich drapierten Begründungen humanitär und liberal typisiert, diskreditiert und einer Zwangsbehandlung unterworfen.

Besonders inbrünstig und erfolgreich als Krankheitsvollzieher war der humanitäre Psychiater Richard von Krafft-Ebing (s. Kap. 7). Seiner Liberalität entgingen weder seelisch noch geistig noch moralisch noch sexuell Auffällige. Er war federführend an jenem Prozess beteiligt, der laut Foucault (1976: 59; vgl. auch 1999) zum Beispiel aus der Sodomie, »un type d'actes interdits«, den Homosexuellen macht, »un personnage: un passé, une histoire et une enfance, un caractère, une forme de vie; une morphologie aussi, avec une anatomie indiscrète et peut-être une physiologie mystérieuse«. Foucault, der kein Krankheitsdispositiv annimmt, fasst diesen Prozess, den sein Sexualitätsdispositiv bewirke, so zusammen: »Le sodomite était un relaps, l'homosexuel est maintenant une espèce« (ebd.), das heißt: aus einem nicht näher beobachteten und nicht genauer bezeichneten Menschen, von dem nur berichtet wird, er habe eine verbotene oder sündhafte Handlung begangen, ist ein hochspezifisches, vor allem sexuelles und krankes Individuum gemacht worden, das zu einer abgrenzbaren Art gehört und von diversen Wissenschaften mit allen Schikanen in alle Richtungen durchforscht wird: bis zur Stunde, vor allem in Sachen indiskrete Morphologie »et peut-être une physiologie mystérieuse«.

Das Krankheitsobjektiv führte auch dazu, dass Personen pathologisiert wurden, die politisch als Sozialisten, Revolutionäre oder Deserteure aufgefallen waren. Namhafte Psychiater attestierten diesen Personen psychische Entartungen, »moralische« Krankheiten oder auch nur moralische »Verkommenheiten«. Krafft-Ebing (1884) veröffentlichte eine Abhandlung, deren Titel genug verrät: *Diebstahl und socialistische Umtriebe seitens eines Gewohnheitsverbrechers – Moralischer Irrsinn oder moralische Verkommenheit?* Noch deutlicher wurden spätere Psychiater. Beispielhaft zum Nachlesen genannt seien: *Psychopathie und Revolution* (Kahn 1919), *Psychiatrische Randbemerkungen zur Zeitgeschichte* (Kraepelin 1919), *Zur Psychopathologie der unerlaubten Entfernung* (Kleist und Wißmann 1920/21) und *Forensische Begutachtung eines Spartakisten* (Hildebrandt 1920/21). Kein Wunder also, dass das »Große Schema« der »Einteilung der Geisteskrankheiten«, das Emil Kraepelin im Namen des Deutschen Vereins für Psychiatrie im Mai 1920 auf dessen Jahresversammlung in Hamburg vorstellte, die einstimmig beschlossene Krankheitseinheit »Gesellschaftsfeinde« enthielt (vgl. Allgemeine Zeitschrift für Psychiatrie, Bd. 76, 1920/21, S. 627). Kein Wunder auch – um ein weiteres Beispiel zu nennen –, dass bei Frauen, die sich gegen den Patriarchalismus stemmten und um Emanzipation kämpften, diverse geistig-seelische Störungen, eine abnorm große Klitoris oder der »falsche«, nämlich männliche Orgasmus diagnostiziert wurden oder dass man(n) sie einer Klitoridektomie unterzog (vgl. Sigusch 1970d, Hulverscheidt 2003).

Viele Beispiele aus der jüngeren Zeit könnten angeführt werden, Beispiele, die zeigten, dass das Objektiv nicht nur weiterhin wirkmächtig ist, sondern dass auch weiterhin »therapeutische« Waffen schwersten Kalibers gegen Abweichende, Aufsässige und ansonsten angeblich Unbehandelbare angewandt werden – wie es zuletzt die Psychochirurgen unter unseren Augen exzessiv vorexerziert haben (Sigusch 1977a, 1984a). Dass Medizin und Psychologie auch in Zukunft scheinbar in der Lage sein werden, Millionen Gesellschaftsindividuen, die an den Verhältnissen und an sich leiden, zu beschwichtigen und ruhig zu stellen, ist fraglich geworden, weil die Deutungsmacht Medizin im Grunde spätestens seit den so genannten Materialschlachten des Ersten Weltkrieges keine irgendwie überzeugenden Deutungen mehr geben kann, beispielsweise solche der »Gesellschaftsbiologie«, und weil die speziellen Disziplinarmächte, wenngleich mit Überhängern und Überlappungen, immer dem Gang der Dinge angepasst worden sind: vom Beichtstuhl zu den Asylen, vom Gefängnis zum Krankenhaus. Heute sind Ärzte und Psychologen, Sozio- und Psychotherapeuten unübersehbar und massenhaft mit sozialen und psychischen Problemen und Störungen konfrontiert (in der Kinder- und Jugendpsychiatrie nach meinem Einblick in etwa zwei Dritteln der »Fälle«), die nur dämpfend und zudeckend »behandelt« werden können, nicht aber »als solche«, weil zwischen Gesellschaft und Therapie ein Hiatus klafft, weil eine Gesellschaft keine Krankheit ist, logischerweise also auch nicht behandelt werden kann.

Alles in allem ist der Wandel in vielen Feldern der sexuellen Sphäre und der Sexualwissenschaft sehr eindrucksvoll. So war das weibliche Geschlecht nach den Vorstellungen Paolo Mantegazzas im 19. Jahrhundert noch sexuell potenter als das männliche. In den Jahrzehnten danach wurde es evolutionsbiologisch und politphilosophisch und tiefenpsychologisch bis hin zur generischen Orgasmusunfähigkeit desexualisiert, um in der zweiten Hälfte des 20. Jahrhunderts nach vielen Kämpfen wieder zu einem sexuellen Geschlecht zu werden. Die Konträrsexuellen, Urninge oder Homosexuellen, die bei Karl Heinrich Ulrichs im 19. Jahrhundert gesund und normal waren, wurden zunächst mit Hilfe von Psychiatrie und Sexualwissenschaft in Perverse und Degenerierte umgewandelt, die eingesperrt, beseitigt oder bestenfalls therapiert werden sollten, um sich in mehreren Emanzipationswellen im Verlaufe des 20. Jahrhunderts nach der Höllenfahrt, die ihnen Nazi-Deutschland bereitet hatte, so weit selbst zu vergewissern, dass sie heute vielfach mit erhobenem Kopf zu ihrer Eigenart stehen können. Der beinahe zwei Jahrhunderte lang durch die Familien, Erziehungs- und Korrekturanstalten geisternde Onanist ist inzwischen verschwunden. An seine Stelle sind vollkommen unauffällige Männer und Frauen ohne und mit sexuell befriedigender Paarbeziehung getreten, die die Selbstbefriedigung genießend praktizieren. Die alten »Monstermenschen« aber kämpfen weiterhin um Anerkennung. Transsexuelle haben sie bereits teilweise erhalten, Intersexuelle jedoch noch nicht. Die »sexuell Abnormen« und »Perversen« haben sich in den letzten Jahrzehnten jenseits der Medizin zu einem großen Teil verselbstständigt;

ich nenne sie seither Neosexuelle. Insgesamt ist aus der alten Sexualität samt Masturbation interessanterweise so etwas wie Selfsex geworden, jedenfalls nach meinem Verständnis (Sigusch 1998a, 2005a). Denn die Selbstbefriedigung war und ist die für das bürgerliche Zeitalter typische Erregungs- und Entspannungsform: kontrolliert lüstern, ichzentriert und selbstverliebt, scheinbar autonom und individuell. Eine ebenso relationale wie unverdeckte Sexualform, eine Ars erotica et amatoria et sexualis, konnte aus ihr nicht werden.

Exkurs: Zur Wortgeschichte von »Sexualität« und »Sexualwissenschaft«

Wie wir bereits hörten, kommt das Wort »Sexualität« weder in der Bibel noch bei Homer noch bei Shakespeare vor. Denn als gesellschaftliche Form und als Begriff, als ein allgemein Durchgesetztes und isoliert Dramatisiertes existiert das, was wir immer noch »Sexualität« nennen, erst seit gut zweihundert Jahren, also seit wenigen Generationen.

Erst in den letzten Jahrzehnten des 18. Jahrhunderts wird das Adjektiv »sexuell« (spätlat. *sexualis* »zum Geschlecht gehörig«, zu *sexus* »männliches und weibliches Geschlecht«, bildungsspr. »Geschlecht« und »der Fortpflanzung dienender Geschlechtstrieb«, im Unterschied zu Eros) wie das Adjektiv »modern« in den europäischen Sprachen substantiviert. »Modernität« gibt es zuerst bei den Schönen Künsten; »Sexualität« gibt es zuerst bei den Pflanzen. Nachdem Johann Georg Forster bereits 1783 vom »Linnäischen Sexualsistem« gesprochen und Goethe, bezogen auf Pflanzen, das neue Wort »Sexualität« seit 1812 mehrfach benutzt hatte (Borck 1995: 725), hob es der Botaniker August Henschel 1820 unübersehbar im Titel seines Buches *Von der Sexualität der Pflanzen* hervor. Sehr schnell wurde das neue Wort auch auf die Geschlechtlichkeit der Tiere – ein *Sexer* war eine Person, die Jungtiere wie Küken nach ihrem Geschlecht sortierte – und der Menschen angewandt: Das bekannte Wörterbuch mit dem Haupttitel *Eros* (1823) führt das neue Wort bereits 1823 im Nebentitel, während der »Heinsius« von 1819 (Bd. 2: 546) neben *sexual* »das Geschlecht betreffend« nur *der Sexualtrieb* im Sinne von »der Geschlechtstrieb« kannte.

Die Gebrüder Jacob und Wilhelm Grimm aber schweigen in ihrem berühmten *Deutschen Wörterbuch* merkwürdigerweise noch Jahrzehnte später über »Sexualität«; sie schwelgen stattdessen Seite um Seite in »liebessiech« und »Liebesthau«. Doch das geht an der weiteren Entwicklung vorbei. Denn was in den Jahrhunderten davor mit zahllosen Ausdrücken bezeichnet worden war, wird seit dem 19. Jahrhundert zunehmend und am Beginn des 20. Jahrhunderts oft nur noch mit einem Wort bedacht. Nach und nach wurden Amor, Venus und Nisus, Wonne und Wohllust, Liebe und Triebe, Geschlechtlichkeit und Geschlechtssinn, Geheimnisse der Frauen oder des Alkovens (und wie der Namen viele waren) zur »Sexualität« und in der zweiten Hälfte des 20. Jahrhunderts zum »Sex« zusammengezogen. Ein einziges Wort, das zunächst neutral, seriös und gebildet geklungen haben mag, verdrängte all die nicht zuletzt durch die Antimasturbationskampagne aufgeladenen und verunreinigten Vorgänger: *sexualité/Sexualität/sexuality*. Der Prozess der Herausbildung einer gesellschaftlichen Sexualform aber – wir könnten auch sagen, die Fabrikation des

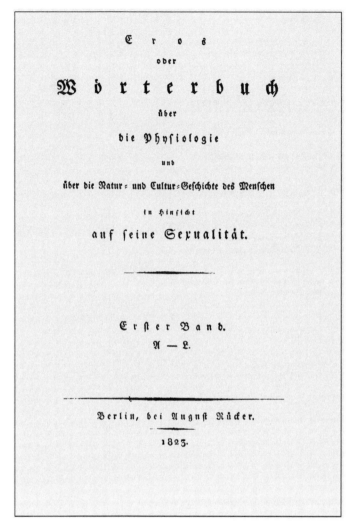

Titelseite des Wörterbuchs *Eros*, 1823

»Sexualwesens Mensch« (Kentler 1984) – dauerte sehr viel länger und war blutiger als der Übergang vom Adjektiv zum Substantiv, das manche etymologischen Wörterbücher wie der »Walde« (1954, Bd. 2: 529 f) und der »Schulz-Basler« (1978, Bd. 4: 157) auf die Linie lat. *sectus* »Trennung, Unterscheidung« resp. *secare* »schneiden, trennen« zu *sexus* zu *sexualis* zu *Sexualität* zurückführen (vgl. zur Wortgeschichte Kentler 1984, Schetsche und Lautmann 1995, Sigusch 2001b).

Im allgemeinen Sprachgebrauch wurde etwa vom zweiten Drittel des 19. Jahrhunderts bis vor einigen Jahrzehnten unter Sexualität beim Menschen in erster Hinsicht Geschlechtlichkeit verstanden. Betont wurde die Unterscheidung der Menschen in Männer und Frauen auf Grund ihrer Geschlechtsmerkmale, die sie dazu befähigen, sich fortzupflanzen. Demgegenüber traten die Sphären von Trieb und

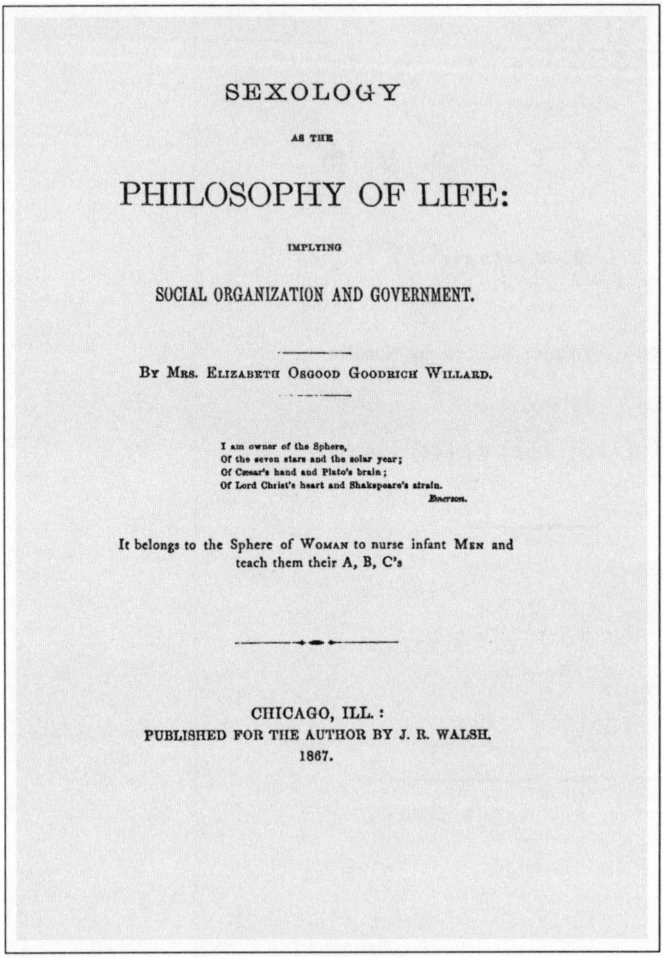

> SEXOLOGY
>
> AS THE
>
> PHILOSOPHY OF LIFE:
>
> IMPLYING
>
> SOCIAL ORGANIZATION AND GOVERNMENT.
>
> By Mrs. Elizabeth Osgood Goodrich Willard.
>
> I am owner of the Sphere,
> Of the seven stars and the solar year;
> Of Cæsar's hand and Plato's brain;
> Of Lord Christ's heart and Shakspeare's strain.
> *Emerson.*
>
> It belongs to the Sphere of WOMAN to nurse infant MEN and teach them their A, B, C's
>
> CHICAGO, ILL. :
> PUBLISHED FOR THE AUTHOR BY J. R. WALSH.
> 1867.

Titelseite der Schrift *Sexology as the philosophy of life* von Elizabeth Osgood Goodrich Willard, 1867

Liebe zurück. Im bewussten Sprachgebrauch wird dagegen seit den 1980er Jahren, in den Wissenschaften bereits seit den 1950er Jahren, in Folge eines so genannten Sex-and-Gender-Diskurses zwischen Körpergeschlecht (»sex«), Geschlechtsrollenverhalten (»gender role«) und Geschlechtsidentität (»gender identity«) unterschieden, Dimensionen der Geschlechtlichkeit, die vordem unhinterfragt zusammenfielen. Diese Differenzierung, die die klinische Sexualforschung und der theoretische Feminismus angestoßen haben, folgte in den 1970er und vor allem 1980er Jahren auf die historisch weit zurückreichende Trennung einer Sexualität, die durch Triebhaftigkeit und Emotionalität charakterisiert ist, von einer an den Körper und seine Geschlechtsmerkmale gebundenen Fortpflanzung.

Das Wort *sexology* bzw. *sexualogy* taucht in der zweiten Hälfte des 19. Jahrhunderts in Chicago und London auf, das Wort *Sexualwissenschaft* erst am Ende des

19. Jahrhunderts in Wien. Zum festen Bestandteil der englischen bzw. der deutschen Sprache werden *sexology* und *Sexualwissenschaft* in den 1910er und 1920er Jahren.

Nach meiner Kenntnis hat eine Nordamerikanerin, Mrs. Elizabeth Osgood Goodrich Willard, weltweit als Erste von *sexology* gesprochen, und zwar in ihrem 480-Seiten-Buch *Sexology as the philosophy of life: Implying social organization and government*, das 1867 in Chicago, Ill., erschienen ist. Bei der Lektüre dieses Buches wird der Leser 140 Jahre danach hin- und hergerissen. Einerseits gefällt ihm, dass Mrs. Willard die Superiorität des patriarchalen Mannes bekämpft und ein Loblied auf die Mütterlichkeit singt. Auch mit dem Motto der Autorin, das das Titelblatt ziert: »It belongs to the Sphere of Woman to nurse infant Men and teach them their A, B, C's« kann der heutige Leser etwas Produktives anfangen. Problematischer wird es schon, wenn aus den folgenden Motti »Jesus the saviour« und »Isaiah the prophet« sprechen und der gesamte Duktus eindeutig christlich-fundamentalistisch ist.

Nicht mit wissenschaftlichen, sondern mit spiritualistischen Mitteln will Willard »the law of sexual order« darlegen, von dessen »Universal prevalence« sie überzeugt ist (1867: 3): Die Grundprinzipien männlich und weiblich und deren Ineinandergreifen bewegen alles, bestimmen alles, »solar and human systems«, Planetengeburten, Eiszeiten oder »the conflict between the laborer and the capitalist« (ebd.). Folglich behandelt ihr Buch im Teil I »Cosmogony, physiology and psychology« und im Teil II »Sociology, Theology and destiny«. Steht das Männliche für Force, Diversity, Passion und Aspiration, steht das Weibliche für Power, Unity, Love und Inspiration (ebd.: 277). »Man is the trunk of the human tree; woman is root. Man is the branch, the twig and the stem; woman the leaf, the flower and the fruit [...] (ebd.: 367).

Geht es um Sexualität im modernen Sinn, wird der Horizont ganz düster: überall »sexual abuses and sexual diseases« (ebd.: 13). Auch ohne Missbrauch und Krankheit geht es bei Mrs. Willard viktorianisch antisexuell zu: Das Sexuelle ist im Grunde ekelhaft, der Orgasmus systemschädigend, indem er Energie verschleudert. »The materning function is the distinguishing characteristic of women«, und Frauen, die sie aufgegeben haben zugunsten der Lüste von Männern, verlieren die Mütterlichkeit, sind nicht länger Frauen, sondern selbstgemachte Hermaphroditen, denn sie wurden maskulinisiert und »unsexed by the centrifugal action of the nerve forces in sexual orgasms« (ebd.: 293 f.).

Willard strebt die »revolution and reform of society« (ebd.: 3) an, sucht das »equilibrium between the sexes« (ebd.: 17). Um das zu erreichen, müsste das Geschlechterverhältnis gründlich entsexualisiert werden, damit wahr werde, was diese enragierte Frau intendiert: die Mutter als Seele, der Vater als Gesetz der Natur, die mit Gott ohnehin identisch ist. Wieder auf dem Boden der materiellen Diskurse angekommen, können wir feststellen: Mrs. Elizabeth Osgood Goodrich Willard, die wahrscheinlich 1873 gestorben ist, präsentiert in der Mitte des 19. Jahrhunderts eine präszientistische, zentral Geschlechterdifferenzen behauptende Theorie, deren Antiimperative Lust und Orgasmus sind, und beschreibt Probleme wie »sexual passion«, Prostitution, Missbrauch und Abtreibung, die in einem wissenschaftlichen

Zeitalter nach einer Spezialdisziplin schreien. Insofern ist sie eine frühe Parafeministin und eine ebenso negative wie positive Vorbotin der im Entstehen begriffenen Sexualwissenschaft.

Zwanzig Jahre später spricht der bekannte englische Mathematiker, Statistiker, Essayist und Eugeniker Karl Pearson, der mit Sir Francis Galton den Korrelationskoeffizienten erdacht und als Sozialist die Probleme der Zeit wie Bevölkerungswachstum, soziale Gerechtigkeit und Frauenemanzipation reflektiert hat, in einem Vortrag im Jahr 1885 in einem »men and woman's discussion club« (so die Angabe in Pearson 1901: 354) von »science of sexualogy« (Pearson 1888: 371). Dieser Vortrag wird zunächst für die private Zirkulation gedruckt, dann aber in seine Essay- und Vorlesungssammlung *The ethic of freethought* aufgenommen, die real 1887 als Buch erschienen, aber bereits auf das Jahr 1888 vordatiert worden ist.

Die uns interessierende Passage seines Vortrages »The woman's question« von 1885 lautet: »Not until the historical researches of Bachofen, Giraud-Teulon, and McLennan, with the anthropological studies of Tylor and Ploss, have been supplemented by careful investigation of the sanitary and social effects of past stages of sex-development, not until we have ample statistics of the medico-social results of the various regular and morbid forms of sex- relationship, will it be possible to lay the foundations of a real *science of sexualogy*. Without such a science we cannot safely determine whither the emancipation of women is leading us, or what is the true answer which must be given to the woman's question« (Pearson 1888: 371, Hervorh. V.S.). Interessant ist auch der Satz: »The whole question of Neo-Malthusianism is fraught with immense social and *sexualogical* difficulties« (ebd.: 387, Hervorh. V.S.).

Zehn Jahre später, 1898, taucht unseres Wissens zum ersten Mal im Deutschen das Wort *Sexualwissenschaft* auf. In einem in der *Wiener Klinischen Rundschau* veröffentlichten Aufsatz, auf den uns Rainer Herrn vor Jahren hingewiesen hat, erörtert Sigmund Freud, der Begründer der Psychoanalyse, die Bedeutung sexueller Ereignisse für die Entwicklung von Neurosen und schreibt plötzlich: »Man erfährt dabei allerlei aus dem Sexualleben der Menschen, womit sich ein nützliches und lehrreiches Buch füllen ließe, lernt es auch nach jeder Richtung hin bedauern, daß die *Sexualwissenschaft* heutzutage noch als unehrlich gilt« (Freud 1898: 498, Hervorh. V.S.). Hier ist klar, dass Freud diese neue Wissenschaft auch selbst bereits betreibt.

Und dann geht es Schlag auf Schlag. Erwähnt sei noch ein US-amerikanischer Professor der Gynäkologie und Elektrotherapie namens William H. Walling, der unter dem Titel *Sexology* 1904 in einer »Family Medical Edition« einer »Puritan Publishing Company«, wie es sich dort gehört, im Sinn eines Ehegattenführers viktorianisch in reliös-ethisch-medizinischen Sexualproblemen schwelgt ohne einen Anspruch, der wissenschaftlich ernst genommen werden müsste.

Kurz darauf spricht der Schriftsteller Karl Vanselow – darauf hat bereits Herzer (1992) hingewiesen – im ersten Beiblatt »Sexualreform« seiner Zeitschrift *Geschlecht und Gesellschaft*, das am 10. Oktober 1905 erschienen ist, in einem Bericht über die Gründung der »Vereinigung für Sexualreform« von der »Errichtung einer Zentralstelle für *Sexualwissenschaft* unter Leitung berufener Fachgelehrter« (Vanselow

1905/1906: 19, Hervorh. V.S.). Magnus Hirschfeld spricht 1906 von »Sexualwissenschaft«, die sich »ja erst in den Anfängen befinde«, die aber »nach vielen Richtungen hin« bedeutsam sei, als er dem »Berliner Tageblatt« den Fall einer »männlichen Braut« erläuterte. Iwan Bloch spricht dann in seinem Vorwort vom November 1906 zu seinem 1907 erschienenen Buch *Das Sexualleben unserer Zeit* bereits ganz naturwüchsig von Sexualwissenschaft, wird aber fortan immer wieder behaupten (vgl. z.B. Bloch 1913), diesen Ausdruck erfunden, eingeführt oder geprägt zu haben, was bis heute von Unbelesenen nachgeplappert wird. Tatsache ist dagegen, dass der seit geraumer Zeit laufende Sexualdiskurs sich bereits in den Jahren zuvor auch zu einem sexualwissenschaftlichen Diskurs verdichtet hatte, sodass es für belesene Leute wie Georg Hirth (1907) gewissermaßen logisch war, von Sexualwissenschaft zu sprechen.

2 Pioniere und ihre Werke

Werden Aufklärung, Wissensvermehrung und Personalisierung sowie der Kampf gegen christliche Verdikte und bürgerliche Heuchelei, gegen Sexismus und die Unterdrückung sexueller Minderheiten als Kriterien einer modernen Sexualwissenschaft genommen, sind der Italiener Paolo Mantegazza und der Deutsche Karl Heinrich Ulrichs die ersten Gelehrten, die nach meiner Kenntnis diese Voraussetzungen erfüllen. Nicht, wie oft in deutschen Texten zu lesen ist, Richard von Krafft-Ebing mit seiner Psychopathologie der sexuellen Sphäre, nicht, wie oft in englischen Texten behauptet wird, Havelock Ellis mit seiner Buchreihe *Psychology of Sex* und schon gar nicht Iwan Bloch, der das Wort »Sexualwissenschaft« propagiert, aber nicht erfunden hat, ist »der« Begründer der Sexualwissenschaft. Wenn schon einzelne Personen »Begründer« genannt werden müssten, was wissenschaftshistorisch und insbesondere diskurstheoretisch äußerst problematisch ist, dann führt an Mantegazza und Ulrichs kein Weg vorbei, auch wenn das bisher die Geschichtsschreiber nicht so gesehen haben. Von den Nachfolgern hat vor allem Magnus Hirschfeld, einzigartig belesen, immer wieder die Verdienste sowohl von Mantegazza wie von Ulrichs hervorgehoben, ganz im Gegensatz zu Krafft-Ebing (1886: III), der sich zwar von Ulrichs anregen ließ, dessen Anliegen aber, vom Krankheitsobjektiv bereits durchherrscht, nicht wirklich ernst nehmen konnte, und der Mantegazzas »feine« Essays als »geistreiche Causerien« wissenschaftlich herabsetzte.

Stand bei Mantegazza die Liebe des Mannes zur Frau im Mittelpunkt des Interesses, war es bei Ulrichs die Liebe des Mannes zum Mann. Zwei bis fünf Jahrzehnte vor Richard von Krafft-Ebing, Havelock Ellis, Albert Moll, Sigmund Freud, Iwan Bloch und Max Marcuse betraten Mantegazza und Ulrichs mit einem ebenso anspruchvollen wie voluminösen Werk die Bühne des Wissenschaftsdiskurses und des Sexualitätsobjektivs, ohne schon – wie wir heute – von Lust, Orgasmus oder Sex zu sprechen.

Paolo Mantegazza (1831–1912)

Aus einer angesehenen norditalienischen Familie stammend, stieg Mantegazza nach dem Studium der Medizin und Philosophie zum Abgeordneten und Senator des Königreichs sowie zum Professor für Pathologie in Pavia und für Anthropologie und Ethnologie in Florenz auf. Er begann als 21-Jähriger eine enorme Wissensmenge zu sammeln und selbst durch Experimente an Tieren und Menschen, durch Beobachtungen und Weltreisen zu produzieren. Seine wissenschaftlichen und

populärwissenschaftlichen Bücher, die einmalig hohe Auflagen in Europa und Nordamerika erreichten, handelten von Liebe und Hass, Schmerz und Ekstase, von der Verlogenheit der christlich geprägten Liebes- und Geschlechtsmoral, von der Entrechtung der Frau als Genus, von der sexuellen Potenz und intellektuellen Impotenz des Weibes, von der vergleichbaren Stärke der Geschlechter, vom Geschlechterverhältnis im eigenen Land und bei entfernten Völkern, von der Hygiene als Garant der Zukunft usw. Daneben schrieb Mantegazza Romane. In den Jahrzehnten zwischen 1870 und
1930 gehörte er insgesamt zu den erfolgreichsten Schriftstellern Europas. Darüber hinaus wurde der »Senatore erotico« berühmt als Experimentator, Sammler, Naturforscher, Sozialhygieniker und Weltreisender.

Grundsätzlich ging es Mantegazza um die Verwissenschaftlichung des »Geschlechtssinnes« und der Liebe zwischen Mann und Frau. Maßstab war dabei ein aus heutiger Sicht unkritischer, ideell-optimistischer Naturalismus. Andererseits sind seine Abhandlungen zur Psychologie und Soziologie der heterosexuellen Liebe, zur gesellschaftlichen und materiellen Ungleichheit der Geschlechter und zur Ethnologie des Sexual- und Geschlechtslebens der nachfolgenden Sexualwissenschaft aus heutiger Sicht streckenweise um Jahrzehnte kritisch voraus. Mit seinen zahlreichen Werken hat er eine Wissenschaft begründet, einmal empirisch-experimentell, andermal kulturanthropologisch und sozialphilosophisch im modernen Sinn, eine Wissenschaft, die noch keinen eigenen Namen hatte und deshalb auch von ihm »diese Wissenschaft« genannt wurde. Diskursanalytisch fällt Mantegazza insofern aus dem sexualwissenschaftlichen Rahmen, als bei ihm das weibliche Geschlecht dem männlichen an Liebes-, Lust- und Wollustpotenz überlegen ist. Außerdem erlaubt er sich als Wissenschaftler noch Zweifel an der Potenz der eigenen Profession, weil das Wissenschaftsobjektiv noch nicht allseits installiert ist, und denkt immer wieder über eine Ars erotica nach als ein Poetoszientist ersten Ranges.

In diesem Buch kommt Mantegazza im Kapitel 4 selbst ausführlich zu Wort. Seine wichtigsten Veröffentlichungen können dem Literaturverzeichnis am Ende des Buches entnommen werden.

Karl Heinrich Ulrichs (1825–1898)

Der aus einer ostfriesischen, evangelisch-lutherischen Landbaumeistersfamilie stammende königlich hannoversche Amtsassessor, preisgekrönte Rechtsgelehrte, Lyriker und Latinist ist insofern im emphatischen Sinn ein Sexual- und Geschlechtsforscher der ersten Stunde, als er moderne Theorien entwarf und auf einzigartige Weise auf der Lichtseite der Aufklärung zu operieren suchte. Seine kulturelle und politische Modernität lässt oft hinsichtlich Freisinn und Menschenrecht den Geist des 19. Jahrhunderts weit hinter sich. So war für ihn selbstverständ-

lich, dass alle Menschen mit der gleichen Würde ausgestattet sind und dieselben Rechte zu beanspruchen haben. Alle sexuellen Vorlieben werden respektiert, keine ist mehr wert, keine freiwillig unter Erwachsenen praktizierte wird bestraft, alle sind nachweislich gesund und natürlich, namentlich die mannmännliche Liebe. Diese subjektive Gewissheit versetzte Ulrichs in die Lage, der mutigste, entschiedenste und einflussreichste Vorkämpfer der Homosexuellen-Emanzipation zu werden.

Nach dem Studium der Rechte in Göttingen und Berlin war er zunächst sechs Jahre lang im Justiz- und Verwaltungsdienst des Königreichs Hannover tätig. Diesen Dienst, zuletzt als Hilfsrichter in Hildesheim, quittierte er 1854, um einem Disziplinarverfahren wegen des Treibens »unzüchtiger Wollust« zuvorzukommen. Seither lebte er als ungebundener Schriftsteller, der sich für Wissenschaft und Politik ebenso interessierte wie für die lateinische Sprache. 1864 wurde er aus dem in Frankfurt am Main ansässigen »Freien Deutschen Hochstift« ausgeschlossen, weil sich diese freien Wahrheitssucher weder mit seinen Schriften noch mit seinen sexuellen Vorlieben auseinandersetzen wollten.

Im selben Jahr, 1864, erschienen zwei Monografien von Ulrichs, betitelt *Vindex* (das meint »Befreier, Verteidiger«) und *Inclusa*, mit denen er seine am Ende zwölf Schriften umfassenden »Forschungen über das Räthsel der mannmännlichen Liebe« eröffnete. In diesen Schriften (vgl. die Neuausgabe in vier Bänden von Hubert Kennedy 1994) lieferte er wissenschaftliche, juristische und politische Begründungen für die vollkommene Gleichstellung der erst später homosexuell genannten mit den noch später heterosexuell genannten Menschen, in seiner Terminologie: der Urninge mit den Dioningen. 1867 wurde Ulrichs zweimal verhaftet, eingesperrt und schließlich des Landes verwiesen, weil er die im Jahr zuvor vollzogene Annexion seines Vaterlandes Hannover durch Preußen nicht stillschweigend hingenommen hatte. Im selben Jahr, ganz genau: am 29. August 1867, wurde Ulrichs von seinen Kollegen auf dem Sechsten Deutschen Juristentag in München niedergeschrien, als er gegen die strafrechtliche Verfolgung gleichgeschlechtlicher Handlungen die Stimme erhob. Dieser Tag sei konkret genannt, weil er genannt werden sollte, wenn der Beginn der Homosexuellenbewegung trotz aller Ungreifbarkeiten datiert werden müsste: ein auf jeden Fall denkwürdiger Tag.

Ulrichs veröffentlichte in den 1860er Jahren als erster eine moderne, das heißt »naturwissenschaftliche« Theorie der mannmännlichen Anziehung resp. Homosexualität und stellte Überlegungen in Richtung auf eine »Geschlechtswissenschaft« an (vgl. *Memnon*, 1868). Dabei folgte er unwillkürlich-willkürlich dem Gebot des bereits gesellschaftlich installierten Wissensobjektivs, nach dem noch das Intimste, Geheimste, Schamloseste und Unaussprechlichste bei einem Namen zu nennen ist. Insgesamt vertrat er mit Blick auf geschlechtlich und sexuell Auffällige und Verpönte eine Position, die erst heute für wenige Formen einigermaßen kulturell erreicht ist und mit Mühe wissenschaftlich gehalten wird: Es geht bei diesen Auffälligkeiten nicht um Krankheit, Missbildung oder Unzucht, sondern um Eigenart, Variation, ein Anderes, letztlich um unendlich viele sexuelle und geschlechtliche Zwischenstufen zwischen Klischee-Mann und Klischee-Frau.

Bei Mantegazza ist die Frau sexuell potenter als der Mann. Bei Ulrichs ist der Urning/Homosexuelle ein eigensinniges und gesundes Geschlechts-Subjekt. Beide mussten aber noch erleben, wie die Medizin, von einem inzwischen allseits installierten Krankheitsobjektiv diskursiv aufgepeitscht, die weibliche Sexualität zur Minderwertigkeit und die mannmännliche Liebe verbindlich zur Krankheit umkonstruierte – für zunächst einmal hundert Jahre. Umso bemerkenswerter, dass Ulrichs an seinem Lebensende der Erste war, der den Sexualpsychopathologen Krafft-Ebing kritisierte. Er warf ihm 1894 in seiner lateinischen Zeitschrift *Alaudae* Psychiatrisierung vor (vgl. den Originaltext und die Übersetzung in Sigusch 2000a). 1880 hatte Ulrichs die deutschen Länder für immer verlassen. 15 Jahre später starb er arm und einsam in Aquila in den italienischen Abruzzen. Heute hat er Bewunderer in der ganzen westlichen Welt.

In diesem Buch handelt das Kapitel 5 von Ulrichs. Seine Hauptwerke können dem Literaturverzeichnis am Ende des Buches entnommen werden (vgl. auch Setz 2004).

Richard von Krafft-Ebing (1840–1902)

Richard Fridolin Joseph Freiherr Krafft von Festenburg auf Frohnberg genannt von Ebing – so sein kompletter Name – stammte aus einer süddeutsch-österreichischen Familie römisch-katholischer Konfession, die väterlicherseits den Herrschenden durch Amtmänner gedient und mütterlicherseits dem aufstrebenden Bürgertum freiheitliche Rechte eingeklagt hatte. Dieses Herkommen reflektiert sich in Krafft-Ebings Werk: Einerseits presste er die erotisch-sexuellen Vorlieben und Auffälligkeiten in eine starre psychiatrische Systematik, andererseits zeigte er ein Menschen zugewandtes Interesse an den ungewöhnlichsten Niederschlägen des Sexualtriebes und ließ die Pathologisierten und Inkriminierten in seinen Veröffentlichungen unzensiert zu Wort kommen. Sein Hauptwerk *Psychopathia sexualis* fasste das kasuistische Meinen und Wissen der europäisch-nordamerikanischen Psychiatrie und Gerichtsmedizin zusammen und ebnete als Bestseller der Sexualpathologie den Weg, indem es sie popularisierte. Krafft-Ebing, in Mannheim geboren, hatte nacheinander Professuren für Psychiatrie in Straßburg, Graz und Wien inne und war im 19. Jahrhundert einer der angesehensten Vertreter seines Faches. Von den bekannten und einflussreichen deutsch-österreichischen Sexualforschern war er der einzige, der nicht aus einer jüdischen Familie stammte und es wohl auch deswegen bis an die akademische Spitze geschafft hat. Allerdings war sein Hauptarbeitsgebiet zunächst und insgesamt nicht die »schmutzige« Sexuologie.

Theoretisch und klinisch ist Krafft-Ebing nach meiner Auffassung sehr viel eher der Begründer einer modernen Forensischen Psychiatrie als einer modernen Sexualwissenschaft. Er lenkte den Blick der Medizin und des Rechts von der Tat auf den Täter, von einer strafbaren Handlung auf ein beschädigtes, gefährliches, leidendes Subjekt, betonte die Frage der Zurechnungsfähigkeit und stellte neben den Richter den Psychiater als unverzichtbaren Sachverständigen. Krafft-Ebing starb, erst 62 Jahre alt, in Mariagrün bei Graz.

In diesem Buch ist Krafft-Ebing das 7. Kapitel gewidmet. Seine Hauptwerke können dem Literaturverzeichnis am Ende des Buches entnommen werden.

Albert Eulenburg (1840–1917)

Albert Eulenburg wird hier nicht als Pionier vorgestellt, weil er in den Anfängen grundlegende sexuologische Schriften vorgelegt hätte. Er wird hier erwähnt, weil er durch sein Ansehen in der Medizin, seine Fähigkeiten und seinen Charakter wie kein Zweiter geeignet war, schwierige Projekte zu realisieren und Charakterschwächen der Kollegen auszugleichen. Fraglos haben das Organisationstalent, der enorme Fleiß und der gütige Charakter Eulenburgs die Selbstorganisation der Sexualwissenschaft am Beginn des 20. Jahrhunderts zumindest erleichtert und beflügelt. Durch seine äußerst vielfältigen, sehr erfolgreichen und teilweise einzigartigen medizinischen Veröffentlichungen, darunter eine Enzyklopädie der gesamten Heilkunde in 96 Bänden, durch seine hohe akademische Stellung, die kein anderer Sexualwissenschaftler in Deutschland erreichte, und nicht zuletzt durch seine ebenso ernst-kritische wie mild-ausgleichende Art wurde Eulenburg zunächst zum Förderer und später zum Schutzpatron der neuen Wissenschaft.

Einige seiner frühen Interventionen waren geeignet, eine sich als kritisch begreifende Sexualwissenschaft zu begründen. Sie gehen theoretisch und politisch weit über das hinaus, was später Bloch für sich als Begründer der neuen Wissenschaft in Anspruch nehmen wird. Müsste eine Linie kritischer Sexualwissenschaft benannt werden (s. Kap. 24), wären vor Eulenburg gewiss Paolo Mantegazza und Karl Heinrich Ulrichs, zeitgleich Havelock Ellis und nach ihm Sigmund Freud zu nennen, nicht aber sein Altersgenosse Richard von Krafft-Ebing und auch nicht der mehr als 30 Jahre jüngere Iwan Bloch.

Bemerkenswert ist, dass sich Eulenburg, der aus einer zum Christentum konvertierten jüdischen Arztfamilie stammte, bereits in der ersten Hälfte der 1890er Jahre mit dezidierten wissenschaftlichen und politischen Äußerungen der »sexuellen Frage« jenseits der Sexualpsychopathologie zugewandt hatte (vgl. die Chronologie der Ereignisse im Anhang). Dieses Interesse hielt bis zu seinem Tod nicht nur an; es wurde immer stärker und hatte unter anderem eine besondere Pioniertat zur Folge: Im Sommersemester 1913 hielt Eulenburg an der Berliner Universität als erster deutscher Professor eine Vorlesung, in der die Sexualität im Zentrum stand (»Grundzüge der sexuellen Psychologie und Psychopathologie«, vgl. Bloch in Reitzenstein 1922: 121).

Von den Kollegen gebeten, übernahm Eulenburg 1913 den Vorsitz der Ärztlichen Gesellschaft für Sexualwissenschaft (ÄGESE) und 1914 die Herausgabe der *Zeitschrift für Sexualwissenschaft*, und alle waren sicher, dass die Vorhaben dann gelingen würden. Nach Eulenburgs Tod 1917 ging die Zeitschrift, die nur noch von Iwan Bloch redigiert wurde, sehr schnell an die konkurrierende Internationale Gesellschaft für Sexualforschung (INGESE) verloren. Die von Eulenburg mitbegründete ÄGESE wurde zehn Jahre später von der INGESE übernommen (s. Kap. 3).

In diesem Buch ist Eulenburg das Kapitel 9 gewidmet, in dem auch einige Kritiken von ihm im Wortlaut wiedergegeben sind. Seine Hauptwerke können dem Literaturverzeichnis am Ende des Buches entnommen werden.

Albert Moll (1862–1939)

Moll wuchs in einer jüdischen Kaufmannsfamilie in Posen auf, besuchte ein katholisches Gymnasium zu Gr. Glogau, ließ sich 1895 evangelisch-christlich taufen und trat 1896 aus dem Judentum aus. Nach dem Medizinstudium reiste er Mitte der 1880er Jahre zwei Jahre lang durch Europa, um unter anderem bei Charcot in Paris die Hypnosebehandlung der Hysterie zu erlernen. In Nancy studierte er die Psychotherapieschule von Auguste Ambroise Liébeault und Hippolyte Bernheim. Nach der Studienreise ließ er sich als »Spezialarzt für Nervenleiden und psychische Behandlung« in Berlin nieder. Dort wurde er auf verschiedenen Gebieten zum wissenschaftlichen oder ärztlichen Pionier. Durch sein Engagement für die »Schule von Nancy« in Deutschland, durch sein Buch *Der Hypnotismus*, das ihm internationale Anerkennung einbrachte, durch seine offenbar erfolgreichen Hypnosebehandlungen und die Entwicklung einer eigenen so genannten Assoziationstherapie wurde er zum Pionier der ärztlichen Psychotherapie in Deutschland, der »kleinen Psychotherapie« im Gegensatz zur »großen« psychoanalytischen. 1909 gründete er die *Zeitschrift für Psychotherapie und medizinische Psychologie*, die bis 1924 bei Enke erschien. Moll, der den Zentralverband der Kassenärzte von Groß-Berlin  und weitere Ärzteorganisationen ins Leben rief, hat auch als erster in Deutschland erreicht, dass Krankenkassen Psychotherapie bezahlten. Ein (bisher unbeachteter) Pionier der Medizinethik und der Medizinpsychologie ist er durch bis heute lesenswerte Werke, durch die Gründung einer Gesellschaft für Experimentalpsychologie und eines außeruniversitären Instituts für praktische Psychologie, durch seinen Kampf, vor allem als anerkannter Gerichtsgutachter, gegen Hellseherei, überhaupt gegen alle »Geheimwissenschaften«.

Auf sexualwissenschaftlichem Gebiet hat Moll zu verschiedenen Fragen als erster wegweisende Studien vorgelegt, die nachweislich Pioniere wie Freud stark beeinflusst haben. Zu nennen sind seine Arbeiten zur »conträren Sexualempfindung« bzw. Homosexualität, zur Libido sexualis bzw. zum Geschlechtstrieb und zum Sexualleben des Kindes. Moll hat vor Freud nicht nur eine dynamische (Partial-)Triebtheorie aufgestellt und neben dem »perversen« als einer der ersten das »normale« Sexualleben analysiert, sondern insbesondere, theoretisch wie empirisch, auch die infantile Sexualität. Zur Disziplinierung der Sexualwissenschaft hat er durch sein *Handbuch der Sexualwissenschaften* und durch die Mitbegründung der Internationalen Gesellschaft für Sexualforschung (s. Kap. 3) wesentlich beigetragen. Um die Wende vom 19. zum 20. Jahrhundert, auf jeden Fall nach dem frühen Tod Kraffts-Ebings 1902, war der Geheimrat Moll, der seine Praxis auf dem noblen Berliner Kurfürstendamm hatte, in Europa die anerkannte Autorität auf dem Gebiet der Sexualwissenschaft. Außerdem galt er als Autorität auf den Gebieten Psychotherapie und Parapsychologie. In den Jahren bis zur NS-Diktatur liefen ihm allmählich Pioniere wie Hirschfeld und Freud den Rang ab.

Über den »reinen« Wissenschaftler und Verächter der persönlich sexuell befangenen Fachkollegen, über den mit einem Auge schielenden Hypnotiseur, den morphiumsüchtigen deutschnationalen Ratgeber des Generalstabes in Fragen der psychologischen Kriegsführung, über den Ausbilder eines Spions und den Denunzianten von Magnus Hirschfeld, über den Gegner medizinischer Experimente an Patienten, beeindruckenden Ethiker und geistig unabhängigen Kritiker von menschenverachtenden Theorien und Praktiken wird im Kapitel 8 berichtet. Sein gestörtes Verhältnis zu Freud kommt im Kapitel 12 zur Sprache. Die Hauptwerke Molls können dem Literaturverzeichnis am Ende des Buches entnommen werden.

Alfred Blaschko (1858–1922)

Als Sohn eines Badearztes in Freienwalde an der Oder geboren, ist Blaschko in Berlin aufgewachsen, dort auch überwiegend tätig gewesen und gestorben. Nach dem Studium der Medizin forschte er unter anderem bei Rudolf Virchow und Wilhelm von Waldeyer-Hartz und entdeckte die so genannten Rete-Linien der Oberhaut, die bis heute Blaschko-Linien heißen. Danach praktizierte er in Berlin als Allgemeinarzt und bildete sich allein zum Dermatovenerologen aus. 1893 begründete

er mit dem Werk *Syphilis und Prostitution vom Standpunkte der öffentlichen Gesundheitspflege* seine wissenschaftliche Reputation. Im selben Jahr richtete er eine »Poliklinik für Haut- und Geschlechtskrankheiten« ein, in der er, von Krankenkassen finanziert, unbemittelte Kranke behandelte und bis zu fünf Assistenzärzte beschäftigte, darunter Max Marcuse und Georg Loewenstein. Blaschkos Ziel war es, aus der verschwiegenen und verpönten Schande Geschlechtskrankheit eine beim Namen genannte und behandelbare Krankheit zu machen. Es gibt wohl keinen anderen Arzt oder Sexuologen in seiner Zeit, der im Kampf gegen Geschlechtskrankheiten und Prostitution engagierter war als dieser kleinwüchsige, schmächtige, schwächliche, an einer chronischen Darmkrankheit leidender Jude und Sozialist, der nach dem Zeugnis seiner vielen Freunde, zu denen Ignaz Zadek, Felix Pinkus, August Bebel, Rosa Luxemburg und der Nobelpreisträger Max Born gehörten, durch sein soziales und politisches Engagement, seine Originalität und seine Wahrheitsliebe aus dem Rahmen fiel.

Bereits 1902 gründete Blaschko zusammen mit Albert Neisser, dem Entdecker des Gonorrhoe-Erregers, die Deutsche Gesellschaft zur Bekämpfung der Geschlechtskrankheiten (DGBG). Als Generalsekretär (1902–1916) und nach Neissers Tod auch als Erster Vorsitzender (1916–1922) sowie als redigierender Herausgeber der *Mitteilungen* und der *Zeitschrift für Bekämpfung der Geschlechtskrankheiten* bestimmte er die Politik dieser einflussreichen Fachgesellschaft wesentlich. Obgleich Jude kam die preußische Kultusverwaltung nicht umhin, Blaschko 1908 zum Titular-Professor zu ernennen. 1918, noch zur Kaiserzeit, erhielt er sogar den Titel Geheimrat, und heute gibt es in Berlin-Neukölln eine Blaschkoallee. Seine Arbeiten zur Struktur der Haut gelten als grundlegend. Seine Arbeiten zur Lepra und zu den Arbeiter- bzw. Gewerbe-Dermatosen stellen Schritte in Richtung auf eine kritische Sozial- und Arbeitsmedizin dar.

In diesem Buch ist Blaschko das 10. Kapitel gewidmet. Seine wichtigsten Veröffentlichungen können dem Literaturverzeichnis am Ende des Buches entnommen werden.

Sigmund Freud (1856–1939)

Über Freuds Leben und Werk ist so viel veröffentlicht worden, dass hier einige disperse Bemerkungen genügen können. Als Pionier der Sexualwissenschaft aber muss er erwähnt werden, nicht weil Freud sich selbst so sah, sondern weil das Sexuelle in seinem Werk zentral steht. Freud hatte andere Intentionen, als eine Sexualwissenschaft im engeren Sinn zu begründen; er wollte eine »psychoanalytische Bewegung« ins Leben rufen, was ihm auch gelungen ist. Ein sexuologischer Pionier aber ist er, weil er den Sexualtrieb als die entscheidende menschliche Antriebskraft ansah und weil er dem »sexuellen Zeitalter« gewissermaßen die Sexualtheorie lieferte, die den »Zeitgeist« traf. Seine Theorie leuchtete den Gebildeten am ehesten ein und wurde deshalb von ihnen kolportiert und ins Alltagsleben übertragen: Oralität, Analität, Ödipuskomplex, Kastrationsangst, Penisneid des Weibes usw.

Die psychoanalytische Sexualtheorie wurde zur einflussreichsten des 20. Jahrhunderts in Europa und Nordamerika, weil der exzellente Schriftsteller Freud dem durchgesetzten Wissenschaftsobjektiv nichts mehr ernsthaft entgegensetzte oder zur Seite stellte wie noch Mantegazza und Ulrichs in Form von Poesie oder Magnetismus; weil er gesellschaftliche Widersprüche und Paradoxien wenigstens zum Teil psychologisch verständlich zu machen schien in Gestalt von Schuldgefühlen, Ängsten, Konflikten, Abwehrmechanismen, überhaupt von unbewussten Reaktionen; weil seine theoretischen Paradoxien keine Hirngespinste sind, sondern blutige kulturelle Realität, z.B. wenn er Triebverzicht als Bedingung der Möglichkeit von Zivilisation fordert, gleichzeitig aber die kulturellen Sexualpersonen an den damit einhergehenden Schuldgefühlen und Versagungen und Strafen ersticken sieht; weil er spätestens seit der *Traumdeutung* zwischen seelischer Krankheit und Gesundheit nicht mehr grundsätzlich unterschied, sodass er dem bei Krafft-Ebing z.B. auf die Spitze gekommenen Krankheitsobjektiv humanitär widersprach, denn jetzt gehörten der Friedensengel und der Kriegtreiber, der Gesittete und der Perverse zusammen, im Kopf und in der Realität; weil er einerseits die Differentia specifica, den einmaligen Individualismus, in den Mittelpunkt stellte, andererseits aber eine Adaequatio in Form von archaischen, immer schon die weichenstellenden Konstitutionen und Konstellationen sowie in Form von allgemeingültigen Symbolen; weil er biologisch gedachte Gesetzmäßigkeiten und hermeneutische Spekulationen in produktive Spannungen versetzte; weil sich in seinem voluminösen Werk zu vielen Fragen doppelsinnige oder widersprüchliche Antworten finden, sodass sich sehr viele auf ihn berufen konnten; weil er die herrschenden Sexual-, Geschlechter- und Allianzverhältnisse wenn überhaupt dann auf sehr elegante, gewissermaßen literarische Weise in Frage stellte, ihnen jedenfalls nicht wie andere, z.B. Ehrenfels (s. Kap. 14), das Bestehende umstürzende Modelle entgegensetzte.

Und nicht zuletzt traf seine Lehre den Nerv der Zeit, weil sie erklärtermaßen naturwissenschaftlich imprägniert ist, genauer: von der Evolutions- und Entwicklungsbiologie (Sulloway 1979/1982) sowie von einem psychophysischen Parallelismus (Lohmann 1998) inspiriert und gezeichnet. So schrieb Freud noch am Lebensende: »Die Phänomene, die wir bearbeiteten, gehören nicht nur der Psychologie an, sie haben auch eine organisch-biologische Seite und dementsprechend haben wir [...] auch bedeutsame biologische Funde gemacht und neue biologische Annahmen nicht vermeiden können. [...] (Das) hat uns in den Stand gesetzt, die Psychologie auf einer ähnlichen Grundlage aufzurichten wie jede andere Naturwissenschaft, z.B. wie die Physik« (1938/1940: 125 f). Kein Wunder also, dass die Trieb- resp. Libidotheorie Freuds nach seiner Ansicht »zum wenigsten auf psychologischem Grunde beruht«, vielmehr »wesentlich biologisch gestützt ist«, und dass er von Anfang an verlangte, »unsere psychologischen Vorläufigkeiten einmal auf den Boden organischer Träger« zu stellen, sodass es wahrscheinlich werde, »daß es besondere Stoffe und chemische Prozesse sind, welche die Wirkungen der Sexualität ausüben« (1914: 144). Der Sexualtrieb ist nach dieser Wahrscheinlichkeit in Freuds Vorstellung als eine besondere psychische Kraft ein Substitut jenes noch unbekannten besonderen chemischen Stoffes, im Grunde eine Idea corporis (Spinoza).

Umfangreiche Kenntnisse auf naturwissenschaftlichem Gebiet hatte der Begründer der Psychoanalyse zunächst durch ein Medizinstudium erworben, dann aber vor allem durch die Mitarbeit in dem Physiologischen Laboratorium des von ihm zeitlebens verehrten Ernst Brücke sowie durch Lehrzeiten bei dem Internisten Hermann Nothnagel und dem Hirnforscher Theodor Meynert und schließlich nach beachtenswerten anatomischen Forschungen (vgl. Freud 1877a, 1877b) durch die von den drei genannten Professoren befürwortete Habilitation für Neuropathologie, ein Fachgebiet, mit dem er heute in jeder Medizinischen Fakultät sofort reüssieren könnte, weil dieser Unteraspekt nach einem Jahrhundert wieder zum Oberaspekt in der medizinischen Forschung geworden ist. Wegen fehlender beruflicher Aussichten, wegen entgangener Erfolge bei der eigenen Kokain-Forschung, aus finanzieller Not und nicht zuletzt, um endlich seine Braut Martha Bernays (1861–1951) heiraten zu können, mit der er sechs Kinder haben wird, entschied sich Freud in den 1880er Jahren, auf die Naturforscher-Karriere zu verzichten und in Wien eine Privatpraxis zu betreiben, obgleich sein Herz am Forschen und Berühmtwerden hing und nicht am Therapieren der »Nervösen«, das er in Briefen an Wilhelm Fließ und Karl Abraham scherzhaft »Mohrenwäsche« nannte, eine Tätigkeit, die ihm inzwischen »zuwider« sei (vgl. Lohmann 1998: 112). Der weitere Weg von den *Studien über Hysterie* mit Josef Breuer (1895) über die epochale *Traumdeutung* (1900) und die epochalen *Drei Abhandlungen zur Sexualtheorie* (1905) bis hin zum *Unbehagen in der Kultur* (1930) ist allgemein bekannt.

Weniger bekannt ist, dass der Jude Freud beinahe 17 Jahre nach der Habilitation warten musste, bis er endlich 1902 zum Titular-Professor an der Wiener Universität ernannt wurde – und das auch nur, weil er sich nach langem Zögern entschlossen hatte, Beziehungen spielen zu lassen. Weniger bekannt ist auch sein Herkommen. Als Sigismund Schlomo Freud am 6. Mai 1856 im mährischen Freiberg (heute Příbor) geboren, wuchs er in einer kinderreichen Drei-Phasen-Familie auf. Sein 41-jähriger Vater, ein eher erfolgloser Wollhändler, brachte aus einer vorausgegangenen Ehe Söhne mit, die etwa so alt waren wie seine 21-jährige Mutter. (Man weiß übrigens bis heute nicht, ob der Vater insgesamt zwei- oder dreimal verheiratet war.) Aus wirtschaftlichen Gründen zog die Familie erst für kurze Zeit nach Leipzig, um sich dann in Wien niederzulassen. Freud lebte dort bis zum »Anschluss« Österreichs an Nazideutschland. Nach Interventionen des amerikanischen Präsidenten Roosevelt und des italienischen Diktators Mussolini durfte er 1938 mit seiner Familie nach London ausreisen, wo er am 23. September 1939 verstarb. Vier seiner Schwestern, die Österreich nicht verlassen konnten, wurden 1942 im KZ Auschwitz ermordet.

Auf die Sexualtheorie Freuds, auch den Teil, der die kulturellen Verhältnisse reflektiert, auf seine Hellsichtigkeiten und seinen blinden Fleck, die Weiblichkeit, sowie auf sein Verhältnis zur sich etablierenden Sexualwissenschaft und die Differenz von Psychoanalyse einerseits und disziplinärer Sexualwissenschaft andererseits wird im Kapitel 12 eingegangen. Wichtige Veröffentlichungen von Freud können dem Literaturverzeichnis am Ende des Buches entnommen werden. Erwähnt seien hier außerdem: Gesammelte Schriften, 12 Bde. (1924–1934); Gesammelte Werke (GW), Bde. 1–17 (1940–1952), Bd. 18 (1968), Nachtragsband (1987); The Standard Edition, 24 Bde. (1953–1974); Studienausgabe, 10 Bde. und Ergänzungsband (1969–1975); Freud-Bibliographie mit Werkkonkordanz (erw. Aufl. 1999); Werke im Taschenbuch, 28 Bde. (seit 1991).

Havelock Ellis (1859–1939)

Henry Havelock Ellis, geboren am 2. Februar 1859 in Croydon bei London, gestorben am 8. Juli 1939 in Hintlesham/Ipswich, ist der einzige national und international einflussreiche sexualwissenschaftliche Pionier im engeren Sinn, den die englischsprachigen Länder in den Anfangsjahren der Sexualwissenschaft vorzuweisen haben. Mit seinem ungewöhnlich umfangreichen Werk machte er sich zu einem der weithin respektierten Sprecher der liberalen Strömungen der Zeit, von der Frage der sexuellen Aufklärung über die Frauenfrage bis hin zu Sozialismus und Individualismus, die er gleichermaßen anstrebte. Anders als Freud, Moll oder Bloch ging es ihm nicht darum, großartige wissenschaftliche Entdeckungen zu machen oder gar Prioritätsrechte einzuklagen; er betätigte sich vielmehr bewusst, kontinuierlich und äußerst zielstrebig als Modernisierer der kulturellen Sexualform, ob es nun um das Zusammendenken und Zusammenleben von so genannter normaler und perverser Sexualität oder speziell von Hetero- und Homosexualität ging oder um das Entpathologisieren von Perversionen unter dem ebenso neuen wie allgemeinen Gesichtswinkel eines »erotischen Symbolismus« oder um das bei Frauen wie Männern vorhandene sexuelle Verlangen, um die Regulierung der Fortpflanzung, die Rechte der Frauen oder den Umgang mit Sexualdelinquenten. In vielen Fragen war Ellis seinen Zeitgenossen an Weitsicht und Liberalität um ein Jahrhundert voraus. Belesen, bescheiden, verständnisvoll und aufrichtig wie kaum ein zweiter Sexuologe, behandelte er in zahllosen, immer wieder neu aufgelegten und Jahrzehnte lang bearbeiteten Publikationen in diversen Sprachen, an deren kompletter Aufnahme wir im Laufe der Jahre wiederholt gescheitert sind, praktisch alle sexuellen Probleme, die zur Zeit der ersten »sexuellen Revolution« in Europa und Nordamerika aufgeworfen worden sind, vom Schamgefühl über die Sexualperiodizität und die Träume bis hin zum Problem der so genannten Rassenhygiene.

Ellis hatte eine tiefreligiöse Mutter, vier jüngere Schwestern, die alle Jungfrauen geblieben sein sollen, und einen Vater, der Kapitän war und mit dem er schon als Kind große Segelschiffsreisen unternahm. Als Heranwachsender unterbrach er eine Weltreise für vier Jahre in Australien, wo er als Lehrer arbeitete. Schließlich kehrte er nach England zurück, um ein notwendiges Medizinstudium zu absolvieren. Notwendig schien ihm dieses Studium zu sein, weil er bereits als Heranwachsender aus persönlichen Gründen beschlossen hatte, etwas gegen die Angst und Schrecken verbreitende Tabuisierung der sexuellen Sphäre zu unternehmen. (Stark gehemmt und parasexuell, hat Ellis offenbar erst mit 17 Jahren eine Erektion bewusst erlebt und den ersten Koitus im engeren Sinn mit einer Frau erst um den 60. Geburtstag herum.) Neben dem Studium der Medizin befasste er sich mit Literatur und Philosophie und schrieb bereits Kritiken. Den Beruf des Arztes übte er, von wenigen Praktika abgesehen, nur als Privatgelehrter aus, indem er die Fachliteratur im Sinne seines Vorhabens studierte, Kranke und Verzweifelte vor allem brieflich beriet und mit den arrivierten Sexualforschern anderer Länder in einen Gedankenaustausch trat. So korrespondierte er mit Lombroso und Freud, schrieb für Malinowski ein Vorwort, publizierte zusammen mit Moll und stand mit Hirschfeld

und August Forel der Weltliga für Sexualreform vor. Berühmt wurde Ellis dadurch, dass seine sexuologischen Werke nicht in seiner Heimat erscheinen konnten (»Bedborough-Trial«). Gezwungenermaßen ließ er sie in Deutschland und den USA erscheinen. Neben den sexuologischen Fachbüchern schrieb er Essays, Literaturkritiken und Gedichte und gab alte englische Dramatiker (*Mermaid Series*) sowie Bücher zu wissenschaftlichen und kulturellen Fragen heraus (*Contemporary Science Series*), sehr erfolgreich und sehr angesehen als »thinker, critic, essayist, and editor« (Ensor 1949:
258). Von seinen sexualwissenschaftlichen Werken wurden die »Studies in the Psychology of Sex« am bekanntesten, eine Buchreihe, die in verschiedenen Ausgaben und Auflagen 32 Einzelstudien enthält und sich diskurshistorisch dadurch auszeichnet, dass sie nach dem vorausgegangenen Exzess der Sexualpsychopathologie das »normale« Sexual- und Geschlechtsleben ebenso ernst nimmt wie das seltene, bizarre oder perverse. Auch insofern schließt Ellis sehr viel eher an Mantegazza an als an Krafft-Ebing.

Zu seinem 70. Geburtstag schrieb Hirschfeld (1928/1929: 580), es sei »nicht leicht, Havelock Ellis einzureihen«; er sei kein »Fachmann in gewöhnlichem Sinn« und doch gehöre er in »die erste Reihe der Begründer der Sexualwissenschaft«. Eindrucksvollerweise habe er sich keiner »bestimmten Schule und Theorie untergeordnet«, »weder einer psychologischen noch einer biologischen«; er fand »das Verhältnis zwischen den Tatsachen und dem Leben wichtiger als die Theorie, die die Tatsachen ›erklärt‹«. Diese skeptische Haltung gegenüber Wissenschaft erlaubte ihm auch, den Drang der Psychoanalyse nach Wissenschaftlichkeit und Endgültigkeit immer wieder zu hinterfragen. Zum Ärger Freuds hatte er in ihm bis zuletzt öffentlich den Poeten, den Künstler gesehen, nicht vor allem den Wissenschaftler oder Philosophen (Ellis 1939a). Er kritisierte die meisten Annahmen und Resultate Freuds, hielt ihn aber für einen der größten Denker. Auch hat kein anderer Gelehrter die Freud'sche Psychoanalyse seit den 1890er Jahren so sehr in den angelsächsischen Ländern bekannt gemacht und ernst genommen wie Ellis. Zu den Paradoxien seines Lebens gehört, dass er die Verwissenschaftlichung der Sexualität als Problem erkannt hatte, sie aber selbst wie kein zweiter Engländer vorantrieb.

Als Kämpfer gegen die viktorianische Verlogenheit verschwieg er nicht, was ihn vor allem zur Sexualforschung getrieben hatte: eine Neigung zur Urolagnie, das heißt, er wurde durch den Anblick einer urinierenden Frau sexuell erregt. Nach vielen Freundschaften mit klugen Frauen, darunter Eleanor Marx, eine Tochter von Karl Marx, und vor allem mit der arrivierten Schriftstellerin Olive Schreiner, mit der er tausende Briefe zärtlich-vertraut tauschte, heiratete er 1891 die auch Frauen liebende Schriftstellerin Edith Lees (vgl. z.B. E. Havelock-Ellis 1922). Erst nach deren Tod 1916 fand er mit Françoise Lafitte-Cyon die sexuelle Erfüllung, die er immer gesucht hatte. 1946 beschrieb sie die Jahre mit ihm in ihrem Buch *Friendship's Odyssey*, wobei sie sich Françoise »Delisle« nannte, ein Wort, das aus »de Ellis« gebildet ist. Havelock

Ellis hatte sich gewünscht, dass nach seinem Tod – er liegt auf demselben Friedhof, »Golders Green«, im Norden Londons begraben wie Sigmund Freud – gesagt werden könnte, »he has added a little to the sweetness of the world and a little to its light« (zit. nach The Times, Obituary »Mr. Havelock Ellis. Essayist and Critic«, 11. Juli 1939). Ich bin sicher, dass das heute über diese nicht nur in Großbritannien »forgotten figure« (Johnson 1988: 375; vgl. Johnson 1979) reinen Herzens gesagt werden kann.

Da wir uns in diesem Buch auf die deutschsprachige Sexualwissenschaft konzentrieren müssen, können Leben und Werk von Havelock Ellis bedauerlicherweise nicht in einem eigenen Kapitel behandelt werden. Seine wichtigsten Veröffentlichungen können dem Literaturverzeichnis am Ende des Buches entnommen werden. Mehrere Arbeiten über ihn sind im Anhang unter »weiterführende Literatur« genannt. Besonders hingewiesen sei auch auf seine Autobiografie *My Life* aus dem Jahr 1940.

Magnus Hirschfeld (1868–1935)

Hirschfeld war der bekannteste, umstrittenste und wohl insgesamt auch einflussreichste Sexualwissenschaftler der Weimarer Republik. Er stammte aus einer sozial engagierten, unorthodoxen jüdischen Arztfamilie in Pommern, wurde selber Arzt und blieb in Distanz zum Judentum. Anfänglich journalistisch und literarisch interessiert, widmete er sich sehr bald vorrangig dem Kampf gegen die Diskriminierung und Bestrafung der Homosexuellen. Davon überzeugt, dass das erfolgreich nur durch wissenschaftliche Beweise möglich sei, institutionalisierte er Sexualwissenschaft in den 1910er und 1920er Jahren außerhalb der Universität auf einzigartige Weise und so erfolgreich, dass sein Wirken trotz und gerade wegen der Zerstörungen durch die Nazis junge Forscherinnen und Forscher bis heute anregt, über die von ihm aufgeworfenen Fragen nachzudenken. Zu seinen großen Leistungen gehören die Gründung des Wissenschaftlich-humanitären Komitees (WhK), die Gründung und Herausgabe des »Jahrbuchs für sexuelle Zwischenstufen unter besonderer Berücksichtigung der Homosexualität«, die Gründung und Herausgabe der ersten »*Zeitschrift für Sexualwissenschaft*, außerdem bis heute allein wegen ihres enormen Faktenreichtums lesenswerte Sammelwerke wie *Die Homosexualität des Mannes und des Weibes*, mehrbändige Gesamtdarstellungen wie *Sexualpathologie* und *Geschlechtskunde* und nicht zuletzt die Finanzierung, Organisation und Leitung des ersten »Instituts für Sexualwissenschaft« der Welt, das in Berlin von 1919 bis 1933 außerhalb der Universität bestand (s. insbes. Kap. 15).

Theoretisch setzte Hirschfeld nach einigem Geplänkel mit der aufkommenden Psychoanalyse (s. Kap. 12) ganz auf die Naturwissenschaften, namentlich auf konstitutionsbiologische, genochirurgische und endokrinologische Forschungen mit dem Ziel, das Angeborensein der Homosexualität zu beweisen und damit eine persönliche Schuld und Verantwortlichkeit für das angeblich widernatürliche Verhalten auszuschließen. Die Gefahren, die sich daraus ergeben, dass einem gesellschaftlichen Willen zum Vernichten des Abnormen die körperlichen Regionen konkret benannt werden, an denen er ansetzen kann, um es auszurotten, unterschätzte Hirschfeld systematisch. Politisch stand er der Sozialdemokratie und vor allem den Emanzipationsbewegungen der Zeit nahe, ja in seinem Institut hatten Organisationen dieser Bewegung eine Heimstätte, und er selbst repräsentierte so etwas wie einen Schnittpunkt zwischen Sexualwissenschaft einerseits und Sexual- und Geschlechtsreform andererseits. Denn für ihn fielen Wissenschaft und Politik nicht wie bei den meisten arrivierten Sexualforschern auseinander, sondern bedingten einander. In diesem Sinn hatte er auch Organisationen wie die Ärztliche Gesellschaft für Sexualwissenschaft und Eugenik und die Weltliga für Sexualreform mitbegründet.

Hirschfelds Stärke war es, von den Betroffenen lernen zu können, eine Fähigkeit, die enorme Einsichten ermöglicht, heute aber wieder weitgehend vernichtet worden ist durch Professionalisierung und maßlose Überschätzung von Wissenschaftlichkeit. Hirschfeld zog oft seine Schlüsse aus »nichtklinischem Material«. Dass er selbst ganz offensichtlich nicht zu den ganz offensichtlich sexuell Geraden gehörte wie Mantegazza, Krafft-Ebing oder Max Marcuse, eröffnete ihm und damit der Sexualwissenschaft neue Perspektiven. Dabei blieb er der Metaphysik realistisch fern und wurde auch keine »rosa« Luxemburg, die die Revolutionierung der Verhältnisse ausriefe. Hirschfeld blieb als Bürgerschreck wie als lieber Onkel Magnus souverän wie nur wenige seiner Kollegen. Auch aus diesem Grund wurde er zu einem Gesamt-Hassobjekt der Rechtsradikalen und Nazis: ein souveräner jüdischer homosexueller sozialistischer Sexuologe, der im Exil ertragen musste, dass die Barbaren sein Lebenswerk zerstörten.

Unwiederbringlich ist das, was Hirschfeld und sein Institut getan haben. Es war nur möglich, weil nach der wenngleich gescheiterten Novemberrevolution von 1918 in der Weimarer Republik ein einzigartiger kultureller Aufbruch erfolgte. Nicht umsonst wird ja, trotz der unendlichen Armut und der politischen Übergriffe, von den »Goldenen Zwanziger Jahren« gesprochen. Die Mitglieder des Berliner Instituts nutzten diese Chance auf eine bis heute überaus imponierende Weise, indem sie den sexuell und vor allem auch den geschlechtlich aus dem kulturellen Rahmen Fallenden mit Rat und Tat unter die Arme griffen, medizinische und juristische Hilfe anboten, ja sogar Unterschlupf gewährten. Kein Wunder, dass neben dem drei Jahrzehnte jüngeren Wilhelm Reich (s. unten), der in Deutschland kein Pionier der sexologischen Anfangszeit mehr sein konnte, dessen Werk aber die Studentenbewegung der 1960er Jahre lebhaft (und recht unkritisch) erinnerte, nur Magnus Hirschfeld nach dem Zweiten Weltkrieg in Deutschland durch eine Renaissance erinnert und ausgezeichnet wurde.

In diesem Buch werden Leben und Werk Hirschfelds in den Kapiteln 3, 8 sowie 15 bis 17 erörtert. Seine wichtigsten Publikationen können dem Literaturverzeichnis am Ende des Buches entnommen werden. Alle bisher bekannten Veröffentlichungen sind bei Steakley (1985) sowie ergänzend bei Sigusch und Katzenbach (1996) zusammengestellt.

Helene Stöcker (1869–1943)

Helene Stöcker ist insofern eine Pionierin der modernen Sexualwissenschaft als sie durch ihre Kooperation mit den sich herausbildenden sexuologischen Vereinigungen und Zeitschriften sexualethische, sexualpolitische und insbesondere feministische Ideen und Anliegen der bürgerlich-fortschrittlichen Frauenbewegung in der neuen Disziplin vertrat, und zwar als einzige Frau kontinuierlich vom Beginn des 20. Jahrhunderts bis zur Nazi-Diktatur, durch die sie aus dem Land getrieben wurde. Von allen politisch linken und sich emanzipierenden Frauen stand sie den männlichen Pionieren der Sexualwissenschaft am nächsten. Oft war sie die einzige Frau, die entweder gebeten wurde, bei irgendeiner Aktion mitzumachen oder die von sich aus mitmachte, beispielsweise, als Hirschfeld 1908 die erste *Zeitschrift für Sexualwissenschaft* in die Welt setzte. Dort schrieb dann Helene Stöcker neben den Herren Freud und Forel, Mantegazza und Lombroso – wie wir im Kapitel 3 hören werden.

Helene Stöcker wuchs als ältestes von acht Kindern in einer extrem calvinistischen Fabrikantenfamilie in Elberfeld, dem heutigen Wuppertal-Elberfeld, auf. Von einem starken Verlangen nach Wissen und Autonomie getragen, schaffte sie es, gegen alle Widerstände eine höhere Bildung zu erlangen. Sie gehörte 1896/97 zu den ersten weiblichen Gasthörerinnen an der Berliner Friedrich-Wilhelms-Universität, und sie promovierte nach einem Studium der Literaturgeschichte, Nationalökonomie und Philosophie 1901 in Bern als eine der ersten deutschen Frauen zum Dr. phil. (Stöcker 1902).

Bewundernswert vorurteilslos, kenntnisreich und mutig kämpfte Helene Stöcker ihr Leben lang an mehreren verminten Fronten: gegen Patriarchalismus, die herrschende Männermoral, die Heuchelei in allen sexuellen Dingen, gegen die Kriegstreiberei. Permanent Hohn und Hass, Drohungen und Verfolgungen ausgesetzt, hielt sie nicht nur durch, sondern blieb nach dem Zeugnis vieler Zeitgenossinnen und -genossen gütig, bescheiden und mütterlich. Den ledigen Müttern (den »Gefallenen«) und unehelichen Kindern (dem »Mutterschmutz«) gehörte ihr Herz; für sie gründete sie einen Schutzbund, Beratungsstellen und Heime, die es zuvor nicht gegeben hat. Ihr unermüdlicher, sich über Jahrzehnte hinziehender Kampf trug entscheidend dazu bei, die öffentliche Meinung und das staatliche Handeln zu liberalisieren. Allein als Mitbegründerin und Vorsitzende des »Bundes für Mutterschutz« und als redigierende Herausgeberin von Zeitschriften (s. Kap. 3) hat sich Helene Stöcker als wegweisende Frauenrechtlerin und Sexualreformerin verewigt – mit einer Ausnahme: in Sachen »Rassenverbesserung und Eugenik«, die sie »als eine modernere Fortsetzung der Sozialhygiene und Sozialreform« ansah (Stöcker 1914: 142), agierte sie wie die allermeisten Sexualwissenschaftler auf der Schattenseite der Aufklärung, sodass unter ihrer Regie in der Zeitschrift *Die neue Generation* Artikel erschienen, die

die »Höherzüchtung des Menschen«, die »Ausschaltung unterwertiger Menschensprößlinge« oder die »sozialhygienische Kastration« propagierten, letztere wie sie Nordamerikaner und der Schweizer August Forel bereits vorexerziert hatten (vgl. z.B. Leute 1909, David 1910).

Früh ließ sich Stöcker von Nietzsches Philosophie inspirieren. Ihre Vorstellungen von einer »Umwertung der Werte«, von einer »neuen Ethik« und von einer »freien Liebe« (vgl. z.b. Stöcker 1897, 1906b, 1924) sind außerordentlich modern. Viele ihrer Forderungen sind bei uns kulturell und insbesondere rechtlich erst in den letzten Jahrzehnten bruchstückhaft erfüllt worden: Gleichstellung des unehelichen Kindes mit dem ehelichen, Gleichwertigkeit des weder staatlich noch kirchlich geschlossenen Liebesbundes mit der Ehe, wirtschaftliche Unabhängigkeit der Frau vom Mann, gleiche Bildungschancen für Mädchen wie Jungen, uneingeschränkter Zugang zur Geburtenregelung, insgesamt ein Verhältnis von Mann und Frau und eine »Kultur der Erotik«, die auf Selbstbestimmung, persönlicher Verantwortung und darauf beruht, dass beide Geschlechter Liebe *und* Beruf leben können. Ihren berühmten Roman *Liebe* (1922) nannte die Kritik das »Evangelium der vielen Irrenden, Zweifelnden und Suchenden«, wie Lina Goldschmidt in einer Rundfunkrede im November 1929 formulierte. (Stöcker selbst war seit 1905 mit dem 1873 geborenen und 1931 verstorbenen jüdischen Rechtsanwalt und Publizisten Bruno Springer ehe- und kinderlos verbunden, wobei das Paar in getrennten Wohnungen an einem gemeinsamen Flur wohnte.)

Angesichts von Krieg und Völkermord erweiterte Stöcker 1914 ihren Kampf für die »freie Liebe« und für eine emanzipatorische Sexualethik, überhaupt für Frauenrechte um den Kampf für Frieden und Menschenrechte, wiederum enorm mutig, Schmähungen, Drohungen und Verfolgungen ausgesetzt. Wie in der Mutterschutz- und Neue-Ethik-Bewegung stand sie jahrelang in der Friedensbewegung in der ersten Reihe, auch international. 1929, an ihrem 60. Geburtstag, bedauerte manche Gratulantin, dass sie nicht wie Bertha von Suttner 1905 oder Ludwig Quidde 1927 den Friedensnobelpreis erhalten hatte. Stattdessen aber versammelten sich einträchtig Freimaurer, Religiöse Sozialisten, Kriegdienstgegner, Revolutionäre Pazifisten wie Bruno Vogel und Kurt Hiller, Sexualforscher wie Magnus Hirschfeld, Völkerbundler, Freunde der jungen Sowjet-Union, Deutsche Monisten, Mitglieder der Internationalen Arbeiterhilfe usw. – um sie zu ehren.

Nachzulesen ist das in diesem Buch im Kapitel 11, das Helene Stöcker gewidmet ist. Wichtige Publikationen Stöckers sind im Literaturverzeichnis am Ende des Buches genannt. Besonders hingewiesen sei an dieser Stelle auf die heute verfügbaren Mikrofiche-Ausgaben der von ihr herausgegebenen Zeitschriften: *Frauen-Rundschau* (mit Carmen Teja, Ella Mensch und Jenny von Dewitz), Jg. 4/1903 bis 16/1922 (Mikrofiche-Ausgabe 1998); *Mutterschutz. Zeitschrift zur Reform der sexuellen Ethik*, Publikationsorgan des Bundes für Mutterschutz, Jg. 1/1905 bis 3/1907 (Mikrofiche-Ausgabe 1992); *Die neue Generation*, Jg. 4/1908 bis 28/1932 (Mikrofiche-Ausgabe 1992).

Iwan Bloch (1872–1922)

Bloch wuchs in einer jüdischen Schlachter- und Viehhändlerfamilie im niederdeutschen Herzogtum Oldenburg auf, studierte Medizin, spezialisierte sich zum Dermatologen und Venerologen und eröffnete in Charlottenburg bei Berlin – damals war noch nicht alles geregelt – eine Praxis als Arzt für »Haut- und Sexualleiden«. Bloch gehört zu den Pionieren, die ohne Wenn und Aber für die neue Disziplin eintraten. Auch nahm er für sich in Anspruch, ihr nicht nur den Namen »Sexualwissenschaft« (s. dazu Kap. 1), sondern auch das wissenschaftliche Programm gegeben zu haben. Diskurstheoretisch würden wir heute aber sagen: Es lag schon seit Jahrzehnten alles in der Luft, und es war gar nicht mehr zu verhindern, dass selbst unfassbare Phänomene wie Erotik und Liebe dem Wissenschaftsobjektiv anheimgegeben wurden. Tatsächlich hat Bloch selbst in seiner unter dem

Pseudonym Eugen Dühren veröffentlichten Abhandlung über den Marquis de Sade bereits im Jahr 1900 die Aufgaben »einer Wissenschaft des menschlichen Geschlechtslebens« zunächst als »Phaenomenologie der Liebe« eingehend umrissen. Damals war noch nicht die Rede von Sexualität, sondern von Liebe – wie bei Mantegazza von Amore.

Anfänglich hat Bloch kulturhistorische Arbeiten vorgelegt und damit dem zu seiner Zeit dominierenden medizinisch-psychiatrischen Blick auf das Sexualleben wesentlich widersprochen. Indem er zum Beispiel die große kulturelle Variabilität sexueller Verhaltensweisen beschrieb, konnte »die« Sexualität der Gattung Mensch eigentlich nicht mehr als biologisch determiniert angesehen werden. Trotzdem hat er mehr und mehr die »allgemeingültigen Erscheinungen im Sexualleben der Menschheit« zum Maßstab für Wissenschaft und Reform erklärt (vgl. z.B. Bloch 1909). Gibt es aber allgemeingültige Erscheinungen, verlieren Kultur und Zeit wesentlich an Bedeutung.

In seinen späteren programmatischen Schriften stellte er neukantianisch und hierarchisierend die Biologie und die Medizin nomothetisch als »objektiv-exakte« Wissenschaften über die idiografisch als »intuitiv-spekulativ« angesehene Philosophie samt Kulturwissenschaft. Denn »schon im Akt der Zeugung« drücke sich »das natürliche Verhältnis zwischen Mann und Frau sehr klar und deutlich aus« (Bloch 1907: 11), das heißt der Mann ist aktiv und eindringend wie die Samenzelle, die Frau dagegen passiv und stationär wie die Eizelle.

Als »Sexualreformator« (Marcus und Loewenstein 1925: VII) dachte Bloch teleologisch und evolutionistisch, war vom »heterosexuellen Charakter« (1907: 586) der Keimbahnkontinuität und damit der geistigen Werte, jedes Fortschritts und der Kultur insgesamt durchdrungen, ignorierte das individuelle sexuelle und soziale Elend, beispielsweise wenn er sich einredete, die Prostitution könne überwunden werden. Ziel seiner Bemühungen war die »Veredelung und Verbesserung der physischen und moralischen Natur des Menschen« durch »Rationalisierung« (1912a: XIVf), notfalls aber auch durch »Ausrottung« (s. Kap. 13).

Blochs Werk umfasst stark beachtete medizin- und sittengeschichtliche Arbeiten, insbesondere über den Marquis de Sade, die Psychopathia sexualis, die Syphilis und die Prostitution, die für ihn das Zentralthema der Sexualwissenschaft war; ferner die Entdeckung des Original-Manuskripts des Hauptwerkes *Die 120 Tage von Sodom* von de Sade; wiederholte Versuche, die neue Disziplin Sexualwissenschaft theoretisch zu begründen, was ihm nur äußerlich gelungen ist; eine Gesamtdarstellung der »sexuellen Frage« in dem Buch *Das Sexualleben unserer Zeit in seinen Beziehungen zur modernen Kultur*, das eine starke Verbreitung fand; die zweifelhafte Einführung der »opotherapeutischen Präparate Testogan und Thelygan«, die bei allerlei Beschwerden helfen sollten; die Mitbegründung der ersten Ärztlichen Gesellschaft für Sexualwissenschaft und Eugenik (ÄGESE), die Mitbegründung und Herausgabe der zweiten *Zeitschrift für Sexualwissenschaft* (s. Kap. 3) sowie die Herausgabe eines *Handbuchs der gesamten Sexualwissenschaft in Einzeldarstellungen*, das durch den Weltkrieg und den frühen Tod Blochs im Alter von 50 Jahren nicht vollendet werden konnte.

In diesem Buch ist Bloch das Kapitel 13 gewidmet. Dort wird auch ausführlich im Wortlaut wiedergegeben, wie Bloch die neue Disziplin zu verschiedenen Zeiten konzipiert hat: unter Pseudonym in der Abhandlung *Der Marquis de Sade und seine Zeit* (1900), in der Einleitung zum *Handbuch der gesamten Sexualwissenschaft* (1912) sowie in der Rede zur Begründung der ÄGESE (1913). Im Kapitel 24 wird auf seinen Programmartikel im ersten Heft der *Zeitschrift für Sexualwissenschaft* (1914) kritisch eingegangen. Im Gesamtliteraturverzeichnis sind seine wichtigsten Schriften genannt.

Hermann Rohleder (1866–1934)

Rohleder wird hier nicht erwähnt, weil er ein Geistesriese war oder aus den Anfängen der Sexualwissenschaft nicht wegzudenken ist. Er wird hier erwähnt, weil er insofern der offensichtlichste vorzeitige Pionier der Sexualmedizin ist, als er in seinem umfangreichen Werk durchgehend nicht nur die Position des Arztes einnahm – immer wieder heißt es bei ihm: »wir als Ärzte« –, sondern weil er bereits am Ende des 19. und am Beginn des 20. Jahrhunderts (vgl. z.B. Rohleder 1896a, 1901, 1908) nachhaltig dafür plädierte, inzwischen gewonnene sexuologische Kenntnisse und Erkenntnisse in die Medizin hineinzutragen. Ein vorzeitiger Pionier ist er, weil dieser Aspekt der Sexualwissenschaft damals noch nicht unter einem eigenen Namen verfolgt wurde. Einen sexualmedizinischen Diskurs und eine Popularisierung des Neologismus »Sexualmedizin«, der zu Rohleders Zeit sehr selten benutzt wurde (vgl. z.B. Werthauer 1908), hat es erst Anfang der siebziger Jahre des 20. Jahrhunderts gegeben (s. Kap. 21).

Am 5. Februar 1866 in Dommitzsch bei Leipzig geboren, wuchs Hermann Oskar Rohleder als elftes Kind in einer Brauereibesitzersfamilie auf, legte 1889 sein Abitur in Dresden ab und studierte Medizin vom selben Jahr bis 1894 in Leipzig, um noch 1894 zu promovieren und sich als praktischer Arzt im Leipziger Stadtteil Gohlis niederzulassen. Parallel arbeitete er in einer Poliklinik für Hautkrankheiten, Syphilis und Harnkrankheiten. Ab 1903 nannte er sich Spezialarzt für Haut- und Harnleiden, später wählte er als Berufsbezeichnung Spezialarzt für Sexualleiden oder einfach Sexualarzt. 1896 heiratete Rohleder in der Dommitzscher evangelischen Pfarrkirche St. Marien die acht Jahre ältere Melanie Thekla Jenny Wegener geb. Francke (1858–1917), mit der er keine Kinder hatte. Am 21. Januar 1934 starb er in Leipzig – ein Datum, das wir, noch zu DDR-Zeiten, erst nach jahrelangen Recherchen in Erfahrung bringen konnten.

Rohleder versuchte, das Wissen der Sexualforscher für Ärzte (und daneben auch für Pädagogen und so genannte gebildete Laien) in mehrbändigen Übersichten verständlich aufzubereiten. Dabei schrieb er oft ein »schlechtes Deutsch« (vgl. dazu Marcuse 1912c: 351), sprang von der Kant'schen Metaphysik in die Steinach'sche Operation und verlor sich in Sinnlosigkeiten und Gemeinplätzen, sobald es psychologisch werden sollte. So stellt er beispielsweise fest, »daß Seelenleben und Sexualleben in Zusammenhang stehen«; oder, als Erkenntnis kursiv gedruckt und von einem Leser dick unterstrichen: »Der Mann liebt vorwiegend mit dem Verstand, die Frau mit dem Herzen, mit dem Gefühl« (Rohleder 1921e: 40, 65). Jahrzehnte lang bekämpfte Rohleder die Onanie wie ein Tissot redivivus mit allen Mitteln – bis hin zur Einweisung in eine Nervenanstalt. Dabei bekam sein »wissenschaftliches« Werk *Die Masturbation* (Rohleder 1899/1921) bis zu den 1960er Jahren keine durchgreifende wissenschaftliche Konkurrenz. Die Homosexualität teilte Rohleder klinisch trotz deutlicher Kritik nach Sexualpraktiken ein, wobei er daran festhielt, als peinlich Eingestuftes in lateinischer Sprache wiederzugeben. Seine Einteilung der »reinen Homosexualität« umfasste dann: Fellatorismus, Päderastie, Immissio penis in axillas, Appressio penis ad corpus alterius usw. (Rohleder 1915/1925: 19). Als von der Homosexualität und von der üblichen Masturbation zu trennende Perversion beschrieb er den so genannten Automonosexualismus (Rohleder 1907), bei dem Männer bei der Selbstbefriedigung nur an sich selbst und ihr Genitale denken.

Rohleder lehnte den Antihomosexuellen-Paragrafen 175 ab, war Neomalthusianer und sprach sich für jene Form der Eugenik aus, durch die »minderwertige« Personen an der Fortpflanzung gehindert werden. Grundsätzlich hielt er »eine Eugenik, das Erstreben einer Rassenhygiene und Rassenverbesserung, einer Höherzüchtung der Menschheit« für »eine Forderung der modernen Kultur wie die Sozialhygiene« (Rohleder 1923: 79). In seiner *Sexualphilosophie und Sexualethik* zählt er dann auf, welche Klassen von Menschen so »minderwertig« seien, »daß die Eugenik auf sie ausgedehnt werden muß«: Geisteskranke, Schwachsinnige, Epileptiker, Alkoholiker, Morphinisten, Taubstumme, Blinde, gewisse Sadisten, »Sexualhyperästhetiker«, körperliche Krüppel und natürlich »sozial« Minderwertige wie »die Verbrecher« (ebd.). Fachlich war Rohleder enger mit Krafft-Ebing und Hirschfeld verbunden als mit Moll und Marcuse. So trug er die Ärztliche Gesellschaft für Sexualwissenschaft und Eugenik mit und stützte Hirschfeld redaktionell zusammen mit Friedrich S. Krauss bei der Gründung der nur ein Jahr lang erscheinenden *Zeitschrift für Sexualwissenschaft*. Von der zuvor erschienenen Zeitschrift *Vita sexualis* hatte er 1896 nur zwei Ausgaben herausgeben können (s. Kap. 3).

Das Besondere an Rohleders Bemühungen ist, dass er die reproduktive Sphäre ebenso ernst nahm wie die sexuelle Sphäre. So legte er nicht nur in mehreren Bänden und diversen Ausgaben und Auflagen (fiktive) »Vorlesungen« über den »Sexualtrieb« und »das gesamte Sexualleben des Menschen« und dazu noch »Monographien zur Sexualwissenschaft« vor, mit denen er sich anmaßte, alle Dimensionen der ihn nicht loslassenden Sphäre verbindlich abzuhandeln, von der Sexualbiologie und der Sexualphysiologie über die Sexualpsychologie bis hin zur Sexualphilosophie und Sexualethik. Er legte auch, ebenfalls in mehreren Bänden und diversen Ausgaben und Auflagen, »Monographien über die Zeugung« vor. Außerdem erörterte er als einer der wenigen Bewanderten die sexualphysiologischen Reaktionen bei einer sexuellen Betätigung (Rohleder 1911). Als Befürworter und Praktiker der künstlichen Befruchtung gilt er in Deutschland als Pionier (Hommel 1994). Als solcher schreckte er vor waghalsigen Experimenten nicht zurück, die selbst Mantegazza in den Schatten stellten. So plädierte er – von Seiner Exzellenz Wirklicher Geheimrat Ernst Haeckel huldigst gestützt – in einer Spezialschrift (Rohleder 1918; vgl. auch 1934) dafür, einem Affenweibchen menschlichen Samen zu injizieren, weil er meinte, dadurch Darwins Lehre entscheidend untermauern zu können. Da er über kein Universitätsinstitut und auch nicht über die notwendigen Mittel aus anderen Quellen verfügte, blieb es bei der Absicht der »Bastardierung von Mensch und Menschenaffe« – wie 1918 auf dem Cover angekündigt.

Gescheitert ist Rohleder aber vor allem bei dem Versuch, der Sexualwissenschaft als ersten und weichenstellenden Schritt wenigstens an seiner Heimatuniversität Leipzig einen Lehrstuhl in der Medizinischen Fakultät zu verschaffen. Auf ein entsprechendes Ansinnen ließ ihm der damalige Dekan der Medizinischen Fakultät der Universität Leipzig, der einflussreiche Karl Sudhoff (1853–1938), nach unserer Kenntnis am 29. September 1923 antworten: »Ich bin entschieden gegen die Einrichtung eines sexualwissenschaftlichen Institutes. Ich kenne keine Sexualwissenschaft als solche. Was sich dafür ausgibt, ist entweder eine höchst fragwürdige Pseudowissenschaft, wie sie z.B. Herr Magnus Hirschfeld und Herr Ministerialdirektor Dr. Wulffen, jeder freilich auf eine verschiedene Weise, betrieben haben; oder der irreführende Name für eine sehr notwendige und zweckmäßige Aufklärungsarbeit, die als solche mit Wissenschaft aber gar nichts zu tun hat«. Zu seinem 60. Geburtstag wünschte Hermann F. O. Haberland (1925/26: 347) dem Jubilar »die behördliche Anerkennung der Sexualwissenschaft an sämtlichen deutschen Universitäten« als das sicherlich für ihn »schönste Geburtstagsgeschenk«. Von einem zaghaften Versuch Preußens mit Samuel Jessner in Königsberg abgesehen (s. Kap. 3), hat es keine offizielle Anerkennung der Sexualwissenschaft zu Rohleders Lebzeiten (und noch zwei Forschergenerationen danach) gegeben. Und heute ist diese Disziplin an sehr wenigen deutschen Universitäten in Minimalgröße vertreten – ein Tropfen auf einen immer noch heißen Stein.

Die Hauptwerke Rohleders sind im Gesamtliteraturverzeichnis aufgeführt, darunter die jeweils mehrbändigen Buchreihen *Vorlesungen über Geschlechtstrieb und gesamtes Geschlechtsleben des Menschen*, *Monographien über die Zeugung beim Menschen*, *Vorlesungen über das gesamte Geschlechtsleben des Menschen* sowie *Monographien zur Sexualwissenschaft*.

Max Marcuse (1877–1963)

Aus einer jüdischen Kaufmannsfamilie stammend, ist Marcuse in Berlin geboren worden und aufgewachsen. Nach dem Medizinstudium bildete er sich bei hervorragenden Dermatovenerologen zum Spezialisten für Haut- und Geschlechtskrankheiten aus. Als Sexuologe interessierte sich Marcuse vor allem für die Lage lediger

Mütter, für das Problem der Kontrazeption in der Ehe und für das Verhältnis Fortpflanzung/Mutterschaft versus sexuelle Abstinenz/Lustgewinn. Seine sexualmoralischen Vorstellungen lassen sich ebenso wenig in ein heute gängiges Schema pressen wie seine »rassenhygienischen«. Auch in dieser Hinsicht war er ein eigener Kopf. Fachpolitisch aber hatte er eindeutig Partei genommen für die Internationale Gesellschaft für Sexualforschung, die sich »reiner« Wissenschaft verpflichtet fühlte.

Marcuses Bedeutung resultiert vor allem aus seiner Tätigkeit als Herausgeber und Redakteur von Zeitschriften und Monografiereihen (*Sexual-Probleme* von 1908 bis 1914, *Abhandlungen aus dem Gebiete der Sexualforschung* von 1918 bis 1931, *Zeitschrift für Sexualwissenschaft und Sexualpolitik* von 1919 bis 1932) sowie des *Handwörterbuchs der Sexualwissenschaft* 1923 und stark erweitert 1926. Durch diese Aktivitäten hat Marcuse wie kaum ein anderer Wissenschaftler daran gearbeitet, aus der verstreuten Sexualforschung eine eigenständige Disziplin zu machen. Bereits 1933 ging Marcuse ins Exil nach Palästina. An seine alten Erfolge konnte er nicht mehr anschließen. Er starb 1963 in Tel Aviv.

In diesem Buch ist ihm das 14. Kapitel gewidmet. Seine wichtigsten Veröffentlichungen können dem Literaturverzeichnis am Ende des Buches entnommen werden.

Wilhelm Reich (1897–1957)

Obgleich Wilhelm Reich, zunächst Psychoanalytiker und Sexualökonom, später dann Vegetotherapeut und Orgonforscher, allein aus Altersgründen kein Pionier der sexuologischen Anfangszeit sein konnte, soll er hier erwähnt werden, weil sein Werk für jene Freudomarxismus genannte Richtung in der Psychoanalyse (und sehr schwach auch in der Sexualwissenschaft) steht, die zwei große Denkbewegungen der Zeit, Marxismus und Psychoanalyse, mit der Intention zusammenführen wollte, die menschenverachtende bürgerliche Gesellschaft zu durchschauen und, wenn irgend möglich, zu überwinden (vgl. z.B. Dahmer 1973).  Hinzu kommt, dass neben dem drei Jahrzehnte älteren Magnus Hirschfeld nur Wilhelm Reich nach dem Zweiten Weltkrieg in (West-)Deutschland und anderen westlichen Ländern durch eine Renaissance erinnert und ausgezeichnet worden ist. Die Studentenbewegung der End-1960er Jahre stürzte sich auf sein Werk – Stichworte: »Sexualnot«, »Einbruch der Sexualmoral«, »Sexuelle Revolution«, »Orgasmus«, »Massenpsychologie des Faschismus« –, weil sie meinte, aus ihm auf einen Schlag zu erfahren, wie zwei ihrer Hauptanliegen zu bewerkstelligen wären: die Befreiung aus den Fesseln und Versagungen der bürgerlichen Sexualmoral und der Sturz der verachteten kapitalistisch-imperialistischen Gesellschaft. Die Lektüre der Reich'schen Werke legte den studentischen Revolutionären nahe, dass die Befreiung der Sexualität die verhasste Gesellschaft automatisch zum Einsturz bringen würde. Dabei scheint sie Reichs naturalistisch-organologische Fixierung auf »gesunde« Heterosexualität nicht irritiert, sondern mehrheitlich beruhigt zu haben.

Wilhelm Reich wurde am 24. März 1897 als Sohn assimilierter, aber nicht zum Christentum konvertierter, wohlhabender Juden im galizischen Dobrzanica/Dobzau geboren, das damals zur österreichisch-ungarischen k. und k. Monarchie gehörte und heute in der Ukraine liegt. Kurz nach der Geburt zog die Familie auf ein nahe Jurinetz gelegenes Landgut in der Bukowina. Die Mutter Cecilia geb. Roniger nahm sich Ende 1911 (Nitzschke, in Vorb.), nicht, wie oft berichtet 1909, das Leben. Zuvor hat der Vater Léon von seinem Sohn Wilhelm unabsichtlich erfahren, dass die Mutter mit einem Hauslehrer ein intimes Verhältnis hatte. Der Vater scheiterte wirtschaftlich und starb 1914 an einer Tuberkulose, die er sich absichtlich zugezogen haben soll. Der Sohn Wilhelm litt an einer Psoriasis, stieg im Ersten Weltkrieg bis zum Kompanieführer auf und studierte an der Universität Wien erst einige Monate Jura, dann bis zum Abschluss Medizin.

Sehr bald kam Reich mit der Psychoanalyse in Berührung. Er sprach in dem vom Mitstudenten Otto Fenichel eingerichteten »Seminar für Sexuologie« (vgl. Reich 1922/1923) ebenso wie vor der »Wiener Psychoanalytischen Vereinigung« und fiel durch ungewöhnliche Beiträge zur Sexualtheorie und zur Behandlungstechnik auf (Stichworte: »Widerstandsanalyse«, »Charakter- und Muskelpanzer«, »Orgasmusreflex und -theorie«). Eigenen Psychoanalysen unterzog sich Reich bei Isidor Sadger, Paul Federn sowie Sándor Radó, der ihn gegenüber seiner Ehefrau Annie Reich geb. Pink (1902–1971), die zuvor Reichs Patientin gewesen war, als »schizophren« bezeichnet haben soll, woraufhin es zur Scheidung gekommen sei. Fallend und Nitzschke (2002) erkennen in diesem Vorgang jene »Kampagne«, die Anfang der 1930er Jahre zum Ausschluss Reichs aus den psychoanalytischen Organisationen und der KPD geführt hat. Zuvor hatte Reich zusammen mit Marie Frischauf-Pappenheim (1882–1966) die »Sozialistische Gesellschaft für Sexualberatung und Sexualforschung« gegründet, die Beratungsstellen für Proletarier unterhielt (Reich 1929a), an dem KPD-»Einheitsverband für proletarische Sexualreform und Mutterschutz« mitgebastelt und unter anderem in Berlin den »Sexpol«-Verlag gegründet.

Der Verfolgung durch die Nazis entkam Reich durch die rechtzeitige Flucht über Wien nach Skandinavien. In Oslo lebte er mit der Kommunistin und Ballettänzerin Elsa Lindenberg zusammen und befreundete sich mit Alexander Sutherland Neill (1883–1973), einem Pädagogen, der in England 1921 die »revolutionäre« Internatsschule »Summerhill« gegründet hatte (vgl. Neill 1960/1969) und später in seinen reichianisch selbstregulativen und nicht in erster Linie antiautoritären Absichten von Teilen der Studentenbewegung der 1960er Jahre ähnlich missverstanden wurde wie Wilhelm Reich. Von 1934 bis 1938 gab Reich die von ihm begründete *Zeitschrift für Politische Psychologie und Sexualökonomie* heraus. 1936 »entdeckte« er vesikuläre Energieträger, die nach seiner Auffassung die tote und die lebendige Substanz verbinden. Er nannte sie »Bione« und meinte, die Biogenese entschlüsselt zu haben. Sein Fetisch Orgasmus wurde für ihn zunehmend zu einem Spezialfall einer pulsatorischen Bewegung, die alle lebenden Organismen charakterisiere. 1939 ging er in die USA. Dort lebte er mit seiner neuen Gefährtin Ilse Ollendorff bis zur Trennung 1954 zusammen, verband sich danach mit Grethe Hoff und mit Aurora Karrer. Insgesamt hatte er drei Kinder: Eva (geb. 1924) und Lore (geb. 1928) mit Annie Pink sowie Peter (geb. 1944) mit Ilse Ollendorff (pers. Mitteilung von Eva Reich 1987).

1940 »entdeckte« Reich die Lebensenergie, die er »Orgon« nannte – die tödliche Form hieß bei ihm DOR, das meint Deadly Orgone –, eine angebliche Energieform, die wir in den 1970er Jahren nach seinen Anweisungen mit Hilfe des Max-Planck-Instituts für Physik nachzuweisen versuchten, was nicht gelang (Demisch 1979). Reich benutzte jedoch so genannte Orgon-Akkumulatoren, um zum Beispiel Krebskranke zu behandeln. Weil er diese Geräte trotz eines Verbots weiter vertreiben ließ, wurde er in den USA als Quacksalber zu einer Gefängnisstrafe von zwei Jahren verurteilt. Am 3. November 1957 starb Reich in der Haftanstalt Lewisburg/Pennsylvania an »plötzlichem Herzversagen«. Nach seinem Tod bestanden die US-Behörden darauf, dass alle Schriften Reichs, die irgendwie vom Orgon-Akkumulator handelten, verbrannt wurden – was auch an mehreren Orten geschah.

Reich stellte viele Freud'sche Theoreme auf den Kopf oder entwickelte sie fort – von der Libido- zur Orgasmustheorie, von der Psychoanalyse zur Charakteranalyse und später zur so genannten Vegeto- und Orgontherapie –, sodass Freud zunehmend zu dem einst viel versprechenden jungen Mann auf Distanz ging und schließlich den Ausschluss wünschte. Heute ist Reich als Begründer körperorientierter Psychotherapien anerkannt. Als Sexualtheoretiker ist sein Werk und sein Wirken von einem zentralen Widerspruch durchzogen. Einerseits argumentierte und kämpfte er beratend als Therapeut und aufklärend als politischer Mensch gegen ungerechte, die Einzelnen in Zwängen und Abhängigkeiten unfrei haltende und in Muskelverpanzerungen, Energiestaus wie Fremdsteuerungen treibende gesellschaftliche Verhältnisse, hatte also eine Vorstellung davon, wie sehr die sexuellen Verhältnisse von der jeweiligen Gesellschaftsform bestimmt sind. Immer wieder zog er gegen die Zwangsmoral der bürgerlich-patriarchalen Gesellschaft, perverse Ersatzbefriedigungen und den autoritätshörigen sadomasochistischen Charakter der Einzelnen zu Felde. Andererseits aber verfocht er zunehmend röhrenförmiger einen Sexual-, ja Lebensnaturalismus rohester Art. Bereits in seiner ersten sexualwissenschaftlichen Veröffentlichung kam er zu dem Schluss, eine »Sexualgesundung« sei nur durch die »richtige Wertung« der der Sexualität »eigenen energetischen Kraft« möglich (Reich 1919/1920: 393).

Sehr bald war er davon überzeugt, dass alle seelischen Störungen, Neurosen wie Psychosen, auf eine fehlende oder fehlerhafte Abfuhr der Sexualspannungen im Orgasmus zurückzuführen seien. Seine mechanistisch-hydraulische »Lebensformel« lautete schließlich: »Mechanische Spannung – Bioelektrische Ladung – Bioelektrische Entladung – Mechanische Entspannung«. Ströme die elektrisch gefasste und messbare Energie nur richtig ab, sei die Welt in Ordnung. Enzensberger (1975: 110) nannte ihn deshalb den »Faraday des Orgasmus«. Gesellschaft und Kultur wurden Reich zur Unnatur. Das Prägenitale, Verliebtheit, Perversion und Liebe fielen aus seinem vermessenen Normalitätsrahmen. Kein Geheimnis sollte sein. Die genitale Heterosexualität und insbesondere der Orgasmus waren ihm Naturgesetze. Die Homosexualität bekämpfte er. Kein Sexualtheoretiker war von einem glühbirnenhaften (Hetero-)Sexuellen je so besessen wie er. Die vegetative Energie sei die sexuelle und diese sei die Lebensenergie. Der Sexualprozess sei der Lebensprozess. Reich war davon überzeugt, dass es eine natürliche Freiheit und eine natürliche Sexualität gibt, obgleich sich diese Kategorien nicht an Natur anlegen lassen, weil die Natur weder Freiheit noch Moral kennt; sie ist freiheitslos und amoralisch. Doch Reich »entdeckte« nicht nur Lebens- und Energieformen, die kein Naturwissenschaftler bestätigen könnte, er postulierte auch eine sexuelle Natürlichkeit, die kein Mensch erreichen könnte, weil er als Mensch ein von der jeweiligen Gesellschaft durch und durch bestimmtes Sexualwesen ist.

Nachdem sich Reich ganz auf die Seite eines Mechano-Naturalismus geschlagen hatte, musste er in seinen immer wieder umgeschriebenen Büchern und Broschüren die alte Neigung zur Psychoanalyse Freuds und den zunächst sozialdemokratischen, später kommunistischen Kampf um die »Befreiung« der Sexualität vergessen machen. Und so heißt bei ihm nach 1940 »Kapitalismus« nur noch »Produktionsprozess« und »Klassenkampf« ganz neutral »Einsicht« und zunächst ersehnte »dialektisch-materialistische Psychologie« wird zur »funktionalen Psychologie«, und die einst »revolutionäre« Sexualwissenschaft ist in seinen mentalhygienischen USA weder links noch rechts, vielmehr »rational« und »nach vorne weisend«.

Zunächst ging Reich über Freud hinaus. Zum Beispiel, indem er Wissenschaft und Politik verbinden wollte. Oder indem er analysierte, wie die Arbeiter durchs Anschaffen eines kleinbürgerlichen Schlafzimmers, »anständige« Kleidung am Sonntag und tausend »Kleinigkeiten« wie Tanzveranstaltungen selbst dann in die bürgerliche Gesellschaft »konterrevolutionär« integriert werden, wenn sie regelmäßig kommunistische Versammlungen besuchen und Flugblätter lesen. Oder mit den Mitteln der Psychoanalyse, indem er zeigte, wie es dem Nationalsozialismus gelang, die Freiheitssehnsucht der Menschen in Autoritätsbedürftigkeit zu verkehren, sodass sie mit »revolutionärer« Begeisterung ihre eigene Unterdrückung bejahten (Reich 1933a). Zunehmend jedoch fiel Reich weit hinter Freud zurück, indem er der bürgerlichen Sexualmoral stärkeren Tribut zahlte als Freud und als reiner Bio-Mechaniker agierte, der davon überzeugt war, dass der Mensch biotisch gut angelegt und dann gesund sei, wenn er die von ihm geradezu naturreligiös geweihte Sexualpraktik, den heterosexuellen Beischlaf mit orgastischer Potenz, böse gesagt: den Coitus germanicus simplex, als Abführmittel über die Bühne bringen konnte. Als Somatiker handelte Reich auch, indem er die Patienten in Orgon-Kästen setzte – wie er versuchte, Regen zu erzeugen.

Es gab aber immer wieder auch kluge Zeitgenossen, die sich von Reichs Werk inspirieren ließen oder ihn produktiv interpretierten. So sagte der eine, Reich sei die Geschichte als Irrweg erschienen; die Rückkehr zum naturgemäßen Leben habe er als Rettung gesehen; er sei also ein wahrer Sozialist in der Nachfolge der naturverbundenen Frühsozialisten. Und ein anderer Forscher fühlte sich am Ende seines Reich-Studiums an Sätze von Marx erinnert, nach denen die Auseinandersetzung des Menschen mit der Natur erst wirklich beginnt, wenn die Geschichte der Klassenkämpfe endet.

Am Ende kannte Reich nur noch Biopathien, setzte ausgerechnet auf Mental-Hygiene und wertfreie Wissenschaft, die es nicht gibt. Als Orgasmokrat hatte er von »selbstgesteuerten«, sexuell freien Menschen eine »orgastische Potenz« als unabdingbar gefordert, die adäquate Soziabilität erst ermögliche, eine die gesunde Sexualität insgesamt zentral definierende Fähigkeit, die allerdings nur von reifen, charakterlich »genitalen«, nichtneurotischen Menschen zu erreichen sei, die die Fantasietätigkeit restlos aus- und das Strömen der sexuellen Energie total einschalten könnten (vgl. Sigusch 1970d). Im Positiven ist eine solche Auffassung und Praxis so totalisierend wie die Onanie-Inquisition im Negativen. Im Grunde ist es gar nicht möglich, an der Sexualform, die ist, die positive von der negativen Seite eindeutig und für alle Menschen einer Kultur zu unterscheiden.

Reichs Werk wird in diesem Buch nicht in einem eigenen Kapitel erörtert, weil es über ihn und seine Aktivitäten bereits sehr viele Arbeiten gibt, die die unterschiedlichen Aspekte seines Denkens und Handelns kontrovers analysieren oder fortzuschreiben suchen (vgl. z.B. Dörner 1970, Burian 1972, 1985, Dahmer 1973, Cremerius 1997, Fallend 1988, Fallend und Nitzschke 1997/2002, Geuter und Schrauth 1997, Laska 1985, 2006, Ollendorff Reich 1969/1975, Sharaf 1983/1994, Nitzschke, in Vorb.). Bei beinahe allen anderen Sexualforschern ist das nicht der Fall. Reichs Hauptwerke können dem Literaturverzeichnis am Ende des Buches entnommen werden.

Alfred C. Kinsey (1894–1956)

Während Mantegazza, Ulrichs und Krafft-Ebing die Pioniere der ersten sexuologischen Generation sind, die ins 19. Jahrhundert gehört, kann an der Arbeit von Freud, Hirschfeld oder Helene Stöcker abgelesen werden, welche Probleme und welche Ideen in der ersten Hälfte des 20. Jahrhunderts bestimmend waren und zum Teil heute noch sind. Kinseys Werk dagegen steht für jene Sexualforschung, die sich nach dem Zweiten Weltkrieg in Nordamerika etablierte, orientiert an Biologie, Behaviorismus, empirischer Sozialforschung und kritischem Rationalismus.

Alfred Charles Kinsey, am 23. Juni 1894 in den USA in Hoboken, New Jersey geboren und am 25. August 1956 in Bloomington, Indiana an den Folgen einer Herzinsuffizienz verstorben, stammte aus einer einfachen Familie, die als strenggläubig methodistisch und extrem sexualfeindlich beschrieben wird. Gegen Widerstände seines Vaters setzte er ein Studium der Biologie durch und avancierte schnell als Insektenforscher und Taxonom, dem die Gallwespen am Herzen lagen. Der junge Kinsey sammelte in 36 Bundesstaaten der USA etwa 300.000 Gallen und Gallwespen, um sie zu kategorisieren. Der deutsche Sexualforscher Gunter Schmidt (in Vorb.), der sich Ende der 1960er, Anfang der 1970er Jahre von der Empirie Kinseys zu eigenen Studien an Studierenden, Schülern und Arbeitern anregen ließ (vgl. Kap. 20), schlussfolgerte: »Diese frühen Forschungsarbeiten Kinseys lassen die Charakteristika seiner späteren sexualwissenschaftlichen Erhebungen schon deutlich erkennen: Seinen Enthusiasmus für Feldarbeit und für eine Empirie der großen Zahl, seine Detailbesessenheit sowie seine Begeisterung für eine taxonomische Betrachtungsweise, also sein Interesse an Variation und Vielfalt.«

Schmidt wies auch darauf hin, dass das sexualwissenschaftliche Werk von Kinsey nur vier Aufsätze (Kinsey 1941, 1947; Kinsey et al. 1949, 1957) und zwei Bücher umfasst, die so genannten Kinsey-Reporte (Kinsey et al. 1948, 1953), die ihn weltberühmt gemacht haben. Zuvor aber hatte er die akademischen Karrierestufen mit seinen Wespen im Flug genommen: Im Zoologie-Department der Indiana University in Bloomington wurde er 1920 »Assistant Professor«, 1923 »Associate Professor« und 1929 sogar »Full Professor« (zu seinen biologischen Arbeiten vgl. die Bibliografie bei Christenson 1971). Solcherart abgesichert, begann er in den 1930er Jahren, das sexuelle Elend seines Landes und seiner Zeit zur Kenntnis zu nehmen. Enttäuscht von Sexualaufklärern wie Theodoor Hendrik van de Velde (1926/1930) und Robert Latou Dickinson (vgl. Dickinson und Beam 1931) und der Ignoranz seiner wissenschaftlichen Zeitgenossen, entsetzt über die allgemeine Verteufelung von Selbstbefriedigung, vorehelicher Sexualität, Geburtenregelung, Homosexualität usw., konfrontiert mit den konkreten Nöten der Studierenden (und gewiss auch den eigenen), begann er zu handeln. Er konzipierte eine interdisziplinäre Vorlesungsreihe und interviewte Studierende zu ihrem Sexualleben. Ende 1938 waren die für ihn als Sexualforscher charakteristischen »Sexual Histories« umrissen, das heißt, der Leitfaden und das Verschlüsselungssystem für die Erhebung von Sexualbiografien war erdacht. Bis 1963 befragten Kinsey und seine Mitarbeiter, vor allem Wardell B. Pomeroy, Clyde E. Martin und Paul H. Gebhard, rund 9.800

Männer und rund 7.700 Frauen. Inhaltlich interessierten sie sich allerdings nur für das reale sexuelle Verhalten, also zum Beispiel nicht für das Erleben. Die Interviews wurden jedoch ergänzt durch das Beobachten verschiedener sexueller Subkulturen und durch Filmaufzeichnungen. So masturbierten und ejakulierten rund 1.000 junge Männer vor der Kamera für die Wissenschaft. Durch solche Forschungen war Kinsey in der Lage, vieles von dem vorwegzunehmen, was später die US-Amerikaner William H. Masters (1915–2001) und Virginia E. Johnson (geb. 1925) scheinbar spektakulär publizierten (vgl. Masters und Johnson 1966).

1947 gründete die Indiana University das später berühmte »Institute for Sex Research«, kurz »Kinsey-Institut«. 1948 erschien der Kinsey-Report über den Mann (*Sexual behavior in the human male*), 1953 über die Frau (*Sexual behavior in the human female*). Analysiert wurden die Interviewdaten von rund 5.300 Männern und 5.900 Frauen. Der öffentliche Aufschrei war riesig, die Fachwelt irritiert, auch die deutsche (vgl. Reiche 1965, Schmidt 1998; s. auch Kap. 18). Gegen die herrschende repressive Sexualmoral vertrat Kinsey die Auffassung, all die insbesondere von den Kirchen verteufelten Sexualpraktiken, die kein der Kindszeugung dienender Coitus in vaginam zwischen Ehemann und Ehefrau sind, gehörten zur biologisch angelegten Vielfalt, ob nun Mundverkehr, Masturbation oder Homosexualität, seien gewissermaßen das natürliche Säugetiererbe des Menschen. Eine Perversionslehre hatte in Kinseys Sexualauffassung keinen Platz. Mit einem Schlag war von einem angesehenen Naturwissenschaftler unwiderlegbar zu Protokoll gegeben worden, wie groß die Heuchelei in Sachen Sex ist, wie verbreitet »perverse« Sexualpraktiken in gutbürgerlich weißen Bevölkerungsschichten sind. Von diesem moralischen Schock hat sich das moralinsaure und christlich fundamentalistische US-Amerika bis heute nicht erholen können.

Natürlich wurde versucht, die unangenehmen Forschungsergebnisse durch die Diskreditierung der Untersuchungsmethode aus der Welt zu schaffen. Unterm Strich ist das nicht gelungen, obgleich Kinseys Stichprobentechnik nicht nur kompliziert, sondern auch ungewöhnlich ist. Heute sind sich die Experten einig, dass die Kinsey-Reporte »das Sexualverhalten jüngerer, zwischen 1910 und 1930 geborener weißer Männer und Frauen der oberen Ausbildungsschichten der USA in den dreißiger und vierziger Jahren des letzten Jahrhunderts hinreichend genau beschreiben; für untere Mittelschichten und vor allem für die unteren sozioökonomischen und Ausbildungsschichten sind hingegen erhebliche Verzerrungen anzunehmen« (Schmidt, in Vorb.; vgl. dazu Gebhard und Johnson 1979: 35). Heute sind sich die Experten auch darin einig, dass empirische Sexualforschung sehr wohl kritisch sein kann (Dannecker 1989). Schmidt (ebd.) sieht in Kinsey sogar einen radikalen »Anti-Essenzialisten« und frühen naturalistischen »Queer-Theoretiker«, weil er sich durch die Annahme eines Kontinuums hetero-homosexuellen Verhaltens der üblichen Dichotomisierung, Speziesierung und damit Festlegung der Sexualsubjekte für immer verweigerte. Außerdem habe er in späteren Arbeiten das männerzentrierte Konzept des »Total Sexual Outlet«, nach dem die Anzahl aller Ejakulationen aus den verschiedenen sexuellen Aktivitäten das Maß ist, und damit der Orgasmusfixiertheit revidiert.

Kinseys Nachfolger Paul H. Gebhard sorgte dafür, dass das reiche Material der »Sexual Histories« nach Kinseys Tod unter speziellen Aspekten ausgewertet wurde (Gebhard et al. 1958, 1965). Außerdem legte er zusammen mit A. B. Johnson 1979 eine erweiterte und revidierte Fassung der so genannten Kinsey-Daten vor.

Bis in die jüngste Zeit ist über das Leben und insbesondere das Sexualleben Kinseys, der in der Öffentlichkeit überaus seriös wirkte, viel geschrieben und spekuliert worden (vgl. die Biografien von Christenson 1971, Pomeroy 1972, Jones 1997, Gathorne-Hardy 1998, den Roman von Boyle 2004 sowie den Film von Condon 2004). Sicher ist, dass er, seit 1921 verheiratet, zwei Söhne und zwei Töchter hatte, später auch mit Männern sexuell verkehrte und sadomasochistisch an sich selbst experimentierte. An der sittigen Unsitte, aus dieser Vielfalt Krankheitsdiagnosen abzuleiten, werde ich mich nicht beteiligen.

In einem eigenen Kapitel auf das Leben und das Werk Kinseys einzugehen, schien uns angesichts der zahllosen Veröffentlichungen über ihn verzichtbar zu sein, zumal in nachfolgenden Kapiteln auf die Effekte seiner sowie hiesiger empirischen Sexualforschung eingegangen wird. In beiden Literaturverzeichnissen des Anhangs sind außerdem mehrere Arbeiten über und von Kinsey genannt.

Nachsatz über die fehlenden Protagonisten

Jede Auswahl tendiert zur Beliebigkeit, wenn sie nicht durch ein überzeugendes und nachprüfbares Merkmal wie die Verleihung des Nobelpreises begründet wird. Solche »objektiven« Merkmale gibt es in unserem Fall allenfalls, wenn wir die Herausgabe einer Fachzeitschrift, die Gründung oder Leitung einer Fachgesellschaft, die Publikation eines Bestsellers, die Aufstellung einer neuen Theorie, die Bearbeitung eines neuen Themas oder die Entdeckung eines Erregers gelten lassen.

So gesehen, fehlen in diesem Kapitel zum Beispiel Cesare Lombroso, August Forel, Paul Näcke, Albert Neisser, Julius Wolf, Max Hirsch oder Arthur Kronfeld. Sie kamen nicht zum Zug, weil sie nach meinem Eindruck für die Entwicklung einer Wissenschaft vom Sexuellen nicht von so zentraler Bedeutung waren, weder ideel noch organisatorisch, wie die im 2. und 3. Kapitel vorgestellten Protagonisten. So mag der Schweizer Forel nicht nur ein von Reinheitsfantasien zerfressener Eugeniker und Menschenzüchter, sondern auch ein bedeutender Hirnforscher und Psychiater, ein hinreißender Ameisenforscher und ein ehrenwerter Kämpfer gegen den Alkoholkonsum gewesen sein; ein Sexualforscher von bleibender Güte aber ist er trotz seines in alle Weltsprachen übersetzten Bestsellers *Die sexuelle Frage* (1905) unter keinem Aspekt. So bewegte sich Kronfeld theoretisch (und akademisch) auf einem eindeutig höheren Niveau als Hirschfeld, hatte aber speziell als Sexuologe bei weitem nicht den Einfluss und die der Sache praktisch dienende Durchsetzungsfähigkeit, die Hirschfeld besaß. So schrieb Näcke sehr viel und sehr viel durchaus Interessantes, stand sogar weit und breit als einziger namhafter Psychiater für die Notwendigkeit des Faches Sexualwissenschaft ein, hinterließ aber keine bleibende klinische oder theoretische Spur, was dagegen sehr wohl von Cesare Lombroso, dem Zeitgenossen von Paolo Mantegazza und Ältesten in dieser Runde, gesagt werden könnte, dessen Lehre vom »geborenen Verbrecher« (»delinquente nato«) sich bis heute unübersehbar in unseren Strafrechtswissenschaften und Kriminalbiologien niedergeschlagen hat. Ihn habe ich hier nicht aufgenommen, weil er kein Pionier der Sexualwissenschaft ist, sondern ein (verheerender) Pionier der Kriminalanthropologie, so wie Neisser ein (segensreicher) Pionier der Venerologie, Julius Wolf der Bevölkerungswissenschaft und Max Hirsch der Sozialgynäkologie.

Bei einer anderen Gewichtung, beispielsweise in Richtung Philosophie und Ethik, Ethnologie und Kulturanthropologie, Sittengeschichte und Folklore, Sexualpsychopathologie und Kriminalanthropologie, Sexualökonomie und Bevölkerungswissenschaft, Sexualmorphologie, Sexualphysiologie, Endokrinologie, Genetik und Venerologie, hätten weitere oder ganz andere Pioniere und Pionierinnen genannt werden müssen. Allein unter dem ethnologischen, folkloristischen, überhaupt kulturwissenschaftlichen Aspekt wären es neben Mantegazza und Bloch zum Beispiel Hermann Heinrich Ploss und Maximilian Carl August Bartels gewesen, die sich mit ihrem Werk *Das Weib in der Natur- und Völkerkunde* (1885/1887) verewigt haben, oder Friedrich S. Krauss, Eduard Fuchs, Ferdinand von Reitzenstein und Bronisław Malinowski mit ihren eindrucksvollen Sammlungen oder Forschungsberichten. Und schließlich musste auch auf Protagonisten verzichtet werden, die dem Verfasser im Laufe der vielen Sammler- und Forscherjahre ganz besonders ans Herz gewachsen waren.

All diese Forscher, Kliniker und Publizisten – und noch viele andere dazu – wollen wir in einem Personenlexikon der Sexualforschung präsentieren, das wir zur Zeit zusammen mit Sexual- und KulturwissenschaftlerInnen aus aller Welt produzieren (Sigusch und Grau, in Vorb.).

3 Erste Organisationen und Periodika

Allein aus Kompetenz- und Platzgründen können hier nur jene Zeitschriften, Buchreihen, Vereinigungen und wissenschaftlichen Fachgesellschaften erwähnt werden, die mit der Absicht gegründet worden sind, *eine Disziplin Sexualwissenschaft zu begründen und zu etablieren*, oder die dieses Ziel neben einem anderen Hauptziel wie der Emanzipation der »sexuellen Zwischenstufen« mitverfolgten. Nicht dargestellt werden können also die zahllosen Vereinigungen, die sich der Sexualreform, Sexualberatung, Sexualpolitik, Sexualkunde, Sexualerziehung, Sexualethik, Sexualaufklärung, Sexualhygiene und Sexualpädagogik, der Emanzipation der Frauen und der Homosexuellen, der Kontrazeption, Geburtenkontrolle, Bevölkerungswissenschaft und -politik, der Lebensreform, Leibeserziehung und Freikörperkultur, der Eherechts- und Sexualstrafrechtsreform, der Vererbungslehre, der so genannten Gesellschaftsbiologie, Sexualökonomie und Psychoanalyse, der so genannten Rassenkunde und Rassenhygiene, der so genannten negativen und positiven Eugenik, dem Schutz unehelicher Kinder und lediger Mütter, dem Kampf gegen die so genannte Venerie, dem Kampf für oder gegen die Reglementierung der Prostitution, Pornografie usw. gewidmet haben – aber nicht der Begründung oder Etablierung einer Disziplin Sexualwissenschaft im engeren Sinn. Auch große und einflussreiche Organisationen wie die Deutsche Gesellschaft zur Bekämpfung der Geschlechtskrankheiten oder abolitionistische und neomalthusianische Vereinigungen werden aus diesem Grund allenfalls in speziellen Kapiteln des Buches in Erscheinung treten.

Erste Vereinigungen und Kongresse
Wissenschaftlich-humanitäres Komitee (WhK) (1897–1933)

Das WhK war vor allem eine Selbst- und Selbsthilfeorganisation homosexueller Männer, die zu dieser Zeit noch »Urninge«, »Conträrsexuale«, »Invertierte« oder »Uranier« genannt wurden. Zugleich war es aber auch eine erste Vereinigung von Fachleuten und Wissenschaftlern, die indirekt oder erklärtermaßen eine Disziplin Sexualwissenschaft etablieren wollten. Gegründet wurde das Komitee am 15. Mai 1897 in der Wohnung des praktischen Arztes Magnus Hirschfeld in Charlottenburg, das damals noch nicht zu Berlin gehörte. Ziel der Organisation sollte es sein, die Kriminalisierung der gemäß § 175 RStGB »widernatürliche Unzucht« genannten sexuellen Handlungen zwischen Männern zu beseitigen und die allgemeine Emanzipation der Homosexuellen zu betreiben.

Neben Hirschfeld und dem Leipziger Verleger Max Spohr, der bereits Schriften über die mannmännliche Liebe verlegt hatte, gehörten der Beamte Eduard Oberg und der ehemalige Offizier Franz Josef von Bülow zu den Gründern. Bereits im Dezember 1897 legte das WhK Reichstag und Bundesrat eine Petition in Sachen Entkriminalisierung der Homosexualität vor (vgl. Jahrbuch für sexuelle Zwischenstufen 1, 239–241, 1899), die im Laufe der Jahre von vielen namhaften Wissenschaftlern, Ärzten und Künstlern politisch linker wie rechter Gesinnung unterzeichnet worden ist. Als erste stellten sich August Bebel, Richard von Krafft-Ebing, Franz von Liszt und Ernst von Wildenbruch hinter die Forderungen der Petition, die erst in den 1990er Jahren in Deutschland zur allgemeinen Rechtspraxis wurden.

Die Geschichte des WhK ist gezeichnet von äußeren und inneren Krisen, von Skandalprozessen und Denunziationen (z.B. »Eulenburg-Affäre«), von Hirschfelds widersprüchlicher Gutachtertätigkeit und Aufständen gegen ihn, von abweichenden wissenschaftlichen oder kulturpolitischen Auffassungen mannmännlicher Zuneigung und einer »Sezession« um Benedict Friedlaender, von wiederkehrenden Organisations-, Finanzierungs- und Leitungsproblemen sowie von dem generellen Problem der Anonymität vieler Mitglieder und Unterstützer, die Angst vor der persönlichen Bloßstellung und dem gesellschaftlichen Ruin hatten. Während sich das deutsche WhK am 8. Juni 1933 auflöste, arbeitete das niederländische Pendant NWHK bis zur Besetzung durch deutsche Truppen weiter. Niederländer wie L. S. A. M. von Römer und Jonkheer J. A. Schorer hatten schon in den Anfangsjahren zu den engagierten Mitstreitern des WhK gehört.

Zur komplizierten Geschichte dieser Organisation finden sich Angaben vor allem bei Hirschfeld selbst (1986 [1922/23]) sowie bei Stümke (1989), Herzer (2001) und Marita Keilson-Lauritz (1997), die auch detailliert auf die diversen Publikationsorgane des WhK eingeht mit weiteren Literaturhinweisen. Hauptorgan war das *Jahrbuch für sexuelle Zwischenstufen unter besonderer Berücksichtigung der Homosexualität*, das vom zweiten Jahrgang an im Auftrag des WhK von Hirschfeld herausgegeben wurde. Neben dem Jahrbuch oder statt des Jahrbuchs gab es Monatsberichte, Vierteljahrsberichte und Mitteilungen des WhK (s. unten).

(Deutscher) Bund für Mutterschutz (1905–1933)

Von den zahlreichen Organisationen und Komitees der diversen Reformbewegungen, insbesondere der Frauen-, Lebensreform- und Freikörperkulturbewegung, soll hier der Bund für Mutterschutz erwähnt werden, weil in dieser Organisation, ganz besonders in deren Anfängen, Sexualwissenschaftler und Frauenrechtlerinnen eng zusammengearbeitet haben.

Die Gründung des Bundes im Jahr 1905 geht auf Ideen und Erfahrungen von einerseits Ruth Bré, andererseits Helene Stöcker und Maria Lischnewska und auch der Männer Max Marcuse und Walter Borgius zurück. Die eigensinnige, als überaus temperamentvoll geschilderte Lehrerin Elisabeth Bouness, die sich als Schriftstellerin Ruth Bré nannte (vgl. z.B. 1905b), war selbst ein uneheliches Kind, stand als Be-

Einladung
zur
I. General-Versammlung des Bundes für Mutterschutz
in Berlin, am 12., 13., 14. Januar 1907
im Festsaal des Logenhauses, Joachimsthalerstr. 13, (zwei Minuten vom Bahnhof Zoologischer Garten.)

Sonnabend, 12. Januar, abends 7 Uhr:
Ordentliche Mitglieder-Versammlung.
Tages-Ordnung:
1. Geschäftsbericht, erstattet von Frau Lily Braun.
2. Kassenbericht, erstattet von Dr. Arthur Bernstein.
3. Satzungsänderungen.
4. Unser praktischer Mutterschutz,
   Referentin: Maria Lischnewska.

Danach: Gemeinschaftliches Essen und geselliges Beisammensein.

Sonntag, den 13. Januar: Oeffentliche Versammlung.
Tages-Ordnung:
Zur Reform der konventionellen Geschlechtsmoral.

Vormittags 10—2 Uhr:
1. Die heutige Form der Ehe,
   Referentin: Dr. Helene Stöcker.
2. Diskussion.
3. Prostitution und Unehelichkeit,
   Referent: Prof. Dr. Flesch.
4. Diskussion.

Von 2—4 Mittagspause.

Nachmittags von 4—7 Uhr:
5. Heiratsbeschränkungen.
   a) (Die von Staat und Gesellschaft infolge wirtschaftlicher Momente geschaffenen Verhinderungen und Erschwerungen der Ehe).
   Referentin: Frau Adele Schreiber.
   b) (Die von Rassen- und sozialpolitischen Gesichtspunkten neuerdings vielfach geforderten und in manchen Ländern durchgesetzten Heiratsverbote).
   Referent: Dr. Max Marcuse.

Montag, den 14. Januar: 2. Oeffentliche Versammlung.
Tages-Ordnung:
Gesetzgebung und Mutterschutz.

Vormittags: 10—1 Uhr:
1. Die Lage der unehelichen Kinder,
   Referenten: Direktor Dr. Böhmert-Bremen und Dr. Othmar Spann-Frankfurt a. M.
2. Diskussion.

Nachmittags: 3—7 Uhr:
1. Die Mutterschaftsversicherung,
   Referent: Professor Dr. Mayet.
2. Diskussion.
3. Die Mutterschaftsrente,
   Referent: Dr. Walter Borgius.

Am 14. Januar, abends 8 Uhr: Mitglieder-Versammlung und Ausschuss-Sitzung.
Tages-Ordnung:
1. Revision und Entlastung der Kassenführung.
2. Ergänzung und Neuwahl zum Ausschuss.
3. Ausschuss-Sitzung.

Der Vorstand bittet um recht zahlreiches Erscheinen.
Nähere Auskunft erteilt das Bureau des Bundes, Berlin-Wilmersdorf, Roseheritzerstr. 8.

I. A. des Vorstandes
die I. Vorsitzende Dr. phil. Helene Stöcker
Berlin-Wilmersdorf, Pfalzburgerstr. 70

Einladung zur I. General-Versammlung des Bundes für Mutterschutz 1907 amtin unter dem damals geltenden Heiratsverbot und litt offensichtlich darunter, keine eigenen Kinder zu haben. Sie soll den Ausdruck »Mutterschutz« geprägt haben. Zusammen mit einem Arzt namens Landmann und einem Gutsbesitzer namens Heinrich Meyer soll sie laut Nowacki (1983: 11) bereits am 12. November 1904 in Leipzig einen »provisorischen ›Bund für Mutterschutz‹« gegründet haben. Helene Stöcker und die Lehrerin Maria Lischnewska scheiterten bereits 1903 und 1904 mit dem Versuch, innerhalb der gemäßigten bürgerlichen Frauenbewegung die Besserstellung der unehelichen Mütter und ihrer Kinder samt einer »Reform der sexuellen Ethik« auf die Tagesordnung zu setzen. Sie waren nach dieser bitteren Erfahrung entschlossen, eine andere Plattform zu organisieren.

So kam es dazu, dass, von einem Komitee 1904 vorbereitet, der »Bund für Mutterschutz« am 5. Januar 1905 in Berlin gegründet wurde, der sich seit April 1909 »Deutscher Bund für Mutterschutz« nannte, weil inzwischen mehrere regionale Bünde und vergleichbare in anderen Ländern entstanden waren. Am 30. September 1911 wurde in Dresden die »Internationale Vereinigung für Mutterschutz und Sexualreform« gegründet, der der Justizrat Max Rosenthal aus Breslau vorstand. Helene Stöcker war 2. Vorsitzende, die Schriftführung teilten sich Ines Wetzel und Iwan Bloch aus Berlin (vgl. den »Aufruf an Männer und Frauen aller Kulturländer«, Die neue Generation, Jg. 8, S. 397–400, 1912).

Hauptziel des Deutschen Bundes war der »Schutz der Mutterschaft«. Insbesondere ging es laut Satzung darum, »ledige Mütter und deren Kinder vor wirtschaftlicher und sittlicher Gefährdung zu bewahren und die herrschenden Vorurteile gegen sie zu beseitigen«. Der Bund wollte erreichen, dass Mutter und Kind zusammenbleiben können. Deshalb wurde neben der intensiven Aufklärung der Öffentlichkeit und entsprechenden Rechtsreformen vor allem die wirtschaftliche Selbstständigkeit der ledigen Mütter angestrebt. Diesem Ziel sollten unter anderem Mütterheime und eine allgemeine Mutterschaftsversicherung dienen. Da es angesichts von 180.000 in Deutschland unehelich geborenen Kindern pro Jahr nicht möglich sei, alle zu versorgen, gab es im Bund Bestrebungen, sich auf die »rassenhygienisch einwandsfreiesten Fälle« zu beschränken (Borgius 1905: 210).

Nach den im Moment zugänglichen Primär- und Sekundärquellen (vgl. z.B. Mutterschutz 1, 45–48, 91–95, 254–260; Nowacki 1983) kann nicht mit letzter Sicherheit gesagt werden, wer in welcher Funktion den beiden ersten Vorständen des Bundes angehörte. Unstrittig ist, dass das aus Ruth Bré, Max Marcuse, Maria Lischnewska, Helene Stöcker und Walter Borgius bestehende Vorbereitungskomitee in den ersten Vorstand gewählt wurde und dass Helene Stöcker durchgehend als Erste Vorsitzende fungierte. Die Geschäfte sollten offenbar von Maria Lischnewska und Max Marcuse zusammen geführt werden; nach den Dokumenten scheint aber Marcuse von Anfang an die Geschäftsstelle des Bundes geleitet und sehr bald Erklärungen als alleiniger Schriftführer des Bundes gezeichnet zu haben. Als Zweite Vorsitzende wird einerseits Ruth Bré, andererseits Maria Lischnewska genannt. Wahrscheinlich hängt das mit dem bereits Anfang 1905 erfolgten Austritt der Bré zusammen. Neben den Genannten tauchen in den ersten Vorständen der ersten Monate des Bestehens des Bundes außerdem Lily Braun, Werner Sombart, Georg

Mutterschutz.

Zeitschrift zur Reform der sexuellen Ethik.

Publikationsorgan

des

Bundes für Mutterschutz.

Herausgegeben

von

Dr. phil. **Helene Stöcker,**
Berlin-Wilmersdorf.

━━━━━━━ I. Jahrgang. ━━━━━━━

Frankfurt a. M.
J. D. Sauerländers Verlag.
1905.

Das Publikationsorgan des Bundes für Mutterschutz

Hirth und Frida Duensing als Beisitzende auf. In dem laut Satzung mindestens 36 Personen umfassenden Leitungsorgan, genannt »Ausschuss«, arbeiteten anfänglich mit: die mehr oder weniger »bewegten« Frauen Adele Schreiber, Henriette Fürth und Hedwig Dohm, die Sexualforscher Iwan Bloch, Eulenburg, Moll und Forel, die Ärzte Mensinga, Hegar, Blaschko und Neisser sowie signifikante Männer wie Ludwig Woltmann, Alfred Ploetz, Christian von Ehrenfels, Willy Hellpach und Bruno Wille.

Die recht bewegte Geschichte des Bundes im späteren Ringen um eine freiere Sexualmoral und um Pazifismus ist inzwischen erfreulicherweise von verschiedener Seite erforscht worden, sodass auf diese Publikationen verwiesen werden kann (vgl. u.a. Nowacki 1983, Kokula 1985). Zwei Einschnitte seien aber auch hier erwähnt. Bereits nach der ersten öffentlichen Versammlung, die am 26. Februar 1905 unter großem Zustrom im Berliner Architektenhaus stattfand, verließ Ruth Bré den Bund und gründete einen eigenen, »Erster Deutscher Bund für Mutterschutz« genannt, der jedoch nach etwa zwei Jahren eingegangen sein soll. Ruth Bré vertrat nicht nur den sehr modernen Gedanken, »uneheliche Mütter«, die wir heute »allein Erziehende« nennen, so zu behandeln wie »eheliche«; sie plädierte auch für die Wiedererrichtung des Mutterrechts, sah in der »Scholle«, in der »mütterlichen Erde« den »einzig zuverlässigen Ernährer« der Frauen und der Kinder, war folglich für Mütterheime auf dem Land (Bré 1905a: 11 f, 21). Damit aber nicht genug. Sie sprach auch wie die Sozialdarwinisten und Rassenhygieniker Wilhelm Schallmayer, Alfred Ploetz oder Christian von Ehrenfels (s. Kap. 14). Sie beschwor die Degeneration des deutschen Volkes, befürchtete, dass es eines Tages nur noch von Dirnen und Zuhältern gegen den Ansturm der Polen und Tschechen und dann der Chinesen zu verteidigen wäre. Und sie sprach sich für eugenisch-sittliche Selektion aus: »Die Natur begünstigt das Starke und Gesunde und läßt es sich fortpflanzen. Das Elende, Schwache aber läßt die Natur zugrunde gehen, ohne Schaden für sich und andere. So ists in der Pflanzen- und Tierwelt, so ists bei den Naturvölkern. Was aber tun wir? Wir hätscheln das Kranke, Verkümmerte, Verseuchte und moralisch Verkommene und bringen endlose Opfer dafür. [...] Achten wir jedes gesund geborene Kind! Achten wir jeden Mann, der noch gesunde Kinder zu zeugen vermag! Setzen wir Prämien auf die Gesundheit, – nicht auf die Krankheit und nicht auf das Laster« (Bré, ebd.: 10 f; vgl. Nowacki 1983: 22 ff).

Wie Ruth Bré trennten sich auch andere eigenwillige Köpfe vom Bund und solche, denen die ganze Richtung zu »feminin«, zu »weibisch schwächlich«, zu »naiv und unlogisch«, zu »traditionell monogamisch« oder zu mütterbetont war. So auch Max Marcuse, den Bré zuerst für ihre Idee gewonnen hatte und der zunächst sehr engagiert die Geschäfte des Bundes von seiner Berliner Dermatologenpraxis aus erfolgreich führte (Marcuse und Stöcker 1906). Wird versucht, aus den Stellungnahmen und Berichten über das Zerwürfnis zwischen Marcuse und der Mehrheit des Bundes eine Quintessenz zu ziehen, dann ist es nach unserem Eindruck die: dass zu dieser Zeit die eher unwillkürliche, keineswegs reflektierte Bemühung gescheitert ist, Sexualwissenschaft und Sexualreform zusammenzubringen. Marcuse und der Verlag wollten nicht oder nicht nur das Elend der Mütter und die Probleme einer

Bund für Mutterschutz, Wilmersdorf, den 27. November 1907.
Berlin-Wilmersdorf,
Rosberitzerstr. 8.

48

P r o t o k o l l der V o r s t a n d s s i t z u n g

des B u n d e s für M u t t e r s c h u t z

Am 17. November 1907, nachmittags 5 Uhr, im Bureau, Rosberitzerstr. 8.
Anwesend: Dr. Helene Stöcker, Maria Lischnewska, Adele Schreiber.
Professor Finkelstein, Dr. Bloch.

Zunächst wird über die Angelegenheit der Zeitschrift Mutterschutz beraten, die der Verleger Sauerländer vom 1. Januar ab unter Redaktion von Dr. Marcuse zu einer sexual- politischen Zeitschrift umgestaltet herausgeben will. Das Verhalten des Dr. Marcuse, der als Mitglied des Vorstandes sich dazu bereit finden liess, eine sozusagen gegen die Vorsitzende und die von ihr vertretenen Interessen des Bundes gerichtete Aktion zu schützen, findet bei allen Missbilligung. Der Vorstand des Bundes kann nur ein in der bisherigen Tendenz geführtes, also auch vorwiegend social politisches Organ als Vertretung seiner Interessen ansehen, muss dagegen Einspruch erheben, dass eine Zeitschrift andrer Richtung seinen Namen trägt, beansprucht vielmehr das Recht, den Namen "Mutterschutz" für jene Zeitschrift zu behalten, die nach wie vor von Dr. Stöcker redigiert in einem andern Verlag erscheinen wird.

Es werden daher sofort an den Verleger Sauerländer und an Dr. Marcuse 2 Schreiben nachstehenden Inhalts gerichtet, von den anwesenden 5 Vorstandsmitgliedern und i. V. von Herrn Brandt, der während der Sitzung telefonisch über die Vorgänge Bericht einholte, unterfertigt.

- 1 -

C o p i e

43

Dr. med. Max Marcuse,　　　　　　　　Berlin W 35, den 20. November 1907.
Fernsprecher Amt 6,　　　　　　　　　Lützowstr. 85.
17688.

An den

　　　B u n d für M u t t e r s c h u t z,

　　　z. H. d. Fräulein Dr. Helene Stöcker,

　　　　　　B e r l i n - Wilmersdorf.

Dem Vorstande des Bundes teile ich hierdurch folgendes mit:

Ich habe das Schreiben vom 17. November 1907, in welchem mir die sechs Unterzeichneten zur Kenntnis bringen, dass sie mich als ausgeschieden aus dem Vorstande betrachten, erhalten. Aus diesem Schreiben geht hervor, dass am 16. oder 15. November eine Vorstandssitzung stattgefunden hat; zu dieser Sitzung habe ich, obwohl Mitglied des Vorstandes, <u>eine Einladung nicht erhalten</u>: somit war diese Sitzung beschlussunfähig und etwaige Beschlüsse, die sie gleichwohl gefasst hat, sind aus <u>formalen Gründen</u> absolut <u>ungültig</u>. Zweitens besteht diese formale Ungültigkeit auch darum, weil ein derartig wichtiger Punkt, wie der Ausschluss eines Vorstandsmitgliedes auf die Tagesordnung hätte gesetzt und <u>diese rechtzeitig allen</u> Vorstandsmitgliedern zugesandt werden müssen.- Die Verhandlungen gegen mich und der Beschluss, zu dem sie laut Ihrem Schreiben vom 17. November geführt haben, widersprechen aber auch allen Forderungen, des

44

Anstandes und der Sitte, weil es einen Zweifel darüber nicht giebt, dass die Verurteilung irgend eines Menschen, mag diese auch nur in einem mir so gleichgültigen Beschluss wie dem vorliegenden zum Ausdruck kommen, ohne dass der Angeschuldigte selbst gehört, ja, ohne dass er gar von der Existenz der Anschuldigungen gegen sich etwas erfährt, in einem unvereinbaren Gegensatz zu der selbstverständlichen Gepflogenheit aller anständigen Leute besteht. Schliesslich ist der sogenannte Vorstandsbeschluss sachlich unberechtigt, weil er sich auf Voraussetzungen stützt, die garnicht existieren. Was ich einem solchen Verhalten gegenüber zur Abwehr und Aufklärung in der Oeffentlichkeit tun werde, brauche ich an dieser Stelle nicht vorweg zu nehmen; hier genügt es, festzustellen, dass die sechs mit Unrecht als der "Vorstand"! Unterzeichneten keinerlei formale -von der materiellen jetzt ganz zu schweigen- Berechtigung hatten, mich als "ausgeschieden" zu betrachten. Dagegen lehne ich meinerseits es selbstverständlich ab, mit Leuten, die an diesem Fehmgericht, das aus durchsichtigen Gründen in aller Heimlichkeit stattfinden musste, sollte es zu der im voraus feststehenden Entscheidung gelangen, mitgewirkt haben- in Zukunft irgend eine gemeinsame Arbeit zu leisten. Ich lege daher mein Vorstandsamt hiermit nieder und will nur diejenigen, denen die Mutterschutzsache noch am Herzen liegt, warnen, mich durch weitere unlautere Machinationen dazu zu zwingen, bei meiner persönlichen Verteidigung dann auch nicht mehr auf die Sache Rücksicht nehmen zu können.

            Hochachtungsvoll!

            Dr. Max Marcuse.

51

Berlin, Dezember 1907

An die Mitglieder des Bundes für Mutterschutz.

Auf die „zur Abwehr und Aufklärung" überschriebene Äußerung der Herren Sauerländer und Dr. Marcuse sind wir genötigt, zu antworten, da diese nicht nur an die Mitglieder des Ausschusses, sondern auch an die Mitglieder des Bundes für Mutterschutz gerichtet war, **die hierdurch von der Angelegenheit zum ersten Male etwas gehört haben.** Wir bitten Kenntnis davon nehmen zu wollen, daß die **ausserordentliche General-Versammlung des Bundes für Mutterschutz vom 14./15. d. M.,** nachdem Herrn Dr. Marcuse eine unbeschränkte Aussprache gestattet worden war, mit überwältigender Majorität — ca. 150 gegen 5 Stimmen — folgenden Antrag angenommen hat:

„Die General-Versammlung erkennt an, daß in dem Verfahren gegen Herrn Dr. Max Marcuse einige unwesentliche Formverstöße in der Erregtheit des von Dr. Marcuse heraufbeschworenen Kampfes vorgekommen sind, billigt aber materiell das Verfahren durchaus (Herrn Dr. Marcuse wegen seines Verhaltens in der Angelegenheit als ausgeschieden zu betrachten) und spricht dem Vorstand ihr unverändertes Vertrauen aus."

Wir glauben die Sachlage hierdurch so geklärt, daß wir Ihnen und uns eine ins Einzelne gehende Berichtigung der völlig irreführenden Darstellung der Herren Sauerländer und Marcuse sparen können und daß dies unser letztes Wort in dieser Angelegenheit sein kann.

Die außerordentliche Generalversammlung hat ferner beschlossen, die von **Dr. phil. Helene Stöcker** geleitete Zeitschrift, die fortan unter dem Titel „**Die neue Generation**" vom 1. Jan. 1908 im Verlag von Oesterheld & Co., Berlin W. 15, Lietzenburgerstraße 48, erscheint und deren Preis für Mitglieder auf M. 1.— vierteljährlich **ermässigt** ist, wie bisher zum Publikationsorgan des Bundes zu erklären und die neu sich gründenden Ortsgruppen zu verpflichten, für je 20 ihrer Mitglieder mindestens ein Exemplar der Zeitschrift zu beziehen.

Im Übrigen bitten wir alle unsere Mitglieder und Freunde, die Zeitschrift tatkräftig zu unterstützen.

Der Vorstand des Bundes für Mutterschutz.

Dokumente zum Verhältnis von Max Marcuse und dem Vorstand des Bundes für Mutterschutz (Bundesarchiv Koblenz, Nachlass Adele Schreiber, NL 173, fol. 48, 43, 44, 51)

Mutterschaftsversicherung erörtern, sie wollten in der sexuellen Frage möglichst »rein« wissenschaftlich, das hieß für sie objektiv und unvoreingenommen operieren, nicht ästhetisch und literarisch und abstrakt, wie sie kritisierten, sondern real und konkret, wie sie meinten. Und sie sympathisierten ganz offensichtlich mit den volksbiologischen Wertideen der Bré, wollten nicht länger wie die Stöcker und die Lischnewska im Sumpf der sittlich Gefallenen und syphilitisch Zerfressenen waten.

Eine späte Bemerkung Marcuses in einem bisher unveröffentlichten autobiografischen Fragment belegt dessen anhaltende Wertschätzung der Ruth Bré. Seine Position deutlich gemacht hatte Marcuse aber schon, als er Helene Stöcker als Herausgeberin der Zeitschrift *Mutterschutz* stürzte. Auf deren letzten Seiten sagte er, ohne seinen Namen zu nennen, was er und die Herren des Verlages richtig fanden, wobei die Passage gegen Lebensuntüchtige durch Sperrdruck hinausgeschrien wird: »Die sexuelle Frage verlangt und ermöglicht eine Lösung nur durch die Wissenschaft. [...] soll unsere Zeitschrift [...] Staat und Gesellschaft vor einem weiteren Anwachsen der Masse lebensuntüchtiger und antisozialer Individuen und gegen die fortgesetzte Abnahme des kräftigen, leistungsfähigen, sozial wertvollen Nachwuchses mitschützen. Ein Feind aller Utopien wollen wir urteilslose Alleweltbeglücker und naive Ideologen rücksichtslos bekämpfen« (Anonymus [d.i. Max Marcuse] 1907: 501 ff). Beim Erscheinen der Nachfolgezeitschrift mit dem Titel *Sexual-Probleme* wiederholt Marcuse (Anonymus 1908) diese Erklärung Wort für Wort als »Wort zur Einführung«, wiederum, ohne seinen Namen zu nennen.

Im November 1907 wurde Marcuse praktisch ausgeschlossen, das heißt vom Vorstand des Bundes »als ausgeschieden betrachtet«. Nach den erhaltenen Zeugnissen ist er sich keinerlei Schuld bewusst, obgleich er den Bund öffentlich scharf kritisiert hatte und dabei war, die von Helene Stöcker herausgegebene Zeitschrift des Bundes an sich zu reißen. Nach der Trennung ignorierte er in den von ihm redigierten Zeitschriften den Bund oder schrieb abträglich über dessen Intentionen (vgl. z.B. Marcuse 1908d). Nowacki (1983: 49) berichtet, dass Marcuse den Bund in den von ihm redigierten *Sexual-Problemen* auf insgesamt 6.100 Seiten nur zweimal im Gesamtumfang von sechs Seiten erwähnt habe.

Offizielles »Publikationsorgan des Bundes« war die *Zeitschrift zur Reform der sexuellen Ethik* mit dem Haupttitel *Mutterschutz*, herausgegeben von Helene Stöcker im Verlag J. D. Sauerländer, Frankfurt am Main. Nach der Übernahme durch Marcuse gab dieser im selben Verlag die sexualwissenschaftliche Zeitschrift *Sexual-Probleme* (s. unten) heraus, während Helene Stöcker und der Bund die Zeitschrift *Die neue Generation* gründeten, die weiterhin Aufklärung und Sexualreform dienen sollte – bis die Nazis auch das unmöglich machten.

Ärztliche Gesellschaft für Sexualwissenschaft (und Eugenik/Eugenetik/Konstitutionsforschung) (ÄGESE) (1913–1933)

Die Ärztliche Gesellschaft für Sexualwissenschaft ist die erste fachwissenschaftliche Gesellschaft dieser Art überhaupt. Sie wurde am 21. Januar 1913 in Berlin verabredet und hielt am 21. Februar 1913 ihre konstituierende, erste öffentliche Sitzung im Langenbeck-Haus der Berliner Charité ab. Ende 1913 erweiterte sie ihren Namen um den Zusatz »und Eugenik«. 1921 wurde »Eugenik« durch »Eugenetik« und 1923 nach Auseinandersetzungen »Eugenetik« durch »Konstitutionsforschung« ersetzt.

Zum ersten Vorsitzenden wurde der akademisch arrivierteste Sexualforscher gewählt, der Medizinprofessor Geheimrat Albert Eulenburg. Dem ersten Vorstand gehörten ferner an: Iwan Bloch und Magnus Hirschfeld als Stellvertretende Vorsitzende, der Monist und Psychoanalytiker Heinrich Koerber als Schriftführer, der Gynäkologe Otto Adler als Kassenführer sowie der Sozialhygieniker Alfred Grotjahn, der Psychiater Otto Juliusburger und der Sexualarzt Hermann Rohleder als Beisitzer. 1915 wurde Grotjahn durch Alfred Blaschko ersetzt, 1917 löste Bloch den kranken Eulenburg als Vorsitzenden ab. Mitte 1919 wurde der Sozialgynäkologe Max Hirsch Schriftführer, und 1920 übernahm Carl Posner, vor allem Urologe und Androloge, den Vorsitz. Von 1922 bis 1932 (für das Jahr 1929 sind bisher keine Dokumente gefunden worden) wechselten sich Posner und Hirsch als Vorsitzende ab – mit Ausnahme des Jahres 1930, in dem der Gynäkologe Paul Ferdinand Strassmann an die Spitze trat.

Ziel der Gesellschaft war es bei der Gründung, die zersplitterte Sexualwissenschaft zu konzentrieren, Forschung auf diesem Gebiet zu fördern und insbesondere die Ärzteschaft mit diesem lange vernachlässigten, jetzt aber »mächtig emporstrebenden Gebiet« in Berührung zu bringen. Geschehen sollte das vor allem durch Vorträge mit Demonstrationen und Diskussionen, von denen auf den ersten zehn Sitzungen im ersten Jahr des Bestehens bereits 14 gehalten worden seien – wie der Vorsitzende in seinem Jahresbericht stolz berichtete (vgl. Zeitschrift für Sexualwissenschaft 1, 33, 1914/15). Noch wichtiger war aber, dass sich die Gesellschaft innerhalb eines Jahres von anfänglich 15 Wissenschaftlern auf genau 102 vergrößern konnte und dass es Eulenburg und Bloch sehr schnell gelang, einen Verlag zu finden, der eine Zeitschrift für Sexualwissenschaft (s. unten) wagen würde, die zugleich das offizielle Organ der Gesellschaft sein sollte und es auch von 1914 bis 1919 wurde. Zuvor waren Sitzungsberichte in der *Medizinischen Klinik* (1913/14) erschienen. Von 1919 an wurden sie in einem *Sexualwissenschaftlichen Beiheft* des von Hirsch verantworteten *Archivs für Frauenkunde* und ab 1924 direkt in diesem *Archiv* veröffentlicht.

Bei der Gründung orientierten sich die tonangebenden ÄGESE-Vertreter, allen voran Iwan Bloch, theoretisch an der Biologie, überhaupt an den Naturwissenschaften und glaubten mehrheitlich an den mechanomystischen Monismus Ernst Haeckels, der auch ein Grußwort übermittelte. Therapeutisch dominierte die Schulmedizin, obgleich zum Beispiel auch Psychoanalytiker wie Karl Abraham, Karen Horney und Carl Müller-Braunschweig gehört wurden und Freud immerhin nominelles Mitglied war. Politisch stand die Gesellschaft der Sexualreformbewegung sehr nahe, in der viele ÄGESE-Mitglieder ohnehin aktiv waren, insbesondere im Bund für Mutterschutz und im WhK (s. oben). Im Gegensatz zur Internationalen Gesellschaft für Sexualforschung (INGESE, s. unten) versuchte die ÄGESE nicht,

Wissenschaft und Politik voneinander zu trennen, sie wollte vielmehr der Sexualreformbewegung eine wissenschaftliche Basis verschaffen.

Nach dem Ausscheiden von Eulenburg und Bloch durch Krankheit und Tod und nach der Konzentration Hirschfelds auf die Weltliga für Sexualreform und sein Institut für Sexualwissenschaft (s. unten) kam es unter der Leitung von Hirsch und Posner zu einem Wechsel der wissenschaftstheoretischen und der fachpolitischen Orientierung. Theoretisch orientierte sich die ÄGESE noch stärker an den Vorstellungen und Forschungsrichtungen der akademischen Medizin und Naturwissenschaft und strebte gezielt die Anerkennung der Sexualwissenschaft als medizinisches Universitätsfach an – ohne Erfolg. Gleichzeitig arbeiteten in der Vereinigung zunehmend höchst arrivierte Forscher wie Wilhelm von Waldeyer-Hartz mit. Insgesamt wurden jetzt genetische, endokrinologische, bevölkerungswissenschaftliche sowie vor allem konstitutionsbiologische und charakterologisch-psychologische Ideen und Forschungsziele verfolgt.

Politisch ging die ÄGESE bereits seit 1919 auf Distanz zur Sexualreformbewegung, bis es 1928 zum »korporativen Eintritt« der »Berliner Ärztlichen Gesellschaft für Sexualwissenschaft und Konstitutionsforschung« in die »Deutsche Landesgruppe der Internationalen Gesellschaft für Sexualforschung« kam. Damit setzte sich die »rein wissenschaftliche« INGESE, die bereits 1919 die *Zeitschrift für Sexualwissenschaft* übernommen hatte, gegenüber den Fachvertretern durch, die wie Magnus Hirschfeld an sozialen Bewegungen orientiert waren. Zwischen 1930 und 1932 sprachen Vererbungsforscher und Rassenhygieniker wie Eugen Fischer und Otmar Freiherr von Verschuer vor dem Verein, Schreckensmänner der bevorstehenden NS-Diktatur. Im April 1933 musste sich die Gesellschaft unter dem Druck der NS-Politik auflösen. Eine »Arisierung« wurde von Mitgliedern nicht wie bei anderen wissenschaftlichen Gesellschaften betrieben. Die meisten bekannten jüdischen Mitglieder, die der physischen Vernichtung entgingen, flüchteten ins Ausland, wo sie in der Regel nicht mehr als Sexualforscher und Sexualmediziner arbeiten konnten. Die bewegte Vereins- und Wirkungsgeschichte der ÄGESE haben kurz Nabielek (1989) sowie ausführlich Pretzel und Llorca (1997) beschrieben.

Internationale Gesellschaft für Sexualforschung (INGESE) (1913–1932)

Diese Fachgesellschaft wurde am 16. November 1913 im Langenbeck-Haus in Berlin gegründet. Tonangebend waren Albert Moll, Max Marcuse sowie der Bevölkerungstheoretiker und Nationalökonom Julius Wolf, früher Ordinarius der Universität Breslau, später der Technischen Hochschule Berlin, die in Distanz zur kurz zuvor gegründeten Ärztlichen Gesellschaft für Sexualwissenschaft und Eugenik, in der an Sexualreformen orientierte Praktiker dominierten, eine Organisation etablieren wollten, die Sexualforschung »rein« wissenschaftlich, nicht nur medizinisch und vor allem vollkommen unparteiisch betreiben sollte.

Erster Vorsitzender der zunächst 70 Mitglieder umfassenden Vereinigung wurde Julius Wolf (vgl. Ferdinand 2007), der in seiner Taufrede über die älteren Organisationen sagte: »Wir wollen nicht gegen sie, nicht einmal mit ihnen arbeiten. Denn

Julius Wolf

Albert Moll
(Archiv Otto Winkelmann)

alle diese Organisationen haben praktische Ziele« (Wolf 1914: 84 ff). Während die INGESE »die Verselbständigung der Sexualwissenschaft« bezwecke, »die Grundlegung einer unabhängigen, reinen Sexualwissenschaft«, einer Wissenschaft »im strengen Sinn des Wortes«, ginge es den anderen Gesellschaften um allerlei: Minderung sexueller Nöte, »Verbesserung« der Volksgesundheit, »Veredelung« der Volksmoral, »Herausbildung eines höheren Typus Mensch«, Bekämpfung der Geschlechtskrankheiten, Schutz der unehelichen Kinder und ihrer Mütter, Kampf wider die Prostitution, Unterdrückung der Pornografie usw. Dieser immer nur einzelne Probleme herausgreifenden und bewertenden Verzettelung, dieser schlimmen »Kräftevergeudung«, die »ein Hohn auf das Gebot der Ökonomie« sei, werde die INGESE ein Ende bereiten, wobei die »Konjunktur«, »nationalökonomisch zu reden«, jetzt sehr günstig sei: »Emanzipation von der Kirche«, »Emanzipation des vierten Standes«, naturwissenschaftlicher und medizinischer »Forschungseifer« sowie »Rückgang der Geburten«. Das alles werde die »Disziplinierung der Sexualforschung« als Kultur- resp. Gesellschaftswissenschaft beflügeln (vgl. auch Wolf 1915/16).

Zu Stellvertretern Wolfs wurden Albert Moll, der Grazer Kriminologe Hans Groß und der Berliner Theologe und Geheime Konsistorialrat Reinhold Seeberg gewählt. Erster Schriftführer wurde der Senatspräsident des Berliner Oberverwaltungsgerichts Geheimrat Karl Klemens Hugo von Strauß und Torney, der aber nicht in Erscheinung trat. Zweiter Schriftführer wurde Max Marcuse, der die Fäden in der Hand hielt (vgl. Marcuse 1913e, Kap. 14 in diesem Buch sowie Marcuses Brief an den Anthropo-, Archäo- und Ethnologen Felix von Luschan vom 6. September 1913 als Dokument). Im Vorstand saßen außerdem u.a. Alfred Vierkandt, Havelock Ellis, Eugen Steinach und Karl von Lilienthal (vgl. die Vereinsakten im Bundesarchiv Potsdam, Medizinal-Polizei, Generalia 11178). Unterstützend traten u.a. Max Dessoir, Johannes Dück, Robert Müller, Seved Ribbing, Albert Freiherr von Schrenck-Notzing, Wolfgang Mittermaier, Franz Karl Müller-Lyer, Hans Schneickert, Hugo Sellheim, Otto Stoll und Julius Tandler als gewählte »Ausschuss«-Mitglieder hervor, ferner Helene-Friderike Stelzner, Adele Schreiber, etliche Gymnasial- und Studiendirektoren, Sanitäts-, Hof- und Wirkliche Geheime Kriegsräte, Abgeordnete und ehemalige ausländische Minister als Teilnehmer. Während der Zeit des Ersten Weltkrieges kamen die Aktivitäten der Gesellschaft, sofern sie sich überhaupt entfaltet hatten, weitgehend zum Erliegen (vgl. den Bericht über eine Versammlung in der Zeitschrift für Sexualwissenschaft 6, 270–271, 1919/20).

SEXUAL-PROBLEME
ZEITSCHRIFT FÜR SEXUALWISSENSCHAFT
UND SEXUAL-POLITIK
VERLEGER: J. D. SAUERLÄNDERS VERLAG,
FRANKFURT A. M.
HERAUSGEBER: DR. MED. MAX MARCUSE, BERLIN.

REDAKTION:
BERLIN W. 35, DEN..................
6. 9. 13.

Streng vertraulich!

Abgelehnt und auf die ganz unmögliche Richtung sexologisch gemacht. v. ... m'Est 8.9.13.

Hochgeehrter Herr!

Darf ich mir gestatten, Ihnen folgendes zu unterbreiten.

Ich bin der Meinung, dass für die Sexualwissenschaft die Zeit gekommen ist, ihre Vertreter und Interessenten zu einer **D e u t s c h e n S e x o l o g i s c h e n G e s e l l s c h a f t** zusammenzuschliessen. Ich habe den Plan einer solchen Gründung bisher nur mit den Herren Dr. A l b e r t M o l l, Berlin, und Prof. J o h. D ü c k, Innsbruck, der gegenwärtig ebenfalls hier weilt, erörtert und ihre volle Zustimmung gefunden. Die genannten Herren schliessen sich meiner Bitte um Ihre wertvolle Mitwirkung bei der Schaffung der neuen Organisation an. Ich wende mich zunächst nur an einige ganz wenige von uns besonders geschätzte Herren, damit diese ein vorbereitendes Komitee bilden, das dann erst zu einem Gründungs-Ausschuss sich erweitern soll.

Als Muster für die Deutsche Sexologische Gesellschaft schwebt uns etwa die Deutsche Gesellschaft für Soziologie vor, die sehr ähnliche wissenschaftliche und organisatorische Voraussetzungen vorfand und sich in den wenigen Jahren ihres Bestehens zu einer sehr angesehenen und erfolgreich wirkenden wissenschaftlichen Körperschaft entwickelt hat. Auch die von uns geplante D.S.G. soll ausschliesslich wissenschaftlicher

SEXUAL-PROBLEME
ZEITSCHRIFT FÜR SEXUALWISSENSCHAFT
UND SEXUAL-POLITIK
VERLEGER: J. D. SAUERLÄNDERS VERLAG,
FRANKFURT A. M.
HERAUSGEBER: DR. MED. MAX MARCUSE, BERLIN.

REDAKTION:
BERLIN W. 35. DEN..........................

Arbeit gelten, unter Ausschluss praktischer Reform-Betätigung; die Freiheit der Anschauungen und des Verhaltens der einzelnen Mitglieder bleibt dadurch selbstverständlich unangetastet, wie es andererseits das wichtigste Bestreben der Gesellschaft sein muss, a l l e wissenschaftlichen Richtungen und Disziplinen in sich zu vereinigen. Ich habe an die Möglichkeit gedacht, zur Erleichterung der Arbeitsteilung und zur Förderung der Sonderinteressen allmählich etwa folgende 6 Sektionen zu bilden: 1.) Medizin und Hygiene 2.) Fortpflanzungs- Rassen- und Gesellschaftsbiologie, vergleichende Biologie 3.) Rechtswissenschaft und Kriminal-Anthropologie 4.) Soziologie, Oekonomie, Statistik 5.) Philosophie, Religionswissenschaft, Psychologie, Pädagogik 6.) Geschichte, Volks- und Völkerkunde, Sprachwissenschaft. Ob Ortsgruppen gegründet werden sollen, muss nach dem etwaigen Bedürfnis entschieden werden; vielleicht wäre es zweckmässig, je einen Hauptsitz der Gesellschaft in Nord- und Süddeutschland zu errichten.

Die Gesellschaft soll ihren Aufgaben durch Förderung einschlägiger Arbeiten einzelner Mitglieder, durch eigene Erhebungen und Materialbearbeitungen, durch Vorträge und Diskussionen auf den Jahresversammlungen und vielleicht auch durch öffentliche wissenschaftliche Veröffentlichungen gerecht werden; in letzterer Hinsicht käme die Herausgabe eines Jahrbuches oder eines andersartigen periodischen Organs oder aber von zwanglos erscheinenden Monographien in Betracht.

SEXUAL-PROBLEME
ZEITSCHRIFT FÜR SEXUALWISSENSCHAFT
UND SEXUAL-POLITIK
VERLEGER: J. D. SAUERLÄNDERS VERLAG.
FRANKFURT A. M.
HERAUSGEBER: DR. MED. MAX MARCUSE, BERLIN.

REDAKTION:
BERLIN W. 35, DEN..................

Alle diese Fragen, sowie die Festsetzung der Statuten und der Organisation im einzelnen dürfen späteren Beratungen vorbehalten bleiben. Zunächst kommt es nur darauf an, dass wir in den Stand gesetzt werden, uns an einen grösseren Kreis von angesehenen Sexologen zu wenden mit einem Aufrufe dem durch die Unterzeichnung mit den besten Namen besonderer Nachdruck verliehen wird und dessen Erfolg dann m. E. nicht ausbleiben kann. Darum bitte ich Sie also, hochgeehrter Herr, mir Ihre - zunächst noch durchaus unverbindliche - Zustimmung zu unseren Plane mitzuteilen und die Genehmigung zu geben, den geplanten Aufruf, dessen Redigierung Sie wohl Herrn S.R. M o l l Herrn Prof. B l o c k und mir freundlichst überlassen werden, auch mit Ihrem hochgeschätzten Namen zu unterschreiben. Ich würde Ihnen auch dankbar sein, wenn Sie mir den einen oder anderen Herrn nennen wollten, auf dessen Einladung zum Eintritt in das vorbereitende Komitee Sie Wert legen, wie ich überhaupt alle Vor- und Ratschläge für die geplante Gründung mit verbindlichstem Danke von Ihnen entgegennehmen werde.

Zum Schlusse bitte ich noch einmal, die ganze Angelegenheit bis auf weiteres streng vertraulich behandeln zu wollen und empfehle mich Ihnen in Erwartung Ihrer freundlichen, recht baldigen Rückäusserung

mit vorzüglichster Hochachtung

Ihr ergebenster
Max Marcuse

Brief Max Marcuses an Felix von Luschan vom 6. September 1913 (Staatsbibliothek zu Berlin, Preußischer Kulturbesitz, NL Felix v. Luschan)

Ein sehr bald nach der Gründung angekündigter internationaler Kongress (vgl. Sexualreform 9, 18–19, 1914) fand erst 1926 statt. Zuvor wurde berichtet, dass die INGESE mit Hilfe alter und neuer Freunde aus dem In- und Ausland reorganisiert werde (Zeitschrift für Sexualwissenschaft 12, 351–152, 1925/26). Genannt werden u.a. Sigmund Freud, Karl Bühler, Charlotte Bühler, Else Voigtländer, Max Dessoir, Josef Jadassohn, Ernest Jones, Alexander Lipschütz, August Mayer, Aldo Mieli, Paul Popenoe, Knud Sand, Ludwig Seitz, William Stern und Leopold von Wiese. Der I. Internationale Kongress für Sexualforschung, den die INGESE abhielt, fand dann vom 10. bis 16. Oktober 1926 in Berlin statt und wurde von Marcuse 1927 und 1928 in fünf Bänden herausgegeben (s. Kap. 14). Der Erfolg dieses Kongresses bewirkte offensichtlich 1928 die weitgehende Übernahme der Ärztlichen Gesellschaft für Sexualwissenschaft und Konstitutionsforschung (s. vorstehend), die ansonsten vor allem Max Hirsch betrieb. Unter den Rednern und Autoren waren Jacques Benoit, Eugène Gley, Eugen Steinach, Harry Benjamin, W. M. Bechterew, Hermann Rohleder, Alfred Adler, Poul Bjerre, Charlotte Bühler, William Stern, Else Voigtländer, Charles V. Drysdale, Norman Haire, Alfred Grotjahn, Paul Popenoe, Hertha Riese, Dora Russell, Erich Wulffen, Paul Krische, Aldo Mieli und Bronisław Malinowski.

Der II. (und letzte) Internationale Kongress sollte laut Mitteilung in der *Zeitschrift für Sexualwissenschaft* (14, 314, 1927/28) im Frühjahr 1928 in Rom stattfinden, wurde jedoch vor allem wegen des virulent gewordenen italienischen Faschismus und der Emigration Aldo Mielis vom 3. bis 9. August 1930 im Londoner »British Medical Association House« mit etwa 250 Teilnehmern abgehalten, präsidiert von dem Biologen Francis Albert Eley Crew aus Edinburgh und herausgegeben von dem Physiologen und Genetiker Alan William Greenwood (1931). Auf diesem Kongress wurden ganz überwiegend biologische und endokrinologische Ergebnisse vorgetragen, zum Teil von namhaften Forschern wie Walter Hohlweg, Jacques Benoit und Carl Clauberg. Auch der »Therapie«-Teil, den neben anderen Harry Benjamin und Paul Strassmann bestritten, grenzte Psychotherapie aus. Neben zwei Beiträgen zur Kontrazeptionsfrage gab es abschließend einige zusammengewürfelte Vorträge unter dem Titel »Soziologie«. Karl Bruhn sprach über das »erotische Leben« von Kindern und Ernest Jones über »Psycho-analysis and biology« (alle 1931).

Publikationsorgane der INGESE waren zunächst 1915/16 das *Archiv für Sexualforschung*, von 1918 bis 1931 die *Abhandlungen aus dem Gebiete der Sexualforschung* sowie von 1919 bis 1932 die von Eulenburg und Bloch gegründete *Zeitschrift für Sexualwissenschaft* (s. weiter unten), die bereits im März 1932 aus politischen und ökonomischen Gründen eingestellt werden musste. Das war im Grunde auch das Ende der INGESE, deren Vereins- und Wirkungsgeschichte bisher nicht erforscht worden ist.

Weltliga für Sexualreform (WLSR) (1928–1935)

Am 3. Juli 1928 wurde nach offenbar jahrelanger Vorbereitung eine sich »Weltliga« nennende, tatsächlich aber europäisch agierende Vereinigung von Män-

I. Internationale Tagung für Sexualreform auf sexualwissenschaftlicher Grundlage 1921 in Berlin

Gründungsversammlung der Weltliga für Sexualreform 1928 in Kopenhagen

nern und Frauen offiziell gegründet, denen es mehrheitlich um wissenschaftlich begründete Sexualreformen innerhalb der bestehenden Gesellschaft ging. Bereits vor der Gründung wurden im Namen der »Weltliga« Aufrufe verteilt und Mitgliedskarten ausgestellt (Dose 1993: 23 f; vgl. auch Dose 2003). Die Idee hatte Magnus Hirschfeld bereits Jahre zuvor in Form der »I. Internationalen Tagung für Sexualreform auf sexualwissenschaftlicher Grundlage« vom 15. bis zum 20. September 1921 in Berlin realisiert, auf der neben Fragen der Sexualmoral, Sexualpsycho(patho)logie, Bevölkerungspolitik, Geburtenregelung, Eugenik, Gesetzgebung und Pädagogik vor allem die »Bedeutung der inneren Sekretion für die menschliche Sexualität« herausgestellt worden war (vgl. den Kongressband von Weil 1922). Folgerichtig wurde der erste offizielle WLSR-Kongress, der vom 1. bis zum 5. Juli 1928 in Kopenhagen abgehalten wurde, nachträglich zum 2. Kongress der Weltliga erklärt. Diese 1. bzw. 2. Tagung hatte federführend der an Wilhelm Reichs Sexualökonomie orientierte und in der Geburtenregelung sehr engagierte dänische Arzt Jonathan Høegh von Leunbach vorbereitet, der sein Adelsprädikat zu ignorieren pflegte.

Die zehn »wichtigsten Forderungen« der WLSR, die nach Doses Zusammenstellung (ebd.: 27–31) in den diversen Verlautbarungen und Entwürfen variierten, waren nach dem Abdruck im Kongressband von Hertha Riese und Leunbach (1929: 304; vgl. dort auch die WLSR-Satzung) sowie von Steiner (1931: XIX): politische, wirtschaftliche und sexuelle Gleichberechtigung der Frau; Befreiung der Ehe von kirchlicher und staatlicher Bevormundung; »verantwortungsvolle« Geburtenregelung; »eugenische Beeinflussung der Nachkommenschaft«; Schutz unehelicher Mütter und Kinder; »richtige Beurteilung der intersexuellen Varianten«, insbesondere der homosexuellen Männer und Frauen; Verhütung der Prostitution und der Geschlechtskrankheiten; »Auffassung sexueller Triebstörungen« als »mehr oder weniger krankhafte Erscheinungen«, nicht als Verbrechen, Sünde oder Laster; ein Sexualstrafrecht, das nicht in einvernehmliche Handlungen Erwachsener eingreift; sowie die »planmäßige Sexualerziehung und Aufklärung«. Entsprechende Themen wurden in den rund 40 Vorträgen des Kopenhagener Kongresses behandelt (vgl. auch Hertha Riese 1928), u.a. von Norman Haire und Dora Russell aus England, die am Zustandekommen der WLSR einen erheblichen Anteil hatten, ferner von Josef K. Friedjung und Hermann Swoboda aus Österreich, Grigori/Gregor Batkis, Leo Gurwitsch und Nikolaj Pasche-Oserski aus der UdSSR, Fritz Brupbacher aus der Schweiz, Hugo Bondy aus der Tschechoslowakei sowie von vielen Deutschen, darunter Johanna Elberskirchen, Max Hodann, Heinrich Meng, Bernhard Schapiro, Helene Stöcker, Felix Halle und Kurt Hiller, angeführt von Hirschfeld (1929), der einleitend über »Sexualreform im Sinne der Sexualwissenschaft« sprach.

Neben Hirschfeld saßen zunächst der bereits sehr kranke Schweizer August Forel und der Engländer Havelock Ellis weitgehend inaktiv und zu Hirschfeld auf Distanz der WLSR vor (Hertoft 1988: 243 f.). Sie wurden 1930 durch Leunbach und Haire abgelöst, aber als Ehrenpräsidenten weiterhin aufgeführt. Der Zentralen Exekutive bzw. dem Arbeitskomitee der Liga gehörten zunächst neben Leunbach Paul und Maria Krische (Berlin) sowie Walther und Hertha Riese (Frankfurt am Main) an; 1930 kamen Batkis (Moskau), Friedjung (Wien) und Pierre Vachet (Paris), 1932 Benno Premsela aus den Niederlanden hinzu. Dem offenbar wenig aktiven Internationalen Komitee gehörten neben bereits Genannten u.a. Margaret Sanger, Harry Benjamin, Aldo Mieli, Rosa Mayreder und Alexandra Kollontai an.

Grob gesagt, waren viele der bisher Erwähnten auch auf dem 3. WLSR-Kongress aktiv, der vom 8. bis zum 14. September 1929 in London stattfand (vgl. den Kongressband von Haire 1930; ferner Crozier 2003). Hinzu kamen u.a. Marie C. Stopes, Ernst Gräfenberg, Hans Lehfeldt, Bertrand Russell, C. V. Drysdale, Felix Abraham

August Forel an die Teilnehmer des 3. Weltliga-Kongresses 1929 in London

und Rudolf Goldscheid. Der 4. Kongress wurde vom 16. bis zum 23. September 1930 in Wien abgehalten, vor allem von Josef K. Friedjung vorbereitet und von ihm sowie Sidonie Fürst, Ludwig Chiavacci und Herbert Steiner herausgegeben, der auch als Redakteur zeichnete (vgl. den Kongressband von Steiner 1931). Er war offenbar insofern ein großer Erfolg, als erstmalig nicht nur kleine Kreise bis maximal 200 Personen (wie in London) an dem Kongress teilnahmen, sondern 2.000 (ebd.: XV). Auch war das Programm umfangreicher als zuvor. Erörtert wurden die Wohnungsnot, die Sexualnot, »Sexualität und Seelenleben«, die Innere Sekretion, die Sexualmoral, die Rechtsordnung, »Geburtenregelung und Menschenökonomie« sowie das »Recht des Kindes«. Im Kongressband sind u.a. vertreten: Henriette Fürth, Otto Juliusburger, Fritz Wittels, Ernst Toller, Wilhelm Reich, Johanna Elberskirchen, Paul Federn, Eduard Hitschmann, Friedrich S. Krauss, Rudolf Goldscheid, Julius Wolf, Ben B. Lindsey, Otto Lampl und Helene Stourzh-Anderle. In seinem Geschäftsbericht gab Hirschfeld 182 Einzelmitglieder sowie insgesamt 130.000 Mitglieder »unter Einschluß angeschlossener Verbände« an (ebd.: XXV). Der 5. und letzte Kongress der WLSR fand vom 20. bis zum 26. September 1932 in Brno/Brünn statt. Über Inhalt und Verlauf der Tagung liegen bisher nur einige Zeitschriftenberichte vor, z.B. von van Emde Boas (1933), Josef Weisskopf (1933), der die Tagung vorbereitet hatte, sowie von der Zeitschrift *Sexual-Hygiene* (4. Jg., Nr. 11, 81–82, 1932) mit einem Foto. Danach scheint der Zuspruch nicht so groß gewesen zu sein wie in Wien. Auch tauchen nur wenige berühmte Namen auf. Allerdings gab Hirschfeld freudig zu Protokoll, dass die WLSR erstmalig in einem staatlichen Universitäts-Institut tagen durfte, und zwar im Hörsaal der Anatomie der Masaryk-Universität. Inhaltlich ging es erneut um Fragen der Eugenik, Geburtenregelung, Sexualmoral, -erziehung, -pathologie und -ethnologie.

Bekannte Weltliga-Mitglieder. Reihe 1: der Schweizer August Forel, der Däne Jonathan Høegh Leunbach und der Engländer Norman Haire; Reihe 2: die Amerikanerin Margaret Sanger, der Deutsch-Amerikaner Harry Benjamin und die Russin Alexandra Kollontai (jeweils von li. nach re.)

Als Hauptaktivität der offensichtlich keineswegs zentralistisch gesteuerten WLSR erscheinen heute die genannten Kongresse, auf denen lebhaft diskutiert und Resolutionen, auch zu akuten Problemen in tangierten Ländern, verabschiedet und veröffentlicht worden sind. Auf diese Weise wurde Einzelkämpferinnen und Einzelkämpfern aus verschiedenen Ländern und Regionen ermöglicht, aus einer deprimierenden Isolation herauszutreten und Anschluss an Gleichgesinnte und bereits andernorts bestehende Organisationen zu finden. Neben den Kongressen entfalteten aber vor allem nationale Sektionen, zum Beispiel die britische, niederländische, französische und spanische, vielfältige Aktivitäten, die teilweise auch nach dem Ende der Weltliga in neu gegründeten nationalen Gesellschaften wie »The British Sex Education Society« fortgesetzt worden sind (vgl. Crozier 2003, Brandhorst 2003, Glick 2003, Sinclair 2003, Cleminson 2003). Nicht gelungen ist es der WLSR, eine internationale Zeitschrift zu etablieren. Zwei Versuche unter dem Titel *Sexus*, zunächst 1931 in Wien und Leipzig, dann 1933 in Berlin, mussten nach jeweils einem Heft abgebrochen werden. Auch hier waren einige nationale Sektionen sehr viel erfolgreicher. Während Vertreter der INGESE (s. vorstehend) die Weltliga als unwissenschaftlich und politisch voreingenommen kritisierten, war sie aktiven Mitgliedern wie Dora Russell (1989: 218; vgl. Mitteilungen der Magnus-Hirschfeld-Gesellschaft, Nr. 9, S. 14f, 1986) und sozialistisch-sexualpolitischen Aktivisten wie Wilhelm Reich

Auftakt des 4. Kongresses der Weltliga für Sexualreform 1930 in Wien (Magnus-Hirschfeld-Gesellschaft, Berlin)

(1931), der auf dem Wiener WLSR-Kongress ohne Resonanz gesprochen hatte, politisch viel zu inaktiv und angepasst.

Nach dem Sieg der Nazis in Deutschland, der Zerstörung des Berliner Instituts 1933 und dem Tod Hirschfelds 1935 war das Ende der WLSR nicht mehr abzuwenden. Die verbliebenen Präsidenten Haire und Leunbach mussten 1935 die Auflösung erklären. Dabei trat wieder offen zu Tage, wie different ihre sexualpolitischen Positionen waren. Während Haire die Weltliga von politischen Aktionen fernhalten wollte, beklagte Leunbach, dass sie sich nicht der revolutionären Arbeiterbewegung angeschlossen habe (vgl. Hodann 1937: 308; ferner Haire 1935, van Emde Boas 1973, Wood 1973, Wolff 1986, Hertoft 1988). Auch die Geschichte der Weltliga für Sexualreform ist noch nicht geschrieben worden.

Erste Zeitschriften und Buchreihen

Wie bei den Organisationen und Fachgesellschaften können auch bei den Periodika nur jene erwähnt werden, die zumindest nachträglich gesehen für die Begründung eines Faches »Sexualwissenschaft« von besonderer Bedeutung sind. Zeitschriften und Heftreihen, denen nach unserer Erfahrung diese Bedeutung, die zum Beispiel am Gründungszeitpunkt und an der Rezeptionsgeschichte abgelesen werden kann, nicht zukommt wie den erst spät erscheinenden »Arbeiten aus dem Sexualpsychologischen Seminar von W. Liepmann«, müssen unberücksichtigt bleiben, selbst wenn es um bekannte Periodika wie Karl Vanselows *Geschlecht und Gesellschaft* (seit 1904) mit dem späteren Beiblatt *Sexualreform* geht. Selbstverständlich nicht dargestellt werden können die zahllosen Periodika, in denen entweder nur gelegentlich sexuelle Dinge erörtert worden sind oder die einen anderen thematischen Schwerpunkt hatten, z.B. Emanzipation der Frauen oder der Homosexuellen, Fortpflanzung und deren Regelung, Sexualreform, Freikörperkultur oder die Schönheit des Körpers, Ethik, Aufklärung oder Pädagogik, Harn- oder Geschlechtskrankheiten und deren Bekämpfung, Prostitution oder Freie Liebe, Volkskunde, Kultur- oder Sittengeschichte, Hygiene, Eugenik, so genannte Rassenhygiene usw. Hierher gehören Blätter wie *Der Eigene* von Adolf Brand, *Die Schönheit* von Karl Vanselow und die *Monatsschrift für Harnkrankheiten und sexuelle Hygiene*, die Wilhelm Hammer von 1906 bis 1908 redigiert hat, oder folkloristische Sammlungen wie seit 1883 *Kryptadia. Recueil de documents pour servir à l'étude des traditions populaires* oder wie seit 1904 *Anthropophyteia. Jahrbücher für Folkloristische Erhebungen und Forschungen zur Entwicklungsgeschichte der geschlechtlichen Moral* von Friedrich S. Krauss (vgl. z.B. Liebers 1991) oder Zeitschriften wie die *Politisch-Anthropologische Revue* von Ludwig Woltmann und das *Archiv für Rassen- und Gesellschaftsbiologie* von Alfred Ploetz.

Demgegenüber müssen nach meiner Kenntnis drei Vorläufer-Periodika erwähnt werden, die zwar noch nicht als »sexualwissenschaftliche« im engeren Sinn in Erscheinung traten, die aber fraglos Vorläufer späterer Fachzeitschriften sind. Diese in den letzten Jahren des 19. Jahrhunderts gegründeten Blätter sind die *Vita sexualis*, das *Archivio delle Psicopatie Sessuali* und das *Jahrbuch für sexuelle Zwischenstufen unter besonderer Berücksichtigung der Homosexualität*.

Vita sexualis (1895–1896)

Diese Zeitschrift erschien im April 1895 zum ersten Mal (s. Dokument). Ihr Untertitel lautet: »Zeitschrift zur Erforschung des Geschlechtslebens und zur Ausbreitung des Verständnisses für die anthropologischen, kriminellen und hygieinischen Seiten des Letzteren«. Als Herausgeber trat der 1863 in Halberstadt geborene Ewald Paul, der sich »Schriftsteller und Naturforscher« nannte, in Erscheinung, als Expedition Rudolf Gerstäcker in Leipzig. Neben der *Vita sexualis* publizierte der selbsternannte Leiter von »wissenschaftlichen Gesellschaften« und »wissenschaftlichen Versuchsanstalten« zu Fragen der Hygiene und Verjüngung sowie zur Hochfrequenz-, Licht- und Farbforschung.

Die Nr. 1 der *Vita sexualis* umfasst elf Druckseiten und eine Reklameseite. Thematisch geht es um »Hygiene des Ehelebens«, »Verirrte Geschlechtsliebe«, ein Instrument von Paul Gassen zur Behebung der Impotenz, genannt Erector (vgl. Krafft-Ebings Gutachten von 1897), Volksvermehrung und Empfängnisverhütung sowie »Übertragung der Nervenkraft«, alles auf niederem Niveau aus der Feder des naturkundlich orientierten Herausgebers, der in späteren Nummern seines Blattes u.a. für sein »schönes Werk« mit dem Titel »Onanie und Impotenz, Selbstbefleckung und Mannesschwäche, ihr Wesen und ihre naturgemäße Behandlung, nebst Heilgeschichten aus dem Bereiche der Naturheilkunde« Reklame macht. Die Nr. 2 des 1. Jahrgangs erscheint trotz anderer Ankündigung erst im September 1895,

Vita sexualis.

Zeitschrift zur Erforschung des Geschlechtslebens und zur Ausbreitung des Verständnisses für die anthropologischen, kriminellen und hygieinischen Seiten des Letzteren.

Herausgegeben von **Ewald Paul**.

Dieses Blatt erscheint in zwanglosen Nummern, doch wenigstens 12 Mal im Jahre zu dem Jahrespreis von 5 Mt. = 3 fl. Bestellungen, Gelder, Manuscripte rc. richte man an **Rudolf Herstäcker's** Expedition **Leipzig**, Königsstr. 25. Einzelne Nummern werden nur 60 Pf. = 50 Kr. abgegeben.

Nr. 1.   **April 1895.**   **I. Jahrgang.**

Aufruf.

Das vorstehende Blatt ist gegründet worden zu dem Zwecke, ernste Belehrung über ein wichtiges, vom wissenschaftlichen Standpunkte aus noch viel zu wenig gewürdigtes Gebiet unseres Lebens: die geschlechtliche Sphäre hinauszutragen und zu Forschungen und Beobachtungen in dieser Richtung anzuregen. Ich suche dabei stets festen, soliden Boden und heiße Anregungen meiner Leserschaft zum Ausbau, zur Vervollkommnung, zur Weiterentwicklung dieses, einem der lebenswichtigsten und interessantesten Gegenstände gewidmeten Blattes dankbar willkommen, wie ich die Forscher und selbstständigen Denker unter derselben auch zur Mitarbeiterschaft auffordere.

In den nächsten Nummern dieser Zeitschrift werden die nachfolgenden Artikel zum Abdruck gelangen: **Die Sterilität** (Unfruchtbarkeit) und ihre Bekämpfung, nebst einer Betrachtung über die Methoden künstlicher Befruchtung. — **Geschichte und Gefahren der Fruchtabtreibung**. — **Die willkürliche Zeugung männlicher oder weiblicher Wesen**. — **Calligenesis oder die Kunst, gesunde und schöne Kinder hervorzubringen**. — **Die Männerliebe der Griechen**. — **Die Päderastie in Paris**. — Kritik der **Prof. Mantegazza**'schen anthropologisch-culturhistorischen Studien über die Geschlechtsverhältnisse des Menschen und der **Krafft-Ebing**'schen Psychopathia sexualis. — Ferner auch eine hochinteressante längere Besprechung von Dr. H. Ploß' schönem Werke: **Das Weib in der Natur- und Völkerkunde**.

Der Herausgeber.

Hygieine des Ehelebens.

Heirathe nicht ohne den Wunsch, andere Wesen glücklich zu machen. Erbärmlich der Mensch, der nur der eigenen Glückseligkeit gedenkt und für dieselbe Andere opfert, knechtet, bedrückt. Du sollst glücklich sein und mit dir dein Weib und deine Kinder. Halte dir dies stets vor Augen und ebenso sei eingedenk, daß du auch Pflichten gegen deine übrigen Mitmenschen hast und daß du um der deinen willen nicht Andere zu Boden treten magst. Lebe auch in der Ehe noch zu einem guten Theil für die Menschheit, und Gott der Herr, an den du immer und überall glauben sollst, auch in den trübsten Stunden, auch in der verzweifeltsten Lage, wird dir's lohnen. Viel hatte ich durchzukämpfen und mit dem Glauben an Gott ging auch mein eigenes Eheglück in Trümmer.

O, wie bereue ich das, was ich that. Nimmer mehr wird es gut zu machen sein, aber Gott ist barmherzig und wenn er mir schon nicht vergönnt, mein eigenes Eheglück wieder aufzubauen, so mag er mir doch jetzt, wo ich meinen Glauben an ihn zurückgewonnen und wo ich ihm näherstehe denn je, verstatten, Anderen den Weg zum Glück zu weisen, Andere am Abgrunde des ehelichen Elends vorbei zu geleiten. Sei immer Mensch und zwar ein Mensch von Seele und Gemüth gegen dein Weib und Kind. Sie sind schwache Geschöpfe gegen dich und erbärmlich ist es, seine Macht gegen Schwächere zu entfalten, seine Stärke an diesen zu mißbrauchen.

Zeitschrift *Vita sexualis*, 1895

sodass sich bereits Schwierigkeiten andeuteten. Mit der Nr. 3 vom November 1895 gibt Paul seine Kreation »in die Hände eines tüchtigen Verlegers, des Herrn W. Malende zu Leipzig«, der den Kennern Jahre später bei der *Monatsschrift für Harnkrankheiten und sexuelle Hygiene* erneut begegnen wird.

Von der Nr. 1 des Jahres 1896 an, die im April erscheint, übernimmt dann Hermann Rohleder aus Leipzig-Gohlis (s. Kap. 2) als Herausgeber das Kommando, gibt der Zeitschrift den neuen Untertitel »Zeitschrift zur Erkenntnis des Sexuallebens und der sexuellen Erkrankungen des Menschen. Für die Praxis«, und versucht, ein gewisses Niveau sowie ein monatliches Erscheinen zu erreichen, was aber nicht gelingt. Auch die angekündigten Fachgelehrten treten nicht in Erscheinung. Nach unseren Recherchen, die sich über Jahrzehnte hinzogen, wurde das Blatt mit der Nr. 2 des 2. Jahrgangs 1896 eingestellt, besteht demnach aus insgesamt sieben Ausgaben, fünf aus dem Jahr 1895 und zwei aus dem Jahr 1896 unter Rohleders Verantwortung, der selbst zwei längere Artikel (Rohleder 1896a, 1896b) und etliche redaktionelle Notizen beiträgt. Offenbar war das Blatt auch so selten, dass es selbst Iwan Bloch (1907: 816) nicht gelang, ein Exemplar zu Gesicht zu bekommen. Er schätzte die Zeitschrift als »ziemlich unbedeutend« ein und verlegte ihr Ersterscheinen ins Jahr 1897.

Verrückterweise erinnert die *Vita sexualis* an den Beate-Uhse-Versandhandel und an sexualmedizinische Zeitschriften, die in der zweiten Hälfte des 20. Jahrhunderts aufgekommen sind. Sie ist wie diese überwiegend Not leidend in Sachen Scientia, schamlos bei der Werbung für nutzlose Dinge, hier vor allem Gassers »Erector«, und schließlich abenteuerlich in den Behandlungsempfehlungen – z.B. soll eine Prostatavergrößerung mit »Obstmus« und eine Tripperinfektion mit zwei Tropfen »Höllensteinlösung« in die Harnröhrenöffnung behandelt werden. Zugleich aber bedeuten Paul und erklärtermaßen Rohleder den wohl überwiegend ärztlichen Lesern: dass sie sich endlich als Ärzte um die sexuelle Sphäre kümmern sollten, weil sie, wie es Krafft-Ebing bereits erkannt habe, alles durchdringe, »ja selbst Staatsformen, das gesamte Staatswesen, kurz, die gesamte Civilisation« (Rohleder 1896a: 4). Wenn manfrau so will, könnte hier von einem Beginn der modernen deutschen Sexualmedizin gesprochen werden.

Archivio delle Psicopatie Sessuali (1896)

Knapp ein Jahr lang, vom 1. Januar bis zum 15. November 1896, gab der Italiener Pasquale Penta (1859–1904), Professor für Psychiatrie und Kriminalanthropologie an der Università di Napoli, dieses Periodikum im Verlag F.lli Capaccini, Roma, heraus als – so der Untertitel – *Rivista Quindicinale di Psicologia, Psicopatologia Umana e Comparata, di Medicina Legale e di Psichiatria Forense ad Uso dei Medici, Magistrati ed Avvocati.* Es sollte vierzehntägig erscheinen und je Ausgabe 16 Druckseiten umfassen, was jedoch nicht ganz erreicht wurde. Thematischer Schwerpunkt war im Plural das, was vor allem Richard von Krafft-Ebing zehn Jahre zuvor im Singular unter dem zum Schlagwort gewordenen Fachterminus »Psychopathia sexualis« gemeint hatte. Folglich wurden à la Krafft-Ebing schwerpunktmäßig Fälle von

»pervertimento sessuale« präsentiert, von Onanieformen und »Autopäderastie« über Inversion bei Mann und Frau bis hin zur Nekrophilie. In einigen Beiträgen wurde auch versucht, über diesen Tellerrand hinauszuschauen, indem Werke anderer Thematik sekundär vorgestellt wurden. Mit Abstand die meisten Beiträge verfasste der Herausgeber selbst, der bereits zuvor ein Buch zum Thema Perversion veröffentlicht hatte (Penta 1893), ausgehend von einem berühmt gewordenen Frauenerwürger namens Vicenzo Verzeni. In seinem Archivio kolportierte Penta vor allem die bereits publizierten Anschauungen deutscher und französischer Psychopathologen, ohne sich selbst entscheiden zu können, ob die Pervertimenti, speziell die Inversion genannte Homosexualität, eher ein Atavismus oder sozial und psychisch bedingt sind. Entsprechend schwankte Penta auch, ob er dem bereits tonangebenden Cesare Lombroso in dessen Auffassungen folgen sollte oder nicht.

Unterstützt wurde Penta zunächst ausschließlich von italienischen »Collaboratori«, die, ganz überwiegend Psychiater in gehobener Position, sexualwissenschaftlich zu keiner Zeit sonderlich aufgefallen sind. Später kamen einige ausländische Experten hinzu, von denen Havelock Ellis, André M. (auch: Marc-André) Raffalovich, Hans Kurella und vor allem Paul Näcke genannt seien, der, wie es seine Art war, allerlei beisteuerte und zum Dank Näche, Nacke oder Naeke genannt wurde. Überhaupt ist das Blatt schlampig redigiert. So heißt der Stichwortgeber Heinrich Kaan (s. Kap. 6) in der ersten Übersichtsarbeit Kann, Jäger wird Ioeger, Buschan wird Buschau, Friedreich wird Frieddreick geschrieben, Titel werden falsch zitiert und Erscheinungsjahre verwechselt, sodass manfrau sich schon auskennen muss, soll eine Arbeit oder ein Verfasser identifiziert werden.

Zwei Jahre nach dem Wegbrechen seines Archivio gründete Penta die

Archivio delle Psicopatie Sessuali, 1896

sehr viel erfolgreichere, stärker auf die allgemeine Kriminalanthropologie und Forensik konzentrierte Zeitschrift *Rivista Mensile di Psichiatria Forense, Antropologia Criminale e Scienze Affini*, die er von 1898 bis zu seinem frühen Tod 1904 herausgab. Eine hymnische Würdigung seiner Arbeit als Sexualforscher verfasste Näcke (1908) in der weiter unten vorgestellten *Zeitschrift für Sexualwissenschaft*.

Jahrbuch für sexuelle Zwischenstufen unter besonderer Berücksichtigung der Homosexualität (1899–1923)

Nach den zwölf *Schriften über mannmännliche Liebe* von Karl Heinrich Ulrichs, die zwischen 1864 und 1879 erschienen sind (s. Kap. 5), stellt dieses von Magnus Hirschfeld inspirierte und dirigierte Periodikum das weltweit umfangreichste, vielfältigste und eindruckvollste Schriftkorpus der Homosexuellenbewegung dar, das zugleich ein Publikationsorgan der sich entfaltenden Sexualwissenschaft war. Offiziell wurde der erste Jahrgang vom »Wissenschaftlich-humanitären Comitée Leipzig und Berlin« herausgegeben. Bereits vom zweiten Jahrgang an tritt jedoch Hirschfeld mit dem Zusatz »praktischer Arzt in Charlottenburg« als Herausgeber »im Namen« des Comitées auf, das alsbald unter dem Akronym WhK bekannt wurde.

Das *Jahrbuch* enthält vor allem Berichte aus der Bewegung und über die Bewegung sowie Fachbeiträge über »sexuelle Zwischenstufen« (nach heutiger Rechnung insbesondere Homosexuelle, Transvestiten, Transsexuelle und Intersexuelle), wobei diese Beiträge aus diversen Gebieten wie der Literaturwissenschaft, Ethnologie, Medizin, Rechtswissenschaft, Biologie und Geschichtsforschung stammen und damit dem Anspruch der Psychiatrie dieser Zeit auf Einordnung und Deutung der »Zwischenstufen« widersprechen. Anders als die von Adolf Brand herausgegebene Homosexuellen-Zeitschrift *Der Eigene*, deren erste Nummer 1896 erschien, brachte das *Jahrbuch* kaum literarische, überhaupt Kunst-Beiträge. Am *Jahrbuch* kann dagegen zu einem wesentlichen Teil die Geschichte des Verhältnisses von Homosexuellenbewegung und Sexualwissenschaft abgelesen werden. Erst als die Sexualwissenschaft über eigene Publikationsorgane verfügte, konzentrierte sich das *Jahrbuch* erklärtermaßen auf die Anliegen des WhK. Von 1909 bis 1913 und von 1915 bis 1918 lautet der Haupttitel *Vierteljahrsberichte des Wissenschaftlich-humanitären Komitees*. 1914 und von 1919 bis 1922 lautet er *Jahrbuch für sexuelle Zwischenstufen mit besonderer Berücksichtigung der Homosexualität herausgegeben in Vierteljahrsheften*. Erst 1923, als sich die Einstellung des Periodikums aus finanziellen Gründen und solchen der publikatorischen Präsenz der Sexualwissenschaft bereits abzeichnete, heißt es wieder *Jahrbuch für sexuelle Zwischenstufen mit besonderer Berücksichtigung der Homosexualität*.

Das hier der Einfachheit halber durchgehend *Jahrbuch* genannte Periodikum erschien zwischen 1899 und 1923 (mit Ausnahme des Jahres 1907) entweder als Jahrbuch (1899–1908) oder wie eine Zeitschrift in drei bis vier (unterschiedlich betitelten und jahrgangsgezählten) Heften pro Jahr. Das Gesamtkorpus umfasst mehr als 11.000 Seiten. Bis auf den letzten Jahrgang, der vom Stuttgarter Verlag Julius Püttmann vertrieben wurde, sind alle Bände und Hefte im Leipziger Verlag Max Spohr erschienen. Nach dem Ende des *Jahrbuchs* publizierte das WhK seine Mitteilungen in einer Homosexuellen-Zeitschrift. Zuvor waren von 1902 bis 1908 zusätzlich zum *Jahrbuch* die *Monatsberichte des Wissenschaftlich-humanitären Komitees* erschienen. Die späteren *Vierteljahrsberichte* fungierten zugleich als »Fortsetzung der Monatsberichte«, was auch im Titel vermerkt ist.

Inhaltlich wurde das *Jahrbuch* getragen von Hirschfeld, der programmatisch-theoretische Beiträge verfasste, von dem Juristen Numa Prätorius (d.i. Eugen Wilhelm), der kontinuierlich eine »Bibliographie der Homosexualität« vorlegte, von etlichen WhK-Mitgliedern und von Forschern wie

Jahrbuch für sexuelle Zwischenstufen, 1899

Ferdinand Karsch-[Haack], Karl Friedrich Jordan (Pseudonyme: Max Katte und Dr. Arduin), L. S. A. M. von Römer und Franz von Neugebauer, die immer wieder wichtige oder interessante Aufsätze beitrugen. Vertreter anderer als WhK-Auffassungen wie Benedikt Friedlaender und Hans Blüher, Psychoanalytiker wie Isidor Sadger und Sexualwissenschaftler wie Albert Moll kamen gelegentlich zu Wort. Insgesamt bestimmte Hirschfeld die wissenschaftstheoretische und fachpolitische Richtung des *Jahrbuchs*. Im Wesentlichen bewegte er sich mit seinen Beiträgen im jeweiligen diskursiven Hauptstrom der Zeit, indem er zunächst vor allem entwicklungsbiologisch-embryologisch, später konstitutionsbiologisch-endokrinologisch argumentierte.

Im Gegensatz zu den anderen hier vorgestellten Periodika ist das *Jahrbuch* einschließlich seines Umfeldes bereits intensiv erforscht worden (vgl. u.a. Dannecker 1983, Gorsen 1984, Keilson-Lauritz 1997, Lamers 1998, 2000, Dose 2002, Lehmstedt 2002, Dobler 2004).

Zeitschrift für Sexualwissenschaft (1908)

Diese nur im Jahr 1908 von Magnus Hirschfeld unter redaktioneller Mitwirkung von Friedrich S. Krauss und Hermann Rohleder im Verlag Georg H. Wigand, Leipzig, herausgegebene Zeitschrift führt als erste überhaupt »Sexualwissenschaft« im Titel. In ihr versucht Hirschfeld (1908a, 1908b, 1908c) durch drei Aufsätze die neue Disziplin programmatisch zu begründen, indem er ihre Grundlagen theoretisch-politisch und methodologisch darlegt.

Max Marcuse, der 1908 die Zeitschrift *Mutterschutz* unter dem Titel *Sexual-Probleme* (s. oben und nachstehend) übernommen hatte, übernahm auch Hirschfelds Zeitschrift im Januar 1909, vereinigte sie mit den *Sexual-Problemen* und gab diesen den neuen Untertitel *Zeitschrift für Sexualwissenschaft und Sexualpolitik*. Hirschfeld (1908d: 735 f) begründete die Zusammenlegung in einem Nachwort mit zwei Überschneidungen: Zum einen hätten die beiden Blätter »in vieler Hinsicht verwandte Ziele« verfolgt, obgleich bei den *Sexual-Problemen* der »ethische, soziale und juristische« Charakter und die »rein normal-sexuellen Probleme«, bei seiner Zeitschrift dagegen der »medizinisch-naturwissenschaftliche Charakter« und die »sexuellen Varietäten und Anomalien« überwogen. Zum anderen wären beide Zeitschriften schon im ersten Jahr ihres Erscheinens »auf dieselben Autoren angewiesen« gewesen.

Thematisch spannte die insgesamt über 700 Druckseiten starke *Zeitschrift für Sexualwissenschaft* den Bogen mit Hilfe der angesehensten Autoren der Zeit sehr weit. So schrieb Max Katte über das »Sexualleben der Pflanzen«, Sigmund Freud über Hysterie und Bisexualität, Alfred Kind über die Nomenklatur der Sexualwissenschaft, Paolo Mantegazza über Idiogamie, Leopold Löwenfeld über sexuelle Zwangsvorstellungen, Arthur Kronfeld über den Kontrektationstrieb, Hermann Rohleder über die Bedeutung der Sexualwissenschaft für die ärztliche Praxis, Gaston Vorberg über

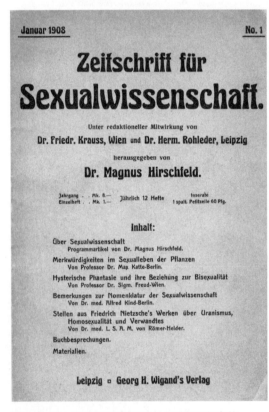

Die weltweit erste Zeitschrift mit dem Titel *Zeitschrift für Sexualwissenschaft*, 1908

Rousseau, August Forel (und Otto Juliusburger) über Blastophthorie (»Keimverderbnis«), Cesare Lombroso über Liebe und Verbrechen, Karl Abraham über Sexualität und Alkoholismus, Iwan Bloch über Homosexualität im 15. Jahrhundert, Wilhelm Stekel über sexuelle Kleptomanie, Helene Stöcker über das Liebesleben und Isidor Sadger (alle 1908) zur Frage, ob die konträre Sexualempfindung heilbar sei. Werden die oft gescheiten Rezensionen von Alfred Kind hinzugenommen, kann sich dieser Auftakt der Sexualwissenschaft sehen lassen.

Sexual-Probleme (1908–1914)

Dieses Periodikum, herausgegeben von Max Marcuse, hat, wie vorstehend berichtet, die *Zeitschrift für Sexualwissenschaft* von Magnus Hirschfeld im Januar 1909 abgelöst. Zuvor hatte Marcuse nach einem Zerwürfnis mit dem Bund für Mutterschutz dessen offizielles Publikationsorgan *Mutterschutz – Zeitschrift zur Reform der sexuellen Ethik* übernommen. Die Zeitschrift *Mutterschutz* war 1905 im Verlag J. D. Sauerländer, Frankfurt am Main, gegründet, von Helene Stöcker herausgegeben und vor allem von Ellen Key, Henriette Fürth, Gabriele Reuter, Maria Lischnewska, Lily Braun, Adele Schreiber, Iwan Bloch, Havelock Ellis, Max Marcuse, Max Flesch, Forel, Werner Sombart, Blaschko, Borgius und Bruno Meyer unterstützt worden. Sie wurde von 1908 bis 1932 (Jahrgänge 4 bis 28) unter dem Titel *Die neue Generation* in anderen Verlagen fortgeführt.

Nachdem Marcuse den Verlag Sauerländer hinter sich gebracht hatte, teilte dieser mit, die Trennung von Frau Dr. Stöcker sei notwendig gewesen, weil sie es abgelehnt habe, »die abstrakt-philosophischen und literarischästhetischen Themen etwas mehr in den Hintergrund treten« zu lassen, um die »speziell sexualpolitischen und sexualwissenschaftlichen Fragen, die doch die unerlässliche Grundlage für eine gesunde Sexualreform bilden«, stärker zu betonen (»An die Leser«, Mutterschutz, Jg. 3,

Erste Ausgabe der *Sexual-Probleme*, 1908

S. 500, 1907). Die neue Zeitschrift nannte Marcuse *Sexual-Probleme. Der Zeitschrift »Mutterschutz« neue Folge*. Nach der Vereinigung mit Hirschfelds Zeitschrift änderte er den Untertitel der *Sexual-Probleme* ab in *Zeitschrift für Sexualwissenschaft und Sexualpolitik*. Bis 1914 führte er dieses Blatt fort.

Die *Sexual-Probleme* existierten also sieben Jahrgänge lang (Bände 4 bis 10 von 1908 bis 1914, wobei die Bände des *Mutterschutzes* als Bände 1 bis 3 gezählt wurden). Infolge des Krieges sind die letzten Hefte der Zeitschrift seit September 1914 mit deutlicher Verzögerung erschienen. Das allerletzte Heft, eigentlich im Dezember des Jahres 1914 fällig, erschien erst im Mai 1915 (vgl. zu weiteren verwirrenden Nummerierungen und Druckfehlern die Vorbemerkung zum 10. Jahrgang). Nach den Dokumenten ist Marcuse vom Verlag Sauerländer gekündigt worden, nicht nur wegen des Krieges, sondern auch wegen der (nicht erläuterten) »Ereignisse auf sexualwissenschaftlichem Gebiet«, die die Verhältnisse »vollständig« verändert hätten, sodass »eine Verlängerung des Vertrages leider nicht möglich war«. Der Verlag bekundete seine Absicht, die Zeitschrift auch während des Krieges fortzuführen und »den praktischen Fragen und den sexualreformerischen Bestrebungen« noch mehr Aufmerksamkeit zu widmen (Notiz Marcuses und Mitteilung des Verlages, Sexual-Probleme 10, 843f, 1914). Dazu ist es jedoch nicht gekommen.

Thematisch legte Marcuse die Zeitschrift breit an, von der Jungfernschaft in Recht und Sitte über die »gelbe Gefahr« bis hin zur Selbstentmannung. Über diverse Mitteilungs-Rubriken (»Rundschau«, »Kritiken und Referate«, »Bibliographie«, »Über Vereine, Versammlungen und Vorträge«, »Eingesandt«) wurden viele Informationen geliefert. Besonders stolz war Marcuse, wie wir heute wissen (Sigusch, in Vorb.), auf zwei seiner Mitarbeiter, den Sozialdarwinisten, Züchtungsfanatiker und Gestaltpsychologen von Ehrenfels und den Psychoanalytiker Freud (1908a, 1908b), der ihm eine Arbeit über Sexualmoral und eine über infantile Sexualtheorien anvertraute.

Zeitschrift für Sexualwissenschaft (und Sexualpolitik) (1914–1932)

Dieses Periodikum ist die umfangreichste und vielfältigste sexualwissenschaftliche Zeitschrift im engeren Sinne, die vor der Nazi-Zeit und dem Zweiten Weltkrieg erschienen ist. Sie wurde drei Monate vor Ausbruch des Ersten Weltkriegs von Albert Eulenburg und Iwan Bloch als *Offizielles Organ der »Ärztlichen Gesellschaft für Sexualwissenschaft und Eugenik« in Berlin* im A. Marcus & E. Weber's (immer wieder auch: Webers) Verlag Bonn (ab 1927: Berlin und Köln) gegründet und sollte laut Untertitel ein (monatlich im Umfang von 48 Druckseiten erscheinendes) *Internationales Zentralblatt für die Biologie, Psychologie, Pathologie und Soziologie des Sexuallebens* sein. In der »Vorbemerkung der Herausgeber« im 1. Heft vom April 1914 heißt es: »Ausschließlich im Dienste der Wahrheit wollen wir vorurteilslos und voraussetzungslos Wissenschaft treiben, niemandem zuliebe und niemandem zuleide, fest davon überzeugt, daß auch auf sexualwissenschaftlichem Gebiet sich nicht der Naturforscher dem Nationalökonomen und Theologen unterordnen soll, sondern daß nun endlich die Zeit gekommen ist, in der die Biologie den unbestreitbaren Primat erlangt hat« (zur Kritik dieser Auffassung s. Kap. 24). Und dann danken die Herausgeber für die Zustimmung von Männern wie Ernst Haeckel, Alfred Hegar, Paul Fürbringer, Blaschko, Neisser und Havelock Ellis.

Nach Eulenburgs Tod 1917 gab Bloch 1918/19 die Zeitschrift allein heraus. Vom 6. Jahrgang 1919/20 an wurde die Zeitschrift von der gegnerischen »(Internationalen) Gesellschaft für Sexualforschung« übernommen, von einem »Kollegium von Fachgelehrten« herausgegeben und von Max Marcuse redigiert und »geleitet«. Bloch schrieb zum Abschied: »Mit diesem Hefte muß ich mich infolge unerwarteter Lösung des Vertragsverhältnisses von seiten des Verlages zu meinem Bedauern von den Lesern dieser

Zeitschrift für Sexualwissenschaft, 1914

Zeitschrift verabschieden« (5. Bd., 12. Heft, März 1919, S. 367). Marcuse erklärte anonym zum Auftakt: Die Zeitschrift werde jetzt zu dem »Zentralorgan für die gesamte wissenschaftliche Sexologie« werden (6. Bd., 1. Heft, April 1919, S. 1). Während der Haupttitel *Zeitschrift für Sexualwissenschaft* bis zum Ende unverändert bleibt, gibt es eine Verwirrung um den Zusatz. 1928/29 lautet der Titel des gebundenen 15. Jahrganges, den Marcuse in seinem uns vorliegenden Handexemplar überklebt hat, *Zeitschrift für Sexualwissenschaft und Sexualpädagogik*. Die Hefte dagegen tragen vom 15. bis zum 18. Jahrgang 1931/32, d.h. bis zur Einstellung mit dem 8. Heft vom März 1932, den Titel *Zeitschrift für Sexualwissenschaft und Sexualpolitik* mit dem neuen Untertitel *Mitteilungsblatt der Internationalen Gesellschaft für Sexualforschung*. Der alleinige Herausgeber war jetzt Max Marcuse.

Bei der Gründung der Zeitschrift präsentierten Eulenburg und Bloch ein mehrseitiges Mitarbeiterverzeichnis, von Emil Abderhalden und Agnes Bluhm über Wilhelm Fließ bis zu Wilhelm Schallmayer und Helene Stöcker. Entsprechend sind auch die Inhalte der Beiträge, von der Anatomie über die Prostitution in Südspanien bis zur »sexuellen Belehrung der Jugend« und zur rassenhygienischen »Aufartung des Volkes«. Neben Originalbeiträgen gab es »Kleine Mitteilungen«, »Kasuistik und Therapie«, Sitzungsberichte, Referate, Bücherbesprechungen und eine umfangreiche aktuelle »Bibliographie der gesamten Sexualwissenschaft«, aufgeteilt nach diversen Rubriken einschließlich Psychoanalyse und Rassenhygiene. 1919 installierte Marcuse bei der Übernahme ein »Kollegium von Fachgelehrten«, zu dem Max Dessoir (Berlin), Albert Moll (Berlin), Hugo Sellheim (Halle), Eugen Steinach (Wien), Julius Tandler (Wien), Alfred Vierkandt (Berlin) und Leopold von Wiese (Cöln) gehörten. 1928 wurde dieser »Herausgeberkreis« zu ständigen Mitarbeitern des Herausgebers Marcuse herabgestuft und offiziell u.a. um Sigmund Freud (Wien) erweitert. Welche Mitarbeiter und welche Themen Marcuse favorisierte, wird im Kapitel 14 erörtert.

Archiv für Sexualforschung (1915/16)

Trotz des laufenden Weltkrieges gab Max Marcuse diese Zeitschrift im Auftrag der Internationalen Gesellschaft für Sexualforschung in Carl Winters Heidelberger Universitätsbuchhandlung heraus. Programmatisch von Julius Wolf (1915) eröffnet, wurde ohne inhaltliche Begrenzung begonnen, das weite Feld der Sexual- und Geschlechtsforschung zu beackern, von der »Entdeckung der Sexualität bei den Hefen«, der Parthenogenesis im Tierreich und der Askese des Menschen bis hin zu Sexualsymbolen, kriminellen Mädchen und der so genannten Rassenkreuzung. Autoren waren u.a. Paul Lindner, K. W. von Dalla Torre, Leopold von Wiese sowie Barbara Renz, Julius Moses und S. R. Steinmetz. Nach zwei Heften musste das Blatt aus ökonomischen Gründen eingestellt werden.

Abhandlungen aus dem Gebiete der Sexualforschung (1918–1931)

Dieses aus schmalen Heften bestehende, unregelmäßig erschienene Periodikum gehört nach wie vor zu den umfangreichsten und vielfältigsten sexualwissenschaftlichen Monografienreihen der Welt. Anfänglich wurden die sechs Hefte zweier Jahre zu einem Band zusammengefasst (1918/19, 1919/20 und 1920/21), ab 1922 füllten erst fünf Jahrgänge einen Band, bis die Reihe 1931 eingestellt wurde, ohne den Umfang eines Bandes erreichen zu können. Wie bei der *Zeitschrift für Sexualwissenschaft* flankiert von einem die Herausgabe formal übernehmenden Gelehrtenkreis, dem u.a. Max Dessoir (Berlin), Albert Moll (Berlin), Leopold von Wiese (Cöln) und (vom 3. Heft des 5. Bandes im Jahr 1928 an) Sigmund Freud (Wien) angehörten, redigierte Max Marcuse ebenfalls im Auftrag der (vom 2. Heft des 2. Bandes an: »Internationalen«) »Gesellschaft für Sexualforschung« diese Reihe, die im A. Marcus & E. Weber's Verlag Bonn (vom 2. Heft des 5. Bandes an: Berlin und Köln) erschienen ist.

Auch hier entfaltete Marcuse das ganze Panorama des Sexual- und Geschlechtslebens: Im 1. Heft des 1. Bandes erörtert er selbst »Wandlungen des Fortpflanzungs-Gedankens und -Willens« (1918). Es folgen u.a. die Hefte »Der Ehebruch« von Wolfgang Mittermaier (1919), »Drei Aufsätze über den inneren Konflikt« von Otto Groß (1920), »Das Liebesleben des deutschen Studenten im Wandel der Zeiten« von Oskar F. Scheuer (1920), »Die Homoerotik in der Griechischen Literatur. Lukianos von Samosata« von Hans Licht (1921), »Behandlung der Homosexualität: biochemisch oder psychisch?« von Albert Moll (1921), »Der Klatsch über das Geschlechtsleben Friedrich II. Der Fall Jean-Jacques Rousseau« von Gaston Vorberg (1921), »Geschlechtsleben und Fortpflanzung der Eskimos« von Hans Fehlinger (1926), »Zur sexuellen Hygiene in Sowjet-Rußland« von Hans Haustein (1926), »Sexualtyp und Kultur. Elemente einer Darstellung der europäischen Kulturgeschichte auf der Grundlage der vergleichenden Psychologie der Geschlechter« von Ernst Klimowsky (1928), »Sterilisierung zum Zwecke der Aufbesserung des Menschengeschlechts« von den US-Amerikanern E. S. Gosney und Paul Popenoe (1930) sowie »Evolution des sowjetrussischen Familienrechts. Die Familie im Gesetz und in der Gerichtspraxis. Eine soziologische Studie« von D. M. Kauschansky (1931).

Rassegna di Studi Sessuali (e di Eugenica/di Studi Sessuali, Demografia ed Eugenica [Genesis])/Genesis – Rassegna di Studi Sessuali, Demografia ed Eugenica (1921–1932)

Die *Rassegna* (deutsch: Zeitschrift oder Rundschau) wurde von dem Chemieprofessor und international renommierten Wissenschaftshistoriker Aldo Mieli (1879–1950) in Rom gegründet, der u.a. auch eine italienische Vereinigung zum Studium »delle Questioni Sessuali« ins Leben gerufen hatte. Formal orientierte sich Mieli offensichtlich an der 1914 gegründeten *Zeitschrift für Sexualwissenschaft*, inhaltlich vor allem an den deutschen Sexualwissenschaftlern Hirschfeld und Bloch. Als Jude, Homosexueller, Pazifist und Ex-Sozialist musste Mieli Ende der 1920er Jahre vor dem italienischen Faschismus nach Frankreich und Ende der 1930er Jahre vor dem deutschen Nationalsozialismus nach Argentinien fliehen. Die *Rassegna* gab er von 1921 bis zu seiner Emigration heraus.

Bereits unter Mielis Leitung sind zunehmend eugenisch-rassenhygienische Themen erörtert worden. Das schlug sich auch im Titel der Zeitschrift nieder, die seit 1924 »Rassegna di Studi Sessuali e di Eugenica« hieß, seit 1927 *Rassegna di Studi Sessuali, Demografia ed Eugenica (Genesis)* und von 1931 bis zu ihrer Einstellung im Jahr 1932 *Genesis – Rassegna di Studi Sessuali, Demografia ed Eugenica*.

War Mielis Zeitschrift in den Anfangsjahren in erster Hinsicht das offizielle Organ der »Società Italiana per lo Studio delle Questioni Sessuali«, ist sie am Ende nur noch das Organ der »Federazione Italiana di Eugenica«. Anfänglich erschien die insgesamt 12 Jahrgänge umfassende Zeitschrift zweimonatlich, später dreimonatlich. Der Verlag war bis zum Ende die Casa Editrice Leonardo da Vinci, Roma.

Journal of Sexology and Psychanalysis (1923–1924)

Im Januar 1923 starteten die Ärzte William Josephus Robinson (1867–1936) und Samuel Aaron Tannenbaum (1874–1948) den Versuch, sexologische und psychoanalytische Erkenntnisse im Dienst der Aufklärung in Beziehung zu setzen. Ihre entsprechend betitelte Zeitschrift – manfrau beachte die eigentlich korrekte Schreibweise *Psychanalysis* – erschien zweimonatlich in New York, »by The American Sexanalytic Press«. Obgleich die Thematik in der Luft lag und beide Herausgeber landesweit bekannt waren, der eine, Robinson, durch zahlreiche Aufklärungsbücher und als Urogenital-Experte, der andere, Tannenbaum, als Shakespeare-Kenner, musste das Blatt offensichtlich bereits nach zwölf Nummern Ende 1924 eingestellt werden.

In den englischsprachigen Ländern wandte sich sexologischen Fragen merklich erst wieder die in Bombay und London erscheinende Zeitschrift *Marriage Hygiene* zu, die offenbar von 1934 bis 1948 herausgegeben und vom *International Journal of Sexology* abgelöst wurde, das A. P. Pillay zwischen 1947 und 1955 in Bombay produzierte.

Wichtige Fachzeitschriften, vor allem in englischer Sprache, die nach dem Zweiten Weltkrieg erschienen sind, werden im Kapitel 20 genannt.

Fortschritte der Sexualwissenschaft und Psychoanalyse (1924–1931)

Wilhelm Stekel (1868–1940), ein Psychoanalytiker der ersten Stunde, schuf sich nach dem Zerwürfnis mit Freud ein eigenes Publikationsorgan, genannt *Fortschritte der Sexualwissenschaft und Psychoanalyse*. Da sich Stekel in verschiedener Hinsicht von der Freud'schen Lehre abgrenzte, wurde er trotz international erfolgreicher Veröffentlichungen wie *Die Sprache des Traumes* (1911) und die zehnbändigen *Störungen des Trieb- und Affektlebens* (1912–1928) nicht mehr in den meistertreuen Blättern zitiert. Auch schrieben in den Stekel'schen *Forschritten* nur Anhänger seiner Revisionen. Insgesamt sind vier Bände im Umfang zwischen etwa 160 und 575 Seiten erschienen, und zwar 1924, 1926, 1928 und 1931 im Verlag Franz Deuticke, Leipzig und Wien. Redigiert haben Emil Gutheil, Anton Mißriegler und Fritz Wittels.

Gesamtdarstellungen und Standardwerke

Wird nach Gesamtdarstellungen der sexualwissenschaftlichen Anschauungen und Forschungsergebnisse gefragt, müssten für die Zeit nach Ulrichs und Mantegazza ohne Wertung vor allem zusammenfassende Arbeiten von Krafft-Ebing, Albert Moll, Havelock Ellis, Iwan Bloch, Hermann Rohleder und Max Marcuse genannt werden (s. insbesondere Kap. 2).

Wird nach einzelnen Werken gefragt, die nach 1900 eine starke Verbreitung fanden oder die nachfolgenden Diskussionen beeinflussten, müssten die *Drei Abhandlungen zur Sexualtheorie* von Sigmund Freud (1905), *Die sexuelle Frage. Eine naturwissenschaftliche, psychologische, hygienische und soziologische Studie für Gebildete* von August Forel (1905) sowie *Das Sexualleben unserer Zeit in seinen Beziehungen zur modernen Kultur* von Iwan Bloch (1907) genannt werden.

Wird speziell nach Handbüchern gefragt, ist zunächst das *Handbuch der Sexualwissenschaften. Mit besonderer Berücksichtigung der kulturgeschichtlichen Beziehungen* zu nennen, das Albert Moll 1912 und erweitert in dritter Auflage und in zwei Bänden 1926 herausgegeben hat. Im selben Jahr begann Iwan Bloch mit der Herausgabe des ersten Bandes (Bloch 1912) eines *Handbuchs der gesamten Sexual-*

wissenschaft in Einzeldarstellungen, der von der Prostitution handelte. 1914 erschien dann Hirschfelds bekanntes Buch *Die Homosexualität des Mannes und des Weibes* als voluminöse »Einzeldarstellung« innerhalb dieses Handbuches. Nach Blochs frühem Tod erschien schließlich noch die erste Hälfte eines zweiten Bandes *Die Prostitution* (Bloch und Loewenstein 1925). Inzwischen war es Max Marcuse gelungen, 1923 ein höchst ansehnliches *Handwörterbuch der Sexualwissenschaft* herauszugeben, das sich im Untertitel *Enzyklopädie der natur- und kulturwissenschaftlichen Sexualkunde des Menschen* nannte und stark erweitert in zweiter, 2001 nachgedruckter Auflage 1926 erschien.

Grenzen der universitären Anerkennung

Die hier beschriebene Etablierung der Sexualwissenschaft erfolgte *außeruniversitär*. Auch das 1919 von Magnus Hirschfeld in Berlin gegründete »Institut für Sexualwissenschaft«, das erste seiner Art in der Welt, wurde nicht als Universitätsinstitut anerkannt (vgl. im Einzelnen Kap. 15). Abgesehen vor allem von den Professoren Paolo Mantegazza in Italien, Richard von Krafft-Ebing in Österreich und Albert Eulenburg in Deutschland, die wir noch näher kennenlernen werden, arbeiteten die meisten namhaften und einflussreichen Sexualforscher außerhalb der Universität, waren nicht habilitiert, hatten also nicht das Recht, genannt Venia legendi, an einer Universität Vorlesungen zu halten. Bewarb sich einer darum oder empfahl die Einrichtung eines Lehrstuhls für Sexualwissenschaft, wie zum Beispiel der Leipziger Dermatologe und Pionier der Sexualmedizin Hermann Rohleder, wurde er rüde abgewiesen (s. Kap. 2).

Nur gelegentlich durfte ein Medizinprofessor auch einmal vor Studierenden über »sexuelle Dinge« sprechen, beispielsweise Albert Eulenburg erstmalig im Sommersemester 1913 über »Grundzüge der sexuellen Psychologie und Psychopathologie« an der Universität Berlin (vgl. Näcke 1913, Bloch in Reitzenstein 1922: 121). Der Vollständigkeit halber sei erwähnt, dass der Dermatologe Samuel Jessner (1859–1929) zwei Angaben zufolge (Weil 1922: 8, Jessner 1926: 1164) offenbar seit 1921 eine Dozentur »für Sexuallehre an der Universität zu Königsberg i. Pr.« innehatte (vgl. Sigusch, in Vorb.). Sexualwissenschaftlich ist er allerdings, vielleicht von zwei Arbeiten abgesehen (Jessner 1924, 1926), kaum in Erscheinung getreten.

Das weltweit erste sexuologische *Universitäts*-Institut wurde im Dezember 1920 an der Prager Karls-Universität beschlossen, aber erst sehr viel später realisiert. Der mit dem Aufbau betraute und im Oktober 1921 zum (nach alter deutscher Rechnung: außerordentlichen) Professor für »Geschlechtslehre beim Menschen« (so die wörtliche Übersetzung) ernannte Dermatologe Ferdinand Pečírka (1859–1922) verstarb kurz darauf. Erst der 1934 für das neue Fach habilitierte Dermatologe Josef Hynie (1900–1989) baute ein Institut für Sexualpathologie (»Ústav pro sexuální patologii«) auf und wurde 1945 zum Professor ernannt. Ab 1950 hieß das Institut »Sexuologický ústav« (Sexuologisches Institut), musste jedoch ab 1955 unter dem Einfluss der Stalinisten »Laboratoř provýzkum neplodnosti« (Laboratorium zur Erforschung der Unfruchtbarkeit) heißen, um sich dann ab Mitte der 1960er Jahre immerhin »Laboratoř pro sexuologii a studium fertility« (Laboratorium für Sexuologie und das Studium der Fertilität) nennen zu dürfen. Seit den frühen 1970er Jahren ist der Name wieder »Sexuologický ústav«. Als Chef folgte auf Hynie 1974 der Arzt Jan Raboch (1917–2002). Seit dem Zusammenbruch des Ostblocks leitet der 1942 geborene Psychiater Jaroslav Zvěřina (vgl. z.B. 1991) das Institut, das bisher organmedizinisch und sexualpathologisch ausgerichtet war (vgl. zur Geschichte des Instituts Schindler, in Vorb.).

Im übrigen westlichen wie östlichen Ausland war die Situation des Faches vor und nach der Nazi-Zeit immer noch erbärmlicher als in Deutschland, jedenfalls unter dem Aspekt der institutionellen universitären Anerkennung und Ausstattung. So gibt es bis heute in den gesamten USA neben privaten Instituten, zum Beispiel in St. Louis und San Francisco, und neben diversen Arbeitsgruppen mit spezifischen Universitäts-Programmen als selbstständiges *Universitäts*-Institut nur das von dem Zoologen Alfred C. Kinsey 1947 gegründete und bis zu seinem Tod 1956 geleitete »Institute for Sex Research« der Indiana University in Bloomington, Indiana, das heute »Institute for Research in Sex, Gender, and Reproduction« heißt. Durch exzellente Forschung und Öffentlichkeitsarbeit sowie vor allem durch die allgemeine Lage des Sexuellen in den USA gelang es Kinsey und seinem Institut, sehr viel Aufmerksamkeit zu bekommen und ein hohes Ansehen zu erreichen. Bekanntlich hatte Kinsey zusammen mit seinen Mitarbeitern Wardell B. Pomeroy, Clyde E. Martin und Paul H. Gebhard einzigartige Berichte, die so genannten Kinsey-Reports, über das Sexualverhalten der US-amerikanischen Bevölkerung vorgelegt, die auch bei uns lebhafte Debatten auslösten (vgl. Kap. 2 und 18). Nach Kinsey leiteten der Anthropologe Paul H. Gebhard (1956–1982), die Psychologin June M. Reinisch (1982–1993), kommissarisch Stephanie A. Sanders (1993–1995) sowie der englische Psychiater John J. Bancroft (1995–2004) das Institut, dessen Direktorin zur Zeit die klinische Psychologin Julia Heiman ist.

In Deutschland gründete nach dem Zweiten Weltkrieg zunächst Hans Giese 1949 in der Nähe Frankfurts, in Kronberg im Taunus, ein privates »Institut für Sexualforschung« (s. Kap. 18). Da es nicht von der Universität Frankfurt am Main übernommen wurde, gliederte er es mit Hilfe von Hans Bürger-Prinz 1959 als Forschungsstelle der Deutschen Gesellschaft für Sexualforschung der Psychiatrischen Klinik der Universität Hamburg »an«. Zu seinen Lebzeiten – Giese starb bereits 1970 – war es kein Institut »der« Universität, wurde also nicht von Staats wegen getragen. Das konnte erst erfolgen, nachdem das Ersetzen des Giese-Instituts durch eine etatisierte Abteilung der Psychiatrischen Klinik 1972 offiziell geworden war. 1974 übernahm Eberhard Schorsch die Leitung der neuen Abteilung und die mit ihr verbundene neue Professur für Sexualwissenschaft. 1995 folgte der österreichische Psychiater und Psychoanalytiker Wolfgang Berner (geb. 1944) dem bereits 1991 verstorbenen Eberhard Schorsch auf der Hamburger Professur. Seit 2002 heißt die Klinik-Abteilung »Institut für Sexualforschung und Forensische Psychiatrie«, und das Zentrum, in dem die Psychiatrische Klinik angesiedelt ist, heißt heute »Zentrum für Psychosoziale Medizin«.

Giese hatte sich 1959 für die Fächerkombination »Psychiatrie und Sexualwissenschaft« an der Universität Hamburg habilitiert. Wenn der bisher weder formal noch inhaltlich in seinen Auswirkungen einzuschätzende Versuch, an der Königsberger Universität eine sexuologische Dozentur zuzulassen, einmal zur Seite gestellt wird, war mit diesem Erteilen einer Lehrbefugnis zum ersten Mal anerkannt, dass es neben der Psychiatrie (oder wie im Fall Jessner der Dermatologie) einen Zweig der Wissenschaft gibt, der offenbar über eigene Erkenntnismittel verfügt – was, gegen die Psychiatrie gerichtet, im Zuge der berühmten Bartsch-Prozesse später der Bundesgerichtshof höchstrichterlich erkennen sollte. Nach Gieses Tod habilitierte sich Eberhard Schorsch (geb. 1935) Ende 1970 in Hamburg eher traditionell für die Fächerkombination »Psychiatrie und forensische Psychiatrie«. 1971/72 erfolgte dann in Hamburg insofern ein weiterer Durchbruch, als zunächst Gunter Schmidt (geb. 1938) für das Fach »Sexualpsychologie und -soziologie« und danach Volkmar Sigusch (geb. 1940) für das ungeschmälerte Fach »Sexualwissenschaft« habilitiert wurde. Nach Siguschs Eindruck geschah das eher aus Versehen, weil bei der Abstimmung der Ordinarien der Antrag des Kandidaten galt, und auf dem stand als Fachbezeichnung, vom zugeneigten Dekan Adolf-Ernst Meyer, einem Psychosomatiker und Psychoanalytiker, nicht korrigiert, schlicht und ergreifend »Sexualwissenschaft«. Damit war die Sexualwissenschaft international zum ersten Mal offiziell als eigenständiges Universitätsfach anerkannt worden, verbunden mit der heiligen Kuh der Venia legendi, das heißt der selbstständigen, keiner anderen Disziplin zugeordneten oder rechenschaftspflichtigen Forschung und Lehre.

Bereits im Juli 1971 wurde in Frankfurt am Main vom Fachbereich Medizin der Goethe-Universität eine selbstständige »Abteilung für Sexualwissenschaft« beschlossen, die sich seit 1996 »Institut für Sexualwissenschaft« nennen durfte. Anfang Oktober 1972 wurde Volkmar Sigusch auf die mit der Leitung des Instituts verbundene Professur für Sexualwissenschaft berufen. Das war in gewisser Weise die Krönung des Hamburger Durchbruchs. Die neu eingerichtete, selbstständige Professur für Sexualwissenschaft der Universität Frankfurt am Main war insofern die erste ihrer Art weltweit, als sie keinem anderen Fach, nicht einmal wie in Hamburg der Psychiatrie, zu- oder beigeordnet war.

In den 1970er Jahren machte die Sexologie auch international einen Sprung nach vorn. Zwei bis heute tragende Ereignisse seien erwähnt: Der US-amerikanische Psychiater und Jurist Richard Green rief 1971 die Fachzeitschrift *Archives of Sexual Behavior* ins Leben (vgl. zu den Nachkriegs-Fachzeitschriften Kap. 20), und zusammen mit ihm gründeten der Kinsey-Nachfolger und Anthropologe Paul Gebhard, der klinische Psychologe John Money, die Sexualphysiologen Virginia Johnson und William Masters sowie die deutschen Sexualforscher Gunter Schmidt und Volkmar Sigusch zwischen November 1972 und August 1973 die in den USA ansässige »International Academy of Sex Research« (IASR). Bisher haben drei Deutsche als IASR-Präsident kandidiert und gewonnen: Anfang der 1980er Jahre Gunter Schmidt aus Hamburg, Ende der 1980er Jahre Götz Kockott aus München und am Beginn des neuen Jahrtausends Ulrich Clement aus Heidelberg.

Nach einer längeren Pause erhielt 1990 aus der Hamburger Abteilung für Sexualforschung die Psychologin und Psychoanalytikerin Hertha Richter-Appelt vom Fachbereich Psychologie die Venia legendi für das Fach »Klinische Psychologie«. (Als international renommierte Forscherin erhielt sie 2003 einen Ruf auf eine selbstständige Professur für Sexualmedizin der Universität Innsbruck, die bedauerlicherweise kurz darauf Sparmaßnahmen geopfert wurde.) Aus der Frankfurter Abteilung für Sexualwissenschaft erwarben 1990 der Soziologe und Psychoanalytiker Reimut Reiche und 1991 der Sozialwissenschaftler Martin Dannecker für das ungeschmälerte Fach »Sexualwissenschaft« die Lehrbefugnis, beide bemerkenswerterweise im Fachbereich Medizin. Und schließlich habilitierten sich in Hamburg zwei Ärzte und Sexualforscher, im Jahr 2006 Peer Briken und im Jahr 2007 Andreas Hill. Beide erhielten die Venia legendi für das medizinische Fach »Psychiatrie und Psychotherapie«.

Damit ist die – fachpolitisch gesehen – insgesamt eher rückläufige Entwicklung an den deutschen Universitäten bereits angedeutet. Sich nach der »sexuellen Revolution« der sechziger und siebziger Jahre für das Fach »Sexualwissenschaft« habilitieren, hieß im Klartext, auf eine Berufung verzichten, weil es für dieses Fach keine freien oder neuen Professuren gab. Wie die Entwicklung nach der »sexuellen Revolution« in Deutschland weiter ging, kann insbesondere den Kapiteln 18, 20 und 21 entnommen werden, wobei das Kapitel 21 der Entwicklung der Sexualmedizin und Sexualtherapie im engeren Sinn gewidmet ist, die sich an einigen Universitäten auch ohne institutionelle Verankerung etabliert hat, beispielsweise in München durch den Psychiater Götz Kockott, in Heidelberg durch den Gynäkologen Wolf Eicher und den Psychologen Ulrich Clement, in Aachen durch die ärztliche Psychotherapeutin Ulrike Brandenburg, in Jena durch den Psychologen Bernhard Strauß und in Hannover durch den Psychologen Uwe Hartmann.

4 Ein wollüstiges Jahrhundert, potente Frauen und die Liebe des Mannes zum Weib

Paolo Mantegazza als Begründer einer namenlosen Wissenschaft

Paolo Mantegazza wurde am 31. Oktober 1831 im lombardischen Monza bei Mailand als Sohn römisch-katholischer, wohlhabender Eltern geboren und starb am 28. August 1910 auf seinem Sommersitz in San Terenzo bei La Spezia. Er hatte eine jüngere Schwester und einen jüngeren Bruder. Sein Vater Giovan Battista Mantegazza wird in allen Biografien kaum erwähnt, bleibt blass bis zur Unkenntlichkeit. Anders »La mia mama« (Mantegazza 1876a), die heiß geliebte Mutter Laura Solera (1813–1873), die in Italien 1850 die erste »Tagesstätte« für Kleinkinder armer Leute und 1870 die erste »Berufsschule« für Frauen gründete und bis heute in ihrem Land als Sozialreformerin, Freundin Giuseppe Garibaldis und Patriotin des Risorgimento, der italienischen Einigungsbewegung, verehrt wird.

Mantegazza studierte kurz Philosophie und länger Medizin in Pisa, Mailand und Pavia. Nach der Promotion zum Dr. med. 1854 arbeitete er als Arzt in Argentinien, heiratete dort 1856 die 15-jährige Jacobita Tejeda de Montemajor (1840–1891), Tochter des Senators von Salta, mit der er fünf Kinder hatte. 1858 kehrte er mit seiner Familie nach Italien zurück. Kurz darauf, mit 29 Jahren, wurde er Professor für Allgemeine Pathologie in Pavia, wo Camillo Gogli (1843–1925), nach dem heute u.a. Hirnzellen, Hautrezeptoren und Zellstrukturen benannt sind, in seinem Labor arbeitete. Zehn Jahre später, 1870, übernahm Mantegazza die in der Philosophischen Fakultät angesiedelte erste italienische Professur für Anthropologie und Ethnologie in Florenz und gründete für die neuen Fächer ein Museum, eine Zeitschrift und eine wissenschaftliche Gesellschaft. Von 1865 bis 1876 war er Parlamentsabgeordneter, danach Senator des Königreichs. Nach dem Tod seiner ersten Ehefrau heiratete er 1891 die Gräfin Maria Fantoni, mit der er eine Tochter hatte (zu seinem Leben und Werk vgl. u.a. Reynaudi 1893, Mochi 1924, Ehrenfreund 1926, Chiarelli 1981, Landucci 1987, Guarnieri 2000, Barberis 2001, Colussi 2002). Weit über Italien hinaus wurde der »Senatore erotico« berühmt als Volksaufklärer und Moralist, Experimentator und Sammler, Naturforscher und Sozialhygieniker, Weltreisender und Schriftsteller (z.B. *Un giorno a Madera* und *L' anno 3000*).

Ein Poetosexuologe

Doch damit nicht genug. Für mich gehört Paolo Mantegazza zu den ersten Sexualwissenschaftlern im engeren und im emphatischen Sinn. Er war einer der allerersten Sexualphysiologen, Sexualethnologen, Sexualempiriker, Sexualhygieniker und auch Sexualtheoretiker. Mit seinen Werken *Fisiologia del piacere* (1854), *Fisiologia dell'amore* (1873), *Igiene dell'amore* (1877), *Gli amori degli uomini – Saggio di una etnologia dell'amore* (1886) und *Fisiologia della donna* (1893) begründete er eine Wissenschaft, die noch keinen eigenen Namen hatte, die er selbst faute de mieux »diese Wissenschaft« (1877/1887: 70) und auch einmal »Wissenschaft der Umarmungen« (ebd.: 98) nannte.

Aus heutiger Sicht würde ich sagen: Mantegazza hat eine experimentalphysiologisch, kulturanthropologisch und sozialhygienisch, gelegentlich auch sozialphilosophisch orientierte Phänomenologie der heterosexuellen Liebe vorgelegt, die in der Geschichte der Sexualwissenschaft ihresgleichen sucht. Diskursgeschichtlich und damit auch praktisch-therapeutisch zeichnet sie sich nicht zuletzt dadurch aus, dass ihr das weibliche Geschlecht nicht nur nicht in Anaphrodisie und Geschlechtskälte erstarrt, vielmehr an Liebes- und Wollustpotenz dem männlichen Geschlecht überlegen ist und dass ihr noch nicht alle vom Scheidenverkehr des Mannes mit der Frau zum Zwecke der Fortpflanzung abweichenden Vorlieben und Obsessionen zur Störung oder gar Perversion missraten sind. Zugleich präsentiert Mantegazza, vornehmlich als Affektiologe, essayistische, gewissermaßen poetoszientifische Fragmente einer Kunst zu lieben und glücklich zu werden oder, wie er sagen würde und wir noch hören werden, einer »Edonologie«. Obgleich dem Zeitgeist – Darwinismus und Hygiene, »soziale« und »sexuelle Frage« – so umfassend, folgsam und effektiv wie kaum ein zweiter Forscher Tribut zahlend, bleibt doch bei ihm durchgehend ein unvernünftig-ästhetischer, »hedonistischer« Rest erhalten, der immer wieder im sich in der letzten Krypte und im letzten Kitzel durchsetzenden »wissenschaftlichen Zeitalter« daran erinnert, dass Wissenschaft weder den Menschen ganz erfassen noch erklären noch glücklich machen kann.

Mantegazzas auf einzigartige Weise erstmalige Wissenschaft, die wir nachträglich und nachtrauernd Poetosexuologie nennen könnten, kann den heutigen Namen »Sexualwissenschaft« noch gar nicht haben, weil die Forschungsgegenstände, die sie beobachtet und beschreibt, noch nicht mit dem uns so vertrauten Namen belegt sind. Amore, die Liebe, heißt noch nicht Sexualität oder gar Sex, Umarmung ist noch nicht einheitlich zum Geschlechtsverkehr oder Koitus, höchste geschlechtliche Erregung noch nicht zum Orgasmus geworden, Piacere, Wonne, Genuss, Wohllust, Vergnügen noch nicht zur imperativistischen Lust, und die Liebe zwischen Mann und Frau führt noch nicht den hässlichen Namen Heterosexualität. Dem Pionier fiel die nichtsexualisierte Liebe zwischen Mann und Frau mit Wissenschaft und Vernunft, Moral und Fortschritt sowie mit der Veredelung der Rasse zusammen (vgl. 1877/1887: 462 ff). Ebenso wichtig wie die geschlechtliche Wohllust/Wollust waren ihm tausend andere Freuden des Geistes und des Herzens (ebd.: 147), denn die moderne Sexualität war noch nicht als alle anderen Affekte verschlingende gesellschaftliche Form einheitlich und hervorstechend installiert; unübersehbar aber schritt dieser Prozess voran.

Ein Bestsellerautor

Angesichts des ebenso ernsten wie umfangreichen wie enorm verbreiteten Werkes von Mantegazza erstaunt es außerordentlich: dass er im Verlauf des 20. Jahrhun-

Paolo Mantegazza

derts beinahe ganz vergessen worden ist. Krafft-Ebing (1886: III) distanzierte sich dummerweise bereits im Vorwort seiner *Psychopathia sexualis* von den Philosophen Schopenhauer und v. Hartmann, weil deren Vorstellungen »fehlerhaft« und »abgeschmackt« seien, sowie von Werken Mantegazzas wie des französischen Historikers und Schriftstellers Jules Michelet (*L'amour*, 1858), weil es sich bei deren Darstellungen eher um »geistreiche Causerien«, das heißt Plaudereien, handele denn um »wissenschaftliche Abhandlungen«. Das hinderte ihn aber nicht, in seinen nachfolgenden *Fragmenten einer Psychologie des Sexuallebens* Mantegazza zu paraphrasieren und als einzigen Vorgänger mehrfach und in jedem Fall mit großem Respekt (»schön«, »richtig«, »fein«) zu zitieren, offenbar ahnend, wie ärmlich, ja erbärmlich seine eigenen *Fragmente einer Psychologie* angesichts des Werkes von Mantegazza sind. Sexualforscher wie Moll, Hirschfeld und Bloch zitierten Mantegazza (noch) ganz normal, oft für seine Pioniertaten als Liebesforscher lobend, aber auch kritisierend, weil er zum Beispiel annahm, bei den so genannten Patici, das heißt Männern, die sich anal koitieren lassen, läge eine anatomische Anomalie insofern vor, als die entscheidenden Nerven nicht zu den Genitalien, sondern zum Mastdarm zögen (vgl. Mantegazza 1886/1924: 128).

Zwei Beweise für den enormen Erfolg Mantegazzas: 275. Tausend und 82. Auflage seiner *Physiologie der Liebe*

Freud interessierte sich nur (noch) für Mantegazzas Forschungen zur therapeutisch nutzbaren Wirkung von Kokain (vgl. Jones 1960, Bd. 1: 107). Und heute haben selbst Fachleute, die seit Jahrzehnten in der universitären Sexualforschung tätig sind, noch nie seinen Namen gehört.

Zu seinen Lebzeiten dagegen gehörte Mantegazza mit großem Abstand zu den zwei, drei wissenschaftlichen Schriftstellern, die mit ihren Büchern in Europa die höchsten Auflagen erreichten. Kritiker stellten ihn als Essayisten mit Montaigne und als Naturalisten mit Darwin auf eine Stufe, und er selbst tat es auch, wenn er sich in seinen Schriften mit diesen Giganten direkt verglich: Das hat, so sagte er beispielsweise, Montaigne »vor mir gesagt« (1877/1887: 149); oder: Darwin schrieb »mir mit ruhiger Bescheidenheit [...]: ›Ich fürchte, daß Sie das Kapitel über die Pangenesis nicht billigen werden‹« (ebd.: 237). Gelegentlich trat er auch in der Pose des Propheten und Gesetzgebers auf – im Stil von »Ich habe gesprochen« oder »Wahrlich, ich sage euch«. In Italien war er schließlich berühmter als alle anderen Professoren, allein schon als Parlamentarier, vor allem aber wegen seiner zahllosen, populär gehaltenen alltagshygienisch-medizinischen Broschüren (*Almanacchi igienici*), die die Leute bei sich trugen wie einen Schlüssel. Hinzu kamen seine Romane und seine wissenschaftlichen Bücher als neuartige Massenware: Vor mir liegt z.B. eine zerfallene, deutschsprachige Weichumschlagausgabe seiner *Physiologie der Liebe*, auf der das 275. Tausend angezeigt wird. Außerdem gab es bereits Raubdrucke seiner Werke und Werbung mit seinem Namen. Von solchen Auflagenhöhen und solcher Beachtung konnten die anderen Erotologen und Aufklärer in den Jahrzehnten um 1900 nur träumen.

In den meisten seiner Werke pendelt Mantegazza mit einer keineswegs versteckten Neigung zu Aphorismen, Maximen und Sentenzen zwischen einer anspruchsvollen, warmen Prosa und quasiphilosophischen Essays einerseits und kalten, knallharten Berichten über naturwissenschaftliche Tier- und Menschen-Experimente und statistisch-empirische und ethnologische Recherchen zu Schädelmaßen, Stillzeiten oder Suizidraten andererseits hin und her. Immer gibt er sich nicht nur in der hohen Philosophie und der europäischen Literatur außerordentlich bewandert, sondern auch in der niederen Fachjournal-Literatur seiner Gegenwart. Wirft er eine Frage auf, lässt er sie zunächst vom Volk, von Dichtern und Philosophen beantworten, wobei die Leser mehrere Sprachen beherrschen müssen, um sie dann, manchmal mit sehr persönlichen Bemerkungen über seine eigene »Hypochondrie« oder seine »gute, herrliche« Mutter, selbst ausführlich zu beantworten.

An diesen Stellen scheinen seine persönlichen Beweggründe auf, sich mit der Psychologie der Liebe, der Affekte und der Leidenschaften so intensiv zu befassen. Offenbar von unstillbaren Sehnsüchten, von Körper-, Liebes- und Drogenkrisen geschüttelt, trägt Mantegazza, besänftigend und versichernd, ein enormes Material zusammen, das selbst für den fachspezifisch versierten Wissenschaftler nach wie vor voller Überraschungen steckt und für den heutigen Leser immer wieder interessant ist – ob der Sammler nun berichtet, wie ein arabischer Jüngling mit furchtbar erigiertem Glied seiner zwölf Jahre alten Ehefrau unwissend und todbringend Scheide und Bauchfell durchbohrt oder wie ein Romagnole an einem Tag mit 17 Weibern koitiert (1877/1887: 91, 112).

Die wissens- und bildungshungrigen Europäer zur Mantegazza-Zeit fanden die *Physiologie der Liebe*, die *Hygiene der Liebe* und die *Geschlechtsverhältnisse des Menschen* so interessant, dass sie sie wie die Werke der größten Schriftsteller behandelten. Der Verlag der Schillerbuchhandlung in Berlin zum Beispiel platzierte die genannten Bücher Mantegazzas in seiner Reihe »Die bunten Romane der Weltliteratur« neben Flauberts *Madame Bovary*, Sienkiewicz' *Quo vadis?*, Maupassants *Der schöne Freund*, Brachvogels *Friedemann Bach*, Heinses *Ardinghello* usw. Vielleicht fanden Mantegazzas Aufklärungs- und Wissensbücher eine so große Resonanz, weil er nicht nur die Diskurse der Zeit traf, die die Menschen intellektuell und emotional erschütterten, und weil er mitreißend schreiben konnte, sondern weil bei ihm Kunst und Wissenschaft noch nicht strikt getrennt waren, sodass es Anklänge an eine in Europa nie entfaltete »Kunst des Liebens« geben konnte, nach der sich viele gesehnt haben mögen.

Mantegazzas Werke als Romane der Weltliteratur, um 1900

Vom Genuss bis zur Geschlechterdifferenz

Die thematische Breite seiner Werke ist beeindruckend. In dem ersten Buch, *Fisiologia del piacere* (1854), das er als 21-Jähriger in Pavia begonnen und als 22-Jähriger in Paris abgeschlossen hat und das beweist, dass er vom sich ausbreitenden »psychologischen Zeitalter« erfasst ist, erörterte er nicht nur die »Genüsse« aller Sinne, darunter des »Geschlechtssinnes«, einschließlich ihrer Entgleisungen, sondern auch die »Genüsse des Gefühls« (z.B. die Genüsse des Egoismus, der Scham, der Würde, der Ruhmbegierde, des Hochmuts, der Beifallsliebe, des Eigentumgefühls, der Kampfesliebe, des Rechts- und Pflichtgefühls, des religiösen Gefühls, der Liebe zu Sachen, zu Tieren, zur Mutter, zum Vater, zum Kind, zum Vaterland usw.) sowie die »Genüsse des Verstandes« (z.B. die Genüsse der Aufmerksamkeit, des Lernbedürfnisses, der Denktätigkeit, der Sprachtätigkeit, des Gedächtnisses, der Fantasie, des

Willens, der Wahrheitssuche, des Lesens, des Zusammentragens usw.). Nach dieser Analyse in jeweils einem Kapitel versuchte er eine Synthese, indem er die Naturgeschichte des Genusses, die Ausdrucksformen, die moralische Physiognomie, die Pathognomie, die moralische Topografie, die Kunst und die Philosophie des Genusses diskutierte. Am Ende seiner Abhandlung, von der uns 22 Ausgaben in diversen Sprachen bekannt sind, stehen »Grundzüge der Edonologie oder der Wissenschaft vom Genusse«, wir könnten auch sagen »vom Hedonismus«, weil die »Edonologie« die griechischen Worte *hêdonê* und *lógos* enthält.

In seiner *Igiene dell'amore*« (1877) – um ein zweites Beispiel zu nennen – handelte er die Geschichte der Hygiene ab, die Pubertät (samt Sperma beim Mann und Menstruation bei der Frau), die Masturbation bei beiden Geschlechtern, Aphrodisie und Anaphrodisie, Erektion und Impotenz, geschlechtliche Verirrungen und Leiden, geschlechtliche Hypochondrie, Pollutionen, Dysgenesia anticipans (heute: Ejaculatio praecox), Dysgenesia posticipans (heute: Ejaculatio deficiens), Vaginismus, Unzucht und Keuschheit, Vererbung samt Pangenesis und der von ihm 1871 postulierten Neogenesis, Heirat von Blutsverwandten (mit der von ihm bereits 1868 publizierten, bis dahin größten Stichprobe von 512 Ehen), Unfruchtbarkeit des Mannes und der Frau, freiwillige Unfruchtbarkeit im Sinn von Malthus (heute: Empfängnis- und Zeugungsverhütung) mit hinreißenden Passagen. So beklagte er, dass bei der Anwendung bestimmter Methoden wie dem »schützenden Ueberzug« oder dem »Schwamm« auch die Frau leide, weil »im Augenblick der höchsten geschlechtlichen Erregung der Mutterhals nicht von dem wohltätigen warmen Thau der befruchtenden Flüssigkeit befeuchtet wird« (1877/1887: 436). Nebenbei erwähnte er auch, seine *Elementi d'igiene* von 1864 seien »auf den Index gesetzt« worden, »weil darin geschrieben stand: ›Liebet, aber zeugt nicht‹« (ebd.: 431).

Mantegazzas Werk ist nicht nur inhaltlich vielfältig. Es imponiert selbst dem heutigen Leser immer wieder durch theoretische Einsichten, die nachfolgende Sexualforscher erst am Beginn des 20. Jahrhunderts erneut gewannen. Zum Beispiel: »Es ist unmöglich, die Grenzen zu bezeichnen, welche die Physiologie von der Pathologie der Liebe trennen. Die letzten Grade des Erotismus können die ersten der Verirrung sein«. Bei Freud wird das heißen, die Liebe und das Perverse gehören im Grunde zusammen. Oder: »Auch über (das) Gute und Böse ist das Urteil ein verschiedenes, je nachdem man die hygienische oder die moralische Seite des Problems betrachtet« (1886/1924: 113). Illustriert wird diese Einsicht immer wieder am Pro und Kontra des Malthusianismus, das heißt an der willentlichen Beeinflussung und Unterbindung der Fortpflanzung. Oder: »[...] der menschlichste Charakterzug der menschlichen Liebe ist der, daß sie auch ohne die materielle Befriedigung des geschlechtlichen Instinkts bestehen kann. Die Menschen lieben auch, ehe sie mannbar sind, und können auch über das fruchtbare Alter hinaus lieben« (ebd.: 432). Mit unseren Worten: Liebe und Sexualität fallen nicht zusammen, und auch Kinder lieben schon. Oder: »Keinen schlimmeren Feind besitzt die Wollust als die Ausschweifung, keine treuere Schwester als die Keuschheit«; die »schamhafte Wollust« sei ein »unbezahlbarer Schatz« (1873/1885: 125); und als Ethnologe beobachtete

Mantegazza, dass »die verbreitete Nacktheit und die Leichtigkeit, Weiber zu finden, die Pfeile der Wollust abstumpfen« (1886/1924: 129) – Interpretationen, die im 20. Jahrhundert erst sehr spät erneut auftauchen. Oder: Lieben heiße »sterben, aber nicht todt sein« (1873/1885: 125). Oder: »Denn wahrlich ich sage euch, in unserer modernen Gesellschaft wohnt oft größere Schamhaftigkeit bei der niedrigsten Dirne als bei manchen Frauen, die alten, impotenten Männern gehören [...]« (ebd.). Oder: Der liebende Mann sage: »Oh wie glücklich bin ich!«, die liebende Frau aber sage: »Bist du glücklich?« Er sage: »Sie ist mein!«, sie aber sage: »Ich bin sein!« Er: »Bleibe schön und ich werde dich immer lieben«, sie: »Bleibe mein und ich werde dich immer lieben« (ebd.: 223) – von ihm beobachtete Differenzen der beiden großen Geschlechter im Liebesleben, die er seitenlang auflistet.

Lob des Laboratoriums

Als aufklärender Moralist verachtete Mantegazza vor allem die »falschen Puritaner« und »Tartüffe im kleinsten Format«, beklagte das »Frömmlergezänk« und die »Beichtvaterkasuistik«. Er wollte den »trüben, stinkenden Nebel der Heuchelei« beseitigen, »welcher uns alle einhüllt und zu gleicher Zeit nach Bordell und Sakristei riecht«, und beschwor die »keusche und heilige Nacktheit« der Griechen, die er den »krankhaften Wollüsten unsres Jahrhunderts« entgegenhielt – wie es zum Beispiel in seiner Vorrede zur deutschen Ausgabe der *Hygiene der Liebe* aus dem Jahr 1887 heißt, betitelt »Die Schamhaftigkeit in der Wissenschaft« (S. IXff). Die Wissenschaft, die immer rasender zum Objektiv wurde, hatte auch für Mantegazza die Religion abzulösen. Sie wurde zuständig für alles, auch für sein Heiligstes, die Liebe zwischen Mann und Frau. »Unser jetziger Liebescodex ist eine elende Verquickung der Heuchelei mit der Wollust [...]. Gegenüber der Liebe sind wir Alle noch mehr oder weniger Wilde. [...] die Liebe muß ganz ebenso wie alle anderen Naturkräfte besiegt werden, und ohne einen Funken ihrer Energie, ohne eine Blüte aus ihrem Kranze einzubüßen, muß auch sie von der Wissenschaft geregelt werden, die Alles begreift und Alles erklärt« (1873/1885: 18f) – Amen.

Der große Naturforscher war also bereit, sein Kostbarstes auf dem neuen Altar der totipotenten (Natur-)Wissenschaft zu opfern. Beharrlich verfolgte er das Ziel, irgendwie akkumuliertes Material recht differenter Herkunft und Güte in einen wissenschaftlichen Zusammenhang zu stellen und in diesem zu betrachten. Schon die Titel seiner Bücher, in denen von »Physiologie« die Rede ist, also von natürlichen Vorgängen, die naturwissenschaftlich erforscht werden sollen, zeigen den epistemologischen Übergang vom Volksmund, der Philosophie und der Literatur zur experimentellen Wissenschaft an. Für uns gibt es keine Physiologie der Liebe (mehr), weil sich nach unseren Begriffen die Liebe per definitionem der naturwissenschaftlichen oder körpermedizinischen Durchleuchtung im Kern entzieht, was Mantegazza in seinen frühen wie späten Werken auch immer wieder so sah, wenn er auf die »erhabenen Thorheiten der Liebe« zu sprechen kam: Die Liebe sei »religiös bis zum Aberglauben [...] und übertrifft an Hang zu mystischem Gepräge und Weihrauchnebel die strenggläubigsten römischen Katholiken. Keine Religion hat je eine so sinnlose Götzendienerei gehabt, wie die Liebe, kein Olymp so viele Götter, Tempel und Priester. [...] Sie glaubt an Paradies, Hölle und Fegefeuer, an einen heiligen Antonius und die Unbefleckte Empfängniß« (1873/1885: 158 f). »Die Liebe möchte uns am liebsten mit gebundenen Händen und Füßen besitzen, sie will uns in ihrer Gewalt haben perinde ut cadaver, wie es in der Jesuitensprache bei der Aufnahme eines Neulings heißt« (ebd.: 277). Aphorismatischer Schluss: »Die Liebe zum Verstande zu zwingen, ist gleichbedeutend mit dem Wunsche, die Quadratur des Kreises zu lösen« (ebd.: 372).

Wegen des sich zu seinen Lebzeiten durchsetzenden Wissenschaftsobjektivs konnte Mantegazza aber solche Einsichten nicht durchhalten und vertiefen. Die epistemologische Weiche war schließlich bereits so gestellt, dass alles Sinnliche und alles Geschlechtliche wissenschaftlich direkt aus der Natur herzuleiten war, der Instinkt, der Geschlechtssinn, die Annäherung der Geschlechter, die Geschlechtsvereinigung, die Wollust usw. Und Mantegazza, der schon als Kind experimentierte, ein Herbarium anlegte, als 19-Jähriger einen Chemieprofessor an der Universität vertrat und alle greifbaren Rauschmittel, vom Kaffee bis zum Opium, an sich selbst erforschte, folgte immer wieder selbstredend diesem gesellschaftlichen Befehl.

In seinem letzten sexuologisch relevanten Werk heißt es folglich:

Fisiologia dell'amore, 1873

»Die menschliche Natur ist viele Jahrhunderte lang durch priesterlichen Hochmut und Trug so hoch gestellt, daß Vernunft und Experiment ihr nicht nahe kommen konnten. Es bedurfte des Werkes von Jahrhunderten, der Frucht blutiger Schlachten, um den Menschen von Hochmut und Aberglauben befreien und bescheiden in das Laboratorium führen zu können, wo alle andern Dinge in der Welt studiert werden. Das Leben zu untersuchen, wie man die Elektricität, die Wärme, die chemischen Verwandtschaften untersucht, war eine der größten Kühnheiten unseres Jahrhunderts; die Schnelligkeit des Gedankens messen zu wollen, wurde bis gestern noch für Thorheit gehalten. Heute jedoch wissen wir mit Sicherheit, daß der Gedanke, die Leidenschaft, die zartesten Empfindungen Phänomene sind, welche im Inneren der Nervenzellen und längs der Nervenfäden vor sich gehen und sich nach denselben Gesetzen richten, welche die ganze Materie beherrschen, aber äußerst verwickelt sind. Wir begnügen uns damit, die Erscheinungen zu beobachten und zu beschreiben, welche unseren Sinnen zugänglich sind, und sie in Ordnung zu bringen. Warum sollen wir nicht das Denken und Fühlen nach derselben Methode studieren, die wir auf alle Erscheinungen der Natur anwenden? [...] Warum soll die Psychologie nicht auch einmal zur Naturwissenschaft werden, wie Zoologie und Botanik, eine experimentale Wissenschaft, wie Physik und Chemie? Der Botaniker legt sein Herbarium an, der Malakologe seine Muschelsammlung. Ich sammle psychische Thatsachen und ordne sie an, wie der Botaniker oder Malakologe. Ich beobachte z.b. seit vielen Jahren, welchen Ausdruck das menschliche Gesicht bei verschiedenen körperlichen und geistigen Schmerzen annimmt [so beobachtete Mantegazza das Gesicht seiner Ehefrau, als er ihr den Tod ihrer Eltern mitteilte und veröffentlichte das Ergebnis, V.S.], und finde, daß sich alle diese unendlich vielen Schmerzäußerungen auf wenige Typen zurückbringen lassen. Das ist Naturwissenschaft. Die Psychologie ist also eine experimentelle Naturwissenschaft und muß denselben Weg gehen, dieselben Kriterien und Methoden befolgen wie Physik, Zoologie und Chemie« (1893/1912: 180f.).

Die Unmessbarkeit der Liebe

Doch dann, einige Seiten weiter, erinnerte sich der medizinpsychologische Wissenschaftspionier wieder an die Unwägbarkeit der Liebe und schrieb:

»In meiner Fisiologia del piacere habe ich nachzuweisen gesucht, daß das Weib höheren Genuß hat als wir, indem ich mich auf anatomische und physiologische Gründe stützte. Gegen dieses Urteil haben viele Männer und viele Frauen appelliert und es für unrichtig erklärt. In den seit jener Zeit verflossenen achtunddreißig Jahren habe ich diese abstruse, heikle Frage wieder und wieder studiert. Sie kann mit wissenschaftlicher Schärfe überhaupt nicht gelöst werden, denn es handelt sich um eine Thatsache des Bewußtseins, welche sich nicht messen oder wägen läßt« (1893/1912: 202). Und etwas später: »Die Menge oder, besser gesagt, die Intensität der Liebe ist schwer zu messen, und vielleicht ist es ein Glück, daß es dafür kein Maß oder Gewicht giebt, noch ein Dynamometer, das den Unterschied anzeigt« (ebd.: 250).

Indem Mantegazza grundsätzlich »physiologisch«, d.h. naturwissenschaftlich-körpermedizinisch zu argumentieren suchte, verheddert er sich »natürlich« (und das meint heute beinahe immer: »gesellschaftlich-kulturell«) auch auf anderen Forschungsfeldern in Widersprüche, die er nicht problematisierte. So behauptete er beispielsweise zunächst, die Natur habe »dem Weibe auferlegt«, der Annäherung des Mannes »eine Zeit lang zu widerstehen und sich erst nach einem kleinen Kampfe zu ergeben«, um dann aber die erheblichen kulturellen Differenzen als einer der ersten Forscher überhaupt zu beschreiben, hier zwischen der »Wilden« und dem »europäischen Fräulein« zu seiner Zeit (1854/1888: 42).

Eine erste Ethnografie der Liebe

Damit ist ein Feld bezeichnet, dass Mantegazzas Forschung ganz besonders als Pionierarbeit auszeichnet. Zeitgleich mit den ethnologischen Studien von Hermann Heinrich Ploss, betitelt *Das Weib in der Natur- und Völkerkunde* (1885), die nach dessen

Gli amori degli uomini – Saggio di una etnologia dell'amore, 1886

Tod Maximilian Carl August Bartels fortgesetzt hat (Ploss und Bartels 1887), veröffentlichte Mantegazza die anthropologisch-ethnologischen Ergebnisse seiner Sammlungen und Reisen – er hatte z.B. einige Jahre in Argentinien gelebt und u.a. Ostindien und Lappland bereist – unter dem Titel *Gli amori degli uomini – Saggio di una etnologia dell'amore* (1886), die später in Deutschland *Anthropologisch-kulturhistorische Studien über die Geschlechtsverhältnisse des Menschen* oder kürzer *Die Geschlechtsverhältnisse des Menschen* genannt wurden.

Während also Krafft-Ebing (1886) aus der Literatur die seltensten »Perversionen« der »zivilisierten« Europäer herausfischte und als Krankheiten verrechnete, studierte Mantegazza die »Liebesarten« »zivilisierter« wie »wilder« Völker und entdeckte zum Beispiel »bei einer Negerin treue, großmütige Leidenschaft«, die »eine unserer idealsten Damen ehren würde« (1886/1924: 422). Als einer der ersten Forschungsreisenden trug Mantegazza zusammen, wie unterschiedlich die Liebes- und Geschlechtsverhältnisse bei den verschiedenen Völkern der Welt sind, wagte »zum ersten Male eine psychologische Ethnographie der Liebe« (ebd.: 418) – vor den Bemühungen von Iwan Bloch, den viele als Begründer einer nicht medizinisch-pathologisch, sondern ethnologisch-anthropologisch ausgerichteten Sexualwissenschaft ansehen, der aber selbst die bahnbrechenden Verdienste Mantegazzas mehrfach betont hat. Doch welches »Glück, daß das Gedächtnis des Menschen nicht hinreicht und sein Leben zu kurz ist, um alles in der Vergangenheit Gedachte zu umfassen! Wenn dies nicht der Fall wäre, müßten wir täglich und stündlich den traurigen, aber nur allzu wahren Ausspruch Goethes wiederkäuen, daß alles Gute und Schöne schon gedacht worden ist, und uns nichts übrig bleibt, als es besser und in anderer Form noch einmal zu denken. So aber läßt uns die Schwäche unseres Gedächtnisses und die Kürze der Zeit alte, uralte Dinge als neu erscheinen, und jeden Augenblick rufen wir ein stolzes ›heureka‹ aus, worüber vielleicht alte Schriftsteller in dem geehrten Staube unserer Bibliotheken lächeln dürften« (Mantegazza 1893/1912: 450).

Diverse Experimente

Als äußerst modern erscheint sein 1854 beginnender Blick auf das Nervensystem, weil dieses System gegenwärtig erneut ins Zentrum des Interesses und der Weltverfremdung führender Naturwissenschaftler gerät, denen sich der postulierte menschliche Wille zur Freiheit in unrevidierbar vorausgegebenen neuronalen Netzwerken somatisch erledigt. Auf Mantegazzas neurophysiologischen Blick folgte einige Jahrzehnte später die Psychologisierung des Nervalen in Gestalt von Beard'scher »Neurasthenie« und Freud'scher »Neurose«, die zur Zeit wieder zurückgedrängt wird.

Bereits 1860 experimentierte er mit Keimdrüsen, transplantierte sie bei Fröschen. Und einhundert Jahre vor den US-Amerikanern Masters und Johnson (1966), die damit international Furore machten, führte Mantegazza Mitte der 1860er Jahre Experimente an Hunden und Menschen durch, die wir heute »sexualphysiologische« Experimente nennen würden, studierte, wie er es nannte, die »genitale Mechanik«, indem er beispielsweise die Menge des ejakulierten Samens und des nach einer Ejakulation in der Harnröhre verbleibenden Samens oder die mit der Erektion des Penis einhergehende Blutmengen- und Temperaturerhöhung maß (vgl. 1877/1887: 30f, 113ff). So wusch er nach einer »kräftigen« Ejakulation beim Koitus den Penis eines jungen Mannes mit Wasser ab, sammelte gleich darauf dessen Urin in einem Glasgefäß und fand mikroskopisch in den »tiefsten Schichten der Flüssigkeit« kein einziges »Zoosperm«, während er nach einer nächtlichen Pollution bei demselben jungen Mann »immer« einige in der Harnröhre zurückgebliebene Samenfäden feststellen konnte, was er dann »sexualphysiologisch« zu erklären sucht (ebd.: 116f). Lange vor anderen Sexualforschern wusste Mantegazza auch, wie unterschiedlich Menschen auf starke »geschlechtliche« Erregung reagieren: Die einen »brüllen wie wilde Tiere«, bekommen »hysterische Krämpfe« oder »verlieren das Bewußtsein«; die anderen, Männer wie Frauen, erfüllen ihre ehelichen Pflichten »mit größter Gleichgültigkeit« (ebd.: 108).

Vergnügungen der Kinder

Ein Forscher, der so genau hinschaute und alles, was er erfuhr, niederschrieb, stieß natürlich auch auf das, was erst später »kindliche« oder »infantile Sexualität« genannt wurde. Nach seiner Beobachtung brachten jenen Kindern, die es nicht von alleine entdeckten, die »Lüsternheit der Kindermädchen und Ammen«, »die Schule oder das Nachbarkind« das »geheime Vergnügen« bei. Und dann sprach er wie ein Psychoanalytiker am Beginn des 20. Jahrhunderts: »Die ersten Eindrücke, welche wir in den ersten Jahren der Kindheit erhalten, drücken sich in unserm weichen Fleisch ab und bleiben bis zum letzten Athemzug« (1877/1887: 72).

Und selbstverständlich erörterte Mantegazza auch die »Physiologie« der Pubertät des Jungen und des Mädchens. Über die monatliche Blutung schrieb er beispielsweise: »Bei vollkommen gesunden Frauen kommt der monatliche Tribut oft einige Tage zu früh, wird aber fast immer von örtlichen oder allgemeinen Störungen begleitet. In der Lumbalgegend erscheint ein Gefühl von Schwere oder einem stumpfen Schmerz, der bis in die Schenkel ausstrahlen kann; die Brüste werden härter und empfindlicher; auch die Geschlechstheile werden wärmer, als gewöhnlich, oder leiden an Jucken. Nicht selten ist der ganze Körper erschlafft und hinfällig, der Kopf schwer, und über die Haut laufen schwache Kälteschauer, wie bei leichtem Fieber. Bisweilen verschwindet auch die gute Laune und eine sehr beschwerliche nervöse Reizbarkeit tritt an ihre Stelle. Diese Unannehmlichkeiten verschwinden fast immer, sobald die Menstruation erscheint, und wenn sie aufhört, bleibt in dem Weibe ein schärferer Stachel der Wollust, ein stärkeres Verlangen nach der Umarmung zurück« (ebd.: 52 f.).

Bemerkenswert sind auch seine Erfahrungen, die wir heute »klinische« oder »tiefenpsychologische« nennen würden. Er wusste: Die Wollust ist »das größte Chaos«, ein »Chaos, in dem der Engel und das Thier sich umarmen und in einander übergehen, wo die menschliche Individualität für einen Augenblick verschwindet und statt ihrer ein phantastisches Wesen, halb Mann, halb Weib, halb Gott, halb Dämon auftaucht« (1873/1885: 120). Er wusste: »Die Impotenz ist nicht lediglich eine Krankheit, mit der sich der Arzt oder der Hygienist zu beschäftigen« hat, »sondern sie fordert das eingehende Studium des Psychologen heraus, um das Bild der Liebe zu vervollständigen« (ebd.: 278). Auch kannte er schon jenes therapeutische Mittel, das in der gegenwärtigen Sexualtherapie »Koitusverbot« genannt wird (vgl. 1877/1887: 125). Und er wusste, dass »in der Genesung von langen Krankheiten«, nach einem »langen Schlafe des Geschlechtslebens plötzlich heftige Begierden, üppige Träume und nächtliche Pollutionen« auftreten (ebd.: 106). Immer wieder überraschte er auch mit erst von der nachfolgenden Psychoanalyse plausibel gemachten Einsichten wie jener, nach der »die Haut« ein »Spiegel des allgemeinen Wohlbefindens« sei (1854/1888: 58).

Wider genitale Verstümmelungen

Therapeutisch präferierte Mantegazza bei geschlechtlichen Leiden eine »moralische« Behandlung (vgl. z.B. 1877/1887: 99, 144), die wir heute am ehesten den milden aversiven oder den suggestiven Verfahren zuordnen würden. Daneben empfahl er Gymnastik, Spaziergänge, Sitzbäder, Pflaster, Einläufe, Chloral in Orangenblütenwasser usw. Mechanische und chirurgische Prozeduren betrachtete er mit Skepsis.

Eindeutig und mehrfach wandte er sich gegen genitale Verstümmelungen bei der Frau, ob nun in Mitteleuropa oder bei so genannten Wilden. In seiner *Physiologie des Weibes* schrieb er: »Es ist unglaublich, wie sehr sich die menschliche Phantasie angestrengt hat, um die Geschlechsteile des armen Weibes zu martern. Infibulation und Klitoridektomie, Verlängerung der kleinen Schamlippen, Amputation eines Teiles der Genitalien bei den Skopzen, usw.« (1893/1912: 143). Über die Klitoridektomie schrieb er in seiner *Hygiene der Liebe*: »In Fällen von Nymphomanie oder weiblicher Aphrodisie haben mehrere Aerzte die Amputation der

Clitoris angerathen, aber ich bin dieser Verstümmelung der Geschlechtstheile sehr abgeneigt« (1877/1887: 100).

Anhand einer Fallgeschichte wies er nach, dass die »Heilung«, die unter Berufung auf Operateure wie Baker Brown aus London (vgl. dazu Sigusch 1970d, Hulverscheidt 2002) von einem berühmten italienischen Chirurgen namens Peruzzi versprochen worden war, keineswegs eingetreten ist. Er empfahl statt des chirurgischen Eingriffs eine »moralische« und »hygienische« Behandlung. Denn »man sollte nicht durch eine grausame und nicht wieder gut zu machende Operation dem Weibe ein Organ nehmen, welches die Natur zum Genusse des höchsten Vergnügens bestimmt hat« (1877/1887: 100f). Solche Einsichten gingen in den Jahrzehnten nach Mantegazzas Wirken verloren, wenn wir an die androzentristische Missachtung der Klitoris durch die Psychoanalyse und an die noch immer nicht ganz überwundene wissenschaftliche Ideologie vom »unreifen« klitoridalen Orgasmus (Sigusch 1970d) denken oder daran, dass selbst gegenwärtig bei der Behandlung von Menschen mit Geschlechtsorganen, deren äußere Beschaffenheit von willkürlichen Normwerten »intersexuell« abweicht, vor Eingriffen an der Klitoris nicht zurückgeschreckt wird, die auf Dauer große Schmerzen und eine anhaltende »Anaphrodisie« zur Folge haben.

Wider chemische Jungfräulichkeit

Nach heutigem Verständnis kritisch und modern war Mantegazzas Kampf gegen die Heuchelei seiner Zeit, gegen das, was später »Doppelmoral« genannt worden ist. Nehmen wir als Beispiel den verlogenen Umgang mit der physischen Unberührtheit der jungen Frauen:

> »Die Jungfräulichkeit existirt, [...] aber ihr A und O besteht nicht in einem mehr oder weniger intact gebliebenen Fleischhäutchen, – sie ist Anatomie und Tugend zugleich. Neben dem anatomischen Factum muß die moralische Thatsache sich finden; neben der mit Händen zu greifenden Reinheit verlangen wir die Reinheit des Herzens, die diamantartige Durchsichtigkeit des Charakters. [...] Wie unzähligemal hat es mich verdrossen, wenn ich dachte, daß die meisten Mütter ihren Töchtern als einziges Tugenddogma einschärften: Bewahret die physische Jungfräulichkeit! [...] Wie viele Sünderinnen giebt es, die nur im Mutterleibe rein waren und die mit abgefeimtester Lüderlichkeit und studirtester Kunst jenes physische Beweismittel der Tugend unversehrt aus den unzähligen Buhlschaften davontrugen und die als wahre Musterexemplare der vorsichtigen Ausschweifung nach all den ermüdenden Sünden ihre Jungfräulichkeit auf dem Altar der ersten officiellen Liebe niederlegten. Wahrhaftig ein sauberer Schatz, ein hundertmal in den Koth gefallener und hundertmal aufgelesener und gereinigter Diamant! Ein kostbares Kleinod! ein Fleischhäutchen unversehrt erhalten an einem prostituirten Leibe; eine Blume mitten in einer Kothlache gewachsen! [...] Darin besteht also die Tugend des Weibes. Das Häutchen unversehrt, – was sonst mit dir vorgegangen, ist gleichgültig: das ist die vollendete Jungfrau des neunzehnten Jahrhunderts. Der übertriebene, brutale, bestialische Werth, den die moderne Gesellschaft der reinphysischen Jungfräulichkeit beilegt, hat zu der verruchten Kunst geführt, die Jungfrauen künstlich zu fabriziren. [...] Engelreinheit, die ihre Bluttaufe irgend einem warmblütigen Thier, einem adstrin-

girenden Salze oder einem Tanninpräparat verdankt! Die Prostitution dieses heuchlerischen Jahrhunderts konnte keine cynischere Vergeltung finden. Ihr habt von der Tugend eines Weibes eine lediglich physische und chemische Idee? – nun wohl die wachsende Civilisation bedient euch nach Belieben: sie macht euch eine chemische und physische Jungfrauschaft« (1873/1885: 114 ff).

Kritik der Ehe

Auch die Ehe seiner Zeit sah Mantegazza kritisch:

»[...] die Ehe ist zu einem rein bürgerlichen Vertrage geworden, was jedoch nicht ausschließt, daß sie oft genug ein ehrloser Vertrag ist. Der Ehebund ist heute oftmals eine getraute Prostitution, ein Schacher mit Capitalien und Adelstiteln in den höheren Ständen, eine Proletariatsfabrik in großem Maßstabe in den niederen Ständen. Die Ehe ist heute eine der fruchtbarsten Quellen des Unglücks; sie ist ein langsames Gift, welches das häusliche Glück, die Moralität eines Volkes, die ökonomische Entwickelung der Kräfte eines Landes vernichtet. Die Ehe ist oft ein Patent, welches der Frau ungehinderte Unverantwortlichkeit und dem Manne eine bequeme, straflose Polygamie zuspricht, – eine heuchlerische Maske der Tugend, mit der man das Lasterleben der modernen Gesellschaft zudeckt [...]. Die Ehe der modernen Gesellschaft ist die grausamste, erbarmungsloseste Parodie auf die Treue und die Heiligkeit des Eides. [...] Wir sind selbst bei unserm Ehebündniß unmoralisch, weil wir die Religion des Himmels aufgegeben haben, ohne schon bis zu der Religion der Pflicht durchgedrungen zu sein; wir sind kraßunmoralisch selbst in dem heiligsten Familienbündniß, weil wir schlecht erzogen und unwissend sind. [...] Die Ehe ist aber der Grundstein der Familie, und aus den Familien bestehen die Völker – also müßte die Schließung des Ehebundes die süßeste, heiligste, unverletzlichste Fessel des Menschenlebens bilden! [...] Die Ehe muß eine freie, eine allerfreieste Wahl sein, sowohl von Seiten des Mannes wie von Seiten der Frau. Bei uns aber ist es nur der Mann, der das Recht der Wahl hat, und die Frau acceptirt oder fügt sich der Wahl fast stets. Es ist ein wahrer Hohn, wenn man meint, die Frau habe ja immer im äußersten Falle das Recht, Nein zu sagen, wenn sie am Altar kniet oder vor dem Vertreter des Gesetzes sitzt. Es ist das ungefähr so viel werth, als wenn man einem von einer Schaar reißender Wölfe verfolgten Manne, der an einem Abgrund angekommen, das Recht giebt, nicht hinabzustürzen. Ihr bestürmt ein unschuldiges und welterfahrenes Mädchen mit dem ganzen feierlichen Rüstzeug der väterlichen und mütterlichen Autorität, der religiösen und kindlichen Pflichten, schneidet ihm jeden Rückzug ab und gewöhnt es täglich und stündlich an das, wozu ihr es bestimmt; und dann wagt ihr zu sagen, daß es die Freiheit hat, das auszuschlagen, was man ihm auferlegt! Als ob das schüchterne Nein, welches sein kleines Herz in tiefster Tiefe spricht, in dem großen Chorus des Ja sich vernehmlich machen könnte, welches seine ganze Umgebung in allen Tonarten spricht, singt oder schreit!« (1873/1885: 326 ff).

Sozialreformen und »Rassenverbesserung«

Immer wieder verlangte Mantegazza soziale Reformen, die den Armen, vor allem den armen Müttern und Kindern, die Errungenschaften der Wissenschaft gewähren sollten, ohne sie den »Demüthigungen der offiziellen Wohlthätigkeit« und der »pedantischen Knauserei der Behörden« zu unterwerfen (1877/1887: V). Wenn er eine solche

Errungenschaft, zum Beispiel mit diesen Worten ein Entbindungshaus in Florenz, begrüßte, folgte er dem Vorbild seiner Mutter Laura Solero. Manche Reformvorschläge (s. weiter unten) suchen in der Sexualwissenschaft nach Mantegazza Jahrzehnte lang ihresgleichen, manche sind sogar erschreckenderweise heute noch aktuell, weil die Ungerechtigkeit, die er kritisiert, nach wie vor existiert: zum Beispiel die schlechtere Bezahlung von Frauen für die gleiche Arbeit, die Männer verrichten.

Ungut modern war Mantegazza, wenn er vermeintliche Erbkrankheiten trotz brennender Liebe durch eugenische Maßnahmen wie einen Heiratsverzicht zu bekämpfen suchte (vgl. in Erzählform *Un giorno a Madera* von 1868), wenn er durch »die Auswahl guter Erzeuger [...] nach und nach die Häßlichen und Schlechten fortschaffen« und »die Vortrefflichsten hervorbringen« wollte, um »unsere Rasse schrittweise und langsam (zu) verbessern« (ebd.: 275). In einem Zukunftsroman, der im Jahr 3000 spielt, müssen sich, um Leiden und »Lebensuntüchtigkeit« zu vermeiden, die Liebesleute einem »Gesundheitstribunal in Anthropolis« stellen, das darüber entscheidet, ob ihnen »durch die Zustimmung der Wissenschaft jenes hohe Recht zu teil« wird, »das einst in barbarischen Zeiten allen Menschen ohne Unterschied eingeräumt war: das Recht, einem neuen Geschlecht das Leben zu geben« (Mantegazza 1897: 179).

Erstaunlich reserviert begegnete Mantegazza im höheren Lebensalter der bis heute vor allem mit ihrer Lehre vom »geborenen Verbrecher« (»delinquente nato«) das Rechtsempfinden, speziell die positive Strafrechtswissenschaft, das Sicherungsrecht und die Kriminalbiologie, bestimmenden »Schule Lombrosos«, die einen Menschen meinte, nach Konstitution und körperlicher Beschaffenheit »objektiv« be- und verurteilen zu können.

Nachdem er in den Jahren zuvor mit Cesare Lombroso eng zusammengearbeitet hatte, kritisierte er dessen »Schule« 1893:

> »[...] ebenso geistreich wie schlecht begründet, ebenso ungeduldig wie ungenau, zählt sie die Verbrechen zusammen wie Eier in einem Korbe, wie Thaler in einem Beutel und spielt dann mit den falschen Summen mit wissenschaftlicher Künstlichkeit. Kühnheit gegen Kühnheit, so wage auch ich zu sagen: Es gibt nicht zwei Verbrechen, die einander gleich sind, die man also zusammenzählen könnte; man kann auf hundert verschiedene Weisen und mit hundertfach verschiedenem Maße der Schuld einen Menschen ermorden oder einen Thaler stehlen. Der Kriminalrichter fühlt sich seiner selbst so wenig sicher, wenn er strafen soll, daß er die vox asinorum der Geschworenen anruft, und der Beichtvater beeilt sich, so und so viele Paters und Ave Marias als Pönitenz aufzulegen; Lombroso urteilt nach den Entartungszeichen eines Ohres oder Zahnes und schickt die Verbrecher in das Fegefeuer des Irrenhauses oder in die Hölle des Zuchthauses, indem er unerschrocken mit dem menschlichen Bewußtsein spielt, welches wenig mit dem Schädel zu thun hat, den er schlecht mißt, mit den Nerven, die er noch schlechter mißt, und mit den Nervenzellen, die er niemals gesehen hat und niemals sehen wird« (1893/1912: 369).

Unaufgeklärt, aufgeklärt

Unmodern, nach rückwärtsgewandt, argumentierte Mantegazza, wenn es um Masturbation ging oder um »Verkehrungen des Geschlechtssinnes«, die er beobachtete:

eine Frau, die Mädchen liebte und sich als Mann kleidete; ein Mann, der gegenüber Mantegazza darauf bestand, seine »Päderastie« sei kein Laster, sondern eine Leidenschaft; ein junger Mann, der »Jahre lang den Coitus nur an ungewöhnlichen Stellen ausübte und die Wollust da suchte, wo wir nur Küsse erwarten sollten« (1877/1887: 136 f). Dann begann der Pionier der »gesunden und normalen« Liebe konzeptionslos zu stammeln: »Folgen einer maßlosen Wollust«, »angeborene Gehirnschwäche«, »wahre, geschlechtliche Psychopathie« (ebd.: 136, 168 f).

Ganz modern war Mantegazza, wenn es um das ging, was sehr viel später »sexuelle Potenz der Frau« genannt worden ist – wie wir weiter unten ausführlich hören werden. Denn er schrieb: »Die Liebesfähigkeit des Weibes ist der unsrigen unendlich überlegen« (ebd.: 93). Schon 1854 hatte er dem weiblichen Geschlecht ein stärkeres Verlangen und einen größeren Genuss beim Geschlechtsverkehr attestiert. Diese Ansicht sollte er jedoch 1893 insofern modifizieren, als er jetzt die Empfindungen zwischen Insensibilität und zur Ohnmacht führender Erregtheit bei der Frau sehr viel stärker variieren sah als beim Mann. Auch die Zukunft der Frau und des Geschlechterverhältnisses sah er ausgesprochen modern. Er argumentierte wie ein Antisexist – bis auf einen Punkt: Er nahm an, dass Frauen nicht so intelligent seien wie Männer. Sie seien jedoch insofern gleich, als die Männer im Reich des Gedankens herrschten und die Frauen im Reich des Gefühls.

Für überraschend viele Texte von Mantegazza gilt nach mehr als einhundert oder sogar nach einhundertundfünfzig Jahren: Würden in ihnen die damaligen Diskurs-Zauberworte durch heute übliche ersetzt, würde also statt von Amore von Sexualität, statt von Wonne von Lust, statt von Umarmung von Koitus, statt von höchster physischer Liebe von Orgasmus und statt von Physiologie der Liebe von Sexualwissenschaft gesprochen werden, könnten diese Texte als wissenschaftliche Essays eines Zeitgenossen in den Feuilletons unserer Tageszeitungen erscheinen. Erkannt zu haben scheint das Adolfo Zavaroni, der 1979 ein Lexikon der Sexualität und der Liebe herausgegeben hat, das ausschließlich Zitate aus Mantagazzas Büchern enthält: aus seiner von ihm so genannten »Trilogie der Liebe« (*Fisiologia dell'amore, Igiene dell'amore, Gli Amori degli uomini*) sowie aus *Fisiologia del piacere* und *Fisiologia della donna*.

Mantegazzas Werk ist beinahe unüberschaubar. Neben den bereits erwähnten wissenschaftlichen Abhandlungen, Aufklärungsserien und Romanen behandeln andere wissenschaftliche, populärwissenschaftliche und literarische Bücher von ihm zum Beispiel: den Hass, den Schmerz, das Schöne, Reisen nach Sardinien, Indien, Lappland, Spanien und Südamerika, die Ekstasen des Menschen, Physiognomik und Mimik, zahllose »Künste« (z.B. die Kunst zu heiraten, glücklich zu sein oder nicht krank zu werden), zahllose »Hygienen« (z.B. die Hygiene der Nerven, des Blutes, der Haut, der Arbeit oder der Lebensalter), die platonische Liebe zum verehrungswürdigen Weib, die Seele der Dinge, Lebensweisheiten für die Jugend, das »neurotische Jahrhundert«, das »heuchlerische Jahrhundert« oder den unbekannten Gott (*Il dio ignoto*), der in jedem Menschen stecke. Ehrenfreund (1926) führt in seiner *Bibliografia degli scritti di Paolo Mantegazza* 1.418 Stücke auf, wobei Übersetzungen aus dem Italienischen zugeordnet sind (vgl. auch Chiarelli 1981).

Um wenigstens einen kleinen Eindruck von Mantegazzas weitem Horizont zu vermitteln, zitiere ich im Folgenden aus seinem ersten und aus seinem letzten sexualwissenschaftlich relevanten Werk: aus der *Fisiologia del piacere* von 1854, die Mantegazza im Alter von 22 Jahren geschrieben hat, sowie aus der beinahe 40 Jahre danach erschienenen *Fisiologia della donna* von 1893. Für die Textwiedergabe habe ich die autorisierte Übersetzung *Physiologie des Genusses* (1888) und die ebenfalls autorisierte Übersetzung *Physiologie des Weibes* (1912) benutzt (s. im Einzelnen Literaturverzeichnis). Die Zwischenüberschriften stammen aus dem Text oder sind von mir.

Fisiologia del piacere (1854): Paolo Mantegazza über die Geschlechtsvereinigung, die Wollust der Frau und den Cultus der Liebe

»Die bewegende und ursprüngliche Kraft aller Phänomene der geschlechtlichen Wollust ist der Instinct, der uns vom Eintritt der Geschlechtsreife bis zu dem des Unvermögens (Impotenz) zur Annäherung an Personen des anderen Geschlechts treibt [...]« (Mantegazza 1854/1888: 40 f).

Physiologie der Geschlechtsvereinigung

»Die bloße gegenseitige Annäherung und Berührung zweier Personen, welche sich lieben, führt alle sensitiven Nerven des Tastsinnes in einen Zustand der Aufregung und Reizbarkeit. [...] die Haut wird heiß, die Lippen beben und lassen nur abgebrochene Worte herauskommen; die Athmung und der Lauf des Blutes werden belebter, und der fliegenden Brust entsteigen von Zeit zu Zeit lange Seufzer. In diesen Augenblicken, in welchen der Verstand gänzlich schweigt und auch das Gefühl nicht mitspricht, concentrirt sich die ganze auf den höchsten Grad der Spannung gebrachte Lebensthätigkeit in dem Tastsinne. Fast unwillkürlich suchen und finden sich alsdann gegenseitig die empfindlichsten Theile des Körpers [...].

Das Mysterium vollzieht sich und das von den Genitalien in Strömen über das ganze ungeheure Netz der sensorischen Nerven sich verbreitende Lustgefühl ist so gewaltig, daß es bei längerer Dauer die schwache menschliche Creatur umbringen würde. – Die Quelle so großen Lustgefühls kann nur aus der eigenthümlichen Structur der sensorischen Nerven der Geschlechtsorgane und deren Centren herkommen; aber mit den gewöhnlichen Beobachtungs-Mitteln sind wir bis jetzt noch zu keiner näheren Kenntniß dieser Structur ge-

Fisiologia del piacere, zuerst 1854 erschienen

langt [...]. Das wesentliche Phänomen der Begattung, die Samenergießung, wird durch die krampfhafte Zusammenziehung der Samenbläschen erzeugt, welche im Zustande der höchsten Wollust-Berückung stattfindet. Bis zu einem gewissen Punkte kann der Mensch die Handlung verlängern und deren Form modificiren! aber in den letzten Augenblicken nimmt die Natur allein den wesentlichen Akt des Phänomens auf sich, und die Ergießung erfolgt ohne Einfluß des Willens« (ebd.: 43 f).

Die stärkere Wollust der Frau

»Man hat vielfach unter den Physiologen gestritten, ob die Natur gegen eines der Geschlechter parteiisch gewesen sei, indem sie ihm einen volleren Becher bei dem Liebes-Gastmahl gewährte. Obgleich eine derartige Frage durch Experimente und genaue Versuche positiv nicht zu lösen ist, glaube ich doch mit genügender Sicherheit die Behauptung aufstellen zu können, daß die Frau in der Liebes-Umarmung sehr viel mehr genießt als der Mann, natürlich immer die Ausnahmen, welche von individuellen Zuständen herrühren, bei Seite lassend.

Der Wollust-Apparat der weiblichen Geschlechtstheile ist viel complicirter als jener der männlichen. Die Scheide bildet beim Weibe das Hauptorgan des Genusses und findet ihr Gegenstück in der männlichen Ruthe; doch hat diese nur die Eichel dem complicirten Vorhofe des Venustempels, den Brustdrüsen und sogar dem Munde des Uterus entgegen zu setzen, welch' letzterer bei vielen Frauen Quellen ungeheuern Genusses ist, aber auch wieder bei anderen, wegen seiner übermächtigen Empfindlichkeit, die Berührung eines fremden Körpers nicht ertragen kann.

[...]. Der für den Geschlechtsgenuss bestimmte Apparat des Weibes hat eine viel ausgedehntere Oberfläche als der des Mannes. – Die Frau besitzt eine größere Empfindlichkeit als der Mann und nimmt deshalb alle Eindrücke äußerer Gegenstände viel stärker wahr. – Beim Begattungsakte verhält sich die Frau fast gänzlich passiv und doch bleibt ihre ganze Aufmerksamkeit, da nicht die geringste Kraftanstrengung an der Bewegung theilnimmt, dem Sinne zugewendet. – Die Frau leidet nach den Geschlechtsgenüssen nur an einer leichten Mattigkeit, verursacht durch die Erschöpfung des Nervensystems, und kann sich also sehr viel schneller als der Mann der Wiederholung des Aktes unterziehen. – Sie ist physisch immer zum Beischlaf bereit, während der Mann es nur zeitweise ist. – Viele Frauen haben mehrere Samenergießungen in dem Zeitraum, in welchem der Mann nur zu einer einzigen fähig ist.

Die Frau, obgleich sie das Klopfen des Busens und die häufigen Begierden unter weiten Kleidern verbirgt, sehnt sich doch mit stärkerem Gefühl als der Mann nach diesen Genüssen; weil dieselben für sie, wegen des Mysteriums, das ihr von der Scham und den socialen Gewohnheiten auferlegt wird, noch verführerischer sind« (ebd.: 49 ff).

Onanie, Päderastie und andere Schändlichkeiten

»Der Mensch, der Alles zu mißbrauchen weiß, konnte sich nicht mit den die Geschlechtsvereinigung begleitenden natürlichen Genüssen zufrieden geben [...]. Hieraus entsprangen die Onanie, die Päderastie und unzählige andere Schändlichkeiten, von denen einige nur mit griechischen und lateinischen Namen bezeichnet werden könnten und andere wohl in keiner Sprache einen Namen haben oder je haben werden.

[...]. Lassen wir die weniger häufigen pathologischen Geschlechts-Genüsse bei Seite, so bleibt uns von der Onanie zu sprechen übrig, einem Laster, das viel verbreiteter ist als man gewöhnlich glaubt und das, verborgen gehalten wie das undurchdringlichste Geheimniß, langsam die Keime der Kraft und des Verstandes im rüstigsten Alter zerfrißt

[...]. Pflicht [ist es] anzuerkennen, daß die meisten der Onanie ergebenen Menschen nie solche Excesse begehen, daß dadurch schwere oder tötliche Krankheiten herbeigeführt werden könnten. Aber darum bleiben ihre Vergehen nicht ungestraft, sondern die Natur verurtheilt sie, von der intellectuellen Stufenleiter, auf welche sie sie gestellt hatte, um einen Grad herabzusteigen. [...]. Ihr, die Ihr den erhabenen Genuß des Denkens kennt und Euer Leben nach einem Zwecke richtet, sei es nun Religion, Wissenschaft, Ruhm oder Liebe – verfallet um Eurer menschlichen Würde willen nicht einem Laster, das Euch aus Eurer Höhe hinabstürzen würde in den zu Euren Füßen liegenden Koth« (ebd.: 55, 58 f.).

Cultus der Liebe

»Mag dieses Gefühl nun vulkanisch zum Ausbruch kommen, oder mag es langsam und warm wie ein Wohlgeruch dem menschlichen Herzen entströmen, es wird zu einer solchen treibenden Kraft, daß die zarte menschliche Maschine unter seinem Einflusse schnaubt und erzittert, als ob sie jeden Augenblick auseinander platzen müßte. Einfach und ursprünglich, wie alle gewaltigen Kräfte der Natur, scheint die Liebe doch aus den Elementen aller menschlichen Herzensregungen gebildet zu sein; denn sie offenbart zu gleicher Zeit die große Heftigkeit eines primitiven Affects und die bunte Pracht der glänzendsten und prunkendsten Gefühlsformen. Die Natur zeigte sich entschieden zu parteiisch für dieses Gefühl. Nur ihm gewährte sie großmütig die Lust der Sinne, die Heftigkeit der Leidenschaft und die glänzenden Zierden des Geistes. Die schönsten Blumen des Herzensgartens, die kostbarsten Juwelen des Verstandes, die berauschendsten Düfte der Sinne sollten diesem Gefühle zum Opfer dargebracht werden. Kein anderes umfaßt in dieser Weise das dreifache Reich der menschlichen Natur.

Ja, sogar die entgegengesetztesten Elemente, von denen man annehmen sollte, daß sie ewig im Widerstreit miteinander seien, vereinigten sich in der Liebe zu harmonischem Zusammenwirken« (ebd.: 274).

»Man kann nur eine Person des andern Geschlechts lieben und nur im Alter der Fruchtbarkeit, was wohl zur Genüge die nothwendige Ursache dieses Gefühls beweist« (ebd.: 276). »Die Freuden, welche das Liebesgefühl vor dem vierzehnten und nach dem fünfzigsten Lebensjahre gewähren kann, sind in unseren Ländern bleiche Schatten oder Phantasiespiele« (ebd.: 282).

Fisiologia della donna (1893): Paolo Mantegazza über Frauen als Arbeitssklavinnen, Prostituierte und Haustiere – und in der Zukunft

»An der Schwelle des Alters angekommen, nachdem ich mein ganzes Leben lang den Menschen, seine Freuden und Schmerzen studirt habe, möchte ich, ehe ich sterbe, die Physiologie des Weibes schildern, welches ich als Mutter, als Geliebte, als süße Lebensgefährtin, als Schwester und als Tochter geliebt und verehrt habe [...] mein Altar ist der Kultus des Weibes, den ich zu meiner Religion gemacht habe, und mein Domine ist meine Mutter, meine Gattin, meine Tochter« (Mantegazza 1893/1912: 2).

»Das Weib ist wenig und schlecht studirt worden. Wir haben vollständige Monographien der Seidenraupe, des Maikäfers, der Katze; aber über das Weib haben wir keine« (ebd.: 3).

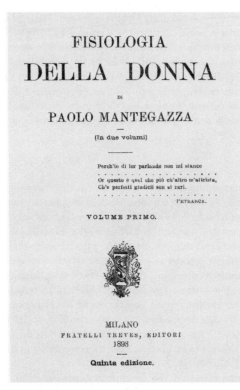

Fisiologia della donna, 1893

Frauen als unterdrückte Kaste

»Ein großer Teil der physischen Unterschiede des Weibes rührt ferner von der Unterdrückung her, in der es fast immer vom Manne gehalten wird, welcher es bei den tiefstehenden Rassen an Muskelkraft, bei hochstehenden an Denkkraft übertrifft.

Ich glaube, daß es bis jetzt keine Gesellschaft giebt, mag sie wild oder civilisiert sein, in der das Weib die Stelle einnimmt, die es verdient.

Die Gesetze werden von uns allein gemacht, und von den Staatseinrichtungen an bis zu den täglichen Gewohnheiten des bürgerlichen Lebens steht das Weib immer unter uns und stellt eine unterdrückte Kaste dar.

Wir rauchen, aber das Weib darf es nur im Verborgenen thun. – Man lacht über einen Mann, welcher sich berauscht; einem Weibe, welches zuviel trinkt, spuckt man ins Gesicht. Bei dem Manne ist die Untreue Leichtsinn, bei dem Weibe Verbrechen; und wenn wir auf dem Bürgersteige dem Weibe die rechte Seite lassen, so verweigern wir ihm das Stimmrecht in der Verwaltung« (ebd.: 189 f).

»In meiner ›Fisiologia del piacere‹ schrieb ich schon im Jahre 1854, also vor fast vierzig Jahren, bei sehr geringer Erfahrung über Menschen und Dinge, der Mensch habe, wenn er als Mann geboren wird, größere Aussicht, glücklich zu sein, als wenn er als Weib zur Welt kommt. Jetzt finde ich leider, daß dieser Ausspruch trotz allen Fortschritten der Civilisation noch heute wahr ist, zur großen Schande der Civilisation und der Menschheit« (ebd.: 198).

Die Frau als Arbeitssklavin

»Die Stufenleiter der Gesellschaftsklassen hat so viele Abstufungen wie die Jakobsleiter; aber für das Weib giebt es ihrer vier, auf welchen fast alle Platz finden; in unserer civilisierten Gesellschaft sind es die der Bäuerin, der Arbeiterin, der Dienerin und die der wohlhabenden oder reichen Frau. [...] der Mann zwingt das Weib zu den schwersten Arbeiten und behält die leichtesten für sich. Es treibt einem das Blut ins Gesicht, man schämt sich, ein Italiener zu sein, sieht man den Mann, nur mit einem Stöckchen in der Hand, hinter der Frau her zum Markte gehen; sie trägt in ihrem Korbe ein ungeheures Gewicht, welches einen Athleten ermüden würde« (ebd.: 413 f).

»[...] es wird ein Unglück sein, solange die gehässige männliche Tyrannei seine Arbeit [die des Weibes] schlechter bezahlt als die des Mannes, nur darum, weil es schwächer und ihm darum die Arbeit mühevoller ist. Dies ist eine Schande, welche durch die Gerechtigkeit der Fabrikanten, oder wenn diese nicht eintritt, durch das Gesetz beseitigt werden muß. – In den Mailänder Baumwollfabriken sind die Löhne, wie folgt: Spinner 1,86 Franken. Spinnerinnen 1,00 Franken [...]. – In den Flachs- und Hanfspinnereien verdienen die Männer täglich Fr. 3,20, die Weiber nur Fr. 1,05. – In Frankreich ist das Verhältnis der Löhne wie zwei zu eins. – In Deutschland wie Fr. 3 zu Fr. 1,60. – Dabei ist zu bemerken, daß in einigen Ländern, wie in Frankreich, der weibliche Arbeitstag länger ist als der männliche« (ebd.: 416 f).

Notwendige Prostitution

»In Berlin habe ich die Lage der Arbeiterinnen untersucht, welche in den Läden und Magazinen angestellt sind. Sie sind alle jung und fast alle angenehm. Ihr Lohn ist unzureichend, und sie ergänzen das Deficit, indem sie ihren Körper verkaufen, oder vielmehr vermieten [...]. Diese Vermietung üben sie fast alle aus, ohne Begierde, ohne die geringste Lüsternheit, sondern mit dem Bleistift in der Hand, nach kalter Berechnung. – Wer ist an solcher Prostitution schuld? Die Arbeiterin? Nein, sondern die Gesellschaft, welche sie zwingt, sich preiszugeben. Wenn statt der Blutströme, welche die Lorbeeren von Sadowa und Sedan benetzt haben, ein künftiger Kaiser oder Präsident die gezwungene Prostitution aus dem Bilde der modernen Civilisation auslöscht, so wird sein Eichenkranz ruhmvoller sein als alle Trophäen aus allen Kriegen.

In meiner ›Physiologie der Liebe‹ habe ich die Prostitution als psychologische Thatsache behandelt und in meinen ›Geschlechtsverhältnissen der Menschen‹ von neuem als einen ethnischen Gebrauch besprochen. Hier will ich nur noch sagen, daß bei dem jetzigen Zustande unserer Civilisation die Prostitution notwendig ist und die Prostituierte eine sociale Mission erfüllt. Wenn ich eine mit Vorsicht ehebrecherische Dame von der Höhe ihrer Karosse herab der Unglücklichen, welche im Schmutz des Weges dahinschleicht, einen Blick höchster Verachtung zuwerfen sehe, so frage ich mich, welches der beiden Weiber mehr Schuld trägt« (ebd.: 417 ff).

Die Frau als Haustier

»Eine besondere Klasse von Frauen ist die, welche dient, die der Köchinnen, oder Hausdienerinnen. – Sie bilden eine ganze Klasse armer Geschöpfe, welche zu der demütigendsten Arbeit verdammt sind; sie müssen dem Willen und der Laune dessen gehorchen, der sie für ihre Dienste bezahlt. Sie sind eine Art von Haustieren, denen ihr Herr zu essen giebt, mit dem Vorbehalt, sie anzustrengen, ihnen sogar einen Schlag oder Tritt zu verabreichen, wenn er seinen Zorn oder seine schlechte Laune an einer anima vilis auslassen will. [...].

Wenn sie jung und schön sind, so hat jede Mannsperson im Hause, wenn sie sechzehn Jahre alt ist, das Recht, sie zu kneipen, zu umarmen, zu verführen. Sie sind Haustiere, geschaffen, um zu dienen oder bei Gelegenheit die Begierden der jungen Herren zu befriedigen, oder die letzte Lüsternheit des Hausherrn zu kitzeln« (ebd.: 420 f).

Die Frau der Zukunft

»Unser Jahrhundert fühlt sich krank; die Männer sind hypochondrisch, die Frauen hysterisch. Man druckt Bücher, Broschüren, Zeitschriften über Hygiene zu Hunderten und zu Tausenden; man betrachtet seine Zunge jeden Augenblick im Spiegel der kriminellen, sociologischen, ökonomischen Inquisition. Das Mittelalter war ebenfalls mit sich unzufrieden; darum sagte es: ›Alles für den Himmel, nichts für die Erde!‹ Die Neuzeit ruft aus:

Foto, das um 1900 als »unzüchtig« verboten wurde (aus Magnus Hirschfeld: Geschlechtskunde, Bd. 4, 1930)

›Alles für den Gedanken, wenig für den Körper, wenig oder nichts für das Herz.‹ Die künftige Zeit wird vorzugsweise durch den Mund der Frauen sagen: ›Viel für den Körper, viel für das Herz, einiges für den Gedanken, aber nicht so viel, daß er zum Marterwerkzeug wird.‹

Das Weib der Zukunft wird malthusische Voraussicht üben [d.h. Empfängnisverhütung, V.S.] und auch auf dem Schiffe der Liebe den Kompaß und das Steuer in der Hand haben. Es wird sich nicht mehr rühmen, viele, sondern wenige, aber kräftige Kinder zu besitzen, welche es mit wenig Schmerzen geboren und mit geringen Opfern gesäugt haben wird.

Die Dauer seiner Schönheit wird in geradem Verhältnisse zur Zunahme seiner Kraft stehen. Gegenwärtig ist die Bäuerin der Lombardei mit dreißig Jahren alt; die Dame ist in Italien noch mit vierzig Jahren schön; die Engländerin, welche uns um hundert Jahre voraus ist, bewahrt ihre Schönheit bis zum fünfzigsten, bisweilen bis zum siebzigsten Jahre. So muß es in Zukunft mit allen Frauen sein« (ebd.: 473 ff).

»Es muß seinen Gatten mit Kenntnis und Bewußtsein wählen [...]. Seine Schwäche, seine Würde, sein ganzes Glück werden durch die Ehescheidung, sowie durch die Feststellung der Vaterschaft gesichert; das sind zwei Reformen, über deren Fehlen in unseren Gesetzbüchern wir erröten müssen. [...]. In der Ehe gleiche Rechte, gleiche Pflichten [...]« (ebd.: 475).

»Der Charakter des Weibes soll sich nicht insofern ändern, als er männlicher wird, sondern soll mehr ästhetisch weiblich werden« (ebd.: 476). – »Es wird Frauen geben, welche freiwillig auf die Mutterschaft verzichten und geschlechtslose Menschen darstellen werden; sie werden ihre ganze Liebe, alle ihre Gedanken den Wissenschaften, der Litteratur, der Kunst weihen« (ebd.: 478).

»Das Weib war, ist und wird immer weniger intelligent sein als der Mann; der allgemeine Charakter seines Denkens ist der des Kindes [...]. Die Unterdrückung, in welcher das Weib bis jetzt gelebt hat, reicht nicht aus, um seine geringeren Leistungen zu erklären« (ebd.: 398).

»Das politische Leben wird immer ein trauriges Vorrecht des starken Geschlechtes bleiben. – Auch von der juristischen Praxis müssen die Frauen nach meiner Meinung immer ausgeschlossen bleiben. Ihre intellektuelle Schwäche, ihre Furchtsamkeit, ihre starke Gefühlserregbarkeit, ihr geringer Widerstand gegen Sympathieen und Antipathieen: das alles sind Gründe, welche ihre Teilnahme an der Handhabung der Gerechtigkeit sehr schwierig und gefährlich machen müßten« (ebd.: 477 f).

»Das Weib ist schwächer als wir an Muskel- und Denkkraft, aber stärker als der Mann ist es an Gefühl und Leidenschaft, und außerdem hält es in seiner Hand den Schlüssel zum irdischen Paradiese. – Daher ist es uns an Macht gleich [...]. Uns gehört die Herrschaft im Reiche des Gedankens, dem Weibe die im Reiche des Gefühls. Beide seien Herrscher auf den beiden Hemisphären, welche den menschlichen Mikrokosmus bilden« (ebd.: 483 f).

5 Die natürliche und gesunde Liebe des Mannes zum Mann

Karl Heinrich Ulrichs als erster Schwuler und als Pionier der Geschlechterforschung

Der Rechtsgelehrte, Schriftsteller und Latinist Karl Heinrich Ulrichs, der aus innerem Drang zum Sexualforscher wurde, erblickte am 28. August 1825 auf Gut Westerfeld bei Aurich/Ostfriesland das Dunkel der Welt. Aurich, über das der Volksmund sagte: »In Aurich ist es schaurig«, gehörte damals zum Königreich Hannover. Gestorben ist Ulrichs, nachdem er 1880 die deutschen Länder verlassen hatte, am 14. Juli 1895 in Aquila in den Abruzzen. Seine Mutter Elise Heinrichs war die Tochter eines Superintendenten, wie seine Verwandtschaft überhaupt strotzte vor evangelisch-lutherischen Pastoren und Kirchenbeamten. Sein Vater Hermann Heinrich Ulrichs war Landbaumeister im Dienst des Königreichs Hannover. Nach dem Besuch von Schulen in Aurich, Detmold und Celle und nach dem Studium der Rechte in Göttingen und Berlin von 1844 bis 1847 war der junge Ulrichs sechs Jahre lang im Justiz- und Verwaltungsdienst des Königreichs Hannover tätig, den er 1854 quittieren musste. Seither lebte er, wie heute gesagt würde, als freier Autor und Journalist, interessiert an alten Sprachen, an Literatur, Wissenschaft, Geschichte und nicht zuletzt Politik.

»Zittert, ihr Verfolger! Ich, ich erstehe als euer Ankläger!«

Zehn Jahre später, 1864, betrat dieser ehemalige, für seine rechtswissenschaftlichen Schriften ausgezeichnete königlich hannoversche Amtsassessor unter dem bis heute unentschlüsselten Pseudonym Numa Numantius die Diskursbühne. Sein Anliegen: Gerechtigkeit für eine damals noch namenlose Liebe, die Liebe eines Mannes zum Mann, eines Mannes, den wir heute einen Homosexuellen nennen und den Ulrichs Urning nannte (s. Kasten). Sein erstes Pamphlet hieß *Vindex*, das meint soviel wie Rächer, Retter, Strafvollzieher. Fortan normalisierte und banalisierte er in unermüdlichem und zähem Schreibfluss angebliche Monster zu Leuten wie »Du & Ich«. Er stellte sich selbst vor jene Schreckensmenschen, die mit Mord und Totschlag die Diskurse zu unterlaufen suchten, indem er die modernen Wahrheits- und Gerechtigkeitsspiele als bare Münze nahm und dem inzwischen allgemein installierten Wissensobjektiv Tribut zahlte, nach dem noch das Intimste und Unaussprechlichste dingfest zu machen ist. Indem Ulrichs Belangloses aufschrieb und veröffentlichte, machte er es bedeutsam. Er ließ sich von Foucaults »Macht« dazu provozieren, deren Scheinwerfer auf dunkle Krypten zu richten, bis Existenzen zu sehen waren, von deren Existenz nicht einmal Justiz und Medizin gehört hatten. Er sammelte und archivierte das Gemurmel der Sprachlosen und die Schreie der Absterbenden, bis sich deren Leidenschaften in den ausgespannten Netzen der »Macht« verfingen. Er konfrontierte die tumbe Alltagsordnung mit den Dramen von Individuen, deren Recht auf eine eigene Geschichte er einklagte. Nicht nur die Reichen und die Helden sollten in den Archiven verewigt werden, sondern auch er und seine Liebe zu den Männern.

Von den Urningen und Dioningen zu den Homo- und Heterosexuellen

Einen Mann, der Männer liebt, nannte Ulrichs anfänglich *Uranier*, später *Urning*, wobei er sich auf Platons »Symposion« (180C–185C) bezog und auf jenen pausaniatischen Eros anspielte, der die himmlische (und ältere) Aphrodite begleiten soll, die die mutterlose Tochter des Himmelsgottes Uranos ist und deshalb auch Urania oder Venus Urania genannt wurde. Einen Mann, der Frauen liebt, nannte Ulrichs zunächst *Dionäer*, dann *Dioning* unter Anspielung auf den pausaniatischen Eros, der die irdische (und jüngere) Aphrodite begleiten soll, die die Tochter des Zeus und der Dione, Göttin des All-Gemeinen, ist und deshalb auch Venus vulgivaga genannt wurde. Eine Frau, die Frauen liebt, nannte er, seit er sich von der Existenz einer derartigen »Menschenclasse« hatte überzeugen lassen, *Uranierin*, *Urningin* oder *Urnin*. Während der Allerweltseros von den »gewöhnlichen Menschen« geliebt wird und sie dazu bringt, »ohne Unterschied Weiber und Knaben«, »mehr den Körper als die Seele« sowie »die möglichst Törichten« zu lieben, »da es ihnen nur auf Befriedigung ihres Dranges ankommt, gleichviel ob in Ehren oder nicht« (Platon, ebd.: 181B), ist der Eros, den Ulrichs mit Platons Pausanias für die Urninge reserviert hat, »von himmlischer Art und von höchstem Wert für den Staat wie für den Einzelnen, denn den Liebenden wie auch den Geliebten zwingt er dazu, mit allen Kräften nach der Tugend zu streben« (ebd.: 185C).

Dass Ulrichs bei seiner Wortschöpfung nicht an Frauen gedacht hat, ja dass es *Urninginnen* eigentlich gar nicht geben kann, ergibt sich aus der begründenden Rede des Pausanias zweifelsfrei. Denn der Himmelseros begleitet jene ältere Aphrodite, die »nicht teilhat am Weiblichen«. Folglich wenden sich »die von dem Hauch dieses Eros Begeisterten dem Männlichen zu«; schließlich gehört ihre Neigung dem, »was von Natur kräftiger und einsichtsvoller ist«. Von der himmlischen Aphrodite »stammt denn auch die Knabenliebe«, jedenfalls die, die nicht die Unerfahrenheit ausnutzt, sondern den Jüngling erst dann liebt, wenn dessen »Verstand bereits zu reifen beginnt« und »sich der Bartwuchs meldet«, »entschlossen, das ganze Leben hindurch vereint zu bleiben« (ebd.: 181C und D).

Angesichts des ebenso komplizierten wie patriarchalen und hehren Etymons der Ulrichs'schen Schöpfung *Urning/Uranismus*, die nur noch die Kreation *Polyhymnier/Polyhymniasmus* hätte übertrumpfen können, die sich nicht auf die Urania, sondern auf die Polyhymnia beriefe, mag es auch von Vorteil sein, dass eine Vox hybrida, ein von einem Außenseiter anonym und entlegen veröffentlichter und überdies obszöner Sprachbastard wider alle Bemühungen und Erwartungen Ulrichs' das Rennen machte, bei den Bezeichnern der verschiedenen Disziplinen wie bei den Bezeichneten der verschiedenen Art, als in den 1860er Jahren drei Wortschöpfungen zur Auswahl standen, die mehr oder weniger absichtsvoll neben dem historisch belasteten und mehrdeutigen Ausdruck *Sodomie* vor allem das in etymologischer Hinsicht semantisch verhunzte und nicht zuletzt deshalb ungenießbar gewordene Wort *Päderastie* ablösen sollten, mit dem statt Knaben- oder Jünglingsliebe nur noch Knabenschändung oder – unter Vermantschung mit dem Wort *Pedikation* (von lat. pedex, später podex = Gesäß) – Analverkehr bezeichnet werden konnte. Die neuen Ausdrücke waren: seit dem Beginn des Jahrzehnts Ulrichs' *Uranismus* und seit dem Ende des Jahrzehnts Carl Westphals (1869) *conträre Sexualempfindung* sowie *Homosexualismus/ Homosexualität* von einem quidam Kertbeny.

So nannte sich seit der Mitte der 1840er Jahre der mit Ulrichs etwa gleichaltrige deutsch-österreichisch-ungarische Übersetzer, Schriftsteller und Kaufmann Karl Maria Benkert (1824–1882), indem er die Silben seines Namens zu Kert/ben verkehrte und ein magyarisches Ypsilon hinzufügte. Die griechisch-lateinischen Sprachzwitter *Homosexualismus/Homosexualität, Homosexualisten/Homosexualistinnen* usw. wurden von Kertbeny erstmalig 1869 öffentlich, aber anonym verwandt, als er wie Ulrichs, dem er zeitweilig politisch zuarbeitete, mit dem er jedoch sexualtheoretisch keineswegs übereinstimmte, gegen das Pönalisieren der mannmännlichen Liebe zu Felde zog (Anonymus 1869a, Kertbeny 2000; vgl. auch Herzer 1987a, Herzer und Féray 1993), wobei er sich selbst immer wieder und ein wenig zu forciert als »normalsexual« bezeichnete. Der Kertbenysche Bastard *homosexual/homosexuell* war schließlich im 20. Jahrhundert weltweit so erfolgreich, dass alle Versuche im In- und Ausland, ihn durch einen etymologisch ungemischten oder semiotisch eindeutigen Ausdruck abzulösen, kläglich scheiterten. Weder *isogen* und *isosexuell* noch *homogen* und *homogenisch* noch *homoioerotisch* und *homoiosexuell* noch *homogam, unisexuell* oder *similisexuell* setzten sich durch. Nebenbei: Auch die Wörter *heterosexual* und *Heterosexualität* sind von Kertbeny in den 1860er Jahren erfunden worden, wurden aber erst 1880, wiederum anonym, von Gustav Jäger in der zweiten Auflage seines Buches *Die Entdeckung der Seele* veröffentlicht (vgl. zu Kertbenys theoretischen Überlegungen auch Jäger 1900).

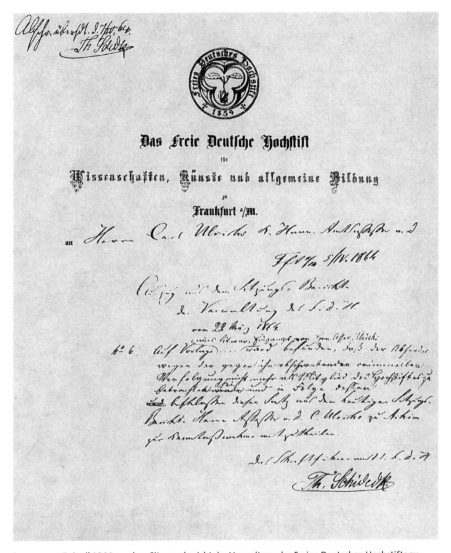

Auszug vom 5. April 1864 aus dem Sitzungsbericht der Verwaltung des Freien Deutschen Hochstifts zu Frankfurt am Main vom 22. März 1864 mit dem Beschluss, Ulrichs die Mitgliedschaft abzuerkennen

Ulrichs listete die Denunzianten, Rupfer und Erpresser auf, nannte sie bei ihrem bürgerlichen Namen. Er stellte sich mit Zeitungsinseraten, Leserbriefen oder Eingaben beim Staatsanwalt schützend vor die Angeklagten und Verurteilten, beispielsweise den Frankfurter Johann Baptist von Schweitzer (1833–1875), einen Sozialdemokraten der ersten Stunde und Präsidenten des Allgemeinen Deutschen Arbeitervereins. Er schickte den prominenten Verfolgern eine Vorladung »vor den Leichnam ihres neuesten Opfers, des im Nov. 1869 zu Berlin zum Selbstmord getriebnen preußischen Hauptmanns Frosch«:

»Hieher zur blutigen Leiche! Zittert, ihr Verfolger! Ich, ich erstehe als euer Ankläger; ich fordre euch vors Gericht vor diesem Todten! Euch lade ich vor, die ihr die Verfolgung der Natur gepriesen, die ihr die Abschaffung gehindert habt, euch: Migault zu Bremen, Virchow zu Berlin, Schwarze zu Dresden. Tretet heran! Hier ist ein Todtengericht. Wen trifft die Blutschuld? Sprechet! ich fordre Rechenschaft. Es liegt ein ermordeter hier! Gegen wen schreit sein Blut zum Himmel? Gebt Antwort! Wer sind die Mörder?« (1870a: 54f).

Ulrichs gehört zu den mutigsten Sexualforschern, die je gelebt haben. Um die Emanzipation der Männerliebenden, seiner »Urninge«, Wirklichkeit werden zu lassen, nahm er viel auf sich. Er quittierte 1854 den Dienst als Hülfsrichter in Hildesheim, um einem Disziplinarverfahren wegen des Treibens »unzüchtiger Wollust« zuvorzukommen. Er wurde 1864 aus dem bis heute in Frankfurt am Main ansässigen »Freien Deutschen Hochstift für Wissenschaften, Künste und allgemeine Bildung« ausgeschlossen, weil sich die freien gebildeten Wissenschaftsdeutschen weder mit seinen Ideen noch mit den Gerüchten über seinen Lebenswandel auseinandersetzen wollten. Er wurde 1867 zweimal verhaftet, eingesperrt und schließlich des Landes verwiesen, weil er die im Jahr zuvor vollzogene Annexion seines Vaterlandes Hannover durch Preußen nicht stillschweigend hingenommen hatte (vgl. dazu Dobler 2004).

Der 29. August 1867

Im selben Jahr, am 29. August 1867, wurde Ulrichs von seinen Kollegen auf dem Sechsten Deutschen Juristentag in München niedergeschrien, als er gegen die Kriminalisierung jener Handlungen die Stimme erhob, die noch gar nicht »homosexual« genannt wurden, unterstützt, und das sei erinnert, von einem nach heutiger Rechnung heterosexuellen Juristen und Freund, dem Grazer Professor August Tewes. Müsste ein Tag festgelegt werden, an dem die moderne Homosexuellenbewegung geboren worden ist, was natürlich gar nicht möglich ist, dann würde sich dieses Datum ganz besonders anbieten, jener Tag, an dem Ulrichs ebenso bewusstseinsklar wie vegetativ und leibhaftig auf dem Deutschen Juristentag »zu München, im großen Saal des Odeons, vor mehr als 500 deutschen Juristen, darunter deutsche Abgeordnete und ein bayrischer Prinz, mit hoch klopfendem Busen die Stufen der Rednerbühne hinanstieg« (1868a: 2) und die Bewahrer des Rechts mit einem schreienden Menschenunrecht konfrontierte: »Bis an meinen Tod werde ich es mir zum Ruhme anrechnen, daß ich am 29. August 1867 zu München in mir den Muth fand, Aug' in Auge entgegenzutreten einer tausendjährigen, vieltausendköpfigen, wuthblickenden Hydra, welche mich und meine Naturgenossen wahrlich nur zu lange schon mit Gift und Geifer besprizt hat, viele zum Selbstmord trieb, ihr Lebensglück allen vergiftete. Ja, ich bin stolz, daß ich die Kraft fand, der Hydra der öffentlichen Verachtung einen ersten Lanzenstoß in die Weichen zu versetzen« (ebd.: 1).

Historisch hat sich die Gründung des Wissenschaftlich-humanitären Komitees« (WhK), die am 15. Mai 1897 erfolgte (s. Kap. 3) fraglos als ein »Meilenstein in der

Frühgeschichte der Homosexuellenbewegung« herausgestellt, wie der Ulrichs-Biograf Kennedy (1990: 256) schreibt. Die Weichen aber hat Ulrichs als Einzelkämpfer bereits in den 1860er und 1870er Jahren gestellt.

Ulrichs' emanzipatorische Aktivitäten waren enorm. Viel von dem, was eine »Bewegung« ausmacht, nahm er voraus: öffentliche Widerreden, Demonstrationen und Anklagen; Streitschriften und Eingaben an die Gesetzgeber und ihre Kommissionen; Vernetzung der »Genossen«; Einrichten eines Archivs des Pro und Kontra und damit der Individual-, Sozial- und Kriminalgeschichte bis dahin Geschichtsloser; Auflisten berühmter Männer der Vergangenheit, die Männer geliebt haben sollen; Androhen, namhafte Urninge der Gegenwart als solche zu entlarven, heute Outing genannt; Umwerben und Auflisten der sich für ein Entpönalisieren aussprechenden Nichturninge; Konzeption eines »Urningsbundes«; Einrichten einer Unterstützungskasse für in Not geratene Gleichgesinnte; Gründung der ersten Zeitschrift für sie; und nicht zuletzt das, was erst einhundert Jahre später kollektiv möglich wurde: öffentliches Sichbekennen, heute Coming out genannt – alles, wohlgemerkt, nicht im 20. Jahrhundert, sondern bereits vor mehr als 130 Jahren.

Uranus – die erste Homosexuellen-Zeitschrift der Welt

Zu den Pioniertaten Ulrichs' gehört der wenngleich gescheiterter Versuch, eine Zeitschrift für mannmännlich Liebende in die Welt zu setzen. Als wir vor vielen Jahren einige Stücke aus dem Nachlass von Ulrichs erwerben konnten, stießen wir auf einen 77 Seiten umfassenden Band, auf dessen Umschlag Ulrichs mit der Hand geschrieben hatte: *Praesentatum mihi 9 Feb. 1870. Ulrichs.* Seither ist bekannt, wann Ulrichs spätestens das erste Exemplar der von ihm nach eigenen Angaben (1868b, Abt. II: 122) bereits 1866 unter dem Titel *Uranus* konzipierten und einige Jahre später in einem einzigen Heft verwirklichten Zeitschrift in der Hand hielt. Durch seine Singularität belegt dieses Nachlassstück, dass es »ein Interesse steigenden Grades für das Naturräthsel der Urningsliebe«, welches Ulrichs bei »Wissenschaft und Publicum« vermutete, wie er in der »Einleitung zur Zeitschrift« (S. 5) hoffnungsvoll schrieb, nicht gab. Denn die Zeitschrift, weltweit die erste in der Geschichte der Urnings-, Homosexuellen- und Schwulenbewegungen, verschwand sogleich im Moment ihres Erscheinens. Dem Titelblatt mit dem Zeitschriftennamen *Uranus* ist ein Titelblatt mit dem Werknamen *Prometheus* vorgebunden, und auf einem grünen Handzettel erklärt der Verlag, dass die »Absicht, mit dem 1. Januar 1870 die Zeitschrift ›Uranus‹ zu eröffnen«, bedauerlicherweise »unausführbar« gewesen sei.

Woran Ulrichs mit seinem »Lieblingsplan« scheiterte, »wissen wir nicht«, schrieb Hirschfeld (1920: 9) noch fünfzig Jahre später. Vier Jahre nach dem gerade zitierten Abgesang des Verlages hatte Ulrichs selbst ohne Umschweife den Grund des Scheiterns genannt. In einem Brief aus Stuttgart vom 20./21. Dezember 1873 an den Dichter Carl Robert Egells (1843–1904), der 1879 unter dem Pseudonym Aurelius die homoerotische Novelle *Rubi* veröffentlichen wird, schreibt Ulrichs: »Die Zeit-

„Uranus."

Beiträge
zur
Erforschung des Naturräthsels des Uranismus
und zur Erörterung
der sittlichen und gesellschaftlichen Interessen des Urningthums.

Von

Karl Heinrich Ulrichs,

Privatgelehrtem, königl. hannov. Amtsassessor a. D., Verfasser der zu Göttingen und Berlin academischer Preise für würdig erkannten Schriften „de foro reconventionis" und „de pace Westphalica", sowie der Schriften über Urningsliebe „Memnon" und „Argonauticus."

I.

Januarheft 1870:

„Prometheus."

Numa Numantius Buch X.

Leipzig,
Serbe'sche Verlagsbuchhandlung.
1870.

Titelseite des ersten und einzigen Heftes der Zeitschrift *Uranus* vom Januar 1870

Erklärung
die angekündigte Zeitschrift „Uranus" betreffend.

Unsre Absicht, mit dem 1. Januar 1870 die Zeitschrift „Uranus" zu eröffnen, war, zu unserem Bedauern, unausführbar. Um inzwischen unseren Quartals-Abonnenten einigermaßen gerecht zu werden, veröffentlichen wir den Inhalt des projectirt gewesenen Januarheftes gegenwärtig als selbstständiges Werk „Prometheus". Den „Prometheus" und die zwei nächsten selbstständigen Werke des Verfassers offeriren wir unseren geehrten Abonnenten anstatt der drei ersten Quartalshefte der projectirt gewesenen Zeitschrift: wobei wir indeß nur die Verpflichtung möglichst raschen Erscheinens übernehmen können, nicht gerade monatlichen. Dem übrigen Publikum gegenüber ist dagegen der Preis des „Prometheus", sowie der erwähnten ferneren zwei Werke, unabhängig von unsrer früheren Ankündigung.

Sobald wir in der Lage sein werden, die Zeitschrift „Uranus" zu eröffnen, werden wir sofort Ankündigung erlassen. Dies wird, so hoffen wir, noch im Laufe des Quartals geschehn.

Leipzig, im Januar 1870.

Die Serbe'sche Verlagsbuchhandlung.

Zur Nachricht für den Buchbinder.

Das Titelblatt „Uranus" u. s. w. ist ungültig und demnach beim Binden wegzuschneiden. Statt desselben ist das beigefügte Titelblatt „Prometheus" u. s. w. einzubinden.

Erklärung der Serbe'schen Verlagsbuchhandlung vom Januar 1870, die angekündigte Zeitschrift *Uranus* betreffend schrift ›Uranus‹ ist leider nicht ins Leben getreten: aus Mangel an Abonnenten« (zit. nach Karsch-Haack 1922: 4).

Der Inhalt der Zeitschrift sollte »in erster Linie naturwissenschaftlich sein« (S. 6). Ziel des *Uranus* sei es, Urningen Aufklärung, Halt und Schutz zu bieten, »auch in practischer Richtung«. Jenen, »denen der Haß und die Verfolgung die Existenz zertrat, wünscht er daher neue Lebensstellungen (Anstellung, Erwerbszweig) zu vermitteln« (S. 72). In diesem Zusammenhang kündigt Ulrichs an, dass er in einem der nächsten Hefte »die Beiträge der Genossen zu unsrer gemeinsamen Casse« (ebd.) spezifizieren werde, die seit der ersten, in *Memnon* (1868b, Abt. II: 131 f) veröffentlichten Aufstellung eingegangen seien. Und schließlich liegt Ulrichs am Herzen, »des Urningthums innere Zustände, die ein schmachvoller tausendjähriger Druck entnervt, entwürdigt, entsittlicht hatte, schon jetzt ihrer Veredlung entgegenzuführen« (S. 6). Seine Eröffnung der Zeitschrift schließt er mit dem Wunsch: »So beschreite denn, Uranus, deine Bahn: ein Entschleierer verhüllter Natur, ein Freiheits-Streiter für unterdrückte, ein Verfechter von Menschenwürde und Menschenrecht« (ebd.).

Es sollte mehr als ein viertel Jahrhundert vergehen, bis dem von Ulrichs auf die Bahn geschickten, dort aber gleich wieder herausfallenden *Uranus*, dessen kosmisch-planetarischer Namensvetter übrigens bereits 1781 von Wilhelm Herschel entdeckt worden war, mehr oder weniger verlässlich erscheinende Periodika folgen sollten: Adolf Brands *Der Eigene* (seit 1896 mit anarchistisch-egoistischem und seit 1898 mit zusätzlich viril-homoerotischem Einschlag) und Magnus Hirschfelds *Jahrbuch für sexuelle Zwischenstufen unter besonderer Berücksichtigung der Homosexualität* (seit 1899). Und erst ein halbes Jahrhundert später gaben Ferdinand Karsch-Haack und René Stelter *Blätter für ungeschmälertes Menschentum* unter dem Haupttitel *Uranos* heraus.

Ulrichs als historisch vorzeitiger Schwuler

Merkwürdig, dass dieser Enorme, der mehr als ein Individualbewegter, mehr als ein Bewegungseinzelner war, nicht allgemein als der »Vater« der Homosexuellenbewegung angesehen wird. Er könnte sogar, wie ich bereits angedeutet habe, als der erste, gewissermaßen *historisch vorzeitige* Schwule bezeichnet werden (Sigusch 1999a, 2000a, b), wenn unter »Schwulen« homosexuelle Männer verstanden werden, die sich selbstbewusst und politisch zu ihrem Begehren öffentlich bekennen. Historisch vorzeitig, weil es Schwule in diesem Sinn und kollektiv eigentlich erst seit den siebziger Jahren des 20. Jahrhunderts gibt (Sigusch 1999b). Damals hatten eine sexuelle Revolution, eine Studenten-, Frauen- und Homosexuellenbewegung kulturelle und psychosoziale Erschütterungen erzeugt, die in der Moderne ihresgleichen suchen. Recht und Moral fielen nicht mehr umstandslos zusammen. Der »abscheuliche Homosexuellenparagraph« (Adorno) wurde zwar erst 1994 gestrichen, bahnbrechend aber waren die Liberalisierungen von 1969 und 1973. Nach Steinigung und Folter, nach Zuchthaus und KZ, nach Verachtung und Denunziation durch die Spießer aller Lager hatten männerliebende Männer *historisch zum ersten Mal* die

Chance, ihre Eigenart kollektiv und öffentlich ohne Gefahr für Leib und Leben zu bekennen und zu einer gewissen Bewusstheit ihrer selbst zu gelangen. »Bewusste« Homosexuelle drehten damals den Spieß der Spießer einfach um, indem sie das Schimpfwort schwul mit erhobenem Kopf zum öffentlichen Kampfwort machten und dadurch zu einem guten Teil seines pejorativen Charakters beraubten.

Auf die erste deutsche Homosexuellenbewegung, die sich im Kaiserreich und in der Weimarer Republik formiert, aber in den recht differenten »Komitees«, »Bünden« oder »Gemeinschaften« insgesamt kaum mehr als tausend Personen organisiert hatte, war Anfang der 1970er Jahre nicht nur eine weitere Homosexuellenbewegung gefolgt, sondern etwas Neues: die *Schwulen*bewegung. Sie veränderte das Selbstverständnis jener Männer gravierend, die die moderne Medizin im 19. Jahrhundert Fall um Fall aufgespürt und staunend als Konträrsexuale, Invertierte oder Perverse pathologisiert hatte. Dieser Vorgang, diese Installation ist so atemberaubend unglaublich, weil Männer von Männern seit Jahrtausenden begehrt werden: irgendwie. Mühsam konnten die Subjekte erst später dank sexueller »Revolutionen« erkennen, dass die jeweilige Kultur bestimmt, wie das mannmännliche Begehren erlebt, bewertet und bezeichnet wird.

Ulrichs als modernes Sexualsubjekt

Zum ersten Schwulen konnte Karl Heinrich Ulrichs nur werden, weil er eine Person war, in der sich der Furor sexualis unseres 19. Jahrhunderts so wirksam niederschlagen konnte, dass etwas historisch Neues sichtbar wird: ein *Sexual*subjekt. Bei seinem wichtigsten Vorgänger, dem wundersamen Schweizer Putzmacher und Tuchhandelsmann Heinrich Hössli (1784–1864) war das noch nicht der Fall. Hössli (1836/1838) war noch kein *Sexual*subjekt, bei dem die erotisch-leiblichen Wünsche als sexuelle ins Selbst-Bewusstsein integriert gewesen wären, ohne von Scham und Ekel so überwältigt zu werden, dass die Wünsche immer wieder aus dem Bewusstsein entfernt werden müssen. Folglich konnte er weder die eigene Sexualität noch die der Männerliebenden zur Sprache bringen – Sexualität im Sinne einer kulturellen Sexualform.

Zu dieser Zeit wurden die vordem zerstreuten Eros, Venus, Amor usw. zwar schon als eine scheinbar einheitliche Sexualform gesellschaftlich installiert, die Angst der Noch-nicht-Identischen war aber noch zu groß, und es fehlten Hössli weiße Worte, um das zu bezeichnen, was der von ihm bewunderte Friedrich Wilhelm Basilius von Ramdohr (1757–1822) in seinem Werk *Venus Urania* (1798, II: 106) vor mehr als zweihundert Jahren den »schwarzesten Fleck« im Leben genannt hatte, nämlich: »grobe Symptome der erregten körperlichen Geschlechtssympathie« bei zwei Jünglingen mit reinen Seelen, die sich nach einem Streit umarmten, modern gesagt: mutuelle Erektionen, noch moderner gesagt: Homosexualität, denn, wie 112 Jahre später klar war: »Die genannten Vorgänge an den Genitalien sind für die Diagnose entscheidend« (Moll 1910: 9).

Auch insofern war Ulrichs sehr viel moderner als Hössli, als er sich gegenüber seiner Herkunftsfamilie und gegenüber seinen Verfolgern ohne Vorbild und ohne

Umschweife als *Sexual*subjekt bekannte. Das flößt einem bis heute Respekt und Bewunderung ein: Welcher Eigensinn! Selbst Hirschfeld wagte das beinahe einhundert Jahre später nicht oder konnte es wegen drohender Verfolgung durch Rechtsradikale nicht wagen. Ein anonymer Kritiker und Verfolger Ulrichs', höchstwahrscheinlich der Würzburger Medizinprofessor Alois Geigel (1829–1887), erkannte dessen »mehr als gewöhnlichen Muth«, »die Vertheidigung und Rechtfertigung, die Ehrenerklärung und Reinsprechung der Paederastie« zu wagen, »etwas bis dahin Unerhörtes«, was »der Eine frevelhafteste Tollkühnheit, ein Anderer grenzenlose Schamlosigkeit, ein Dritter lächerlichen Wahnwitz heissen, Alle aber als ein höchst inopportunes Monstrum menschlicher Verirrung betrachten werden«, zumal der »Herr Ulrichs«, dieser »Anwalt urnischer Liebe«, »im Verlaufe seiner rasch einander folgenden Abhandlungen immer kühner und siegesgewisser auftritt, zuletzt seine Anonymität von sich wirft und sich als den ritterlichen Verfechter bedrängter Unschuld in die Schranken stellt« (Anonymus 1869b: 10, 12).

Auf dem Weg zu einer Scientia (homo)sexualis

Tatsächlich war der aufrührerische und bürgerliche Ostfriese Ulrichs, dieser Justizbeamte und preisgekrönte Rechtsgelehrte, dieser Privatsekretär eines Gesandten zum Frankfurter Bundestag und selbstlose Rechtsbeistand unbemittelter Leute, dieser Lyriker, Novellist und glühende Latinist, früh davon überzeugt: dass die mannmännliche Liebe *natürlich und angeboren* sei. Diese subjektive Gewissheit versetzte ihn in die Lage, ein Vorkämpfer der Homosexuellen-Emanzipation zu werden. Und er wurde der entschiedenste und einflussreichste. Er lieferte nicht nur wissenschaftliche, moraltheoretische, juristische und politische Begründungen für die vollkommene Gleichstellung der erst später homosexuell genannten mit den noch später heterosexuell genannten Menschen, in seiner Terminologie: der Urninge mit den Dioningen. Ulrichs veröffentlichte auch als erster eine moderne Theorie der Homosexualität und konstatierte den Urning/Homosexuellen als eigensinniges, natürliches und gesundes Geschlechts-Subjekt, *bevor* die Medizin ihn in den reichen Ländern des Westens für einhundert Jahre generell als Kranken konstruierte.

Eine Generation später war Magnus Hirschfeld in dieser Hinsicht sehr viel ängstlicher. In seiner ersten, unter dem Pseudonym Th. Ramien ein Jahr nach Ulrichs' Tod veröffentlichten »Theorie« sah Hirschfeld (1896: 29, 15) einerseits die »Liebe der Männer und Frauen zu Personen des eigenen Geschlechts« als etwas irgendwie Natürliches an, als »einen tief innerlichen konstitutionellen Naturtrieb«, und außerdem im Sinne der Verteidigungsrede Oscar Wildes als etwas Edles und Schönes. Andererseits aber verglich er die Liebe der Sappho und des Sokrates »mit einer angeborenen Missbildung, welche anderen Hemmungen der Evolution, der Hasenscharte, dem Wolfsrachen, der Epispadie, der geteilten Gebärmutter, dem Nabelbruch usw. gleichartig an die Seite zu setzen ist«. Sehr wahrscheinlich, dass Ulrichs wie Benedict Friedlaender (1907: 201, 203), der Verkünder der »physiologischen Freundschaft«, mit dieser »bettelhaften Theorie« des »übermäßig vorsichtigen

Herrn Hirschfeld« nichts hätte zu tun haben wollen und seinen eigenen Weg der Idee nach kompromisslos weitergegangen wäre.

Bei Ulrichs' Text *Animalischer Magnetismus*, der einem für das Freie Deutsche Hochstift in Frankfurt am Main im Februar 1861 verfassten autobiografischen Text als »Anlage« beigegeben ist (Sigusch 1999a), handelt es sich um den ersten Versuch, eine moderne, das heißt »(natur-)wissenschaftliche« Theorie der mannmännlichen Anziehung zu formulieren. Ulrichs schwimmt dabei in jenem Debattenstrom mit, der seit dem 18. Jahrhundert eine magnetische Kraft postuliert, beweist und widerlegt, von Mesmers Fluidum bis zum Od Reichenbachs, das dieser meinte etwa zwanzig Jahre vor Ulrichs' Behauptung nachgewiesen zu haben. Obgleich Ulrichs im Fortgang seines Nachdenkens über die mannmännliche Liebe recht bald zu anderen theoretischen Annahmen gelangte, ist doch von magnetischer Durchströmung bis hin zu der Schrift *Ara spei* (1865c: 7, 32) immer wieder einmal die Rede.

So weiß er nachzuerzählen, dass Sokrates, den er einen Urning nennt, eine »›magische‹ Wirkung« empfand, als er mit dem jungen schönen Critobulus aus einem Buch las und »dessen entblößte Schulter berührte«; oder dass Platon davon überzeugt war, »Händedruck und Kuß eines blühenden jungen Burschen mache den U[rning] mutig zum Kampf in der Schlacht« (1865b: 1 f). Auch entgeht ihm nicht, dass eine uralte Erfahrung der Ärzte nicht nur für Dioninge, sondern ebenso für Urninge gilt, die Erfahrung, dass impotente alte Männer, obgleich alle anderen Mittel bereits versagt haben, dann wieder Lebensgeister spüren, wenn ihnen der Arzt schöne Jungfrauen ins Bett legt. Entsprechend wurde Ulrichs mitgeteilt, dass ein urnischer Herzog von Devonshire zu krank und schwach war, um noch sein Testament aufsetzen zu können – bis man ihm »einige besonders kräftige und blühende Burschen« brachte, durch »deren bloße körperliche Berührung« seine Lebenskräfte wieder zunahmen (ebd.: 5). Ein urnischer Gewährsmann des bedeutenden Gerichtsmediziners Casper (1852: 64) brachte den heilsamen Tatbestand auf eine ebenso pragmatische wie magnetistische Formel: »keine Ihrer Arzneien lindert meine Schmerzen in der Seite so sicher, als wenn ich – meinen Bedienten sich neben mich auf den Sopha legen lasse.«

Der foudroyanteste Beweis aber, der später wie so manches Heikle Hirschfelds Zensur zum Opfer fiel (vgl. Ulrichs 1898 mit Ulrichs 1994), scheint vom Theoretiker selbst zu stammen, jedenfalls passen die Angaben zu Ort und Zeitpunkt des Ereignisses sowie zum Alter des berichtenden Urnings und zu dessen sexuellen Vorlieben zu Ulrichs selbst: Würzburg, 1863, zwischen 35 und 40 Jahre alt, Liebe zu den Soldaten. Unter dem Titel *Sichtbarer erotischer Funken* hat Ulrichs die kleine Geschichte seiner Schrift *Formatrix* als Anhang beigegeben. Ich zitiere einige markante Passagen: »Neben einem jungen Soldaten saß ich auf einer Bank im Schatten der Bäume außerhalb der Stadt. Schwere Wolken hingen am

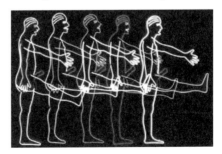

Bruce Nauman: »Marching man«, Leuchtstoffröhren, farbig, auf Aluminium, 1985 (© VG Bild-Kunst, Bonn)

Himmel. Es war recht finster, wo wir saßen. Wir saßen fast bewegungslos in naher Berührung. Meine Hand berührte seine Organe. Ich war geschlechtlich aufgeregt, aber nicht stärker, als sonst bei derartigen Berührungen. Da erblickte ich plötzlich an meinem Organ, welches von seiner Hand berührt ward, einen kleinen, aber ziemlich stark *glänzenden Funken* [im Orig. gesperrt]: soweit ich mich entsinne [...] von gelbweißlichem Licht, nicht von bläulichem. Der Funken saß [...] an einem Punkte des Randes der Glans. [...] Der Funke zeigte sich unbeweglich an ein und derselben Stelle, war auch nicht intermittirend. So lange ich mein Augenmerk auf ihn richtete, war er auch zu sehen. Dieß dauerte wohl einige Minuten lang« (1865b: 63 f.).

Nächtlichkeitsträume für die Geschlechtswissenschaft

Ulrichs rätselt nach diesem Bericht, ob es sich bei dem Funken um das Reichenbach'sche Od oder eine positive animalische Elektrizität gehandelt habe. In systematischer Hinsicht war er in Sachen magnetische Durchströmung schon vorher zu »drei Sätzen« gelangt: 1. »die erotische Anziehung, die der junge D[ioning] auf uns [das heißt auf Urninge] ausübt, concentrirt sich in seinen Liebesorganen«; 2. »für den urn(ischen) Liebesgenuß ist deren Berührung wesentliche Hauptsache«; 3. »ein Eindringen ist für denselben nicht erforderlich« (ebd.: 12), offenbar, weil auch hier das Naturprinzip des Vikariierens der Sinne gelte, nach dem sich zum Beispiel statt des erblindeten Auges »die Gefühlsnerven der Fingerspitzen« stärkten (ebd.: 8).

Diesen Sätzen entsprächen auch ganz die »Nächtlichkeitsträume« der Urninge, die »allerdings nur dem inneren Auge wahrnehmbar« seien, »und zwar nur dem eigenen«. Das heiße aber nicht, dass sie nicht »sorgfältig beobachtet« werden könnten. Schließlich gebe es tausend andere Erscheinungen, die vergleichbar seien. »Sehr mit Unrecht daher hat man die Wichtigkeit jener inneren Traumerscheinungen für die *Geschlechtswissenschaft* [Hervorh., V.S.] bisher leider noch immer *gänzlich übersehen* [= gesperrt im Orig.]: gewiß zum großen Schaden der letzteren.« Und dann steht Ulrichs nicht an, »freimüthig für Wahrheit und Wissenschaft« selbst Zeugnis abzulegen: »Bei mir erfolgt die Nächtlichkeit [das heißt nach heutigem Sprachgebrauch die Pollution] nie anders, als so, daß der Zuführer Traum den Burschen, den er mir zuführt, *von Angesicht zu Angesicht* [= gesperrt im Orig.] mir gegenüber stellt, und ich bestrebt bin, sei es mit den Händen, sei es mit dem gleichen Theile, *sein Anziehungsorgan zu berühren* [= gesperrt im Orig.]. Sobald nun das Gaukelspiel dahin gelangt, daß diese Berührung erreicht ist: so erfolgt augenblicklich die Nächtlichkeit«. Seit »Eintritt der Pubertät« sei dieser Nächtlichkeitstraum bei ihm »unverändert« (ebd.: 12 f). Weitere Bemerkungen Ulrichs, der beinahe 40 Jahre alt ist, als er sie zu Papier bringt, lassen darauf schließen, dass es auch im Traum nicht ganz so leicht und schematisch zuging, wie er zunächst insinuiert. Denn die Nächtlichkeit sei bei ihm »stets« begleitet von einem »*störenden Nebenumstande*« [= gesperrt im Orig.], sei es, dass in hohem Grade unwillkommene Personen in der Nähe sind, dass der Bursche sich nicht hingeben will oder mit Blutsschwären behaftet ist (vgl. ebd.: 13).

Ulrichs zweite Theorie des Uranismus und damit der Homosexualität ist sehr viel moderner. Sie beschäftigt uns bis heute. Ihre Springworte sind nicht mehr magnetische Durchströmung und erotischer Funke, sondern geschlechtlicher Dualismus, embryonale Keime der Virilität und der Muliebrität, weiblicher Charakter der Urninge, drittes Geschlecht. Ulrichs ist für mich einer der Begründer jener Scientia (homo)sexualis, in der die Sehnsucht nach Freiheit und Gerechtigkeit, in der das erotische Verlangen, das sexuelle Erleben und das moralische Empfinden des Einzelnen mit dem allgemeinen Willen zur Enthüllung und Verseelung und dem Geist der Reifikation ebenso wirr wie diszipliniert zusammenschießen. An Ulrichs' Pamphleten und Theoremen kann studiert und bewiesen werden, dass die modernen Sexual- und Geschlechtstheorien immer beides sind: konstruktivistisch-objektivistisch und essenzialistisch-subjektivistisch. Sein seelisches Empfinden erklärt er umstandslos zur wissenschaftlichen Erkenntnis, setzt Erkennen und Empfinden, zunächst nur das eigene, später auch das anderer, in eins. Der erste Satz der ersten Schrift über das Rätsel der mannmännlichen Liebe lautet: »O! daß es mir möglich wäre, auch nur einen Augenblick lang euch in das Innere unserer Seele hineinzuversetzen, so daß ihr empfändet, was wir empfinden, wenn wir die Blüthe eines jungen Mannes erblicken« (1864a: VII).

Peinlich bewusst war Ulrichs, dass eine neue gesellschaftliche Elementarform darüber entschied, was natürlich und richtig und was unnatürlich und falsch ist: Wissen samt Wissenschaft. Einerseits legitimierte sie sein Tun, weil der Wissenschaft »meines Erachtens, nichts unberührbar« ist (ebd.: XI); andererseits hatte sie den herrschenden weibliebenden Männern ein unabweisbares Zwangsmittel in die Hand gegeben: »Ich würde mich auch gar nicht an euch wenden mit meiner Rechtfertigung der mannmännlichen Liebe, wäre ich nicht gezwungen, es zu thun. Perhorresciren würde ich euch, wie man einen befangenen Richter perhorrescirt. Es giebt auf Erden keinen über euch stehenden Richter, an den ich mich wenden

Die Natur schafft (abgesehen von den 3 Arten von Zwittern) nicht 2, sondern 4 Geschlechter:

1. den *Dioning* – männlicher Körper, männliche Seele,
2. das *Weib* – weiblicher Körper, weibliche Seele,
3. den *Urning* – männl. Körper, weibl. Seele,
4. die *Urnin* – weibl. Körper, männl. Seele [...]

außerdem noch verschiedne geschlechtliche Varietäten.

Dieser Satz ist, wenn er sich als begründet erweist, meine ich, von so großer Bedeutung für die Wissenschaft, daß er sich den wichtigsten wiss[enschaftlichen] Entdeck[un]gen, die im Hochstift je zur Sprache gebracht sind, wird an die Seite stellen können.

Ulrichs' Klassifikation der Geschlechter, aufgestellt am 3. Mai 1865 in dem Schreiben, mit dem er gegen seinen Ausschluss aus dem Freien Deutschen Hochstift in Frankfurt am Main protestierte (nach dem Dokument in Sigusch 2000a: 79 ff) könnte. Ihr beherrscht die Wissenschaft und die Einrichtungen der menschlichen Gesellschaft. Indem ich meine Rechtfertigung deßhalb dennoch an euch richte, seid ihr daher Partei und Richter in Einer Person« (ebd.: VIIIf).

Selbstverständlich benutzte Ulrichs die heute allzu leicht zu kritisierenden Theoreme und Ideologeme der Zeit, die kaum roher sind als unsere gegenwärtigen. Vor allem stand er unter dem Zwang, »naturwissenschaftliche« Beweise aufzutischen, die es nie gegeben hat, und dem somatischen Erbe ein höheres Recht als der seelisch-sozialen Tat zuzusprechen.

Die zentrale These: Anima muliebris virili corpore inclusa

Kein Wunder also, dass Ulrichs seine Urningstheorie intersexualistisch und organologisch anlegte, indem er einen »embryonalen Urzwitter« annahm, in dem vier »geschlechtliche Keime« schlummerten: drei körperliche und ein seelischer, der des »Liebestriebes«, der möglicherweise aus zwei voneinander unabhängigen Keimen besteht: dem des »sinnlichen Triebes« und dem der »sehnsüchtigen Liebe«. Aus diesem Urzwitter mache dann die Natura formatrix im »regelrechten Verfahren« Männer und Weiber, im »unregelmäßigen« oder »außerordentlichen Verfahren« Urninge und Urninginnen und im »mißlungenen Verfahren« Zwitter der vier Geschlechtsklassen (1868b, Abt. I: 3 f, 6 f, 22). Ulrichs treibt also seine zentrale These von der »*anima muliebris virili corpore inclusa*« (vgl. insbesondere ebd., Abt. I und II), das heißt: von der in den männlichen Körper eingeschlossenen weiblichen Seele, erklärtermaßen bis ins Embryonale zurück und bezeichnet sie immer wieder geradezu beschwörend als »naturwissenschaftlich«.

Doch unterm Strich widerspricht seine These den herrschenden Binarismen von Körper und Seele, von Männlichkeit und Weiblichkeit, so wenig wie Hirschfelds medizinisch durchtränkte und dem 19. Jahrhundert verhaftete Konstruktion des Homosexuellen. Im Grunde ist die *Anima inclusa*-These eine dem Geist des 20. Jahrhunderts zugewandte, ja ihm äquivoke Variation, die die starren epistemologischen Raster durch Psychologisierung und Pluralisierung etwas aufweicht. Dem Geist des psychologisch-egozentrischen Zeitalters gehorchend, stellt die These neben den alten körperlichen Zwitter den neuen seelischen Zwitter und postuliert, dass dessen erotisch-emotionale Veranlagung jener exakt entspricht, die das Subjekt der Erkenntnis an sich selbst beobachtet hat.

Folglich dachte Ulrichs zunächst nicht daran, dass es auch mannliebende Männer gibt, die nicht »verweiblicht«, nicht effeminiert sind und nicht wie er selbst ausschließlich weibliebende, das heißt ganz normale Männer begehren, sondern ihresgleichen. »In den Heften Vindex und Inclusa war ich noch einseitig. Ich kannte nur Weiblinge, glaubte selber Weibling zu sein, kannte auch noch keine Abstufungen«, schreibt er 1873 in einem Brief, den Karsch-Haack (1922: 4) veröffentlicht hat. Die Frage aber, warum es offenbar naturwüchsig als »weibliche« Eigenschaft angesehen wird, wenn ein erwachsener Mann einen anderen erwachsenen Mann mit allen Sinnen liebt, kann offenbar aus objektivalem, Foucault würde sagen: aus dispositionellem Grund noch nicht gestellt werden.

Demgegenüber folgt die *Anima inclusa*-These dem gesellschaftlichen Trend zur Pluralisierung, wenngleich nur eindimensional und schleppend, indem Ulrichs (1862) seit seinen Briefen an die Verwandten gelegentlich davon spricht, die Mannliebenden seien ein »Drittes Geschlecht« (z.B. 1865c: 84), eben jene »*zwitterähnliche* besondere geschlechtliche Menschenclasse, ein eigenes Geschlecht, dem Geschlecht der Männer und dem der Weiber als *drittes Geschlecht* coordinirt« (1864a: 5). Nach einigen Jahren der Literaturdurchsicht und der Felderkundung kann sich Ulrichs sogar vorstellen, dass dem dritten Geschlecht »möglicherweise thatsächlich ein viertes Geschlecht« entspricht, »ein Geschlecht weiblich gebauter Individuen mit weibweiblicher Geschlechtsliebe, d.i. mit Geschlechtsliebe männlicher Richtung«, jedenfalls ist ihm »derartiges zu Ohren gekommen, z.B. zwei Fälle allem Anschein nach männlich liebender Weiber in Hannoversch Münden und in Cassel« (1864b: 50). Beruhigenderweise können auch sie, recht spät und patriarchal, in der eindimensional »coordinirten« Logik der genannten Binarismen begriffen werden: »*anima virilis muliebri corpore inclusa*« (1868b, Abt. II: XXV).

I. Männer (auch Dioninge genannt)
II. Weiber
III. Urninge
  1. Mannlinge (auch Viriliores genannt)
  2. Zwischenstufen
  3. Weiblinge (auch Muliebriores genannt)
IV. Urninginnen
V. Uranodioninge
  1. conjunctive (die die schwärmerische und die sinnliche Liebe in beide Geschlechtsrichtungen fühlen müssten, deren Natur aber noch nicht mit Sicherheit zu beurteilen sei)
  2. disjunctive (die die schwärmerische Liebe für junge Männer empfinden, die sinnliche aber nur für Weiber)
VI. Uranodioninginnen (deren Existenz noch fraglich sei)
VII. Zwitter
  1. Zwittermänner
  2. Zwitterweiber
  3. Zwitterurninge
  4. Zwitterurninginnen

Ulrichs' »geschlechtliche Varietäten innerhalb der menschlichen Natur« nach seinem Werk *Memnon* (Abt. I, 1868b: 21, 8)

Die erste Klassifikation der Geschlechter und deren Untergang

Auf dem Höhepunkt seines Klassifizierens, im ersten Teil von *Memnon* (1868b: 21, 8), unterschied Ulrichs schließlich sieben größere oder 13 kleinere Geschlechter, darunter zum Beispiel conjunctive Uranodioninge und disjunctive Uranodioninge, Geschlechtswesen, die wir heute vielleicht Bisexuelle nennen würden (s. Übersicht).

Während Ulrichs dem zur Methode gewordenen Reifikationswahn, der selbst wahnsinnige Exzitation und Liebe rektifiziert, so gut er kann Tribut zahlt, erfährt er von anderen Sexualsubjekten, dass das eigentlich unmöglich ist, wie alle Erregten und Liebenden der Moderne zuunterst ahnen: »Denn im Grunde versteht doch Jeder nur seine eigene Liebe und jede andere ist ihm fremd und unverständlich, wenn nicht unheimlich«, schrieb der anarchistische Schriftsteller und Ephebophile John Henry Mackay 1924 (vgl. Mackay 1979: 68) im Vorwort zur Neuausgabe seiner unter dem Pseudonym Sagitta, das heißt der Pfeil, erstmalig 1913 veröffentlichten *Buecher der namenlosen Liebe*.

Ulrichs aber war ein reflektierendes Sexualsubjekt. Als er erkannte, dass seine Theorie der Subjektivität im Sinne von Individualität und Einzigartigkeit nicht gerecht werden konnte, weil sich immer mehr Sexualsubjekte öffentlich zu Gefühl und Wort meldeten, war er redlich und wach genug, sein Zwittertheorem von der Seele im falschen Körper unter dem Ansturm der Bekenntnisse, den er ausgelöst hatte, unablässig zu differenzieren – ein Theorem, das übrigens heute von Transsexuellen in eigener Sache vertreten wird. Ununterbrochen berichteten die Sexualsubjekte, die er gerufen hatte und die ihm vertrauten, Vorlieben und Praktiken, die sein scheinbar naturwissenschaftliches Fundament erschütterten und sein Schema sprengten. Als seine Klassifikation schließlich den Punkt berührte, an dem sie mit dem »Wachsfigurencabinet der Wissenschaft von Scheusäligkeiten, von Mißgeburten und Monstrositäten aller Art« (Mackay 1913: 113) zusammenzufallen drohte, löste er sie selbst in der nur bruchstückhaft überlieferten und offenbar unabgeschlossenen Schrift »Der Urning und sein Recht« stillschweigend auf, indem er ein alles und nichts sagendes »allmäliges« Ineinanderübergehen »zwischen männlichem und weiblichem Liebestrieb« als ein bisher unbekanntes »Naturgesetz« konstatierte (Ulrichs 1920: 2; vgl. auch 1879: 95).

Der moderne Springpunkt: die Weiblichkeit des Urnings

Werden die Diskurse zur mannmännlichen Liebe historisch überblickt, stellt sich heraus, dass bei Ulrichs endlich nicht mehr verklärend und unhistorisch und ausschließlich von der Knabenliebe der alten Griechen die Rede ist, die angeblich keine Männlichkeit zu brechen vermochte, sie vielmehr erst konstituierte. Und so ist denn auch die Muliebrität, das heißt: die Weiblichkeit des Urnings, das Punctum saliens, das Ulrichs' Anschauungen in die Gegenwart katapultiert.

An diesem Springpunkt, von dem seit Hössli und Kertbeny, Adolf Brand, Friedlaender und Stefan George, Mackay, Gustav Jäger und Hans Blüher so viele Männerhelden, Jünglingsanbeter und Knabenverehrer so ungern redeten, hielt Ulrichs vom Anfang bis zum Ende fest. In den Briefen an seine Verwandten, die er 1862 geschrieben hat und die die ersten Selbstenthüllungen enthalten, die überliefert sind, spricht er bereits von einem »entschieden weiblichen Element« und davon, dass dem

Uranier »von Kindesbeinen an« ein »sogen. weiblicher Habitus eigen« sei, der sich unter anderem im Hang zu »mädchenhaften Beschäftigungen« dokumentiere (Ulrichs 1862/1899: 47, 51). In der letzten, komplett überlieferten Zusammenfassung seiner Theorie bezeichnet er den »Weibling« als die »typische Erscheinung des Urningthums«. Wer dessen Natur studieren wolle, müsse mit der Natur des Weiblings beginnen. Dieser sei »ein vollständiges Gemisch von männlich und weiblich, in welchem das weibliche Element sogar das überwiegende ist, ein durchaus hermaphroditisch organisiertes Wesen«. Trotz männlichen Geschlechtsapparates sei der Weibling mehr Weib als Mann. »Er ist neutrius sexus« (1879: 95).

Damit hatte er sich endgültig in jene Annalen der Scientia (homo)sexualis und der Reflexion (homo)sexueller Subjektivität eingeschrieben, in die am Beginn des 20. Jahrhunderts Hirschfeld sein »urnisches Kind« (1903) und am Ende Dannecker (1997: 85) seinen »Feminitätsschub der prähomosexuellen Jungen« eingetragen hat.

Da es um einen Springpunkt ging, kam es immer wieder zu Abwehr- und Fraktionskämpfen. Auch im WhK. So organisierte sich 1907 eine »Sezession des Wissenschaftlich-humanitären Komitees« um Benedict Friedlaender (1866–1908), die ein Jahr später in den wenngleich kurzlebigen »Bund für männliche Kultur« mündete. Jahrzehnte später – um ein zweites historisches Beispiel für die politisch heikle Differenzialität der Muliebrität zu geben – antwortete Kurt Hiller (1932: 346), einer der treuesten Gefährten Hirschfelds gerade in Sachen WhK, einem homosexuellen Nationalsozialisten (Anonymus 1932), der sich in den »Mitteilungen des Wissenschaftlich-humanitären Komitees« gegen die Politik des WhK gewandt hatte: »Ich gebe Ihnen [...] ohne Einschränkung Recht. [...] Die ständige Verbindung des homoerotischen Phänomens mit Effeminationserscheinungen, mit Hermaphroditismus, Transvestitismus und anderen mehr oder minder abstoßenden Naturspielen hat der Aufklärungs- und Befreiungsaktion für die mann-männliche Liebe nicht genützt, sondern geschadet. Da, was Sparta stark, einen Michelangelo glühend machte, nichts gemein hat mit Bartweibern, Busenmännern oder sonstigen Monstrositäten, so hätte man den Helden-, den Jünglingskult, die Freude des Mannes am Manne nicht in die Atmosphäre eines sexuologischen Panoptikums tauchen dürfen.«

Erst solche Sätze aus dem Mund eines gescheiten und mutigen Mannes lassen erahnen, wie tief die Liebe von Ulrichs und Hirschfeld zu den Anstößigen war und wie groß der Hiatus ist, der zwischen Homosexuellen und Ephebosexuellen klafft, von Pädophilen und Pädosexuellen ganz zu schweigen.

Uranität als neue Existenzweise

Ulrichs tat etwas Einzigartiges, als er so etwas wie Uranität als neue Wahrnehmungs-, Distinktions- und Existenzweise öffentlich vorführte. Dazu musste er sich mit dem immer mächtiger werdenden Wissens- und Wissenschaftsobjektiv gegen die alten Mächte verbünden, zwangsläufig, sehr bewusst und auf eigene Faust: Der Uranismus sei »eine naturwissenschaftliche Erscheinung« wie »die Drehung der Erde um ihre Axe« auch, und da die Natur selbst es sei, »die den Urning erschafft«, da er somit eine »selbständige ursprüngliche Geschlechtsnatur« habe, sei er nicht ein verkommener Dioning, für den ihn alle Welt bisher gehalten habe, sondern etwas Eigenes, dessen »Unausrottbarkeit und Unwandelbarkeit« die Wissenschaft mittlerweile »nachgewiesen« habe (1870a: 30).

Gegen die Diskurse der Klage und Anklage, der Bespitzelung und des Verhörs, der Durchleuchtung und Begutachtung setzte Ulrichs immer wieder eine Rhetorik der selbstgewissen, mit Gott und der Natur im Einklang befindlichen eigensinnigen Existenzweise, die nicht greint und jammert, sondern angreift und begründet. Dank seiner enormen Bemühungen entwickelte sich in einem kleinen Kreis ehrenhafter »Naturgenossen« ein ebenso neuartiges wie kostbares Gut: »das genossenschaftliche Bewußtsein« (ebd.: 71 f). Das wiederum hatte etwas zur Voraussetzung, was »den Werth« seines »Strebens in ganzer Größe« ausmachte, wie ihm in tiefer Dankbarkeit ein 25-jähriger Urning aus Wien schrieb, etwas, was der humane Kern seines Kampfes ist: »Selbstachtung«. Nichts Geringeres hat Ulrichs einigen Urningen ermöglicht, indem er sie aus einem »Schreckenstraum« erweckte und vom »Abgrund der Selbstverachtung« wegriss (ebd.: 75).

Wer Leben und Werk dieses ostfriesischen Amtsassessors a. D. studiert, wird immer wieder vom Grad seiner kulturellen und politischen Modernität beeindruckt sein, die oft hinsichtlich Menschenwürde und Menschenrechte jenen demokratisch-liberalen Geist des noch gar nicht angebrochenen Jahrhunderts beschwört, der keinen Menschen unter den anderen stellen will. Es scheint so, als sei er gegen die psychopolitischen Übel seines Jahrhunderts, Chauvinismus, Rassismus, Antisemitismus usw., gefeit gewesen. Kam er auf die Völker Europas zu sprechen, auf das, was sie trennt und eint, glaubt man – im heutigen Sinn – einen Europäer der ersten Stunde zu hören. Ulrichs wusste, wer seine Verbündeten waren und wer des Schutzes bedurfte: die Vergewaltigten und Geschmähten:

> »[...] mögen sie heißen Pole, Hannoveraner, Jude, Katholik, oder sei es ein unschuldiges Geschöpf, das den Leuten ›anrüchig‹ ist, weil es so sittenlos war, außerehelich geboren zu werden, wie wir ja so unsittlich waren, mit der Urningsnatur ausgestattet geboren zu werden, oder mag es eine arme ›Gefallene‹ sein, die der hochsittliche Barbarismus des 19. Jahrhunderts zu Acten der Verzweiflung treibt, zu Kindsmord, Fruchttreibung, wohl gar zu Selbstmord. Wir, die wir wissen, wie es thut, vergewaltigt und gemartert zu werden: wir können so recht von Herzen die Partei jener ergreifen, die wir in ähnlicher Lage erblicken. Naturgemäß sympathisiren wir demnach mit einer Rückziehung des Arms der Gewalt von Polen und Hannover. [...] Neben dem Juden stehn wir, sobald ein übermüthiger Katholik ihn beschimpft, neben dem Katholiken (Ich bin nicht etwa selber Katholik), sobald ein intoleranter Liberaler ihn um seines Glaubens willen schmäht« (ebd.: 9 f).

Ulrichs war davon überzeugt, dass jene Menschen, die geschlechtlich oder sexuell aus dem Rahmen fielen, ob nun so genannte Zwitter oder Urninge, nicht zu den Missbildeten, Kranken oder Lasterhaften gezählt werden dürften. Er respektierte ihre Eigenheit, sah in ihnen Variationen des Üblichen, ein Drittes, ein Viertes, ein Anderes. Um das erkennen zu können, sei auch die Analyse der »Nächtlichkeitsträume« von großer Bedeutung, die, wie er formulierte, die »Geschlechtswissenschaft« bisher gänzlich übersehen habe. Mit dieser Position war er seiner Zeit weit voraus, eine Position, die bis heute selbst in den reichen Ländern des Westens nur bruchstückhaft erreicht ist.

Dem Gang der Dinge um beinahe eineinhalb Jahrhunderte voraus argumentierte er, als er die Frage erörterte, ob die katholische Kirche noch die schöpferische Kraft besäße, für neue Liebesbündnisse neue Formen zu schaffen wie einst die gemeine Ehe. Angesichts der ebenso menschenverachtenden wie unhistorischen Aufpeitschungen gegen die rechtliche Anerkennung nichttraditioneller Lebensgemeinschaften, die sich die deutschen katholischen Bischöfe vor der Bundestagswahl des Jahres 1998 und danach angelegen sein ließen (vgl. Deutsche Bischofskonferenz 1999), ist Ulrichs' an die christlichen Kirchen gerichtetes »Begehren« des Jahres 1870 ebenso weise wie modern: Es soll dem Urning und seinem Geliebten gestattet werden, im Beisein zweier Zeugen vor den Altar zu treten und vor dem Pfarrer die Erklärung abzugeben: »daß sie hiedurch mit einander ein Liebesbündniß eingehn, unter dem Gelöbniß ehelicher Treue«. Diese Bündnisse seien »als rechtmäßige und sanctionirte anzuerkennen« und selbstredend auch der Urningin und dem Zwitter zu gewähren (1870a: 36 f.).

Amtlich registrieren und ausdünnen

Ulrichs durchschaute die Struktur der Vorurteile, die bis heute funktionieren: Wird ein besonders abscheuliches Verbrechen begangen, werden Kinder gequält, war es am ehesten der Urning, der Perversitäre, auch wenn er mit Kindern nie etwas zu tun hatte: damals der preußische Kunstmaler Carl von Zastrow, heute der belgische Vizepremier Elio de Rupo. Und so sehen wir erschrocken: Der Wille zur Vernichtung richtet sich immer noch mit Vorzug gegen die Andersartigen, der Foucault'sche Geständniszwang dauert an, und die Ulrichs'sche Rhetorik ist von Talkshows erschlagen worden.

Heute gehören die Schwulen nicht mehr generell zu den »Infamen«, die Foucault (1982) so sehr am Herzen lagen, und auch nicht generell zu den Wüstlingen und Perversen. Heute gibt es in den reichen Ländern des Westens Gay Pride Parades und Gay Games, werden schwule Paare von Pastoren gesegnet, wird das Institut der Ehe für dessen einstige »Zerstörer« politisch jedenfalls halb geöffnet, empfängt die UN-Hochkommissarin für Menschenrechte, wenngleich 1998 zum allerersten Mal, Vertreterinnen und Vertreter der ILGA, eines internationalen Dachverbandes, der nach eigenen Angaben rund 400 Organisationen mit anderthalb Millionen Lesben und Schwulen aus 75 Ländern vertritt.

Andererseits aber werden Homosexuelle *als solche* von Normopathen

Die Gay Homeland Foundation hat Ulrichs 2006 zur Briefmarke werden lassen

herabgesetzt, physisch attackiert und ermordet, suchen ernste Forscher ein Homo-Gen, das es gar nicht geben kann, fragt eine besonders angesehene protestantische Akademie zum x-ten Mal, ob Homosexualität angeboren oder erworben, ob sie gleichwertig sei, erklärt die Katholische Bischofskonferenz Deutschlands homosexuelle, auf Dauer angelegte Partnerschaften in ihrem »Wort zur Bundestagswahl« des Jahres 1998 zu einer Todeskraft, die unsere Gesellschaft zerstört, verbietet der Vatikan im Jahr 2006 Gottesdienste mit Lesben und Schwulen anlässlich des Christopher Street Days. Vor allem aber ist es nach wie vor eine Tatsache: dass sich von extremen Ausnahmen abgesehen keine Mutter und kein Vater wünscht, das eigene Kind möge homosexuell werden.

Darauf aber spekulieren jene, die die Homosexualität verhüten wollen. Vor wenigen Jahren, in Aids-Zeiten und auf homosexuelle Männer gemünzt, sagte ein Minister des Freistaates Bayern: »Diese Randgruppe muß ausgedünnt werden, weil sie naturwidrig ist«, und machte alles noch schlimmer, als er sich rechtfertigen wollte (vgl. Sigusch 1989a: 691 und 1990a: 206 f sowie Kap. 20). Solche Sätze präsentieren schlagartig das Kontinuum der Barbarei. Nahmen in der Vergangenheit soziale Probleme überhand, bekam immer jenes Meinen Auftrieb, in dem sich Verhüten und Ausmerzen verschränken. Offenbar ist für Saubermänner und Sauberfrauen nichts befriedigender als das Operieren am Volkskörper. Der Hass der Normalen auf die Homosexuellen ist unabstellbar wie die Angst vor ihnen, solange beide für die Heterosexualität konstitutiv und dazu noch weitgehend dem Bewusstsein entzogen sind. Solange es Hetero- und Homosexualität als abgezirkelte gesellschaftliche Sexualformen gibt, so lange wird das so sein. Umso verständlicher, dass immer mehr Homosexuelle nur noch normal leben wollen, gleichgestellt und amtlich registriert. Denn normal zu sein ist auch in Zeiten forcierter Pluralisierung das Beruhigendste von der Welt.

Weil es keiner exzessiven Fantasie bedarf, sich gesellschaftliche Umstände vorzustellen, unter denen sich das Rübe-Ab! wieder automatisch vollzöge, sind Ulrichs'scher Mut und Eigensinn riskierte und kostbare Güter. Ulrichs' Traktate und Pamphlete gehören folglich nicht in die Archive, sondern unter die Leute. Die Zeiten, in denen Schwule an den kulturellen Diskurs- und ökonomischen Diversifikationsfronten reüssieren, könnten schneller vorbei sein, als es denkbar scheint, wenn gerade eigene Spiele, Feste und Paraden veranstaltet werden und ehemalige Verächter ihren Segen spenden. Eine tief reichende ökonomische Krise mit einem politischen Rechtsruck könnte genügen. Hoffen wir, dass es dann viele Ulrichs gibt, die nicht nach dem eigenen Vorteil schielen, sondern auf ihn für die Freiheit anderer verzichten würden.

Eine Philippika

Es ist nicht unbedingt ein Vergnügen, die Pamphlete Ulrichs' zu lesen. Seine Art und Weise des Schreibens stößt heute viele Leserinnen und Leser ab. Wahrscheinlich entspringen die ambivalenten Gefühle, die einen beim Lesen der Schriften von Ulrichs (1994; vgl. auch Setz 2000a, 2000b, 2004) immer wieder beschleichen, aus der Mesalliance von Ankläger und Verteidiger, aus der Gleichzeitigkeit von erhobenem Kopf und gebeugtem Knie: »Da ist«, schrieb Henning Bech (1991: 221), »einerseits das Grotesk-Peinliche an dieser Argumentations-Diarrhöe, an den [...] tausendseitigen Aufzählungen von minuziös paragraphierten und endlos detaillierten ›wissenschaftlichen‹ Beweisgründen und Widerlegungen, die letztendlich auf Unbewiesenes und Widersprüchliches hinauslaufen. Und andererseits ist da das Grandiose und Pathetische, das einen ergreift, das Mitempfinden der Verzweiflung, des Leidens, der Empörung und das Eingeständnis, dass Ulrichs ja sowieso recht hatte, jedenfalls recht hatte zu protestieren«. Tatsächlich sind Ulrichs' Schriften eine einzige Philippika und zugleich ein einziger Aufschrei eines Erniedrigten und Beleidigten. Seine Besessenheit ist ein Reflex auf die der überwältigenden Mehrheit. Seine Redundanz ist die der anderen, der »normalen« Verfolger und Heuchler ebenso wie die der urnischen Ducker und »stumpfsinnigen Heerden«, denen es wichtiger ist, auf »Maskenbällen für eine Dame gehalten zu werden und von den getäuschten D.en [Dioningen] sich den Hof machen zu lassen«, als »dem Urningthum Freiheit, Berechtigung und Stellung in der menschlichen Gesellschaft zu erobern« (1870a: 71).

6 Vorletzte Kämpfe gegen die Onanie und das Problem der kranken Fantasie

Heinrich Kaan und die erste *Psychopathia sexualis*

Einer der Vorväter, die seit einhundert Jahren genannt werden, wenn es um die Anfänge der Sexualwissenschaft geht, heißt Heinrich Kaan. Merkwürdig ist nur: Die Forscher, die ihn erwähnen oder sogar zitieren, kennen weder sein Werk noch seine Lebensgeschichte.

Da Heinrich Kaan aus der Geschichte der Sexualwissenschaft nicht wegzudenken, zugleich aber bis heute der große Unbekannte ist, nehmen wir uns die Freiheit heraus, in diesem kurzen Kapitel seinen Namen und seine Herkunft sowie die Art und Weise seines Werkes endlich zu klären. Das ist nicht nach einigen lockeren Recherchen im Internet möglich, sondern erst nach jahrelangen und physischen Nachforschungen in Promotions- und Totenbeschauprotokollen zwischen St. Petersburg und St. Othmar. Wer aber nicht am Leben des bisher weitgehend unbekannten Vorgängers interessiert ist, kann dieses Kapitel überspringen.

Erst im nächsten Kapitel werden wir inhaltlich auf Kaans Werk, das dem des Richard von Krafft-Ebing vorausgegangen ist, näher eingehen. Wie ich sein Werk im historischen Zusammenhang einschätze (vgl. Sigusch 2002), sei hier nur angedeutet: Seine *Psychopathia sexualis* ist keine systematische Auflistung von Krankheiten, keine Sexualpsychopathologie im Sinne Krafft-Ebings. In ihr führt Kaan im Wesentlichen letzte medizinische Gefechte gegen die Selbstbefriedigung (vgl. Kap. 1), wie wir sie spätestens seit der Mitte des 18. Jahrhunderts kennen: Onanie als die Noxe, als das krankmachende Übel schlechthin. Medizinisch neu ist bei Kaan nicht »eine psychiatrische Genealogie der sexuellen Verirrungen« (Foucault 2003: 370), sondern die theoretische Anbindung eines funktionell-hydraulisch gedachten Geschlechtstriebes – *Instinctus* oder *Nisus sexualis* – an die Fantasie, speziell an krankhafte Fantasie – *Phantasia morbosa* –, die bereits als so ubiquitär und machtvoll, als Furor sexualis, erlebt wird, dass an der allgemeinen Installation eines Sexualitätsobjektivs nicht mehr zu zweifeln ist – und auch nicht am Beginn eines »neurasthenischen« und »psychologischen« Zeitalters.

Fantastische Wissenschaft

Gut vierzig Jahre vor der berühmten *Psychopathia sexualis* des Richard von Krafft-Ebing hat Kaan seine Monografie vorgelegt, die diesen für eine Epoche der Psychiatrie paradigmatischen Begriff bereits im Titel führt. Wahrscheinlich, weil Iwan Bloch (1907) und später Annemarie Wettley (1959) auf die Existenz des Kaan'schen Werkes hingewiesen haben, schleppte sich das Halbwissen fort. Hinderlich war dabei für die aufschnappenden Forscher, dass die Monografie Kaans schwer zu greifen und in lateinischer Sprache verfasst ist. Außerdem leistete sich Wettley die Sonderbarkeit, in einer der Historie gewidmeten Arbeit nicht das genaue Erscheinungsjahr der Monografie zu nennen. Damit waren Mutmaßungen Tür und Tor geöffnet: Wettley erwähnt an einer Stelle (ebd.: 6), die Kaan'sche Arbeit sei zwanzig Jahre nach einer Arbeit von Löwenstein erschienen. Da dessen Arbeit 1823 veröffentlicht worden ist, rechneten die meisten Autoren, die Kaan zu kennen glauben machten, sein Werk auf das Jahr 1843 hoch, manche verrechneten sich auch und gaben 1842 oder 1845 an. Foucault aber, als eigensinnig bekannt, nannte in seinen Vorlesungen (2003: 304) das Jahr 1840, im ersten Band seiner »Histoire de la sexualité« (1977: 142) aber das Jahr 1846, und Uta Ranke-Heinemann (1988: 330) behauptet gar, eine deutsche Übersetzung sei 1834 in Leipzig erschienen. Tatsächlich gibt es von Kaans *Psychopathia sexualis* nur eine Ausgabe in lateinischer Sprache, und die ist 1844 in Leipzig bei Leopold Voss erschienen (s. Dokument).

Erste und einzige Ausgabe von Heinrich Kaans Abhandlung *Psychopathia sexualis* aus dem Jahr 1844

Wer aber war Kaan? Arbeitete er in Wien, wie Hirschfeld (1926: 11) schreibt, oder in Leipzig, wie englische, deutsche und niederländische Historiker meinen? Handelt es sich bei seiner Abhandlung um eine Leipziger Dissertation, wie die Verfasser einer gerade ins Netz gestellten Bibliografie zur Geschichte der Sexualität angeben, oder hatte er andernorts über ein anderes Thema promoviert? War er selbst Psychiater, wie Foucault annimmt, oder eher Gynäkologe, Badearzt und Homöopath? Stammte er aus Deutschland, Russland, Ruthenien, Österreich oder Ungarn? Er selbst nennt sich in seiner Monografie »medicus ruthenicus«; Moll (1891: 287) aber nennt ihn einen russischen Arzt, was wiederum andere Forscher wie Ellenberger (1973) übernommen haben. Und hieß er wirklich Heinrich/Henri/Henricus Kaan? Vielleicht war sein richtiger Name ja, wie einige Forscher meinen, ganz einfach Heinrich Kahn oder, sehr viel schöner, Heinrich von Kaan, wie die meisten Historiker einander bestätigen?

Es liegt auf der Hand: Wer nicht weiß, wie ein Autor eines bestimmten Werkes heißt, und wer dieses Werk in einem fantasierten Erscheinungsjahr erscheinen lässt, wird wohl kaum den Inhalt der Abhandlung einigermaßen korrekt wiedergeben.

Und so ist es in der Tat. Um endlich aus den Spekulationen herauszukommen, hat Philipp Gutmann im Zuge einer von mir betreuten medizinischen Dissertation, die auch veröffentlicht worden ist (Gutmann 1998), die Monografie Kaans aus dem Lateinischen ins Deutsche übertragen, von Bernd Meyenburg und Christopher Limp beim Übersetzen unterstützt. Außerdem findet sich in Gutmanns Arbeit eine Übertragung der ebenfalls in lateinischer Sprache verfassten Dissertation *De mentis aberrationibus ex partium sexualium conditione abnormi oriundis* von Hermann Joseph Löwenstein aus dem Jahr 1823, die bei dem berühmten Christian Friedrich Nasse (1778–1851) angefertigt worden ist. Und schließlich erörtert Gutmann die Abhandlung *Ueber die Beziehungen des Sexualsystemes zur Psyche überhaupt und zum Cretinismus ins Besondere*, die Joseph Häussler, ein Assistent des berühmten Johann Baptist Friedreich (1796–1862), im Jahr 1826 veröffentlicht hat. Für uns gehören die Arbeiten von Löwenstein, Häussler und Kaan zu den ersten, in denen die sexuelle Sphäre mittels des allgemeinen Krankheitsobjektivs zunächst verselbstständigt wird, um danach psychologisch isoliert und allgemein fetischisiert zu werden. In Gutmanns Monografie kann manfrau jetzt in Seelenruhe endlich auf Deutsch nachlesen, was Kaan wirklich geschrieben hat.

Reale Lebensdaten

Nicht bei Gutmann nachzulesen ist, was ich im Laufe vieler Jahre über das Leben des Heinrich Kaan zusammengetragen habe (Sigusch 2003 mit Dokumenten):

Eintragungen zu Heinrich Kaan im Haupt-Rigorosen-Protokoll der Medizinischen Fakultät der Universität Wien, Archiv der Universität Wien (Med. 12.1, 1821–1871), aus denen sich ergibt, dass Kaan 1831 vom jüdischen zum römisch-katholischen Glauben übergetreten ist.

Heinrich Kaan wurde am 8. Februar 1816 in Wien geboren; gestorben ist er am 24. Mai 1893 ebenfalls in Wien. Er wurde also 77 Jahre alt. Aus dem Haupt-Rigorosen-Protokoll der Wiener Medizinischen Fakultät ergibt sich, dass Kaan 1831 vom jüdischen zum römisch-katholischen Glauben übergetreten ist (s. Dokument). Nach den Archivalien war sein Vaterland »Österreich« resp. »Wien«, also nicht Galizien, Böhmen oder Ungarn. Sein Vater wird einmal Simon, andermal Heinrich genannt und sei Kaufmann gewesen (s. die Dokumente 3 und 4 in Sigusch 2003: 129 f.).

Viele Jahre lang konnten wir über die Herkunft des Heinrich Kaan nicht mehr in Erfahrung bringen. Insbesondere ließ sich nicht beweisen, wie Gutmann (1998: 26) vermutet, dass unser Protagonist der Sohn eines »Industriellen« ist, den Wurzbach (1863) in seinem *Biographischen Lexikon des Kaiserthums Oesterreich* nennt: Samuel Heinrich Kaan Edler von Albest, geboren in Ungarn, gestorben zu Wien am 22. Februar 1844. Wurzbach bezeichnet ihn als einen Großhändler, der sich »um den Aufschwung der ungarischen Schafwoll-Industrie und durch seine Humanität« verdient gemacht habe. Seine Wollesortierungsanstalt, in der über 500 Arbeiter beschäftigt waren, sei sogar von Kaiser Franz besucht worden, der »ihm für die in derselben wahrgenommene Ordnung und Thätigkeit [...] das Allerhöchste Wohlgefallen zu erkennen gegeben« habe. Für seine Verdienste wurde Kaan 1826 in den ungarischen Adelsstand mit dem Prädikat Edler von Albest erhoben. Er hinterließ 16 Kinder, von denen Wurzbach einen Sohn namentlich erwähnt, den 1802 geborenen Rittmeister und Kompositeur Raymund von Albest, der nach unseren Recherchen Antonia von Pfretzschner heiratete, mit ihr den 1837 geborenen Sohn Raimund hatte, der wiederum mit Augusta von Neuwirth 1864 den Sohn Norbert bekam, der in der Comune di Merano ein prächtiges Sanatorium gründete und dort als »Herzoglich sächsischer Sanitätsrath« figurierte. Von Wurzbach wird 1863 nach einem trennenden Gedankenstrich unter den Quellen zu dem Artikel über Samuel Heinrich Kaan von Albest und seinen Sohn Raymund von Albest – ohne sich auf diese geadelte Familie zu beziehen – »ein Dr. H. Kaan« erwähnt, der »Arzt und Fachschriftsteller« sei und eine angeblich 1855, tatsächlich im Jahr zuvor erschienene Abhandlung mit dem Titel *Gedanken eines Arztes über die Cholera als Weltseuche* veröffentlicht habe, »worin er eine Parallele der drei Behandlungsarten der Cholera, der allopathischen, hydropathischen und homöopathischen zieht und mehrere Ideen in sanitätspolizeilicher Hinsicht ausspricht« (vgl. dazu eine kritische Rezension in der Wiener Medizinischen Wochenschrift 5, 88, 1855).

Erst vor wenigen Jahren bin ich bei erneuter Beschäftigung mit den gesammelten Materialien auf einen Artikel im *Ischeler Wochenblatt, Organ für das innere Salzkammergut* mit dem Titel »Der Vater von Ischl. Zum 8. März« gestoßen, in dem unser Protagonist eine Hommage auf den Erzherzog Franz Karl publiziert (Kaan 1885), den er in Ischl und Salzburg behandelt habe. In diesem Artikel berichtet Kaan, dass die kaiserliche Hoheit ihm gesagt habe, sein »Onkel Kaan, Ritter von Albest«, hätte dem Erzherzog Achtung vor der weiblichen Arbeit beigebracht. Zu dieser Anekdote, die Heinrich Kaans Herkunft mit der der von Wurzbach notierten geadelten Familie verknüpft, passt ein früherer Bericht Kaans (1882: 1), in dem er den Erzherzog bereits als »Vater von Ischl« feiert und ohne weitere Namensspezifikation erwähnt, dass die kaiserliche Hoheit nach eigenem Zeugnis durch seinen »Onkel den Werth der Arbeit hatte kennen und schätzen gelernt«.

Auf die Frage, wie oft Juden im alten Österreich nobilitiert worden sind, gab das Österreichische Staatsarchiv am 1. Oktober 2002 folgende Auskunft: Zwischen 1746 und 1918 betrafen 444 von über 10.000 Standeserhöhungen Personen mosaischen Glaubens, von denen die meisten, beinahe 70 Prozent, Händler, Bankiers oder Fabrikanten waren. In der ersten Hälfte des 19. Jahrhunderts seien 115 jüdische Familien geadelt worden.

Medicus ruthenicus gleich Docteur russe

Zu den offenen Fragen, die Kaans Herkunft betreffen, gehörte bisher auch, ob er ein Ruthene gewesen ist wie beispielsweise Andy Warhol (Frank 1997).

Die Ruthenen (auch Russinen oder Russniaken), die sich selbst, jedenfalls um die vorletzte Jahrhundertwende, Russy, das heißt Russen, genannt haben, sind eine kleine, keine Million erreichende slawische Volksgruppe, die zu den so genannten Kleinrussen gezählt wird und zu beiden Seiten der Karpaten lebt. Ihre Geschichte unter litauischer, polnischer, österreichischer, ungarischer, sowjetischer, tschechoslowakischer, ukrainischer oder slowakischer Herrschaft, zu der die einen einzigen Tag lang andauernde staatliche Souveränität im Jahr 1938 gehört, ist so kompliziert, dass sie hier nicht einmal andeutend benannt werden kann.

Das ist auch nicht notwendig, weil ich inzwischen davon überzeugt bin, dass unser Protagonist keine ethnisch-politische Zugehörigkeit anzeigen wollte, als er sich im Titel seines Buches als »medicus ruthenicus« bezeichnete. Ich denke, er wollte sich als »russischer Arzt« vorstellen, weil er zu dieser Zeit in Russland arbeitete, nicht einige Monate, sondern insgesamt etwa zehn Jahre lang. Im Prooemium seiner *Psychopathia* wird folglich auch angegeben, dass es am 21. Februar 1844 in Petropolus beendet worden sei (das ist übrigens einen Tag vor dem Tod des Samuel Heinrich Kaan von Albest). Bei der Übersetzung ins Lateinische wurde dann aus dem »russischen Arzt« ein »medicus ruthenicus«, denn »Ruthenian« ist »simply a Latinized form of ›Russian‹«, wie es in der *Encyclopaedia Britannica* heißt (1964, Bd. 19: 771). Ganz in diesem Sinne figuriert Kaan in den Titeleien seiner französischsprachigen Bücher *Ischl et ses environs* (1879) und *La Suisse autrichienne* (um 1880) als »médecin russe« resp. »docteur russe«.

Vielleicht heißt es in der Titelei der *Psychopathia sexualis* aber auch »auctore Henrico Kaan, medico ruthenico et doctore medicinae vindobonensi etc. etc.«, weil es das üppige Etc. noch gar nicht gab, das er am Ende seines Lebens auftischen lassen konnte: »Doctor der Medicin, kaiserl. Rath, Besitzer der Decoration des russischen rothen Kreuzes, Mitglied der k.k. Gesellschaft der Aerzte in Wien, der Doctoren-Collegien in Wien und St. Petersburg und Mitglied des Vereines der Aerzte Salzburgs und Oberösterreichs, emerit. ord. Arzt am Frauen-Hospitale in St. Petersburg und im Militär-Spitale zu Innsbruck, Mitglied mehrerer wissenschaftlicher und humanitärer Vereine« (Ischler Cur-Liste 1892, Cur-Inspection, Sanitäts-Personale). In früheren Cur-Listen, als er noch nicht kaiserlicher Rat war, wurden außerdem angeführt: Magister der Geburtshilfe, emeritierter Abtheilungsvorstand eines kaiserlichen Militärspitals, Mitglied des Vereins der Ärzte Österreichs für physiologische Arzneiprüfung, Mitglied der kaiserlichen russischen freien Landwirtschafts-Gesellschaft und mehrerer anderer gelehrter Gesellschaften (vgl. Ischler Cur-Listen von 1866 ff).

Doch der Reihe nach. Aus den Archivalien der Universität Wien geht hervor, dass Kaan von 1826 bis 1830 vier Jahre »Grammatikal-Klasse« und von 1830 bis 1832 zwei Jahre »Humanitäts-Klasse« als Schüler des Akademischen Gymnasiums in Wien absolvierte, um sich anschließend von 1832 bis 1834 zwei Jahre lang den »Philosophischen Studien« zu widmen. In den Studienjahren 1834/35, 1835/36, 1836/37 und 1838/39 war er als Student der Medizin in Wien eingeschrieben. Nach den Dokumenten hat er auch in Padua studiert, wahrscheinlich 1837/38. Belegt ist seine Promotion zum Dr. med. am 9. Juni 1840 in Wien, der laut »Album facultatis medicae vindobonensis« (FMM I, 1–464, 1816–1850) am 9. Dezember 1840 seine Aufnahme in die Medizinische Fakultät folgte. Bereits am 21. November 1840 hatte er das Rigorosum für das Magisterium der Geburtshilfe bestanden. Die Dissertation mit dem Titel »De alcaloidibus« (Kaan 1840; vgl. Wiener k.k. Universität 1841: 151) befindet sich weder im Universitätsarchiv noch in der Universitätsbibliothek Wien noch in der Österreichischen Nationalbibliothek. Wir fanden sie schließlich in den Universitätsbibliotheken Dresden und Düsseldorf.

Kurze Zeit nach dem Abschluss seiner medizinischen Ausbildung in Wien hat sich Kaan nach St. Petersburg begeben, wo er nach unseren Recherchen bis 1850 tätig war, vor allem als »ordinierender Arzt« am dortigen Frauen-Hospital, aber ein Jahr lang auch in einem Hospital für Typhuskranke (Kaan 1854: 45). In dieser Petersburger Zeit hat er die *Psychopathia sexualis* geschrieben. Warum das Buch im Leopold Voss Verlag in Leipzig erschienen ist, wissen wir nicht. Diesen Verlag hat Arthur Meiner, dem auch der Verlag Johann Ambrosius Barth gehörte, 1911 von Ernst Maass erworben. 1974 übernahm der Springer-Verlag, Berlin/Heidelberg/New York, die medizinische und psychologische Produktion des Barth Verlages (Auskunft des Börsenvereins des Deutschen Buchhandels vom 21. Dezember 1993), hat aber in seinen Archiven keine Spur von Kaan gefunden (Auskünfte vom 24. Mai, 6., 14. und 16. Juni 1994).

Als die *Psychopathia sexualis* erschien, war der Autor seit wenigen Tagen 28 Jahre alt. Deshalb verwundert es auch nicht, wenn er sich in der Vorrede mehrfach dafür entschuldigt, überhaupt zur Feder gegriffen zu haben: Er sei ein noch viel zu junger Arzt, genieße kein öffentliches Vertrauen, habe auch in verschiedener Hinsicht keine eigenen Erfahrungen, insbesondere über die Psychopathia sexualis des Sexus sequior, das heißt des weiblichen Geschlechts, wisse er zu wenig. Angesichts der großen Zahl Kranker, die »jene Krankheit«, die er nicht beim Namen nennt, dahingerafft hätte, angesichts der falschen allgemeinen Ansichten über diese Sache und der wenigen Ärzte, die im Bilde seien, angesichts der viel zu wenigen Bücher, die über diese Krankheit geschrieben worden seien, könne er aber nicht umhin, die Ärzte wieder an die Schwere dieser Krankheit – gemeint ist im Wesentlichen die Onanie – zu erinnern und Regeln für ihre Behandlung aufzustellen. In lateinischer Sprache habe er das Werk verfasst, obgleich sein Latein nicht elegant genug sei, weil er eine derartig lubrikate Sache allgemein zu verbreiten für allzu gefährlich erachte. Sollten jedoch die Doktoren das Resultat seiner Nachtarbeit nicht ganz zurückweisen, könnte sein Werk doch noch in einheimischer oder gallischer Sprache erscheinen.

Cholera und Homöopathie

Dazu ist es nicht gekommen. Und so verließ der in späteren Jahren vielleicht nicht mehr so entsetzlich besorgte Doktor dieses prekäre Terrain, widmete sich nach seiner Zeit in Russland, von der Cholera abgesehen, in durchweg dünnen Büchern und Broschüren nur noch dem Kur-, Bade- und Reisewesen, über das er zwischen 1851 und 1882 mehrere Abhandlungen in deutscher und französischer Sprache veröffentlicht hat, die nach Zeitungsberichten an den großen Bahnhöfen verkauft und als Werbematerial von Kurorten bezahlt und verbreitet wurden (s. die Personalbibliografie in Sigusch 2003). Die Cholera hatte er in Form einer Epidemie 1848 und 1849 in St. Petersburg beobachten müssen; ihre Behandlung beschäftigte ihn offenbar so sehr, dass er einige Jahre später eine Abhandlung darüber verfasste (Kaan 1854).

1850 kehrte Kaan nach Österreich zurück und hospitierte zunächst mehrere Monate lang im Spital der Barmherzigen Schwestern in der Leopoldstadt, das von Franz Wurmb geleitet wurde. Dr. Wurmb war ein bekennender Homöopath und half Kaan (1854: 46) dabei, seine »medizinische Wiedergeburt« als Homöopath zu festigen. Und so legte er einige Jahre später in den *Gedanken eines Arztes über die Cholera als Weltseuche* sein »medizinisches Glaubensbekenntnis« ab. Sein Wahlspruch sei immer gewesen: »Medicus sit minister naturae«. Schon in den Studienjahren habe ihn keine allopathische Theorie überzeugt. Arzneimittel in großen Dosen angewandt, schienen ihm immer »gefährliche Eingriffe auf den erkrankten Menschenleib« zu sein. Dr. Martin Mandt, der Leibarzt des Zaren, dem er die *Psychopathia sexualis* zugeeignet hat, habe viele Ärzte überzeugt, kleine Dosen zu verordnen. Er selbst habe in seiner »allöopathischen Praxis« Wasser, Milch, Salz und Honig als Hauptmittel verwandt. Doch obgleich er als Student »auf homöopathischem Wege« von einem »Herzleiden« befreit worden sei, hätte er immer noch an diesem »System« gezweifelt (ebd.: 44f). Das änderte sich erst in St. Petersburg, als er sah, wie erfolgreich die Typhuskranken homöopathisch behandelt wurden. Und so verwundert es nicht, dass Kaan seine Abhandlung über die Cholera mit einem Plädoyer für die Homöopathie beendet.

Zwei Jahrzehnte später, in der Vorrede zu seinem Buch *Ischl und Umgebung* (Kaan 1875: Vf), blickt der Autor auf sein bisheriges Leben zurück: »Das Verhängniss führte mich von der blauen Donau an die Ufer der Newa, wo ich durch 10 Jahre die Liebenswürdigkeit und Gastfreundschaft der Bewohner der nordischen Riesenhauptstadt Petersburg kennen lernte. Familienverhältnisse fesselten mich in Meran und Innsbruck, und diesem Umstande danken mehrere Geistesproducte ihre Entstehung. Die alte Juvavia wurde meine neue Heimat, und an den Ufern der Salzach entstand mein irdisches Paradies in Neusalzburg«.

Ungefähr von 1851 bis 1864 lebte und arbeitete Kaan in Meran und Innsbruck, dort nach seinen Angaben im Militär-Spital. Nach indirekten Bemerkungen in seinen Büchern *Ischl und Umgebung* und *Ischl et ses environs*, das übrigens keine Übersetzung des Ersteren ist, wäre er 1862 bzw. 1864 nach Ischl gekommen, in der dortigen »Cur-Liste« wird er zum ersten Mal 1864 als Bade-Arzt erwähnt. Mit dem Kurort Ischl blieb Kaan bis zu seinem Lebensende verbunden. Praktiziert hat er dort, jedenfalls im Sommer, mindestens bis 1888 (vgl. Ischler Wochenblatt vom 3. Juni 1888), wahrscheinlich sogar bis kurz vor seinem Tod (vgl. Ischler Cur-Liste von 1892).

Nachtwächter, kaiserliche Hoheiten und Pissoirs

Spätestens seit 1873 gehörte Kaan den Entscheidungsgremien des Kurortes an. Nach mehreren Quellen war er in diesen Gremien außerordentlich aktiv. Als so genannter Obmann-Stellvertreter der Kur-Kommission, deren Vorsitzender qua Amt der Bürgermeister war, hatte er offenbar die Zügel in der Hand und kümmerte sich um alles, von der nächtlichen Ruhestörung der Gäste durch Schießübungen über Verbindungsstraßen, Belustigungen und Kurmusik sowie »das Institut der Nachtwächter«, das er abschaffen will, bis hin zu den Modellen und Standorten für Pissoirs in der Stadt. Manchmal wurde er unmittelbar politisch, zum Beispiel, wenn er sich als »Deutsch-Österreicher« zu Wort meldete. Offenbar schlug sein Herz aber nicht nur fürs Deutsche und fürs Kurwesen, sondern auch für die Hilflosen. Weil der Erzherzog Franz Karl so freundlich zu den Einfachen und Armen war, verehrte er ihn, und er selbst ließ in der Zeitung mitteilen, dass er »für Arme unentgeltlich von 7–8 Uhr morgens ordiniren, und denselben Verbände und Arzeneien umsonst geben« werde (Ischler Wochenblatt, Beilage zu Nr. 21 vom 24. Mai 1885, S. 3). Während er im Sommer in Ischl praktizierte, hat er offensichtlich im Winter, spätestens seit 1874, in Salzburg gelebt.

Stammt einer aus einer vom Kaiser höchstselbst beachteten Familie, behandelt ein herausgehobenes Mitglied der kaiserlichen Familie als Privatarzt und tritt auch noch öffentlich sehr engagiert und mildtätig in Erscheinung, bleiben Auszeichnungen nicht aus. Die schmückendste teilt das *Ischler Wochenblatt, Organ für das innere Salzkammergut* (Nr. 40, S. 3) am 1. Oktober 1876 mit: »Se. Majestät der Kaiser hat mit Allerhöchster Entschließung vom 20. September d. J. den Badeärzten Dr. Heinrich Kaan in Ischl und Dr. Johann Rabl in Hall in Anerkennung ihres verdienstlichen humanitären Wirkens den Titel eines kaiserlichen Rathes mit Nachsicht der Taxen verliehen«. Zwei Jahre zuvor hatte das *Echo aus den Bergen, Organ für das innere Salzkammergut* (Nr. 27 vom 5. Juli 1874, S. 3) gemeldet: »Herr Dr. Heinrich Kann [sic] wurde zum Mitgliede der k.k. Gesellschaft der Aerzte in Wien und des psychiatrischen Central-Vereines der Irrenärzte Oesterreichs ernannt«. Die »Decoration des russischen Rothen Kreuzes« schließlich erhält der kaiserliche Rat Dr. Heinrich Kaan 1883 (Ischler Wochenblatt, Beilage zu Nr. 22 vom 3. Juni 1883, S. 3).

Im 78. Lebensjahr ist Heinrich Kaan am 24. Mai 1893 in Wien verstorben. Im »Totenbeschauprotokoll des Totenbeschreibamtes« (Auskunft des Wiener Stadt- und

Landesarchivs vom 8. Juni 1990) wird als »Zuständigkeitsort« Salzburg genannt, als Todesart »Altersschwäche«, als Wohn- und Sterbeort Wien 3, Wassergasse 2. Ein Testament ist an den üblichen Orten nicht gefunden worden. Nach einer Notiz im *Ischler Wochenblatt* vom 28. Mai 1893 (21. Jg., Nr. 22) hat Kaan eine Witwe und zwei Kinder hinterlassen, einen Sohn, Dr. med. Hans Kaan, und eine nicht bei ihrem Namen gerufene Tochter. Der Sohn Hans hat offenbar auch publiziert (vgl. Sigusch 2003). Ob ein Dr. Hanns Kaan (1892), dem Freud (1892/93: 10; vgl. auch 1895: 316) in seinem Bericht über die Heilung einer »hystérique d'occasion nach Charcots glücklichem Ausdruck« durch hypnotische Suggestion zeitgleiche »analoge Ausführungen« bescheinigt hat, mit dem Sohn Hans unseres Kaan identisch ist, sollen andere entscheiden. Denkbar ist es.

7 Perversionen oder die Psychiatrisierung sexueller Vorlieben

Richard von Krafft-Ebing zwischen Kaan und Freud

Viele Wissenschaftler sehen Richard von Krafft-Ebing als den Begründer der Sexualpathologie, ja sogar der modernen Sexualwissenschaft an. Ich gehöre nicht dazu, weil es vor ihm einerseits mehrere, vor allem französische Forscher gegeben hat, die das Feld der Sexualpathologie bestellten (s. Chronologie im Anhang) und weil es vor ihm andererseits Mantegazza und Ulrichs gegeben hat, durch deren Arbeit sehr viel eher eine Sexualwissenschaft im modernen Sinn begründet worden ist als durch die psychiatrischen Abhandlungen Krafft-Ebings (s. dazu die Kap. 4 und 5). Fraglos aber trifft insbesondere Krafft-Ebings »klinisch-forensische Studie« mit dem ebenso abschreckenden wie anziehenden Titel *Psychopathia sexualis*, die erstmalig 1886 bei Ferdinand Enke in Stuttgart erschienen ist, den Nagel des Sexualdiskurses so wirksam auf den Kopf der allgemeinen Objektive, dass sie viele Auflagen erlebte und in viele Sprachen übersetzt wurde. Es ist womöglich gar nicht übertrieben, wenn wir sagen, von der Klassifikation der *Psychopathia sexualis* führt ein direkter Weg zu den heutigen medizinischen Krankheitsregistern, sodass der Einfluss der 120 Jahre alten Studie auf die Disziplinen Psychiatrie und Sexualwissenschaft offensichtlich bis in die Gegenwart hineinreicht.

Zwei Mentalitäten

Umso merkwürdiger ist, wie sehr das Herkommen des Richard von Krafft-Ebing im Dunkeln liegt, wie wenig über sein Leben bekannt ist. Wer weiß schon, dass er mit vollem Namen *Richard Fridolin Joseph Freiherr Krafft von Festenburg auf Frohnberg genannt von Ebing* heißt. Viele Autoren halten ihn für einen Österreicher, der immer in Graz und Wien gelebt und gelehrt hat, obgleich er doch in Mannheim geboren wurde, im Badischen aufgewachsen ist, in Heidelberg studiert und seine Universitätskarriere im deutschen Straßburg als Professor begonnen hat. In der Vorrede zur Neuausgabe der 14., nach Krafft-Ebings Tod von seinem Assistenten Alfred Fuchs mehr schlecht als recht besorgten Auflage der *Psychopathia sexualis* schreibt Paul Kruntorad (1984: 9): »Über sein Privatleben ist nichts bekannt«. Das ist zwar übertrieben, trifft aber eine auffällige Diskrepanz, wenn wir beispielsweise daran denken, wie bedeutungsvoll jede noch so bedeutungslose Spur aus dem Leben von Sigmund Freud oder Magnus Hirschfeld seit Jahrzehnten vorgezeigt und interpretiert wird.

Krafft-Ebings Privatleben und Herkommen blieben für Kruntorad und uns alle vor allem ungewiss, weil keine Nachlässe zur Verfügung standen, aus denen Forscher hätten schöpfen können. Das änderte sich vor einigen Jahren plötzlich. Durch glück-

Erste Seite (von vier) einer von Richard von Krafft-Ebing mit der Hand verfassten Krankengeschichte (Archiv der Enkelin Marion Josefine Georgine und des Urenkels Rainer Franz Constantin Krafft-Ebing, Graz)

liche Umstände erfuhr ich, dass Nachkommen des im Kreuzfeuer der Objektive und Diskurse operierenden Psychiaters bisher in Graz seinen Nachlass gehütet hatten und sich jetzt von ihm trennen wollten. Die Überraschung war groß, weil bis dahin allgemein angenommen worden war, dass es keinen privaten Nachlass gebe. Ich war so interessiert, dass ich mich sofort, die von Jan Philipp Reemtsma gegründete Hamburger Stiftung zur Förderung von Wissenschaft und Kultur finanziell im Rücken, in das nächsterreichbare Flugzeug setzte. Liebenswürdigerweise gestatteten mir die Nachkommen, die Enkelin Marion Josefine Georgine und der Urenkel Rainer Franz Constantin, den gesamten Nachlass durchzusehen, wobei sie auch noch so großzügig waren, mir einige Memorabilia zu dedizieren und von besonders interessanten

Stücken Ablichtungen anzufertigen. Vor mir sah nur der niederländische Historiker Harry Oosterhuis die Aufzeichnungen, die Patienten betreffen. Er hat inzwischen, von dieser Kenntnis ausgehend, eine Monografie über Krafft-Ebings Umgang mit den »Stiefkindern der Natur«, namentlich den späteren »Homosexuellen«, geschrieben, in der er ihn auf anrührende Weise gegen den bisherigen Strom der Auffassungen als Menschenfreund würdigt (Oosterhuis 2000; s. auch Oosterhuis 1997, 2001).

Da ungewiss war (und weiterhin ist), wann der Nachlass, der sich jetzt in der Londoner »Wellcome Library for the History & Understanding of Medicine« befindet, archiviert und damit zugängig sein wird, habe ich mich entschlossen, über meinen Besuch vom November 1995 in Graz einen Bericht abzugeben und nach vielen Gesprächen, Korrespondenzen und weiteren Recherchen ein Genogramm der Familie Krafft-Ebing zu erstellen, das es bis dahin nicht gab (vgl. Sigusch 2002b). In diesem Buch werde ich die familiäre Herkunft Krafft-Ebings auch kurz beschreiben, auf das Genogramm aber verzichten. Denn zentral soll es hier um seinen beruflichen und akademischen Weg und seine Stellung in der Geschichte der Psychiatrie und der Sexualwissenschaft gehen.

Krafft-Ebing wird am 14. August 1840 in Mannheim geboren, das damals zum Großherzogtum Baden gehörte. Sein Vater Friedrich Karl Konrad Christoph war Amtmann, seine Mutter Klara Antonie ist die Tochter des bedeutenden Rechtsreformers Karl Josef Anton Mittermaier. Krafft-Ebing hatte noch vier jüngere Geschwister. In seiner Kindheit ziehen die Eltern aus beruflichen Gründen zunächst nach Eberbach, später nach Heidelberg. Da es in Eberbach kein Gymnasium gibt, wohnt Krafft-Ebing in dieser Zeit im Haus seines Großvaters Mittermaier in Heidelberg. Während Richard von Krafft-Ebing durch die väterliche Linie seiner Vorfahren mit dem Geist treuer Obrigkeitsdiener in Berührung kam, die für ihre Staats- und Kirchendienste mit einem niederen Adelsprädikat belohnt worden sind, konfrontierte ihn die Familie seiner Mutter sehr früh mit dem Geist der bürgerlichen Aufklärung. In seinem Empfinden und Denken verschränken sich beide Mentalitäten: das Festhalten an dem Überkommenen und der Wille zu Reformen.

Von 1858 bis 1863 studiert Krafft-Ebing Medizin in Heidelberg. 1863 hört er in Zürich den einflussreichen Psychiatrie-Reformer Wilhelm Griesinger und promoviert in Heidelberg mit einer Arbeit über »Sinnesdelirien« zum Dr. med., die 1864 veröffentlicht wird. Im selben Jahr veröffentlicht er seinen ersten forensisch-psychiatrischen Aufsatz. Nachdem er bereits 1863 in der von Christian Roller 1842 gegründeten badischen Landesirrenanstalt Illenau volontiert hatte, war er dort vom Mai 1864 bis zum Oktober 1868 Assistenzarzt, zusammen mit seinem Freund Heinrich Schüle, dem späteren Leiter der Anstalt. Zwischen Volontariat und Assistentenzeit soll er noch ein Semester in Berlin studiert bzw. eine Studienreise an die Universitäten Wien, Prag und Berlin unternommen haben. 1868 lässt sich Krafft-Ebing als Nervenarzt in Baden-Baden nieder. Im Juli 1871 wird er im deutsch-französischen Krieg als Feldarzt aktiv. Nach dem Krieg leitet er eine elektrotherapeutische Station in Baden-Baden und behandelt dort vor allem verwundete Soldaten.

Im April 1872 wird Krafft-Ebing zum außerordentlichen Professor der Psychiatrie an der Universität Straßburg ernannt. Seine dortige Klinik, die erste

Das Ehepaar von Krafft-Ebing im Love Seat (aus Richard Freiherr von Krafft-Ebing: Eine Studienreise usw., eingeleitet vom Urenkel Rainer Krafft-Ebing, 2000)

psychiatrische an dieser Universität, beschreibt Fuchs (1924: 177) so: »Ein Zimmer für zwei Männer, ein Zimmer für zwei Frauen und je eine anstoßende Zelle war alles, was an Räumlichkeiten seinem Lehramte dienen sollte«. Zuvor soll Krafft-Ebing 1872 in Leipzig ein Gesuch um Habilitation eingereicht haben. Im Archiv der Universität Leipzig finden sich jedoch keine Notizen zu Krafft-Ebing. Wahrscheinlich ist er unhabilitiert an die neue reichsdeutsche Universität Straßburg berufen worden, bevor die Leipziger Fakultät über seinen möglichen Antrag entscheiden konnte.

Wahrscheinlich wegen der schlechten Arbeitsbedingungen in Straßburg nimmt Krafft-Ebing bereits im Mai 1873 den Ruf auf die Professor für Psychiatrie der Universität Graz an und wird zugleich Direktor der Steierischen Landesirrenanstalt (Am) Feldhof bei Graz. Im Dezember 1874 heiratet der 34-jährige katholische Arzt in Karlsruhe die 28-jährige katholische Försterstochter Maria Luise Kißling (auch Louise Kissling oder Kiszling geschrieben), eine »Frohnatur aus der badischen Heimat, geistig und musikalisch ihm wahlverwandt« (Schüle 1903: 322), mit der er drei Kinder haben wird, zwei Jungen und ein Mädchen.

Forensische Psychiatrie und Sexualpathologie

Im Jahr darauf erscheint seine wahrscheinlich bedeutendste wissenschaftliche Arbeit: das *Lehrbuch der gerichtlichen Psychopathologie* (1875). Zwei Jahre später veröffentlicht Krafft-Ebing seinen ersten sexualpathologischen Aufsatz (1877), der zwölf Fallvignetten enthält und als Vorläufer der berühmten *Psychopathia sexualis* von 1886 angesehen werden kann. Speziell die »conträre Sexualempfindung«, die später Homosexualität genannt werden wird, zählt er zu den »funktionellen Degenerationszeichen«. Am 29. Januar 1879 schreibt Krafft-Ebing einen Brief an Karl Heinrich Ulrichs, in dem es heißt: »die Kenntnis Ihrer Schriften (zur mann-männlichen Liebe; Anm. V.S.) allein war es, was mich veranlaßte zum Studium in diesem hochwichtigen Gebiet« (Ulrichs 1879: 92; zum Verhältnis von Ulrichs und Krafft-Ebing s. Sigusch 2000a: 30–35 und 110–118). 1879 erscheinen zwei Bände seines *Lehrbuchs der Psychiatrie*; der dritte Band folgt 1880. Das Lehrbuch erreicht mehrere Auflagen, wird in mehrere Sprachen übersetzt und gibt in Österreich und Deutschland bald den klinisch-psychiatrischen Ton an. Ende 1879 wird Krafft-Ebing zum ordentlichen Universitäts-Professor befördert. 1885 gibt er die Direktion der Irrenanstalt Feldhof auf und nimmt nur noch seine Professur in Graz wahr.

1886 erscheint das berühmte, 17 ordentliche Auflagen und zahllose unordentliche Ausgaben erreichende, in mehrere Sprachen übersetzte Werk *Psychopathia sexualis. Eine klinisch-forensische Studie.* Von der 2. Auflage des Werkes an, die bereits 1887 notwendig wird, lautet der zweite, aber zuerst genannte Untertitel *Mit besonderer Berücksichtigung der conträren Sexualempfindung.* Ebenfalls 1886 wird das Krafft-Ebing'sche Privat-Sanatorium Mariagrün auf dem Rosenberg bei Graz eröffnet, in dem auch Mitglieder des europäischen Hochadels behandelt werden. 1889 wird Krafft-Ebing zum ordentlichen Professor für Psychiatrie und Neuropathologie in Wien und zum Vorstand der I. Psychiatrischen Klinik als Nachfolger von Max Leidesdorf ernannt. 1890 erscheint die Studie *Neue Forschungen*

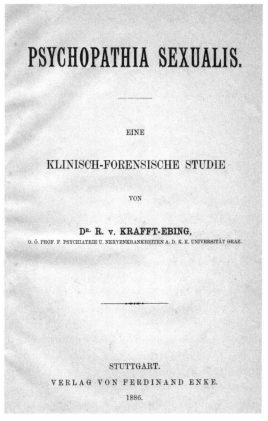

Titelseite der Erstausgabe der berühmten *Psychopathia sexualis* von Richard von Krafft-Ebing aus dem Jahr 1886

auf dem Gebiet der Psychopathia sexualis, in der er die Bezeichnung »Masochismus« einführt und die Bezeichnung »Sadismus« aus der französischen Literatur übernimmt. 1892 wird er zum Hofrat und Vorstand der II. Psychiatrischen Klinik der Universität Wien als Nachfolger von Theodor Meynert ernannt.

1894 erscheint eine *Denkschrift*, in der er die geplante Fortschreibung des österreichischen Homosexuellen-Paragrafen 129 als »Unglück« bezeichnet, weil dieser Paragraf »viel Unheil angerichtet, nützliche und unbescholtene Staatsbürger in Schande, Noth und Tod gejagt« habe (S. 3 f). In seiner in lateinischer Sprache erscheinenden Zeitschrift *Alaudae* äußert sich Karl Heinrich Ulrichs (1894) zum letzten Mal zur mannmännlichen Liebe, indem er Krafft-Ebing ebenso kritisiert, weil er diese Liebe nach wie vor als »Irrsinn« ansehe und sein eigenes Werk schamlos ausplündere, wie zugleich belobigt, indem er in ihm das einzige »menschliche Herz« entdeckt, in welches sein Samen der Urningsemanzipation (s. Kap. 5) gefallen sei (zit. nach der Übersetzung von Wolfram Setz in Sigusch 2000a: 113, 117).

1897 gehört Krafft-Ebing »zu den vier ersten Männern« (Hirschfeld 1920: 979), die die Petition des Wissenschaftlich-humanitären Komitees (WHK) an den Deut-

Gemalte »passive Flagellanten« aus dem 19. Jahrhundert

Ein realer »Gummifetischist« aus dem 20. Jahrhundert

schen Reichstag in Sachen Entkriminalisierung der Homosexualität unterzeichnen (s. Kap. 3). 1901 erscheint sein letzter Aufsatz zur Homosexualität. In ihm kommt er zu der Auffassung, dass die Homosexualität eine unverschuldete »eingeborene Anomalie« im Sinne einer »Missbildung« (S. 5) sei, nicht aber eine »lasterhafte Hingabe«, eine »psychische Entartung oder gar Krankheit«; sie sei ungefährlich für die Jugend und vereinbar mit allen »edlen Regungen des Herzens«, ja sogar mit »geistiger Superiorität« (S. 6). Außerdem würdigt er Ulrichs' Lebenskampf.

Insgesamt hat Krafft-Ebing beinahe 400 wissenschaftliche Arbeiten veröffentlicht und sich zu sehr differenten Bereichen der Medizin geäußert. Sein Interesse galt dem Typhus und der Pest ebenso wie der Syphilis, der Paralysis agitans und der Hemikranie wie der konträren Sexualempfindung, dem Hypnotismus und der Psychosis menstrualis wie der Morphinodipsie, der Nervosität seiner Zeit wie den so genannten neurasthenischen Zuständen. Dabei hat er auch etliche Benennungen wie Zwangsvorstellung, Dämmerzustand und Masochismus mit Erfolg eingeführt. Am 22. Dezember 1902 verstarb Richard von Krafft-Ebing in Mariagrün bei Graz an den Folgen einer arteriosklerotischen Gefäßerkrankung.

Ein ganz anderer Pionier

Wird Krafft-Ebing von Kollegen gewürdigt, steht er oft nicht nur als Begründer der Sexualwissenschaft da, sondern auch als großer Reformer der Psychiatrie. Ich denke, auch diese Würdigung ist nicht unproblematisch. Denn als Krafft-Ebing in die Psychiatrie eintrat, waren die Weichen bereits in die Richtung gestellt, die er später selbst vertrat: weg von der metaphysischen, naturphilosophisch oder theologisch ausgerichteten Psychiatrie, weg von den tausend Zwangsmitteln, hin zum englischen Non-Restraint und einer physischen Wissenschaft, die die so genannten Geisteskrankheiten als einerseits funktionell-vasomotorisch-hirnpsychisch, andererseits als konstitutionell-entartet verursacht verstand.

Während Bénédict Augustin Morel (1857) der Gewährsmann für die Dégénérescence war, hatte vor allem Wilhelm Griesinger (1845), ein Zeitgenosse von Kaan, Gobineau, Tardieu, Marx und Bismarck, den Krafft-Ebing mit 22 Jahren in Zürich gehört hatte, die Reform der Psychiatrie vorangetrieben. Auch die mit Griesingers Wirken verbundene »moderne klinische Methode« (Schüle 1903: 309) hatte Krafft-Ebing bereits in der Anstalt Illenau erlernt. Krafft-Ebings Freund und Kollege Heinrich Schüle (ebd.: 307) schreibt dazu: »Hier wurde der Methode seines klinischen Schaffens die Richte gegeben durch die traditionelle Weise der Krankenbeobachtung, die kein Kleinstes für zu klein hält, jedes psychische und somatische Symptom würdigt, die innern Zusammenhänge des geistigen Ablaufs durch häufig vorgenommene Anamnesen zu erfassen, die Aenderungen des psychischen Zustandes jeweils mit dem körperlichen zu verbinden bemüht bleibt, um streng induktiv für Entstehung und Verlauf ein möglichst gesetzmässiges, klinisch-verständliches Bild zu erhalten, das nicht mit einer klassifizierenden Allgemein-Diagnose abschliesst, sondern den Krankheitsfall aus seinen individuellen Faktoren zu erklären sucht«.

Krafft-Ebing gehörte zu den fortschrittlichen Psychiatern seiner Zeit, indem er darum bemüht war, die allgemeine Psychiatrie an den Universitäten zu verankern, ihr mit Hilfe der klinischen Nosografie und Psychologie, der Physiologie und Neuropathologie ein wissenschaftliches Fundament zu geben sowie die Unterbringung und Behandlung der armen wie der reichen Geisteskranken zu humanisieren. Bescheiden billigte er der Psychiatrie seiner Zeit nur den Anspruch auf eine beschreibende, nicht auf eine erklärende Wissenschaft zu und war davon überzeugt, dass unerklärliche Tatsachen viel weniger gefährlich seien als falsche Erklärungen der Tatsachen. An den Tatsachen, welche die klinische Beobachtung zu Tage förderte, interessierte ihn »vor allem die Verwertbarkeit zum Heile der Menschheit« (Wagner-Jauregg 1908: 2309). Dieses Heil wollte er nicht durch Entrüstung, Abscheu und Bestrafung erzwingen, sondern durch Nachsicht und Mitleid, durch Anerkennung, Verständnis und Behandlung ermöglichen: Man müsse »alles verstehen«, um »alles zu verzeihen« (ebd.: 1908: 2311).

Während Krafft-Ebing als allgemeiner Psychiater und Neurologe eher ein Mitmacher war, war er als forensischer Psychiater ein Pionier. Er hat, wenn mein Eindruck nicht trügt, die moderne Forensische Psychiatrie begründet (vgl. auch Sigusch 2004). Nur wenige Kollegen und Historiker haben bisher erkannt, dass seine Leistung auf diesem Gebiet der des »unsterblichen« Griesinger auf »klinischem« Gebiet »vergleichbar« ist (Schüle 1903: 315). Der extrem belesene und kluge Albert Eulenburg (1903: 39), der eine ohne Übertreibung epochal zu nennende Enzyklopädie der Medizin herausgab und in den Anfängen der modernen Sexualwissenschaft eine wesentliche Rolle spielte (s. Kap. 9), übrigens im selben Jahr geboren wie der Gewürdigte, hat es früh erkannt, indem er Krafft-Ebings bereits 1875 erschienenes *Lehrbuch der gerichtlichen Psychopathologie* über die erst 1886 veröffentlichte *Psychopathia sexualis* stellte: Krafft-Ebing gelte zwar »vorzugsweise als Urheber der litterarisch so unerhört erfolgreichen, [...] von Laien mehr noch als von Aerzten gelesenen und gewürdigten, vielbewunderten, vielgeschmähten und als ›shocking‹ verschrieenen ›Psychopathia sexualis‹.« Seine wissenschaftliche Leistung sei aber auf anderem Gebiet größer gewesen. Während seine sexualpathologische Studie das neue Gebiet »in etwas einseitiger Beleuchtung« zeige und »im ganzen mehr ins Breite als in die Tiefe« führe, wögen seine Lehrbücher »erheblich schwerer«, namentlich das hier erwähnte. Denn in dem *Lehrbuch der gerichtlichen Psychopathologie* habe Krafft-Ebing »bei seltener Vollkommenheit der Darstellung auch eine ganz neue, eigenartige, [...] unentbehrliche Leistung geboten«.

Medizinischer Furor

Krafft-Ebing hat seine Leistungen auf dem Gebiet der forensischen Psychiatrie im Gespräch mit Kollegen selbst als »die wissenschaftliche Hauptarbeit seines Lebens« (Karplus 1903: 21; Wagner-Jauregg 1908: 2308) bezeichnet. In seinem *Lehrbuch der gerichtlichen Psychopathologie* (1875: 2) schreibt er: »Die nächsten Ziele der gerichtlichen Psychopathologie sind [...] auf Gewinnung festerer Grundlagen für die Frage der Zurechnungsfähigkeit überhaupt und der Begrenzung des Gebiets der Strafrechtswissenschaft, nicht minder auf die Art und Weise des Strafvollzugs gerichtet«. Dass die Rechtswissenschaft nicht mehr »aller Cultur und Humanität Hohn« spräche, sei »dem Studium der subjektiven Seite des Verbrechens, des Verbrechers, seiner Motive, seiner psychischen Individualität« zu danken. Krafft-Ebing lenkt also den Blick der Medizin und des Rechts von der Tat auf den Täter, von einer strafbaren Handlung auf ein beschädigtes, invalides, gefährliches, schwaches, Leid erzeugendes und selber leidendes Subjekt in einer speziellen konstitutionellen und psychosozialen Verfassung, und er stellt neben den Richter den psychiatrischen Gerichtssachverständigen. Grund und Boden dieser enormen Veränderung sind natürlich (und das meint immer: gesellschaftlich) nicht irgendwelche Vorstellungen irgendwelcher Professoren, sondern strategische allgemeine Objektive, die für die Gesellschaftssubjekte nicht nur vernichtende, sondern auch erhaltende Seiten haben.

Dass Krafft-Ebing, als er sich die Frage vorlegte, ob es nicht Menschen gibt, deren norm- und gesetzeswidriges Tun mit anderen als strafrechtlichen Maßstäben zu messen sei, diese Menschen nicht anders denn als Kranke begreifen konnte, lag nicht in seiner Macht. Denn in der sich ausdifferenzierenden ökonomisch-experimentellen Tausch- und Wissensgesellschaft waren bereits gesellschaftliche Installationen entstanden, gegen die kein Kraut gewachsen war: Medizin als Experiment, Wissen und Wissenschaft als Fetisch, Krankheit als Objektiv. Bekanntlich missversteht sich die moderne Medizin einschließlich der modernen Psychiatrie vor allem

Das Ehepaar von Krafft-Ebing mit seinen drei Kindern (aus Richard Freiherr von Krafft-Ebing: Eine Studienreise usw., eingeleitet vom Urenkel Rainer Krafft-Ebing, 2000)

als Somatologie, ist ihrem epistemologischen Selbstverständnis nach ein naturwissenschaftlich begründbares Experiment, das auch allen geistigen, seelischen und sozialen Abweichungen auf die Spur kommen zu können glaubt. Zur Zeit Krafft-Ebings hatten die Topoi Krankheit und Therapie bereits die Wirkmächtigkeit einer strategischen Installation erlangt, wie ich bereits im 1. Kapitel beschrieben habe. Diese gesellschaftliche Installation lässt gesellschaftliche Missstände als individuelle erscheinen, indem sie die Diskursdevise ausgibt: Gefährlich und zerstörerisch ist nicht die Gesellschaft, sondern das kranke Individuum. Als ein Springpunkt und ein Signum der neuen Zeit entzündete diese Installation die Debatten der »Experten« ebenso wie die Fantasien der neuartig »Betroffenen«, denen im 19. Jahrhundert allerlei Krankheiten eindiktiert werden: Monomanien, moralischer Schwachsinn, Erethismus, Hysterien, Perversionen, Neurasthenien, Neurosen usw.

Dem menschenfreundlichen, liberalen Psychiater Richard von Krafft-Ebing entgingen weder seelische noch moralische Abweichungen und schon gar nicht die sonderbaren sexuellen Vorlieben. Er transformierte sie überaus erfolgreich, weil auf der Linie des Sexualitäts- wie des Krankheits- wie des Typisierungs-Objektivs operierend, in Störungen und Krankheiten, in sexuelle Psychopathien resp. Perversionen. Kein Psychiater oder Sexualwissenschaftler hat so wirksam wie er aus sexuellen Verhaltensweisen ohne erfassbaren Grund ein diagnostizierbares Krankheitsbild – »der Masochismus« – und einen gestörten, behandlungsbedürftigen Menschentypus – »der Masochist« – hervorgehen lassen, sodass am Ende seiner Tage eine ziemlich komplette Sammlung sexueller Präferenzen vorlag, in eine Krankheitslehre gepresst.

Der erste Satz der *Psychopathia sexualis* lautet: »Die wenigsten Menschen werden sich vollkommen des gewaltigen Einflusses bewusst, welchen im individuellen und gesellschaftlichen Dasein das Sexualleben auf Fühlen, Denken und Handeln gewinnt« (1886: III). Gewaltiger Einfluss, gesamtes Dasein, auf alles, Fühlen, Denken, Handeln, individuell und gesellschaftlich – so kann nur ein Mensch sprechen, der im Furor sexualis des 19. Jahrhunderts längst ein *Homo sexualis* geworden ist. Unübersehbar war in dem *Homo sexualis* Richard Fridolin Joseph Freiherr Krafft von Festenburg auf Frohnberg genannt von Ebing der Beicht- und Geständniszwang komplementär am Werk, den Foucault (1976: 99) als Movens des »dispositif de sexualité« begriff. Komplementär, weil er seinen Patienten und Gewährspersonen, die sich darum rissen, ihm ihre Geschichte zu erzählen, an Stelle des kulturell versinkenden Beichtstuhles ein neues, seriöses Forum bot, das die Psychoanalyse etwas später formal, inhaltlich und szenisch perfektionieren sollte. Wie heutzutage Besessene ihren Fetisch im Internet suchen, so suchte Krafft-Ebing mit inverser Inbrunst Sexualfälle in der wissenschaftlichen Literatur aller Länder und verleibte sie sich ein. Nicht wenige Perversionen oder Delikte sind so ungewöhnlich, ja einzigartig, dass sie ein heute lebender Sexualforscher in vierzig Berufsjahren weder zu Gesicht noch zu Gehör bekommt.

Zwischen den Diskursen

Krafft-Ebing repräsentiert den generativen, epistemologischen und diskursiven Übergang von den im ersten Viertel des 19. Jahrhunderts geborenen Heinrich Kaan (*1816) und Karl Heinrich Ulrichs (*1825) einerseits und den nach der Mitte des Jahrhunderts geborenen Sigmund Freud (*1856), Havelock Ellis (*1859), Albert Moll (*1862), Magnus Hirschfeld (*1868), Helene Stöcker (*1869) und Iwan Bloch (*1872) andererseits. Durch seine Herkunft und seine Erziehung scheint er dazu mental geradezu prädestiniert zu sein: ein traditionell verwurzelter Modernisierer.

Heinrich Kaan war zwar kein Psychiater, wurde aber als Mediziner gewissermaßen vom Wissenschaftsobjektiv gegen die Philosophen und Theologen und Juristen zum Experten »ernannt«, der sein Leben zwischen Wien und St. Petersburg, Ruthenien und österreichischen Badeorten verbrachte und im Alter von vielleicht 26 oder 27 Jahren den Drang verspürte, ein Buch gegen dranghaft sexuelle Fantasien zu schreiben, das bereits Krafft-Ebings Stichwort exponierte (s. Kap. 6). Vierzig Jahre vor Krafft-Ebing legt Kaan eine Abhandlung mit dem Titel *Psychopathia sexualis* in lateinischer Sprache vor, in der es heißt: »Instinctus ille, qui toti vitae tam psychicae quam physicae imperat, omnibusque organis et symtomatibus suam notam imprimit, [...] est nisus sexualis« (1844: 34; vgl. unsere komplette Übersetzung des Kaan'schen Werks in Gutmann 1998). Das heißt, auch er sieht den Nisus, den »Geschlechtstrieb, Begattungstrieb«, wie er in Klammern auf Deutsch hinzufügt, dem gesamten Leben, dem psychischen wie dem physischen, seinen Stempel aufdrücken, wobei sich sein Blick noch nicht totalisierend auf die Gesellschaft richtet wie zunehmend bei den Sexualforschern des späten 19. und beginnenden 20. Jahrhunderts, aber doch schon von den Körperorganen und der Morphologie weg auf das sich verselbstständigende Psychische: das psychisches Leben, die Phantasia, die Onania psychica, die Psychopathia.

Von der Psychopathia sexualis im Krafft-Ebing'schen Sinn jedoch, das heißt von einer Systematik als Krankheiten verstandener sexueller Auffälligkeiten oder Perversionen, ist bei ihm nur in einer oft überschätzten Passage im fortlaufenden Text und in einer Fußnote im Ansatz, das heißt unsystematisch und nicht medizinisch-nosologisch, die Rede. In der Textpassage unterscheidet er unter Verweis auf Zustände im Tierreich, in der biblischen und antiken Vergangenheit oder bei »wilden« Völkern qualitative Aberrationen des Nisus sexualis: »onania sive masturbatio; puerorum amor (paiderastia [im Original griech.]); amor lesbicus; violatio cadaverum; concubitus cum animalibus; expletio libidinis cum statuis« (ebd.: 43), wobei er unter amor lesbicus den Geschlechtstrieb befriedigendes Reiben oder Streicheln zwischen Männern oder zwischen Frauen versteht. Und in der Fußnote schreibt er: »Miraculosa sunt ludibria phantasiae; aliis pes pulcher, aliis manus, aliis mammae, aliis dentes stimulum voluptatis habent; imo vestes et praeligamina peculiari modo in hominem agunt« (ebd.: 48). Dass ein schöner Fuß, eine Hand, die Brüste, die Zähne, ja sogar Kleider und Gurte die Begierde, die er an anderer Stelle auch »libido« (ebd.: 52) nennt, reizen können, schreibt er wundersamen Blendwerken der Fantasie zu.

Sexuelle Personalidentitäten und sexuelle Krankheitsentitäten kennt Heinrich Kaan noch nicht. Der, der allein Hand an sich legt, unterscheidet sich nicht wesentlich von dem, der Hand an Tiere, Kinder, Leichen oder Statuen legt. Wie bei de Sade (1797a, 1797b) und bei Kant (1798) ist die Fantasie das eigentliche Movens der Geschlechtsliebe und folglich auch ihrer Aberrationen. Und sie beunruhigt ihn offenbar tief wie den prototypisch ordentlichen Bürger, weil sie sich so schwer oder gar nicht kontrollieren lässt. »Psychopathia sexualis sensu strictissimo [...] se prodit qua voluntaria incitatio phantasiae et ope ejus systematis sexualis« (1844: 48). Psychopathia sexualis – das ist bei Kaan die willkürliche Erregung der Fantasie und dadurch des Sexualsystems, das ist krankhafte Fantasie, »phantasia morbosa«, die nicht von außen komme, sondern aus dem Inneren der Menschen selbst, und die die Kraft habe, den Willen der Menschen zu brechen (vgl. ebd.: 60).

Epistemologisch und pädagogisch noch nach rückwärts gewandt ins Tissot'sche Jahrhundert, setzt er im Wesentlichen den Kampf gegen die Onanie fort – mit vergleichbaren Horrorvisionen hinsichtlich der Pathogenität: Erethismus des Nervensystems, Krämpfe, Lähmungen, Ergüsse, Fisteln, Zerstreutheit, Hirnerweichungen und Demenz, Unfruchtbarkeit, Nymphomanie und Unfähigkeit zum Beischlaf, Tabes dorsalis, »Tuberkulose, typhoide Krasis, Ramollitio, Scirrhus usw. in fast allen Organen« (ebd.: 67). Der Kampf richtet sich gegen die alte physische Manustupratio, aber jetzt gezielt auch gegen die »Onania psychica«, die bei ihm immer wieder mit der »Psychopathia sexualis sensu strictissimo« zusammenfällt (vgl. z.B. ebd.: 108, 112).

Nach vorwärts, auf Krafft-Ebings Psychopathielehre gerichtet, aber ebenso geistlos scheint das Kaan'sche Werk zu sein, wenn er, das Krankheitsobjektiv im Rücken, darauf besteht, dass nicht der Kranke selbst und auch nicht ein Priester »wie jedwelche Vettel« (ebd.: 98) die medizinische Heilbehandlung bestimmt, sondern die neuen Objektiv-Experten; wenn er sich nicht nur zu den »hydropathistae« (ebd.: 97), den Wasserheilern, gesellt, für die kaltes Wasser das Therapeutikum der Wahl

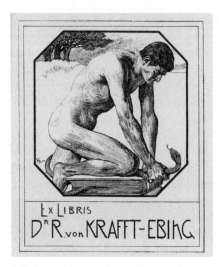

Exlibris von Richard von Krafft-Ebing

ist, sondern auch Musik empfiehlt, »die ernste Musik der Deutschen und insbesondere den kirchlichen Gesang« (ebd.: 68); wenn er sich dafür ausspricht, den Beischlaf weder vorzeitig noch über ein bestimmtes Alter hinaus zu betreiben (ebd.: 90), was bei Krafft-Ebing in die Krankheitsentität »Paradoxie« mündet, eine seiner »cerebral bedingten Neurosen«, die darin besteht, dass »sexuale Erregungen ausserhalb der Zeit anatomisch-physiologischer Vorgänge im Bereich der Generationsorgane« (1886: 24) auftreten, das heißt im Kindes- oder im Greisenalter.

Dem Krankheitsobjektiv kräftig Tribut zahlt Kaan, wenn er junge Ärzte auffordert, sich dadurch auszuzeichnen, dass sie Kinder, die an Enuresis leiden, einem Symptom seiner Psychopathia sexualis, mit großer Sorgfalt Tag und Nacht überwachen, um auf diese Weise dem Staat seine Bürger zu erhalten (1844: 73). Modern wie Krafft-Ebing imponiert der Autor, wenn er den Scharfsinn und die Beharrlichkeit berühmter Mediziner wie Lallemand, Laënnec, Corvisart, Meckel, Skoda und Rokitansky mit Blick auf die Pathologische Anatomie einklagt, die Licht auf viele Krankheiten geworfen habe, bedauerlicherweise aber noch nicht auf die Erkrankungen der Genitalien. Modern imponiert Kaan auch, wenn er beginnt, Krankengeschichten zu konstruieren, immer wieder in Fußnoten mit wenigen Worten, am Schluss aber in einer längeren Geschichte von fünfeinhalb Seiten, der Schreckensgeschichte eines 18-jährigen Jünglings jüdischer Herkunft namens Mauritius S., der nach Kaans Vorstellung an der Onanie elendig zugrunde geht. Unmodern (oder vorzeitig sehr modern) erscheint er, wenn er über diesen Fall schreibt: »uno verbo tota diagnosis resonat: *Noli me tangere*« (ebd.: 119).

In vielen Fragen argumentiert Kaan zweischneidig oder steht zwischen alten und neuen Diskursen. Zeitgemäß beginnt er den Bericht über die Geschlechtlichkeit (Sexualitas) bei den Pflanzen, spricht dann aber auch über die seelische Wirrnis und Entwicklung zur Zeit der Pubertät, in der sich zum Beispiel die Schamhaftigkeit (Pudicitia) ausbilde. Der Geschlechtstrieb ist einerseits als Instinkt organisch auf Fortpflanzung festgelegt, andererseits wird er als Nisus von der Fantasie sogar auf unbelebte Dinge gerichtet. Liebe und Hass fließen aus der Beschaffenheit der Körperorgane, existieren nur bei Wesen, deren Organe beidseitig symmetrisch angelegt sind; aber neben dem Verlangen der Liebe (Desiderium amoris) gibt es auch moralische Liebe (Amor moralis) und Liebeswahn (Delirium amoris). »In viris praedominatur vita animalis, in femina vita plastica, vir quasi animal, femina planta dicenda« (ebd.: 113), der Mann ist also gleichsam ein Tier, die Frau eine Pflanze. Doch die Frau könne zu jeder Stunde den Geschlechtsverkehr ausüben, der Mann

521/C.U.M.   Wien, am 7. März 1902.

Seine k. und k. Apostolische Majestät haben mit Allerhöchster Entschliessung vom 28. Februar 1902 die Uebernahme des ordentlichen Professors der Psychiatrie und Neuropathologie an der Universität in W i e n , Hofrathes Dr. R i c h a r d F r e i h e r r n v o n KRAFFT-EBING, auf sein Ansuchen in den bleibenden Ruhestand mit Ende März 1902 mit dem Ruhegenusse jährlicher achttausendzweihundertzweiundsiebzig /: 8.272 :/ Kronen allergnädigst zu genehmigen und demselben bei diesem Anlasse das COMTHURKREUZ des FRANZ JOSEPH-ORDENS huldreichst zu verleihen geruht.

Von dieser Allerhöchsten Entschliessung setze ich das Decanat unter Bezugnahme auf den Bericht vom 26. September 1901 Z. 1399 mit dem Ersuchen in Kenntnis, dem Genannten das beiliegende Decret zuzustellen.

Betreffs der Wiederbesetzung der sonach zur Erledigung kommenden Lehrkanzel und Klinik wolle das Professoren-Collegium ehestens die Berathungen aufnehmen und sohin die geeigneten Anträge stellen.

Für den Minister für Cultus und Unterricht:

N. 2479
Gesehen!
Wien, am 10. März 1902.
Der Rector der k. k. Universität.

An das D E C A N A T der m e d i c i n i s c h e n Facultät der k. k. Universität in W I E N .

Bewilligung des vorzeitigen Ruhestands von Krafft-Ebing durch den Kaiser am 28. Februar 1902; Mitteilung des Ministeriums für Cultus und Unterricht vom 7. März 1902 (Z. 521) an das Dekanat der Medizinischen Fakultät der k. k. Universität Wien (Universitätsarchiv Wien, Akten des Med. Dekanats, Pers. Akt Krafft-Ebing, cf. 1399 ex 1900/01, 177, 759 und 866 ex 1901/02) nur zu bestimmten Zeiten, wenn er durch Schlaf, Nahrung oder Fantasie neue Energien gewonnen habe. Der Geschlechtstrieb trete erst mit der Pubertät auf, lasse sich aber auch schon bei Kindern beobachten. Und obgleich seine Psychopathia sexualis weitgehend mit der alten Onanie identisch ist, erscheint doch am Diskurshorizont eine Fantasiekrankheit, die das »nervöse« und das »psychologische« Zeitalter einläutet.

Der andere Vorläufer Krafft-Ebings, der Rechtsgelehrte und Schriftsteller Karl Heinrich Ulrichs (s. Kap. 5), repräsentiert die Sexualsubjekte mit religiös-moralisch verpönten und sozial-strafrechtlich verfolgten sexuellen Vorlieben, die sich noch nicht der ihrerseits um gesellschaftliche Installation als Wissenschaft ringenden Medizin ergeben haben, jenen Generationen neuer, noch recht unsicherer Experten, zu denen die Cabanis, Löwenstein, Häussler, Michéa, Casper, Tardieu und Westphal gehören. Aus der Generation nach Krafft-Ebing (und Lasègue, Moreau de Tours, Charcot, Magnan, Gley, Chevalier, Tarnowsky, Binet usw.) stechen Albert Moll, Sigmund Freud und Havelock Ellis als Sexualforscher hervor. In ihnen und ihrem Werk schießen die Sensationen des Sexualsubjekts, die uns Ulrichs so sympathisch machen, mit den Niederschlägen des Wissens- und Wissenschaftsobjektivs zusammen. Auch deshalb sind sie Pioniere der modernen Sexualwissenschaft im emphatischen Sinn.

Ambivalenz und kein Denkschmerz

Krafft-Ebing dagegen leitet über. Vielleicht ist auch aus diesem Grund sein Handeln durch und durch ambivalent, sein Werk von Widersprüchen gezeichnet, in gewisser Weise interdiskursiv: Die Sexualität ist die Urkraft, soll aber nicht zu früh und nicht zu lange wirken. Die Onanie steht nicht mehr im Zentrum der Pathogenese, bleibt aber irgendwie schuld. Die Homosexualität ist nach langem Überlegen denk- und liebesfähig, bleibt aber eine Missbildung. Die Perversionen imponieren durch ihren Lustgewinn, und Krafft-Ebing scheint sogar zu ahnen, dass die Sexualität eines Tages zum individuellen Selbstzweck, zu so etwas wie Selfsex und Wohlfühlsex, werden wird, doch die Fortpflanzung bleibt der springende Punkt, das Punctum saliens seiner erstaunlich dürftigen Sexual-»Theorie«. Der »Fürst im Reiche der Wissenschaft« (Fuchs 1902: SD 15) treibt gegen den Somatismus seiner Zeit die Psychologisierung der sexuellen Sphäre kräftig voran, indem er vor allem bei den straffällig gewordenen und perversen Patienten nicht nach organischen Erkrankungen sucht, sondern nach psychischen Motiven, Wünschen, Fantasien, Vorstellungen und Empfindungen, und er ist für seine Zeit »erstaunlich freisinnig, vorurteilsfrei und aufgeschlossen« (Farin 1990: 126).

Gleichzeitig aber plappert er die ebenso dumpfe wie dumme Degenerationslehre nach, der Freuds Denken nicht mehr zum Opfer fällt. Die Geisteskrankheiten und Perversionen sollen erblich sein, schuld sind aber auch Zivilisation und Onanie, je nach Bedarf und Publikum, einmal die Universitätsverwaltung, die der Psychiatrie die Neurologie zuordnen soll, andermal die allgemeine Öffentlichkeit, die einen berühmt macht. Lässt sich die Degeneration, das ätiologische Grundraster, im somatischen Nervensystem, speziell im Gehirn, nicht dingfest machen, ist sie »funktionell« und damit nicht »objektiv« nachweisbar (ebenso perfide sind später die Psychochirurgie-Propagandisten vorgegangen, die von aufsässigen Gefangenen bis hin zu Homosexuellen irgendwie Abweichende wegen einer »funktionellen«, körperlich nicht nachweisbaren Hirnstörung am Gehirn operiert haben).

Zugleich beginnt mit Wissenschaftlern wie Krafft-Ebing das Zeitalter des psychologischen Verstehens, wird das Prinzip der Individualität im medizinischen Bereich respektiert, deutet sich gelegentlich an, dass Perversion und Normopathie zusammengehören, dass Männlichkeit und Weiblichkeit weniger Tatsachen als Interpretationen sind. Die Auffälligen und Aufsässigen, die sich die Psychiatrie zueignet, sollen keine Immoralisten, keine Sünder und keine Verbrecher mehr sein, sondern Kranke. Die Psychiatrie gehört nicht mehr zur Philosophie oder Theologie, sondern zur Medizin; Traitement moral aber, das Philosophen und Theologen und Juristen vielleicht leichter und besser als Ärzte praktizieren können, wird nach wie vor von Psychiatern betrieben. Sie entscheiden jetzt auch, was in der sexuellen Sphäre schon eine Krankheit, genannt »Perversion«, ist und was bloß Sünde oder Immoralität ist, die Krafft-Ebing, sauber unterscheidend, »Perversität« nennt.

In seinem Pamphlet »Irrenhaus Österreich« meinte Karl Kraus (1904: 5), der Hofrat von Krafft-Ebing, dieser »im weitesten Seelenreiche beschränkteste Forscher«, verdankte seinen »Weltruf« nur dem »stofflichen Interesse, das überhitzte Romanleser seiner Lehre von den sexuellen Perversitäten abgewannen«. Tatsächlich hat Krafft-Ebing im Wesentlichen die ihm vorausgegangene Sexualpsychopathologie unwesentlich kasuistisch-deskriptiv und damit von Einzelfällen ausgehend systematisiert. Sein Ordnungsschema aber, das als Nosologie figurierte, setzte sich durch bei den Leuten und den so genannten Fachleuten in der gesamten westlichen Welt (s. Kasten zu Krafft-Ebings erstem Schema).

Abwertend wurde seine Arbeit als Medikalisierung keineswegs medizinischer Lebendigkeiten und Stigmatisierung ungewöhnlicher Lusterfahrungen unter weitgehendem Ausschluss der Sexualität der Frau und des Kindes bezeichnet. Der Anarchist John Henry Mackay (1913: 113) zum Beispiel sprach, wie wir schon hörten, angewidert von einem »Wachsfigurencabinet der Wissenschaft von Scheusäligkeiten, von Missgeburten und Monstrositäten aller Art«. In der Tat: welcher Wahnsinn im Umgang mit den wahnsinnig Erregten und Verliebten. »Denn im Grunde versteht doch Jeder nur seine eigene Liebe und jede andere ist ihm fremd und unverständlich, wenn nicht unheimlich« (Mackay 1924, zit. nach 1979: 68). Aufwertend wurde dagegen festgehalten, wie sehr Krafft-Ebing stumm gemachten Gesellschaftsmitgliedern Gehör verschafft und wie wenig er im Vergleich mit anderen Psychiatern das, was ihm diese Ungehörten anvertrauten, nach seinen Expertenvorstellungen bei der Wiedergabe verfälscht habe.

Offenbar hat ihn beeindruckt: dass vor allem »Urninge« und »konträr Empfindende«, die erst später »Homosexuelle« genannt wurden, ihr Verlangen nach Männern als natürlich und keineswegs krankhaft erlebten, dass sie sich durch ihr sexuelles Tun erfrischt, erleichtert, belebt, ja sogar beglückt und sittlich erhoben fühlten. Einige protestierten beim Meister, weil er ihre Liebe und ihr Begehren als

I. Periphere Neurosen

1. Sensible
    a) Anästhesie
    b) Hyperästhesie
    c) Neuralgie
2. Sekretorische
    a) Aspermie
    b) Polyspermie
3. Motorische
    a) Pollutionen (Krampf)
    b) Spermatorrhoe (Lähmung)

II. Spinale Neurosen

1. Affektionen des Erektionszentrums
    a) Reizung (Priapismus)
    b) Lähmung
    c) Hemmung
    d) Reizbare Schwäche
2. Affektionen des Ejakulationszentrums
    a) Abnorm leichte Ejakulation
    b) Abnorm schwer eintretende Ejakulation

III. Zerebral bedingte Neurosen

A. Paradoxie (Sexualtrieb außerhalb der Zeit anatomisch-physiologischer Vorgänge)
   1. Im Kindesalter auftretender Geschlechtstrieb
   2. Im Greisenalter wieder erwachender Geschlechtstrieb
B. Anästhesia sexualis (fehlender Geschlechtstrieb)
   1. Angeborene Anomalie
   2. Erworbene Anästhesie
C. Hyperästhesie (krankhaft gesteigerter Geschlechtstrieb)
D. Parästhesie der Geschlechtsempfindung (Perversion des Geschlechtstriebs)
   I. Geschlechtliche Neigung zu Personen des anderen Geschlechts in perverser Betätigung des Triebs
      1. Lustmord und verwandte Erscheinungen (Wollust, potenziert als Grausamkeit, Mordlust bis zur Anthropophagie)
   II. Mangelnde Geschlechtsempfindung gegenüber dem anderen bei stellvertretendem Geschlechtsgefühl und Geschlechtstrieb zum eigenen Geschlecht (konträre Sexualempfindung)
      1. Angeborene krankhafte Erscheinung
      2. Erworbene krankhafte Sexualempfindung

Richard von Krafft-Ebings erstes allgemeines Schema der Sexualpathologie in dem Werk *Psychopathia sexualis* (1886) nach seiner Gliederung und in seinen Worten

Krankheit verrechnete. Sie glaubten zwar, dass die wissenschaftliche These von der Heredität der Urningsliebe möglicherweise geeignet sei, die bestehenden Vorurteile zu überwinden; von Krankheit sollte aber trotzdem nicht gesprochen werden. Wie konnte auch ein Treiben, das mit einem einzigartigen Zauber und entzückenden Reizen einherging, entartet und morbide sein? Waren nicht vielleicht Urninge, die weibliches Empfinden mit männlicher Kraft vereinten, vollendetere Schöpfungen der Natur als die Normalen, soi disant? Und rief nicht erst die gewaltsame Unterdrückung eines so beglückenden Triebes jene krankhaften Erscheinungen hervor, die die Psychiater dann verbuchten, die sowieso nur jene Urninge untersuchten und fälschlicherweise als das Ganze nahmen, die an der Verachtung und Verfolgung durch die scheinbar Gesunden zerbrochen waren? Die Urninge, die auf ihren Reisen Hunderte junger Männer in den Großstädten Europas genossen hatten, wünschten keine Heilung und schrieben es gelegentlich dem Meister auch, der ihnen als ein gerechter Mann erschien und ihre Meinung auch tatsächlich dem irritierten medizinischen Publikum zu unterbreiten wagte. Und so ändert er im Laufe seines Lebens seine Haltung gegenüber den Urningen und Konträrsexuellen: von der moralischen Ablehnung und psychiatrischen Pathologisierung hin zum Entpönalisieren und Anerkennen als liebes- und moralfähige Missbildung der Natur.

Trotzdem stellt sich beim Lesen der sexuologischen Schriften Krafft-Ebings nicht die Anmutung eines Denkschmerzes ein. »Philosophen« hat Krafft-Ebing »nie sonderlich geliebt« (Schüle 1903: 329); »Hypothesen und Spekulationen war er abhold« (Wagner-Jauregg 1908: 2309). Das war seine größte Schwäche. Freud, dem er immer wieder seine Bücher dedizierte, hätte, wenn er gedurft hätte, gesagt: Am Schlaf der Welt hat er nicht gerührt. Wie sollte er auch: mit Traitement moral und Suggestion, mit Hydrotherapie, Bromkalium und seinem Klavierspiel? Theoretisch war er im schlechten Sinn liberal, alle konnten sich irgendwie auf ihn berufen, weil er, jedenfalls im Bereich der Sexualpsychopathologie, nur zusammenfügte, was bereits mehr oder weniger bekannt war. Dabei hinderte ihn die Übernahme der Entartungstheorien französischer Forscher nicht, in verschiedener Hinsicht liberaler als spätere Psychoanalytiker zu sein. Doch zu seinem Allesverstehen hätte Adorno gesagt: Wer alles versteht, ist mit allem einverstanden. Das heißt: Zu den kritischen Sexualforschern gehörte der mitleidende Professor nicht, weil er sich keine Vorstellung von transmedizinischen Mechanismen machte und von den Grenzen der Vernunft wie der Liberalität wie der Aufklärung insgesamt. »Nachtseiten der Liebe« (Farin 1990) hat er mit Hingabe registriert, aber die scheinbar so lichte Vernunft selbst hat er nicht in Frage gestellt wie Freud.

Dessen durchdachte Lehre ergab, dass den angeblich kritisch-souverän entwerfenden Subjekten ihre eigene Vernunft, das hohe Ziel der Bourgeoisie, inkommensurabel ist. Früh sah Freud (1892/93: 15) die »gehemmten Vorsätze« in einer Art von Schattenreich aufbewahrt, in dem sie »eine ungeahnte Existenz« fristen – »bis sie als Spuk hervortreten«. Solchen »dunklen Vorstellungen«, von denen schon bei Kant (1798: 16) die Rede war, als er von den Vorstellungen handelte, »die wir haben, ohne uns ihrer bewusst zu sein«, solchem Spuk, von dem schon bei Marx (1867) die Rede war, als er seinen Begriff des Fetischcharakters verständlich machen wollte,

> Louise Freifrau von Krafft-Ebing gibt im eigenen, sowie im Namen ihrer Kinder Fritz, k. u. k. Lieutenant i. d. R. des 12. Dragoner-Rgmts. und Gutsbesitzer, Hans, cand. jur. und Margarete, ihrer Schwiegertochter Elli, geb. Hofmeier, und aller übrigen Verwandten schmerzerfüllt Nachricht von dem Tode ihres unvergesslichen Gatten, bezw. Vaters, Schwiegervaters, Bruders etc.
>
> ## D˜ Richard Freiherrn von Krafft-Ebing,
> k. k. Hofrath und em. Universitäts-Professor,
>
> Comthur des Franz Josef-Ordens und des toscanischen Civil-Verdienst-Ordens, Commandeur des portug. Ordens: „Unserer lieben Frau von Villa Viçosa" m. d. St., Officierskreuz des luxemburg. Ordens der Eichenkrone, Ritter des bad. Zähringer Löwen-Ordens, Besitzer des Ehrenkreuzes des meklenburg. Greifen-Ordens, der Jubiläums-Erinnerungs-Medaille, der deutschen Kriegs-Denkmünze 1870/71, der Kaiser Wilhelm Erinnerungs-Medaille etc. etc., Ehrenpräsidenten des Wiener Vereines für Psychiatrie und Neurologie, Ehrenmitglied, Mitglied und corresp. Mitglied der Gesellschaft der Aerzte in Wien, München, Carlsruhe etc., des Vereines der Aerzte in Steiermark, der Société medico-psychologique Paris, der Medico-Psychological Assotiation London, der Medico-Legal Society New-York, der Société de médecine mentale de Belgique, des niederländ. Vereines für Psychiatrie, der società freniatica italiana, der medic. Gesellschaft in Christiania, Belgrad etc., der Academy of Medicine in Chicago, der Gesellschaft der Psychiater und Neurologen in Moskau etc. etc.,
>
> welcher Montag, den 22. Dezember 6³/₄ Uhr nach längerem Leiden, im Alter von 62. Jahren versehen mit den Tröstungen der heil. Religion sanft entschlafen ist.
>
> Die entseelte Hülle des theuren Verewigten wird Donnerstag, den 25. d. M. im Sterbehause Kroisbachgasse Nr. 4 gehoben, zu der um 2 Uhr Nachmittags in der Pfarrkirche zum heiligsten Herzen Jesu stattfindenden feierlichen Einsegnung überführt, wonach die Beisetzung auf dem St. Leonhard-Friedhofe erfolgt.
>
> Die heil. Seelenmessen werden Samstag, den 27. d. M. um 9 Uhr Vormittags in der Pfarrkirche zum heiligsten Herzen-Jesu gelesen.
>
> GRAZ, am 23. Dezember 1902.

Anzeige des Todes von Krafft-Ebing am 22. Dezember 1902 durch seine Gattin Louise Freifrau von Krafft-Ebing geb. Kißling (Archiv der Enkelin Marion Josefine Georgine und des Urenkels Rainer Franz Constantin Krafft-Ebing, Graz)

setzte Freud den erhabenen Idealen, dem freien Willen, der selbstgewissen Vernunft entgegen, von denen die nur fortschrittlichen, aber nicht kritischen Sexualforscher der Zeit durchdrungen waren. Das siegreiche Handeln der Bürger gründete Freud zufolge nicht nur auf Triebverzicht, den Kaan und Krafft-Ebing auch einklagten, sondern ebenso auf Wunschverdrängung und Gedankenhemmung. Bekanntlich behauptete Freud (1917: 11), »dass das Ich nicht Herr sei in seinem eigenen Haus«. Er nannte das »die dritte Kränkung der Eigenliebe«, die als psychologische der kosmologischen des Kopernikus und der biologischen des Darwin gefolgt sei. Ahnen konnten die alten Sexuologen ebenso wenig wie Freud, dass Adorno (1966) eine vierte Kränkung hinzufügen würde, indem er das Transzendentalsubjekt als bewusstlos erkannte, und dass Foucault (1966: 462) zur selben Zeit archäologisch darauf wetten würde, »dass der Mensch verschwindet wie am Meeresufer ein Gesicht im Sand«.

Doch zurück zu Krafft-Ebing. Er war nicht in der Lage, Modelle zu entwickeln, die das widersprüchliche, um nicht zu sagen aporetische Verhältnis von Individuum und Gesellschaft psychologisch-theoretisch zum Ausdruck gebracht hätten. Freud dagegen verhalf der Vorgängigkeit des Gesellschaftlichen in der psychologischen Theorie zu ihrem Recht, wobei die von ihm benutzte Sprache der Biophysik nicht verschweigt, an welche Episteme er trotz des Versuchs der Transgression gebunden blieb. In der Autonomie des Individuums betonte er mehr »nomos« denn »autos« und räumte zugleich dem (scheinbar) Nichtgesellschaftlichen in seiner Theorie der

Person ebenso einen Platz ein und eine Eigenmächtigkeit. Zuvor hatte Krafft-Ebing, der ganz offensichtlich noch das trunkene Entzücken des perversen Fetischisten gespürt hat, mittels seiner Begutachtungen und Klassifikationen den Furor sexualis einerseits trotz aller eigener anschwellender Sexo- und Pornografie staatsärztlich verschwiegen, andererseits reifiziert und verstofflicht. Übrig geblieben sind Bezeichnungen und Ziffern. Entsetzt fand der Betroffene Leopold von Sacher-Masoch sich, seine Vorliebe und seine »Venus im Pelz« zum Ismus verramscht: Masoch-*ismus*, während das trunkene Entzücken des Fetischisten jetzt laut Krankheitsklassifikationsregister ICD-10-SGBV, 10. Revision, Version 1.3 F65.0 heißt. Krafft-Ebing hörte menschenfreundlich auf die Patienten und Betroffenen, stellte aber auf eine äquivoke und deshalb verhängnisvolle Weise den Fetisch Wissenschaft über sie. Perversion und Liebe, Aberration und Normalität zusammenzudenken, war ihm nicht möglich. Kultur und »Gesittung« waren in seiner Vorstellungswelt so hoch und so entwickelt wie Bau und Leistung des Gehirns der Menschen der jeweiligen Epoche.

Wer so dachte, sollte vielleicht nicht als Begründer der modernen Sexualwissenschaft angesehen werden. Unseres ernsten Respektes aber könnte er als ein ernster Arzt gewiss sein. Sein Freund Schüle (1903: 313) hat am anrührendsten geschildert, wie liebenswürdig der Psychiater mit seinen Patienten umging: Er spielte nicht nur Klavier für sie und improvisierte ein Lied für sie; er holte auch »allabendlich einer alten, hypochondrischen Dame ihre Lieblingsblume aus der Gärtnerei«, weil sie »danach ruhiger wurde und von ihrer Angst sich freier zu fühlen glaubte«.

B. Von der Blüte bis zur Zerstörung durch die Nazis

8 Reine Wissenschaft oder soziale Bewegung

Albert Moll, Magnus Hirschfeld und problematische Verhältnisse

Am 9. Februar 1934 lässt der Reichsminister des Auswärtigen dem Geheimrat Moll für seine »freundliche Mitteilung vom 5. Februar« den »verbindlichsten Dank« übermitteln. Die Danksagung ist unterzeichnet: »Heil Hitler!« Freundlich war die Mitteilung Molls vielleicht nach dem Verständnis der neuen Machthaber. In Wahrheit ist sie eine Denunziation, durch die verhindert werden sollte, dass Hirschfeld sich im französischen Exil eine neue Existenz aufbaute.

In einem Brief vom 31. Januar 1934 an den Doyen der Pariser Medizinischen Fakultät, den er dem Reichsminister des Auswärtigen zur Kenntnis gab, behauptet Moll, Hirschfeld habe Deutschland nicht wegen der Judenverfolgung oder aus anderen politischen Gründen verlassen müssen. Entscheidend seien »gewisse Verfehlungen« gewesen (s. Dokument). Moll stellt Hirschfeld als einen Arzt dar, der »von jeher« ein so schlechtes Ansehen gehabt habe, dass er nicht einmal in jene Ärzteorganisationen aufgenommen worden sei, »wo sonst jeder unbemakelte Arzt Aufnahme findet«, eine Behauptung, die unsere Recherche (Sigusch 1995b) nicht bestätigt. Außerdem stellt er ihn als einen Opportunisten dar, der seine sozialdemokratische Gesinnung »erst am 9. November 1918, am Tag der Revolution in Berlin, entdeckt« habe, »während er vorher strenger Militarist war«. Jetzt aber trete er »als der verfolgte Märtyrer« auf. »Ich halte es unter diesen Umständen für meine Pflicht«, schreibt Moll, »Ihnen von diesem Tatbestand Mitteilung zu machen, damit sich Herr Dr. Magnus Hirschfeld nicht in angesehenen französischen wissenschaftlichen Kreisen unter der Flagge eines verfolgten Israeliten oder Sozialdemokraten aufspielt, der wegen solcher Verfolgungen Deutschland verlassen hat. Den Versuch dazu hat er, wie mir berichtet wird, in Frankreich bereits gemacht.« Moll vergisst nicht, seine lebenslange »Liebe zur französischen Psychologie« zu erwähnen und seine Beziehungen zu exzellenten französischen Politikern und Forschern, von seinem »Freund« Bouin, der ihm geraten habe, den Brief zu schreiben, über Herriot bis hin zu Charcot. Er schließt seinen Brief mit der Aufforderung, »von diesen Zeilen jeden beliebigen Gebrauch zu machen«.

Kopien der Briefe, die ich durch Hinweise von Marcus Wawerzonnek im Politischen Archiv des Auswärtigen Amtes der Bundesrepublik Deutschland gefunden habe, besaßen wir seit vielen Jahren. Als sie endlich veröffentlicht werden sollten (s. den Anhang bei Sigusch 1995b), waren sie wochenlang nicht aufzufinden – zu unangenehm sind diese Manifestationen des kollektiven Charakters. Und es stimmt natürlich auch, dass eine Denunziation die nächste gebiert, sobald sie denunziert wird: eine endlose rohe Kette. Es kommt aber darauf an, was bezweckt wird. Die

198 Von der Blüte bis zur Zerstörung durch die Nazis

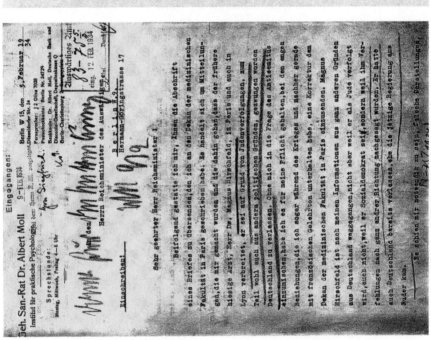

Albert Molls Denunziationsbrief vom 5. Februar 1934 an den Reichsminister des Auswärtigen (Politisches Archiv des Auswärtigen Amtes der Bundesrepublik Deutschland, Inland II A/B, Deutsche Emigrantentätigkeit im Ausland, Bd. 1, 106/1)

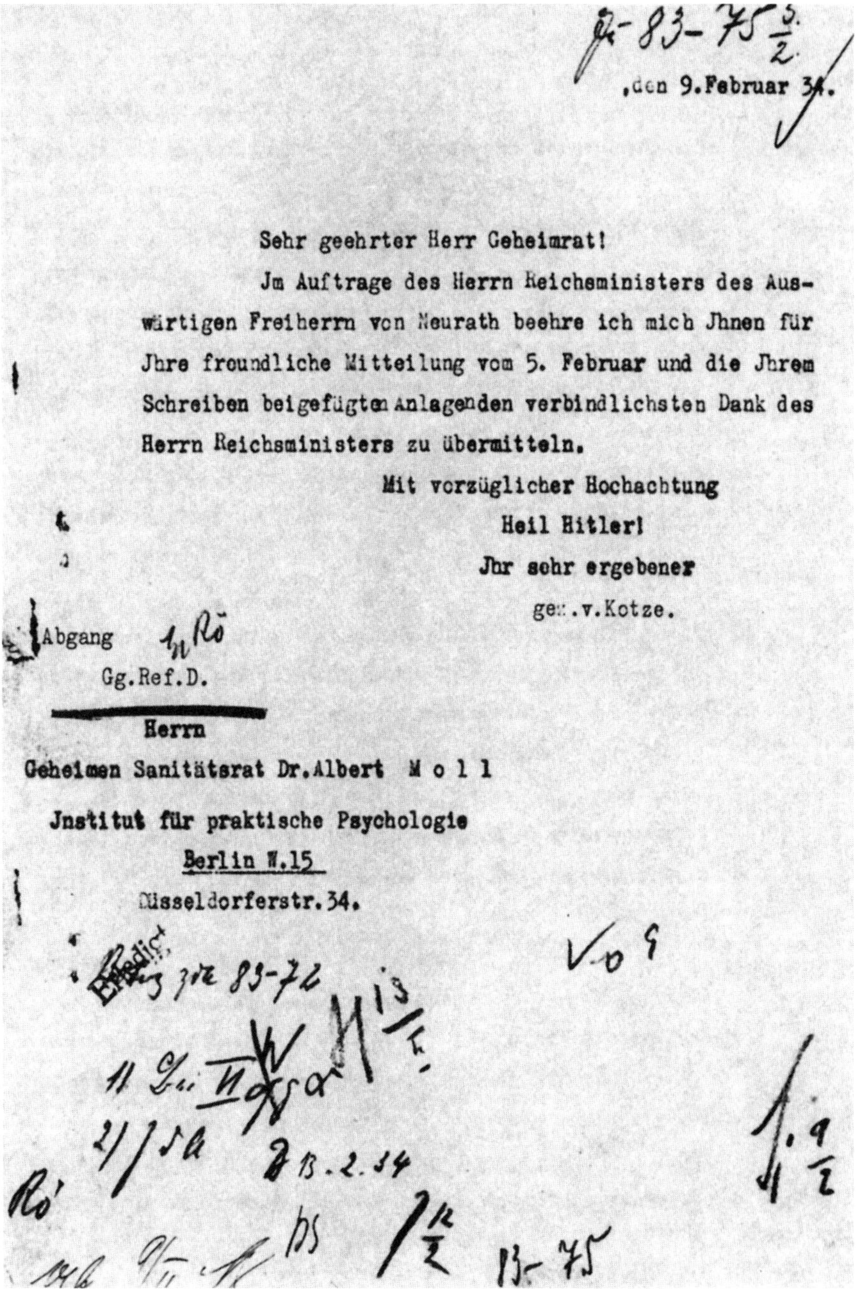

,den 9.Februar 34.

Sehr geehrter Herr Geheimrat!

Jm Auftrage des Herrn Reichsministers des Auswärtigen Freiherrn von Neurath beehre ich mich Jhnen für Jhre freundliche Mitteilung vom 5. Februar und die Jhrem Schreiben beigefügten Anlagenden verbindlichsten Dank des Herrn Reichsministers zu übermitteln.

Mit vorzüglicher Hochachtung

Heil Hitler!

Jhr sehr ergebener

gez.v.Kotze.

Abgang

Gg.Ref.D.

Herrn

Geheimen Sanitätsrat Dr.Albert M o l l

Jnstitut für praktische Psychologie

Berlin W.15

Düsseldorferstr.34.

Reichsminister des Auswärtigen, Dankschreiben vom 9. Februar 1934 (Politisches Archiv des Auswärtigen Amtes der Bundesrepublik Deutschland, Inland II A/B, Deutsche Emigrantentätigkeit im Ausland, Bd. 1, 106/1) erste Denunziation will Zweifel setzen, einen Schatten auf den Denunzierten werfen, ihm schaden: etwas bleibt immer hängen. Die Denunziation der Denunziation aber, auf die sich in kritischen Zusammenhängen die zweite Bedeutung des Verbs »denunzieren« beruft, will Licht in das Dunkel bringen. Anders kann, wenn überhaupt, die Kette nicht unterbrochen werden.

Gemeinsamkeiten und Differenzen

Über das Verhältnis der beiden Forscher zueinander gibt es nur spärliche Mitteilungen. Berichtet wird kaum mehr, als dass es getrübt bis hasserfüllt gewesen sei. Es bedürfe aber »im Interesse einer authentischen Geschichtsschreibung der deutschen Sexualreformbewegung einer genauen Aufklärung, um der Bedeutung beider Persönlichkeiten gerecht werden zu können«, schrieb Christina Schröder (1989: 441) anlässlich des 50. Todestages von Moll.

Äußerlich verbanden die beiden viele Gemeinsamkeiten. Albert Moll wurde am 4. Mai 1862 in Lissa/Provinz Posen geboren und starb, von den Nazis entwürdigt, am 23. September 1939 in Berlin. Magnus Hirschfeld wurde am 14. Mai 1868 in Kolberg/Pommern geboren und starb, von den Nazis exiliert, am 14. Mai 1935, seinem 67. Geburtstag, in Nizza. Beide gehörten einer Generation an, wuchsen als Juden in vergleichbaren sozialen Verhältnissen auf, Moll in einer Kaufmannsfamilie, Hirschfeld in einer Arztfamilie. Beide studierten Medizin und sahen sich die Welt an. Beide distanzierten sich vom Judentum, wobei sich Moll 1895 christlich taufen ließ (s. Dokumente), und waren, ihren Schriften zufolge, mit der deutschen Kultur innig verbunden. Beide heirateten nicht und hatten, soviel wir wissen, keine Kinder. Beide widmeten ihr erstes sexuologisches Werk der Homosexualität (Moll 1891, Hirschfeld unter Pseudonym 1896), verbrachten ihre fruchtbarsten Jahre in Berlin, arbeiteten sehr erfolgreich außerhalb der Universität, konnten mit der Psychoanalyse Sigmund Freuds wenig anfangen und waren bis zur bitteren Neige vaterlands- und wissenschaftsgläubig. Beide haben ein umfangreiches und eindrucksvolles Werk hinterlassen. Beide gehören fraglos zu den einflussreichsten Sexualforschern des 20. Jahrhunderts, wobei Molls Einfluss, auch als weichenstellender Medizinpsychologe und Medizinethiker, weitgehend unerkannt ist. Doch damit sind die Gemeinsamkeiten beinahe erschöpft.

Persönlich, beruflich und politisch verhielten sie sich recht different. Der eine, Moll, ein Geheimer Sanitätsrat und »objektiver Wahrheitssucher« (Moll 1926/27b: 323), der nach eigenem Verständnis voraussetzungslos, zweckfrei und jenseits jeder Tendenz seine Wissenschaft betrieb, trat mit großer Schärfe als Geistesheroe auf. Der andere, Hirschfeld, ein nichtgeheimer, dafür aber wirklicher Sanitätsrat mit einer Vorliebe für Verbandskästen, der zwar auch ein Wahrheitssucher war und die Wissenschaft mit seinem Generalmotto »Per scientiam ad iustitiam« in den Himmel der Gerechtigkeit hob, der es aber doch verstand, pragmatisch, volksnah und öffentlich, die ärztlichen Standesregeln zu umschiffen und seine Wissenschaft mit dem Alltagsleben direkt zu verbinden, trat vermittelnd auf und gab sich populär. Mit einem Satz: Moll wollte ein Gelehrter sein und ist ein Repräsentant der reinen Wissenschaft; Hirschfeld war ein Reformer und ist ein Repräsentant der »wissenschaftlich-humanitären« Anschauung, speziell der ersten Homosexuellenbewegung.

Über »seine sexuelle Orientierung« hat sich Hirschfeld »nie schriftlich geäußert« (Dose 1989: 75), wahrscheinlich, um seinen Feinden nicht die Existenz vernichtende Munition selbst zu liefern. Er wurde aber immer wieder öffentlich als »homosexuell« bezeichnet, eine recht grobe Rubrizierung, die die Feinheiten und alle anderen Vorlieben wegschneidet, immerhin aber auch von seinem Freund Karl Giese im privaten Gespräch vorgenommen worden ist (ebd.) und heute auch sein muss, um ihn und seine wissenschaftlich-politische Position würdigen zu können – hier im Verhältnis zu dem Junggesellen Moll, der nach allem, was wir wissen, heterosexuell war.

Nicht erörtert werden kann hier erschöpfend, wer als Wissenschaftler überzeugender auf der Lichtseite der Aufklärung stand, wenn die Antworten auf die Fragen der Zeit als Kriterien genommen würden: Konzeption der Libido sexualis und der infantilen Sexualität, Verhältnis von normaler zu abnormer Sexualität, Ätiologiefrage im Bereich der so genannten Psychopathia sexualis einschließlich Degenerationslehre, Homosexualitätsfrage einschließlich § 175 und Verführungshypothese, Frauenfrage einschließlich Mutterschutz als praktischer Aufgabe, Psychotherapie versus Somatotherapie bei sexuellen Störungen, Verhältnis von Medizin und Psychologie, Ethik des ärztlichen Handelns, praktische Bedeutung der Eugenik usw. Erörtert werden müsste dann vor allem das widerspruchs- und konfliktreiche Verhältnis von Wissenschaft und sozialer Bewegung, die einander produzieren und einander immer wieder abstoßen, die ebenso auseinanderfallen wie sie zusammengehören. Gewarnt aber sei davor, Moll voreilig und ungelesen in eine reaktionäre Ecke zu stellen; denn zu den genannten Fragen hat er sich sehr früh überwiegend differenziert geäußert, oft eigenständiger und auch weitsichtiger als Hirschfeld.

So legte Moll (1902a) bereits kurz nach der Jahrhundertwende bei Enke eine 650 Seiten umfassende *Ärztliche Ethik* vor (vgl. Schultz 1986). Das Arzt-Patient-Verhältnis definierte er darin als Vertrag, dessen Ziel es sei, die Gesundheit des Patienten zu erhalten oder wiederherzustellen. Veranlasst wurde diese Schrift durch medizinische Experimente am Menschen, die damals Aufsehen erregten. Moll erwähnt als Beispiel, dass Prostituierte von Medizinern mit Syphilis infiziert worden sind. Er kritisiert dieses Verhalten als unethisch, verlangt von den Medizinern, nicht eitel zu sein und den Kampf um Prioritäten zu unterlassen. Er plädiert für Selbstbeschränkung, Gewissenhaftigkeit, Wahrhaftigkeit, Skepsis bei der Beurteilung der Arbeiten von Autoritäten, Anerkennung der Leistungen von Praktikern und Laien, Gerechtigkeit gegenüber den Verdiensten anderer Nationen und früherer Forscher. Tiere sollten bei Experimenten möglichst schonend behandelt werden. Der damaligen Anti-Vivisektionsbewegung rechnet er das Verdienst zu, die Forscher immer wieder an die ethischen Probleme zu erinnern. Obduktionen, die Sterbende oder deren Angehörige verweigert haben, hält er für unzulässig. Gutachtenaufträge sollten Ärzte ablehnen, wenn die Unterlagen zu unergiebig sind, wenn nur formal, nicht aber inhaltlich und damit wahrheitsgemäß geantwortet werden kann, wenn die »eigenen Fähigkei-

Albert Molls Taufschein vom 28. Mai 1895

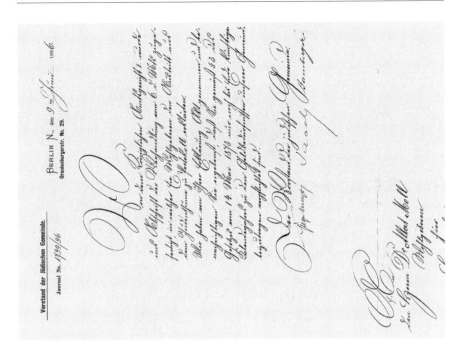

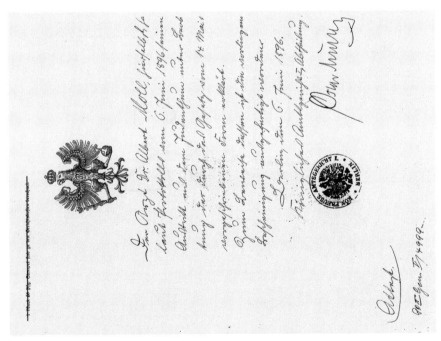

Albert Molls vom Amtsgericht bestätigter Austritt aus dem Judentum vom 6. Juni 1896 sowie die Aktnahme durch die Jüdische Gemeinde von Berlin

Die Verleihung des »Charakters als Sanitätsrath« an Albert Moll ten nicht ausreichen« oder wenn das Gutachten »einem unsittlichen Zweck dienen soll« (ebd.: 455, 459). Mit Blick auf wissenschaftliche Vereinigungen spricht er von der Gefahr der Cliquenbildung und Dogmatisierung. Mit Blick auf die Fachpresse problematisiert er das Verhältnis von Redakteuren, die der Wissenschaft verpflichtet sind, und Verlegern, die Geschäfte machen wollen. Kurzum, Moll behandelte vor beinahe einhundert Jahren Probleme, die nach wie vor existieren.

Die Lektüre der Moll'schen Schriften, zu der sich der Autor aus Borniertheit lange nicht gründlich genug verstehen konnte, ist streckenweise ein regelrechtes Vergnügen. So schreibt er beispielsweise, bezogen auf die Frage, wer überhaupt eine eugenische Indikation zuverlässig stellen könne, es müsse »auch hier mit dem Märchen aufgeräumt werden, daß die Amtsärzte unabhängige Beamte seien. Die Amtsärzte sind von ihren Behörden wie von den Vorgesetzten ebenso abhängig wie der Privatarzt von seinen Patienten, und es muß deshalb betont werden, daß die Zuverlässigkeit der Amtsärzte und ihrer Atteste, durch ihre Abhängigkeit von Behörden – man denke nur an Beförderungen und dergleichen – genau so beeinflußt werden kann, wie die Zuverlässigkeit des Privatarztes und seiner Atteste, durch seine Abhängigkeit von den Patienten« (Moll 1912b: 917; vgl. auch Moll 1926d: 1146).

Zum seinerzeit aufgeworfenen Problem »Bevölkerungspolitik und Homosexualität« sagt er: »Daß die Homosexuellen eine kranke Nachkommenschaft zeugen oder gar für die folgende Generation eine Gefahr darstellen, ist durch nichts bewiesen« (Moll 1919: 314 f.). – Vor der Jahrhundertwende schreibt er in einem Gutachten zu der Frage, ob Frauen »zum wissenschaftlichen Studium und Berufe« befähigt seien: »Wir sollten uns freuen, wenn wir neue Kräfte zu wissenschaftlichen Forschungen heranziehen können [...]. Die Gerechtigkeit gegen die Frauen und die Rücksicht auf die Gesamtheit werden diesen Schritt so gebieterisch verlangen, daß er schließlich doch einmal gethan werden muß« (Moll 1897: 142; vgl. auch Moll 1922). Im Hinblick auf den Kampf gegen die »Schmutz- und Schundliteratur« seiner Zeit belegt er, dass bereits in den Jahrhunderten zuvor Werke von Shakespeare, Goethe oder Schiller, manchmal auch »alle Romane« für Unzucht und Selbsttötung verantwortlich gemacht worden sind (Moll 1912b: 893). – Angesichts des Vormarsches der Elektrotherapie spottet er in weiser Voraussicht, eines Tages werde auch »eine wissenschaftliche elektrotherapeutische Behandlung für sexuelle Perversionen« eingeführt werden, die dann wisse, »bei welcher Stromdichte eine blonde Dame, bei welcher eine brünette geliebt wird, [...] wie viele Funken bei der statischen Elektrizität überspringen müssen, damit eine Engländerin und wie viele Funken notwendig sind, damit eine Französin geliebt wird« (Moll 1899a: 461). – Und, ein letztes Beispiel, bei der Erörterung geschlechtlicher Angriffe auf Kinder äußert er ein Bedenken: »Es betrifft die Behandlung derartiger Fälle vor Gericht, wo, wie ich glaube, bei der Ermittlung des Sittlichkeitsverbrechens die Sittlichkeit des Kindes zuweilen erheblich mehr gefährdet wird als durch das Verbrechen selbst. Wenn ein Mann einen Augenblick das Knie eines 10jährigen Mädchens berührt hat, so wird das Kind dadurch kaum oder doch jedenfalls unverhältnismässig weniger geschädigt als durch die Fragen, die nun an das Kind nicht nur von den Angehörigen, sondern auch von der Polizei, dem Untersuchungsrichter und in der Hauptverhandlung vom

Vorsitzenden, von den Beisitzern, vom Staatsanwalt und Verteidiger, vielleicht auch von Sachverständigen gerichtet werden« (Moll 1909a: 210).

Bemerkenswert ist auch Molls Haltung zur Frage der Eugenik und der so genannten Rassenhygiene, wenn manfrau bedenkt, wie viele Forscher, insbesondere auch Sexualforscher aller politischen Lager, der Verheißung der »Aufzüchtung« und »Verbesserung des Menschengeschlechts« nicht widerstehen konnten. Wenige Jahre vor Hitlers Regierungsübernahme schreibt Moll zum Beispiel:

> »Die Tatsache, daß wir trotz der erblichen Belastung so viele wertvolle Menschen finden, ist darauf zurückzuführen, daß in zahllosen Fällen eine *Regeneration* stattgefunden hat, nicht eine fortschreitende Degeneration. [...] und so erklärt es sich auch, daß wir kaum je in der Lage sind, auch nur mit einiger Wahrscheinlichkeit etwas über die Beschaffenheit der Nachkommenschaft zu sagen. [...] Beethoven war der Sohn eines Trinkers und einer tuberkulösen Mutter. [...] Vielleicht wird es aber doch Kulturmenschen geben, denen ein Beethoven lieber ist, und denen er selbst das Vorhandensein von zehntausend Idioten aufwiegt. [...] Es ist notwendig, auf diese Dinge hinzuweisen; denn unsere Eugenik-Dilettanten machen sich heute schon allzu breit. [...] Die Annahme, daß die großen Verbrecher aus solchen degenerierten Stämmen hervorgehen, [...] ist ebenfalls durch die Erfahrung nicht gestützt.« Außerdem habe man der Frage, »ob das nicht an der mangelhaften Erziehung liegt«, nicht genügend Bedeutung beigemessen. »Bringen Sie mir zehn beliebige Menschen von der Straße, und bei neun will ich Ihnen feststellen, daß dieselbe Degeneration bei ihnen besteht, wie bei dem Angeklagten. [...] Fragen wir uns nun, welche Wege für die praktische Eugenik offen stehen, so kommt in erster Linie der Präventivverkehr in Frage. [...] Die Kastration ist heute im wesentlichen aufgegeben. [...] Schließlich sei erwähnt, daß doch die früheren Leistungen der Deutschen und vieler anderer Völker auch ohne Durchschneidung der Samenfäden und ohne Kastration gut gewesen sind. Ja, ich möchte mit Rücksicht auf das Genie und die großen Talente es fast als unentbehrlich ansehen, daß wir mit psychopathischen Personen zu rechnen haben.«

Moll setzt nicht darauf, durch praktische Eugenik »die Menschheit zu verbessern«. Er plädiert für den »*Aufstieg* von unten nach oben«, das heißt Mittelständlern und Arbeitern sollte ermöglicht werden, den oberen Klassen, die »zum Teil degeneriert« seien, »frisches Blut von unten zuzuführen«. Gelänge das, dann wäre »für eine Besserung unseres Volkes viel mehr gewonnen, als wenn einige tausend Menschen ihrer Zeugungsfähigkeit beraubt werden, wobei man in Wirklichkeit gar nicht weiß, weshalb, wieso und warum« (Moll 1928b: 147 ff, 151 ff, 154 f; vgl. Moll 1912b, 1925, 1926d, 1929; vgl. auch Weingart et al. 1988: 306).

Diese Kritik trug Moll auf dem von ihm organisierten Kongress von 1926 vor, auf den noch eingegangen werden wird. Er tat das, obgleich er keine Zustimmung erwarten durfte und wohl auch nicht erfuhr (vgl. insbesondere die Beiträge von Matjuschenko sowie von Popenoe im 4. Band der von Marcuse [1928] redigierten Verhandlungen des Kongresses). Vorher hatte er schon mit Boeters, dem besonders aktiven Propagandisten der Sterilisierung abgerechnet, den Hirschfeld besonders behutsam behandelte (Moll 1925). In der dritten Auflage seines sexualwissenschaftlichen Handbuches (1926d: 1149 ff, 1157) plädierte er dafür, die Frage der Eugenik »ganz anders« zu stellen. Es gehe nicht darum, die einzelne Person ins Auge zu fassen, sondern die »Führerschichten«. Mit diesen rechnet Moll dann schonungslos ab, wobei

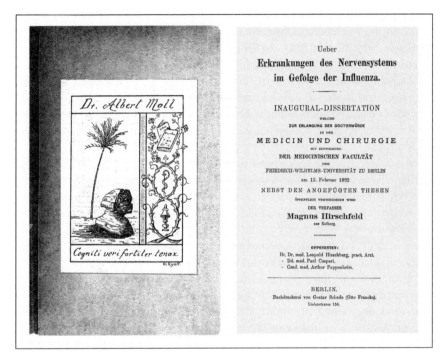

Hirschfelds Dissertation aus Molls Bibliothek

er sich auf die Zeit vor der gescheiterten Novemberrevolution bezieht. Die damaligen Führer seien feige, speichelleckerisch, intrigant, egoistisch, dumm, zum Spiritismus neigend, stark degeneriert (und oft homosexuell), zum Teil geradezu charakterlos, im ganzen unfähig gewesen und deshalb selbst an Unglück und Niedergang Deutschlands schuld. Illustriert wird das Versagen der Führer anhand eindrücklicher Ereignisse. So trat der Chef des Militärkabinetts plötzlich als »Balettdame« vor dem Kaiser und seiner Gesellschaft auf, um anschließend tot zusammenzubrechen. So ließ sich ein Kammerherr, ohne zu widersprechen, vom Kaiser wie folgt begrüßen: »Was, Sie altes Schwein sind hier auch eingeladen?« So seien die Karikaturen des *Simplizissimus*, mit denen er Korpsstudenten darstellte, gar keine gewesen. Nachdem er solche Studenten auf einem Ausflug einmal hatte beobachten können, sei deutlich gewesen: »Der ganze Typ machte schon äußerlich, soweit man danach urteilen kann, den Eindruck des minderwertigen degenerierten Gigerls.« Moll dreht also den Spieß der Eugeniker um: Es geht ihm um die Degeneration und Minderwertigkeit der Oberen, nicht der Unteren. Deshalb müsse eine »Umschichtung der Volksklassen durch Mischehen zwischen oberen und mittleren, bzw. unteren Klassen und die Zulassung dieser Klassen selbst in die Führerschaft« vollzogen werden.

Diese Hinweise auf Molls Werk sind notwendig, weil er hier nicht ausführlich als Denker gewürdigt werden kann und weil sich heute mit ihm nur sehr wenige Medizinhistoriker und überhaupt keine Sexualforscher befassen. Gleichzeitig gab und gibt es nach wie vor bei uns und andernorts so etwas wie eine Hirschfeld-Renaissance (s. Kap. 20), sodass dessen Auffassungen recht bekannt sind und relativ breit diskutiert werden. Erwähnt seien hier nur die *Mitteilungen der Magnus-Hirschfeld-Gesellschaft*, die seit 1983 erscheinen. In seiner Einleitung zu einem Ausstellungsband über das 1919 von Hirschfeld in Berlin eröffnete Institut für Sexualwissenschaft spricht Rainer Herrn (in Vorb.) davon, dass, von Freud abgesehen, über Hirschfeld in den letzten Jahren mehr geschrieben worden sei als über seine zeitgenössischen und nicht weniger bedeutenden Kollegen zusammengenommen. Herrn erwähnt als diese Kollegen ausdrücklich Richard von Krafft-Ebing und Albert Moll.

Tatsächlich ist heute weitgehend unbekannt, dass Moll, vor allem durch seine *Untersuchungen über die Libido sexualis* (1897), Freud stark beeinflusst hat (vgl. Sulloway 1982; hier Kap. 12); dass er vor Freud die Sexualität präpuberaler Kinder männlichen und weiblichen Geschlechts anhand von Fällen »belegt« und anhand seiner Theorie vom Detumeszenz- und Kontrektationstrieb erörtert hat (Moll 1897, vgl. auch 1909a); dass einige psychoanalytische Konstrukte, von der dynamischen Libido sexualis über die Partialtriebe bis hin zur organischen Verdrängung, von ihm zumindest antizipiert worden sind; dass er schon vor der Jahrhundertwende nicht nur die krankhafte, sondern auch die »gesunde« und »normale« Sexualität erörterte; dass er sehr früh, wenn auch nicht konsequent, gegen die herrschende Degenerationslehre zu Felde zog, selbst in Sachen Homosexualität (vgl. Moll 1891: 162); dass er zusammen mit Max Dessoir (vgl. 1917, 1947) die Geheimwissenschaften bekämpfte, Mediumismus, Telepathie, Okkultismus, Spiritismus, Hellseherei usw. (vgl. Kurzweg 1976), auch als gefürchteter Sachverständiger in vielen Gerichtsprozessen; dass er als einer der ersten Psychologie und Schulmedizin miteinander verbinden wollte und immer wieder dem somatischen und kausalen Denken in Medizin und Sexualwissenschaft, anders als Hirschfeld, ganz konkret widersprach, beispielsweise, wie angedeutet, in Fragen der Eugenik oder hinsichtlich der Überpflanzung von »heterosexuellen« Hoden auf Homosexuelle; kurzum: dass er eine »medizinische Psychologie« zu etablieren suchte und dazu auch von 1909 bis 1924 bei Enke die *Zeitschrift für Psychotherapie und medizinische Psychologie* herausgab (vgl. Moll 1909b) – Verdienste, die heutigen Medizinpsychologen womöglich ebenso unbekannt sind wie heutigen Psychoanalytikern und Sexualwissenschaftlern seine Verdienste um den Fortgang ihrer Disziplinen. Schließlich hat Moll (vgl.

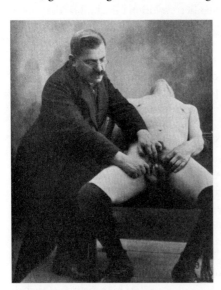

Magnus Hirschfeld bei der Arbeit: »Untersuchung eines Falles von irrtümlicher Geschlechtsbestimmung« – so heißt es in Hirschfelds *Geschlechtskunde*, Bd. 4, 1930

1936: 221) im Jahr 1919 erstmalig bewirkt, dass die Krankenkassen Psychotherapie bezahlt haben.

Nun hieß es gerade: anders als Hirschfeld. Weil über Hirschfeld in den letzten Jahrzehnten viel Würdigendes, Einfühlsames und auch Kritisches geschrieben worden ist (vgl. z.b. Seidel 1969, Dannecker 1978, 1983, Gorsen 1984, Schmidt 1984, 1986b, Wolff 1986, Dose 1989, 2005, Herzer 1992/2001, Herrn 1993, 2007, Lindemann 1993, Ferdinand et al. 1998, Seeck 2003, Kotowski und Schoeps 2004, Bauer 2007), weil sich um ihn und sein Lebenswerk eine Vereinigung kümmert, müssen hier Hirschfelds Anschauungen, insbesondere sein durchgehend rigider Biologismus incl. Reflex-»Theorie« der Liebe/Sexualität und sein somatisch-eugenisches Denken, nicht im Detail erörtert werden (vgl. dazu Kap. 17). Hervorgehoben aber sei, dass Wissenschaftler wie Freud und Moll den für die Individuen gefährlichsten diskursiven und objektivalen Strategien nicht oder nicht vollständig auf den Leim gegangen sind. Im Abschnitt »Rassenhygiene« seines Handbuchs schreibt Moll (1912b: 918): »Hoffen wir, daß in Deutschland diese Vorschläge (zur Unfruchtbarmachung, V.S.) nicht in die Tat umgesetzt werden, und daß unsere Rassenverbesserer nicht zuviel Einfluß auf unsere Gesetzgebung erlangen.« Als sie diesen Einfluss gewonnen hatten und dabei waren, die Zwangssterilisation, insbesondere von »Gewohnheitsverbrechern«, rechtlich zu sanktionieren, stellte er, ganz Wissenschaftler, fest, »daß wir keinerlei wissenschaftlich irgendwie begründete Indikationen« haben (Moll 1929: 126).

Wissenschaft, Reform, Bewegung

Trotz vieler Ideen, treffender Kritiken und enormer Aktivitäten, trotz der Herausgabe eines *Handbuches der Sexualwissenschaften* (Moll 1912a), trotz Zeitschriften- und Gesellschaftsgründungen unterlag Moll in den Konkurrenzen, in die ihn der Lauf der Ideen und Dinge gestellt hatte. Als Wegbereiter der von Liébeault und Bernheim ausgehenden »Schule von Nancy« und damit hypnotistischer und psychotherapeutischer Gedanken auftretend (Moll 1889; vgl. Winkelmann 1965; Schröder 1989) und in die Nachfolge Richard von Krafft-Ebings gesetzt, dessen *Psychopathia sexualis* er 1924 vollständig überarbeitet herausgab, war Moll um die Jahrhundertwende als Psychotherapeut und Sexualforscher einflussreicher und angesehener als Freud und Hirschfeld. Nach Krafft-Ebings Tod 1902 war Moll »wahrscheinlich die bekannteste Autorität auf dem Gebiet der Sexualpathologie in ganz Europa« (Sulloway 1982: 415 f; vgl. dazu auch Moll 1910: 43). Weltweite Anerkennung hatte er bereits mit seinem ersten Buch *Der Hypnotismus* (1889) erlangt. William James (1890: 615) nannte es »außergewöhnlich vollständig und scharfsinnig«. Havelock Ellis, der sich nicht wie Moll und Freud in Eitelkeiten und Rivalitäten verwickelte, berief sich auf Moll häufiger als auf alle anderen Experten, Krafft-Ebing, Iwan Bloch, Freud und Hirschfeld eingeschlossen (vgl. Sulloway 1982: 416).

Heute aber ist Moll außerhalb und innerhalb der Sexologie ein Unbekannter. Freud und Hirschfeld haben ihn vollkommen in den Schatten gestellt. Der eine, Freud, als Begründer der psychoanalytischen Theorie und Praxis und als Spiritus rector der psychoanalytischen »Bewegung« bereits in den Jahrzehnten nach der Jahrhundertwende. Der andere, Hirschfeld, als Initiator des 1897 gegründeten Wissenschaftlich-humanitären Komitees, Spiritus rector der ersten deutschen Homosexuellenbewegung und der Weltliga für Sexualreform sowie als Begründer des weltweit ersten Instituts für Sexualwissenschaft eigentlich erst ein Jahrzehnt nach der zweiten deutschen Homosexuellenbewegung der 1970er Jahre – als die Zeit reif dafür war in dreifacher Hinsicht: Fortsetzung seines Reformwerks, Aufnahme seiner konkreten Utopie vieler Geschlechts- und Sexualvarietäten und Wiederauflage seines somatischen Denkens auf erweiterter biologischer und medizintechnologischer Stufenleiter in der Hoffnung auf Prävention und Therapie der Varietäten. Während Freuds Psychoanalyse, mit Horkheimer zu reden, zum Volksnahrungsmittel geworden ist, das unsere Feuilletonisten besonders verdauungsfördernd zu verzehren wissen, und auch deshalb seit Jahrzehnten, an ihrem allgemeinen Trott und ihren Hauptsequestern gemessen, theoretisch und damit politisch erstarrt ist, kann mit hirschfeldischer Narrativität ohne weitere Umstände, die die Psychoanalyse trotz allem immer noch bereitet, der Streit darum fortgesetzt werden, was natürlich, was gesellschaftlich, was epistemisch, was dispositionell resp. objektival, was essenziell, was konstruktioniert am Geschlechtlichen und Sexuellen sei.

1995 prophezeite ich, die wirkliche Hirschfeld-Renaissance werde erst noch kommen, weil er im Grunde »postmoderne« Topoi versammele: Körper- und Leiblichkeit als Zufluchtsstätten, Narrationen als antiepistemische Flüsse ohne Ufer, sexogenerische Buntscheckigkeit als Widerpart des kulturellen Bigenus, Auflösung der alten Geschlechts- und Sexualformen durch so viele »Zwischenstufen« wie es Menschen gibt, staats- und expertenunabhängige Selbsterfindung und Selbsthilfe – wenn nur nicht die Hormone und die Gene, die Kastrationen, Geschlechtsumwandlungen, Penisprothesen, stereotaktischen Hirneingriffe, extrakorporalen Züchtungen, das H-Y-Antigen, das Xq 28 und die Genchirurgie und natürlich als die »wahren« Nachfolger Hirschfelds die Homosexualitätsverhinderer à la »Ratten-Dörner« wären. Trotzdem hielt ich gegen Lindemann (1993: 102f) und mit ihr an der Prophezeiung fest – und einiges ist ja inzwischen auch tatsächlich eingetreten (Sigusch 2005a). Lindemann schrieb damals merkwürdigerweise, Hirschfeld sei aus heutiger Sicht »veraltet«, ich dagegen begegnete ihm schon damals auf Schritt und Tritt, und sie meinte, die Frage, ob die Homosexualität »angeboren ist, beschäftigt heute niemanden mehr«. Offenbar hatte sie darüber noch nicht mit den Leuten gesprochen und es außerdem vermieden, unter diesem Aspekt in medizinisch-naturwissenschaftliche Fachzeitschriften und die entsprechenden Sparten der Tageszeitungen zu schauen. Ich erinnere nur an Dr. Hamer und das so genannte Homo-Gen, das seit den 1990er Jahren um die Welt geistert (vgl. Sigusch 2005d). Andererseits würdigte Lindemann Hirschfelds Zwischenstufenschema als den einzigen großen Versuch im 20. Jahrhundert, »die Konstruktion des Körpers in emanzipatorischer Absicht neu zu fassen«. Hirschfelds Körpervorstellung dürfte alltäglichen Anschauungen näher stehen als andere wissenschaftliche Körpermodelle, weil sie »nicht scharf zwischen dem von innen belebten Körper und dem Körper als Ding unterscheiden«. Daraus aber ergeben sich ganz aktuelle Fragen.

Doch zurück zum Verhältnis der beiden Protagonisten. Über persönliche Dinge wie Antipathien und Rivalitäten kann eigentlich nur spekuliert werden. Sehr wahrscheinlich aber ist, dass Moll Hirschfeld ablehnte, weil er abnorm war und deshalb pro domo sprach, wenn er für die dritten, vierten, fünften Geschlechter auf die Tribünen und Barrikaden ging. Wie sollte so einer, unmännlich, weich und weibisch und selbst ein Objekt der Wissenschaft, zum Subjekt der seriösen und objektiven Forschung werden, Patienten unvoreingenommen behandeln und Sittlichkeitsverbrecher unparteiisch begutachten? In Molls Augen konnte er es konstitutionell gar nicht. Er war ein Subjekt in der unschönen Bedeutung des Wortes und deshalb subjektiv und handelte auch noch danach. Das mag den zweckfreien Geheimrat empört und angewidert haben. Hinzu kam, dass Hirsch-

Magnus Hirschfeld mit dem Ehepaar Maria und Paul Krische (alle drei sitzend) sowie zwei Unbekannten beim Nacktbaden in der Nähe Berlins, um 1925 (aus *Bilderbuch der Körperkulturschule Adolf Koch*, 1933)

feld ihm (wie vorher schon Freud) ein Gebiet und eine Führerschaft streitig machte, nicht zuletzt als erfolgreicher Gerichtsgutachter, obgleich er, Moll, »the first modern monograph on homosexuality« (Hodann 1937: 37) in die Welt gesetzt hatte.

Die Magnus-Hirschfeld-Gesellschaft hat mir freundlicherweise einen für die Behörden bestimmten Bericht des Regierungsmedizinalrats Schlegtendal vom 21. Mai 1920 überlassen, der in den Akten des Preußischen Ministeriums für Volkswohlfahrt gefunden worden ist (Staatsarchiv Merseburg, Rep. 76–VIII B, Nr. 2076, Bl. 9–14) und die Überschrift trägt: »Betrifft: Institut für Secualwissenschaft [sic!] in Berlin«. Schlegtendal stützt sich auf eine persönliche Inaugenscheinnahme des Instituts und seiner Mitarbeiter, auf ein Gespräch mit Hirschfeld sowie auf zwei »hiesige hervorragende Ärzte«, die er in seinem Bericht A und B nennt und vorher um Auskunft über Hirschfeld und sein Institut gebeten hatte, um sich nicht durch das ihm »schon bekannte unaufrichtige oder doch schönfärbende Gerede Hirschfeld's ablenken oder irreleiten zu lassen.« Ich bin angesichts der Diktion und der Inhalte recht sicher, dass es sich bei dem Informanten A um Albert Moll handelt. Zunächst beschreibt Schlegtendal die Räumlichkeiten des Instituts so, dass man/frau sie sich vorstellen kann, und notiert, dass die Angestellten »wie der Leiter selbst durchaus den Eindruck der Homosexualität« machten, wobei ihm insbesondere ein junger Mann, »angeblich ein Student«, auffiel, weil er »diesen Eindruck in gesteigertem Maße erweckte«. Dieser junge Mann »mit der hohen Kastratenstimme«, »der aus- und einstrich«, plauderte und kokettierte in einer Nische mit einem der »Anstaltsärzte«. Schließlich kommt der Regierungsmedizinalrat auf seine Gewährspersonen zurück. Beide Herren arbeiteten »auf demselben Gebiete wie Hirschfeld« und seien »wissenschaftlich anerkannt, z.T. auf diesem Gebiete berühmt«. A, also höchstwahrscheinlich Moll, sei »schon seit langen Jahren auf Grund mehrfacher Erfahrungen und Beobachtungen ein schroffer persönlicher Gegner Hirschfeld's«; er sei Hirschfeld »anerkanntermassen [...] an Wissenschaftlichkeit, Charakter und Rechtlichkeit [sic!] weit überlegen«. »Betreffs der Persönlichkeit Hirschfeld's« bringt der Medizinalbeamte Folgendes in Erfahrung:

»A. erklärt M. H. für zweifellos homosexuell. Hieraus sei ein Teil seiner Fehler und Schwächen zu erklären, so seine große Eitelkeit, sein weiches, weibisches, unmännliches Wesen, aber doch nur ein Trick! Für den Rest bezichtigt A. ihn der bewussten Unwahrhaftigkeit, Ausbeutungssucht, ja der verbrecherischen Erpressung. A. hat eine Dame, die in weibweiblichem Verkehr zum Ehebruch gelangt war, aus den Klauen Hirschfeld's befreit und für sie von Hirschfeld die erpressten Geldsummen und Pretiosen zurückgewonnen. [...] Er habe zur Beschönigung seiner Arbeit das wissenschaftlich-humanitäre Komitee gegründet [...]. Hirschfeld ist reklamesüchtig, nichts weniger als ein Charakter und Mann von Zuverlässigkeit, sein praktisches Handeln steht erweislich oft im Widerspruch mit dem, was er in wissenschaftlichen Aufsätzen usw. aufgestellt hat und verficht. Seine Gutachten sind zumeist nicht unparteiisch, sondern – zweifellos beeinflußt durch hohe, ja gewissenlos geschraubte Honorare – einseitig. Unbemittelte Patienten werden wenig beachtet, vermögende mit Liebe behandelt und geschröpft. Er hat es von jeher verstanden, mit der z.Zt. herrschenden Macht Fühlung zu finden, wie einst mit dem Tron [sic!] und seiner Umgebung, so am 9. November 1918 sofort mit der Revolution und der Straße.«

A. bezweifelt, dass das Institut »wirklich nennenswert wissenschaftlich« sei. Er betrachtet es »vielmehr 1) als Verdienstquelle, 2) als Ausbeutungsanstalt, 3) als Stätte der Verführung von Jugendlichen d.i. auf der Grenze der Geschlechtsentwicklung Stehender, die ohne diese Verführung sich zweifellos normal entwickeln würden, und 4) als Anstalt für Kuppelei«. Der Informant B., der Hirschfeld gegenüber, anders als A., »lange Jahre« eine »zum mindesten wohlwollend neutrale Stellung eingenommen« hätte, führt jetzt auch »Hirschfeld's Homosexualität und seinen femininen Einschlag« ins Feld und bezichtigt ihn »der Beutelschneiderei, der Verführung Jugendlicher und der Kuppelei«. Mehrmals nennt er das Institut ein »Bordell«. Er hält es »für mindestens wahrscheinlich, daß Hirschfeld den homosexuellen Verkehr dort nicht nur selbst pflegt, sondern auch fördert, ferner daß er in seinem Privat-Sprechzimmer sich als Voyeur betätigt, indem er Ehepaare und Andere in seinem anstoßenden Schlafzimmer sich nach Anweisung betätigen lasse.«

Wie unvereinbar die persönlich-wissenschaftlichen Standpunkte von Moll und Hirschfeld waren, wurde erst seit 1905 ganz deutlich (vgl. die Äußerungen von Moll 1902b, 1904, 1905a, 1905b, 1905c, 1906, 1907a, 1907b sowie die Entgegnungen von Hirschfeld 1905, Friedlaender 1905 und Burchard 1905; s. dazu auch Praetorius 1906). Vorher hatte Moll als einer der ersten die Petition Hirschfelds und des Wissenschaftlich-humanitären Komitees an den Reichstag unterschrieben, die eine Gleichstellung homo- und heterosexueller Akte bei einem Schutzalter von 16 Jahren vorsah (vgl. Hirschfeld 1898: 12). Vor der Jahrhundertwende hatte er den Wandel von Sitten und Gesetzen »im Laufe der Zeiten« betont und den Befürwortern des Homosexuellenparagrafen Heuchelei und die Förderung des Erpressertums vorgeworfen, vor allem aber Willkür und absolute Unlogik: »Entweder bestrafe man durch eine Abänderung des Paragraphen auch homosexuelle Akte zwischen Weibern, desgleichen allerlei unzüchtige Handlungen zwischen Männern, die heute nicht unter den Begriff der widernatürlichen Unzucht fallen, und auch alle unnatürlichen Befriedigungsarten zwischen Mann und Weib, oder man gestatte erwachsenen Männern, in ihren vier Wänden geschlechtlich miteinander zu thun, was sie wollen, so lange sie nicht die Rechte dritter Personen verletzen« (Moll 1899b: 1, 11).

Ein Jahr später hatte er in Hirschfelds *Jahrbuch für sexuelle Zwischenstufen* einen Aufsatz veröffentlicht, in dem er versuchte, ihm und dem Komitee sachlogisch beizukommen: Objektivität sei etwas Seltenes; Menschen neigten nicht dazu, ihre eigenen Handlungen als krankhaft oder verwerflich anzusehen. Wenn Homosexuelle angeben, dass sie schon immer so gefühlt hätten, dann müsse darauf hingewiesen werden, dass sich jeder Mensch »mit Vorliebe« dessen erinnere, »was ein besonderes Interesse für ihn bietet«. Etwas Natürliches sei noch lange nicht gesund. Etwas Erworbenes mache noch lange nicht schuldig. Ärztlich betrachtet hätten Verschuldung oder Antipathie ebenso wenig Bedeutung wie die Frage, ob die Homosexualität angeboren oder erworben sei. Die Behandlung der Homosexualität sei erforderlich, weil sie beim Erwachsenen »eine durchaus pathologische Erscheinung« sei. Sie sei mit Missbildungen wie einer Hasenscharte verwandt, also nicht als krank, aber doch als krankhaft oder pathologisch zu bezeichnen. Für die »Umwandlung des homosexuellen Geschlechtstriebes« kämen in erster Linie psychische Mittel in Betracht: Selbsterziehung und Suggestion. Vor Bordellbesuchen sei zu warnen: »Ich muss gestehen, dass mir die Homosexualität immer noch ein geringeres Uebel zu sein scheint als eine Infektion mit Syphilis.« Ein schablonenhaftes Vorgehen verbiete sich, und in vielen Fällen werde man auf eine Behandlung der Homosexualität, nicht aber des Homosexuellen verzichten, der »oft genug auch sonst kein ganz gesunder Mensch« sei. Abschließend empfiehlt Moll »den anständig denkenden Homosexuellen«, sich »den Lobeshymnen zu verschliessen, die einzelne exaltierte Homosexuelle auf die Homosexualität anstimmen«. Dann könnten sie darauf rechnen, »Sympathien in den Kreisen der Heterosexuellen zu erwerben und die Vorurteile der Letzteren zu zerstören. Sicherlich kann dies aber nicht gelingen, wenn Homosexuelle ihre Anlage gewissermassen als das Vollkommene hinstellen, das weder den Arzt noch den Richter etwas angehe« (Moll 1900: 16f, 3, 18, 21, 25, 29).

Noch 1902 schrieb er, was Hirschfeld (1907) mit Genugtuung zitierte, als er öffentlich verunglimpft wurde: »Besonders angenehm berührt die sachliche Art, womit die Einwände der Gegner bekämpft werden. Kein Schimpfen, wie man es manchmal selbst in sogenannten wissenschaftlichen Zeitschriften findet. [...]. Jedem, der die Bewegung zur Aufhebung des Paragraph 175 fördern will, kann nur gerathen werden, auf dem beschrittenen Wege fortzufahren. Den Homosexuellen wird manchmal [...] der Vorwurf gemacht, sie agitirten zu viel. Was aber sollen sie thun? Wenn sie nicht agitiren, erreichen sie ihr Ziel niemals. Sie hätten dann höchstens noch einen anderen Weg: sie müßten suchen, [...] über einen Berg von Leichen ans Ziel zu kommen«. Dieser Weg sei zwar abzulehnen – auch Hirschfeld (vgl. 1986: 89) war übrigens immer dagegen, das zu tun, was heute Outing heißt –, mancher hohe Beamte oder einflussreiche Politiker, der Homosexuelle als »das elendeste Pack der Welt« aus tiefster Seele verabscheue, wäre aber verwundert, weil auf einmal sein Sohn oder sein Freund, »ein so braver, ausgezeichneter Mensch«, zu den gleichgeschlechtlich Verkehrenden gehörte. Auf diesem Weg wäre ein schneller Erfolg »mehr als wahrscheinlich«. Umso lobenswerter findet Moll, dass die Homosexuellen sich dafür entschieden haben, »sachlich zu agitiren«. Und diese Agitation habe ja auch schon Erfolge gebracht, über die er sich freut. Abschließend stellt er fest, dass das *Jahrbuch* jeder, der sich mit Fragen der Homosexualität beschäftigt, »nicht nur kennen, sondern auch eingehend studiren muß« (Moll 1902b: 431 ff). Die »Involutionsperiode« Molls, wie sich Hirschfeld (1986: 89) in seinem Anfang der 1920er Jahre veröffentlichten, autobiografisch gehaltenen Rückblick auf die Homosexuellenbewegung ausdrückt, hatte also »damals noch nicht begonnen«.

Später hat Moll Hirschfeld immer wieder und immer schärfer öffentlich angegriffen, insbesondere in Sachen Homosexualität. So nennt er Hirschfelds Lehren »Gift« für jene Homosexuellen, denen es um eine »Heilung« gehe, sorgt sich um die Verführung junger Männer und schätzt die »Gefahr der Züchtung der Homosexualität [...] weit größer« ein als zur Zeit der Unterzeichnung der Petition des Wissenschaftlich-humanitären Komitees (Moll 1905b: 1100 f). So kritisiert er in Eulenburgs Enzyklopädie (Moll 1906: 235), dass sich »zu den rein wissenschaftlichen Diskussionen auch *agitatorische Interessen* gesellen, die wesentlich von dem sogenannten wissenschaftlich-humanitären Komitee, dessen Spiritus rector Magnus Hirschfeld ist, vertreten werden«. Dieses Komitee habe sich nicht nur die wissenschaftliche Erforschung der sexuellen Zwischenstufen zur Aufgabe gestellt, sondern auch die Beseitigung des § 175. »Hierdurch sind Mitglieder dieses Komitees veranlaßt worden, das Agitatorische in den Vordergrund zu stellen und Resultate der Wissenschaft in ihrem Sinne zu deuten bzw. zu färben. Ja, man kann wohl sagen, daß in neuerer Zeit die Agitation dieses Komitees in weiten Kreisen Ärgernis erregt und mitunter den Anschein erweckt, als ob eine Verherrlichung der Homosexualität das Wesentliche sei.« Dagegen müsse »Einspruch erhoben werden« wie gegen die Annahme, etwas Eingeborenes lasse sich nicht beeinflussen. Auch wenn man mit den »Opfern des § 175« das »größte Mitleid« habe, dürfe sich doch »die Wissenschaft dadurch nicht bestimmen lassen«. Wie sehr man versuche, »Tatsachen zu färben«, erörtert Moll ausführlich anhand einer »Statistik«, mit der Hirschfeld (1904) »den Prozentsatz der Homosexuellen« feststellen wollte. Anschließend betont er aber noch einmal, dass im *Jahrbuch für sexuelle Zwischenstufen* gründliche wissenschaftliche Abhandlungen erschienen seien, wobei er v. Neugebauer, Karsch und Praetorius (d.i. Eugen Wilhelm) namentlich erwähnt.

Was ist Homosexualität?

Müssten die im Laufe der Jahrzehnte natürlich variierenden Positionen der Protagonisten in der Homosexualitätsfrage trotzdem mit wenigen Sätzen zusammengefasst werden, könnte gesagt werden: Beide gingen, weitgehend im Einklang mit dem kulturellen Phallozentrismus und seinen nicht zuletzt rechtlichen Manifestationen, von der männlichen Homosexualität aus und schrieben vor allem darüber, wobei es Hirschfeld streckenweise gelang, die weibliche Homosexualität nicht als inferiore Form der männlichen erscheinen zu lassen. Für ihn war die Homosexualität eine angeborene, sich im Körperlichen niederschlagende und dort auch auffindbare Varietät. Für Moll, der einen dynamischen, evolutionär-entwicklungspsychologischen Triebbegriff hatte, bildete sie sich erst im Laufe des Lebens heraus und konnte nicht, wie Hirschfeld behauptete, anhand »objektiver Zeichen« diagnostiziert werden, schon gar nicht in der Kindheit. Er hielt sich stattdessen an Träume oder daran, ob ein Mann »fortwährend nach der Genitalgegend anderer sieht« – eine aparte Diagnostik (Moll 1926c: 775, 793). Hirschfeld ging vom Biotischen aus, Moll vor allem vom Psychischen. Moll dachte grundsätzlich konditional und nicht kausal wie Hirschfeld (und die meisten Mediziner bis heute). Für ihn war alles Körperliche und alles Seelische sowohl eingeboren als auch erworben (vgl. Moll 1897: 306; 1921b: 22). Folglich nahm er bei der Homosexualität eine Disposition an, das »Eingeborene«, das durch spätere Umwelteinflüsse realisiert wird. Dieses Eingeborene kann zwar ererbt sein, nicht aber angeboren, weil es bei der Geburt noch gar nicht entwickelt ist. Wegen dieser Verschränkung schwankte er in seinen Äußerungen, wenn es darum ging zu sagen, ob und wie oft die Homosexualität eingeboren/angeboren und wie oft sie erworben sei. Eine einfache Lösung des »Rätsels« hatte er nicht zu bieten. Hirschfeld postulierte dagegen im Anschluss an Karl Heinrich Ulrichs ein natural gefasstes, eigentlich unverrückbares und in sich harmonisches eigenes (»drittes«) Geschlecht mit vielen, letztlich unendlich vielen Zwischenstufen – angesichts des herrschenden Bigenus eine wundersame Position, die geeignet war, den Ungeraden einen moralisch-identifikatorischen Halt zu bieten und zugleich die Geraden im Kampf gegen den Homosexuellenparagrafen zu überzeugen.

Für Moll war die Homosexualität keine Krankheit, aber doch krankhaft, bildete gewissermaßen eine Zwischenstufe im viel zu groben binären Schema Gesundheit/Krankheit. Am ehesten war sie eine Missbildung im naturwissenschaftlich-medizinischen Sinn, eine Vorstellung, die Hirschfeld keineswegs fern lag (wie wir noch hören werden), hatte er doch vor Moll die Hasenscharten-Analogie aufgestellt. Beide waren dagegen, erwachsene Homosexuelle wegen ihres Sexualverhaltens strafrechtlich zu verfolgen, weil sie an ihrem Zustand unschuldig waren: als »Stiefkinder der Natur und Parias der Gesellschaft«, wie schon der liebenswürdige Freiherr von Krafft-Ebing (1891: V) im Vorwort zu Molls Abhandlung über die konträre Sexualempfindung gesagt hatte. Moll (1921b: 69) betonte mit Blick auf Hirschfelds Aktivitäten immer wieder, dass der Wegfall des Paragrafen keineswegs die Ächtung aufheben würde: »Der Homosexuelle stellt ein Zwittertum dar, indem die Seele dem Leibe nicht entspricht, und gegen solche Mißverhältnisse besteht beim Volke ohne jede Strafandrohung eine Geringschätzung.« Und er warnte vor der Verführung zur Homosexualität in jener Lebensphase, in der der Geschlechtstrieb noch »undifferenziert« sei – im erweiterten Sinn von Max Dessoir (1894).

Eine psychotherapeutische Behandlung der Homosexualität hielt Moll, wenngleich keineswegs durchweg, für erfolgversprechend, insbesondere mittels der von ihm entwickelten »Assoziationstherapie« (vgl. Moll 1911, 1921b, 1926c), die das physiologischerweise eingeborene Heterosexuelle stärken und hervorbringen sollte und wie ein Vorläufer west-östlicher Rational-, Bewusstseins- und Verhaltenstherapien imponiert, weshalb er wohl auch als ein Begründer der »kleinen« Psychotherapie bezeichnet werden kann. Hirschfeld (1914a: 460) war davon durchdrungen, dass der Arzt »nicht die Homosexualität«, sondern nur »den Homosexuellen« behandeln könne. Er setzte gegen Molls Verdrängungs- und Erweckungstherapie seine sexualdemokratische »Adaptations- oder Anpassungstherapie«, die er später auch »psychische Milieutherapie« nannte (vgl. Dose 1989). Molls Therapie hielt er für »unvereinbar mit der Naturbeschaffenheit sexualbiologischer und innersekretorischer Vorgänge«. Die Homosexualität durch den Anblick weiblicher Personen in erotisch anregenden Kostümen heilen zu wollen, bedeute »ungefähr dasselbe, als wenn man einem Farbenblinden dadurch ein gesundes Sehvermögen verschaffen zu können meint, daß man ihm die Farben vor Augen hält, für die seiner Netzhaut die Aufnahmefähigkeit fehlt« (Hirschfeld 1918: 217).

Trotzdem überwies Hirschfeld Homosexuelle zur Kastration, als die Keimdrüsenexperimente des österreichischen Physiologen Eugen Steinach Furore machten (Schmidt 1984), möglicherweise, so wird vermutet, um dadurch seine naturalistische Theorie zu beweisen, was ein Experiment am Menschen wäre. Annemarie Wettley (1959: 75) stellte die Endokrinologie als Leitwissenschaft des späten Hirschfeld heraus und berichtete, dass Steinach in seiner letzten Arbeit ausdrücklich Hirschfelds Vermutung bestätigt habe, nach der die Homosexualität angeboren und »auf das Vorhandensein einer zwittrigen Pubertätsdrüse zurückzuführen sei«. Moll dagegen hielt von somatischen Therapien so gut wie gar nichts; er plädierte für Psychohygiene und Psychotherapie. Kastrationen lehnte er, nicht zuletzt wegen des theoretisch zu erwartenden geringen Erfolgs, schon vor der Jahrhundertwende ab. Mit Steinachs Befunden hat er sich postwendend kritisch auseinandergesetzt, auch, anhand eines konkreten Falles, vor einer »Art Hodenhandel« warnend (Moll 1921b: 21, vgl. auch 1921a, 1926c). Angesichts der Vielfältigkeit des homosexuellen Empfindens, Erscheinens und Verhaltens wies er die Vorstellung zurück, Hormone könnten in dieser Hinsicht eine primäre Wirkung haben (vgl. Moll 1921b: 28). Über die Behandlung mit Arzneimitteln schließlich sagte er, auch schon vor der Jahrhundertwende: »Man kann eben Empfindungen und Triebe nicht mit Salzsäure und nicht mit Aloe bekämpfen, man kann Empfindungen und Triebe vielmehr nur durch gleichartige psychische Vorgänge alteriren, wie schon Aurelian wusste« (Moll 1891: 222). Gleichzeitig war Moll für Prophylaxe und Bekämpfung der Homosexualität, wie wir schon hörten. Er wusste, zu welchen enormen wissenschaftlichen, künstlerischen und herrschaftlichen Leistungen Homosexuelle in der Lage waren, hatte selbst eine Abhandlung über *Berühmte Homosexuelle* veröffentlicht (Moll 1910), geißelte aber gleichwohl ohne Nachsicht für Erniedrigte und Verpönte den Hang Invertierter, ihre Neigung als etwas Edles hinzustellen. Hoch oder tief, Geistesheroe oder Lustmörder – die Homosexualität war für ihn nun einmal eine pathologische Erscheinung.

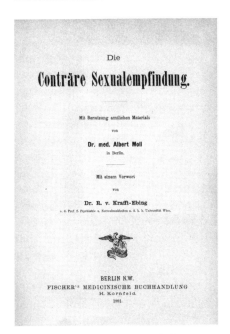

Albert Moll: *Die Conträre Sexualempfindung*, 1891

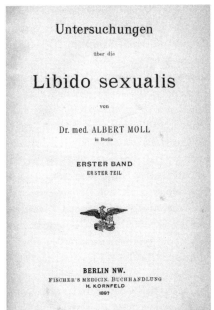

Albert Moll: *Untersuchungen über die Libido sexualis*, 1897

Albert Moll: *Das Sexualleben des Kindes*, 1909

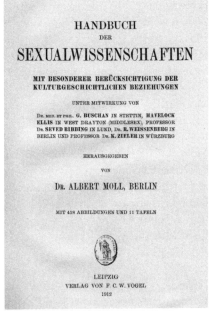

Albert Moll: *Handbuch der Sexualwissenschaften. Mit besonderer Berücksichtigung der kulturgeschichtlichen Beziehungen*, 1912

Beide Protagonisten hatten Verbindungen zu dem, was später »Subkultur« genannt wurde, wobei Hirschfelds Verbindungen sehr viel enger und intensiver waren als die von Moll, fungierte er doch als so etwas wie die »gute Mutter«, genannt »Tante Magnesia«, des Dritten Geschlechts. Von Hirschfeld wissen wir, dass er Homosexuelle ermutigte, so zu leben, wie sie nun einmal seien – eine enorme Haltung angesichts der rechtlichen, standesrechtlichen und allgemeinen Umstände der damaligen Zeit. Hirschfeld stand auf der Seite derer, die wir heute »Betroffene« nennen, und installierte wohl als erster, wie Dose (1989: 95) bemerkt, etwas Parabis Transmedizinisches: eine »Selbsthilfegruppe«. Kein Wunder, dass er sehr schnell zur Psychoanalyse auf Distanz ging. Moll agierte nicht als Kastrator, aber doch als ordentlicher Arzt mit dem gehörigen nosomorphen Blick, der immer nur Krankes sieht, einen Blick, den auch die meisten Psychoanalytiker seiner Zeit (und der Zeiten danach) auf die Urninge, Invertierten und Konträrsexuellen warfen. Und weil von der Psychoanalyse die Rede ist, muss gesagt werden: Moll sprach den männlichen und weiblichen Homosexuellen die Fähigkeit zu lieben nicht ab; sie sei sogar »mitunter überaus stark ausgeprägt« (Moll 1926c: 770).

In seinen in der NS-Zeit erschienenen Lebenserinnerungen schlägt Moll (1936: 151) nicht mehr den Ton des scharfsinnigen Beobachters und Kritikers der Homosexuellenbewegung an. Er wird zum Verfolger: »Mit jenen Volksverführern«, die falsche Lehren »verbreiten und die nichts dabei fanden, daß vor Fortbildungsschulen und bei Obersekundanern oder Oberprimanern nach Schulschluß die Homosexuellen auf ihre Opfer lauerten, hat wohl die nationalsozialistische Regierung gründlich und endgültig aufgeräumt.« Wie dieses Aufräumen aussah, kann heute nachgelesen werden (vgl. z.B. Harthauser 1967, Lautmann 1977, Stümke und Finkler 1981, Grau 1993, Jellonek und Lautmann 2002). Auch spricht er in den Memoiren so über Hirschfeld, dass angenommen werden muss, Hirschfeld war homosexuell: Steinach »stand offenbar unter dem Einfluß gewisser Homosexueller, besonders von Magnus Hirschfeld in Berlin« (1936: 147). Ob seine Memoiren durch die Hände von NS-Zensoren gegangen sind, wofür einige aufgesetzt wirkende Passagen (vgl. z.B. ebd.: 65 f, 239) und Retuschen (vgl. Schultz 1986: 3) sprechen könnten, wissen wir nicht mit Sicherheit. Schröder (1989: 443 f) meint in diesem Zusammenhang, Moll, ein längst ins Abseits Gedrängter, habe, »in seiner politischen Haltung eines konvertierten Juden erschüttert«, versucht, mit seinem Lebenswerk vor den Nazis zu bestehen, »wodurch einige Passagen des Buches tendenziellen Charakter tragen«. Bemerkenswert ist, dass die Lebenserinnerungen Molls bis in die 1940er Jahre hinein verkauft worden sind, wie sich aus Abrechnungen ergibt, die Winkelmann (pers. Mitteilung) vorliegen.

Rivalität und Feindschaft

Konzentrieren wir uns aber jetzt auf einen Artikel, betitelt »Der ›reaktionäre‹ Kongreß für Sexualforschung«, den Moll im Januar 1927 in der *Zeitschrift für Sexualwissenschaft* publiziert und seinen denunziatorischen Briefen an den Doyen und an den Reichsaußenminister beigelegt hat (Moll 1926/27b; vgl. auch Moll 1926/27a).

Er behauptet in diesem Artikel, dass der von ihm organisierte und im Plenarsaal des Deutschen Reichstags (Donnerwetter!) eröffnete »I. Internationale Kongreß für Sexualforschung«, der eigentlich im Herbst 1914 stattfinden sollte, aber erst vom 10. bis zum 16. Oktober 1926 in Berlin abgehalten wurde, dass dieser Kongress »von bestimmter Seite« im In- und Ausland torpediert worden sei. »Den intellektuellen Urheber kenne ich«, schreibt Moll. »Es ist derselbe, der eines Tages sich in mein Sprechzimmer drängte, um mich zu bitten, ›doch wieder gut zu sein‹. Ich habe ihm damals in nicht mißzuverstehender Weise erklärt, es handle sich hier nicht um ein ›Wiedergutsein‹, sondern um die schweren Bedenken, die ich gegen seinen Charakter hätte. Persönliche oder sachliche Differenzen hätten mich niemals gehindert, ›wieder gut zu sein‹. Die Versuche, den Kongreß zu sprengen, mißlangen, wurden allerdings selbst während des Kongresses fortgesetzt; und auch nachher hat dieselbe Persönlichkeit es noch versucht, den Kongreß herabzusetzen: den Kongreß, der der erste internationale wissenschaftliche Kongreß war, der seit Beginn des Krieges auf deutschem Boden abgehalten wurde, aber auch der erste internationale wissenschaftliche Kongreß für Sexualforschung überhaupt« (Moll 1926/27b: 321).

Im nächsten Absatz ist dann von »Herrn Magnus Hirschfeld« die Rede; kein Zweifel, er ist »dieselbe Persönlichkeit«. Worin aber bestand die Unvereinbarkeit, wenn weder »persönliche« noch »sachliche Differenzen« entscheidend gewesen sein sollen? Moll führt den »Charakter« Hirschfelds ins Feld, nennt »dessen problematische Natur« (ebd.: 323) als Grund, also doch etwas »Persönliches«. Ob es dabei um ärztliche, geschäftliche oder sexuelle »Verfehlungen« geht, bleibt im Dunkeln, wie auch später in den denunziatorischen Briefen, die hier dokumentiert werden. Den zweiten Grund, etwas »Sachliches«, können wir folgendem Satz entnehmen: »Wer den Unterschied [zwischen] einer Tagung für Sexual-Reform und einem Kongreß für Sexual-Forschung nicht begreift, der ist für die Wissenschaft verloren« (ebd.: 322).

Apropos »problematischer Charakter«. Auch Moll wird wohl einen nicht ganz einfachen »Charakter« gehabt haben. In seinen Lebenserinnerungen (Moll 1936: 182) erwähnt er, dass er in Berlin, weil er als hoher Standesfunktionär in Arzt- und Kassenfragen kräftig durchgriff, »sehr bald den Beinamen ›Moll, der Tyrann‹« bekommen habe. Medizinhistoriker, die sein wissenschaftliches Werk würdigen, schildern ihn als eitel, bissig, gehässig, rechthaberisch und uneinsichtig. Moll dürfte, schreibt Schultz (1986: 23), »sicherlich für einige seiner Zeitgenossen ein unangenehmer Mensch gewesen sein«. Goerke (1965: 239 f) bemerkt: »Was äußerlich an Moll zuerst auffiel, war, daß er schielte. Das betroffene Auge hatte schon in der Kindheit weitgehend die Sehkraft eingebüßt. [...] Sein Schielblick aber habe, so wird vermutet, nicht unwesentlich zu seinen Erfolgen als Hypnotiseur beigetragen. Vor keiner Auseinandersetzung um standespolitische oder wissenschaftliche Fragen hat sich Moll gescheut. Sein immer waches Selbstbewusstsein, dazu ein durch scharfen Intellekt besonders treffsicheres rhetorisches Talent machten ihn zum gefürchteten Diskussionsredner, der mit bissigen Seitenhieben nicht gespart und eine innere Genugtuung daran empfunden hat, den Gegnern die eigene Überlegenheit zu zeigen. Von einem einmal gefaßten Standpunkt konnte ihn nichts und niemand abbringen.«

Albert Molls Waffenschein (Archiv Otto Winkelmann)

Möglich, dass Hirschfeld es vermied, mit Moll Kontroversen direkt auszutragen, obgleich er sich nicht scheute, dessen Auffassungen, sofern er sie nach 1905 überhaupt noch erwähnte, scharf zu kritisieren (vgl. z.B. Hirschfeld 1918: 217; 1928: 173, 431). Das wird ihm aber gar nicht leicht gefallen sein, war er doch nach allem, was wir wissen, ein Mensch, der Kompromisse suchte. Am eindruckvollsten ist beim Studium des Verhältnisses der beiden Protagonisten, dass Hirschfeld trotz beißender Kritik an Moll nie zum Mittel der persönlichen Herabsetzung, gar der Denunziation griff. Insofern ist Moll der »problematische Charakter«.

Da er Hirschfeld »Verfehlungen« vorwirft und von ihm Zucht und Ordnung verlangt, ist vielleicht erwähnenswert, dass Moll nach Winkelmanns Recherchen (pers. Mitteilung) höchstwahrscheinlich morphiumsüchtig war. Im Krankenblatt der Privatklinik, in der er lag, sei allerdings keine Diagnose vermerkt. Goerke (1965: 239) spricht davon, dass Moll in den 1920er Jahren »unter einer langwierigen Krankheit schwer zu leiden« hatte. Laut Winkelmann habe auch Goerke auf die Sucht angespielt. Diese wird übrigens nebenbei von dem Berliner Philosophen und Psychologen Max Dessoir erwähnt, dem Moll viele Gedanken verdankt und der ihm, wie er selbst betonte, »oft als treuer Freund und Berather zur Seite stand« (Moll 1891: X). Überraschenderweise hat er aber Moll als »Charakter« auch nicht geschätzt, jedenfalls im Alter nicht. In seinem *Buch der Erinnerung*, das erst nach der Nazi-Zeit erscheinen konnte und den Eindruck hinterlässt, hier habe ein kluger, bescheidener und charaktervoller Mensch auf sein Leben zurückgeblickt, schreibt Dessoir (1947: 128) über Moll:

> »Sein Ehrgeiz und seine Eitelkeit fanden Erfüllung [...], da er über zwei wichtige Mittel verfügte: er war wirtschaftlich ganz unabhängig und besaß eine erschreckende Rücksichtslosigkeit. [...] Seine Kranken behandelte Moll mit Härte, nie mit Güte [...]. Der Verkehr mit ihm war schwierig, denn keine Macht der Welt konnte ihn dahin bringen, sich wie ein Gentleman zu benehmen. Bei der geringsten Meinungsverschiedenheit brauste er auf und redete hemmungslos, so daß man nie vor ihm sicher war. In den letzten zehn oder zwölf Lebensjahren immer wieder dem Morphium verfallen, wurde er geradezu bösartig: er ängstigte und quälte Menschen, deren Schmerzpunkte er kannte, nur um sich ein Herrschaftsgebiet zu erhalten. [...] Trotzdem darf nicht vergessen werden, daß Moll sich

als einer der ersten für die Anerkennung der Hypnose und der Suggestion eingesetzt und durch seine scharfe Kritik der gefährlich wuchernden Geheimwissenschaften hohe Verdienste erworben hat« (vgl. auch Dessoir 1932).

Doch zurück zu Molls Diktum, wer Sexual-Reform betreibe, sei für Sexual-Wissenschaft verloren. Wie wir bereits hörten, war Hirschfeld in Molls Augen kein »objektiver Wahrheitssucher«, sondern ein »gemeingefährlicher« Agitator (vgl. Moll 1921: 64, 1926c: 764, 813). Deshalb war Moll auch davon überzeugt, den ersten internationalen wissenschaftlichen Kongress »für Sexualforschung überhaupt« veranstaltet zu haben. Dieser Kongress, getragen von der Ende 1913 gegründeten Internationalen Gesellschaft für Sexualforschung (INGESE), in der er, Max Marcuse und Julius Wolf den Ton angaben, eine Vereinigung, die sich von der Anfang 1913 gegründeten Ärztlichen Gesellschaft für Sexualwissenschaft und Eugenik distanzierte, in der Albert Eulenburg, Iwan Bloch und Magnus Hirschfeld dominierten, dieser INGESE-Kongress war tatsächlich äußerst international und äußerst »wissenschaftlich«. So lieferte zum Beispiel Marinesco (1927) aus Bukarest »Etudes sur le mécanisme histo-biochimique de la vieillesse et du ›rajeunissement‹« im Umfang von 60 Druckseiten ab, in denen er zu dem Schluss kommt, dass es die seinerzeit heiß diskutierte »Verjüngung« gar nicht geben kann (vgl. Kap. 3 sowie die fünf von Max Marcuse [1927, 1928] redigierten Kongressbände).

Fünf Jahre zuvor hatte aber bereits Hirschfeld einen internationalen Kongress »auf deutschem Boden« organisiert, von dem Moll nichts wissen wollte. Seine Begründung:

»Dieser angebliche frühere Kongreß für Sexualforschung war aber weder ein wissenschaftlicher Kongreß, noch wurde er als solcher bezeichnet. Er hieß: ›I. Internationale Tagung für Sexualreform auf sexualwissenschaftlicher Grundlage‹ und fand vom 15. bis 20. September 1922 in Berlin statt, und zwar unter Leitung von Herrn Magnus Hirschfeld. Wie es mit der Wissenschaft dort bestellt war, möge aus einem Schlußbericht eines Mannes hervorgehen, der ursprünglich diesen Kongreß mit großem Interesse verfolgte. Er schloß seinen Bericht: ›Der ganze Verlauf der Tagung macht noch einige grundsätzliche Bemerkungen notwendig. Voraussetzungslos war weder das Programm noch die Geschäftsführung. Aber auch der wissenschaftliche Wert dieser Tagung kann aus diesen und anderen Gründen nicht ohne ganz wesentliche Einschränkungen anerkannt werden. So darf z.B. nicht in dieser einseitigen Weise eine politische und religiöse Verhetzung bei wissenschaftlichen Erörterungen Platz greifen, wie es hier geschah. Es hat ferner an jeder sachlichen Würdigung abweichender Ansichten gefehlt. Reden, wie die von Werthauer, Hiller und einige Mißgriffe anderer gehören nicht in eine Tagung, deren Grundlage angeblich eine wissenschaftliche ist. Von ärztlicher Seite ist zu bemängeln, daß vor diesem Laienpublikum Kranke vorgestellt wurden, wobei sich der Vortragende nicht scheute, ihre intimsten sexuellen Erlebnisse breit zu erörtern! Den Höhepunkt von verantwortungsloser Gesinnung und von Geschmacklosigkeit bildete aber die Annahme des Mißtrauensantrages einer internationalen Tagung gegen das deutsche Gerichtsurteil in Sachen X [gemeint ist Gustav Wyneken, V.S.], ohne jede sachliche Aussprache über den Antrag! Diese Tat hat die Tagung rückhaltlos als eine Zweckveranstaltung ohne wissenschaftliche Grundlage entlarvt. Das Bedauerliche an dem Kongreß ist, daß die junge

Sexualwissenschaft, die um ihre Anerkennung als Wissenschaft schon ohnehin schwer kämpfen muß, durch solche Zusammenkünfte und Verhandlungen in den Augen des kulturell wertvollen Teiles Deutschlands und der Welt einen empfindlichen Stoß erleiden muß'« (Moll 1926/27b: 321 f).

Seine Gewährsperson nennt Moll in dem Aufsatz nicht beim Namen. Es handelt sich um Dr. Kurt Finkenrath aus Berlin, der mit diesen und weiteren »kritischen« Bemerkungen schon 1921 in der *Zeitschrift für Sexualwissenschaft* aufgetreten war, die die Moll-Marcuse-Gesellschaft der Bloch-Hirschfeld-Gesellschaft zwei Jahre zuvor abgejagt hatte. So notierte er die geringe Beteiligung »des wissenschaftlichen Berlins« und erklärte sie mit »der großen Zahl von nach besonderer Richtung hin auffälligen Erscheinungen und von Damen aller Arten«. Er hatte natürlich kein Verständnis für einen Vortrag von Frau Dr. Vaerting, die die »Psychologie von Mann und Frau« neu begründen wollte, umso mehr aber für die Diskussionsbemerkung des Freiherrn von Ehrenfels, der sich »aus eugenischen Gründen für die Beibehaltung der doppelten Moral zugunsten ihrer virilen Auslese« aussprach. Irritiert war er natürlich auch, als plötzlich ein »Vertreter des Bundes der Kontrollmädchen Hamburgs« das Wort ergriff (Finkenrath 1921/22: 266, 269, 271), undsoweiter, undsofort.

In den Augen Molls und seiner Freunde, die in der »seriösen« und akademischen Wissenschaft den Ton angaben, war Hirschfeld also als Homosexueller parteilich, brach ärztliche Standesregeln und diskreditierte dadurch die Sexualwissenschaft *als Wissenschaft*. Deshalb wurde er auch nicht zu dem INGESE-Kongress eingeladen – offenbar ganz gezielt. Denn den Protokollen ist zu entnehmen, dass mehrere Sexualforscherinnen und Sexualforscher, mit denen Hirschfeld persönlich und fachlich verbunden war, an der Tagung als Vortragende oder Diskutierende teilnahmen, beispielsweise Hertha Riese, Hermann Rohleder, Dora Russell und Helene Stöcker: alle nicht im Geruch der Inversion stehend.

Wie sehr aber Moll auch geärgert haben muss, dass dieser »Herr« – den er oft so nannte, weil er ihn nicht dafür hielt – Jahre vor ihm eine internationale Tagung zustande gebracht hatte, signalisiert der »Druckfehler«, der sich einschlich, als er sagen musste, wann Hirschfelds Kongress eigentlich stattgefunden hat: nicht »1922«, wie Moll schreibt, sondern noch ein Jahr früher. Außerdem war dieser Kongress, den Moll nicht als »wissenschaftlichen« und »internationalen« verrechnen will und den auch Goerke (1965) und Schultz (1986) im Sinn der Moll'schen Legende vergessen, sowohl das eine wie das andere, wenngleich Hirschfeld nicht so viele Zelebritäten wie Moll aufbieten konnte. Zur Eröffnung sagte Hirschfeld: »Da es sich bei allen sexuellen Erscheinungen um Naturerscheinungen handelt, kann die Sexualwissenschaft nichts anderes als *Natur*wissenschaft sein« (Hirschfeld in: Weil 1922: 2). Im Vorwort des Kongressbandes schreibt der Herausgeber Arthur Weil (1922: IV) vom Berliner Institut für Sexualwissenschaft: »Mögen diese Berichte [...] der Auftakt zu einer neuen Aera wissenschaftlicher Erforschung des gesamten menschlichen Liebeslebens sein, objektiver wissenschaftlicher Forschung frei vom Banne moralisierender Subjektivität.« Die Versammlung nahm sich aber heraus, nicht nur über

»innere« Sekretionen zu sprechen, sondern auch über »äußere« Exkretionen, über Sexualpädagogik, Sexualstrafrecht, Geburtenregelung und »allgemeine Sexualreformen«. Sie nahm sich auch heraus, diejenigen teilnehmen, ja sogar sprechen zu lassen, die heute »Betroffene« genannt werden. Außerdem und folglich plädierte sie zum Missvergnügen der konservativen Öffentlichkeit unüberhörbar für soziale und rechtliche Reformen. Kein Wunder also, dass dieser internationale, von Hirschfeld organisierte Kongress später als das Ereignis angesehen wurde, durch das sich die erst 1928 offiziell gegründete Weltliga für Sexualreform erstmalig formiert hatte. Tatsächlich bezeichnete die Weltliga den Hirschfeld-Kongress nachträglich als ihren ersten (vgl. Kap. 3 sowie Hertoft 1988, Dose 1993).

Nach diesen Bemerkungen über das problematische Verhältnis von Moll und Hirschfeld, nach diesen Zitaten, in denen so oft von »wissenschaftlich« die Rede ist, dass einem zwangsläufig das prekäre Verhältnis von Trieb und Bewusstsein in den Sinn kommt, ist deutlich, worum es sachlich ging, worin die Idiosynkrasie bestand: Ihr Begriff von Wissenschaft und damit auch von Sexual-Wissenschaft war trotz übereinstimmender verbaler Beteuerungen sehr different. Die offenbar für Hirschfeld, nicht aber für Moll durch persönliche Begegnungen und Kompromisse überbrückbare Differenz in der Sache ist so alt wie es moderne Wissenschaften und soziale Bewegungen gibt. Es ist der Streit zwischen jener Wissenschaft, die sich als wertfrei, objektiv, tendenzlos, ja rein versteht, und jener, die soziale Verantwortung übernehmen, Reformen durchsetzen, Partei ergreifen will. Weil Hirschfeld das alles tat, war er für Moll unseriös.

Hirschfeld verkehrte mit Kommunisten ebenso wie mit Konservativen. Er sei zwar, wie Haire (1935: 122) in einem Nachruf schrieb, »sozialistisch angehaucht« gewesen, habe es aber, an der Spitze der Weltliga für Sexualreform stehend, »für weise und notwendig« gehalten, »Kompromisse zu finden«. Nach seinem Tod hätten sich die Meinungsverschiedenheiten zwischen dem reformerischen und dem revolutionären Flügel der Liga »verschärft«. Wir hören hier, dass natürlich in jeder größeren Vereinigung sehr unterschiedliche Auffassungen vertreten werden. Nur der Tendenz nach lassen sich die Moll-Institutionen der »reinen« Wissenschaft und die Hirschfeld-Institutionen der mehr oder weniger »revolutionären« Reform zuordnen. Auch wissenschaftlich und »therapeutisch« suchte Hirschfeld immer wieder den Ausgleich. In ihm lagen, wie Schmidt (1984) am Beispiel der nach Steinachs Annahmen an Homosexuellen durchgeführten Operationen darlegt, der Wissenschaftler, der Sexualpolitiker und der Homosexuelle miteinander im Konflikt. Das habe zu einer bemerkenswert defensiven, zwiespältigen und konfusen Haltung geführt. Ich denke, diese wissenschaftlich konfuse und politisch strategische Mehrbödigkeit lässt sich bis in die Anfänge der schriftstellerischen Tätigkeit Hirschfelds hinein zurückverfolgen. Bei der »Liebe der Männer und Frauen zu Personen des eigenen Geschlechts« handelte es sich für ihn einerseits um etwas irgendwie Natürliches, »einen tief innerlichen *konstitutionellen Naturtrieb*«, und außerdem im Sinn der Verteidigungsrede Oscar Wildes um etwas Edles und Schönes – dazu Moll (1926c: 773) lapidar: »In Wahrheit trifft man unter den Homosexuellen ausgezeichnete Menschen, ebenso aber auch den Abschaum« –, andererseits verglich

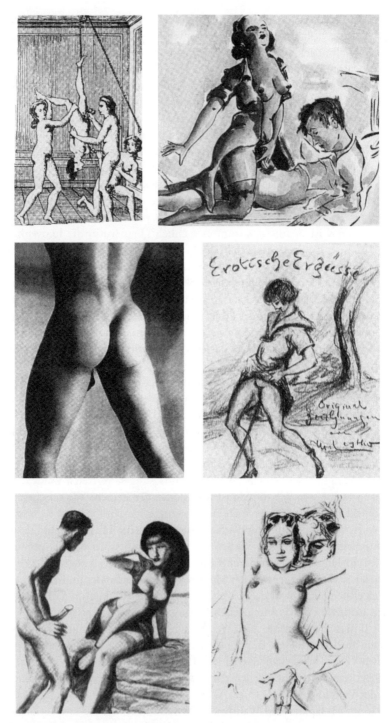

Abbildungen aus einem Katalog des Antiquariats Ars Amandi, Berlin

er die Liebe der Sappho und des Sokrates »mit einer *angeborenen Mißbildung*« wie einer Hasenscharte (Hirschfeld 1896: 29, 15). Verständlich, dass die Ephebophilen, Männerhelden und Anhänger der »physiologischen Freundschaft« wie Benedict Friedlaender (1907: 201, 203) mit dieser »bettelhaften Theorie« des »übermäßig vorsichtigen Herrn Hirschfeld« nichts zu tun haben wollten und ihre eigenen Wege gingen, die natürlich nicht natürlicher waren.

Dem späteren Hirschfeld kann sicher nicht vorgehalten werden, dass er die Homosexualität verherrlicht und auf der Seite der »Edeluranier« gestanden hätte, gegen die Moll (vgl. z.B. 1928a) immer wieder zu Felde zog, weil sie wie die Apologeten des unsinnigerweise von der Sexualität getrennten so genannten Eros – er ficht hier ebenso gegen Gustav Wyneken wie gegen Eduard Spranger – von den Erektionen und Ejakulationen, zu denen es, wie er festgestellt habe, doch komme, nichts wissen wollten. Vor allem gegen Hirschfeld gerichtet, betont Moll (vgl. z.B. 1921b: 67, 41) auch immer wieder, dass das Problem der Homosexualität von den urnischen Agitatoren verharmlost werde. Jene Gruppen Homosexueller, die Kinder und bartlose Jugendliche begehrten, seien sehr viel größer als Hirschfeld zugestehen wolle. Der Staat habe kein Recht, erwachsenen Homosexuellen vorzuschreiben, wie sie sich privat verhalten sollen; »perverse« Akte zwischen Mann und Frau wie die »Pädicatio«, die »zum Teil an Widerlichkeit denen zwischen Männern nicht nachstehen«, seien schließlich auch nicht verboten. Der Staat habe aber das Recht, die Jugend zu schützen. Darum geht es Moll vor allem: die trieblich noch undifferenzierte Jugend von Verharmlosern, Lobrednern und Verführern fernzuhalten. Schließlich wird die Homosexualität nicht bei der Geburt mitgebracht, sondern erworben. Seien solche Neigungen aber zu erkennen, müsse eine »frühzeitige Behandlung« eingeleitet werden, um die jungen Menschen »vor einem unglücklichen Leben« zu bewahren. Als Schutzaltersgrenze schwebt Moll 18 Jahre vor.

Die beiden Wissenschaftstypen, einerseits »rein«, andererseits »bewegt«, werden in der Wirklichkeit niemals so rein vertreten, wie es hier scheinen könnte. Hirschfeld redete auch von der reinen Wissenschaft und der ganzen Wahrheit, und Moll nahm auch politisch Partei, plädierte auch für Reformen und Emanzipation. Folglich verwahrt er sich gegen die Meinung, er habe Hirschfeld »wegen seiner sozialdemokratischen Parteistellung« nicht zu dem INGESE-Kongress von 1926 eingeladen. Das sei »eine ganz unsinnige Annahme«. Und er fährt fort: »Meines Wissens war Blaschko stets Sozialdemokrat gewesen, und zwar schon zu einer Zeit, als dazu Mut gehörte; niemand, glaube ich, hat ihm seine Hochachtung verweigert. Jeder, der ihn kannte, wußte, daß hier ein Mann der politischen Überzeugung, ein Mann mit warmem Herzen für das Wohl des Volkes, für die Volksgesundheit tätig war, und deshalb haben sich, unbekümmert um Parteistellung, seiner Führung zahllose Menschen anvertraut.« Wäre aber Hirschfeld wegen seiner politischen Überzeugung angegriffen worden, »kann gar nicht zweifelhaft sein, wer zu verachten wäre. Aber Herr Magnus Hirschfeld wird gar nicht wegen seiner Parteizugehörigkeit von vielen kritisiert, sondern aus ganz anderen Gründen« (Moll 1926/27b: 323).

Entsprechend weist Moll die Äußerung zurück, Hirschfeld sei nicht eingeladen worden, weil er im Gegensatz zu ihm »die radikalere Anschauung« vertrete. »Ich

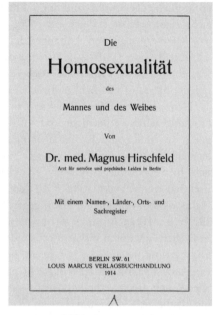

Magnus Hirschfeld unter dem Pseudonym Th. Ramien: *Sappho und Sokrates oder Wie erklärt sich die Liebe der Männer und Frauen zu Personen des eigenen Geschlechts?*, 1896

Magnus Hirschfeld: *Die Homosexualität des Mannes und des Weibes*, 1914

Magnus Hirschfeld: *Sexualpathologie. Ein Lehrbuch für Ärzte und Studierende*, 1917 (Bd. 1)

Magnus Hirschfeld: *Geschlechtskunde auf Grund dreißigjähriger Forschung und Erfahrung bearbeitet*, 1926 (Bd. 1) protestiere dagegen, daß das eine Rolle gespielt hat. Ich müßte auch erst wissen, in welchen Fragen ich eine gemäßigtere Stellung einnehme.« Hätten die Untersteller recht, wäre »der Kongreß tendenziös gewesen«, eine entsetzliche Vorstellung für den Geheimrat. Schließlich habe er schon vor 35 Jahren, 1891, »in schärfster Weise gegen den § 175 Stellung genommen«, als es noch »sehr verpönt war, für die ›Befreiung der Homosexuellen‹ einzutreten«. Als der Bund für Mutterschutz gegründet worden sei, habe er zu den ersten Mitgliedern gehört. Und auch in der Frauenfrage habe er zu Zeiten, »wo es noch nicht modern war«, seinen Standpunkt »in der schärfsten Weise vertreten«. All diese Gegensätze zwischen Hirschfeld und ihm seien konstruiert. »Deshalb ein offenes Wort: Er wurde nicht eingeladen, weil nach bestimmten Äußerungen anzunehmen war, daß bedeutende Persönlichkeiten am Kongreß nicht teilgenommen hätten, wenn Magnus Hirschfeld eine Einladung erhalten hätte. Der Grund ist aber nicht etwa der, daß Herr Magnus Hirschfeld eine radikalere Anschauung vertritt, sondern, weil er von sehr vielen ernsten Forschern nicht für einen objektiven Wahrheitssucher gehalten wird, da, wie auch schon jene Tagung vom Jahre 1922 zeigt [es ist also kein Druckfehler, weil es erneut statt 1921 falsch 1922 heißt, V.S.], er bekanntlich nicht voraussetzungslos an die Wissenschaft herantritt, sondern, wie ich früher schon nachgewiesen habe, Agitation und Wissenschaft verwechselt. Außerdem aber sprach gegen eine Einladung von Magnus Hirschfeld dessen problematische Natur, über die mir sehr viel Material vorliegt, das ich aber *heute* und ohne Zwang nicht veröffentlichen will« (ebd.: 322 f).

Höchste Werte und das Ende

Sieben Jahre später, die Nazis regieren inzwischen in Deutschland, setzt Moll zwar seine Drohung, Material, das Hirschfeld belastet, zu veröffentlichen, nicht in die Tat um. Doch das, was er tut, ist schlimmer. Gegen das Gerede hätte sich Hirschfeld zur Wehr setzen können. Schließlich erfolgte es mit offenem Visier. Er wird seine Gründe gehabt haben, es nicht zu tun. Der einleitend erwähnte Brief aber an den Doyen der Pariser Medizinischen Fakultät vom 31. Januar 1934, den Moll dem Herrn Reichsminister des Auswärtigen zur gefälligen Mitkenntnis übersandte, kam aus dem Hinterhalt, traf ihn im Exil und sollte verhindern, dass er sich in Frankreich eine neue Existenz aufbaute. So viel Gemeinheit muss auf Hass, Verachtung, Vaterlandsliebe, Ehrgefühl, Wissenschaftsgläubigkeit oder breiteren Verblendungen gründen, die abgrundtief sind. Anders ist nicht zu verstehen, dass ein Mann wie Moll, dessen »menschlich-ärztliche Eigenschaften« Goerke (1965: 241) rühmt, weil er ein »Vorkämpfer für ein ethisch hochstehendes Arzttum« gewesen sei, dass ein solcher Mann zum Mittel der Denunziation greift.

Offenbar verteidigte Moll seine höchsten Werte: Vaterland, Ehre, Wissenschaft. Für ihn zog Hirschfeld jetzt nicht nur die gemeinsame Wissenschaft, die ohnehin um Anerkennung ringen musste, in den Schmutz; er schädigte auch das Ansehen des Vaterlandes im Ausland, noch dazu in Frankreich, dessen Gelehrten Moll nach eigenem Zeugnis so viel verdankte. In dieser Situation ging der Impuls, Schaden von Vaterland und Wissenschaft abzuwenden, mit der Verleugnung der politischen

Verhältnisse einher und sicherlich auch mit dem besonderen Zwang zur Anpassung an die neuen Machtverhältnisse. Subjektiv war Moll gewiss davon überzeugt, dass seine Intervention objektiv notwendig war. Den Vorwurf der Denunziation hätte er wohl ebenso wenig verstehen können, wie er seine eigene Situation verstand, die tragisch genannt werden kann.

Bereits 1895 hat sich Moll offiziell vom Judentum gelöst und zum evangelischen Glauben bekannt. Seine »deutschnationale Gesinnung« habe er »stets in Wort und Tat bewiesen« und sich 1917 auch der rechtsradikalen Deutschen Vaterlands-Partei angeschlossen (Goerke 1965: 238 f.). Ausweislich einer Mitgliedskarte, die sich in Molls Nachlass befindet und die mir Otto Winkelmann gezeigt hat, gehörte er dieser 1917 von Kapp und v. Tirpitz gegründeten und im Dezember 1918 bereits wieder aufgelösten Partei tatsächlich an. 1927 betonte Moll: »Ich gehöre keiner politischen Partei an.« Als er von der Deutschen Volkspartei aufgefordert worden sei beizutreten, habe er das abgelehnt, weil diese Partei nichts getan habe, »die Massen der Arbeiter national zu machen« (Moll 1926/27b: 325). In der Deutschen Volkspartei, die Ende 1918 von Schacht, Stresemann u.a. gegründet wurde, versammelten sich vor allem Anhänger der bisherigen Nationalliberalen Partei. Moll gibt an, dieser Partei nicht beigetreten zu sein, weil er sich die wissenschaftliche Freiheit nicht nehmen lassen wollte, beispielsweise auch vor den Unabhängigen Sozialdemokraten zu sprechen, was er getan habe. In seinen Lebenserinnerungen betonte er, kein Sozialdemokrat gewesen zu sein, »nicht einmal Demokrat«; er habe »auf dem Boden der alten nationalliberalen Partei von Bennigsen« gestanden (Moll 1936: 218). Seinem Vaterland, das ihm, »als es glücklich war, so viel gegeben hat«, hielt er natürlich gerade »im Unglück« die Treue (Moll 1926/27b: 325).

Im Ersten Weltkrieg kümmerte er sich um die Vertretung eingezogener Ärzte, die Ausbildung von Rot-Kreuz-Helferinnen, die Organisation von Lazaretten und die Versorgung der Bevölkerung. Als ihm zwei Ärzte, die er bat, in seinem »Kriegsausschuß für Volksernährung« mitzuarbeiten, sagten, sie müssten erst mit ihrer Partei sprechen, dachte er sich: »pfui Teufel!« (1936: 196). In seinen Memoiren nennt er die Namen der vaterlandslosen Kollegen: »Es waren dies: Herr Dr. Raphael Silberstein, meiner Erinnerung nach, nach der Novemberrevolution Stadtarzt in Neukölln und Dr. Ignaz Zadek, Dresdner Straße« (ebd.).

Moll musste keine Partei fragen. Stattdessen fragten ihn das Oberkommando in den Marken und der Große Generalstab, für den er auch in Fragen der psychologischen Kriegsführung, natürlich wissenschaftlich objektiv, tätig war. Pazifismus war ihm ebenso zuwider (ebd.: 211 ff, 231) wie das Begutachten aus Gefälligkeit. Da konnte die Anklage auf Landesverrat lauten, der Inhaftierte ein guter Bekannter sein, selbst »der vernehmende Kriegsgerichtsrat« um Nachsicht bitten – wenn der Beschuldigte nichts weiter als »beschränkt« und »ein ziemlich unklarer Kopf« war, durfte ihm natürlich nicht bescheinigt werden, dass er unzurechnungsfähig sei (ebd.: 214 f). Wenn das Telefon klingelte, war, »wie so häufig« (ebd.: 203), das Auswärtige Amt am Fernsprecher. Er half dann dem Vaterland nach Kräften. Gelegentlich rief auch das Kolonialamt an. Einmal präparierte er in dessen Auftrag jemanden, den Sulloway (1982: 642) für einen »Soldaten« hält, der wohl aber ein

Spion werden sollte, jemanden, der keinen Beruf hatte, aber viele Sprachen sprach. Wegen der kurzen Zeit, die zur Verfügung stand, blieb nur die Ausbildung zum Psychoanalytiker, denn nur die war in wenigen Tagen zu erledigen. Moll brachte dem Mann einige Ausdrücke und einige Marotten der Psychoanalytiker bei und examinierte ihn danach mit Erfolg. Der Soldat/Spion »analysierte« dann im Ausland »und hat bis gegen das Ende des Krieges seinem Vaterland treu gedient« (ebd.: 193).

Als dann Scheidemann am Reichstag die Republik ausrief, »obwohl er Staatssekretär und damit kaiserlicher Beamter gewesen war und den Treueid geleistet hatte« (ebd.: 213), brach wohl für ihn eine Welt zusammen. Seinen Prinzipien aber blieb er treu, ob er nun für den Arbeiter- und Soldatenrat als Verbindungsmann ins Kriegsministerium fungierte, eine »Volkswehr« gegen die Spartakisten organisierte oder einem Mann »Asyl und Schutz« gewährte, »der bei der Novemberrevolution an hervorragender Stelle stand«, später aber »eine Verhaftung à la Liebknecht« befürchtete (Moll 1926/27b: 325).

Dieser deutschnationale, unbestechliche Mann, der nicht nur mit Ministern und Generalen, sondern auch mit Arbeiter- und Soldatenräten nach seinen Prinzipien verfuhr, der die Berliner Ärzte im Kampf gegen die Krankenkassen überaus erfolgreich organisierte, der den Zentralverband der Kassenärzte von Groß-Berlin und weitere Ärzteorganisationen ins Leben rief und viele Jahre lang leitete, der mit den »Großen« der Medizin wie der Philosophie verkehrte, von Charcot und Virchow bis zu Ernst von Bergmann und Robert Koch, von Eduard von Hartmann bis zu Dessoir und Scheler, dieser bedeutende Arzt, den Goerke (1965) mit Virchow, von Bergmann und Robert Koch auf eine Stufe stellt – dieser Mann wird von den Nazis behandelt wie alle »jüdischen Ärzte«: 1938 wird ihm die Approbation entzogen und damit ein Berufsverbot erteilt. Er muss sich den Vornamen »Israel« hinzufügen lassen. Er erlebt die Reichspogromnacht und den Überfall auf Polen und stirbt, einsam und beinahe mittellos, am selben Tag wie sein größter Rivale: Sigmund Freud. Der Zutritt zur Friedhofskapelle wird verwehrt; der Pfarrer, der zuständig ist, weigert sich, an seinem Grab zu sprechen (Schultz 1986: 25). Kein »Großer« der Medizin steht an seinem Grab; die Fachwelt, die ihm noch 1932 eine Festschrift (Schulte 1932) geschenkt hatte, schweigt. Es gibt sogar Hinweise, dass ihn am Ende seines Lebens seine katholische Haushälterin vor den Nazis verstecken musste (Winkelmann, pers. Mitteilung). Diese Haushälterin ist nach Angaben von Schultz (1986: 25) 1944 im KZ Ravensbrück ums Leben gekommen.

Vor der NS-Zeit verdiente Moll durch seine Privatpraxis am Kurfürstendamm und durch seine Gutachtertätigkeit so gut, dass er sich nicht nur eine Praxishilfe, sondern auch eine Haushälterin und einen Hausangestellten leisten konnte, die ihn in seiner Wohnung versorgten. Auffällig ist jedoch, dass Moll seine Bibliothek und seine Erotika-Sammlung schon vor 1933 verkauft hat; laut Bayer und Leonhardt (1993), die das belegen, bot der Berliner Buchhändler Georg Encke (Katalog VI, um 1926) »Kuriose und galante Literatur, Satiren, Fazetien, Schmähschriften« zum Kauf an, »meist aus dem früheren Besitz des Herrn Geh. San.-Rat Dr. A. Moll«. Verwandte besuchten ihn offenbar kaum; erwähnt wird lediglich ein Großneffe (vgl. Schultz 1986: 24), der nach der Emigration als Germanist in den USA arbeitete und über den Winkelmann (pers. Mitteilung) den Nachlass Molls bei den Geschwistern Holler in Queichhambach, Verwandten der Haushälterin, gefunden hat. Dem Hausangestellten August Melzer hat Moll (1936: 277) am Ende seiner Lebenserinnerungen ein Denkmal gesetzt: »Er war der beste Angestellte, den man sich vorstellen kann, und an den ich oft zurückdenke: ehrlich, treu und stets vergnügt.« Die meisten Angaben zum Leben Molls, auch anderer Autoren, stammen von Winkelmann; die Briefe Molls an seine Eltern, die Goerke (1965) abgedruckt hat, befinden sich in dem erwähnten Nachlass. Offenbar hatte nur J(ulius) H(enri) Schultz (1986) eine eigene Quelle, möglicherweise, weil er ein Neffe von J(ohannes) H(einrich) Schultz ist, dem ebenso bekannten wie problematischen Psychotherapeuten, der immer nur J. H. Schultz genannt und I. H. Schultz ausgesprochen wird, ein Homosexuellenfeind, mit dem Moll zumindest gut bekannt war. Gesichert ist, dass Moll für J. H. Schultz gebürgt hat, als er in die Berliner Medizinische Gesellschaft aufgenommen werden wollte (Winkelmann, pers. Mitteilung). J. H. Schultz soll später Moll als seinen »geistigen Großvater« bezeichnet haben.

1934 verfügte Moll nicht über jenen »realistischen Blick« für die »Gegebenheiten der Zeit«, den ihm Goerke (1965: 241) attestiert. Er war offenbar vor lauter Patriotismus, Wissenschaftlichkeit und »menschlich-ärztlichen Eigenschaften« so verblendet, dass er nicht wahrnehmen konnte und durfte, in welcher Situation sich die Juden in Nazi-Deutschland befanden und in welcher Situation sich der Jude Hirschfeld im Exil befand. Hätte er das nicht verleugnet, hätte er wohl, innig mit dem deutschen Vaterland und seiner Kultur verbunden, den Halt verloren.

Hirschfeld war bereits 1932 von einer Weltreise, die er im November 1930 angetreten hatte, nicht mehr nach Deutschland zurückgekehrt (vgl. Hirschfeld 1933). Über Österreich und die Schweiz ging er 1933 nach Frankreich. Davon hatte Moll gehört, und dort sollte ihn die Denunziation treffen. Charlotte Wolff (1986: 381) schreibt über diese Zeit: »Sein Gesundheitszustand gab Anlaß zu Befürchtungen, ob er noch die Kraft haben würde, den Überlebenskampf in fremder Umgebung weiterzuführen. [...] Hirschfeld beklagte sich bitter bei Haire, daß die französischen Mitglieder [der Weltliga für Sexualreform, V.S.] ihn auf Distanz hielten.« Wie wir bereits hörten, empört sich der Geheime Sanitäts-Rat Dr. Albert Moll in einem Brief an den Reichsminister des Auswärtigen Anfang 1934, »dass der frühere hiesige Arzt, Herr Dr. Magnus Hirschfeld, in Paris und auch in Lyon verbreitet, er sei auf Grund von Judenverfolgungen, zum Teil wohl auch aus politischen Gründen, gezwungen worden Deutschland zu verlassen. [...] Magnus Hirschfeld ist nach meinen Informationen aus ganz anderen Gründen aus Deutschland weggegangen, nicht aber weil er als Jude verfolgt wird, auch nicht, weil er Sozialdemokrat sei, sondern weil ihm Verfehlungen nach ganz andrer Richtung nachgesagt wurden.«

Die Behauptung, Hirschfeld habe nichts zu befürchten gehabt, ist objektiv infam. Spätestens seit der so genannten Eulenburg-Affäre ist er immer wieder als Jude und als Sittenverderber öffentlich angegriffen worden.

»Anlässlich der Sensationsprozesse der letzten Zeit«, schreibt Hirschfeld 1907, auf die Bülow-Brand- und die Harden-Eulenburg-Moltke-Affäre anspielend, »hat

Eine der größten anzunehmenden Ehrungen für Magnus Hirschfeld im Jahr 1929

man in der politischen Tagespresse meine wissenschaftliche Competenz in stärkster Weise herabzusetzen sich bemüht.« Er sehe sich deshalb gezwungen, »die Urteile von Männern der Wissenschaft« über seine Arbeiten zu publizieren. Es folgen dann 26 eng bedruckten Seiten mit lobenden Rezensionen, Briefen, Dankschreiben und Erwähnungen, darunter auch von Moll (1902). Seine Eigendruck-Broschüre mit dem Titel *Zur Abwehr!* beschließt Hirschfeld damit, dass er sich und seine Entdeckungen mit Robert Mayer, »dem Entdecker des Gesetzes von der Erhaltung der Kraft«, und Ignaz Semmelweis, »dem Schöpfer der Antiseptik«, vergleicht. Er sei entschieden, »auf dornenvollem Wege« fortzuschreiten. Einer, der zu dieser Zeit bereits Dornen auf seinen Weg geworfen hatte, war, wie wir hörten, Moll. Ein anderer war Molls Gefolgsmann Siegfried Placzek, ein Berliner Nervenarzt, der Hirschfeld später so rüde angriff, dass sich Forel und Dehnow (1926), von redaktionellen Gepflogenheiten abweichend, schützend vor ihn stellten und Hirschfeld (1926) in ihrem Blatt entgegnen ließen. Moll und Placzek sowie der Psychiater Emil Kraepelin waren übrigens auch jene »Gutachter«, die gegen den Oswald-Hirschfeld-Film *Anders als die Andern* erfolgreich zu Felde zogen (vgl. Jahrbuch für sexuelle Zwischenstufen 20, 115–119, 1920).

Schmähschriften, in denen Hirschfeld als Perverser, namentlich als widerlicher Stiefellecker und Fußfetischist, als Denunziant und als Erpresser eigener Gewährspersonen verunglimpft wurde, zirkulierten schon in den 1910er Jahren und werden heute, Molls Pamphlet von 1927 aufgreifend, wieder in einer *Encyclopedia of Homosexuality* (Johansson 1990) kolportiert (vgl. Dose 1991). Heimlich hat die Polizei über ihn Dossiers angelegt, die voller Denunziationen sind oder auch vollkommen belanglos (vgl. z.B. weiter oben sowie Mitteilungen der Magnus-Hirschfeld-Gesellschaft, Nr. 14, 1989, S. 39–43). Hätte nur ein Bruchteil der Anschuldigungen zugetroffen, denen Hirschfeld jahrzehntelang ausgesetzt war, hätten ihn und sein Institut Justiz, Behörden und Standesvertreter mit Hingabe ruiniert. Am 4. Oktober 1920 wurde Hirschfeld von »jungen Hakenkreuzlern« nach einem Vortrag in München auf offener Straße bewusstlos geschlagen. Im Krankenhaus las er Nachrufe auf sich selbst (s. Dokument). Hitler drehte, einer Mitschrift seiner Rede vom 18. Oktober 1920 im Münchener Hofbräuhaus zufolge, natürlich den Spieß um. Er soll Hirschfeld zunächst »des geistigen Mordes an Tausenden von deutschen Volksgenossen« bezichtigt und dann gesagt haben: »Ich kann es nicht verstehen, daß solche Leute nicht vor den Richterstuhl zitiert werden. Im Gegenteil, die Staatsanwaltschaft schützt solche Schweinejuden! Da muß sich das Volk selbst helfen und Volksjustiz ausüben. Wäre ich hier in München gewesen, so hätte auch ich ihm einige Ohrfeigen gegeben, denn das, was dieser alte Schweinejude feilbietet, bedeutet gemeinste Verhöhnung des Volkes« (Hitler 1980: 248).

Später folgen Angriffe der Nazi-Presse. Und bereits kurz nach der Regierungsübernahme durch Hitler wird das von Hirschfeld aufgebaute Institut für Sexualwissenschaft von Kriminalbeamten und SA-Leuten wiederholt heimgesucht, bis es dann NS-Studenten am 6. Mai 1933 verwüsten und plündern (vgl. Kap. 16). Vier Tage später werden Bücher, auch Hirschfelds, öffentlich verbrannt und er selbst symbolisch in Gestalt einer Büste aufgespießt. Alle Berliner Tageszeitungen berichten über die »Säuberung des Magnus-Hirschfeld-Instituts« (vgl. Herzer 1992: 143 f). Dem Berliner Moll kann das alles nicht entgangen sein. In späteren Hetzschriften der Nazis wird Hirschfeld zusammen mit Marx und Freud und vielen anderen bekannten Juden verunglimpft. So steht unter einem Foto von ihm: »Professor Magnus Hirschfeld, Sexualforscher und Begründer eines eigenen ›Instituts für Sexualwissenschaft‹, Beschützer und Förderer krankhafter Geschlechtsverirrungen, auch äußerlich betrachtet wohl das widerlichste aller jüdischen Scheusale« (Diebow 1937: 95). Hirschfeld war für die Nazis so etwas wie der konkrete Gesamt-Entartete: rassisch, sexuell, sittlich und politisch.

Am 14. Mai 1935 starb Magnus Hirschfeld, von einem Diabetes mellitus und

Falschmeldung der *Leipziger Neuesten Nachrichten* vom 12. Oktober 1920 (Nr. 281, S. 2), dass Magnus Hirschfeld gestorben sei einer Malaria geschwächt, »als Geächteter, arm, in der Fremde«, wie einer seiner unverbrüchlichsten Kampfgefährten in einem Nachruf schrieb (Hiller 1935: 8; vgl. auch Hiller 1993). Er hatte noch erleben müssen, wie Homosexuelle in Hitlers Lager überliefen (vgl. Hirschfeld 1934), wie sich selbst in seiner nächsten Umgebung so mancher als Nazi entpuppte. Kurt Hiller wurde im März 1933, als er sich bei Freunden in Frankfurt am Main versteckte, das Opfer einer Denunziation. Drei Jahre später nahm sich in Brünn Hirschfelds langjähriger Lebensgefährte Karl Giese das Leben. In Paris hatte Hirschfeld versucht, noch einmal ein Institut für Sexualwissenschaft aufzubauen. Doch die Möglichkeit bestand nicht mehr. Moll hätte sich seine eingangs erwähnten Denunziationsbriefe sparen können. Sie schadeten Hirschfeld so wenig wie sie ihm selbst bei den Nazis nützten. Das Regime vertrieb und vernichtete alle Juden, derer es habhaft werden konnte, auch die deutschnationalen.

Anordnung gegen den »Juden Geh. San.-Rat Dr. Moll« im *Ärzteblatt für Berlin* (42. Jg., Nr. 9, S. 121) vom 27. Februar 1937

9 Verachtete Weiber und verfolgte Urninge

Albert Eulenburg über Lebensdrang und Lebensekel

Albert Siegfried Jakob Eulenburg wuchs in einer liberalen, den Künsten wie den Wissenschaften zugewandten Arztfamilie auf, die 1840 aus Wriezen in der Mark Brandenburg in die Mitte Berlins gezogen war. Dort wurde Eulenburg am 10. August 1840 geboren. 1847 nahm die jüdische Familie den evangelischen Glauben an. Die Mutter, Auguste Eulenburg, geb. Saling (1816–1868), war eine kulturell aktive Cousine des Dichters Paul von Heyse. Der Vater, Moritz Michael Eulenburg (1811–1887), ein mit dem Titel Geheimer Sanitätsrat geschmückter Orthopäde, eröffnete 1851 ein Institut für Orthopädie und Heilgymnastik, das seinen Namen trug, um der so genannten Schwedischen Gymnastik und der Massage erstmalig in Deutschland wissenschaftliche Anerkennung zu verschaffen.

Nach dem Medizinstudium in Berlin und Bonn, das er bereits mit 16 Jahren begann, promovierte Eulenburg mit 20 Jahren mit einer preisgekrönten physiologischen Arbeit zum Doctor medicinae, veröffentlichte im selben Alter eine ebenfalls ausgezeichnete neuropathologisch-internistische Abhandlung in »Virchows Archiv« und habilitierte sich mit 24 Jahren mit einer medizinhistorischen Arbeit an der Universität Greifswald, der ältesten Universität Preußens. Als Student und Assistent erlebte er viele bis heute berühmte Ärzte, darunter Johannes Müller, Emil du Bois-Reymond, Rudolf Virchow, Heinrich von Bardeleben und Wilhelm Griesinger.

Als wollte er all seinen Lehrern nacheifern, forschte und lehrte Eulenburg äußerst vielseitig. Nach heutigem Spezialistenverständnis arbeitete er sowohl als Physiologe, Pathologe, Chirurg, Neurologe, Internist, Medizinhistoriker, Pharmakologe und Psychiater wie auch auf den Gebieten Elektromedizin, Balneologie, Sozialmedizin – und Sexualwissenschaft. Nach Studienaufenthalten in Bern und Zürich, nach praktischen Universitätsjahren in der Chirurgie und in der Inneren Medizin, nach der Habilitation, nach der Teilnahme als Arzt an den Kriegen von 1866 und 1870/1871, nach neuropathologischen Forschungen und Publikationen sowie nach der Mitbegründung der außeruniversitären Berliner Allgemeinen Poliklinik in der Taubenstraße wurde Eulenburg 1874 gegen den Widerstand der dortigen Fakultät zum ordentlichen Professor für Arzneimittellehre an der Universität Greifswald ernannt. Da er dort seine Pläne nicht annähernd realisieren konnte – sein »Institut« soll 18 Quadratmeter umfasst haben –, gab er 1882 die Professur auf und ging nach Berlin zurück.

Dort tobte gerade der so genannte Antisemitismusstreit, in dem besonders der Hofprediger Adolf Stoecker und der Hofhistoriker Heinrich von Treitschke (»Die Juden sind unser Unglück«) Hass säten. Es waren Jahre, in denen die Sozialisten, die Juden und die Homosexuellen zu den inneren Feinden des Vaterlandes erklärt wurden. Nur wenige Professoren widersprachen wie Virchow und der Historiker Theodor Mommsen, der später den Literaturnobelpreis erhielt. Eulenburgs Wunsch, wieder eine Position an der Berliner Universität zu erhalten, wurde abgelehnt. Er eröffnete daraufhin 1884 eine nervenärztliche Praxis, die sich zu einer Poliklinik ausweitete, in der 1886 Sigmund Freud für kurze Zeit arbeitete, nachdem er am Beginn des Jahres bei sich selbst eine Neurasthenie diagnostiziert hatte (Tögel 2005). Außerdem trat Eulenburg zunehmend als Gutachter in Gerichtsprozessen auf und lehrte an der Universität, aber nur als Privatdozent.

Berühmt wurde Eulenburg vor allem durch eine umfangreiche *Real-Encyclopädie der gesammten Heilkunde*, die er im Verlag Urban & Schwarzenberg herausgab. Sie umfasste in vier Auflagen zwischen 1880 und 1914 insgesamt 96 Bände und suchte weltweit ihresgleichen. Im Ärztejargon hieß sie kurz und bündig »der Eulenburg«. Die sexuologischen Stichworte hat Eulenburg übrigens Albert Moll überantwortet. Von 1895 bis 1903 redigierte er außerdem zusammen mit Julius Schwalbe die bis heute angesehene *Deutsche Medizinische Wochenschrift* im Georg Thieme Verlag. Daneben verfasste er mehrere Lehrbücher und war auch als Feuilletonist aktiv, vor allem für Berliner Zeitungen und für das von Maximilian Harden, einem der bekanntesten politischen Publizisten der Kaiserzeit, herausgegebene Wochenblatt *Die Zukunft*. Angesichts seiner Erfolge ließ es sich nicht mehr vermeiden, ihm 1897 den begehrten Titel eines Geheimen Medizinalrats zu verleihen und ihn 1900 als außerordentlichen Professor an die Berliner Universität zu berufen.

Eulenburgs erste wissenschaftliche sexuologische Arbeit erschien 1893. Sie handelte von der Schädlichkeit des Coitus reservatus, den wir heute Coitus interruptus nennen. Im selben Jahr wandte er sich feuilletonistisch vehement der »Frauenfrage« zu, indem er dem einflussreichen italienischen Forscher Cesare Lombroso, der »die Inferiorität des Weibes« in jeder Hinsicht nachzuweisen suchte, sein Gebräu unter dem Titel *Lombrosos Weib* um die Ohren haute – wie wir sogleich werden nachlesen können. In seiner ersten größeren sexuologischen Abhandlung, die 1895 unter dem Titel *Sexuale Neuropathie* erschien, teilte er die sexuellen Funktionsstörungen und Abweichungen unergiebig in »Neurasthenia sexualis«, »Genitale Localneurosen« sowie »Krankhafte Anomalien des Geschlechtssinns« ein. Insgesamt drehte er die Krafft-Ebing'sche Psychopathia sexualis in eine Neuropathia sexualis um, ohne zu neuen Einsichten zu gelangen. Auch seine Neurasthenie war im Grunde nur die Beard'sche Neurasthenie als Ermüdungs-»Neurose«, wobei er später Wert darauf legte, neben der Erschöpfung und Schwäche die »erhöhte Reizbarkeit« zu betonen (Eulenburg 1896: 305).

Obgleich es bei ihm Hinweise auf ein Denken gibt, das wir seit wenigen Jahrzehnten »psychosozial« nennen, überwiegt doch bei dem Neuropathologen, der er als Forscher zunehmend und vorwiegend geworden war, das Mechanistische. So fürchtete er, dass ein Mann, an dem eine Frau »die Fellation« (lat. *fellare* = saugen) oder »die Irrumation« (lat. *ruma* = Schlund) vornimmt, also den Mundverkehr, dass dieser Mann durch dieses sehr aufregende, erschöpfende und anomale »Uebermaass von Genuss«, das »Virtuosinnen der Liebeskunst zu gewähren im Stande« sind, entweder an einer Impotenz oder an einer Neurasthenie oder an einer »sexualen Hypochondrie« erkranken werde (Eulenburg 1906: 190). Diese Vorstellung ist dem Scham- und Sittlichkeitsgefühl der Zeit angemessen, das bekanntlich auch Freud durchherrschte, für den der Mundverkehr »pervers« war.

Nicht entrüsten und ausrotten, sondern verstehen und trösten

Andererseits widersteht Eulenburg dem Geist der Zeit mehr als andere. Bei ihm ist zum Beispiel nicht wie bei Iwan Bloch von »Ausrottung« die Rede, wenn es um unliebsame oder krankhafte sexuelle Praktiken oder Orientierungen geht. Aggressive Rassenhygiene, Höherzüchtung und Eugenik sind Eulenburg (1916) ganz offensichtlich zuwider; er hält sie für einen Irrweg. Statt von Entartung und Degeneration spricht er von Regeneration. Und er versucht immer, gerecht zu sein. Als von einem gewissen Puschmann »Staatsbordelle« für Männer, die onanieren, »unter Verwaltung und Leitung der öffentlichen Behörden« gefordert wurden, erklärte Eulenburg (1894b: 68): Wenn »die Onanie der Erwachsenen durch ›Staatsbordelle‹ bekämpft werden« soll, dann »könnte man solche auch zu Gunsten der onanirenden Weiber mit gleichem Recht fordern«. Später fand er trotz des auch eigenen Kampfes gegen die Onanie ausgleichende Worte wie diese: »Übrigens wird durch Übertreibung und unsinnige Ausmalung der vermeintlichen schrecklichen Folgen für Körper und Seele in zahlreichen Fällen noch weit mehr und bleibenderer Schaden angerichtet als durch die Onanie selbst« (Eulenburg 1907c: 213). Zuvor hatte er berichtet: »Es vergeht kaum ein Tag, an dem nicht jüngere oder ältere Leute zu mir kommen, halb wahnsinnig vor Angst, durch mehr oder weniger weit zurückliegende ›Jugendsünden‹ ihr ganzes Leben zerstört und zerrüttet zu haben und unheilbarem Siechtum schwerster Rückenmarks- und Gehirnkrankheit schon verfallen zu sein oder künftighin zu verfallen« (ebd.: 207 f).

Ausgleichend ist auch Eulenburgs (1911: 36) Position in der heiß diskutierten Abstinenzfrage (vgl. Hill 1996): »Alles in allem: vorübergehende sexuelle Abstinenz ist, speziell im jugendlichen Entwicklungsalter, sehr wohl durchführbar und bei normaler Konstitution und geeigneter Lebensführung gesundheitlich gefahrlos. Andauernd oder gar lebenslänglich spontan oder unter äußerem Zwange aufrecht erhaltene sexuelle Abstinenz ist dagegen unter allen Umständen nicht unbedenklich – oft, und

Zeichnung von Michael von Zichy, veröffentlicht 1911 (aus v. Zichy 1969)

besonders beim weiblichen Geschlecht, als direkte Ursache schwerer körperlicher und seelischer Schädigungen zu betrachten«. Und er betont, eine ärztliche Sicht zu vertreten.

Tatsächlich kam Eulenburg früh auf das zu sprechen, was wir heute Sexualmedizin nennen. In einer Rezension des Buches *Der Geschlechtstrieb* des Gynäkologen Alfred Hegar (1894), das vor allem gegen August Bebels (1879) Buch *Die Frau und der Sozialismus* gerichtet war, schrieb er: »Ueber diese Dinge einigermaassen unterrichtet zu sein, wird ja bei dem Arzte, dem ›natürlichen‹ Rathgeber in allen möglichen wichtigen Angelegenheiten des Lebens, als fast selbstverständlich vorausgesetzt; und doch gehört zum mindesten ein überaus gereifter Geist, eine ganz ausserordentliche praktische Lebenserfahrung und eine vor nichts zurückschreckende Humanität, neben ausgebreiteten fachwissenschaftlichen Studien, dazu, um ein so eindringendes Verständniss dieser Gegenstände zu erwerben« (Eulenburg 1894c: 85).

Einige Jahre später erwarb sich Eulenburg (1899; vgl. auch 1901, 1902) das Verdienst, durch einen Vortrag im Berliner Psychologischen Verein und einen Essay in der *Zukunft* (s. Dokument) den Marquis de Sade und sein Werk als erster in Deutschland der »objektiven« Forschung zugeführt zu haben. Iwan Bloch folgte ihm ein Jahr später unter Pseudonym. Eulenburg hat übrigens nicht, wie immer wieder behauptet wird, für den Sadismus die Bezeichnung Algolagnie (zu deutsch: Schmerzgeilheit) vorgeschlagen. Dieser Ausdruck stammt von Schrenck-Notzing. Eulenburg akzeptierte ihn, schlug aber für Sadismus »Lagnänomanie« und für Masochismus »Machlänomanie« vor, Bezeichnungen, die sich nicht durchsetzten (Eulenburg 1895: 112).

Demgegenüber erfand er tatsächlich die Formulierung »geschlechtlicher Picacismus« und verstand darunter »Perversionen des Geschmackssinns (›pica‹)«, also »allerlei absonderliche Gelüste«,

Albert Eulenburg: *Der Marquis de Sade*, 1899

deren pathologischer Charakter aber noch nicht deutlich hervortrete. Diese »Launen und Bizarrerien« gehörten ohnehin eher »in die Lehrbücher eines Aretino und einer Aloisia Sigea, als in die Neuropathia und Psychopathia sexualis«. Die Medizin habe auch nicht die Aufgabe, in die »geheimsten Schlupfwinkel hineinzuleuchten«. Einen verkehrten Geschmack habe es ganz offensichtlich zu allen Zeiten gegeben, beispielsweise wenn beim »heterosexuellen Verkehr die Ausgangspforte des Verdauungscanals (und nicht minder dessen Eingangspforte) vor den Organen des naturgemässen Geschlechtsgenusses« bevorzugt wurden (ebd.: 98 f), zu deutsch: wenn Anal- und Mundverkehr praktiziert wurde.

Ein Jahrzehnt vor Freud (1905) sah Eulenburg (1895; vgl. auch 1902, 1914/15) Perversion und »natürliche« Geschlechtlichkeit, Grausamkeit und Wollust eng miteinander verbunden, in allen Menschen zuunterst schlummernd zusammenhängen. Seine Monografie von 1895 über *Sexuale Neuropathie*, die, weil sie dem Zeitgeist vorauseilte, kaum beachtet worden ist, beschloss er mit Worten, die Ärzte auch heute bedenken sollten:

> »Wir müssen uns fort und fort gewärtig halten, dass auf keinem anderen Gebiete so wie auf dem des Geschlechtslebens Erhabenstes und Gemeinstes, Ueber- und Untermenschliches dicht beisammen und eng miteinander verknüpft liegen, da sich die feinsten und tiefsten Wurzeln unserer geistig-körperlichen Existenz grossentheils aus diesem Untergrunde entfalten; und dass der Mensch nicht so tief, wie es leider die sexuale Pathologie lehrt, bis weit unter das Niveau der Thierheit herabsinken könnte, wenn er nicht zuvor eine unermessliche Kulturhöhe im Kampfe mit der Natur und mit sich selbst eigenkräftig erstiegen hätte. Wir müssen als *Aerzte* aber vor Allem auch den schrecklichsten Verirrungen gegenüber eingedenk bleiben, dass es nie und nirgends unsere Aufgabe sein kann, uns entrüstet und verurtheilend abzuwenden; dass wir vielmehr überall das schwere und schöne Vorrecht unseres Berufes ausüben dürfen, zu *verstehen*, zu *helfen* oder doch zu *trösten*, und gleich den physischen auch die moralischen Leiden und Gebrechen der Menschheit, die wir nicht heilen können, mitempfindend zu lindern« (Eulenburg 1895: 152, Hervorh. vom Verf.).

Charakteristisch für seine kritische Haltung gegenüber staatskulturellen Prozeduren ist seine Beschreibung eines Prozesses gegen Karl Vanselow, den Herausgeber der *Schönheit*, der vier »Freilichtaufnahmen männlicher und weiblicher Personen« (1907a: 121) abgebildet hatte und nun unter Hinzuziehung diverser Sachverständiger, die angeblich wussten, wann das »normale Scham- und Sittlichkeitsgefühl« nach § 184 verletzt worden ist, bestraft werden sollte. Nach Eulenburgs bis heute lesenswerter Kritik bleibt von den Zutaten des Prozesses nichts mehr an seinem rechtlich oder sittlich vorgesehenen Platz.

Iwan Bloch betonte mehrfach, auch für Eulenburg sei die Sexualwissenschaft wie die Medizin eine Naturwissenschaft gewesen. Liest manfrau seine Texte, ergibt sich ein anderer Eindruck – durch seine Liebe zum individuell Skurrilen, durch sein Interesse an allem Neuen, einschließlich der Sozialmedizin, durch seine frühe anthropologisch-kulturhistorische Argumentation, durch seine kulturkritischen Beiträge, durch seine bis heute anregende Auseinandersetzung mit philosophischen Fragen, wie insbesondere in der Schrift *Moralität und Sexualität* von 1916. Vielleicht

Postkarte aus der Zeit des Prozesses gegen Karl Vanselow: Wird der obere Teil der Karte abgehoben, mutiert die geile Magd zur feisten Sau

wollte Eulenburg – wie es seine feine Art war – Bloch, der sich im Lauf der Jahre immer naturwissenschaftlicher orientiert hatte (s. Kap. 13), nicht direkt widersprechen. Schließlich soll nach einer Äußerung von Magnus Hirschfeld (1917b: 145) an seinem Grab sein Grundsatz im Leben »Sich nicht wehren, sondern wirken« gewesen sein. Vielleicht erklärt diese Haltung auch, wie er zum Beispiel dazu kam, ein »prächtige(s) Jugendwort unseres unvergeßlichen Treitschke« (1896: 318) zu zitieren, jenes hasserfüllten Antisemiten, der mit verantwortlich war, dass er einige Jahre zuvor nicht an die Berliner Universität zurückkehren konnte.

Suchte Eulenburg geistigen Halt, fand er ihn am ehesten bei dem mit ihm befreundeten neuidealistischen Philosophen Rudolf Eucken (1846–1926), der wieder bei Fichte anknüpfte, zu seiner Zeit viel gelesen wurde, den Nobelpreis für Literatur erhielt und Max Schelers Lehrer war. Eucken widmete er *Moralität und Sexualität*, seine letzte größere Abhandlung »in Verehrung und Dankbarkeit«, mit ihm beendete er diese Schrift in der Gewissheit, dass die Lösung der vor uns liegenden Aufgabe »uns Deutschen vorzugsweise und vielleicht ausschließlich obliegen wird« (1916: 89).

Fragen wir nach den Maßstäben und Idealen des von Bloch (1917/18a: 121) »Nestor« und »Führer« der Sexualwissenschaft genannten Allseitsmediziners, dann scheinen sie allzu klar vor uns zu liegen: Bildung, Persönlichkeit, Arbeit, Leistung, Deutsches, Objektivität. Mit diesem Wertenetz wurde das Triebleben eingefangen, sollte die sexuelle Sinnlichkeit zur Liebe vergeistigt werden, allerdings ohne Atheismus und Materialismus, weil sonst keine Ethik begründet werden könnte. Die Liebe war ihm mit Fichte Natur und Vernunft in ihrer ursprünglichen Vereinigung.

Alles in allem war Eulenburg kulturell sehr viel informierter und engagierter und als Forscher wie als Arzt sehr viel großzügiger als viele seiner kleinmütigen Schützlinge. »Moralkritische Steine« (Eulenburg 1902: 81) wollte er selbst dann nicht werfen, wenn es um Grausamkeit oder Nekrophilie ging.

Seit 1903 litt Eulenburg, wie Iwan Bloch (1917: 776) in einem Nachruf mitteilte, »an einer Geschwulst des linken Oberschenkels, wohl einem Sarkom, das seit einem Jahre ein rapides Wachstum zeigte und im Verein mit fortgeschrittener Arteriosklerose und Myokarditis am 3. Juli 1917 in Berlin zum Tode führte«.

Eulenburg war dreimal verheiratet. Die erste Frau verließ ihn wegen eines anderen Mannes. Aus dieser 1871 geschlossenen Ehe stammte sein einziger Sohn, der sich in jungen Jahren das Leben nahm. Persönliche Dokumente, darunter von ihm zu einer späteren Veröffentlichung bestimmte Gedichte, sind durch diese Umstände und vor allem durch die Nazi-Verfolgung der wenigen Verwandten und durch den Krieg vernichtet worden. Weil das so ist, sei ein Gedicht wiedergegeben, das er in das Handexemplar der zweiten Auflage seiner Monografie *Sadismus und Masochismus* von 1911 geschrieben hatte und das Bloch (1917/18a: 122) in einem Nachruf abdruckte: »Zum Himmel hebt uns oft die Liebe – / Oft zieht sie nieder, höllenwärts,/ Dem allermenschlichsten der Triebe/ Erliegt das arme Menschenherz.// Was Menschenschwäche irrt und sündigt,/ Was lustvoll Qual und Jammer schafft:/ Von ihrer reinen Höh' verkündigt/ Es, ernst und mild, die Wissenschaft«.

Neben einer verdienstvollen Dissertation von Bock (2000), in der der Berufs- und Lebensweg Eulenburgs rekonstruiert und eine Personalbibliografie vorgelegt wird, der wir hier wie der Zusammenstellung in der *Zeitschrift für Sexualwissenschaft* (Bd. 4, S. 151 f, 1917/18) zwei bisher nicht aufgeführte Artikel von Eulenburg (1910, 1915) hinzufügen können, stehen bis heute als Quelle nur informationsreiche Nachrufe von Iwan Bloch (vor allem 1917, 1917/18b) zur Verfügung. Umso wichtiger ist es, an diesen großen Editor, Generalmediziner, Forscher, Neurologen, Universitätslehrer und Feuilletonisten zu erinnern, der sich nicht erst 1913 als Mitbegründer und erster Vorsitzender der Ärztlichen Gesellschaft für Sexualwissenschaft oder 1914 als Mitbegründer und Herausgeber der *Zeitschrift für Sexualwissenschaft* (s. Kap. 3) in die Annalen dieser neuen Disziplin eingeschrieben hat – als kritischer Begleiter und als Schutzpatron.

Lombrosos Weib im Jahr 1893

Da ich in Eulenburg einen der ersten kritischen Sexualwissenschaftler sehe, mit dieser Ansicht aber bisher alleine dastehe (auch weil ich eine vor über zwanzig Jahren über ihn verfasste Arbeit nicht publiziert habe), sollen einige Auszüge aus Essays, die Eulenburg in Maximilian Hardens berühmter *Zukunft* veröffentlicht hat, meine Ansicht hier plausibel machen.

Beim Lesen ist zu bedenken, dass diese Gedanken nicht 1993, nicht 1923 und auch nicht 1905 geäußert worden sind, sondern 1893. Hinzu kommt, dass Eulenburg nicht nur schön daherredete, sondern sich, der Kultur zugewandt wie damals (und heute wieder) kaum Ärzte, in der Homosexuellen- und in der Frauenfrage sowie bei der Bekämpfung der Geschlechtskrankheiten engagierte, indem er fachpolitisch handelte. So gehörte er den Vorständen oder Beiräten entsprechender Organisationen an und unterzeichnete zusammen mit August Bebel und Richard von Krafft-Ebing als einer der ersten die Petition des 1897 gegründeten Wissenschaftlich-humanitären Komitees (WhK) an den Deutschen Reichstag in Sachen Entkriminalisierung der Homosexualität.

In dem ersten Essay, der im Dezember 1893 in der *Zukunft* erschien, geht es um die »Frauenfrage«. Der italienische Irrenarzt und so genannte Kriminalanthropologe Cesare Lombroso (1835–1909), Jude und zeitweilig Sozialist, hatte bereits mit seinem 1876 erschienenen Buch *L'uomo delinquente* Furore gemacht. Er war zur Begeisterung zahlloser Anhänger, die bis heute ihre Spuren in Kriminologie und Strafrechtspraxis hinterlassen haben, damit befasst, den geborenen Verbrecher (»delinquente nato«) dingfest zu machen anhand »objektiver«, überwiegend körperlicher Merkmale. Sein Ziel war eine Verbrechertypologie, die neodarwinistisch-deterministisch genannt werden muss. In dem Buch, mit dem sich Eulenburg in seinem Essay auseinandersetzte – Kurztitel des Originals von 1893: *Donna delinquente*, der deutschen Ausgabe von 1894: *Das Weib als Verbrecherin und Prostituirte* –, versucht er zusammen mit seinem Mitarbeiter Guglielmo Ferrero (1872–1942) nachzuweisen, dass Frauen Männern in jeder Hinsicht unterlegen sind. Für viele Jahrzehnte lieferte er dem dumm-dreisten Patriarchat eine streckenweise raffiniert zusammengeklaubte »Theorie des Weibes«, die alle kursierenden (Vor-)Urteile bestätigte, eine Theorie, mit der sich selbst Forscher wie Havelock Ellis (1890b, 1894) ernsthaft auseinandersetzten (vgl. dazu Eulenburg 1894d). Kaum ein Gelehrter aber wies Lombroso so direkt und vor allem grundsätzlich in die Schranken wie Eulenburg. Hören wir seine Kritik (1893b: 409 ff):

> »Wie Lombroso selbst andeutet, fanden sich im Verlaufe der Untersuchung mancherlei Thatsachen, die dem – so scheint es – von vornherein festgehaltenen Ergebnisse weiblicher Inferiorität nicht recht entsprachen. So z.B. der Umstand, daß auf den niedrigsten Stufen des Thierreichs das Weibchen an Körpermasse und Differenzirung der Organe dem Männchen sogar überlegen ist; nicht minder die allbekannte und pädagogisch längst gewürdigte Thatsache, daß auch beim Menschen bis zur Pubertätzeit das Mädchen dem Knaben geistig und körperlich gleich oder selbst überlegen erscheint, um dann allerdings allmählich zurückzubleiben. Allein gerade in dieser kurzen und vorübergehenden Ueberlegenheit findet Lombroso vielmehr den ›Ausdruck jener Frühreife, die immer ein Zeichen der Inferiorität ist‹ – so wie ja auch die bereits erwähnte geringere Kriminalität des Weibes, namentlich die Seltenheit angeborenen Verbrecherthums, eben nur die schwächere Variabilität und damit die Inferiorität des Weibes bekunden soll. [...].
>
> In manchen dem ersten Theile (›das normale Weib‹) zugehörigen Kapiteln, über psychische Funktionen, über Grausamkeit, Mitleid und Mutterschaft, über Liebe, moralisches Gefühl und Intelligenz wimmelt es vielfach von unkritisch kompilirtem oder geradezu entstelltem und sinnlosem Anekdotenklatsch, von schiefen ungeschichtlichen Auffassungen, unzutreffenden Verallgemeinerungen vereinzelter, keineswegs als normal zu betrachtender Vorkommnisse und von gequälten, verschrobenen tendenziös zugespitzten Interpretationen. [...].
>
> In dem erstgenannten Abschnitte handelt es sich um die unbewiesene – und in solcher

Allgemeinheit auch schlechterdings unbeweisbare – Behauptung, daß die sexuelle Sensibilität des Weibes geringer sei als die des Mannes. Der Versuch, eine solche Frage beantworten zu wollen, erscheint von vornherein, wenn nicht geradezu absurd, doch mindestens in hohem Grade aussichtlos. Der Einzige, der darüber ›aus eigener Wissenschaft‹ unfehlbare Auskunft zu ertheilen vermochte, war der alte Seher Tiresias, der (nach Hesiod) durch eine wunderliche Fügung einen Theil seines Lebens als Weib zubrachte. Aber eben diese Autorität gelangte leider in dem bekannten Ehestreite zwischen Zeus und Hera zu der gerade entgegengesetzten Entscheidung; Tiresias erklärte nämlich, das Weib empfände bei der Vereinigung mit dem Gatten neunmal mehr, wofür er von der empörten Hera mit Blindheit bestraft, von Zeus freilich durch die Wahrsagerkunst entschädigt (?) wurde. Man sieht wie alt derartige Probleme im Grunde sind! Daß sich nun seit Tiresias die Eigenschaften der Geschlechter so gänzlich umgewandelt haben sollten, ist – zumal bei der bekanntlich so großen Häufigkeit ›atavistischer‹ Rückschläge – doch kaum anzunehmen. [...] ist doch [...] nur von der den Frauen durch Konvention und Sitte auferlegten prüden Zurückhaltung – nicht aber von geringer sexueller Empfindlichkeit die Rede. [...].

Noch schlimmer steht es mit unserem zweiten tast-object, dem Kapitel von der Grausamkeit; da tritt neben einem Grundgebrechen dieser psychologisch-historischen Abschnitte, dem Mangel geschichtlichen Sinns und geschichtlicher Auffassungweise, auch die oberflächliche Art der Kompilation und die unkritische Quellenbenutzung in bedenklicher Weise zu Tage. [...]. Die nunmehr folgenden Illustrationen weiblicher Grausamkeit sind [...] ganz treuherzig aus (in der Revue des deux mondes erschienenen) Uebersetzungen Sacher-Masochs entnommen! Sacher-Masochs, der durch Krafft-Ebing sexual-psychopathisch verewigte Darsteller eines Verhältnisses zwischen Weib und Mann, wobei Hermelin und Peitsche die charakteristischen Attribute weiblichen Despotenthums bilden: Sacher-Masoch als ›Geschichtequelle‹ für Akte weiblicher Grausamkeit, – Das ist ungefähr so wunderlich und naiv, wie wenn man den Einfall hätte, Molière als klassischen Zeugen für ärztliche Unwissenheit und Pedanterie [...] anzurufen. Oder als wenn man sich für die Kenntniß des Thierlebens, statt auf den Brehm, auf – äsopische Thierfabeln beriefe. [...].

Endlich der ›Misoneismus‹ oder die ›Neophobie‹ der Frauen. [...] ist lediglich ein natürliches Produkt der Unwissenheit – das Endresultat einer fortgesetzten künstlichen Züchtung, der Niederhaltung des höheren Wissenstriebes und Bildungbedürfnisses, wie sie theils aus gedankenloser Gewohnheit, theils auch in egoistischem Interesse der Männerwelt Jahrhunderte und Jahrtausende hindurch allenthalben verübt wurde. Es ist der in solcher Weise herangezüchtete unfreie, sklavische Zug im Charakterbilde des Weibes. Woher soll denn dem Weibe Interesse und Sinn für wissenschaftliche Errungenschaften, für neue Erfindungen, für nützliche Verbesserungen im Haushalt und Dgl. kommen, wenn es in Folge seiner Unwissenheit gar nicht in der Lage ist, den Nutzen, die Ersprießlichkeit neuer Entdeckungen und Erfindungen richtig zu bewerthen? Es wird unter solchen Umständen allerdings oft sich mit dem instinktiven Mißtrauen des Wilden gegen verdächtig erscheinende Neuerungen bewaffnen. Man schaffe also den Frauen erweiterte Gelegenheit zur Stillung des ihnen so gut wie den Männern eigenen Wissenstriebes, zur Erwerbung solider, namentlich naturwissenschaftlicher Kenntnisse und zu ihrer technischen Verwerthung – und man wird von einem Misoneismus des Weibes selbst in so eingeschränktem Sinne bald nichts mehr hören. Bei einer so einfachen, für die Entscheidung durch den gewöhnlichen gesunden Menschenverstand völlig spruchreifen Frage können wir auf ›Theorien‹ von der Sorte, daß ›das Weib in der Entwickelung der Art den erhaltenden Faktor vorstellt‹, daß es ›öfters in der Schädelform atavistische Konturen bewahrt‹ und Aehnliches ohne Nachtheil verzichten. [...].

Aber diese ganze Lehre vom ›normalen Weibe‹, sammt ihrem großartigen Oberbau von weiblicher Kriminologie und Prostitution, hängt zuletzt überhaupt mit ihrem gesammten somatisch-psychischen Wurzelwerke frei in der Luft, ist trotz aller Beschwerung mit ›wissenschaftlichem‹ Material im Grunde so unwissenschaftlich und – was schlimmer ist – so unwirklich wie möglich. Sie schafft nicht, wie sie zu thun vorgiebt, ein lebendiges Bild vom Weibe, sondern eine blutleere schemenhafte Abstraktion – oder einen ledernen Mannequin, über den die verschiedensten Stücke aus der weiblichen Denk- und Gefühlsgarderobe nach jedesmaligem Bedarf abwechselnd gestülpt werden. Die Frage drängt sich doch auf: wo, wie, wann verwirklichte sich denn je das ›Normalweib‹, von dem man den Maßstab entlehnen könnte – wie zu allen Meßwerkzeugen der Welt von dem in Paris aufbewahrten Normalmeter? Das ›normale Weib‹ ist eben an jedem Orte, zu jeder Zeit, in jeder sozialen Schicht – nach den Einflüssen von Rasse, Temperament, Klima, Lebensgewohnheiten, nach den vorwaltenden sittlichen und religiösen Anschauungen – von Grund aus verschieden. Und wie es keinen ›Normaltypus‹, sondern unzählige Arten und Spielarten des ›normalen‹ Weibes giebt, so kann es auch keinen weiblichen ›Entartungstypus‹ geben, sondern nur unzählige Formen und Möglichkeiten krankhafter Entartung, unzählige krankhafte Individualitäten.«

Der Homosexuellenparagraf 175 im Jahr 1895

Charakteristisch für Eulenburgs moralische Haltung und für seine Modernität sind auch Bemerkungen zur Kriminalisierung und Entkriminalisierung der Homosexualität, die er bereits vor der Gründung des Wissenschaftlich-humanitären Komitees (WhK), dessen Obmann er werden wird, und vor der ersten Petition an den Deutschen Reichstag in seiner Abhandlung *Sexuale Neuropathie* gemacht hat (vgl. später gegen den § 175 auch Eulenburg 1898, 1910), Bemerkungen, die grosso modo strafrechtstheoretische, kriminalpolitische und forensisch-psychiatrische Positionen vorwegnehmen, die sich hierzulande erst etwa siebzig Jahre später durchsetzen sollten. Ich zitiere (1895: 137 ff):

> »Ueber den ›Urningen‹, soweit sie eben nicht als entschieden psychopathische Individuen auf den Schutz mangelnder Zurechnungsfähigkeit Anspruch machen können, hängt als Damoklesschwert beständig jener fatale Strafparagraph, und sie fühlen sich dadurch von den bekanntlich ›höchsten irdischen Freuden‹ der Liebe ungerechterweise ausgeschlossen, zu einem ununterbrochenen selbstquälerischen Kampfe mit den gerade bei ihnen häufig abnorm starken geschlechtlichen Impulsen und zu einer lebenslänglichen Abstinenz verurtheilt, da sie sich heterosexuell nicht befriedigen können und wollen, homosexuell aber nicht befriedigen dürfen.
>
> Kein Wunder also, dass schon vor 25 Jahren der Apostel und Taufpathe des Urningthums, der hannöversche Jurist Ulrichs, gegen die entsprechenden Bestimmungen des preussischen Strafgesetzes Sturm lief, und dass neuerdings eine lebhafte Agitation in den betheiligten Kreisen auf Abschaffung oder Umänderung jenes odiösen deutschen § 175 sich bemerkbar macht, und auch von hervorragenden Aerzten warm unterstützt wird. In der That sind ja diese ›Urninge‹ in einer bedauernswerthen Lage; sie einfach zu castriren, wie neuerdings Rieger (Centralbl. für Nervenheilkunde und Psychiatrie, August 1892, S. 341) in so wohlwollender Weise vorschlägt, geht doch wohl nicht an; und zu warten, bis sie sämmtlich durch hypnotische Wohlthäter in den beglückenden Schooss heterosexueller Liebe zurückgeführt sind, wohl eben so wenig.

»Ich vermag nicht einzusehen, was der Staat und die Gesellschaft dabei opfern würde, wenn sie sich des Schutzes jenes § 175 entäusserten (denn auch soweit es sich um Bestrafung von ›Unzucht mit Thieren‹ handelt, dürfte ein staatliches Einschreiten entweder nicht indicirt oder in Einzelfällen aus anderen Gesichtspunkten, z.B. dem des öffentlichen Aergernisses und des Thierschutzes eher gerechtfertigt sein; im Uebrigen hat schon der drastische Ausspruch Friedrich des Grossen in einem zu seiner Kenntniss gebrachten Einzelfalle darüber das Richtige getroffen).

Es sei beiläufig erwähnt, dass der französische Code pénal eine Bestrafung der ›widernatürlichen Unzucht‹ nicht kennt und dass sich in Frankreich bisher kein dringendes Verlangen nach Einführung derartiger Strafbestimmungen geltend gemacht hat. Im Allgemeinen wird ja auch bei uns von der gesetzlichen Handhabe den der Polizei wohlbekannten Mitgliedern der Urningsgilde gegenüber doch fast nirgends Gebrauch gemacht; wobei freilich das Ansehen des Gesetzes unmöglich gewinnen kann.

Andererseits fühlen sich diese Leute einem widerwärtigen Erpresser- und Denunciantenthum wehrlos überliefert. Mit Recht hat der moderne Staat sich mit der Zeit gerade den geschlechtlichen Delicten gegenüber auf ein engeres und immer engeres Gebiet zurückgezogen und da, wo er überhaupt noch einzuschreiten für gut fand, die Strafe in bewusstem Gegensatz zu der ehedem üblichen barbarischen Strenge fast bis zur Unwirksamkeit herunter gemindert. Es hindert nichts, in dieser Richtung noch einen Schritt weiter zu gehen. Die Aufgabe des Staates kann ja nicht in Correctur des verdorbenen Geschmackes seiner Angehörigen und in gesetzlicher Ahndung sittlicher Verirrungen als solcher bestehen. Es ist, wie neuerdings kein Geringerer als Theodor Mommsen der verfehlten ›Umsturzvorlage‹ gegenüber ausgesprochen hat, ›nicht bloss eine Thorheit, sondern eine ernste Gefahr, fromme Wünsche, die man als solche theilen kann, in die Form von Strafgesetzparagraphen zu bringen‹.

[...] Es ist zu hoffen, dass die öffentliche Meinung, die jetzt im ›Urningthum‹ noch vielfach nur ein gebrandmarktes Laster erblickt, allmählich zu klarerer Einsicht in das Wesen dieser Dinge gelangen und sich den wissenschaftlich berechtigten Abänderungsvorschläge von ärztlicher Seite nicht andauernd verschliessen wird.

Andererseits freilich sollte man auch nicht in gar zu grosser Rührung zerschmelzen über das traurige Geschick dieser ›Urninge‹, die ja doch schliesslich für die menschliche Gesellschaft fast nur die Bedeutung von Drohnen (nicht einmal mit der bekannten Eintagsnutzbarkeit der Drohnen) besitzen. Vor Allem aber kann man die Grenze nicht scharf und bestimmt genug ziehen gegenüber dem in gentlemännische Formen sich hüllenden Lüstlingthum und der damit verbündeten männlichen Prostitution, in deren Mysterien uns erst kürzlich wieder der in London abgespielte Wilde'sche Process einen schaudernden Blick thun liess.«

Die Nervosität unserer Zeit im Jahr 1896

Was war, was bedeutete, woher kam die reizbare Schwäche, genannt Nervosität oder Neurasthenie, die um 1900 allenthalben beklagt und diagnostiziert wurde? Obgleich ein eingefleischter Neuropathologe, schaut Eulenburg auf die »öffentlichen und gesellschaftlichen Verhältnisse«. In einem weiteren Essay für Hardens *Zukunft* stellte er fest (1896: 307 ff):

»Unser Denken und Empfinden selbst leiden und kranken, Beide freilich in verschiedener, fast gegensätzlicher Richtung. Während unser Verstandesleben an übermäßiger

Entwickelung, an Hypertrophie, leidet, macht unser Gemüthsleben allzu oft den Eindruck zunehmender Verarmung und Verödung: Gegensätze, wie sie aus der oft beklagten einseitigen Verstandeskultur, der für die Charakterbildung und Charakterfestigung so ungünstigen Gestaltung unserer öffentlichen und gesellschaftlichen Verhältnisse, der zu atomistischer Vereinzelung führenden Lockerung und Auflösung alter Familienbande und strafferer korporativer Zusammenhänge und aus so manchen anderen bedenklichen Zeichen dieser in den Wehen sozialer Neugebärung liegenden Kulturepoche sich unvermeidlich ergeben.

Der schlimmste und verhängnißvollste Zug dabei ist wohl jene von Zeitkennern und Zeitschilderern oft genug beklagte innere Unrast und Unruhe, jenes leere, gegenstandlose Sehnen, jene unbestimmte, wühlende, aufreizende und doch schaffensunkräftige Unbefriedigung, wie sie auf sozialem, wirthschaftlichem, künstlerischem, sittlich-religiösem Gebiete gleichermaßen hervortritt. Daß diese Sehnsucht, diese Unbefriedigung die Welt durchzieht, daß sie, halb unbewußt vielleicht, uns Alle in ihrem Bann hält, darüber kann uns nichts hinwegtäuschen, keine Glückslaune, keine Illusion geschmeichelter Eitelkeit, kein betäubender Genuß, kein Schimmer noch so blendender, virtuosenhafter Vollendung unseres Könnens und Wissens. Diese unausfüllbare Leere, dieses vernichtende Gefühl, daß die alten Götter, die alten Ideale, die alten Begeisterungflammen tot und erloschen, keine neuen zu ihrem Ersatze uns aufgegangen sind; dieses unbefriedigte Bedürfniß nach einem neuen Geistesinhalt, einer neuen, unser Leben und Denken in harmonischen Einklang bringenden Weltanschauung, und das aus dieser Unbefriedigung bei so Vielen zurückbleibende Gemisch unstillbaren Lebensdranges und trostlosen Lebensekels: Das ist wohl die eine – und vielleicht die tiefste und letzte – erkennbare Ursache jener ›Zeitkrankheit‹, von der ja die Krankheit des Einzelnen nur ein allerwinzigstes Theilchen, nur der im einzelnen Tropfen sich spiegelnde Widerschein ist. [...].

Dem einmal vorherrschenden Ideengange entsprechend, hat man immer und immer wieder den trüben und unsicheren wirthschaftlichen Verhältnissen, der Uebervölkerung, dem verschärften und mit allen erlaubten und unerlaubten Mitteln geführten Wettbewerb, – kurz, dem immer schwieriger und ungünstiger sich gestaltenden wirthschaftlichen Existenzkampfe des Einzelnen eine Hauptschuld an der Ausbreitung der Nervosität und selbst ihrer schwersten Formen, der eigentlichen Geistesstörungen, zuschreiben wollen. Und unzweifelhaft nicht ohne eine gewisse Berechtigung. Niemand dürfte leugnen, daß dadurch einerseits eine stetig wachsende Unzufriedenheit und Verbitterung in immer weiteren Volksschichten erzeugt und genährt wird und daß andererseits einer für den Einzelnen, namentlich für schwächer geartete Individuen, oft verderblichen Ueberanspannung der Kräfte die Wege bereitet werden. Aber Zweierlei ist, der übertriebenen Bewerthung dieses Faktors gegenüber, doch zu betonen. Der unvermeidliche und nothwendige wirthschaftliche Kampf würde nicht so schlimme Züge annehmen, nicht zu so häßlichen Ausartungen führen, er würde nicht mit allen, auch den vergiftesten Waffen und bis zur Kampfunfähigkeit, zum Ruin der Kämpfenden fortgeführt zu werden brauchen, – wenn nicht die traurig einseitige Ueberschätzung materiellen Gutes und Besitzes die große Mehrzahl in einer fast ihr ganzes Denken ausfüllenden Weise ausschließlich beherrschte und wenn sie daher nicht in wilder Jagd um jene Güter sich abmühte, die doch eigentlich zur wahren Befriedigung so wenig beitragen [...].

Es kann keinem Zweifel unterliegen, daß zu der wachsenden Nervosität unserer Mädchen und Frauen, neben der vielfach verkehrten Erziehung der weiblichen Jugend, auch die durch Gewohnheit und Recht auferlegte Einengung und gewaltsame Zurückdrängung der weiblichen Kräfte auf fast allen Gebieten des sozialen und wirthschaftlichen Lebens wesentlich beiträgt. [...].

Aber sollte, um von den ›inneren‹ Feinden zu schweigen, wirklich etwa eine neue Sturzwelle slavischer oder mongolischer Völkerhochfluth über uns hereinbrechen? Oder sollte auch nur amerikanisches Yankeethum unserer siechen europäischen Kulturpflanze zu ihrer Erhaltung aufgepfropft werden müssen, wie man den verwüsteten Weinbergen des alten Europa mit der derberen amerikanischen Rebe aufzuhelfen gesucht hat? Hüten wir uns vor dem trügerischen und unnützen Spiel solcher Weltendämmerungprophezeihung! Wir sollen und dürfen hoffen, daß solche Schrecknisse nicht im vorbestimmten Gange unserer Geschichte liegen und daß wir einstweilen noch zu gut und wohl auch noch zu stark sind, um, von Erobererheuschreckenschwärmen niedergestampft, als Kulturdünger künftiger Generationen der Menschheit zu dienen.«

10 Der Kampf gegen Geschlechtskrankheiten und Prostitution

Alfred Blaschko als Menschenfreund

Erst durch den Einbruch der Krankheit Aids in den achtziger Jahren des 20. Jahrhunderts bekamen die Menschen unserer Zeit und unserer Breiten eine Ahnung davon, welche Geißel die »alten« Geschlechtskrankheiten Gonorrhoe (»Tripper«) und vor allem Syphilis (»Lues«) für die sexuell aktiven Menschen vor der Entdeckung der Erreger und vor der Möglichkeit waren, diese Erkrankungen mit Erfolg zu behandeln. Kein Wunder, dass Forscher wie Iwan Bloch die so genannte Venerie und die Prostitutionsfrage ins Zentrum der sich herausbildenden Sexualwissenschaft stellten. Einer, der sich dieser Probleme nicht nur theoretisch mit großem Engagement annahm, war der Arzt für Haut- und Geschlechtskrankheiten sowie Sozialhygieniker Alfred Blaschko. Er gehörte zu den Ärzten, die am Ende des 19. und in den ersten beiden Jahrzehnten des 20. Jahrhunderts mit kalter Sachlichkeit und warmer Menschenliebe darum bemüht waren, die Diskriminierung der Geschlechtskranken und der Prostituierten abzubauen und die sexuell übertragenen Krankheiten auszurotten.

Der Erreger der Gonorrhoe wurde 1879 von Albert Neisser entdeckt. Das erste Heilmittel gegen Syphilis (Präparat 606, später Salvarsan) wurde zwischen 1906 und 1910 von Paul Ehrlich und Sahachiro Hata entwickelt. Bereits 1902 gründete Blaschko zusammen mit Albert Neisser die Deutsche Gesellschaft zur Bekämpfung der Geschlechtskrankheiten (DGBG). Als Generalsekretär (1902–1916) und nach Neissers Tod auch als Erster Vorsitzender (1916–1922) sowie als redigierender Herausgeber der *Mitteilungen* und der *Zeitschrift für Bekämpfung der Geschlechtskrankheiten* dieser einflussreichen Fachgesellschaft hatte Blaschko wesentlichen Anteil daran, dass die Geschlechtskrankheiten im Verlauf der genannten Jahrzehnte ihrem kulturellen Status nach allmählich von einer unaussprechlichen Schande zu einer beim Namen genannten und behandelbaren Krankheit geworden sind. Werden seine weiteren Aktivitäten mitbedacht (diagnostische und therapeutische Grundlagenforschung, empirische Erhebungen, umfangreiche Vortragstätigkeit, umfangreiche Kommissionsarbeit, Organisation von Kongressen, Eingaben an die Regierungen, Krankenkassen usw. sowie deren Beratung, Verfassen von Aufklärungsbroschüren und Merkblättern, Gründung eines Gesellschaftsverlages usw.), gibt es wohl keinen anderen Arzt oder Sexologen, der engagierter war in dieser Frage. Auf jeden Fall wurden zu seiner Zeit vor allem drei Experten um Rat gefragt, wenn es um den Kampf gegen die Geschlechtskrankheiten ging: Blaschko (1858–1922), Neisser (1855–1916) und mit Abstand Edmund Lesser (1852–1918).

Daneben erwarb sich Blaschko, der auch dem Vorstand der 1913 gegründeten

Jeder wilde Geschlechtsverkehr birgt ernste Gefahren. Auch die ärztliche Kontrolle der Prostituierten kann — mag sie noch so gut ausgeführt werden — niemals ein wirklicher Schutz vor Ansteckung sein. Fast jede Prostituierte birgt Krankheitskeime in sich. Die beiden gefährlichsten Geschlechtskrankheiten sind Syphilis und Gonorrhoe. Die Syphilis ist eine der furchtbarsten Volkskrankheiten, weil sie nicht nur für den Erkrankten selbst zu schweren Krankheitszuständen führen kann, sondern vor allem, weil sie noch viele Jahre nach der Ansteckung auf die Nachkommenschaft übertragen wird. Die Syphilis wird meist durch geschlechtlichen Verkehr erworben; oft aber ist auch ein scheinbar harmloser Kuß die Ursache der Ansteckung. Wochen vergehen, bis die Erscheinungen der Syphilis (Geschwüre, Drüsenschwellungen, Hautausschläge) sichtbar werden. Gerade darin besteht das Heimtückische dieser in der ersten Zeit fast immer schmerzlosen Seuche. Nur frühzeitige Behandlung durch einen sachkundigen Arzt kann vor langem Siechtum bewahren. Noch viele Jahre nach der Ansteckung können schwere, die Lebensfreude und Gesundheit zerstörende Nervenkrankheiten als Spätfolge der Syphilis auftreten (Tabes-Rückenmarkschwindsucht, Paralyse-Gehirnerweichung). Auch die Gonorrhoe (Tripper) ist bei weitem nicht die harmlose Krankheit, für die sie in vielen Kreisen immer noch gehalten wird. Der Tripper beginnt einige Tage nach dem Verkehr mit Ausfluß aus der Harnröhre. Wird er nicht sofort in fachkundige Behandlung genommen, greift er leicht auf die inneren Geschlechtsorgane über. Schmerzhafte und langwierige Hodenentzündungen rauben evtl. die Zeugungskraft für immer. Gelenkrheumatismus und Herzentzündungen können die oft zu dauerndem Leiden führenden Folgen eines einzigen leichtsinnigen Augenblicks sein. Auch dann, wenn die Krankheit scheinbar geschwunden ist, kann sie sich noch übertragen. Noch schlimmer zeigt sich die Krankheit im Körper der Frau. Sogenannte Frauenleiden entstehen häufig durch Tripper und machen einen blühenden Menschen in wenigen Jahren zur Ruine. Jeder, der sich mit einer Prostituierten einläßt, mag sie unter Kontrolle stehen oder nicht, treibt ein gefährliches Spiel mit seiner Gesundheit und mit der seiner Nachkommen! Im Rausch entstehen die meisten Infektionen. Der übermäßige Alkoholgenuß beseitigt die Hemmungen, mit denen der verantwortungsbewußte Mensch die Willkür seines Trieblebens beherrscht.

Darum sei Herr deiner Triebe! Enthaltsamkeit schadet nie!

**Die medizinische Fakultät
der Universität Frankfurt a. Main.**

»Beherzigungswerte Worte über Wesen und Gefahren der Geschlechtskrankheiten«. Aus einem Aufruf der Medizinischen Fakultät der Universität Frankfurt am Main an die Studentenschaft, o. J. [um 1920]

Ärztlichen Gesellschaft für Sexualwissenschaft und Eugenik angehörte, bleibende Verdienste auf anderen medizinischen Gebieten. Seine Arbeiten zur Struktur der Haut sind bis heute grundlegend. Seine Arbeiten zur Lepra und zu den Arbeiter- bzw. Gewerbe-Dermatosen, die später als Berufskrankheiten anerkannt wurden, können als Schritte in Richtung auf eine kritische Sozial- und Arbeitsmedizin angesehen werden. Nach Weindling und Slevogt (1992) hat Blaschko insgesamt 469 Arbeiten veröffentlicht (353 Monografien, Aufsätze oder Vorträge, 45 Rezensionen sowie 71 Diskussionsbemerkungen). Blaschkos Nachlass befindet sich in Oxford (Wellcome Unit for the History of Medicine) und in geringem Umfang in Koblenz (Bundesarchiv) sowie, die politischen Aktivitäten betreffend, in deutschen Staatsarchiven (vgl. detailliert Weindling und Slevogt, ebd.; dort auch Hinweise auf weitere Quellen).

Ein Jude und Sozialist aus Freienwalde an der Oder

Geboren wurde Alfred Blaschko am 4. (und nicht, wie oft zu lesen, am 3.) März 1858 als zweites von vier Geschwistern in Freienwalde an der Oder, einem damals schon bekannten brandenburgischen Heilbad in der Nähe Berlins, das sich seit 1924 Bad nennen darf (und auch der Geburtsort von Hans Keilson und Volkmar Sigusch ist). Über seine Mutter Babette Mannheimer (1830–1905) ist so gut wie nichts bekannt. Von seinem Vater Hermann Blaschko (1826–1899) ist bekannt, dass er aus einer assimilierten jüdischen Familie Posens stammte, ebenfalls Medizin studiert und einige wissenschaftliche Arbeiten publiziert hat (vgl. Weindling und Slevogt 1992). Bis 1871 praktizierte der Vater als Badearzt in Freienwalde. Weil die Familie den nach der Reichsgründung aufkommenden Antisemitismus in der Kleinstadt fürchtete, ging sie nach Berlin. So kam es, dass der Sohn Alfred fast sein ganzes Leben in Berlin verbrachte: Er besuchte dort die höhere Schule, studierte Medizin von 1876 bis 1881, promovierte 1880 bei Hermann Munk mit einer Arbeit über das »Sehcentrum bei Fröschen«, entfaltete seine wissenschaftliche und ärztliche Tätigkeit, unterbrochen nur von wenigen Aufenthalten in anderen Städten (1881 bis 1883 bei dem Chirurgen Georg Wegner in Stettin und 1888 einige Wochen lang bei dem Dermatologen Moritz Kaposi in Wien), und starb auch in Berlin, am 22. März 1922, an einer Darmkrankheit.

Nach dem übereinstimmenden Zeugnis seiner vielen Freunde, zu denen Carl Ludwig Schleich, Ignaz Zadek, Felix Pinkus, Arnold Berliner, August Bebel, Eduard Bernstein, Rosa Luxemburg, Clara Zetkin und der Nobelpreisträger Max Born gehörten, war Blaschko ein kleiner, magerer, schwächlicher, an einer chronischen Darmkrankheit leidender Mann, der durch sein soziales und politisches Engagement, seine Originalität und seine Wahrheitsliebe aus dem Rahmen fiel (vgl. z.B. Buschke 1922, Jadassohn 1922, Loewenstein 1922b, Meirowsky 1922, Pinkus 1922b, Tennstedt 1979).

Als Jude und als Sozialdemokrat hatte Blaschko trotz seines nachgewiesenen Könnens kaum die Chance, eine Universitätskarriere zu machen. Die preußische Kultusverwaltung kam aber nicht umhin, den Außeruniversitären und Unhabilitierten 1908 zum Titular-Professor zu ernennen. 1918, noch zur Kaiserzeit, erhielt Blaschko sogar den Titel Geheimrat, und heute gibt es in Berlin-Neukölln eine Blaschkoallee.

Nach 1933 wurden die Angehörigen Blaschkos aus dem Land getrieben oder in Konzentrationslagern getötet. Seine Frau Johanna Litthauer (1873–1942), die aus der berühmten jüdischen Familie Mosse stammte (vgl. Kraus 1999) und die Blaschko geheiratet hatte, als er 39 Jahre alt war, starb im Exil. Die Tochter Charlotte, die Medizin studiert und Martin Gumpert geheiratet hatte, starb bereits 1933; der Sohn Hermann wurde Pharmakologe in Oxford (vgl. H. K. F. Blaschko 1980); das Schicksal der zweiten Tochter Margarete Felicia ist nicht bekannt. Blaschkos Schwester Margarete Latte, 1856 in Freienwalde geboren, die ihm jahrzehntelang die Praxis geführt hatte, starb im Konzentrationslager Theresienstadt. Ihr Sohn Felix starb in einem japanischen Konzentrationslager auf den Philippinen (Tennstedt 1979).

Eine Poliklinik für Haut- und Geschlechtskrankheiten und der Neoabolitionismus

Neben und nach grundlegenden Forschungen u.a. bei Rudolf Virchow und Wilhelm von Waldeyer-Hartz (vgl. Blaschko 1887, 1902), die zur Entdeckung der so genannten Rete-Linien der Oberhaut geführt hatten, Strukturen, die bis heute Blaschko-Linien heißen (vgl. z.B. Jackson 1976, Assim 2000), eröffnete Blaschko zunächst in Berlin eine Privatpraxis als Allgemeinarzt und bildete sich ganz allein zum Dermatovenerologen aus (vgl. Jadassohn 1922). Mit dem Werk *Syphilis und Prostitution vom Standpunkte der öffentlichen Gesundheitspflege* begründete er 1893 seine wissenschaftliche Reputation.

Im selben Jahr richtete er eine »Poliklinik für Haut- und Geschlechtskrankheiten« ein, in der er, von Krankenkassen finanziert, unbemittelte Kranke behandelte und bis zu fünf Assistenzärzte beschäftigte, darunter Max Marcuse und Georg Loewenstein, der nach seinem Tod zusammen mit Josef Jadassohn als Erster Vorsitzenden die Geschäfte der Deutschen Gesellschaft zur Bekämpfung der Geschlechtskrankheiten fortführte. Wie bedeutsam Marcuse diese Zusammenarbeit noch viele Jahre später fand – Blaschko war auch »ständiger Mitarbeiter« seiner Zeitschrift *Sexual-Probleme* geworden –, beschreibt er ausführlich in einem autobiografischen Fragment, das uns überliefert worden ist.

Unvergessen ist der ärztlich-politische Kampf des Menschenfreundes Blaschko, dem es um den ebenso humanen wie präventiv und therapeutisch wirksamen Umgang mit den Prostituierten und den Geschlechtskranken ging, die zu dieser Zeit auch von den Ärzten wie Kriminelle behandelt und im Krankenhaus

Die Blaschko-Linien im Exlibris von einem unbekannten Künstler

Alfred Blaschko: *20 Ratschläge für junge Männer*, o. J. [1921]

wie Gefangene »gehalten« wurden. Blaschko bemühte sich um eine verständliche Massen-Aufklärung mittels sehr preiswerter Heftchen in riesigen Auflagen, und er erforschte Diagnostik und Therapie für die Ärzte kontinuierlich und stellte sie in immer wieder aktualisierten Standardwerken dar (vgl. Tennstedt 1979, Brömmer 1986, Weindling und Slevogt 1992). Da er in seiner Praxis auch über eigene Einrichtungen für die histologische und serologische Diagnostik und Forschung verfügte, suchte der bekannte Syphilis-Diagnostiker August von Wassermann seine fachliche Nähe, und Paul Ehrlich vertraute ihm die Erprobung des Anti-Syphilis-Mittels Salvarsan an.

Neben der medizinischen Seite des Problems verlor Blaschko die politisch-juristische Seite nicht aus den Augen. Er war zum Beispiel bemüht, Verordnungen der Berufsverbände oder der Krankenkassen zu beseitigen, die Geschlechtskranke diskriminierten oder benachteiligten, spezialisierte Beratungsstellen der Krankenkassen einzurichten und ein Gesetz anzuregen, das seinen Vorstellungen einiger-

Postkarte mit dem Titel *Au bain*, um 1910

maßen entsprach. Nach vielen Verzögerungen trat erst 1927 nach Blaschkos Tod das »Gesetz zur Bekämpfung der Geschlechtskrankheiten« in Kraft. Es war das erste (und letzte) sozialhygienische Reichsgesetz.

Blaschko (vgl. vor allem sein Hauptwerk 1920a) vertrat, oft im Gegensatz zu Neisser, eine modifiziert abolitionistische Position. Während die Abolitionisten – eine Bewegung, die nach der Mitte des 19. Jahrhunderts von England ausging, ihren Namen von der »abolition«, das heißt von der Abschaffung der Negersklaverei in den Vereinigten Staaten ableitete und gegen die Reglementierung der Prostitution kämpfte –, während die Abolitionisten glaubten, die Prostitution würde ohne Reglementierung verschwinden, war Blaschko davon überzeugt, dass Prostitution unabhängig von Kontrolle und Überwachung immer existiert. Außerdem war die als Causa der Verbreitung der Geschlechtskrankheiten angeschuldigte Prostitution insofern nicht mehr allein entscheidend, als sich das Sexualleben vieler Menschen, vor allem jüngerer Frauen, um die Jahrhundertwende geändert hatte. Wenn es »wilde« oder »freie Liebe« gibt und sich das sexuelle Tun nicht mehr auf Ehe einerseits und Prostitution andererseits fokussiert, dann erfasst das Reglementieren und Kontrollieren nur noch einen Bruchteil des sexuellen, möglicherweise krankmachenden Geschehens.

Wie die Abolitionisten war Blaschko der Auffassung, dass die Kontrolle der Prostitution insofern patriarchal und ungerecht war, als sie sich nur gegen das weibliche Geschlecht richtete. Anders als die Abolitionisten nahm er jedoch den Eingriff in die individuellen Freiheitsrechte in Kauf, der bei einer wirksamen Bekämpfung der Venerie nicht zu umgehen sei. Grundsätzlich betrachtete Blaschko die Geschlechtskrankheiten nicht als ein moralisch-religiöses Problem, sondern als ein medizinisch-sozialhygienisches. Folglich trat er nicht für polizeiliche Maßnahmen ein, sondern für ärztliche und soziale.

Da er dabei in der Kontrolle sehr weit ging, wurde später, nach Ausbruch der Krankheit Aids, in Deutschland kritisiert, die Schattenseite dieser, in der Weimarer Republik »fortschrittlichsten« ärztlichen Position sei die lückenlose und perma-

Anstehen im Kriegsbordell: »Bitte, der nächste Herr!« (Zeichnung von Heinrich Zille, 1917)

nente, unterm damaligen Strich rassenhygienische Überwachung aller, des ganzen »Volkskörpers«: *Der Menschenfreund als Überwacher*, so der Titel eines Pamphlets von Ulrich Linse (1989). In seiner Zeit jedoch, als es im Dezember 1918 um die Einrichtung eines von der Regierung empfohlenen Lehrstuhls für Sozialhygiene ging, stellte die Berliner Medizinische Fakultät fest, dem mit der DGBG wie seinen Büchern national und international wegweisenden »Blaschko lacked scientific distinction and moral standards« (zit. nach Weindling und Slevogt 1992: 18). Die Auffassung, die Prostitution ginge zurück, wenn die Mittelschicht und das Proletariat vorehelichen Verkehr hätten, empörte die konservativen Ordinarien ganz besonders.

Wiederum andererseits war Blaschko ein aktives Mitglied rassenhygienischer Vereinigungen. So ließ er sich 1917 in den »Ausschuss« der Berliner Gesellschaft für Rassenhygiene (ebd.: 11) wählen. Indem er jedoch gegen eine allgemeine Anzeigepflicht von Geschlechtskrankheiten war und mit Zwang eingeführte Ehegesundheitszeugnisse ablehnte, bewies er wieder seinen eigenen Kopf. Allerdings brachte er stichhaltige medizinische Argumente vor oder fand die Zeit für derartige Eingriffe noch nicht reif.

11 Neue Ethik, Mutterschutz und freie Liebe

Helene Stöckers Kampf gegen Männermoral,
Frauenunterdrückung und Krieg

Wenn Personen und ihr Lebenskampf, wenn Ideen und Beweggründe aus den Archiven der Sexualreform und der Sexualforschung ans Tageslicht geholt werden mit der Absicht, den Alten Respekt zu bekunden und den Jungen Mut zu machen – dann darf eine Frau auf gar keinen Fall fehlen: Helene Stöcker, geboren am 13. November 1869 in Elberfeld, gestorben am 23. Februar 1943 in New York (s. auch Kap. 2).

Wir haben an Helene Stöcker gelegentlich der 125. Wiederkehr ihres Geburtstages in der *Zeitschrift für Sexualforschung* (7. Jg., S. 245–255, 1994) erinnert, weil diese Schriftstellerin und Doktorin der Philosophie (eine der ersten in Deutschland überhaupt), weil diese radikale Pazifistin, radikale Frauenrechtlerin und radikale Sexualreformerin von der Jahrhundertwende an wie nur wenige gegen die Gewalt und die Kriege, gegen die Frauenunterdrückung und das Elend der ledigen Mütter und »nichtehelichen« Kinder, gegen die herrschende Männermoral und Heuchelei in allen Fragen des Geschlechts-, Liebes- und Sexuallebens gekämpft hat.

Sie war geistig unabhängig, soweit das überhaupt möglich ist. Nietzsches Kritik der Moral hatte sie aus ihrem tiefreligiösen Elternhaus gerissen. Sie war unbestechlich. Mit Geld oder Beförderungen konnte man sie nicht kaufen. Einer politischen Partei gehörte sie nicht an. Von jenen Pazifisten, die am Beginn des Ersten Weltkriegs in einen militanten Vaterlandsrausch gerieten, trennte sie ihr moralischer Imperativ: Das Leben ist unantastbar. Doppelmoral war ihr zuwider, bei Männern wie bei Frauen. Sie gehörte nicht zu jenen Frauenrechtlerinnen, die mit den »Widernatürlichen« und »Ungesitteten« nichts zu tun haben wollten. Für »gefallene Mädchen« und »warme Brüder« hatte sie ein offenes Herz.

Helene Stöcker

Sie gehörte auch nicht zu jenen Sozialisten und Kommunisten, die, in eigene Machtkämpfe verstrickt, den Nationalsozialismus unterschätzten. Früh ahnte sie, welche Barbarei ausbrechen würde. Doch der »Dringende Appell« zur Überwindung der Spaltung der Arbeiterbewegung, den sie zusammen mit Albert Einstein, Arthur Kronfeld, Kurt Hiller, Käthe Kollwitz, Heinrich Mann, Arnold Zweig und anderen vor der Reichstagswahl im Sommer 1932 veröffentlichte, blieb wirkungslos.

1933 musste Helene Stöcker Deutschland verlassen. Ihre angesehene *Monatsschrift für Mutterschutz, Sexualreform und radikale Kriegsbekämpfung* mit dem Obertitel *Die neue Generation* war schon vorher, nicht zuletzt aus wirtschaftlichen Gründen, versiegt. Der von ihr 1905 zusammen mit Maria Lischnewska, Walter Borgius, Max Marcuse, Ruth Bré, Iwan Bloch, Lily Braun, Werner Sombart, Henriette Fürth, Max Weber und anderen ins Leben gerufene Bund für Mutterschutz (vgl. Kap. 3) wurde sofort von NS-Frauen übernommen, die sich dafür einsetzten, »schwachsinnige« und »erbkranke« Frauen und Kinder zu sterilisieren.

Nach einer Odyssee durch mehrere Länder, schließlich nur noch im Besitz einiger Aufzeichnungen für eine Autobiografie, gelangte Helene Stöcker 1941 über die Sowjetunion und Japan in die Vereinigten Staaten. Dort starb sie nach schweren Krankheiten vereinsamt und verarmt.

1929 dagegen, als Helene Stöcker sechzig Jahre alt wurde und der Bund für Mutterschutz beinahe ein Vierteljahrhundert alt war, gratulierten ihr Konservative und Kommunisten, Liberale, Anarchisten und Sozialdemokraten, vom Reichstagspräsidenten Paul Löbe bis zum Friedensnobelpreisträger Ludwig Quidde, von Julius Wolf und Max Hirsch bis zu Clara Zetkin, Rosa Mayreder, Erich Mühsam, Anita Augspurg und Lida Gustava Heymann. Etwa 400 Zeitungen und Zeitschriften des In- und Auslandes, vom *Acht-Uhr-Abendblatt* über die *Frankfurter Zeitung* und *Das Neue Rußland* bis zum *Werdenden Zeitalter* gratulierten ihr ebenso wie die Internationale der Kriegsdienstgegner, die Weltliga für Sexualreform, der Bund religiöser Sozialisten, die Gruppe Revolutionärer Pazifisten, das Internationale Antimilitaristische Büro, der Deutsche Monistenbund, die Lessing-Gesellschaft oder die Gesellschaft für kulturelle Verbindung der Sowjetunion mit dem Auslande. Die für die Geburtstagsfeier in Berlin und Wien vorgesehenen Säle konnten die große Zahl der Gratulantinnen und Gratulanten nicht fassen.

Helene Stöcker war auf dem Höhepunkt der Bekanntheit und Anerkennung. Kurt Hiller sagte damals im Rundfunk: »Helene Stöcker wird als Vorkämpferin der Humanität [...] in der ganzen Welt verehrt. Nur drei, vier zeitgenössische deutsche Persönlichkeiten erfreuen sich dieses Maßes an internationalem Ansehen. [...] Ihre Geistigkeit,

Broschüre *Artikel und Reden zu Helene Stöckers 60. Geburtstag. 13. November 1929*

ihre Universalität ist ungewöhnlich [...]. Ihre Reinheit ist ungewöhnlich [...] es gibt keinen Kopf in der gesamten deutschen Kulturpolitik, der diesen hohen Grad der Erkenntnis mit diesem hohen Grad von Güte vereint.«

Hillers Sätze finden sich in einer »Sonderbeilage der Neuen Generation«, einer 42-seitigen Broschüre mit dem Titel *Artikel und Reden zu Helene Stöckers 60. Geburtstag. 13. November 1929*, erschienen im Verlag der Neuen Generation Berlin-Nikolassee. Dieser Broschüre haben wir auch die nachstehenden Würdigungen entnommen. Schriften von Helene Stöcker sind im Literaturverzeichnis am Ende des Buches aufgeführt, Schriften über Helene Stöcker unter »Weiterführende Literatur«.

Maria Krische und Magnus Hirschfeld

»Eine der erfolgreichsten Führerinnen in dem Bestreben zur Verfeinerung und Vertiefung der sexuellen Beziehungen und zur Förderung des Wissens auf diesem schwierigen Gebiete ist Helene Stöcker.

Vielleicht ist es nicht ein zufälliges Moment in ihrer Entwicklung, daß Helene Stöcker in Elberfeld im Wuppertal, das als besonders rückständig bekannt ist, [...] geboren wurde. In der Zeit, als ein weiblicher Dr. phil. noch eine Ausnahmeerscheinung war, machte sie ihr Doktorexamen. Als erste größere Schrift erschien 1902 ›Zur Kunstanschauung des 18. Jahrhunderts‹. Aber stärker interessierten sie soziale Probleme, und so nahm sie bald ihren Platz unter den Führerinnen des linken Flügels der bürgerlichen Frauenbewegung ein. Auf ihre Initiative wurde im Jahre 1905 der ›Bund für Mutterschutz‹ gegründet, der deshalb ein Stein des Anstoßes war, weil er sich nicht nur für die eheliche, sondern ebenso für die uneheliche Mutter in wirtschaftlicher und ethischer Hinsicht einsetzte, für Geburtenregelung eintrat und in seiner Zeitschrift ›Die neue Generation‹, die von Dr. Helene Stöcker redigiert wird, einer vorurteilslosen und die Problematik erfassenden Besprechung der Liebesbeziehungen Raum gab. Aus dieser Zeit ihrer Tätigkeit stammt ihre Arbeit ›Die Liebe und die Frauen‹ (1906). Eine neue Note bekam Helene Stöckers Kampf, als die Katastrophe des Weltkrieges einsetzte und sie ihre Losung ›Schutz des Lebens, das die Mutter geboren‹, dahin ausweitete, daß sie sich mit der ganzen Glut ihrer warmherzigen Mütterlichkeit gegen die sinnlose Vernichtung des Krieges wandte. Hatte sie früher hinnehmen müssen, daß man mit Bezug auf ihr Wirken von ›Hetärenmoral‹ und ›Dirnengeist‹ in einem Teil der ihr feindlichen Presse sprach, so gehörte sie jetzt zu den ›Vaterlandslosen‹, die nicht nur gesellschaftlich, sondern auch persönlich gefährdet waren. Obwohl die Organisation, der sie ihre Arbeit widmete, obwohl ihr Blatt durch diese neue Erfassung ihrer Aufgabe bedroht waren, hat sie sich restlos für den Kampf gegen den Krieg eingesetzt.

[...] Helene Stöckers Lebenswerk wird bestehen. Wir wünschen ihr vor allem, daß es ihr noch viele Jahre möglich sein wird, die schöpferische Arbeit zu leisten, die ihr am Herzen liegt.« (*Die Aufklärung, Nr. 10, November 1929*)

Ludwig Quidde

»Am 15. Dezember 1901 fand in München eine Frauenversammlung statt, um gegen die den Frauen und Kindern der Buren in den englischen Konzentrationslagern widerfahrende Behandlung zu protestieren und eine Sammlung zur Unterstützung dieser unglücklichen Kriegsopfer einzuleiten. Hauptreferentin war die jugendliche Doktorin der

Philosophie Helene Stöcker. Sie hielt eine ausgezeichnete Rede, in der Sache klar und entschieden, in der Form sympathisch-weiblich.
Das war unsere erste Begegnung. Lange Jahre ist keine zweite gefolgt. Den Kämpfen, in die Helene Stöcker bei Durchführung ihres eigentlichen Lebenswerkes, gipfelnd in der Organisation des Bundes für Mutterschutz, verwickelt worden ist, habe ich ferngestanden. Aber auch aus der Ferne durfte man die Tapferkeit bewundern, mit der sie, einer Welt von Vorurteilen trotzend, gegen gehässige Unterstellungen und schmutzige Verunglimpfungen sich behauptete.

Unsere Wege haben sich erst wieder gekreuzt, als während des Krieges die Gegnerschaft gegen den Kriegswahnsinn uns zusammenführte. Und jetzt blieb es nicht bei einmaliger flüchtiger Begegnung. Seit dem Jahre 1915 bis heute sind wir in enger Arbeits- und Kampfgemeinschaft verbunden gewesen. [...] Alle im deutschen Pazifismus, ohne Unterschied der Richtung, müssen heute die wertvolle und erfolgreiche Mitarbeit von Helene Stöcker anerkennen [...].« (*Berliner Tageblatt, 13. November 1929*)

Bruno Vogel

»Seit den Julitagen 1914 ist Helene Stöcker Pazifistin – es gehörte in jener Zeit wahrlich viel mehr Mut, Charakterstärke, Ausdauer dazu, in der Heimat gegen den Wahnsinn einer Welt, als an der Front gegen den Erbfeind zu kämpfen. 1918 wurde ihr von den deutschen Militärbehörden die Vortragstätigkeit unterbunden – sie wirkte dennoch weiter. [...].

Sie trat sehr entschieden für Sowjetrußland und besonders dessen Leistungen auf kulturellem Gebiet ein, obwohl sie in grundsätzlichen Fragen (etwa das Problem der Gewalt) durchaus anderer Ansicht ist als die maßgeblichen Instanzen der dritten Internationale.

Erwähnen will ich noch, daß sie es war, die die Anregung zum Volksentscheid über die Fürstenenteignung gab, eine historische Tatsache, die – sei es aus unerkennbaren Zu-

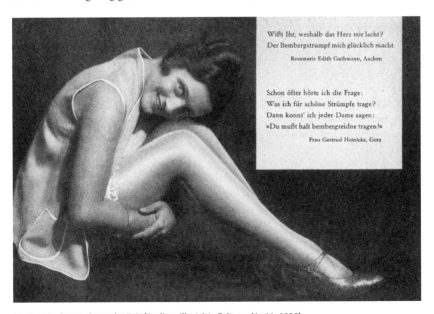

Die Frau in der Werbung der Zeit (*Berliner Illustrirte Zeitung*, Nr. 11, 1928)

fälligkeiten, sei es, weil Helene Stöcker es nicht versteht, sich in den Vordergrund zu drängen – nur sehr wenig bekannt ist.

Die Bedeutung Helene Stöckers für die Antikriegsbewegung scheint mir darin zu liegen, daß sie als eine der ersten das Problem des Pazifismus in seiner Verflochtenheit mit den anderen Faktorengruppen gesellschaftlichen Geschehens sah. Sehr im Gegensatz aber auch zu gewissen Monomanen des Marxismus betont sie, daß letzten Endes die Frage der Kriegsverhinderung – wie übrigens auch der sozialen Revolution – ein eminent psychologisches Problem ist. Es ist glücklicherweise so, daß nicht nur des Menschen Sein sein Bewußtsein bestimmt, sondern auch umgekehrt. Zum anderen aber ein Problem des Unterbewußtseins, also ein sexualpsychologisches Problem.« (*Gruppe Revolutionärer Pazifisten. Aus der Rede vom 1. November 1929*)

Lina Goldschmidt

»Man muß Helene Stöcker persönlich begegnet sein, deren sanfte, mütterliche Erscheinung so gar nichts von der ehemaligen Witzblattkarikatur der Frauenrechtlerin an sich hat, um die Klarheit, Güte und Bescheidenheit dieser seltenen Frau zu empfinden. Bereits zur Generation der Großmütter gehörend, ist sie beseelt von einer Jugendlichkeit, die nichts gemein hat mit der heute so krampfhaft angestrebten äußeren Möglichkeit, jung zu erscheinen. Die Jugend Helene Stöckers kommt von innen. [...].

Es ist ihr unerschütterlicher Glaube, daß das immer stärker werdende Bewußtsein des weiblichen Geschlechts zu einem ganz anderen Verhältnis zwischen Mann und Frau führen werde, was sie einmal in ihrer Schrift ›Erotik und Altruismus‹ so ausdrückt:

›Welche neuen wundervollen Perspektiven für menschliche Entwicklung, für seelischen Reichtum, wie physische Beglückung durch die seelisch-sinnliche Ebenbürtigkeit der Geschlechter uns erschlossen werden, vermögen sich heute wohl nur die wenigsten vorzustellen. Immer wieder zeigt sich, daß das Ideal der Androgyne, der vollen Einheit und Verschmelzung von Mann und Weib, von dem schon die höchste Weisheit der Antike, wie die romantische Philosophie vor hundert Jahren kündete, nicht nur ein schöner Traum ist, sondern die Wahrheit, die Wirklichkeit, das Ziel und der Sinn der menschlichen Entwicklung überhaupt.‹

[...]. Und will man sich eine Feierstunde bereiten, die abseits führt von den Zuckungen einer aufpeitschenden Gegenwart, greife man zu dem Roman ›Liebe‹, in dem Helene Stöcker mit zartester Hand, gleichsam mit der Lampe der Psyche, hineinzuleuchten versucht in das Gewirr der vielversponnenen Gefühle, die, trotz aller neuen Sachlichkeit, auch die Frau und den Mann von heute bewegen, wie sie es von jeher taten. Dieses Buch, das die Kritik ›Evangelium der vielen Irrenden, Zweifelnden und Suchenden‹ genannt hat und das eine ›feinfühlige, hochinteressante Psychologie der Liebe‹ darstellt, ist fraglos aus dem Wunsch der Verfasserin entstanden, den Frauen zu helfen, sich selbst zu begreifen.« (*Hamburger Rundfunkrede, 21. November 1929*)

Mathilde Wurm, M. d. R.

»Am 13. November beging Helene Stöcker ihren sechzigsten Geburtstag, ein Tag, der verdiente, von der ganzen Frauenwelt beachtet zu werden. Es hat kaum eine Frau der Generation und der Klasse, der Helene Stöcker angehört, gegeben, die mit gleichem Mut und gleicher Unerschrockenheit sich zu dem Recht der Frau bekannte, ihrer Liebe zu leben und gleichzeitig das Recht auf ihre freie Persönlichkeit zu bewahren. Ihre Jugend mag gewiß nicht leicht gewesen sein; die Tatsache allein, daß sie es erzwang, studieren zu können, ihren Doktor zu machen, war für damalige Zeit ein Ereignis und ganz gewiß in ihrer Heimat am Niederrhein eine revolutionäre Tat. Aber damit ließ sie sich nicht genügen. Sie widmete ihre ganze Kraft dem Kampf für die freie geistige Entwicklung der Frau, für ihr Recht auf wirtschaftliche Selbständigkeit und gleichzeitig für ihr Recht auf Liebe und Mutterschaft.

Die Bourgeoisie nicht nur ihrer engeren Heimat lehnte diese ›Entgleiste‹ ab. Erst recht der Bund Deutscher Frauenvereine, der dem Bund für Mutterschutz die nachgesuchte Aufnahme verweigerte. Wann je hätte der Bund Deutscher Frauenvereine die Konsequenzen seiner ach so liberalen Theorien gezogen? Es hat der späteren Anerkennung und Wertung von Helene Stöcker nichts geschadet, und der von ihr begründete Bund für Mutterschutz hat das unvergängliche Verdienst, Bahnbrecher gewesen zu sein für eine Umwandlung der öffentlichen Meinung wie der Gesetzgebung auf dem ganzen Gebiet der Stellung der unehelichen Frau und Mutter und ihres Kindes in der Gesellschaft wie im Recht.

So entsprach es auch ihrer ganzen Einstellung der Wertung des Menschenlebens, daß sie unermüdlich gegen den Wahnsinn des Krieges ankämpfte. Auch hier wieder die gleiche Unerschrockenheit. Keine Furcht vor Schutzhaftdrohungen, vor Verfolgungen und Haussuchungen während vier langen Jahren des Mordens! [...].« (*Leipziger Volkszeitung, 16. November 1929*)

Meta Helen Jacobs

»Es liegt ein Jahr zurück. Ich kam zu einer Freundin und fand dort auf dem Tische liegend ein Buch ›Liebe‹ von Helene Stöcker. Schon oftmals hatte ich den Namen dieser Frau gehört und gelesen in Verbindung mit den beiden so bedeutenden Strömungen unserer Zeit: Mutterschutz- und Friedensbewegung, und mich für sie interessiert. Seit jenem Tage aber, an dem ich das Buch gefunden habe, ist Helene Stöcker von großer Bedeutung für mein Leben geworden, und ich wünschte es vielen jungen Menschen, daß es ihnen ebenso ergehen möge. Denn wir wissen doch alle, daß wir, die so viel beneidete und getadelte Jugend von heute und besonders wir Frauen, es nicht leicht haben. Wenn wir uns auch in gewissen Kreisen Rechte erkämpft haben, die früher nur den Männern zustanden, und wenn wir davon absehen, daß wir oft traurig sind, daß es noch viele Unverständige gibt, die uns deshalb unmoralisch nennen, so liegt eine der schwersten Aufgaben unseres Lebens darin, den Männern zu zeigen, daß wir zugleich der Liebe und dem Beruf ganz leben können. Die Männer glauben uns das nicht, und wir müssen doch auch diesen beiden Forderungen unserer Zeit gerecht werden, da eine Gestaltung des sozialen und kulturellen Lebens ohne die Frau heute undenkbar geworden ist.

Wer dieses Buch von Helene Stöcker gelesen hat, fühlt sich nicht mehr einsam in diesen Kämpfen; denn er sieht, da ist ein Mensch, der durch dieselben Dinge gegangen ist, der gerungen hat um die Einheit von Liebe und Beruf und der es so meisterhaft verstanden hat, davon zu sprechen und uns damit zu helfen.« (*Die Neue Erziehung, Heft 11, November 1929*)

Mathilde Vaerting

»Helene Stöcker ist weit über Deutschlands Grenzen hinaus in fast allen Kulturländern bekannt als Führerin der Friedensbewegung, Begründerin des Bundes für Mutterschutz,

Vorkämpferin einer neuen, besseren Sexualethik, Verfasserin zahlreicher Schriften zu Kultur- und Zeitfragen und des vieltausendfach gelesenen Romans ›Liebe‹, Herausgeberin der ›Neuen Generation‹ und nicht zuletzt als Rednerin von internationaler Berühmtheit.

Helene Stöcker wurde schon durch ihre Geburt zur Führerin der Frauen bestimmt, denn sie war die Älteste von sieben Schwestern. Schon mit 16 Jahren betätigte sie praktischen Mutterschutz besonderer Art. Da ihre Mutter nach Geburt des einzigen Bruders lange krank war, nahm sie ihr die Pflege des Säuglings ab und betreute zugleich die jüngeren Schwestern, denen sie bei ihren Weihnachtsarbeiten selbstdachte Märchen erzählte. Bis zum 22. Jahre blieb sie im Elternhause, dann erst erfüllte sich ihr der langgehegte Wunsch des Studiums. Sie ging nach Berlin und nahm gleich von Anfang an neben ihrem Studium aktiven Anteil am geistigen Leben der Reichshauptstadt [...]. Sie wurde auch mit führenden Frauen bekannt, mit Minna Cauer und Anita Augspurg. Sie war von Anfang an keine Frauenrechtlerin im Sinne einer Ablehnung der Zusammenarbeit mit Männern, und diesem Grundsatz ist sie bis heute treu geblieben.

Sie war dann unter den ersten Frauen, die 1896 als Hörer die Berliner Universität besuchen durften. Nach abgeschlossener Doktorpromotion war sie zuerst Dozentin an der Lessing-Hochschule und nahm in Wort und Schrift den Kampf gegen die alte Geschlechtsmoral auf, mit der Leidenschaft eines heißen Herzens und dem Idealismus einer großen Persönlichkeit. Das Jahr 1905 wurde entscheidend für sie, ihr erstes Buch: ›Die Liebe und die Frauen‹ erschien, und die Gründung des Bundes für Mutterschutz erfolgte. Der Andrang zu der Gründungsversammlung war so groß, daß Helene Stöcker selbst kaum noch in den Saal gelangen konnte. Als Führerin der Mutterschutzbewegung war Dr. Stöcker jahrelang eine der umstrittensten Persönlichkeiten, tödlicher Haß auf der einen, begeisterte Zustimmung auf der anderen Seite. Wie sie gekämpft hat für ihre Ideen, das hat sie in ihrer Schrift: ›Zehn Jahre Mutterschutz‹ plastisch dargestellt, ein sehr interessantes Zeitdokument. Die christliche Frauenbewegung erklärte es als ein ›bedauerliches Vorgehen‹, daß der Bund die Bezeichnung ›Gefallene‹ für uneheliche Mütter ausmerzen wolle. Der deutsche Sittlichkeitsverein erklärte, daß alle sexuelle Literatur für die gebildeten Kreise Schundliteratur sei. Die Verfasser und die Leute vom Mutterschutz seien wert, am nächsten Baum aufgehängt zu werden. Die Mutterschutzbewegung wurde als ›Mutterschmutzbewegung‹ verhöhnt. Noch 1912, auf dem großen Frauenkongreß im Anschluß an die Ausstellung: ›Die Frau in Haus und Beruf‹ waren Sozialdemokraten und der Bund für Mutterschutz ausgeschlossen. [...].

Der zweite große Kampf, den Helene Stöcker mit aller Kraft und Leidenschaft um eine Idee führt, gilt dem Kriege. Sie hatte den ungeheuren Mut, schon während des Krieges mit aller Intensität für die Ideale der Menschlichkeit einzutreten; sie nahm als einzige Frau an dem Schweizer Internationalen Kongreß 1917 teil [...]. Soweit ich berichtet bin, ist Bertha von Suttner bisher die einzige Frau, die den Nobelpreis für Frieden erhalten hat. [...] Helene Stöcker verdient es, daß die Menschheit ihr die höchste Anerkennung verleiht, die sie für die Förderer des Friedens bereithält, den Nobelpreis.« (*Vossische Zeitung, 13. November 1929*)

12 Fantasie oder Verhalten

Sigmund Freud und das Verhältnis von Psychoanalyse und Sexualwissenschaft

Die einflussreichste Sexualtheorie des 20. Jahrhunderts stammt von Sigmund Freud, dem Begründer der Psychoanalyse. Einige ihrer Teile sind in den letzten einhundert Jahren zum populären Wissen geworden. Nach einer langen Phase des erfolgreichen naturwissenschaftlichen Forschens als Wiener Neuropathologe wandte sich Freud Mitte der 1890er Jahre der sexuellen Frage zu. Ein Jahrzehnt später fasste er seine theoretischen Überlegungen unter dem bescheidenen Titel *Drei Abhandlungen zur Sexualtheorie* (Freud 1905) zusammen, eine Partialtheorie, die er mehrfach bis zur Mitte der 1920er Jahre aktualisiert und erweitert hat. Die erste Abhandlung ist den »sexuellen Abirrungen« gewidmet, die zweite der »infantilen Sexualität«, und die dritte behandelt die »Umgestaltungen der Pubertät«.

Freuds Lehre ist eine von Darwin und der Evolutionsbiologie stark beeinflusste Entwicklungspsychologie des Sexuellen, die gewissermaßen gesetzmäßige Entfaltungs- resp. Reifungsschritte annimmt – von einer postulierten »polymorph perversen Anlage«, die das Kind mitbringe, über bestimmte, als abgrenzbar postulierte psychosexuelle »Phasen« (orale, anale, phallische Phase, Latenzperiode, genitale Phase) samt charakteristischer Konflikte und Ängste wie des berühmten Ödipus-Komplexes und der

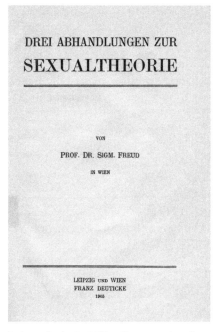

Erstausgabe der *Drei Abhandlungen zur Sexualtheorie*, 1905

heftig diskutierten Kastrationsangst bis hin zum Primat der Genitalität, der nach den Wirren der Pubertät die Partialtriebe bündeln und für die Penis-Scheiden-Kohabitation mit der Absicht der Zeugung eines Kindes sorgen soll. In späteren Arbeiten hat Freud diese so genannte Phasenlehre zu den kulturellen Einflüssen hin geöffnet, wie wir noch hören werden.

Über Sigmund Freud ist bisher mehr geschrieben worden als über alle anderen Sexualforscher zusammengenommen. Jedes seiner Werke, jede seiner Lebensäußerungen, jede hinterlassene Zeile, die er irgendwann an irgendwen geschrieben hat, ist dokumentiert und analysiert worden. Ich werde deshalb in diesem Buch auf sein Leben (s. Kap. 2) und auf sein psychoanalytisches Werk allenfalls am Rande eingehen. Nicht übergangen werden aber sollten seine sexuologischen Arbeiten, insbesondere die epochalen *Drei Abhandlungen* – deren Aktualität nach einhundert Jahren in den Sammelbänden von Dannecker und Katzenbach (2005) und von Quindeau und Sigusch (2005) erörtert wird –, sowie das Verhältnis von Sexualwissenschaft und Psychoanalyse in den ersten Jahrzehnten des 20. Jahrhunderts, als sich beide Anschauungen, die psychoanalytische und die sexuologische, Inhalt und Form einer wissenschaftlichen Disziplin zu geben trachteten.

Missachtung?

Als Freud seine Sexualtheorie nach langem Zögern erstmalig veröffentlichte, war die »sexuelle Frage« längst in eine »sexuelle Revolution« übergegangen, das heißt in erkennbare Transformationen im sexuell-geschlechtlichen Kulturbereich. 1905 wurden viele Weichen anders gestellt. Einstein stülpte nicht nur die Physik um, und die naturwissenschaftliche Medizin teilte nicht nur großartige Entdeckungen wie die des Erregers der Plage Syphilis mit; auch die Menschen selbst orientierten sich neu, organisierten sich, und die Wissenschaften vom Menschen und seiner Gesellschaft bewegten sich in neuen Diskursen.

Helene Stöcker initiiert 1905 den Bund für Mutterschutz und gründet eine *Zeitschrift zur Reform der sexuellen Ethik*. Alfred Ploetz gründet eine »Gesellschaft für Rassenhygiene«. August Forel veröffentlicht seinen Bestseller *Die sexuelle Frage*, Havelock Ellis publiziert 1905 und 1906 die Bände 4 und 5 seiner *Studies in the Psychology of Sex*, u.a. über »Sexual selection« beim Menschen und »erotischen Symbolismus«. Magnus Hirschfeld ist 1905 und 1906 vor allem mit dem Kampf gegen den Alkohol, mit sog. Geschlechts-»Übergängen«, dem »Wesen« der Liebe und der »Lösung« der Frage der Bisexualität befasst. 1906 wird Salvarsan, das erste wirksame Mittel gegen die Syphilis, entwickelt. Ein Jahr später veröffentlicht Bloch (1907) *Das Sexualleben unserer Zeit in seinen Beziehungen zur modernen Kultur*, ein Werk, das einer neuen Wissenschaftsrichtung ein anthropologisch-ethisches Programm geben sollte. Ein Jahr später gründet Hirschfeld die erste *Zeitschrift für Sexualwissenschaft* (vgl. dort Freud 1908c) und Max Marcuse die Zeitschrift *Sexual-Probleme* (vgl. dort Freud 1908a, 1908b). 1909 bringt Moll die *Zeitschrift für Psychotherapie und medizinische Psychologie* heraus, die später im Titel den Anspruch »mit Einschluß der Psychoanalyse« erhebt.

Zu dieser Zeit, um 1904/05, kommt der Ausdruck »Sexualwissenschaft« merklich auf, den Iwan Bloch später für sich reklamieren wird. Freud hat übrigens – vielleicht sogar als erster überhaupt – bereits in einem Aufsatz von 1898 (S. 498) beiläufig, aber gezielt von »Sexualwissenschaft« gesprochen, die leider noch als »unehrlich« gelte. Jetzt aber, im Schaltjahr 1905, tritt er selbst als Sexualwissenschaftler auf, indem er in drei sehr kurzen »Abhandlungen zur Sexualtheorie« die »sexuelle Frage« beantwortet, soweit er sie für eine Frage an die Wissenschaft hält. Denn die »sexualpolitischen Bewegungen« der sich emanzipierenden Frauen, der Angehörigen des »Dritten Geschlechts«, der Kämpfer gegen Prostitution und Venerie und für Licht und freie Körper, der Mutterschützer, der frei Liebenden usw., mit der eine »sexuologische Bewegung« zum Teil zusammenfiel, interessierte Freud nur am Rande. Ihm ging es vielmehr darum, aus seinen Ideen eine eigene, eine »psychoanalytische Bewegung« hervorgehen zu lassen. Unter diesem Aspekt betrachtet, imponiert es als geradezu raffiniert, in der ersten der *Drei Abhandlungen* einerseits an die vorausgegangenen Debatten über sexuelle Abweichungen und Perversionen thematisch anzuschließen, andererseits aber alles bisher Gesagte (scheinbar) beiseite zu schieben.

Auf jeden Fall beginnt die erste Abhandlung über die »sexuellen Abirrungen« in Gestalt der ersten Fußnote mit einem Paukenschlag. Er klingt so: »Die in der ersten Abhandlung enthaltenen Angaben sind aus den bekannten Publikationen von v. Krafft-Ebing, Moll, Moebius, Havelock Ellis, Näcke, v. Schrenk-Notzing [richtig: Schrenck-Notzing], Löwenfeld, Eulenburg, J. Bloch [richtig: I. Bloch] und aus den Arbeiten in dem von M. Hirschfeld herausgegebenen ›Jahrbuch für sexuelle Zwischenstufen‹ geschöpft. Da an diesen Stellen auch die übrige Literatur des Themas in erschöpfender Weise aufgeführt ist, habe ich mir detaillierte Nachweise ersparen können« (Freud 1905: 80). Welch eine »schöpfend erschöpfende« Unverfrorenheit. Freud, der bis zu diesem Zeitpunkt kaum als Sexualforscher hervorgetreten war, fertigt auf einen Schlag die Sexualwissenschaft seiner Zeit ab, indem er sie nur gebündelt und pro forma erwähnt und dabei noch zwei Eigennamen falsch schreibt.

Kein einziges Werk seiner Vorgänger wird wenigstens durch das Nennen des Titels im Leser wachgerufen. Es hätte ja nicht unbedingt die *Venus Urania* (1798) von Friedrich Wilhelm Basilius von Ramdohr mit ihrer Ahnung des Ödipus-Komplexes oder *De mentis aberrationibus ex partium sexualium conditione abnormi oriundis* von Hermann Joseph Löwenstein (1823) oder *Ueber die Beziehungen des Sexualsystems zur Psyche überhaupt und zum Cretinismus ins Besondere* von Joseph Häussler (1826) oder die *Psychopathia sexualis* (1844) von Heinrich Kaan mit ihrer theoretischen Anbindung eines funktionell-hydraulisch gedachten Geschlechtstriebes namens Nisus an die Fantasie, speziell an furiose Phantasia morbosa sein müssen; und auch nicht Richard von Krafft-Ebings erster sexualpathologischer Aufsatz über »gewisse Anomalien des Geschlechtstriebs« oder Charles Lasègues Artikel über *Les exhibitionnistes* oder Paolo Mantegazzas Buch über die Liebe in deutscher Sprache, die alle 1877 erschienen sind, als Freud (1877a, 1877b) seine ersten wissenschaftlichen Arbeiten veröffentlichte, und zwar über die hinteren Rückenmarksnervenwurzeln von Ammocoetes sowie den Bau der Lappenorgane des Aals; aber vielleicht doch *Des aberrations du sens génésique* (1880) von Paul Moreau de Tours und *Die krankhaften Erscheinungen des Geschlechtssinnes* (1886) von Benjamin Tarnowsky, eine Monografie, aus der Krafft-Ebing »geschöpft« hat, sowie das weltweite Novum *Archivio delle Psicopatie Sessuali* (1896), herausgegeben von Pasquale Penta. Und wenn diese Arbeiten schon nicht der Erwähnung wert gefunden worden wären, dann aber doch wenigstens weichenstellende Abhandlungen wie Mantegazzas *Gli amori degli uomini. Saggio di una etnologia dell'amore* (1886) oder *Auto-erotism* (1898) und

The sexual impulse in women (1902) von Havelock Ellis. Zwei bedeutende Werke von Pionieren der Sexualwissenschaft aber, die Freuds Zeitgenossen waren, hätte er nennen müssen, hätte Freud sich normal verhalten: die *Untersuchungen über die Libido sexualis* (1897) von Albert Moll und die *Beiträge zur Aetiologie der Psychopathia sexualis* (1902, 1903) von Iwan Bloch.

In seinen *Beiträgen* von 1902 und 1903 wendet sich Bloch – wie nach ihm Freud – grundsätzlich von Krafft-Ebings Verständnis der Perversionen ab: Die sexuellen Anomalien seien »als allgemein menschliche, ubiquitäre Erscheinungen« anzusehen und damit als »physiologische«. Diese »Theorie«, welche er »als die anthropologisch-ethnologische der medizinischen und historischen« gegenüberstellt, schränke »das Gebiet der ›Degeneration‹ bedeutend ein« (1902: XIV; vgl. auch Bloch 1900, 1904). Zuvor war schon Moll theoretisch und geistig weit über das hinausgegangen, was sich Krafft-Ebing und die anderen, von der Morel'schen Degenerationshypothese beeinflussten Sexualpsychopathologen gedacht hatten. Außerdem nahm er sexualtheoretisch Etliches von dem vorweg, was sich später Freud und die Psychoanalyse zugute halten werden (vgl. dazu im Einzelnen Sulloway 1982; ferner hier Kap. 8). Moll erörtert – wie etwas später vor allem auch Havelock Ellis – erklärtermaßen den »normalen Geschlechtstrieb«, über den bisher »fast gar keine eingehenden Untersuchungen veröffentlicht worden sind« (Moll 1897: V). Er hält die »Vererbung« der Heterosexualität und angeborene »inhalterfüllte Triebe« (ebd.: 100) nicht für eine Selbstverständlichkeit, nimmt eine latente Homosexualität der Normalen und eine latente Heterosexualität der Homosexuellen an (ebd.: 326 ff), plädiert für die Abschaffung des Paragrafen 175 (ebd.: 841). Der Geschlechtstrieb, und zwar der »normale« ebenso wie der »perverse« (ebd.: 521 f), setzt sich nach seiner Vorstellung aus zwei entwicklungsdynamischen Teiltrieben zusammen: einem »Detumescenztrieb«, der »als ein organischer Drang zur Entleerung eines Sekrets aufzufassen« sei, und einem »Kontrektationstrieb«, der »zur körperlichen und geistigen Annäherung« dränge (ebd.: 94). Moll meint, ein Fortpflanzungstrieb sei beim Menschen »kaum noch anzunehmen« (ebd.: 4). Insgesamt ließen sich die Triebe des Menschen »am ehesten durch die Stammesgeschichte verständlich« (ebd.: 522) machen. Ausführlich geht er zum Beispiel auf die Verkümmerung des Geruchssinnes beim Menschen ein (ebd.: 133 f, 376 ff, 513), eine Frage, die auch Freud (Stichworte: organische Verdrängung und aufgelassene erogene Zonen) sehr beschäftigt hat.

Übrigens spricht Moll mit Ernest Chambard (1881: 65) und anderen Franzosen wie Féré und Binet auch schon von erogenen Zentren resp. Zonen (»zones érogènes«, Moll 1897: 93). Und er kennt und würdigt ausführlich sexuelle Reaktionen, Wollustempfindungen und Liebesgefühle von Kindern klinisch-empirisch (z.B. ebd.: 13 ff, 45 ff; vgl. auch Moll 1891 und 1909a), beschreibt andeutungsweise, was später Ödipus-Komplex genannt werden wird (1897: 43 ff). Ich zitiere: »Neigung zum anderen Geschlecht mit allen Zeichen einer Liebesleidenschaft (kommt) bereits lange Zeit vor der Pubertät (vor). Es sind mir Fälle bekannt, wo im 5. oder 6. Jahre unzweifelhaft, vom Geschlechtstrieb herrührende Neigungen zum anderen Geschlecht auftraten«. Wie »der sexuelle Kontrektationstrieb schon vor der Reife der Genitalien vorkommen kann«, so auch der Detumeszenztrieb, den es schließlich auch beim weiblichen Geschlecht ohne eine dem Samen vergleichbare Absonderung gebe. Empfunden werde »eine Art Wollustgefühl, eine Art Kitzel« an den Genitalien; Erektionen träten »lange Zeit vor der Pubertät« auf, Masturbation werde bereits bei 1 bis 2 Jahre alten Kindern beobachtet (ebd.: 44 ff). Das Besondere ist, dass Moll, eindrucksvoll belesen, nicht nur theoretische Behauptungen aufstellt, sondern alle Behauptungen anhand von Fallvignetten zu belegen sucht.

Sulloway (1982) hat nicht zuletzt an Freuds heftigen Unterstreichungen in seinem Handexemplar der Moll'schen Studie plausibel gemacht: dass Molls Einfluss auf Freuds sexualtheoretische Vorstellungen und Begrifflichkeiten groß war, ob es nun um die stammes- und individualgeschichtliche Dynamisierung der vordem statisch gedachten Libido sexualis, die Verschränkung von Vererbtem und Erworbenem, die Untrennbarkeit von Heterosexuellem und Homosexuellem, den keineswegs monolithischen, unteilbaren Geschlechtstrieb oder die präpuberale kindliche Sexualität von Jungen wie Mädchen ging. Freud aber versagte Moll die Anerkennung.

Rivalität

Die Gegensätze zwischen Freud und Moll, die bemerkenswerterweise am selben Tag, dem 23. September 1939, gestorben sind, waren wohl von Anfang an unüberbrückbar. Dabei spielte Rivalität ganz offensichtlich eine große Rolle. Schließlich war der Geheimrat Moll nach dem Tod des Freiherrn von Krafft-Ebing *die* europäische Autorität in sexuellen Fragen. Zu ihm, in seine Praxis auf dem Berliner Kurfürstendamm, pilgerten die sexuell gestrauchelten oder leidenden Prinzen wie einst zu Krafft-Ebing, den Moll auch insofern beerbte, als er dessen berühmte *Psychopathia sexualis* vollständig überarbeitet herausgab (Moll 1924). In der wissenschaftlichen Welt berühmt gemacht hatte ihn aber bereits 1889 ein Werk über den Hypnotismus. 1891 folgte eine umfangreiche Monografie über die noch »conträre Sexualempfindung« genannte Homosexualität. 1902 veröffentlichte er eine bis heute lesenswerte *Ärztliche Ethik*. Bereits 1912 gab er ein *Handbuch der Sexualwissenschaften* mit »besonderer Berücksichtigung der kulturgeschichtlichen Beziehungen« heraus. Nicht zu Unrecht sah sich Moll selbst als Wegbereiter der von Liébeault und Bernheim ausgehenden »Schule von Nancy« in Deutschland (vgl. Winkelmann 1965; Schröder 1989) und damit als einen der ersten deutschen Psychotherapeuten. Ich selbst sehe in ihm den Begründer der

Abbildung aus Magnus Hirschfelds *Geschlechtskunde* (Bd. 4, 1930): Sigmund Freud

Medizinpsychologie in Deutschland, der z.B. von 1909 bis 1924 bei Enke eine entsprechende Zeitschrift herausgab (vgl. Moll 1909b). Außerdem hat Moll (1936: 221) nach eigenen Angaben, die Medizinhistoriker bestätigen, als erster bewirkt, »daß überhaupt die Psychotherapie als eigenes Fach von den Krankenkassen anerkannt wurde«, und zwar im Jahr 1919. Wie sehr Moll von unvoreingenommenen Kollegen geschätzt wurde, zeigt eine Tatsache: Havelock Ellis, informiert und belesen wie nur noch Moll, Bloch und Hirschfeld zu dieser Zeit, ein offensichtlich angenehmer Charakter, der sich nicht wie Moll und Freud in Eitelkeiten und Rivalitäten verwickelte, berief sich in seinem voluminösen Werk auf Moll häufiger als auf alle anderen Experten, Krafft-Ebing, Bloch, Freud und Hirschfeld eingeschlossen (vgl. Sulloway 1982: 416).

Spätestens seit 1905 streiten Freud und Moll mit bösen Worten um ihnen nachweislich nicht zustehende Prioritätsrechte; sie streiten, obgleich sie natürlich beide unter dem Diktat derselben Episteme und eines alles ausrichtenden neuen Diskurses zu agieren haben. Im Rückblick auf sein Leben äußert sich Moll (1936) über Freud und die Psychoanalyse noch abträglicher als schon zuvor (vgl. z.B. Moll 1909a, 1912b, 1921, 1926b). Auch bestreitet er Freud dort Prioritätsrechte, wo Moll sie wirklich nicht beanspruchen kann: »Das Unbewußte Freuds ist in den ersten Arbeiten, wie Steyerthal sagt, nichts andres als das Unterbewußte von Dessoir und Moll« (Moll 1936: 71). Einen Besuch bei Freud im Jahr 1909, an dem »das Unangenehme« dessen »große Empfindlichkeit« gewesen sei, schildert er wie folgt: »Ich schickte meine Karte hinein. Freud empfing mich aber mit den Worten: ›Angriffe wie Sie hat noch keiner gegen mich gerichtet. Sie werfen uns Fälschung von Krankengeschichten vor.‹ Um dies zu beweisen, holte er mein Buch über das ›Sexualleben des Kindes‹ [1909a] und zeigte mir erregt eine Stelle des Buches (S. 172)« (ebd.: 54 f.).

Freud war auf Moll gar nicht gut zu sprechen, weil er sich einredete, Moll plagiiere ihn und mache ihm die »Priorität an der kindlichen Sexualität« streitig. Nach den Protokollen der Wiener Psychoanalytischen Vereinigung soll Freud gesagt haben: »Die normale Kindersexualität sei tatsächlich, so komisch das auch klingen mag, von ihm – Freud – entdeckt worden. In der Literatur finde sich vorher keine Spur davon« (Nunberg und Federn 1977, Bd. 2: 44). Das klingt nicht nur komisch, es ist auch falsch, wie wir bereits am Beispiel des Moll'schen Werks von 1897 gezeigt haben. Freud aber musste Pionier sein. In den *Drei Abhandlungen zur Sexualtheorie* schreibt er (Freud 1905: 31): »Kein Autor hat meines Wissens die Gesetzmäßigkeit eines Sexualtriebes in der Kindheit klar erkannt«. Welch eine unerfüllbare Bedingung: Gesetzmäßigkeit klar erkannt! Wie ist diese Diskrepanz, dieses Aneinander-Vorbeireden zu erklären? Ich denke, hier schlägt sich nicht nur der röhrenförmig in die Welt blickende Geisteswille eines Paradigmatikers nieder, sondern auch die grundsätzliche Differenz von Psychoanalyse und Sexualwissenschaft zu dieser Zeit: Unbewusstes, Fantasie und Konfliktpsychologie auf der einen Seite, Bewusstes, Verhalten und Assoziations- oder Reflexpsychologie auf der anderen Seite.

Nach dem erwähnten Besuch Molls schreibt Freud in einem Brief vom 16. Mai 1909 an C. G. Jung: »Er ist kurz gesagt, ein Biest, eigentlich kein Arzt, sondern hat die intellektuelle und moralische Konstitution eines Winkeladvokaten. [...]. Er hatte mir das Zimmer verstunken wie der Gottseibeiuns, und ich hatte ihn [...] nicht genug verhauen. Natürlich sind von ihm jetzt die ärgsten Schweinereien zu erwarten« (Freud/Jung 1974: 246; vgl. auch Freud/Abraham 1965: 85). Zum Plagiatsvorwurf schreibt Sulloway (1982: 641): Moll wurde »die einzigartige, wenn auch widersprüchliche Ehre zuteil, in psychoanalytischen Kreisen als Plagiator einer Entdeckung bezeichnet zu werden, die er sich angeblich anzuerkennen weigerte und bei der seine eigene Priorität vor Freud um nahezu ein Jahrzehnt sicher begründet war.«

Als die Wiener Psychoanalytische Vereinigung Molls Buch (1909a) *Das Sexualleben des Kindes* bereits im November 1908 »diskutierte«, wird dessen schlechter Charakter mehrfach auch damit begründet, dass er mit Hirschfeld nicht zurechtkomme. Freud soll laut Protokoll gesagt haben: »Molls Charakter sei zu bekannt. Hirschfeld hat sich schon bitter über ihn beklagt. Er ist ein kleinlicher, gehässiger, beschränkter Charakter. Er gibt nicht eine entschiedene Meinung von sich, was den Leuten als Vorsicht imponieren soll.« Moll »bleibt immer schwankend und gänzlich unentschieden«. Das »größte Unglück sei, wenn ein ideenarmer Mensch wie Moll einmal doch eine Idee habe« usw. (Nunberg und Federn 1977, Bd. 2: 44f). Die Versammlung ist so feindselig eingestellt, dass keine einzige Idee Molls gewürdigt wird. Der gar nicht umgängliche Moll (1909a: 254) aber erkannte zu dieser Zeit die erwähnte Differenz und das Neuartige der Psychoanalyse durchaus: »Das Verdienst Freuds scheint mir hauptsächlich darin zu liegen, dass er die Wirksamkeit unterbewusster Vorgänge schärfer, als es früher geschehen ist, betont hat«.

Vollkommen aus der Luft gegriffen ist Freuds Behauptung, Moll habe keine »entschiedene Meinung« von sich gegeben. Sehr früh hat Moll die herrschende Degenerationslehre kritisiert, selbst in Sachen Homosexualität (vgl. Moll 1891: 162). Zusammen mit dem Philosophen Max Dessoir (vgl. 1917, 1947) bekämpfte er die Geheimwissenschaften, Mediumismus, Telepathie, Okkultismus, Spiritismus, Hellseherei usw. (vgl. Kurzweg 1976), auch als gefürchteter Sachverständiger in vielen Gerichtsprozessen. Als einer der ersten wollte er Psychologie und Schulmedizin miteinander verbinden, widersprach er immer wieder dem somatischen und kausalen Denken in Medizin und Sexualwissenschaft, anders als Hirschfeld, ganz konkret, beispielsweise, wie ich gezeigt habe (s. Kap. 8), in Fragen der Eugenik oder hinsichtlich der Überpflanzung von »heterosexuellen« Hoden auf homosexuelle Männer.

Trotz vieler Ideen, treffender Kritiken und enormer Aktivitäten unterlag Moll in den Konkurrenzen, in die ihn der Lauf der Diskurse gestellt hatte. Heute ist er außerhalb und innerhalb

Albert Moll als alter Mann
(Archiv Otto Winkelmann)

der Sexologie ein Unbekannter. Freud und Hirschfeld haben ihn vollkommen in den Schatten gestellt – wie im Kapitel 8 im Einzelnen nachzulesen ist.

Kooperationsversuche

Andere Sexualforscher standen der Psychoanalyse Freuds sehr viel freundlicher und anerkennender gegenüber als Albert Moll. Auch die *Drei Abhandlungen* wurden von Sexuologen positiv aufgenommen, z.b. von Albert Eulenburg (1906), dem akademisch arriviertesten Sexualwissenschaftler. Besonders wissbegierig war Havelock Ellis, der wesentlich zur Verbreitung analytischen Denkens in den angelsächsischen Ländern beigetragen hat und von Freud insgesamt von allen Sexuologen am häufigsten zitiert wurde. Kritisch aufnehmend reagierten neben Eulenburg mit mehreren Arbeiten vor allem Arthur Kronfeld, der theoretische Kopf des Hirschfeld-Instituts für Sexualwissenschaft, und Iwan Bloch. In einem bisher unpublizierten Brief vom 7. Januar 1923, der sich im Nachlass Blochs befindet, tat Freud aber so, als wüsste er nichts von Blochs Kritik. An den Bloch-Freund Julius Schuster, einen Botaniker, Wissenschaftshistoriker und späteren Nazi-Aktivisten, schrieb er nach Blochs Tod: »Ich weiß, daß die Wissenschaft an I. Bloch viel verloren hat. Seinen Standpunkt in Sachen der sexuellen Perversionen hatte ich voll angenommen und seine anderen Arbeiten sehr geschätzt. Ich weiß nicht, wie er zur Psychoanalyse stand.«

Freud besonders zugeneigt war Max Marcuse, in dessen Werk sich das jedoch kaum niederschlug (vgl. Kap. 14). Doch auch dieses Verhältnis blieb keineswegs ungetrübt, nicht zuletzt, weil Freud selbst auf milde Kritik recht empfindlich reagierte. So wurde er bei Marcuse vorstellig, weil ihm die Rezensionen des mit Marcuse eng verbundenen Berliner Psychiaters Karl Birnbaum in den *Sexual-Problemen*, für die er, Freud, im Gründungsjahr 1908 zwei wichtige Aufsätze verfasst hatte (Freud 1908a, 1908b), nicht ehrerbietig genug waren (vgl. Freuds Brief in Nitzschke et al. 1995). Und er sagte, von Marcuse herausgehoben eingeladen, seine Teilnahme an einem der Internationalen Kongresse für Sexualforschung ab, weil sich der mitverantwortliche Moll abfällig über die Psychoanalyse geäußert hätte (vgl. Freud 1926b). Zuvor aber schrieb Freud für Marcuses Handbuch zwei Beiträge, betitelt »Libidotheorie« und »Psychoanalyse« (Freud 1923a, 1923b). Und als der alte »Herausgeberkreis« der *Zeitschrift für Sexualwissenschaft und Sexualpolitik* unter der Regie von Marcuse 1928 zu ständigen Mitarbeitern des Herausgebers herabgestuft wurde, trat Freud dem neuen Beraterkreis bei. In einem Brief vom 26. Februar 1996 an mich berichtete Marcuses Sohn Yohanan, die beiden Sexualforscher seien auch in der Emigration verbunden gewesen: Sein Vater habe »den Briefwechsel mit Freud bis zu dessen Tod von Tel Aviv aus fortgesetzt – zwar nur sporadisch und nicht sehr ›intim‹, doch zugleich von gegenseitiger Achtung geprägt«.

Anfänglich war auch Magnus Hirschfeld zugewandt: Er gründete 1910 zusammen mit anderen Sexualforschern und den Analytikern Karl Abraham und Heinrich Koerber die Berliner Psychoanalytische Vereinigung, verließ sie aber (an-

> Institut für Sexualwissenschaft.

Psychoanalytischer Fragebogen.

Die Fragen bitten wir auf den eingeschossenen Seiten so zu beantworten, daß jeder Antwort die Nummer der Frage vorgesetzt wird.

Vorbemerkung: In Ihrem eignen Interesse und in dem der wissenschaftlichen Forschung bitten wir Zeit und Mühe nicht zu scheuen, die folgenden Fragen streng wahrheitsgemäß und möglichst genau zu beantworten.

Auf strengste Verschwiegenheit dürfen Sie sich verlassen. Wer Bedenken trägt, den Fragebogen mit seinem vollen Namen, dessen Geheimhaltung unter das ärztliche Berufsgeheimnis fällt, zu unterzeichnen, möge denselben mit einer Nummer oder beliebigen Buchstaben versehen. Bei einigen Fragen, wie z. B. denen, die sich auf die Abstammung und Kindheit beziehen, wäre vorherige Rücksprache mit älteren Angehörigen empfehlenswert. Fragen, die zu beantworten man wider Erwarten Bedenken tragen sollte, bittet man ebenso wie solche, deren Beantwortung man nicht weiß, einfach unausgefüllt zu lassen. Wir bitten ferner, die Fragen, welche kurz zu beantworten sind, am Rande, die übrigen in einer besondren Anlage, möglichst im Format des Fragebogens, zu erledigen. Erwünscht, jedoch keineswegs notwendig, ist schließlich Beifügung der eignen Photographie (ev. aus verschiedenen Lebensaltern), sowie einer zweiten, die den ungefähren Typus wiedergibt, auf den sich Ihre Neigung erstreckt.

I. Nationale.

a) Name, Alter, Geschlecht, Rasse, Beruf, Wohnort, Religion.
b) Verheiratet oder nicht?

II. Abstammung.

1. Leben Ihre Eltern noch, sind dieselben gesund, oder woran leiden sie, bzw. woran und in welchem Alter starben sie?
2. Waren die Eltern oder Großeltern blutsverwandt (falls ja, in welcher Weise, Cousin und Cousine, Onkel und Nichte usw.)?

Magnus Hirschfelds »Psychoanalytischer Fragebogen« aus dem Jahr 1908 umfasst 127 Fragen. Unser Exemplar wurde von einem 30-jährigen Juristen beantwortet, der den Wunsch hatte, eine Frau zu werden

Magnus Hirschfelds »Psychoanalytischer Fragebogen« aus dem Jahr 1908 umfasst 127 Fragen. Unser Exemplar wurde von einem 30-jährigen Juristen beantwortet, der den Wunsch hatte, eine Frau zu werden geblich nach einer Attacke C. G. Jungs, der auf Homosexuelles ideosynkratisch reagierte) bereits wieder 1911. Vorher wollte er – eine skurrile Geschichte – mit den Wiener Analytikern (vgl. Nunberg und Federn, 1976, Bd. 1: 350 ff), die auch brav diskutierten, einen »Psychoanalytischen Fragebogen« entwickeln. Indem er seine beinahe unveränderte Fassung unter diesem Titel publizierte (Hirschfeld 1908), gab er erneut zu Protokoll, wie fremd ihm die neue Lehre geblieben war (s. Dokument).

Mit den untauglichen Vereinigungsversuchen Hirschfelds können seitens der Psychoanalytiker, die die Sexuologen – anders als die Sexuologen – aus ihren Publikationen heraushielten, allenfalls die Versuche Wilhelm Stekels verglichen werden: Er gab nicht nur *Fortschritte der Sexualwissenschaft und Psychoanalyse* heraus (vgl. die Ankündigung in der »Zeitschrift für Sexualwissenschaft, Jg. 11, S. 128 f, 1924), vertrat eine »sexualwissenschaftliche Psychoanalyse« gegen theoretische Spekulation, ohne Libidotheorie, mit Intuition, Geringschätzung des Unbewussten, Hochschätzung des Naturwissenschaftlichen, kurzum mit einem gerüttelten Maß an »gesundem Menschenverstand«, und gründete auch in Wien ein Wissenschaftlich-humanitäres Komitee, also dem Namen nach eine Organisation zur Emanzipation der Homosexuellen im Sinne Hirschfelds, beschimpfte Hirschfeld jedoch und ließ nichts mehr in Sachen Homosexuellen-Emanzipation von sich hören (Herzer 1992).

Freud und Hirschfeld, die beide davon besessen waren, eine »Bewegung« zustande zu bringen und anzuführen, entschieden immer wieder machtpolitisch und nicht wissenschaftlich. Im Grunde waren ihre signifikanten Auffassungen unvereinbar: Hirschfeld bestand darauf, dass die Homosexualität konstitutioneller, Freud, dass sie nicht unwesentlich individualhistorischer Natur sei. Trotzdem kooperierten sie, bis die Unvereinbarkeit unüberbrückbar wurde, bis sich die theoretischen, politischen oder persönlichen Differenzen von beiden Seiten nicht mehr übertünchen ließen. Nach Hirschfelds erstem Besuch bei Freud in Wien äußerte sich Freud über ihn sehr positiv, nach dessen Rückzug aus der Berliner Vereinigung sehr negativ. Zum 60. Geburtstag aber schrieb er artig: »Ich habe immer die Ansicht vertreten, daß der Lebenskampf des Dr. Magnus Hirschfeld gegen die grausame und ungerechtfertigte Einmischung der Gesetzgebung in das menschliche Sexualleben allgemeine Anerkennung und Unterstützung verdient« (Freud in Linsert und Hiller 1928: 7).

Weil die bekannten Sexuologen nicht ohne Einfluss waren, versuchte Freud immer wieder, sich mit ihnen gut zu stellen. Schließlich hatten sie bereits vor der Jahrhundertwende Standardwerke verfasst wie Richard von Krafft-Ebing, »wissenschaftlich-humanitäre« Komitées eingerichtet wie Magnus Hirschfeld oder Zeitschriften herausgegeben wie Pasquale Penta und waren nach der Jahrhundertwende dabei, Handbücher und Fachgesellschaften in die Welt zu setzen, traten pressewirksam in Sensationsprozessen auf, veranstalteten Weltkongresse usw. Deshalb gab Freud ihnen auch einige Arbeiten zur Veröffentlichung in ihren Büchern oder Zeitschriften (vgl. Freud 1908a, b, c, 1923a, b) – trotz der Gräben zwischen ihnen.

HISTORICAL NOTES

A LETTER FROM FREUD

PROF. DR FREUD

April 9th 1935

WIEN, IX. BERGGASSE 19

Dear Mrs ———

I gather from your letter that your son is a homosexual. I am most impressed by the fact that you do not mention this term yourself in your information about him. May I question you why you avoid it? Homosexuality is assuredly no advantage, but it is nothing to be ashamed of, no vice, no degradation, it cannot be classified as an illness; we consider it to be a variation of the sexual function, produced by a certain arrest of sexual development. Many highly respectable individuals of ancient and modern times have been homosexuals, several of the greatest men among them (Plato, Michelangelo, Leonardo da Vinci etc). It is a great injustice to persecute homosexuality as a crime, and cruelty too. If you do not believe me, read the books of Havelock Ellis.

By asking me if I can help, you mean, I suppose, if I can abolish homosexuality and make normal heterosexuality take its place. The answer is, in a general way we cannot promise to achieve it. In a certain number of cases we succeed in developing the blighted germs of heterosexual tendencies which are present in every homosexual, in the majority of cases it is no more possible. It

The JOURNAL is indebted to Professor Kinsey for the photostatic copy, reproduced herewith, of a letter written by Sigmund Freud late in his life. The letter was sent recently by an anonymous correspondent who wrote as follows:

DEAR DR. KINSEY:
Herewith I enclose a letter from a Great and Good man which you may retain.—From a Grateful Mother.

A transcript of the letter follows:

April 9, 1935

DEAR MRS. ———:
I gather from your letter that your son is a homosexual. I am most impressed by the fact that you do not mention this term yourself in your information about him. May I question you, why you avoid it? Homosexuality is assuredly no advantage but it is nothing to be ashamed of, no vice, no degradation, it cannot be classified as an illness; we consider it to be a variation of the sexual function produced by a certain arrest of sexual development. Many highly respectable individuals of ancient and modern times have been homosexuals, several of the greatest men among them. (Plato, Michelangelo, Leonardo da Vinci, etc.) It is a great injustice to persecute homosexuality as a crime and cruelty too. If you do not believe me, read the books of Havelock Ellis.

By asking me if I can help, you mean, I suppose, if I can abolish homosexuality and make normal heterosexuality take its place. The answer is, in a general way, we cannot promise to achieve it. In a certain number of cases we succeed in developing the blighted germs of heterosexual tendencies which are present in every homosexual, in the majority of cases it is no more possible. It is a question of the quality and the age of the individual. The result of treatment cannot be predicted.

What analysis can do for your son runs in a different line. If he is unhappy, neurotic, torn by conflicts, inhibited in his social life, analysis may bring him harmony, peace of mind, full efficiency, whether he remains a homosexual or gets changed. If you make up your mind he should have analysis with me—I don't expect you will—, he has to come over to Vienna. I have no intention of leaving here. However, don't neglect to give me your answer.

Sincerely yours with kind wishes,
FREUD.

P. S. I did not find it difficult to read your handwriting. Hope you will not find my writing and my English a harder task.

787

In diesem berühmten Brief vom 9. April 1935, den das *American Journal of Psychiatry* 1950/51 veröffentlicht hat, schreibt Freud an die Rat suchende Mutter eines Homosexuellen, dass die Homosexualität nichts sei, dessen man sich zu schämen hätte. Sie sei kein Laster und keine Krankheit, sondern eine Variation der sexuellen Funktion.

Differenzen

Historisch hat sich die Psychoanalyse entlang der Differenz von Unbewusstem und Bewusstem, innerer Fantasie und äußerer Realität, Struktur und Symptom, Erleben und Verhalten, Latenz und Manifestation von der Sexuologie geschieden. Überspitzt gesagt: Die Differenz von Psychoanalytikern und Sexualwissenschaftlern ist der von Normalen, soi disant, und Perversen ganz ähnlich. Die einen halten in der Fantasie, was die anderen tun. Und so sind denn die meisten Psychoanalytiker heilfroh, wenn die wundersame polymorph-perverse Anlage in der Abstraktion bleibt, viele Sexuologen aber sind fasziniert, wenn sich Perverses vielfältig manifestiert.

Theoriegeschichtlich war die Psychoanalyse nach Ulrich Clement (1993) spätestens seit Freuds Aufgabe der so genannten Verführungstheorie in den 1890er Jahren für die tonangebende Sexualwissenschaft verloren. Hinzu kommt die immanente Distanz der Psychoanalyse gegenüber den Sexualreform- und Emanzipationsbewegungen, überhaupt gegenüber Sozial- und Sexualpolitik. Davon aber war das Erscheinungsjahr der *Drei Abhandlungen*, jedenfalls in Berlin und Wien, gezeichnet.

Insofern ist es sehr interessant, dass der seit der Mitte der 1890er Jahre mit dem Sexuellen theoretisch befasste Freud erst das Wort ergreift, als der kulturelle Furor sexualis, als die erste »sexuelle Revolution« bereits ihren ersten Höhepunkt erreicht hatte. 1905 ist das Wissenschaftsobjektiv voll installiert, hat bereits einen ungeheuerlichen Strom von Literatur produziert – zwischen 1898 und 1908, schreibt Hirschfeld irgendwo, erschienen mehr als eintausend Arbeiten allein über Homosexualität –, einen Strom, in dem die Zeichen und Probleme durcheinander schwimmen: Aphrodisie und Anaphrodisie, Instinctus und Piacere, Psychopathia sexualis, Dégénérescence, Fisiologia della Donna, Sens génésique, Neurasthenia sexualis usw., dazu die Venerie, der Malthusianismus, die ledige Mutter, der Mutterschutz, die Prostitution, die Frigidität, die Freie Liebe usw.

Der geniale Freud aber macht einen Strich unter das epistemologische und sonstige kulturelle Durcheinander und fasst in einem auch grafisch neuartigen, unaufgeregten, leicht lesbaren Stil den bisherigen sexualwissenschaftlichen Forschungsstand auf nur 83 Druckseiten zusammen. (Manfrau beachte beim historischen Argumentieren jedoch die erheblichen inhaltlichen Differenzen zu den nachfolgenden erweiterten Ausgaben der *Drei Abhandlungen zur Sexualtheorie* bis zur Mitte der 1920er Jahre). Moll (1897) hatte für seine »Libido«-Studie das Zehnfache, 872 Seiten und zahllose Fußnoten, benötigt. Freuds Federstrich, die erste Fußnote der *Drei Abhandlungen* (vgl. auch Sigusch 2005b), erscheint jetzt als ein äußerst geschickter Schachzug, durch den ausufernde Pro- und Kontra-Debatten sowie Richtungsbekenntnisse und -streitigkeiten vermieden werden. Sein Kunstgriff gestattet es ihm, Theoreme, Ausdrücke und Ergebnisse der Sexuologen je nach Belieben zu benutzen.

Taugen die Experten einmal nicht als Pappkameraden, ruft er die Laien auf die Bühne: »Es ist ein Stück der populären Meinung über den Geschlechtstrieb, daß er der Kindheit fehle« (Freud 1905: 31) – beginnt die zweite der *Drei Abhandlungen*. Durch diese Schachzüge kann Freud immer wieder so tun – »die Wissenschaft gebraucht als solche ›Libido‹« (ebd.: 1); »soll hier als erogene Zone bezeichnet werden« (ebd.: 26) –, als sei er der Entdecker, ein Gefühl, das er offenbar benötigt. Es kommt aber noch toller. Am Beginn der dritten Abhandlung über die Umgestaltungen der Pubertät heißt es: »Der Sexualtrieb war bisher autoerotisch, er findet nun das Sexualobjekt. Er betätigte sich bisher von einzelnen Trieben und erogenen Zonen aus« (ebd.: 53). Es sprechen also nicht indirekt die Experten oder die Laien und offenbar auch nicht direkt der Autor: Es spricht der Sexualtrieb, der sich betätigt, der findet, der sich verweigert; er ist das *Subjekt*. Indem Freud unwillkürlich immer wieder das Sexuelle selbst sprechen lässt, bringt er den Furor sexualis der Zeit gewissermaßen invers auf den Begriff, das heißt auf die Unmittelbarkeit des Sexualitätsobjektivs und die Materialität des Sexualdiskurses.

Erfolgsgeheimnisse

So betrachtet, verwundert es nicht mehr, dass dieses schmale und scheinbar schlichte Werk Freuds im Laufe seiner mehrfachen Fortschreibung bei uns zum einflussreichsten sexualtheoretischen Werk des 20. Jahrhunderts geworden ist. Den enormen Erfolg haben gewiss weitere Abirrungen vom Üblichen bewirkt, die dieses Werk, vor allem in seinen späteren Fassungen und unter Hinzunahme anderer, insbesondere kulturtheoretischer Schriften des Verfassers, auszeichnen: ein Stück philosophische Metaphysik, ein Schuss antidiskursives Denken, gepaart mit einem Schwimmen im Strom des Wissenschaftsobjektivs, das produktive Zusammendenken bisher gegensätzlicher Hypothesen, die Doppelbödigkeit oder Unschärfe vieler Begriffe, die Ambivalenz des Autors in den tabuisierten, schambesetzten Feldern und schließlich die Tatsache, dass eine Gemeinde überzeugter Anhänger die Rezeption vorantrieb.

Beginnen wir mit dem Stück Metaphysik: Selbstvernichtungstrieb, Todestrieb, überhaupt Trieb, Eros und Thanatos, Lustprinzip, das Unbewusste, der Traum – das sind in einer durchrationalisierten Welt die Ingredienzien einer geheimnisvollen, vielleicht sogar transzendentalistischen Lehre, die die »Enge des Kausalbedürfnisses der Menschen«, von der Freud irgendwo spricht, zu sprengen vermag. Solche Theoreme sind geeignet, eine Lehre groß zu machen, weil sie perennierenden Widerspruch erzeugen, nicht mit so genannten objektiven Verfahren widerlegt werden können, ja sogar dem wissenschaftlichen Zeitalter grundsätzlich widersprechen, weil sie daran erinnern, dass es mehr gibt als die Facta bruta der herrschenden Objektive, dass die Menschen mit ihren Antrieben und Vermögen vielleicht nicht ganz und gar im schlechten Allgemeinen aufgegangen sind, dass etwas quer liegt im Geraden. Affirmative Sexualforscher können doch zählen, messen, skalieren und faktorieren, so lange sie wollen; dem Eros werden sie nie auf die Schliche kommen. Kurzum: Die Theoreme des späteren Freud rufen einen Denkschmerz hervor, den die Theoreme der Krafft-Ebings und Blochs nicht zu produzieren vermochten. Ich denke, das war ihre größte Schwäche. Am Schlaf der Welt haben sie nicht gerührt. Wie sollten sie auch: mit Traitement moral und Stierhodenextrakt? Freud aber hat am Schlaf der Welt gerührt, indem er früh erkannt hat, dass die angeblich souverä-

Sexuelle Fantasien und Erkundungen aus zwei Jahrhunderten: (jeweils von li. nach re.) 1833 (Illustration zu *Gamiani*), um 1840 (»Lithographie Romantique«), um 1930 (Zeichnung von Feodor Rojankovsky, gen. Rojan) und um 1960 (»Pubertät«) (Coll. H.-J. Döpp und Edition *Der kalte Blick*, 1995)

nen Subjekte der Bourgeoisie nicht einmal Herr ihrer Gedanken und Gefühle sein konnten (vgl. Kap. 7).

Ein anderes Erfolgsgeheimnis könnte lauten: Kombiniere einen Schuss antidiskursiven Denkens mit dem Schwimmen im Strom des Wissenschaftsobjektivs. Vergessen wir nicht: Freud war zwanzig Jahre lang einer von ihnen, einer, auf den man hört, auch wenn er »wissenschaftliche Märchen« (Krafft-Ebing) erzählt. Er ist höchst erfolgreich im Strom des somatoform-naturwissenschaftlichen Objektivs geschwommen, hingegeben an die Brückners und Meynerts und vor allem an einen wie Fließ, den Mathematiker und Osphresiologen. Als Freud einer von ihnen geworden war, hätte er den Ton in diesen Wissenschaften mit angeben können. Doch er löst sich von diesem Diskurs in einer geradezu übermenschlichen, gigantischen Willensanstrengung, übermenschlich, weil Diskurse – das haben wir von den Neostrukturalisten gelernt – eine alles Abweichende niederwalzende Materialität besitzen. Während also die Vertreter des Hauptstroms der Sexualwissenschaft, um es altphilosophisch zu sagen, nomothetisch bleiben, d.h. auf der Suche nach einer »objektiv-exakten« Wissenschaft, die sie in der Biologie und ausgerechnet in der Nichtwissenschaft Klinische Medizin finden, bewahren sich die Psychoanalytiker bis heute eine idiografische Haltung, d.h. etwas Intuitiv-Spekulatives wie in den Kulturwissenschaften und der Philosophie.

Eine der größten und folgenreichsten Denkleistungen Freuds ist aus meiner Sicht das Zusammendenken bisher gegensätzlicher Hypothesen. Bereits 1905 setzt er bis dahin weitgehend unüberbrückbar erscheinende Gegensätze wie Heredität vs. Umwelt, Biologisches vs. Psychisches, seelische Funktion vs. seelische Störung, Neurose vs. Perversion, Perversion vs. Normalität (nicht aber männliches vs. weibliches Geschlecht und Männlichkeit vs. Weiblichkeit) in ein produktives Verhältnis. Aus heutiger theoretischer Sicht war er ein eingefleischter Essenzialist und zugleich ein überzeugender Konstruktivist – wie wir sogleich im Einzelnen hören werden. Diese Doppelbödigkeit oder Unschärfe vieler Begriffe ist für Freuds Arbeiten charakteristisch. Was ist denn seine Libido eigentlich? Der Fluss organologisch fassbarer Sexualstoffe oder eine Abstraktion der Exzitation? Und gehört sein Triebbegriff eher zum materialistischen oder eher zum idealistischen Denken, wenn diese stereotype Trennung einmal gestattet sei? Obgleich ein Pionier ersten Ranges, war Freud zugleich ein Mann des Ausgleichs, der weder dem optimistischen noch dem pessimistischen, weder dem rückwärts- noch dem vorwärtsgewandten Denkstrom des 20. Jahrhundert eindeutig zugeordnet werden kann wie andere Denker. Freud war kein terminaler Sexuologe wie der abtrünnige Wilhelm Reich. Ihm, dem kritischen Sexualforscher, war das Sexuelle widersprüchlich in sich, nicht zur guten Substanz geeignet. Er suchte weder Trost noch Ekstase noch Revolte in der sexuellen Substanz.

Der konservative Bürger Freud wollte die Lust zur Vernunft bringen, ob es nun die Arterhaltung oder die Kultur war, in deren Dienst sie zu treten hatte. Er dachte den Trieb nicht als »Zweckmäßigkeit ohne Zweck« (Kant), als Nützlichkeit ohne Nutzen; er kalkulierte und versachlichte ihn, indem er ihn aus ominös fixierten Quellen entspringen ließ und an Objekte und Ziele lötete, die als anständig und vernünftig imponierten. Der liberale Bürger des Ausgleichs aber brach eine Lanze für die Körperlüste: »Ein gewisses Mass direkter sexueller Befriedigung« sei »unerlässlich« (1908a: 114), sollen seelische Erkrankungen und Verbrechen vermieden werden: »aber endlich muß man beginnen zu lieben« (1914: 151). Freud konnte sich nicht entscheiden, ob er den Trieb loben oder tadeln sollte (vgl. Sigusch 1984c). Loben, weil er den Fortschritt schaffe, tadeln, weil er an sich gefährlich sei. Offen bleibt bei ihm, was den Ausschlag geben sollte: der Triebverzicht oder die Triebbefriedigung.

Diese Offenheit, diese Zweiseitigkeit, diese Widersprüchlichkeiten in seiner Theorie sind in letzter Hinsicht keine persönliche Inkonsequenz. Sie haben in der Doppelbödigkeit, in den Paradoxien des Ganzen ihr fundamentum in re, in der Unentscheidbarkeit des Unentschiedenen, in der Verschlingung von Realität und Irrealität, von Rationalität und Irrationalität, von Lust und Verbot. Von diesen Verschlingungen, Vertauschungen und Versetzungen handelt die Freud'sche Sexuallehre, nicht aber ein Kontrektations-Detumeszenz- oder Neurotransmitter-Motivations-Modell.

Blindheiten

Als Freud 1905 seine Sexualtheorie publizierte, hatten vor ihm bereits Lust-, Liebesoder Sexual*subjekte* wie Paolo Mantegazza und Karl Heinrich Ulrichs gesprochen, die ich für die Begründer der modernen, aufklärerischen Sexualwissenschaft halte

(s. Kap. 4 und 5). Zahllose europäisch-nordamerikanische Forscher, von denen ich einige erwähnt habe, hatten praktisch alle begrifflichen Bestandteile der Freud'schen Abhandlungen auf den Tisch des Hauses gelegt, von der Libido über die erogenen Zonen und den Autoerotismus bis hin zu den Teiltrieben, und alle Praktiken beschrieben, von den Perversionen bis hin zu normalerweise zu beobachtenden sexuellen Äußerungen im Kindesalter. Es waren alle Zutaten schon da – doch, das wollte ich zeigen, die *Drei Abhandlungen* suchen aus mehreren Gründen ihresgleichen.

Es waren alle Zutaten schon da – und mehr, wenn ich beispielsweise an die ethnologischen Arbeiten Mantegazzas denke und an jene, die von der sexuellen Potenz der Frau und der Notwendigkeit handeln, die Unterdrückung des weiblichen Geschlechts zu beenden (Mantegazza 1873, 1886; s. Kap. 4). Als ein Poetosexuologe allerhöchsten Ranges, der auch wie Mantegazza erfolgreiche Romane hätte schreiben können, sehe ich Freud in dessen unmittelbarer Nachfolge, nicht aber, wenn es um »das Weib« geht. Dann ist Freud sehr viel ignoranter als Mantegazza. Sein entscheidender blinder Fleck, sein auch persönlicher »dark continent« ist die weibliche Sexualität. Lohmann (1998: 116) fasste zusammen: »Das Freudsche Werk exekutiert sich vollständig im ›Namen des Vaters‹ (Jacques Lacan), des phallischen Signifikanten, im Zeichen der jüdischen Vaterreligion und des patriarchalen Gesetzes«. Das muss hier erwähnt werden, obgleich es inzwischen eine ebenso umfangreiche wie lesenswerte Literatur zu dieser Frage gibt (s. Kasten).

Freud hat gespürt, aber nicht erkannt, dass zu seiner Zeit den Frauen allgemein der Status des Subjekts in noch einschneidenderer Weise als den Männern versagt wurde. Er interpretierte ihre Differentia sexualis im Einklang mit der patriarchalen Ideologie der gattungsimmanenten, gesellschaftsinerten Naturzwecke. Freud, einer der ersten kritischen Sexualforscher, von dessen Denkdurchbrüchen wir heute noch zehren, war nicht in der Lage, die herrschenden patriarchalen und sexistischen Diskurse zu reflektieren. Deshalb ist die feministische Kritik an seinen Vorstellungen vom »kulturelles Weib« und dessen Sexualität notwendig.

Ohne wie beispielsweise bei der Frage nach dem »richtigen« weiblichen Orgasmus (vgl. Sigusch 1970d) ins Detail gehen zu wollen, scheint mir für Freuds Position Folgendes charakteristisch zu sein: Obgleich es, wie er selber schreibt, zu seiner Zeit schon »Emanzipierte« unter den Frauen (Freud 1918: 176) und »Feministen unter den Männern« (Freud 1931: 523) gab, hatte er für die nichts übrig, psychopathologisierte er sie. So meinte er beispielsweise, hinter dem »Penisneid« komme »die feindselige Erbitterung des Weibes gegen den Mann zum Vorschein, die in den Beziehungen der Geschlechter niemals ganz zu verkennen ist, und von der in den Bestrebungen und literarischen Produktionen der ›Emanzipierten‹ die deutlichsten Anzeichen vorliegen« (1918: 176).

Lange Zeit war Freud an der weiblichen Sexualentwicklung kaum interessiert. Nachdem er 1900 die »Dora«-Analyse vorgenommen hatte, berichtete er 15 Jahre lang über keine Analyse einer Patientin. 1915 stellte er dann den »Fall einer weiblichen Paranoia«, 1919 einen »Fall von Schlagephantasien« und 1920 einen »Fall weiblicher Homosexualität« dar. Erst 1925 aber fasste er in dem Aufsatz *Einige psychische Folgen des anatomischen Geschlechtsunterschieds* seine verstreuten Bemerkun-

Psychoanalyse und weibliche Sexualität – Kritische Stimmen von Forscherinnen zwischen 1960 und 2000 (Auswahl)

Chasseguet-Smirgel, Janine (Hg.): La sexualité feminine, 1964 (dt.: Psychoanalyse der weiblichen Sexualität, 1974)

Sherfey, Mary Jane: The evolution and nature of female sexuality in relation to psychoanalytic theory. J. Am. Psychoanal. Assoc., 1966 (vgl. auch: The nature and evolution of female sexuality, 1972; dt.: Die Potenz der Frau. Wesen und Evolution der weiblichen Sexualität, 1974)

Mitchell, Juliet: Psychoanalysis and feminism, 1974 (dt.: Psychoanalyse und Feminismus. Freud, Reich, Laing und die Frauenbewegung, 1976)

Mitscherlich-Nielsen, Margarete: Psychoanalyse und weibliche Sexualität. Psyche, 1975

Dinnerstein, Dorothy: The Mermaid and the Minotaur. Sexual arrangements and human malaise, 1976 (dt.: Das Arrangement der Geschlechter, 1979)

Chodorow, Nancy J.: The reproduction of mothering. Psychoanalysis, and sociology of Gender, 1978 (dt.: Das Erbe der Mütter. Psychoanalyse und Soziologie der Geschlechter, 1985)

Mitscherlich-Nielsen, Margarete: Zur Psychoanalyse der Weiblichkeit. Psyche, 1978

Mitscherlich-Nielsen, Margarete: Theorien und Probleme der psychosexuellen Entwicklung der Frau. In: Sigusch, Volkmar (Hg.), Therapie sexueller Störungen. 2., erweiterte Aufl., 1980

Olivier, Christiane: Les enfants de Jocaste, 1980 (dt.: Jokastes Kinder. Die Psyche der Frau im Schatten der Mutter, 1987)

Schmauch, Ulrike: Anatomie und Schicksal. Zur Psychoanalyse der frühen Geschlechtersozialisation, 1987

Benjamin, Jessica: The bonds of love. Psychoanalysis, feminism, and the problem of domination, 1988 (dt.: Die Fesseln der Liebe. Psychoanalyse, Feminismus und das Problem der Macht, 1990)

Rohde-Dachser, Christa: Expedition in den dunklen Kontinent. Weiblichkeit im Diskurs der Psychoanalyse, 1991

Butler, Judith: Bodies that matter. On the discursive limits of »sex«, 1993 (dt.: Körper von Gewicht. Die diskursiven Grenzen des Geschlechts, 1995)

Düring, Sonja: Probleme der weiblichen sexuellen Entwicklung. In: Sigusch, Volkmar (Hg.): Sexuelle Störungen und ihre Behandlung, 1996

Poluda, Eva S.: Probleme der weiblichen homosexuellen Entwicklung. In: Sigusch, Volkmar (Hg.): Sexuelle Störungen und ihre Behandlung, 1996

Butler, Judith: Excitable speech. A politics of the performative, 1997 (dt.: Haß spricht. Zur Politik des Performativen, 1998)

Flaake, Karin: Psychoanalyse. In: von Braun, Christina und Inge Stephan: Gender-Studien, 2000

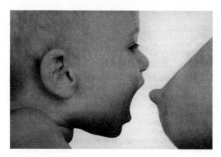

Kind, Drang, Brust

gen zusammen, die er in der Arbeit *Über die weibliche Sexualität* (1931), in der 33. Vorlesung der *Neuen Folge* (1933) mit dem Titel *Die Weiblichkeit* und im VII. Kapitel des *Abrisses der Psychoanalyse* (1938/1940) wieder aufnimmt und fortsetzt.

Trotz oder gerade wegen seines eigenen mangelhaften Interesses beklagte Freud kontinuierlich das Dunkel, in das das Sexualleben der Frauen gehüllt sei, selbst dann noch, als er seine Auffassungen bereits zusammenfassend veröffentlicht hatte. 1926 schrieb er: »Vom Geschlechtsleben des kleinen Mädchens wissen wir weniger als von dem des Knaben. Wir brauchen uns dieser Differenz nicht zu schämen; ist doch auch das Geschlechtsleben des erwachsenen Weibes ein *dark continent* für die Psychologie« (1926a: 241). Diesen »dunklen Kontinent« hat Freud durch Analysen erhellt, durch diskursimmanente Interpretationen aber immer wieder ins patriarchale Dunkel zurückgestoßen.

Viele Beobachtungen, die er mitgeteilt hat, sind zweifellos den Bedingungen der Zeit geschuldet, treffen insoweit zu, beispielsweise wenn er sagt, Mädchen erlebten sich als verstümmelte, unvollständige Jungen, erlitten eine schwere narzisstische Kränkung und sich selbst deshalb als »minderwertig«, »protestierten männlich« gegen ihre Verstümmelung, entwickelten im Erwachsenenalter ein nicht so stringentes Über-Ich wie die Männer usw. Ich denke, Freud beschreibt hier Niederschläge patriarchaler Lebensverhältnisse in den Seelen der Frauen. Denn wie können sich Mädchen und Frauen unter der Diktatur des Patriarchats allgemein erleben und entwickeln, wenn das weibliche Geschlecht von allen kulturellen Instanzen als gott- und naturgewollt zweitrangig, »minderwertig«, als das Sexus sequior dargestellt, verstanden und begriffen wird? Es macht folglich auch keinen feministischen Sinn, diese Tat-Sachen Freud persönlich anzulasten. Sinnvoll und notwendig ist dagegen die Kritik an Freuds affirmativer Haltung, an seinen theoretisch gemeinten Verdrehungen, die die Realitäten, die er als Einzelheiten zutreffend beschreibt, falsch herleiten. Zwei Verdrehungen vor allem, die im Patriarchat gang und gäbe sind, macht Freud mit. Zum einen nimmt er den Mann als Maß aller Dinge; zum anderen überschätzt er entsprechend maßlos und allgemein die Bedeutung der (männlichen) Anatomie und unterschätzt folglich ebenso maßlos die Bedeutung der Gesellschaft und damit die Veränderbarkeit dessen, was er als konstantes weibliches Wesen vermutet.

Freuds Abschied von der Sexualität

Die Frage, was an Sexus und Genus »natürlich« und was »kulturell« sei, durchzieht alle Geschlechts- und Sexualtheorien der Moderne. Seit einiger Zeit bestimmt sie den Streit zwischen Essenzialisten und Konstruktivisten. Beide könnten sich übrigens auf Freud berufen, allerdings nicht in Sachen Weiblichkeit und weibliche Sexualität. Ansonsten aber war Freud ein kritischer Wissenschaftler, der seinen Forschungsgegenstand nicht als durch und durch gott- oder naturgegeben begreifen wollte.

Naturalistisch, um nicht zu sagen essenzialistisch, argumentiert Freud, wenn er, beispielsweise, die »Endlust« ihrem Mechanismus nach als motorisch und unwillkürlich, also als animalisch, begreift. Sie sei die »höchste«, die »letzte«, sei »riesige Lust«, entstehe bei der »Herausbeförderung der Geschlechtsstoffe« (Freud 1905a: 112, 136). Sie stelle die »Vorlust«, die bereits im infantilen Leben aus der Erregung erogener Zonen gezogen werde, in ihren Dienst, sei erst nach dem Einbruch der Pubertät möglich. Dann aber, nach den Stürmen der Pubertät, sollen und müssen die Vorlüste beim Mann zusammenschießen während des lizenzierten heterosexuellen Geschlechtsvollzuges mit dem reifen Ziel der Zeugung eines Kindes unter dem Primat der Genitalzone – eine Unio mystica et calculatoria, die allen Anforderungen und Ansprüchen gerecht zu werden scheint: den animalischen des Körpers, den sinnlichen des Lustprinzips, den zärtlichen der Kindheit, den realitätsgerechten des Erwachsenenalters, den sittlichen der Kultur, den generativen der Keimbahn. Das alles aber muss der Mann »auf reflektorischem Wege« (ebd.: 112) zustande bringen. Vom Weib dagegen wäre nicht mehr zu erwarten als hörige Rezeptivität; von »ihm« ist als »Schleimhaut der Scheide« (ebd.) die Rede, die es, nebenbei gesagt, anatomisch gar nicht gibt, auch wenn es die Sexualphysiologen Masters und Johnson (1966) erneut mit Erfolg behauptet haben.

Auch die Liebe war für Freud immer wieder tierisch: Die »fundamentellen Vorgänge, welche die Liebeserregung liefern«, seien »ungeändert«: »Das Exkrementelle ist allzu innig und untrennbar mit dem Sexuellen verwachsen, die Lage der Genitalien – inter urinas et faeces – bleibt das bestimmende unveränderliche Moment. Man könnte hier, ein bekanntes Wort des großen Napoleon variierend, sagen: die Anatomie ist das Schicksal. Die Genitalien selbst haben die Entwicklung der menschlichen Körperformen zur Schönheit nicht mitgemacht, sie sind tierisch geblieben, und so ist auch die Liebe im Grunde heute ebenso animalisch, wie sie es von jeher war« (Freud 1912: 90). Als hätte Freud gewusst, dass ein Werk modern ist und fruchtbar bleibt, wenn es nicht versucht, Widersprüche und Paradoxien aufzulösen, widerruft er im selben Aufsatz sein Verdikt über die Liebe. Denn, so heißt es jetzt, »die koprophilen Triebanteile« müssen, ontogenetisch, »unterdrückt oder anders verwendet werden«, seitdem wir Menschen, phylogenetisch, »durch den aufrechten Gang unser Riechorgan von der Erde abgehoben haben« (ebd.). Das menschliche Geschlechts- und Liebesleben beginnt also doch erst jenseits der körperlichen Beschaffenheit, und es ist auch für Freud beim zweiten Blick ein Ungedanke, sich die Ernährung des Menschen ohne »tierischen« Magen und sein Geschlechtsleben ohne »tierische« Genitalien vorzustellen – als begönne nicht das menschliche Leben jenseits dieser »tierischen« Anatomie, sobald Essen und Trinken mehr sind als die Sättigung körperlich bedingter und fassbarer Empfindungen, sobald Lubrikation und Erektion mehr sind als neurologisch definierte Reflexe, sobald im Geschlechtsakt kollektive und individuelle Erfahrungen zusammenschießen.

Ganz offensichtlich aber war Freud als »Konstruktivist« vom Diesseits des Geschlechtslebens maßlos enttäuscht. Nicht nur, dass die Genitalien hässlich und ungeschickt platziert sind, dass der Geschlechtsakt reflektorisch ist und die Liebe im Grunde immer noch animalisch. Deprimierender scheint für ihn der Gang der Kultur gewesen zu sein. Die Kultivierung des Animalischen, vor allem der »Liebestriebe«, die ohnehin »schwer erziehbar« seien, produziere »bald zu viel, bald zu wenig« (ebd.). Die Folge sind Über- und Unterschätzung, also Fehleinschätzung, eine »allgemeinste« Erniedrigung und eine »allgemeinste« Erhöhung, Masochismus und Sadismus, »geschlechtliche Hörigkeit« und »männlicher Protest«, auf jeden Fall »Unbefriedigung« (ebd.: 91), die so unschön macht wie die Genitalien noch immer hässlich sind. Von Befriedigung, die aus reflektorisch durchbrechender Endlust resultierte, kann also keine Rede sein. Nach Freuds Diagnose müssen Frauen wie Männer den Geschlechts- und Zeugungsakt im Zustand der Impotenz über die mystisch-anatomische Bühne bringen. Er beobachtet, »daß die psychische Impotenz weit verbreiteter ist, als man glaubt«, dass das Liebesleben »in unserer heutigen Kulturwelt überhaupt den Typus der psychischen Impotenz an sich trägt« (ebd.: 85). Die Lust der Frauen wie der Männer werde durch Versagungen und Verbote deformiert und beseitigt, obgleich das kulturelle Verbot – hier nimmt Freud eine zentrale These von Georges Bataille vorweg – geradezu die Bedingung der Möglichkeit von Lustgewinn geworden zu sein scheint. Das Resultat dieser Verstrickung unterscheide sich, von der psychischen Impotenz abgesehen, bei Frauen und Männern erheblich: »Das kulturelle Weib pflegt das Verbot der Sexualbetätigung während der Wartezeit nicht zu überschreiten und erwirbt so die innige Verknüpfung zwischen Verbot und Sexualität«, die nicht mehr aufgelöst werden könne und zur Frigidität führe. Der Mann dagegen »durchbricht zumeist dieses Verbot unter der Bedingung der Erniedrigung des Objekts und nimmt daher diese Bedingung in sein späteres Liebesleben mit« (ebd.: 87).

Dass Freud unter dem Eindruck der ersten sexuellen Revolution des 20. Jahrhunderts eine Dissoziation der sexuellen Sphäre diagnostizierte, deren Resultat »die allgemeinste Erniedrigung des Liebeslebens« ist, scheint mir besonders bemerkenswert zu sein. Ich denke an die zentrale These des bekannten Aufsatzes aus dem Jahr 1912: dass nämlich beim »kulturellen Weib« ebenso wenig wie beim kulturellen Mann, den Freud patriarchal natürlich immer nur »Mann« nennt, die zärtliche und die sinnliche Strömung »gehörig miteinander verschmolzen« (ebd.: 85) seien. Das heißt, die »Kultivierung« des Geschlechtstriebes ist nicht gelungen; er hängt zwischen Himmel und Erde, zur Hälfte roh und brutalisiert, zur Hälfte vergöttert und vergötzt, ist noch nicht wirklich menschlich. Begierde und Liebe der »Kulturmenschen« sind dissoziiert: »Wo sie lieben, begehren sie nicht, und wo sie begehren, können sie nicht lieben« (ebd.: 82). Das Sexualobjekt, auf das die zärtliche Strömung gerichtet ist, und das Sexualziel, auf das die sinnliche Strömung gerichtet ist, fielen nicht zusammen, und der »Durchschlag eines Tunnels von beiden Seiten her«, der zu den »Umgestaltungen der Pubertät« (Freud 1905a: 108) gehöre, misslinge. Aus der Wollust wird keine »Wohllust«, von der Adolf-Ernst Meyer so unverwechselbar gesprochen hat. Die volle Befriedigung bleibe aber auch aus, weil das endgültige Sexualobjekt« nur ein Surrogat« sei infolge des »zweimaligen Ansatzes zur Objektwahl mit Dazwischenkunft der Inzestschranke«; die Folge sei »eine unendliche Reihe von Ersatzobjekten«, von denen »doch keines voll genügt« (Freud 1912: 89 f): Triebliebe zur Mutter, bittersüß. Die sinnliche Strömung werde entschärft, weil einige Komponenten des frühen Sexualtriebes »unterdrückt und anders verwendet werden müssen«. Das Resultat sei psychische Impotenz bei unstillbarem »Reizhunger«« (ebd.: 90), von dem Freud mit dem Sexualwissenschaftler Iwan Bloch gesprochen hat.

Da das, was die Kultur aus den Liebestrieben »machen will«, offensichtlich »ohne fühlbare Einbuße an Lust nicht erreichbar« zu sein scheint, fasst der maßlos enttäuschte Freud sogar das Ende der Sexualität ins Auge: »So müßte man sich denn vielleicht mit dem Gedanken befreunden, daß eine Ausgleichung der Ansprüche des Sexualtriebes mit den Anforderungen der Kultur überhaupt nicht möglich ist, daß Verzicht und Leiden sowie in weitester Ferne die Gefahr des *Erlöschens des Menschengeschlechts* infolge seiner Kulturentwicklung nicht abgewendet werden können« (ebd.: 90 f, Hervorh. V.S.). Wohlgemerkt, Freuds »trübe Prognose«, wie er selbst sagt, ruht »auf der einzigen Vermutung, daß die kulturelle Unbefriedigung die notwendige Folge gewisser Besonderheiten ist, welche der Sexualtrieb unter dem Drucke der Kultur angenommen hat« (ebd.: 91). Trotz produktiver gesellschaftlicher sexueller Reformationen hat Freud die Vorstellung, die menschliche Sexualität könne eines Tages verschwinden, offenbar jahrzehntelang begleitet. 1930 schreibt er: »Das Sexualleben des Kulturmenschen ist doch schwer geschädigt, es macht mitunter den Eindruck einer *in Rückbildung befindlichen Funktion*, wie unser Gebiß und unsere Kopfhaare als Organe«. Im Leben des heutigen Kulturmenschen sei »für die einfache, natürliche Liebe zweier Menschenkinder kein Raum mehr«. Die Rückbildung der Sexualität lastet Freud aber nicht allein dem »Druck der Kultur« an; »*etwas am Wesen der Funktion selbst*« versage »uns die volle Befriedigung« und dränge »uns auf andere Wege« (Freud 1930: 465, Hervorh. V.S.). Und dann greift er in einer Fußnote den Gedanken von 1909 wieder auf: Mit der »Aufrichtung des Menschen und der Entwertung des Geruchssinnes« drohten nicht nur die Riechlust und die Analerotik »ein Opfer der organischen Verdrängung« zu werden, sondern »*die gesamte Sexualität*«. Folge man dieser »Vermutung«, »ergäbe sich als tiefste Wurzel der mit der Kultur fortschreitenden Sexualverdrängung die organische Abwehr der mit dem aufrechten Gang gewonnenen neuen Lebensform gegen die frühere animalische Existenz« (ebd.: 466, Hervorh. V.S.).

Bürger, der er nun einmal ist, lässt uns Freud aber nicht ohne Trost. Die Sexualität sei zwar der »schwache Punkt« der menschlichen »Kulturentwicklung« (1905a: 48); der starke Punkt aber sind für ihn gerade jene »Leistungen« der Menschen, die auf Lustversagung gründen: »Die nämliche Unfähigkeit des Sexualtriebes, volle Befriedigung zu ergeben, sobald er den ersten Anforderungen der Kultur unterlegen ist, wird aber zur Quelle der großartigsten Kulturleistungen, welche durch immer weitergehende Sublimierungen seiner Triebkomponenten bewerkstelligt werden. Denn welches Motiv hätten die Menschen, sexuelle Triebkräfte anderen Verwendungen zuzuführen, wenn sich aus denselben bei irgendeiner Verteilung volle Lustbefriedigung ergeben hätte? Sie kämen von dieser Lust nicht mehr los und brächten keinen weiteren Fortschritt zustande. So scheint es, daß sie durch die unausgleichbare Differenz zwischen den Anforderungen der beiden Triebe – des sexuellen und des egoistischen – zu immer höheren Leistungen befähigt werden, allerdings unter einer beständigen Gefährdung, welcher die Schwächeren gegenwärtig in der Form der Neurose erliegen« (1912: 91). Und zwei Jahrzehnte später, als es für ihn zur »Schicksalsfrage der Menschenart« geworden ist, ob es ihr gelingen wird, den »Selbstvernichtungstrieb« zu beherrschen, hofft Freud (1930: 506), dass »der ewige Eros«, die »andere der beiden ›himmlischen Mächte‹«, sich im Kampf behaupten werde.

Die »weiteste Ferne«, von der Freud am Beginn des Jahrhunderts gesprochen hat, als er »die Gefahr des Erlöschens des Menschengeschlechts« ins Auge fasste, ist zwar noch nicht da, aber die weite, und der Prophet hat durchaus recht behalten: Der »Fortschritt« kann von unseren Sinnen ebenso wenig erreicht werden wie seine Megatoten; aus dem Sexuellen ist zunehmend Sex geworden, der sich als lebender Leichnam lärmend an der Konsumfront zum Dienstantritt meldet; das Erlöschen des Menschengeschlechts kann im Handumdrehen erfolgen, nicht infolge der Verflüchtigung des Sexuellen, das der »Fortschritt« der Reproduktionswissenschaften wettmachen würde, sondern infolge der Destruktionskräfte und Vernichtungspotenziale, die die »Kulturmenschen« angehäuft haben, ohne sie wieder beseitigen zu können. Und doch sind wir nicht mehr bereit, Freuds Analyse bis hierher zu folgen, weil uns die »Leistungen« der Kultur suspekt sind und auch das Stück Ontologie, das in der These von der »unausgleichbaren Differenz« steckt und vor allem darin, dass Triebansprüche und Kulturanforderungen wie unveränderliche Wesenheiten ins Feld geführt werden. Eindrucksvoll aber bleibt, wie viele Momente der nachfolgenden sexuellen Revolutionen (vgl. Sigusch 1998a) bereits bei Freud aufscheinen: die Dissoziationen der sexuellen und geschlechtlichen Sphäre, die Über- und Unterschätzung des Sexuellen, die Lustlosigkeit von Männern und Frauen beim Wegbrechen von Verboten, die Kurzlebigkeit der Verheißungen, der alles überschattende Egoismus, das Vordringen der Surrogate und Prothesen, der unstillbare Reizhunger, die angefüllte Leere.

In einer wesentlichen Hinsicht jedoch war Freud, der Kulturoptimist wider bessere Einsicht, allzu pessimistisch, weil er sich keinen Begriff von der waren- und wissenproduzierenden Experimentalgesellschaft machen konnte, deren Credo schon damals lautete: permanenter Wandel. Freud unterschätzte die enorme Dynamik der kapitalistischen Gesellschaft ebenso wie die enorme Anpassungsfähigkeit der Individuen. Die Selbsterfindung und Selbstpreisgabe der einzelnen Allgemeinen in dem halben Jahrhundert nach seinem Tod konnte er sich nicht vorstellen.

13 Reine Heterosexualität und reine Sexualwissenschaft

Iwan Blochs Disziplinierungsversuche

Iwan Bloch wurde am 8. April 1872 in Delmenhorst geboren, das damals zum Herzogtum Oldenburg gehörte und heute im deutschen Bundesland Niedersachsen liegt. Seine Mutter Rosette geb. Meyer (1845–1921) und sein Vater Louis (1846–1892) waren mosaischen Glaubens. Iwan war ihr ältestes Kind, dem noch drei Brüder (Richard, Ludwig, Otto) und eine Schwester (Alma) folgten. Der Bruder Ludwig soll in einem Nazi-KZ umgekommen sein (Rüdebusch 1987). Als Beruf des Vaters wird, je nach Quelle, Bauer, Schlachter, Viehzüchter, Viehhändler oder Kaufmann angegeben. Nach der Schulzeit in Delmenhorst und Hannover studierte Bloch von 1891 bis 1895 Medizin in Bonn, Heidelberg, Berlin und erneut Heidelberg, wo er 1896 auch die Ärztliche Prüfung ablegte. Den medizinischen Doktortitel erwarb er im selben Jahr mit einer Arbeit »Über den Einfluß von Jod, Thyrojodin, Thyraden auf den Stoffwechsel« in Würzburg, betreut von dem Physiologie-Professor Adolf Fick (1826–1901). 1897 heiratete Bloch Rosa Heinemann, geboren 1873 in Vechta, gestorben 1973 in Cleveland/Ohio, kurz vor ihrem 100. Geburtstag. Aus der Ehe ging Blochs einziges Kind hervor: Robert Bloch, geboren 1898 in Berlin, der zusammen mit seiner Mutter bereits im Mai 1933 Deutschland verließ und in den USA Professor für Botanik wurde. Aus persönlichen Gesprächen und Korrespondenzen mit ihm stammen alle Informationen über Iwan Bloch, die hier nicht anderweitig belegt sind (R. Bloch 1986/1987). Die erste Ehe Blochs wurde etwa 1905 geschieden. Die zweite Ehe mit Li(e)sbeth Kühn soll er 1922 eingegangen sein, als er bereits sehr krank war. Die zweite Frau sei sieben Wochen nach ihm verstorben.

Nach dem Studium spezialisierte sich Bloch in kurzer Zeit zum Dermatologen und Venerologen und ließ sich 1898 in Charlottenburg, das damals noch kein offizieller Teil Berlins war, als Arzt für Haut- und Sexualleiden nieder. Später hospitierte er beinahe ein Jahr lang bei Paul Gerson Unna (1850–1929) in Hamburg, dessen wissenschaftliche Auffassung von den Hauterkrankungen er 1908 als Lehrbuch präsentierte. Neben der ärztlich-praktischen Tätigkeit entfaltete der überaus belesene Bloch ein vielfältiges schriftstellerisches und bibliophiles Leben. Nach Überzeugung des Sohnes wäre er auch habilitiert worden, wenn er sich hätte christlich taufen lassen. Von 1915 bis 1918 leistete Bloch seinen Kriegsdienst in Reservelazaretten ab. Nach Aussagen des Sohnes habe er kein Interesse an einer politischen Betätigung gehabt und folglich auch keiner politischen Partei angehört. Bis auf Albert Moll, der ihn bei der Ärztevertretung als Pornografieproduzenten denunziert habe, sei Bloch mit allen Kollegen gut ausgekommen. Moll dagegen habe er gehaßt und verachtet; sei der Name gefallen, habe er gezittert.

Iwan Bloch als junger Mann, als Sanitätsoffizier und als Forscher 1917 in seiner Praxis

Da »er in seiner Bescheidenheit und Schlichtheit etwas Unpersönliches hatte und deshalb nie in den Vordergrund trat«, sei der »Kreis seiner Verehrer« klein gewesen, schrieb Johannes Werthauer (1923) in einem rühmenden Nachruf. Trotz aller Bescheidenheit verstand es Bloch aber, Aufmerksamkeit auf sich und seine Arbeiten zu ziehen. So vertrat er besonders vehement die These vom amerikanischen Ursprung der Syphilis, widersprach Albert Neisser, dem führenden Venerologen der Zeit, in der Frage der besten Tripper-Behandlung, betonte beinahe in jeder Veröffentlichung, dass er etwas als Allererster erkannt oder benannt hätte und zitierte ausführlich zustimmende Kollegen. In der Einleitung zu seinem *Handbuch der gesamten Sexualwissenschaft* ging er sogar so weit, auch Freud, den Begründer der Psychoanalyse, zum Schüler zu degradieren. Allen Ernstes meinte er, die Psychoanalyse sei doch »nur eine *spezielle Anwendung* und eine trotz des übertriebenen Symbolismus zweifellos bedeutsame *praktische Verwertung* meiner anthropologischen Methode« (Bloch 1912a: XI, Hervorh. von Bloch).

Außerdem warf er mit Hilfe der Firma Dr. Henning Medikamente auf den Markt, die so unwirksam sein mussten wie sich viele seiner Thesen sehr bald als falsch erwiesen. Bekannt geworden sind die von ihm 1914 eingeführten Kombinationspräparate Testogan und Thelygan, die neben Yohimbin so genannte »Extrakte der männlichen und weiblichen Keimdrüsen« enthielten und sich, so Reitzenstein (1922: 114) in seinem Nachruf, »bei sexueller Dyshormonie und Insuffizienz bei vorzeitigen Alterserscheinungen, Stoffwechselstörungen, Herzneurosen, Neurasthenie, Depressionszuständen« bewährt hätten. Wahrscheinlich versetzten ihn die Einnahmen durch den Verkauf dieser ominösen Präparate und durch die zahlreichen sittengeschichtlichen Veröffentlichungen für ein größeres Publikum, die Moll offensichtlich abstoßend fand, in die Lage, seiner Manie zu frönen: Er soll weit und breit die umfangreichste Fachbibliothek besessen haben, die bis auf abenteuerliche 80.000 Bände geschätzt worden ist, wahrscheinlich aber und immerhin 10.000 Bände umfasste.

Iwan Bloch als Buchliebhaber

Als Schriftsteller, der sich oft hinter einem Decknamen versteckte, der natürlich für ihn eine Bedeutung hatte – ich nenne: Gerhard von Welsenburg, Eugen Dühren, Albert Hagen, Dr. Veriphantor –, gehörte Blochs Liebe von Anfang an medizin- und sittengeschichtlichen Themen: *Das Versehen der Frauen* (1899), *Der Marquis de Sade und seine Zeit* (1900, 1904), *Der Ursprung der Syphilis* (1901a, 1911), *Das Geschlechtsleben in England* (1901c, 1903b, 1903c), der »Reformator« *Rétif de la Bretonne* (1906) usw. Doch bereits in diesen Werken tauchen, manchmal überraschend, Passagen auf, in denen er versucht, eine neue Wissenschaft von der Liebe zu begründen, wie wir sogleich hören werden.

Degeneration, ja oder nein

In seinem Buch über den Marquis de Sade (1740–1814) stellte sich Bloch (1900) in dem Streit darüber, ob die Perversionen (und die Liebe) ererbt oder erworben sind, gegen Krafft-Ebing und Moll, die von »der congenitalen Natur zahlreicher geschlechtlicher Perversionen« überzeugt gewesen seien (ebd.: 9). Außerdem wies er bereits darauf hin, dass die klinisch-medizinische Sichtweise des Sexuallebens zu begrenzt sei. Diesen Gedanken vertiefte er in seinen 1902 und 1903 erschienenen *Beiträgen zur Aetiologie der Psychopathia sexualis*, indem er sich von Krafft-Ebings Verständnis der Perversionen grundsätzlich abwandte: Die sexuellen Anomalien seien »als allgemein menschliche, ubiquitäre Erscheinungen« anzusehen und damit als »physiologische«. Diese »Theorie«, welche er »als die anthropologisch-ethnologische der medizinischen und historischen« gegenüberstellte, schränkte »das Gebiet

Werbung für Iwan Blochs Wunderpräparate Testogan und Thelygan in der *Zeitschrift für Sexualwissenschaft*, Bd. 5, 1918/19

Bloch teilt dem Firmenchef Dr. Henning 1920 eine Ehrung mit

der ›Degeneration‹ bedeutend ein« (1902: XIV). Später kritisierte Bloch (1907: 506 ff) mit Elias Metschnikoff (1904) und Georg Hirth (1903), der von »erblicher Entlastung« gesprochen hatte, die um sich greifende genetische »Entartungs«-Hypothese. Diese Einsichten machte Bloch weitgehend zunichte, indem er die angeblich angeborene »Degeneration« und »Entartung« durch eine von ihm angenommene erworbene »Entartung der normalen Geschlechtsempfindung« (1902: 132) ersetzte. Erworben wurde diese »Entartung« nach Blochs Vorstellungen durch allerlei: »Klima, Rasse und Nationalität« (ebd.: 19), aber auch: abnorme Genitalien, habituelle Onanie, Verführung, Kleidung, Pornografie, Theater, Ballett, Alkohol usw.

Die Übel kommen also nicht mehr nur aus der Keimbahn und der Evolution, sondern ganz wesentlich auch aus der Kultur. Dem Zeitgeist gemäß gesellt sich Dekadenz zur Degeneration. Das Perverse sei allen Menschen als natürliches Variationsbedürfnis angeboren, manifestiere sich aber erst durch ein Versagen. Sein Buch *Das Sexualleben unserer Zeit in seinen Beziehungen zur modernen Kultur*, die umfassendste Anwendung dieser Annahme, müsste also eigentlich betitelt sein: »Das sexuelle Versagen (in) der Kultur«. In diesem stark verbreiteten Werk führt Bloch bis zur letzten Auflage »körperliche und geistige Stigmata degenerationis« auf, als sei nichts geschehen. Körperliche »Entartungserscheinungen« sind für ihn »Schädelasymmetrien, Enge des Gaumens, Hasenscharte« usw.; als geistige nennt er zahllose »abnorme« Charaktere, so genannte Sonderlinge und Originale, Desiquilibrierte, »psychopathische Minderwertigkeiten« usw. (1907: 721; ebenso in der 10.–12., verbesserten Aufl. von 1919: 688). Und dann betont er wieder, diese Degenerationszeichen kämen auch bei Gesunden vor. So geht es bei ihm in vielen Fragen unentschieden hin und her.

Nachdem er das Manuskript von *Les 120 journées de Sodome ou L'école du libertinage* entdeckt hatte, publizierte Bloch (1904) unter dem Pseudonym Dühren *Neue Forschungen über den Marquis de Sade und seine Zeit*. Er vertrat die Meinung, Donatien Alphonse François Marquis de Sade hätte mit diesem einhundert Jahre vor Krafft-Ebings *Psychopathia sexualis* 1785 in der Bastille verfassten Werk eine »Art Lehrbuch der Psychopathia sexualis aus dem 18. Jahrhundert« (ebd.: 278) verfasst. Dieses Lehrbuch folgte einem vom Verfasser

Erstausgabe von *Das Sexualleben unserer Zeit in seinen Beziehungen zur modernen Kultur* aus dem Jahr 1907

selbst gestellten »wissenschaftlichen« und »systematischen« Anspruch (vgl. ebd.: XII, 382, 389, 405, 414) und sei erschöpfender als Krafft-Ebings Werk, weil es 600 Perversionen präsentiere. Bei dieser Interpretation übersetzte Bloch »passions« oder »écarts« anstandslos mit »Perversionen« und überging die Tatsache, dass de Sade nicht von Krankheiten und Medizin handelte, sondern von Sitten und Religion (s. auch Kap. 24).

Als sein Hauptwerk gilt *Das Sexualleben unserer Zeit in seinen Beziehungen zur modernen Kultur* von 1907, das das Wissen der Zeit zusammenfasst und den Verfasser durch viele Auflagen und Ausgaben in mehreren Sprachen bekannt machte. Dieses 800-Seiten-Buch traf gewissermaßen den Nagel der zu dieser Zeit sich ereignenden »sexuellen Revolution« auf den Kopf (s. Neisser an Bloch). Der Verfasser selbst, im Leben nach allgemeinem Zeugnis scheu und schüchtern, in der Wissenschaft aber immer sehr von seiner Leistung überzeugt, hielt sein Werk für eine Enzyklopädie der gesamten Sexualwissenschaft. Dem stimmte sein Förderer Albert Eulenburg in seiner Rezension (1907: 506) etwas verhalten zu, allerdings korrekterweise nicht, ohne an die Bahnbrecher seit oder vor Krafft-Ebing und Bloch wenigstens mit einigen Namensnennungen zu erinnern: einerseits »Parent-Duchâtelet, Tardieu, Jeannel, Moreau, Tarnovsky über sexuelle Anomalien«, andererseits »Lombroso, Havelock Ellis, Mantegazza, Ploss-Bartels, Westermarck und andere auf anthropologischem und soziologischem Gebiete«.

Als sein Lebenswerk bezeichnete Bloch *Die Prostitution* (1912a und posthum

Postkarte von Albert Neisser, dem Entdecker des Tripper-Erregers, an Iwan Bloch vom 8. Mai 1907. Den Wortlaut hat Bloch in seiner Vorrede zur 4. bis 6. Auflage seines *Sexuallebens* von 1908 wiedergegeben.

> Verehrter Herr College! Mitten aus der Lektüre Ihres letzten Buches heraus drängt es mich, Ihnen zu sagen, wie sehr ich von dem Werke, das Sie geschaffen, erfreut bin und wie sehr ich es bewundere. Stimme ich auch in manchen Fragen nicht mit Ihnen überein, die Haupttendenz entspricht vollkommen meinen Anschauungen, wie ich Ihnen schwarz auf weiß beweisen könnte. Also: gratulor! Ihr ergebener A. Neißer.

1925). Die Prostitution, eng verbunden mit der »Venerie«, das heißt mit den Geschlechtskrankheiten, sah er auch als das Zentralproblem der Sexualwissenschaft an, von dem sie ausgehen müsste, wollte sie das Wesen der Sexualität erfassen. Dabei sah er in der Prostitution einerseits eine dionysische Selbstentäußerung, andererseits ein Überbleibsel aus polygamen Zeiten. Ökonomische, soziale und individuell-triebliche Beweggründe spielten bei ihm nur, wenn überhaupt, eine sekundäre Rolle. Merkwürdig. Im Zentrum seiner Überlegungen und Sorgen stehen nicht Individuen oder gar Sexualsubjekte, sondern Keime, Krankheiten, Übertragungswege und kulturelle Verhältnisse.

»Du willst, was Du darfst!«

Wird Blochs Werk aus heutiger Sicht kritisch betrachtet, fällt auf, dass er die Sexualität enttrieblichen wollte. Sein Ziel war die Kulturmenschheit. Dieses Ziel konnte nach seinen Vorstellungen nur erreicht werden durch Willenskraft, die alle aufregenden Genüsse vermeidet, die das Sexuelle und die Liebe vergeistigt und harmonisiert, wo es nur möglich ist. Die leiblichen und die geistigen Versuchungen und Wirren des Lebens sollten durch Enthaltsamkeit, Übungen, Arbeit und Hygiene gemeistert werden. Das »Wesen der Liebe« offenbarte sich ihm als »mit höchstem geistigen Inhalt« erfüllter Geschlechtstrieb (Bloch 1907: 7). An die Stelle des Triebes, der in seinem Werk nur negativ besetzt vorkam, sobald er nicht der Fortpflanzung oder der Liebe diente, setzte er den Willen. Aus heutiger Sicht ist er antisexuell, plädiert im Zweifels- und Problemfall für Asexualität. Auch sein Plädoyer für »freie Liebe« meint nicht »wahl- und regellosen außerehelichen Geschlechtsverkehr«. Diese Liebe werde den Geschlechtsverkehr »bedeutend mehr einschränken« als die Zwangsehe, vor allem werde sie ihn »veredeln« (ebd.: 263). Und »das sexuelle Gewissen« sei gerade in diesem Fall geprägt von drei Zielworten: »Gesundheit! Reinheit! Verantwortlichkeit!« (ebd.: 821). Manfrau beachte, mit welchen Worten ihn die Menschen zu würdigen suchen, die ihn als Fachmann sehr gut kannten: Marcus und Loewenstein (1925: VII) nennen ihn in ihrem Nachruf einen »Bereiniger der Sitten, einen der tiefsten wissenschaftlichen Sexualreformatoren«, also nicht nur einen Reformer, sondern einen Reformator, nicht nur einen Aufklärer, sondern einen Apostel.

Keine Überraschung also, was er den Studenten der Heidelberger Universität predigte (Bloch 1909/1910: 73): »Es wäre nach meiner festen Überzeugung das grösste Glück für jeden Menschen, wenn er bis zur völligen Reifung von Körper und Geist, also bis zum 24. bis 25. Lebensjahre, geschlechtlich enthaltsam bleiben könnte. [...] Wird der Geschlechtstrieb nicht übermässig erregt, so kann auch ohne Onanie der geschlechtliche Drang ein sehr mässiger bleiben und leicht unterdrückt werden.«

Apropos Onanie. Trat sie bei Säuglingen und Kleinkindern auf, empfahl Bloch bis zu seinem Tod: »die Hände in Fäustlinge binden oder an den Bettrand anschnüren«. Auch die Methode älterer Ärzte, »mit großen Messern und Scheren bewaffnet vor dem Kinde zu erscheinen und mit schmerzhaften Operationen oder gar Abschneidung der Genitalien zu drohen, kann manchmal nützlich sein und Radikalheilung herbeiführen. Auch die *wirkliche* Vornahme kleiner Operationen hilft nicht selten«. Und dann machte er Mut mit den Erfolgen des Kollegen Paul Fürbringer (1849–1930), der einen jungen Burschen »durch einfaches Abkappen des vorderen Teils seiner Vorhaut mit schartiger Schere« und eine junge Dame »durch wiederholte Aetzungen der Vulva« geheilt habe. Es kämen aber auch das Durchbohren der Vorhaut und Anlegen eines Ringes oder Penisbinden ohne Öffnung oder abschließbare Käfige für die Genitalien in Frage. »Auch die Prügelstrafe hat bisweilen Erfolg.« Von »größtem Werte« aber seien »ständige Aufsicht«, »Schutz vor Verführung«, »ernste mündliche Ermahnungen«, »Förderung der Energie und Willenskraft«, »klimatische Kuren« usw. Bei Erwachsenen kämen noch die Ätzung der Harnröhre und die Massage der Vorsteherdrüse hinzu – vor allem aber »Psychotherapie« (Bloch 1907: 472; ebenso in der 10.–12. Aufl. 1919: 452, Hervorh. von Bloch).

Bloch wollte Menschen »besser« machen und Verhältnisse sanieren. Die Triebindividuen aber sollten sich gefälligst selbst kontrollieren. Wie die Frau der »Enttierung« und die Rasse der »Vervollkommnung«, sollte auch die Dirne der »Menschwerdung« zugeführt werden – alles nach der Devise: »Du willst, was Du darfst!« Dabei machte der überaus zarte, schmerzhaft empfindsame, äußerst verletzliche und kindlich gute Mensch (vgl. Pinkus 1923, Galdston 1923), der sich früh und intensiv und effektiv um de Sade und den Sadismus gekümmert hatte, nicht vor der »Ausrottung« (Bloch 1909: V) jener erworbenen »Entartungen« wie Prostitution und Homosexualität halt, die nach seinen Vorstellungen die Liebe vergifteten oder die Keimbahn unterbrachen. Neben den Prostituierten hatte er vor allem zu den Homosexuellen ein ambivalentes Verhältnis. Er bekannte, dass ihn allein die Vorstellung einer homosexuellen Empfindung abstoße (Bloch 1908b), was offenbar nicht für sadomasochistische Empfindungen galt. Während der Sadomasochismus, den er mit Schrenck-Notzing Algolagnie oder »Schmerzlüsternheit« nannte, für ihn »die tiefsten biologischen Wurzeln« hat und als »eine anthropologische und in weiten Grenzen normale Erscheinung« ein »elementares Phänomen der Liebesbetätigung« ist (Bloch 1907: 609), hat die Homosexualität überhaupt keinen Gattungssinn, ist »ihrem tiefsten Wesen nach dysteleologisch und antievolutionistisch«, ein Atavismus, ein Rückschritt, zwecklos wie »z.b. der menschliche Blinddarm« – und natürlich für den Großforscher und Wissenschaftsbegründer eine Herausforderung, fein gesagt: »ein Rätsel« (ebd.: 586f).

Homosexualität als Blinddarm-Rätsel

Verwunderlich ist das bei einem Heterosexisten wie er im Buche steht eigentlich nicht. Für Bloch ist alles heterosexuell: Phylogenese, Evolution, Kultur, Liebe. Auflage um Auflage predigt er in seinem außerordentlich verbreiteten Werk über das Sexualleben: »Das sogenannte ›dritte Geschlecht‹ ist ein eminenter Rückschritt« und bezieht diese Position auf die biologische »Geschlechtstrennung« und die so genannte geschlechtliche Zuchtwahl: »Der Mensch liebt zu zweien. Das ist der normale Zustand und der einzige, der die Tendenz des Fortschritts, der Vervollkommnung in sich trägt« (ebd.: 13). »Es gibt nur zwei Geschlechter, auf denen jeder wahre Kulturfortschritt beruht: den echten Mann und das echte Weib. Alles übrige sind schließlich doch nur Phantasien, Monstrositäten, Ueberbleibsel primitiver vorzeitlicher Sexualität. [...]. In Wirklichkeit hat nur die gewöhnliche heterosexuelle Liebe zwischen einem normalen Manne und einer normalen Frau eine Daseinsberechtigung. Nur diese immer mehr differenzierte und individualisierte Liebe zwischen den beiden Geschlechtern wird in dem künftigen Entwicklungsgange eine Rolle spielen« (ebd.: 15f). Obgleich also für ihn die gesamte Kultur einen »heterosexuellen Charakter« hat und neue »geistige Werte [...] ewig von der heterosexuellen Liebe als der Vermittlerin« der Generationenkontinuität »abhängig sein werden« (ebd.: 586), sprach er den Homosexuellen die *individuelle* Daseinsberechtigung und einen gewissen *individuellen* Sinn nicht ab – nachdem ein lebensnäherer Sexualforscher wie Magnus Hirschfeld es verstanden hatte, Blochs Willen zum Vernichten und zur Ignoranz auf gemeinsamen Spaziergängen und durch gemeinsame Beforschung jener Sexualsubjekte erheblich zu drosseln. Nach dieser Drosselung erklärte Bloch sogar, es gäbe durchaus gesunde, normale Homosexuelle und nahm an Hirschfelds Kampf gegen den Homosexuellen-Paragrafen teil, ohne seine Theorie der Homosexualität grundsätzlich zu ändern.

Wenige Jahre zuvor hatte für Bloch die Aufhebung des Homosexuellen-Paragrafen »Jugendverderbnis«, »Sterilität« und »männliche Prostitution« bedeutet: »Die

Folge wäre unfehlbar eine fortschreitende *moralische und physische Entartung des Menschengeschlechts*«. Deshalb müsse der Staat »die Homosexualität bei Mann und Frau energisch unterdrücken«. Selbst wenn Moll, Krafft-Ebing und Havelock Ellis mit ihrer Annahme »der originären Anlage zur sexuellen Inversion« Recht hätten, was er bezweifele, müssten gegen diese von Geburt an »Entarteten« gleichwohl »Zwangsmittel« ergriffen werden. Und dann stimmt Bloch Paul Möbius (1900) zu, der in seinem Pamphlet *Über Entartung* mit »vollem Grunde die Bestrafung Entarteter« gerechtfertigt habe (Bloch 1902: 252, Hervorh. von Bloch). Da nun jeder einzelne Homosexuelle eine »Infektionsquelle« sei, dürften Gefängnis und Zuchthaus »kein geeignetes Vernichtungs- und Eindämmungsmittel gegen die Homosexualität bilden. Viel eher wäre zwangsweise Internierung in Spezialheilanstalten angezeigt, wo alle therapeutischen Mittel zur wirklichen Ausrottung des unseligen Triebes versucht werden können, der im Gefängnis und Zuchthaus sicher nicht erlischt« (ebd.: 254; vgl. auch Kap. 17).

Ausrottung, Vernichtung, Eindämmung, Zwang, Verderbnis, moralische Entartung, ständige Aufsicht, Prügelstrafe, Radikalheilung, Verätzen, Durchbohren, Abschneiden, schmerzhaft Operieren – erheben wir uns nicht über diesen offensichtlichen Willen zum moralisierenden und heilenden Vernichten eines ansonsten feinsinnigen Polyhistors, der sich in einer »Praxis im Goldenen Westen von Berlin« die Welt zurechtsanierte (Hübner 1979: Anhang 11), anders als Alfred Döblin am armen Alexanderplatz. Halten wir nur fest, dass die Pioniere der Sexualwissenschaft und Sexualmedizin, deren Auffassung Bloch gerade zurückgewiesen hat – Moll, Krafft-Ebing und Havelock Ellis –, weder verbal noch praktisch Blochs Brutalität an den Tag legten. Und sie waren nicht (wie wir) durch mehrere Phasen der kulturellen Liberalisierung gegangen; sie waren seine Zeitgenossen. Dass Bloch schließlich, jedenfalls bei den Homosexuellen, auf das Ausrotten verzichtete, hängt auch mit einem dünkelhaften sozialen Vorurteil und nicht mit einer wissenschaftlichen Erkenntnis zusammen. In seiner »goldenen« Praxis sah er zu seiner Überraschung hochgestellte und hochgeistige Persönlichkeiten, ja sogar Theologen und »als große Forscher berühmte Gelehrte«, die nicht nur körperlich gesund waren, sondern ihm auch noch »*in ihrer urgermanischen Rassenkraft*« imponierten, obgleich sie ihm »gestanden, im Banne der schwersten sexuellen Perversionen zu stehen!« (Bloch 1907: 540, 719; ebenso in der 10.–12. Aufl. 1919: 519, 686, Hervorh. Bloch).

Schwimmen im Diskurs

Zu vielen Fragen äußerte sich Bloch widersprüchlich und persönlich ambivalent. So trat er als Anthropologe auf, blieb aber ein Mediziner, wenn es ernst wurde. Als einen Bastian'schen Elementargedanken dachte er sich den Trieb unabhängig von aller Kultur, tatsächlich aber beschrieb er ihn als von der Kultur in ungeheurem Ausmaß korrumpiert, verdorben, entstellt. Er polemisierte gegen die Degenerationshypothese seiner Vorgänger, zählte aber selbst zahllose Degenerationszeichen auf, die der Arzt diagnostizieren sollte. Bloch widerlegte nicht einmal Cesare Lombrosos Behauptung von der »geborenen Prostituierten«, konnte sich also über dessen

Vorwort zur italienischen Ausgabe seines *Sexuallebens* freuen. Irgendwie schwamm Bloch immer im Strom der Zeitdiskurse mit, erstickte geistig an der Fülle des Materials, das er studiert hatte. Er war für die Anerkennung unehelicher Mütter und engagierte sich in entsprechenden Organisationen, lehnte aber die Entscheidung der Frauen für einen Schwangerschaftsabbruch ab. Er setzte auf das Gute im Menschen, wollte versöhnen statt differenzieren, malte aber ein idealistisches Gegenbild zur Heuchelei und Doppelmoral der Zeit aus, das repressiv wirkte, weil es nicht zu leben war. Er predigte allerorten eine »reine«, »voraussetzungslose« Wissenschaft, die niemandem etwas zuliebe oder gar zuleide tun dürfe und wollte die Sexualwissenschaft erklärtermaßen, gegen die Medizin und insbesondere die Psychiatrie gerichtet, anthropologisch-ethnologisch basieren, griff aber die Internationale Gesellschaft für Sexualforschung (INGESE) von Julius Wolf und Albert Moll an, weil sie einen Nationalökonomen und nicht einen Arzt an ihre Spitze stellte, rief die Biologie als Basiswissenschaft der Sexuologie aus und erklärte bei dieser Gelegenheit hellsichtig, es gebe gar keine »reine« Wissenschaft, weil sich selbst aus mathematischer und metaphysischer Forschung Konsequenzen ergäben (Bloch 1913). Naiv operierte er, wenn er als »Anthropologe« die eigene Kultur als Maßstab nahm oder behauptete, die Prostitution sei zu überwinden. Aus heutiger Sicht indiskutabel argumentierte er, wenn er nicht die sozialen Missstände kritisierte, sondern an den realen Arbeits-, Ernährungs- und Wohnverhältnissen der allermeisten Menschen vorbei den Ratschlag erteilte, nicht so opulent zu essen und in zwei Zimmern getrennt zu schlafen. So blieben bei ihm die Dinge und die Imperative unvermittelt.

Bloch hat alles, was sein Fach berührte und mehr, gewissenhaft studiert, sich beispielsweise einen Mathematiklehrer genommen, um Einsteins Relativitätstheorie zu verstehen, ist aber nicht über das Niveau eines exzellenten Gymnasiallehrers hinausgekommen. Seinen mit Bienenfleiß gearbeiteten Werken können bis heute viele interessante Details entnommen werden, nicht aber etwas theoretisch-analytisch oder praktisch-therapeutisch Basales, das zum Nachdenken anregte wie zum Beispiel Freuds *Drei Abhandlungen zur Sexualtheorie* von 1905, die auch das Wissen der Zeit zusammenfassen sollten wie Blochs *Sexualleben* von 1907, das Bloch selbst über den grünen Klee lobte als einen einzigartigen Durchbruch. Tatsache ist jedoch, dass wir uns heute noch, einhundert Jahre danach, mit dem schmalen Werk Freuds befassen (vgl. Dannecker und Katzenbach 2005, Quindeau und Sigusch 2005), während Blochs zehnmal so umfangreiches Werk allseits vergessen ist. Der Grund liegt auf der Hand: Nicht Blochs Unentschlossenheit in vielen Fragen, nicht die Widersprüchlichkeit vieler Aussagen – all das gibt es in Freuds Werken auch in Hülle und Fülle –, sondern seine naive Neigung zum Idealisieren und Moralisieren. Außerdem war Blochs Werk sehr viel vergänglicher als Freuds Werk, weil Freud nicht als Reformer auftrat, sondern als Analytiker und Kritiker und weil seine Theoreme sehr viel näher an den durch die politisch-ökonomischen Phasen hindurchlaufenden Wissensdiskursen lagen und zum Teil heute noch liegen als Blochs Kompilationen.

Bloch gelang es auch in seinen kulturwissenschaftlichen Schriften nicht, die jeweiligen Sexualformen als gesellschaftlich bestimmt zu denken. Er erkannte nicht, dass die Sexualformen nicht nur »sozial überbaut oder überformt« sind (Nabielek 1989: 34). Insofern kann nicht davon gesprochen werden, Bloch habe die Sexualwissenschaft als kritische Kulturwissenschaft begründet. Er hat sie aber auch nicht als eine kreative und handfeste Praxis begründet. Nach dem Zeugnis aller Freunde und Würdiger war er ein exzessiver Stubengelehrter, der den Stürmen des Lebens nicht gewachsen schien (vgl. z.B. Pinkus 1923). Manche Medizinhistoriker fragen sich zu Recht, wann Bloch eigentlich Patienten oder Ratsuchende gesehen hat. Das hinderte ihn aber nicht, als sehr junger Mann, wie wir bereits hörten, den Größten seines Faches, der Dermatovenerologie, in zentralen Fragen zu widersprechen oder gar in der Medizingeschichte als Autodidakt den Ton angeben zu wollen.

Insgesamt ist Blochs wissenschaftshistorische Bedeutung maßlos überschätzt worden. Fehlte das Werk von Mantegazza oder Ulrichs, Freud oder Hirschfeld wäre die Sexualwissenschaft sehr viel ärmer. Das gilt für Bloch, von einigen Fleißarbeiten abgesehen, weder theoretisch noch praktisch und politisch. Sein Hauptwerk von 1907 begründet nicht eine Sexualwissenschaft als kritische Kulturwissenschaft, wie gerne behauptet wird. Es fasst lediglich sehr belesen und samt aller Widersprüche und Paradoxien einen Strang des Sexualdiskurses der Zeit zusammen: Die Sexualität soll sauber, rein und durch und durch heterosexuell sein. Bloch blieb gewissermaßen im Zeitgeist stecken. Das ist auch daran zu erkennen, dass keine seiner Annahmen in eine nachfolgende Sexualtheorie eingegangen ist. Sexualtheoretisch und politisch hat er keine bahnbrechende Arbeit geleistet.

Wird dagegen als Maßstab der Würdigung seiner Verdienste die Etablierung der Sexualwissenschaft als eigenständige Disziplin genommen (vgl. Wettley 1959, Rolies 1980, Heßler 1987, Egger 1988, Grau 2007, ferner Ebstein 1923), steht Bloch in der vordersten Reihe. Er hat 1907 eine umfangreiche, informative und stark rezipierte Gesamtschau des Sexuallebens vorgelegt, 1913 die Ärztliche Gesellschaft für Sexualwissenschaft und Eugenik und 1914 die *Zeitschrift für Sexualwissenschaft* mitbegründet. Ein von ihm konzipiertes und begonnenes *Handbuch der gesamten Sexualwissenschaft in Einzeldarstellungen* konnte er wegen seines frühen Todes nicht vollenden.

Im November 1921 erkrankte Bloch, der offenbar an einer Herzinsuffizienz litt, an einer Grippe, die bei ihm verheerende Auswirkungen hatte. Nach einer Endocarditis ulcerosa und einer Sepsis musste ihm wegen zahlreicher Thrombosen erst das eine, dann das andere Bein über dem Knie amputiert werden. Bereits erkrankt, heiratete er seine zweite Frau, von der nicht einmal der Name eindeutig bekannt ist: Li(e)sbeth Kühn. Bloch starb, offenbar an einer

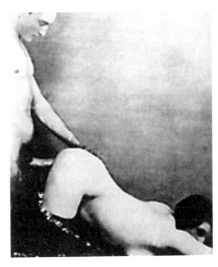

Rein heterosexuelller Koitus?

Hirnembolie, am 19. November 1922 in Berlin. Er ist auf dem Jüdischen Friedhof Berlin-Weißensee beerdigt worden. Um die Restaurierung seines Grabes hat sich in den 1980er Jahren der Diplomand Bernd Heßler (1987) gekümmert.

Die Aufgaben einer Wissenschaft des menschlichen Geschlechtslebens oder Phänomenologie der Liebe (1900)

Im Folgenden soll wiedergegeben werden, wie Iwan Bloch versuchte, jene neue Disziplin zu konzipieren, die heute Sexualwissenschaft oder Sexuologie genannt wird.

Das erste Konzept findet sich in der Einleitung zu der 1900 unter dem Pseudonym Eugen Dühren veröffentlichten Abhandlung *Der Marquis de Sade und seine Zeit*. Diese 26 Druckseiten umfassende Einleitung ist überschrieben: »Die Aufgaben einer Wissenschaft des menschlichen Geschlechtslebens«. In Klammern hat Bloch hinzugefügt: »Phaenomenologie der Liebe«. Er spricht also – wie Mantegazza – noch nicht von Sexualität, sondern von Geschlechtsleben und noch häufiger von Liebe, und er hat – wie Mantegazza – noch keinen eigenen Namen für die neue Wissenschaft, die ihm vorschwebt. Später wird er immer wieder behaupten: »Der Name und Begriff einer umfassenden ‚Sexualwissenschaft‹ ist im Jahre 1906 von mir gebildet und in die Wissenschaft eingeführt worden« (z.B. Bloch 1912a: V). Mit der Angabe 1906 meint er die Vorrede vom November 1906 zu seinem Buch *Das Sexualleben unserer Zeit*. Sucht manfrau Bildung und Einführung des neuen Namens und Begriffs in dieser Vorrede, wird manfrau enttäuscht. Das Wort »Sexualwissenschaft« kommt eher beiläufig und keineswegs hervorgehoben ein einziges Mal vor. Das erinnert daran, dass das Wort »Sexualwissenschaft« schon vor Bloch in den gedruckten Arbeiten anderer Forscher und Reformer vereinzelt vorkam (vgl. den Exkurs in Kap. 1), beispielsweise bei Sigmund Freud (1898: 498). Doch schauen wir einmal in seine erste Bemühung, eine neue Disziplin zu begründen, hinein.

»Unter drei Gesichtspunkten ist eine wissenschaftliche Betrachtung des menschlichen Geschlechtslebens möglich. Zunächst tritt uns die Liebe als eine Naturerscheinung entgegen, die als solche dem Gesetze der Causalität unterworfen ist. Dann aber ist sie, entzogen der bewusstlosen Notwendigkeit, ein Objekt der Geschichte, jenes Prozesses, der, um mit einem geistesgewaltigen Worte Hegel's zu reden, den ›Fortschritt im Bewusstsein der Freiheit‹ darstellt. Das Ziel der Liebe aber ist, wie alles menschliche Geschehen, die Freiheit, welche mit dem absoluten Geist, der höchsten Erkenntnis, identisch ist.

So existieren nur drei Probleme der Liebe, nicht mehr: das physische, das historische und das metaphysische Problem.

Für uns, die wir durchweg der historisch-kritischen und dialektischen Methode Hegel's folgen, sind diese Probleme ebenso viele Stufen der Entwickelung, deren genaue Erkenntnis zugleich das wahre Wesen der menschlichen Liebe erleuchten und enthüllen wird. Es ist jener Weg von der sinnlichen (physischen) zur platonischen (metaphysischen) Liebe, den bereits Plato erkannt hat, dessen Hauptpunkte wir kurz andeuten wollen. Dabei ist zu bemerken, dass die Liebe als Erscheinung der Natur und als Erscheinung des absoluten Geistes, die Liebe im Reiche der Notwendigkeit und im Reiche der Freiheit bisher am meisten Gegenstand einer wissenschaftlichen Forschung gewesen ist. Wir besitzen ausgezeichnete Werke über das menschliche Geschlechtsleben in naturwissenschaftlicher und metaphysischer Beziehung. Dagegen ist jenes grosse Gebiet fortwährender geistiger Befruchtung des natürlichen Geschehens, welches sich in der Geschichte darstellt, über Gebühr vernachlässigt worden. Und doch ist dieses wichtige Zwischenglied, die geschichtliche Erscheinung des Sexuallebens, ganz allein geeignet, uns über viele dunkle Punkte, die uns im Wesen und in der Entfaltung der Liebe begegnen, aufzuklären« (Bloch 1900: 1 f).

Liebe als physisches Problem

Nach dieser Eröffnung erörtert Bloch die Liebe als physisches, das heißt als natürliches Problem. Er beginnt mit der Kosmogonie, der Erschaffung der Welt, und mit den ersten Geschöpfen, die als Götter wie als Menschen Zwitter gewesen seien, erinnert an die Liebe als kosmogonisches Prinzip bei Empedokles, dem antiken Philosophen, der bereits die Liebe und den Hass als die Grundkräfte erkannt habe, um auf die Geschlechtstrennung überzugehen, den Haeckel'schen Gonochorismus samt geschlechtlicher Zuchtwahl und biogenetischem Grundgesetz. Es ergibt sich ihm als »Fundamentalvorgang aller Liebe bei Mensch, Tier und Pflanze«, als »die älteste Quelle der Liebe« die »Wahlverwandtschaft zweier verschiedener erotischer Zellen: der männlichen Spermazelle und der weiblichen Eizelle, das, was Haeckel [...] ›erotischer Chemotropismus‹ genannt hat. Der Zweck und das Endziel der physischen Liebe ist die Verschmelzung oder Verwachsung dieser beiden erotischen Zellen« (Bloch, ebd.: 6 f).

Liebe als historisches Problem: Ehe, Prostitution und Frauenemanzipation

Hören wir jetzt, wie er die »Liebe als historisches Problem« präsentiert:

»Die Liebe als geschichtliche Erscheinung ist nichts an und für sich. Sie ist, ganz evolutionistisch gefasst, das zu immer grösserer Freiheit fortschreitende Verhältnis zwischen der physischen Liebe und den aus der Selbstentfaltung des Geistes hervorgegangenen Formen der Gesellschaft, des Rechtes und der Moral, der Religion, der Sprache und Dichtung. Es ist wichtig zu betonen, dass es auf diesem Gebiete keine Causalität, keine Gesetze in naturwissenschaftlichem Sinne geben kann [...]. Es giebt bei der Betrachtung sozialer Phaenomene keine Gesetze sondern nur Rhythmen. [...].

Die Liebe als eine soziale Erscheinung, als Produkt der Gesellschaft, erscheint wesentlich in den beiden Formen der Ehe und der Prostitution.

Eduard Westermarck, Professor an der Universität in Helsingfors, hat das für alle Zeiten grundlegende Werk über die Geschichte der menschlichen Ehe geschrieben, welches wir nicht anstehen, den besten kulturhistorischen und soziologischen Werken eines Buckle, Tylor, F. A. Lange u.a. ebenbürtig an die Seite zu stellen. (E. Westermarck ›Geschichte der menschlichen Ehe‹ [...]. Jena 1893). Dies Buch weist in der unwiderlegbarsten Weise, mit der gediegensten wissenschaftlichen Argumentation die Ehe als die überall wiederkehrende primitive soziologische Form und das soziologische Endziel der Liebe nach und macht der noch bis in die neueste Zeit von Bachofen, Mc.-Lennan, Morgan, Lubbock, Bastian, Lippert, Kohler, Post vertretenen Lehre von der ursprünglichen geschlechtlichen Ungebundenheit, der sogenannten Promiscuität für immer ein Ende. Die ›Kritik der Promiscuitätslehre‹ [...] gehört zu den glänzendsten Leistungen der modernen Soziologie. [...].

Nach Westermarck kommt die Ehe schon bei vielen niedrigeren Tiergattungen vor, bildet bei den menschlichen Affen die Regel und ist bei den Menschen allgemein. Ihr Ursprung muss offenbar einem durch den mächtigen Einfluss der natürlichen Zuchtwahl zur Entwickelung gebrachten Instinkt zugeschrieben werden. [...].

Während die Ehe als die eminent soziale Form der Liebe zu betrachten ist, in welche sich seit jeher das menschliche Geschlechtsleben gekleidet hat, muss als ihr Gegenpol, als absolut antisoziale Erscheinung die Prostitution bezeichnet werden. Man nennt sie, wie bekannt, ein ›notwendiges Uebel‹. Eine wissenschaftliche, dem Stande der modernen Forschung entsprechende Geschichte der Prostitution existiert noch nicht. Das grosse, achtbändige Werk von Dufour (P. Dufour ›Histoire de la prostitution‹ 8 Bde. Brüssel. 1851–54 [...]) enthält zwar eine grosse Menge Material, dasselbe ist aber gänzlich unübersichtlich zusammengestellt. [...]. Besonders Bebel's Werk ›Die Frau und der Sozialismus‹ hat manche unrichtigen Anschauungen über die Ursachen der Prostitution verbreitet, indem dieser Autor dieselben auf die wirtschaftliche Ausbeutung und die Hungerlöhne zurückführt. Demgegenüber sei nur auf die gediegene [...] Arbeit über Prostitution von G. Behrend (In ›Eulenburg's Real-Encyclopaedie der gesamten Heilkunde‹ 3. Auflage. Berlin u. Wien 1898 Bd. 19. S. 436–450) hingewiesen, der ganz andere Ursachen derselben aufdeckt, dieselben vor allem in einer fast stets erworbenen Lasterhaftigkeit sieht [...]. Der bedeutendste Forscher über Prostitution neben Behrend ist B. Tarnowsky (Tarnowsky ›Prostitution u. Abolitionismus‹ Hamburg 1890), der bemerkenswerter Weise zu den gleichen Ergebnissen wie jener gelangt ist und als eine Fabel nachweist, dass die Armut die nie versiegende Quelle der Prostitution sei. Auch A. Hegar hat den Versuch gemacht, Bebel's Behauptungen zu widerlegen [...] (A. Hegar ›Der Geschlechtstrieb‹ Stuttgart 1894).

Das Verhältnis der Liebe zum öffentlichen Recht spiegelt sich vor allem in der sogenannten Frauenfrage wieder. Nimmt man, wie wir gesehen haben, die Ehe als Grundlage der Gesellschaft und als das soziologische Endziel der Liebe, so ist eine allgemeine ›Frauenemancipation‹, d. h. die völlige Aufhebung aller gesellschaftlichen, staatlichen und wirtschaftlichen Unterschiede zwischen Mann und Frau ein Widerspruch in sich selbst. Denn die Ehe bedingt allein schon durch die Geburt der Kinder, die Sorge für diese und die wirtschaftlichen Angelegenheiten der Familie eine Arbeitsteilung zwischen Mann und Frau. Auch lassen sich trotz glänzender Ausnahmen die grossen körperlichen und geistigen Verschiedenheiten von Mann und Weib nicht verleugnen. Hiermit ist das Zugeständnis grösserer Rechte und zahlreicherer Bildungsgelegenheiten an die Frauen wohl vereinbar, besonders angesichts des grossen Ueberschusses der Zahl derselben über diejenige der Männer, sowie der späten Heiraten der letzteren. Anfang und Ende der ›Frauenfrage‹ ist für uns in dem einen Satze beschlossen: Die Frau ist die gleichberechtigte, aber nicht gleichmächtige Gefährtin des Mannes« (Bloch 1900: 11 ff).

Liebe als metaphysisches Problem

Nach kurzen Bemerkungen zum Schamgefühl, das nach Westermarck etwas Sekundäres, nicht die Ursache, sondern die Folge der Bekleidung sei, sowie zu den Beziehungen von Liebe und Religion samt Nietzsches (1886/1966, Bd. 2: 639) berühmtem Ausspruch aus »Jenseits von Gut und Böse« (»Das Christentum gab dem Eros Gift zu trinken – er starb zwar nicht daran, aber entartete, zum Laster«) wendet sich Bloch der »Liebe als metaphysisches Problem« zu:

»Dass der menschlichen Liebe eine höhere Bedeutung innewohnt, leuchtet schon daraus hervor, dass sie allein die Ursache der höchsten dichterischen Verzückung bei allen Völkern gewesen ist und noch ist. Und zwar ist es nicht die äussere Erscheinung, sondern das gewaltige innere Wesen der Liebe, was den Menschen unwiderstehlich bezwingt. [...]. Was ist nun dieses ›tiefste und geheimste‹ Leben? Was ist der wahre Zweck, das wirkliche Endziel der Liebe?«

Nachdem er die Auffassungen der Philosophen Arthur Schopenhauer und Eduard von Hartmann angedeutet hat, fährt Bloch fort:

»Wer, wie wir, den Begriff der Liebe evolutionistisch fasst, kann eine solche Metaphysik der Geschlechtsliebe nicht anerkennen. Es ist richtig, dass das rein Physische der Liebe mehr Unlust als Lust mit sich bringt durch Vorspiegelung seliger Freuden, die nachher zerrinnen wie Schaum. Aber die physische Liebe ist nur der Anfang einer Entwickelung, deren Ende gerade dem Individuum die grösste Seligkeit verheisst. Die physische Liebe ist nur der als solcher notwendige Durchgangspunkt zu dem wirklichen Endziele, der platonischen Liebe. Das metaphysische Endziel der Liebe ist die Erkenntnis, die vollendete Freiheit. ›Und Adam erkannte Eva‹ heisst es tiefsinnig in der Bibel! [...]. Die platonische Liebe, so rätselhaft wie sie auf den ersten Blick erscheint, empfängt ihre hellste Beleuchtung durch die dialektische Methode Hegel's, des ›Weltphilosophen‹, wie ihn C. L. Michelet nennt, des Darwin der geistigen Welt, wie wir ihn nennen möchten. Für Hegel ist auch der Begriff der Gattung evolutionistisch. [...].

So erscheint die sinnliche, physische Liebe als das notwendige, mit Bewusstsein zu ergreifende Anfangsglied einer Entwickelung, die zur Erkenntnis, zur Freiheit, zum Absoluten führt. Hier offenbart sich, dass dem reinen Wissen, der höchsten und wahrhaftigsten Erkenntnis niemals die Wärme des Gefühls fehlen kann. Und die Liebe selbst, sie ist nichts Dunkles mehr, keine Illusion und kein täuschender Nebel, sondern ihr Anfang und Ende ist die Erkenntnis« (Bloch 1900: 19 ff).

Begründung der Sexualwissenschaft als einer reinen Wissenschaft für sich (1912)

Zwölf Jahre später beginnt Bloch damit, sein groß angelegtes *Handbuch der gesamten Sexualwissenschaft in Einzeldarstellungen* zu veröffentlichen. Der erste Band behandelt sein Leib- und Magenthema, die Humboldt'sche Hurerei, und stammt natürlich von ihm (Bloch 1912a). Den dritten Band liefert Magnus Hirschfeld (1914), die materialreichste Darstellung der Homosexualität des Mannes und der Frau bis heute. Die Bände vier und fünf sollte der Ethnologe Ferdinand von Reitzenstein über den Mann resp. die Frau bei den »Natur- und Kulturvölkern« vorlegen. Dazu ist es aber durch den frühen Tod Blochs nicht mehr gekommen. Lediglich der zweite Band über die Prostitution ist noch posthum veröffentlicht worden (Bloch und Loewenstein 1925), wobei nicht der Tod und nicht der Krieg das Erscheinen verzögert haben soll, sondern der betrügerische Bankrott des Verlegers Louis Marcus, der nicht mehr zahlte. Bloch habe, so berichtet sein Sohn, aus diesem Grund nicht mehr weitergeschrieben. Von der schließlich erschienenen Endfassung habe Bloch die Seiten 1 bis 538 allein geschrieben, während Georg Loewenstein den Rest nach Blochs Vorgaben zusammengestellt habe.

Hier interessiert vor allem, dass Bloch im Vorwort zu diesem Handbuch damit fortfährt, die neue Disziplin zu konzipieren. Nach viel Eigenlob heißt es dort (Bloch 1912a: VIIff; alle Hervorhebungen vom Autor):

»[...] eine bloße Zusammenfassung des bisher Geleisteten kann uns nicht mehr genügen. Nunmehr handelt es sich um die exakte Begründung der Sexualwissenschaft als einer *reinen Wissenschaft für sich* [...]. Die Doppelnatur des Geschlechtstriebes, seine biologische und kulturelle Seite, läßt uns die ganze Schwierigkeit der wissenschaftlichen Sexualforschung verstehen und es begreiflich erscheinen, daß auf der einen Seite die Mediziner und Naturforscher, auf der anderen die Theologen, Philosophen, Juristen und Kulturforscher die ›sexuelle Frage‹ von ihrem einseitigen Standpunkte aus lösen zu müssen glauben. Schon aus dieser Tatsache ergibt sich die Notwendigkeit einer Begründung der Sexualwissenschaft als einer reinen Wissenschaft für sich, *die nicht, wie bisher, als Anhängsel irgendeiner anderen Wissenschaft aufgefaßt werden darf,* oder etwa, was völlig widersinnig ist, diese ganz verschiedenen Disziplinen als ›Sexualwissenschaften‹ (!) zusammenfaßt. Wohin das führen würde, hat die rein medizinisch-klinische Betrachtungsweise von Krafft-Ebings [...], seiner Vorgänger und Nachfolger gezeigt. [...]

Die Sexualwissenschaft ist weder ein untergeordneter Teil der Psychiatrie und Neurologie, die ja in ihren hervorragendsten Vertretern noch heute alles Sexuelle beinahe als eine quantité négligeable betrachtet, noch (wenn man z.B. an die Prostitution denkt) der Venerologie. Und wenn sich heute Aerzte von dem Augenblick an, wo sie sich ausschließlich mit den Problemen der Sexualwissenschaft beschäftigen, als ›Spezialärzte für psychische und nervöse Leiden‹ bezeichnen, so ist das ein Rückschritt und eine bedauerliche Inkonsequenz und wenig geeignet, die für mich über jeden Zweifel erhabene Unabhängigkeit und Selbständigkeit der Sexualwissenschaft zu fördern. Schon in der Vorrede zum ›Sexualleben unserer Zeit‹ habe ich die Ueberzeugung ausgesprochen, daß eine rein medizinische (geschweige denn psychiatrische) Auffassung des Geschlechtslebens, obgleich sie immer den Kern der Sexualwissenschaft bilden wird, nicht ausreicht, um den vielseitigen Beziehungen des Sexuellen zu allen Gebieten des menschlichen Lebens gerecht zu werden. Diese Beziehungen als Ganzes machen den Inhalt der besonderen ›Sexualwissenschaft‹ aus, deren Aufgabe es ist, sowohl die physiologischen als auch die sozialen und kulturgeschichtlichen Beziehungen der Geschlechter zu erforschen und durch das Studium des Natur- und Kulturmenschen gewissermaßen die *sexuellen Elementargedanken* der Menschheit aufzufinden, die übereinstimmenden biologisch-sozialen Erscheinungen der Sexualität bei allen Völkern und zu allen Zeiten, den festen Grund für das Gebäude der neuen Wissenschaft. Einzig und allein diese *anthropologische* Betrachtungsweise (im weitesten Sinne des Wortes) liefert uns für die Sexualwissenschaft an der Hand von Massenbeobachtungen, für die das Material nicht groß genug sein kann und immer noch neu hinzuströmt, solche wissenschaftlich verwertbaren Grundlagen, daß sie denselben Anspruch auf Exaktheit und Objektivität erheben können wie die rein naturwissenschaftliche Einzelbeobachtung.«

Wilhelm von Humboldt und die sexuelle Frage

»Es war für mich [...] eine freudige Ueberraschung, vor kurzem bei keinem Geringeren als Wilhelm von Humboldt die ähnliche Konzeption einer umfassenden Wissenschaft des Sexuellen zu finden.

Im Jahre 1908 ist im siebenten Bande der von der Königlich Preußischen Akademie herausgegebenen gesammelten Schriften Wilhelm von Humboldts (S. 653–655) zum ersten Male das Fragment einer ›Geschichte der Abhängigkeit im Menschengeschlechte‹ [s. hier die Einleitung, V.S.] veröffentlicht worden, dessen beide ersten, auf eine ältere Konzeption (aus den Jahren 1791–1795) zurückgehenden Kapitel den sehr interessanten Entwurf eines Systems der Sexualreform darstellen. Es erfüllt uns mit Bewunderung, daß hier bereits die sexuelle Frage als ein integrierender Bestandteil des großen Problems der Menschheitsentwicklung aufgefaßt wird, und mit noch größerer, daß sie mit tiefer Einsicht in den Mittelpunkt dieser Entwicklung gestellt wird.

Der Freund Schillers und Goethes, dessen das Reale und Ideale gleichmäßig umfassender Geist uns erst durch die neue Akademieausgabe seiner Werke so recht offenbart worden ist, der das Bild des geistigen Kosmos in sich trug wie sein großer Bruder Alexander das des irdischen, wollte in einer Reihe von Einzeluntersuchungen die sexuelle Frage bis in ihre feinsten Verzweigungen verfolgen. Aus dem genannten Entwurf ersehen wir, daß er die Prostitution, die Ehe, den Geschlechtstrieb, die sexuellen Perversionen, die körperlichen und geistigen Eigentümlichkeiten der Geschlechter in einzelnen Kapiteln behandeln und aus der Betrachtung der geschichtlichen Phasen der sexuellen Abhängigkeit die Idee der sexuellen Freiheit genetisch entwickeln wollte. Auch er hatte schon ganz richtig erkannt, daß die Prostitutionsfrage das Zentralproblem der Sexualwissenschaft darstellt, daß man daher von ihr ausgehen müsse, um das Wesen der Sexualität und ihre so vielseitigen Beziehungen zur menschlichen Kultur zu erleuchten und zu verstellen. Daher plante er, wie wir aus einem um 1798 oder 1799 geschriebenen Briefe der Karoline von Wolzogen an Karoline von Humboldt ersehen, zunächst eine große ›Geschichte der Hurerei‹ (vgl. Werke Bd. VII, S. 655, und hierzu auch Gustav von Stryk, Wilhelm von Humboldts Aesthetik als Versuch einer Neubegründung der Sozialwissenschaft, Berlin 1911, S. 16–46).

Die Konzeption dieser für jene Zeit wahrhaft bewunderungswürdigen Gedanken fällt in die Jahre 1791 bis 1795, also in die Jugendzeit Humboldts, das Ende des 18. Jahrhunderts, das ja namentlich in Frankreich die Idee einer Verbesserung und Reform der menschlichen Zustände auf allen Gebieten so eifrig ventilierte. Der Entwurf seines Systems der Sexualreform kam nicht zur Ausführung, nachdem die als Bruchstücke des geplanten Werkes 1795 in Schillers Horen veröffentlichten Abhandlungen über den Geschlechtsunterschied und über die männliche und weibliche Form nur geringes Verständnis gefunden hatten. So sehr wir dies bedauern müssen, um so mehr, als die Behandlung einer solchen Frage damals gewiss noch größere Vorurteilslosigkeit erforderte als heute, so dürfen wir uns nicht verhehlen, daß die Zeit für ein solches Unternehmen noch nicht gekommen war. Die Kulturgeschichte sowohl als auch die allgemeine Naturwissenschaft bewegten sich noch ganz in aprioristischen Konstruktionen, die Völkerkunde war noch in ihren ersten allerbescheidensten Anfängen, kurz, es fehlte alles zu einer *objektiven* Grundlegung der Sexualwissenschaft und der auf diese gegründeten Sexualreform. Es bedurfte noch eines vollen Jahrhunderts exakter naturwissenschaftlicher Forschung, der Einführung ähnlicher exakter Methoden in die sogenannten Geistes- und historischen Wissenschaften, der Anhäufung eines ungeheuren Tatsachenmaterials auf dem Gebiet der Völkerkunde und der vergleichenden Sitten- und Rechtsgeschichte, um den Versuch auf einer gesicherten Basis zu erneuern.«

Die anthropologisch-ethnologische Betrachtungsweise als Basis

»Diese sichere Basis der Sexualwissenschaft als reiner Wissenschaft liefert allein die *anthropologisch-ethnologische* Betrachtungsweise, deren Ueberlegenheit über die medizinisch-klinische Methode ich zuerst 1902 und 1903 in meinen ›Beiträgen‹ erwiesen habe, wo ich die überall wiederkehrenden, dem *Genus Homo als solchem* eigentümlichen Grundzüge und Grundphänomene der Vita sexualis zu ermitteln versucht habe, wo ich zuerst (wie später noch nachdrücklicher in meinem ›Sexualleben‹) die sogenannte *Entartungstheorie* widerlegte und lange vor Sigmund Freud den Begriff der ›*sexuellen Aequivalente*‹ aufgestellt und ihre ungeheure Bedeutung für das Menschen- und Kulturleben nachgewiesen habe. [Als Fußnote:] Freud selbst hat schon in seiner ersten sexualpsychologischen Schrift ›Drei Abhandlungen zur Sexualtheorie‹ (Wien 1905, S. 80) mich ausdrücklich als den Begründer der anthropologischen Theorie der Sexualwissenschaft bezeichnet. [...].

Ich muß hierauf hinweisen, weil sich neuerdings das Bestreben zeigt, Freud als Urheber der anthropologischen Auffassung in den Vordergrund zu schieben, während doch seine sexuelle »Psychoanalyse« nur eine *spezielle Anwendung* und eine trotz des übertriebenen Symbolismus zweifellos bedeutsame *praktische Verwertung* meiner anthropologischen Methode darstellt.

In weiterer Ausführung dieser Gedanken habe ich dann 1906 in meinem ›Sexualleben‹ als Erster auf die innige Verknüpfung der menschlichen Arbeit mit der Sexualität hingewiesen und im Schlußkapitel jenes Werkes nachdrücklich betont, welche ungeheure Bedeutung gerade die Arbeit für die zukünftige Entwicklung der modernen Liebe haben wird.«

Von der Theologie zur Medizin als Führungsmacht (1913)

Am 21. Februar 1913 sprach Bloch in Berlin auf der konstituierenden Sitzung der Ärztlichen Gesellschaft für Sexualwissenschaft, der ersten Fachgesellschaft dieser Art überhaupt, die Ende 1913 ihren Namen um den Zusatz »und Eugenik« erweiterte. Zum ersten Vorsitzenden wurde der angesehene Geheimrat Albert Eulenburg gewählt, den Bloch und Hirschfeld als Stellvertreter stützten (s. Kap. 2). Im ganzen Wortlaut veröffentlicht wurde Blochs Vortrag erst nach dem Weltkrieg und nach dem Tod Blochs von Ferdinand von Reitzenstein (1922) in der von ihm herausgegebenen *Sexualreform*, dem »Beiblatt zu Geschlecht und Gesellschaft«, das auch die »offiziellen Mitteilungen« des Hirschfeld-Instituts für Sexualwissenschaft veröffentlichte. Bloch (zit. nach Reitzenstein 1922: 117 ff) begann seine Rede so:

»Hermann von Helmholtz, der große Arzt und Naturforscher, der tiefe philosophische Denker, hat einmal die Gründe zusammengestellt, die in der Erforschung der organischen Natur, in Physiologie und Medizin Deutschland die Führerrolle zugewiesen haben. In der herrlichen Rede ›Über das Ziel und die Fortschritte der Naturwissenschaft‹ erklärt er diese Führerrolle Deutschlands mit folgenden Worten: ›Das Entscheidende war, daß bei uns eine größere Furchtlosigkeit vor den Konsequenzen der ganzen und vollen Wahrheit herrscht als anderswo. [...]. Ein arbeitsfrohes, mäßiges, sittenstrenges Volk darf solche Kühnheit üben, es darf der Wahrheit voll in das Antlitz zu schauen suchen [...].‹

Wir wollen uns heute an diese Worte erinnern, gerade heute, wo wir im Begriff sind, das letzte Stück Mittelalter abzuwerfen, das bisher noch in der Medizin fortlebte und sie an der vollen Durchführung des Prinzips der absolut freien wissenschaftlichen Forschung hinderte. Und es gereicht uns zur besonderen Freude, daß wiederum Deutschland, die deutsche Medizin es ist, die durch die Begründung der Ärztlichen Gesellschaft für Sexualwissenschaft mit dem letzten Rest mittelalterlicher Anschauung aufgeräumt hat, der noch in unsere Zeit hineinspukt. Wir wollen dieses bisher verpönte Gebiet zum Gegenstand der wissenschaftlichen Forschung machen, d.h. wir wollen hier die ganze Wahrheit mit allen ihren Konsequenzen erkennen und nicht die halbe verschleierte, die allein gefährlich ist.«

Sodann legt sich Bloch die Frage vor, warum die Medizin, »die Wissenschaft vom nackten Menschen«, es nicht gewagt hat, die sexuellen Probleme zu erörtern. Seine ausführliche Begründung: Das »sexuelle Vorurteil« sei »rein theologischen Ursprungs«. Die mittelalterliche Theologie habe der abendländischen Kultur in Anlehnung an die dogmatische Lehre des Augustinus über die Erbsünde die Vorstellung von der »allgemeinen Sündhaftigkeit, Schlechtigkeit und Schändlichkeit des Geschlechtlichen« eingeimpft. Er fährt dann fort:

»Es bedarf aber noch einer Erklärung, woher es kam, daß die Medizin sich in der Behandlung und allgemeinen Auffassung der sexuellen Fragen so ganz von der Theologie ins Schlepptau nehmen ließ. Da haben wir nun die kulturgeschichtlich und psychologisch interessante Tatsache zu verzeichnen, daß dieselbe Theologie, die das Sexuelle als schändliche Erbsünde stigmatisiert hatte, die Erörterung und Erforschung dieses Gebiets ausschließlich für sich beanspruchte und die Medizin, die sie im übrigen einer strengen Zensur unterwarf, so viel wie möglich von ihm fernhielt. Auch das Mittelalter und die Neuzeit bis zum 19. Jahrhundert besaßen ihre Krafft-Ebings. Nur waren die eifrigen Sammler einer erstaunlich reichhaltigen, nach systematischen Gesichtspunkten gruppierten Sexualkasuistik nach wissenschaftlicher Methode keine Mediziner, sondern Theologen, waschechte Theologen. Diese Art von Schriftstellerei beginnt schon im 6. Jahrhundert und setzt sich in ununterbrochener Folge bis zur Gegenwart fort. Sie wird hauptsächlich durch die zahlreichen mittelalterlichen Buß- und Beichtbücher und die Schriften der katholischen Moraltheologen repräsentiert. Ein Liguori, Thomas Sanchez, Bouvier, Debreyne, Claret und viele andere haben ad usum confessariorum, wie der technische Ausdruck lautet, das ganze menschliche Geschlechtsleben von (oder bereits schon vor) der Geburt bis zum Grabe in allen seinen Erscheinungen und Aeußerungen, den physiologischen und den pathologischen, bis in die kleinsten Einzelheiten und nur möglichen und denkbaren Beziehungen erörtert, immer aber unter dem Gesichtspunkte des Dogmas der Erbsünde. ›Sie zogen‹, wie [der protestantische Theologe, V.S.] Adolf Harnack sagt, ›das Verborgenste ans Licht und erlaubten sich über Dinge öffentlich zu reden, über die sonst niemand zu sprechen wagt‹.

Sicherlich war es aber doch nicht ausschließlich eine perverse Phantasie, die diese zahlreichen, für den Beichtstuhl bestimmten Schriften hervorgerufen hat. Die Kirche, die den Menschen auch durch Rat und Tat an sich zu fesseln suchte, hatte frühzeitig erkannt – und das mag uns rückständigen Medizinern eine Lehre sein –, daß das Geschlechtsleben mit seinen mannigfaltigen Gestaltungen sehr häufig eine Quelle schwerer seelischer und körperlicher Leiden für das einzelne, oft unerfahrene Individuum darstellen kann [...].«

Der Arzt als Berufenster und die Biologie als Kern

»Es soll unserem Reichskanzler v. Bethmann-Hollweg nicht vergessen werden, daß er noch als Minister des Innern [...] im Jahre 1907 [...] wohl zum ersten Male vom Ministertische aus auf die hohe Bedeutung der ärztlichen Sexualforschung hingewiesen [...].

In der Tat muß heute, wo es eine ernste wissenschaftliche Forschung auf diesem Gebiete gibt, wo glücklicherweise ein Teil der Ärzte es nicht mehr für unter seiner Würde hält, die Fragen des Sexuallebens selbst zu beantworten, statt sie gänzlich den Theologen zu überlassen, es muß heute der Arzt als der berufenste Vertreter die Aufgabe des Theologen übernehmen, für eine individuelle und soziale Hygiene des Geschlechtslebens zu sorgen. Wenn nach Gladstone's Wort *in Zukunft die Aerzte die Führer der Menschheit sein werden*, so werden sie es ganz gewiss auf diesem Gebiet sein, zumal wenn sie, gestützt auf eine umfassende Einsicht in die kulturellen und sozialen Zusammenhänge, nicht bloß die körperliche, sondern auch die seelische Seite der Frage ständig im Auge behalten. [...].

Eine wahrhaft wissenschaftliche Sexualforschung, d.h. eine wirkliche objektive allseitige Betrachtung und Erforschung der einschlägigen Probleme ist nur dann möglich, wenn man sie nicht mehr, wie bisher, als mehr oder weniger geduldetes Anhängsel irgendeiner anderen Wissenschaft auffasst, sondern als ein selbständiges Forschungsgebiet, als ein organisches Ganzes nach einheitlichen Gesichtspunkten bearbeitet. [...]. Aber wir betonen von vornherein, daß wir die Biologie für die Grundlage, den eigentlichen Kern der ganzen Sexualwissenschaft halten, *daß aus den biologischen Phänomenen der Sexualität sich die geistigen und kulturellen erklären.*«

Der erotische Chemismus kopulierender Zellen

Im Fortgang zählt Bloch die Probleme auf, vor denen die Sexualwissenschaft stehe. Zuallererst seien es die biologischen Probleme, weil die Sexualität eine sekundäre Funktion der lebendigen Substanz sei. Das »Problem des Ursprungs und Wesens der Sexualität« sei »ein chemisches, wie die Betrachtung der einfachsten Organismen« zeige. Diese Vorstellung eines sexuellen Chemismus habe »jetzt grundlegende Bedeutung für die Sexualwissenschaft gewonnen« und erweise sich als »ein glückliches heuristisches Prinzip für den Fortschritt der Forschung«. Neben diesem Chemismus sei »das große Prinzip der Variabilität« der »Leitfaden«. In der unaufhörlichen Aufeinanderfolge der lebendigen Organismen gleiche »kein lebendiges Gebilde dem anderen«; jedes sei »ein bestimmtes Individuum für sich, das nie, niemals wiederkehrt, in gewissem Sinne also unersetzlich« sei. Es gebe auch keine »absolute« Männlichkeit und Weiblichkeit; fast immer seien »Spuren des anderen Geschlechts in irgendeiner Form nachweisbar«. Diese »Bisexualität« sei eines der wichtigsten Probleme der Sexualwissenschaft. Schon Darwin habe in seinem Werk *Über das Variieren der Tiere und der Pflanzen* die These aufgestellt: »Bei jedem Weibchen existieren die sekundären männlichen Charaktere und ebenso bei jedem Männchen alle sekundären weiblichen Charaktere in einem latenten Zustande, bereit, sich unter gewissen Bedingungen zu entwickeln.« August Weismann habe diese Vorstellung des »latenten Zwittertums« auf das Keimplasma und die Keimzellen übertragen. Heute sei bekannt, dass »die Ursache« der Geschlechtlichkeit, der Männlichkeit und Weiblichkeit, eine chemische sei. Dieser chemische Einfluss gehe von der inneren Sekretion der Keimdrüsen, der Hoden und der Eierstöcke aus; er unterhalte dauernd die »Sexualspannung« der geschlechtsreifen Individuen und sei von wesentlicher Bedeutung für die Ausbildung der spezifischen, der »sekundären Geschlechtscharaktere« Darwins. Dies sei »unter anderem durch die interessanten Experimente des Prager Physiologen Eugen Steinach neuerdings bewiesen worden«.

Bloch geht dann auf die Sinne, insbesondere den Geruchssinn ein, »dessen innige Beziehungen zur Sexualität schon seit langer Zeit im Volke bekannt, aber erst in den letzten Dezennien von Naturforschern, Biologen und Ärzten wissenschaftlich erforscht worden sind«. Ernst Haeckel habe »den Geruch für die Quintessenz, das ursprüngliche Wesen der Liebe« gehalten. Der »erotische Chemotropismus« der »kopulierenden Germinalzellen« beruhe auf einer Anziehung durch den Geruch. Diese Anschauung habe »eine gewisse Bestätigung durch die aufsehenerregenden Entdeckungen von H. Zwaardemaker und Wilhelm Fließ« erfahren: »Jener stellte die merkwürdige Tatsache fest, daß die sexuellen Duftstoffe bei Pflanzen und Tieren von einer einzigen chemischen Gruppe, der sogenannten Caprylgruppe, geliefert werden; dieser entdeckte die ›Genitalstellen‹ der Nase und eigentümliche reflektorische Beziehungen zwischen Sexualfunktion und Nase«. Bloch fährt dann fort:

»Die Produktionskraft des Geistes ist abhängig von der Erotisierung des Gehirns durch die innere Sekretion, aber ebenso auch die körperliche Energie. Daher ist die Sexualität von der größten Bedeutung für die *menschliche Arbeit* im weitesten Sinne des Wortes. Es spricht sich diese Beziehung aus in dem merkwürdigen Vikariieren von physischem und geistigem Zeugungstrieb, von geschlechtlicher und religiöser bzw. künstlerischer Ekstase, von geschlechtlicher und motorischer Energie. Es gibt psychische und körperliche Aequivalente, in die sich die potentielle Energie des Geschlechtstriebes umsetzen kann. Der Ausdruck ›sexuelle Aequivalente‹ ist weiter und umfassender als das in diesem Sinne gebrauchte Wort ›*Sublimierung*‹, das zudem nur die psychische Seite [...] bezeichnet. Das Studium dieser sexuellen Aequivalente enthüllt uns vor allem die ungeheure Bedeutung des Sexuellen für das Individuum, für sein Geistes- und Affektleben und stellt es als ein gewaltiges *Kulturprinzip* in das hellste Licht. [...] [Es] sei auch auf die nicht zu unterschätzende Bedeutung *früherer sexueller Kindheits- und Jugenderlebnisse* hingewiesen, die imstande sind, gewisse Associationen ein für allemal fest zu verankern. Es ist von größtem Interesse, daß bereits Goethe dies erkannt hat. An einer Stelle in ›Wilhelm Meisters Wanderjahren‹ erklärt er die Neigung junger Männer zu älteren Frauen aus der Erinnerung an die Ammen- und Säuglingszärtlichkeit.«

Welche sexuellen Störungen und welche Therapien gibt es?

Der Vortragende wendet sich dann »dem großen Gebiet der Sexualpathologie« zu und zählt jene »Affektionen« auf, »die voraussichtlich den breitesten Raum in unseren Verhandlungen einnehmen werden«. Das sind: die so genannte Paradoxia sexualis (darunter verstand schon Krafft-Ebing sexuelle Äußerungen zur »Unzeit«, d.h. bei Kindern und Greisen), die autoerotischen Erscheinungen, insbesondere die Masturbation, »das vielgestaltige Krankheitsbild« der sexuellen Neurasthenie, die männliche Impotenz, »namentlich die starkverbreitete juvenile Impotenz«, die »sexuelle Frigidität des Weibes«, die pathologischen Pollutionen, der idiopathische Priapismus und »endlich das große Gebiet der sogenannten sexuellen Perversionen, wie Algolagnie, Fetischismus, Homosexualität, für die heute nicht mehr ausschließlich der pathologische Gesichtspunkt in Betracht kommt, sondern auch der Gesichtspunkt der Variation und der Anknüpfung an gewisse physiologische

Begleiterscheinungen des Sexualakts«. Als von der Homosexualität verschiedene Erscheinungen seien schließlich die neuerdings beschriebenen Zustandsbilder der »Weiberscheu« (Wilhelm Ebstein) und des »Transvestitismus« (Magnus Hirschfeld) zu erwähnen. Von großer Wichtigkeit sei außerdem das Studium der Beziehungen der Sexualität zu anderen Krankheiten, von der Pubertätspsychose beim Mann über die Hysterie bis hin zum Diabetes insipidus.

»Was nun die Therapie der Sexualleiden betrifft, so kommt hier zunächst die Frage in Betracht, ob der Arzt überhaupt den Geschlechtsverkehr als ein prophylaktisches oder therapeutisches Mittel empfehlen darf. Kein Geringerer als Rudolf Virchow hat zuerst diese bedeutungsvolle Frage in einem 1870 erschienenen Aufsatze behandelt, auch wir werden uns eingehend mit ihr zu beschäftigen haben. Von den therapeutischen Maßnahmen seien nur summarisch aufgezählt die Psychotherapie in Form der hypnotischen und Wachsuggestion, der Willenstherapie, der Psychoanalyse, die medikamentöse Therapie, Diätetik und Ernährungstherapie, die Hydro-, Balneo- und Klimatotherapie, die Elektrotherapie, Massage, Gymnastik und Mechanotherapie, die Hyperämiebehandlung und Thermotherapie, die Behandlung mit Röntgenstrahlen, die Organotherapie und schließlich die chirurgische Behandlung.«

Abschließend stellt Bloch fest: »Die Sexualwissenschaft ist so gut ein Teil der sozialen Medizin wie die Rassenbiologie und die Hygiene überhaupt.« Die Fragen der sexuellen Aufklärung und der Pädagogik der sexuellen Abstinenz seien hier in erster Linie zu nennen. »Aber auch die gegenwärtig von der Rassenbiologie mit Beschlag belegte *Eugenik*, die Frage der *Rassenveredelung* oder besser *Menschenveredelung* durch Heiratsbeschränkungen bzw. Sterilisierung der mit erblichen Krankheiten behafteten oder antisozialen Individuen, durch Bekämpfung der Inzucht, des für die Keimdrüsen so verderblichen Alkoholismus, der venerischen Krankheiten fällt ebenso sehr in das Forschungsgebiet der Sexualwissenschaft«. Das gleiche gelte von der augenblicklich aktuellen Frage der Geburtenregelung und des Geburtenrückgangs. Die Prostitution gehöre mindestens zu zwei Dritteln in die Sexualwissenschaft. Eine »letzte Seite der Sexualwissenschaft« sei die ethnologisch-historische Betrachtung ihrer Probleme, das Studium der sexuellen Elementargedanken der Menschheit, die Untersuchung der übereinstimmenden biologisch-sozialen Erscheinungen der Sexualität bei allen Völkern und zu allen Zeiten. Bloch zitiert dann »Worte Ernst Haeckels«, in denen dieser das Licht der »modernen Entwicklungslehre« anzündet, die »unermessliche Rolle« der »sexuellen Liebe« im sozialen, kulturellen und persönlichen Leben betont und an seine These vom »erotischen Chemotropismus« als »Urquell der Liebe« erinnert. Mit der abenteuerlichen Versicherung, »vorurteilslos und voraussetzungslos Wissenschaft treiben« zu wollen, »fest davon durchdrungen, daß auch auf sexuellem Gebiete sich nicht der Naturforscher dem Nationalökonomen und Theologen unterordnen soll, sondern daß nun endlich die Zeit gekommen ist, in der die Biologie den unbestrittenen Primat erlangt« habe, beschließt Bloch seine Rede.

Ein Jahr nach dem Vortrag vor der gerade gegründeten Ärztlichen Gesellschaft für Sexualwissenschaft, aus dem wir hier zitiert haben, eröffnete Bloch (1914) mit dem Programmartikel *Aufgaben und Ziele der Sexualwissenschaft* die von ihm und Albert Eulenburg herausgegebene *Zeitschrift für Sexualwissenschaft*, die das offizielle Organ der genannten Fachgesellschaft sein sollte. Als wir 74 Jahre später die *Zeitschrift für Sexualforschung* gründeten, habe ich mich in einem Programmartikel (Sigusch 1988) mit Blochs Vorstellungen kritisch auseinandergesetzt (vgl. Kap. 24).

14 Kontrazeption, Rassenhygiene und die Grenzen der sexuellen Liberalisierung

Max Marcuse als Organisator einer neuen Wissenschaft

Nach dem Sieg der Nationalsozialisten in Deutschland verließ der Sexualforscher Max Marcuse im Juli 1933 Berlin in Richtung Palästina, ohne seine Ehefrau Frida, aber mit dem 13-jährigen Sohn Hans Renatus. Dieser Sohn kehrte Jahrzehnte später unter dem Namen Yohanan Meroz als Botschafter Israels nach (West-)Deutschland zurück. Sein Vater vermied es jedoch auch dann, wieder deutschen Boden zu betreten. An dem Namen Marcuse aber hielt er bis zu seinem Tode fest.

Nach meiner Auffassung gehört der Arzt für Haut- und Geschlechtskrankheiten Max Marcuse, der 1877 in Berlin geboren wurde und 1963 in Tel Aviv verstarb, zu den aktivsten und einflussreichsten Sexualwissenschaftlern im ersten Drittel des 20. Jahrhunderts. Allein durch die Mitbegründung des Bundes für Mutterschutz im Jahr 1905 und der Internationalen Gesellschaft für Sexualforschung im Jahr 1913, durch die Redaktion der *Sexual-Probleme* von 1908 bis 1914 in sieben Bänden, des *Archivs für Sexualforschung* 1915/16 in zwei Ausgaben, der *Abhandlungen aus dem Gebiete der Sexualforschung* von 1918 bis 1931 in 6 Bänden und der *Zeitschrift für Sexualwissenschaft (und Sexualpolitik)* von 1919 bis 1932 in 13 Bänden sowie schließlich der Herausgabe eines umfassenden *Handwörterbuchs der Sexualwissenschaft* 1923 und stark erweitert 1926, für das Gelehrte wie Sigmund Freud Beiträge verfassten (vgl. Kap. 3), und der Redaktion der *Verhandlungen des I. Internationalen Kongresses für Sexualforschung* von 1926, die 1927 und 1928 in fünf Bänden erschienen sind, gehört Max Marcuse zu jenen Wissenschaftlern, die aus der Sexualforschung eine eigenständige Disziplin zu machen suchten.

Zum Stand der Forschung

Trotz dieser außerordentlichen Aktivität und dieses weichenstellenden Einflusses ist es bis heute nicht möglich, sich einigermaßen zuverlässig über Leben und Werk Max Marcuses zu informieren. In seriösen biografischen Verzeichnissen wie dem *Biographisches Handbuch der deutschsprachigen Emigration nach 1933* oder der *Neuen Deutschen Biographie* werden nach wie vor selbst die Lebensdaten, das Promotionsthema oder das Jahr der Emigration falsch angegeben. Das gilt auch für die einzige Doktorarbeit, die bisher über Marcuse verfasst wurde, obgleich sie in einem Institut für die Geschichte der Medizin angefertigt worden ist (Mayer 1986). Falsch sind in ihr zum Beispiel wegen einer Verwechslung alle Angaben zur Dissertation, ferner Angaben zur Schul- und Assistentenzeit, zum Staatsexamen und zum Todesort, von der fehlerhaften und sehr unvollständigen »Personalbibliografie« ganz zu schweigen. Fehlerhaft und irreführend sind schließlich die Internet-Angaben des Archivs für Sexualwissenschaft im Robert Koch-Institut (www.rki.de). So wird beispielsweise mitgeteilt, dass sich »some of Marcuse's unpublished manuscripts« im US-amerikanischen Kinsey-Institut befänden. Tatsächlich aber besitzt dieses Institut nichts dergleichen: »After much search, we found no manuscripts« (Brief von Liana Zhou, Head of Library, an V.S. vom 1. Oktober 2002).

Die allgemeine und anhaltende Ignoranz gegenüber Leben und Werk Max Marcuses zeigt einmal mehr, wie sehr die kollektive Verleugnung der Verbrechen der Nazis Jahrzehnte über das Jahr 1945 hinaus gewirkt hat und immer noch wirkt. Kritische Sexualwissenschaftler haben ebenso wie affirmative versäumt, überhaupt oder rechtzeitig mit den Zeugen der Zeit zu sprechen, Dokumente zu bergen und das Werk der Entrechteten zu würdigen.

1974, ein Jahr nach der Gründung des Frankfurter Instituts für Sexualwissenschaft, konnte ich nicht nur die Erben Max Marcuses, sondern auch die Behörden des Staates Israel davon überzeugen, dass der wissenschaftliche Nachlass Marcuses

Eine Seite des Schreibblocks mit den handschriftlichen autobiografischen Bleistiftaufzeichnungen Max Marcuses aus dem Jahr 1949 in Frankfurt am Main gut aufgehoben sei. Acht bis zehn Jahre später waren Hanna Aharoni aus Haifa, Max Marcuses Freundin der letzten Lebensjahre, und Ernst Klimowsky (1904–1985) aus Tel Aviv, ein ebenso wie Marcuse aus Deutschland vertriebener Sexualforscher und Jurist, so freundlich, uns unveröffentlichte Aufzeichnungen über Leben und Werk Marcuses zu überlassen, die von Klimowsky (1982, zehn Schreibmaschinenseiten), einem nicht identifizierbaren Wissenschaftler (Laudatio auf Marcuse am 22. April 1947 zu dessen 70. Geburtstag am 14. April 1947, 14 Schreibmaschinenseiten) sowie von Marcuse selbst verfasst worden waren. Besonders kostbar ist eine leider fragmentarische Autobiografie, die Marcuse 1949 Hanna Aharoni zu diktieren begonnen hatte (32 mit Bleistift geschriebene Seiten). Ferner gehört zu den einzigartigen Papieren eine Replik Marcuses auf eine Äußerung von Hans Giese (1959, neun Schreibmaschinenseiten), die er dazu nutzt, seine fachlichen Leistungen darzustellen. Da diese Selbstdarstellungen bisher nicht veröffentlicht worden sind, werde ich sie nach Erscheinen dieses Buches in der *Zeitschrift für Sexualforschung* abdrucken lassen (Sigusch, in Vorb.).

Neben den genannten Papieren befinden sich in den Nachlässen, die über die beiden Söhne Max Marcuses, Frau Aharoni und Ernst Klimowsky an uns gelangt sind: ein unveröffentlichtes und undatiertes Manuskript von Max Marcuse mit dem Titel »Künstliche Befruchtung« (sechs Schreibmaschinenseiten), in dem Marcuse dieser Technik ein »unstreitiges Bürgerrecht in der Medizin« zugesteht, einer Technik, deren »Idee« und »Möglichkeit« bereits »im Talmud und in den jüdischen Schriften des Mittelalters erörtert und – bejaht« werde; eine von Marcuse verfasste, undatierte Zusammenstellung seiner Veröffentlichungen sowie Editions- und Gründungsaktivitäten (acht Schreibmaschinenseiten); ferner Bücher aus der Bibliothek Marcuses, darunter sein Handexemplar der *Zeitschrift für Sexualwissenschaft*; Sonderdrucke von Aufsätzen Marcuses, zum Teil mit persönlichen Zueignungen, sowie Separata anderer Autoren wie W. M. Bechterew, Otto Juliusburger, Alexander Lipschütz, Oswald Schwarz, Hugo Sellheim, Benno Slotopolsky, Eugen Steinach und Paul Strassmann.

In den Jahren vor und nach dem Erwerb der genannten Nachlässe – nach Ernst Klimowskys Tod überließ uns dessen Witwe Edith auch seinen wissenschaftlichen Nachlass – sprach ich mit den Zeitzeugen und Sexualforschern Harry Benjamin (New York), Ernst Klimowsky (Tel Aviv) und Hans Lehfeldt (New York) persönlich. In den neunziger Jahren sprach und korrespondierte ich vor allem mit Yohanan Meroz, dem bereits erwähnten Sohn Marcuses, um Informationen zur Biografie Max Marcuses zu erhalten (vgl. auch Meroz 2000). Parallel recherchierte ich in Berlin, Bern, Frankfurt am Main, Freiburg im Breisgau, Haifa, Jena, Jerusalem, Tel Aviv und Würzburg, wie sich aus dem Lebensweg ergibt.

Zu erwähnen ist schließlich, dass 2001 das erwähnte, von Marcuse herausgegebene *Handwörterbuch der Sexualwissenschaft* nachgedruckt worden ist. In einer Einleitung erinnert Robert Jütte daran, wie unterschiedlich das Schicksal der Mitarbeiter Marcuses nach 1933 gewesen ist. Jüdische Forscher – wie Oskar Scheuer – wurden ermordet, wenn sie nicht rechtzeitig – wie Sigmund Freud, Arthur Kronfeld, Karl Birnbaum und Wilhelm Liepmann – vor der Verfolgung der Nazis geflohen waren. Andere – wie Leopold von Wiese und Alfred Vierkandt – forschten zu Hause weiter. Wieder andere – wie Agnes Bluhm – arbeiteten vor und nach 1933 den Nazis zu. In einer Nachbemerkung zu der Einleitung schildert Volker Gebhardt anhand der noch im Verlagsarchiv vorhandenen Dokumente, wie der Verleger einerseits mutig das Werk Marcuses gegenüber den Nazis verteidigte, andererseits aber sich im Sinne der NS-Ideologie mit Worten und Taten andiente. Zweigleisig wurde auch jahrelang mit dem Buch selbst verfahren: Mal wurde es beschlagnahmt, dann durfte es wieder verkauft werden. Gebhardt vermutet, Marcuse habe 1938 angeregt, eine dritte Auflage des Handbuchs in dem Schweizer Verlag Albert Müller erscheinen zu lassen, jedenfalls habe dieser Verlag in jenem Jahr beim Berliner Verlag Walter de Gruyter angefragt, der 1927 den Verlag A. Marcus & E. Weber's, in dem das Handbuch ursprünglich erschienen war, übernommen hatte.

Marcuse erwähnt diesen Vorgang in seiner Selbstdarstellung mit keinem Wort. Er berichtet aber, dass de Gruyter »Widerstand« geleistet habe, als der Psychiatrieprofessor Kurt Kolle nach 1945 um eine dritte Auflage bemüht gewesen sei. Merkwürdigerweise hat sich nun im Jahr 2001 dieser Verlag entschieden, die 2. Auflage unverändert nachzudrucken, als seien die sexuell-gesellschaftlichen Verhältnisse noch so wie in der Weimarer Republik – samt der rassenhygienischen Propaganda jener von Hitler persönlich ausgezeichneter Agnes Bluhm, der wir im Fortgang dieses Kapitels noch einige Male begegnen werden.

Familie und Studium

Max Marcuse wurde am 14. April 1877 in Berlin geboren und wuchs dort in einer jüdischen Familie auf, die aus der nordöstlich der Oder gelegenen Neumark stammte und spätestens Anfang der siebziger Jahre des 19. Jahrhunderts nach Berlin gezogen war, wahrscheinlich, um der Enge der Provinz zu entfliehen und bessere Lebenschancen zu haben.

Den Berichten seiner Kinder und Freunde zufolge war Marcuse ein sehr ahnenbewusster Mensch, der seine Vorfahren väter- und mütterlicherseits bis in die fünfte Generation zurückverfolgt habe. Dabei sei herausgekommen, dass die Mutter seines Vaters und der Vater seiner Mutter Geschwister waren, sodass, wie Marcuse gesagt haben soll, »bis zur fünften Generation statt 30 verschiedener Ahnen nur 22« existieren.

Seine Mutter Johanna Labus, geboren am 28. Februar 1840 in Friedeberg/Neumark, gestorben am 28. Januar 1912 in Berlin, stammte aus einer Mühlenbesitzersfamilie. Sein Vater Carl Marcuse, geboren am 23. Februar 1831 in Schwerin/Neumark, gestorben am 19. November 1906 in Berlin, stammte aus einer Kaufmannsfamilie und war selbst Kaufmann. Womit er gehandelt hat, ließ sich nicht eruieren. Marcuse war im 18. Ehejahr seiner Eltern geboren worden. Er hatte zwar zwei Schwestern, wuchs aber vom 6. Lebensjahr an wie ein Einzelkind auf.

Hedwig, das erste Kind seiner Eltern, war bereits verstorben, als er »als ersehnter Ersatz« für sie geboren wurde. Sie war am 30. Dezember 1861 in Friedeberg geboren worden und vor ihrem 14. Geburtstag am 25. Oktober 1875 in Berlin gestorben.

Die zweite Schwester, Lina, war 13 Jahre älter als Marcuse und ihm »mit mütterlichen Gefühlen verbunden«. Sie wurde an einen Mann verheiratet, als er noch ein kleiner Junge war. Lina war am 21. Januar 1864 in Friedeberg geboren worden und am 9. Oktober 1938 in Berlin gestorben. Ihre unglückliche Ehe und ihre »nervösen« Anfälle, verbunden mit »sexuellen Angstphantasien« und »neurotischen Dämmerzuständen«, bezeichnete Marcuse als »eine der wesentlichsten Quellen« für seine spätere »wissenschaftliche und praktische Hinwendung zur Psychologie und Psychotherapie«. Um seiner Schwester zu helfen, vermittelte er eine Behandlung bei Albert Moll und korrespondierte mit Sigmund Freud, wie er in dem Fragment einer Autobiografie aus dem Jahr 1949 berichtet.

Nach dem Besuch höherer Schulen in Berlin, zunächst des Sophiengymnasiums, dann des kgl. Friedrich-Wilhelms-Gymnasiums, das er 1895 mit dem Zeugnis der Reife verließ, entschied sich Marcuse gegen den Wunsch seiner Eltern für das Studium der Humanmedizin. Seine Eltern hätten es sehr viel lieber gesehen, wenn er ein erfolgreicher Strafverteidiger geworden wäre. Nach Auskunft der Berliner Senatsverwaltung für Schule, Jugend und Sport vom 18. Juli 1996 (IV A 1) befand sich das Friedrich-Wilhelms-Gymnasium in Berlin SW 68, Kochstraße 13. Zeugnisse aus der Zeit Marcuses seien nicht mehr vorhanden.

Das Medizinstudium absolvierte Marcuse an den Universitäten Berlin, Würzburg und Freiburg i. Br. Insgesamt studierte er wahrscheinlich neun Semester lang. An der Friedrich-Wilhelms-Universität Berlin war er laut Matrikel- und Kontrollbuch vom 8. Oktober 1895 bis zum 4. April 1898, also fünf Semester lang, eingeschrieben. Als seine Lehrer in dieser Zeit nennt er in seiner Dissertations-Vita u.a. Hertwig, G. Klemperer, Lassar, Senator, Waldeyer und Warburg.

Anschließend studierte Marcuse in Würzburg u.a. bei Geigel, Riedinger, Rindfleisch und O. Schultze. Nach meinen Rekonstruktionen müsste er, ein kontinuierliches Studium vorausgesetzt, das sechste und siebte Semester 1898/99 in Würzburg absolviert haben. Anhand von Archivunterlagen lässt sich aber nur belegen, dass er im Sommersemester 1898 in Würzburg eingeschrieben war (Personalbestand der Königlich Bayerischen Julius-Maximilians-Universität Würzburg im Sommer-Semester 1898, S. 45). Vielleicht war er im darauf folgenden Semester, für das keine Belege gefunden werden konnten, gar nicht eingeschrieben, weil er anderen Dingen nachging. In seinen Bemerkungen zu einer Autobiografie spricht Marcuse davon, die vorklinischen Semester ohne Freude und Interesse unregelmäßig und unaufmerksam hinter sich gebracht zu haben. Seine Neigungen hätten sich nicht auf die Naturwissenschaften, sondern auf Psychologie, Soziologie und Philosophie gerichtet. Deshalb habe er auch die Kollegs von Treitschke, Schmoller, Wagner, Stumpf und anderen »oft und mit Hingabe« besucht, das Physikum aber »in drei Etappen« abgelegt. Die letzte »Etappe« sei Würzburg gewesen.

Beendet hat Marcuse sein Studium in Freiburg i. Br. Immatrikuliert war er an der dortigen »Grossherzoglich Badischen Albert-Ludwigs-Universität« vom 28. April 1899 bis zum 20. Februar 1900, was seinem achten und neunten Fachsemester entsprechen könnte. In seiner Dissertations-Vita nennt er als seine Lehrer u.a. Hegar, Manz, Schottelius, Sellheim und Ziegler, was mit dem »Studien- und Sitten-Zeug-

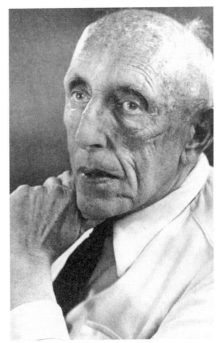

Max Marcuse als Kind, als Soldat, mit seinem Sohn Hans Renatus 1932 und als alter Mann in Jerusalem (Foto Alice Holz, Jerusalem)

niss« dieser Universität vom 20. Februar 1900 übereinstimmt. Am 3. Juli 1900, gerade 23 Jahre alt geworden, bestand er in Freiburg die ärztliche Staatsprüfung mit der Note »gut«. Wenige Tage später, am 9. Juli, erhielt er die Approbation als Arzt.

Während seines Studiums war Marcuse in einer nicht näher bekannten Studentenverbindung aktiv. Die Narben in seinem Gesicht stammten von Mensuren. Der Sohn Yohanan berichtete, einmal sei bei einem Duell die Nase schwer verletzt worden; das habe »eine Familientragödie ausgelöst«. Marcuse selbst bezeichnete diese Episode seines Lebens 1949 in den autobiografischen Bemerkungen als eine »Ich-fremde«.

Assistent von Jadassohn, Herxheimer und Blaschko

Wegen der »Zusammenhänge mit psychologischen und soziologischen Problemen«, namentlich mit den »Prostitutionsproblemen und den Sexualproblemen«, entschied sich Marcuse nach dem Studium für eine Spezialisierung auf dem Gebiet der Dermato- und Venerologie. Von den Disziplinen, die überhaupt in Frage kamen, schied die Psychiatrie aus, weil er einen »inneren Widerstand« gegen sie hatte, und die Sozialhygiene, weil sie sich nicht mit dem einzelnen Menschen beschäftigte.

Für die Dermato- und Venerologie entschieden, in der, ähnlich wie in der Sexuologie, jüdische Ärzte wegen deren »schmutziger« Materie am ehesten eine Karriere machen konnten, bewarb sich Marcuse zunächst bei Neisser in Breslau um eine Assistentenstelle. Albert Neisser (1855–1916), zu dieser Zeit einer der angesehensten Vertreter der Dermatologie, empfing ihn freundlich, meinte aber, er solle erst einmal bei seinem Schüler Josef Jadassohn (1863–1936), der die Dermatologische Klinik der Universität Bern leitete, mit der Ausbildung beginnen. Marcuse reiste daraufhin in die Schweiz und durfte ein Jahr lang, vom Oktober 1900 bis Ende September 1901, als Volontärarzt in der Jadassohn'schen Klinik arbeiten.

Der aus Liegnitz stammende Jadassohn übernahm 1896 das Berner Extraordinariat und 1917 das durch den Tod Albert Neissers frei gewordene Breslauer Ordinariat für Dermatologie. Durch seinen enormen Fleiß und seine Kreativität wurde er zu einem der führenden Hautärzte Europas. Mit dem von ihm herausgegebenen, viele Bände umfassenden *Handbuch der Haut- und Geschlechtskrankheiten* (1927–1937) hat er sich ein wissenschaftliches Denkmal gesetzt. Auf die Gesetzgebung zur Bekämpfung der Geschlechtskrankheiten zur Zeit der Weimarer Republik hatten seine venerologischen Abhandlungen einen großen Einfluss. Als Jude von der Nazi-Diktatur bedroht, emigrierte Jadassohn 1933 in die Schweiz, wo sein Sohn Werner Jadassohn Dermatologieprofessor war.

Da Marcuse in Bern weder einen Vertrag erhielt noch eine Bezahlung, finden sich in den dortigen Archiven keine Dokumente, in denen er erwähnt würde. Dass Marcuse aber tatsächlich in Bern als Dermatologe gearbeitet hat, erwähnt er selbst in dem autobiografischen Fragment. Es ergibt sich außerdem aus seiner Promotionsarbeit (Marcuse 1901, 1902a) und einer Veröffentlichung über nodöse Syphilide (Marcuse 1902b), in der er als ehemaliger Volontärarzt der Berner Klinik bezeichnet wird.

Der Doktortitel war Marcuse nach eigenem Zeugnis gleichgültig. Er sah ihn als eine »leere Dekoration aus gesellschaftlichen und anderen Zweckmotiven« an. Vielleicht hatte er aus diesem Grund auch keinen Doktorvater im üblichen Sinn. Ganz so widerspenstig, wie er in den autobiografischen Notizen behauptet, verhielt er sich den Konventionen gegenüber aber doch nicht. Bereits vor dem medizinischen Staatsexamen hatte er nämlich der Medizinischen Fakultät der Universität Jena ein Gesuch um Promotion vorgelegt. Dieses wurde jedoch im März 1899 abgelehnt, weil er erst sieben Semester lang studiert hatte (vgl. Thüringer Universitäts- und Landesbibliothek Jena, Universitätsarchiv, Bestand: Med. Fak. L, Nr. 254 und 402).

Ein Jahr nach dem Staatsexamen, am 26. Juni 1901, legte Marcuse dem Dekan der Berliner Medizinischen Fakultät eine dermatologische Arbeit über Cornua cutanea als Dissertationsschrift vor, die er in der Klinik von Jadassohn verfasst hatte. Der Dekan bestimmte von Bergmann zum Referenten, der sehr bald die Annahme der Arbeit beantragte. Die Abstimmung der Ordinarien vom 23. Juli 1901 fiel positiv aus, und das Colloquium vom 12. November 1901 bei Engelmann, Jolly und v. Michel bestätigte die Note »gut«. Am 10. Dezember 1901 trat Marcuse zur Öffentlichen Verteidigung seiner Thesen an, denen neben anderen ein Dr. med. Max Hirsch opponierte (s. Dokument), bei dem es sich um den wie Marcuse im Jahr 1877 geborenen, später vor allem als Herausgeber des *Archivs für Frauenkunde und Konstitutionsbiologie* bekannt gewordenen Sozialgynäkologen und Sexualwissenschaftler handeln dürfte. Der im Verlauf des Verfahrens schwankende Titel der 33 Seiten umfassenden Dissertationsschrift, die im *Archiv für Dermatologie und Syphilis* veröffentlicht worden ist (Marcuse 1902a), lautet in der auf den 10. Dezember 1901 datierten Promotionsurkunde endgültig *Zur Kenntnis der Hauthoerner*.

Mehrere Quellen, darunter auch Mayer (1986: 8), behaupten fälschlicherweise, Marcuse habe 1902 mit der Abhandlung *Anatomisch-biologischer Beitrag zur Mykorrhizenfrage* in Jena promoviert. Bei dieser Arbeit handelt es sich jedoch um eine Dissertationsschrift, die von einem Apotheker und Botaniker, der auch Max Marcuse hieß, der Philosophischen Fakultät vorgelegt worden ist (Universitätsarchiv Jena, Philosophische Fakultät, Bestand M, Nr.

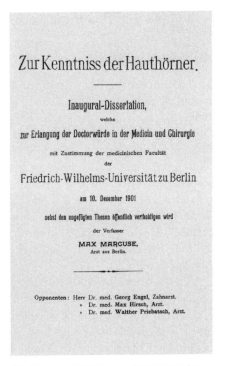

Max Marcuses Verteidigung seiner Dissertation (Archiv der Humboldt-Universität zu Berlin, Med. Fak. 724)

510). Der Namensvetter ist am 10. September 1876 in Stassfurt geboren worden, hatte Gymnasien in Schönebeck a. d. E. und Bernburg besucht, den Beruf des Apothekers gewählt und an den Universitäten Leipzig und Jena studiert, zuletzt vor allem Botanik. Neben diesem »falschen« Max Marcuse stößt man bei systematischer Suche auch noch auf einen weiteren anderen Max Marcuse, der mit einem Thema promovierte, das auch zu »unserem« Marcuse passen würde: *Über einen Fall von salvarsanfestem afrikanischem Rückfallfieber* (Med. Diss., Frankfurt am Main 1923).

Aus der Schweiz nach Deutschland zurückgekehrt, arbeitete Marcuse ein knappes Jahr lang, von Ende 1901 bis zum Sommer 1902, in der außeruniversitären Poliklinik für Haut- und Geschlechtskrankheiten, die Alfred Blaschko (s. Kap. 10) in Berlin betrieb. Wie bedeutsam Marcuse diese Zusammenarbeit mit dem in den Jahrzehnten von 1890 bis 1920 über Deutschlands Grenzen hinaus führenden Dermatovenerologen und Sozialhygieniker noch viele Jahre später fand, beschreibt er ausführlich in dem autobiografischen Fragment, das uns überliefert worden ist.

Vom 1. September 1902 an war Marcuse nach der Zeit bei Blaschko »Hülfsarzt« der Hautkranken-Station des Städtischen Krankenhauses Frankfurt am Main. Bereits sechs Monate später verließ er jedoch zornentbrannt das Krankenhaus, weil er nicht zum Sekundärarzt befördert worden war, obgleich sich Karl Herxheimer, sein schon damals in der Medizin weichenstellender Chef, wärmstens für ihn und nicht für den Sohn eines ehemaligen Frankfurter Stadtrats verwandt hatte.

Niederlassung in Berlin

Nach Berlin zurückgekehrt, eröffnete Marcuse – nach seinen Angaben 1905, wahrscheinlich aber schon 1904 – eine Praxis als Spezialarzt für Dermatologie. Sein Interesse galt vor allem der Psychotherapie und der Sexuologie, aus wirtschaftlichen Gründen mussten aber dermatologisch-venerologische Tätigkeiten überwiegen. Danach gefragt, berichtete der Sohn Yohanan, dass sein Vater »keinen materiellen Sinn« gehabt habe und »großzügig in der Behandlung Minderbemittelter« gewesen sei. Die Praxis habe sich zunächst »in der Gegend Wedding/Gesundbrunnen« befunden. Die längste Zeit aber praktizierte Marcuse in der Lützowstr. 85 in Berlin W 35. 1931 wurden Praxis und Wohnung nach Berlin-Wilmersdorf in die Berliner Str. 161/162 verlegt. Laut Auskunft der Kassenärztlichen Vereinigung Berlin vom 19. Juni 1996 befinden sich im Berliner Arztregister keine Unterlagen, die Max Marcuse beträfen.

Am 28. September 1905 heiratete Marcuse die drei Jahre jüngere, am 25. November 1880 in Berlin geborene Helene Frida Elisabeth Kohls, die einen Teil ihrer Kindheit in Althöfchen in der Neumark verbracht hatte, wo ihr Vater eine Mühle besaß. Frida Kohls war evangelisch getauft worden, trat aber bereits vor der Verbindung mit Marcuse aus der Kirche aus. Mit der Eheschließung konvertierte sie zum jüdischen Glauben. Gelegentlich hat sie übrigens selbst zur Feder gegriffen (vgl. z.B. Frida Marcuse 1905, 1912). Das Problem der »jüdisch-christlichen Mischehe« resp. der »Rassenkreuzung« hat Max Marcuse immer wieder beschäftigt (z.B.

1912b, 1913a, 1920, 1927e). So schrieb er 1927 in der *Medizinischen Welt*, das Experiment der so genannten Rassenkreuzung gehe seit eineinhalb Jahrhunderten »im deutschen Adel und Bürgertum vor sich«:

»Bekanntlich wollte Bonaparte jeden dritten Juden zwingen, eine Christin, jede dritte Jüdin einen Christen zu heiraten, um die Juden zu nationalisieren. Sein Staatsrat wies zwar solche Maßnahmen ab, aber der ›echt napoleonische Gedanke‹ (Rost) wirkte sich dennoch in einer beginnenden Verbreitung dieser Mischehen aus. In Preußen hatten bereits unter der Einwirkung des Lessing-Mendelssohnschen Zeitgeistes die gebildetsten unter den Christen und Juden, anfangs nur geistige und gesellige, bald auch intimere Annäherung gesucht. In Massen ließen sich Juden – namentlich in Berlin, Breslau und Königsberg – taufen und heirateten Christen oder Christinnen. Innerhalb 30 Jahren war die Hälfte der Berliner jüdischen Gemeinde zur Landeskirche übergetreten, zum großen Teil unter Schließung einer Mischehe, mindestens in der folgenden Generation! Nicht zu gedenken der zahlreichen *unehelichen* Verbindungen, die unter dem Einfluß der deutschen Romantik die gebildetsten und angesehensten Jüdinnen mit Christen eingingen. Als dann in den 70er Jahren die Zivilehe eingeführt war, wurde die christlich-jüdische Mischehe immer häufiger. Bis in die 80er Jahre überwogen die Ehen zwischen christlichen Männern und jüdischen Frauen, namentlich infolge der Heiraten Adliger mit Jüdinnen. Seit etwa 1884 nahmen die Mischehen zwischen jüdischen Männern und christlichen Frauen erheblich zu, und nach einer Zeit der Angleichung beider Vermischungsweisen ist neuerdings wieder ein Überwiegen der christlichen Männer zu bemerken. Von der außerordentlichen Verbreitung und der wachsenden Zunahme der christlich-jüdischen Mischehen in Deutschland mag folgende Zusammenstellung Aufschluß geben. Es wurden hier geschlossen:

Ehen *überhaupt*: 1910   496.396   1923   581.277
christlich-jüdische   1.003   2.004

Dabei ist zu bedenken, daß die Statistik nur christlich-jüdische *Religions*mischehen, aber nicht deutsch-jüdische *Rassen*mischehen kennt. Daß die letzteren die ersteren an Zahl bei weitem übertreffen, ist evident« (Marcuse 1927c: 1418, Hervorh. von Marcuse; teilweise wortgleiche Bemerkungen bereits in der Arbeit Marcuse 1912b: 696f.).

1909 wurde der Sohn Karl Günter geboren, der wenige Monate nach der Geburt verstarb. Am 11. April 1920 wurde der zweite Sohn Hans Renatus in Berlin geboren, der sich später Yohanan Meroz nennen wird. Am 9. April 1931 wurde der dritte Sohn Michael in Magdeburg geboren, der später auch den Namen Meroz annehmen wird. Er stammt aus einer Verbindung Marcuses mit der 25 Jahre jüngeren, 1902 in Breslau geborenen Grete Seelenfreund geb. Freudenthal.

Fundierung einer neuen Wissenschaft

Neben der ärztlichen Praxis entfaltete Marcuse allein in quantitativer Hinsicht atemberaubende Aktivitäten. Schnell bis forsch, auf jeden Fall sehr belesen und entscheidungsfreudig, ein eigener Kopf, der Autoritäten ebenso schlecht ertragen konnte wie verlogene Konventionen, mischte sich Marcuse in diverse Fragen der Zeit ein, engere medizinische oder gar dermatologische Fachgrenzen souverän überschreitend. Er veröffentlichte nach unserer Recherche nicht nur 14 Bücher und Broschüren, die er, wenngleich überwiegend dem Umfang nach recht schmal, allein geschrieben hat. Er edierte auch allein, wie wir sogleich hören werden, acht keineswegs schmale Werke im Umfang von mehr als 3.000 Druckseiten, von den Zeitschriftenjahrgängen, die er redigierte, noch ganz zu schweigen. Außerdem schrieb er nach seinen eigenen Angaben etwa 100 Zeitschriften- und Handbuchartikel. Thematisch spannte er den Bogen weit. Er erörterte sexualmedizinisch-sexualwissenschaftliche, sexual- und sozialpolitische, sexualpsychologische, sexualpsychopathologische, forensisch-kriminologische, so genannte rassenbiologisch-rassenhygienische bzw. eugenische Fragen und in geringerem Umfang auch genetische und dermato-venerologische Fragen (s. Literaturverzeichnis am Ende des Buches).

Doch damit nicht genug: In Hunderten von Rezensionen (nach meiner Schätzung sind es etwa 500), vor allem in den von ihm redigierten Zeitschriften, beeinflusste er in einem exzellenten Stil, energisch, nicht selten kritisch gegenüber der Allerweltsmeinung der Kollegen und fast immer zum Nachdenken anregend, die wissenschaftlichen und fachpolitischen Debatten der Zeit. Für diesen anregenden Stil sei ein Beispiel aus Birnbaums *Handbuch der medizinischen Psychologie* von 1930 gebracht, für das Marcuse Stichwortartikel verfasst hat. In seinem umfangreichen Beitrag *Psychische Geschlechtsunterschiede* heißt es u.a.:

»Nun ist es aber nicht etwa erlaubt, aus der biologisch-fortpflanzungsphysiologischen Polarität der Geschlechter *bestimmte* psychische Unterschiede nach mehr oder minder subjektiven Zweckmäßigkeitsvorstellungen zu erschließen und gar in Gleichnissen unter Verkennung ihres bloßen ›Als-Ob‹-Charakters auszudrücken, wie namentlich Bachofen dies unternommen hat; auch ist es nicht zulässig, vermeintlich oder tatsächlich an den beiden Geschlechtern beobachtete Unterschiede in ihrer geistig-seelischen Verfassung und Verhaltensweise als psychische Geschlechtsunterschiede schlechthin anzusprechen und auszugeben, ohne zuvor die Möglichkeit erwogen und ausgeschlossen zu haben, daß es sich vielmehr um geschlechtsspezifische *Milieu*unterschiede handle. Denn die Gewißheit von der Existenz echter Geschlechtsunterschiede auch im Bereiche des Psychischen besagt nichts gegen die Meinung, daß die meisten Differenzen in und an den psychischen *Äußerungen* (nur diese ja sind unserer Wahrnehmung und Ermittlung zugänglich) von Mann und Weib lediglich oder überwiegend Reaktionen auf die Verschiedenheit der Umweltreize darstellen, während gerade diese Verschiedenheit des Milieus wirkliche psychische Geschlechtsunterschiede verschleiern könnte. Nicht vermag hierüber etwa – wie Kronfeld zutreffend hervorhebt – die Beobachtung an den primitiven Völkern Klärung zu bringen, denn auch diese sind mit Traditionen behaftet, die geeignet sind, die naturgegebenen Sachverhalte bezüglich der psychischen Sexualcharaktere zu maskieren und zu verfälschen. Hierzu kommt als Fehlerquelle des einzelnen Beobachters seine ›Geschlechtskomponente‹ (Vaerting); diese bewirkt eine affektive Neigung zur Idealisierung oder zur Herabsetzung des anderen Geschlechts und trübt somit durch eine mindestens unbewußte Erwartung bestimmter Resultate die Objektivität von vornherein. Dabei spielt noch die Tendenz zur Verabsolutierung des eigenen Geschlechtes eine der Unbefangenheit nicht nur gegenüber der Problemlösung, sondern schon gegenüber der Problem*stellung* abträgliche Rolle. So fand sich z.B. in dem gedruckten Titelverzeichnis, das der Herausgeber dieser ›Medizinischen Psychologie‹ den Mitarbeitern zur Bestimmung ihres Themas übersandte, ausdrücklich das Hauptstichwort Weib, während das Stichwort Mann nicht einmal als

Nebentitel vermerkt worden war. In dem einschlägigen Schrifttum treffen wir mehrfach auf analoge Sachverhalte (Lombroso, Wulffen, Schneickert), in denen Else Voigtländer mit Recht den Ausdruck einer *männlichen Befangenheit* erkennt, die sein Wesen nicht zum Gegenstand, sondern zum *Maßstab* der Untersuchung macht. Überdies zeigt sich ihr hier auch der Niederschlag einer *sexuellen Wirkung* des anderen Geschlechts, die als vermeintlich objektive Eigenschaft auf dieses projiziert wird. Dieser Sachverhalt ist Klimowsky namentlich auch in der Beschreibung künstlerischer Leistungen bestimmter Perioden aufgefallen; so wenn Finke ausruft: ›Wie stark männlich ist doch diese primitive (gotische) Kunst selbst in der Darstellung der hölzern wirkenden Frauenfiguren!‹ – oder wenn Goethe apostrophiert: ›Männlicher Albrecht Dürer‹ – oder wenn man von einem femininen Zuge der Renaissancekunst spricht. Der Mann (mit überwiegend männlichem Typus) sieht – wie in diesem Zusammenhange Klimowsky hervorhebt –, wenn er die Umwelt und also auch die Frau im allgemeinen (nicht etwa die er liebt) oder sich selbst betrachtet, das Objekt nicht als Ergänzung zu sich, d. h. mit reziprokem Sexualtypus, sondern in der Art seines eigenen Typus. Steht doch die Frau immer dort – meint C. G. Jung –, wo der Mann seinen Schatten hat, ›weshalb er sie nur allzu leicht mit letzterem verwechselt, und wenn er dies Mißverständnis wieder gutmachen will, so überschätzt er die Frau und traut ihr Desiderata zu‹. So wäre auch die These R. von Delius' zu verstehen, daß die Psychologie der Frau ein Ausdruck von Wünschen und Enttäuschungen des Mannes ist. Umgekehrt soll nach Voigtländer dem Standpunkte der Frau das Weibliche als absolut und das Männliche als relativ erscheinen. Ob das im gleichen Sinne zutreffend ist, kann bezweifelt werden; mir scheint vielmehr auch von der Frau unmittelbar das Männliche irgendwie als das allgemein Menschliche, als das Absolute *erlebt* zu werden, von dem das Weibliche sich in seiner Sonderart abhebt (G. Simmel) – eine Erlebnisweise, die freilich neuerdings (sei es willens- und verstandesmäßig, sei es vom ›Unbewußten‹ her als ›männlicher Protest‹) zu korrigieren unternommen wird. Aber wie dem auch sei – eine objektive Klarstellung des psychischen Sachverhaltes und vollends die Abgrenzung zwischen konstitutioneller und umweltlicher Bedingtheit ist gerade auch in diesem Falle nicht möglich –: das ›Sexualbewußtsein‹ (F. Giese) setzt aller vergleichenden Geschlechterpsychologie eine kaum überwindbare Grenze. Diese ist besonders deutlich im Bereiche des im *engeren* Sinne Geschlechtigen: des *Geschlechtlichen*, derart, daß der Weg zu einer vorurteilslosen Erkennung der *psychosexuellen* Geschlechtsunterschiede, in denen der psychische Dimorphismus überhaupt seine Wurzeln hat, uns ein für allemal verbaut ist« (Marcuse 1930c: 175 f, Hervorh. von Marcuse).

Wenn es irgendwie möglich war, betrieb Marcuse Sexualforschung, ob nun als Student, als Assistenzarzt, in der eigenen Praxis oder im Ersten Weltkrieg als Stabsarzt in einem Reservelazarett in Frankfurt an der Oder. Selbst diese Tätigkeit nutzte er für seine Forschungsinteressen (vgl. z.B. Marcuse 1917a). Außerdem war er immer wieder als Gerichtsgutachter tätig und erlangte als solcher eine herausgehobene Position, indem er von 1930 an, wie er und Klimowsky in den eingangs erwähnten Nachlass-Papieren betonen, als »einziger vereidigter« Sachverständiger für Sexualpathologie und medizinische Sexualpsychologie beim Kammergericht und bei den Landgerichten I, II und III in Berlin zugelassen gewesen sei, was auch *Kürschners Deutscher Gelehrten-Kalender* (1931, Ausg. 4: 376) und das *Reichshandbuch der deutschen Gesellschaft* (1931, Bd. 2: 398) notierten.

Marcuses Hauptleistung aber ist eine Aktivität, die *disziplinäre Fundierung der Sexualwissenschaft* genannt werden könnte. Dazu gehören vor allem seine Gründungs- und Editionsaktivitäten (vgl. Kap. 3), die aus der verstreuten Sexualforschung ein Fach mit eigenen Fachgesellschaften und Fachzeitschriften, ja sogar mit Lehr- und Handbüchern zu machen geeignet waren. Wie bereits eingangs erwähnt, handelt es sich dabei um die Mitbegründung der Internationalen Gesellschaft für Sexualforschung sowie um die Herausgabe bzw. Redaktion der Zeitschriften *Sexual-Probleme, Archiv für Sexualforschung, Abhandlungen aus dem Gebiete der Sexualforschung* und *Zeitschrift für Sexualwissenschaft (und Sexualpolitik)*. Hinzu kommt die Edition des *Handwörterbuchs der Sexualwissenschaft. Enzyklopädie der natur- und kulturwissenschaftlichen Sexualkunde des Menschen* aus den Jahren 1923 und 1926. Dieses Werk enthält viele bis heute lesenswerte und durch ihre gründliche Recherche bestechende Beiträge namhafter Gelehrter ebenso wie ideologisch problematische wissenschaftlich unbedeutender Autoren zu Themen wie der Rassenhygiene. Als Beispiel für die gelungenen Arbeiten sei hier nur der kritisch-solide Artikel »Kastration« von Marcuse (1926c; vgl. auch Marcuse 1927h) genannt, von dem sich rezente Schmierenkomödianten noch immer mehrere Scheiben abschneiden könnten. Eindrucksvoll ist auch der Umfang des Werkes, das heißt die redaktionelle Leistung des Herausgebers: Es umfasst in den beiden von Marcuse verantworteten Ausgaben 1.300 zweispaltige Seiten in recht kleinem Druck.

In diesem Zusammenhang muss auch die Herausgabe des Sammelwerkes *Die Ehe. Ihre Physiologie, Psychologie, Hygiene und Eugenik* (Marcuse 1927a) erwähnt werden. Dieses 630 Seiten umfassende »biologische Ehebuch« versammelt Beiträge recht differenter Forscherinnen und Forscher, die Marcuse zumindest zeitweise nahe standen, von Karen Horney und Helenefriderike Stelzner über Rainer Fetscher und Kurt Finkenrath bis hin zu Albert Moll und Géza Róheim. Die Absicht des Herausgebers war es, zwei zu dieser Zeit diskutierte Ehebücher mit »seinem« Ehebuch zu ergänzen und vor allem zu kontrastieren. Das eine stammte von Hermann Keyserling (1925) und war Marcuse insgesamt zu metaphysisch-irrational und selbstbezüglich, nur intuitiv-künstlerisch und nicht naturwissenschaftlich operierend. Das andere Ehebuch hatte Theodoor Hendrik van de Velde (1926; vgl. auch 1928, 1929a, 1929b) veröffentlicht und schien Marcuse zwar »physiologisch« zu sein, andererseits aber zu technisch und zu erotisch, den Alltag einer Ehe ignorierend, indem wirklichkeitsfremd ideologisch auf die Verewigung von Vollkommenheit, Glück und Hoch-Zeiten geschielt wird, die das Wesen der Ehe verfehlten. Marcuse und vor allem der Mitautor Finkenrath dagegen sahen die Ehe nicht als ästhetisches oder philosophisches, sondern als biologisch-ärztliches Problem, wollten als Erkenntnismittel nicht Intuition, sondern Erfahrung nutzen und hatten als Ziel nicht Selbstverwirklichung, sondern »Sicherung der Art und ihres kulturellen Gedeihens« im Auge (1927a: VI). Als mangele es daran, verlangt Marcuse im Vorwort »eine innere Wandlung des modernen Menschen zu biologischem Denken und Verantworten«. Komme es nicht dazu, sei der »Bestand der Ehe unrettbar verloren«. Das sei dann nicht nur irgendein Verfall, sondern »die Vernichtung aller schaffenden und gestaltenden Kräfte menschlicher Organisation« (ebd.: VIf). Kein Wunder also, dass der Herausgeber auch in diesem Buch wie in seinem Handwörterbuch eugenisch-rassenhygienisches Meinen im Sinne der »Aufartung«, »der Verhütung der Erzeugung minderwertiger Nachkommen« und der »reichliche(n) Vermehrung der rassenbiologisch wertvolleren Volksteile« (ebd.: 603) zu verbreiten hilft.

Und schließlich ist als eine herausragende Leistung die Redaktion der *Verhandlungen des I. Internationalen Kongresses für Sexualforschung* (Marcuse 1927i und 1928a-d) in fünf Bänden im Umfang von insgesamt 1.100 Druckseiten zu erwähnen. Diese Kongressbände bieten ein ebenso eindrucksvolles wie extremes Panorama zeitgenössischer internationaler Sexualforschung. Der erste Band ist der Biologie gewidmet und enthält im Wesentlichen Beiträge von Forschern wie Jacques Benoit, Eugène Gley, Oscar Riddle und Eugen Steinach über Sexualhormone bei Mensch, Tier und Pflanze, über Keimdrüsentransplantation, experimentelle Intersexualität, die so genannte Steinach'sche Operation und die so genannte Verjüngung sowie über den Geschlechtswechsel bei Tieren. Der zweite Band ist »Physiologie, Pathologie und Therapie« gewidmet und setzt inhaltlich die Tendenz des ersten Bandes fort, indem endokrinologisch-physiologische Arbeiten überwiegen. Therapeutisches muss mit der Lupe gesucht werden. Zu den Autoren gehören Harry Benjamin, der schon in New York arbeitet und über die Altersbekämpfung durch Keimdrüsentherapie schreibt, W. M. Bechterew aus Leningrad, der die »Geschlechtstätigkeit« aus reflexologischer Sicht sehr umfangreich betrachtet, Robert Stigler aus Wien, der die Sexualität der schwarzen mit der der weißen Frau vergleicht, sowie Hermann Rohleder, der seine schon zuvor geäußerte These der Trisexualität bekräftigt, das heißt einer dreifachen Triebveranlagung bei einem Menschen, nämlich hetero-, homo- und autosexuell oder, anders gesagt, Bisexualität plus Automonosexualität. Im dritten Band sind u.a. Alfred Adler, Poul Bjerre, Charlotte Bühler, Johannes Dück, Albert Moll, William Stern, Else Voigtländer und K. A. Wieth-Knudsen vertreten. Es geht um Erotik, Orgasmus, Pubertät, Sexualpädagogik, Homosexualität, Jugendsexualität, Liebe und »die Frauenfrage der Gegenwart«. Im vierten Band schreiben u.a. Charles V. Drysdale und Norman Haire über »Contraceptionisten« und Kontrazeptiva, Alfred Grotjahn, Albert Moll und Paul Popenoe zu Fragen der Eugenik einschließlich der Sterilisation aus eugenischer Indikation, Hans Guradze, Hertha Riese, Dora Russell und Julius Wolf über den so genannten Frauenüberschuss sowie über Geburtenkontrolle, -rückgang und -politik. Der fünfte Band schließlich sammelt den juristischen, sozio- und ethnologischen Kongressrest ein, immerhin aber präsentiert von Männern wie Paul Krische, Aldo Mieli, Erich Wulffen, William Stern und, recht ausführlich, Bronisław Malinowski.

In einem Brief vom 18. Januar 1930 an Professor Robert Michels in Basel, in dessen Kopf folgende Qualifikationen und Funktionen Marcuses genannt sind: »Facharzt für Sexualstörungen (Psychotherapie), Geschlechtsleiden, Hautkrankheiten, Herausgeber der Zeitschrift für Sexualwissenschaft und Sexualpolitik«, trägt Marcuse seinen Plan vor, ein »Bild-Archiv der deutschen Sexualforscher anzulegen und vielleicht auch herauszugeben«. Zuvor aber blickt er »mit aufrichtiger Genugtuung« auf »ein Vierteljahrhundert sexualwissenschaftlicher Arbeit« zurück und verschweigt auch nicht seine »persönliche(n) Eitelkeit«. Er habe »eine grosse Reihe bedeutender Fachgenossen – darunter die führenden Sexologen annähernd vollzählig – zu meinen wissenschaftlichen Mitarbeitern gewonnen«: Die Sexualwissen-

»Der Sieg der Eheberatung« (aus der Zeitschrift *Medizinische Welt*, 1929)

schaft sei »in unserer ernsten und fruchtbaren Arbeitsgemeinschaft nunmehr so fest gegründet«, dass »Anzweiflungen ihres Rechtes und ihrer Bedeutung als eigener Wissenschaftsdisziplin kaum mehr gewagt werden« (Archivio der Fondazione Einaudi, Turin, Nachlass Robert Michels). Marcuse hat also nach eigenem Dünken 1930 sein Ziel erreicht: Ausbau der Sexualkunde zur eigenständigen und anerkannten Wissenschaft.

Die Homosexualität als blinder Fleck

Natürlich hatte auch Marcuse seine blinden Flecken. So wie sich bei Magnus Hirschfeld alles um »Kontrasexualität« drehte, stand bei Max Marcuse »Prosexualität« im Zentrum des Denkens und Handelns. Seine zentrale Amaurose, sein blinder Fleck war folglich die Homosexualität. Der kluge Kurt Hiller (1931) hat das früh kritisiert, und der dezente Ralf Dose (1993: 197) hat das später so gesagt: Marcuses Konzept »war schon in den 20er Jahren nicht besonders originell«, es »pathologisiert homosexuelle Frauen und Männer«. Tatsächlich meinte Marcuse noch 1930 in Birnbaums *Handwörterbuch der medizinischen Psychologie*, es sei eine »Erfahrungstatsache«, dass »die Homosexuellen Sexualpsychopathen sind, also Psychopathen, deren seelische Abartigkeit im Bereiche der Psychosexualität zu besonderer Manifestation gelangt ist« (Marcuse 1930d: 214). Im 1933 erschienenen *Handwörterbuch der Kriminologie* von Elster und Lingemann führt er dann aus, dass diese seelische Abartigkeit selbst und gerade dann von kriminologischer Bedeutung sei, wenn sich die Angeklagten oder Zeugen nie homosexuell betätigt oder wegen eines sexuellen Delikts zu äußern gehabt hätten, weil nun einmal die »Gesamtpersönlichkeit« dieser von Marcuse abwechselnd biopsychisch defekt, psychopathisch, neurotisch oder pervers genannten Personen an sich gestört sei. Die »Tatsache der gleichgeschlechtlichen Bindung des erwachsenen Menschen« sei »so sehr abweichend von der biologischen Zielsetzung der Geschlechtlichkeit, ja den ›natürlichen‹ Sinngebungen überhaupt, daß sie auf jeden Fall als eine Krankheit oder als ein krankhafter Zustand gelten muß« (Marcuse 1933a: 677). Nebenbei: Dieser eine Satz des nicht mehr jungen Marcuse lässt schlagartig verstehen, warum er weder mit Helene Stöcker und den Frauenrechtlerinnen auf Dauer an einem Strang ziehen konnte noch mit Magnus Hirschfeld und seinen Kämpfern.

Hirschfelds Ansichten hat Marcuse auch in den späten Handbuchartikeln als »außerwissenschaftlich determiniert« vorgeführt (1930d: 214). Dabei merkte er nicht, wie ignorant und nach rückwärts gewandt seine Feststellungen waren, die sogar hinter den späten Krafft-Ebing und auf den frühen Hirschfeld zurückfielen, wenn er zum Beispiel meinte, dass die Homosexualität »nicht mit offensichtlichen körperlichen Regelwidrigkeiten verknüpft zu sein braucht« (Marcuse 1933a: 676f). Und es machte den auf heterosexuellen Feldern so scharfsinnig und polemisch argumentierenden Zeitgenossen nicht nachdenklich, dass in mittelalterlichen Gesetzbüchern der sexuelle Verkehr zwischen Christen und Juden ebenso wie der zwischen Männern aus religiösem Grund als Teufelszeug, als Götzendienst, als Beleidigung Gottes, als große Sünde geahndet wurde, im Land- und Stadtrechtsbuch von 1328 in dessen § 132 mit dem »Feuertod für alle, die sich mit Personen gleichen Geschlechts oder mit Juden vermischten!« (ebd.: 678) – wie er selbst schrieb mit einem Ausrufungszeichen und unter Sperrung der Passage »oder mit Juden«, damit sie auch ins Auge fiele.

Doch er zog keine Schlüsse, obwohl er als Sexualforscher erklärtermaßen bemüht war, die Dinge nicht nur durch die medizinische Brille zu sehen, sondern auch »soziologisch«, und obwohl er versuchte, Erkenntnisse der Freud'schen Psychoanalyse zu berücksichtigen, was er auch gegenüber Hirschfeld und dessen Freunden tat, indem er zum Beispiel in dem Handbuchartikel von 1930 formulierte, die »gar nicht mehr übersehbare Literatur« zum Thema Homosexualität sei »großenteils«, wie wir bereits hörten, »außerwissenschaftlich determiniert« – »zum mindesten vom Unbewußten her« (1930d: 214). Sein eigenes Unbewusstes aber hat offenbar dazu beigetragen, sein wissenschaftliches Urteil zu trüben. (Während ich das schreibe, in den hinterlassenen Manuskripten lesend, fällt mir eine Auflistung der wissenschaftlichen Arbeiten und Leistungen für Hanna Aharoni in die Hände, in der Marcuse an allen Stellen, an denen der Name Helene Stöcker fallen muss, schreibt: »Helene Stricker«. Die Namen der Verbrecher aber, die er begutachtet hat, sind sämtlich fehlerlos geschrieben, auch der mit ö oder dem oe zwischen i und r: »Rudolf Schröder«.)

Bedürfte es noch eines Beweises, dass der Rationalist Marcuse in Sachen Homosexualität seinem persönlichen Irrationalismus und seiner eigenen Irrealität erlegen ist, ein Beweis, der mit »Verführung« und »Ansteckung« zu tun hat und den Dose irritiert in Marcuses Schriften vermisste, dann fände er sich in einer »Kleinen Mitteilung«, betitelt »Homosexuelle Endemie«, die Marcuse dem *Archiv für Kriminal-Anthropologie und Kriminalistik* von Hans Gross schenkte und als Beweis dafür nahm, dass die Homosexualität »ansteckend« sei: In einem großen wohlhabenden Dorf, das aufgefallen war, weil es dort keine außerehelichen Kinder und keine Raufereien gab, trieben »die Burschen in ausgedehntem Maße mutuelle Onanie« in »förmlichen Liebesverhältnissen«, was eines Tages natürlich in Mord und Totschlag endete (Marcuse 1913d: 350).

Die so genannte Rassenhygiene als Notwendigkeit

Aus heutiger Sicht sehr problematisch ist Marcuses Nähe zur so genannten Rassenhygiene bzw. Eugenik, deren Ansichten im Verlauf seiner Berufsjahre von immer mehr Menschen in Deutschland geteilt wurden, unabhängig von der parteipolitischen Position. Von Francis Galton, einem Vettern Darwins, in England initiiert und von Wissenschaftlern wie Karl Pearson organisiert, breitete sich diese »Weltanschauung« mit einer Verzögerung von einigen Jahrzehnten auch in Deutschland aus, vor allem durch Schriften von Wilhelm Schallmayer und Alfred Ploetz, bis sie in extrem linken Kreisen ebenso vertreten wurde wie in extrem rechten. Verführerisch an dieser »Weltanschauung« war, dass die, die nicht mehr an Gott glaubten, ob sie nun aus christlichen oder jüdischen Familien stammten, jetzt an die Naturwissenschaften mit ihrem Evolutionsprinzip glauben konnten, wobei sich die rassistisch Gesonnenen zu Auslese und Ausrottung hinneigten, während die sozialistisch Empfindenden Hilfe und Hygiene erhofften. Angesichts dieser breiten Wirkung der darwineskten, mehr oder weniger Darwins ursprüngliche Ideen ins Politisch-Soziale abfälschenden »Weltanschauung« muss gesagt werden: »Historisch betrachtet, wird die Eugenik jedoch zu einer Wissenschaft der politischen Rechten« (Weingart et al. 1988: 19; vgl. auch Schmuhl 1987).

In unserem Zusammenhang ist bedeutsam, dass sich die Rassenhygiene/Eugenik in Deutschland zeitlich parallel zur Sexualwissenschaft organisierte, um dann – ganz im Gegensatz zur Sexualwissenschaft – im »Dritten Reich« an vielen Universitäten durch Professuren und Institute etabliert zu werden. Diese Parallelität, genauer: die Durchschlagskraft eines Diskurses im Foucault'schen Sinn, brachte es mit sich, dass die meisten Sexualwissenschaftler des ersten Drittels des 20. Jahrhunderts auch eugenisch dachten und zu argumentieren suchten. Bei erheblichen Differenzen im Einzelnen war ihre gemeinsame Utopie: dass das Elend, das in Gestalt von Arbeitslosigkeit, Armut, Alkoholismus, Geschlechtskrankheiten, Fehlbildungen, Kriminalität usw. immer größer und gefährlicher zu werden schien, durch gezielte Eingriffe in die Fortpflanzung gemildert bis beseitigt werden könnte, durch biologisch begründete Maßnahmen also – Stichwort Gesellschafts-*Biologie* – und nicht durch soziale und ökonomische, obgleich die Gründe für das massenhafte Elend ganz überwiegend in diesen Bereichen hätten gesucht werden müssen und nicht im so genannten Rassen- oder Erbmaterial.

Das aber verhinderten weitere, gleichzeitig wirkende »Weltanschauungen«, die heute Diskurs, Dispositiv oder Objektiv genannt werden, beispielsweise das von mir eingeführte »Krankheitsobjektiv«, das soziale Auffälligkeiten und Ungerechtigkeiten in scheinbar behandelbare medizinische (und heute auch psychologische) Probleme verwandelt, sowie der mit der Fetischisierung der Wissenschaft einhergehende Rationalisierungswahn, den die Naturwissenschaften angeblich befrieden können. Angesichts solcher sich gewissermaßen von selbst durchsetzender, selbst produzierender und selbst bestätigender Interpretations- und Bewältigungsraster grenzt es an ein Wunder, wenn ein Forscher diesem generalisierten Meinen *nicht* erlegen ist – wie im Fall der Pathologisierung der Onanie im 18. und 19. Jahrhundert Georg Christoph Lichtenberg und im Fall der Eugenik im 20. Jahrhundert Sigmund Freud und Albert Moll.

Marcuse gehört nicht zu diesen Singulären. Er hing zwar nicht der »negativen« Eugenik an, aber doch der »positiven«, deren Vertreter sich auch auf die Seite der Starken stellten. Die Verfechter der negativen Eugenik wollten die Schwachen, Kranken und »Minderwertigen« an der Fortpflanzung hindern; sie propagierten Kastration, Sterilisierung, Asylierung, überhaupt Zwang und »Ausmerze« und waren bereit, über Leichen zu gehen. Ihre »Weltanschauung« endete in den Höllen des Holocaust, der Menschenversuche in KZs, der Euthanasie-Aktionen, der Vernichtung »unwerten Lebens«. Marcuse (1907) widersprach den Vertretern der negativen Eugenik sehr früh, indem er zum Beispiel »Gesetzliche Eheverbote für Kranke und Minderwertige« ablehnte – so der Schrecken auslösende Titel eines Aufsatzes in der Zeitschrift *Soziale Medizin und Hygiene*. Auch lehnte er Euthanasie (im Sinne von Sterbehilfe), als sie der Deutsche Monistenbund befürwortete, eindeutig ab (Marcuse 1913b). Entschieden warnte er immer wieder vor voreiligen, wissenschaftlich nicht begründeten oder nicht begründbaren Schlüssen und bekämpfte sehr früh vor allem »antisemitische Auswüchse«, die die »nordische« oder »arische« Rasse« verherrlichten. Die völkischen Herabsetzungen der »jüdischen Rasse«, derer sich recht bald die H. F. K. Günther und Konsorten befleißigten, liefen für ihn aber ohnehin ins faktisch Leere: »Alle Versuche, die Juden als ›Rasse‹ zu bestimmen, überhaupt als eine anthropologische Einheit oder auch nur Gemeinsamkeit zu betrachten, sind bisher misslungen« (Marcuse 1912b: 691; vgl. auch Marcuse 1927b,

1930b). Zu einem sehr großen Teil seien die als spezifisch jüdisch geltenden Eigenschaften nicht natürliche, sondern anerzogene, mithin nicht ethologisch-anthropologisch zu erklären, sondern sozial-kulturell. Beispielsweise würden die durch die kollektive Verfolgung der Juden kollektiv bewirkten seelischen Traumen als angeborenes Rassemerkmal missdeutet.

Die Verfechter der »positiven« Eugenik wollten die Fortpflanzung der »Höherwertigen« und »Tüchtigen« fördern (nebenbei: hier wurde Darwins »fitness« = Angepasstheit falsch ins Deutsche übersetzt). Sie hantierten ohne jede Begründung regelmäßig und zentral mit Ausdrücken wie »hoch« und »niedrig« und ignorierten natürlich auch: dass sich Darwin einen Zettel aufgehängt hatte mit der Warnung, vorsichtig mit solchen Ausdrücken umzugehen (Midgley 1979: 148). Marcuse akzeptierte grundsätzlich das »rassedienliche« Prinzip der Selektion zwecks gezielter Fortpflanzung und widersprach dem Diskriminierungsraster der so genannten Höher- oder Minderwertigkeit nur zeitweilig und partiell. Noch Anfang der dreißiger Jahre schrieb er: »Ganz allgemein scheint es mir durchaus zu den Aufgaben des Arztes zu gehören, zu seinem Teile die Fortpflanzungsbereitschaft der Lebenstüchtigen und kulturell Wertvollen zu wecken bzw. zu stärken« (Marcuse 1931: 151). Schriften von Rassenhygienikern wie Rüdin oder von Verschuer, die heute zu den wissenschaftlichen Schreckensmännern der NS-Zeit gerechnet werden, lobte er zuvor in Rezensionen als »sehr wertvolle Beiträge«, als »sachkundig und eindrucksvoll« (vgl. z.B. Marcuse 1930b: 467 sowie Marcuses Rezension in der Zeitschrift für Sexualwissenschaft, Jg. 16, S. 66, 1929/1930). Ebenso referierte er über acht Kleindruckseiten eine Tagung des »Bundes für Volksaufartung und Erbkunde« vom Oktober 1928, auf der u.a. Eugen Fischer und Hermann Muckermann gesprochen hatten, als stünde jetzt endlich ein effektiver »Rassedienst am *deutschen* Volke« im Sinne einer »Erneuerung deutschen, abendländischen Lebens- und Kulturwillens« bevor (vgl. Marcuse 1928/29: 413, Hervorh. von Marcuse). Zehn Jahre zuvor hatte er sich in »grundsätzlichen Anmerkungen« zu Schallmayers »Lehre vom Rassedienst« sehr viel zurückhaltender und kritischer geäußert (Marcuse 1919/20).

In seinem 1926 in erweiterter Auflage erschienenen *Handwörterbuch der Sexualwissenschaft* aber durfte die an allen Fronten der Rassenhygiene maßgeblich aktive Agnes Bluhm, die auch das Leitorgan *Archiv für Rassen- und Gesellschaftsbiologie* mitherausgab, den Artikel *Rassenhygiene* schreiben. Der Herausgeber Marcuse hat offenbar kein Problem damit gehabt, Äußerungen wie die folgenden zu verantworten: »Das schwierige Negerproblem [der Vereinigten Staaten von Amerika] scheint durch die natürliche Auslese (Geschlechtskrankheiten, Tuberkulose und stark erhöhte Kindersterblichkeit) sich allmählich von selbst zu lösen, wenigstens geht die allgemeine Ansicht dahin, daß Mulatten nicht mehr in demselben Umfang wie früher erzeugt werden« (Bluhm 1926: 641). Und dann hat er die Bluhm alle »Leitsätze der Deutschen Gesellschaft für Rassenhygiene« abdrucken lassen (ebd.: 643 ff): »1. Die Hauptgefahr, die jeder Volksgemeinschaft droht, ist die Entartung, nämlich Verarmung an wertvollen, leistungsfähigen Rassenelementen«; und so fort bis zur Nr. 41. Folgerichtig versucht Bluhm an anderer Stelle, im Artikel »Zölibat« (ebd.: 806 f), alle bisher, nicht zuletzt und sehr früh von Albert Moll und Marcuse selbst gegen »rassenhygienische Eheverbote« vorgebrachten Argumente zu entkräften: Sie seien kein Eingriff in persönliche Dinge, weil die Ehe nun einmal »eine eminent öffentliche Angelegenheit« sei. Den Einwand, Eheverbote für »hochgradig Minderwertige« erübrigten sich, »da degenerierte Familien von selbst aussterben«, hält Bluhm für »inhuman«, weil die künstliche Auslese viel schonender sei als die natürliche, und außerdem für »unangebracht«, weil sich die natürliche »Ausmerzung« nur langsam und »unter starker sozialer Schädigung der Volksgemeinschaft« vollziehe. Unzutreffend sei auch die Behauptung, man wisse erbpathologisch noch zu wenig, um Eheverbote rechtfertigen zu können. Bluhm meint dagegen, über den Erbgang »schwerer Leiden« wie Hämophilie, Nachtblindheit, einer bestimmten Form der Zuckerharnruhr, heute Diabetes mellitus genannt, einer Reihe von Geisteskrankheiten, des erworbenen schweren Alkoholismus, Stichwort Forel'sche Blastophthorie, usw. wisse man genug. Jetzt komme es darauf an, in Kenntnis des in den USA bereits im Großen laufenden Experiments endlich zu handeln.

Auch in Marcuses umfangreichem »biologischen Ehebuch« von 1927 durfte die Eugenik nicht fehlen wie schon zuvor in den von ihm redigierten Zeitschriften Rassenbiologie und Rassenhygiene ebenso zum Kanon der Anschauungen gehörten wie auf dem I. Internationalen Kongress für Sexualforschung im Jahr 1926. So ließ beispielsweise der Rasseveredler August Hallermeyer (1913: 231 f) unter Marcuses sonst so entschiedener und mutiger Ägide die »hochgezüchtete arische Rasse« die »Herrschaft der Erde« übernehmen und »die anderen Rassen im Zaum« halten: »Um die Zukunftsaussichten der arischen Rasse zu heben, müsste folgendes geschehen: Durch züchterische Massnahmen grossen Stils würde der Durchschnittstypus des Ariers soweit gehoben, dass er dem Mongolen unbedingt überlegen ist. Der hochgezüchteten arischen Rasse wäre es ein leichtes, die Herrschaft der Erde zu übernehmen und die anderen Rassen im Zaum zu halten. Auf jeden Fall müsste zunächst der fortschreitenden rasslichen Entartung der arischen Rasse Einhalt geboten werden, und dies ist in merklichem Masse nur dadurch möglich, dass sich die menschliche Vernunft auch der Sphäre der Fortpflanzung bemächtigt und die planmässige Züchtung starker und schöner Menschen einleitet.«

Der Prager Philosophieprofessor von Ehrenfels war von Hallermeyers Rassenwahn begeistert, weil »in Sachen der Eugenik endlich wieder einmal *ein wirklicher Mann* das Wort« ergriffen hätte, von dem er inständig hoffte, dass dessen »Wirken in unserem deutschen Vaterland auch praktischer Erfolg beschieden sein« möge (Ehrenfels 1913b: 356, Hervorh. von Ehrenfels). Kenner der Marcuse'schen Schriften, die es allerdings zur Zeit nicht gibt, würde diese Zuschrift an den Herrn Redakteur der *Sexual-Probleme* nicht überraschen, hat doch Marcuse nur diesen Sozialdarwinisten und Züchtungsfanatiker (vgl. die Kritik von Bruno Meyer 1908: 715) im ersten Jahrgang seiner Zeitschrift so oft und sogar noch umfangreicher schreiben lassen wie und als sich selbst. Er durfte in der Zeitschrift, die Schluss machen wollte mit dem feminin Schwächlichen der Reformerinnen, seine Hochzüchtungsfantasien und Kriegtreibereien, die er primär in der *Politisch-anthropologischen Revue* und im »*Archiv für Rassen- und Gesellschaftsbiologie* veröffentlicht hatte, wo sie auch bestens platziert waren, unter Marcuses großzügiger Redaktion im Detail ausbreiten.

Ehrenfels und Freud als Leitfiguren?

Maria Christian Julius Leopold Karl Freiherr von Ehrenfels (1859–1932), für den sich heute wieder Forscher interessieren, weil er als Mitbegründer der Gestaltpsychologie und als Werttheoretiker geschätzt wird, wusste offenbar, was er seinem vielsagend-vielschichtigen Namen schuldig war. Philosoph und Dichter dazu, vor allem aber in der Mitte seines Lebens durch und durch Gesellschafts-*Biologe*, der also Darwins Deszendenztheorie fälschlicherweise ins Nichtnatürliche übertrug, befürchtete der Freiherr den Untergang der abendländischen Völker, des Höchsten und Besten, welches die Menschheit bisher hervorgebracht habe, wobei er in keiner seiner Schriften je definierte, was er unter »hochwertig« und dergleichen verstand. Um nun diesen Untergang aufzuhalten, schrieb Ehrenfels kurz nach der Jahrhundertwende etwa 45 Arbeiten, in denen er für Menschenzüchtung und Sexualreform scharfe Lanzen brach. Schließlich war er davon überzeugt, dass »unsere Fortpflanzungstriebe« korrumpiert seien und dem »Expansionsdruck« der mongolischen Rasse nicht mehr standhalten könnten. Es drohte die »gelbe Gefahr« – so ein Titel in den *Sexual-Problemen* (1908b). Die Triebe des Mannes, die sich durch »Auslese im Kampf ums Dasein« gebildet hätten, »der hier ein Kampf um Fortpflanzung ist«, seien von Natur aus polygam, sodass es der Natur des Mannes besser entspräche, »mit einem Weib im Leben nie mehr als einen Coitus auszuüben«, als nach geltendem Gebot, »den Coitus im Leben nur mit einem Weibe auszuführen« (Ehrenfels 1903: 463, 467). Die »Moral der Dauer-Einehe« sei »für die grosse Majorität der Männerwelt praktisch einfach undurchführbar« (1908a: 79).

Seine frühen Rezepte (vgl. u.a. 1907, 1908a, 1908d) waren: Höchstschätzung der Fortpflanzung in der Ehe, Hochzucht der so genannten Höherwertigen, Führerschaft der Männer in der sexualreformerischen Frauenbewegung, kurzum: »regenerative Sexualrevolution«, »virile Auslese« resp. »virile Ausjätung« (1922: 88) – und praktizierte »Polygynie«, eine für Männer besonders reizvolle Idee, mit der auch Marcuse liebäugelte, weil »die polygynische Veranlagung des Mannes« vielleicht »eine ausserordentlich *wertvolle* biologische Erscheinung darstellt« (Marcuse 1908c: 679, Hervorh. von Marcuse). Also: Rassetüchtige Männer haben eine Gattin (später ist von der nicht mehr die Rede) und so viele Beischläferinnen wie sie per virilem Ausjätungsfaktor verkraften können. Männer eignen sich viele Frauen an, senken »in den Schoß vieler Frauen die Lebensflamme eigenen Blutes« (1915: 18). Frauen ziehen sich in

Christian Freiherr von Ehrenfels

Kongregationen zurück, um die Kinder aufzuziehen. Sie haben die rassedienliche Pflicht und biologisch gebotene Schuldigkeit, sich ihre Eifersucht auszutreiben. In diesem Zusammenhang brach Ehrenfels eine scharfe Lanze für die in China praktizierte Fußverstümmelung, weil sie »wesentlich dazu beiträgt, den Frauen jene Selbstverleugnung, jene Härte gegen das eigene Triebleben anzuerziehen, derer sie im polygamen Familienhause so dringend bedürfen« (1909: 913; vgl. auch 1908c). Und die Mongolen? Die Mongolen (damals ein Sammelbegriff für alle Ostasiaten) dürfen nicht unter die Führung der besonders gefährlichen Japaner gelangen: »Wir müssen, wenn wir nicht verloren sein wollen, unbedingt Japan daran verhindern, Hand auf China zu legen. Wir müssen den chinesischen Koloss unter abendländische Kuratel setzen«, wozu es »eventuell kriegerischer Massnahmen« bedarf (1908d: 476). Apropos Krieg: Um die Polygynie als Eheform endlich einzuführen, sollten die Tapfersten vor dem Feind mit der »Schwertehe« belohnt werden – schlägt Ehrenfels in der unveröffentlichten Schrift *Das Heilgebot des großen Krieges* von 1915 vor, deren »Fahnenkorrekturen« der Verfasser Marcuse 1917 zugesandt hat (Marcuse 1931: 169).

Der eigenwillig selbstherrliche Freiherr, immer für eine Überraschung gut – Kafka (1967: 175 f) schrieb 1912 in sein Tagebuch: »Professor Ehrenfels, der immer schöner wird«, setzt sich »mit seiner vollen, wie bei einem Musikinstrument modulierten Stimme [...] für Mischrassen« ein –, kannte kein Denkverbot. Bei ihm findet sich alles, das Aufbauende und das Zerstörende, das Starke und das Schwache (wie in uns selbst), vor allem aber der Ausrottungswille jener Höllenhunde, die, angeführt von den Schallmayers, zu seiner Zeit besonders heftig an den Ketten der Humanitas zerrten. Argumentativ war der Professor ein selten raffinierter Hund, was wohl auch dazu geführt hat, ihn auf alle Hochzeiten einzuladen. So begegnen wir ihm nicht nur bei den Rassenhygienikern, Gesellschaftsbiologen und Sexologen um Moll und Marcuse. Er darf auch in Freuds Wiener Vereinigung sein *Züchterisches Reformprogramm* vortragen (Ehrenfels 1977b) und auf Hirschfelds erstem Sexualreform-Kongress in Berlin in der Sektion »Allgemeine Sexualreform« den Ton angeben mit seiner weichenstellenden Unterscheidung zwischen »kultureller« und »eugenischer« Sexualmoral (Ehrenfels 1922). Diese besagt im Kern: Da sich heutzutage Hinz und Kunz durch das Institut der Monogamie einfach unbesehen fortpflanzen dürfe, gäbe es keine Auslese mehr, komme der virile Faktor nicht mehr zum Zuge, gäbe es keine Selektion mehr und die Konstitution des Volkes werde immer schlechter, degeneriere, entarte, sodass die einst tüchtige Rasse fellachisiert werde. Hinzu komme ein besonderes Dilemma: Je anspruchsvoller die kulturellen, sozialen, gesellschaftlichen Leistungen, desto erbärmlicher die konstitutionellen, physischen, eugenischen Resultate. In diesem Dilemma plädiert der Freiherr auf Blut und Boden, genannt Konstitution.

Dabei sei er argumentativ selten raffiniert? Dafür einige Beispiele. Doppelte Moral? Pfui Teufel, das sei ja bei Männern widerlich; aber die Moral müsse schon »differenziert« werden nach dem Geschlecht, denn Männer seien nun einmal von Natur ..., Frauen dagegen ... (vgl. 1908a). Männer sollten Rivalitätskämpfe durchführen, aber bitte ohne das »soziale Zusammenwirken der Menschen« (1903: 474) zu gefährden. »Höherwertig« Veranlagte zeugten legitime Kinder mit mehreren Frauen, ihr »Vatertrieb« aber strebe »weitmehr« nach dem Stolz auf diese Hochzüchtung »als nach Lebensgemeinschaft mit den Kindern« (1906: 14) – einer der zahllosen Trugschlüsse, die der Philosoph am Ende seines Lebens nach schwersten Depressionen, durch die er jahrelang arbeitsunfähig war, selbst erkannte (1930), sodass er als einen möglichen Ausweg aus diesem Dilemma der menschlichen Durchschnittsseelenveranlagung die künstliche Befruchtung ins Spiel brachte, die, wie wir noch hören werden, auch Marcuse in ein günstiges Licht setzte.

Doch wir sind noch beim Raffinement des Freiherrn. Antisemitismus? Keine Spur! »Wenn der zähe jüdische Lebenswille sich auf dem dargelegten, anstrengungsreichen Wege einen Einschlag seines Blutes in die Zuchtrasse unserer Zukunft erzwingt, so kann uns dieser nur willkommen sein! – Wir werden doch nicht aus Furcht vor einem solchen Einschlag – und mehr als das steht ja ausser aller Möglichkeit – die Erweckung der Hochzucht selbst in Frage stellen wollen!« (1908e: 628). Außerdem konnte der Freiherr die »konstitutive Zuträglichkeit« des sprichwörtlichen »›Spritzers von Judenblut‹« aus seinem »persönlichen Bekanntenkreis nur bestätigen« (Ehrenfels 1913a: 222), vielleicht sogar mehr als nur eines Spritzers – angesichts der Tüchtigkeit seiner Vorfahren, hieß doch sein bürgerlicher Urgroßvater väterlicherseits Judtmann, was wir ganz nebenbei und unkommentiert in ansonsten üppigen Biografien erfahren und auch im »Gotha« für das Jahr 1899 nachlesen können. Aber natürlich muss die »Zuwanderung minderwertigen Rassenmateriales«, nicht nur der so genannten Ostjuden, gesetzlich aus eugenischen und erfreulicherweise auch nationalökonomischen Gründen sofort gestoppt werden, jüdisch-christliche Spritzer-Ehe, genannt Mischehe, hin oder her (ebd.: 224). Das heiße aber nicht, die »kapitalistische Privatwirtschaft« zu befürworten. Ganz im Gegenteil. Weil die herrschende Monogamie und »eine nach dem wirtschaftlichen Prinzip des Privateigentums organisierte Gesellschaft« wie Topf und Deckel seien, also sexualmoralisch füreinander »optimal«, hielt der Freiherr vom Kapitalismus gar nichts. Er erwartete den »Aufstieg einer großartigen panslawistischen Kultur auf Grund einer sozialistischen Wirtschaftsordnung«, sollte der Kampf zwischen der gelben und der weißen Rasse, der übrigens »endlich« die eugenische Sexualmoral erzwingen würde, nicht dazwischenkommen. Der Traum, »das weite, von Rußland zu annektierende Gebiet durch verdiente Krieger urbar machen und besiedeln« zu lassen, ist zur Zeit dieser Erwartung bereits zerstoben, weil sich der Krieg eugenisch als »hohläugiger Würger« erwiesen habe (Ehrenfels 1922: 87, 91 f, 93 f).

Und nun? Zu lernen wäre von der Natur, der es immerhin in einem Fall »geglückt ist, eugenisch einwandfrei funktionierende Kulturstaaten« zu begründen, und zwar »bei den intellektuell zuhöchst stehenden Gliedertieren, namentlich bei den Bienen«. Beim Menschen liefere nur die polygame Prähistorie Vorbilder nach der Formel des Odysseus: »Sie erschlugen die Männer und raubten die Frauen«. Ansonsten müsse die »falsche Scham« und die enorme Unkenntnis in sexuellen Dingen überwunden werden und vor allem die »physische Vereinigung von Penis und Vagina«, was ja bei der Zeugung schon gelungen sei, jetzt aber noch für den »Sexualgenuß« anstehe (ebd.: 95 ff). Bedauerlicherweise könne noch nicht, »herrlich und erhebend«, mit dem »stählernen Meißel des sexualmoralischen Rigorismus aus dem lebenden Marmor, genannt Mensch, das Idealgebilde einer besseren Zukunft« gestaltet werden (ebd.: 98). Der »Religionsgründung auf wissenschaftlicher Basis« (1916: 149) aber – auch ein illusionäres Unding – meinte Ehrenfels mit seinen letzten Schriften ein wesentliches Stück näher gekommen zu sein (1916, 1929). Zum Religionsstifter berief er den tschechoslowakischen Präsidenten Thomas G. Masaryk, der dankend ablehnte.

So stand er am Ende vor einem Scherbenhaufen, von dem in der Sekundärliteratur über ihn in der Regel so wenig die Rede ist wie von seinem Ausjätungswillen: keine Sexual- und vor allem Ehereform in Richtung Vielweiberei, die Heilkräfte des Krieges bitter enttäuschend, nicht einmal Schwertehen, die erst die Nazis ernsthaft erwägen werden, keine Aussicht auf Hochzüchtung von Menschen wie schon bei Tieren erfolgreich praktiziert, weiterhin individuell korruptes Sexualbegehren nach möglichst vielen Weibern ohne virile Ausjätung schlechter Keime, keine starke panslawistische Bewegung, die den Verfall des deutsch-völkischen Erbmaterials aufwöge, keine neue Religion, die das korrumpierte Christentum von sich selbst erlöste. Ein Grauen.

Max Marcuse dagegen erlebte den gespenstig vielseitigen Freiherrn auf dem Höhepunkt seines Faszinierens, als er zwischen Wien, Prag und Berlin Männer wie ihn selbst und Freud, wie Kafka und Max Brod aufschreckte und in Bann schlug. In dieser Zeit hat Marcuse ganz offensichtlich bei Ehrenfels viel von dem vor- oder nachgedacht gefunden, was ihn selbst umtrieb (vgl. z.B. Ehrenfels 1913a). Er behandelte ihn als »ständigen Mitarbeiter« so zuvorkommend und ehrerbietig wie nur noch Freud. Nur diese beiden erwähnt er – gewissermaßen Marcuse selbdritt – auch aus dem Kreis zahlloser und renommierter Mitarbeiter und Kollegen in seinen unveröffentlichten Selbstzeugnissen aus den Jahren 1949 und 1959 (Sigusch, in Vorb.).

Apropos Freud: Auch er war von dem spritzig ungebremsten Vordenker der Vielweiberei und folglich Kritiker der Einehe, genannt Monogamie, ganz offensichtlich beeindruckt, gewiss umso mehr, als dieser ihn als einer der Ersten überhaupt und später immer wieder zustimmend zitierte, beispielsweise in seinem Aufsatz »Sexuales Ober- und Unterbewußtsein« (Ehrenfels 1903). Freud korrespondierte mit dem Philosophen (bisher darf das aber nicht nachgelesen werden), soll sogar mit ihm befreundet gewesen sein (Rug und Mulligan 1986), bescheinigte ihm jedenfalls recht früh nicht nur »Reformeifer«, sondern auch »Wahrheitsliebe«, weil er »laut und öffentlich« etwas gesagt habe, was man sich sonst nicht »getraut«, dass nämlich die Ehe »nicht die Veranstaltung ist, die Sexualität des Mannes zu befriedigen« (Freud 1905b: 122). Und in Marcuses *Sexual-Problemen* gab Freud etwas später dem Freiherrn von Ehrenfels die Ehre, indem er seinen bekannten Aufsatz *Die ›kulturelle‹ Sexualmoral und die moderne Nervosität* mit dessen »bedeutsamem Gedankengang« der Unterscheidung von einerseits »natürlicher« (das ist die gerade erwähnte »eugenische«), andererseits »kultureller« Sexualmoral beginnen ließ – ohne einen Gedanken darauf zu verschwenden, dass diese Unterscheidung allein sachlogisch durch und durch unsinnig ist, weil die Natur nun einmal keine Moral kennt. Diesmal sprang Freud dem

Kritiker der Monogamie erklärtermaßen als »Arzt« bei, der den Schädigungen durch die kulturelle Sexualmoral, die Ehrenfels schon genannt hatte, die »moderne Nervosität« hinzufügte. Dass unter den obwaltenden Verhältnissen auch in der Ehe »der Ausgang in Nervosität der nächstliegende ist«, liege auf der Hand; denn es sei »wirklich für den Uneingeweihten ganz unglaublich, wie selten sich normale Potenz beim Manne und wie häufig sich Frigidität bei der weiblichen Hälfte der Ehepaare findet, die unter der Herrschaft unserer kulturellen Sexualmoral stehen, mit welchen Entsagungen, oft für beide Teile, die Ehe verbunden ist, und worauf das Eheleben, das so sehnsüchtig erstrebte Glück, sich einschränkt« (Freud 1908a: 105 f, 127). Keine Frage, Ehrenfels hat auch hier einen Nerv getroffen, der bis heute irritiert ist.

Umso erfreulicher, dass die Mitglieder der Wiener Psychoanalytischen Vereinigung, vor der Ehrenfels auf Einladung Freuds über Wittels' Buch *Die sexuelle Not* (Ehrenfels 1908/1977a) und über sein eigenes *Züchterisches Reformprogramm* (Ehrenfels 1908/1977b) sprechen durfte, nicht wie Marcuse durchgehend und Freud, jedenfalls öffentlich, ganz überwiegend zu den rassistischen und sexistischen Äußerungen des freiherrlichen Feldherrn schweigen. Nachdem Ehrenfels die wunderbare Kulturblüte Liebe als biologisch untauglich bezeichnet und die Schäden aufgezählt hatte, die die Monogamie durch falsche »Humanität und Hygiene« anrichten könne, nämlich Auslosung statt Auslese, Kontraselektion statt Selektion, weil auch »die Minderwertigen« zur Fortpflanzung zugelassen würden; nachdem er die »Aufreibung der weißen Rasse durch die gelbe« beschworen, die »nivellistische« Weltanschauung kritisiert, das »meritorische Prinzip« samt Herrenhaus mit Intellektuellen gefordert und die von der Fortpflanzung ausgeschlossenen Männer zum »abstinieren« aufgefordert hatte (Ehrenfels 1908/1977a: 83; 1908/1977b: 85 ff), lasen ihm die Schüler Freuds die Leviten. Adler nannte Ehrenfels einen idealistischen Philosophen, der den Nivellismus überschätze. Bass wies den Vergleich von Kulturmensch und Tier zurück und sagte, Auslese gelte nur für den Menschen im Urzustand. Wittels erkannte den Widerspruch, dass »die Frau mit ihrem unbegrenzten Lustvermögen« mehrere Männer »erfordert«, während sie Ehrenfels zu »Brutmaschinen« degradiere. Hitschmann sprach von dessen Evangelium, das die Möglichkeiten der eigenen Kultur unter- und die der Mongolen überschätze, wobei deren Sieg »kein so großes Unglück« wäre, wenn dieser durch allmähliche Assimilation zustande käme. Außerdem vertrete der Freiherr eine »Männerphilosophie«; das Nichtbeachten des Frauenwillens und Frauenwohles falle unangenehm auf. Schließlich plädierte Hitschmann für die Familie, die auch »organisch entstanden« sei und einen »tiefen Sinn« habe. Sadger erinnerte daran, dass den Mann der Wunsch nach der »Lebensgemeinschaft mit der Frau« zur Eheschließung verleite. Und dann griff er Ehrenfels persönlich an: Wahrscheinlich sei »der Vortragende mit seiner eigenen Sexualität« nicht »fertig geworden«. Hinter seinen Auffassungen sei »eine persönliche Geschichte zu vermuten«, eine »sexuelle Pubertätsphantasie«. Der Vortragende bestätigte »die persönliche Grundlage« am Ende der Diskussion, indem er erklärte, er selbst habe das Bedürfnis der Männer sich auszuleben gehabt und sich dadurch »in vollkommenstem Gegensatz zu unserer Moral gesehen«. Dann habe er erkannt, dass »nicht er die Triebe zu unterdrücken habe«, sondern dass »die ganze Moral eine Verirrung« sei.

Zuvor hatte Sigmund Freud im Falle Wittels, der das Ausleben der Sexualität einklagte, laut Protokoll begütigend darauf hingewiesen, dass ja die Psychoanalytiker »eine Unterdrückung«, eine »Verwerfung der Triebe von einer höheren Instanz aus« ermöglichten; das sei die eigentliche Befreiung der Sexualität und habe mit Ausleben nichts zu tun. Und zum Freiherrn gewandt sagte Freud: »Die beste Auslese wäre eigentlich gewährleistet, wenn wir die Libertinage für eine Generation herstellen« könnten; »denn dann würden sich die Minderwertigen von selbst in unfruchtbarem Liebesgenuß ausschalten«. Es wären aber »zuwenig der Wertvollen, die sich fortpflanzten, und darum kann der Staat diesen Zustand nicht brauchen«. Am Ende der zweiten Diskussion mit Ehrenfels sagte Freud: Da »das Gefühlsleben oder die Verteilung der Libido in unserer Gesellschaft« auf »sublimierte homosexuelle Gefühle gestellt« sei und durch »die Kindereindrücke fortwährend vererbt« werde, sei dagegen kaum etwas auszurichten. Außerdem sei das Familienleben die Basis des Fortpflanzungsstrebens. Werde es aufgehoben, erlösche auch dieses: »Mit dem Vater fällt auch dieser Wunsch weg.« In Freuds Sicht gab es also keine gesellschaftlich-seelische Chance für Ehrenfels' Polygynie – trotz der Sympathie für die Kritik an der Monogamie, die auch nach Freuds Meinung »den Mann« nicht befriedigen könne (alle Zitate bei Nunberg und Federn 1977, Bd. 2: 74 ff, 84 ff; Ehrenfels 1908/1977a: 81 f; Ehrenfels 1908/1977b: 88 ff).

Vom »Untergang der deutschen Juden«

Da Marcuse ganz offensichtlich den »gesellschafts-biologischen« Anschauungen von Ehrenfels recht nahe stand und da er beim Blick auf die in Deutschland seit langem lebende Bevölkerung wegen der annähernd gleichen »Selektionsbedingungen« keinen jüdisch-deutschen Rassengegensatz annahm – er fand es folglich auch richtiger, nicht von Rassendienst und Rassenhygiene zu sprechen, sondern in der Einzahl von Rassedienst und Rassehygiene, wie es Schallmayer praktizierte –, war es für ihn kein großer Schritt mehr, in der Rassehygiene die Lösung des »Problems der deutschen Juden« zu sehen und diese Lösung als »Sonderfall der Eugenik« zu bezeichnen. Marcuse wollte das Aufgehen der deutschen Juden in der allgemein-deutschen Bevölkerung beschleunigen und nicht verlangsamen oder verhindern, jedenfalls des »tüchtigen«, »kulturbegabten«, also nach seiner Auffassung erhaltenswerten Teils resp. des entsprechenden Erbmaterials. In einer Arbeit, in der es um den von Felix A. Theilhaber bereits 1911 vorausgesagten »Untergang der deutschen Juden« durch Austritt, Taufe, Ehelosigkeit vieler Jüdinnen, Misch- und Spätehe, zu geringe Kinderzahl und relativ hohe Selbstmordrate geht, der durch die »ostjüdische Infusion« nur verzögert werde, schrieb er Ende der zwanziger Jahre:

> »Wir haben an der Erhaltung der jüdischen Kultur- und Rassengemeinschaft *kein* Interesse, glauben im Gegenteil, daß der [...] nicht mehr aufzuhaltende Untergang der deutschen (überhaupt West-)Juden als einer *eigenen* kulturellen (religiösen) und rassischen Gruppe eher *beschleunigt* werden sollte. Aber desto größer ist unser Interesse daran, daß die hohen Gesundheits- und Kulturwerte, die unter den deutschen Juden noch aufgespeichert sind, uns erhalten bleiben und nicht infolge biologischen Todes ihrer Träger mit diesen

zugleich vernichtet werden. Diese Gefahr ist dringlich. Das Problem der deutschen Juden erscheint und interessiert uns als ein sehr instruktiver und ernster *Sonderfall der Eugenik*, und wir sehen seine Lösung nur möglich auf den Wegen einer *rassenhygienisch* orientierten, *allgemein-deutschen* Bevölkerungspolitik, die den physisch und psychisch tüchtigen und kulturbegabten Erbstämmen *ohne* Rücksicht auf ihre Rassen- und Religionszugehörigkeit, also auch unter Förderung der Mischehen-Auslese, besonders günstige Paarungs-, Zeugungs- und Aufzucht-Bedingungen schafft und unter ihnen den sittlichen Willen zur Familiengründung weckt und pflegt« (1927/1928: 279 f, Hervorh. von Marcuse).

Die Causa intermedia, die deutsche Juden und deutsche Christen verschmelzen sollte, war für Marcuse die von ihm immer wieder auch wissenschaftlich betrachtete so genannte Mischehe: »Von dieser ist das Heil zu erwarten« (Marcuse 1912b: 747). Sie stelle kein Sexualproblem dar, sondern ein »Sexual*gebot*« (ebd.: 749, Hervorh. von Marcuse). Das Unheil aber drohte für ihn (wie für viele Juden in dieser Zeit) aus dem Osten. Von dort kämen ungehindert galizische, polnische, rumänische, russische »und andere östliche Juden« ins deutsche Reich. Diese Zuwanderung müsse wider alle Sentimentalität gegenüber diesen Armen und Elenden aus rassepolitischen und wirtschaftlichen Gründen gedrosselt werden. Denn: »Diese Juden sind unser *aller* Unglück; sie lassen immer wieder von neuem Schranken erstehen, führen uns immer wieder Ghettoluft zu und sind die grösste Gefahr für das Gedeihen und die Harmonie der Völker« (ebd.: 748, Hervorh. von Marcuse).

Emigration nach Palästina im Jahr 1933

Es sei schon erstaunlich gewesen, sagte der Sohn Yohanan, wie richtig sein Vater 1933 die politische Situation eingeschätzt habe, erstaunlich auch, weil er »so assimiliert« gewesen sei. Max Marcuse sei nicht gläubig im halachischen Sinn und auch kein Zionist gewesen, sehr wohl aber »immer jüdisch-bewusst«. Sehr früh habe er das Scheitern der deutsch-jüdischen »Symbiose« erkannt. Tatsächlich hat Marcuse aus seinen Ansichten kein Hehl gemacht. So sprach er bereits 1920 in einer Rezension einer Dissertation zum »heutigen Stand der Rasse- und Krankheitsfrage der Juden« davon, dass »die gegenwärtige antisemitische Verhetzung insbesondere in den Schulen (und Hochschulen)« für die jüdischen Kinder und Jugendlichen »ein schweres psychisches Trauma« bedeute. Und er gab zu erkennen, dass er »zionistische Ziele« für sich »ohne Einschränkung verneine« (Marcuse 1920/1921: 328 f). Er gab sogar zu Protokoll, wie gerade oben zitiert, dass er »an der Erhaltung der jüdischen Kultur- und Rassengemeinschaft *kein* Interesse« hatte, ja dass der »Irrtum« des Zionismus darin bestehe, »daß er eine Rasse erhalten will, die *als solche* (oder gar als *Volk*) nicht mehr erhaltungsfähig und nicht mehr erhaltenswert ist« (1919/20: 34, Hervorh. von Marcuse)

Wahrscheinlich fasste Marcuse nach dem Reichstagsbrand vom 27. Februar 1933 den Entschluss, Deutschland zu verlassen. Zusammen mit seinem Sohn Yohanan, der damals 13 Jahre alt war und noch Hans Renatus hieß, aber ohne seine Ehefrau Frida, von der er offenbar später geschieden worden ist, wanderte er im Juli 1933 nach Palästina aus. Am 23. Juli 1933 gingen Vater und Sohn, von Triest mit dem Schiff kommend, in Jaffa an Land. Später war es Marcuse möglich, Bücher, Mobiliar usw. nach Palästina kommen zu lassen. Dabei ging ein Portrait verloren, das Lovis Corinth 1919 oder 1920 von Max Marcuse gemalt hatte. Dieses Gemälde wurde bisher nicht gefunden. Wie es der Ehefrau Frida in der NS-Zeit ergangen ist, konnte nicht in Erfahrung gebracht werden. Bekannt ist, dass sie 1948 nach Israel einwanderte und am 16. Mai 1961 in Jerusalem verstarb.

In Palästina und später Israel praktizierte Marcuse bis zu seinem Tod als Dermatologe und Sexuologe in Tel Aviv. Auf seinem Briefpapier stand »Sexologist and Psychologist« (s. Dokument). Auf seinem Praxisschild soll Sohn Yohanan zufolge auch nur, auf Hebräisch und Englisch, »Sexologist« gestanden haben, weil die britischen Mandatsvorschriften die Angabe »Specialist for ...« untersagten. Felix A. Theilhaber (1884–1956) soll »um die Ecke« gewohnt haben. Die beiden hätten sich aber, so berichtete der Sohn Yohanan, nicht gut verstanden. Theilhaber, in der Zeit vor den Nazis kommunistisch gesonnen, sei in Palästina politisch rechts orientiert gewesen. Der Vater Marcuse dagegen habe stets der liberalen Deutschen Demokratischen Partei (DDP) beziehungsweise der aus ihr 1930 hervorgegangenen Deutschen Staatspartei (DStP) seine Stimme gegeben, ohne je Mitglied einer Partei gewesen zu sein. Wie in Berlin verdiente Marcuse seinen Lebensunterhalt vor allem als Dermatologe, obgleich er lieber psychotherapeutisch tätig gewesen wäre. Hebräisch habe er kaum gelernt, sodass er auch in »sprachtechnischer« Hinsicht, wie der Sohn sagte, auf die Behandlung Hautkranker angewiesen blieb.

1936 heiratete Marcuse Grete Seelenfreund geb. Freudenthal, die zusammen mit ihrem ersten Ehemann Deutschland ebenfalls bereits 1933 verlassen hatte, um nach Palästina zu gehen. Diese zweite Ehe von Marcuse wurde 1945 geschieden. Grete Freudenthal ging danach noch eine dritte Ehe ein und verstarb 1984 in Tel Aviv. Marcuse heiratete nicht ein drittes Mal.

Während die Söhne, wie bereits erwähnt, den Namen Marcuse kurz nach der Gründung des Staates Israel ablegten und den im Buch der Richter einmal vorkommenden, mit dem Namen Marcuse semantisch verschwisterten hebräischen Namen Meroz annahmen, behielt Marcuse seinen Namen.

Der ältere Sohn Hans Renatus Marcuse, der jetzt Yohanan Meroz heißt, diente

Max Marcuses Briefpapier in Palästina

dem Staat Israel 35 Jahre lang, von 1950 bis 1985, als Diplomat und Ministerialbeamter. Nach Lehrjahren in Jerusalem, Ankara und Washington war er vor der Aufnahme voller diplomatischer Beziehungen zwischen Israel und der Bundesrepublik Deutschland 1959/60 stellvertretender Leiter der Israel-Mission in Köln. Von 1960 bis 1963 leitete er das Ministerbüro von Golda Meir. Von 1963 bis 1968 war er Gesandter in Paris, von 1968 bis 1974 stellvertretender Staatssekretär in der israelischen Regierung, zuständig für Europa. Von 1974 bis 1985 vertrat er sein Land als Botschafter, zunächst bis 1981 in Bonn (vgl. Meroz 1986), dann von 1981 bis 1983 mit »besonderen Aufgaben« betraut und schließlich von 1983 bis 1985 in Bern. 1988 hielt er in Frankfurt am Main die Laudatio auf Siegfried Lenz zur Verleihung des Friedenspreises des Deutschen Buchhandels, 1995 in Detmold auf Richard von Weizsäcker zur Verleihung der Buber-Rosenzweig-Medaille im Rahmen der »Woche der Brüderlichkeit«. – Der jüngere Sohn Michael studierte Veterinärmedizin und promovierte 1962 an der Universität Bern mit einer Abhandlung über die künstliche Besamung des Rindes in Israel zum Dr. med. vet. (Meroz 1962). Vor seiner Pensionierung im Jahr 1996 war er im israelischen Landwirtschaftsministerium als »Chefarzt für Geflügelkrankheiten« tätig und ist heute ein international angesehener Experte.

Hans Gieses unglückliche Versuche

Einige Jahre nach dem Sieg der Alliierten über die Nazis versuchte ein junger Arzt namens Hans Giese, in Deutschland wieder ein Institut und eine Fachgesellschaft für Sexualwissenschaft aufzubauen (s. Kap. 18 und 19). Max Marcuse registrierte diese Versuche aufmerksam, freute sich darüber, von Giese um Mitarbeit und Mitgliedschaft gebeten worden zu sein, sah sich aber außerstande, so zu tun, als sei zwischen 1933 und 1945 nichts geschehen, als könne ein Jude wie er, der seine Heimat verlassen musste und dessen Verwandte von Deutschen ermordet worden waren, zusammen mit Wissenschaftlern, die die Verbrechen der Hitler-Zeit herbeigeredet, begründet oder selbst begangen hatten, einer »Deutschen Gesellschaft für Was-auch-immer« angehören, um jetzt über die Impotenz der aus dem Angriffs- und Vernichtungskrieg zurückkehrenden deutschen Soldaten oder die Kastration so genannter Sittlichkeitsverbrecher oder die Berechtigung des von den Nazis verschärften, aber weiterhin gültigen Paragrafen 175 zu diskutieren. Marcuse sagte also zu einer engeren Zusammenarbeit und zur Mitgliedschaft in der neu gegründeten »Deutschen Gesellschaft für Sexualforschung« nein, obgleich er nach der Emigration, von vorübergehenden und kaum beachteten Aktivitäten abgesehen, sein enormes sexuologisches Wissen und seine beinahe einmaligen fachlichen Erfahrungen nicht mehr angemessen nutzen konnte.

Wie schwer ihm dieses Neinsagen gefallen sein muss, kann vielleicht auch daran erkannt werden, dass er Giese immerhin gestattete, eine Arbeit von ihm in ein Sammelwerk aufzunehmen (Marcuse 1954; vgl. auch Marcuse 1967), das in Deutschland erschienen ist, und dass er der neu gegründeten Zeitschrift *Psyche* eine anspruchsvolle, von ihm neu verfasste Arbeit über Eifersucht zum Abdruck überließ (Marcuse 1949/1950; vgl. dazu Giese 1950). Außerdem stellte er für den C. Stephenson Verlag in Flensburg, hinter dem Beate Uhse stand, ein sexuologisches Wörterbuch von »Abstinenz« bis »Zuhälter« zusammen, das der »Verlag« unter dem instinktlosen Titel *Führer durch ...* veröffentlichte (Marcuse 1962). Giese, der zehn Jahre zuvor selbst ein *Wörterbuch der Sexualwissenschaft* herausgegeben hatte, versah den *Führer* mit einem Geleitwort. Es lautet ungekürzt (Giese 1962b: 7):

> »Das vorliegende Werk von MAX MARCUSE – das in die Hände von Laien gelangen, ihrem Interesse dienen, dieses bilden soll – erweist in der knappen, treffsicheren Darstellung die große Erfahrung des Autors, die er sich während des 1. Weltkrieges und in der Zeit nachher bis zum Jahre 1933 in Deutschland erworben und zu eigen gemacht hat. Seine wissenschaftlichen Arbeiten aus dieser Zeit, insbesondere das in Niveau und Qualität nicht wieder erreichte ›Handwörterbuch der Sexualwissenschaft‹, sind uns Jüngeren mustergültige Arbeiten eines Meisters unseres Faches geblieben. Sein Bestreben, vorschnellen Urteilen, gleich welchen Herkommens, aus dem Wege zu gehen, eine Zusammenarbeit renommierter Fachleute anzuregen und überhaupt erst zu ermöglichen – erwähnt sei nur seine führende Mitwirkung in der ›Gesellschaft für Sexualforschung‹ jener Zeit –, hat ihn den Rang jener stillen Gelehrten erreichen lassen, die eine Wissenschaft von der Sexualität des Menschen wirklich zu *pflegen* versuchen. Das Bemühen um wissenschaftliche Sauberkeit und Klarheit in Inhalt und Form zieht wie ein roter Faden konsequent durch dieses Leben. Im hohen Alter hat sich MAX MARCUSE nun auf Anregung des Verlages nicht der Einsicht verschlossen, daß es notwendig und nützlich ist, den unkundigen Laien ebenso zu unterrichten, wie seinerzeit uns, die wir ihm inzwischen auf das Feld der wissenschaftlichen Arbeit gefolgt sind, – und die wir ihn nicht vergessen haben.
>
> Hamburg, im April 1962   Doz. Dr. Dr. HANS GIESE«

Die »wissenschaftliche Sauberkeit und Klarheit«, von der auch im Klappentext des *Führers* mehrfach die Rede ist, fehlt jedenfalls dem Giese'schen *Wörterbuch*, obgleich es nicht in einem Pornografie-Betrieb erschienen ist. Es ignoriert theoretisch die kritischen Debatten und Erkenntnisse der nicht zuletzt Marcuse'schen Sexualwissenschaft der Vornazi-Zeit und ist definitorisch in vielen Fällen so schlecht, dass man gar nicht glauben will, was man mit eigenen Augen sieht. Dafür einige Beispiele. »Sexualität« wird wie folgt definiert: »Geschlechtlichkeit. ›Sexualität eines Menschen‹ meint allgemein: den Charakter seiner Geschlechtlichkeit im zwischenmenschlichen Kontaktverhalten. Sexualität ist unmittelbare menschliche Natur, und zwar ein besonderer Spiegel dieser Natur. [...]« (Giese 1952: 179). Oder im Kleineren »Aidoiomanie«: »übersteigerter Orgasmustrieb, unter Umständen krankhaft, kann auch konstitutionell sein« (S. 11). Oder im Politischen »Eugenik«: »Lehre von der Gesunderhaltung der Erbmasse des Volkes, einer Rasse oder der ganzen Menschheit. [...] Eugenik wird unterschieden [...] in Methoden, welche die erbbiologisch wertvollen Volksteile fördern oder die erbbiologisch minderwertigen hemmen wollen« (S. 58). Ende der Erörterung. Oder im Klinischen »Perversion«: »Paraphilie. Charakteristische Eigenart einer Perversität, die ihr zugrunde liegt« (S. 150). Dazu die Definition von »Perversität«: »perverse Vorstellung oder Handlung. Die hauptsächlichsten Perversitäten: Sadismus, Masochismus, Flagellomanie [...]« (ebd.).

Im Vergleich dazu ist es eine Freude, in Marcuses Wörterbuch von 1962 zu lesen, das selbst für den heutigen Leser nicht nur fachlich zutreffende, sondern auch interessante, aus einem riesigen Wissensfundus geschöpfte Erörterungen und Hinweise enthält. Selbstredend wird auch zwischen Perversität und Perversion so differenziert, wie wir es seit Krafft-Ebing aus ernstem klinisch-therapeutischem Grund zu tun pflegen. Giese hat das natürlich gewusst, war aber bei der Redaktion seines eigenen Wörterbuchs, das im Wesentlichen auf dem Mist seines Gefährten August Engert gewachsen ist, so sträflich fahrlässig wie zumindest im Umgang mit Marcuse, soweit es die Veröffentlichung bei Beate Uhse betrifft, in deren Imperium er selbst kein eigenes Werk publiziert hat, weil es der »akademischen Einordnung« seines Faches, wie er zu sagen pflegte, in den Augen der lieben Kollegen, der Ordinarien und der Öffentlichkeit hätte schaden können. Dem noch lebenden, aus dem Land getriebenen »Gelehrten« und »Meister« seines Faches aber mutete er diesen schmuddeligen – Giese hätte aufwertend gesagt: »obszönen« – Ort zu.

Seinen Vater, berichtete der Sohn Yohanan, habe diese Veröffentlichung »sehr geschmerzt«, als ihm die näheren Umstände klar geworden seien. Er habe ja keine Ahnung gehabt, worauf er sich da einlasse. »Reingefallen ist er, weil er die deutschen Verhältnisse nicht mehr kannte.«

1962, als das Wörterbuch, diese letzte, von Marcuse in deutscher Sprache verfasste Monografie erschien, nahm ihn die Familie des Sohnes Yohanan, die in Jerusalem lebte, in ihre Obhut. 1963 brachte ihn sein Sohn Michael wenige Tage vor dem Tod nach Tel Aviv zurück, um den rechtlichen Anspruch auf die dortige Wohnung zu sichern. In dieser Wohnung in Tel Aviv (nicht in Jerusalem) starb Max Marcuse im Alter von 86 Jahren am 24. (nicht am 27.) Juni 1963 – in »eli-lenti«, das heißt im »Elend«, womit die alten Deutschen meinten: in einem fremden Land.

Max Marcuse als Sexualwissenschaftler

In erster Hinsicht war Marcuse weder ein Sexualtheoretiker noch ein Sexualreformer noch ein Sexualtherapeut. Er war *in erster Linie* ein Fundierer und Organisator der neuen wissenschaftlichen Anschauung, der aus der wirren und verstreuten Sexualforschung ein Fach mit allem Drumherum machen wollte: Fachgesellschaft, Fachzeitschrift, Kongresse, Debatten, Lehrbücher, Handbücher usw. Dabei ist jedoch auffällig, dass er nicht wie andere Sexualwissenschaftler der Zeit, beispielsweise Paul Näcke und Hermann Rohleder, immer wieder verlangte, die Sexualwissenschaft müsse endlich ein voll anerkanntes Universitätsfach werden, insbesondere zur Ausbildung zukünftiger Ärzte. Da er selbst auf eine Universitätskarriere verzichtet hatte, um gleich nach der so kurz wie irgend möglich gehaltenen Ausbildungszeit sein eigener Herr zu sein und Autoritäten nicht parieren zu müssen, zugleich aber fraglos die Willenskraft und die Intelligenz besaß, eine glänzende Karriere zu machen, wird er wohl dieses Feld der aufgestiegenen Dummköpfe und Wichtigtuer und sehr viel seltener der wirklich Nachdenkenden und Gelehrten nicht ganz unvoreingenommen betrachtet und sich selbst nicht als vorläufigen Lückenbüßer faute de mieux haben sehen wollen.

Inhaltlich stand bei Marcuse die Heterosexualität so im Zentrum wie bei anderen, zum Beispiel Ulrichs und Hirschfeld, die Homosexualität, von der er nichts verstand. Seine ausgesprochen modernen und geschlechtsäquivoken und deshalb im ersten Drittel des 20. Jahrhunderts noch ausgesprochen anstößigen Ausgangsthesen lauteten: Es gibt keinen Fortpflanzungstrieb, weder beim Mann noch bei der Frau. Und: »Zweck der Geschlechtsbetätigung ist Lustgewinnung. Nicht mehr und nicht weniger« (Marcuse 1931: 4). Folglich trat er auch für die sexuelle Aufklärung der Jugend ein, nannte sexuelle Abstinenz unter heftigem Widerspruch der lieben Kollegen gesundheitsschädlich (vgl. dazu im Einzelnen Hill 1996), ja ging sogar – für einen Arzt war das geradezu waghalsig – so weit, unter bestimmten Voraussetzungen außerehelichen Geschlechtsverkehr *als Arzt* anzuraten. Wie abnorm und mutig seine Anschauungen zu seiner Zeit waren, kann zum Beispiel daran abgelesen werden, dass das Werben für Kontrazeptiva bis zum Gesetz zur Bekämpfung der Geschlechtskrankheiten von 1927 nach § 184.3 des Strafgesetzbuches mit Gefängnis bis zu einem Jahr und mit einer Geldstrafe bis zu 1.000 Mark oder mit einer dieser beiden Strafen bedroht war, sodass die damalige Position der NSDAP nicht aus dem Rahmen fiel, als sie dem Reichstag im März 1930 einen Gesetzentwurf zuleitete, nach dem, ganz im Sinn ihres Führers, dessen *Mein Kampf* Marcuse zitierte, derjenige, der »die natürliche Fruchtbarkeit des deutschen Volkes« hemmt, »wegen Rassenverrats mit Zuchthaus bestraft« werden sollte (zit. nach Marcuse 1931: 164).

Innerhalb der heterosexuellen Sphäre beschäftigten Marcuse vor allem das soziale, psychische und sexuelle Schicksal der ledigen, allgemein missachteten und oft ihrer Kinder beraubten Frauen, die Heucheleien in diesem Bereich, die logischen, moralischen und politischen Voraussetzungen der Fortpflanzungsverweigerung sowie die Praxis der Kontrazeption in der Ehe, die er auch konkret empirisch-klinisch erforschte. Das Problem der Kontrazeption bei Unverheirateten erörterte er in einer Fußnote seiner Schrift über den »ehelichen Präventivverkehr« (Marcuse 1917a: 156 f), indem er »die Ausführungen Rohleders (Neumalthusianismus und Ärztestand; Die neue Generation VII, 12)«, zu dessen Ansichten sonst die seinigen »so vielfach im Gegensatze« gestanden hätten, in dieser Frage »im wesentlichen« zu seinen »eigenen« machte und ausführlich zitierte:

> »[...] können wir als Ärzte unsere Klientel nicht bis zur späten Ehe resp. die Junggesellen und die unverheiratet bleibenden Mädchen nicht zur Abstinenz fürs ganze Leben verdammen, sondern als einziger Ausweg bleibt der Neumalthusianismus, d. h. die fakultative Sterilität. Demnach sollte also der Arzt, auch wenn Unverheiratete zu ihm kommen, Antikonzipientia zum außerehelichen Verkehr anraten? wird mir mancher Kollege entrüstet entgegenschleudern unter einem donnernden Appell an die Sittlichkeit! Gemach! Auch ich habe früher in solchen Fällen stets eine Raterteilung verweigert, aus sittlichen Gründen. Was war die Folge? Der uneheliche Verkehr wurde stets weiter fortgesetzt, aber entweder wurden 1. uneheliche Kinder in die Welt gesetzt, das war jedoch noch das kleinere Übel, oder 2., es erfolgten Ansteckungen mit Geschlechtskrankheiten, oder 3., die Patienten kauften sich von selbst Antikonzipientia, die Männer zu starke Gummikondoms und wurden mit der Zeit dadurch Sexualneurastheniker, die Mädchen verwandten zwecklose Antikonzipientia, wie Sicherheitsschwämme, die liegen blieben, oder Pessare, die sie falsch verwandten, die Scheidenkatarrh durch Liegenbleiben verursachten, oder ließen sich

Intrauterinpessare einsetzen, die außerordentlich schadeten, oder 4., es wurde Coitus interruptus mit all seinen schädlichen Folgen der Sexualneurose gepflogen, oder 5., es kam zu kriminellen Aborten. – Ich frage nun: Ist der Arzt Hygieniker oder ist er es nicht? – Allein die Schäden, gesundheitliche wie soziale, die ich durch meinen früheren rigorosen Standpunkt bei Unverheirateten heraufbeschworen habe, veranlassen mich heute, auch in solchen Fällen neumalthusianischen Rat zu erteilen. Die Berechtigung hierzu finde ich 1. im prophylaktisch-hygienischen Standpunkte, um Geschlechtskrankheiten oder andere Schädigungen des Körpers zu verhüten, 2. im sozialen Standpunkte, um unehelicher Empfängnis vorzubeugen, denn wir Ärzte haben wirklich keinen Grund, die Zahl der unehelichen unglücklichen Kinder vermehrt zu sehen, ganz zu schweigen von den Fällen, wo die Mädchen, nachdem Befruchtung eingetreten, von selbst zur Abtreibung greifen ... Also nicht das Anraten der Abstinenz, die ja doch nicht gehalten wird, sondern einzig und allein eines guten Antikonzipiens – selbst Unverheirateten auf Verlangen – ist das einzig Richtige. Ein solcher neumalthusianischer Rat ist vom hygienischen wie sozialen Standpunkte aus eine sittliche Handlung. – Doch bin ich weit davon entfernt, diese Raterteilung Unverheirateten gegenüber als Richtschnur anempfehlen zu wollen. Jeder Arzt handle hier, wie er glaubt, es vor seinem Gewissen verantworten zu können.«"

Immer darum bemüht, nicht nur medizinisch zu denken, sondern auch soziologisch, was ihm aber nur selten gelang, nahm Marcuse auch die Abhängigkeit der Kontrazeption von der sozialen Schichtzugehörigkeit, überhaupt von den politisch-kulturellen Umständen unter die Lupe. So schreibt er zum Beispiel (Marcuse 1917a: 163 f):

»Es ist unzweifelhaft, daß Frauenbewegung und Neomalthusianismus notwendigerweise innerlich zusammengehören, aber doch wesentlich nur in demselben Sinne, wie Zivilisation, Aufklärung, Emanzipation überhaupt die Intellektualisierung auch des Sexuallebens bedingen. Soweit aber die Frauenbewegung neomalthusianische Gedanken und Praktiken unter den Frauen ausdrücklich und bewußt bewirkt oder befördert hat, ist das von keinem vernünftigen Standpunkte aus durchweg zu bedauern. Denn es hat viele Frauen, deren Fruchtbarkeit sonst von brutalen, kranken oder trunkenen Ehemännern mißbraucht würde, befähigt, sich gegen diese Vergewaltigungen zu schützen.

Vor allem im Hinblick auf die Arbeiterfrauen namentlich der Großstädte, jene beklagenswerten Nur-Arbeits- und Geschlechtstiere, ist der Frauenbewegung im Verein mit dem Sozialismus für ihre Aufklärungsarbeit zu danken. ›Wer das Elend der unteren Volksschichten, zumal in den Großstädten, gesehen hat, wie es wirklich ist, wird anerkennen müssen, daß an dieser Stelle die Aufklärung berechtigt ist und Hilfe auch heute noch not tut, nachdem manches schon besser geworden ist. Hier sind die Frauen zu finden‹ – so sprach jüngst Ernst Bumm in seiner von tiefem Gefühl und reicher Erfahrung getragenen Rektoratsrede (Über das deutsche Bevölkerungsproblem. Berlin 1916) – ›deren Leben in Wahrheit mühselig und beladen ist, die sich ohne eine freie Stunde jahraus, jahrein in der ewigen Sorge um die Ernährung des Mannes und der Kinder verzehren, keine fremde Hilfe kennen, von früh bis spät alle Arbeit selbst verrichten müssen und trotz aller Plage die Kinder frühzeitig wieder hinsterben sehen. Und man muß sich allen Ernstes fragen, wozu all die Mühe und der Aufwand dieser sinnlosen Prokreation, der das Nötigste zum Weiterleben fehlt und von der noch vor Jahresfrist ein Drittel wegen Mangels an Luft, Licht und geeigneter Nahrung wieder verschwindet. Oft hören wir von solchen Frauen, daß ihnen von sechs oder acht Kindern nur eins oder zwei geblieben sind. Diese müssen allerdings gute Lungen, einen guten Magen und eine kräftige Immunstoffbildung mit auf die Welt gebracht haben, um dem

Schicksal ihrer Geschwister zu entgehen. Man könnte an eine Zuchtwahl der grausamen Mutter Natur denken, wenn die Verhältnisse nicht so unnatürlich wären.«
Andererseits prallen heutige, jedenfalls eindimensionale sexualmoralische oder -ideologische Zuordnungen an Marcuses Haltungen ab: Trat er einerseits für eine Liberalisierung der sexuellen Mann-Frau-Verhältnisse ein und machte sich kaum Illusionen über die Möglichkeiten einer »reinen«, die sozialen Verhältnisse missachtenden Moral, warnte er andererseits vor Abtreibungen und Geschlechtsumwandlungsoperationen und beklagte den »allgemeinen geistig-seelischen Verfall« und die geschlechtliche »Verwahrlosung« nach der Revolution von 1918 (Marcuse 1919: 26, Hervorh. von Marcuse):

> »Die Umwälzung vom November 1918 hat – ungewollt und unvorhergesehen natürlich – in einen allgemeinen geistig-seelischen Verfall ausgemündet. Dem politischen Niedergang entspricht der moralische und kulturelle, dessen individual-psychisches Kennzeichen der Zusammenbruch alles Pflicht- und Verantwortungsgefühls und jeglichen Strebens nach idealen Werten darstellt. Nur im plattesten Materialismus kleben bleibende Genuß- und Eigensucht bestimmt und leitet jetzt das Verhalten und Handeln der Menschen. Sie rast sich vor allem auch im Geschlechtlichen aus. Soweit diese Verwahrlosung zu der ungeheuerlichen Verbreitung des präventiven un- und außerehelichen Geschlechtsverkehrs beigetragen hat, bedarf sie in diesem Zusammenhange ausdrücklicher Beachtung nicht. Immerhin mag hier die Bemerkung von Helenefriederike Stelzner (Psychopathologisches in der Revolution. Zeitschr. f. d. gesamte Neurologie u. Psychiatrie, 1919. Originalien-Teil) Erwähnung finden, daß die erotische Hemmungslosigkeit der Frau in unserer Revolutionsepoche ›nicht einmal der fruchtbringenden der französischen Revolution zu vergleichen‹ sei, ›welche die Findelhäuser auf das Dreifache gefüllt hatte, was doch nicht nur auf wirtschaftliche Not, sondern auf eine tatsächliche Geburtenzunahme hinweist.‹ Aber es leuchtet ein, daß die Verflachung und Verrohung der menschlichen Psyche auch die geschlechtlichen Beziehungen der *Ehegatten* in ihre Niederungen hinabgerissen haben. Auch der eheliche Geschlechtsverkehr ist sehr vielfach nur noch ein rein animalisches Mittel des Sich-amüsieren- und Genießen-wollens, und der eheliche Präventivverkehr ist insoweit aus einem Symptom und Produkt *erhöhten* Verantwortlichkeitsgefühls und der *fortgeschrittenen* geistig-seelischen Differenzierung des Menschen zu einem Ausdruck und Ergebnis des *verloren* gegangenen Verantwortungsbewußtseins und ethisch-ästhetischen *Verfalls* geworden. Vielfach ist er, insofern auch die letzten Schranken der Beherrschung und Vernunft niedergebrochen sind, wieder der brutalen Präventivmethode der Fruchtabtreibungen gewichen, deren gewaltiger Anstieg *auch bei den Ehefrauen* zu einem erheblichen Teil wohl auf diese Zusammenhänge zurückzuführen ist.«

Stimmte Marcuse einerseits der Auffassung zu, »das höchste Ziel der gesunden Frau« sei »in der Tat die Mutterschaft«, da »die Natur ihren Leib und ihre Seele dazu ausersah, Kinder zu gebären und zu erziehen«, widersprach er andererseits der herrschenden Moral, nach der »dieses Naturgesetz« nur in der Ehe erfüllt werden konnte (Marcuse, o. J. [1906b]: 101). Zugleich wies er energisch jene im Bund für Mutterschutz vertretene Auffassung zurück, die nach seiner Meinung Mutterschaft als solche glorifizierte (Marcuse 1917a: 164f, Hervorh. von Marcuse):

> »Auch wenn man die Forderung der Frauenrechtlerinnen nach dem ›vollen Selbstbestimmungs- und Persönlichkeitsrecht des Weibes‹ anmaßend findet, muß die individuelle

Geistes- und Gemütsverfassung der Frau, die nicht zum Gebären sich geschaffen fühlt, respektiert und darf der *hohe persönliche, soziale und kulturelle Wert*, der auch solchen Frauen oft genug innewohnt, nicht geschmälert werden. Die Mutterschaft *an sich* – und damit stelle ich mich in bewußten Gegensatz auch zu sehr besonnenen, aber wohl doch durch die ›Aktualität‹ des Problems beeinflußten Sexual- und Sozialethikern – ist *überhaupt kein Kriterium* für den Wert eines *Menschen*weibes! Das von – wenn ich nicht irre – Lily Braun geprägte Wort, daß Frauen, die nicht Mütter sind, Frauen zweiter Klasse seien, schändet den Menschen im Weibe und entstammt einer ganz beschränkt einseitigen, aber auch falschen Einstellung. Es bedeutet die Anerkennung der durch und durch *unethischen* und *unsozialen* Bewertung der Frau nur als *Gattungs*wesen, als *Mittel* zum Fortpflanzungszweck. Es ist völlig abwegig, seitens einer Frau nur die Mutterschaft als wertvolle Leistung gelten zu lassen, wie es umgekehrt geradeso ganz und gar verfehlt ist, Schwangerschaft und Mutterschaft unter allen Umständen als eine wertvolle Tat einzuschätzen. Das Recht und die Pflicht hierzu wollen gerade feministische Kreise, die sogenannten ›Mutterschützlerinnen‹, glauben machen, indem sie in jeder Mutterschaft schlechthin etwas Hohes, Verehrungswürdiges sehen. Das ist – wie ich schon vor langen Jahren betonte (Max Marcuse, Uneheliche Mütter. Berlin 1906) – von jedem Gesichtspunkte aus ein Unsinn. Es ist ein Mißbrauch des nicht nur aus humanitären, sondern auch aus sozial- und bevölkerungspolitischen Gründen zutreffenden Gedankens, daß das uneheliche Kind geschützt werden müsse und eine Klasse von schon durch die Geburt mit einem Makel Behafteten nicht bestehen dürfe, wenn er dahin gewendet wird, ›eine Art Glorifikation der durch das Dasein des Kindes schon geheiligten Frau zuteil werden zu lassen‹ (Ella Mensch, Die Bilderstürmer in der Frauenbewegung. Berlin 1907).«

Überspitzt gesagt, hätte sich Marcuse im Zweifelsfall wohl nicht für Emanzipation und Reform entschieden, sondern für Erkenntnis und methodologisch abgesicherte allgemeine Gültigkeit von Forschungsergebnissen. Sein Credo lautete: »Die sexuelle Frage verlangt und ermöglicht eine Lösung nur durch die *Wissenschaft*« (Anonymus [d.i. Max Marcuse] 1908: 1, Hervorh. von Marcuse) – so niedergeschrieben als ein programmatisches Wort bei der Eröffnung der neuen Zeitschrift *Sexual-Probleme*. Deshalb kooperierte er auch vor allem mit Professoren wie Julius Wolf und weniger mit Reformern wie Magnus Hirschfeld, den er immer wieder kritisierte, weil er entpathologisierte. So habe er im Transvestitismus eine »Variante« geschlechtlicher Veranlagung »von hoher biologischer und kultureller Bedeutung« gesehen, eine Auffassung, die für den Wissenschaftler Marcuse allein wegen der zumindest »psychopathischen Konstitution« und der großen Zahl »psychischer Entartungszeichen« zweifelsfrei »allen gesunden Instinkten widerspricht« (Marcuse 1916: 183 f.). Angesichts solcher Über-Zeugungen drängt sich die Ansicht auf, dass Auffällige nur dann als Gesunde angesehen werden können, wenn Wissenschaft ihres Fetischcharakters beraubt wird, beispielsweise durch einen politischen oder sozialen Befreiungswillen. Marcuse aber überzog die von den Reformern unter den Sexualforschern dominierten Organisationen wie das Wissenschaftlich-humanitäre Komitee und die Ärztliche Gesellschaft für Sexualwissenschaft ebenso mit Hohn und Ekel wie den Bund für Mutterschutz nach seinem Ausscheiden, weil sie alle nicht »rein« wissenschaftlich seien, sondern persönlich voreingenommen, verlogen und sektiererisch. So berichtete er in seiner Zeitschrift voller Spott und Abscheu, dass »als Erste zu der *kons-*

tituierenden (!) Sitzung dieser ›Ärztlichen‹ *(!)* Gesellschaft Fräulein Helene Stöcker erschienen war« (Marcuse 1913e: 355, Hervorh. von Marcuse).

Jahre zuvor hatte er sich bei seiner Kritik am Bund für Mutterschutz ausgerechnet hinter dem Rassebiologen und Polygynisten Ehrenfels verschanzt, dessen Abrechnung mit den reformorientierten Frauen um Helene Stöcker er genüsslich zitierte (vgl. Marcuse 1908d: 36f): Diese Bewegung sei »feminin«, das heiße »weibisch schwächlich, unlogisch, die eigenen Konsequenzen scheuend, sie gefällt sich in Halbheiten [...]. Sie glaubt revolutionär zu sein [...] und kommt doch nolens volens von den biologisch falschen Grundprinzipien des Überlieferten, von der uniformen Moral für beide Geschlechter und dem monogamischen Lebensideal nicht los. [...] sie will den sozial Geächteten, moralisch Verkommenen helfen und weiss keinen anderen Rat, als zu ihnen herabzusteigen«. Marcuse fügte hinzu: »Ich habe die Stelle aus dem Ehrenfelsschen Buche [gemeint ist Ehrenfels 1907, V.S.] vor allem darum hier zitiert, weil ihr wesentlicher Inhalt sich mit meiner Auffassung deckt« (ebd.: 37).

Im Gegensatz zu dieser gewissermaßen reinwissenschaftlich-virilen Haltung plädierte Marcuse dafür, nicht die Einzelschicksale über den Kamm der »konventionellen Geschlechtsmoral« zu scheren, deren »Gedankenlosigkeit und Verwerflichkeit« evident sei: »Ihre größte Fehlerquelle liegt in ihrer dogmatischen Art. Es gibt kein allgemein gültiges Axiom, nach dem die unehelichen Mütter alle dieselbe Note bekommen dürfen, sondern der *einzelne* Mensch darf seine *eigene* Beurteilung fordern und eine gerechte Würdigung der speziellen psychologischen und sozialen Voraussetzungen verlangen, die gerade ihm den Weg gewiesen haben, den er ging. Und so mannigfach, wie die Voraussetzungen sind, so verschieden ist der sittliche Wert der unehelichen Mütter« (Marcuse, o. J. [1906b]: 102, Hervorh. von Marcuse). Etwas später, bei der Erörterung der Kontrazeption, zählte das Einzelschicksal nicht mehr so viel, weil sich der Arzt nicht »nur an der Gesundheit des Individuums«, sondern auch »an dem Wohl von Vaterland und Volk« orientieren müsse; denn »glücklicherweise« sei der Beruf des Arztes »nach Bildung, Gesinnung und Aufgabe« über den »bloßen Medizinmann und Krankenheiler weit hinausgewachsen«, sodass jetzt gelte: »*jeder Arzt muß ein sozialer und ein rassedienender Arzt sein, oder er wird nicht sein!*« (Marcuse 1917a: 154f, Hervorh. von Marcuse).

Marcuses partielle Freundlichkeit gegenüber der Psychoanalyse könnte auch unter den zuletzt erwähnten Ambivalenzen und Widersprüchlichkeiten begriffen werden. Denn der Psychoanalyse fällt es schwer, wenn es ihr nicht sogar unmöglich ist, sich als Wissenschaft darzustellen – so wie der Sexualwissenschaft, was Marcuse gewiss geahnt hat. Gleichzeitig aber befriedigt sie den Willen zur Pathologisierung, dem die meisten Sexualforscher dieser Zeit erlegen sind. Zu Freuds größten Leistungen gehört nicht von ungefähr, dass er, wie behutsam auch immer, die Homosexualität mit der Heterosexualität zumindest in einer Fußnote und in einem Brief an eine verzweifelte Mutter seelengenetisch und moralisch gleichgestellt und dem Wahn der Rassenzüchtung und Rassenverbesserung, genannt Eugenik, nicht erlegen ist. Marcuse ist beides nicht oder nicht ganz gelungen, wie er auch, selbst psychoanalytisch untrainiert und unbehandelt, die Anschauungen der Psychoanalyse nur sehr begrenzt übernahm, vielleicht um auch hier seine Unabhängigkeit zu bewahren. So hielt er nichts davon, die Perversion als das Negativ der Neurose anzusehen, und an deren Grund sah er nicht immer einen Sexualkonflikt. Er betrachtete die Perversionen als stärker biologisch bedingt als die Neurosen, von denen nur ein Teil Sexualneurosen seien. Terminologisch folgte daraus die Gegenüberstellung von »Psychopathia sexualis«, das sind bei ihm die Perversionen, und »Neuropathia sexualis«, das sind die verbliebenen Sexualneurosen (vgl. Marcuse 1926d).

Freud hat wohl von den einflussreichen Sexualwissenschaftlern neben Havelock Ellis und Iwan Bloch noch am ehesten Max Marcuse geschätzt, obgleich es einige Belege dafür gibt, dass auch dieses Verhältnis keineswegs ungetrübt war, nicht zuletzt, weil Freud selbst auf milde Kritik recht empfindlich reagierte. So wurde er bei Marcuse vorstellig, weil ihm die Rezensionen des mit Marcuse eng verbundenen Berliner Psychiaters Karl Birnbaum (1878–1950) in den *Sexual-Problemen*, für die er, Freud, höchstselbst im Gründungsjahr 1908 zwei wichtige Aufsätze verfasst hatte (Freud 1908a, 1908b), nicht ehrerbietig genug waren (vgl. den Brief Freuds an Marcuse in Nitzschke et al. 1995). Und er sagte, von Marcuse herausgehoben eingeladen, seine Teilnahme an dem von Moll geplanten Internationalen Kongress für Sexualforschung ab, weil sich Moll abfällig über die Psychoanalyse geäußert hätte (vgl. Freud 1926). Zuvor aber schrieb Freud für Marcuses Handbuch zwei Beiträge, betitelt »Libidotheorie« und »Psychoanalyse« (Freud 1923a, 1923b).

In einem Brief vom 26. Februar 1996 an mich berichtete Marcuses Sohn Yohanan, die beiden Sexualforscher seien auch in der Emigration verbunden gewesen: Sein Vater habe »den Briefwechsel mit Freud bis zu dessen Tod von Tel Aviv aus fortgesetzt – zwar nur sporadisch und nicht sehr ›intim‹, doch zugleich von gegenseitiger Achtung geprägt«.

15 Das erste Institut für Sexualwissenschaft der Welt

Aufklärung, Schutz und Begutachtung

Das erste sexualwissenschaftliche Institut gründete der zu dieser Zeit bereits arrivierte Sexualforscher und Arzt Magnus Hirschfeld zusammen mit dem Nervenarzt Arthur Kronfeld und dem Hautarzt Friedrich Wertheim Anfang Juli 1919 in Berlin. Über das genaue Datum der Eröffnung streiten sich bis heute die Forscher (Seeck 2002/2003). Am häufigsten wird der 6. Juli genannt. In Zeitdokumenten werden aber auch der 1. und der 7. Juli als Eröffnungstag erwähnt (vgl. z.B. Kronfeld 1919).

Hirschfeld hatte von einem solchen Institut schon um die Wende vom 19. zum 20. Jahrhundert geträumt: alles, was sexuell zu sein scheint, samt seiner kulturellen Emanationen erfassen und die zu Laien in eigener Sache gewordenen Sexualsubjekte darüber rundum aufklären. Seine Vorbilder waren das der Phylogenese geweihte Institut Haeckels in Jena und das der Bakteriologie gewidmete Institut Pasteurs in Paris. Aber erst 1918 konnte er zu diesem Zweck eine Stiftung gründen und ein Jahr später mit Geld ausstatten.

Woher die enorme Summe von 400.000 Mark stammte, die er für den Kauf des Institutsgebäudes in Berlin-Tiergarten aufbrachte, ist bis heute unbekannt. Das Gebäude, die »Villa Joachim«, ein großes Eckhaus (In den Zelten 10/Beethovenstr. 3), gehörte zuvor dem berühmten Geiger Joseph Joachim und zuletzt einem Fürsten Hatzfeld (im Archiv dieser Familie fand ich 70 Jahre später keinen Hinweis auf die Umstände des Verkaufs.) 1921 kaufte Hirschfeld ein Nachbargebäude (In den Zelten 9a) hinzu, das er mit dem Hauptgebäude verbinden ließ. Ein ehemaliges Restaurant (»Luisenzelt«) wurde in einen Vortragssaal umgebaut (»Ernst-Haeckel-Saal«). 1924 wurde Hirschfelds Stiftung als öffentliche und gemeinnützige Stif-

Magnus Hirschfeld   Das Hirschfeld-Institut für Sexualwissenschaft

tung anerkannt, sodass die Institutsgebäude aus seinem Privatbesitz auf die Stiftung übertragen werden konnten.

Zufluchtsstätte

Mit dem Institut wollte Hirschfeld die Liebe stärken und das Leid schwächen: »Amori et dolori sacrum«. Es sollte Forschungs-, Lehr-, Heil- und Zufluchtsstätte werden (vgl. Magnus-Hirschfeld-Gesellschaft 1985, 2002, Grossmann 2004, Herrn 2004, Herrn und Dose, in Vorb.). Und tatsächlich ist ihm das, soweit überhaupt möglich, gelungen – bis die Nazis 1933 alles zerstörten. Nie wieder hat es ein sexualwissenschaftliches Institut gegeben, das auf so vielen Feldern erfolgreich tätig war und so vielen Menschen ganz konkret und unkonventionell geholfen hat, Menschen, die in sexuelle oder geschlechtliche Not geraten waren. Für verzweifelte und verfolgte Angehörige sexueller Minderheiten, für Homosexuelle, Transvestiten und Hermaphroditen, das heißt für die so genannten sexuellen Zwischenstufen, die Hirschfeld so sehr am Herzen lagen, war das Institut recht bald in Europa und darüber hinaus die erste Adresse.

Im ersten Tätigkeitsjahr hätten die Mitarbeiter des Instituts laut Rechenschaftsbericht etwa 3.500 Personen in über 18.000 Sitzungen beraten, in über der Hälfte der Fälle unentgeltlich. Zwei Drittel seien auf dem Papier männlichen, ein Drittel sei weiblichen Geschlechts gewesen; tatsächlich aber gehörten etwa 30 Prozent »weder dem einen, noch dem andern Geschlecht an, sondern den intersexuellen Varianten« (Anon. 1920: 55).

Ab 1922 gab es im Institut eine eigene Abteilung für Eheberatung, die nacheinander von Hans Graaz, Hans Kreiselmaier, Max Hodann und Ludwig Levy-Lenz geleitet wurde. Hier wurden eugenische Fragen wie »Ehetauglichkeit«, »Zuchtwahl« und »Gesundheitszeugnisse« erörtert, und es wurde versucht, bei Konflikten und Trennungen, bei Funktionsstörungen, Verhütungsproblemen, Kinderlosigkeit usw. zu helfen. Je nach der Spezialisierung der zu einer bestimmten Zeit im Institut tätigen Ärzte konnte auch psychiatrisch, gynäkologisch, venerologisch, dermatologisch, chirurgisch, röntgenologisch usw. diagnostiziert und behandelt werden. Es war sogar möglich, im eigenen Labor Blut, Urin und Samen zu untersuchen oder elektrotherapeutisch und kosmetisch zu behandeln.

Hirschfeld als »Vorkämpfer des dritten Geschlechts« (aus Georg Zehden: Mit Hörrohr und Spritze. Karikaturen aus alter und neuer Zeit, 1910)

Neben den Beratungen und Behandlungen waren Gutachten eine besonders ergiebige Einnahmequelle des Instituts, die zugleich die öffentliche Reputation des Instituts wesentlich stärkte. Gerade durch spektakuläre Gerichtsprozesse wurden die Gutachter sehr bekannt, z.B. Hirschfeld im »Steglitzer Schülermordprozess« und Kronfeld im »Prozess gegen den Frauenmörder Großmann«. Neben Hirschfeld und Kronfeld, die bereits im ersten Institutsjahr 96 umfangreiche Gutachten in Strafsachen erstellt haben sollen (Anon. 1920: 58), waren vor allem Felix Abraham, Berndt Götz, Ludwig Levy-Lenz, Bernhard Schapiro und Walter Wolf forensisch tätig. Am häufigsten ging es um Verstöße gegen den Antihomosexuellen-Paragrafen 175 RStGB und den Versuch, die Unzurechnungsfähigkeit des Angeklagten während der Tatzeit zu begründen, um eine mildere Strafe oder einen Freispruch zu erreichen. Daneben fanden Homosexuelle, die den Dienst in der Armee nicht ertrugen, oder Menschen mit zweideutigen Geschlechtsmerkmalen, die wir heute Intersexuelle nennen, oder Transvestiten, die in dem nicht den Ausweispapieren entsprechenden Geschlecht von der Polizei aufgegriffen wurden, oder die an ihrem angeborenen Geschlecht Verzweifelten, die wir heute Transsexuelle nennen, im Institut eine Hilfe, die weit und breit ihresgleichen suchte.

Der Aufklärung dienten neben den Veröffentlichungen von Institutsmitgliedern, allen voran Hirschfeld, zahlreiche populärwissenschaftliche Vorträge und Filmvorführungen im Institut, Kurse für Studenten, Ärzte und Juristen sowie Führungen unterschiedlichster Besuchergruppen durch die Sammlungen des Instituts. Das von Karl Giese geleitete Archiv bzw. Sexualmuseum präsentierte perverse, angstlustbesetzte Sexualia so, wie ein Museum für Naturkunde exotische Bestien ausstopfte. Zum Fundus gehörten Selbstbefriedigungsapparaturen in Dreiradform mit Tretantrieb oder Sexualfetische wie Haarbündel, die ein so genannter Zopfabschneider abgeschnitten hatte, oder Abtreibungswerkzeuge, die Frauen aus allen Zeiten und Völkern jemals benutzt hatten, ebenso wie ungedruckte Manuskripte, Tagebücher von Patienten und Tausende von Fotos, die verrückterweise zeigen sollten, wie Sexualverbrecher, Neurotiker, Exhibitionisten oder Masochisten aussehen. Hirschfeld und das Wissenschaftlich-humanitäre Komitee (WhK) hatten schon vor der Gründung des Instituts Objekte und Bücher gesammelt, die später den Grundstock des Archivs und der Institutsbibliothek bildeten. Wie umfangreich die Bibliothek war, ist nicht bekannt. Sie ist bis heute legendär, war aber damals gewiss eine der größten sexualwissenschaftlichen Bibliotheken der Welt (vgl. Levy-Lenz 1954). Von den Aufklärungsaktivitäten des Instituts besonders beliebt waren die Frageabende. Sie fanden anfangs monatlich, später wegen des großen Andrangs 14-tägig statt. Anonym konnten Ratsuchende Zettel mit Fragen in einen Briefkasten werfen, die dann am nächsten Frageabend beantwortet wurden.

Aufklärungszentrale

Aus heutiger Sicht ist das alte Berliner Institut nicht nur als Forschungsinstitut bedeutsam, sondern ebenso als Aufklärungszentrale, Beratungsstelle und Zufluchtsstätte. Es war ein, wenn nicht sogar *das* Zentrum der fachlich fundierten und linksliberal motivierten Sexualreformbewegung zur Zeit der Weimarer Republik. Hirschfeld war von der Idee durchdrungen, Recht und Gerechtigkeit auf geschlechtlich-sexuellem Gebiet durch Wissenschaft zu erreichen. Das entsprechende Stichwort der Zeit lautete: »Sexualreform auf wissenschaftlicher Grundlage«. Er stand, wie wir im

Magnus Hirschfeld: Leben und Werk

1868	Magnus Hirschfeld wird am 14. Mai in Kolberg/Pommern geboren
1887	Philologiestudium in Breslau
1888–1892	Medizinstudium in Straßburg, München, Heidelberg, Berlin
1892	Promotion zum Dr. med. in Berlin
1894	Naturheilkundliche Arztpraxis in Magdeburg
1896	Praktischer Arzt in Charlottenburg (bei Berlin); (unter dem Pseudonym Th. Ramien:) *Sappho und Sokrates*
1896–1900	Redakteur der Wochenschrift *Der Hausdoctor*
1897	Mitbegründer des Wissenschaftlich-humanitären Komitees; Petition in Sachen § 175 RStGB an den Deutschen Reichstag
1899	Mitgründung und (von 1900–1923) Herausgabe des *Jahrbuchs für sexuelle Zwischenstufen unter besonderer Berücksichtigung der Homosexualität*
1903–1904	Empirische Erhebungen zur sexuellen Orientierung von Berliner Studenten und Metallarbeitern
1905	*Geschlechtsübergänge*
1906	*Vom Wesen der Liebe*
1908	Herausgeber der *Zeitschrift für Sexualwissenschaft*; Mitbegründer der Berliner Zweiggruppe der Wiener Psychoanalytischen Vereinigung
1910	Praxis als »Spezialarzt für nervöse und seelische Leiden« in Berlin; *Die Transvestiten*
1912	*Naturgesetze der Liebe*
1913	Mitbegründer der Ärztlichen Gesellschaft für Sexualwissenschaft und Eugenik in Berlin
1914–1918	Kriegsdienst als Lazarett-Arzt
1914	*Die Homosexualität des Mannes und des Weibes*; *Warum hassen uns die Völker?*
1917–1920	*Sexualpathologie* (3 Bände)
1919	Eröffnung des Instituts für Sexualwissenschaft in Berlin
1920	Schwere Verletzungen durch ein Attentat Rechtsradikaler
1921	Ausrichtung der I. Internationalen Tagung für Sexualreform auf sexualwissenschaftlicher Grundlage
1926	Reise nach Moskau und Leningrad
1926–1930	*Geschlechtskunde* (5 Bände)
1928	Mitgründung der Weltliga für Sexualreform
1930	*Sittengeschichte des Weltkrieges* (2 Bände); Beginn einer Weltreise (bis 1932)
1932	Aufenthalt in Österreich und der Schweiz
1933	Plünderung des Instituts für Sexualwissenschaft durch Nazihorden; Verbrennung von Institutsbüchern auf dem Berliner Opernplatz; Exil Hirschfelds in Paris
1934	Umzug nach Nizza
1935	Hirschfeld stirbt am 14. Mai, seinem 67. Geburtstag, in Nizza

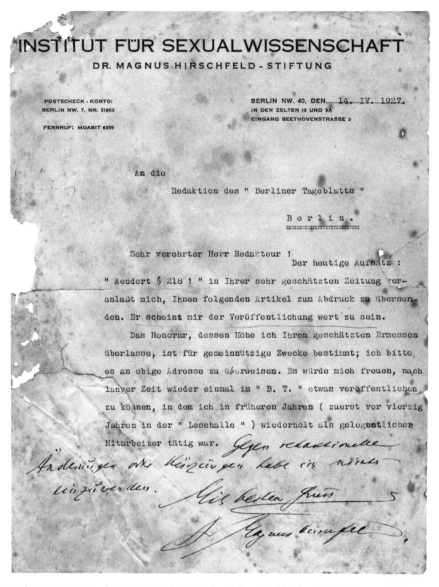

Brief von Magnus Hirschfeld vom 14. April 1927 an das *Berliner Tageblatt* (aus dem Nachlass von Walter Zadek, Redakteur des *Berliner Tageblatts*, im Archiv Volkmar Sigusch)

Kapitel 8 im Einzelnen erörtern, im Ernstfall auf der Seite der Reformbewegungen und nicht der um sich selbst kreisenden reinen Wissenschaft. Diese habe den Menschen zu dienen. Und so nahmen sich Hirschfeld und seine Kollegen der Probleme an: verlogene bürgerliche Doppelmoral, unterdrückte und staatlich reglementierte weibliche Sexualität, ungewollte Schwangerschaften, fehlende oder verteufelte Verhütungsmethoden, sich ausbreitende Geschlechtskrankheiten usw. Sie forderten ein liberaleres Ehescheidungs- und Sexualstrafrecht und kämpften zusammen mit dem Wissenschaftlich-humanitären Komitee und dem Bund für Mutterschutz insbesondere gegen die §§ 175 und 218 RStGB. Für das Wissenschaftlich-humanitäre Komitee waren von Anfang an Räume im Institutsgebäude vorgesehen, die es auch bis 1929 nutzte.

1921 wurde vom Institut der »Erste Internationale Kongreß für Sexualreform auf sexualwissenschaftlicher Grundlage« organisiert. Auch an der Gründung der Weltliga für Sexualreform, die 1928 in Kopenhagen erfolgte, war das Institut wesentlich beteiligt. Die Liga richtete ihr »Zentralbüro« im Berliner Institut ein. Außerdem wurden, so heißt es im Bericht über das erste Tätigkeitsjahr, »Hör- und Gesellschaftsräume auch anderen gemeinnützigen Organisationen unentgeltlich zur Verfügung« gestellt: »Vor allem machten davon pazifistische Vereinigungen Gebrauch (wie Bund neues Vaterland, Clarté), ferner die Freyschaften (Nienkamp), der Monistenbund (Vors. Graf Arco), der Bund der Interkonfessionellen, Bund für radikale Ethik (Magnus Schwantje) und viele andere ethisch gerichtete Verbände, die während des Winters in den Räumen des Instituts Sitzungen, Vorträge und Empfänge abhielten. Es kam vor, daß an einem einzigen Abend gleichzeitig an vier Stellen des Hauses gut besuchte Veranstaltungen stattfanden« (Anon. 1920: 72).

Adaptationen

Theoretisch-ideologisch war das Institut im Wesentlichen biologisch und nicht psychologisch oder gar psychoanalytisch ausgerichtet. Das hatte positive und negative Auswirkungen. Positiv, ja geradezu in der Nachfolge Ulrichs (s. Kap. 5) ist Hirschfelds »Adaptationstherapie« zu sehen, die auch »psychische Milieutherapie« genannt wurde. Mit ihr sollte der sexuell Andersartige befähigt werden, seiner »Natur« entsprechend zu leben. Seine von der Gesellschaft »Abartigkeit« oder »Krankheit« genannte Veranlagung sollte nicht wegtherapiert, sondern zu sich gebracht werden. Außerdem sollte der Ratsuchende mit geistig möglichst hochstehenden und bereits gefestigten Leidensgenossen zusammengebracht werden, um sich in einem Milieu zu behaupten, das seinem Wesen entsprach. Kein Wunder also, dass die Adaptationstherapie von den Sittenwächtern heftig bekämpft wurde. Negativ aber wirkte sich die biologische Orientierung dann aus, wenn irreversible operative Eingriffe mit höchst zweifelhaften naturwissenschaftlichen, insbesondere endokrinologischen Forschungsergebnissen begründet wurden (vgl. Schmidt 1984). Aus heutiger Sicht problematisch war auch die Haltung gegenüber der eugenisch-rassenhygienischen Bewegung der Zeit, die als fortschrittlich und aufklärerisch missverstanden wurde. Die Institutsmitglieder waren keine Rassenhygieniker, die Rassen »reinhalten« wollten oder als »minderwertig« verachteten. Sie standen auch eugenischen Zwangsmaßnahmen überwiegend kritisch gegenüber; nur in besonderen Fällen sollte eine Zwangssterilisation erlaubt sein. Andererseits aber träumten auch sie von der »Ausjätung schlechter Keime«, wollten auch sie das »degenerierte« Volk »hinaufpflanzen« durch eugenische Maßnahmen wie den Verzicht auf eine Eheschließung oder den

Hirschfeld Hand in Hand mit seinem Lebensgefährten Karl Giese (2. und 5. Person von re.). Szenenbild eines unbekannten Fotografen aus dem Hirschfeld-Institut (Magnus-Hirschfeld-Gesellschaft)

Austausch von »Gesundheitszeugnissen« vor einer Hochzeit. Die Ehe- und Sexualberater des Instituts wollten »erblich Belastete« dazu bringen, auf Nachkommen zu verzichten. Auch Homosexuellen wurde dringend von Ehe und Zeugung abgeraten, da ihre Kinder häufig »entartet« seien.

Ansonsten muss im Institut ein selten buntes Treiben geherrscht haben. Mehrere Ärzte hatten ihre Praxis in den Institutsgebäuden, wobei Hirschfeld und Kronfeld in prächtigen Räumen der Hauptvilla residierten. Information, Rat oder Abenteuer Suchende, Patienten, Gäste, Untermieter, Freunde und zu begutachtende Angeklagte, die manchmal auch im Institut gewohnt haben sollen, bevölkerten die Häuser, die auch Wohn-, Labor-, Bibliotheks-, Archiv- und Vortragsräume umfassten. Kronfeld hatte mit seiner Frau Lydia ebenso wie Hirschfeld mit seinem Freund Karl Giese, der sich um das Archiv kümmerte und Vorträge für Laien hielt, im Institut seine Privatwohnung aufgeschlagen. Daneben gab es anfänglich ganz normale Mieter, bis nach und nach Mitarbeiter, Verwandte und Freunde des Instituts einzogen, zum Beispiel Mitte der zwanziger Jahre Hirschfelds Schwester Recha Tobias, bei der wiederum die Philosophen Walter Benjamin und Ernst Bloch Untermieter waren, sowie der KPD-Funktionär und Verleger Willi Münzenberg mit seiner Frau Babette Groß. Fünf Zimmer der Hauptvilla waren auswärtigen Gästen vorbehalten. Hier logierten zum Beispiel der Schriftsteller Christopher Isherwood und der Archäologe Francis Turville-Petre.

Institut für Sexualwissenschaft

Abteilung für Sexualreform (Wissenschaftlich-humanitäres Komitee E.V.)
Dr. Magnus Hirschfeld-Stiftung

Fragebogen V

Mit der vollständigen Ausfüllung dieses Fragebogens erweisen Sie uns einen wissenschaftlichen Dienst. Auf strengste Verschwiegenheit dürfen Sie sich verlassen. Wer Bedenken trägt, den Fragebogen mit seinem vollen Namen, dessen Geheimhaltung unter das ärztliche Berufsgeheimnis fällt, zu unterzeichnen, möge denselben mit einem beliebigen Buchstaben versehen. In diesem Falle kann allerdings eine regelmäßige Einladung zu den Veranstaltungen des Instituts nicht erfolgen.

Vor- und Zuname: Geburtstag:

Beruf: gelernter: ausgeübter: arbeitslos:

Adresse:

Besitzen Sie eine eigene Wohnung?

Wenn nicht, a) mit wieviel Personen wohnen Sie zusammen?

b) auf wieviel Räumlichkeiten verteilt sich die unter a angegebene Personenzahl?

Welchen Organisationen gehören sie an?

Welcher Krankenkasse gehören Sie an?

Auf wessen Empfehlung besuchen Sie unsere Vorträge, Kurse oder Frageabende (Kollege, Verwandte, Bekannte, Parteifreunde, oder Zeitungsnotiz?

1. XI. 28. 6—10 000.

Fragebogen der Abteilung für Sexualreform

Welche Vorträge über das Geschlechtsleben haben Sie bereits gehört:

Welche Schriften über sexuelle Fragen haben Sie gelesen?

Haben Sie Anregungen für den Ausbau unserer Aufklärungsarbeit?

Welchen Nutzen hatten bezw. versprechen Sie sich von unserer Lehrtätigkeit?

Über welche Probleme des Geschlechtslebens müßte nach Ihrer Ansicht besonders ausführlich gesprochen werden?

An wen von Ihren Bekannten sollen wir in Zukunft Einladungen zu unseren Vortrags- und Kursabenden senden?

Senden Sie diesen Fragebogen ausgefüllt an die Abteilung für Sexualreform des Instituts für Sexualwissenschaft, Berlin NW 40, Beethovenstraße 3 oder geben Sie ihn an unserem nächsten Vortragabend an der Kasse ab.

Abteilungen

Unumstrittener Leiter des Instituts war Sanitätsrat Magnus Hirschfeld, dem anfänglich als »leitende Ärzte« Arthur Kronfeld, Friedrich Wertheim und der Röntgenologe August Bessunger zur Seite standen (vgl. Anon. 1919: 52). In eigenen Tätigkeitsberichten werden zahllose »Abteilungen«, »Hilfsstellen« und Aktivitäten aufgezählt, die oft nur von einer Person geleitet wurden und mit deren Ausscheiden entfielen. So werden im Bericht von 1924 18 genannt, darunter »Abteilung für seelische Sexualleiden«, »Abteilung für körperliche Sexualleiden«, »Eugenische Abteilung für Mutter und Kind«, »Sexualwissenschaftliches Archiv«, »Ethnologische Abteilung« (mit Ausstellungsräumen), »Radiologische Abteilung«, »Abteilung für Sexualchirurgie«, »Eheberatungsstelle«, »Berufsberatungsstelle«, »Forensische Abteilung« (für ärztliche Begutachtungen und Sachverständigenarbeit), »Sexualärztliche Poliklinik (öffentliche Sexualberatungsstelle)«, »Stationäre Abteilung« (eher eine Institutspension für besondere »Fälle«), »Sexualpathologische Klinik und sexualforensisches Seminar« (für Mediziner und Juristen), »Hilfsstelle für inkretorische Forschung«, »Hilfsstelle für Stammbaum- und Familienforschung«, »Hilfsstelle für Graphologie und Ausdruckskunde«, »Wissenschaftlich-humanitäres Komitee«, »Ernst Haeckel-Saal« (Hörsaal für Vorträge und Kurse mit besonderer Berücksichtigung der Sexualpädagogik) (Institut für Sexualwissenschaft 1924: 19–21). Aus dieser aufgeplusterten Aufführung geht hervor, dass Beratung, Begutachtung, Behandlung und Aufklärung, nicht aber Forschung und akademische Lehre der Arbeitsschwerpunkt des Instituts waren.

Mitarbeiter

Neben Hirschfeld (s. Kasten sowie Kap. 8; vgl. auch Seeck 2003: 265f), dessen Stärke das populärwissenschaftliche Übersetzen und Kompilieren vorhandener Forschungsergebnisse in ebenso lesbaren wie voluminösen Buchreihen war, arbeiteten recht differente Personen recht unterschiedlicher Herkunft und Auffassung in dem Institut, die, eine weitere beeindruckende Leistung Hirschfelds, einer Sache mehr oder weniger gemeinsam dienten. Von den Mitarbeitern des Instituts – sämtlich Männer – seien erwähnt:

Felix Abraham (1901–1938), nicht zu verwechseln mit dem auch in Berlin zu dieser Zeit aktiven Psychoanalytiker Karl Abraham, trat als letzter Arzt erst Ende 1928 in das Institut ein. Von 1929 bis 1933 leitete er die sexualforensische Abteilung. Er interessierte sich besonders für Sexualdelinquenten wie Exhibitionisten und für Transvestiten und publizierte einen der ersten Berichte über operative Genitalumwandlungen (Abraham 1931/32).

Karl Besser (1900–1931), seit 1924/25 am Institut tätig, leitete zunächst eine »Hilfsstelle für Stammbaum- und Familienforschung«, später eine »Hilfsstelle für Graphologie und Ausdruckskunde«. Er erstellte als Eheberatung grafologische Gutachten und legte eine Autografensammlung an. Besonders interessierte ihn die Handschrift

Felix Abraham in seinem Behandlungszimmer im Hirschfeld-Institut (Magnus-Hirschfeld-Gesellschaft)

von Homosexuellen. 1929 wurde er in den Vorstand des Wissenschaftlich-humanitären Komitees gewählt und bot in dessen Auftrag eine Sprechstunde für »Seelische Nothilfe« an. Zeitweilig war er auch Vorsitzender der Deutschen Graphologischen Studiengesellschaft und leitete deren Geschäftsstelle vom Institut aus.

August Bessunger (1899–1943/44?), Röntgenologe und Urologe, kam Ende 1919 ins Institut. Er betrieb dort eine Praxis. Als Leiter einer »Abteilung für Haarleiden und Kosmetik« war er mit dem Entfernen von Barthaaren bei Frauen und Transvestiten befasst. Ungefähr 1921 verließ Bessunger das Institut und eröffnete eine eigene Praxis.

Hans Friedenthal (1870–1943), Physiologe, leitete 1919 statt des eigentlich vorgesehenen Eugen Steinach (1861–1943) »nebenamtlich« eine »Abteilung für experimentelle Biologie« und von 1922 bis 1923 die anthropologische Abteilung. Er forschte zu den Wirkungen der Sexualhormone, zu den Geschlechtsdifferenzen sowie zur »Naturgeschichte des Menschen«. 1924 wurde Friedenthal Honorarprofessor an der Berliner Universität und gründete dort ein »Institut für Menschheitskunde«. Außerdem arbeitete er als Charakterologe und Eheberater. Er blieb dem Institut nach seinem Ausscheiden durch Publikationen in der Zeitschrift *Die Ehe* und als Kuratoriumsmitglied verbunden.

Karl Giese (1898–1938) verwaltete von 1924 bis 1932 das Archiv/Sexualmuseum des Instituts. Das Arbeiterkind hatte sich 1920 nach einem Vortrag Hirschfelds über Homosexualität tags darauf bei dem Sexualforscher gemeldet, und es begann eine Lebensbeziehung. Giese galt recht bald im engeren Institutskreis als Hirschfelds »Pflegesohn« resp. als »Frau des Hauses«. Sein Wohnzimmer im Institut war Ende der zwanziger Jahre eine einzigartige »Freistatt« für homosexuelle Männer. Durch Führungen, Ausstellungen und Unterrichtsdemonstrationen machte Giese das Sexualmuseum zur Attraktion. Als Hirschfeld 1932 von einer Weltreise nicht nach Deutschland zurückkehrte, fuhr ihm Giese entgegen und traf auf Li Shiu Tong (Tao Li), Hirschfelds neuen Gefährten. Zu dritt lebten sie im französischen Exil zusammen. Giese musste jedoch wegen einer »Badeanstaltsaffäre« Frankreich im Oktober 1934 verlassen. Er ging nach Wien, später nach Brünn. Dort lebte er in großer Armut. 1938 nahm er sich das Leben.

Berndt Götz (1891–unbekannt), Psychiater, arbeitete in den Jahren 1928 und 1929 im Institut mit. Davor hatte er als Assistenzarzt in der »Anstalt für Epileptische der Stadt Berlin« in Wuhlgarten gearbeitet, wohin er nach kurzer Zeit in leitender Funktion zurückkehrte. Durch Bücher, die Götz gemeinsam mit Hirschfeld veröffentlichte, hat er sich sexuologisch verewigt (Hirschfeld und Götz 1929a, 1929b). 1933 wurde er als Jude von den Nazis entlassen und wegen »kommunistischer Aktivitäten« für kurze Zeit inhaftiert. Götz emigrierte 1934 nach Palästina. Dort arbeitete er als Schuster und Arzt in einem Kibbuz bei Tel Aviv. 1941 wurde er vom Nazi-Staat ausgebürgert und seines letzten Vermögens beraubt (s. Dokumente).

Hans Graaz (1879–1953), Naturheilkundler und Nudist, war Kupferschmied, Gymnast, Bademeister und Masseur, bevor er Medizin studierte und 1920 die Approbation erhielt. Im Institut leitete er ein Jahr lang die eugenische Abteilung (vgl. Graaz 1922). In seiner »Ehe-, Familien- und Frauenberatung« gab er »Zuchtwahl«-Ratschläge zur »Eltern- und Kinderhygiene«. Ab 1924 war er ärztlicher Leiter der privaten Freikörperkulturschule von Adolf Koch in Berlin, an der auch Hirschfeld und Besser mitarbeiteten. Außerdem hatte Graaz eine Praxis als Arzt für Naturheilverfahren.

Max Hodann (1894–1946) arbeitete nach Erfahrungen in der Venerologie überwiegend als Kommunalarzt. Von 1921 bis 1933 war er ärztlicher Leiter des Gesundheitsamtes Berlin-Reinickendorf. In der zweiten Hälfte der zwanziger Jahre arbeitete er regelmäßig im Institut mit und leitete zeitweilig die Sexualberatungsstelle. Er gehörte dem Verein Sozialistischer Ärzte (VSÄ) und dem Reichsverband für Geburtenregelung und Sexualhygiene an. Bekannt wurde er durch seine Aufklärungsbücher (Hodann 1924, 1926, 1927, 1928a, 1928b, 1929). 1933 wurde Hodann als Stadtarzt entlassen, verhaftet und ohne Verfahren einige Zeit lang gefangen gehalten. Im englischen Exil bemühte er sich um die Wiedererrichtung eines Instituts und verfasste eine Geschichte der Sexualwissenschaft (Hodann 1937). Er starb 1946 in Schweden.

Wilhelm Kaufmann, Beamter, der 1929 nach 25 Jahren Staatsdienst wegen einer homosexuellen Affäre entlassen worden war, leitete danach die Abteilung für Sexualreform im Institut und arbeitete als Sekretär im Büro der Weltliga für Sexualreform. Kaufmann hielt Vorträge zum Sexualstrafrecht und nahm an den

Geheime Staatspolizei
Staatspolizeileitstelle Berlin

Berlin C 2, Grunerstr. 12, Ecke Dircksenstraße

Eingangs- und Bearbeitungsvermerk

An das
Finanzamt Moabit-West
Dienststelle f.d. Einziehung
verfallener Vermögenswerte

Berlin C 2
.—.—.—.—.—.—.—.—
Münzstr. 12

Finanzamt Moabit-West
Eing. 1 7. SEP. 1941
Anlagen.

Geschäftszeichen und Tag Ihres Schreibens
O.5210 - 9126/41- 26.8.1941

Geschäftszeichen und Tag meines Schreibens
Stapo IV C 3 - G.2531/41
15. September 1941

Betrifft: Ausbürgerung des Juden Dr. Berndt Israel
Götz, 20.1.91 Rybnik geb.,
zuletzt Berlin, Elsässer Str. 54
wohnhaft gewesen.

Ich habe die Staatspolizeileitstelle in Hamburg angewiesen, den Versteigerungserlös aus dem im Hamburger Freihafen lagernden Umzugsgut direkt an die dortige Finanzkasse zu überweisen.

Ferner teile ich mit, daß ich für den Juden Götz bei der Commerzbank, Depositenkasse V.W., Berlin NW 7, Friedrichstr. 110, ein Auswanderersperrkonto in Höhe von 11.352,--RM beschlagnahmt habe.

Weitere Vermögenswerte konnten nicht festgestellt werden.

Da die Ausbürgerung des Juden Götz bereits erfolgt ist, bitte ich, die Vermögenswerte zu übernehmen und mir Nachricht zu geben.

In Auftrage:

Fernruf
Berlin
51 00 23

A 4
Druck
Nr. 2

..........Anlagen

Berndt Götz: Ausbürgerung und Vermögensraub (Brandenburgisches Landeshauptarchiv, Rep. 36A Oberfinanzpräsident Berlin-Brandenburg [II], Nr. 11488).

Geheime Staatspolizei Berlin C 2, den 5.8.1941
Staatspolizeileitstelle Berlin
Stapo Anordnung IV C 3 - G. 2531/41

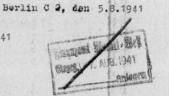

An das
Finanzamt Moabit-West
Dienststelle für die Einziehung
verfallener Vermögenswerte
B e r l i n C 2
Münzstrasse 12

Betrifft: Ausbürgerung des Juden Dr. G ö t z Bernدt
20.1.91 in Rybnick geb. Letz er Inländischer
Wohnsitz Berlin, Elsässer Str. 54

Ich beabsichtige, die Obengenannten
zur Ausbürgerung vorzuschlagen.
Für den Juden G ö t z
lagern im Hamburger Freihafen
3 Kisten
Umzugsgut. Ich habe die Staatspolizeileitstelle in Hamburg mit der Versteigerung
des Umzugsgutes beauftragt. Die Ermittlungen
über sonstige Vermögenswerte sind noch nicht
abgeschlossen. Zur gegebenen Zeit ergeht
weitere Nachricht.

Im Auftrage:

Weltliga-Kongressen von 1930 und 1932 teil. 1933 führte er den Verlag, in dem *Sexus* erschien, das Organ der Weltliga für Sexualreform.

Hans Kreiselmaier (1892–1944), Chirurg, arbeitete von 1924 bis 1926 als Assistenzarzt im Institut. Er war für Sexualchirurgie sowie Beratungen zur »Fortpflanzungshygiene« und zur Geburtshilfe zuständig. 1927 zog er nach Lehnin bei Beelitz und praktizierte dort. 1938 eröffnete er eine eigene Praxis in Berlin-Zehlendorf. 1941 kam das NSDAP-Mitglied Kreiselmaier in Kontakt mit der illegalen KPD-Widerstandsgruppe Saefkow-Bästlein-Jacob. 1944 wurde er verhaftet, zum Tode verurteilt und hingerichtet.

Arthur Kronfeld (1886–1941), promovierter Mediziner und philosophischer Psychologe, in Heidelberg und Berlin klinisch ausgebildeter Nervenarzt und schulenungebundener Psychotherapeut, Mitbegründer des Instituts und Leiter der »Abteilung für seelische Sexualleiden«, trat als einziges Institutsmitglied über Jahre hinweg theoretisch und nach dem Ausscheiden aus dem Institut auch akademisch hervor. Kronfeld wollte Psychiatrie und Psychotherapie, kurzum die ganze »psychische Heilkunde«, psycho-logisch begründen – mit strenger Betonung auf Logik und Wissenschaftstheorie. Er legte in dieser Absicht originelle und anspruchsvolle Arbeiten vor (vgl. z.B. Kronfeld 1920, 1923, 1925, 1927a, 1927b, 1930, 1932) und beförderte dadurch das Ansehen des Instituts enorm. Im Alter von 20 Jahren publizierte er seine erste sexualtheoretische Abhandlung (Kronfeld 1906), die Hirschfeld auf ihn aufmerksam machte (vgl. Kronfeld 1908). 1912 veröffentlichte er eine detaillierte Kritik der Freud'schen Psychoanalyse, die später ihresgleichen suchen sollte. 1918 war Kronfeld im Soldatenrat in Freiburg/Breisgau aktiv, 1926 trat er als SPD-Mitglied dem Verein Sozialistischer Ärzte (VSÄ) bei. Kronfeld war u.a. mit Karl Jaspers, Hugo Liepmann, Wilhelm Stekel und Alfred Adler beruflich verbunden, mit Kurt Hiller, Ernst Kretschmer, J. H. Schultz, dem Nobelpreisträger Otto Meyerhof und dem Philosophen Leonard Nelson außerdem befreundet. 1927 habilitierte er sich für Psychiatrie und Nervenheilkunde bei Karl Bonhoeffer, nachdem er 1926 das Institut verlassen und sich in eigener Praxis als Nervenarzt in Berlin-Tiergarten niedergelassen hatte.

1931 wurde er zum a.o. Professor an der Berliner Universität ernannt. 1932 unterzeichnete er zusammen mit Albert Einstein, Helene Stöcker, Kurt Hiller, Heinrich Mann, Käthe Kollwitz, Arnold Zweig u.a. einen »Dringenden Appell« des »Internationalen Sozialistischen Kampfbundes« des Göttinger Philosophen Leonard Nelson, mit dem angesichts der Erfolge der Nazis eine »einheitliche Arbeiterfront«, ein »Zusammengehen der SPD und KPD für diesen Wahlkampf« propagiert wurde. Scheinbar als Träger des Eisernen Kreuzes I. und II. Klasse sowie weiterer Auszeichnungen dieser Art geschützt, verlor Kronfeld bis 1935 durch die Nazis alle beruflichen Voraussetzungen einschließlich der akademischen Lehrberechtigung. Er emigrierte im selben Jahr in die Schweiz, konnte in einem Sanatorium des Sohnes von August Forel arbeiten, erhielt aber trotz Verfolgung als Jude kein Asyl. 1936 ging er nach Moskau, wo er eine Professur erhielt und die Abteilung für experimentelle Therapie des neuropsychiatrischen Gannuschkin-Forschungsinstituts leitete. Am 16. Oktober 1941 nahm er sich zusammen mit seiner Frau Lydia in Moskau das Leben, als der Einmarsch der deutschen Truppen drohte. Ein Nachruf in seiner Muttersprache ist nirgends erschienen. Erst Jahrzehnte später haben sich wenige Forscher an sein beachtliches Werk erinnert, zu dem mehr als 200 Artikel und Bücher sowie über 500 Rezensionen gehören (vgl. Kittel 1985, 1986a, 1986b, 1988; Seeck 1994/95a, 1995/95b).

Ludwig Levy-Lenz (1889–1966), gynäkologischer Chirurg und »Sexualarzt«, war von 1925 bis 1933 im Institut tätig. Er ersetzte zunächst Kreiselmaier, später auch Hodann, indem er die Beratungsabteilung des Instituts leitete. Levy-Lenz erstattete Gerichtsgutachten, erörterte Abtreibungstechniken, beteiligte sich an operativen Geschlechtsumwandlungen und übernahm Ende der zwanziger Jahre die Schriftleitung der Zeitschrift *Die Ehe*. Außerdem unterhielt er eine Privatklinik in Berlin. 1933 ging er wegen der politischen Hetze gegen Juden nach Paris, kam aber vor der Olympiade zurück nach Berlin, um 1936 nach Ägypten ins Exil zu gehen. 1939 wurde er ausgebürgert und enteignet. Nach dem Krieg praktizierte er abwechselnd in Kairo und Baden-Baden als Schönheits-Chirurg (vgl. Levy-Lenz 1951/1954).

Richard Linsert (1899–1933) kam 1923 nach einer kaufmännischen Ausbildung als Sekretär des Wissenschaftlich-humanitären Komitees ins Institut. Ab 1926 leitete er die »Abteilung für Sexualreform« und veranstaltete Frage- und Ausspracheabende im Vortragssaal des Instituts. Nicht zuletzt seinem Engagement als KPD-Funktionär ist es wohl zu danken, dass die KPD als einzige politische Partei der Weimarer Republik die WhK-Forderung der Abschaffung des § 175 übernahm. Nach dem Weggang aus dem Institut gründete Linsert etwa 1930 ein »Archiv für Sexualwissenschaft«, an dem die ehemaligen Institutsärzte Max Hodann und Berndt Götz sowie der Jurist Fritz Flato mitwirkten (vgl. auch Linsert 1929, 1930, 1982 sowie Hirschfeld und Linsert 1928).

Eugen Littaur (1870–unbekannt), HNO-Arzt und Sanitätsrat, übernahm nach dem frühen Weggang von Wertheim und Bessunger für ein Jahr die »Abteilung für körperliche Sexualleiden«. Er wohnte im Institut und beteiligte sich auch am Lehrprogramm. Bekannt ist, dass er impotente Männer behandelte und im Institut die so genannte Steinachische Verjüngungsoperation vornahm. Er wurde nach einem knappen Jahr von Bernhard Schapiro abgelöst.

Franz Prange (1898–1969), Endokrinologe, übernahm nach Kronfelds Weggang kurzzeitig die »Abteilung für seelische Sexualleiden«. Er war schon 1920 Praktikant im Institut, forschte für zwei Doktorarbeiten über »Hermaphroditismus« bei Ziegen und über »Weibbrüstigkeit« beim Mann, leitete ab 1924 die »Hilfsstelle für inkretorische Forschung« und war ab 1927 im Klinikum der Universität Rostock tätig.

Ferdinand Freiherr von Reitzenstein (1876–1929), Kulturgeschichtler und Sexualethnologe, leitete ab 1923 die anthropologisch-ethnologische Abteilung des Instituts, nachdem er zuvor als Zeichenlehrer, Chefredakteur und Ausstellungsmacher des Dresdner Hygiene-Museums gearbeitet hatte. Er gab von 1920 bis 1925 die

Zeitschrift *Geschlecht und Gesellschaft* heraus, die das Beiblatt *Sexualreform* enthielt, das »offizielle Mitteilungen« des Instituts für Sexualwissenschaft veröffentlichte. Reitzenstein arbeitete an Max Marcuses *Handwörterbuch der Sexualwissenschaft* (1923/1926) mit und erweiterte die 11. Auflage des Klassikers *Das Weib in der Natur- und Völkerkunde* von Ploss und Bartels monumental (1927, 4 Bände). Im Zentrum der Reitzenstein'schen Überlegungen stand die Verbindung von Kultur- und Naturwissenschaften (vgl. Pretzel 1996a, 1996b) sowie insbesondere eine »Anthropologie des Weibes« (vgl. z.B. Reitzenstein 1908a, 1908b, 1923). Nach einem Schlaganfall im Jahr 1925 wurde Reitzenstein immer kränker und verstarb 1929 in einer psychiatrischen Anstalt.

Bernhard Schapiro (1885–1966), Dermatologe, im russisch beherrschten Lettland geboren, seit dem Medizinstudium in Zürich jedoch Schweizer Staatsbürger, war nach Hirschfeld der Arzt, der am längsten im Institut gearbeitet hat, von 1922 bis 1933, und der wohl Hirschfeld und dem Institut gegenüber bis zuletzt, als außer ihm von den Ärzten nur noch Abraham und Levy-Lenz im Institut arbeiteten, loyal war wie kaum ein zweiter. Zeitweilig wohnte Schapiro, der mit seiner Frau Thekla Feuchtwanger vier Kinder hatte, auch im Institut. Bald nach seinem Eintritt leitete Schapiro die »Abteilung für körperliche Sexualleiden«. In Therapie und Forschung war er vor allem mit Geschlechtskrankheiten, Empfängnisverhütung, genitalen Fehlentwicklungen sowie mit hormonellen und sexuellen Funktionsstörungen befasst. Bevor die Struktur der so genannten Sexualhormone bekannt war, entwickelte er zusammen mit Hirschfeld »Sexualpräparate« wie »Präjaculin« gegen Ejaculatio praecox und »Testifortan« (auch »Titus-Perlen« genannt) gegen Erektionsstörungen. Das zuletzt genannte Potenzmittel ist – obgleich es »objektiv« so wenig wirken konnte wie all die anderen aus dem Institut – mit großem Erfolg von der Firma Promonta bis 1989 vertrieben worden. Laut Vertrag erhielt Schapiro 50 Prozent der Lizenzgelder, während Hirschfeld und das Institut jeweils 25 Prozent erhielten. Für die Finanzierung des Instituts war diese Einnahmequelle wesentlich. 1933 emigrierte er nach Zürich und eröffnete dort eine Praxis als »Sexualarzt«. 1940 ging die Familie mit Empfehlungsschreiben des Nobelpreisträgers Leopold Ruzicka und von Eugen Steinach nach New York. Schapiro praktizierte dort in der Park Avenue. Offenbar zeitlebens Zionist, ging er 1952 nach Israel, um als leitender Arzt in Jerusalemer Krankenhäusern zu arbeiten (vgl. Dose 2000).

Arthur Weil (1887–1969), promovierter Menschen- und Tierarzt sowie Endokrinologe, habilitierte sich 1919 für Physiologie in Halle. Im Institut war er zunächst ab 1920 als externer Referent für Physiologie tätig und engagierte sich im Wissenschaftlich-humanitären Komitee. Ab 1921 wohnte er im Institut. Weil leitete zeitweilig eine »radiologisch-organotherapeutische Abteilung« und danach eine »inkretorische Forschungsabteilung«. Er gehörte dem Vorstand der Hirschfeld-Stiftung an und organisierte die »Erste Internationale Tagung für Sexualreform auf sexualwissenschaftlicher Grundlage« im Jahr 1921 (Weil 1922). Ein Jahr später gewann er das Preisausschreiben der Ärztlichen Gesellschaft für Sexualwissenschaft und Eugenik mit einer Arbeit über die Körpermaße von Homosexuellen, mit der deren konstitutionelle Besonderheit nachgewiesen werden sollte (Weil 1924). Im selben Jahr gründete er eine »Gesellschaft für Geschlechtskunde« und reiste zu Studien in die USA, in denen er sich 1923 endgültig niederließ.

Friedrich Wertheim (1890-unbekannt), Hautarzt und Mitbegründer des Instituts, beriet und behandelte vor allem Geschlechtskranke und leitete anfänglich die »Abteilung für körperliche Sexualleiden«. Ihm stand ein mikroskopisch-chemisches Labor für Harn-, Sperma- und Blutuntersuchungen zur Verfügung, die bei Begutachtungen eine Rolle spielten, beispielsweise zur Feststellung von Vaterschaften oder bei Alimentationsklagen. Etwa 1921 verließ Wertheim das Institut und eröffnete eine Praxis in Berlin-Schöneberg.

Walter Wolf, Neurologe, arbeitete in der »Hilfsstelle für Stammbaum- und Familienforschung«. Er war mit »Erblichkeitsuntersuchungen zum Problem der Homosexualität« befasst und erstellte zusammen mit Hirschfeld ärztliche Gutachten. 1925 arbeitete er in der von Kronfeld geleiteten Abteilung, wahrscheinlich bis dieser das Institut 1926 verließ.

Neben den im Institut Beschäftigten waren selbstverständlich weitere Personen, wissenschaftliche und politische Aktivisten, mit dem Institut und der Sache, für die es stand, verbunden. Erwähnt seien:

Helene Stöcker (1869–1943), Dr. phil., Schriftstellerin, Mitbegründerin des Bundes für Mutterschutz, Aktivistin im Wissenschaftlich-humanitären Komitee und der

Abbildung aus Hirschfelds *Geschlechtskunde* (Bd. 4, 1930): »Als Männer lebende Tante und Nichte (Transvestiten)«

Ärztliche Bescheinigung von Magnus Hirschfeld (Magnus-Hirschfeld-Gesellschaft)

Weltliga für Sexualreform sowie Herausgeberin wichtiger Zeitschriften, hielt als tonangebende Frauenrechtlerin insbesondere Kontakt zu den reformorientierten Sexualwissenschaftlern um Hirschfeld (s. Kap. 2 und 11).

Kurt Hiller (1885–1972), Dr. iur., Rechtsgelehrter und Schriftsteller, mit Hirschfeld eng verbunden (vgl. Hiller 1935), geißelte die Entrechtung der Homosexuellen und spießte die Dummheiten der Sexualforscher brillant auf (vgl. z.B. Hiller 1908, 1916, 1918, 1919, 1922, 1932, 1950, 1952, 1966, 1969, 1973, 1983).

Otto Juliusburger (1867–1952), Dr. med., leitender Psychiater an einer Berliner Irrenanstalt, arbeitete im Wissenschaftlich-humanitären Komitee und im Bund für Mutterschutz sowie in der Weltliga für Sexualreform mit.

Richard Mühsam (1872–1938), Dr. med., leitender Chirurg an einem Berliner Krankenhaus, trat durch sexualchirurgische Eingriffe »bei Anomalien des Sexuallebens« hervor (Mühsam 1926).

Heinz Stabel, Dr. med., Chirurg und Frauenarzt, war Mitglied im Wissenschaftlich-humanitären Komitee und im Bund für Mutterschutz.

Carl Müller-Braunschweig (1881–1958), Dr. med., Psychoanalytiker, führte 1919/1920 in die Freud'sche Psychoanalyse ein im Rahmen der Lehrkurse für Ärzte und Studierende des Instituts.

Die Juristen *Siegfried Chodziesner* (1872–unbekannt), Professor *Felix Halle* (1884–1938), *Walther Niemann* und Justizrat *Johannes Werthauer* (1866–1938), die als Anwälte oder überhaupt rechtspolitisch mit dem Institut zusammenarbeiteten.

Das Ende

Hirschfeld hatte Ende 1930, gewiss auch wegen heftiger persönlicher Angriffe aus seinem Umfeld – »Vorwürfe der persönlichen Bereicherung am WhK-Vermögen, der wissentlichen Mißachtung von WhK-Beschlüssen und der professionellen Unlauterheit« (Herrn 2004: 191) –, eine Weltreise angetreten, von der er klugerweise wegen der politischen Lage in Deutschland nicht mehr nach Berlin zurückkehrte. Als Jude, Sozialdemokrat und »Propagandist sexueller Perversionen« war er jetzt doppelt und dreifach an Leib und Leben gefährdet, zumal er schon Jahre zuvor tätlichen Angriffen und öffentlichen Verleumdungen ausgesetzt gewesen war. Ab Mitte 1932 blieb Hirschfeld zunächst in der Schweiz und ging von dort ins Exil nach Frankreich. In einem Pariser Kino sah er, wie seine Schriften in Berlin verbrannt wurden. Bereits am 6. Mai 1933 hatten Nazis sein Institut für Sexualwissenschaft geplündert, bevor es zu der weltweit berüchtigten Bücherverbrennung auf dem Opernplatz kam (s. zur Zerstörung des Instituts den Augenzeugenbericht in Kap. 16).

Offiziell wurde das Institut am 14. Juni 1933 vom Berliner Polizeipräsidenten geschlossen und das Grundstück entschädigungslos beschlagnahmt. Friedrich Hauptstein, der Verwaltungsleiter des Instituts, der sich wahrscheinlich den Nationalsozialisten zugewandt hatte, unterzeichnete 1933 mit weiteren Institutsmitarbeitern eine Ergebenheitsadresse an Göring, ohne jedoch die Institutsschließung verhindern zu können. Der neue Staat konstruierte eine Steuerschuld der Hirschfeld-Stiftung von mehr als 100.000 Reichsmark und versteigerte Gegenstände aus dem Institut. Hirschfeld versuchte im Ausland vergeblich, ein neues Institut zu gründen. Er starb am 14. Mai 1935 in Nizza. Drei Jahre später wurden die beiden Institutsgebäude umgebaut. Die neuen Bewohner gehörten staatlichen Gesundheitsdiensten an, später der Reichsärztekammer. Im November 1943 wurden die Gebäude bei einem Luftangriff erheblich beschädigt. 1950 wurden die Ruinen gesprengt. 1955 zahlte das Land Berlin für die Grundstücke nach einem Vergleich mit der Allgemeinen Treuhandorganisation, die als alleinige Rechtsnachfolgerin anerkannt worden war, eine Entschädigungssumme von 57.000 D-Mark. Das Vermögen der Allgemeinen Treuhandorganisation wurde vornehmlich an nichtjüdische Opfer des Nationalsozialismus verteilt.

Bisher ist es trotz mehrerer ernster Initiativen nicht gelungen, dem Hirschfeld-Institut ein vergleichbares Institut in der Mitte Berlins nachfolgen zu lassen. Die Instinkt- und Skrupellosigkeit verantwortlicher Politiker hat das bisher verhindert (s. Kap. 20).

16 Die Zerstörung des ersten Instituts für Sexualwissenschaft durch die Nazis

Bericht eines Augenzeugen

Wie Hirschfelds Institut 1933 von Nationalsozialisten zerstört wurde, berichtet ein Augen- und Ohrenzeuge in dem *Braunbuch über Reichstagsbrand und Hitler-Terror*. Dieser Bericht wird hier nach der Ausgabe, die 1933 in der Universum-Bücherei Basel erschienen ist (S. 151 bis 154), dokumentiert. Nach Berthold (1967) ist das *Braunbuch* von Willi Münzenberg herausgegeben worden. An ihm mitgearbeitet haben Alexander Abusch, Rudolf Fuerth (d.i. Rudolf Feistmann), Babette Gross, Alfred Kantorowicz, Otto Katz (André Simone), Arthur Koestler, Gustav Regler, Max Schröder und Bodo Uhse.

Berthold (ebd.: 34) macht zu diesem Buch außerdem folgende Angaben: »Die deutschsprachige Hauptausgabe erscheint im Juli 1933 in den Éditions du Carrefour. In 15 Sprachen übersetzt. Nach vier Monaten sind bereits 70.000 Exemplare ausgeliefert, insgesamt soll bis 1935 eine Gesamtauflage von 60.000 Exemplaren erreicht worden sein. Wohl keine andere Veröffentlichung deutscher Emigranten übertrifft an Wirkung diejenige des Braunbuchs. Mit dieser Publikation gelingt es, die führenden Nationalsozialisten aus Anklägern in Angeklagte zu verwandeln.«

Über das Verhältnis von Willi Münzenberg (1889–1940), dem Kommunisten und Revolutionär, und Magnus Hirschfeld, dem Sozialdemokraten und Sexualforscher, berichtet Babette Gross (1967: 201 f):

»In dieser Zeit hatten sich die Lebensgewohnheiten des nun 37 Jahre alten Münzenberg gewandelt. Seit seiner Rückkehr nach Deutschland im Jahre 1918 hatte er als ›Berufsrevolutionär‹ gelebt, in Büros, auf Reisen, auf der Flucht vor der Polizei, in Hotels und Kaffeehäusern. Ab und zu zog er sich in ein möbliertes Zimmer bei einer Pankower Arbeiterfamilie zurück, deren Adresse niemand kannte. Diese Lebensgewohnheiten legte er jetzt ab. In den Zelten 9a, in einem der alten Häuser am Berliner Tiergarten, wo meist pensionierte wilhelminische Offiziere und Beamte wohnten, mietete er einige Räume. Zwar war auch das keine Wohnung im bürgerlichen Sinne, das Haus gehörte Professor Magnus Hirschfeld, dessen Institut für Sexualwissenschaft sich nebenan in einem kleinen Palais befand. Hirschfeld, der zwar Sozialdemokrat war, aber durchaus ein Herz für die Kommunisten besaß, hatte Münzenberg die Wohnung angeboten. In den weitläufigen Korridoren und in einem Durchgangszimmer hingen Sexualsymbole primitiver Völker und anderes einschlägiges Fotomaterial an den Wänden, und bei Führungen durch das Institut wanderten die Besucher auch durch unsere Korridore.

In der Komintern genoß diese Wohnung bald allgemeine Wertschätzung. Man erzählte sich nicht nur, was für merkwürdige Sachen es da zu sehen gab, die Räume eigneten sich auch gut zu Sitzungen mit illegalen Besuchern aus dem Auslande. Emissäre aus Moskau kamen, Dimitroff traf dort seine Balkanvertreter, es herrschte ein ständiges Kommen und Gehen. Zugleich mit diesem Heim empfahl uns Magnus Hirschfeld Frau Krüger, ehemalige Herrschaftsköchin auf einem mecklenburgischen Gut, damals gelegentliche Aushilfe bei Hirschfeld. Jeden Morgen kam sie mit ihrem schneeweißen Spitz aus dem Wedding und betreute uns. Sie kannte unsere exotischen Gäste, aber sie war diskret und wunderte sich über nichts mehr. Politisch war sie vermutlich ganz und gar nicht mit Münzenberg einverstanden, aber sie war seinem Charme verfallen. Wenn sie etwas Abfälliges über ihn hörte oder las, pflegte sie ihn zu verteidigen: ›Herr Münzenberg denkt immer edel!‹ 1933, bei den polizeilichen Vernehmungen anläßlich des Reichstagsbrandprozesses, wurden ihr zahlreiche Fotos unserer Besucher vorgelegt. Sie blieb fest bei ihrer Behauptung, sie nicht zu kennen. Dimitroff glaubte sie gesehen zu haben, denn sie hatte ihm oft genug Kaffee gekocht.«

Im Folgenden dokumentieren wir den Bericht des Augen- und Ohrenzeugen aus dem *Braunbuch über Reichstagsbrand und Hitler-Terror* ungekürzt und unverändert. Lediglich eindeutig falsch geschriebene Eigennamen haben wir stillschweigend korrigiert.

»Wie Hirschfelds Sexualwissenschaftliches Institut demoliert und vernichtet wurde«

»Ein zuverlässiger Augen- und Ohrenzeuge, der ohne selbst dem Institut anzugehören, die Vorgänge genau verfolgen konnte, hat über die ungeheuerliche Zer-

Bericht des *Berliner Lokal-Anzeigers* vom 7. Mai 1933

störung dieser weltbekannten wissenschaftlichen Forschungs-, Lehr- und Heilstätte in Berlin folgendes Protokoll aufgenommen:

Am Morgen des 6. Mai 1933 brachte der ›Berliner Lokalanzeiger‹ die Nachricht, dass die Säuberungsaktion der Berliner Bibliotheken von Büchern undeutschen Geistes am Vormittag dieses Tages einsetzen würde und dass die Studenten der Hochschule für Leibesübungen diese Aktion im Institut für Sexualwissenschaft einleiten wollten. Dieses Institut war 1918 in dem früheren Hause des Fürsten Hatzfeld von Dr. Magnus Hirschfeld begründet worden und wurde kurz darauf von der Preussischen Regierung als gemeinnützige Stiftung übernommen. Es genoss wegen der einzigdastehenden Sammlungen und Forschungen, seines Archivs und seiner Bibliothek einen internationalen Ruf und Zuspruch. Vor allem kamen viele ausländische Gelehrte, Aerzte und Schriftsteller nach Berlin, um dort zu arbeiten.

Auf die erwähnte Zeitungsnotiz hin wurde der Versuch unternommen, noch einige besonders kostbare Privatbücher und Manuskripte in Sicherheit zu bringen; es wurde dies aber unmöglich gemacht, indem der junge Mann mit diesen Büchern von einer Bewachung, die offenbar bereits während der Nacht das Institut umstellt hatte, festgenommen und seiner Habe beraubt wurde. Am 6. Mai um 9,30 Uhr erschienen vor dem Institut einige Lastautos mit ca. 100 Studenten und einer Kapelle mit Blasinstrumenten. Sie nahmen vor dem Hause militärische Aufstellung und drangen dann unter Musik in das Haus ein. Da das Büro noch geschlossen war, befand sich kein eigentlicher Vertreter des Hauses dort; nur einige Frauen vom Hauspersonal sowie ein dem Hause nahestehender Herr waren anwesend. Die Studenten begehrten Einlass in sämtliche Räume; soweit diese verschlossen waren, wie die bereits seit einiger Zeit stillgelegten Repräsentationsräume im Parterre sowie das frühere und jetzige Büro der Weltliga für Sexualreform, schlugen sie die Türen ein. Nachdem ihnen die unteren Räume nicht viel boten, begaben sie sich in das erste Stockwerk, wo sie in den Empfangsräumen des Instituts die

Aufmarsch der Nazi-Studenten und SA-Leute vor dem Hirschfeld-Institut (Magnus-Hirschfeld-Gesellschaft)

Tintenfässer über Schriftstücke und Teppiche ausleerten und sich dann an Privatbücherschränke machten. Sie nahmen mit, was ihnen nicht einwandfrei erschien, wobei sie wohl im wesentlichen sich an die sogenannte ›schwarze Liste‹ hielten. Darüber hinaus liessen sie aber auch andere Bücher mitgehen, so aus der Privatbibliothek des Sekretärs Giese beispielsweise ein großes Tutankamon-Werk sowie viele Kunstzeitschriften. Aus dem Archiv entfernten sie dann die grossen Wandtafeln mit den Darstellungen intersexueller Fälle, die seinerzeit für die Ausstellung des Internationalen Aerzte-Kongresses im Londoner Kensington-Museum im Jahre 1913 angefertigt waren. Sie warfen diese Tafeln zum grossen Teil aus dem Fenster ihren vor dem Hause stehenden Kameraden zu.

Die meisten der anderen Bilder, Photographien wichtiger Typen, nahmen sie von den Wänden und spielten mit ihnen Fussball, sodass große Haufen zertrümmerter Bilder und Glasscherben zurückblieben. Auf die Einwände eines Studenten, dass es sich um medizinisches Material handle, antwortete ein anderer, darauf käme es nicht an, es wäre ihnen nicht um die Beschlagnahme von ein paar Büchern und Bildern zu tun, sondern um die Vernichtung des Instituts. Unter einer längeren Ansprache wurde dann ein lebensgrosses Modell, das den Vorgang der inneren Sekretion darstellte, aus dem Fenster geworfen und zertrümmert. In einem Sprechzimmer schlugen sie einen Pantostaten, der der Behandlung von Patienten diente, mit einem Schrubber ein. Ferner raubten sie eine Bronzebüste von Dr. Hirschfeld. Auch sonst wurden viele Kunstwerke mitgenommen. Aus der Institutsbibliothek nahmen sie zunächst nur einige hundert Bücher mit.

Während der ganzen Zeit wurde das Personal bewacht und immer wieder spielte die Musik, sodass sich grosse Scharen von Neugierigen vor dem Hause ansammelten. Um 12 Uhr hielt der Führer eine grössere Schlussansprache, und unter Absingen eines besonderen Schmutz- und Schundliedes sowie des Horst Wessel-Liedes zog der Trupp ab.

Die Bewohner des Instituts hatten angenommen, dass es mit dieser Plünderung sein Bewenden haben würde, aber um 3 Uhr nachmittags erschienen abermals mehrere Lastautos mit SA-Leuten und erklärten, dass sie die Beschlagnahme fortsetzen müssten, da der Trupp am Morgen nicht genügend Zeit gehabt hätte, um gründlich auszuräumen. Dieser zweite Trupp nahm dann nochmals eine gründliche Durchsuchung aller Räume vor und schleppte in vielen Körben alles mit, was an Büchern und Manuskripten von Wert war, im Ganzen zwei grosse Lastwagen voll. Aus den Schimpfworten ging hervor, dass die Namen der in der Spezialbibliothek vertretenen Autoren den Studenten zum grossen Teil wohl vertraut waren. Nicht nur Sigmund Freud, dessen Bild sie aus dem Treppenhaus entfernten und mitschleppten, erhielt die Bezeichnung ›der Saujude Freud‹, sondern auch Havelock Ellis wurde als das ›Schwein Havelock Ellis‹ bezeichnet. Von englischen Autoren hatten sie es ausser auf Havelock Ellis besonders auf die Werke von Oscar Wilde, Edward Carpenter und Norman Haire abgesehen, von amerikanischen Schriftstellern auf die Bücher von dem Jugendrichter Lindsey, Margaret Sanger und George Silvester Viereck, von französischen Werken auf die von André Gide, Marcel Proust, Pierre Loti, Zola etc. Auch die Bücher Van de Veldes und des dänischen Arztes Dr. Leunbach gaben den Studenten Anlass, die Verfasser mit Schimpfworten zu belegen. Auch ganze Jahrgänge von Zeitschriften, namentlich die 24 Bände der Jahrbücher für sexuelle Zwischenstufen, wurden mitgenommen. Man wollte auch die ausgefüllten Fragebogen fortschleppen (mehrere Tausend) und nur der ausdrückliche Hinweis, dass es sich um Krankengeschichten handle, liess die Studenten davon Abstand nehmen. Dagegen war es nicht möglich, zu verhindern, dass das Material der Weltliga für Sexualreform, die gesamte vorhandene Auflage der Zeitschrift ›Sexus‹ sowie die Kartothek mitgenommen wurde. Auch zahlreiche, z.T. bisher noch nicht veröffentlichte Handschriften und Manuskripte (u.a. von Krafft-Ebing und Karl Heinrich Ulrichs) fielen den Eindringlingen zum Opfer.

Immer wieder fragten sie nach der Rückkehr Dr. Hirschfelds. Sie wollten, wie sie sich ausdrückten, einen ›Tip‹ haben, wann er wohl zurückkomme. Schon vor der Plünderung des Instituts waren verschiedene Male SA-Männer im Institut gewesen und hatten nach Dr. Hirschfeld gefragt. Als sie die Antwort erhielten, dass er sich wegen einer Erkrankung an Malaria im Auslande befinde, erwiderten sie: ›Na, dann krepiert er hoffentlich auch ohne uns; dann brauchen wir ihn ja nicht erst aufhängen oder totschlagen.‹

Als am 7. Mai die Berliner und auswärtige Presse von der Aktion gegen das Institut für Sexualwissenschaft berichtete, wurde von dem Präsidium der Weltliga ein telegraphischer Protest eingelegt, in dem darauf hingewiesen wurde, dass sich unter dem gesammelten Material viel ausländisches Eigentum befände und man

Aufnahme von der Bücherverbrennung am Berliner Opernplatz. Oben links ist der erste Band von Magnus Hirschfelds *Geschlechtskunde* zu erkennen (Magnus-Hirschfeld-Gesellschaft)

daher doch von der angekündigten Verbrennung absehen solle. Diese an den Kultusminister gerichtete Depesche fand keine Beachtung, vielmehr wurden sämtliche Werke und Bilder drei Tage später auf dem Opernplatz zusammen mit vielen anderen Werken verbrannt. Die Zahl der aus der Spezialbibliothek des Instituts vernichteten Bände betrug über 10.000. Im Fackelzug trugen die Studenten die Büste von Dr. Magnus Hirschfeld, die sie auf den Scheiterhaufen warfen.«

In den Berichten der Nazis wird diese »Kulturtat« folgendermaßen geschildert:

>»**Energischer Griff in eine Giftküche**‹. **Deutsche Studenten räuchern das** ›**Institut für Sexualforschung**‹ **aus**
> Der Kreis X der Deutschen Studentenschaft besetzte gestern das ›Institut für Sexualforschung‹, das von dem Juden Magnus Hirschfeld geleitet worden war. Dieses Institut, das sich ein wissenschaftliches Mäntelchen umzuhängen versucht hatte und während der 14jährigen marxistischen Herrschaft von den damaligen Machthabern immer protegiert worden ist, war, wie die Haussuchungen jetzt einwandfrei ergeben haben, eine einzige Brutstätte von Schmutz und Sudelei gewesen. Ein ganzer Lastwagen voll pornographischer Bilder und Schriften sowie Akten und Kartotheken sind beschlagnahmt worden ... Mit einem Teil des vorgefundenen Materials wird sich die Kriminalpolizei befassen müssen, einen anderen Teil wird die Kundgebung öffentlich verbrennen« (*Angriff* vom 6. Mai 1933).

17 Die Sexualwissenschaft, der Nationalsozialismus und die Eugenik

75 Jahre danach

Mit der im letzten Kapitel beschriebenen Zerstörung des Berliner Instituts für Sexualwissenschaft wurde die Vernichtung des Faches durch die Nazis eingeleitet – soweit dessen Vertreter und Vertreterinnen für Aufklärung und Emanzipation im emphatischen Sinne standen. Denn die Sexualforschung, die es in Nazi-Deutschland nach der Vertreibung und Ermordung der Juden selbstverständlich noch gab, war ideologisch mehr oder weniger gleichgeschaltet. Außerdem war sie nicht institutionalisiert, trat nicht als solche in Erscheinung, weil ja »die« Sexualwissenschaft von den Nazis als »jüdisch« und damit abartig, schmutzig und wertlos verschrien wurde.

Insofern ist es nicht übertrieben zu sagen, dass die Zerstörung des Berliner Instituts am 6. Mai 1933 für das symbolische Ende der deutschen Sexualwissenschaft steht. Alle sexuologischen Fachvertreter und Fachgesellschaften, die sich nicht gleichschalten ließen – wie zum Beispiel Teile der Psychoanalyse (vgl. Brecht et al. 1985, Lockot 1985) – oder für praktische Zwecke der Nazis instrumentalisieren ließen – wie die akademische Psychologie (vgl. Geuter 1984) –, mussten ihre Arbeit einstellen. Bereits 1932 konnte die *Zeitschrift für Sexualwissenschaft* nicht mehr erscheinen. Eine nennenswerte Nachfolgerin hat sie erst 1988 mit der *Zeitschrift für Sexualforschung* bekommen. Die Weltliga für Sexualreform brach kurz danach zusammen. Sie konnte nicht wiederbelebt werden. Die Sexualforscher, die jüdischer Herkunft waren oder politisch auf der anderen Seite standen und nicht »rechtzeitig« starben wie Richard Linsert, Friedrich S. Krauss, Julius Wolf und Albert Moll, mussten ihre Heimat verlassen, wollten sie nicht getötet werden, darunter Magnus Hirschfeld, Max Hodann, Max Marcuse, Helene Stöcker, Hertha und Walther Riese, Kurt Hiller, Felix Theilhaber, Ernst Klimowsky, Arthur Kronfeld, Eugen Steinach, Ludwig Levy-Lenz, Herbert Lewandowski, Hans Lehfeldt, Bernhard Schapiro, Ernst Gräfenberg, Wilhelm Reich und Sigmund Freud.

Sexualforschung im »Dritten Reich«

Gleichwohl fanden im »Dritten Reich« wissenschaftliche und therapeutische Aktivitäten »arischer« Forscherinnen und Forscher statt, die auf die sexuelle Sphäre zielten und inzwischen allgemein als sexuologisch oder sexualforscherisch bezeichnet wurden. Um das Ausmaß und die Inhalte dieser Aktivitäten trotz des Fehlens sexualwissenschaftlicher Zeitschriften, Bibliografien usw. einschätzen zu können, analysierte Marc Dupont (1996, vgl. auch 2002) in einer von mir betreuten Doktorarbeit den englischsprachigen Index medicus sowie elf bekannte Fachzeitschriften mit standesmedizinischem, erbärztlichem, allgemeinmedizinisch-internistischem, psychopathologischem oder forensischem Schwerpunkt. Gefunden wurden zahllose Originalarbeiten, die sich ganz überwiegend den folgenden Forschungsfeldern zuordnen ließen: Biologie der Sexualität; sexuelle Funktionsstörungen und psychogene Sterilität; männliche Homosexualität; sexuelle Perversionen und Sexualpsychopathologie allgemein; medizinischer Umgang mit Sexualstraftaten, insbesondere Kastration; rechtlich-forensischer Umgang mit Sexualstraftaten.

Oberstes Ziel der nationalsozialistischen Sexualforschung war die umfangreiche und reibungslose Fortpflanzung der »arischen« und gesunden Familie. Alles, was diesem Ziel diente, wurde toleriert, ob es nun die sexuelle Lust der Frau beim Geschlechtsverkehr war oder die psychoanalytische Behandlung der Homosexualität eines Mannes mit dem Ziel, dieses Begehren zu beseitigen und diesen Mann wieder in den sich fortpflanzenden »gesunden Volkskörper« einzugliedern. Hier, am Beispiel des Umgangs mit der männlichen Homosexualität – die weibliche Homosexualität wurde nach unseren Quellen praktisch ignoriert –, zeigt sich besonders eindrucksvoll die in vielen Bereichen zu beobachtende Doppelzüngigkeit des Nazi-Regimes: einerseits Psychotherapie, andererseits Gefängnis, Kastration, Sicherungsverwahrung und Ermordung im KZ.

Auffällig ist, wie intensiv das Thema Homosexualität des Mannes erörtert wurde. Dupont arbeitete mehrere »Denkschulen« heraus: Die eine postulierte die genetische Bedingtheit der Homosexualität (Theo Lang), die nächste fügte hormonelle und psychopathologische Ursachen hinzu (Julius Deussen, Rudolf Lemke), wieder eine andere lehnte die genetische Verursachung strikt ab und betrachtete die Homosexualität als Krankheit (Paul Schröder, Hans Bürger-Prinz), und eine vierte Schule schließlich hielt auch nichts von der genetischen Verursachung, nahm vielmehr prägende Erfahrungen in der frühen Kindheit des später homosexuell empfindenden Mannes an (J. H. Schultz). Ähnlich kontrovers wurde über die Kastration als Allheilmittel diskutiert, ja es durften von namhaften Wissenschaftlern sogar jüdische Forscher wie Moll, Freud und Hirschfeld zitiert werden, wenn die Ideologie des Nazi-Regimes nicht angetastet wurde.

Sieht man die Bibliografie sexualwissenschaftlich relevanter Beiträge (einschließlich Rezensionen) in den analysierten Zeitschriften der Jahrgänge 1933 bis 1945 durch, die Dupont zusammengestellt hat, fällt auf, dass viele von denen, die die meisten Beiträge publiziert hatten und/oder deren Arbeiten am häufigsten besprochen worden waren, nach 1945 wieder in der Sexualforschung eine Rolle spielten. Zu nennen sind Hans Bürger-Prinz, Werner Leibbrand, Hermann Stieve, Otmar Freiherr von Verschuer und Werner Villinger. Wie wir in den nächsten Kapiteln hören werden, förderten vier der Genannten die Karriere des Hans Giese, darunter Villinger als Doktorvater und Bürger-Prinz als Habilitationsvater. Nur einer fällt aus dieser Kontinuität der Karrieristen heraus: Werner Leibbrand, später in der Bundesrepublik Deutschland Ordinarius für die Geschichte der Medizin in München, war ein erklärter Gegner des Nazi-Regimes. Von der Häufigkeit der

Publikationen oder Zitationen in der Nazi-Zeit allein kann also nicht auf eine Mitläufer- oder Anhängerschaft geschlossen werden.

Ist die Sexualwissenschaft eine »jüdische Wissenschaft«?

Beinahe alle bekannten Sexualforscher, die auf die allerersten Pioniere wie Mantegazza, Ulrichs und Krafft-Ebing folgten und seit dem letzten Drittel des 19. Jahrhunderts die neue Betrachtungsweise als Disziplin zu etablieren suchten – Moll, Eulenburg, Freud, Bloch, Hirschfeld, Max Marcuse, Wilhelm Reich usw. –, stammten aus einer jüdischen Familie, in der Regel, ohne im engeren Sinne religiös zu sein. Trotzdem wirft diese Tatsache die Frage auf, die Christina von Braun (2001) bisher am luzidesten gestellt und diskutiert hat: Ist die Sexualwissenschaft eine »jüdische Wissenschaft«?

Aus den Differenzen der Religionen Judentum und Christentum und aus deren kultureller Vereinnahmung – zum Beispiel bezogen auf die Art der Säkularisierung, das Verhältnis von Diesseits und Jenseits, Sexuellem und Heiligem, Sexualität und Fortpflanzung, den Grad der unterstellten Weiblichkeit, das Plädoyer für positive oder negative Eugenik, die Art der Geschlechterordnung, Bejahung oder Veränderung des Bestehenden – schließt von Braun vollkommen zu Recht auf »ganz andere Denktraditionen« (ebd.: 11), sodass die entstehende Sexualwissenschaft eine »doppelte Erbschaft« (ebd.: 14) antreten musste. Dabei waren und sind diese Erbschaften keineswegs eindeutig. Die Kulturwissenschaftlerin zitiert selbst überzeugende Analysen, nach denen – ich fasse zusammen – einmal moderne Sexualisierungen, andermal moderne Entsexualisierungen abgeleitet werden können.

Auch aus diesem Grund bin ich davon überzeugt, dass beim Entstehen einer Sexualwissenschaft, die diesen modernen Namen verdient, Objektive resp. Diskurse im Sinn von Foucault (s. Kap. 1) entscheidend waren. Sie hatten die Wirkmächtigkeit, religiöse, in sich widersprüchliche Mystifikationen bis zur Unkenntlichkeit zu schleifen und sorgten unterm Strich dafür, dass es eine jüdische Wissenschaft ebenso wenig geben konnte wie eine muslimische oder christliche (wie auch objektival dafür gesorgt war, dass Kapital als solches weder christlich noch jüdisch sein kann). Als im 19. Jahrhundert die Verblendungskraft der religiösen Fetische drastisch abnahm, trat der Fetisch Wissen/Wissenschaft neben den mittlerweile installierten Warenfetisch. Durch die neue Episteme, die neue Ordnung des Wissens, die vom Fideismus zum Szientismus führte, wurde Wissen zur gesellschaftlichen Elementarform und die wissenschaftliche Anschauung der Welt zur leitenden. Heute hat der Wissensfetisch hierophanisch alle Fetische übertrumpft, die von der kritischen Philosophie im Anschluss an die Theorie vom »gegenständlichen Schein der gesellschaftlichen Charaktere der Arbeit« (Marx 1867: 80) analysiert worden sind.

Ich glaube also auch nicht, wie von Braun andeutet, dass es zur Zeit Hirschfelds, den sie ins Zentrum ihrer Betrachtung der Sexualwissenschaft stellt, und damit im ersten Drittel des 20. Jahrhunderts zwei Sexualwissenschaften gab: eine, die auf säkularisierten christlichen und eine, die auf säkularisierten jüdischen Traditionen aufbaute. Für die Jahrzehnte vor der Nazi-Zeit könnte ich keine ganz überwiegend christlich tingierte Sexualwissenschaft benennen; außerdem waren die jüdischen Sexualforscher von den jüdischen wie von den christlichen Traditionen geprägt, allein durch die Tatsache der Geschlechts- und Sexualdiskurse der Zeit, denen sich niemand entziehen konnte. Wenn also Freud der Sexualität des Weibes – inklusive des später so genannten klitoridalen Orgasmus – kein eigenes Recht zuerkannte, indem er die weibliche Sexualität am Modell der männlichen Sexualität maß, war das nach meinem Denken vor allem der Diskursgewalt des Phallozentrismus geschuldet und nicht der Tatsache, dass zu seiner Zeit in Wien die Klitoris als »der Jud« bezeichnet wurde.

Die Frage, ob die Sexualwissenschaft eine »jüdische Wissenschaft« sei, würde ich auch noch aus anderen, gewissermaßen handfesten Gründen verneinen, die von Braun in ihrem eindrucksvollen Essay nicht erörtert. Ich denke, die, die vom Üblichen und Normalen abweichen, und vor allem die, die prinzipiell oder real verpönt und verfolgt werden wie Juden und Homosexuelle im 20. Jahrhundert, kämpfen aus inneren und äußeren Gründen für Menschenrechte, persönliche Freiheiten, für Aufklärung, Entkriminalisierung und Emanzipation. Da sie das, was ist, durch ihre Existenz in Frage stellen, stehen sie katexochen für das, was (noch) nicht ist, aber sein könnte: das Neue. Wahrscheinlich waren aus diesem Grund zur Zeit der ersten (und auch der zweiten) sexuellen Revolution in diesem Land überproportional viele Sexualforscher Juden oder Homosexuelle oder beides. Hirschfeld war für die Nazis der Inbegriff der Abscheulichkeit, weil er auch noch als Sozialist galt. Schon seit den Liberalisierungen der 1960er und 1970er Jahre ist deutlich, dass es Homosexuelle jedenfalls nicht mehr nötig haben, auf diesem Weg für die Anerkennung ihrer Menschenrechte zu streiten; es gibt sie in der gegenwärtigen Sexualwissenschaft nur noch vereinzelt und eher aus zufälligem Grund.

Doch zurück zu den handfesten Gründen, die Juden vor der Nazi-Zeit zur Sexualwissenschaft brachten. Als Diffamierte und prinzipiell Verfolgte machten sie nach meinem Dafürhalten häufiger als Unauffällige und Unbedrohte Karriere, weil sie das – jedenfalls außerhalb diktatorischer politischer Systeme – sozial und rechtlich schützte. Von besonderer Bedeutung war dabei sicher, dass diese Karriere für einen Juden, der Medizin studiert hatte, am ehesten in den »schmutzigen«, »obszönen« und »irrationalen« Fächern möglich war, als die insbesondere die mit der Dermatologie verbundene Venerologie, d.h. die Behandlung der Geschlechtskrankheiten, die Psychoanalyse und die Sexualwissenschaft angesehen wurden, sehr viel geringer die Gynäkologie und die Urologie. Die Normopathen sorgten auf diese Weise direkt und vor der Nazi-Diktatur wohl überwiegend indirekt dafür, dass die, die ihnen ohnehin als sexualistisch und verweiblicht und schmutzig galten, von den »sauberen«, »anständigen« und »männlichen« Fächern ferngehalten wurden.

Und so wundert es nicht, dass Freud befürchtete, die Psychoanalyse könnte als »jüdische Wissenschaft« abgelehnt werden. Und an die Mitglieder des jüdischen Vereins B'nai B'rith schrieb er im Sinne unserer vorstehenden Vermutungen: »Weil ich Jude war, fand ich mich frei von vielen Vorurteilen, die andere im Gebrauch ihres Intellekts beschränkten, als Jude war ich dafür vorbereitet, in die Opposition zu gehen und auf das Einvernehmen mit der ›kompakten Majorität‹ zu verzichten« (Freud 1926c: 381). Trotzdem standen er wie die anderen jüdischen Sexualforscher vor der von ihnen nicht selten schmerzhaft erlebten Aufgabe, einerseits die Traditionen ihrer Religion zu bewahren, andererseits aber den Anforderungen der Moderne mehr als die Normopathen zu genügen, weil es ums Überleben in einer antisemitischen Gesellschaft ging.

Nichts verschweigen, nichts beschönigen

Von dem Schlag, den der Nationalsozialismus der Sexualwissenschaft versetzt hat, wird sie sich nie erholen können. Vor der Nazi-Zeit hatte die deutsche Sexuologie seit dem Ende des 19. Jahrhunderts in der wissenschaftlichen Welt den Ton angegeben. Nach der Nazi-Zeit wurde immer stärker die US-amerikanische Sexuologie international beachtet, zunächst vor allem in Gestalt der Kinsey-Reports. Fast zwanzig Jahre vergingen bei uns, bis ein Einzelner, Hans Giese, wieder versuchte, Sexualforschung als solche zu organisieren und zu institutionalisieren (vgl. Kap. 18 und 19). Noch einmal zwanzig Jahre mussten vergehen, bis die hiesige Sexualforschung, beschimpft und schließlich angesteckt von der Studentenrevolte, theoretisch und therapeutisch den Faden an jener Stelle aufnahm, die die Nazis in Rage gebracht hatte. Wilhelm Reich wurde wieder gelesen, über die Vermittlung von Psychoanalyse und Marxismus wurde wieder nachgedacht, Sexpol-Gedanken waren wieder da.

Universitär integriert wurde die westdeutsche Sexualwissenschaft erst nach dem Ende der Studentenrevolte, nach Gieses Tod. Das wird immer übersehen, wenn die Deutsche Gesellschaft für Sexualforschung, 1950 gegründet, als die älteste sexualwissenschaftliche Fachgesellschaft der Welt bewundert wird. Vergessen bleibt, dass Giese über Jahrzehnte ein Einzelkämpfer war, dass sein Institut zunächst eine private Veranstaltung, später eine der Hamburger Universität von Gnaden eines Klinikchefs angelehnte, aber von ihr nicht getragene Ein-Mann-Einrichtung war. Und natürlich konnte er die Ausrottung der Sexualwissenschaft sexualpolitisch und therapeutisch nicht ungeschehen machen. Kritische Theorien und tiefenpsychologische Verfahren fanden erst vierzig Jahre nach dem Sieg des Nationalsozialismus wieder Eingang in die Sexualwissenschaft.

Heute hilft, wenn überhaupt, nur noch weiter, nichts zu verschweigen, nichts zu beschönigen. Viele Sexualforscher, die später wieder auf Interesse stießen, operierten auf der Schattenseite der Aufklärung, waren zweifelsohne Kolonisatoren des Fortschritts. Sie waren Monisten, Deterministen, Evolutionisten, auf jeden Fall Rationalisten, plädierten für harte Aufklärung, totale Reform, reine Rasse. »Schmutzige« Prostituierte und sexuell »Perverse«, »Degenerierte« und »Entartete« waren für sie der Abschaum der Menschheit, der mit Hilfe der Wissenschaft auszumerzen war. Sie nannten diese Personen »defekte Untermenschen«.

Iwan Bloch: Homosexuelle zwangsweise unschädlich machen

Es ist traurig, aber wahr: Selbst dem gebildeten und verdienstvollen Iwan Bloch, mit dem mancher Kurzsichtige die »Sexualwissenschaft« beginnen lässt, weil er diesen Ausdruck propagierte, selbst ihm war der Gedanke der Ausrottung sexueller Minderheiten nicht fremd. Er schrieb:

»Eine gänzliche Aufhebung des bekannten § 175 des Strafgesetzbuches wäre gleichbedeutend mit einer offiziellen Sanktionierung der Homosexualität, mit ihrer Gleichsetzung mit dem normalen Verkehr zwischen Mann und Weib, mit einer gewaltigen Förderung der Jugendverderbnis, der Sterilität und der männlichen Prostitution [...]. Die Folge wäre unfehlbar eine fortschreitende *moralische und physische Entartung des Menschengeschlechts*. Der Staat muß die Homosexualität bei Mann und Frau – [als Fußnote:] Die Tribadie fehlt merkwürdiger Weise im § 175 – energisch unterdrücken, wenn er nicht die Grundlage des gesellschaftlichen Lebens, die in den normalen Geschlechtsbeziehungen zwischen Mann und Frau gegeben ist, bedenklich erschüttern will« (1902: 251 f, Hervorh. von Bloch). Egal, ob die Homosexuellen nun ihre »Entartung« später erworben oder von Geburt an hätten, sie müssten »*doch für das Gemeinwohl unschädlich gemacht* werden. [...] Unter dem Gesichtspunkte, dass ein einziger Homosexueller die Infektionsquelle für viele neue Fälle von gleichgeschlechtlicher Liebe abgeben kann, muss er von vornherein daran verhindert werden, eine solche Quelle zu bilden. Gefängnis und Zuchthaus dürften jedoch kein geeignetes Vernichtungs- und Eindämmungsmittel gegen die Homosexualität bilden. Viel eher wäre *zwangsweise Internierung* in Spezialheilanstalten angezeigt, wo alle therapeutischen Mittel zur *wirklichen Ausrottung des unseligen Triebes* versucht werden können, der im Gefängnis und Zuchthaus sicher nicht erlischt. Massgebend für Beurteilung und praktisches Vorgehen gegen die Verbreitung der Homosexualität ist einzig und allein das soziale Interesse. Dieses gebietet eine Modifikation des § 175 in dem eben erwähnten oder ähnlichen Sinne. Eine gänzliche Aufhebung desselben würde von den unheilvollsten Folgen begleitet sein« (ebd.: 254, Hervorh. V.S.; vgl. auch Kap. 13).

Nicht verschwiegen sei auch, dass Bloch später seine Schreckensansichten über die Homosexuellen revidiert hat, vor allem unter dem Eindruck eigener ärztlicher Erfahrungen, aber auch unter dem Einfluss Hirschfelds, der für die verfolgte Minderheit der Homosexuellen unermüdlich und persönlich geradezu segensreich wirkte. Diese Revision war für Bloch sicher keine Kleinigkeit.

August Forel: Defekte Untermenschen beseitigen

Nehmen wir als zweites Beispiel den Schweizer August Forel (1848–1931), einen großen Ameisen- und erfolgreichen Hirnforscher, der als Direktor der bekannten Anstalt Burghölzli ein um seine Patienten besorgter Psychiater war. Schon zu Lebzeiten ein nationaler Heroe, schmückte sein Konterfei bis vor wenigen Jahren den Schweizer 1.000-Franken-Geldschein. Kein Wunder, dass auch Hirschfeld immer wieder um Forels Gunst buhlte. So gehörte er, obgleich krank und inaktiv, dem Präsidium der Weltliga für Sexualreform an.

```
Hochgeehrter Herr Kollege, Ich habe Ihren B/rief
v.7.Okt & vorher schon die Drucksachen der
Gesellschaft für Sexualwissenschaft & Eugenik
erhalten.Ich bitte Sie der Gesellschaft in mei-
nem Namen dafür ergebenst zu danken, dafür dass
Sie mich zum Ehrenmitglied ernannte und ihr
meine Annahme zu erklären.Freilich bin ich jetzt
kränklich und alt;zu allem andern ist noch ein
Glaukom der Augen hinzugekommen.Wenn ich mir
einen ganz bescheidenen Wunsch gestatten darf,
so wäre dieser,dass die Gesellschaft den hohen
Ernst des gegenwärtigen Augenblicks berücksich-
tigend den Titel "Eugenik" voranstellen und
sich G. für Eugenik und Sexualwissenschaft nennen
möge.Die Motive hiefür sind heute so schreiend,
dass sie von selbst sprechen .Mit vorzüglicher
Hochachtung,Ihr ergebenster
```

Am 15. Oktober 1917 schreibt August Forel an Iwan Bloch, die Ärztliche Gesellschaft für Sexualwissenschaft und Eugenik möge »Eugenik« jetzt in ihrem Namen »voranstellen«

Bis zu seinem Lebensende kämpfte Forel nicht nur gegen den Alkohol und für den Weltfrieden; er wünschte gleichzeitig und ebenso vehement eine klare Rasse, saubere Keime, hatte kein Problem, »defekte Untermenschen« zwangsweise zu sterilisieren oder zu kastrieren. Wie die meisten Sexualforscher persönlich integer und nur das Beste für die Kranken und die gesamte Menschheit wollend, traf er die gedankliche und affektive Verfassung seiner Zeitgenossen in und außerhalb der Wissenschaft am erfolgreichsten. Sein Buch *Die sexuelle Frage*, zuerst 1905 erschienen, erlebte viele Auflagen, wurde in viele Sprachen übersetzt. Die Parole seines Buches wie der ganzen Epoche lautet: Verbesserung des »Menschenmaterials«, Vernichtung der nutzlosen und untauglichen Menschen in Fürsorge und Liebe.

Für die »sexuelle Entartung« seiner Zeit machte Forel (1905: 513–520), in dieser Reihenfolge, verantwortlich: 1. die Ausbeutung des Menschen durch den Menschen, 2. die Sitte, narkotische Gifte, vor allem Alkohol, zu genießen, 3. die Unterordnung der Frau unter den Mann, 4. das Heer der Sittenüberlieferungen, Vorurteile, mystischen religiösen Vorstellungen, 5. die Pornografie, 6. die Übergriffe des Staates, insbesondere durch ungerechtfertigte Gesetze, 7. die pathologischen Ausartungen des Geschlechtstriebes und die Geschlechtskrankheiten, 8. die Gefahr der Überwucherung, die der Kulturmenschheit durch die große Fruchtbarkeit minderwertiger Menschenrassen drohe. Dabei gerieten ihm »besonders die Chinesen und einige andere Mongolen«, aber auch »die Neger« und »eventuell« die jüdische Rasse ins Visier (ebd.: 519 f). Eine denkwürdige Mischung. Neben Erstrangigem – Ausbeutung! Unterordnung! – steht Drittrangiges wie die Pornografie, die für Abgebrühte allenfalls wegen ihrer Dümmlichkeit noch einen Groll zu erzeugen vermag. Hier zeigt sich, dass die sexuelle Frage akut einmal in diese, andermal in jene Unterfragen zerfällt. Damals war es beispielsweise die Alkoholfrage (bei Forel auf Platz 2!), was heute verwundert.

Doch Forels Liste der »Quellen sexueller Missstände und entsprechender sozialer Unsitten« (ebd.: 512), wie er es nennt, ist zuallererst denkwürdig aus einem grauenhaften Grund: Die Ausrottung der »Entarteten« und »Minderwertigen« steht als Frage, Sorge, Absicht bereits auf seinem Programm. Er bezwecke keineswegs, »eine neue menschliche Rasse, einen Uebermenschen zu schaffen«. Er bezwecke »nur«, durch das Beseitigen der so genannten Blastophthorie – das meint »Keimverderbnis« (vgl. Forel und Juliusburger 1908) – sowie durch Zwangssterilisierung der Träger »schlechter« Keime »*die defekten Untermenschen* allmählich [...] zu *beseitigen*«. Dazu gehörten »in erster Linie alle Verbrecher, Geisteskranke, Schwachsinnige, vermindert Zurechnungsfähige, boshafte, streitsüchtige, ethisch defekte Menschen«, ferner »die Narkosesüchtigen«, »die erblich zu Tuberkulose Neigenden, die körperlich Elenden, die Rhachitischen, Haemophilen, Verbildeten und sonst durch vererbbare Krankheiten oder krankhafte Konstitutionen zur Zeugung eines gesunden Menschenschlages unfähigen Individuen« (ebd.: 522 f, Hervorh. V.S.).

Schreitet die Barbarei voran, sind die selektierenden Ärzte gründlich genug, droht diesen Menschen der »Gnadentod«. *Menschenzucht* hieß ein »Merkblatt für die Reifen beiderlei Geschlechts«, welches Franz Kisch 1920 publizierte. Im selben Jahr war von namhaften Gelehrten die weichenstellende Ausrottungsschrift *Die Freigabe der Vernichtung lebensunwerten Lebens. Ihr Maß und ihre Form* von Karl Binding und Alfred Hoche (1920) erschienen. Lange vor 1933 gaben fortschrittliche Wissenschaftler Zweck und Ziel dieser nationalsozialistischen Menschenvernichtung zu Protokoll. Forel, der mit »schwermütigen Gefühlen« (ebd.: 526) aufklärte und reformierte, hatte 1905 »die sozial nützlichen Menschen« im Auge, welche zur eugenischen »Vermehrung besonders günstige Objekte sind«, »das heisst, diejenigen Menschen, die große Freude an Arbeit haben, dabei verträglich und gleichmässigen Humors, gutmütig und gefällig sind« (ebd.: 523). Und bereits zwanzig Jahre zuvor hatte er die Frage aufgeworfen, ob »*die Beseitigung der abscheulichsten Exemplare* menschlicher Gehirne durch schmerzlosen Tod nicht das Beste und Humanste wäre« (Forel 1885: 22, Hervorh. V.S.), kurzum: Euthanasie.

Jetzt, nachdem die guten Ratschläge im Genickschuss der Nazis endeten, jetzt kommt einigen eine glatte Antwort auf die sexuelle Frage nicht mehr so leicht oder gar nicht mehr über die Lippen.

Magnus Hirschfeld: Menschliches Unkraut ausjäten

Doch welche Antworten gab Magnus Hirschfeld, der große Vertreter sozialdemokratischer Sexualpolitik? Forel hat er jedenfalls nie widersprochen. Er nannte ihn »den weisesten und besten aller gegenwärtigen Europäer«, der die »erleuchtende Fackel« Rousseaus und Voltaires weitergetragen habe (1926a: X). Im dritten Band seiner *Geschlechtskunde* (1930a: 47, Hervorh. V.S.) spricht sich Hirschfeld für die

Mitarbeiter am Archiv »Aristokratie«

Aus der reichen Zahl überzeugter Anhänger der aristokratischen Selection, welche der Redaktion ihre Mitarbeit zugesichert haben, seien hier nur diese wenigen genannt:

Franz Blanckmeister, »Familienkunde«.
Professor Dr. Christian von Ehrenfels-Prag.
Friedrich Carl Esbach, »Das herzogliche Haus Würtemberg«.
Amtsrichter Dr. Max Fleischmann, »Völkerrechtsquellen«.
Dr. med. E. M. de la Fuente.
Willi Geiger-Madrid, »Erotische und phantastische Zeichnungen«.
Major Dagobert von Gerhardt (Amyntor), »Ein Abschied« (Novellen).
Kurt Graeser, »Die Vorstellungen der Tiere«.
E. von Handel-Mazzetti, »Jesse und Maria« (Roman).
Agnes Harder, »Liebe!«.
Dr. phil. Maria Hassenstein.
Professor G. Herman, »Gnosis und Genesis«.
Dr. Georg Hirth, »Wege zur Liebe«.
Thomson Jay Hudson, »Der göttliche Ursprung des Menschen und sein Beweis durch die Evolution«.
Dr. med. P. Jaerschky.
Professor Alfed Kirchhoff, »Nation und Nationalität«.
Privatdozent Dr. Paul Koethner, »Aus der Chemie des Ungreifbaren«.
Professor Dr. med. et phil. R. Koßmann, »Züchtungspolitik«.
Dr. Friedrich S. Krauß, »Philosophie des Schönen« (Kulke).
Dr. Paul Krische, »Worte, Werte, Werke«.
Professor Dr. Franz von Liszt, (Thema vorbehalten).
Grete Meisel-Heß (Roman).
Anton Freiherr von Perfall, »Wurmstich« (Bodenaristokratismus).
Professor Dr. Friedrich Poske, »Kultur der Seele« (Heinrich v. Stein).
Maria Nörenberg von Proßnitz, »Funken unter der Asche« (Roman).
Dr. phil. H. Pudor, »Nacktkultur«.
Graf Ernst zu Reventlow, Kapitänleutnant a. D., »Kaiser und Byzantiner«.
Dr. W. Schallmayer, »Beiträge zu einer Nationalbiologie«.
Helene Scheu-Rieß.
Dr. phil. Eugen Heinrich Schmitt, »Die Gnosis«.
Dr. med. H. F. Schönenberger, »Lebenskunst — Heilkunst«.
Dr. jur. Stegemann, (Thema vorbehalten).
Klaus Wagner, »Krieg«.
Dr. Ernst Weber, »Nietzsche als Pädagog«.
Justizrat Weißler, »Geschichte der Rechtsanwaltschaft«.
Pfarrer Otto Ziemßen, »Die Phantasie im Mittelpunkt der Weltbetrachtung«
u. A. m.

Ein Beispiel für den Willen zur Selektion und Höherzüchtung von Menschen am Beginn des 20. Jahrhunderts: Das Charlottenburger Archiv »Aristokratie« versammelt 1907 um sich einflussreiche Personen, denen es um eine »National-Biologie aus Fleisch und Blut« geht, die von der naturwissenschaftlich erwiesenen »Vorherrschaft der Tauglichsten auf allen Gebieten« handelt und die »Besserzüchtung des Kultur-Menschen« betreibt.

»*Ausjätung schlechter Menschenkeime*« aus, für die Aufartung des Volkes mittels Zwangssterilisierung und Zwangskastration. Letztere erfülle drei Aufgaben: »Sie schützt den Operierten selbst vor Rückfällen und damit vor jahrelangen Gefängnis- und Zuchthausstrafen (erspart dem Staat dadurch auch Unkosten); sie gewährt denjenigen Schutz, die den krankhaften Neigungen der Operierten hätten zum Opfer fallen können; und sie beugt der Entstehung erblich belasteter Nachkommen vor«. Da es die Sterilisierung gebe, biete sich die Kastration »außer bei Kinderschändern« nur bei denen an, »die zu sexuellen Gewalttätigkeiten neigen, weniger bei Exhibitionisten (= Gliedentblößern)« (ebd.: 40).

Bedenkenlos war Hirschfeld nicht. Bei der Zwangssterilisierung, der »Unfruchtbarmachung«, wie sie Ärzte damals in vielen Büchern so zutreffend nannten und fleißig propagierten, bei ihr fragte sich Hirschfeld angesichts der zu bewältigenden

»Riesenziffern«, ob sie sich bei »konsequentem Vorgehen« überhaupt »durchführen« lasse – »gab es doch im Jahre 1926 in Deutschland nicht weniger als 250.000 Geisteskranke, ebenso viele Schwachsinnige und Idioten, in noch größerer Menge Psychopathen aller Art, außerdem 90.000 Epileptiker, 120.000 Alkoholiker, 18.000 Taubstumme, 36.000 Blinde, 70.000 Fürsorgezöglinge und dazu ein ganzes Heer von Krüppeln, Vagabunden, Dirnen und Verbrechern (jeder siebente erwachsene Mann ist in Deutschland vorbestraft). Wie sehr der erblich belastete Bevölkerungsteil auch den Geldbeutel des Staates belastet, geht aus einer Berechnung hervor, nach der 834 Nachkommen einer 1810 geborenen trunksüchtigen Frau den preußischen Staat 50 Millionen Mark kosteten. Von den im Jahre 1893 lebenden 834 Nachkommen dieser Frauen waren 181 Dirnen, 142 Bettler, 76 Schwerverbrecher und 7 Mörder; 40 Personen saßen in Armenhäusern. Für die Verpflegung von 33.000 Minderwertigen (Geisteskranke, Schwachsinnige usw.) waren 1911 in Preußen von den Gemeinden und Provinzialverbänden 3 Millionen Mark aufzubringen. England gibt jährlich für Geisteskranke, Schwachsinnige, Trinker und Verbrecher die ungeheure Summe von 35 Millionen Pfund aus. Solche Zahlen machen es begreiflich, dass auch in Deutschland das Sterilisierungsproblem in steigendem Maße die Aufmerksamkeit immer weiterer Kreise auf sich zieht; andererseits geht aber aus ihnen hervor, welche ungeheuren Schwierigkeiten eine Zwangssterilisierung mit sich bringen würde, die wirklich eine nennenswerte Entlastung des Volksganzen von den erblich belasteten Volkskreisen bedeuten würde« (ebd.: 42).

Gesetz zur »Verhütung unwerten Lebens«

Aufgeschlossen stand der Reformer Hirschfeld allem Modernen gegenüber. Und so brach er auch für den sächsischen Medizinalrat Dr. Gustav Boeters (1869–1942) eine Lanze, den er für den »Hauptvertreter des Sterilisierungsgedankens in Deutschland« hielt, namentlich für dessen »Lex Zwickau« genannten Entwurf eines Gesetzes zur »Verhütung unwerten Lebens durch operative Maßnahmen«. Boeters ging für Hirschfeld beispielhaft voran; er hatte schließlich bereits, ohne Gesetz, »gegen 150 Personen sterilisieren lassen«. »Ich bin«, schrieb Hirschfeld 1930 in einem seiner Hauptwerke, »nachdem ich Boeters und seine Arbeiten persönlich genauer kennengelernt habe, zu der Überzeugung gekommen, dass dieser von hohen Idealen erfüllte Mann meist falsch beurteilt wird. Mag er sich selbst in der Form des Angriffs und der Abwehr gelegentlich allzu scharfer Ausdrücke bedienen, mag man vor allem grundsätzlich oder im einzelnen seinen Standpunkt nicht für richtig halten, es bleibt ein großes Verdienst von Boeters, das bedeutsame Sterilisierungsproblem auch in Deutschland zur gründlichen Erörterung gestellt zu haben, und ebenso anerkennenswert ist Dehnows Eintreten für diese vielverkannte Persönlichkeit. Mit Recht sagt dieser bedeutende Jurist [...], dass die Sterilisierung in der Tat nichts anders ist als ›ein besonders einleuchtender und besonders wichtiger Anwendungsfall des allgemeinen Gedankens planmäßiger Fortpflanzungsauslese und *nur eine Anwendung desselben Grundsatzes, nach dem jeder Gärtner Unkraut jätet, auf den Menschen*«« (Hirschfeld 1930a: 42 f, Hervorh. V. S.).

Der von hohen Idealen erfüllte Boeters hatte Hirschfeld 1927 geschrieben: »Ich habe den Entwurf zu einem Reichsgesetz, betreffend die Verhütung unwerten Lebens durch operative Maßnahmen (›Lex Zwickau‹), eingereicht – so wohl erwogen, so klar durchdacht, so sorgsam erläutert und so überzeugend begründet, daß der Inhalt auch dem einfachsten Mann aus dem Volke einleuchten muß. Aber Reichstag und Reichsregierung schweigen sich aus! Unterdessen wächst die deutsche Not. Die Arbeitslosigkeit nimmt zu, die Moral verfällt immer mehr [...]. Die Gefängnisse sind stark belegt, die Irrenhäuser überfüllt, die Schwachsinnigenanstalten vollgestopft [...]. Rund 900 Reichsmark gibt der Staat alljährlich für einen geistig abnormen Anstaltszögling aus, für

Stjepan Gračan: Bez naziva XXX [Ohne Titel XXX], 1976, Polyester, h. 175 cm (Foto: V. S.)

einen Hilfsschüler jährlich etwa 250 Mark, für einen normalen Volksschüler nur 100 bis 120 Mark. Je dümmer und fauler und frecher ein Kind in der Schule, desto größer zumeist die Geschwisterzahl. Während die geistig und sittlich hochstehende Bevölkerung langsam, aber sicher aussterben muß, *nimmt in erschreckendem Maße das menschliche Unkraut zu* [...]. Wie aber wohnt ein großer Teil der normal veranlagten, schwer arbeitenden Menschheit, die für jene *Schmarotzer* sorgen muss? [...]. Aber an dieser erschütternden Tatsache – an dieser verkehrten Welt läßt sich wenig ändern, solange die Fürsorge für *das Heer der Lebensunwerten* von Jahr zu Jahr wachsende Riesensummen verschlingt. Deutschlands Untergang ist besiegelt, wenn der Gedanke der Verhütung unwerten Lebens durch operative Maßnahmen (›Lex Zwickau‹) sich nicht bald durchzuringen vermag« (Boeters in Hirschfeld 1930a: 44, Hervorh. V. S.).

Der Gedanke rang sich durch, die Programme der konformen Sexualforscher wurden blutig wahr. Deutschland ging unter, nicht aber der objektivale Zug der Menschenvernichtung. Als Freiheit und Recht geteilt, als Volksverhetzung und Vernichtungsideologie mit der Staatsräson identisch wurden, terrorisierten und ermordeten die normalen, gesunden, sauberen Volksgenossen Juden und Kommunisten, Homosexuelle und Sozialdemokraten, Pädophile und Behinderte, »Bibelforscher«, »Zigeuner« und »Asoziale«. Das war kein Betriebsunfall. Seit Auschwitz muss jeder menschenfeindliche Ton als bare Münze genommen werden. Das gilt auch für unsere wissenschaftlichen Vorgänger, deren Konformität wir allzu gerne verleugnen. Minderheiten- und fremdenfeindliches Denken und Handeln Einzelner kann nicht mehr als Entgleisung genommen werden. Und unsere alten Sexuologen dürfen wir nicht so unkritisch nehmen wie sie waren.

Blinde Flecken zur Zeit der Hirschfeld-Renaissance

In diesem Sinne hatte ich 1985 im *Spiegel* einen Essay veröffentlicht, der ebenso wie 1983 ein Leitartikel in der Ärztezeitschrift *Sexualmedizin* Kritik auslöste. Zu dieser Zeit gab es in Westdeutschland so etwas wie eine Hirschfeld-Renaissance, das heißt, erinnert und bewundert wurden nur Hirschfelds Verdienste um die Emanzipation sexueller Minderheiten. Böse Gedanken hatte seinerzeit wahrscheinlich zusätzlich die Entscheidung des Nachrichtenmagazins ausgelöst, meinen Essay mit dem Titel »Man muß Hitlers Experimente abwarten« zu versehen. Ich schrieb damals (hier ergänzt um Literaturangaben und in neuer Rechtschreibung):

> »Kürzlich schenkte mir ein junger Forscher aus Berlin ein unscheinbares Buch. Ich schlug es auf, suchte den Verfasser und entdeckte einen Stempel: ›Institut für Sexualwissenschaft – Dr. Magnus-Hirschfeld-Stiftung – Berlin N. W. 40 – In den Zelten 10 u. 9a‹. Daneben Hirschfelds Handschrift. Selten hat mich etwas so berührt, musste doch dieses Buch den faschistischen Horden entkommen sein, die Hirschfelds Institut bereits am 6. Mai 1933 verwüsteten. Sie schleppten die kostbare Bibliothek weg, um sie vier Tage später öffentlich zu verbrennen. Das war das Ende der deutschen Sexualwissenschaft, symbolisch und real.
>
> Hirschfeld, der das ahnte, kehrte von einer Weltreise nicht mehr in seine Heimat zurück. Schon Jahre vorher hatte er die ebenso seltene wie makabre Gelegenheit, Nekrologe auf sich selber in der Zeitung zu lesen, nachdem er auf der Straße von Rechtsradikalen niedergeschlagen worden war. Jetzt sah er in einem Pariser Kino mit an, wie sein Lebenswerk vernichtet wurde.
>
> Nichts ist ehrenwerter, als die Wiedereinrichtung des Instituts für Sexualwissenschaft zu verlangen. Das tut die Berliner Magnus-Hirschfeld-Gesellschaft seit 1982. Nichts ist notwendiger, als an alles zu erinnern, was die Faschisten nicht nur verbrannt und verbannt haben, sondern mit so viel Erfolg der kollektiven Verleugnung anheimgeben konnten. Erst heute, 50 Jahre später, denken einige Psychoanalytiker darüber nach, inwieweit sich die verbliebenen Freudianer mit dem Nationalsozialismus gemein gemacht haben. Erst jetzt wird deutlich, mit wem und warum die Nazis Psychologie und Psychotherapie forcierten.
>
> Sosehr ich für eine Renaissance der vergessenen Sexualforscher bin – bisher ist ja nur Wilhelm Reich dank der Studentenrevolte wiederentdeckt worden –, so sehr bin ich gegen jede Beschönigung. Legen wir die Geschichte der Sexualwissenschaft nicht offen, triumphiert die faschistische Vernichtungswut auf ein Weiteres. Doch bei den meisten Presseerklärungen, Vorträgen, Ausstellungen und Reprints, die im Zuge der Hirschfeld-Renaissance bereits veranstaltet worden sind, wurde mehr vernebelt als aufgeklärt.
>
> Wenn Hirschfeld überhaupt als Wissenschaftler betrachtet werden muss, dann war er ein ziemlich anspruchsloser Sammler, vor allem aber ein Kompilator und Kolporteur. Jeden Vorgang, jede Pressenotiz, jeden Brief legte er in seinen Büchern nieder, wofür wir heute natürlich dankbar sind. [...] Vielleicht hätte der eingeklemmte Berliner Senat seine erbärmlichen Ausflüchte unterlassen und das Institut schon wiedererrichtet, hätten ihm die Hirschfeldianer einmal gesagt, um wen und was es wirklich geht. Gott sei Dank hat das jetzt Martin Dannecker [1983], der beste Kenner der sexuellen Zwischenstufen weit und breit, [...] getan.

Was gesagt werden muss und was den Berliner Senat beruhigt hätte: Hirschfeld war denkerisch anspruchslos, modern. Er glaubte an die ethische Kraft des Faktischen, an Naturwissenschaften und Vaterland. Folglich entdeckte er die ›Naturgesetze der Liebe‹ und kombinierte eine wundersame Pille gegen jede Impotenz, genannt ›Titus-Perle‹. Beide, wie letztlich alle Hirschfeldschen Errungenschaften, werden weiterhin gesucht und gefunden. Im Ersten Weltkrieg begeisterte er sich in einer ›kriegspsychologischen Betrachtung‹ [1914b: 25f, 29ff] für die ›stattliche Kriegsflotte‹, für ›die Panzerplatten‹ und ›die unterseeischen Kabel [...] aus deutschen Werken‹, für den ›Wissenschaftssinn und Ordnungssinn‹ der Deutschen, sah, dass aus dem, ›was man einst Kriegshandwerk nannte, nach und nach ein technisches Kunstwerk, ein wissenschaftliches Problem von größter Kompliziertheit geworden‹ war. Doch auch das Kunstwerk Krieg funktionierte naturwüchsig. ›Als bei dem Aufmarsch und Ausmarsch unserer Truppen im August 1914 sich die ruhende Kraft unseres gewaltigen Volksheeres in lebendige umsetzte, da spürten wir – um mit Goethe zu reden: «Wie alles sich zum Ganzen webt / Eins in dem anderen wirkt und lebt»‹.

Ich höre schon manchen Hirschfeld-Verehrer sagen: Muss das denn alles aufgetischt werden? Und wo bleiben seine Verdienste um die Sexualreform? Tatsächlich kämpfte Hirschfeld mutig wie kaum ein zweiter gegen die Diskriminierung sexueller Minderheiten. Doch er konnte Experimenten am Menschen keinen reflektierten Widerstand entgegensetzen, weil er fortschrittsgläubig war. Homosexuelle Männer überwies er, der persönlich segensreiche Homosexuellen-Beschützer, zur einseitigen Kastration und zur Überpflanzung eines ›heterosexuellen‹ Hodens. Heute ist seine Theorie dem Ost-Berliner Endokrinologen Günter Dörner, der experimentell davon faselt, die Homosexualität im Mutterleib auszumerzen, weil sie nach seinen Versuchen an Ratten eine Krankheit sei, hilflos ausgeliefert. Dörner ist, wie der Sexualforscher Gunter Schmidt [1984: 21] im Einzelnen belegte, der ›modernste Vertreter der Hirschfeld'schen Zwischenstufen-Theorie‹.

Die besagt im Kern: Die Homosexualität hat eine konstitutionell-organische Ursache. Hirschfeld wollte mit dieser Behauptung den Homosexuellen-Paragraphen zu Fall bringen und von den Verfolgten Schimpf und Schande nehmen. Er begriff nicht, dass etwas körperlich Fassbares auch ausgerottet werden kann, dass er den Verfolgern zur Parole den Ort des Eingriffs nannte. Den meinten bei uns, aus der DDR inspiriert, zuletzt einige Psychochirurgen gefunden zu haben – nach dem Motto: homosexuelle Ratten, gesamtdeutsch. Zum Glück aber ist das Homosexuelle unausrottbar. Keine Technik wird es aus der Welt schaffen. Kastration und Hormone, Elektroschock und Hirnoperation, Verhaltenstherapie und Psychoanalyse sind schon gescheitert.

Wissenschaftlich roh, in erster Linie auf biologisches Erbe und klaren Menschenverstand setzend, begegnete Hirschfeld [1933a: VII] auch dem eugenischen Wahn. ›Die Eugenik bezweckt durch die Hervorbringung besserer und glücklicherer Menschen die Entstehung einer besseren und glücklicheren Menschheit‹, schrieb er nach dem Sieg der Faschisten. Vorher hatte er sich schon, immer abwägend, niemals fanatisch, für die ›Ausjätung schlechter Menschenkeime‹ [1930a: 47] ausgesprochen, für die Verbesserung des Menschengeschlechts mittels Zwangskastration und Zwangssterilisierung.

Tragischerweise war ihm dieses Denken bis zum Ende nicht suspekt. Im August 1933 sagte der vertriebene Jude: ›Man muß die Hitlerschen Experimente abwarten, ehe man sich darüber äußert. Nicht nur aus wissenschaftlichen Gründen. Denn es ist keineswegs sicher, daß die Nationalsozialisten einzig und allein aus eugenischen Zwecken handeln. Man muß vielmehr befürchten, daß sie sich der Sterilisation bedienen werden, weniger um die «Rasse aufzuzüchten», als um ihre Feinde zu vernichten. Die Ereignisse der letzten

Monate bieten Anlaß genug für solche Befürchtungen‹ [Hirschfeld 1933b: 16; s. Hirschfelds Äußerung ungekürzt im Kasten].

Den unerschrockenen, indiskreten Arzt Hirschfeld zu verunglimpfen, liegt mir fern. Der war mir immer sympathisch. Kritisch zu betrachten aber ist eine aufklärerische Haltung, die in Mythologie zurücksinkt, weil sie ihre eigene Zerstörung nicht erkennt. Die deutschen Gelehrten, die lange vor dem Hitlerfaschismus wissenschaftlich und ethisch begründeten, warum bestimmte Menschen und Rassen Unkraut seien, minderwertig und lebensunwert, waren von hohen Idealen durchdrungen. Darum geht es: dass ein allgemeiner Zug in unserem Denken und Tun liegt, der auf Vernichtung hinausläuft. Heute kann eher begriffen werden, welche Mystifikation darin liegt, die irrationalen, aber nicht irrealen Mechanismen der Menschen- und Naturvernichtungsmaschinerie dem Reich des Rationalen zuzubestimmen, auf welches Hirschfeld zeitlebens gesetzt hatte. Heute sind wir, was Hirschfeldianer wollen, rundum informiert und haben keine Ahnung. Warum irritiert es die positivistischen Sexualaufklärer nicht, dass bei dem Zeitgenossen Sigmund Freud, einem anderen Sexualforscher, von all dem, was wir Hirschfeld entgegenhalten müssen, nicht die Rede ist? Während Freud den Oberflächencharakter unseres Bewusstseins durchschaute, misstraute Hirschfeld aller Metaphysik. Nur die aber hätte der Sexualwissenschaft selber die Augen öffnen können.

Wie sollte das eigentlich möglich sein: die Unvernunft der Triebe, die Anarchie der Lust zusammengesperrt mit Rationalität? Definieren, was undefinierbar ist? Einheit schaffen, wo Widersprüche herrschen? Auf unsere Vernunft ziehen, was dagegen opponiert? Hirschfeld focht das nicht an, er handelte von den -ismen, -keiten, -lungen, -täten, also von den Sexualformen, die in den letzten Jahrhunderten gesellschaftlich fabriziert worden sind und die wir seither als vergegenständlichte mit einem neuen Ausdruck umfassen – Sexualität. Das Wort verschweigt nicht, worum es geht: dingfest machen. Das ist der gesellschaftliche Auftrag aller Sexualwissenschaftler seit dem Marquis de Sade, den Hirschfeld nicht unterlief.

Allerlei ›sexuelle Zwischenstufen‹, vorneweg die homosexuelle und die lesbische, wurden ausspioniert, zur Selbstpreisgabe angehalten, festgenagelt, in eine Identität gezwungen. Das war für die Verwirrten und Geächteten lebenserhaltend. Noch heute fürchtet mancher junge Homosexuelle, der einzige auf der Welt zu sein, der so unglücklich ist. Davon – und damit von der Zwieschlächtigkeit der bisherigen Sexologie – handeln die zehntausend Seiten des ›Jahrbuchs‹ [gemeint ist das *Jahrbuch für sexuelle Zwischenstufen*]. Eine gewaltige Leistung. Gewaltig auch, weil das, was sexuell und geschlechtlich oszilliert und opponiert und uns heute so kostbar ist, mit Fingerlingen und Zollstöcken in ein Schema gebannt wird. Der erste Aufsatz des ›Jahrbuchs‹ stammt von Hirschfeld [1899] und trägt den Titel: ›Die objektive Diagnose der Homosexualität‹. Hirschfeld war gewiss sensibel genug, die Einzigartigkeit jeder Perversion zu spüren; er war aber nicht klug genug, ihrer Integration ins abtötende Allgemeine entgegenzudenken.

Wer aus der Geschichte der Homosexuellen begreifen will, warum sie eine des Triebes und der Verfolgung ist – [dieser Satz ging in dem erbetenen Manuskript, das ich der Redaktion des *Spiegel* zusandte, folgendermaßen weiter: »... warum die AIDS-Titelgeschichte des *Spiegel* (Nr. 23/1983) ruchlos war ...«, wurde aber nicht gedruckt] –, wer wissen will, was Cisvestiten, Pygisten oder Hekaterophile einst sein sollten, wer ›fortgesetzte Widerlegungen des antihomosexuellen Vorurteils‹ [Dannecker 1983: 13] bewundert und anderes an der alten Sexualforschung schätzt als die momentanen Lobredner, der lese im Original-›Jahrbuch‹, sofern er zu den glücklichen Besitzern gehört. Und wem das dann genügt, der verkaufe mir das ›Jahrbuch‹ [...] samt der ›Monatsberichte‹ und der ›Mitteilungen‹ des ›Wissenschaftlich-humanitären Komitées‹ und seiner Sezession um den

Ephebophilen Benedict Friedlaender [1907: 201, 203], der die ›bettelhafte Theorie‹ des ›übermäßig vorsichtigen Herrn Hirschfeld‹ verachtete. Ich werde alles wie meinen Augapfel hüten, nicht nur, weil es den Faschisten zuwider war.«

Magnus Hirschfeld 1933 über Sterilisation

Die in Prag erscheinende Zeitschrift *die wahrheit* (Jg. 12, Nr. 17, 19. August 1933, S. 16) brachte »zum Zionistenkongreß« unter dem Titel *Magnus Hirschfeld: Zur Sterilisation* folgenden Text, den wir ungekürzt wiedergeben: »Dr. Magnus Hirschfeld, der vor Hitlers Machtergreifung Leiter des Institutes für Sexualwissenschaft in Berlin war, äußerte sich über die Erfolgsmöglichkeiten der Sterilisation in einem Gespräch folgendermaßen: In Kalifornien hat man die Sterilisation angewendet. Ich hatte Gelegenheit mich zu überzeugen, daß Jene, die diese Maßnahme einführten, aus den idealsten Motiven handelten. Sie hatten ihre Versuche an vielen tausend Objekten gemacht, bevor sie sie auf den Menschen übertrugen. Diese Versuche ergaben in den meisten Fällen ein günstiges Resultat für die Sterilisation. Trotzdem bin ich noch skeptisch und bleibe der Ansicht, daß man jenes Thema mit größter Vorsicht behandeln sollte, solange die Geheimnisse der Erblichkeit und die damit verknüpften Gesetze nicht restlos gelöst sind. Es ist bis jetzt noch keinesfalls bewiesen, daß geistig und körperlich gesunde Menschen auch immer vollwertige Nachkommen zeugen. Wieviel geniale Männer hatten Kinder von absolut mittelmäßiger Intelligenz. Wie viele Durchschnittsväter zeugten bedeutende Menschen. Es genügt allein, an Beethoven zu erinnern, dessen Vater Alkoholiker war. Man muß die Hitlerschen Experimente abwarten, ehe man sich darüber äußert. Nicht nur aus wissenschaftlichen Gründen. Denn es ist keineswegs sicher, daß die Nationalsozialisten einzig und allein aus eugenischen Zwecken handeln. Man muß vielmehr befürchten, daß sie sich der Sterilisation bedienen werden, weniger um die ›Rasse aufzuzüchten‹, als um ihre Feinde zu vernichten. Die Ereignisse der letzten Monate bieten Anhalt genug für solche Befürchtungen.«

Magnus Hirschfeld – ein »geistiger Vorläufer des Faschismus«?

Soweit die Bemerkungen im *Spiegel* zur Hirschfeld-Renaissance der 1980er Jahre. Die Gegenreden ließen nicht lange auf sich warten (s. die verdienstvolle Textsammlung von Seeck [2003] zur Hirschfeld-Rezeption). Gelegentlich eines Aufsatzes über Moll und Hirschfeld (1995, vgl. Kap. 8) antwortete ich insbesondere auf Missverständnisse von Klein (1983), Herzer (1992) und Lindemann (1993).

Herzer (1992: 12f) meinte, für die Nach-Giese-Generation westdeutscher Sexuologen »sei es Hirschfeld gewesen, der den Nazis die Begründung für Homosexuellenverfolgungen, Zwangskastration und vielleicht auch Massentötung von

Geisteskranken vorformuliert habe [...]; schließlich habe er vorweg, lange bevor die Nazis ihre Menschenvernichtung betrieben, diese ›wissenschaftlich und ethisch begründet‹ (Sigusch 1985, S. 246)«. Tatsächlich habe ich in dem angeblich zitierten *Spiegel*-Essay, der vorstehend wiedergegeben ist, geschrieben: »Den unerschrockenen, indiskreten Arzt Hirschfeld zu verunglimpfen, liegt mir fern. [...] *Die deutschen Gelehrten, die* lange vor dem Hitlerfaschismus *wissenschaftlich und ethisch begründeten*, warum bestimmte Menschen und Rassen Unkraut seien, minderwertig und lebensunwert, waren von hohen Idealen durchdrungen. *Darum geht es: dass ein allgemeiner Zug in unserem Denken und Tun liegt, der auf Vernichtung hinausläuft*« (Hervorh. V.S.).

Es ging und geht mir also nicht um ein persönliches Versagen Hirschfelds, sondern um Licht und Schatten im Prozess der Aufklärung, um einen allgemeinen Zug. Deshalb habe ich auch nirgendwo gesagt oder geschrieben, Hirschfeld hätte die »Menschenvernichtung« der Nazis vorweg »wissenschaftlich und ethisch begründet«. Zu dieser Aussage kommt Herzer nur durch das Verschieben und Verstümmeln von Textpassagen. Bemerkenswert ist in diesem Zusammenhang, dass er in seiner Hirschfeld-Skizze selbst schreibt: »*Durch Wahrheit zur Gerechtigkeit* – das Motto seines Strebens – erwies sich im Deutschland der späten zwanziger Jahre als verhängnisvoll illusionär. Als kollektive Illusion der kleinen Schicht des liberalen deutschen Bürgertums und nicht nur als privater Irrtum Hirschfelds bildete er [gemeint ist wohl »es«, das Motto, V.S.] *eine Voraussetzung* für dessen Wehrlosigkeit und *für den schließlichen Sieg der Nazis*« (Herzer 1992: 24, letzte Hervorh. V.S.).

Da auch Lindemann (1993: 102f) schreibt, der Vorwurf des Biologismus habe dazu gedient, Hirschfeld »zum geistigen Vorläufer des Faschismus zu machen (Sigusch 1983; Entgegnung von Klein 1983)«, scheinen sich meine bisherigen Äußerungen zu allgemeinen Tendenzen allzu direkt auf das Individuum Hirschfeld beziehen zu lassen. Deshalb sei hinzugefügt: Für mich ist Hirschfeld kein »geistiger Vorläufer des Faschismus«. Ich habe nie behauptet, dass er nazistische oder faschistische Ideen geäußert hätte. Aber selbst wenn er das getan hätte, wäre er für mich noch lange kein »geistiger Vorläufer« im Sinne von vordenkendem Subjekt, sofern sich ein solches epistemologisch isolieren lässt, weil er dafür als Theoretiker viel zu unbedeutend war. Er schwamm in einem biologistisch-somatologisch-eugenischen Diskurs mit, der lange vor den Nazis begann, von den Nazis nach ihren eigenen Opportunitäten benutzt wurde, durch den Nationalsozialismus und die Zeiten danach in Ost- wie Westdeutschland hindurchlief, um heute an allen Fronten wiederbelebt zu werden. Da es wirklich ein Diskurs und nicht irgendeine Diskussion ist, plappern wir alle mehr oder weniger mit.

Umso bemerkenswerter ist es, wenn Wissenschaftler wie Freud und Moll – und das sei immer wieder in diesem Zusammenhang gesagt – den für die Individuen gefährlichsten Diskursen nicht oder nicht vollständig auf den Leim gegangen sind. In seinem Handbuch hoffte Moll (1912b), dass die Vorschläge zur Unfruchtbarmachung in Deutschland nicht Realität werden. Als dann die »Rassenverbesserer« immer mehr Einfluss erlangten, stellte er fest, »daß wir keinerlei wissenschaftlich irgendwie begründete Indikationen« haben (Moll 1929: 126). »Tragischerweise«

aber, so hieß und heißt es nach wie vor bei mir, war Hirschfeld das eugenologische Vernichtungsdenken als solches »bis zum Ende nicht suspekt« – wie auch sein Brief aus dem Exil an seinen Freund George Sylvester Viereck vom 30. Oktober 1933 zeigt, den Atina Grossmann (2004: 205) in den Sammlungen des Kinsey-Instituts entdeckt hat. In diesem Brief heißt es: »Zweifellos ist der Reinigungsprozeß, der gegenwärtig in Deutschland durchgeführt wird, in vieler Hinsicht das, was wir lange Zeit gewünscht hatten, aber die Kosten dieser Maßnahmen, die Gewalttätigkeit und insbesondere die Intoleranz, sind ein zu hoher Preis dafür.«

Es geht also darum, nicht zu verschweigen, dass der Menschenfreund Hirschfeld, der wie kein Zweiter die verachteten Angehörigen des »Dritten Geschlechts« geschützt und ermutigt hat, dass dieser Mann, der gewissermaßen konstitutionell, das meint hier: nach all dem, was er gespürt, gesagt und geschrieben hat, ein Gegner des Nationalsozialismus war, zusammen mit sexologischen Eugenikern theoretisch nicht gewappnet war, als es darum ging, diesen Diskurs, den die Nazis aufgriffen und nutzten, kritisch zu reflektieren und ihm damit »geistig« zu widersprechen (vgl. dazu differenziert Schmidt 1984, Herrn 1993, S. Becker 2000). Und schließlich geht es darum, theoretische Positionen nicht ungeprüft danach zu beurteilen, welcher parteipolitischen Richtung der eine oder andere Fachvertreter angehört. Der »Rechte« Moll steht dann nicht durchgehend auf der Schattenseite der Aufklärung und der »Linke« Hirschfeld nicht durchgehend auf der Lichtseite.

Außerdem sind alle Positionen von Widersprüchen durchzogen, die in der Sache selbst liegen. Wie käme es sonst, dass sich ausgerechnet soziale, sozialdemokratische und kommunistische Sexualreformer für eine biologisch-eugenische »Lösung« gesellschaftlicher Probleme unter dem selbst gewählten Richtungswort »Gesellschaftsbiologie« stark machten und ihre sexualwissenschaftliche Fachgesellschaft, anders als die anderen, mit dem programmatischen Zusatz »... und für Eugenik« versahen? Es geht also nicht um Schwarz oder Weiß. Wer politisch »deutschnational« empfand wie Moll, ist deshalb als Wissenschaftler noch lange nicht im Unrecht; wer unnormal und ungewöhnlich war wie Hirschfeld, hat deshalb noch lange nicht durchweg Gedanken gefasst, die von den herrschenden Diskursen abwichen.

Es kommt also nicht darauf an, die einen Sexuologen zu belasten und die anderen zu entlasten, sondern darauf, die Diskurse oder Objektive zu begreifen. Das können wir aber nur, wenn die Analyse nicht davor zurückschreckt, auch verehrte »Vorläufer«, die es dann womöglich wirklich sind, notfalls mit aller Deutlichkeit zu kritisieren. Dass wir, die »sozusagen zweite Generation westdeutscher Sexuologen«, gerade dies bei Hans Bürger-Prinz und Hans Giese viel zu spät getan haben, hat uns Herzer (1992: 12) mit Recht vorgeworfen.

C. Vom Wiederbeginn nach 1945
bis zur Jahrtausendwende

18 Der Neuanfang in der BRD

Von Hans Giese bis zur Studentenbewegung

Wie bereits im vorhergehenden Kapitel angedeutet, repräsentierte in den Jahren nach der Nazi-Zeit und dem Zweiten Weltkrieg vor allem ein junger Mann die organisierte Sexualwissenschaft in Westdeutschland: Hans Giese. Beinahe zwanzig Jahre lang war er der einflussreichste und schließlich auch angesehenste Sexualwissenschaftler der alten BRD. Als er plötzlich, kurz nach seinem 50. Geburtstag verstarb, stand die Presse des Landes Kopf. Das, was er als Sexualforscher tat, hatte eine so große Resonanz, weil er zunächst keine institutionelle Konkurrenz hatte und sich später eine »Sexwelle« in den allgemeinen Medien und danach eine »sexuelle Revolution« überschlugen, die laut nach »Experten« riefen.

Schauen wir zunächst auf das Leben des damals berühmten Sexualforschers. Geboren wurde Hans (eigentlich Hans-Ernst) Friedrich Giese am 26. Juni 1920 in Frankfurt am Main. Seine Mutter Annemarie, eine geborene Crampe (1893–1975), durften nur habilitierte Kollegen ihres Sohnes besuchen. Sein Vater Friedrich Giese (1882–1958) war ein renommierter Staatsrechtler und Ordinarius der Universität Frankfurt. Das Kind wuchs also, zusammen mit einer Schwester, der späteren Ärztin Evemarie Siebecke-Giese (1919–1996), in gehobenen sozialen Verhältnissen auf.

Hans Giese, 1968

Von 1939 bis 1945 studierte Giese Deutsche Philologie (Promotion 1943 bei Franz Schultz) sowie Medizin (Promotion 1946 bei Werner Villinger) und daneben Philosophie in Frankfurt am Main, Jena, Marburg und Freiburg i. Br., wo er Vorlesungen von Heidegger hörte, die ihn nachhaltig beeinflusst haben. Als Schüler begeisterte er sich für Goethe, Italien, Mussolini und menschliche Grenzsituationen. Als Abiturient wollte er Katholische Theologie studieren, was den Eltern nicht recht war. Als Student war er in der nationalsozialistischen »Studentenführung« für »Politische Erziehung« und »Kameradschaftserziehung« zuständig (vgl. Zeh 1988). Ende 1940 beantragte Giese die Aufnahme in die NSDAP, die ein Jahr später erfolgte. Nach dem Krieg hospitierte er bei namhaften Medizinern. Eine bezahlte Anstellung ist nicht bekannt.

Hans Gieses Aufbau einer Sexualwissenschaft

Im April 1949 eröffnete Giese in seiner Privatwohnung in Kronberg/Taunus ein »Institut für Sexualforschung«, das er nach Protesten der Nachbarn wegen des als anstößig erlebten Institutsschilds im Herbst 1949 in die Wohnung seiner Eltern nach Frankfurt am Main, Hansaallee 7, verlegte. Das Institut bestand aus Giese als Leiter, seiner Schwester Evemarie, die Medizin studiert hatte und vor allem für die Presse zuständig war, sowie Inge Schaun, der Tochter eines Frankfurter Staatsanwalts, die das Sekretariat aus Freundschaft betrieb. Wird noch die nicht unwesentliche, später zu erwähnende Unterstützung durch den Vater Friedrich Giese hinzugedacht, könnte geradezu von einem familiären Institut gesprochen werden.

Erste öffentliche Aktivität des Instituts war eine »Eingabe« an den neuen Gesetzgeber, die zu dem Schluss kam, »daß Homosexualität unter Erwachsenen nicht strafwürdig ist«. Gleichzeitig war Giese auf verschiedene Weise damit befasst, das mit Magnus Hirschfelds Namen verbundene Wissenschaftlich-humanitäre Komitee (WhK) indirekt oder direkt wiederzubegründen. Im September 1949 ließ er auf Institutspapier einen Aufruf zirkulieren, der seinen Führungsanspruch in der Homosexuellen-Frage signalisierte (vgl. den Abdruck in der Schweizer Homosexuellen-Zeitschrift »Der Kreis«, Nr. 10, 1949, S. 7–8). Tatsächlich wurde das WhK am 7. Oktober 1949 als »selbständige Abteilung des Instituts für Sexualforschung« gegründet. Der Kaufmann Hermann Weber (1882–1955), der schon im alten WhK aktiv gewesen war, figurierte als Präsident, Giese als Erster Vorsitzender. Evemarie Siebecke, Gieses Schwester, wurde »Stellv. Vorsitzender«, und Kurt Hiller (London) wurde vom Vorstand als »enger Mitarbeiter aus dem Kreis um Hirschfeld« zum Ehrenmitglied »ernannt« (Mitteilungen des Wissenschaftlich-humanitären Komitees, Jg. 1, Nr. 1, 1949, S. 6). Anfänglich schien die Wiederaufnahme des Emanzipationskampfes der Homosexuellen durchaus erfolgreich zu sein. So trat beispielsweise der »Verein zur Pflege humanitärer Lebensgestaltung« (VhL), vor dem Giese am 2. November 1949 die Ziele des WhK erläutert hatte (Mitteilungen des Wissenschaftlich-humanitären Komitees, Jg. 1, Nr. 1, 1949, S. 2–4), geschlossen dem neuen WhK bei.

Doch der Schein trog. Sehr bald stellte sich heraus, dass ein offener Kampf um Menschenrechte für Homosexuelle und speziell um die Entkriminalisierung der Homosexualität nach wie vor auf einen sehr starken kollektiv-mentalen und speziell politisch-»fachlichen« Widerstand stieß. So widersetzte sich das Frankfurter Stadtgesundheitsamt der Eintragung des neuen WhK ins Vereinsregister. Der Leiter dieses Amtes, Medizinaldirektor Dr. Schmith, soll nach schriftlichen Erinnerungen von Evemarie Siebecke-Giese vom Februar 1976 vor der ersten Tagung im April 1950 die zum Vortrag Aufgeforderten angeschrieben und vor der Unseriosität des Unternehmens gewarnt haben mit der Begründung, Hans Giese sei homosexuell. Außerdem erlebte Giese, dass die politisch aktiven Homosexuellen recht unterschiedliche strategische Vorstellungen vom Emanzipationskampf hatten und dass er nicht einfach die Linie und den Ton bestimmen konnte.

Wahrscheinlich hat ihn diese Erfahrung und seine eigene Angst, zu eng mit der Sache der Homosexuellen in Verbindung gebracht zu werden, darin bestärkt, die Gründung einer sexualwissenschaftlichen Fachgesellschaft zu betreiben. Dieser sollten Gelehrte und Wissenschaftler mit höchster Reputation angehören. 1950 organisierte Giese die erste deutsche sexualwissenschaftliche Tagung nach dem Ende der NS-Zeit in Frankfurt am Main. Sie wurde von dem Berliner Anatomen Hermann Stieve eröffnet. Gelegentlich der Tagung initiierte Giese die Gründung der Deutschen Gesellschaft für Sexualforschung (s. Kap. 19), zu deren erstem Präsidenten der Hamburger Psychiater Hans Bürger-Prinz gewählt wurde. Ebenfalls 1950 gründete er eine *Zeitschrift für Sexualforschung*, die allerdings nur ein Jahr lang erschien. Zu dieser Zeit lernte Giese seinen Lebensgefährten August (»Gustl«) Engert kennen, mit dem er bis zu dessen Tod 1969 zusammenlebte. Von 1952 an gab Giese zusammen mit Bürger-Prinz die *Beiträge zur Sexualforschung* heraus, in deren wissenschaftlichen Beirat er u.a. die Theologen Franz Xaver Arnold und Adolf Köberle, den Generalstaatsanwalt Karl S. Bader, den Soziologen Helmut Schelsky, den Internisten Ferdinand Hoff, den Gerichtsmediziner Ferdinand Wiethölt und seinen Vater berief.

1952 veröffentlichte Giese ein *Wörterbuch der Sexualwissenschaft*, das bemerkenswert schlecht gearbeitet ist und deshalb nicht überzeugen konnte (Sigusch 1984d). 1954 legte er eine tausendseitige »gemeinverständliche Darstellung des Geschlechtslebens unserer Zeit« unter dem Titel *Mensch, Geschlecht, Gesellschaft* vor, die u.a. Beiträge, teilweise als Nachdruck, von Simone de Beauvoir, Helene Deutsch, Clellan S. Ford, Norman Haire, Karen Horney, Alfred C. Kinsey, Max Marcuse und J. H. Schultz enthält. Bis 1955 erschien in mehreren Lieferungen ein von Giese ediertes Handbuch der medizinischen Sexualforschung mit dem Haupttitel *Die Sexualität des Menschen*, an dem u.a. Max Hartmann, Helmuth Orthner, Claus Overzier, Helmut Schelsky und Otmar Freiherr von Verschuer mitgearbeitet haben. Von 1955 bis 1957 gab Giese die *Beiträge zur Sexualpädagogik* heraus. Anfang der sechziger Jahre erschien die von ihm in Verbindung mit Viktor Emil Freiherrn von Gebsattel (vgl. insbes. 1932) besorgte und u.a. von Walter Bräutigam, Herbert Jäger und Wilfried Rasch bearbeitete *Psychopathologie der Sexualität*, die die bekannte *Psychopathia sexualis* von Richard von Krafft-Ebing ablösen sollte und mit den von Giese selbst verfassten Teilen bis heute diskutiert wird, insbesondere hinsichtlich der Diagnostik süchtig-perverser Entwicklungen (Giese 1962a). 1963 edierte Giese zusammen mit Fritz Bauer, Bürger-Prinz und Jäger das Buch *Sexualität und Verbrechen*, an dem sich u.a. Theodor W. Adorno, Ernst Buchholz, Ulrich Klug und René König beteiligten, ein wichtiges Werk, das kritische Stimmen zur damals beabsichtigten Änderung des Sexualstrafrechts versammelte.

1959 habilitierte sich Giese bei Bürger-Prinz in Hamburg für das Fach Psychiatrie in Verbindung mit Sexualwissenschaft mit der ein Jahr zuvor veröffentlichten empirisch-psychopathologischen Studie *Der homosexuelle Mann in der Welt*, nachdem die Frankfurter Medizinische Fakultät eine Habilitation wegen seiner eigenen Homosexualität verhindert hatte. Im selben Jahr wurde das »Institut für Sexualforschung« von Frankfurt am Main nach Hamburg verlegt, wo es als wissenschaftliche Einrichtung der Universität zwar »angegliedert«, nicht aber von ihr finanziell getragen wurde. Damit blieb Giese weiterhin angewiesen auf die Unterstützung des Psychiatriechefs Bürger-Prinz, der ihm beispielsweise einen Assistenten »auslieh«, und zwar den Psychologen Gunter Schmidt. 1964 kam der Mediziner Volkmar Sigusch, zunächst als Doktorand Gieses, hinzu. 1965 erhielt Giese den Titel »Professor«, allerdings auf der untersten Stufe (»apl.«, d. h. außerplanmäßig) und ohne institutionelle Rechte (»ad personam«), sodass diese Professur mit seinem Tod automatisch entfiel.

1968 veröffentlichten Giese und Gunter Schmidt die von Schmidt geplante und verfasste empirische Studie *Studenten-Sexualität*, die eine breite öffentliche Beachtung fand. Zwischen 1968 und 1971 erschien in mehreren Lieferungen die wesentlich veränderte Zweitauflage des Gieses-Handbuches, für das überwiegend jüngere Wissenschaftler zu bis dahin von der westdeutschen Nachkriegs-Sexualforschung überhaupt noch nicht erörterten Fragen Beiträge verfassten, wie Klaus Dörner über »sexuelle Partnerschaft in der Industriegesellschaft« und Volkmar Sigusch über »sexuelle Reaktionen bei der Frau«. In seinen letzten Lebensjahren gab Giese die von Gunter Schmidt redigierte *rororo sexologie* heraus, die in preiswerten Taschenbüchern auf verdienstvolle Weise Resultate der europäischen und der US-amerikanischen Sexualforschung zugänglich machte. Ingesamt sind in der Reihe zwischen 1968 und 1975 31 Bände erschienen, die letzten redigiert von Bernd Nitzschke.

Willhart S. Schlegels Beckenmaße und Sexualinstinkte

Bis zu seinem plötzlichen Tod am 21. oder 22. Juli 1970 in St. Paul de Vence (Südfrankreich) nach einem Sturz von einem Felsen hatte Giese inner- und außeruniversitär nur einen Konkurrenten: den Arzt und Konstitutionsforscher Willhart S. Schlegel.

Nach Mildenberger und Setz (2003) wurde Willhart Siegmar Schlegel am 13. August 1912 in Bad Soden geboren und starb am 25. Januar 2001 in Kronberg im Taunus. Seine Mutter soll ihn heiß und innig geliebt haben, und sein Vater sei ein Mathematikprofessor gewesen. Schlegel studierte Medizin in Frankfurt am Main, arbeitete nach Staatsexamen und Promotion in jenem Frankfurter erbbiologischen Institut, das Otmar Freiherr von Verschuer geleitet und in dem auch der mordende Auschwitz-Mediziner Josef Mengele gearbeitet hat. Etwa seit 1930 habe Schlegel begonnen, »sich nach eigenen Angaben für den Nationalsozialismus zu interessieren«. Zu dieser Zeit habe er auch sein eigenes homosexuelles Verlangen entdeckt. Gelebt hat Schlegel später wie ein Bisexueller: verheiratet und mit einem in der homosexuellen Szene bekannten Mann, Heinz F. S. Liehr, fest liiert, der wiederum mit dem bekannten Gay-Aktivisten Johannes Werres eine Schutz- und Trutzgemeinschaft bildete, insbesondere nach der Trennung von Schlegel.

Nach der Teilnahme als Soldat am Zweiten Weltkrieg qualifizierte sich Schlegel als Internist und ließ sich in eigener Praxis nieder. 1955 eröffnete er vor den Toren der Bürger-Prinz'schen Klinik (und später auch des Giese'schen Instituts) ein privates »Institut für Konstitutionsforschung« in seiner Praxis in Hamburg-Eppendorf, das er später »Institut für Konstitutionsbiologie und menschliche Verhaltensforschung« nannte. Im Alter zog er sich nach Kronberg im Taunus zurück. 1995 legte er eine Autobiografie unter dem Titel *Rolf* vor, aus der Mildenberger und Setz genüsslich Passagen zitieren, in denen sich der Autor an den harten Gesäßbacken und weichen Afterlippen der begehrten Epheben delektiert.

Schlegel nahm an, dass das Sexualleben im Kern biotisch bedingt sei. Sein Leben lang versuchte er, diese Überzeugung durch konstitutionsbiologische Studien in der Nachfolge von Ernst Kretschmer zu beweisen, eine Überzeugung, die die Vielfalt des Lebens scheinbar in Ordnung bringt, den Minderheiten Rechte einräumt und ihnen Sicherheit gibt. Beinahe besessen vermaß Schlegel Tausende von Männern und Frauen, insbesondere den Querdurchmesser ihres Beckenausganges. Nach den Zentimetern, die er fand, ordnete er ihnen Begehrlichkeiten und Charaktereigenschaften zu. Sein »andromorpher« Typ, natürlich mit engem Ausgang, und sein »gynäkomorpher« Typ, natürlich mit weitem Ausgang, lösten für ihn die Zwischenstufen Hirschfelds ab, sodass er zu dessen Nachfolger avancierte.

Zuvor hatte er – auch ein wissenschaftshistorischer Rückfall ersten Ranges – erneut Sexualinstinkte (nicht Sexualtriebe!) postuliert, deren theoretische Reduktion durch die moderne Anthropologie eine Voraussetzung war, den Menschen als ein gesellschaftliches und geschichtliches Wesen zu erkennen. Schlegel war historisches Denken fremd. Er sehnte sich nach Zeiten zurück, in denen das Virile, das Männerbündische, der Eros paidagogos herrschte, in denen heranwachsende Männer von »richtigen« Männern erzogen werden. Wenn mann die Jugend sozial einordnen, wenn mann Jugendkriminalität verhindern will, dann braucht mann aber auch »eine legale sexuelle Befriedigungsmöglichkeit vielfach homosexueller Art während des Alters der stärksten sexuellen Bedürftigkeit«, zitieren Dannecker und Reiche (1974: 28) aus Schlegels *Sexualinstinkten* von 1962. Unterm Strich ist die Homosexualität für Schlegel ein uraltes »Mittel zur Sicherung des sozialen Friedens«, indem die Bereitschaft männlicher Wesen zum passiven Analverkehr nichts anderes sei als eine »stammesgeschichtlich Millionen Jahre« alte »Befriedigungs- und Ergebenheitsgeste« (Schlegel 1962: 295 f).

Mit seinen unhistorischen und elitären, den Körperbau überhöhenden und die Frauen ignorierenden Positionen konnte Schlegel nach dem Zweiten Weltkrieg an den Universitäten nur kurze Zeit die Beachtung finden, die er sich erhoffte. Anfänglich gab es

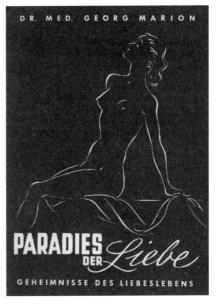

Ein Beispiel für die »Aufklärungs-Literatur« der Zeit: Georg Marions *Paradies der Liebe*, 1950

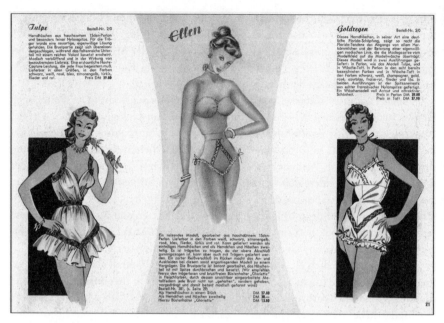

Ein Beispiel für die »Versandhaus-Erotik« der Zeit, 1955

Kontakte zwischen der neu gegründeten, von Giese und Bürger-Prinz dominierten Deutschen Gesellschaft für Sexualforschung und Schlegel. So durfte er auf den ersten Kongressen einen Vortrag halten (Schlegel 1952, 1955). Doch sehr bald bekam er keine Beachtung mehr, zumal auch Kretschmers Körperbaulehre von den nachwachsenden Psychiatern demontiert wurde, insbesondere von Detlev von Zerssen (vgl. die Literaturhinweise bei Mildenberger und Setz 2003).

Erfreulicherweise aber ist auch von Schlegels Bemühungen etwas geblieben, was heute noch Beachtung und Respekt verdient: In dem von ihm herausgegebenen Sammelband *Das große Tabu. Zeugnisse und Dokumente zum Problem der Homosexualität* stellt der Publizist Reimar Lenz unter dem Pseudonym Wolfgang Harthauser (1967) den Mord der Nazis an Homosexuellen dar. Es ist eine der ersten Arbeiten, in denen dieses Thema ausführlicher erörtert wird. In einem sexuologischen Zusammenhang hatte zuvor der Frankfurter Rechtsanwalt Horst Pommerening (1950) sehr kurz in Gieses *Zeitschrift für Sexualforschung* darauf hingewiesen. Den entscheidenden Forschungsanstoß aber in einem soziologisch-sexualpolitischen Zusammenhang gab erst Rüdiger Lautmanns breit angelegte Studie *Gesellschaft und Homosexualität* von 1977.

Zur Lage der Sitten in den 1950er Jahren

Von den sittengeschichtlich einschneidenden Ereignissen fällt einem zunächst der Skandal um den Film *Die Sünderin* von Willi Forst im Jahr 1951 ein. Katholiken drohten, Bomben zu legen, weil der Film eine kurze Nacktszene mit der Schauspielerin Hildegard Knef enthält. Resultat der Skandalisierung: Viele wollten den Film sehen; er machte die Knef berühmt. Ein schönes Beispiel für Foucaults These: dass die Unterdrückung des Sexuellen es erst propagiere. Noch dramatischer als dieser Skandal verlief die so genannte Nitribitt-Affäre im Jahr 1957. Als die Frankfurter Prostituierte Rosemarie Nitribitt im Oktober ermordet wurde, stellte sich heraus, dass namhafte Männer aus Wirtschaft und Politik zu ihren Freiern gehört hatten. Merkwürdigerweise konnte der Mord an der attraktiven Frau bis heute nicht aufgeklärt werden. Umso erfolgreicher war die Polizei bei der Verfolgung mannmännlicher Liebesakte auf dem Boden des von den Nazis verschärften Anti-Homosexuellen-Paragrafen 175, der trotz der Morde an Homosexuellen im so genannten Dritten Reich unverändert und zu dieser Zeit zunehmend angewandt wurde (Schiefelbein 1992).

Inzwischen hatte die empirische Sexualforschung einen Eindruck davon vermittelt, wie verlogen die Lippenbekenntnisse der meisten Menschen in Sachen Sexualleben und Moral zu dieser Zeit waren. 1949 hatte das Allensbacher Institut die erste »Umfrage in der Intimsphäre« durchgeführt, die der Soziologe Ludwig von Friedeburg 1953 in den von Bürger-Prinz und Giese herausgegebenen *Beiträgen zur Sexualforschung* veröffentlichte. Einen regelrechten Schock aber lösten die so genannten Kinsey-Reports aus (Kinsey et al. 1948, 1953; s. Kap. 2 und 20), die 1954 und 1955 in deutscher Sprache erschienen. Angesichts des freizügigen und »abnormen« Verhaltens vieler US-Amerikanerinnen und US-Amerikaner brach für Konservative eine Welt zusammen.

Die Kinsey-Reports und Schelskys Gegenrede

Von den Protesten und Gegenreden blieb bis heute die des Soziologieprofessors Helmut Schelsky (1912–1984) in Erinnerung. Er traf Mitte der fünfziger Jahre mit einem Rowohlt-Taschenbuch den moralischen Nerv der Zeit. Die schmale Schrift von 120 Inhaltsseiten erreichte eine enorme Verbreitung – nach Auskunft des Verlages wurden bis zum Mai 1990 insgesamt 192.000 Exemplare verkauft –, obgleich sie bis auf eine Schwarz-Weiß-Zeichnung eines verdeckt nackten Paares auf dem Außentitel alles andere als erotisch und leichtfüßig daherkam. Schelsky (1955b) hatte nichts Selteneres vorgelegt als eine *Soziologie der Sexualität*, die eindrucksvollerweise ohne jede Psychologie oder gar Psychoanalyse auskam. Erst beinahe fünfzig Jahre später wagte der Soziologe, Jurist und Sexualforscher Rüdiger Lautmann (2002), eine andere *Soziologie der Sexualität* folgen zu lassen, die er selbst einen »Anti-Schelsky« genannt hat (Lautmann 2003).

Einer der Vorläufertexte der bis heute bekannten Schrift war ein Beitrag, den Schelsky (1955a) unter dem Titel *Die sozialen Formen der sexuellen Beziehungen* in dem von Hans Giese herausgegebenen Handbuch der medizinischen Sexualforschung veröffentlicht hatte. Mit Gieses akademischem Förderer Hans Bürger-Prinz war Schelsky eng befreundet (vgl. z.B. Schelsky 1979). Ihm verdankte er nach eigenen Angaben viele Gedanken seiner Sexualsoziologie. Bürger-Prinz wiederum war wie Schelsky mit dem Anthropologen Arnold Gehlen (1904–1976; zur Kritik vgl. Dannecker 1987/1992) befreundet, bei dem sich Schelsky habilitiert hatte.

Alfred C. Kinsey (ganz re. am Rednerpult) spricht 1948 in einem Sportstadion in Berkeley, California, über das sexuelle Verhalten der Männer (© UPI, Corbis Bettmann)

Diese »Freundschaft zu Dreien«, schrieb später Schelsky (1979: 205), »war zu den tragenden Selbstverständlichkeiten unserer Existenz geworden«. Alle drei waren Mitglieder von NS-Organisationen, hatten sich mit der Nazi-Diktatur erfolgreich arrangiert, waren mehr oder weniger schuldig gewordene Mittäter, die später keine Reue zeigten und nach René Königs (1980: 189 f) Votum zumindest einen zweifelhaften »Charakter« hatten (vgl. auch S. Becker 1991, Pfäfflin 1991, von Rönn 2000). In der Adenauer-Bundesrepublik hatten sie bekanntlich keine nennenswerten Karriere-Probleme, konnten sich nach und nach nicht nur durch konservative Äußerungen hervortun, sondern auch durch liberale. Noch heute geht es einem bei der Lektüre etlicher Schriften von Schelsky so, dass man immer wieder entsetzt ist über seine »anthropologische« und gesellschaftstheoretische Borniertheit, um dann einer Zerlegung von Annahmen und einer Aufdeckung von Widersprüchen zuzustimmen, die gemeinhin als politisch links eingeordnet werden.

Ohne die Kinsey-Reports hätte wohl Gehlen sein überaus einflussreiches, erstmalig 1940 erschienenes Werk *Der Mensch* in den Nachkriegsauflagen nicht durch Sexualia aktualisiert und Schelsky seine *Soziologie der Sexualität* überhaupt nicht geschrieben. Das, was Kinsey und seine Mitarbeiter als das gegenwärtige, empirisch belegte Sexualleben in einer westlichen Demokratie publizierten, zerstörte nach konservativen Vorstellungen das Fundament der Kultur. Die Sexualnormen »zu erschüttern«, heißt »nicht mehr und nicht weniger, als das Gesamtgefüge der jeweiligen Kultur in seinen Grundlagen angreifen« (Schelsky 1955: 49). Gehlen und

Schelsky waren davon durchdrungen, dass »der Mensch« sein Leben selbst in die Hand nehmen müsse, dass er sich selbst führen müsse gegen die eigenen Antriebe und Triebe und leiblichen Gegebenheiten, weil er die Freiheit nicht in die Wiege gelegt bekomme, vielmehr sich durch innere Orientierung und äußere Arbeit zu erwirtschaften habe. Diesem Menschen machten nun Reports wie die von Kinsey vor, es komme nicht mehr darauf an, sich moralisch anzustrengen, weil ohnehin alles in der menschlichen Natur angelegt, von den modernen Menschen gemacht und damit erlaubt sei.

Alfred C. Kinsey (Mitte) spricht am 21. November 1955 bei einem Zwischenstopp in Frankfurt am Main mit Journalisten; neun Monate später stirbt er (© Ted Rohde, »Stars and Stripes«, 1955)

Gegen diese gefährliche Aufklärung formulierte Schelsky bis zum Lebensende seine Gegenaufklärung, indem er Plädoyers für die traditionelle Ordnung, für die enorme Bedeutung der Institutionen, für die hergebrachte Moral, für Heteronormativität, für Selbstführung und gegen »Hampelmänner« hielt, nach der Studentenrevolte und der sozialliberalen Politikphase auch gegen »sozial Hilflose«, überhaupt gegen das die »neue« Kultur prägende Gerede von so genannten »Randgruppen«, »Unterprivilegierten« und »Stigmatisierten« (vgl. Schelsky 1979: 215) und natürlich nach wie vor besonders engagiert gegen alles irgendwie Abnormale.

Heteronormativität und ein Aufruf zur Entkriminalisierung der Homosexualität

1981, die Heteronormativität hatte inzwischen einige sichtbare Risse bekommen, formulierte ich als Vorsitzender der von Giese und Bürger-Prinz gegründeten Deutschen Gesellschaft für Sexualforschung (vgl. Kap. 19) einen Aufruf zur ersatzlosen Streichung des Homosexuellen-Paragrafen 175 StGB. Diesen Aufruf unterzeichneten neben vielen anderen Namhaften Wolfgang Abendroth, Pina Bausch, Joseph Beuys, Karola Bloch, Heinrich Böll, Rainer Werner Fassbinder, Hubert Fichte, Dietrich Fischer-Dieskau, Ludwig von Friedeburg, Hans-Joachim Friedrichs, Michael Gielen, Günter Grass, Jürgen Habermas, Hans Werner Henze, Dieter Hildebrandt, Curd Jürgens, Hildegard Knef, René König, Wolfgang Koeppen, Heinrich Maria Ledig-Rowohlt, Siegfried Lenz, Udo Lindenberg, Alexander Mitscherlich, Margarete Mitscherlich, Oskar Negt, Reinhold Neven DuMont, Marcel Reich-Ranicki, Luise Rinser, Eva Rühmkorf, Peter Rühmkorf, Jil Sander, Alice Schwarzer, Annegret Soltau, Klaus Staeck, Margarethe von Trotta, Harry Valérien, Günter Verheugen und Martin Walser.

Schelsky (1981) aber sah sich außerstande, den Aufruf zu unterschreiben. Offenbar hin- und hergerissen, legte er mir seine Position in einem achtseitigen, mit der Maschine geschriebenen Brief dar. Seine Stellungnahme ist auch deshalb interessant, weil er in ihr mehr als fünfundzwanzig Jahre nach Erscheinen seiner Abhandlung *Soziologie der Sexualität* einige dort vertretene Thesen wieder aufgreift und zu verdeutlichen sucht (vgl. Sigusch, Dannecker und Katzenbach 1990). Nach diesen Darlegungen kommt er zu dem Schluss: »Vielleicht werden Sie jetzt verstehen, weshalb ich in diesem Aufruf die wissenschaftliche Aufgabe einer ›Gesellschaft für Sexualforschung‹ für versäumt halte und ihre praktische Wirksamkeit für mich subjektiver Meinungsbluff ist. Sie haben nach meinem Urteil das Erbe der ›Gesellschaft für Sexualforschung‹, das Sie von Bürger-Prinz und Hans Giese übernommen haben, nicht gewahrt, sondern mit diesem Aufruf geradezu verschleudert. Sie werden, sehr geehrter Herr Kollege Sigusch, aus der Eindringlichkeit, mit der ich auf Ihren Aufruf antworte, ersehen, daß ich nicht nur die Frage der strafrechtlichen Verfolgung der Homosexualität, sondern Ihr rechtspolitisches Ziel gleich ernst nehme und im Grundsatz teile. Ich will Ihnen nur deutlich machen, daß ich sowohl wissenschaftlich als auch rechtspolitisch wirksamere Wege zur Durchsetzung dieses Zieles sehe. Vielleicht ist in diesem Sinne meine widersprüchliche Aussage zu Ihrem Aufruf mehr als eine bloße Unterstützung durch Unterschrift. Mit besten Grüßen bin ich Ihr H. Schelsky«.

Mit dieser Abfuhr – Meinungsbluff, wissenschaftliche Aufgabe nicht bewältigt, Erbe verschleudert – war der streitbare Soziologe wieder in seinem Element. Hatte er doch im Laufe der Jahre alle heftig kritisiert und herabgesetzt, die seine Ordnung und seine Moral für ihn ernsthaft in Frage stellten (vgl. z.B. Schelsky 1979, 1980): Jürgen Habermas zum Beispiel oder Alexander Mitscherlich oder Niklas Luhmann oder Rüdiger Lautmann (1971, 1972), dessen Bemühungen um eine kritische Rechtssoziologie und eine Reform der Juristenausbildung er sich nicht scheute in die Nähe der »Revolutionsjustiz Chomeinis und der Revolutionstribunale[n] der französischen ›Schreckensherrschaft‹« und der »im Dritten Reich politisch überzeugten Richter mit Berufung auf das von ihnen subjektiv interpretierte ›gesunde Volksempfinden‹« (Schelsky 1980: 57, 63) zu rücken.

Herbert Marcuses philosophischer Eros

Im selben Jahr wie Schelskys Sexualsoziologie war ein ganz anderes Werk von einem ganz anderen Denker erschienen, wie bereits der Titel verrät: *Eros and civilisation. A philosophical inquiry into Freud* (1955). Verfasst hatte es der aus Nazi-Deutschland geflüchtete Philosoph und Jude Herbert Marcuse (1898–1979), Mitglied des berühmten, in Frankfurt gegründeten »Instituts für Sozialforschung«. Dieses Werk, das zunächst unter dem Titel *Eros und Kultur* 1957, dann unter dem Titel *Triebstruktur und Gesellschaft* 1965 in deutscher Sprache erschien, sollte zusammen mit dem Marcuse-Buch *One-dimensional man. Studies in the ideology of advanced industrial society* von 1964, das 1967 unter dem Titel *Der eindimensionale Mensch. Studien zur Ideologie der fortgeschrittenen Industriegesellschaft* in deutscher Sprache erschien, neben den Schriften Wilhelm Reichs (s. Kap. 2) zu den Basistexten der revoltierenden Studierenden gehören. Marcuse postulierte in seinem Werk sehr viel reflektierter als Reich ein geradezu zum geflügelten Wort gewordenes Theorem der

»repressiven Entsublimierung«, demzufolge Freisetzungen von Sinnlichkeit keineswegs von gesellschaftlichen Zwängen befreien, vielmehr dazu dienen können, die Individuen noch lücken- und nahtloser ins System zu integrieren. Versuchte Schelsky, das Bestehende samt einer heuchlerischen Sexualmoral zu rechtfertigen, versuchte Marcuse das Gegenteil. Gibt es bei Schelsky keinen Begriff, der dem, was ist, widerspricht, führt Marcuse einen philosophischen Eros ins Feld, der den herrschenden Begriffen ihr Gegenbild vorhält und das Nichtidentische der Kritischen Theorie signalisiert. Während Denker wie Schelsky keinen Ort und keine Kategorie bereithalten, die dem Bestehenden widersprächen, bewegt Marcuse die Frage, wie im Reich der Notwendigkeit ein Reich der Freiheit wenigstens ansatzweise errichtet werden könnte, beschwört Marcuse die Versöhnung von Sinnlichkeit und Vernunft, von Trieb und Moral, will die bestehende kapitalistische Gesellschaftsordnung nicht stabilisieren wie Schelsky, sondern durch Negation, Verweigerung, Umwälzung oder neue Konvergenzen, je nach dem Stand der politischen Praxis und der theoretischen Reflexion, überwinden.

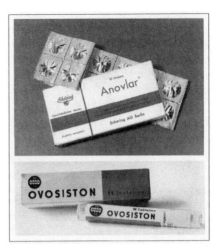

Die erste Antibabypille: Anovlar in der BRD und Ovosiston in der DDR

Zur Lage der Sitten in den 1960er Jahren

Betrachten wir nur die Lage des Sexuellen, so fanden Marcuses Überlegungen und die Revolte der Studierenden auch deshalb Gehör, weil sich allmählich im Verlauf der sechziger Jahre die Lage entspannte. 1960 kam in den USA die erste Antibabypille auf den Markt, ein Jahr später, am 1. Juni 1961, gab es sie auch in der BRD. Am 15. November 1965 folgte die DDR. Die Verfügbarkeit der Antibabypille bedeutete, dass die Sphären Sexualität und Fortpflanzung erstmalig in der Menschheitsgeschichte wissenschaftlich-technisch erfolgreich getrennt werden konnten. Das bedeutete auch, dass möglicherweise eine »sexuelle Revolution« vor der Tür stand und auf jeden Fall eine weniger verklemmte Sexualaufklärung breiter Schichten endlich erfolgen musste.

Der Journalist Oswalt Kolle (geb. 1928), Sohn des Psychiatrieprofessors Kurt Kolle, nahm sich dieser Aufgabe an, erörterte etliche Sexualthemen zum ersten Mal in der Öffentlichkeit, zunächst in Illustrierten, später in Filmen, die berühmt wurden: *Das Wunder der Liebe*; *Deine Frau, das unbekannte Wesen*; *Dein Mann, das unbekannte Wesen*. In dieser Zeit erzeugte zwar ein Film wie *Das Schweigen* von Ingmar Bergman noch einen Aufschrei; es ging aber nicht nur um eine kurze Nacktszene wie in der *Sünderin*, sondern immerhin um die Selbstbefriedigung einer Frau

Aufmachung einer Illustrierten, 1965   Plakat zu einem Kolle-Film, 1969

sowie um Koitusszenen. Zeitgleich wird der Minirock von Mary Quant zum ersten Mal öffentlich abgebildet, werden Anfang der sechziger Jahre die ersten Sexshops in Flensburg, Berlin und Hamburg als »Fachgeschäfte für Ehehygiene« eröffnet. Beate Uhse (1919–2001), eigentlich Beate Rotermund geb. Köstlin, die Ende der dreißiger Jahre die erste Stunt-Pilotin Deutschlands war und bereits 1951 ein »Versandhaus« ihres Geschäftsnamens gegründet hatte, das fünfzig Jahre später Europas größter »Erotikkonzern« sein sollte, diese ungewöhnliche Frau klärt jetzt auf ihre Art breite Bevölkerungsschichten auf. Im Zuge der Technisierung des Sexuellen bietet sie Noppen-Dildos an, im Zuge der Pragmatisierung Vorrichtungen zum Trocknen von Kondomen, wobei ihr in allen Fällen ihre undramatische, trockene und nüchterne Erscheinung geschäftlich hilfreich war, weil es die Leute beruhigte zu sehen, wie aus dem schmutzigen Sex saubere Gerätschaften geworden waren.

Die Verdienste von Beate Uhse – wie auch von Oswalt Kolle auf einem anderen Niveau – sind heute unumstritten, nicht zuletzt in Sachen Zeugungs- und Empfängnisverhütung. Damals jedoch versetzte Kontrazeption viele konservative Ärzte in Rage, die sich zu Hunderten zum Beispiel 1965 mit der *Ulmer Denkschrift* an die Öffentlichkeit wandten. Sie lehnten insbesondere den Eingriff in die Schöpfungsordnung ab, den die Antibabypille für sie darstellte. Der Kampf um die Pille sollte sich noch etliche Jahre hinziehen. 1968 schaltete sich Papst Paul VI. mit der Enzyklika *Humanae vitae. Über die rechte Ordnung der Weitergabe des Lebens* ein. Die deutsche Ärzteschaft verweigerte jungen Mädchen bis zur Mitte der 1980er Jahre die Pille, obgleich bereits Mitte der 1970er Jahre medizinisch eindeutig war, dass die Verordnung ärztlich verantwortet werden kann, wie ich damals begründete und die

Bundesärztekammer zehn Jahre später anerkannte (Sigusch 1974).

Nicht mehr zu übersehen ist Mitte der sechziger Jahre, dass eine Sexwelle durch das Land geht. Die Kinsey-Reports über das sexuelle Verhalten sind 1963 und 1964 in hohen Auflagen noch einmal in deutscher Sprache aufgelegt worden. Studierende nehmen die Probleme selbst in die Hand, gründen 1965

Mann mit Uhse-Puppe

eine »Intimberatungsstelle« an der Berliner Freien Universität und versuchen in Gestalt der »Kommune I« die hergebrachte Sexualmoral zu überwinden. 1966 geht der Sexualforscher Gunter Schmidt mit seiner Studie zum sexuellen Verhalten der Studierenden ins Feld. Im selben Jahr erscheint die bekannte Studie von William H. Masters und Virginia E. Johnson über die physiologischen Reaktionen bei sexueller Betätigung im Original. Ein Jahr später legen wir eine Übersetzung ins Deutsche vor. Die Gesundheitsministerin Käthe Strobel initiiert den ersten staatlichen Aufklärungsfilm (»Helga – Vom Werden des menschlichen Lebens«), der weltweit 40 Millionen Besucher angelockt haben soll. 1968 beschließt die Kultusministerkonferenz der westdeutschen Bundesländer »Empfehlungen zur Sexualerziehung in den Schulen«. 1969 legt die Bundeszentrale für gesundheitliche Aufklärung den *Sexualkunde-Atlas* vor, in dem es um »biologische Informationen« geht.

Günter Amendts Sexfront und Reimut Reiches Klassenkampf

Zuvor aber, 1967, begehrten Schülerinnen und Schüler im ganzen Land auf. Sie errichteten an vielen Schulen eine »Sexfront« für Aufklärung, freie Liebe und Schwangerschaftsverhütung. Angeführt wurde das Aufbegehren von der »Aktionsgemeinschaft unabhängiger sozialistischer Schüler« (AUSS) und dem Soziologen Günter Amendt, der 1970 unter dem Titel *Sexfront* ein wissenschaftlich basiertes und zugleich politisch reflektiertes Aufklärungsbuch für Jugendliche publizierte, das nicht nur bis heute einzigartig ist, sondern auch mit einer Gesamtauflage von etwa 200.000 Exemplaren Schelskys *Soziologie der Sexualität* in den Schatten stellen konnte. Zuletzt, 2004, erschien es zusammen mit dem Klassiker *Das große Der Die Das* von Gunter Schmidt als Taschenbuch-Lizenzausgabe.

Was Günter Amendt für die Schüler- und Lehrlingsbewegung formulierte (vgl. auch Amendt 1970b, 1974, 1984, 2006), hatte Reimut Reiche 1968 für die Studentenbewegung plakatiert: *Sexualität und Klassenkampf. Zur Abwehr repressiver Entsublimierung.* Der Soziologe Reiche war Bundesvorsitzender des Sozialistischen Deutschen Studentenbundes (SDS), absolvierte später eine Ausbildung zum Psychoanalytiker und habilitierte sich 1990 in Frankfurt am Main für das Fachgebiet »Sexualwissenschaft« (vgl. auch Reiche 1988, 1990, 1997, 2004). Schon als Student hatte er sich auch für die akkreditierte Sexualwissenschaft in Gestalt von Hans Giese und seiner Deutschen Gesellschaft für Sexualforschung interessiert. Auf deren 10. Tagung im Juni 1969 in der Berliner Kongresshalle rechnete er wissenschaftlich und politisch mit ihr ab. Es war die schärfste Kritik, die sich Giese und die ihn stützenden alten Professoren öffentlich je gefallen lassen mussten.

Zunächst stellte Reiche (1970: 1 ff) fest, dass die westdeutsche Sexualforschung bis zur Mitte der 1960er Jahre festgelegt gewesen sei »auf eine spezifisch deutsche Mischung von Katheder-Existentialismus und Schulmedizin«. Die Untersuchungsgegenstände hätten nach herkömmlichem Verständnis zur Sexualpathologie gehört, der Untersuchungsapparat sei primitiv gewesen, jedenfalls aus soziologischer Sicht, und die Rahmung dieser Untersuchungen hätte aus »existential-ontologischen oder bestenfalls normativ-soziologischen Anfangs- und Schlußsätzen à la ›Leib-Seele-Einheit‹ und ›verantwortliches Tun‹« bestanden.

Das Menschenbild und die Einstellung zur Sexualität leiteten sich her »von einer sozialphilosophischen Festlegung auf den deutschen Existentialismus nach Heidegger und Jaspers und auf die deutsche normative Soziologie nach Gehlen und Schelsky«. Zugleich spiegele die westdeutsche Sexualwissenschaft die »Zurichtung, der die Sexualität im Kapitalismus, besonders durch die puritanische Leistungsmoral, unterzogen« werde, »ziemlich exakt« wider. Zunächst einmal sei ihr die Sexualität nur »in der Form von sexueller Pathologie, medizinischer Abnormität und juristischer Kriminalisierung in den Blick« gekommen. Von 38 *Beiträgen zur Sexualforschung*, dem Organ der Deutschen Gesellschaft für Sexualforschung, die bis 1966 erschienen seien, hätten sich 22 mit diesen drei Themen beschäftigt; weitere sieben mit Sexualität, besonders sexuellen »Pathologien«, in der Literatur. »Das hat seine Logik; in der traditionell von puritanischer Moral und kapitalistischer Leistungsethik bestimmten Gesellschaft existiert die Sexualität nur als Pathologie, als Kriminalität, als Literatur oder in der Form der Zeugung in der Familie. Darum ist es auch nicht erstaunlich, dass von den restlichen neun Beiträgen allein vier der Familie und ihrer Fortpflanzung gewidmet sind« (ebd.).

Kritik der alten Sexualwissenschaft

In der detaillierten Kritik der sexualwissenschaftlichen Publikationen stellt Reiche dann u.a. fest: »eine ungerechtfertigte Isolierung der rein körperlichen von den seelischen bzw. sozialen Verursachungen körperlicher Leiden oder Pathologien«; das Fehlen eines soziologischen Begriffs von Gesundheit im Blick auf Perversionen usw.; statt dessen eine kritiklose Übernahme von Strafrechts-Definitionen, »Gute-Sitte«-Vorurteilen und schulmedizinischen Pathologie-Festsetzungen; die Suche nach Pathologischem und Kriminellem, sobald sich sexuelle Aktivitäten von der Zeugung entfernen; eine »Verschiebung der Untersuchungsoptik in der gegenwärtigen Sexualwissenschaft« durch die Tatsache, dass überwiegend kriminalisierte sexuelle Akte erforscht würden, womit die Sexualwissenschaftler dem an der manipulativen Massenpresse kritisierten Prinzip »Sex and Crime« Vorschub leisteten. Statt der »deutschen Justiz den Schein von wissenschaftlicher Offenheit und pluralistischer Expertenbefragung zu liefern«, wäre »die systematische Analyse und Kritik der sozialen und politischen Funktion des Sexualstrafrechts und der alltäg-

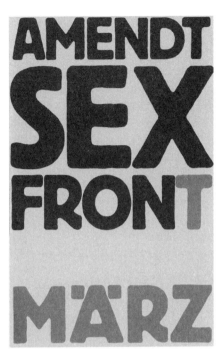

Reimut Reiche: *Sexualität und Klassenkampf*, 1968   Günter Amendt: *Sexfront*, 1970

lichen forensischen Praxis und der schonungslose Kampf gegen die Kriminalisierung nicht-gewalttätiger sexueller ›Pathologien‹« auf diesem Gebiet die »erste und vornehmste Aufgabe einer Sexualwissenschaft in der gegenwärtigen Gesellschaft« (Reiche 1970: 2 ff).

In ihrer Rezeption »schöngeistiger und historischer Literatur aus der Sexualsphäre schließlich« gebe »sich die deutsche Sexualwissenschaft die Würde einer philosophischen und soziologischen Fundierung ihrer Produkte (vgl. z.B. Luckow 1962, Giese 1965). Es findet aber im allgemeinen gar keine Fundierung statt, sondern nur das Zurechtschneiden von vornehmlich existential-ontologischen und phänomenologischen Versatzstücken des deutschen Geisteslebens, die dann beliebig vor und hinter alle möglichen fachspezifischen Arbeiten gesetzt werden können.« Die betreffenden Veröffentlichungen erfüllten »in Wirklichkeit eine Ersatzfunktion für die nicht stattfindende historisch-kritische Aufarbeitung der gesellschaftlichen Bedeutung der Sexualität und der Vermittlung von Soziologie der Sexualität, ökonomischer Entwicklung und Physiologie« (ebd.: 4).

Kritik der neuen Sexualwissenschaft

Und dann wendet sich Reiche der neuen »Epoche der deutschen Sexualwissenschaft« zu: »Seit einigen Jahren ist deutlich eine neue Tendenz festzustellen [...]: Man wendet sich ab von den normativen Betonungen, für die Schelsky (1955) der

Wortführer war und die besonders deutlich in Gieses ›Der homosexuelle Mann in der Welt‹ (1964), in der Studie über ›Das Menschenbild der Kinsey-Reporte‹ (Lutz 1956) oder in den Hauptreferaten und Diskussionen der früheren Kongresse dieser Gesellschaft zum Ausdruck kamen. Und, man gibt die Einschränkung auf die klinisch bestimmte Sexualpathologie auf. Statt dessen ist eine stärkere Konzentrierung auf ›wertfreie‹ empirische Forschung mit ausschließlich analytischen Aussagen festzustellen – sei es über die ›Studenten-Sexualität‹ (Giese und Schmidt 1968), sei es über Einstellungen gegenüber sexuell abweichenden Gruppen (Schmidt und Sigusch 1967, Sigusch 1968). Am deutlichsten kommt diese Tendenz zum Ausdruck in dem Auswahlprogramm der neuen Sexologie-Reihe von Giese« (Reiche 1970: 4f).

Aber auch diese »Wende der Sexualwissenschaft« unterlag der Kritik. Denn der angeblich freimütigen und neutralen Bestandsaufnahme sexueller Tatsachen durch »die jüngere Generation der an amerikanischen Untersuchungsmethoden geschulten Forscher« drohte bereits »das Schicksal, in dem die Naturwissenschaften in den gegenwärtigen kapitalistischen Gesellschaften gefangen sind: daß sie einerseits attraktiv sind für die großen Planungs- und Ausbeutungsprogramme der wirtschaftlichen Monopole, daß die Wissenschaftler aber gleichzeitig abgeschnitten werden von den Resultaten ihrer Forschung. [...]. Die neue Richtung kann auf gefährliche Weise interessant werden für die großen Konzerne der öffentlichen Meinung, der Unterhaltungsindustrie und der Reklame. Twen und Bravo, Jasmin und Oswalt Kolle waren bis jetzt auf private Markt-Analysen des Freizeitkonsums, des sexuellen Konsums und der Einstellungen gegenüber Sexualität und sexuellen Normen angewiesen«. In Zukunft würden Wissenschaftler die Bestandsaufnahme vornehmen und feststellen, »wer im Augenblick gerade noch wie viele Vorurteile hat, wer sich vor welchen Praktiken scheut oder nicht mehr scheut; die Konsum-Industrie und die Massenmedien übernehmen ihrerseits das Geschäft, die Ideologie, die Moral und die neuen Leistungsnormen dazu zu liefern.« Von diesem Dilemma sei selbst die Forschung von Adorno et al. (1950) zur »Authoritarian Personality«, »gewiss ein Vorbild sozialkritischer und aufklärerischer Empirie«, getroffen worden. Denn »all ihre kritische Emphase hat nicht zu verhindern vermocht, dass in ihrem Gefolge und in Anlehnung an die von ihr entwickelten Skalen zur Feststellung autoritärer Einstellungen ähnliche Skalen entwickelt wurden, mit denen heute getestet wird, welchen autoritären Belastungen und Manipulationen Menschen und Gruppen von Menschen ungestraft ausgesetzt werden können« (ebd.: 5f).

Aufgaben einer selbstorganisierten Wissenschaft

Reiches Schlussfolgerung ist klar: »Angesichts dieses Dilemmas steht jeder Forscher vor drei Entscheidungsmöglichkeiten, die alle drei eminent politische Bedeutung haben: Er kann sich offen in den Dienst der technokratischen Herrschaft stellen; er kann weiterhin die Lebenslüge für sich in Anspruch nehmen, er sei ›nur‹ ein Forscher; oder er kann für die Einheit von wissenschaftlicher Forschung und politischer Befreiungspraxis kämpfen.« Die Mitglieder der Deutschen Gesellschaft für Sexualforschung sieht er »ganz sicher« auf die zweite der genannten Entscheidungen festgelegt. Und er fährt fort: Den Vertretern der deutschen Sexualforschung sollte zu denken geben, »dass die politischen Studenten, Schüler und jungen Arbeiter in ihrer gesamten theoretischen Arbeit in Zusammenhang mit Problemen von Sexualität, Erziehung und Charakterbildung angewiesen sind auf Arbeiten aus den 20er und 30er Jahren, insgesamt also auf eine theoretische Tradition, die vom Faschismus unterbrochen und seitdem in Deutschland nicht fortgesetzt wurde. Hier sind besonders zu nennen die Protokolle von Vera Schmidt über das Moskauer Kinderlaboratorium, die den inzwischen errichteten antiautoritären Kindergärten als Modelle für eine kollektive, repressionsfreie Erziehung dienen, und dann die Tradition und die theoretischen Arbeiten der von Wilhelm Reich gegründeten Sexpol-Bewegung« (Reiche 1970: 6f).

Am Schluss seiner Rede nennt Reiche die sexualpolitischen Aufgaben, vor denen die von ihm repräsentierte Bewegung stehe: »Die theoretischen Probleme, mit denen sich gegenwärtig die politische Bewegung der Schüler, Arbeiter und Studenten in der Bundesrepublik beschäftigt, und die praktischen Fragen, an denen diese Bewegung organisatorische Gestalt gewinnt, speisen sich zu einem nicht gering zu veranschlagenden Teil aus der sexuellen Unterdrückung, aus dem Kampf gegen autoritäre Erziehung in Schule, Elternhaus und Betrieb. Die wichtigsten dieser Punkte sind:

– Kollektive Kindererziehung nach antiautoritären Modellen;
– Selbsterziehung von Jugendlichen durch Kommune-Projekte;
– Kampf gegen die gegenwärtige Zwangs-Sozialisation, gegen die Erziehung in Lehrlingsheimen, Internaten und Bundeswehr;
– Analyse des und Kampf gegen den ›Konsumterror‹ – also gegen soziale Anpassung und psychische Deformation durch Reklame, Konsumzwänge und Massenmedien;
– sexuelle Aufklärung der Jugendlichen aus der Arbeiterklasse;
– Analyse der sozialen Funktion von Psycho-Pharmaka;
– Einrichtung von Möglichkeiten zur Vornahme von Abtreibungen;
– Kampagnen zur Legalisierung von Abtreibungen und oralen Antikonzeptiva für Minderjährige« (ebd.: 7f).

Zur »herrschenden Trennung von Wissenschaft und Politik« gab es nach Reiches Sicht nur eine einzige Alternative. Sie bestünde darin, »dass sich an vielen Orten der Bundesrepublik freie wissenschaftlich-politische Kerne gebildet haben, sei es als studentische Basisgruppen, sei es als Schüler- und Lehrlingsprojektgruppen, als sozialistische Ärztegruppen, als Lehrerbund, als Zentralrat der Kindergarten-Kollektive oder in anderen organisatorischen Formen. Es gibt gewiss noch keine einheitliche Programmatik dieser neuen Kerne von Forschung und Politik, von Wissenschaft und Emanzipationskampf. Aber bei aller Vagheit im einzelnen und bei allen Rückschlägen zeichnet sich deutlich ab, dass es einen Weg der Selbstorganisierung der Wissenschaft gibt, einer Wissenschaft, die unmöglich für die Verlängerung der menschlichen Unterdrückung wird verwendet werden können« (ebd.: 8).

Ignoranz gegenüber der Emanzipation der Frauen

Noch während Reiche sprach, besetzte der »Weiberrat« den Kongress und rief: »Was macht ihr auf den Konferenzen mit euren Schwänzen?« Die »Weiber« fühlten sich zu Recht insbesondere von den den Ton angebenden »Genossen« politisch missachtet und in der Bewegung generell als Fick-, Kinder-, Koch- und Putzfrauen missbraucht.

Zuerst protestierten 1968 SDS-Frauen, die Kinder zu betreuen hatten. Das Resultat war die Kinderladenbewegung. Danach protestierten »Fickfrauen« gegen den »Bumszwang« und ihre Reduktion auf Sexualobjekte. Der Schlachtruf lautete: »Befreit die sozialistischen Eminenzen von ihren bürgerlichen Schwänzen!« Bis zu einer breiten Frauenbewegung sollte es aber noch einige Jahre dauern. Erst 1975 erscheint Alice Schwarzers berühmte Kampfschrift *Der ›kleine Unterschied‹ und seine großen Folgen. Frauen über sich. Beginn einer Befreiung.* Noch länger sollte es dauern, bis sich die akkreditierte Sexualwissenschaft mit dem Befreiungskampf des inzwischen organisierten Feminismus auseinandersetzte (s. Kap. 24).

Beginnende Emanzipation der Homosexuellen

Der Befreiungskampf der US-amerikanischen Homosexuellen begann an einem Tag dramatisch, am 28. Juni 1969, wenige Tage nach dem Kongress, auf dem Reiche seine bemerkenswerte Rede gehalten hatte. Wie in den USA üblich veranstaltete die Polizei eine Razzia in dem Szene-Lokal »Stonewall Inn« in New York City in der Christopher Street in Greenwich Village. Sie wollte die Personalien der »Abartigen« aufnehmen, die immer wieder in der Lokalpresse veröffentlicht wurden, oder sie verhaften. Doch dieses Mal hatten die Gesetzeshüter die Rechnung ohne die Sexualsubjekte gemacht. Denn die wehrten sich zum ersten Mal gegen ihre Diskriminierung und Verhaftung mit Gewalt. Die Kämpfe zogen sich nach Verstärkungen beider Seiten über insgesamt fünf Tage hin. Seither feiert die Schwulenbewegung am Christopher Street Day, kurz CSD, ihren Mut und ihre Kraft, kurz Gay Pride.

Drei Tage vor dem Christopher Street Day, am 25. Juni 1969, begann die strafrechtliche »Befreiung« der westdeutschen homosexuellen Männer eher unauffällig, als durch die von einer Großen Koalition beschlossene Revision des § 175 StGB freiwillige Akte zwischen volljährigen, das hieß damals 21-jährigen Männern nicht mehr verfolgt wurden. Nach wie vor pönalisiert wurden Abhängigkeits- und Prostitutionsverhältnisse. In einem zweiten Reformschritt reduzierte 1973 eine sozialliberale Koalition den Straftatbestand auf Kontakte mit Minderjährigen, wobei dieses Schutzalter damals für homosexuelle Kontakte 18 Jahre und für heterosexuelle 14 Jahre war. Versuche am Beginn der achtziger Jahre, den Homosexuellen-Paragrafen endlich im Zuge einer sozialliberalen Koalition ersatzlos zu streichen, wie am Beispiel unseres Aufrufs samt der Reaktion von Schelsky weiter oben in diesem Kapitel geschildert, scheiterten nach internen Berichten insbesondere an dem Homosexuellen-Feind Helmut Schmidt, der auch öffentlich immer wieder durch entsprechende Äußerungen und Aktionen hervorgetreten ist.

Von den politischen Parteien versuchten nur die Grünen im Verlauf der achtziger Jahre, den § 175 vom Bundestag streichen zu lassen, was CDU/CSU, FDP und SPD immer wieder ablehnten (vgl. z.B. Die Grünen 1989). Im deutschen Westen kam es zur Streichung dieses Paragrafen, der seit dem 1. Januar 1872 in Kraft war, von den Nazis 1935 verschärft worden war und in dieser Form zwei Jahrzehnte in der alten BRD bestehen blieb, nicht angesichts des ungeheuerlichen Unglücks, das seine Anwendung bewirkt hatte, nicht durch Einsicht und Menschenfreundlichkeit der großen Parteien, sondern dadurch, dass nach der Wiedervereinigung der deutschen Länder eine unumgehbare Rechtsangleichung bis zu einem bestimmten Datum stattfinden musste. Da die DDR keine Bestrafung homosexueller Akte mehr kannte (Grau 1988, Bach und Thinius 1989; vgl. Kap. 23), hätte in den neuen Bundesländern eine Bestrafung wieder eingeführt werden müssen. Das aber schien vielen dann doch zuviel der Überstülpung.

Und so endete der Kampf gegen den »abscheulichen Homosexuellenparagraphen« (Adorno 1963: 308) sang- und klanglos am 11. Juni 1994. An diesem Tag wurde er außer Kraft gesetzt, indem Handlungen homosexueller Männer mit denen heterosexueller Männer strafrechtlich gleichgestellt wurden. Dass es nach und nach zu einer Liberalisierung und schließlich zur Streichung gekommen ist, geht neben dem Kampf der Schwulenbewegung (vgl. Kap. 20 und 28) auch auf Aktivitäten der Sexualwissenschaft zurück. Insbesondere ist in diesem Zusammenhang das frühe Wirken von Hans Giese hervorzuheben.

Gieses »homosexuelles Syndrom«

Obgleich Giese Bücher zu unterschiedlichen Bereichen ediert hat, zeigt sich bei Betrachtung der von ihm selbst verfassten Werke, dass die männliche Homosexualität thematisch vom Beginn bis zum Ende seines Schaffens im Zentrum steht (Sigusch 1993a; vgl. jedoch auch Zeh 1995, Kröber 1996). Andere wichtige Arbeiten, die er selbst geschrieben hat, insbesondere zur Psychopathologie der Sexualität und zur Reform des Sexualstrafrechts, scheinen vom Problem Homosexualität erzwungen oder abgeleitet zu sein. Da hier auf Gieses frühe Versuche nicht eingegangen werden kann, wird die Homosexualitätslehre des »reifen« Giese wiedergegeben, die sich in dem Buch *Der homosexuelle Mann in der Welt* (1958; 2., überarb. Aufl. 1964) und in dem Kapitel »Abnormes und perverses Verhalten« seiner *Psychopathologie der Sexualität* (1962) findet, welches gesondert, mit einer kritischen Einleitung von Eberhard Schorsch versehen, 1973 als Taschenbuch veröffentlicht worden ist.

Das »homosexuelle Syndrom« umfasst nach Giese »homosexuelle Reaktionen« und »homosexuelle Stilbildungen«. Reaktionen seien äußere Verhaltensweisen, die in besonders »riskierten« Situationen aufträten, wie sie beispielsweise die »Vertrautheit des eigenen Geschlechts« bei »puberalen Gruppenbildungen« oder die Sexualnot in »kasernierten Verbänden« darstellten (Giese 1962: 386f). Stilbildungen dagegen seien »Ausdruck für eine hintergründige lebensgeschichtliche Entwicklung«

(ebd.: 385). Von den Resultaten einer eigenen Umfrage unter Homosexuellen und den Erfahrungen der eigenen ärztlichen Sprechstunde ausgehend, unterscheidet Giese drei Stilbildungen: das sexualabstinente, das ungebundene und das gebundene Verhalten.

Das abstinente Verhalten hat er bei katholischen Priestern und evangelischen Pfarrern beobachtet. Es gelinge, wenn das homosexuelle Verlangen prinzipiell bejaht werde, der Verzicht »freiwillig« und ein »Zugunsten« gegeben sei (ebd.: 398). Das ungebundene Verhalten fand Giese weitaus am häufigsten. Es bestehe darin, dem abnormen sexuellen Verlangen einfach nachzugeben. Die Ursache hierfür sei zum einen im Fehlen »kultureller Hilfsstützen oder Leitbilder« zu suchen, zum anderen in der besonderen Riskiertheit des homosexuellen Verhaltens, »zur sexuellen Perversion zu werden« (ebd.: 399). Der ungebundene homosexuelle Mann folge überwiegend und häufig »destruktiven Impulsen« im Sinn von H. Kunz, seine Beziehungen dienten »vorwiegend der eigenen sexuellen Triebentlastung« und seien »in keiner Weise personal getönt«. Ein typischer Ort der Beziehungsaufnahme sei »die Bedürfnisanstalt, die ja nichts Personales aufkommen läßt«. Der Ungebundene leide oft an einem »Gefühl von Leere und innerer Vereinsamung« und benötige dann ärztliche Hilfe. Das gebundene Verhalten schließlich sei zwar selten, »aber gleichwohl psychologisch und soziologisch von größtem Interesse« (ebd.: 400).

Immer, wenn Giese beweisen will, dass es dieses Verhalten dauerhaft gibt, schildert er den »Fall« zweier Männer, damals 72- und 62-jährig, die seit 39 Jahren befreundet waren und seit 35 Jahren zusammenwohnten. Zu sexueller Untreue sei es nur selten gekommen, und wenn doch, sei sie »im Geist der Treue« (ebd.: 401) verarbeitet worden. Nach 14 Jahren des Zusammenlebens nahmen die Männer einen elfjährigen Knaben aus »ungünstigen häuslichen Verhältnissen« zu sich und erzogen ihn. Dieser »Sohn«, mit dem die Männer »allerdings« auch sexuell verkehrt hätten, sei heterosexuell geworden, habe geheiratet und den Homosexuellen ein »Enkelkind« geschenkt. Schließlich sei er »auch regelrecht adoptiert« worden und habe »Namen und Geschäft des einen der beiden Männer« übernommen.

Dieser »Fall« illustriert gewissermaßen die Intention der Giese'schen Homosexualitätslehre. Er »belehrt« nämlich darüber, dass »die eigentlichen konstruktiven Möglichkeiten einer Bindung auch im Wesensbereich abnormen Sexualverhaltens erkennbar werden können, diesen wie jenen zu modellieren vermögen: personal-kulturelle Qualitäten vom Rang der Gewohnheit, des Vertrauens, der Treue, der Verantwortung, der Freiheit usw. Hier tauchen Wert- und Ehrbegriffe auf, wie z.B. die gemeinsame Wohnung, das Zusammenarbeiten, der Sohn, die Treue, die Dauer und dergleichen, Begriffe, die trotz alles Abnormen, das dem Fall anhaftet, irgendeine allgemeinverbindliche Gültigkeit haben. Man kann von einer Wendung zum Sozialen hin sprechen. Der gebundene homosexuelle Mann dieser Stilbildung steht zwar auch weiterhin fehl, aber nicht gegen die Ordnung, sondern in ihr. An diesem Beispiel läßt sich der Unterschied zwischen dem homosexuellen Verfehlen und der homosexuellen Perversion besonders deutlich darstellen« (ebd.).

Nach Gieses Eindrücken gelang es zu seiner Zeit nur wenigen Homosexuellen, durch das Strapazieren personal-kultureller Qualitäten zum konstruktiven »Verfehlen« aufzusteigen; die meisten verfielen der Destruktivität der Perversion mehr oder weniger. Eine voll entwickelte sexuelle Perversion liegt nach Giese dann vor, wenn folgende »Leitsymptome« (vgl. ebd.: 420 ff) diagnostiziert werden können: der »Verfall an die Sinnlichkeit«, der darin bestehen kann, dass spezifische Reize einen Signalcharakter für den Abnormen haben; die zunehmende Frequenz abnormer Vollzüge bei abnehmender Satisfaktion; die Tendenz zur Promiskuität und Anonymität; der zunehmende Ausbau von abnormer Fantasie, Praktik und »Raffinement«; das »süchtige Erleben«, worunter Giese eine spezifische innere Verfassung versteht.

Um der Gefahr der süchtig-perversen Entgleisung zu begegnen, spricht sich Giese immer wieder dafür aus, die »objektiv« abnorme Homosexualität einer »Anstrengung« zu unterziehen, »etwa auf Durchhalten, Konsolidierung, auf Kultur hin« (ebd.: 402, 391). Entscheidend komme es dabei auf Treue an; »man kann auch sagen: auf sexuelle Sauberkeit« (ebd.: 420). Immer gehe es um Disziplin, wenngleich »abnorme Disziplin«, um »die Willensbildung des Verzichts«, bei der Stilbildung der Gebundenen »zugunsten der Beziehung selbst« (ebd.: 403).

Die Quintessenz seiner Überlegungen lautet: Es ist möglich, den homosexuellen Mann, obgleich ein »Psychopath« und in seinem Verhalten »abnorm«, »auf Kultur und Disziplinierung hin zu befragen und zu beanspruchen« (ebd.: 414, 413). Besteht er dieses Befragen und Beanspruchen, lebt er abstinent oder treu, gibt es keinen Grund, ihn durch irgendeine Therapie von seiner Homosexualität heilen oder wegen dieses personal-disziplinierten Verhaltens bestrafen zu wollen.

Die homosexuelle Frau, von der Giese nur am Rande spricht, habe es insofern leichter, als sie eine Frau und ihre Sexualität damit »von Natur aus stärker auf Stabilität hin angelegt« sei als die männliche (ebd.: 408).

Ein um seine Würde ringendes Sexualsubjekt

Der Schlüssel zu Gieses Werk ist seine eigene Homosexualität. Müssten seine Aktivitäten auf einen Nenner gebracht werden, wäre es zweifellos der aus der eigenen Beschämung und Verletzung kommende Impuls, von den »kultivierten« Homosexuellen den Makel der »existenten« Nichtbegegnung, der Sittenlosigkeit, der Kriminalität zu nehmen. Mit dem überkommenen Normen- und Wertesystem identifiziert, suchte Giese nach Wegen, die »kultivierten« Homosexuellen ohne eine grundsätzliche Kritik an Kultur und Gesellschaft, an den herrschenden Geschlechter- und Sexualverhältnissen in die bestehende Wertegemeinschaft, wenn auch als »fehlstehend«, einzufädeln. Was manchen dabei wie ein raffiniertes Taktieren vorkommen mag, kommt aus der Seelennot eines beschädigten Sexualsubjekts, ist in Gieses subjektiver Wirklichkeit der redliche Wunsch, als ein anständiger, kultivierter, vor allem aber als ein »existenter« Mensch anerkannt zu werden – trotz des Abirrens vom Normalen.

Dass Homosexualität ein gravierender Makel ist, hat Giese früh erfahren. Er musste die Schule wechseln, wurde wiederholt angezeigt, von seinem Vater zu dem Frankfurter Psychiatrie-Ordinarius K. Kleist geschickt, dem nichts anderes einfiel, als zu Giese zu sagen: »Hören Sie doch mit diesen Schweinereien auf!« Gieses

Kampf um die Anerkennung seiner Sexualforschung als ordentliche medizinische Disziplin ist auch als ein Kampf darum zu verstehen: dass die Medizin endlich aufhöre, kultivierte Menschen wie ihn der Gosse zuzuordnen.

Nachdem sein Wunsch, Priester zu werden, von der reformiert-evangelischen Familie zurückgewiesen worden war, suchte Giese in der Philosophie nach Orientierung und »zukommendem Maß«. Sein Bedürfnis nach Halt, seelisch, sozial und »ontologisch«, ließ ihn ein Leben lang Wendungen und Begriffe aus Ideologien und Philosophien, von Mussolini über Heidegger bis hin zu Gehlen und Schelsky, versatzstückartig benutzen, Ideologien und Philosophien, in denen es um Disziplin und Maß, Wesen und Sinn, Zucht und Ordnung geht. Dabei scheute er nicht davor zurück, im Interesse seiner Sache Gedankengebäude auf den Kopf zu stellen, gewissermaßen aus Metaphysik Physik zu machen (vgl. dazu Hergemöller 1991).

Mit seiner Homosexualitäts- und Perversionslehre versuchte Giese, das Tabu, das auf der Homosexualität als solcher lastete, zu entschärfen, indem er die Homosexuellen in moralisch durchaus Akzeptable und vollkommen Inakzeptable, in seelisch beinahe Gesunde und eindeutig Kranke, in sozial (wenn auch quer stehend) Angepasste und Unangepasste aufteilte. Damit sei Gieses Position, schrieb Dannecker (1978: 63), »ein getreues Spiegelbild der von Ambivalenz gekennzeichneten Toleranz«, die damals herrschte und deren Grenze Giese »subtil erfaßt« habe. Und obwohl die Homosexuellen »in die Bösen und die Guten« getrennt würden, sei Gieses Position »für ihre Zeit fortschrittlicher als die seiner damaligen Kontrahenten« gewesen (Dannecker und Reiche 1974: 157).

Tatsächlich sah sich Giese in Medizin und speziell Psychiatrie mit einer Anthropologie und einer »Daseinsanalyse« konfrontiert, die die herrschenden Werte und Normen als überzeitliches »Wesen« und absolute Geltung beanspruchenden »Sinn« von Liebe und Sexualität interpretierten (vgl. außer von Gebsattel insbesondere die Arbeiten von Erwin Straus, Ludwig Binswanger, Hans Kunz und Medard Boss). Gemessen daran waren alle sexuellen Abweichungen »existentielle Verstümmelungen« der Liebe und »Kümmerformen« der Sexualität, die die »Sinnerfüllung des liebenden In-der-Welt-Seins« (daher Gieses Rede vom homosexuellen Mann »in der Welt«), die die »normgerechte Liebeswirklichkeit« nicht nur verfehlten, sondern auch destruierten und verneinten. Gieses Verdienst bleibt es, den Bannstrahl dieser so genannten anthropologischen Psychiatrie von einigen »Perversen«, vor allem Homosexuellen, aber auch anderen, abgelenkt zu haben, indem er nicht aufhörte, das Verfehlen der »normgerechten Liebeswirklichkeit« im normalen Bereich festzustellen (Beispiel: unfruchtbare Ehe) und einen »Sinn« für den abnormen Bereich zu reklamieren. Dabei setzte Giese, durchaus pragmatisch, Partnerschaft, Treue und Zusammenleben, kurz: »Wir-Bildung«, an die Stelle der Gebsattel'schen »unio mystica«.

Ähnlich pragmatisch trat Giese dafür ein, die, die »in der Ordnung fehlstehen«, nicht mehr dem medizinischen Heilungswillen zu unterwerfen, kritisierte aber selbst Hirneingriffe an jenen nicht, die »gegen die Ordnung stehen«. Im forensischen Bereich führte seine Lehre dazu, die einen für ihr Tun verantwortlich zu machen und die anderen, weil krank, nicht oder nicht in vollem Umfang. Nach diesem Modell, nach dieser Aufteilung in »abnorme Fehlhaltungen« einerseits und »perverse Entwicklungen« andererseits, wird bei uns bis heute in Strafprozessen begutachtet und geurteilt. Genereller betrachtet ist die Erweiterung des juristischen Krankheitsbegriffs ein Verdienst von Giese. Und noch genereller gesagt sind die Reformen des Sexualstrafrechts von 1969 und 1973, darunter die des unsäglichen Homosexuellenparagrafen, zu einem nennenswerten Teil auch sein Lebenswerk.

Zwischen Opportunismus und Opposition

Gewiss war Giese nicht etwa deswegen so erfolgreich, weil er familiäre Verbindungen hatte und (wie alle sagen, die ihn persönlich kannten) ein sympathisches, einnehmendes Wesen, sondern weil er mit der Zeit ging und dem, was herrschte, nicht wirklich entgegentrat. Nach dem Krieg sprach er über den Nationalsozialismus und auch über die alte Sexualwissenschaft, wenn überhaupt, dann nebulös und mehrdeutig, sodass er weder bei den alten Nazis noch bei Antifaschisten aneckte. Über sein Mitmachen als Student hat er sich, soweit wir wissen, keine Rechenschaft abgelegt. Als die alten Nazis an den Universitäten einfach weitermachen konnten, kooperierte er mit ihnen. Als neue Figuren in Erscheinung traten, von Adorno bis hin zu den Rebellen Dannecker und Reiche, hofierte er sie.

Dass Giese in seiner Hamburger Zeit liberal war und junge, aufmüpfige Wissenschaftler nicht behinderte, sondern forschen, behandeln und schreiben ließ, was sie und wie sie wollten, berichten alle Mitarbeiter, die er hatte, und belegen die von ihm in seinen letzten Lebensjahren edierten Bücher und Reihen, in denen die neuen Linken so selbstverständlich auftreten durften wie die alten Rechten seine Vorstände und Beiräte bevölkert hatten, als er der Sexualwissenschaft alles verschaffte, was eine Disziplin zur Disziplin macht: Institut, Zeitschrift, Fachgesellschaft, Kongresse, Wörterbuch, Handbuch, Monografienreihen usw.

Heute, nach Studentenrevolte und sexueller Liberalisierung, nach Schwulen- und Frauenbewegung, liegt die grundsätzliche Kritik an Giese auf der Hand: Das reiche Erbe, das die von den Nazis verfolgten Sexualforscher und Sexualforscherinnen hinterlassen hatten, hat er nicht bewahrt. Die Wiederbelebung der Hirschfeld'schen Homosexuellenbewegung fand er nach einigen Versuchen nicht opportun. Mit der Freud'schen Psychoanalyse konnte er nichts anfangen. Sein wissenschaftlicher Blick war durch und durch andromorph. Maßstab und Modell war ihm die männliche Sexualität, die weibliche blendete er aus. Das Andere der Homosexualität, sofern er es überhaupt als »Anderes« wahrnahm, war ihm nichts wert. Er wollte die Homosexualität heterosexualisieren.

Dazu musste er von der Wirklichkeit abstrahieren und die Einheit des Problems ignorieren. Es blieb Dannecker und Reiche (1974), deren Anfänge er noch unterstützt hat, überlassen, seine Wesenheiten empirisch zu widerlegen, indem sie zeigten, dass homosexuelle Männer über mehrere »Stilbildungen« verfügen und diese gleichzeitig oder nacheinander mehr oder weniger auch praktizieren: gebunden und ungebunden. Triebfeindlich ist Gieses Lehre, weil sie Beziehung und Treue zu Werten an sich hochstilisiert und alles Flüchtige, Getriebene, Ungebundene als apersonal und süchtig abwertet. Affirmativ ist sie, weil sie »den« homosexuellen Mann auf »das zukommende Maß« und »die Übung ›angemessener‹ Resignation« verpflichtet (Giese 1964: 207). Dem verheerenden Binarismus erlag Giese, indem er die »disziplinierten« Homosexuellen dem Griff von Medizin, Recht und Moral zu entwinden suchte, die »undisziplinierten« Homosexuellen aber weiterhin medizinischen Eingriffen, rechtlichen Sanktionen und allgemeiner Verachtung überließ. Damit aber hat er an dem Tabu, das auf der Homosexualität liegt, nicht wirklich gerührt.

Gieses wissenschaftliche Auffassungen entsprechen der Mentalität seiner Zeit weitgehend. Als sich andere Mentalitäten unüberhörbar zu Wort meldeten und sein Lebensgefährte verstarb, verlor er den Halt. Sehr fraglich ist, ob es ohne eine Person wie Giese zu seiner Zeit (und danach) eine »akademische Einordnung« der Sexualwissenschaft, die ihm so sehr am Herzen lag wie die »existentielle« der Homosexuellen, überhaupt gegeben hätte. Bei aller Kritik könnte diesem Einzelkämpfer auch das gedankt werden.

19 Kontinuität und Diskontinuität

Die Deutsche Gesellschaft für Sexualforschung

Die Deutsche Gesellschaft für Sexualforschung (DGfS) ist die älteste, größte und bis heute angesehenste Fachgesellschaft. Sie wurde am 12. April 1950 im Klinikum der Universität Frankfurt am Main von Ärzten und Wissenschaftlern verschiedener Disziplinen aus West- und Ostdeutschland gegründet (vgl. die Gründungsdokumente in Sigusch 2001c: 54 ff). Psychiater und Erbbiologen, Juristen und Anatomen, Biochemiker und Anthropologen, Kriminologen und Dermatologen, Psychologen und Sozialwissenschaftler hatten sich zur ersten sexualwissenschaftlichen Tagung nach 1945 zusammengefunden.

Hans Giese als Initiator

Initiiert hatte diese erste sexualwissenschaftliche Tagung, auf der die DGfS gegründet wurde, der 29-jähriger Doktor der Medizin und der Germanistik Hans Giese, der zuvor mit kaum mehr als einem 1944 gehaltenen und 1945 privat gedruckten, Heideggers Philosophie auf den Kopf stellenden Vortrag, betitelt *Untersuchungen zum Wesen der Begegnung*, und dessen seiner Mutter zugeeigneten Wiederabdruck 1949 in der Eremiten-Presse unter dem Titel *Zum Wesen der Begegnung* hervorgetreten war (vgl. die Abbildungen in ebd.: 58f). Von einer persönlichen Missio durchdrungen, hatte Giese aber bereits im Jahr vor der Gründung der Gesellschaft diverse sexuologische Aktivitäten entfaltet (s. Kap. 18). Hinzu kam Gieses einnehmendes Wesen und die Unterstützung seines Vaters, die wohl bewirkten, dass viele renommierte Herren für die neue Gesellschaft gewonnen werden konnten, Herren, die vor oder nach 1945 Direktor eines Kaiser-Wilhelm-Instituts, Dekan einer Fakultät, Generalstaatsanwalt, Universitätsordinarius, Klinikchef, Akademiedirektor, Oberlandesgerichtspräsident oder Präsident einer Universität waren.

Am ersten Tag des Kongresses wurde über »männliche Sexualität« (H. Bürger-Prinz) und »Jugendsexualität« (U. Undeutsch), über die »daseinsanalytische und anthropologische Auslegung der sexuellen Perversionen« (V. E. von Gebsattel), über »Erfahrungen und Ergebnisse in Bekämpfung der Prostitution« (P. G. Hesse) sowie über die »Erfassung der Sexualstruktur mit Hilfe des Szondi-Testes« (O. Hannibal) gesprochen. Dann wurde die neue Fachgesellschaft gegründet. Am zweiten Tag ging es um den »Einfluss des Nervensystems auf die Keimdrüsen« (H. Stieve), um die »biochemischen Grundlagen der Befruchtung« (J. Kühnau) und die »genetischen Grundlagen der Sexualität des Menschen« (O. von Verschuer), um die »Frage der Erbbedingtheit homosexueller Betätigung beim Mann« (B. T. Duis) und um »Zwillingsuntersuchungen an Homosexuellen« (H. Habel). Dabei stützten sich Stieve, von Verschuer, Duis und Habel ohne ein Wort des Erklärens oder Bedauerns auf Untersuchungsergebnisse, die in der NS-Zeit von ihnen selbst oder von anderen unter zweifelhaften, wenn nicht furchtbaren Umständen an zum Tode Verurteilten und Zwillingen erhoben worden waren. Am dritten Tag schließlich standen die »Veränderung der Sexualordnung und die Konstanz der Sittlichkeitsdelikte« (K. S. Bader), »das Problem der Geburtenregelung als Lebensfrage des deutschen Volkes« (H. von Eckardt), die »Methoden der Sozialwissenschaft und ihre Anwendungsmöglichkeit für die Sexualforschung« (H. G. Schachtschabel) sowie »Selbstmorde infolge konventioneller Vorurteile« (A. Mergen) zur Diskussion. Außerdem berichtete der Frankfurter Rechtsanwalt H. Pommerening über die Vorschläge einer medizinisch-juristischen Arbeitsgemeinschaft, die am Tag vor der Tagung die Frage erörtert hatte, ob die §§ 175 und 175a StGB reformiert oder gestrichen werden sollten (vgl. dazu und zu den Kongressreferaten Z. Sexualforsch., Jg. 1, Nr. 2 und 3/4, 1950).

Erste Präsidenten und Schutzpatrone

Zum ersten Präsidenten der Deutschen Gesellschaft für Sexualforschung wurde, gewiss von Giese angeregt, der Hamburger Psychiatrie-Ordinarius Hans Bürger-Prinz (1897–1976) gewählt, der, wie bereits im vorstehenden Kapitel berichtet, so etwas wie der entscheidende akademische Schutzpatron der Giese'schen Sexualforschung wurde.

Neben Bürger-Prinz gehörten dem ersten Vorstand der DGfS Carl Max Hasselmann (1897–1973), Direktor der Dermatologischen und Venerologischen Klinik der Universität Erlangen, als Stellvertreter des Präsidenten sowie Hans Giese als Schriftführer an. Da Giese der Überzeugung war, »alle Fakultäten« müssten in einer sexualwissenschaftlichen Gesellschaft zusammenarbeiten, war er von Anfang an bemüht, wenigstens im Beirat der Gesellschaft nicht nur Mediziner in Erscheinung treten zu lassen. Bis auf die »kath. theol. Fakultät« (s. Z. Sexualforsch. 1, S. 198, 1950) ist ihm das auch bei der Gründung des Vereins gelungen: So vertrat der Tübinger Professor Adolf Köberle (1898–1990) im Beirat die »evang. theol. Fakultät«. Der Freiburger Generalstaatsanwalt und Professor für Kriminalistik und Strafvollzugskunde Karl Siegfried Bader (1905–1998) stand für die »jur. Fakultät« ein. Der Berliner Professor der Anatomie Hermann Stieve (1886–1952) vertrat neben dem engeren Vorstand die »med. Fakultät«. Der Hechinger und zuvor Berliner

Hans Bürger-Prinz und Elisabeth Müller-Luckmann 1970 in Hamburg

Professor der Zoologie und Direktor des Kaiser-Wilhelm-Instituts für Biologie Max Hartmann (1876–1962) repräsentierte die »nat.-wiss. Fakultät«. Und der damals vorübergehend in Frankfurt am Main lebende, später in München lehrende Professor der Völkerkunde Hermann Baumann (1902–1976) figurierte als Vertreter der »phil. Fakultät«.

Später, von 1954 bis 1962, konnte Giese sogar einen Professor der Katholischen Theologie als Beirat an die Gesellschaft binden: Franz Xaver Arnold (1898–1969), der Mitte der fünfziger Jahre Rektor der Universität Tübingen gewesen ist. Ansonsten finden sich unter den Beiräten resp. Beisitzern der fünfziger und sechziger Jahre der Frankfurter Oberlandesgerichtspräsident Curt Staff (1901–1976), der Mainzer Gerichtsmedizin-Ordinarius Kurt Wagner (1905–1965), der Jenaer Tierheilkundler Viktor Goerttler (1897–1982), der Hamburger Psychoanalytiker und Psychosomatiker Adolf-Ernst Meyer (1925–1995), der damalige Pater Stephanus und spätere Professor Hubertus Pfürtner (geb. 1922), der Pastor, Ordensprior und Loccumer Akademie-Direktor Hans Bolewski (1912–2003), der damals in Hamburg, später in Gießen und Frankfurt am Main lehrende Strafrechtler und Kriminologe Herbert Jäger (geb. 1928) sowie als einzige Frau die Braunschweiger Psychologieprofessorin Elisabeth Müller-Luckmann (geb. 1920).

Erste Frauen an der Spitze

Elisabeth Müller-Luckmann wurde 1962 als Beisitzerin in den Vorstand der DGfS aufgenommen. 1969 wurde sie zur Stellvertreterin Gieses gewählt, der nur von Juni 1969 bis zu seinem Tod im Juli 1970 Erster Vorsitzender war, obgleich ohne ihn seit der Gründung der Gesellschaft keine einzige Weiche gestellt worden ist. Nach Gieses plötzlichem Tod übernahm Frau Müller-Luckmann satzungsgemäß den Vorsitz und wurde von der nächsten Mitgliederversammlung im Jahr 1972 für die Periode bis 1975 in diesem Amt bestätigt.

Da Frauen, von Elisabeth Müller-Luckmann abgesehen, in der Geschichte der Gesellschaft bis zum Ende der siebziger Jahre kaum eine Rolle gespielt haben, seien von den Vorsitzenden der Gesellschaft nur noch Margret Hauch erwähnt, die von 1985 bis 1988 die Stellvertreterin Martin Danneckers war, um dann von 1991 bis 1994 die Gesellschaft zu leiten. In ihrem Vorstand gab es mit Ulrike Schmauch als Zweiter Vorsitzender und Sonja Düring als Geschäftsführerin eine Mehrheit der Frauen. Eine komplette Aufstellung der Vorstände in den fünfzig Jahren von 1950 bis 2000 bietet die Übersicht. Für die Zeit danach sei hinzugefügt, dass ab Oktober 2000 Hertha Richter-Appelt drei Jahre lang die Gesellschaft leitete, danach Wolfgang Berner bis zum Mai 2007. Seither sitzt Ulrike Brandenburg aus Aachen der Deutschen Gesellschaft für Sexualforschung vor, die – das sei bei dieser Gelegenheit erwähnt – im Jahr 2006 zusammen mit Ulrich Clement aus Heidelberg das bereits jetzt renommierte »Institut für Sexualtherapie Aachen/Heidelberg« gegründet hat.

Die Vorstände der Deutschen Gesellschaft für Sexualforschung von 1950 bis 2000

Wahlperiode	Präsident/ Erste(r) Vorsitzende(r)	Stellvertreter des Präsidenten/ Zweite(r) Vorsitzende(r)	Schriftführer/ Sekretär/ Geschäftsführer(in)	Beirat bzw. Beisitzer(innen)
1950–52	Hans Bürger-Prinz	Carl Max Hasselmann	Hans Giese	Karl S. Bader, Hermann Baumann, Max Hartmann, Adolf Köberle, Hermann Stieve
1952–54	Hans Bürger-Prinz	Curt Staff	Hans Giese	Carl Max Hasselmann
1954–56	Carl Max Hasselmann	Hans Bürger-Prinz	Hans Giese	Franz Xaver Arnold, Hermann Baumann, Adolf Köberle, H. R. Krause, Curt Staff, Kurt Wagner
1956–58	Carl Max Hasselmann	Hans Bürger-Prinz	Hans Giese	Franz Xaver Arnold, Hermann Baumann, Adolf Köberle, H. R. Krause, Curt Staff, Kurt Wagner
1958–62	Werner Villinger (†1961)	Hans Bürger-Prinz	Hans Giese	Franz Xaver Arnold, Hermann Baumann, Viktor Goerttler, Carl Max Hasselmann, Adolf Köberle, Curt Staff, Kurt Wagner
1962 (a. o.)	Franz Günther Ritter von Stockert	Hans Bürger-Prinz	Hans Giese	Franz Xaver Arnold, Hermann Baumann, Viktor Goerttler, Carl Max Hasselmann, Adolf Köberle, Adolf-Ernst Meyer, Curt Staff
1962–64	Franz Günther Ritter von Stockert	Hans Bürger-Prinz	Hans Giese	Hans Bolewski, Viktor Goerttler, Wilhelm Hallermann, Adolf-Ernst Meyer, Elisabeth Müller-Luckmann, Stephanus Pfürtner, Curt Staff/Herbert Jäger
1964–66	Franz Günther Ritter von Stockert	Hans Bürger-Prinz	Werner F. J. Krause	Beirat unverändert, Giese »bleibt im Vorstand«
1966–69	Wilhelm Hallermann	Helmut Ehrhardt	Werner F. J. Krause	Giese soll Beirat allein berufen, macht es jedoch nicht
1969–70	Hans Giese (†1970)	Elisabeth Müller-Luckmann	Volkmar Sigusch	Herbert Jäger, Adolf-Ernst Meyer (auf einer späteren außerordentlichen MV gewählt)
1970–72	Elisabeth Müller-Luckmann	Herbert Jäger	Volkmar Sigusch	Adolf-Ernst Meyer, Gunter Schmidt
1972–75	Elisabeth Müller-Luckmann	Volkmar Sigusch	Gunter Schmidt	Herbert Jäger, Eberhard Schorsch
1975–78	Gunter Schmidt	Adolf-Ernst Meyer	Bernd Meyenburg	Günter Amendt, Rolf Müller
1978–82	Volkmar Sigusch	Eberhard Schorsch	Martin Dannecker	Karin Albrecht-Désirat, Günter Amendt
1982–85	Eberhard Schorsch	Martin Dannecker	Friedemann Pfäfflin	Karin Albrecht-Désirat, Herbert Jäger
1985–88	Martin Dannecker	Margret Hauch	Friedemann Pfäfflin	Gunter Schmidt, Barbara Zeh
1988–91	Martin Dannecker	Barbara Zeh	Ulrich Clement	Sophinette Becker, Rüdiger Lautmann
1991–94	Margret Hauch	Ulrike Schmauch	Sonja Düring	Eberhard Schorsch (†1991), Volkmar Sigusch, Bernhard Strauß
1994–97	Gunter Schmidt	Ulrike Schmauch	Bernhard Strauß	Sophinette Becker, Gesa Lindemann
1997–00	Volkmar Sigusch	Wolfgang Berner	Hertha Richter-Appelt	Lorenz Böllinger, Beatrix Gromus

Publikationsorgane und Tagungen

Eine *Zeitschrift für Sexualforschung* hatte Giese unmittelbar vor der ersten sexualwissenschaftlichen Tagung gegründet. In den Beirat berief er alle, die Rang und Namen hatten und greifbar waren: von den bereits Genannten Bader, Baumann, Bürger-Prinz, v. Eckardt, Vater Giese, Goerttler, Hartmann, Köberle, Kühnau, Mergen und Stieve, ferner u.a. Boris Belonoschkin (Stockholm), Viktor E. Frankl (Wien), Ferdinand Hoff (Frankfurt am Main), Alexander Mitscherlich (Heidelberg, s. Dokument), Franz Günther Ritter von Stockert (Frankfurt am Main) sowie Werner Villinger (Marburg). Nach der Gründung der DGfS firmierte die Zeitschrift als deren »Organ«. Sie sollte laut Ankündigung »jeden zweiten Monat« erscheinen. Tatsächlich aber sind nur vier Hefte im Jahr 1950 erschienen, wobei es sich bei den meisten Beiträgen um Vorträge der ersten sexualwissenschaftlichen Tagung handelt. Entsprechend schamlos ist die Zeitschrift politisch und inhaltlich. Nazi-Karrieristen schreiben neben Nazi-Opfern, die im KZ waren. Otmar Freiherr von Verschuer steht neben Max Marcuse, Armand Mergen, Alexander Mitscherlich oder Alfred C. Kinsey, Gamone, das heißt Befruchtungsstoffe, werden ebenso erörtert wie daseins- und psychoanalytische Anschauungen.

Nach einem Jahr verschwand die Zeitschrift wieder, für die Giese offenbar auch einen Verlag selbst ins Leben gerufen hatte: den »Frankfurter Institutsverlag«, der sich nach einem Brief vom 13. Oktober 1950, den uns Armand Mergen überlassen hat, »im Institut für Sexualforschung« befand, das mittlerweile in der Beethovenstr. 67 untergebracht war (vgl. Dok. 8 in Sigusch 2001c: 65). Verhandlungen mit dem Wissenschaftlichen Verlag Carl H. Damberg, Frankfurt am Main und Marburg an der Lahn, der bereits für die Zeitschrift geworben hatte (vgl. Dok. 9 in Sigusch 2001c: 66f), waren aus Gründen, die wir nicht kennen, gescheitert.

1952 wurde die Zeitschrift als »Organ« der Gesellschaft von den *Beiträgen zur Sexualforschung* abgelöst, die Bürger-Prinz und Giese »in Verbindung mit« namhaften Gelehrten herausgaben. Das 1. Heft schmücken u.a. die bereits erwähnten Arnold, Bader, v. Gebsattel, Vater Giese, Köberle und Stieve. Zum ersten Mal dabei ist der Soziologe Helmut Schelsky. Das Heft 46 von 1969, das das letzte Heft ist, das Bürger-Prinz und Giese allein verantworteten, nennt außerdem den Neurologen Peter-Axel Fischer (Frankfurt am Main), den Sexualforscher und Kinsey-Nachfolger Paul H. Gebhard (Bloomington, Ind.), den Gerichtsmediziner Wilhelm Hallermann (Kiel), den Daseinsanalytiker Hans Kunz (Basel) und den Forensischen Psychiater Wilfried Rasch sowie den bereits erwähnten Staff.

An dem 46. Heft (Orthner et al. 1969) entzündete sich eine heftige Auseinandersetzung zwischen Giese und Bürger-Prinz einerseits und Gunter Schmidt und Volkmar Sigusch andererseits. Sie führte dazu, dass Sigusch zusammen mit Schmidt die Redaktion der *Beiträge* vom 47. Heft an übernahm. Wir versuchten kritisch zu sein, sprachen nicht mehr von »Heft«, sondern von »Band«, wählten einen dunkelroten Umschlag und entpflichteten auf einen Schlag alle prominenten »In-Verbindung-mit«-Herausgeber. Ausgelöst hatte die Auseinandersetzung eine therapeutische Raserei, die dem Willen zum vernichtenden Heilen entsprungen war.

Zum Verständnis sei in aller Kürze gesagt: Auf dem Höhepunkt der zweiten Psychochirurgie-Welle Mitte der siebziger Jahre (vgl. Sigusch 1977a, 1984a) erschlossen deutsche Chirurgen die sexuellen Deviationen als ein neues Anwendungsfeld. Sie führten eine Technik ein, die so genannte stereotaktische anteriore Hypothalamotomie, von der selbst US-Amerikaner, bei Gott nicht zimperlich, übereinstimmend sagten, sie sei undurchführbar. Mit »Gehirnoperationen zur Behebung von Sexualstörungen« (Orthner et al. 1969: 3) wurde erstmals, soweit bekannt, in den 1950er Jahren experimentiert. Man leukotomierte oder thalamotomierte homosexuelle und pädophile Männer oder saugte das präfrontale Stirnhirnmark ab. 1962 unterzog dann der Neurologe Fritz Douglas Röder im Göttinger Krankenhaus Neu-Mariahilf weltweit zum ersten Mal einen Patienten mit abweichendem Sexualverhalten einem stereotaktischen Hypothalamus-Eingriff. Zerstört werden sollte der rechte Nucleus ventromedialis (Cajal), den als »Mating center« anzusehen tierexperimentell diskutabel, als »Triebzentrum« oder »Kontrollzentrum für das sexuelle Fühlen und Erleben« beim Menschen anzusehen aber absurd ist (vgl. dazu auch die kritischen Stellungnahmen einiger Naturwissenschaftler in Fülgraff und Barbey 1978). Nach dem Tod des als pädophil bezeichneten Patienten stellte sich heraus, dass nicht »nur« der rechte Nucleus Cajal zerstört, sondern auf dieser Seite auch der Fornix durchtrennt und das Corpus mamillare zugrunde gegangen war. Wieder einmal zeigte sich, dass stereotaktische Eingriffe bei weitem nicht so »zielgenau« sind wie behauptet.

Der Skandal war für uns, dass Bürger-Prinz und Giese dem damaligen theoretischen Kopf der Psychochirurgen, dem Göttinger Neuropathologen Hans Orthner, zusammen mit sieben Kollegen, darunter Psychotherapeuten und Psychoanalytiker, gestatteten, das Menschenexperiment Röders in »dankbarer Anerkennung« als »Pioniertat« in den *Beiträgen zur Sexualforschung* zu feiern. Das interdisziplinäre Team sah sein Ziel erreicht, »homophile Menschen von ihrer verhängnisvollen Neigung zu befreien« (Orthner et al. 1969: 1). »Wesentliche Nebenwirkungen«

Bilder von der Tagung der Gesellschaft im Oktober 1972. Linkes Bild: Reimut Reiche (li.) und Bernd Meyenburg. Rechtes Bild: Martin Dannecker (li.) und Reimut Reiche (Fotos: Sigrid Rothe)

Die Wissenschaftlichen Tagungen der Deutschen Gesellschaft für Sexualforschung von 1950 bis 2000

	Jahr	Datum	Ort	Hauptthemen
1.	1950	12. bis 14. April	Frankfurt am Main	Die männliche Sexualität; Somatische Grundlagen der Sexualität; Männliche Homosexualität
2.	1952	17. bis 19. Juli	Königstein/Taunus	Über das Wesen der Sexualität; Methoden der Behandlung sexueller Störungen
3.	1954	2. bis 4. August	Königstein/Taunus	Sexualität und Prägung; Einzelfragen der Sexualwissenschaft; Aktuelle Rechtsfragen
4.	1956	1. bis 3. Oktober	Erlangen	Die Sexualität des Heimkehrers
5.	1958	um den 29. Mai	Wien	Über die menschliche Fortpflanzung
6.	1960	20. bis 23. Mai	Loccum	Erziehung zur Sexualität
7.	1962	12. bis 14. Juni	Hamburg	Die Zurechnungsfähigkeit bei Sittlichkeitsstraftätern
8.	1964	25. bis 27. Mai	Karlsruhe	Das sexuell gefährdete Kind; Die Pädophilie und ihre strafrechtliche Problematik
9.	1966	9. bis 11. Juni	Rinteln/Weser	Sexualität in Wort und Bild – Das Problem Jugendschutz; Sexualität im Alter
Symposion	1967	13. bis 14. November	Bonn	Zur Strafrechtsreform. Aus Anlass des 70. Geburtstages von Bürger-Prinz
10.	1969	5. bis 7. Juni	Berlin (West)	Kritik der gegenwärtigen Sexualwissenschaft; Transsexualität; Empirische Ergebnisse
11.	1972	12. bis 14. Oktober	Hamburg	Sexuelle Liberalisierung und Emanzipation; Therapie sexueller Funktionsstörungen und Deviationen; Aktuelle Ergebnisse der Sexualforschung
12.	1975	9. bis 11. Oktober	Braunschweig	Sexuelle Funktionsstörungen; Therapie der Perversionen; Sexualstraftäter
13.	1978	5. bis 7. Oktober	Frankfurt am Main	Sexualpädagogik; Sexualforensik; Transsexualität; Sexualität im Alter
14.	1982	7. bis 9. Oktober	Hamburg	Theorie der Sexualität des Menschen; Reform des Sexualstrafrechts; Sexualforschung und Sexualpolitik
15.	1985	3. bis 5. Oktober	Hannover	Auf der Suche nach dem Sexuellen; Frauen und Sexualforschung; Ideologie und Praxis der Reproduktionsmedizin; Zur Soziologie der Sexualität; Forschungsergebnisse
16.	1988	6. bis 8. Oktober	Berlin (West)	Sexualität, Aggression und Gewalt; Sexualität in der Hand von Experten; Geschlecht und Geschlechtswechsel; Aids
17.	1991	17. bis 19. Oktober	Frankfurt am Main	Der männliche Blick in der Sexualforschung und die feministische Herausforderung; Weibliche Entwicklung und Geschlechterverhältnis; Essentialismus und Konstruktivismus in der Sexualforschung; Sexualforschung zwischen 1933 und 1945; Sexualität in der Therapie – Therapie in der Sexualwissenschaft; Aids und Heterosexualität
18.	1994	6. bis 8. Oktober	Kiel	Der heterosexuelle Mann; Jungensozialisation und Geschlechterverhältnis; Sexueller Missbrauch; Grenzverletzungen
19.	1997	16. bis 17. Oktober	Hamburg	Kultureller Wandel der Sexualität; Körper; Kinder, Jugendliche; Medien, Technologie
20.	2000	6. bis 8. Oktober	Frankfurt am Main	Vergangenheit und Gegenwart der Sexualforschung; Die Sexualität in der Therapie; Fort- und Weiterbildung

seien nicht eingetreten, obgleich der Patient nach dem Eingriff eine »Visualisationsstörung« hatte und darüber klagte, dass das Traumerleben »völlig versiegt« war (ebd.: 72 f).

Bis zum Jahr 2000 sind die *Beiträge zur Sexualforschung*, mittlerweile die langlebigste und mit zur Zeit 90 Bänden die umfangreichste sexualwissenschaftliche Monografien-Reihe der Welt, im Ferdinand Enke Verlag, Stuttgart, erschienen. Nach dessen Aufgehen im Thieme Verlag haben sich der Vorstand und die Herausgeber Martin Dannecker, Gunter Schmidt und Volkmar Sigusch für den Psychosozial-Verlag, Gießen, entschieden. Heute imponieren die *Beiträge* als ein Zeitdokument besonderer Art. Sie enthalten viel Ausschuss und manche Abstrusität, aber auch einige Perlen (vgl. die Auflistung in Sigusch 2001c: 73 ff). Manfrau findet in ihnen viele Tagungen dokumentiert, manchmal mit überraschenden Beiträgen, beispielsweise im Heft 16, das den 1958 in Wien abgehaltenen Kongress dokumentiert. Dort sprach Jan G. H. Holt über »Autonomie des Geschlechtlichen als präexistentes trinitarisches Prinzip«, Gerhard Schubert belegte ausführlich »Die genetischen Auswirkungen atomarer Energien«, und Hermann Knaus stellte die Frage »Soll die Vermehrung der Menschen willkürlich oder unwillkürlich erfolgen?«

Wann und wo die zwanzig wissenschaftlichen Gesellschaftstagungen bis zur Jahrhundertwende stattgefunden haben, kann der Übersicht entnommen werden, in der viel Rekonstruktionsarbeit steckt, weil Giese als langjähriger Schriftführer alles andere als ein Dokumentarist und Sammler war.

Um in einem kleineren Kreis eher schwierige oder heikle Fragen diskutieren zu können, hat der Vorstand 1980 nichtöffentliche Kolloquien eingeführt, an denen jeweils maximal fünfzig Mitglieder und Gäste teilnehmen konnten. Das erste Kolloquium fand in Goslar statt. Margret Hauch, Barbara Zeh, Sonja Düring und Ulrike Schmauch haben später dafür gesorgt, dass sich die Frauen der Gesellschaft ungestört zu so genannten unordentlichen Frauenarbeitstagungen treffen konnten. Die erste derartige Versammlung fand 1986 in Hamburg statt (vgl. die Übersichten in Sigusch 2001c: 72).

Licht und Schatten

Wird nach den Licht- und Schattenseiten der bisherigen Geschichte der DGfS gefragt, sind die ersten zwanzig Jahre eher der dunklen Seite zuzurechnen, weil die führenden Mitglieder hochfahrend und verblasen im Theoretischen, niederfahrend und laienhaft im Therapeutischen agierten (zur Kritik vgl. Reiche 1970, Dannecker und Reiche 1974, Dannecker 1978, Zeh 1988, S. Becker 1991, Hergemöller 1991, Sigusch 1993a; s. auch Kröber 1996, von Rönn 1998, 2000). Dass Reimut Reiche, damals ein Anführer der Studentenbewegung, diese Phase der westdeutschen Sexualwissenschaft 1969 als Erster heftig kritisierte, wurde bereits im vorstehenden Kapitel berichtet.

Reiches Kritik und unsere heutige Zuordnung gelten nicht für den juristisch-forensischen Bereich, in dem Giese die DGfS entschieden gegen die herrschende

Normopathie in Stellung brachte, insbesondere wenn es um die männliche Homosexualität ging, die sein eigener Makel der »existenten« Nichtbegegnung und der Sittenlosigkeit war (vgl. Kap. 18). So ließ er wie erwähnt bereits im April 1950 eine medizinisch-juristische Arbeitsgruppe tagen, die zu dem Schluss kam, »dass die Homosexualität unter Erwachsenen nicht strafwürdig ist« (Z. Sexualforsch. 1, S. 312, 1950; vgl. dort auch S. 201). Von generell weichenstellender Bedeutung war wenige Jahre später die als 12. Heft der *Beiträge zur Sexualforschung* erschienene Abhandlung von Herbert Jäger zum Verhältnis von »Strafgesetzgebung und Rechtsgüterschutz«; wir können heute auch sagen: zur Differenzierung und Dissoziation von staatlichem Strafanspruch einerseits und sittlich-sexuellem Verhalten andererseits, noch allgemeiner: von Recht und Moral. Jäger (1957: 121) brandmarkte »die immer noch weitverbreitete Auffassung« als einen verhängnisvollen Irrtum, das dumpf grollende gesunde völkische Empfinden »besitze die Qualifikation, über die Strafwürdigkeit einer Handlung entscheiden zu können«, und begründete zwei Maximen: »Keine Strafrechtsnorm ohne Rechtsgüterschutz. Im Zweifelsfalle keine Strafbarkeit« (ebd.: 123). Damit stand Jägers Schrift am Beginn einer kulturellen Entwicklung, die den Menschen in den sechziger und siebziger Jahren einige Freiheiten einräumte und zumutete.

Ohne den Einfluss der DGfS überschätzen zu wollen: Ihre sexualwissenschaftlichen, juristischen, kriminologischen und psychiatrisch-forensischen Interventionen scheinen hinsichtlich der Reformen des Sexualstrafrechts von 1969 und 1973, hinsichtlich der Erweiterung des juristischen Krankheitsbegriffs sowie hinsichtlich der Abwehr staatlicher und gerichtlicher Zensur literarischer Werke wie anderer Texte fruchtbar und erfolgreich gewesen zu sein. Von den zahlreichen Aktivitäten der Vergangenheit, an die bis heute angeschlossen wird (vgl. auch die Übersichten), seien im Folgenden noch einige erwähnt.

– Zusammen mit dem als Ankläger von NS-Verbrechern einzigartig engagierten Hessischen Generalstaatsanwalt Fritz Bauer edierten Bürger-Prinz, Giese und Jäger 1963 den Sammelband *Sexualität und Verbrechen*, der sich mit dem berühmt-berüchtigten »E 62« auseinandersetzt, dem Entwurf eines neuen Strafgesetzbuches. Fragend geben die Herausgeber im Vorwort die Richtung der Kritik an: »Unter welchen Voraussetzungen ist z.B. eine Handlung strafwürdig und wo sind der staatlichen Wirksamkeit und dem Gesetzgeber Grenzen gesetzt? Darf der Staat regelnd in den Intimbereich eingreifen oder gehört das nicht mehr zu seinen Funktionen? Welche Unterschiede bestehen zwischen Unmoral und Kriminalität? Was ist gerade in diesem Bereich Schuld, was Krankheit, was Normabweichung? Und sind die heutigen gesellschaftlichen und staatlichen Reaktionen sinnvoll und gerechtfertigt? Sollte bei manchen Sexualdelikten statt des Richters nicht besser der Arzt tätig werden?« (Bauer et al. 1963: 8f). Auch halten die Herausgeber nicht mit ihrer im guten Sinne liberalen Haltung hinter dem Berg: »Unsere eigene Meinung ist, daß das Sexualstrafrecht vor allem mit dem Gedanken der Toleranz konfrontiert werden sollte, der [...] als Ausgangspunkt unserer öffentlichen Ordnung zu bewahren ist, weil er die Voraussetzung der verfassungsrechtlich verbürgten Grundfreiheiten bildet. Er nötigt den Gesetzgeber dazu, sich auf dem Gebiet des Moralischen Beschränkungen aufzuerlegen. Deshalb sollten die schwerwiegenden Eingriffe in den persönlichsten Lebens- und Gewissensbereich, die das vorgeschlagene neue Strafrecht insbesondere bei der sogenannten ethischen Abtreibungsindikation, der Homosexualität unter Erwachsenen und der künstlichen Samenübertragung mit sich bringen würde, sehr sorgfältig daraufhin überprüft werden, ob sie wirklich erforderlich und gerechtfertigt sind. Die bisherigen Begründungen vermögen uns davon nicht zu überzeugen« (ebd.: 9). Der Band enthält neben Beiträgen der Herausgeber den berühmten Essay »Sexualtabus und Recht heute« von Theodor W. Adorno sowie Aufsätze von Ernst Buchholz, Wolfgang Hochheimer, Peter R. Hofstätter, Ulrich Klug, Else Koffka, René König, Armand Mergen, Wilfried Rasch und anderen.

- Im November 1967 hielt die DGfS anlässlich des 70. Geburtstages von Bürger-Prinz in Bonn ein Symposion zur Strafrechtsreform ab, das unter der Schirmherrschaft des damaligen Bundesjustizministers und späteren Bundespräsidenten Gustav Heinemann stand, der auch zu dem von Giese (1968) in den *Beiträgen zur Sexualforschung* herausgegebenen Tagungsband ein Geleitwort schrieb, in dem er die spezifischen Verdienste der Mitglieder der DGfS recht konkret würdigt.
- Nach Gieses Tod verfolgten seine ehemaligen Mitarbeiter vor allem als vom Bundestag gerufene und vom Bundesverfassungsgericht gehörte Sachverständige das Anliegen der Liberalisierung des Sexualstrafrechts weiter (vgl. z.B. Schorsch 1970b; Sigusch 1970f; Schorsch, Schmidt und Sigusch 1972).
- Im Oktober 1979 beschloss der Vorstand der DGfS, eine Kommission zu Fragen des Sexualstrafrechts einzurichten, die über die begrenzten Reformen von 1969 und 1973 hinaus denken sollte. 1987 versammelten Jäger und Schorsch im Band 62 der *Beiträge zur Sexualforschung* die Überlegungen der Kommission, die von den Herausgebern selbst sowie von Lorenz Böllinger, Martin Dannecker, Helmut Kentler, Rüdiger Lautmann, Herbert Maisch und Gunter Schmidt vorgetragen werden.

Seit der Mitte der siebziger Jahre zählt fraglos zur Erfolgsgeschichte der DGfS die Reflexion kultureller Prozesse und medizinisch-sozialer Probleme, die sich am besten an den Erklärungen der Gesellschaft ablesen lässt (s. Übersicht). Diese Stellungnahmen waren nach allem, was bekannt ist, nicht ganz ohne Einfluss auf die Inhalte der Debatten und auf die politischen Entscheidungen. Zur Lichtseite gehört auch der ansonsten zurückhaltende Umgang mit den Medien und mit modischen Themen und: dass sich die DGfS fünfzig Jahre lang nicht von der Pharma-Industrie bezahlen ließ.

Öffentliche Erklärungen und Eingaben der Deutschen Gesellschaft für Sexualforschung von 1950 bis 2000

Institut für Sexualforschung Frankfurt am Main (Leiter: Hans Giese), Forschungsstelle der Deutschen Gesellschaft für Sexualforschung: Eingabe an die Gesetzgebenden Organe des Bundes in Bonn *betr. §§ 175, 175a StGB* vom 1. November **1950**. Veröffentlicht in: Z. Sexualforsch. 1950; 1: 311–312

Giese, H.: Stellungnahme der Deutschen Gesellschaft für Sexualforschung e. V. [*zu den Fragenkreisen »Homosexualität« und »Therapeutische Behandlung von Kriminellen«*]. In: Gutachten und Stellungnahmen zu Fragen der Strafrechtsreform mit ärztlichem Einschlag. Bundesministerium der Justiz, Bonn **1958**, S. 134–139

Bolewski, H. und H. Giese: Resolution [*zur Förderung von Sexualwissenschaft und Sexualpädagogik* anlässlich der 6. Wissenschaftlichen Tagung der Deutschen Gesellschaft für Sexualforschung vom 20. bis 23. Mai **1960** in Verbindung mit der Evangelischen Akademie Loccum zum Thema »Erziehung zur Sexualität«]. Abgedruckt in: Erziehung zur Sexualität. Vorträge, gehalten auf dem 6. Kongress der Deutschen Gesellschaft für Sexualforschung in Verbindung mit der Evangelischen Akademie Loccum 1960. Beiträge zur Sexualforschung, Heft 24. Enke, Stuttgart 1961, S. 1

Krause, W. F. J., E. Schorsch, V. Sigusch, M. Walter und R. Wille: Medizinisch-rechtliche Stellungnahme der Deutschen Gesellschaft für Sexualforschung *zum Transsexualismus*. Eingabe an den Bundesminister für Justiz der Bundesrepublik Deutschland vom 18. Juni **1974**

Schmidt, G., G. Amendt, R. Müller und B. Meyenburg (für den Vorstand der Deutschen Gesellschaft für Sexualforschung): Stellungnahme *zur Kampagne »Hab keine Angst«*. [Erklärung zu der im Auftrag der Innenminister/-senatoren des Bundes und der Länder herausgegebenen Publikation »Hab keine Angst. Broschüre gegen den sexuellen Missbrauch von Kindern«]. **1976**. Abgedruckt in: Sexualmed. 1976; 5: 679–680

Schorsch, E., V. Sigusch, G. Schmidt und A.-E. Meyer: Stellungnahme der sexualwissenschaftlichen Universitätsabteilungen in Hamburg und Frankfurt a. M. und der Deutschen Gesellschaft für Sexualforschung *zu stereotaktischen Hirnoperationen bei Menschen mit abweichendem Sexualverhalten*. Hamburg und Frankfurt a. M., im April **1976**. Spektrum Psychiat. Nervenheilk. 1976; 5: 175–176, 179–180 und 183; ferner: I. Rieber, A.-E. Meyer, G. Schmidt, E. Schorsch und V. Sigusch: Stellungnahme zu stereotaktischen Hirnoperationen an Menschen mit abweichendem Sexualverhalten. Monatsschr. Krim. Strafrechtsref. 1976; 59: 216–222

Sigusch, V. (für den Vorstand der Deutschen Gesellschaft für Sexualforschung), R. Gindorf und H. Kentler (für den Vorstand der Gesellschaft zur Förderung sozialwissenschaftlicher Sexualforschung): Gemeinsamer Appell der deutschen sexualwissenschaftlichen Gesellschaften an den Deutschen Bundesrat und die Ministerpräsidenten der Länder *zugunsten eines Transsexuellen-Gesetzes* vom 28. Februar **1979**. Auszug veröffentlicht in: Sexualpädagogik 1979; 7 (1): 36

Sigusch, V. und E. Schorsch (für den Vorstand der Deutschen Gesellschaft für Sexualforschung), R. Gindorf und H. Kentler (für den Vorstand der Gesellschaft zur Förderung sozialwissenschaftlicher Sexualforschung): Gemeinsamer Appell der deutschen sexualwissenschaftlichen Gesellschaften an Parlament und Regierung der Bundesrepublik Deutschland *zur Beendigung der strafrechtlichen Sonderbehandlung der männlichen Homosexualität durch ersatzlose Streichung des § 175 StGB* vom 1. November **1980**. Veröffentlicht in: Sexualpädagogik 1980; 8 (3): 36

Sigusch, V., E. Schorsch, M. Dannecker, G. Amendt und K. Albrecht-Désirat: Aufruf der Deutschen Gesellschaft für Sexualforschung *zur Entkriminalisierung der Homosexualität*. Frankfurt a. M., im Januar **1981**. Erstveröffentlichung in: Frankfurter Rundschau, Nr. 115 vom 19. Mai 1981, S. 9

Dannecker, M., G. Schmidt, E. Schorsch und V. Sigusch: Stellungnahme *zu den Forschungen des Endokrinologen Prof. Dr. Günter Dörner zum Thema Homosexualität*. Sexualmed. **1981**; 10, 110–111

Schorsch, E., M. Dannecker, F. Pfäfflin, G. Schmidt und V. Sigusch: *Über den allgemeinen Umgang mit AIDS*. Eine Erklärung der Deutschen Gesellschaft für Sexualforschung. Frankfurt a. M. und Hamburg, im November **1984**. Erstveröffentlichungen: unter dem Titel »Beispiellose Angst und Hysterie kennzeichnet die Lage« in: Frankfurter Rundschau, Nr. 286 vom 7. Dezember 1984, S. 8; unter dem Titel der Erklärung in: Sexualmed. 1985; 14: 30–32

Dannecker, M., M. Hauch, F. Pfäfflin, G. Schmidt, B. Zeh, V. Sigusch und E. Schorsch: Stellungnahme der Deutschen Gesellschaft für Sexualforschung und der sexualwissenschaftlichen Abteilungen der Universitäten Hamburg und Frankfurt *zu den vom Bayerischen Ministerrat verabschiedeten Maßnahmen zur Aids-Bekämpfung*. Frankfurt a. M. und Hamburg, 20. Mai **1987**. Als solche meines Wissens nicht veröffentlicht; vgl. jedoch die in wesentlichen Passagen gleich lautende Erklärung der Deutschen Gesellschaft vom März 1987, von M. Dannecker für den Vorstand gezeichnet, in: Psychologie heute 1987; 14 (6): 33

Dannecker, M., M. Hauch, F. Pfäfflin, G. Schmidt, B. Zeh, E. Schorsch und V. Sigusch: Stellungnahme der Deutschen Gesellschaft für Sexualforschung und der sexualwissenschaftlichen Universitätsabteilungen in Frankfurt a. M. und Hamburg *zum § 218 StGB*. Hamburg und Frankfurt a. M., 3. September **1987**. Unter dem Titel »Wir fordern die ersatzlose Streichung der §§ 218 ff StGB« in: Pro Familia Magazin 1987; 15 (6): 28–29

Aufruf und Petition: Ein Zeichen für Demokratie und Menschenrechte setzen – *den antischwulen Sonderparagraphen 175 StGB ersatzlos streichen!* Eine gemeinsame Initiative von Pro Familia, Lesbenring, Komitee für Grundrechte und Demokratie, Humanistische Union, Deutsche Gesellschaft für sozialwissenschaftliche Sexualforschung, Deutsche Gesellschaft für Sexualforschung und Bundesverband Homosexualität vom Februar **1989**. Wesentliche Auszüge in: Frankfurter Rundschau vom 9. März 1989, S. 4

Resolution *zum Sexualstrafrecht*, verabschiedet von den Teilnehmern und Teilnehmerinnen des 4. Kolloquiums der Deutschen Gesellschaft für Sexualforschung vom 11. bis 13. Mai 1990 in Nörten-Hardenberg. Nörten-Hardenberg, 13. Mai **1990**. Abgedruckt in: Z. Sexualforsch. 1990; 3: 192

Hauch, M., U. Schmauch, S. Düring, V. Sigusch, M. Dannecker und G. Schmidt: Stellungnahme der Deutschen Gesellschaft für Sexualforschung *zur beabsichtigten Einführung eines Straftatbestandes »Sexueller Missbrauch von Jugendlichen«*. Frankfurt a. M. und Hamburg, im März **1992**. Erstbericht unter dem Titel »Wissenschaftler befürchten Kriminalisierung von Jugendsexualität« in: Frankfurter Rundschau, Nr. 69 vom 21. März 1992, S. 1. Erstdruck in: Z. Sexualforsch. 1992; 5: 168–172

Hauch, M., U. Schmauch, S. Düring, V. Sigusch und B. Strauß: Stellungnahme des Vorstandes der Deutschen Gesellschaft für Sexualforschung *zum Urteil des Bundesverfassungsgerichts vom 28. Mai 1993 zur Neuregelung des § 218 StGB*. Z. Sexualforsch. **1993**; 6: 335–338

Sigusch, V., W. Berner, H. Richter-Appelt, L. Böllinger und B. Gromus: Stellungnahme der Deutschen Gesellschaft für Sexualforschung *zum »Gesetz zur Bekämpfung von Sexualdelikten«* vom Februar **1998**. Z. Sexualforsch. 1998; 11: 163–166. Zugleich in: Psyche 1998; 52: 787–789; Dr. med. Mabuse – Zeitschrift im Gesundheitswesen 1998; 23 (Mai/Juni-Heft): 20–21; Spektrum Psychiat. Psychother. Nervenheilk. 1998; 27: 69–71; Hess. Ärztebl. 1998; 59: 333–334; Monatsschr. Krim. Strafrechtsref. 1998; 81: 368–371

Sigusch, V., W. Berner, H. Richter-Appelt, L. Böllinger und B. Gromus: Stellungnahme der Deutschen Gesellschaft für Sexualforschung *zur Offenbarungspflicht der Therapeuten im Strafvollzug* vom Juni **1999**. Z. Sexualforsch. 1999; 12: 178–179. Zugleich in: Psychotherapeuten-Forum 1999; 6 (4): 39; Pro Familia Magazin 1999; 27 (3): 38; Rechtsmedizin 1999; 9: 240–241; Psyche 1999; 53: 1301–1302

Auf der Schattenseite der Gesellschaft findet sich vor allem die beschämend späte und zudem sehr fragmentarische Auseinandersetzung mit der NS-Vergangenheit der ersten Generation der Sexualforscher nach 1945. Die zweite Generation, zu der Gunter Schmidt, Volkmar Sigusch und Eberhard Schorsch zählen, sah in den sechziger und siebziger Jahren über die Verstrickungen und den Opportunismus ihrer wissenschaftlichen Vorväter hinweg oder hörte allzu gerne auf jene Stimmen, die »Belastungen« ausschlossen, zumal Giese zu unserer Zeit mit KZ-Opfern, Juden und kritischen Geistern zusammenarbeitete, von denen nur Curt Staff, Hans Habe, Theodor W. Adorno und Fritz Bauer genannt seien. Bürger-Prinz gelang es, »bis in die 70er Jahre in der Öffentlichkeit und seinen Schülern gegenüber die Legende aufrechtzuerhalten, es sei seinen guten Beziehungen zur Hamburger NS-Führung zu verdanken, dass Hamburger Patienten weder sterilisiert noch ermordet wurden« (Pfäfflin 1987: 136). Mein Gewährsmann war damals der historisch arbeitende Klaus Dörner (1967: 139), der an spezifischer Stelle geschrieben hatte (und bis 1980 nachdrucken ließ): »Dank der Weigerung durch Prof. Bürger-Prinz ist Hamburg das einzige Land Deutschlands, aus dem keine erwachsenen Geisteskranken verlegt und getötet wurden«.

Hinzu kam eine Konstellation, auf die Sophinette Becker (1991: 265) überzeugend hingewiesen hat: Nach 1945 hat keine Wissenschaft einen

»direkten, erklärten Bruch mit ihrer NS-Vergangenheit vollzogen. Selbst in der Soziologie – der einzigen Wissenschaft, in der zurückgekehrte Emigranten (Kritische Theorie) einen relevanten bis dominierenden Einfluss gewannen – kam es zu keiner Konfrontation. Ganz spezifische Widerstände gibt es offensichtlich in den Wissenschaften, die sich als kritisch verstehen bzw. als ›jüdische‹ Wissenschaften vom Nationalsozialismus diffamiert und verfolgt wurden. Dies gilt insbesondere für die Psychoanalyse [...], aber wohl auch für die Sexualwissenschaft: Auch sie wurde im wesentlichen von jüdischen Wissenschaftlern begründet, deren Bücher von den Nationalsozialisten verbrannt wurden; auch sie hat es im Nationalsozialismus scheinbar nicht gegeben, und sie wurde nach 1945 ›unbelastet‹ und direkt an die Tradition der Weimarer Republik anknüpfend neu begründet. Und schließlich hat sich die Sexualwissenschaft nicht nur immer wieder für die von den Nationalsozialisten verfolgte Minderheit der Homosexuellen eingesetzt, sondern es gehörten sowohl in der Weimarer Republik als auch nach 1945 prominente Vertreter der Sexualwissenschaft dieser Minderheit an. Dies mag dazu beigetragen haben, dass die Sexualwissenschaft irgendwie für ›gefeit‹ gegen den Nationalsozialismus gehalten wurde, dass es innerhalb der Deutschen Gesellschaft für Sexualforschung keine auf die Sexualwissenschaft bezogene Debatte über den Nationalsozialismus gab und auch an die Begründer und Förderer der Sexualwissenschaft nach 1945 (z.B. Hans Giese und Hans Bürger-Prinz) von den jüngeren Mitgliedern keine diesbezüglichen Fragen gestellt wurden.«

Hinzugefügt werden kann, dass alle Zeitzeugen der Anfangsjahre der Nachkriegssexuologie und der DGfS, die ich befragt habe, versicherten, über die NS-Zeit sei untereinander oder mit Bürger-Prinz und Giese nie gesprochen worden (z.B. Gespräch mit Elisabeth Müller-Luckmann am 27. Juni 1992 und Gespräch mit Wilfried Rasch am 9. Juli 1992, beide in Frankfurt am Main).

Erst die dritte Generation der Sexualforscher zerriss in den achtziger Jahren die Nebelschleier und löste heftige Diskussionen aus. Barbara Zeh (1988, 1989) deckte mit ihrer von mir betreuten Dissertation auf, dass Giese als Student in der nationalsozialistischen »Studentenführung« für »Politische Erziehung« und »Kameradschaftserziehung« zuständig war und 1941 Mitglied der NSDAP wurde. Nach dem Krieg, so Jakob Michelsen (1994: 293), zeigte Giese bei der »Auswahl seiner Ansprechpartner, Mitarbeiter und Tagungsreferenten« eine »bemerkenswerte Kritiklosigkeit, die wohl durch seine konservative Herkunft, Wissenschaftsgläubigkeit, mangelnde politische Auseinandersetzung mit der NS-Zeit sowie sein unbedingtes Streben nach wissenschaftlicher Reputation zu erklären ist«. Tatsächlich kooperierte Giese in den vierziger und fünfziger Jahren nicht nur mit so genannten NS-Mitläufern, sondern auch, erschütternd schamlos, mit stark belasteten NS-Aktivisten wie dem Regisseur Veit Harlan (»Jud Süß«) und furchtbaren Medizinern wie dem Doktorvater des Josef Mengele Otmar Freiherr von Verschuer, der als Rassenhygieniker an den NS-Verbrechen beteiligt war. Die Beteiligung von Bürger-Prinz an NS-Verbrechen deckten Karl Heinz Roth (1984), Hendrik van den Bussche (1989) sowie Friedemann Pfäfflin (z.B. 1989, 1991) zusammen mit jüngeren Forschern auf.

In der zweiten Hälfte der achtziger Jahre nahm die DGfS als Fachgesellschaft endlich zur Kenntnis, wie sehr auch sie mit ihren Vorvätern und mit ihren Anschauungen in der Kontinuität der NS-Zeit steht. »Kontinuitäten und Diskontinuitäten der Sexualforschung« – so lautete das Thema des 3. Kolloquiums der Gesellschaft, das 1987 in Nörten-Hardenberg stattfand. Preben Hertoft sprach über das Ende der Weltliga für Sexualreform, Susanne Quitmann über eugenische Vorstellungen in der Reproduktionsmedizin, Isidor Kaminer über das so genannte Göring-Institut in Berlin, Friedemann Pfäfflin über Kontinuität und Diskontinuität in der Kastrationsgesetzgebung sowie Barbara Zeh über Hans Giese und den Wiederbeginn der organisierten Sexualwissenschaft nach 1945.

Zuvor hatte Manfred Herzer (1987) auf der 15. Tagung der Gesellschaft, die 1985 in Hannover stattfand, zu Recht meine in einem Leitartikel anlässlich des 50. Jahrestages der Zerstörung des Hirschfeld-Instituts durch NS-Horden geäußerte These kritisiert, nach der mit der Vertreibung der jüdischen und politisch linken Sexualwissenschaftler die Sexualforschung insgesamt ausgerottet worden wäre, »symbolisch und real« (Sigusch 1983: 252). Heute ist mir klar, wie sehr eine derartig zugespitzte These der nicht belastenden Diskontinuität des eigenen Faches und des eigenen Tuns und damit der Abwehr unangenehmer Kontinuitäten zuarbeitet. Marc Dupont (1996) hat inzwischen in einer von mir betreuten Dissertation analysiert, welcher Art die Sexualforschung zur Zeit der NS-Diktatur in Deutschland war, wie bereits im Kapitel 17 berichtet.

Auf dem 4. Kolloquium, das 1990 ebenfalls in Nörten-Hardenberg stattfand, kam die NS-Verstrickung von Bürger-Prinz erstmalig ausführlich zur Sprache (vgl. Becker 1991; Pfäfflin 1991). Die Recherchen und Debatten führten 1991 zu dem Beschluss des Vorstandes der DGfS, Bürger-Prinz nicht mehr als Begründer der *Beiträge zur Sexualforschung* in diesen selbst ehrend zu erwähnen (s. im Einzelnen Dannecker, Schmidt und Sigusch 1993). Auf der 20. Tagung schließlich, die im Oktober 2000 in Frankfurt am Main stattfand und auf die 50-jährige Geschichte der DGfS zurückblickte, fragte Sophinette Becker (2001) endlich nach der »Funktion der Sexualität im Nationalsozialismus«, sprach Gabriele Czarnowski (2001) über »Zwangssterilisation und gynäkologische Sterilitätsforschung im Nationalsozialismus«, erörterte Günter Grau (2001) die »Rolle von Medizinern bei der Durchsetzung der nationalsozialistischen Homosexuellenpolitik«. Und Christina von Braun (2001) konfrontierte uns alle, wie bereits im Kapitel 17 berichtet, mit der Frage: »Ist die Sexualwissenschaft eine ›jüdische Wissenschaft‹?«

20 Vom verspäteten Kinsey bis zum Einbruch von Aids

Sexualforschung in den letzten Jahrzehnten des 20. Jahrhunderts

Bis zur Mitte der sechziger Jahre war die westdeutsche Sexualwissenschaft eine durch und durch normative Wissenschaft, die von empirischer Forschung so gut wie gar nichts hielt. Über die epochalen Kinsey-Reports, deren aufklärerische Wirkung bis heute anhält, rümpften ihre Vertreter die Nase oder zückten ihren Normenkatalog. Giese (1955: V) meinte zum Beispiel, die Kinsey-Reports wiederholten »nur in einem monströsen Ausmaß«, was »wir bereits bedachten. Diese sexualwissenschaftliche Forschungsmethode ist bei uns mit Hirschfeld abgeschlossen worden«, also Schnee von gestern. Umso bemerkenswerter ist, dass die Vertreter der neuen sexuologischen Generation trotz dieses Verdikts nicht die anempirischen, existenzialistischen und phänomenologischen Wertekataloge ihrer Vorgänger nachbeteten, sondern ganz nüchtern mit den andernlands üblichen psychologisch-soziologischen Mitteln experimentell und empirisch forschten.

Die Wende zur Empirie

Diese Mitte der 1960er Jahre einsetzende »Wende zur Empirie« markiert für Martin Dannecker (2001: 167) einen Bruch mit dem vorher von der Deutschen Gesellschaft für Sexualforschung in Gang gehaltenen Denken. Für ihn ist diese Wende zur Empirie gleichbedeutend mit dem Beginn einer »liberalen Sexualwissenschaft«. Den damaligen gesellschaftlichen Prozess der Autonomisierung der Sexualität, aus dem die Lust als Imperativ der Sexualität hervorgegangen sei, habe die empirische Sexualforschung beschleunigt. In der empirischen Wende der nachwachsenden Sexualforscher drückt sich nach Danneckers Analyse »eine völlig veränderte Haltung der Sexualwissenschaft zu ihrem Gegenstand aus. Ihren äußeren Niederschlag findet die empirische Wende in den in rascher Folge geplanten, durchgeführten und publizierten Studien« (ebd.). Tatsächlich ging es damals Schlag auf Schlag darum, endlich Fakten auf den Tisch des Hauses zu bekommen, die nach wissenschaftlichen Standards widerlegt oder bestätigt werden konnten.

Aus den zehn Jahren dieser »Wende« von der Mitte der 1960er bis zur Mitte der 1970er Jahren sind als experimentelle oder empirische Forschungsprojekte zu nennen:

- Volkmar Sigusch und Gunter Schmidt: »Psychologisch-experimentelle Untersuchungen über die Struktur der Vorurteile gegenüber sexuell devianten Gruppen«, durchge-

führt 1964/1965, insgesamt 643 Versuchspersonen (Männer und Frauen aus Großbetrieben, Studentinnen und Studenten der Medizin, homosexuelle Männer) (Sigusch 1966, Schmidt und Sigusch 1967, Sigusch 1968)
- Gunter Schmidt und Hans Giese: »Studenten-Sexualität«, geplant und geschrieben von Gunter Schmidt, durchgeführt 1966, 3.666 männliche und weibliche, überwiegend 20 bis 30 Jahre alte Studenten (Giese und Schmidt 1968)
- Gunter Schmidt, Volkmar Sigusch et al.: »Psychologisch-experimentelle Untersuchungen über die Wirkungen psychosexueller Stimuli« (Bilder, Filme, Texte), durchgeführt 1967 bis 1970, insgesamt 724 Studentinnen und Studenten (vgl. z.B. Schmidt et al. 1969, Sigusch et al. 1970, Schmidt und Sigusch 1970, Sigusch und Schmidt 1972, Schmidt et al. 1973, Schmidt und Sigusch 1973)
- Gunter Schmidt und Volkmar Sigusch: »Arbeiter-Sexualität«, durchgeführt 1968/69, 300 männliche und weibliche, 20 und 21 Jahre alte Industrie-Arbeiter (Schmidt und Sigusch 1971)
- Volkmar Sigusch und Gunter Schmidt: »Jugend-Sexualität«, durchgeführt 1970, 602 männliche und weibliche, 16 und 17 Jahre alte Schüler und Lehrlinge (Sigusch und Schmidt 1973)
- Günter Amendt: »Haschisch und Sexualität. Ein empirische Untersuchung über die Sexualität Jugendlicher in der Drogensubkultur«, durchgeführt 1970 parallel zur vorstehend genannten Jugend-Studie von Sigusch und Schmidt, 80 weibliche und männliche Jugendliche mit einem Durchschnittsalter von 19 Jahren aus dem »harten Kern« der Drogensubkultur (Amendt 1974)
- Bernd Meyenburg und Volkmar Sigusch: »Sexualmedizinische Kenntnisse von Medizinstudenten«, durchgeführt 1971, 236 Studentinnen und Studenten (vgl. z.B. Meyenburg 1973, Meyenburg und Sigusch 1973, 1974)
- Martin Dannecker und Reimut Reiche: »Der gewöhnliche Homosexuelle. Eine soziologische Untersuchung über männliche Homosexuelle in der Bundesrepublik«, durchgeführt 1971, 789 homosexuelle, überwiegend 21 bis 40 Jahre alte Männer (Dannecker und Reiche 1974)
- Klaus Pacharzina und Volkmar Sigusch: »Sexualmedizinische Kenntnisse und Praktiken niedergelassener Allgemeinärzte«, durchgeführt 1972, 100 Ärztinnen und Ärzte einer Großstadt (vgl. z.B. Pacharzina 1978, 1979)
- Siegrid Schäfer und Gunter Schmidt: »Weibliche Homosexualität«, durchgeführt 1972, 151 lesbische und bisexuelle, 18 bis 40 Jahre alte Frauen (Schäfer 1977)
- Gunter Schmidt, Eberhard Schorsch, Jan-Peter Ernst et al.: »Psychologisch-experimentelle Untersuchungen über die Wirkungen sexuell-aggressiver Filme«, durchgeführt 1972/73, 400 männliche und weibliche, 19 bis 23 Jahre alte Universitäts-Studenten (Ernst et al. 1975)
- Gunter Schmidt, Jürgen Schlaegel, Karin Schoof-Tams und Leonhard Walczak: »Sexuelle Sozialisation in Vorpubertät, Pubertät und früher Adoleszenz«, durchgeführt 1974, 1.914 männliche und weibliche, 11 bis 16 Jahre alte Schüler (vgl. z.B. Schlaegel et al. 1975)
- Hans-Ullrich Demisch und Volkmar Sigusch: Physikalische Experimente zur »Orgon«-Hypothese Wilhelm Reichs, durchgeführt im Frankfurter Max Planck-Institut für Physik 1975 (Demisch 1979)

Die von den Instituten in Hamburg und Frankfurt am Main vertretene Sexualwissenschaft zeichnete von der Mitte der 1960er Jahre bis zum Abschluss dieses Buches aus: dass ihre Vertreterinnen und Vertreter solide empirische Studien durchführten – auch in den Jahrzehnten *nach* der hier etwas ausführlicher dargestellten ersten Phase (vgl. z.B. Grünwald 1979, Clement 1986, Dannecker 1990, Schmidt 1993, 2000, Schmidt et al. 2006). Nur weil das so ist, konnte der kulturelle Wandel sexuellen Verhaltens, Erlebens und Beurteilens über einen längeren Zeitraum anhand verlässlicher Daten diskutiert werden.

Nach unserer Überzeugung sind empirische und theoretische Sexualforschung die auseinander gesprungenen Teile dessen, was kritische Sexualwissenschaft meint. Sie müssen aufeinander bezogen werden, soll nicht die eine Richtung gedanken- und die andere blutleer sein. Martin Danneckers Frage »Kann empirische Sexualforschung kritisch sein?« kann dann bejaht werden. Dannecker (1989: 208 ff) hat diese Frage am Beispiel der bekannten empirischen Studien des Kinsey-Instituts erörtert (Kinsey et al. 1948/1964, 1953/1963). Er kommt zu dem Schluss, dass es nicht gering zu schätzen sei, wenn von Forschern mit der Sexualität »weder mystisch noch moralisch«, wie damals üblich, »sondern funktional und nützlich« umgegangen werde. Nach der Lektüre der Reports hätten sich manche »etwas weniger abnormal als zuvor« erlebt. Hörte die Sexualforschung auf, sich für das sexuelle Elend zu interessieren, würde auch das Bewusstsein dafür und »damit der Impuls zur Veränderung sich schmälern«. Sexualforschung sei nicht nur ein Instrument zur Kontrolle der Sexualität. Sie sei zugleich ein »Instrument zur Kontrolle der immer weitergehenden Vergesellschaftung der Sexualität, und sie erinnert, sofern sie sich um das sexuelle Elend nicht drückt, mit ihren Ergebnissen an die Notwendigkeit zur Veränderung«. Als ein Beispiel nennt Dannecker dann das Kinsey-Ergebnis, nach dem Frauen sehr viel häufiger bei der Onanie als beim vorehelichen Liebesspiel und beim ehelichen Koitus zum Orgasmus kommen (vgl. Kinsey et al. 1953/1963: 126). »An diesem Resultat«, so Dannecker, »zerschellten vor bald 40 Jahren die Phrasen über die Beziehung zwischen den Geschlechtern – und zurück blieb ein Stachel im Fleisch«.

Der Initiator der Wende zur Empirie: Gunter Schmidt vor Aquarellen von Thomas Plum, die Volkmar Sigusch und Günter Amendt zeigen

Von der empirischen Sexualforschung wird oft leichthin gesagt, sie sei nichts als widerspruchslose Affirmation. Sie präsentiere Sexualität als durch und durch konventionalisierte Funktions- und Werte-Einheit, setze nichts Gedachtes entgegen, reduziere die unendliche Vielfalt sexueller Ereignisse auf einige wenige, die die Konventionen und die Ordnung des Wissens vorschreiben: Dating, Petting, Koitus, Ende der Durchsage. Neue Erlebens- und Manifestationsformen seien auf diese Weise kaum zu erkennen. Tatsächlich sind die Daten der Empiriker roh, weil unbeseelt. Es kommt also auf Interpretationen an, die mit den Konventionen nicht äquivok sind, die andere Erfahrungen und Begriffe einbringen, mit deren Hilfe dem rohen Material Bedeutungen abgerungen werden können, die das Datenmaterial erblassen lassen oder zum Tanzen bringen. Gelungen ist das nach meinem Eindruck in der hiesigen Sexualforschung zuerst Martin Dannecker und Reimut Reiche (1974) mit ihrer legendären, von Hans Giese geförderten und von der DFG finanzierten Studie *Der gewöhnliche Homosexuelle*. Sie machten vor, dass kritische Sexualwissenschaft zwar keinen systematischen Hunger aus Angst vor dem wissenschaftlichen Chaos stillt, sich aber mit den *membra disiecta* der herrschenden empirischen Sexualforschung nicht zufrieden gibt.

Weitere Wenden

Auf die Wende zur Empirie folgten in der Nach-Giese-Sexualwissenschaft sehr bald weitere Wenden: die zu einer Sexualmedizin und die zu einer verstehenden Sexualforensik, die in den beiden nachfolgenden Kapiteln beschrieben werden. In diesem Kapitel soll auf eine zeitgleiche institutionelle Wende eingegangen werden: die in der deutschen Geschichte erstmalige Einrichtung einer vom Staat ordentlich finanzierten und zudem noch unabhängigen Universitätsabteilung für Sexualwissenschaft im Klinikum der J. W. Goethe Universität Frankfurt am Main.

Das Frankfurter Institut für Sexualwissenschaft

Wie kam der Frankfurter Fachbereich Medizin im Sommer 1971 dazu, eine selbstständige sexualwissenschaftliche Professur mit Abteilung zu beschließen? Fraglos

Das Frankfurter Institut für Sexualwissenschaft in der Alten Frauenklinik des Universitätsklinikums (Fotos: Wolfgang Becker und privat)

hatte sich in Hessen eine rare Konstellation von Personen ergeben, die den laufenden Diskurs zum Niederschlag brachte. Der Kultusminister, Ludwig von Friedeburg, war informiert und interessiert, hatte seine Doktorarbeit 1953 in den von Hans Bürger-Prinz und Hans Giese gegründeten *Beiträgen zur Sexualforschung* veröffentlicht und vor (und nach) der Ministerzeit das berühmte Horkheimer-Adorno-Institut für Sozialforschung in Frankfurt am Main geleitet; der Dekan des Fachbereichs, der Pädiater Otto Hövels, hatte Verständnis für die Anliegen der revoltierenden Studenten; und der Prodekan, der Neurologe Peter-Axel Fischer, der die Gründung vorantrieb, hatte früher in Hamburg mit Giese zusammengearbeitet.

So kam es, dass endlich von einer deutschen Universität das Fach Sexualwissenschaft offiziell etatisiert und institutionalisiert wurde. Für uns war diese Entscheidung von erheblicher Bedeutung, wussten wir doch aus schmerzlicher Erfahrung, dass Gieses Hamburger Institut (»an« der und nicht »der« Universität) nur einen halboffiziellen Status im Sinne eines jeder Zeit widerrufbaren Gastrechts an der Universität hatte, über keine einzige Planstelle verfügte, sodass sich die Mitarbeiter als psychiatrischer Stationsarzt, als vom Psychiatrie-Chef »Freigestellter« oder aber mit spärlich tröpfelnden Forschungsgeldern über Wasser halten mussten. Erst nach Gieses Tod und nach dem Vorpreschen des Landes Hessen (damals galt politisch: »Hessen vorn«) raffte sich die Freie und Hansestadt Hamburg auf, genehmigte 1972 eine Abteilung für Sexualforschung der Psychiatrischen Universitätsklinik und berief 1974 Eberhard Schorsch auf die Direktorenstelle, bei der es sich endlich um eine »planmäßige« Professur für Sexualwissenschaft handelte.

Nach einigem Hin und Her hatte der Fachbereich Medizin der Universität Hamburg Volkmar Sigusch im Februar 1972 die Venia legendi genannte Lehrbefugnis erteilt. Sie bezog sich zum ersten Mal allein und uneingeschränkt auf das Fachgebiet »Sexualwissenschaft«, das damit mehr als einhundert Jahre nach seinem Erscheinen endlich als selbstständiges Universitätsfach anerkannt wurde. Im Oktober 1972 erhielt Sigusch

Die erste Habilitation für das selbstständige Fach Sexualwissenschaft den Ruf auf die neu eingerichtete, nicht mit der Psychiatrie verbundene Professur der Universität Frankfurt am Main. Deren Gegenstand wurde auf seinen Wunsch hin schließlich »Sexualwissenschaft« und nicht »Medizinische Sexualwissenschaft« oder »Sexualmedizin« genannt, weil er die neue medizinische Disziplin als »Sexualwissenschaft in der Medizin« verstand, also möglichst weit über den Horizont der Schulmedizin hinausblicken wollte. Das führte unter anderem auch dazu, dass Sigusch bereits 1973 als Professor für Spezielle Soziologie in den Fachbereich Gesellschaftswissenschaften der Frankfurter Universität als so genanntes Doppelmitglied aufgenommen worden ist. Im April 1973 wurde die Abteilung für Sexualwissenschaft, die seit 1996 Institut für Sexualwissenschaft hieß, per ministeriellem Erlass genehmigt und, dem damaligen hessischen Universitätsgesetz entsprechend, mit den Fächern Medizinische Psychologie, Medizinische Soziologie und Psychosoziale Arbeitsmedizin in einem »Zentrum der Psychosozialen Grundlagen der Medizin« zusammengefasst, das 2005 durch Aufnahme der Fächer Allgemeinmedizin sowie Geschichte und Ethik der Medizin zu einem »Zentrum für Gesundheitswissenschaften« erweitert wurde (vgl. zur Arbeit der Abteilung bzw. des Instituts Sigusch 1989a, 1996b, Sigusch und Grau 2006).

Seit dem Wintersemester 1972/73 übernahm die Sexualwissenschaft in Frankfurt am Main ein Viertel des nach der Approbationsordnung für Ärzte vorgeschriebenen Kurses der Medizinischen Psychologie und, seit 1989, auch des Praktikums der Berufsfelderkundung. Dadurch wurde die Sexualwissenschaft erstmalig geregelt

Besuch aus den USA im Frankfurter Institut 1993. Sitzend von li.: Sophinette Becker, Volkmar Sigusch, Agnes Katzenbach (halb verdeckt) und Leonore Tiefer (New York). Stehend von li.: Herbert Gschwind, Marc Dupont (Doktorand), Norbert Haider (Tutor), Martin Dannecker, Anneliese Siewert und nur angedeutet Bärbel Kischlat-Schwalm (Foto: Brunhild Kring, New York)

Blicke ins Zimmer des Frankfurter Institutsdirektors 2006 (Fotos: Wolfgang Becker und privat)

und dauerhaft in der medizinischen Pflichtlehre verankert. Leider war es aber nicht so, wie Eicher (1975: 3) damals hoffnungsvoll schrieb: »Die Universität Frankfurt hat als erste deutsche Universität eine systematische Ausbildung in Sexualmedizin [...] vorgesehen«. Nach wie vor gibt es in Deutschland keinen Studiengang Sexualwissenschaft oder Sexualmedizin. Allein die quantitativ erbärmliche personelle Ausstattung der Sexualwissenschaft insgesamt und natürlich die Approbationsordnung, die bis heute keine Fachrichtung »Sexualmedizin« kennt, schlossen und schließen eine »systematische« Ausbildung der Studierenden aus. Erst seit Anfang des neuen Jahrtausends gestattet die revidierte Approbationsordnung, Sexualmedizin, sofern an einer Universität vorhanden, obligatorisch als »Wahlfach« zu unterrichten, was wir natürlich getan haben.

Durch einen ministeriellen Erlass und damit an den Gelüsten von Universität und Fachbereich Medizin vorbei erhielt die Frankfurter Abteilung im September 1974 zwei Stellen des wissenschaftlichen Dienstes zugewiesen, die der Kern der ersten offiziellen »Sexualmedizinischen Ambulanz« einer deutschen Universität werden sollten. Tatsächlich gestattete uns der Vorstand des Universitätsklinikums Mitte 1975 die Eröffnung einer Poliklinik mit der genannten Ambulanz, obgleich die Abteilung damals noch vollständig zum so genannten vorklinischen Bereich gehörte. Von der zuständigen Kassenärztlichen Vereinigung erhielten wir kurz danach die so genannte Kassenzulassung, nachdem für das bis dahin poliklinisch und versicherungsrechtlich gar nicht existierende Fachgebiet Sexualmedizin erstmalig ein Gegenstands- und Abrechnungstableau von den Parteien ausgehandelt worden war.

Kooperation von Hamburger und Frankfurter Institut

Die Frankfurter Abteilung für Sexualwissenschaft wurde wie die Hamburger Abteilung für Sexualforschung – beide durften sich später »Institut« nennen – zur satzungsgemäßen Forschungsstelle der Deutschen Gesellschaft für Sexualforschung. Damit war auch unabhängig von der jeweiligen Leitung eine Kooperation dieser beiden Einrichtungen intendiert. Diese Kooperation fand auch tatsächlich statt, vor allem, indem gewachsene Forschungs- und Behandlungsschwerpunkte respektiert wurden.

In Hamburg waren das nach Hans Gieses und Eberhard Schorschs Tod – vor allem vertreten von Wolfgang Berner, Peer Briken, Margret Hauch, Andreas Hill,

Wolfgang Berner, Margret Hauch, Hertha Richter-Appelt und Gunter Schmidt

Reinhardt Kleber, Carmen Lange, Wilhelm F. Preuss, Hertha Richter-Appelt, Gunter Schmidt und Günther Zamel –: sexuelle Perversionen bzw. Paraphilien, sexueller Missbrauch und sexuelle Traumatisierungen, Geschlechtsidentitätsstörungen und Intersexualität, sexuelle Delikte, sexuelle Delinquenzen und die Sexualforensik insgesamt, die Behandlung sexuell gestörter Beziehungen durch eine selbst entwickelte Paartherapie, der modellhafte Aufbau einer von Ärzten und Psychologen betriebenen allgemeinen Sexualambulanz, die in der Bundesrepublik einmalige empirische Erforschung des Sexuallebens verschiedener Bevölkerungsschichten über Jahrzehnte sowie die kulturwissenschaftliche Interpretation des Wandels der sexuellen und geschlechtlichen Verhältnisse (vgl. Kap. 18 und Literaturverzeichnis).

In Frankfurt dagegen lagen die Schwerpunkte – vor allem vertreten von Sophinette Becker, Norbert Boller, Martin Dannecker, Renate Franke, Herbert Gschwind, Isidor Kaminer, Bernd Meyenburg, Angelika Ramshorn-Privitera, Reimut Reiche, Volkmar Sigusch und Katherine Stroczan – auf folgenden Gebieten: Konzeption einer kritischen Sexualmedizin mit Aufbau einer Spezialambulanz, Theorie der Sexualität und der Neosexualitäten, Psychoanalyse des Geschlechterverhältnisses, männliche Homosexualität einschließlich Empirie, Theorie, Behandlung konflikthafter Entwicklungen und Zusammenhang mit Aids, Geschlechtsidentitätsstörungen und Transsexualismus, Kritik einer körperfixierten Medizin (z.B. Kastration, Antiandrogene, psychochirurgische Hirneingriffe, Penisprothesen, Impotenz erzeugende Operationstechniken und Medikamente usw.), Geschichte der Sexualwissenschaft einschließlich Aufbau einer Fachbibliothek und Anlage von Spezialsammlungen. Beide Institute engagierten sich öffentlich bei medizinischen und politisch-rechtlichen Fehlentwicklungen sowie fachintern bei der sexuologischen Fortbildung von ÄrztInnen und PsychologInnen.

Eine Zusammenarbeit wie zwischen den Instituten in Hamburg und Frankfurt am Main war mit den sexualmedizinischen Einrichtungen in Kiel und Berlin (s. Kap. 21) nicht möglich, weil die wissenschaftlichen und politischen Vorstellungen bei den meisten Fragen unvereinbar waren. Dafür ein Beispiel. Als die Hauptvertreter dieser Richtung, Klaus M. Beier und Hartmut A. G. Bosinski, 1994 eine Fachzeitschrift im Gustav Fischer Verlag unter dem Titel *Sexuologie* gründeten, beriefen sie den Ost-Berliner Endokrinologen Günter Dörner in den Wissenschaftlichen Beirat, der »für die erfolgreiche konzeptionelle Umsetzung« ihres Projektes garantieren sollte. Dörner war mehrfach von uns öffentlich kritisiert worden, weil seine Behauptungen und Untersuchungen versprachen, Homosexualität bereits im Mutterleib ausmerzen zu können. Und im Editorial (S. 3) des ersten Heftes ihres Fortbildungsblattes, das keinem Standard wie dem Peer-Review-Verfahren unterworfen wurde, versprachen sie »die Beseitigung eines bisher gravierenden Mangels durch Schaffung einer – akademischen Standards entsprechenden – sexualwissenschaftlichen Fachzeitschrift«. Dabei wussten sie, dass wir zu diesem Zeitpunkt bereits im Thieme Verlag die international erfasste und dem Peer-Review-Verfahren unterworfene *Zeitschrift für Sexualforschung* im siebten Jahr herausgaben. Nebenbei: Diese Sexualmediziner konnten bis heute ihr Versprechen nicht einlösen; vielleicht lassen sie es sich auch aus diesem Grund angelegen sein, die Forschungsergebnisse, ja sogar die Existenz der ihnen unliebsamen Einrichtungen zu verschweigen, selbst dann, wenn sie über die Geschichte des Faches zu berichten vorgeben.

Die Bremer Abteilung zur Erforschung der Geschlechter- und Sexualverhältnisse

Anders als diese Sexualmediziner erweiterte und ergänzte eine von dem Soziologen und Juristen Rüdiger Lautmann im »Institut für empirische und angewandte Soziologie« (EMPAS) der Universität Bremen seit 1982 aufgebaute Abteilung die Forschungen der sexualwissenschaftlichen Einrichtungen in Hamburg und Frankfurt am Main ganz hervorragend.

Lautmann, der Assistent von Helmut Schelsky und Oberassistent von Niklas Luhmann gewesen war, wurde 1971 nicht zuletzt wegen seiner kritischen Haltung gegenüber der Justiz (vgl. Lautmann 1972 sowie Schelskys Attacke in Kap. 18) auf einen Bremer Lehrstuhl berufen. 1988 gründete er offiziell die erwähnte Abteilung unter dem Namen »Abteilung zur Erforschung der Geschlechter- und Sexualverhältnisse« und leitete sie bis zu seiner Emeritierung Ende Februar 2001. Geschlossen wurde die Abteilung zwei Jahre später. Neben Lautmann waren in ihr durchschnittlich sechs wissenschaftliche Mitarbeiterinnen und Mitarbeiter beschäftigt. Finanziert wurde die Forschung zu etwa einem Drittel von der Universität, der Rest stammte aus Drittmitteln, vor allem von der DFG und der VW-Stiftung. Als Mitarbeiter waren über jeweils längere Zeit dort tätig: Ute Gerhard, Günter Grau, Hans Grünberger, Rainer Hoffmann, Brigitte Honnens, Jörg Hutter, Volker Koch, Michael Meuser, Michael Schetsche und Angela Taeger. Die Abteilung kann sich mit zahlreichen Doktorhüten und Diplomen schmücken, insbesondere aber mit der Habilitation von Michael Meuser und Michael Schetsche.

Als Forschungsinhalte der Abteilung seien genannt: Gleichstellung der Geschlechter, Sozialgeschichte des Homosexuellenparagrafen im deutschen Strafrecht, Strafverfahren nach § 175 StGB im »Dritten Reich« und in der DDR, Theatralisierung der Homosexualität, Soziale Epidemiologie von HIV und Aids und Stigma-Management, symbolische Konstruktion von Männlichkeit, gesellschaftliche Problematisierung sexueller Devianzen (z.B. Pornografie), Frauen als Partnerinnen bisexueller Männer, Phänomenologie sexueller Kontakte Erwachsener mit Kindern – und, nicht zu vergessen: die *SchwulLesbische Studien Bremen* als Lehr- und Forschungseinrichtung von 1995 bis 1999 (Lautmann 2007).

Rüdiger Lautmann

Zur Lage der Sitten in den 1970er und 1980er Jahren

In der Gesellschaft gingen inzwischen die Bemühungen um Sexualaufklärung und die Liberalisierung des Strafrechts weiter, kämpften in diesen Jahren vor allem Homosexuelle und Frauen um ihre Rechte.

In den Jahren nach Günter Amendts berühmter *Sexfront* (1970) erscheint eine *Sexfibel* (1972) für Kinder, führt die Theatergruppe »Rote Grütze« 1973 das Stück *Darüber spricht man nicht* für Kinder auf, beschließt das Land Nordrhein-Westfalen 1974 als erstes Bundesland staatliche Richtlinien für die Sexualerziehung in den Schulen, reduziert der Bundesgesetzgeber 1975 den Pornografie-Tatbestand inhaltlich auf die Darstellung von Sexualität mit Kindern, Tieren und Gewalt, bringt die Bundeszentrale für gesundheitliche Aufklärung 1976 das Medienpaket *Betrifft: Sexualität* heraus, verklagt die von Alice Schwarzer geleitete Frauenzeitschrift *Emma* 1978 die Illustrierte *Stern* erfolglos wegen pornografischer Titelbilder, anerkennt das Bundesverfassungsgericht im selben Jahr das Recht der Schulen auf Sexualerziehung, sodass die Eltern seither zwar ein vorrangiges, aber kein ausschließliches Recht auf die Sexualerziehung ihrer Kinder besitzen.

Als Initialzündung des Emanzipationskampfes der Homosexuellen könnte die Aufführung des Films *Nicht der Homosexuelle ist pervers, sondern die Situation, in der er lebt* von Rosa von Praunheim 1971 bei den Berliner Filmfestspielen bezeichnet werden, ein bewundernswert ehrlicher, nichts beschönigender Film, dessen Drehbuch auf Gedanken von Martin Dannecker zurückgeht, der zum Kopf der zweiten deutschen Homosexuellenbewegung wurde. Wenn von den ersten Versuchen Karl

Plakat aus der Schwulenbewegung
(Coll. Michael Holy)

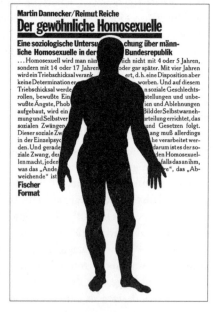

Martin Dannecker und Reimut Reiche:
Der gewöhnliche Homosexuelle, 1974

Heinrich Ulrichs im 19. Jahrhundert abgesehen wird (s. Kap. 5), ist die erste deutsche Homosexuellenbewegung vor allem mit dem Namen des Sexualwissenschaftlers Magnus Hirschfeld verbunden (vgl. *Goodbye to Berlin?* 1997, Herzer 1998). Die zweite deutsche Homosexuellenbewegung, die sich provozierend als *Schwulen*bewegung begriff, wurde ganz wesentlich von dem späteren Sexualwissenschaftler Martin Dannecker beeinflusst – wie auch an seinem wissenschaftlichen Werk und seinen öffentlichen Aktivitäten abgelesen werden kann (Dannecker und Reiche 1974, Dannecker 1978, 1983, 1990, 1991, 1996, 1997, 2007). Noch 1971 werden die »Homosexuelle Aktion West-Berlin« (HAW) und die »Rote Zelle Schwul«, kurz »Rotzschwul« genannt, in Frankfurt am Main gegründet. 1972 erlebt Münster die erste Schwulendemonstration in der Geschichte der BRD. 1973 geht das »Lesbische Aktionszentrum Berlin« (LAZ) mit dem Film *Und wir nehmen uns unser Recht* an die Öffentlichkeit. Im selben Jahr wird, wie bereits berichtet, der Homosexuellen-Paragraf zum zweiten Mal entschärft, bleibt aber bestehen (s. Kap. 18).

1971 gehen Hunderte von Frauen, darunter auch sehr bekannte, an die Öffentlichkeit und erklären in der Illustrierten *Stern*: »Ich habe abgetrieben«. Das war der kämpferische Auftakt im Ringen um die Anerkennung der Selbstbestimmungsrechte von Frauen und speziell die Beseitigung des berüchtigten § 218. 1974 stoppt das Bundesverfassungsgericht die zuvor vom Bundestag beschlossene Fristenregelung, nach der eine Schwangerschaft in den ersten zwölf Wochen hätte straffrei beendet werden können. 1975 fahren Hunderte von Frauen demonstrativ zur Abtreibung nach Holland. 1976 tritt eine so genannte Indikationsregelung in Kraft, die nur bei bestimmten Notlagen medizinischer, kriminologischer und eugenischer Art eine Straffreiheit zulässt.

Die linke Berliner Frauengruppe »Brot und Rosen« publiziert 1972 das kritische *Frauenhandbuch Nr. 1* zur Problematik Abtreibung und Kontrazeption

Gegenüber der reproduktiven Sphäre tritt bei Frauen generell die sexuelle Sphäre nach wie vor eindrucksvoll zurück. Viele Frauen werden von männlichen »Experten« als »frigide« bezeichnet, viele Frauen haben noch nie einen Orgasmus erlebt und wenn doch, nach Meinung der »Experten« den falschen. 1970 veröffentlicht Sigusch die Monografie *Exzitation und Orgasmus bei der Frau*, in der die damals gängige und in ihren Auswirkungen verheerende Aufteilung in einen »männlichen« und »unreifen« klitoridalen Orgasmus einerseits und einen »weiblichen« und »reifen« vaginalen Orgasmus andererseits vor allem physiologisch widerlegt wird, eine Schrift, die von der Bayerischen Staatsbibliothek als »sittlich entrüstende Literatur« unter anderem zusammen mit der berühmten *Josefine Mutzenbacher,* dem Lebensbericht einer Wiener Dirne, und dem *Casanova* Hermann Kestens weggesperrt wird, so dass sie im öffentlichen Katalog nicht gefunden werden kann (vgl. den Katalog der Ausstellung *Der Giftschrank. Remota,* Kellner 2002). Belesene Frauen erinnern zu dieser Zeit daran, dass die sexuelle Potenz der Frau im Grunde größer ist als die des Mannes (Sherfey 1972/1974). Streitbare Frauen kritisieren immer heftiger und öffentlicher das Macho-Verhalten linker Anführer. Mitte der 1970er Jahre schließlich formiert sich innerhalb der Frauenbewegung eine Protestbewegung gegen sexuelle Gewalt von Männern, gegen Missbrauch und Vergewaltigung innerhalb und außerhalb von Beziehungen einschließlich der Ehe. Die ersten Frauenhäuser entstehen in der Bundesrepublik, in die Frauen vor Männergewalt fliehen können.

Sexualität konkret

Was das Land in den Jahren danach bewegte, könnte in dem Periodikum *Sexualität konkret* nachgelesen werden, das Volkmar Sigusch zusammen mit Ingrid Klein und Hermann L. Gremliza zwischen 1979 und 1986 produzierte. Es handelte sich um sieben Hefte von jeweils etwa 100 Seiten Umfang, die Christoph Krämer illustrierte und die an jedem Kiosk gekauft werden konnten, sofern sich nicht Großvertreiber gerade wegen eines Bildes in einer christlich-südlichen Region ausschalteten. Nach dem Zeitschriftenhandel brachten wir die Hefte kombiniert oder erweitert als Bücher auf den Markt (vgl. z.B. Sigusch et al. 1984), sodass die Auflagen insgesamt in die Hunderttausende gingen.

Das Besondere war, dass sich in den Heften und Büchern nicht nur Wissenschaftler der verschiedenen Fächer wie Jean Baudrillard, Günter Amendt, Ulrich Clement, Margret Hauch, Alexandra von Streit, Peter Gorsen, Helmut Kentler, Rüdiger Lautmann, Marina Moeller-Gambaroff, Herbert Maisch, Rudolf Müller oder Eberhard Schorsch zu Fragen der Erotik, der Liebe, der Sexualität, des Geschlechterverhältnisses, der Sexualpolitik, der Sexualkriminalität usw. äußerten, sondern auch Musiker wie Eric Burdon, Gianna Nannini oder Alan Bangs, Schriftsteller wie Heinar Kipphardt, Martin Walser, Hermann Peter Piwitt, Gisela Elsner, Tomasio Di Ciaula, Peter O. Chotjewitz, Diedrich Diederichsen, Ingeborg Drewitz, Gerd Fuchs, Peter Paul Zahl oder Günter Herburger, Maler und Bildhauer wie Alfred Hrdlicka, Sarah Schumann, Gisela Breitling oder Ernst Kahl, Journalisten wie Caroline Fetscher, Luc Jochimsen, Peggy Parnass, Susanne von Paczensky, Otto Köhler, Gerhard Mauz und Hartmut Schulze, außerdem der Schauspieler Götz George, der Theaterregisseur Wolfram Moser, der Bergsteiger Reinhold Messner, der Liedermacher Wolf Biermann oder der Satiriker Henning Venske.

Gunter Schmidt (2000: 13) schrieb später zu meiner Überraschung über diese Zeit und dieses Periodikum, Ende der siebziger Jahre habe »der Blues« begonnen, sich »über Liebeslandschaften« zu legen. Zwar hätten sich Sex und Beziehungen geändert, »hohes Hoffen« aber habe sich nicht erfüllt, »das Glück – politisch wie privat – wollte sich nicht einstellen«. Der Abgesang auf die sexuelle Revolution

Manfred Spies: Papst-Tryptychon *Volkmar, Paul und ich*, 1976, Acryl auf Leinen auf Keilrahmen. Aktion des Künstlers anläßlich der Ausstellung *Nachbarschaft* in der Kunsthalle Düsseldorf gegen die repressive Sexualethik des Vatikans mit Worten von Papst Paul VI. in der Mitte und Kritik des Künstlers selbst sowie des Sexualforschers Volkmar Sigusch, wobei das Publikum faule Eier werfen konnte – bis die Aktion von etwa 80 Staatsdienern beendet wurde (Foto: Ulrich Baatz)

sei »am schönsten« in den von uns herausgegebenen Heften »intoniert« worden. »Erotik ist nur noch Alleinsein«, habe es geheißen, »und Bob Dylan nuschelte im Hintergrund«. Tieftraurig habe der wichtige Prozess der »Entmystifizierung« der überfrachteten Sexualität begonnen. Vielleicht gewann Gunter Schmidt aber auch diesen tieftraurigen Eindruck, weil das letzte Heft von *Sexualität konkret* notgedrungen von der hereingebrochenen Seuche Aids handelte.

Doch bevor von dem Umgang der Sexualwissenschaft mit Aids die Rede sein kann, müssen noch einige Ereignisse aus den siebziger Jahren erwähnt werden: der Einbruch des Sexualforschers Ernest Borneman und die Gründung einer neuen sexuologischen Vereinigung durch Rolf Gindorf.

Rolf Gindorfs andere Gesellschaft für sozialwissenschaftliche Sexualforschung

Der Export-Unternehmer und Dolmetscher Rolf Gindorf (geb. 1939), der berufsbegleitend VWA studierte, ließ 1971 aus seinem Arbeitskreis »Homosexualität und Gesellschaft« in Düsseldorf die »Gesellschaft zur Förderung sozialwissenschaftlicher Sexualforschung« (GFSS) hervorgehen. Bis 1979 saß er diesem Verein selbst vor, um dann bis 2004 Vizepräsident und anschließend Ehrenpräsident zu werden. Als es am 28. Februar 1982 zu einem Putsch gegen ihn und zur Auflösung des Vereins gegen seinen Willen kam, gründete er auf der Stelle – Ralf Dose (1998: 347) schrieb: »fünf Minuten nach Auflösung« – als Nachfolge-Verein die »Deutsche Gesellschaft für sozialwissenschaftliche Sexualforschung« (DGSS), die schon mit ihrem Namen endlich bekunden sollte, dass sie mit der damals bereits seit über dreißig Jahren existierenden »Deutschen Gesellschaft für Sexualforschung« (DGfS) in Konkurrenz treten würde. Wie die DGfS gab nunmehr auch die DGSS öffentliche Erklärungen ab, veranstaltete Kongresse und startete eine (nach drei Bänden wieder verschwundene) Schriftenreihe (vgl. Gindorf und Haeberle 1986, 1989, 1992). Das Heft aber behielt nach wie vor Gindorf in der Hand, unabhängig davon, wen er sich als Präsidenten auserkoren hatte, beispielsweise Ernest Borneman (1982–1986) und Erwin J. Haeberle (1986–2002). Weichenstellende Wissenschaftler wie der Sexualpädagoge Helmut Kentler, Präsident von 1979 bis 1982, der Sexualsoziologe Rüdiger Lautmann oder der Hirschfeld-Forscher Ralf Dose, die anfänglich das Gindorf-Projekt unterstützt hatten, zogen sich zurück. Präsident von 2002 bis 2006 war Gunter Runkel; seither nimmt Jakob Pastötter den Vorsitz wahr.

Im Zentrum der GFSS- und DGSS-Bemühungen stand von Anfang an die männliche Homosexualität. Seit 1978 bietet Gindorf in seinem privaten Düsseldorfer Institut »Schwulen- und Bisexuellenberatung« durch »selbst offen schwule« Berater an. Ideologisch und theoretisch will sich die nach wie vor existierende DGSS von der DGfS erklärtermaßen dadurch unterscheiden, dass sie »sozial-, verhaltens- und kulturwissenschaftlich orientierte Sexualforschung« betreibt und nicht »rein medizinische oder klassisch psychoanalytische«. Hinzu komme als Differenz: »Anstatt sich auf Heiler wie Freud oder Reich oder Visionäre wie Marx zu berufen, hat sich die DGSS mehr an Soziologen wie Durkheim, Weber und Elias und an Kritischen Rationalisten wie Popper orientiert«, so stand es in einer offiziellen Erklärung der DGSS vom April 1997, die gelegentlich ihrer Tagung »100 Jahre Schwulenbewegung« verteilt worden ist – und so steht es unverändert heute noch, im Juni 2007, auf ihrer Homepage.

Das Merkwürdige ist, dass in der bekämpften DGfS niemand irgendwelchen »Heilern« oder »Visionären« nacheiferte, weil Sektenmitglieder in dieser Gesellschaft keine Chance hatten. (Im Scherz: Nur ein nicht ganz unbekanntes Mitglied nahm sich immer wieder die Frechheit heraus, Karl Marx zu zitieren, weil wir nach wie vor im Kapitalismus leben.) Außerdem stammen bis heute all die Forschungen und Reflexionen, die sich die DGSS wünschen mag, von Mitgliedern der DGfS. Genannt seien hier nur in Sachen Homosexualität und Aids die Forschungsprojekte und Veröffentlichungen von Martin Dannecker, denen bereits Anfang der 1970er Jahre die bis heute einzigartige Studie *Der gewöhnliche Homosexuelle* vorausgegangen ist (Dannecker und Reiche 1974). In Sachen Therapie, die nicht mit der verachteten Psychoanalyse zusammenfällt, nenne ich nur die am Hamburger Institut für Sexualforschung vor allem von Gunter Schmidt entwickelte und vor allem von Margret Hauch fortentwickelte sowie von dem Ex-Hamburger Ulrich Clement ins Systemische erweiterte Paar- resp. Sexualtherapie, die in Deutschland Ihresgleichen sucht (Arentewicz und Schmidt 1980, Clement 2004, Hauch 2006). Selbst das empirische Wissen über das Sexualverhalten und -erleben verschiedener Bevölkerungsgruppen und -schichten stammt nicht von der DGSS – wie in diesem Kapitel ausführlich berichtet. Auch könnte ich keine Analyse des kulturellen Wandels der sexogenerischen Verhältnisse in den reichen Ländern des Westens nennen, die von Gindorf und seiner Vereinigung stammte – wie ja eigentlich erwartet werden dürfte.

Kooperationen zwischen den genannten Gesellschaften waren nur in der kurzen Zeit möglich, als Kentler den Vorsitz wahrnahm. Damals gab es gemeinsame Appelle an Parlamente und Regierungen, den Homosexuellen-Paragrafen endlich abzuschaffen und für die Transsexuellen endlich einen Rechtsanspruch auf Namens- und Personenstandsänderung per Gesetz anzuerkennen. Danach traten wieder große inhaltliche Differenzen und leider auch verunglimpfende und feindselige öffentliche Anwürfe in den Vordergrund. Trotzdem sei gesagt: Die Lebensleistung des seit »seinem 19. Lebensjahr schwerbehinderten (spastische Halbseitenlähmung)« Rolf Gindorf – so teilte er im Juni 2007 auf seiner Homepage mit –, insbesondere sein perennierender Kampf um die Anerkennung homosexueller Partnerschaften und seine Promotion im Alter von 67 Jahren zum Ph.D. an einer US-amerikanischen Hochschule nach Jahrzehnten des Studiums diverser Fächer nötigen Respekt ab.

Ernest Bornemans *Kapital* für die Frauenbewegung

Bereits zum Zeitpunkt von Gieses Tod zeichnete sich ab, dass ein ganz anderer Forscher als die in der Deutschen Gesellschaft für Sexualforschung versammelten die westdeutsche sexuologische Szene zu erobern suchte. Er hatte 1968 ein zweibändiges *Lexikon der Liebe* bei List, 1971 »*Sex im Volksmund* bei Rowohlt, 1975 als Höhepunkt *Das Patriarchat* bei Fischer und bereits 1977 seine Autobiografie ebenfalls bei Fischer publiziert.

Berichten Sexualforscher öffentlich über ihr eigenes Sexualleben, brauchen sich Chronisten nicht zurückzuhalten. Von Willhart S. Schlegel erfuhren wir, dass er das Virile liebte. Von Ernest Borneman hörten wir, dass er das Feminine liebte, aber um Gottes willen nicht an Männern. Denn das Homosexuelle blieb ihm zeitlebens suspekt; er habe es »intensiv« verdrängt und »prompt« überkompensiert; »nie im Leben« habe er »ein wirklich intimes Gespräch mit einem männlichen Wesen führen können« (Borneman 1977: 11), ja er ging sogar so weit, einem Kollegen, der ihn kritisiert hatte, öffentlich »warme Grüße« zu schicken, um ihn als »warmen Bruder« bloßzustellen – so hieß im Volksmund damals ein schwuler Mann. Gleichzeitig betonte Borneman in seiner »Selbstanalyse« von 1977 mehrfach, dass er »nie im Leben ein einziges Sexualproblem mit Ausnahme simplen Geschlechtshungers gehabt habe, und selbst das nur, wenn einfach keine Frauen da waren« (ebd.: 24 f). Vielleicht hat er aus diesem Grund in einer weit verbreiteten Sex-and-Crime-Postille namens *Neue Revue* in den 1980er Jahren Rat suchende Menschen in Not jahrelang mit Rat-Schlägen abgefertigt (vgl. im Einzelnen Sigusch 1987d). Und vielleicht hat diese beinahe tragisch zu nennende Selbsttäuschung bei einem »Experten«, der sich auch noch gerne als »Psychoanalytiker« vorstellte, ohne es zu sein (z.B. Borneman 1977: 393), dazu geführt, dass ihm am Ende seines Lebens bei einem sexuellen Konflikt mit einer Geliebten, der öffentlich ausgetragen wurde, kein anderer Ausweg übrig blieb als die Selbsttötung. Am 4. Juni 1995 nahm sich Ernest Borneman im oberösterreichischen Scharten das Leben. Jahre zuvor scheint das seine Ehefrau Eva Bornemann (1986) geahnt zu haben; nicht von ihm geschieden, schrieb sie über ihn unter dem viel sagenden Titel *Leichen am Legendenwegrand.*

Geboren wurde Ernst Wilhelm Julius Bornemann, der sich Ernest Borneman nannte, aber kein von den Nazis verfolgter Jude war, am 12. April 1915 in Berlin. Aufgewachsen ist er offenbar in recht ärmlichen Verhältnissen. Die Eltern betrieben einen Laden für Kinderkleidung in Charlottenburg, von dem die Familie aber nicht leben konnte. Noch vor dem Abitur verließ Borneman (1977: 26) am 5. Juli 1933 mit einem »Schülertransport« und »einem nicht ganz echten Paß« Berlin in Richtung England, weil er als Aufklärungsgehilfe von Wilhelm Reich den gerade an die Macht gelangten Nazis aufgefallen sei. Andernorts schrieb Borneman (1974: o. P. [5]) zu seinem Weggang zum Beispiel: »Als Kind war ich einem von mir zutiefst verehrten Lehrer, Professor Erich von Hornbostel, nach Cambridge gefolgt, als er [...] Berlin für immer verlassen hatte.«

Der weitere Lebensweg war gewiss sehr beschwerlich. Borneman versuchte, sich als Autodidakt mit dem Werk bekannter Forscher vertraut zu machen, musste aber nicht nur selbst für seine Bildung sorgen, sondern auch für seinen Unterhalt. Mit großem Fleiß machte er sich einen Namen als Jazzkritiker und Medienexperte, vor allem aber unter dem Pseudonym Cameron McCabe als Krimiautor. Anfang der 1960er Jahre baten ihn die Regierung Adenauer und der Bundesverband der Deutschen Industrie, ein Staats- und Werbefernsehen in Westdeutschland aufzubauen, was Borneman trotz seiner immer wieder beschworenen sozialistisch-marxistischen Einstellung unter dem Protest der gesamten politischen Linken offenbar gerne tat, bis es das Bundesverfassungsgericht verbot.

Neben Film und Fernsehen gehörte wohl die Wissenschaft immer zu den Leidenschaften des inzwischen nicht mehr jungen Mannes ohne Schulabschluss und ohne nachweisbares Universitätsstudium. Er begann, ein sexuologisches Buch nach dem anderen zu veröffentlichen, wobei immer unüberprüfbar blieb, wie er an das präsentierte Material gekommen war, ob es sich nun um Kinderverse oder um Zitate aus der antiken Literatur handelte. Einmal waren die Tonbänder mit den Originalaufnahmen gelöscht, andermal waren die benutzten Übersetzungen der Belegtexte nicht mehr bekannt. Oder ein seriöser Sammler von Kinderversen und berühmter Schriftsteller wie Peter Rühmkorf sprach unbehelligt davon, dass ihm geistiges Eigentum von Borneman gestohlen worden sei.

Bevor dem Verfasser dieser Zeilen klar geworden war, dass es bei Borneman immer mehrere Wahrheiten gab, mochte er angesichts von Lebensweg und Alter dessen Promotion nicht im Wege stehen, als diese 1975/76 an der Universität Bremen aufgrund anderer als Schul- und Studienleistungen plötzlich durch eine neue Rechtslage möglich wurde. Ich habe keine Steine in den ungewöhnlichen Weg gelegt, bin aber nicht der »Doktorvater«, wie Aigner (1994: 9) in Anführungszeichen in seinem Nachruf schrieb. An die Universität mit einem Lehrauftrag geholt hat Borneman Igor Caruso (1914–1981) vom Psychologischen Institut der Universität Salzburg, der eine ganze Generation junger Forscherinnen und Forscher geprägt hat, die die Psychoanalyse als eine sozialkritische und sozialpolitisch engagierte Wissenschaft betrachtete. Aigner (ebd.) und Trübswasser (1994), die bei Caruso und Borneman in den 1970er Jahren studiert haben, sind auch Borneman bis heute dankbar für die Anstöße, die er ihnen gab, obgleich sie selbst in ihren Nachrufen nicht verschweigen, was sie an ihm zugleich gestört hat.

Erwähnt sei noch, dass Bornemans Traum, auf einen Universitäts-Lehrstuhl berufen zu werden, allein schon aus Altersgründen nicht in Erfüllung gehen konnte, dass er aber, nicht zuletzt wegen seiner zeitweilig offensichtlich exzellenten Beziehungen zur Spitze der SPÖ, nach der Promotion in Bremen von der österreichischen Regierung zum Honorarprofessor ernannt wurde. Und natürlich war er 1979 an der Gründung der Österreichischen Gesellschaft für Sexualforschung (ÖGS) maßgeblich beteiligt und wurde deren erster Vorsitzender (bis 1985), um 1982 zusätzlich den Vorsitz der von Rolf Gindorf gegründeten Deutschen Gesellschaft für sozialwissenschaftliche Sexualforschung zu übernehmen. An der Spitze der ÖGS folgten ihm Hans-Rainer Teutsch (1985–1987), Josef-Christian Aigner (1987–1992), Gudrun Hauer (1992–1996), Rotraud Perner (1996–2002) und Johannes Wahala (2002–2008). Neben diesen Vorsitzenden resp. Präsidenten spielten zum Beispiel Helmut Graupner, Ulrike Körbitz und Elisabeth Cinatl eine wichtige Rolle in der ÖGS.

Heute werden Bornemans zahllose Artikel und Bücher praktisch nicht mehr zitiert. Nach meinem Eindruck ist jedoch seine *Ullstein Enzyklopädie der Sexualität* von 1990 nach wie vor hilfreich, ein zweispaltiges 900-Seiten-Buch, das aus den mit immensem Fleiß zusammengestellten Lexika hervorgegangen ist, die Borneman in den Jahrzehnten davor publiziert hatte. Das zu seinen Lebzeiten umstrittenste Werk erschien 1975 und war betitelt: *Das Patriarchat. Ursprung und Zukunft unseres Gesellschaftssystems*. Weil es Borneman als die kostbarste Frucht seiner 40-jährigen Forscherarbeit ansah, seien auch dazu einige Bemerkungen gemacht, obwohl dieses »Hauptwerk« heute in den Diskussionen keine Rolle mehr spielt.

Als Motto ließ Borneman (1975: 7) über das Buch drucken: »*Das Patriarchat* ist den Frauen gewidmet. Es sollte der Frauenbewegung dienen, wie *Das Kapital* der Arbeiterbewegung gedient hat: als Analyse der Vergangenheit, als Schlüssel zur Zukunft, als Waffe im täglichen Kampf der Gegenwart.« Generell ging es ihm um die Abschaffung des Patriarchats, die »nur« dann möglich sei, wenn »der soziale und ökonomische Nachweis« erbracht werde – was er ankündigt, aber natürlich nicht tut –, »daß die Frau beim Ursprung unserer Kultur eine dem Manne zumindest ebenbürtige Rolle gespielt hat« (ebd.: 12). Was vor Äonen (vielleicht) der Fall war, sollte die heutige Gleichstellung der Frau begründen. Beim Sprung vom Altpaläolithikum in den gegenwärtigen Kapitalismus schüttelte Borneman alle Wirklichkeiten und Begriffe durcheinander, verfocht einen politischen Naturalismus. Im »gesamten Corpus dieses Buches« wollte er nachgewiesen haben, »daß die menschliche Gesellschaft […] ein eindeutiges Ziel anvisieren muss: eine Wiederherstellung der klassenlosen Gesellschaft der Vorgeschichte auf höchster Ebene der elektronischen und atomaren Technik« (ebd.: 530).

Doch es hörte mit dem Aberwitz gar nicht mehr auf. So behauptete Borneman nicht nur, Freud habe »eine psychologische Begründung der Notwendigkeit einer Diktatur des Proletariats« geliefert (ebd.), er wollte auch die wieder vorgeschichtlich klassenlose Atomgesellschaft »von der Geschlechtlichkeit als solcher« befreien (ebd.:

12). Dazu war ihm offenbar jedes Mittel recht: »Wir werden Menschen mit Kiemen statt Lungen entwickeln, und wir werden Menschen entwickeln, deren Organismus nicht mehr von der Schwerkraft abhängig ist. Der Schritt von hier zur Abschaffung der Menstruation ist nicht groß, und die Erforschung einer Alternative zum Austragen des Kindes im Mutterleib sollte kaum überwältigende Schwierigkeiten bereiten« (ebd.: 534). Aus Gründen der Emanzipation und Klassenlosigkeit ist es demnach unumgänglich, »den menschlichen Samen außerhalb des Mutterleibes aufzuziehen« oder vielleicht »durch Umbildung der Gattung eine ungeschlechtliche Fortpflanzung« zu erzielen (ebd.: 531). Auf jeden Fall müsse alles basal Weibliche – Brüste, Monatsblutung, Schwangerschaft – beseitigt werden, meinte der Superfeminist und fragte sich ratlos, warum sein »Kapital« für die Frauenbewegung so heftig »von den ›autonomen‹ Frauen« angegriffen wurde (Borneman 1977: 126 f.).

Um seinen Kopf aus der Schlinge zu ziehen, behauptete Borneman, er sei für die besonders heftig kritisierten Passagen »nicht als Urheber verantwortlich«, »eigentlich nur als Reporter« (ebd.: 125). Ich sage es ungern: Aber in allen Werken Bornemans finden sich haarsträubende Thesen, die er immer dann gar nicht zu verantworten hatte, wenn die Ablehnung eindeutig war. Offenbar war ihm die öffentliche Beachtung, die er durch diese Art der Selbstdarstellung erhielt, wichtiger als der Respekt solide arbeitender Wissenschaftlerinnen und Wissenschaftler.

Magnus-Hirschfeld-Renaissance

Erst fünfzig Jahre nach Hitlers Machtübernahme wurde die Geschichte der Sexualwissenschaft in einem nennenswerten Umfang erforscht. Zuvor waren nur Arbeiten aus dem Umkreis des NS-Gegners Werner Leibbrand (1896–1974), Direktor des Instituts für Geschichte der Medizin der Ludwig-Maximilians-Universität zu München, und seiner Ehefrau Annemarie Leibbrand-Wettley (1913–1996) aufgefallen (vgl. z.B. Wettley 1959, Seidel 1969, Leibbrand und Leibbrand 1972). In den achtziger Jahren setzte sich dann, nach der Studentenbewegung angestoßen von der Schwulenbewegung, bei mehr als drei Personen die Erkenntnis durch, dass die Geschichte der Sexualwissenschaft und der Homosexuellen studiert werden muss, soll aus ihnen gelernt werden. Da Magnus Hirschfeld für beides stand, Emanzipation der Homosexuellen und Konzeption einer Sexualwissenschaft, lag es auf der Hand, eine »Magnus-Hirschfeld-Gesellschaft« zu gründen. Das geschah im November 1982 in Berlin. 1984 wurde in Köln der Verein »Centrum Schwule Geschichte« gegründet, und 1985 wurde der Verein »Freunde eines Schwulen Museums in Berlin« aus der Taufe gehoben. Alle drei Vereine, die heute neben vielen kleineren Gruppierungen besonders angesehen sind, bauten ein Archiv und eine Bibliothek auf und organisierten zahlreiche Ausstellungen. Die Hirschfeld-Gesellschaft richtete außerdem eine »Forschungsstelle zur Geschichte der Sexualwissenschaft« ein, deren Arbeit in unserem Zusammenhang besonders interessiert.

Als Hauptziele ihrer Arbeit nannte die Hirschfeld-Gesellschaft: »das von den Nazis zerstörte Institut für Sexualwissenschaft in Berlin wiederzuerrichten und das Werk Magnus Hirschfelds und seiner Mitarbeiter zu erforschen, erneut bekanntzumachen und im Sinne der modernen Sexualwissenschaft weiterzuführen« (Dose und Klein 1992, Bd. I: 7). Darüber hinaus formulierte die Gesellschaft bei ihrer Gründung folgende Ziele: »die Wiedergutmachung an den wegen ihrer Sexualität im Faschismus Verfolgten; die Unterstützung des Kommunikations- und Beratungszentrums für homosexuelle Männer und Frauen in Berlin; die grundlegende Reform des Sexualstrafrechts; die sexualwissenschaftliche Aus- und Fortbildung in den medizinischen und pädagogischen Berufen« (ebd.).

Nachdem sich Mitglieder der Deutschen Gesellschaft für Sexualforschung zu den ersten Verlautbarungen und Aktivitäten der Magnus-Hirschfeld-Gesellschaft kritisch geäußert hatten, antwortete Ralf Dose 1984: »Die bisher lautgewordene Kritik an Teilen der wissenschaftlichen Arbeit Hirschfelds und insbesondere an seinen unhaltbaren und heute unvertretbaren Äußerungen zu endokrinologischen und eugenischen Fragen erscheint uns weitgehend berechtigt. Uns liegt nicht an einer Glorifizierung der Person. Wir halten es aber für notwendig, Fehleinschätzungen und Irrtümer auf dem Hintergrund des Gesamtwerkes und dessen Intentionen zu beurteilen. Nichtsdestotrotz sehen wir die generelle Vereinnahmbarkeit und die Vereinnahmung der Eugenik durch die Nazis. Wir halten es aber nicht für nützlich (und auch nicht für angemessen), einzelne Personen, deren humanistische Grundhaltung außer Zweifel stehen sollte, in die Nähe von Wegbereitern oder Vorläufern des Faschismus zu rücken« (ebd.: 150).

Von den Aktivitäten zur Wiedererrichtung eines Instituts sei jene Denkschrift *Für ein neues Berliner Institut für Sexualwissenschaft* von 1987 erwähnt, in der sich namhafte Sexualwissenschaftler wie Paul Gebhard und Eberhard Schorsch ebenso geäußert haben wie Selbsthilfeorganisationen, Arbeitsgemeinschaften Betroffener und Beratungszentren Diskriminierter. Die Denkschrift dokumentierte, was Dose schon Jahre vorher den Kritikern seiner Gesellschaft gesagt hatte: »Wir halten das frühere hirschfeldsche Institut dort für vorbildlich, wo es die Einheit von sexualwissenschaftlicher und sexualpolitischer Arbeit verkörperte. Eine solche, neu zu entwickelnde Einheit dürfte allerdings nicht in die naive Wissenschafts- und Aufklärungsgläubigkeit Hirschfelds zurückfallen. Vorstellbar ist für uns aber die bewusste Einbeziehung der bestehenden Emanzipationsbewegungen als kritisches Korrektiv in die Arbeit eines Instituts. Auch wäre u.E. der zunehmenden Kompetenz etwa der Homosexuellenbewegung bzw. ihrer Mitglieder, die eigenen Lebensverhältnisse auch wissenschaftlich zu durchdringen, Rechnung zu tragen. Dabei geht es uns nicht um die Verwechselung von Wissenschaft und Politik, sondern um die notwendige gegenseitige Ergänzung beider Bereiche, und um das Recht von Betroffenen, über die Verwendung von Forschungsergebnissen, die sie berühren, selbst zu verfügen« (ebd.: 151).

Seit 1983 gibt die Magnus-Hirschfeld-Gesellschaft zwanglos erscheinende *Mitteilungen* heraus, die Ralf Dose und Hans-Günter Klein rechtzeitig zum zehnjährigen Jubiläum in zwei Bänden im Buchformat neu herausgegeben haben. Die Grenzgängerei der Magnus-Hirschfeld-Gesellschaft zwischen bewegtem Anliegen und wissenschaftlicher Analyse, zwischen populärer Ansprache und fachlichem Anspruch hat sich in diesem Jahrzehnt am Eindrücklichsten in einer öffentlichen

Vortragsreihe niedergeschlagen, die von der Jüdischen Volkshochschule Berlin unterstützt worden ist. Erfreulicherweise sind viele dieser Vorträge in den *Mitteilungen* dokumentiert worden. Daneben finden sich selbstverständlich viele Berichte und Materialien, die Magnus Hirschfeld und sein Institut betreffen, sowie Werkstattberichte und im engeren Sinne wissenschaftliche Abhandlungen, die sich mit dem Leben und dem Werk anderer Sexualforscherinnen und Sexualforscher befassen, von Karl Heinrich Ulrichs über Fritz Brupbacher bis zu Kurt Hiller, von Dora Russell über Auguste Kirchhoff bis zu Helene Stöcker. Viele Beiträge sind andernorts ebenfalls oder ausführlicher publiziert worden, manche finden sich aber nur in den *Mitteilungen*. Wer zur Geschichte der Sexualwissenschaft oder der Homosexuellen-, Sexualreform- und Frauenbewegung arbeitet, muss die *Mitteilungen der Magnus-Hirschfeld-Gesellschaft* konsultieren. Sie sind eine Fundgrube ersten Ranges.

Dem Impressum zufolge trug Ralf Dose zusammen mit Gesa Lindemann die Hauptlast der ersten zehn Jahre. Zu den ständigen Mitarbeiterinnen und Mitarbeitern zählten neben den bereits Genannten Manfred Baumgardt, Günter Grau, Manfred Herzer, Ilse Kokula, Kristine von Soden und Norbert Zillich. Später kamen Jens Dobler, Ursula Ferdinand, Rainer Herrn, Mark Lehmstedt, Andreas Pretzel, Jochen Richter, Andreas Seeck, Raimund Wolfert u.a. hinzu. Im Juni 2007 ist das Heft Nr. 37/38 erschienen; als verantwortlicher Redakteur zeichnet nach wie vor Ralf Dose. Dem Vorstand der Hirschfeld-Gesellschaft gehörten zu diesem Zeitpunkt Baumgardt, Dobler und Pretzel sowie Horst Döring und Sylvia Friedel an.

Zur Hirschfeld-Renaissance hat beigetragen, dass zwischen 1983 und 1986 einige Werke Hirschfelds nachgedruckt wurden, darunter das *Jahrbuch für sexuelle Zwischenstufen* mit einem kritischen Vorwort von Martin Dannecker (1983), dass die erste Personalbibliografie (Steakley 1985) und die erste Biografie erschienen

Ralf Dose   Rainer Herrn

(Wolff 1986), dass zwei Vorträge von Gunter Schmidt (1984, 1986b) sowie ein Leitartikel und ein *Spiegel*-Essay von mir zur Diskussion aufforderten (Sigusch 1983/1984a, 1985a; vgl. dazu Kap. 17 und Seeck 2004) und nicht zuletzt, dass der Amerikanist Erwin J. Haeberle 1983 eine Ausstellung über die vor der Nazi-Zeit bekannten deutschen Sexualforscher nach Berlin brachte, eine als Katalog aus etwa vierzig Blättern bestehende Zusammenstellung von Personenfotos, Briefauszügen und Titelseiten, die für einen Kongress in den USA erstellt worden war. Als Verdienst Haeberles könnte angesehen werden, die US-amerikanischen Sexologen darauf hingewiesen zu haben, dass es vor Kinsey und Masters/Johnson bedeutende Forscher in einem anderen Land gegeben hat, und die deutschen Sexologen darauf, dass sie es bis dahin weitgehend versäumt hatten, sich um die eigene Geschichte zu kümmern, die durch die Vertreibung und Ermordung der jüdischen Kollegen für immer eine Geschichte der Vernichtung ist.

Bedauerlicherweise enthält die unter dem zu großen (und keineswegs eingelösten) Titel *Anfänge der Sexualwissenschaft* publizierte Ausstellung so viele gravierende Fehler (falsche Erscheinungsjahre, falsche Titel, falsche Namen von Fachgesellschaften, falsche Staatsangehörigkeit von Forschern usw.), dass die Lektüre nicht empfohlen werden kann. Außerdem hat Pfäfflin, damals Sekretär der Deutschen Gesellschaft für Sexualforschung, bereits beim Erscheinen der Broschüre vor »Hagiographie« gewarnt. Pessimistisch meinte er außerdem, ein gründliches Studium der alten Werke werde zeigen, »wie nahe in manchem die verfolgte Sexualwissenschaft ihren Verfolgern stand«. Auch von der damaligen Sexualwissenschaft sei »in Ansätzen eine Ideologie propagiert« worden, »die später Morde an psychiatrischen Patienten und an ganzen Völkern rechtfertigen sollte« (Pfäfflin 1983: VII). Von dieser Schattenseite ist bei dem rundum unkritischen Haeberle keine Rede. Er hält Iwan Bloch für den Begründer der Sexualwissenschaft und bildet August Forel kommentarlos auf Seite eins als Pionier ab. Was beide tatsächlich gewollt und geschrieben haben, kann hier unter anderem in den Kapiteln 13 und 17 nachgelesen werden. Schließlich hat Haeberle 1994 in Berlin ein »Archiv für Sexualwissenschaft« eingerichtet, zunächst im Robert-Koch-Institut, später an der Humboldt-Universität, dessen Internet-Auftritte ebenfalls einen fragmentarisch-unkritischen und dazu noch überaus selbstbezüglichen Eindruck hinterlassen. Erwähnenswerte Publikationen sind – ganz im Gegensatz zur Archivarbeit der Forschungsstelle der Magnus-Hirschfeld-Gesellschaft – aus diesem Archiv nicht hervorgegangen.

Bisher gab es in Deutschland nur zwei Renaissancen, die Sexualforscher ehrten. Die erste erinnerte zur Zeit der Studentenrevolte sehr lebhaft das Werk Wilhelm Reichs und ist vollkommen abgeklungen. Die zweite, von der gerade die Rede war, hält dagegen weiterhin an: 2003 legte Andreas Seeck von der Magnus-Hirschfeld-Gesellschaft eine sehr informative und kritische Textsammlung zur Rezeption des Schaffens von Hirschfeld vor, und ein Jahr später erschien ein Tagungsband des »Moses Mendelssohn Zentrums für europäisch-jüdische Studien«, herausgegeben von Elke-Vera Kotowski und Julius H. Schoeps (2004), der um die Wirkungsgeschichte Hirschfelds bis heute zentriert ist.

Der Umgang mit Aids als Nagelprobe

Doch noch einmal zurück in die 1980er Jahre. Das letzte Heft der Reihe *Sexualität konkret* trug den viel sagenden Titel: *Operation Aids* (Sigusch und Gremliza 1986; vgl. auch Sigusch 1987c). Tatsächlich war der Einbruch der Seuche Aids in Westdeutschland die Nagelprobe auf die historisch erst kurz zuvor errungene kulturelle Liberalität im Umgang mit Minderheiten und Kranken.

Im Herbst 1982 starben in Frankfurt am Main drei homosexuelle Männer im Alter von 33 bis 39 Jahren. Jetzt war nicht mehr zu übersehen, dass homosexuelle Männer besonders gefährdet sind. Deshalb stellten Martin Dannecker und ich beim damaligen Bundesgesundheitsamt den Antrag, ein Forschungsprojekt des Instituts für Sexualwissenschaft zu finanzieren, dessen Ziel es war, Zusammenhänge zwischen Lebensstil, Sexualpraktiken und Ausbruch der Erkrankung aufzufinden. Damals war der Erreger HIV noch nicht bekannt.

Nebenbei gesagt, aber alles andere als unwichtig, vielmehr kennzeichnend für unsere nach wie vor arrogante Männerkultur: Das HI–Virus, das Aids auslöst, hat eine Frau entdeckt. Sie heißt Françoise Barré-Sinoussi und arbeitete damals am Pariser Pasteur-Institut, nachzulesen in der entscheidenden Fachpublikation von Barré-Sinoussi et al. (1983) in *Science*: *Isolation of a T-lymphotropic retrovirus from a patient at risk for Acquired Immune Deficiency Syndrome (AIDS)*. Doch viele »Experten« behaupten bis heute, der von Anfang an medial aufgeblasene US-Amerikaner Robert Gallo habe diese große Entdeckung gemacht. Als ich in den achtziger Jahren in einem Vortrag die Wahrheit erwähnte, waren alle Zuhörerinnen entsetzt. Ich musste den Namen der Entdeckerin an die Tafel schreiben, worüber die Frankfurter Rundschau (FR) berichtete. Jahrzehnte später schrieb ich auf Wunsch dieser Zeitung zum Thema »25 Jahre Aids« und erwähnte ausführlich die verschwiegene Entdeckung (FR vom 12. September 2006, S. 36). Einige Monate später jedoch schrieb die FR anlässlich eines Aids-Kongresses in Frankfurt am Main, auf dem Gallo Stargast war, mehrfach, er, Gallo, habe den Erreger entdeckt (FR vom 28. Juni 2007, S. 14). Là-bas.

Doch zurück zu unserem Forschungsantrag. Die Antwort des Bundesgesundheitsamtes lautete: kein Bedarf. Offenbar sahen die »Experten« keinen Zusammenhang zwischen Sexualpraktiken und dem Ausbruch der Erkrankung. Einige kluge Leute im Gesundheitsministerium haben später diesen gravierenden Fehlschluss korrigiert und uns ein Forschungsprojekt ohne Auflagen finanziert. Die Ergebnisse sind nachzulesen in Danneckers Buch *Homosexuelle Männer und AIDS* von 1990.

Konservative bis rechte Politiker waren inzwischen in Westdeutschland dabei, ein neues Kapitel der Homosexuellenverfolgung aufzuschlagen. Während sie den riskierten Hämophilen, den so genannten Blutern, ihr ungeteiltes Mitleid schenkten, richteten sie ihre Ängste und ihren Hass gegen die Schwulen und die Fixer. Die seien nicht Opfer einer schrecklichen Infektionskrankheit, sondern selber schuld, ja durch ihre Lebensweise seien sie sogar die Produzenten dieser Krankheit – eine Wahnidee, die nur noch ein Gottesurteil auffangen konnte. Gott muss also das HI–Virus vor vielen Generationen in die Erbsubstanz afrikanischer Dorfbewohner eingeschrieben haben, um es an jenem Tag auf US-amerikanische Flugbegleiter zu übertragen, an dem sie die Geduld des HERRN in Sachen Fleischeslust endgültig erschöpft hatten. Vielleicht fantasieren die Verantwortlichen im Vatikan ganz ähnlich. Auf jeden Fall verteufelt die Katholische Kirche bis heute das schützende Kondom – trotz des erschütternden Aids-Elends in Afrika, eine Gottlosigkeit, die zahllose Menschen Jahr für Jahr zum Tod verurteilt.

Zeichnung von Helmuth Stockmann (aus der Mappe *Puder – 15 satanische Capricios* [sic], o.J. [1919])

Indem Politiker damals, mit Gott oder ohne, gefangenen Drogenabhängigen Einmalspritzen verweigerten und junge Homosexuelle davon abhielten, sich beraten zu lassen und nach einem riskanten Sexualkontakt gegenüber Amtspersonen als Homosexuelle zu bekennen, nahmen auch sie bewusst deren Tod in Kauf. Das gilt natürlich nach wie vor auch für die Pharma-Industrie und die Regierungen der reichen westlichen Länder, die für die Armen der Welt beschämend wenig tun. Bei uns besteht heute die paradoxe Gefahr, dass die Krankheit Aids übermäßig normalisiert wird. Gleichzeitig wird in den armen Ländern nach wie vor massenhaft an Aids gestorben, obwohl wir das verhindern könnten.

In Deutschland hat mich in den achtziger Jahren eine öffentliche Äußerung des bayerischen Kultusministers Hans Zehetmair besonders empört. Er sagte, gegen Homosexuelle gerichtet: »Diese Randgruppe muß ausgedünnt werden, weil sie naturwidrig ist« (Süddeutsche Zeitung vom 7. April 1987, S. 9). Nach öffentlichen Protesten versuchte er, seine Äußerung zu »differenzieren«. Diese »Differenzierung« ist ein Dokument der sprachlichen Verdrehung, der intellektuellen Verknödelung und der moralischen Verkommenheit. Zehetmaier, der später wegen seines feinen Sprachgefühls für die Rechtschreibreform zuständig war, erläuterte schriftlich:

> »[...] daß man für Homosexualität Verständnis aufzubringen hat, auch wenn man sie, wie ich persönlich, als naturwidrig und ein im Grunde krankhaftes Verhalten ansieht. Meine Aufgabe kann und darf es nicht sein, um Verständnis für Homosexualität und damit für Randgruppen unserer Gesellschaft zu werben. Sondern sie muß vielmehr in erster Linie darin bestehen, dafür Sorge zu tragen, daß möglichst wenig junge Leute in diesen durch Aids besonders gefährdeten Randbereich hineingeraten. Wir müssen den Schutz der Vielen in der Bevölkerung als zentrales Ziel im Auge sehen und uns nicht nur darum bewegen, wer am Rand noch besser verstanden werden kann. Dieser Rand muß durch Aufklärung dünner gemacht bzw. ausgedünnt werden, denn er stellt für die Jugend keine Zukunftsperspektive dar. Nur zur Ergänzung darf ich Sie auf die Erklärung des Vorsitzenden der Deutschen Bischofskonferenz, Kardinal Höffner, [...] hinweisen. Darin heißt es, daß homosexuelle Verbindungen nicht mit der Lebensform Ehe und Familie gleichzustellen seien. Sie verstießen nicht nur gegen das Grundgesetz, sondern leisteten damit auch der Verbreitung der Immunschwäche-Krankheit Aids Vorschub« (Süddeutsche Zeitung vom 4. April 1987, S. 9).

Folglich beschloss die bayerische Staatsregierung drakonische Maßnahmen und beschimpfte die Bundesregierung wegen ihrer »verfehlten« Politik. Ihr Sprachrohr war längere Zeit der Staatssekretär Peter Gauweiler, der seine Hasstiraden 1989 unter dem Titel *Was tun gegen Aids?* als Buch zusammenfasste in jenem Verlag (R. S. Schulz, Percha), in dem auch die SS-Memoiren des Franz Schönhuber erschienen sind. Als Oswalt Kolle das Gauweiler-Buch rezensierte (taz vom 15. April 1989, S. 11), hatte er eine deutsche Erinnerung. Er schrieb, Gauweilers Buch müsste nicht *Was tun gegen Aids?* heißen, sondern *Mein Kampf gegen Aids.*

Dazu passen unsägliche Äußerungen eines gewissen Carl-Dieter Spranger, damals Parlamentarischer Staatssekretär beim Bundesinnenminister, später sieben Jahre lang Bundesminister. »Frieden und Freiheit« seien auch im Inneren wichtig, aber da in erster Linie für die Normalen, nicht für »perverse Minderheiten, Terroristen, Verbrecher und Randgruppen« (zit. nach Kinskofer 1983: 5). Solche Sätze machen aus dem, der sie sagt, noch keinen Nazi. Hellhörig aber muss man werden. Denn das Kontinuum der Barbarei endete nicht in Auschwitz.

Die damaligen Repressionisten und Verfolger wollten Riskierte und Infizierte ein Leben lang überwachen, einsperren, »absondern«. Sie wollten Zwangstests und Zwangstätowierungen. Sie trieben aidskranke Menschen aus dem Land, gingen über Leichen. Gegen diese Menschenverachtung sind damals vor allem die liberale Presse, die Aids-Hilfen und die in der Deutschen Gesellschaft für Sexualforschung (DGfS) organisierten Sexualwissenschaftler aufgetreten. Die DGfS war die erste wissenschaftliche Vereinigung, die deutlich mit ihrer viel beachteten Erklärung vom November 1984 *Über den allgemeinen Umgang mit AIDS* widersprochen hat. Als weiterhin von politischer Seite gegen die besonders Riskierten rassistisch gehetzt und von großen Presseorganen, insbesondere vom *Spiegel*, Angst machende Dramatisierungen aufgetischt worden sind, entschlossen wir uns, die dem enormen Ansturm standhaltenden liberalen Wissenschaftlerinnen und Wissenschaftler mit ihren Argumenten gegen die *Operation Aids* ins Feld zu führen. Zu den Mitarbeiterinnen und Mitarbeitern des Heftes mit diesem Titel gehörten Paul Parin, Horst Bredekamp, Bobby Hatch, Gunter Schmidt, Frank Rühmann, Nathan Fain, Helles Roth, Michael Lukas Moeller, Eberhard Schorsch, Günter Amendt, Ulrich Clement, Sophinette Becker, Norbert Schmacke, Christel Dormagen, Annegret Klevenow und Adolf-Ernst Meyer. Martin Dannecker, der schon bei der öffentlichen Erklärung der DGfS Weichen gestellt hatte, führte ein Streitgespräch mit dem verwirrten Rosa von Praunheim und richtete an den Herausgeber des *Spiegels* einen offenen Brief, in dem er das unglaubliche Versagen dieses Magazins kritisierte. Wer nicht glauben will, wie sehr der *Spiegel* die

Agnes Katzenbach, Redakteurin der *Zeitschrift für Sexualforschung*, bei einer Herausgeberkonferenz mit Eberhard Schorsch, 1989
(Foto: Gunter Schmidt)

Fakten unterschlug oder verdrehte, wie er gegen Homosexuelle Stimmung machte, Infizierten jede Hoffnung nahm (»Tote auf Urlaub«), über kritische Sexualforscher Lügen verbreitete und sich mit den Aufpeitschern verbündete, der lese zum Beispiel Sigusch und Fliegel (1988), die Doktorarbeit von Stefan Hinz (1989) oder den Bericht von Herbert Riehl-Heyse (1995).

Im damals hoffnungslosen Fall des *Spiegels* hat unsere Aktion natürlich nichts geholfen. Insgesamt aber hat die noch gar nicht in einem Ernstfall erprobte kulturelle Liberalität in den achtziger Jahren standgehalten – trotz der enormen Aufpeitschung und einer allgemeinen Hysterisierung. Die Verfolger konnten ihre Politik der verbrannten Erde nicht realisieren. Selbst die damalige Bundesregierung hat schließlich mehr oder weniger vernünftig reagiert. Vom Bundesgesundheitsamt könnte ich das aber nicht sagen – siehe oben.

Zeitschrift für Sexualforschung

Als Ereignis der achtziger Jahre sei schließlich die Gründung der *Zeitschrift für Sexualforschung* durch die Frankfurter und Hamburger Sexualwissenschaftler Martin Dannecker, Friedemann Pfäfflin, Gunter Schmidt, Eberhard Schorsch und Volkmar Sigusch im Jahr 1988 erwähnt. Von 1989 bis 1999 kamen Sophinette Becker und Margret Hauch als Herausgeberinnen hinzu. 1991 trennten sich Herausgeberinnen, Herausgeber und Redaktion von Friedemann Pfäfflin (s. Zeitschrift für Sexualforschung 1991: 368). Seit 2000 gibt Hertha Richter-Appelt, seit 2003 Wolfgang Berner die Zeitschrift mit heraus.

Wird von der gleichnamigen Zeitschrift abgesehen, die Hans Giese 1950 nur ein Jahr lang erscheinen lassen konnte, verfügt die deutschsprachige Sexualwissenschaft seit der Weimarer Republik erstmalig wieder über eine wissenschaftlich ernst genommene Fachzeitschrift, die, was heute wichtig ist, das Peer-Review-Verfahren anwendet, von fachlich sehr differenten Indices international ausgewertet wird, immer noch nicht am Tropf der Pharma-Industrie hängt, in einem der weltweit angesehensten Medizin-Verlage (Georg Thieme Verlag, Stuttgart und New York) erscheint und im Jahr 2007 ihr 20. Erscheinungsjahr feiern konnte, in diesen zwei Jahrzehnten verantwortlich redigiert von Martin Dannecker, Gunter Schmidt und/oder Volkmar Sigusch.

Produziert wurde die Zeitschrift von ihrer Gründung an bis zum Jahr 2007 im Frankfurter Institut für Sexualwissenschaft unter der Redaktion von Agnes Katzenbach, unterstützt von Bärbel Kischlat-Schwalm. Seit 2007 gehören der Redaktion, die wegen der Schließung des Frankfurter Instituts (s. Kap. 21) ins Hamburger Institut verlegt werden musste, die Soziologin Silja Matthiesen und der Soziologe Arne Dekker an. Neben Wolfgang Berner und Hertha Richter-Appelt fungieren als Herausgeber seit 2008 Ulrike Brandenburg, die neue Erste Vorsitzende der Deutschen Gesellschaft für Sexualforschung aus Aachen, Peer Briken, der junge, gerade habilitierte Sexualforscher aus Hamburg, und Bernhard Strauß, der auch sexualwissenschaftlich als Forscher und Organisator erfahrene Lehrstuhlinhaber für Medizinpsychologie, Psychotherapie und Psychosoziale Medizin aus Jena.

Wichtige, nach dem Zweiten Weltkrieg gegründete englischsprachige Fachzeitschriften sowie einige interessante Fachblätter in anderen Sprachen können der Zusammenstellung entnommen werden.

Queer Theory und Queer Nations

Der jüngste Versuch, ein Magnus-Hirschfeld-Institut als »Forschungs- und Erinnerungsstätte der Homosexualitäten« im Bezirk Mitte von Berlin zu errichten, stammt von der »Initiative Queer Nations e.V.«. Sie wurde 2005 gegründet und trat im Januar 2006 an die Öffentlichkeit. Zu hoffen ist, dass sie nicht dem auf ihrer Homepage eröffnend platzierten Hirschfeld-Motto »Durch Wissenschaft zur Gerechtigkeit« folgt, denn Wissenschaft kann nicht bestimmen, wem die Menschenrechte zustehen, wer ein »vollwertiger« Mensch ist.

Der für deutsche Ohren unverständliche oder anstößige Name »Queer Nations« bedarf der Erklärung. Im amerikanischen Englisch bedeutet »queer« adjektivisch »sonderbar, seltsam, schräg, etwas verrückt«, substantivisch zum Beispiel »Falsch-

Auswahl sexualwissenschaftlich relevanter Fachzeitschriften

Name der Zeitschrift	Gründungsjahr und Verlag
Journal of Sex Research	1965 Society for the Scientific Study of Sexuality
Archives of Sexual Behavior	1971 Kluwer Academic/Plenum Publishers
Journal of Sex and Marital Therapy	1974 Taylor & Francis
Journal of Homosexuality	1974 Haworth Press
Psychoneuroendocrinology	1976 Pergamon Press
Tijdschrift voor Seksuologie	1976 tichting
Sexuality and Disability	1978 Kluwer Academic/Plenum Publishers
Feminist Review	1979 Routledge/Taylor & Francis
Gender and Society	1987 Sociologists for Women in Society
Zeitschrift für Sexualforschung	1988 Thieme
Journal of Psychology and Human Sexuality	1988 Haworth Press
Annual Review of Sex Research	1990 Society for the Scientific Study of Sexuality
Journal of the History of Sexuality	1990 University of Texas Press
Journal of Gender Studies	1992 Carfax Publishing
Journal of Child Sexual Abuse	1992 Haworth Press
GLQ	1993 Duke University Press
Sexual Abuse	1994 Kluwer Academic/Plenum Publishers
Journal of Lesbian Studies	1997 Haworth Press
Sexuality and Culture	1997 Transaction Periodicals Consortium
Scandinavian Journal of Sexology (früher: Nordisk Sexologi)	1998 Dansk Psykologisk Forlag
Sexualities	1998 Sage
Journal of Bisexuality	2001 Haworth Press

geld«. Umgangssprachlich ist »queer« bis heute im Englischen ein Schimpfwort für Homosexuelle, sodass bei einer Übertragung ins Deutsche von »pervers« gesprochen werden müsste, weil das alte »queer«-Pendant »schwul« durch die erfolgreiche, manfrau könnte sagen »queere« Politik der Schwulenbewegung seinen Schimpfwort-Charakter für Erwachsene weitgehend verloren hat. Also: statt »Queer Nations« müsste es eigentlich »Perverse Nationen« heißen.

Doch warum überhaupt »Nations«? Auch dazu hält sich die Initiative bedeckt. Offenbar bezieht sie sich auf folgendes Ereignis: Im März 1990 hatten Aktivisten der »Aids Coalition to Unleash Power« (ACT-UP) in New York »Queer Nation« (im Singular) ins Leben gerufen, eine Initiative gegen Vorurteile und Gewalt, die sich gegen Angehörige sexueller Minderheiten richten. Allgemeiner, so ist dem Internet zu entnehmen, wird manchmal die Gemeinschaft der Angehörigen der Queer-Bewegung als »Queer Nation« bezeichnet, in Anlehnung an die nordamerikanische indigene Minderheitsnation.

Da die deutsche Initiative im Plural von »Queer Nations« spricht, will sie wohl signalisieren, dass nicht nur die homosexuellen Männer und Frauen willkommen sind, sondern auch die »Nationen« der Asexuellen, Bisexuellen, BDSMler, Objektophilen, Intersexuellen, diversen Arten von Transgender und natürlich auch die so genannten Heterosexuellen, die begonnen haben, aus der Farblosigkeit herauszutreten und sich zum Beispiel als Anhänger von Polyamory (mehrere Menschen gleichzeitig lieben) zu bekennen oder von »Sexspielen« mit Kot, Urin, Muttermilch (»Laktaphilie«) und Erbrochenem (»Emetophilie«) oder von »Infantilismus« (z.B. Inszenierungen mit kindlichen Utensilien wie Windeln oder Nuckelflaschen), Akrotomophilie (Erregung durch amputierte Sexualpartner), Autoasphyxie (Erregung durch selbst herbeigeführte Erstickungsgefühle), Candaulismus (zwei Personen beim Sex zuschauen), Dogging (Paare beim Sex im Auto beobachten), Felching (Heraussaugen von Samen aus Scheide oder Darm, z.B. mit einem Strohhalm), Mukophagie (Verzehr von Nasenschleim), Osmolagnie (Erregung durch Gerüche), Sakrofrikose (heimliches Onanieren in der Öffentlichkeit durch ein Loch in der Hosentasche), Sitophilie (Sexspiele mit Nahrungsmitteln wie Gurken, Honig oder gekochten Eiern, die in den Anus geschoben werden), Trichophilie (Erregung durch Inszenierungen mit Haaren, die z.B. heimlich abgeschnitten werden) oder Zipper Sex (schnelle sexuelle Aktion, bei der die Partner gar nicht zum Ausziehen kommen).

Noch allgemeiner erinnert der Name der Initiative an eine Denkrichtung innerhalb der Kulturwissenschaften, die seit etwa zwei Jahrzehnten zunehmend auf sich aufmerksam macht: die »Queer Theory« (vgl. Kap. 24).

Der Vorstand der deutschen »Initiative Queer Nations«, zur Zeit bestehend u.a. aus Jan Feddersen, Tatjana Eggeling, Edith Roßbach, Andreas Pretzel und Rainer Marbach und unterstützt von einem Prominenten-Kuratorium, ist entschlossen, eine Chance, die vor einigen Jahren bestanden hatte, erneut zu erringen. Denn im Jahr 2002 hatte der Deutsche Bundestag eine Magnus-Hirschfeld-Stiftung beschlossen, für die 15 Millionen Euro vorgesehen waren. Der christdemokratisch dominierte Bundesrat wies jedoch das eindeutig grün-rote Projekt zurück.

So bleibt es bis zur Stunde die perennierende Schande der deutschen politischen Parteien, dass das von den Nazis zerstörte Hirschfeld-Institut für Sexualwissenschaft in Berlin nicht wiedererrichtet worden ist. Jahrzehnte lang haben das Politiker offen abgelehnt oder heimlich verhindert.

21 Einmaleins der Lust?

Die Anfänge einer kritischen Sexualmedizin

Die Medizin ist so aufgeschlossen in Sachen Sexualität wie die Kultur, in der sie sich ereignet. Gibt es einen prosexuellen kulturellen Aufbruch, bewegt sich auch die Medizin, wenngleich vorsichtig und sehr langsam. Bei uns gab es bekanntlich in den 1960er Jahren eine prosexuelle Bewegung, sodass zu erwarten ist, dass sich einige Jahre später auch die Medizin behutsam öffnete, sofern sie dazu konkret angestoßen worden ist. Tatsächlich kann davon gesprochen werden, dass sich erste Schritte in Richtung auf eine moderne Sexualmedizin am Beginn der 1970er Jahre ereigneten. Es wurde zum Beispiel von dem Verfasser dieser Zeilen an einer großen Universität 1972 eine Antrittsvorlesung mit dem eine Pioniertat versprechenden Titel *Thesen zur Konzeption einer Sexualmedizin* gehalten, und der Verfasser dieser Zeilen gab im selben Jahr ein Buch mit dem viel versprechenden Titel *Ergebnisse zur Sexualmedizin* heraus, das auf unerfindliche Weise eine enorme Auflage erreichte, obgleich es alles andere als süffig geschrieben und schön aufgemacht war. Es ist übrigens, wie gerade im *Journal of Sexual Medicine* stand, international das erste Buch, das »Sexual Medicine« oder »Sexualmedizin« im Titel führt.

Schritte in Richtung auf eine moderne Wissenschaft, die sich mit dem Sexualleben der Patienten auseinandersetzt, hat es natürlich auch schon gegeben, als sich die Sexualwissenschaft im ersten Drittel des 20. Jahrhunderts in Mitteleuropa und Nordamerika langsam zu etablieren suchte. Während jedoch in den 1970er Jahren der Neologismus »Sexualmedizin« zum Schlagwort wurde, tauchte er zuvor nur gelegentlich am Rande auf. Auch könnte ich nur einen Praktiker oder Forscher von einem gewissen Bekanntheitsgrad nennen, der sich durchgehend um ärztliche Belange kümmerte und seine Arbeiten entsprechend ausrichtete: den Leipzi-

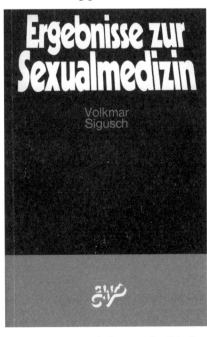

Das weltweit erste Buch, das »Sexualmedizin« im Titel führt, 1972

ger Arzt für Haut- und Harnleiden Hermann Rohleder, der aus diesem Grund als (vorzeitiger) Pionier im Kapitel 2 vorgestellt wird. Vorzeitig, weil es damals noch keinen sexualmedizinischen Diskurs gab und es ihm folglich auch nicht gelingen konnte, eine Disziplin namens Sexualmedizin wenigstens an einer Universität zu verankern.

Selbstverständlich könnten Fragen, die wir heute sexualmedizinisch nennen, bis in die Antike zurückverfolgt werden. *Als solche* aber gibt es Sexualmedizin erst seit der so genannten sexuellen Revolution der 1960er und 1970er Jahre des letzten Jahrhunderts. Als Universitätsfach gehört sie auch heute noch zu den ärmsten und folglich auch schwächsten Fächern überhaupt, ist zur Zeit in Deutschland nur in wenigen medizinischen Fachbereichen nennenswert vertreten. Außerdem sind nicht nur die kleinen sexualmedizinischen Einrichtungen, sondern auch das Fach insgesamt vom Verschwinden bedroht, einmal wegen des perennierenden Geldmangels der Bundesländer, zum anderen aus inhaltlichem Grund. Denn sieht es wieder so aus, als könnten sexuelle Probleme mit Hilfe von Medikamenten wie Viagra geheilt werden, also ohne Psychosomatische, Psychotherapeutische und Soziale Medizin, ziehen sich die tonangebenden großmedizinischen Fächer wieder in ihre somatoformen Fantasmata zurück, setzen wieder auf Stammesgeschichte, Weichenstellungen und Prägungen durch Gene, Hormone, Neurotransmitter usw. – und die nachgewachsenen Sexualmediziner der zweiten Generation erstarren in Konformität, wie leider zur Zeit zu beobachten ist. Sollte sich in den nächsten Jahrzehnten die Vorstellung durchsetzen, wir bräuchten jene psychosozialen Fächer nicht, die erst um 1970 herum erkämpft worden sind, wird sich das bitter rächen, an den Patienten und am Steuerzahler.

Erste Thesen und Studien

Doch zurück zu den sexualmedizinischen Anfängen. Ende der 1960er, Anfang der 1970er Jahre schien die verunsicherte Schulmedizin endlich reif zu sein für einen Diskurs über das Verhältnis von Sexualität (und nicht nur Reproduktion) und Medizin, folglich auch über Sexualmedizin (und nicht nur Reproduktionsmedizin). Die Revolte der Studenten und Studentinnen, der kulturelle Wandel der Sexualität und der Aufbruch eines Teils der politischen Klasse, der die Demokratie, das Recht, die Mitbestimmung, den Sozialstaat, das Bildungswesen usw. ausbauen, jedenfalls reformieren wollte, hatte einige altehrwürdige Disziplinen und deren Vertreter in Erklärungsnöte gestürzt und zu Veränderungen gedrängt. Diese Aufbruchsstimmung jener kostbaren Jahre nutzend, hielt ich damals vor Tausenden von Ärzten und Studenten *Plädoyers für eine sexualitätsbejahende Medizin*, auf Veranstaltungen der Bayerischen Landesärztekammer ebenso wie auf den Deutschen Klinikertagen, widmete meinem Lehrer Hans Giese zum 50. Geburtstag das Pamphlet *Über die Lust der Medizin* und veröffentlichte in mehreren Ärzte- und Studentenblättern *Sieben Thesen zur kritischen Reflexion des Verhältnisses von Medizin und Sexualität* (vgl. u.a. Sigusch 1969a, 1970a, b, c, d), die – und das war damals die höchste Auszeichnung – auch raubgedruckt wurden. Die sieben Thesen, die in weiteren Schriften wort- und materialreich belegt wurden (vgl. z. B. Sigusch 1969b, 1970d, 1971, 1972b) und deretwegen ich etwas später erklärtermaßen nicht habilitiert werden sollte, lauteten:

These 1: Die Medizingeschichte ist zugleich eine Geschichte des Kampfes gegen Sexualität.
These 2: Die Medizin begreift Sexualität am ehesten als Krankheit, Abnormität und Kriminalität.
These 3: Für die Medizin hat »gesunde« Sexualität vor allem eine reproduktive Funktion.
These 4: Die Medizin ignoriert die Lustfunktion von Sexualität.
These 5: Die Medizin will Anpassung und Beseitigung, nicht Emanzipation und Sensibilisierung von Sexualität.
These 6: Die Sexualmoral der Medizin ist traditionell-oppressiv.
These 7: Sexualforschung ist im Bereich der Medizin unerwünscht; es gibt noch keine Sexualmedizin.

Innerhalb des Sexualmedizin-Diskurses, der damals zaghaft begann, kam der sexualphysiologischen Studie *Human Sexual Response* von Masters und Johnson (1966) eine besondere Bedeutung zu. Diese experimentelle Studie, die ein Jahr später, von uns bearbeitet und mit heute in der Medizin gebräuchlichen Bezeichnungen wie »orgastische Manschette« versehen, unter dem Titel *Die sexuelle Reaktion* bei uns erschienen ist, zündete in der westlichen Medizin, weil sie den Ärzten einen sicheren Halt auf einem traditionell unlustvoll schwankenden Boden zu bescheren schien, weil sie ihnen, mit dem Titel meines Vorwortes zur Taschenbuchausgabe (1970/1984) gesagt, ein *Einmaleins der Lust* an die Hand gab.

Sollte sich an dem schauderhaften Verhältnis von »Medizin und Sexualität« wirklich etwas ändern, mussten aber zunächst einmal methodisch einwandfreie Situations- und Bedarfsanalysen erstellt werden, deren Resultate niemand ernsthaft bestreiten konnte. So studierten wir zwischen 1966 und 1972 die Verhältnisse in anderen Ländern, namentlich die Sex Education der US-Amerikaner (Meyenburg und Sigusch 1972), sichteten die deutsche Fachliteratur, erfragten die Lehrpraxis deutscher Odinarien und erbosten uns insbesondere über die Frau-als-Muttertier-Ideologie damaliger Universitätsgynäkologen (Meyenburg und Sigusch 1973). Vor allem aber untersuchten wir die Kenntnisse und Einstellungen von Medizinstudenten und niedergelassenen Allgemeinärzten *empirisch* (Meyenburg 1973, Meyen-

William H. Masters und Virginia E. Johnson, um 1965

Die Wende zur Sexualmedizin: Volkmar Sigusch im Jahr 1974, zwei Jahre nach seiner Berufung (Foto: Digne Meller Marcovicz)

burg und Sigusch 1974, Pacharzina 1975, 1978, Sigusch 1972a, 1979a; vgl. zur Empirie Kap. 20). Von der nunmehr wissenschaftlich nachgewiesenen Inkompetenz der angeblich Kompetenten nachhaltig erschüttert, fachten wir durch Kommentare in Großmedien wie *Spiegel* und *Stern* den Sexualmedizin-Diskurs an (Sigusch: »Ich warne Patienten«), wurden von Kollegen beschimpft und vom Ärztekammerpräsidenten mit dem möglichen Entzug der ärztlichen Approbation bedroht – ein hasserfüllter Kampf, der heute beinahe archaisch anmutet.

Der Hamburger Sexualforscher und Institutsdirektor Eberhard Schorsch (1988: 98) hat sich an diese Aufbruch- und Kampfzeit erinnert, als er in einem seiner letzten Aufsätze die Entwicklung der Sexualmedizin in der alten Bundesrepublik resümierte: »Die Anfänge der Sexualmedizin in der BRD sind verbunden mit wissenschaftlichen Aktivitäten von Sigusch, anfangs von der Hamburger Abteilung für Sexualforschung, später, ab 1972, von der Frankfurter Abteilung für Sexualwissenschaft aus.« Ich will also gar nicht erst so tun, als könnte ich im Folgenden eine neutrale, unbeteiligte Position einnehmen. Denn tatsächlich habe ich mit Paukenschlägen und Flötentönen Jahrzehnte lang dafür geworben, endlich der sexuellen Sphäre in der medizinischen Aus- und Fortbildung jene Bedeutung zu geben, die sie im Leben und damit für Gesundheit und Wohlbefinden hat.

Erste Disziplinierungen

Erste Schritte in Richtung Institutionalisierung und Professionalisierung der Sexualmedizin erfolgten Anfang der 1970er Jahre. Wie bereits im vorstehenden Kapitel dargestellt, richtete der Fachbereich Medizin der Universität Frankfurt am Main im Sommer 1971 eine sexualmedizinisch-sexualwissenschaftliche Professur mit Abteilung ein. Im November 1971 folgte die Freie und Hansestadt Hamburg dem Beispiel Hessens und wandelte endlich das Institut für Sexualforschung *an* der Universität in eine Abteilung *der* Universität um. Im Februar 1972 erhielt ich von der Universität Hamburg die Venia legendi für das neue, ungeteilte Fach »Sexualwissenschaft«. Im April 1972 trug meine Hamburger Antrittsvorlesung, wie bereits gesagt, den programmatischen, damals noch provozierenden Titel *Thesen zur Konzeption einer Sexualmedizin*. Der disziplinäre Anspruch richtete sich insbesondere gegen die Psychiatrie, die nach unserem Dafürhalten auf der ganzen Linie versagt hatte. Ganz von dem Anliegen »Sexualität und Medizin« erfüllt, gab ich noch 1972, wie auch bereits gesagt, einen ersten Sammelband *Ergebnisse zur Sexualmedizin* heraus, der Grundlinien wie Inhalte einer interdisziplinären, zur Schulmedizin, die sich nach wie vor als Naturwissenschaft missversteht, auf Distanz gehenden Sexualmedizin präsentierte, die, wie es der damalige Zeitgeist diktierte, unbedingt eine »gesellschaftskritische Disziplin« sein sollte (Sigusch 1972b: 19). Im Oktober 1972 wurde ich auf den Frankfurter Lehrstuhl berufen. Im April 1973 wurde die Frankfurter Abteilung (später: Institut) für Sexualwissenschaft offiziell von der Landesregierung anerkannt. 1974 wurde Eberhard Schorsch auf den Hamburger Lehrstuhl berufen. Mitte 1975 konnten wir in Frankfurt die bundesweit erste Universitäts-Poliklinik mit »Sexualmedizinischer Ambulanz« eröffnen.

Bärbel Kischlat-Schwalm, beinahe zwei Jahrzehnte lang die »Seele« des Frankfurter Instituts und der Sexualmedizinischen Ambulanz, 1991

Doch noch einmal zurück in das ereignisreiche Jahr 1971. In diesem Jahr waren wir am damaligen Hamburger Institut für Sexualforschung damit befasst, eine Therapie-Studie vorzubereiten, die das Buch *Human Sexual Inadequacy* (Masters und Johnson 1970), in dem es um die Behandlung von Paaren geht, direkt angeregt hatte. Dieses Werk, dessen deutsche Ausgabe *Impotenz und Anorgasmie. Zur Therapie funktioneller Sexualstörungen* Bernd Meyenburg und ich 1973 vorlegten, ließ uns zum ersten Mal hoffen, in absehbarer Zeit ein psychotherapeutisches Verfahren zur erfolgreichen Therapie sexueller Funktionsstörungen in der Hand zu haben. Vom Januar 1972 an behandelten Gunter Schmidt, Eberhard Schorsch und ich zusammen mit den Kotherapeutinnen Roswitha Bulla, Karin Schoof-Tams und Eva-Maria Ziegenrücker Paare, um die stark US-amerikanisch tingierte und zudem »stationäre« Masters-Johnson-Therapie an deutsche und ambulante Verhältnisse zu adaptieren. Erste Ergebnisse, die später als Voruntersuchung eines größeren DFG-Projektes dienten (vgl. Arentewicz und Schmidt 1980), trugen wir im Oktober des Jahres auf einer Tagung der Deutschen Gesellschaft für Sexualforschung vor (Schoof-Tams et al. 1972; vgl. dazu Schoof-Tams 1975).

Ebenfalls 1971 wurde am Institut für gerichtliche und soziale Medizin der Universität Kiel eine »Sexualmedizinische Forschungs- und Beratungsstelle« eingerichtet, deren Leitung Reinhard Wille übernahm, der 1997 von Hartmut A. G. Bosinski abgelöst wurde. Dass es zu dieser Einrichtung innerhalb der Gerichtsmedizin kam, ist einerseits der damaligen Liberalisierung des Sexualstrafrechts mit der Devise »Heilen statt strafen« geschuldet, andererseits aber wohl auch dem Ansehen, das Wilhelm Hallermann, der seinerzeitige Direktor des gerichtsmedizinischen Instituts als Förderer der Sexualforschung genoss; beispielsweise leitete er die Deutsche Gesellschaft für Sexualforschung in der Aufbruchzeit von 1966 bis 1969.

An der Frauenklinik der Universität Heidelberg richtete zu dieser Zeit der Gynäkologe Wolf(gang) Eicher eine sexualmedizinisch-psychosomatische Sprechstunde ein (vgl. z.B. Eicher und Kubli 1973), die zur Keimzelle sexualmedizinischer Fortbildungsaktivitäten werden sollte (Eicher 1986), ohne jedoch die Gynäkologie insgesamt erreichen zu können.

Schließlich ist mit dem Jahr 1971 eine Aktivität von großer praktischer Bedeutung verbunden: Die Pro Familia veranstaltete den ersten Sexualberaterkurs für ärztliche Mitarbeiterinnen, geleitet von dem Frankfurter Psychoanalytiker Mario Muck. Vorausgegangen waren Ende der 1960er Jahre erste sexualberaterische Bemühungen, als nicht mehr zu übersehen war, dass die lediglich medizinisch ausgebildeten Mitarbeiterinnen mit den bei einer Verhütungsberatung zur Sprache gebrachten Problemen und Konflikten sexueller und partnerschaftlicher Natur nicht angemessen umgehen konnten. Seit 1971 hat die Pro Familia die »Psychoanalytische Beratung in Sexual- und Partnerschaftskonflikten« – so die Bezeichnung seit 1988 – als Zusatzausbildung Zug um Zug qualitativ und quantitativ erweitert. Unterrichtet haben durchweg hoch qualifizierte Dozenten, wobei immer imponierte, dass auch die Soziologie in der Ausbildung ihren festen Platz hatte. Von 1971 bis 1999 sind 12 Kurse durchgeführt worden, die sich im Schnitt über zwei bis drei Jahre verteilten. Bis 1999 haben 241 Teilnehmerinnen und Teilnehmer die Zusatzausbildung erfolgreich mit einem Zertifikat abgeschlossen (zur gegenwärtigen Sexualberatung der Pro Familia vgl. Schrader und Heyer 2007).

Lauter Premieren

Im April 1972 erschien zum ersten Mal im Wiesbadener Verlag Medical Tribune eine Ärztezeitschrift, die *Sexualmedizin* betitelt war und diesen Gegenstand auch irgendwie behandeln wollte. Das war ein untrügliches Zeichen dafür, dass entscheidende Weichen gestellt worden waren, ging es doch jetzt um etwas Zentrales in unserer Kultur: um Geschäfte. Obgleich mich das eher abstieß, biss ich realitätszugewandt in diese saure Frucht der Studentenrevolte und des Sexualmedizin-Diskurses und fungierte als ständiger Berater. Schließlich war ich wild entschlossen, den dummen und ignoranten und zynischen Umgang der meisten Mediziner mit den sexuellen Nöten der Patienten, koste es, was es wolle, mit allen Mitteln, die erreichbar waren, zu bekämpfen. Dank der verständnisvollen Redaktion brauchte ich mein Engagement nicht zu bereuen, als die Zeitschrift, weil sie keinen Gewinn mehr abwarf, in Deutschland eingestellt wurde (vgl. Sigusch 1994).

Das erste »Sexualmedizinische Fortbildungsseminar für Ärzte« hielten wir bereits im Wintersemester 1973/74 ab, nachdem uns vor allem Gynäkologen, Psychiater und Internisten aus dem Frankfurter Universitätsklinikum darum dringlich ersucht hatten. Da es etwas Derartiges noch nicht gegeben hatte, ging es zunächst recht planlos zu, bis wir uns entschieden, dieses Seminar, das sich schließlich über vier Semester erstrecken sollte, wissenschaftlich zu begleiten und auszuwerten, um nach dem Abschluss Inhalte, Methoden und Ziele einer »Sexualmedizinischen Fortbildung für Ärzte« formulieren zu können, was wir auch getan haben (Metzler-Raschig et al. 1976).

1974 veranstaltete die WHO ein internationales »Meeting on Education and Treatment in Human Sexuality: The Training of Health Professionals«, an dem wir uns für die Bundesrepublik Deutschland beteiligten (vgl. Meyenburg und Sigusch 1974, Sigusch und Meyenburg 1974, WHO 1975).

1975 erschienen drei Bücher, die geeignet waren, die sexualmedizinische Professionalisierung voranzubringen: *Die sexuelle Erlebnisfähigkeit und die Sexualstörungen der Frau* von Eicher, *Ergebnisse zur Sexualforschung* von Schorsch und Schmidt mit etlichen klinisch-therapeutischen Beiträgen sowie *Therapie sexueller Störungen* von Sigusch. Für das zuletzt genannte Buch oder dessen Neubearbeitung von 1980 mussten neben deutschen Fachleuten wie Nikolaus Becker, Götz Kockott, Margarete Mitscherlich, Reimut Reiche, Siegfried Schnabl oder Eberhard Schorsch ausländische Fachleute wie Isaac Marks aus Großbritannien, Fritz Morgenthaler aus der Schweiz sowie Walter Goudsmit und Jacobus Wilhelmus Reicher aus den Niederlanden gewonnen werden, weil es in den beiden deutschen Ländern damals nur wenige Fachleute gab. Im Vergleich zu 1975 und auch noch 1980 konnte ich dagegen bei dem Nachfolgebuch *Sexuelle Störungen und ihre Behandlung*, das bisher zwischen 1996 und 2007 in vier Auflagen erschien, ohne die Mitarbeit ausländischer Kollegen aus dem Vollen schöpfen.

1976, im Juni, fanden die Heidelberger »Fortbildungstage für praktische Sexualmedizin« zum ersten Mal statt. Sie wurden von Eicher ins Leben gerufen, dessen Aktivitäten in der Universitäts-Gynäkologie bereits erwähnt worden sind. Um seine Idee zu realisieren, verbündete er sich mit den Frauenärzten Volker Herms und Fried Conrad sowie dem Andrologen Hermann-J. Vogt. Gemeinsam gründeten sie zur Abwicklung die »Gesellschaft zur Förderung sexualmedizinischer Fortbildung« und gaben alternierend in 15 Bänden die Vorträge und Diskussionen heraus (*Praktische Sexualmedizin* 1976–1992). Im Dezember 1978 wurde eine »Gesellschaft für praktische Sexualmedizin« gegründet, die sich fortan nicht nur um Fortbildung, sondern auch um Forschung kümmern sollte. Bei der Gründung dieser Vereinigung spielte womöglich auch eine Rolle, dass sich einige Mediziner nicht oder nicht mehr in der Deutschen Gesellschaft für Sexualforschung (s. Kap. 19) mit ihren Ansichten und Anliegen aufgehoben fühlten. 1989 wurden die Heidelberger Tage umbenannt in »Fortbildungstage für Psychosomatik und Sexualmedizin«. Berichtet wird, dass die Teilnehmerzahl in den achtziger Jahren unter 200 gefallen sei, während zu den ersten Fortbildungstagen 200 bis 300 Ärzte gekommen seien. Damals hätten sich zum Beispiel die Gynäkologen eher für Fortbildungskurse zum Erlernen einer Ultraschalluntersuchung interessiert, weil eine derartige 5-Minuten-Untersuchung dreimal so viel Honorar eingebracht habe wie ein halbstündiges psychotherapeutisches Gespräch. Da sich der Aufwand eines doch recht großen Kongresses nicht mehr gelohnt habe, zog sich Eicher nach der Umbenennung zurück.

1977, im Februar, starteten wir den »Frankfurter Fortbildungskurs für Sexualmedizin« (FFKS), der zehn Jahre lang, also bis 1986, immer nach dem Winter-

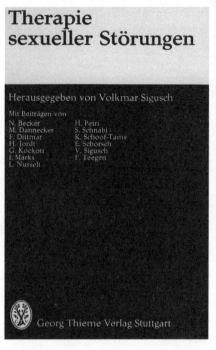

Weichenstellende Werke und Ereignisse auf dem Weg zu Sexualmedizin und Sexualtherapie: Masters und Johnson 1970 (dt. 1973), Sigusch 1975, Eicher und Vogt 1976 sowie Arentewicz und Schmidt 1980

semester stattfand und ganztägig abgehalten wurde, anfänglich eine ganze Woche lang, später an drei Tagen. Da die Teilnehmerzahl auf jeweils maximal 50 Ärzte begrenzt war und nicht wenige Kolleginnen und Kollegen viele Jahre lang wiederkamen, konnten im Laufe der Jahre nur einige Hundert Kolleginnen und Kollegen aus den deutschsprachigen Ländern fortgebildet werden.

Von den Veröffentlichungen des Jahres 1977 seien drei Monografien erwähnt: *Sexualmedizin im Grundriß* von Walter Bräutigam, das er zwölf Jahre später in dritter, inhaltlich erweiterter Auflage zusammen mit Ulrich Clement herausbrachte; *Angst, Lust, Zerstörung* von Eberhard Schorsch und Nikolaus Becker, ein Werk, das den »Sadismus als soziales und kriminelles Handeln« und die »Psychodynamik sexueller Tötungen« anhand von Fallgeschichten erörtert; und schließlich *Sexuelle Störungen* von Götz Kockott, der den Forschungsstand in Sachen »Verhaltensanalyse und -modifikation« zusammenfasste.

Ende der siebziger Jahre erschien der erste Sammelband mit Arbeiten aus der Frankfurter Abteilung (Sigusch 1979a), der bereits durch seinen Titel *Sexualität und Medizin* anzeigte, welches Anliegen wir weiterhin verfolgten. Da der Sexualmedizin-Diskurs inzwischen die Gesellschaft insgesamt erreicht hatte, erschien das Buch in einem großen allgemeinen Verlag, obgleich die Beiträge nur für ein medizinisch-wissenschaftlich ebenso verdorbenes wie präpariertes Publikum inhaltlich genießbar sind. Vor allem enthält das Buch größere und kleinere, oft programmatische Beiträge zur sexualmedizinischen Theorie und Praxis, die die Auseinandersetzungen in Medizin und Gesellschaft wissenschaftlich und ideologiekritisch aufgreifen, ob es nun um die Auswirkungen der Neufassung des § 218 ging, die Ursula Grünwald (1979) an 941 Rat suchenden Frauen empirisch untersuchte; oder um das damals noch gar nicht als (doppeltes) Schutzmittel umfassend gewürdigte Kondom (Meyenburg 1979); oder um die von führenden Gynäkologen und der Bundesärztekammer bekämpfte hormonale Kontrazeption bei jungen Mädchen (Sigusch 1979b; vgl. zuvor Sigusch 1974); oder um die chirurgische Implantation von Penisprothesen bei Männern mit Erektionsstörungen, die Inge Rieber (1979) kritisierte; oder um die wissenschaftliche Zurichtung der weiblichen Homosexualität, die Ursula Fritz und Alexandra von Streit (1979) untersuchten; oder um die verantwortbare Behandlung transsexueller Patienten (Sigusch, Meyenburg und Reiche 1979); oder um die experimentelle Widerlegung der Orgon-Hypothese Wilhelm Reichs (Demisch 1979); oder, als letztes Beispiel, um medizinische Experimente am Menschen in Form psychochirurgischer Eingriffe (Sigusch 1979c). Neben mehreren Beiträgen zur Lage und zur Entwicklung der Sexualmedizin enthält der Band auch eine heute seltsam anrührende *Kleine sexualmedizinische Literaturliste* (Reiche und Sigusch 1979), die Interessierten knappe Empfehlungen gab.

Auf dem Weg zu Standards

Ebenfalls 1979 begann die Hamburger Abteilung für Sexualforschung damit, ein seit der Mitte der siebziger Jahre entwickeltes Curriculum zur Paartherapie systematisch und regelmäßig in die Tat umzusetzen. Das Angebot wird bis heute von

Ärzten, Psychologen, Sozialpädagogen, Sozialarbeitern und anderen klinisch Tätigen aus den deutschsprachigen Ländern mit großem Erfolg wahrgenommen. Bis 1999 hat die Hamburger Abteilung etwa 180 Paartherapeutinnen und -therapeuten ausgebildet – eine einmalige Fortbildungsleistung (vgl. Hauch 2005).

Von den Veröffentlichungen der siebziger Jahre, die die Entwicklung von Sexualmedizin und Sexualtherapie beeinflusst haben, seien schließlich noch genannt: *The New Sex Therapy* von Helen Singer Kaplan (1974), der in deutscher Sprache ihre Arbeiten *Sexualtherapie* (1979) und *Hemmungen der Lust* (1981) folgten; *Die Zweierbeziehung* von Jürg Willi (1975) sowie *The Handbook of Sex Therapy*, herausgegeben von Joseph LoPiccolo und Leslie LoPiccolo (1978). Bereits 1971 hatte schließlich der Psychoanalytiker Tobias Brocher, der seit Anfang der sechziger Jahre am Sigmund-Freud-Institut in Frankfurt am Main tätig war, die informative Einführung *Psychosexuelle Grundlagen der Entwicklung* veröffentlicht.

Tobias Brocher muss in einer Geschichte der Sexualwissenschaft erwähnt werden, weil er im Dezember 1970 auf einen neu eingerichteten Lehrstuhl für Sexualwissenschaft der Universität Gießen berufen worden ist, einen Lehrstuhl, für den sich der im selben Jahr verstorbene Hans Giese sehr interessiert hatte. Zunächst war die Professur der Philosophischen Fakultät zugeordnet worden, nach der Auffächerung der alten Fakultäten in Fachbereiche jedoch dem Fachbereich Gesellschaftswissenschaften. Brocher nahm nach langen Verhandlungen den Ruf an, lehrte seit dem Wintersemester 1972/73, entschied sich dann aber sehr bald, in die USA zu gehen und wieder auf seinem ursprünglichen Gebiet zu arbeiten. Nach seinem Weggang wurde der Lehrstuhl für ein vollkommen anderes Fachgebiet verwandt.

In den achtziger Jahren wurden dann mehrere Bücher mit Einführungs-, Übersichts- oder Lehrbuchcharakter veröffentlicht, sodass allmählich von einer sexualmedizinisch-sexualtherapeutischen Standard-Literatur gesprochen werden konnte (vgl. Arentewicz und Schmidt 1980, Eicher 1980, Sigusch 1980a, Buddeberg 1983, Zilbergeld 1983, Bancroft 1985, Schorsch, Galedary, Haag, Hauch und Lohse 1985, Swanson und Forrest 1987, Kockott 1988a, b, c, Schover und Jensen 1988, Hertoft 1989). Außerdem sind seit der zweiten Hälfte der achtziger Jahre in mehrere Lehrbücher der Gynäkologie Kapitel über Sexualstörungen und Sexualmedizin aufgenommen worden (vgl. Eicher 1995) sowie mehrere Monografien über die Somatik und die Somatotherapie der Erektionsstörung veröffentlicht worden (vgl. Sigusch 2007a). Ende der achtziger Jahre hatten sich sexualmedizinische Arbeitsschwerpunkte in einigen Universitätskliniken, z.B. in Heidelberg und Hannover, ferner am Max Planck-Institut für Psychiatrie in München etabliert.

Auf dem Weg zur standesrechtlichen Anerkennung

Nachdem in den siebziger und achtziger Jahren die Versorgungsnotwendigkeiten überzeugend dargelegt, Konzeptionen einer Sexualmedizin realisiert, Standardwerke vorgelegt und Behandlungsverfahren entwickelt worden sind, ging es in den neunziger Jahren vor allem um Curricula und Zusatzbezeichnungen und damit um die offizielle standes- und kassenrechtliche Anerkennung sexualmedizinischer

Leistungen. Im April 1993 ging in Heidelberg aus der bereits erwähnten »Gesellschaft für praktische Sexualmedizin« eine Ärztevereinigung hervor, die sich unter der Leitung des Münchner Andrologen Hermann-J. Vogt »Akademie für Sexualmedizin« nannte. Ihr politisches Hauptziel ist die Aufnahme einer Zusatzbezeichnung »Sexualmedizin« in die Weiterbildungsordnung für Ärzte, die ein Deutscher Ärztetag beschließen müsste. Um ihr Ziel zu erreichen, hat die Vereinigung 1994 eine Zeitschrift namens *Sexuologie* gegründet, die sich ausdrücklich der sexualmedizinischen Fortbildung widmet. Im November 1997 begann die Akademie erstmalig, ein von ihr entwickeltes Curriculum in die Praxis umzusetzen. Die Deutsche Gesellschaft für Sexualforschung hat nach längerem Zögern Ende 1995 eine Kommission berufen, die über eine systematische, zertifizierte und berufsrechtlich anerkannte Fort- resp. Weiterbildung nachdenken sollte. Diese Kommission legte Ende 1996 zwei Curricula vor: »Sexuologische Basiskompetenzen (Grundversorgung)« und »Sexualtherapeutische Weiterbildung«. Mit deren Umsetzung in die Praxis wurde im Januar 1998 begonnen. Der Inhalt der Curricula, die thematische Umsetzung des sexualtherapeutischen Curriculums in Frankfurt am Main sowie die gegenwärtigen regionalen Fortbildungsgruppen samt Adressen finden sich in Sigusch (2007a).

Von den sonstigen sexualmedizinischen Ereignissen des Jahrzehnts seien erwähnt: Die Hannoveraner Sexualforscher Dieter Langer und Uwe Hartmann publizierten 1992 die Abhandlung *Psychosomatik der Impotenz. Bestandsaufnahme und integratives Konzept* mit dem Ziel, Schranken zwischen Körper- und Seelenmedizin zu überwinden, eine Abhandlung, der Hartmann 1994 die Habilitationsschrift *Diagnostik und Therapie der erektilen Dysfunktion. Theoretische Grundlagen und Praxisempfehlungen aus einer multidisziplinären Spezialsprechstunde* folgen ließ. In der ersten Hälfte der neunziger Jahre veröffentlichte der Psychoanalytiker Wolfgang Mertens (1992, 1994) die zweibändige Übersichtsarbeit *Entwicklung der Psychosexualität und der Geschlechtsidentität*. 1995 erschien das verhaltenstherapeutisch orientierte Buch *Behandlung sexueller Störungen* der Psychologen Stephan Hoyndorf, Marion Reinhold und Fred Christmann. 1996 erschien *Sexuelle Störungen und ihre Behandlung* von mir. Außerdem schrieb ich in den Jahren 1995 bis 1997 eine sexualmedizinische Fortbildungsserie in einer Zeitschrift für Allgemeinärzte. 1997 legten der Heidelberger Psycho- und Biologe Stefan Zettl und der Osnabrücker Internist und Onkologe Joachim Hartlapp ein »Kompendium für die ärztliche Praxis« zur Thematik *Sexualstörungen durch Krankheit und Therapie* vor. 1998 gab Bernhard Strauß in der Reihe »Lindauer Psychotherapie Module« den Band *Psychotherapie sexueller Störungen. Krankheitsmodelle und Therapiepraxis – störungsspezifisch und schulenübergreifend* heraus.

Mitte der neunziger Jahre habilitierten sich in Kiel zwei Mitarbeiter der dortigen Sexualmedizinischen Forschungs- und Beratungsstelle am Institut für Rechtsmedizin für Sexualmedizin: 1994 Klaus M. Beier, der einige Jahre später auf eine neu eingerichtete, aber finanziell und personell beschämend gering ausgestattete Professur am Klinikum Charité der Berliner Humboldt-Universität berufen wurde, sowie 1997 der bereits erwähnte Hartmut A. G. Bosinski.

Zur Entwicklung in der DDR

Auf die Entwicklung in der DDR geht Günter Grau im Kapitel 23 ausführlich ein. Hier sei nur daran erinnert, dass Pädagogen, Psychologen und Mediziner seit dem Beginn der sechziger Jahre mit Erfolg versucht hatten, ein landesweites Netz von Ehe- und Sexualberatungsstellen zu etablieren und die notwendige Fortbildung von Ärzten, Psychologen und anderen Fachleuten zu garantieren, wobei es jedoch nicht gelang, Sexualwissenschaft oder Sexualmedizin an den Universitäten der DDR als Fach einzuführen (vgl. z.B. Aresin 1967, Mehlan 1966, Schnabl 1972, 1975).

Bemerkenswert ist, dass die Schriften des Psychologen Siegfried Schnabl über Intimität und Sexualität in der DDR und im »sozialistischen Ausland« beim allgemeinen Publikum einen enormen Absatz fanden, von dessen Höhe die meisten westdeutschen Sexuologen nur träumen konnten. Zwischen 1974 und 1978 gab der Weimarer Dermatologe Peter G. Hesse zusammen mit anderen das dreibändige Handbuch *Sexuologie. Geschlecht, Mensch, Gesellschaft* heraus, in dem auch sexualmedizinisch relevante Themen erörtert werden. Das erste Lehrbuch der Sexualmedizin veröffentlichten 1983 die Leipziger Gynäkologin Lykke Aresin und der Jenaer Dermatologe Erwin Günther im Verlag »Volk und Gesundheit«.

1990, nach der so genannten Wende, gründeten Wissenschaftlerinnen und Wissenschaftler der untergegangenen DDR in Leipzig die »Gesellschaft für Sexualwissenschaft«, die wie die Deutsche Gesellschaft für Sexualforschung einen über medizinische und therapeutische Fragen hinausgehenden Anspruch hat und zunächst von dem auch im Westen fachlich sehr geschätzten Soziologen und Jugendforscher Kurt Starke geleitet wurde.

Therapistische Brüche im Westen

In seinem Rückblick hat Eberhard Schorsch (1988) mehrere Brüche und drei Abschnitte in der Entwicklung der westdeutschen Sexualmedizin unterschieden: einen initialen psychosomatischen Ansatz; eine sich anschließende Tendenz, die Sexualität wieder zu isolieren; und schließlich die Reduktion des Sexuellen auf die Körperfunktion, wie sie sich in der Theorie und Therapie sexueller Deviationen, in der Medikalisierung der Fortpflanzung, in der invasiven somatischen Diagnostik bei sexuellen Funktionsstörungen usw. manifestiert hätte. Gleichzeitig wäre der gesellschaftliche Bewertungszusammenhang, in den das Sexuelle gestellt sei, verändert worden. Hatte Coenraad van Emde Boas (1972) noch im ersten Heft der *Sexualmedizin* das Diktat der Moral beklagt, sah Schorsch Mitte der achtziger Jahre das Sexuelle unter das Diktat von Gesundheit und Hygiene gestellt, die von der Medizin verwaltet werden.

Bei der Darstellung und Bewertung der Entwicklung in den letzten Jahrzehnten muss außerdem bedacht werden, dass in den siebziger Jahren ein sich aus sich selbst heraus diversifizierender Therapismus in alle Krypten der Gesellschaft einzudringen begann mit dem Versprechen, die Probleme der Gesellschaft zu lösen und die in ihr vorkommenden Störungen wegzuheilen. In einem Furor sanandi wurden ununterbrochen neue therapeutische Schulen präsentiert, die beinahe monatlich gegen und für alles Mögliche neue Therapietechniken anpriesen. Die Therapisten kamen übrigens aus allen politischen Lagern, von extrem links bis extrem rechts. Schulpsychologen kämpften darum, endlich mit ihren Angeboten den Heilkünsten zugerechnet und entsprechend abgerechnet zu werden. In dieser Situation konnten sich einige von uns weder für so genannte Sexualtherapie noch für einen Zusatztitel »Sexualmedizin« begeistern (vgl. z.B. Sigusch 1981). Schließlich machten deren Verfechter die allgemeine, in dieser Gesellschaftsphase verstärkt zu beobachtende Fragmentierung von Leben und Isolation von Lebensbereichen mit und wollten nicht zuletzt von den falschen Versprechen des Therapismus persönlich profitieren. Einige von uns erinnerten damals theoretisch daran, dass Therapie und Politik zwei Dinge sind, die getrennt bleiben müssen, dass eine in welchem Maße auch immer anthropofugale Gesellschaft logischerweise nicht krank sein kann, folglich auch nicht zu behandeln ist (Sigusch 1980b). Und schließlich scheuten wir uns nicht, in die (in gewisser Hinsicht nur scheinbar) entgegengesetzte Richtung zu sagen, dass das Subjekthafte im somatoformen Denken überhaupt keinen Ort hat, da es mit den Facta bruta identisch ist.

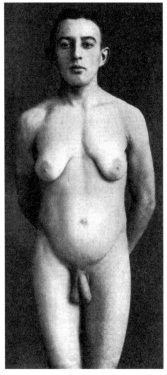

Abbildung aus Magnus Hirschfelds *Geschlechtskunde* (Bd. 4, 1930): »Normalsexueller Mann mit weiblicher Brustbildung«

Betrachtungsweise oder Disziplin?

Es gab also genügend (Zünd-)Stoff für Auseinandersetzungen mit Medizinern, die die Dinge in einem ganz anderen Licht betrachteten. Trotz eigener erheblicher Ambivalenzen, auf die Schorsch (1988) hingewiesen hat, waren meine Äußerungen zu den zentralen Fragen der Sexualmedizin und Sexualtherapie in dieser Zeit des Therapismus recht eindeutig. In einem Leitartikel mit dem Titel »Sexualmedizin: Auswurf oder Avantgarde«, den ich 1977 wie viele Kommentare und Interventionen davor und danach in der Zeitschrift *Sexualmedizin* veröffentlicht hatte, sind auch die Fragen angesprochen, mit deren Beantwortung innerhalb der Deutschen Gesellschaft für Sexualforschung einige Mediziner so unzufrieden waren, dass sie wie berichtet ein Jahr später eine »Gesellschaft für praktische Sexualmedizin« gründeten.

In dem Leitartikel heißt es zunächst beruhigend: »Die Phase der falschen Konfrontation sollte unverzüglich beendet werden. Die Lücken in Ausbildung und Versorgung sind mittlerweile zu offensichtlich, als daß man länger darauf beharren müßte. Wir haben sie übrigens nicht ausgemessen, um einzelne Ärzte zu entblößen. Einige Paukenschläge waren aber vielleicht angezeigt und produktiv. Und wie hätten wohl Internisten gehandelt, wenn sie zu der sicheren Auffassung gelangt wären, daß die meisten Allgemeinmediziner nie gelernt haben und auch heute nicht wissen, wie Diabetes und Myokardinfarkt behandelt werden müssen? Hätten sie geschwiegen? Ich hoffe nicht. – Jetzt ist es allerhöchste Zeit, dem praktizierenden Arzt Mut zu machen. Wenn nicht *er* sich auf die seelisch-sexuellen Probleme und Konflikte der Patienten einläßt und insofern und insoweit psychotherapeutisch tätig wird, wer dann? Die, die als Zuständige gesehen wurden, Psychotherapeuten, Psychosomatiker und vielleicht Sexualwissenschaftler, hatten nie und nimmer Veranlassung, auf hohen Rössern zu sitzen. Man hat ihnen dazu übrigens auch objektiv keine Gelegenheit gegeben. So wie die Dinge liegen, geht es um die Wiedereinsetzung des Hausarztes, neu gewichtet, auf einem anderen Niveau. Anmaßung und Besserwisserei der Spezialisierten sind letztlich und auf lange Sicht gegen die Patienten gerichtet. [...] Wer Patienten mit seelisch-sexuellen Störungen beraten will, muß drei Voraussetzungen erfüllen und drei Schritte tun: Erstens braucht er Empathie, d.h. die Fähigkeit und Bereitschaft, auf eigene Gefühle und Fantasien und die des Patienten in der Arzt-Patient-Beziehung eingehen zu können; er muß sich Zeit nehmen, sich öffnen, zuhören und selber über Sexuelles sprechen können. Zweitens braucht er Grundkenntnisse (psychosomatische Krankheitslehre, Neurosen- und Perversionslehre, psycho- und soziosexuelle Entwicklung usw.). Drittens muß er jahrelang an einer kontrollierten Balint- oder Selbsterfahrungsgruppe teilnehmen.«

Zur Frage der Disziplinarität und der standesrechtlichen Etablierung, bei deren Beantwortung die Auffassungen besonders weit auseinander gingen, heißt es: »Die Sexualmedizin ist keine irgendwie sinnvoll abgrenzbare medizinische Disziplin mit eigenständiger Theorie und Methodik. Die Sexualmedizin ist eine Betrachtungsweise. Angesichts der praktischen Aufgaben muß sie als Unteraspekt des psychosozialen (gegenwärtig: psychosomatisch-psychotherapeutischen und sozialmedizinischen) Hauptaspektes eingestuft werden. Diese Dimension ist in fast allen medizinischen Fächern vorhanden. Insofern läuft der sexualmedizinische Unteraspekt quer durch die Fachgebiete. Für die Einrichtung eines eigenen Facharztgebietes spricht bisher nichts. (Eine offizielle Spezialisierung in Sexuologie gibt es gegenwärtig nur in der ČSSR und in der UdSSR.) Über die Berücksichtigung der Sexualmedizin in der Approbationsordnung und darüber, ob ein Zusatztitel Sexualmedizin eingeführt werden sollte, kann in zehn Jahren noch einmal nachgedacht werden. Zu unseren Lebzeiten wird es aber in allererster Linie darum gehen, die allgemeinmedizinisch-internistische und allgemein-psychosoziale Versorgung der Bevölkerung zu verbessern. – Ich weiß: Die Sexualmedizin hat doch eine Sonderstellung, die sich aus ihrem Gegenstand und namentlich daraus ergibt, wie in unserer Kultur mit ihm umgegangen wird. [...] Angesichts der Versäumnisse und der Lage ist es sinnvoll, universitäre Einrichtungen zu haben, die sich schwerpunktmäßig mit sexualwissenschaftlichen und auch sexualmedizinischen Fragen befassen. Sie können vermitteln, sammeln und ordnen, seltene Krankheitsbilder über Jahrzehnte im Auge behalten und solche Patienten versorgen, für die sich bisher niemand verantwortlich fühlt. Sie sollten gezielt forschen und lehren, die Tradition [...] bewahren und schließlich an einer Theorie der Sexualität des Menschen arbeiten, über den Rahmen der Medizin hinaus. Trotzdem: Weder der Umstand des Besonderen noch die Notwendigkeit der Schwerpunktbildung machen die Sexualmedizin zu einer Disziplin.«

Zur Frage der Spezifität von Sexualstörungen heißt es: »Fast alle Störungen des Liebes- und Geschlechtslebens sind psychosozial verursacht. [...] Den psychosozialen Sexualstörungen kommt krankheitstheoretisch und behandlungstechnisch keine Sonderstellung zu. Sie sind grundsätzlich so zu verstehen und zu behandeln wie andere psychosoziale Erkrankungen auch. Daher gibt es Sexualneurosen prinzipiell so wenig wie Sexualberatung und Sexualtherapie. Wer Patienten mit neurotischen oder psychosomatischen Erkrankungen behandeln kann, kann grundsätzlich auch Patienten mit sexuellen Störungen behandeln.«

Zur sexualmedizinischen Ausbildung der heranwachsenden Medizinergeneration heißt es: »*Ein* medizinpsychologischer und *ein* psychosomatischer Kurs im gesamten Studium können doch allenfalls einigen Studenten klar machen, wie katastrophal auch das reformierte Medizinstudium an den Erfordernissen der Praxis vorbeigeregelt ist. Und schließlich: Selbst wenn die Sexualwissenschaft die Sexualmedizin ernsthaft befördern wollte, sie könnte es schon aus einem äußeren Grunde nicht. Eine Handvoll Sexualwissenschaftler – sagen wir 10, sagen wir 15, sagen wir 20 – steht Tausenden von Internisten, Psychologen, Pädagogen, Gynäkologen, Juristen, Theologen, Soziologen, Andrologen, Urologen gegenüber. Ich gebe das noch einmal zu Protokoll.«

Und schließlich wird die allgemeine Lage der Sexualmedizin in unübersehbarer Ambivalenz erörtert: »Soll die sexualmedizinische Betrachtungsweise als klinischpraktische lebendig sein, muß sie von den großen klinischen Fächern an Ort und Stelle aus eigener Erfahrung und Verantwortung selber vertreten und entfaltet werden. [...] – Die grenzenlose Bereitwilligkeit der soi-disant Sexualmedizin birgt [...] Gefahren: bloß andere Vokabeln, bloß neue Kleider über siechem Leib, theorielose Kühnheit, weiter, immer weiter, kleinmütige Angst vor Kritik und [...] das schwere Mißverständnis, Sexualmedizin könne man erlernen und betreiben wie kleine Chirurgie [...]. – Die Medizin hat den Menschen und seine Erkrankungen bisher fast ausschließlich auf der Ebene des Biologisch-Körperlichen betrachtet. Es kommt aber darauf an, die seelisch-soziale und die geschichtlich-gesellschaftliche Ebene in den Blick zu bekommen. Die Sexualmedizin bietet in besonderer Weise die Chance, bisher getrennt gehaltene oder noch gar nicht aufgenommene Erklärungsgitter und Betrachtungsweisen zusammenzuführen und zusammenzusehen. Für sie ist das die Grund- und Bodenfrage. Daher kann sich die Sexualmedizin auch so phallizistisch, intrusiv, heroisch oder tugendhaft gebärden, wie sie will: Solange nicht einmal Psychosomatik und Sozialmedizin, schwer behindert, Bedeutung und Würde in der Körpermedizin erlangen können, so lange bleibt die Sexualmedizin auf jeden Fall, wenn's gut geht, homöopathisch wirksam, ansonsten ein buntes Allerlei, ein bißchen Balint, ein bißchen Kinsey, ein bißchen Masters, ein bißchen dumpf, ein bißchen kritisch, ein Schlemihl, umgekehrt« (Sigusch 1977b: 133 f.).

Hamburger Sexualforscher gingen sehr früh nicht nur zu einer Sexualmedizin als Disziplin, sondern auch zu der Zeitschrift *Sexualmedizin* als einer Zumutung auf Distanz (vgl. z.B. Schmidt 1974, 1981). Die selbst gestellte Frage nach den Zielen einer Weiterbildung auf diesem Gebiet beantworteten sie Anfang der achtziger Jahre in ihrem Paartherapiebuch wie folgt: »Es soll kein neues Berufsbild, kein ›Sextherapeut‹ kreiert werden. Ist schon der Psychotherapeut als Kontrast zum Somatotherapeuten (den gibt es ja auch noch kaum, sondern nur noch zersplittert als Summe aus vielen Fachärzten) problematisch, so erst recht der Sextherapeut, der dann notwendig auch den Spezialtherapeuten für Arbeits-, Schlaf- und Eßstörungen usw. auf den Plan ruft. Für uns ist Therapie sexueller Funktionsstörungen eine Sonderform von Psychotherapie, nicht dagegen eine eigene Technik oder Schulrichtung neben andern psychotherapeutischen Verfahren. [...] Wir sprechen daher auch von Therapeuten*weiter*bildung, nicht von Ausbildung« (Arentewicz und Schmidt 1980: 176f, Hervorh. der Autoren).

Eine traurige Bilanz

Inzwischen ist bei uns seit beinahe vierzig Jahren von Sexualmedizin die Rede, so oder so. Die Hoffnungen, die wir nach der Revolte von 1967/68 an die Idee einer kritischen Sexualmedizin geheftet hatten, konnten sich nicht erfüllen. Zu groß waren die Hindernisse (vgl. Sigusch 1990b, 1991b, 1994), zu stark war das somatoforme Denken und somatologische Reagieren der meisten Mediziner, zu unkritisch waren die, die nachrückten, als sei gar nichts geschehen, als sei nichts Grundsätzliches reflektiert worden. Erneut missverstehen sie gesellschaftlich-seelische Tat-Bestände wie sexuelle Verhaltensformen oder geschlechtliche Identitäten als letztlich natural-evolutionäre Ereignisse, möchten kausal vorgehen und die Mechanismen der Sexualität à la Xq37-6 oder GU-cNAPT als genetisch-neuroendokrine dingfest machen. Verblichen sind die Träume, die wir träumten: dass im Medizinstudium nicht nur Fachkenntnisse vermittelt werden, sondern auch eine psychotherapeutische Kompetenz; dass bisher getrennt gehaltene oder noch gar nicht wahrgenommene Verstehensmöglichkeiten und Betrachtungsweisen in einer kritischen Sexualmedizin zusammengeführt werden.

Nur im Kleinen ist daraus etwas geworden. Das aber ist der Gewinn, den der sexualmedizinische Diskurs in Jahrzehnten gebracht hat: Einige Ärztinnen und Ärzte nahmen die Strapazen einer Selbsterfahrungs- oder Balint-Gruppe, einer eigenen Analyse oder einer psychotherapeutischen Weiterbildung auf sich. Und so gibt es heute mehr Ärzte als vor drei Jahrzehnten, die für die sexuellen Nöte ihrer Patienten aufgeschlossen sind. Allerdings sind nicht wenige Kollegen, die von der Idee einer psychosozialen Sexualmedizin angestoßen worden waren, ganz ins Lager der Psychiker übergetreten, indem sie sich der Psychotherapie oder der Psychoanalyse so eindeutig verschrieben wie es Somatiker in die andere Richtung zu tun pflegen. Damit aber ist der Riss, der durch die Medizin läuft, nicht überwunden, sondern auf höherem Niveau erneut installiert.

Auch deshalb werden heute wie vor dreißig Jahren die falschen Fragen gestellt. Zum

Beispiel: Sind die meisten Sexualstörungen organisch oder psychisch bedingt? Auch deshalb sind beide Seiten, Psychiker wie Somatiker, nach wie vor borniert, nur auf sich selbst bezogen. Auch deshalb werden die alten Fragen aus den Anfängen der Sexualmedizin immer noch kontrovers beantwortet. Zum Beispiel: Sollte es einen Facharzt für Sexualmedizin geben? Sollte eine Zusatzbezeichnung »Sexualmedizin« an eine anerkannte psychotherapeutische Qualifikation gebunden werden? Sind manche Sexual- und Geschlechtsstörungen vielleicht so selten und/oder kompliziert, dass es für deren Behandlung besonderer Qualifikationen bedürfte, wenn beispielsweise an süchtigperverse und transsexuelle Patienten gedacht wird?

Martin Dannecker gehörte dem Frankfurter Institut beinahe drei Jahrzehnte lang an und war seit seiner Habilitation für das Fach »Sexualwissenschaft« im Jahr 1991 der Stellvertreter des Direktors, 2005

Andererseits sind die sexualwissenschaftlich-sexualmedizinischen Fachgesellschaften gegenwärtig einhellig der Auffassung, dass die, die sich einer systematischen Fortbildung unterzogen haben, nicht nur von der veranstaltenden Fachgesellschaft ein Zertifikat erhalten sollten, sondern auch von der Ärztekammer einen Titel, nicht zuletzt mit Blick auf die Honorierung der fachlichen Leistungen. Ob der Deutsche Ärztetag, der über die Weiterbildungsordnung und damit auch über Zusatzbezeichnungen usw. entscheidet, in absehbarer Zeit eine spezifische Zusatzbezeichnung (oder mehrere), einen so genannten Fachkundenachweis oder nur Module in bestimmten Facharztcurricula beschließen wird, steht in den Sternen. Im Moment sieht es nicht danach aus.

Somit ergibt sich am Beginn des neuen Jahrhunderts eine traurige Bilanz nach mehr als drei Jahrzehnten des Kampfes: Sexualmedizin hat sich im emphatischen Sinn weder als Betrachtungsweise in den großen medizinischen Fächern durchgesetzt noch ist sie nach entsprechender Qualifizierung standes- und kassenrechtlich anerkannt worden. Kein Wunder, dass die wenigen universitären Einrichtungen von der Schließung bedroht sind.

Das Ende des Frankfurter Instituts für Sexualwissenschaft

Da passt es wie die Faust aufs Auge, dass der Fachbereich Medizin beschlossen hat, das Frankfurter Institut für Sexualwissenschaft (IfS) nach der Emeritierung seines Direktors Volkmar Sigusch am 30. September 2006 nicht mehr fortzuführen. Von den Pappe-ums-Maul-Begründungen abgesehen (»Es gibt keinen derart exzellenten Nachfolger, und Mittelmaß wollen wir nicht durchfüttern«), setzten sich die regierenden Körpermediziner mit ihrer offenbar unerschütterlichen Borniertheit durch, nach der sexuelle Störungen ohne eine Reflexion der seelischen, kulturellen und gesellschaftlichen Umstände erforscht, begriffen und behandelt werden können. Hinzu kam die allgemeine, immer drastischer werdende Ökonomisierung der Medizin, nach deren Maßstäben wir weder genug Geld durch die Behandlung von Patienten noch gar durch Kungeleien mit der Industrie noch durch den Erwerb von Patenten erwirtschafteten. Außerdem hatten wir ganz schlechte Karten im Verteilungskampf der Disziplinen angesichts immer knapper werdender staatlicher Mittel. Ein Beweis: Im August 2007 teilte das Statistische Bundesamt mit, dass in den letzten zehn Jahren trotz deutlich steigender Absolventenzahlen an den Universitäten 1.451 Professuren gestrichen worden seien, die meisten, bis zu 35 Prozent des Bestandes, in den Sprach- und Kulturwissenschaften (Süddeutsche Zeitung vom 21. August 2007, S. 1). Und schließlich hatte der Frankfurter Fachbereich Medizin insbesondere die Psychosoziale Medizin bereits gegen Null abgebaut, sodass für die Sexualmedizin oder gar Sexualwissenschaft gar nichts mehr sprach, sind doch diese Fächer nicht im Pflichtstudium der Mediziner vom Gesetzgeber vorgeschrieben und auch sonst, wie wir hörten, von den Standesvertretungen der Ärzte nicht offiziell anerkannt.

Da half es im Kampf um den Erhalt des Instituts (vgl. Sigusch und Grau 2006, Sigusch 2007b) nichts mehr, dass mehr als 4.000 Ärzte und Psychologen, viele angesehene Fachleute und die gesamte deutschsprachige Presse von konservativ bis liberal für die Fortführung des Instituts zum Teil in bewegenden Erklärungen Partei ergriffen haben (vgl. z.B. Bessing 2006, Breidecker 2006, Feddersen 2005, Podak 2006, Tolmein 2005, UniReport 2006, Weiße 2006, Zoske 2006). Offenbar hat das Institut in den 33 Jahren seiner Existenz einen guten Ruf erlangt – dank seiner engagierten Mitarbeiterinnen und Mitarbeiter. Deshalb seien sie einmal genannt. Neben Martin Dannecker, der viele Jahre lang als Professor mein Stellvertreter war, hatten eine wissenschaftliche Planstelle im Institut inne die ÄrztInnen, PsychoanalytikerInnen, PsychotherapeutInnen, PsychologInnen, PsychiaterInnen und/oder SoziologInnen (in zeitlicher Abfolge) Reimut Reiche, Bernd Meyenburg, Inge Rieber (später Rieber-Hunscha), Norbert Boller, Horst Kipphan, Inge Ingersoll (später Hochscheid), Angelika Ramshorn-Privitera, Isidor J. Kaminer, Manfred Eckstein, Renate Franke, Sophinette Becker, Katherine Stroczan, Martin Dornes, Herbert Gschwind, Lutz Garrels und Folker Fichtel. Hinzu kamen Kolleginnen und Kollegen, deren Arbeit über Drittmit-

Sophinette Becker, die leitende Psychologin der Sexualmedizinischen Ambulanz, 2005

tel oder auf andere außerplanmäßige Weise finanziert worden ist. Und schließlich war die erfolgreiche Teamarbeit nur möglich, weil wir im Verwaltungs-, Dokumentations- und Bibliotheksbereich sehr viel Glück hatten bei der Besetzung der im Durchschnitt zweieinhalb Stellen. Ich nenne aus den mehr als drei Jahrzehnten stellvertretend mit besten Erinnerungen Agnes Katzenbach, Bärbel Kischlat-Schwalm, Gabriele Wilke, Andrea Rübsamen, Anneliese Siewert, Patricia Fermandois Casas und Gudrun Völker.

Nach gegenwärtigem Stand der Abwicklung des Instituts sollen angeblich die Sexualmedizinische Ambulanz und die umfangreiche Fachbibliothek erhalten bleiben. Außerdem soll möglicherweise eine unselbstständige Professur für Sexualmedizin im Zentrum der Psychiatrie eingerichtet werden. Bisher aber wurde kein verbindlicher Beschluss gefasst und kein Termin genannt. Die Gefahr, dass alles, was über Jahrzehnte mühsam aufgebaut worden ist, wieder abreißt, ist sehr groß – die kompetente Behandlung bestimmter Patientengruppen, die Kooperation mit anderen psychosozialen und körpermedizinischen Disziplinen, die Fort- und Weiterbildung der Ärzte und Psychologen, die klinische und forensische Traditionsbildung, der Auf- und Ausbau eines Ortes, an dem über die Grenzen der Medizin hinaus sexualwissenschaftlich reflektiert werden kann im gedanklichen Austausch mit den Gesellschafts- und Kulturwissenschaften.

22 Perversion als Straftat und die kochende Volksseele

Die Anfänge einer verstehenden Sexualforensik

Die Anfänge einer verstehenden, psychodynamisch orientierten Sexualforensik im Nachkriegs-Deutschland sind vor allem mit dem Namen Eberhard Schorsch verbunden. Geboren wurde Eberhard Wolfgang Gerhard Schorsch am 30. Dezember 1935 in Leipzig. Er hatte eine ältere und eine jüngere Schwester. Seine Mutter Helene Schorsch, geborene Lehmann, war Nervenärztin. Sein Vater Gerhard Schorsch war Professor für Psychiatrie und Neurologie an der Universität Leipzig. 1940 zog die Familie nach Bethel bei Bielefeld, wo der Vater die Leitung der »v. Bodelschwinghschen Anstalten« übernahm. In Bielefeld besuchte Eberhard Schorsch die Volksschule und das Gymnasium.

Vom Sommersemester 1955 an studierte er Philosophie und Medizin in Kiel und Freiburg i. Br. Nach zwei Semestern entschied er sich ganz für die Medizin. Das klinische Studium verbrachte er in Würzburg, Wien, Paris und Münster, wo er 1960 das medizinische Staatsexamen ablegte. Die Medizinalassistenzzeit leistete er in Bielefeld und Rom ab. 1962 promovierte er in Münster mit einer pädiatrischen Arbeit zum Doktor der Medizin. Vom Oktober 1963 an war Eberhard Schorsch wissenschaftlicher Assistent an der Psychiatrischen und Nervenklinik der Universität Hamburg, die von Hans Bürger-Prinz geleitet wurde. Er war in allen Bereichen der Klinik tätig und wurde schließlich mit den Aufgaben eines Oberarztes betraut. 1968 erhielt er die Anerkennung als »Facharzt für Nerven- und Gemütskrankheiten«.

Vom Beginn seiner psychiatrischen Tätigkeit an arbeitete Schorsch mit Hans Giese zusammen, dem Leiter des Instituts für Sexualforschung an der Universität Hamburg. Nach dem Tod Gieses wurde Eberhard Schorsch im September 1970 zum Kommissarischen Leiter des Instituts bestellt. Bereits vor Gieses Tod hatte er dem Fachbereich Medizin der Universität Hamburg eine Habilitationsschrift vorgelegt, die unter dem Titel *Sexualstraftäter* 1971 erschienen ist. Im Dezember 1970 erhielt Schorsch die Venia legendi für das Fach »Psychiatrie und forensische Psychiatrie«.

1972 wurde das der Universität Hamburg lediglich »angegliederte« Institut für Sexualforschung in eine etatisierte Abteilung für Sexualforschung der Psychiatrischen und Nervenklinik der Universität umgewandelt. Zwei Jahre später wurde Eberhard Schorsch auf die neu geschaffene Professur für Sexualwissenschaft berufen und zum Direktor der Abteilung für Sexualforschung ernannt. 1979 konnte die Abteilung um eine Sexualberatungsstelle erweitert werden, die zunächst ein von der Bundesregierung finanziertes Modellprojekt war, 1986 aber vom Land Hamburg übernommen wurde.

Neben psychiatrischen Fragen im engeren Sinn interessierte sich Eberhard

Schorsch von Anfang an für sexualwissenschaftliche, sexualpolitische und sexualforensische Fragen, wie die Bibliografie seiner gedruckten Werke zeigt, die wir nach seinem Tod veröffentlicht haben (Sigusch und Schmidt 1992). In seiner ersten Monografie, die unter dem Titel *Die Sexualität in den endogen-phasischen Psychosen* 1967 in den *Beiträgen zur Sexualforschung* erschienen ist, verband er das sexualwissenschaftliche mit dem psychiatrischen Interesse. Sein erster Zeitschriftenaufsatz (Schorsch 1966), der ein Jahr zuvor in der *Monatsschrift für Kriminologie und Strafrechtsreform* erschienen ist, behandelte aber bereits, wenngleich noch an die Auffassungen von Giese und Bürger-Prinz gebunden, eine Thematik, die sich wie ein roter Faden durch sein gesamtes Werk zieht: sexuelle Perversion und sexuelle Delinquenz.

Darstellung der Strafen um 1500: Verbrennen, Hängen, Blenden, Aufschlitzen, Rädern, Auspeitschen, Enthaupten, Handabhacken usw. (aus Magnus Hirschfeld: *Geschlechtskunde*, Bd. 4, 1930)

Nach einer kurzen Phase der Anlehnung an seine Lehrer rückte Schorsch von dem psychiatrischen Krankheitsbegriff ab, der zu seiner Assistenzzeit herrschte, und kritisierte speziell die damalige Vorstellung von »sexueller Süchtigkeit« (Schorsch 1970a). Entschieden widersprach er dem ontologisierenden Gestus der »anthropologischen« Perversionstheoretiker und unterzog, von dem ehemaligen Hamburger Psychiater und späteren Berliner Forensiker Wilfried Rasch unterstützt, die insbesondere von v. Gebsattel und Giese aufgestellte Perversionslehre einer klinisch-empirischen Überprüfung. In späteren Arbeiten entfaltete er zunehmend eine eigene Perversionstheorie, in die die revidierten phänomenologisch-deskriptiven Darlegungen der alten Psychiatrie ebenso eingegangen sind wie seine eigenen umfangreichen ärztlichen und forensischen Erfahrungen und nicht zuletzt die von seinen Lehrern missachteten Theorien der Psychoanalyse (vgl. z.B. Schorsch 1972, 1975, 1993, Schorsch und Becker 1977, Schorsch und Maisch 1984).

Verstehende Forensik

Gemeinsam mit dem Psychoanalytiker Nikolaus Becker hat sich Eberhard Schorsch bereits Anfang der 1970er Jahre einem psychoanalytischen Verständnis sexueller Deviationen und sexueller Delinquenz zugewandt. Mit ihm zusammen legte er 1977 eine umfangreiche Monografie zur »Psychodynamik sexueller Tötungen« vor, die unter dem Haupttitel *Angst, Lust, Zerstörung* erschienen ist und mittlerweile als

Standardwerk gilt. Durch seine Veröffentlichungen und durch seine Gutachtertätigkeit während eines Vierteljahrhunderts erwarb sich Eberhard Schorsch den Ruf, einer der kompetentesten Gutachter zu sein. In vielen Prozessen, die nicht selten von der Öffentlichkeit stark beachtet wurden, war Schorsch gemeinsam mit dem Psychologen Herbert Maisch tätig, mit dem zusammen er auch einige forensische Arbeiten publiziert hat.

In einem Aufsatz, der Eberhard Schorsch anlässlich seines 50. Geburtstages zugedacht war (Sigusch 1985b), beschrieb ich das Milieu, in dem er sich als Sachverständiger bewegte: Menschenanstalten, Schließer, Kammerpräsidenten als Gottväter, unsägliche Delinquenten, verschubte Patienten, psychiatrische Gutachter ohn' Aug', ohn' Ohr, ohn' alles, die gelegentlich nicht umhin können, als verhinderte Sexualverbrecher in aller Servilität das Beil des Henkers zu schwingen ... – und vor der Tür ein Mob, der den Sexualforscher lynchen will, weil er es wagte, den seinerzeit ins Strafrecht eingeschleusten Gedanken der Resozialisierung und Behandlung ernst zu nehmen, weil er es wagte, den Auftrag der Kammer auszufüllen, also nicht als Gerichtsdiener bei der Verurteilung zur Hand zu gehen, sondern dem »erkennenden« Gericht die Tat anhand der Persönlichkeit des Angeklagten und seines einmaligen Schicksals verstehbar und verständlich zu machen.

Fraglos war und ist der »Fall Jürgen Bartsch« die Nagelprobe für jeden verstehenden Forensiker. Als ich nach dem Tod von Eberhard Schorsch in seinen Schriften las, fiel mir das Manuskript eines Rundfunkvortrags aus dem Jahr 1976 in die Hände. Schorsch war damals noch ein junger Mann, keineswegs so abgeklärt, ja weise, wie er uns in seinen letzten Lebensjahren erschien. Doch in der Sache, um die es ihm ging, war er schon ganz und gar entschieden. Er fand es »widerwärtig«, dass »eine breite Öffentlichkeit stets bereit und auf dem Sprung ist, sich an blutrünstigen Grausamkeiten mit Empörung zu ergötzen«. Und dann verteidigte er den »großen Aufwand, auch von wissenschaftlicher Seite, bei den beiden Bartsch-Prozessen«, weil er schließlich dazu gedient habe, »exemplarisch zu dokumentieren, daß auch eine schwere sexuelle Abweichung wie der Sadismus ein Ausdruck und Symptom einer schweren psychischen Störung sein kann, daß grausame Handlungen nicht notwendig von einem grausamen, sondern auch von einem kranken Menschen begangen werden. Dieser Versuch ist erstmalig in der deutschen Rechtsprechung.« Endlich habe die Wissenschaft nicht, »wie bei früheren sogenannten Massenmördern«, die »moralische Verdammung« und »das gute Gewissen« bei der Hinrichtung mitgeliefert. Dass

Die Wende zur verstehenden Sexualforensik:
Eberhard Schorsch (Foto: Baernd Fraatz)

der Versuch möglich war, »mit Hilfe der Wissenschaft einen Krankheitsprozeß aufzuzeigen und damit so etwas wie ein Verstehen einzuleiten« – das sei nicht zuletzt das Verdienst von Jürgen Bartsch: Er »war sehr intelligent, äußerst sensibel in der Wahrnehmung eigener Konflikte und des eigenen Leidens und verstand es, sich in seiner Bedrängnis und Hilfsbedürftigkeit mitzuteilen. Im Unterschied zu den meisten seiner Leidensgenossen, die in den Gefängnissen und Anstalten namenlos leben und sterben, blieb sein Leiden und seine Krankheit nicht in dumpfer Sprachlosigkeit begraben. Wir können nur hoffen, daß dieser erste Ansatz zu einer aufgeklärteren und humaneren Beurteilung von psychisch gestörten Straftätern nicht lediglich ein flüchtiges Wetterleuchten gewesen ist, sondern einen allmählichen Wandel im Umgang der Gesellschaft mit ihren Gestörten und Gescheiterten einleitet,

»Infantile Exhibitionisten« (aus Magnus Hirschfeld: *Geschlechtskunde*, Bd. 4, 1930)

wenngleich Tendenzen der Rechtsprechung in jüngster Zeit solche Hoffnungen erschüttern.«

Abschließend kam Schorsch damals auf die Umstände des Todes von Jürgen Bartsch zu sprechen: »Betroffen macht mich schließlich der akute Anlaß seines Todes unmittelbar im Gefolge einer operativen Kastration. Nähere Umstände sind zwar nicht bekannt; wenn aber bisher von ›Herzversagen‹ bei einem jungen, gesunden Menschen die Rede ist, dann ist dieser plötzliche Tod kaum anders zu deuten als ein Ausdruck für die extreme psychische Belastung, den übermenschlichen emotionalen Streß, der mit einer solchen Verstümmelung verbunden ist. Dieser Tod sollte uns Anlaß sein zu überdenken, ob es nicht unmenschlich und unverantwortlich ist, Patienten, noch dazu unter dem Druck einer Haft- oder Verwahrungssituation, solche operativen Eingriffe zuzumuten.«

Ein Gutachter, der vor den Konsequenzen seines Verstehens nicht davonläuft, wird automatisch vom Mob, der wir potenziell alle sind, mit Morddrohungen terrorisiert. Jeder verstehende Sachverständige hat in irgendeiner Ecke eine Sammlung perfider Niederschriften, aus denen die kochende Volksseele spricht, Bände über Kain und Abel, über Eros und Thanatos, Libido und Destrudo. »Wie es zu bewundern ist«, schrieb ich zum Geburtstag, »daß Eberhard Schorsch all dem Jahr um Jahr standhielt, so ist es auch zu verstehen, daß andere davon in die Flucht geschlagen wurden.« Tatsächlich sind wir anderen in der Regel weggelaufen und haben versucht, unsere Schuldgefühle durch mitunter allzu markige Aufrufe zu übertönen.

Vielleicht konnten wir uns das auch gestatten, weil sich Eberhard Schorsch jenen Gebrannten, Gestörten und Gestrauchelten, deren individuelle Zerstörungskraft mit der des Ganzen immer wieder identisch zu werden droht, nicht wie unsereiner alle Jubeljahre, sondern sein ganzes Berufsleben hindurch direkt und kontinuierlich zugewandt hat.

Gutachtertätigkeit als Aufklärungsarbeit im Einzelfall

Was hat ihn motiviert? Was gab ihm die Kraft, diese enormen Strapazen 25 Jahre lang auszuhalten? Natürlich eines Tages das Vertrauen, das ihm die Patienten und Delinquenten schenkten, das Ansehen, das er bei Rechtsanwälten wie Richtern bis hin zu den höchsten Gerichten im ganzen Land genoss, eine Reputation, die die seiner Lehrer übertraf. Dahinter aber lagen tiefere Beweggründe. Ich denke, das Versagen und die Schuld einer Generation von Psychiatern vor ihm, die Kranke, Behinderte und Delinquenten, die rassisch und politisch Stigmatisierte, sexuell Abweichende und sozial Deklassierte in den Tod gehen ließen oder selber umbrachten – diese Barbarei, dieses Sichducken und Geschehenlassen haben Eberhard Schorsch hellhörig gemacht für jede Art von Menschenverachtung und Menschenschinderei in unserer Gesellschaft. Deshalb gibt es bei ihm keine Typisierung von sexuell Devianten wie noch bei Giese, nach der die einen »höherwertig« seien und die anderen »minderwertig«. Deshalb maß er, wie er in *Angst, Lust, Zerstörung* schrieb, die Humanität einer Gesellschaft daran, »wie sie mit ihren Gescheiterten umgeht«, wie sie jene behandelt, die die gewöhnliche Zeche der Normopathie nicht zahlen können. Deshalb zeigte er uns, wie nah das Ferne, wie eigen das Fremde ist.

Gutachtertätigkeit war für Eberhard Schorsch »Aufklärungsarbeit im Einzelfall«. So sagte er es in seinem letzten Buch, das unter dem provozierenden Titel *Kurzer Prozeß?* erschienen ist (Schorsch 1991: 24). Die Aufklärungsarbeit bestand für ihn darin, das Monströse der einen mit den Mitteln der Psychologie verstehbar zu machen, ohne sie ihrer individuellen Verantwortung für das, was sie getan haben, zu berauben, sofern sie dazu fähig sind. Gleichzeitig war Aufklärungsarbeit für ihn, die Blindwütigkeit der anderen mit den Mitteln der Wissenschaft zu versachlichen, ohne sie zu Unmenschen zu verdinglichen. Verstehen und Versachlichen lagen bei ihm ineinander. Für ihn hatten alle Menschen einen Anspruch darauf. Parteilich war er nicht, aber parteiisch: Wenn es sein musste – und es musste sein! –, stellte er sich auf die Seite der Schwächeren. Denn er wusste: »Diese Aufklärungsbemühungen stoßen auf Widerstände eines Systems von Strafe, Sühne, Vergeltung – ein System, das auch noch im Gewande der rationalen Systematik des Strafrechts seine Wurzeln im vorwissenschaftlich Archaischen hat«. Der Sache wegen lebte er mit dem Verdacht, »wenn nicht Komplize, so doch heimlicher Claqueur« jener »Untaten« (ebd.) zu sein, die er zu Taten von Subjekten machen wollte – wie vorgängig die objektivale Negativität auch sei.

Eindrucksvoll konkretisierte Schorsch vor den Gerichtshöfen die Niederschläge der gesellschaftlichen Verhältnisse in den Lebensgeschichten der von ihm Begutachteten, indem er die Einschnürung und Heuchelei, die Lieblosigkeit und Gewalt, denen ein »gescheitertes« Individuum ausgeliefert war, so selbstverständlich offen legte wie sie, mehr oder weniger konzentriert, mehr oder weniger verschleiert, allgemeine Selbstverständlichkeit sind: Tat-Sachen. Auf diese beinahe einzigartige Weise hielt Schorsch »der« Gesellschaft einen Spiegel vor, in dem sie ihr kollektives Versagen hätte erblicken können. Ohne sich hinter soziologischen Exkursen zu verschanzen, ohne in gesellschaftstheoretischen Betrachtungen vorzeitig zu enden, ohne das Vermittlungsproblem Individuum/Gesellschaft abstrakt zu erörtern, wurde der Individualanalytiker Schorsch zum Gesellschaftsanalytiker. Den Psychologisten sagte er: Wer von der allgemeinen Unmenschlichkeit nicht reden will, sollte von den »Untaten« der Individuen schweigen. Und den Gesellschaftsfetischisten sagte er: Wer vom individuellen Leiden und von der individuellen Verantwortung nicht reden will, sollte von Gesellschaft schweigen.

»Lustmord. Photographie aus dem Berliner Kriminalmuseum« (aus Magnus Hirschfeld: *Geschlechtskunde*, Bd. 4, 1930)

»Offene therapeutische Gestalt«

Da Eberhard Schorsch Delinquenten nicht »nur« begutachten wollte, da er im Sinne der Psychoanalyse Diagnostik und Therapie nicht mehr trennen und die Liberalisierung des Strafrechts für den einzelnen Wirklichkeit werden lassen wollte, erforschte er zusammen mit Margret Hauch, Gerlinde Galedary, Antje Haag und Hartwig Lohse in einem mehrjährigen Projekt, auf welche Weise, unter welchen Bedingungen und mit welchem Ergebnis sexuell straffällig gewordene Männer psychotherapeutisch behandelt werden können. In dieser Forschungsarbeit, die 1985 unter dem Titel *Perversion als Straftat – Dynamik und Psychotherapie* veröffentlicht worden ist, wurde zum ersten Mal versucht, Annahmen der psychoanalytischen Perversionstheorie mit der Methode multipler Expertenratings empirisch zu stützen. Da diese Studie auch hinsichtlich der katamnestisch abgesicherten Behandlungserfolge international ihresgleichen suchte, wurde sie 1990 auch in englischer Sprache publiziert.

Weil ich weiß, wie sehr Eberhard Schorsch dieses Projekt am Herzen lag und wie sehr er bedauerte, dass sich Psychotherapeuten und namentlich Psychoanalytiker bisher kaum von dieser wesentlichen Vorarbeit dazu ermutigen ließen, endlich auch Delinquenten zu behandeln, möchte ich wenigstens etwas von dem wiederholen, was ich nach dem Erscheinen des Buches gesagt habe: Die ambulante Psychotherapie, die Eberhard Schorsch und seine Mitarbeiterinnen und Mitarbeiter entwickelt haben, ist nicht wie ein Programm festgelegt: entweder verhaltenstherapeutisch oder psychoanalytisch. Sie muss hinsichtlich der Parameter, die eingeführt werden, oder der Einzelverfahren, die angewandt werden, flexibel bleiben, wenn etwas Aufbauendes bewirkt werden soll. Bindeglied aller Einzelschritte ist jedoch das psychoanalytische Grundverständnis der Patientenpersönlichkeit, ihrer Entwicklung, ihrer Störungen und Defizite. Auf dem Boden dieses basalen Konzeptes können dann, je nach Erfordernis, eher verstehend-interpretierende oder eher direktiv-übende Verfahren angewandt werden. So problematisch es unter anderen Bedingungen sein dürfte, theoretisch und praktisch zu oszillieren, hier scheint die »offene therapeutische Gestalt« tatsächlich der geeignete Weg zu sein. Geht es bei dem einen Delinquenten in erster Linie um eine Krisenintervention oder darum, soziale Lernschritte nachzuholen, kann bei dem anderen die Stellung des Symptoms im seelischen Haushalt bewusst gemacht und damit vielleicht das Perverse seiner explosiven Unheimlichkeit beraubt werden. Bewährt hat sich dieses Vorgehen unabhängig von der Art des Sexualdelikts, vom Ausmaß der Aggressivität, von der Zugehörigkeit zu einer sozialen Schicht, ja sogar unabhängig davon, ob im Sinne von v. Gebsattel und Giese eine so genannte süchtig-perverse Entwicklung vorlag oder nicht.

Wenn ein Gelehrter wie Eberhard Schorsch den Ruf erworben hat, auf »seinem« Gebiet der Kompetenteste zu sein, dann soll er in jedem Handbuch über »seinen« Gegenstand schreiben, dann soll er auf jeder Tagung über »seinen« Gegenstand sprechen – und hat sehr bald das Gefühl, von der eigenen, heute immer spezialisierten Kompetenz eingeengt zu werden. Dagegen hat sich Schorsch gestemmt, indem er sich vielen anderen Fragen und Problembereichen zuwandte. Er gehörte nicht nur, eine notwendige Selbstverständlichkeit, wiederholt dem Vorstand der Deutschen Gesellschaft für Sexualforschung an und war deren Erster Vorsitzender von 1982 bis 1985. Er war auch in der Pro Familia aktiv und leitete den Landesverband Hamburg von 1978 bis 1982. Er war nicht »nur« mit Perversionen befasst, sondern mit dem ganzen Feld der sexuellen Auffälligkeiten und Störungen. So sehe ich uns drei, das sind er, Gunter Schmidt und ich, vor mehr als drei Jahrzehnten damit beginnen, die Paartherapie von Masters und Johnson zu erproben (vgl. Schoof-Tams et al. 1972), ein Versuch, aus dem dann ein mehrjähriges Projekt wurde, dessen Ergebnisse Gerd Arentewicz und Gunter Schmidt (1980) herausgegeben haben. Solche durchaus strapaziösen, jedenfalls zeitlich aufwendigen Aktivitäten, von denen viele erwähnt werden könnten, schlagen sich in einer Personalbibliografie nicht nieder. Auch nicht die vielen wichtigen und schönen Vorträge, die Eberhard Schorsch im Laufe der Jahre gehalten hat, zu meiner eigenen Überraschung oft im Rundfunk zu ganz aktuellen Ereignissen.

Nachlesen aber können wir alle, was Schorsch zu allgemeinen sexualtheoretischen Fragen gesagt hat. Ich erinnere nur an die Aufsätze *Die Stellung der Sexualität in der psychischen Organisation des Menschen*, *Bausteine einer Theorie der Liebe* und *Versuch über Sexualität und Aggression* (Schorsch 1978, 1987, 1989a). Nachlesen können wir auch, wie Schorsch, von den konkreten Verhältnissen ausgehend, immer wieder »die Stellung« der Sexualität in der Gesellschaft reflektiert hat, ob es nun um höchstrichterliche Männerfantasien oder um Gewalt in den Beziehungen der Geschlechter ging oder um »Kinderliebe« (Schorsch 1982, 1984, 1989b). Nachlesen können wir schließlich, wie früh und mit welchen Argumenten Schorsch für eine Reform des Strafrechts gestritten hat (vgl. Schorsch, Schmidt und Sigusch 1972).

Dass er davon überzeugt war, die Erkenntnisse der Wissenschaften vom Menschen, darunter der Sexualwissenschaft, müssten nicht zuletzt rechtliche Konsequenzen haben, kann besonders eindrucksvoll jenem Band der *Beiträge zur Sexualforschung* entnommen werden, den er zusammen mit Herbert Jäger unter dem Titel *Sexualwissenschaft und Strafrecht* 1987 herausgegeben hat.

Resignation oder Sisyphos als glücklicher Mensch

Da Schorsch in »seinem« engeren Arbeitsfeld hautnah wie kaum ein anderer erlebt hat, dass es keine wertfreie Wissenschaft gibt, dass politische und wissenschaftliche Sphäre einander stets durchdringen, griff er immer wieder als Wissenschaftler politisch ein, mit öffentlichen Erläuterungen und Stellungnahmen, oft zusammen mit dem Vorstand der Deutschen Gesellschaft für Sexualforschung (vgl. Übersicht in Kap. 19). Trotz der Hautnähe aber war es bei seinem Herkommen nicht selbstverständlich, dass er die »Wertfreiheit« der Wissenschaft und die »reine« Sorge um die Patienten als Ideologie durchschaute. Immer wieder hat er betont, welcher Glücksfall es für uns drei, also ihn, Gunter Schmidt und mich, am alten Hamburger Institut für Sexualforschung gewesen sei: dass die Studentenrevolte und die Schwulenbewegung unser empirisch-klinisches Dasein am Ende der sechziger Jahre in Gestalt der Soziologiestudenten Günter Amendt, Martin Dannecker und Reimut Reiche kräftig ins Wanken gebracht haben. Auf das fachliche Tun dieser drei war er später beinahe so stolz wie auf das Gedeihen seiner leiblichen Söhne. Nach der Antrittsvorlesung von Martin Dannecker für das Fachgebiet »Sexualwissenschaft« in Frankfurt am Main, die im selben Heft der *Zeitschrift für Sexualforschung* abgedruckt ist, in dem wir den Tod von Eberhard Schorsch mitteilen mussten, war er über den Fortgang unserer kleinen Disziplin hocherfreut, ja glücklich.

An den Fortgang der Forensik dagegen hat er offenbar kaum noch geglaubt. In seinem letzten Buch beschreibt er nicht nur einen »Fall« in allen Facetten; er analysiert auch ganz generell die deletäre Situation eines Sexualstraftäters und eines Sexualwissenschaftlers vor Gericht. Dieses Buch ist ein Stück wissenschaftliche Literatur, das anrührt. Unüberhörbar seine Resignation: »Es ist erstaunlich und schwer zu begreifen, dass angesichts all dessen, was in den letzten hundert Jahren an Erkenntnissen gewonnen wurde über Delinquenz, psychische Störungen, soziale und psychische Abweichungen, über die Psychologie der strafenden Gesellschaft, über die Sozialpsychologie der Justiz etc., daß trotz dieser Erkenntnisse nach wie vor so gehandelt wird, als gäbe es all dieses Wissen nicht. Wir sind heute kaum einen Schritt über Reiwalds ›Die Gesellschaft und ihre Verbrecher‹ hinaus. Die Barbarei in diesem Bereich wirkt fort, Schwerstgestörte zuhauf hinter Gittern. Die Fortschritte der Aufklärung, sofern sie schreitet, sind winzig« (Schorsch 1991: 10).

Doch dann macht sich Schorsch wieder Mut; man möchte sagen: den Mut des Verzweifelten: »Aber dies ist kein Grund zur Resignation, kein Grund, den Sachverständigengriffel aus der Hand zu legen. Denn wie heißt es doch bei Camus: Wir müssen uns Sisyphos als einen glücklichen Menschen vorstellen« (ebd.: 24).

Eberhard Schorsch verstarb plötzlich am 14. November 1991 in Hamburg. Er ist kaum älter als sein Vorgänger Hans Giese geworden. Noch heute vermissen viele den Menschen, Kliniker und Forensiker, seine leise Eindringlichkeit, sein ausgleichendes Wort, seine radikale Liberalität, seine sonderliche Liebe zu den Subjekten, den Sonderlingen. Das Hamburger Institut aber ist in Gestalt des Schorsch-Nachfolgers Wolfgang Berner (geb. 1944), einem aus Wien berufenen Psychiater und Psychoanalytiker, und seiner Schüler Andreas Hill (geb. 1962) und Peer Briken (geb. 1969) bei aller Aufgeschlossenheit gegenüber neueren somatologischen Erkenntnismöglichkeiten dem Anspruch auf eine verstehende Sexualforensik treu geblieben. Ja, das alte Institut für Sexualforschung trägt neuerdings sogar die Forensik im Namen.

23 Sexualwissenschaft in der DDR – ein Resümee

von Günter Grau

»Der Sexualwissenschaft in der sozialistischen Gesellschaft ist ein spezielles Interesse an pädagogischer Wirksamkeit eigen, zu welchem die bald erkennbaren Fortschritte in der Überwindung der Folgen der Ausbeutung den stärksten Anstoß gegeben zu haben scheinen. Es ist dabei jedoch im Auge zu behalten, daß es den moralischen Anschauungen der Arbeiterklasse zuvor schon entsprochen hat, die jungen Proletarier dazu zu erziehen, rohe, blinde Impulse des sexuellen Trieblebens geistig und sittlich zu zügeln [...]. Zwar (sind) auch früher fachlich kompetente und fortschrittliche Autoren an der Jugendaufklärung beteiligt gewesen, [...] ihre Bemühungen (vermochten) im Ergebnis aber wenig zur Verbesserung der Verhältnisse zu erwirken [...]. Weil die werktätigen Menschen nach der Entmachtung der Ausbeuterklasse ihre Geschicke im Sozialismus selber regeln und die objektiven Entwicklungsgesetze der Natur und der Gesellschaft ausnutzen, sind mit zielbewußtem Optimismus unternommene erzieherische Einwirkungen auf die Heranwachsenden und prophylaktische Maßnahmen auf diesem Gebiet nun entschiedener mit Erfolg gekrönt« (Mette 1974: 44).

Diese Sätze sind einem als sexualwissenschaftliches Standardwerk konzipierten Handbuch der 1970er Jahre entnommen, einer dreibändigen, insgesamt mehr als 1.200 Seiten umfassenden Edition mit dem anspruchsvollen Titel *Sexuologie. Geschlecht, Mensch, Gesellschaft*. Herausgegeben unter Federführung des Dermatologen Peter G. Hesse (Weimar) von dem Anthropologen Hans Grimm (Berlin), dem Medizinhistoriker Gerhard Harig (Berlin), dem Strafrechtler Friedrich Karl Kaul (Berlin), dem Theaterwissenschaftler Armin-Gerd Kuckhoff (Leipzig) und dem Psychologen Günter Tembrock (Berlin) versammelte die Edition Vertreter verschiedener, mit Aspekten der Vita sexualis befasster Disziplinen. Über 30 Autoren aus Anthropologie, Biologie, Gerichtsmedizin, Kulturwissenschaften, Medizingeschichte, Pädagogik, Philosophie, Psychiatrie, Sexuologie und Strafrecht steuerten Beiträge bei. Außer Josef Hynie (Prag) und Coenraad van Emde Boas (Amsterdam) kamen sie alle aus Einrichtungen der DDR, mehrheitlich aus akademischen Institutionen. Ihr geballter Auftritt sollte demonstrieren, was bislang durchaus nicht typisch für die DDR-Sexualwissenschaft war: die thematische Breite entsprechender Forschungsbemühungen.

Es waren jedoch nicht nur diese Formalien, mit denen sich die Edition von allen in der DDR bis zu diesem Zeitpunkt erschienenen sexualwissenschaftlichen Werken abhob. Wissenschaftspolitisch schien sie eine Zäsur, einen Bruch mit der bis dahin betriebenen Sexualforschung zu signalisieren, in der ausschließlich Ärzte und

Pädagogen Einzelstudien vorgelegt hatten, mit den Schwerpunkten Sexualhygiene und Sexualpädagogik. Allerdings ist nicht zu übersehen, dass es dafür länger als zwei Jahrzehnte brauchte. Bevor der Frage nachgegangen wird, ob und inwieweit das Erscheinen des Handbuchs tatsächlich eine Wende in der Sexualwissenschaft anzeigte, sollen zunächst die Bedingungen für ihre Etablierung nach Gründung der DDR und für ihre Ausrichtung in den frühen Jahren skizziert werden, um anschließend möglichen Ursachen für eine Neuorientierung zu Beginn der 1970er Jahre – so sie sich denn tatsächlich als solche erweist – nachzuspüren. Zum Schluss wird nach ihrer Ausprägung in den 1970er und 1980er Jahren gefragt.

Die schwierigen Jahre des Beginns

Nach Ende des Zweiten Weltkriegs und insbesondere nach Gründung der DDR 1949 hatte es – zumindest auf den ersten Blick – den Anschein, dass die Chancen für einen Neubeginn (auch) in der Sexualwissenschaft besonders günstig waren. Da gab es einerseits die politische Willenserklärung zur notwendigen demokratischen Umgestaltung der Gesellschaft. Und da gab es andererseits eine neue Partei, die Sozialistische Einheitspartei Deutschlands (SED), die sich nicht nur als diesem Ziel verpflichtet gerierte, sondern auch die Macht ausübte. Hervorgegangen war sie aus der (Zwangs-)Vereinigung der beiden Arbeiterparteien SPD und KPD, die in der Weimarer Republik zur sexuellen Frage zwar unterschiedliche, aber gegenüber den konservativ bürgerlichen Parteien oftmals durchaus progressive Positionen behauptet hatten. Beide Umstände schienen beste Voraussetzungen zu bieten, um an jene Traditionen der Sexualwissenschaft anzuknüpfen, die durch die Nazis mit der Vertreibung und Verfolgung bürgerlich-jüdischer und proletarisch-linker Sexualforscher abrupt abgebrochen waren. Dazu sollte es jedoch nicht kommen. Und auch generell fand der Neubeginn nicht unter Bedingungen statt, die »beste Voraussetzungen« genannt werden könnten. Im Gegenteil.

Nach Gründung der DDR gestaltete sich die Etablierung der Sexualwissenschaft im Osten Deutschlands zunächst äußerst schwierig, sie wurde mehr behindert als befördert. Von nachhaltigem Einfluss waren: (1) die strikte Ausrichtung auf die von der SED propagierte soziale Utopie, die Schaffung eines neuen Menschen und seine Erziehung zur sozialistischen Persönlichkeit; (2) die wissenschaftspolitisch verordnete Orientierung an der sowjetischen Psychologie und Pädagogik sowie (3) die ausgeschlagene Aneignung des »Erbes«.

Im Hinblick auf den zuletzt genannten Aspekt fällt zunächst auf, dass in der DDR, deren politische Repräsentanten der Überzeugung waren, die neue Gesellschaftsordnung repräsentiere die Diktatur des Proletariats, Positionen und Ergebnisse der proletarisch-linken Sexualforschung in der Weimarer Republik ignoriert wurden. Besonders ins Auge sticht die Distanz zu zwei ihrer bekanntesten und bedeutendsten Protagonisten: zu Wilhelm Reich und Max Hodann.

Der kommunistische Freudianer Reich, in der Weimarer Republik führender Kopf einer sich marxistisch verstehenden Sexualforschung, Gründer des »Einheitsverbands für Proletarische Sexualreform und Mutterschutz«, hatte Ende der

1920er Jahre eine Bewegung für Sexualökonomie und Politik (bekannt geworden unter dem Kürzel »Sexpol«) ins Leben gerufen, die auf dem linken Flügel der Arbeiterbewegung agierte. Ihre Ziele waren von der KPD-Führung strikt abgelehnt worden; Reich wurde Ende 1933 aus der Partei ausgeschlossen. Bereits in den zwanziger Jahren war in der Sowjetunion sein Versuch, Psychoanalyse und Marxismus miteinander zu verbinden, als Angriff auf die »reine« Lehre des Marxismus-Leninismus gedeutet und als revisionistisch verurteilt worden. Seine Überzeugung, die sexuelle Befreiung des Menschen sei Voraussetzung für die gesellschaftliche Befreiung durch die Revolution, galt als unvereinbar mit der marxistischen Revolutionstheorie. Da hier auf Einzelheiten der in der Sowjetunion zwischen 1919 und 1933 geführten Debatten um die Psychoanalyse, den sowjetischen Freudo-Marxismus und die Auseinandersetzung mit Wilhelm Reich nicht eingegangen werden kann, auch nicht auf die in der DDR etwa ab Mitte der 1970er Jahre einsetzende kritische Reflexion, sei auf die Literatur verwiesen (vgl. u.a. Hörz 1976, Thom 1981, Kätzel 1987).

Bei dem als Pionier der proletarischen Sexualpädagogik anerkannten und geschätzten Arzt Max Hodann lagen die Dinge anders. Seine politische Biografie (Ausschluss aus der SPD wegen »Linksabweichung«, Sympathisant der jungen Sowjetmacht, Spanienkämpfer) schien ihn geradezu als Galionsfigur einer sich in der DDR konstituierenden Sexualwissenschaft zu prädestinieren. Schließlich zählten (und zählen noch heute) seine Schriften *Bub und Mädel. Gespräche unter Kameraden über die Geschlechterfrage* (1924), *Geschlecht und Liebe in biologischer und gesellschaftlicher Beziehung* (1927) sowie sein erfolgreichstes Buch *Bringt uns wirklich der Klapperstorch? Ein Lehrbüchlein, für Kinder lesbar* (1928) zu den beispielhaften Werken proletarischer Aufklärungsliteratur. Dennoch: Nicht eines der genannten Bücher erlebte in der DDR eine Nachauflage. Entsprechende Versuche des umtriebigen thüringischen Verlegers Karl Dietz – Hodann war in der Weimarer Republik einer seiner erfolgreichsten Autoren und Dietz konnte nach Kriegsende seinen Verlag, den Greifenverlag Rudolstadt, weiterführen – scheiterten (Wurm et al 2001: 135). Spekulationen zu den Gründen verweisen auf Konflikte Hodanns mit kommunistischen Emigrantengruppen während seines Exils in Schweden. Auch von einem Einspruch seiner Witwe ist die Rede; auf Grund der unerfreulichen Trennung vom Verlag Ende der 1920er Jahre habe sie ihre Zustimmung zu Neuausgaben im gleichen Haus verweigert (ebd.). Nicht außer Acht gelassen werden sollte aber auch, dass es für Hodanns radikale Forderungen nach sexueller Aufklärung von Kindern und Jugendlichen in zentralen Parteigremien zu Beginn der fünfziger Jahre kaum Zustimmung gegeben haben dürfte. Ab 1955 versuchte der Jenenser Arzt Rudolf Neubert, in die Fußstapfen Hodanns zu treten. Zusammen mit Dietz edierte er die Reihe »Das aktuelle Traktat. Beiträge zum Sexualproblem«. Hier erschienen in den Folgejahren diverse populärwissenschaftliche Schriften zur sexuellen Aufklärung. Einige – wie beispielsweise Heft 6 »Schriftliche Sexualberatung« des Greifswalder Psychiaters Hanns Schwarz (1959) – lehnten sich formal (weniger inhaltlich und schon gar nicht sexualpolitisch) an Hodanns Methoden der sexuellen Aufklärung an.

Doch auch die Werke namhafter, von den Nazis verfemter und verfolgter Vertreter der bürgerlichen Sexualwissenschaft – von Iwan Bloch, Sigmund Freud, Magnus Hirschfeld, Max Marcuse oder Albert Moll – erlebten in der DDR keine Renaissance. Nicht etwa weil es sich sämtlich um jüdische Autoren handelte – ein Umstand, der in anderen Fällen immer wieder Anlass zum Tauziehen von Verlegern mit dem Lizenzgeber (und Zensor) bot, der Hauptabteilung Literatur (später Hauptverwaltung für Verlage und Buchhandel) des Ministeriums für Kultur, und dem problematischen Verhältnis der DDR-Partei- und Staatsführung zum (neu gegründeten) Staat Israel geschuldet war. Es wurde ihnen vielmehr angelastet, »Abwegigkeiten der Sexualität, auch wenn sie zahlenmäßig bedeutungslos waren, in den Vordergrund gerückt und [...] die Erörterung des eigentlichen Problems« verdrängt zu haben (Neubert 1955a:13; auch Grassel 1972a: 214).

Für die Distanz gegenüber Freud gab es allerdings noch einen anderen, weitaus gewichtigeren Grund. Die von ihm entwickelte Psychoanalyse galt als »Ausdruck imperialistischer Ideologie« – ein Urteil, das in der DDR nicht nur von Philosophen vertreten, sondern auch von einigen hier lebenden Psychoanalytikern, von Alexander Mette, Dietfried Müller-Hegemann und Walter Hollitscher, geteilt wurde (Goetze et al. 1953: 128 ff, 140 ff). 1949 war im Greifenverlag noch eine der in der DDR äußerst raren Publikationen über die Psychoanalyse erschienen, Mettes *Psychotherapie gestern und heute*. Die kleine Schrift enthielt am Ende die Feststellung: »Die Psychotherapie braucht sich heute nicht mehr zu verstecken« (Mette 1949: 39). Das sollte sich bald als Trugschluss erweisen. Nur wenige Jahre später hatte derselbe Autor, sei es nun aus Parteidisziplin oder Opportunismus, seine Meinung grundsätzlich geändert und behauptete nunmehr, Freuds Werk sei »einer jener großen irreleitenden Komplexe gewesen, die uns den wissenschaftlichen Grundlagen entfremdet haben« (Mette 1953: 170). Die als »revolutionär mißverstandene Tiefenpsychologie mit all ihren zum Teil so absonderlichen Tendenzen und Gebarungsarten« habe für die Psychotherapie »böse gewirkt. Wir stehen noch heute vor einem Nichts auf diesem Gebiete« (ebd.). Die Diskreditierung der Psychoanalyse und die damit einhergehende Indoktrination der Psychologie, ihre Einschwörung auf die materialistisch orientierte, naturwissenschaftliche Psychologie der Sowjetunion, belasteten die Psychotherapie, drängten sie in eine einseitige, ihr Wirkungsspektrum erheblich einengende Entwicklung. Erst mit Beginn der sechziger Jahre begann sie, sich langsam daraus zu lösen. Auch hatten die Kampagnen gegen Freud und, damit verbunden, die Lobpreisungen von »Errungenschaften« der sowjetischen Psychologie noch einen weiteren Effekt: Sie wirkten abschreckend auf von den Nazis verjagte und im Exil lebende PsychoanalytikerInnen und dürften mit dazu beigetragen haben, dass sie (bis auf wenige Ausnahmen) nicht wieder in die alte, nunmehr in der DDR liegende Heimat zurückkehrten.

Erst Anfang der 1980er Jahre wurde das dogmatische Urteil zu Freud korrigiert. Besonderen Anteil hatten daran der klinische Psychologe (und Analytiker) Alfred Katzenstein, der Psychiater Helmut Späte und der Leipziger Medizinhistoriker Achim Thom. Im Hinblick auf eine Erweiterung des Instrumentariums der klinischen Psychologie forderten Katzenstein und Thom, Freuds Neurosenlehre kritisch aufzuarbeiten und in ein »methodenübergreifendes komplexes Verständnis von Psychotherapie sinnvoll einzuordnen« (Katzenstein und Thom 1981: 33). Überdies erschien 1982, angeregt von dem Schriftsteller Franz Fühmann, die überhaupt erste Veröffentlichung eines Freud'schen Werkes in der DDR, ein kleines, 22 Seiten (!) umfassendes Bändchen (Freud 1982; hierzu auch Simon 1997). 1984 besorgte Thom eine umfangreichere Edition ausgewählter Schriften (Freud 1984), ergänzt um ein bewertendes Nachwort (Thom 1984). In den Jahren bis 1990 folgten einige weitere Ausgaben (vgl. zu den Auseinandersetzungen um Freud auch die nach der Wende erschienenen Studien von Bernhardt 2000 sowie Seidler und Froese 2002).

Was den anderen Teil des »Erbes«, was die im Nationalsozialismus betriebene Sexualwissenschaft angeht, so kam es zu überhaupt keiner (wie auch immer gearteten) Auseinandersetzung. Angesichts der sonst bei nahezu jeder Gelegenheit betonten Notwendigkeit der politischen Abrechnung mit der Nazi-Barbarei und ihren Hinterlassenschaften mag das verwundern. Es gab dafür aber einen simplen Grund. Wie in der Bundesrepublik saßen auch in der DDR Sexualwissenschaftler einer Fehleinschätzung auf. Mit der Machtübernahme des Faschismus wäre, wie der Sexualpsychologe Siegfried Schnabl meinte, »in Deutschland für lange Zeit ein Schlußstrich unter die Sexualwissenschaft gezogen (worden). Sexualforschung war fortan verboten« (Schnabl 1972b: 34). Mit dieser Feststellung hatte sich erübrigt der Frage nachzugehen, ob und inwieweit Mediziner, die in der DDR sexualwissenschaftlich relevante Probleme bearbeiteten, während der Nazizeit als Wissenschaftler in akademischen Einrichtungen (wie der Anatom Hermann Stieve an der Charité Berlin) oder als Experten an Erbgesundheitsgerichten und Gutachter in Sittlichkeitsprozessen (wie der Psychiater Rudolf Lemke an der Universität Jena) oder als Amtsärzte an kriminalbiologischen Untersuchungsanstalten von Strafvollzugseinrichtungen (wie der Münsteraner Gerichtsmediziner Rudolf Koch, ab 1950 Ordinarius an der Universität Halle) die Instrumentalisierung von Erkenntnissen der Sexualwissenschaft für Ziele der verbrecherischen nationalsozialistischen Bevölkerungspolitik unterstützt und/oder davon profitiert hatten. Erledigt hatte sich damit aber auch die Frage, ob Akteure, die die Etablierung der Sexualwissenschaft in der DDR betrieben, an Positionen anschlossen, die die deutsche Sexualwissenschaft zwischen 1933 und 1945 behauptete.

Diese Art des Umgangs mit dem »Erbe« könnte zu vorschnellen Schlussfolgerungen verleiten, nämlich allein den Protagonisten anlasten, sie hätten persönlich schwer wiegende Unterlassungen begangen. Doch bereits die Diffamierungen von Reich und Freud lassen deutlich werden, dass derartige ideologische Bewertungen Ausfluss der Wissenschaftspolitik der SED waren und nicht losgelöst von den politischen Bedingungen in der DDR zu Beginn der fünfziger Jahre betrachtet werden können. Es war die Hoch-Zeit des Stalinismus und des Kalten Krieges, die Periode einer äußerst repressiven Politik. Die Wissenschaftspolitik wurde einerseits bestimmt – so die SED-Propaganda – von der Abwehr der »Ideologie des Klassenfeindes«, andererseits durch die von der Kommunistischen Partei der Sowjetunion initiierte und von der SED mit Nachdruck unterstützte Kampagne zur Übernahme von »Errungenschaften der Sowjetwissenschaft«. Und das bedeutete unter anderem:

Psychologie und Psychiatrie sollten auf die Reflexiologie des russischen Physiologen Iwan P. Pawlow, die Erziehungswissenschaften auf die Doktrin des sowjetischen Pädagogen Anton S. Makarenko eingeschworen werden.

Der Name Pawlow stand als Garantie für die Übernahme des dialektischen Materialismus, für Rationalität und damit für scharfe Abgrenzung vom verketzerten Freudismus wie von der in der Bundesrepublik an Bedeutung gewinnenden Psychosomatik. In nur wenig mehr als fünf Jahren, von etwa 1952 bis 1957, wurde versucht, Psychologie und Psychiatrie auf die streng naturwissenschaftliche Theorie der höheren Nerventätigkeit Pawlows auszurichten. Auch für die Sexualität sollte gelten, was für die Psychologie zum Dogma erhoben wurde: die Reduktion alles Psychischen auf ein physiologisches Substrat. In seiner Radikalität war dieser Versuch einmalig, in seinen Auswirkungen verheerend. Im Zuge der Entstalinisierung flauten die Kampagnen ab, gegen Ende der 1950er Jahre wurden sie ganz eingestellt. Eine öffentliche Auseinandersetzung über die Folgen hat es in der DDR jedoch nicht gegeben (vgl. zum Pawlowismus Ernst 1997: 308–322 sowie Busse 1998).

Zeitgleich zur Pawlowisierung der Psychologie sollte die Pädagogik, so die wissenschaftspolitische Orientierung Anfang der fünfziger Jahre, Grundsätze der Erziehungslehre des sowjetischen Lehrers Makarenko integrieren. Der »Papst« der Sowjetpädagogik sah in der Sexualität prinzipiell eine Bedrohung der gesellschaftlichen Ordnung und im öffentlichen Reden über Sexualität eine besondere Gefahr. Eine sexuelle Erziehung von Kindern und Jugendlichen lehnte er strikt ab. Sie führe, wie er in seiner, auch in der DDR in Massenauflagen verbreiteten Schrift *Ein Buch für Eltern* meinte, »nur zu traurigen Ergebnissen« (Makarenko 1952: 246). »Die Kultur des Liebeslebens« sei »unmöglich ohne Hemmungen, die schon in der Kindheit anerzogen werden« müssten (ebd.). Schließlich würde »der sexuelle Instinkt, ein Instinkt von ungeheurer Wichtigkeit [...], wenn man ihn in seinem primitiven, ›wilden‹ Zustand läßt oder durch ›wilde‹ Erziehung noch verstärkt, nur zu einer für die Gesellschaft schädlichen Erscheinung werden. Aber gebunden und veredelt durch soziale Erfahrung, also durch die Erfahrung der Gemeinschaft mit den Menschen, der Disziplin und der Hemmung, wird er zu einer der Grundlagen der Ästhetik und des schönsten menschlichen Gefühls« (ebd.: 247). Eltern, denen die sexuelle Aufklärung ihrer Kinder wichtig war und die von der Pädagogik eine entsprechende Unterstützung erwarteten, hielt er entgegen: »Die künftige Liebe unserer Kinder wird umso schöner sein, je weiser wir mit unseren Kindern darüber sprechen und je weniger Worte wir machen« (ebd.: 248). Damit wurde die Sexualität zum Mysterium erhoben und weitgehend dem Zugriff der Forschung entzogen.

Für die DDR-Sexualwissenschaft hatte die Indoktrination fatale Konsequenzen. 1955 musste der bereits erwähnte Neubert feststellen: »In den letzten Jahren schien es, als bestünde in der Deutschen Demokratischen Republik keine Sexualfrage« (Neubert 1955b: 7). Unter Pädagogen werde über Sexualerziehung nicht gesprochen. »Man beruhigte sich mit dem Hinweis, daß Makarenko in seinen Schriften die geschlechtliche Erziehung als Sonderproblem abgelehnt hat [...] die Geschlechterfrage (schien sich) in aktuellen medizinischen und sozialhygienischen Problemen (zu erschöpfen), das heißt: in der Bekämpfung der Geschlechtskrankheiten, in der Frage nach medizinischer oder sozialer Indikation der Schwangerschaftsunterbrechung« (ebd.).

Die Bedingungen für die Etablierung der Sexualwissenschaft nach Gründung der DDR waren also alles andere als rosig. Erst nach dem Tod Stalins (1953) und in der auf die Abrechnung mit dem Stalinismus folgenden, so genannten politischen Tauwetter-Periode nach 1956 lockerte die Partei ihre restriktive Haltung, wie auf anderen Gebieten so auch hinsichtlich der Erforschung der Sexualität. Die Forderung von Parteichef Ulbricht auf dem V. Parteitag der SED (1958),»die natürliche Aufklärung« nicht zu vernachlässigen, lässt auf vorausgegangene parteiinterne Auseinandersetzungen schließen. Die angesagte Kurskorrektur verbesserte in den Folgejahren die Bedingungen nicht nur für die Sexualpädagogik, sondern generell für die Sexualwissenschaft.

Sexuologie zwischen Repression und Anpassung

Von grundsätzlicher Bedeutung für deren Entwicklung und Ausrichtung sollte sich der von der SED bereits auf der II. Parteikonferenz (1952) verabschiedete Beschluss zum »planmäßigen Aufbau des Sozialismus« erweisen. Zum strategisch wichtigsten Ziel hatte die Partei die Verwirklichung ihrer sozialen Utopie erklärt: die Schaffung eines neuen Menschen in Gestalt der allseitig gebildeten, hoch befähigten, talentierten sozialistischen Persönlichkeit. Sie sollte sich (neben anderem) dadurch auszeichnen, dass sie »saubere und gesunde Beziehungen« zum anderen Geschlecht unterhält und eine sozialistische Familie gründet. Der Durchsetzung einer neuen Sittlichkeit, der sozialistischen Moral, wurde dabei eine Schlüsselrolle zuerkannt. Ohne uns allzu sehr in Details der vielfach mit Pathos vorgetragenen und mit Zitaten aus Werken von Marx, Engels und Lenin durchsetzten Diskussionen um das sozialistische Menschenbild und eine neue Ethik zu verlieren und auch ohne den an den Debatten Beteiligten Gewalt anzutun, lassen sich die in diesem Kontext mit der Sexualität verbundenen Vorstellungen etwa in folgenden Punkten zusammenfassen:

- Sexuelle Antriebskräfte wirken roh und blind. Sie stellen eine Gefahr nicht nur für das Individuum, sondern vor allem für die Gesellschaft dar. Deshalb sind für eine »gesunde« Sexualität Institutionalisierung und Normierung unerlässlich.
- Sexuelle Beziehungen sind primär keine persönlichen, sondern soziale Beziehungen, die im Interesse der Individuen wie der Gesellschaft geformt und damit auch sanktioniert werden müssen. Besondere Förderung durch Staat und Gesellschaft verdient die »saubere«, die prokreative, also die der Fortpflanzung dienende Sexualität.
- »Schmutzige« Erscheinungsformen wie Prostitution oder Homosexualität, aber auch pathologische Entäußerungen und sexuelle Gewalt haben ihre Wurzeln in kapitalistischen Unterdrückungs- und Ausbeutungsverhältnissen. Mit der Beseitigung des Kapitalismus verlieren sie ihre soziale Grundlage. Falls sie sich

in der sozialistischen Gesellschaft dennoch manifestieren, sind sie »Relikte« der alten Gesellschaftsordnung und als solche zu bekämpfen. Mit zunehmendem »Reifegrad« der sozialistischen Gesellschaft werden sie restlos verschwinden.

Diese »sexualanthropologischen« Grundannahmen bestimmten bis hinein in die sechziger Jahre die Sexualwissenschaft (und auch die Sexualpädagogik); die Sexualwissenschaft wurde ein getreues Abbild dieser Auffassungen von Sexualität.

Zugleich markierten die Grundannahmen die ideologischen Rahmenbedingungen für einschlägige Forschungsbemühungen. Ihre Einhaltung war für die SED-Führung wichtigstes Kriterium für das Verhältnis zur Sexualwissenschaft. Auch wenn die Partei in den Folgejahren auf Grund strategischer Änderungen in der Familien- und Jugendpolitik bestimmte, zunehmend auf Ablehnung stoßende orthodoxe Positionen lockerte oder auch ganz aufgab – wie beispielsweise Parteiverfahren bei Bekanntwerden eines »Seitensprungs« eines Genossen oder einer Genossin, die strikte Ablehnung des vorehelichen Verkehrs bei Jugendlichen oder die buchstabengetreue Handhabung der gesetzlichen Bestimmungen zum Schwangerschaftsabbruch –, charakteristisch für ihr Verhältnis zur Sexualwissenschaft war und blieb ein diffuses, tiefes Misstrauen. Im Kern lief es auf die Befürchtung hinaus, eine uneingeschränkte Erforschung der Sexualität und eine ebenso uneingeschränkte Veröffentlichung ihrer Ergebnisse könnten von den politischen Aufgaben ablenken, zur »Entfesselung« sexueller Antriebe und damit zur Übertretung von Normen der sozialistischen Moral animieren, kurzum: zu einer in ihren Auswirkungen nicht übersehbaren Gefährdung der sozialistischen Gesellschaft führen.

Daraus resultierte ein enormes Kontroll- und Vermeidungsbedürfnis. Es richtete sich nicht nur gegen die erwähnten »schmutzigen« Erscheinungsformen der Sexualität, sondern auch gegen Manifestationen von »sauberer« Sexualität in öffentlichen Bereichen, und es äußerte sich in zum Teil rigiden Maßnahmen: in Verboten, Tabuisierungen oder – schlicht und einfach – in der Verleugnung.

Prostitution wurde unter Strafe gestellt, auch wenn es dafür zunächst keine Rechtsgrundlage gab; die lieferte erst das neue StGB von 1968. Frauen landeten im Gefängnis oder im Erziehungsheim mit dem Argument, Geschlechtskrankheiten würden die »Volksgesundheit« gefährden. Die »Bekämpfung« der sexuell übertragbaren Krankheiten war ein thematischer Schwerpunkt früher sexuologischer Forschung. So wichtig es war, gegen die in den Nachkriegsjahren grassierende Venerie vorzugehen, so berechtigt waren und sind die Zweifel an der Notwendigkeit der propagierten und angewandten, scharfen polizeilichen Maßnahmen, die auch noch in den frühen Jahren der DDR beibehalten wurden. Noch Jahrzehnte später war der einstige Thüringer Landesvenerologe stolz darauf, vermelden zu können, in keinem Land Deutschlands seien die Geschlechtskrankheiten so rasch eingedämmt worden wie in Thüringen (Hesse 1991: 54). Und was er unter »eindämmen« verstand, hatte er kurz vorher erläutert: Zwischen Juni 1946 und März 1947 wurden »durch Amtshilfe der Sipo 2.438 asoziale Geschlechtskranke vorgeführt. 358 kamen in Vorbeugehaft« (ebd.). 1959 resümierte der als Nestor der DDR-Dermatologie hoch angesehene Karl Linser die rigorose Politik und rühmte ihre Ergebnisse mit den Sätzen:

»seit 1945 [ist] mit modernen Methoden nicht nur die Prostitution, sondern schließlich auch die Promiskuität in ungeahntem Maße eingedämmt [worden]. Während früher beispielsweise in Städten, wie Leipzig, Dresden, Halle, Karl-Marx-Stadt, das Dirnenunwesen zeitweise bedrohlich angestiegen war, haben sich inzwischen die Verhältnisse grundlegend geändert. Es gibt dort kaum noch Prostituierte« (Linser 1959: 318). In den 1970er Jahren änderte sich das Verhalten der Staatsorgane zur Prostitution. Zwar blieb sie offiziell verboten, zur Leipziger Messe und ähnlichen Großveranstaltungen wurde sie jedoch toleriert. Auch setzte das Ministerium für Staatssicherheit Prostituierte als Agentinnen ein (s. Falck 1998).

Auch hinsichtlich sexuell übertragbarer Krankheiten war Linsers Prognose sehr optimistisch (und gleichfalls eine Illusion): »Auf dem Wege des Fortschritts werden wir, dessen sind wir gewiß, auch die Geschlechtskrankheiten [...] eines Tages endgültig ausrotten« (ebd.: 331). Diese Voraussage konnte so schnell nicht erfüllt werden. Da Geschlechtskrankheiten aber als Beleg für Triebhaftigkeit und Disziplinlosigkeit galten und Zahlen über Infektionen die »Verstöße« gegen die sozialistische Moral sichtbar gemacht hätten, musste eine kosmetische Maßnahme herhalten, um sie (wenigstens statistisch) zum Verschwinden zu bringen. Amtliche Meldungen der Neuinfektionen wurden zur »Vertraulichen Dienstsache« erklärt, Veröffentlichungen der absoluten Zahlen verboten – und das blieb so bis Ende 1989.

Ähnlich ist mit den Sexualdelikten verfahren worden. Sie galten als »Reste« der kapitalistischen Gesellschaftsordnung. In der sozialistischen Gesellschaft würden Sexualverbrechen (wie generell kriminelle Verhaltensweisen) gesetzmäßig zurückgehen, so lautete ein Dogma der Strafrechtslehre dieser Jahre, und schließlich vollkommen verschwinden. Allerdings war diese kühne Hypothese schwerlich mit dem tatsächlichen Kriminalgeschehen in Überstimmung zu bringen. Also sind ab 1951 im Statistischen Jahrbuch der DDR die Verurteilungen nicht mehr nach einzelnen Deliktarten ausgewiesen worden – auch diese Praktik wurde bis 1989 beibehalten.

Doch auch Manifestationen »sauberer« Sexualität in öffentlichen Bereichen, etwa in der Werbung, in der Literatur oder den darstellenden Künsten, duldete die Partei- und Staatsführung nicht. Selbst gegenüber Nacktheit war die Toleranz gering. Um die Scharmützel, die sich Nacktbader mit der Volkspolizei noch bis hinein in die späten sechziger Jahre lieferten, ranken sich inzwischen Legenden. Auch die künstlerische Darstellung des nackten Körpers galt als anstößig. Die Aktfotografie war verurteilt, über Jahrzehnte ein Schattendasein zu fristen. Ein einziger Frauenakt pro Heft in der ab 1953 monatlich erscheinenden, als freizügig geltenden Zeitschrift *Das Magazin* sowie erotische Illustrationen von Künstlern wie Max Schwimmer oder Werner Klemke waren das Äußerste, was als »noch vertretbar« die Zensur passierte.

Verboten waren eindeutig sexuelle Darstellungen. Schon ein Gemälde mit dem Titel »Liebespaar« konnte Aufgeregtheiten auslösen. So sah sich (noch) Anfang der siebziger Jahre der Maler Wolfgang Mattheuer, dessen gleichnamiges Bild auf der 7. Kunstausstellung der DDR 1973 rege Diskussionen ausgelöst hatte, genötigt, in einem Zeitungsartikel zu betonen: »Verwahren (!) möchte ich mich gegen Unterstellungen (!), es sei meine Absicht gewesen, eine sexuelle Szene zu gestalten, daß ich mich von irgendwelchen Sexwellen hätte beeinflussen lassen. So etwas lag mir bewußt fern« (Klemm 1978: 211 f). Der Philosoph Peter Klemm, der die Episode aufzeichnete, vermerkte dazu durchaus kritisch, der Maler habe hier etwas missverstanden und die Meinungen, es handele sich bei der Darstellung um eine sexuelle Szene, als ehrenrührige »Unterstellung« betrachtet, »ebenso verwahrungswürdig wie etwa der unberechtigte Vorwurf, in einer Kaufhalle Zigaretten oder bei einem Bankett silberne Löffel gestohlen zu haben« (ebd.: 212). Um dann im Pluralis majestatis fortzufahren: »Man verstehe uns bitte richtig: Kein Maler-Professor der DDR ist verpflichtet, sich in seinen Werken mit der Sexualität auseinanderzusetzen. Wer aber ein ›Liebespaar‹ malt, sollte es doch nicht als Angriff auf seine Künstlerehre empfinden, wenn die Betrachter keinen Hehl daraus machen, daß ihnen das Wort ›Genossen‹ auch kleingeschrieben durchaus geläufig ist. Selbst der Akt ist in der Malerei so etwas wie eine Rarität geworden, und in der Plastik wird die Frau in der *überwiegenden Mehrzahl* der Fälle gar als geschlechtsloser Engel dargestellt«. Jeglicher Mutmaßungen über die Ursachen dieser Erscheinungen müsse er sich enthalten. Und Klemms Feststellung enthält im Wortlaut noch einen kryptischen, aber für DDR-Leser vielsagenden Zusatz: müsse er sich »*verständlicherweise* enthalten« (ebd., Hervorh. G.G.).

Natürlich war auch ihm bewusst, dass sich hier die von der SED in den zurückliegenden Jahrzehnten verordnete Tabuierung von Sexualität in der Öffentlichkeit niederschlug. Schließlich hatte er, bezogen auf einen anderen Bereich von Öffentlichkeit, auf die Werbung, festgestellt, dass hier das Verhältnis zur Sexualität »am einfachsten durchschaubar und auch am ›ungetrübtesten‹« sei. »Offensichtlich als Ausdruck der Einstellung, daß jegliche Kommerzialisierung der Sexualität eine Herabwürdigung der Persönlichkeit bedeutet und mit dem sozialistischen Menschenbilde nicht vereinbar ist, findet man – im Regelfall sehr dezente – Sexualität so gut wie ausschließlich nur dort, wo der Bezug zum Produkt gewissermaßen ›gefordert‹ wird, also etwa bei Kosmetika, Wäsche und Kleidung, gelegentlich auch bei Genussmitteln; dort allerdings zumeist so unterschwellig, daß man oft nicht sicher ist, ob man den Bezug nicht hinein-, statt heraussieht« (ebd.: 211). Erst in den 1980er Jahren wird die SED-Führung die Restriktionen gegenüber Darstellungen von Sexualität, im Besonderen in der Literatur, im Film und im Fernsehen, lockern.

Diese Art Politisierung von Sexualität machte aus der Sexualwissenschaft bis etwa Mitte der sechziger Jahre eine durch und durch normative Wissenschaft. Damit vollzog sich auch in der DDR jener Prozess, den Martin Dannecker für etwa den gleichen Zeitraum in der Sexualwissenschaft der Bundesrepublik konstatierte – wenn auch unter entgegengesetztem ideologischem Vorzeichen. Die Sexualwissenschaft bot sich »den Individuen als Hilfs-Ich und der Gesellschaft, oder genauer gesagt, dem Staat als Ordnungsmacht« an. Ihr Versprechen war, »die Sexualität auf die Moral, oder besser gesagt, auf die sittliche Norm zu ziehen« (Dannecker 2001: 171).

Besonders deutlich ablesbar wurden diese Bemühungen in einschlägigen Veröffentlichungen der zweiten Hälfte der 1950er und ersten Hälfte der 1960er Jahre.

So warnte der seinerzeit in der sexuellen Aufklärung tonangebende Neubert Jugendliche davor, vor dem 18. Lebensjahr geschlechtlich zu verkehren; selbst Ersatzhandlungen wie Petting sollten sie meiden. Letzteres sei »eine grobe Unsitte«, die auf Abwege führen und in vielen Fällen den Weg zu späterem Liebesglück in der Ehe verbauen würde. »Sachverständige sind der Überzeugung, daß in Amerika schon viel Unheil durch diese Praktik angerichtet worden ist« (Neubert 1955b: 26). Schließlich gäbe es nur »ein Ziel: die sozialistische Familie, die sozialistische Ehe. Nach den Worten von Engels, Lenin und den Erfahrungen der Sowjetunion«, so gab Neubert vor zu wissen, »werden die Ehen in den meisten Fällen lebenslängliche Einehen sein« (ebd.: 23). Und da die Familie »Nest-, Brut- und Pflegestätte der Kinder« sei, ergäben sich weit gehende Schlussfolgerungen, einerseits in »unserer Einstellung zur Bedeutung der generativen Leistung unserer Frauen [...]. Hausfrau und Mutter zu sein wird ein gelernter Beruf« und anderseits »auch eine neue Einstellung zum Sexualproblem. Die Lustgewinnung wird nicht mehr, wie sie es heute für viele ist, Hauptinhalt der Ehen sein. Die Fruchtbarkeit in der Ehe wird ein soziales, zu deutsch gesellschaftliches – und solange noch Staaten bestehen – Staatsinteresse sein« (Neubert 1957: 27).

Auch wenn in späteren Publikationen derartig vordergründige Rhetorik seltener wird, an einem Ziel hielt die DDR-Sexualwissenschaft auch in den Folgejahren fest: Ihre Erkenntnisse sollten, wie die gebetsmühlenartig wiederholte Formel lautete, zur Erziehung »unserer Menschen« im Sinne der sozialistischen Moral beitragen. Ausdrücklich beklagte 1967 Heinz Grassel eine »Verspätungstendenz« im Bereich der Geschlechterbeziehungen, wodurch noch »Auffassungen und Verhaltensweisen (existierten), die den Grundprinzipien der sozialistischen Gesellschaft widersprechen« würden (Grassel 1967: 10). Und der in der Sexualpädagogik einflussreiche Rolf Borrmann von der Pädagogischen Hochschule Potsdam bekräftigte Ende der siebziger Jahre: Das Ziel sexueller Erziehung und Bildung sei eine sozialistische Persönlichkeit, die »ihr Verhalten zur eigenen Geschlechtlichkeit und zum anderen Geschlecht durch Einstellungen und Überzeugungen zu steuern [und] den Normen der sozialistischen Moral« zu entsprechen vermag. Auch solle sie in der Lage sein, sich »mit überlebten spätbürgerlichen Moralauffassungen, schädlichen Umwelteinflüssen und moralischen Gewohnheiten und Verhaltensweisen« auseinander zu setzen und »unduldsam gegen nicht mit unserer sozialistischen Moral zu vereinbarende(n) Erscheinungen« vorgehen (Borrmann 1979: 178).

Zu den Repräsentanten der Sexualwissenschaft, die in der frühen DDR unter den schwierigen Bedingungen der fünfziger bis weit hinein in die sechziger Jahre ihre Etablierung betrieben, gehörten (mit hinsichtlich ihrer Bedeutung unterschiedlich zu gewichtenden Beiträgen): neben dem bereits genannten Sozialhygieniker Rudolf Neubert (Jena) und dem pädagogischen Psychologen Heinz Grassel (Rostock) die Psychiaterin Lykke Aresin (Leipzig), der Pädiater Heinrich Brückner (Leipzig), der Dermatologe Peter G. Hesse (Weimar), der Psychiater Rudolf Klimmer (Dresden), der Psychologe Gerhard Klumbies (Jena), der Psychiater Karl Leonhard (Berlin), der Sozialhygieniker Karl-Heinz Mehlan (Rostock) sowie die Psychiater Helmut Rennert (Halle), Hanns Schwarz (Greifswald) und Hans Szewczyk (Berlin). Ihr

Verdienst bestand vor allem in einer Schärfung des gesellschaftlichen Problembewusstseins für »die sexuelle Frage« durch Veröffentlichungen.

Initiativen zur Gründung eines sexualwissenschaftlichen Instituts oder einer sexuologischen Fachgesellschaft waren nicht von Erfolg gekrönt. Allerdings gelang eine, wenn auch bescheidene, so doch wichtige Institutionalisierung. 1963 konnte dank der Beharrlichkeit des Rostocker Ordinarius für Sozialhygiene Mehlan wenigstens eine Weiterbildungseinrichtung ihre Arbeit aufnehmen: die Sektion »Ehe und Familie« im Rahmen der DDR-Gesellschaft für Sozialhygiene (offizieller Name: »Deutsche Gesellschaft für die gesamte Hygiene«). Mit den Arbeitsgruppen »Kontrazeption«, »Medizinische und pädagogische Probleme der Sexualität« sowie »Therapie funktioneller Sexualstörungen« organisierte sie die ab 1965 regelmäßig (zunächst jährlich, später alle zwei Jahre) stattfindenden »Rostocker Fortbildungstage über Probleme der Ehe- und Sexualberatung«. Diese richteten sich vor allem an ÄrztInnen, PsychologInnen und Fürsorgerinnen in den Ehe-, Familien- und Sexualberatungsstellen (ESFB) – Institutionen, die es bereits seit 1949 in einigen Großstädten gab, die aber erst mit dem 1965 verabschiedeten Familiengesetz landesweit installiert wurden.

Hier, bei der praktischen Beratungstätigkeit, zeigten sich die Kontradiktionen zwischen den sozialen Ordnungsvorgaben und der individuellen Lebensgestaltung im Bereich der Sexualität. Der Zulauf zu den Beratungsstellen war enorm. Aufgesucht wurden sie vor allem von Frauen. In den Anfangsjahren dominierten Probleme im Zusammenhang mit einer ungewollten Schwangerschaft, später waren es Beziehungskonflikte (in ehelichen oder außerehelichen Partnerschaften), die Hauptinhalte der Beratungstätigkeit bildeten. Die Mehrheit der Frauen war berufstätig und dadurch wirtschaftlich unabhängig. Insofern spielte ein erfülltes Sexualleben für sie eine weitaus wichtigere Rolle als noch für die Generation ihrer Eltern. Entsprechend hoch war der Beratungsbedarf im Krisenfall. Um ihn abzudecken, fehlten nicht nur genügend und entsprechend ausgebildete Fachkräfte, sondern auch – wie der als Leiter einer ESFB mit den Problemen bestens vertraute Schnabl anmerkte – »für unsere Verhältnisse gültige sexualwissenschaftliche Erkenntnisse«. Die meisten Berater verfügten nur über ein »Gemisch von persönlichen Lebenserfahrungen, subjektiven Ansichten, sporadischen – meist antiquierten – Literaturkenntnissen« (Schnabl 1972b: 46). Für die Beantwortung von Fragen nach der Bewertung bestimmter, individuell als »krankhaft«, »pervers« und/oder mit der sozialistischen Moral als nicht vereinbar empfundener Formen sexueller Befriedigung machte sich ein Mangel besonders nachhaltig bemerkbar: das Fehlen von empirischen Untersuchungen zum Sexualverhalten der DDR-Bevölkerung.

Wandel durch Empirie

Etwa ab Mitte der 1960er Jahre begann sich ein Wandel im öffentlichen Umgang mit Aspekten der Sexualität bemerkbar zu machen. Beobachter, die die Entwicklung aufmerksam verfolgten, beurteilten erste Ergebnisse vorsichtig. Ihre Diagnose lautete: »Eher reserviert als aufgeschlossen«; ihre Prognose: »Eher günstig als ungünstig

[...], wodurch die Sexualität entsprechend ihrem tatsächlichen Gewicht immer stärker ins Bewußtsein der sozialistischen Gesellschaft eindringt« (Klemm 1974: 213).
Ausgelöst hatten den Bedeutungswandel keine spektakulären Ereignisse. Auch die Forderung des Ideologiechefs der Partei, Kurt Hager, auf dem VI. Parteitag der SED 1963 nach »empirische(n) Massenforschungen zu grundlegenden und umfassenden Problemen unserer gesellschaftlichen Entwicklung« war kein Appell, sich etwa verstärkt der Erforschung der Sexualität zuzuwenden. Sie zielte nur auf eins: auf die Gewinnung zuverlässiger Informationen über die »Stimmungslage« in der Bevölkerung. Als Hintergrundinformationen sollten sie Entscheidungen zur Stabilisierung der inneren Bedingungen nach dem Mauerbau untersetzen. Wohl aber hatte die Forderung einen Effekt, der auch die Sexualforschung beeinflussen sollte. Verbessert wurden die generellen Rahmenbedingungen für die Anwendung der bislang wissenschaftspolitisch weder sonderlich geschätzten noch geförderten soziologischen Untersuchungsmethoden. In den Folgejahren fanden sie zunehmend Eingang in verschiedene Wissenschaftsdisziplinen, darunter auch in die Sexualwissenschaft, und beförderten hier eine Entwicklung, die zusammen mit anderen Faktoren schließlich eine Zunahme der öffentlichen Akzeptanz der Sexualität bewirkte.

Daran maßgeblich beteiligt waren: (1) in erster Linie empirische Untersuchungen zum Sexualverhalten, die infrage stellten, was bisher an »Wahrheiten« über die Sexualität verbreitet worden war; (2) die Veröffentlichung von Befragungsergebnissen zum Sexualverhalten, die in ihrer Offenheit und Breite bislang ungewöhnliche Debatten in den DDR-Medien auslösten sowie (3) die mit der Legalisierung des Schwangerschaftsabbruchs (1972) und der Zulassung der »Wunschkindpille« als Empfängnisverhütungsmittel (1974) einhergehenden Diskussionen über den nunmehr angstfreien Genuss sexueller Lust von Mädchen und Frauen.

In den Anfängen hatte die Empirie in der Sexualwissenschaft so gut wie keine Rolle gespielt. Zwar gab es einige kleinere Erhebungen, wie eine Befragung von Studierenden der Universität Jena zum Sexualverhalten (Klumbies 1956), ihre Ergebnisse wurden jedoch in der wissenschaftlichen Diskussion der DDR nicht aufgegriffen. Umfangreiche empirische Untersuchungen wurden erst ab Mitte der 1960er Jahre durchgeführt. Genannt werden sollen hier lediglich:

- die Studien von Heinz Grassel, der 4.136 Jugendliche und Studenten zu ihrem Sexualwissen befragte (Grassel 1967), und von Heinrich Brückner, der (davon unabhängig) zum gleichen Gegenstand 3.226 Schülerinnen und Schüler im Alter von 13 bis 18 Jahren interviewte (Brückner 1968);
- die (nicht veröffentlichte) Untersuchung von Helmut Rennert »Die sexuelle Entwicklung Jugendlicher« (1971) mit der Auswertung einer Befragung von 2.177 Studentinnen und Studenten der Medizin verschiedener DDR-Universitäten zu Verbreitung und Häufigkeit sexueller Aktivitäten und Erlebnisse aller Art sowie
- die Abhandlung von Siegfried Schnabl *Intimverhalten. Sexualstörungen. Persönlichkeit* mit empirischem Material aus zwei Quellen: der schriftlichen Befragung

von 2.000 Frauen und Männern über ihr Geschlechtsleben und der Auswertung der Befunde von 1.500 weiblichen und männlichen Klienten mit funktionell-psychogenen Sexualstörungen (Schnabl 1972b).

Sie alle stellten einen Bruch mit der bisherigen Behandlung der Sexualität dar. Dabei lag der Reiz der Veröffentlichungen darin, einen Einblick in die enorme Breite und Vielgestaltigkeit sexuellen Verhaltens zu geben. Der Bruch bestand nicht allein in der Anwendung des neuen methodischen Instruments Befragung, vielmehr drückte er sich in einer völlig veränderten Einstellung zum Gegenstand der Sexualwissenschaft aus: Ins Zentrum der Aufmerksamkeit gerückt war das vielfältige individuelle sexuelle Verhalten. Dadurch bargen die Studien aber auch ein gewisses Konfliktpotenzial. Schließlich waren es nicht nur die akademisch bestallten Diskursproduzenten, die die Ergebnisse auswerteten und bewerteten, sondern auch ganz gewöhnliche Individuen, die DDR-Bürgerinnen und -Bürger, die sie mit ihren eigenen sexuellen Erfahrungen und Erlebnissen verglichen – mit dem Ergebnis, dass sie gewissermaßen zwangsläufig Normen der »sozialistischen Moral« infrage stellten. Und das gleich in doppelter Hinsicht. Nicht nur das Auseinanderklaffen von Norm und realem Verhalten wurde offensichtlich, auch der beschworenen Gefahr, individuelles, von den sozialen Ordnungsvorstellungen abweichendes Sexualverhalten würde zentrale Institutionen der sozialistischen Gesellschaft wie die Ehe oder die Familie gefährden, war der Boden entzogen.

Mit der Feststellung dieser Zäsur ist auch die eingangs gestellte Frage beantwortet. Es waren die genannten empirischen Studien, die die Wende in der Sexualwissenschaft der DDR markierten. Das damit in Verbindung gebrachte Handbuch *Sexuologie* (Hesse et al. 1974–1978) hatte daran keinen nennenswerten Anteil. Selbst Ergebnisse aus den genannten Untersuchungen fanden nur in wenigen Fällen Eingang in einzelne Beiträge dieser Edition, in den psychologisch-soziologisch orientierten fehlten sie ganz. Insofern konnte das Handbuch, wie Kritiker bereits damals vermerkten, nicht für sich in Anspruch nehmen, den zeitgemäßen Erkenntnisstand widerzuspiegeln (Starke und Friedrich 1984: 47). Ein Novum war, dass, wenn auch sehr zurückhaltend, der bisherige Umgang mit Fragen der Sexualität in der DDR problematisiert und die Notwendigkeit zu mehr Offenheit in der Behandlung von bislang als

Siegfried Schnabl: *Intimverhalten. Sexualstörungen. Persönlichkeit*, 1972

politisch heikel geltenden Themen angemahnt wurde. Besonders deutlich ablesbar war diese »Kritik« in dem (schon zitierten) Beitrag »Sexualität im Sozialismus« (Klemm 1978). Die Partei musste und sollte sie auf sich beziehen. Möglicherweise lagen hier die Konflikte, auf die Jahrzehnte später der Initiator des Handbuchs (und einer der Herausgeber) verwies. Ohne auf Einzelheiten der Editionsgeschichte einzugehen, sprach er davon, dass »seitens des zuständigen Ministeriums erbitterter Widerstand geleistet« worden sei und, um das Erscheinen überhaupt zu gewährleisten, der prominente Anwalt (und ebenfalls einer der Mitherausgeber) Friedrich K. Kaul hätte eingeschaltet werden müssen (Hesse 1991: 56). Daraus erklärt sich, zumindest zu einem Teil, warum zwischen dem Erscheinen des ersten und des dritten Bandes fünf Jahre verstrichen.

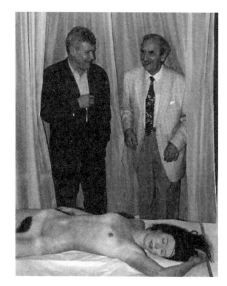

»Kolle West« und »Kolle Ost«: Die Sexualaufklärer Oswald Kolle und Siegfried Schnabl treten in der Illustrierten Stern auf (© Matthias Hiekel, LSN, dpa, 1996)

Sachlich-inhaltlich handelt es sich bei den in die Edition aufgenommenen Beiträgen um Überblicksartikel zu diversen Aspekten der Sexualität. Trotz der genannten Mängel erwies sich das Handbuch – das sei ausdrücklich betont – als ein wichtiges und nützliches Arbeitsmittel. Es war der erste und es blieb auch der einzige Versuch einer multidisziplinären, kritisch referierenden Schau sexuologischer Erkenntnisse, nicht nur innerhalb der DDR sondern auch der sozialistischen Länder. Der Titelzusatz »Geschlecht. Mensch. Gesellschaft« blieb allerdings nur Parole, dem darin ausgedrückten Anspruch einer integrierenden Betrachtung wurde die Edition nicht gerecht. Heute scheint sie nur noch wenigen Fachvertretern bekannt zu sein; in der Rezeptionsgeschichte der DDR-Sexuologie wird sie (zu unrecht) kaum beachtet.

Sexualwissenschaft in den siebziger und achtziger Jahren

In den letzten beiden Jahrzehnten der DDR kamen weitere empirische Untersuchungen hinzu, mit denen wichtige Beiträge zur Erforschung der Sexualität geleistet wurden. Außenstehenden mögen sie als Fortsetzung des einmal eingeschlagenen Wegs erscheinen und doch zeichnete sie eine Besonderheit aus. Alle bislang genannten Untersuchungen entstanden mehr zufällig und auch isoliert voneinander. Es waren Studien im Rahmen einer individuellen Qualifizierung (bei den aufgeführten war es die Habilitation). Fast alle nachfolgenden Beiträge entstanden dagegen im Kontext eines thematischen (und auch institutionellen) Zusammenhangs: der Jugendforschung.

Die Gewinnung der Jugend für den Sozialismus war ein Hauptanliegen der Partei- und Staatsführung der DDR. Dabei spielten Kenntnisse über politische Einstellungen und Wertorientierungen von Jugendlichen eine wesentliche Rolle. Insofern war es auch die Jugendforschung, die von der 1963 erhobenen (bereits erwähnten) Forderung der Partei nach massenhaften empirischen Untersuchungen profitieren sollte. Zwei Jahre später beauftragte das für die Jugendpolitik verantwortliche Amt für Jugendfragen beim Ministerrat der DDR den im Amt als Abteilungsleiter arbeitenden, habilitierten Psychologen Walter Friedrich mit der Gründung einer außeruniversitären Forschungseinrichtung. 1966 nahm sie als »Zentralinstitut für Jugendforschung« (ZIJ) in Leipzig ihre Arbeit auf.

Der dem Ministerrat der DDR unterstellte Think Tank wurde in den Folgejahren materiell großzügig gefördert. Der anfängliche Personalbestand betrug sieben Mitarbeiter, 1970 waren es bereits 25 und 1980 hatte er mit 55 Wissenschaftlern und 45 technischen Angestellten (1989 in 14 Abteilungen) seinen Höchststand erreicht (Friedrich et al. 1999: 34, 36). Im Zentrum der Forschung am ZIJ standen die »Bedingungen und Gesetzmäßigkeiten der Persönlichkeitsentwicklung, vor allem der sozialistischen Erziehung der Jugend« (Friedrich 1988: 9). Die Hauptaufgabe des Instituts bestand darin, einem eng gezogenen Kreis hoher politischer Funktionäre praktisch verwertbare Informationen zu anstehenden Entscheidungen in der Jugendpolitik zu liefern. In den Jahren 1966 bis 1990 wurden für etwa 400 Untersuchungen Daten zu Problemen des politischen und moralischen Bewusstseins Jugendlicher und ihres sozialen Verhaltens im weitesten Sinn erhoben, Verallgemeinerungen zu Einstellungen und Wertorientierungen getroffen, Trends ermittelt sowie zusammenfassende Berichte bereitgestellt. (Von den Datenträgern der genannten 400 Studien wurden bis 1999 etwa 170 entsprechend den Normativen des Zentralarchivs für Empirische Sozialforschung an der Universität Köln aufbereitet und stehen dort für Nachnutzer zur Verfügung.)

In der Öffentlichkeit bekannt wurde das ZIJ – dessen Untersuchungen sonst strenger Geheimhaltung unterlagen – mit Ergebnissen von Studien zum Sexualverhalten. Doch diese sollten im Unterschied zu allen anderen am Institut durchgeführten Arbeiten keine zentral geplanten Projekte sein. Nach Kurt Starke, dem Forschungsleiter, und dem an ihrer Durchführung beteiligten Konrad Weller waren sie weder auf Beschluss der Partei und Regierung entstanden noch als Projekte im Zentralen Plan der Gesellschaftswissenschaften enthalten. Sie schwammen »irgendwie in einem imaginären Raum. Ganz oben wurden sie nicht ruchbar. Später waren sie einfach da, und einige [...] von den für das ZIJ unmittelbar Zuständigen [...] sahen diese Untersuchungen außerhalb der sonstigen Verbotsregelungen oder reagierten einfach als interessierte Leser (Starke und Weller 1999: 397). Für die Genannten waren sie »eins der Unikate im Kuriositätenkabinett der DDR-Wissenschaft« (ebd.). Wo auch immer die Unikate schwammen, das Umfeld, in dem sie entstanden, war alles andere als imaginiert. Und auch für Objekte im Kuriositätenkabinett der DDR-Wissenschaft mussten Mittel geplant, genehmigt und abgerechnet werden, kurzum: Es waren die dem ZIJ eingeräumten Sonderbedingungen, zu denen auch eine finanziell großzügige Ausstattung gehörte, die derartige Studien ermöglichten und sie auch das bei ihrer Veröffentlichung vorgeschriebene Druckgenehmigungsverfahren passieren ließen. Bei ihrer Thematik kann davon ausgegangen werden, dass »ganz oben«, nämlich in der Abteilung Wissenschaft, Volksbildung und Kultur des ZK der SED, das Plazet erteilt worden ist.

Insgesamt waren es drei Großprojekte, genannt »Partner«-Studien, mit denen im Zeitraum 1972 bis 1990 Daten zu Einstellungen und Verhalten von Jugendlichen zu Sexualität, Partnerschaft, Ehe und Familie ermittelt wurden:

- 1972–1974 »Partner I« mit 2.741 Befragten im Alter von 16–25 Jahren;
- 1979–1982 »Partner II« mit 5.669 Befragten im Alter von 16–30 Jahren;
- 1990 »Partner III« mit 3.103 Befragten im Alter von 16–48 Jahren (vgl. Stumpe und Weller 1995: 71; Starke und Weller 1999: 396 ff). Außerdem sind Fragebögen der Studie »Partner III« noch in verschiedenen Teilstudien verwendet worden, darunter 1989 zur Befragung von Strafgefangenen (339 Frauen, 353 Männer), 1990 von Studenten aus der Sowjetunion (1.509 Befragte) und 1990 von homosexuellen Männern (564 Befragte).

Als monografische Publikationen entstanden: aus der »Partner I«-Studie *Junge Partner. Tatsachen über Liebesbeziehungen im Jugendalter* (Starke 1980); aus der »Partner II«-Studie: *Liebe und Sexualität bis 30* (Starke und Friedrich 1984) sowie aus der »Partner III«-Studie *Schwuler Osten* (Starke 1994). Teilergebnisse aus der »Partner III«-Studie wurden nach Schließung des ZIJ (1990) als Materialien der Forschungsstelle Partner und Sexualforschung der 1990 gegründeten Gesellschaft für Sexualwissenschaft e.V. (Leipzig) vertrieben (darunter Mögling, Starke und Weller 1992 sowie Weller 1992).

Die genannten Untersuchungen dokumentierten den Durchbruch der Empirie in der DDR-Sexualwissenschaft. Teils in Kooperation mit dem ZIJ, aber auch unabhängig davon, entstanden weitere Arbeiten, von denen hier nur auf Studien zum Sexualverhalten weiblicher Jugendlicher (Ahrendt 1985) und zum Coming-out schwuler Männer (Vogel und Günther 1989) hingewiesen werden soll.

Im Rückblick auf die 1970er und 1980er Jahre ist die weiter vorn vorgenommene Aufzählung von DDR-Sexuologen um eine Anzahl von Forschern zu ergänzen. Genannt werden sollen jene, die mit empirischen Untersuchungen zur weiteren Professionalisierung

Liebe und Sexualität bis 30

Kurt Starke und Walter Friedrich

unter Mitarbeit von
Lykke Aresin, Kurt R. Bach,
Gustav-Wilhelm Bathke,
Barbara Bertram, Heinz Grassel †,
Monika Reißig, Siegfried Schnabl,
Uta Starke, Peter Voß,
Konrad Weller

VEB Deutscher Verlag der Wissenschaften
Berlin 1984

Kurt Starke und Walter Friedrich: *Liebe und Sexualität bis 30*, 1984 der DDR-Sexualwissenschaft beigetragen haben (ohne damit die Beiträge anderer, zu traditionellen sexuologischen Fragestellungen arbeitender Forscherinnen und Forscher zurücksetzen oder gar diskreditieren zu wollen). Es sind: der Psychologe Walter Friedrich (Leipzig), der Dermatologe Erwin Günther (Jena), der Sexualpsychologe Siegfried Schnabl (Karl-Marx-Stadt = Chemnitz), der Sozialwissenschaftler Kurt Starke (Leipzig) sowie der Sozialpsychologe Konrad Weller (Leipzig).

Eines haben allerdings auch ihre Untersuchungen nicht erreicht: eine Änderung im ambivalenten Verhältnis der Partei- und Staatsführung zur Sexualwissenschaft. Wie bereits in den ersten beiden verweigerte sie auch in den nachfolgenden Jahrzehnten allen Initiativen zur Gründung eines Instituts, einer Fachgesellschaft oder auch nur einer Fachzeitschrift die Zustimmung. (Die Leipziger »Gesellschaft für Sexualwissenschaft e.V.« wurde am 7. Dezember 1989, *nach* Entmachtung der SED, initiiert; die formale Gründung erfolgte am 5. Mai 1990). Dabei hatten die Ergebnisse der Sexualwissenschaft durchaus zum gewachsenen Ansehen der DDR im Ausland beigetragen, auch in den, in den beiden letzten Jahrzehnten besonders umworbenen westlichen Ländern und das – wie hinzufügt werden muss – trotz Reisebeschränkungen, eines limitierten Informationsaustauschs (Veröffentlichungen im Ausland waren genehmigungspflichtig) und des Verbots des Bezugs westlicher Fachliteratur. Selbst die in DDR-Bibliotheken vorhandene sexualwissenschaftliche Literatur von vor 1945 konnte nur mit Sondergenehmigung eingesehen werden. Und auch innenpolitisch hatten die Studien nicht nur eine deutliche Konsolidierung sozialistischer Grundüberzeugungen und Wertorientierungen bestätigt. Die Daten zu Einstellungen und Motiven des realen sexuellen Verhaltens dokumentierten einen »Wandlungsprozess im erotisch-sexuellen Bereich«. Erfasst habe dieser »alle vitalen Altersgruppen, besonders intensiv natürlich die jüngeren Jahrgänge« (Starke und Friedrich 1984: 348). Und so lautete eine Schlussfolgerung: »Er ist gesellschaftlich bedingt, ist eine Ausdrucksform der neuen Stellung des Menschen, seiner objektiven Entfaltungsmöglichkeiten, seiner Selbstverwirklichung in der sozialistischen Gesellschaft. Liebe und Sexualität werden immer vorbehaltloser von den jungen Menschen in ihrer glücks- und aktivitätserzeugenden Form erkannt, akzeptiert und verwirklicht« (ebd.).

Diese Feststellungen aus der Mitte der achtziger Jahre deuten an, dass die DDR-Sexualwissenschaft begonnen hatte, die dogmatische Sexualmoral zu unterlaufen und sich in Richtung Liberalisierung zu bewegen. Von einer liberalen Sexualwissenschaft, die diesen Namen verdient, weil sie die Entscheidung über die Sphäre der Sexualität allein den Individuen überlässt, war sie zu diesem Zeitpunkt – wie der Umgang mit der Homosexualität und den Homosexuellen zeigt – jedoch noch ein Stück weit entfernt.

Homosexualität und DDR-Sexualwissenschaft

Gerade im Hinblick auf Homosexualität und Homosexuelle umgab die DDR ein Nimbus von Fortschrittlichkeit und Liberalität, der auch auf die Sexualwissenschaft abstrahlte. Vor allem die Politische Linke in der Bundesrepublik pries die Verhältnisse als vorbildlich. Alles in allem genommen, waren sie jedoch weit weniger progressiv und liberal, als ihnen nachgesagt wurde (und wird). Als »Beweise« mussten (und müssen) vor allem drei Vorgänge herhalten: 1. die bereits 1950 erfolgte Revision der NS-Fassung des Homosexuellenparagrafen 175, 2. der ab 1958 geltende Verzicht auf die strafrechtliche Qualifizierung als Offizialdelikt (bei einvernehmlich handelnden, volljährigen Männern) und 3. die 1968 vorgenommene ersatzlose Streichung des Homosexuellenparagrafen im neuen StGB. Zweifellos waren alle drei Revisionen ein Fortschritt, nicht nur beim Vergleich mit der Situation in der Bundesrepublik, sondern auch (was zu erwähnen in DDR-Veröffentlichungen schlicht »vergessen« wurde) im Hinblick auf die Situation in einigen »Bruderländern«, darunter in der Sowjetunion, Rumänien oder Kuba. Bemerkenswert ist, dass alle genannten Vorgänge nicht auf das besondere Engagement von Sexualwissenschaftlern, sondern von Strafrechtlern zurückzuführen waren.

Bemerkenswert ist auch, dass selbst nach Streichung des schändlichen Homosexuellenparagrafen im neuen StGB ein Rest von strafrechtlicher Diskriminierung zurück blieb. Mit einer gesonderten Strafnorm (§ 151) wurde am (vermeintlichen) Straftatbestand der Verführung festgehalten, damit Jugendliche, so die offizielle Begründung, »nicht in eine falsche, normwidrige sexuelle Richtung gedrängt werden« (Szewczyk 1978: 242). Angesichts der Verklärung soll nicht unerwähnt bleiben, dass dieser Paragraf nicht nur auf dem Papier stand. Einige Zahlen zu Verurteilungen wurden erst nach 1990 bekannt. Allein zwischen 1980 und 1989 sind jährlich durchschnittlich 58 Männer, im genannten Zeitraum also insgesamt fast 600, zu Freiheitsstrafen zwischen sechs Monaten und drei Jahren verurteilt worden; oftmals habe das Gericht zugleich auch eine »fachärztliche Heilbehandlung« angeordnet (Lewandowski 1991: 156). Mit dem 5. Strafrechtsänderungsgesetz vom 18. Dezember 1988 wurde der § 151 gestrichen, trat aber erst am 1. Juli 1989 in Kraft.

Beim Rückblick auf vierzig Jahre Geschichte der Sexualwissenschaft wird deutlich, dass ihr Verhältnis zur Homosexualität äußerst widersprüchlich war. Bis weit hinein in die 1970er Jahre haben ihre Protagonisten der Verurteilung der Homosexualität durch die Partei und der Diffamierung der Homosexuellen nicht widersprochen, ob sie der mitgelieferten Begründung nun zustimmten oder nicht. Angelehnt an Positionen der KPdSU in der Homosexuellenfrage, sah die SED in der Homosexualität ein historisches Relikt, ein Laster der Bourgeoisie, das in der Arbeiterklasse keine sozialen Wurzeln habe und demzufolge in der sozialistischen Gesellschaft zum Absterben verurteilt sei. Reste müssten, sofern sie in Gestalt der Homosexuellen in Erscheinung treten, zum Schutz der Jugend bekämpft werden (vgl. dazu Wortprotokolle der Expertenkommission zur Strafrechtsreform in Grau 1996: 126 ff.).

Mit dieser Argumentation wurden in den frühen Jahren nicht nur Initiativen zum Verzicht auf die Kriminalisierung der Homosexualität abgewehrt, sondern auch Veröffentlichungen verhindert. Schließlich würden letztere, so die Begründung, der Propagierung des »Lasters« dienen und damit die Jugend gefährden. So unglaublich es klingen mag: Bis 1987 erschien in der DDR nicht eine Publikation zur Homosexualität aus der Feder eines einheimischen Sexologen (lediglich 1963

Rudolf Klimmer

die Übersetzung einer klinischen Studie des tschechischen Psychiaters Kurt Freund *Die Homosexualität beim Mann*, die jedoch nur hinlänglich bekannte Auslassungen der Psychiatrie repetierte und insofern politisch perfekt in das Klischee Homosexualität als Neurose, Laster etc. passte). Jahre vorher hatten die Behörden mit einer anderen Studie eine Verfahrensweise exerziert, die exemplarisch genannt werden kann. Dem bereits 1949 zur Drucklegung eingereichten Manuskript »Die homosexuelle Liebe« des Dresdner Arztes Rudolf Klimmer verweigerten sie nahezu ein Jahrzehnt lang die Druckgenehmigung. Wiederholt forderten sie vom
Autor Überarbeitungen und vom edierenden Verlag stets neue Gutachten. Schließlich resignierte Klimmer und entschloss sich, das Manuskript unter dem Titel *Die Homosexualität als biologisch-soziologische Zeitfrage* in der Bundesrepublik zu veröffentlichen (Klimmer 1958). Diese Entscheidung brachte ihm den in der DDR politisch schwer wiegenden Vorwurf ein, beim »Klassenfeind« veröffentlicht zu haben. Als Autor wurde er kalt gestellt, in zentrale Gremien zur Reform des Strafrechts nicht berufen. Solidarität seiner ärztlichen Kolleginnen und Kollegen hat er nicht erfahren, sie ließen ihn in diesen, für ihn schwierigen Jahren allein.

Im Detail vertraten die mit Fragen der Vita sexualis befassten Fachvertreter zwar unterschiedliche Ansichten zum Umgang mit den Homosexuellen, als kleinster gemeinsamer Nenner dürften sie aber wohl dem Psychiater Karl Leonhard zugestimmt haben, der meinte, zum Schutz Jugendlicher sollten eine höhere Strafe vorgesehen, Treffpunkte besser überwacht und »Auswüchse« verhindert werden (Grau 1995: 115). Und ansonsten überboten sie sich mit Ideen zur effektiven Bekämpfung des »historischen Relikts«. Ihre Vorschläge reichten von der »Heilerziehung« (Neubert 1956: 81), über die »Fürsorge« (Schwarz 1959: 68) bis zur Vorsorge gegen die »besondere Gefahr« der Verführung (Bretschneider 1965: 69 f). Und falls alles fehlschlagen sollte, blieb immer noch »ein Behandlungsversuch durch medikamentöse Sedierung und falls ärztlich indiziert durch chirurgische Kastration« (Fleck und Fleck 1974: 432).

Selbst nach Aufhebung der Kriminalisierung 1968 hielt die Partei das von ihr über die Homosexualität und über Schwule und Lesben verhängte Tabu aufrecht. Es galt nicht nur für einschlägige wissenschaftliche oder populärwissenschaftliche Veröffentlichungen, sondern generell für alle gesellschaftlichen Bereiche. Vereine durften nicht gegründet, spezielle Zeitschriften nicht herausgegeben werden, Lokale wurden – sobald als Treffpunkte bekannt geworden – geschlossen, die subkulturelle Szene weiter polizeilich überwacht. Und wiederum haben Sexualwissenschaftler nicht widersprochen, selbst lange Zeit auch jene nicht, die im Ruf von Vorkämpfern für die Akzeptanz der Homosexuellen in der DDR standen. So hieß es noch 1972 bei Schnabl in seinem in der DDR bekanntesten Buch *Mann und Frau intim* (es erreichte eine Gesamtauflage von 1,5 Millionen Exemplaren): »Die Homosexualität wird durch die Straffreiheit freilich nicht zu einer normalen Erscheinung. Sie dulden heißt nicht, sie fördern. In jeder Hinsicht voll erfüllendes Liebesglück ist ohne den Bund der Ehe und Familie nicht denkbar. Homosexuellen ist diese Welt verschlossen. Sie haben aber ein Recht darauf, von der Gesellschaft wie jeder andere Bürger nach ihren objektiven Leistungen und Verhaltensweisen eingeschätzt und anerkannt zu werden« (Schnabl 1972a: 328). Schnabl hat diese Auffassung in späteren Veröffentlichungen nicht wiederholt. Unter dem Druck der Homosexuellenbewegung, die sich Anfang der achtziger Jahre in der DDR formierte und unter schwierigen Bedingungen gesellschaftliche Akzeptanz für Lesben und Schwule forderte, gehörte er mit Lykke Aresin, Kurt Bach, Erwin Günther und Kurt Starke zu jenen Forschern, die sich entschieden dafür einsetzten, Homosexualität als Variante der Sexualität anzuerkennen.

Dessen ungeachtet hielt die offizielle Wissenschaftspolitik daran fest, bereits 1969 begonnene Forschungen zu den Ursachen der Homosexualität weiter zu fördern. Schließlich leisteten die Spekulationen eines Außenseiters, des durch sexuologische Studien bis dahin nicht in Erscheinung getretenen Berliner Endokrinologen Günter Dörner, von der »hormonellen Missbildung« Homosexualität und den Möglichkeiten einer pränatalen Vorbeuge, den noch immer nicht aufgegebenen Hoffnungen zu ihrer Verhinderung Vorschub. Die Mehrheit der Sexualwissenschaftler in der DDR schien von seiner Idee fasziniert zu sein. Zumindest hat nicht einer sie als das gekennzeichnet, was sie war: inhuman. Nebenbei: Es grenzt an einen Treppenwitz der Geschichte, dass im Jahr 2002 der Bundespräsident Johannes Rau den

Lykke Aresin Kurt Starke

Emeritus Günter Dörner »in Würdigung seiner Verdienste« – wie die Laudatio ausdrücklich hervorhob – auf dem Gebiet der Erforschung von Ursachen hormoneller Missbildungen mit der höchsten Auszeichnung ehrte, dem Großen Verdienstkreuz des Verdienstordens der Bundesrepublik.

Nachdem sich Anfang der achtziger Jahre in der DDR unter schwierigen Bedingungen eine Bürgerrechtsbewegung von Schwulen und Lesben konstituierte und öffentlich gesellschaftliche Akzeptanz einforderte, wurde sie darin auch von einigen Sexuologen unterstützt, und es setzte eine Entwicklung ein, in deren Verlauf schrittweise Verbesserungen der gesellschaftlichen Situation der Homosexuellen erreicht wurden. Im Einzelnen können sie hier nicht nachgezeichnet werden (vgl. dazu Thinius 1994). Kurz eingegangen werden soll jedoch auf das erste, in der DDR 1987 erschienene Buch zur Homosexualität, verfasst von einem forensischen Psychologen. Es galt als Beleg für den Wandel in der Politik und wurde in Rezensionen regionaler und überregionaler Tageszeitungen, auch in Fernsehsendungen, als Beispiel für Liberalität gefeiert. Dabei war es ein ganz besonderes Verständnis von Liberalität, das der Autor vertrat. Für die Gesellschaft sei von größter Bedeutung, wie er meinte, »auch mit Besonderheiten spezifischer Gruppen so umzugehen, daß sich aus deren Lebensbedingungen keine Hemmnisse für ihr Aufgehen im Ganzen der neuen Lebensbedingungen unserer Epoche ergeben« (Werner 1987: 152). Und dann folgte die kühne und ach so liberale Schlussfolgerung: Damit würde der Weg freigemacht »zur aktiv-adaptativen sozialen Integration […] Homosexueller und Heterosexueller innerhalb des Gesamtgefüges jener gesellschaftlichen Normative, die Störfreiheit des Zusammenlebens […] garantieren« (ebd.: 167). Das bedeutete schlicht und einfach nur eins: soziale Disziplinierung der Homosexuellen und hatte mit Liberalität nichts zu tun. Auch in den Folgejahren wurde hinsichtlich der Homosexuellen eine Politik betrieben, die unter der Parole »Integration in die sozialistische Gesellschaft« die Emanzipation vortäuschte und auf Disziplinierung hinauslief.

Ergebnisse der zwiespältigen Politik kleidete Starke 1989 in die Feststellung: »Bewußte und unbewußte Ressentiments gegenüber Homosexuellen sind nach wie vor verbreitet, Berührungsängste bei weitem nicht ausgeräumt. Eltern, Lehrer, Erzieher, Leiter und dann auch Jugendliche sind trotz aller Fortschritte noch unsicher in der Bewertung der Homosexualität und im Umgang mit Homosexuellen, diese sind ihnen eher unbequem, unangenehm, sofern nicht überhaupt Ignoranz und Verdrängung dominieren« (Starke 1989: 30).

Schluss

Die DDR ist Geschichte und die in den vier Jahrzehnten ihres Bestehens betriebene Sexualwissenschaft ist es auch. Historische Entwicklungen, die wie sie zu einem Abschluss gekommen sind, verführen dazu, die Frage zu stellen: Für wen war das alles gut? Wem hat der ganze Aufwand genutzt? Eine generelle Antwort lässt sich darauf nicht geben. Falls allerdings Ergebnisse aus Studien von DDR-Sexualwissenschaftlern zu der Erkenntnis beigetragen haben, dass gerade in einer sozialistischen Gesellschaft die Sexualität der Freiheit der Entscheidungen der Individuen überlassen bleiben muss, hätte sie tatsächlich einen Beitrag zur Befreiung des Sexuellen geleistet, trotz Bevormundung durch Staat und Partei, und könnten zurecht einer liberalen Sexualwissenschaft zugerechnet werden. Allerdings neigen bis heute nicht wenige Protagonisten dazu, anstelle des »trotz Bevormundung« ein »dank Förderung« zu setzen.

Wenn sich heute die Öffentlichkeit mit der DDR-Sexualwissenschaft beschäftigt, dann interessiert weniger die Frage, ob und inwieweit sie liberal genannt werden kann. Sie zeigt sich fasziniert von Details wie der »höheren Orgasmusfähigkeit von Ost-Frauen« oder ist irritiert davon, dass DDR-Männer

Günter Grau

»lieber unten als oben liegen« wollen. Wenn es denn wirklich so war oder ist, wären auch diese Ergebnisse eine Antwort auf die Frage: Für wen war das alles gut. Denn sie belegen, dass das Individuum gelernt hat, allein zu entscheiden, auf welche Art und Weise es höchste sexuelle Lust genießt.

Nach 1990 erschienen nur wenige Publikationen zur Geschichte der DDR-Sexualwissenschaft. In den auf die Wende folgenden Jahren des gesellschaftlichen Umbruchs sahen sie ihre wichtigste Aufgabe darin, das in vier Jahrzehnten Erreichte zu dokumentieren. Das war und ist legitim. Allerdings löst manche der dabei getroffenen Wertungen Verwunderung aus. So wird allen Ernstes behauptet: »Das Sexualleben des überwiegenden Teils der DDR-Bürger war trostlos, von einer liebevollen ars amandi weit entfernt. Sexuelle Neurosen kamen häufig vor.« Auf eine Quellenangabe wird bewusst verzichtet. Offenbar handelt es sich bei dieser Negierung und Distanzierung um eine Verschiebung. Und dieses Phänomen zeigt sich nicht nur in diesem einen Fall. Es ist charakteristisch für alle bisher vorliegenden Studien zur Aufarbeitung der Geschichte der DDR-Sexualwissenschaft durch ihre Protagonisten. Ihre nach wie vor starke Identifizierung mit Positionen der SED-Politik in der sexuellen Frage folgt offenbar aus der Abwehr einer kritischen Auseinandersetzung mit der Frage, inwieweit sie durch ihre Forschungen diese Politik gerechtfertigt, unterstützt und ihre Auswüchse nicht kritisiert haben. Eine solche Auseinandersetzung ist unbequem. Sehr viel einfacher ist es, sich einer bereitgestellten Erklärung zu bedienen, die da lautet: Die von der DDR-Sexualwissenschaft »ausgehenden Innovationen und durch sie geschaffenen Ergebnisse sind tragfähig auch dann, wenn man die politische Realität, in der sie entstanden«, von der Sexualwissenschaft »abzieht« (Hohmann 1991: 49). Das läuft zwar auf Geschichtsklitterung hinaus, scheint aber bisher niemanden gestört zu haben.

24 Kritische Sexualwissenschaft

Eine Standortbestimmung am Ende des 20. Jahrhunderts

Sexualwissenschaft wurde erst möglich, als die Sphäre des Wissens allgemein bedeutsam und das ehedem zerstreute, buntscheckige und noch gar nicht so genannte »Sexuelle« zur allgemein durchgesetzten Sexualform geworden war (vgl. Kap. 1). Erst jetzt konnte sich eine neue Wissenschaft zu Wort melden, die verdächtigerweise bereits in ihrem Namen beteuerte, wirklich eine zu sein. Bekanntlich sagte Sigmund Freud (1916/17: 331) auf dem Höhepunkt der ersten »sexuellen Revolution«: »Vergessen Sie nicht, wir sind derzeit nicht im Besitze eines allgemein anerkannten Kennzeichens für die sexuelle Natur eines Vorganges.« Dabei ist es bis heute geblieben. Denn seit der Moderne steht die Sexualität für Triebhaftigkeit, Unkalkulierbarkeit, Irrationalität und damit Unvernunft, für Grenzüberschreitung und Rätselhaftigkeit, soll aber von Wissenschaften, speziell von der Sexualwissenschaft, rational untersucht, erörtert und definiert werden.

Irgendwann konnte die sexuelle Frage nicht mehr darauf begrenzt werden, Zwittrigkeit körpertheoretisch durch das Festlegen von Männlichkeit und Weiblichkeit zu beseitigen, Zweigeschlechtlichkeit gesellschaftlich herauszustanzen, die Fort-»Pflanzung« je nach herrschendem Kalkül an- oder abzustellen, die fachliche Zuständigkeit für sexuelle Auffälligkeiten und Maßlosigkeiten von der Theologie und der Jurisprudenz zur Medizin, speziell Psychiatrie, zu verlagern oder Rezepte gegen die Prostitution und die Geißel der Geschlechtskrankheiten, genannt Venerie, zu suchen. Am Ende des 19. Jahrhunderts war nicht mehr zu übersehen, dass die sexuelle mit der sozialen Frage, mit der Frage nach dem Sinn des Lebens, nach Glück und Leidenschaft, nach dem Verhältnis von Mensch zu Mensch als einem menschlichen zusammenfiel. Denn die neue Kultur, in der sich das Sexuelle als eigenständige Form installierte, basierte nicht zuletzt auf der Idee, Mann und Frau sollten sich in freier, gleicher, individueller Liebe auf Lebensdauer verbinden und vermehren.

Selbstverständlich wählten sich die einzelnen Forscher und Praktiker innerhalb dieses Rahmens recht differente Themen aus, die sie meinten fachlich meistern zu können, an denen sie ein politisches Interesse hatten oder die sie als *Homo sexualis* berührten. Die Palette der Gegenstände ist folglich ausgesprochen bunt und umfangreich; sie reicht von der sexuellen Folklore und Völkerkunde über die »vollkommene« Ehe, die »freie« Liebe, die sexuelle Abstinenz, die Geburtenregelung, den Mutterschutz, die Verhütung und Behandlung der Geschlechtskrankheiten und die Revision des Sexualstrafrechts bis hin zu Fragen des Umgangs mit der Prostitution, der Eugenik, der Sexualchirurgie, der Sexualendokrinologie, der Sexualpsychopathologie usw. Die einen Forscher erschöpften sich im Sammeln und Präsentieren;

wir zehren noch heute davon. Die anderen stellten sich mutig vor Verfolgte und halfen ihnen; wir bewundern sie dafür. Wieder andere formulierten unabweisbare politische und soziale Forderungen; wir lernen noch heute von ihnen. Die meisten aber waren auf den ersten Blick Idealisten, die das Heil in Biologie, Chemie oder Sozialhilfe suchten, im schlimmsten Fall in Menschenzüchtung. Es fehlt bei ihnen die Anstrengung des Gedankens, die dem, was ist, sein Gegenteil abringt und Gegenbegriffe entfaltet.

Subjektivität jeder Sexualwissenschaft

Apropos *Homo sexualis*. Einige Sexualforscher haben sich zu einer Eigenart bekannt, andere wurden von anderen einsortiert, ob nun als Homosexueller, Fußfetischist oder Sadomasochist, bei wieder anderen scheinen frühe Erlebnisse, Kränkungen oder Ungerechtigkeiten bei der Berufswahl eine Rolle gespielt zu haben, bei noch anderen ist überhaupt keine Abweichung von der Normopathie zu erkennen. Da aber das Sexuelle nun einmal bei uns mit Gier und Neugier assoziiert ist, müssen sich alle Sexualforscherinnen und Sexualforscher die Frage, die immer im Hintergrund lauert, wie sie denn dazu gekommen seien, gefallen lassen, die Frage, die sie sich aus Gründen der anzustrebenden Reflexion des Verhältnisses von Interesse und Sache ohnehin selbst stellen sollten.

Denn jede Sexualforschung ist subjektiv. Sie kann nicht einmal mit Statistiken über Vorkommen und Häufigkeiten sexueller Verhaltensweisen rational verfahren. Wie der Psychoanalytiker ist der Sexualforscher zugleich sein eigenes Behandlungs- und Beobachtungsinstrument. Die Sache wird durch seine Individualität geworfen, anders könnte er sich ihrer gar nicht vergewissern (vgl. dazu Dannecker 1987: 9 ff). Mit Konstanten und Formeln, die in sich selber gründen, kann er nicht operieren, auch nicht mit affektfernen, subjektiv neutralen Termini technici, wie sie Anatomie oder Soziologie zur Verfügung stehen. Noch seine theoretischen Abstraktionen sind von seiner personalen Sexualdifferenz gezeichnet.

Diese Besonderheit des Sexualforschung betreibenden Sexualsubjekts ist reizvoll, weil dem Primärprozess und damit, psychologisch gesehen, dem Dranghaften selbst nahe, oder gar eine ins Berufsleben verschleppte »infantile Sexualforschung«, die das stark geforderte fachliche Interesse dauerhaft bei der Stange hält. Vor allem aber enthält sie, epistemologisch betrachtet, ein spezifisches Risiko und eine spezifische Chance. Bei fehlender oder allzu lückenhafter Selbstreflexion kann nicht mehr herauskommen als Marotte, Autosexografie oder Betroffenheit. Ist das durchsichtig und nicht privatwissenschaftlich verklärt, kann das Risiko durchs Aufsteigen von der personalen Differenz zum Begriff oder auch nur durch Irritation des wissenschaftlich Verfestigten zur Chance werden. Die allerdings ist dieser Tendenzsexuologie nur selten abzuringen, insbesondere dann nicht mehr, wenn sie wie um die Jahrhundertwende, in den zwanziger, in den sechziger Jahren und zur Zeit der Aids-Hysterie im Rudel daherkommt mit einer direkt vom Persönlichen abgezogenen Parole, die auch noch versilbert werden will.

»Ein Elefant ist ... ein Speer ... eine Schlange ... ein Baum ... ein Fächer ... eine Wand ... ein Seil« (aus *Fundamenta Psychiatrica*, Jg. 17, S. 68, 2003, Schattauer Verlag, Stuttgart)

Indem diese Schriften alles verstopfen, beweisen sie, wie sehr Sexualwissenschaft auf geistige Traditionsbildung, universitären Gedankenaustausch, auf »akademische Einordnung«, wie Hans Giese immer betonte, angewiesen ist – wie groß die Dummheit auch sein mag, die an Universitäten herrscht. Allein die akademischen Hürden verhindern, dass sich jeder Heiler selbst zum Sexualforscher habilitiert. Nichts gegen Autodidakten und Dilettanten, aber alles gegen Privatwissenschaftler, die ihre Marotten als letzte Antworten unter die verwirrten Leute bringen. Ihre Litaneien sind unwahr, weil sie sich vom Begrifflichen freihalten. Laut gesagt werden muss das heute, weil nicht mehr wie am Beginn berufliches Können und Mut erforderlich sind, um ein Sexualforscher zu werden, sondern nur noch ein Schild und eine Lüge, die kräftig aufgetischt wird, am besten ein Professorentitel von einer US-amerikanischen Privat-«Universität«, die sich bei genauerem Hinsehen mit der Produktion von Pornografie über Wasser hält, was hierzulande Gutwillige nicht einmal erahnen können, schon gar nicht, wenn eine solche Person auch noch verspricht, die Seuche Aids *more americano* einzudämmen.

Dagegen ist die wissenschaftspraktische Besonderheit der *Scientia sexualis* dann eine Chance, wenn der Impuls, der aus der Sache kommt, sich in eine gedankliche Differenziertheit verwandelt, die dem Gegenstand und seinem Begriff als das einzig »angemessene« Verfahren im wissenschaftlichen Umgang mit dem subjektiv Objektiven das mimetische Moment der Erkenntnis bewahrt und den Widerspruch, der die forschende Person vom beforschten Objekt trennt, dazu treibt, Wahlverwandtschaft zu bekennen, und sei es nur als augenblickliche leibgeistige Aufhellung der dunklen Drangliebe. Es mag sein, dass Sexualwissenschaft selbst auf diese Weise auf ihr Spezifikum, auf ihren Begriff gebracht wird: indem die Dranghaftigkeit in das Bewusstsein eingreift und das Bewusstsein als abgezweigter Drang in dieses: Drangbewusstsein: Bewusstseinsdrang. Es mag sein, dass Erkennen und Erkanntes auf diese Weise über den Gebrauch von Definitionen und Begriffen hinauskommen, auf die Wissenschaft nicht verzichten kann, die Erkenntnis heute aber insofern hinter sich lassen muss, als es darum geht, »das Begriffslose mit Begriffen aufzutun, ohne es ihnen gleichzumachen« (Adorno 1966: 21).

Salz der Sexualwissenschaft

Heute blicken viele, rationalistische wie kritische Sexualwissenschaftler mit Abscheu auf jene alte Sexuologie, die das begriffslos sexuell Einzelne präsentierte wie vor allem Krafft-Ebing (1886), um ihm sogleich in einem Herbarium den Saft auszupressen, treffender: in einem Bestiarium die Kehle durchzuschneiden. Man spricht von »Gruselkabinetten« und ruft nach Klassifikationsziffern. Dabei könnten »Gruselkabinette«, gäbe es sie jenseits von Pornografie und Versandhauskatalogen, also als nicht von vornherein um das Individuelle vollends beraubte, der Sexualwissenschaft demonstrieren, in welchem Ausmaß sie das besondere Sexuelle ihrer Apparatur geopfert hat und damit auch das Leiden der Individuen und die Sehnsucht der Personen.

Eine Sexualwissenschaft, die Leiden und Sehnsucht sprechen lassen will, darf das Interesse am Besonderen nicht hinter dem am Allgemeinen zurückstehen lassen. Heute wissen nur noch wenige Sexualwissenschaftler, die sich dieses Interesse bewahrt haben, wie disparat und kreativ das Sexuelle ist und wie anarchisch. Begriffe wie Perversion, Paraphilie, Präferenzstörung oder Deviation, die die Schulen ständig verfeinern, sind nichts als Käseglocken, die nicht verhindern können, dass das Dranghafte duftend und stinkend entweicht. Heute vermeiden viele Experten aus liberalem Impuls den Ausdruck Perversion, erinnert er doch allein etymologisch daran: dass etwas verdreht ist, quer steht, aus der Reihe tanzt, auf den Kopf gestellt ist und, dem Sprachgeruch nach: dass etwas unerhört faul ist im Staate Sexyland. Dieses Quere, Konträre, Verdrehte, Unerhörte, Abirrende, Überfließende, Faule aber, das nicht nur der Perversion eignet, sondern trotz und infolge des Fetisch- und Doppelcharakters der Sexualität allen Manifestationen des Sexuellen abgerungen werden kann (vgl. Sigusch 1984b), ist das Salz der Sexualwissenschaft, das immer wieder die Signifikanzen zerfrisst.

Doch zu ungefestigt, zu erstarrt war das Ich-Bewusstsein, die Erfahrung des Dranghaften ganz in sich aufzunehmen. Die Riegel, die Freud dem einbrechenden Trieb vorschob, sind keine Hirngespinste, sondern real. Angst erzeugt der Einbruch des Dranghaften, weil er alles erschüttert, was Kontinuität gibt: das austarierte Verhältnis von Innen zu Außen, die Kontrolle über die Äußerungen des Körpers, die Kohärenz der Wahrnehmungen, die Permanenz des Geformten, die Vergegenständlichung. Je schneller der Orgasmus, diese Realparodie auf die fantasierte Trieb-Eruption, zustande kommt und je stärker die mit ihm einhergehende Bewusstseinstrübung ist, desto größer die Angst, desto bestimmter der Ruf der Zensoren. Sexualwissenschaft, die den Orgasmus als Kriterium der Befriedigung nimmt, möchte, dass der Drang in Acht und Bann bleibe. Triebmetaphysiken, die ihn erhöhen, wollen ihm den Stachel des protosexuell Personellen ziehen, des zuunterst Fließenden; die, die ihm liberal zu »seinem Recht« verhelfen wollen, sind natürlich trivial wie die Heftromane: geoymelt wurde immer; die, die ihn naturalistisch oder vitalistisch zum Lebendigen schlechthin erklären, suchen einen Trost, den es nicht gibt: das Dinghafte sei passé.

Trost in der sexuellen Substanz als der des Lebendigen katexochen suchte Wilhelm Reich als der endgültige Sexuologe, total vom Anfang bis zum Ende (vgl. Kap. 2). Seinem Lehrer Freud, einem der ersten kritischen Sexualforscher, war das Sexuelle widersprüchlich in sich, nicht zur guten Substanz an sich geeignet. Er rang darum, ob Thanatos Eros zur Seite gestellt werden muss, anthropologisch-begrifflich, aber auch ganz konkret. Konkret sah er die Vorstellung, dass das Sexuelle mit dem Aggressiven legiert sei, ins Reich des Pathologischen verbannt. Dabei gehören Lust und Macht, Aggression und Appetenz, Sexualität und Herrschaft zusammen, wenn Individuum und Gesellschaft nicht nur im Kopf der Theoretiker zusammengebrannt sind, sondern tatsächlich.

Die Angst vor dem destruktiv Dranghaften ist so groß, weil Vernichtung real auf dem Plan steht; weil das destruktive Bedürfnis nicht nur subjektiv vorzustellen ist, sondern heteronom produziert durch Tausch und Verstofflichung, die destruieren; weil das Ich zu schwach ist, seine Form zu riskieren; weil das Ich zu sehr präpariert ist, reflexartig auf die Ordnung des Allgemeinen zu reagieren und die ist Herrschaft des Menschen über den Menschen. Wer wagt es da schon, offen aggressiv zu sein, noch dazu in jener Sphäre, die der Ideologie nach dem funkenlosen Aneinanderkuscheln exklusiv reserviert ist. Erst wenn die Reservate ohne Angst vor der allgemein drohenden Vernichtung geöffnet werden könnten, erst wenn gesellschaftlich ohne Angst gelebt werden könnte, erführen wir vielleicht, wie lustvoll eine Lust ist, die ihr Herkommen aus einer Aggression nicht mehr verschweigen muss.

War de Sade der erste komplette Sexualforscher der Moderne?

Apropos de Sade, Verkünder der Lust aus Schmerz. War er der erste komplette Sexualforscher der Moderne, bei dem schon alle Motive der »Sexualwissenschaft« vereinigt sind, die sich erst im 20. Jahrhundert ihren Namen geben wird? Hat er vor allen anderen die Bedeutung der sexuellen Frage erkannt? Iwan Bloch, ein Pionier der modernen Sexualwissenschaft, war offenbar davon überzeugt. In seiner Abhandlung *Neue Forschungen über den Marquis de Sade und seine Zeit*, die 1904 erschienen ist, kam er zu dem Schluss, Donatien Alphonse François Marquis de Sade habe mit den 1785 in der Bastille verfassten *Les 120 journées de Sodome ou L'école du libertinage* ein Lehrbuch der Psychopathia sexualis vorgelegt, das wissenschaftlichen Ansprüchen genüge. Außerdem sei dieses Werk sehr viel umfassender als die berühmte *Psychopathia sexualis* des Freiherrn von Krafft-Ebing. Bei dieser Einordnung übersieht Bloch, dass de Sade die Kirche und die Religion im Auge hat und nicht wie Krafft-Ebing und Bloch die Wissenschaft und die Medizin. Folglich handelt er von Passionen, Sünden, Lastern und Verbrechen und nicht von Krankheiten (vgl. Kap. 13).

In jener Umbruchszeit, die neben anderem die Sexualität *als solche* hervorgebracht hat, scheint de Sade für Lust und Sinnlichkeit, Kant dagegen für Triebverzicht und Vernunft zu stehen, jedenfalls wird immer wieder behauptet, de Sade habe mit seinen Werken der Sinnlichkeit zu ihrem missachteten Recht verholfen, während Kant zur selben Zeit, als die Französische Revolution Europa erschütterte, die Vernunft im Gebiet des Philosophierens endgültig installiert habe. Bleibt es nicht beim ersten Blick, ergibt sich eher das Gegenteil. Denn de Sade ist der Verkünder des vernünftigen Egoismus, den die europäische Aufklärung zum Maßstab erhoben hat, und Kant behandelt die Sinnlichkeit nicht, wie viele denken, abschätzig. Er unterzieht die Vernunft als »reine« einer radikalen Kritik und stellt ihr ein Reich

»dunkler Vorstellungen« gegenüber, das, wie später angeblich erst Freud erkannt hätte, »praktisch unendlich« sei (vgl. Gulyga 1985: 302 f). Weil bei de Sade der extreme Individualismus und Egoismus und die Rationalität der Aufklärung zu sich kommen, weil er sich selbst als mitleidslos, zynisch, gemütslos, schamlos, technisch, gewalttätig, eigensüchtig entlarvt, wird der Poète maudit anhaltend als Philosoph von hohen, wenngleich nicht selbstreflexiven Graden betrachtet und mit Hingabe die (Schein-)Frage gestellt: Sollen wir seine Werke verbrennen? Um Gottes willen, nein! Zur Pflichtlektüre muss de Sade gemacht werden für die Chefs der Trusts.

Der Marquis war kein erster kompletter Sexualwissenschaftler, weil er nicht modern war. Er war aber ein vor-

Anonymer Rötelstich um 1880, den Marquis de Sade darstellend (Coll. H.-J. Döpp)

zeitig postmoderner Provokateur. Seine 600 Passionen (nicht Perversionen oder »Sexualpräferenzstörungen« oder »Paraphilien« oder »Deviationen«) reichen bis hin zu operativen Eingriffen, die erst das später installierte Operationsobjektiv (Sigusch 1995a) denkbar macht. Er wollte die alte Ordnung hinsichtlich der sexuellen Lustmöglichkeiten in ihr Gegenteil verkehren: Die (neue) Republik sollte – wir sagen für die (neuen) Sexualwesen, de Sade sagt für die wollüstigen Libertins – in den Städten verschiedene Häuser einrichten »die gesund, weitläufig, angemessen möbliert und in jeder Hinsicht sicher sind; dort würden alle Geschlechter, alle Altersstufen, alle Geschöpfe den Launen der Libertins dargeboten, die kämen, um sich zu erlustigen; und völlige Unterordnung wäre die wichtigste Vorschrift für alle angebotenen Individuen« (de Sade 1795/1965: 109). Diese Einrichtung sei staatspolitisch geboten, weil nur befriedigte Sexualwesen/Wollüstlinge kein Motiv und keine Kraft mehr hätten, die Regierung zu stürzen.

Dieser Zustand ist erst jetzt im Postfordismus in unseren Breiten erreicht: gesellschaftskonforme Prostitution auf allen Ebenen und ständiges öffentliches Inszenieren von Sex bei anhaltendem massenhaften sexuellen Elend, kultureller Übergang von alter triebhafter Wollust in neue Wohllust à la Lean Production (Sigusch 2001a) bei den jungen Leuten. Postmodern wie kaum ein Zweiter war de Sade hinsichtlich der bis heute anhaltenden Ungleichbehandlung der Geschlechter in den angesprochenen Bereichen. Er schrieb: »Es wird also Häuser geben, in denen (wie in denjenigen für die Männer) Frauen sich Ausschweifungen unter dem Schutze der Regierung hingeben können; dort werden ihnen Menschen beiderlei Geschlechts für ihre Lust zur Verfügung gestellt« (ebd.: 119). Das gibt es selbst im sexualisierten Postfordismus nicht. Geradezu prophetisch dagegen hat de Sade die Fragmentierung des menschlichen Lebens und die Reduktion der Gesellschaftsindividuen auf ihre »nackte« Existenz vorausgedacht: »In seinen Ohren hämmerte der Takt des Fallbeiles, ehe es errichtet ward« (Ulitzsch 1920/1986: 5). Er stieß die Fenster der süßlich parfümierten Salons auf, sodass »der Gestank des Schlachthauses« einströmen konnte und »jauchfahle Fratzen der frische Duft warmen Blutes zum Erbrechen reizte«. Donatien Alphonse François Marquis de Sade »ist der Bluthusten der europäischen Kultur« (ebd.). Passt dazu die Geschichte, die Marion Luckow (1963: 31) gelegentlich der Herausgabe Ausgewählter Werke (de Sade 1962–1965) erzählt, nicht allzu gut? Der deutsche Phrenologe Spurzheim habe den Schädel des Marquis', der nach Zeugnis eines Arztes der Anstalt, in der er gestorben ist, »in jeder Hinsicht dem eines Kirchenvaters vergleichbar« gewesen sei, in den USA verloren.

Vierzig Jahre nach Ernst Ulitzsch würdigte Hans Giese, der einflussreichste Sexualwissenschaftler der Adenauer-Zeit, anlässlich der Neuausgabe von *Les 120 journées de Sodome ou L'école du libertinage* die Einsichtigkeit des Grenzgängers zwischen Politik, Philosophie und Literatur: Das »ungewöhnlich Lehrreiche« seiner Schrift sei, »daß es keinen Weg gibt zurück zur sexuellen Natur des Menschen«. Und die »Ausweglosigkeit und Sinnlosigkeit« des lasterhaften Treibens imponiere »am Ende auch als das Erzeugnis einer Kultur, zu der Scheiterhaufen und Verbrennungsöfen nun einmal wesensgemäß gehören« (Giese 1963: 105, 122).

Substanz des Sexuellen

Seit der Antike ist es epistemische Wirklichkeit und seit Kant außerdem ein epistemologischer Gemeinplatz, dass auch die Naturwissenschaften »Natur« konstruieren, weil, wie es in der *Kritik der reinen Vernunft* (1787, B XIII/XIV) heißt, »die Vernunft nur das einsieht, was sie selbst nach ihrem Entwurfe hervorbringt«. Da der Prozess der Aufklärung ein radikaler Prozess des Zerlegens und Neuzusammensetzens von Natur und Mensch und damit auch von Leben und Tod ist, müssen ultraradikale Positionen eingenommen werden, sollen die »naturalen« Naturgrenzen als unhintergehbar begriffen und als ethisch bedeutsam oder gar (in Relation zu »künstlichen« Naturdingen und »künstlichen« Naturvorgängen, letztlich in Relation zur »Kultur«) als »höherwertig« verstanden werden – ein Streit um Denk- und Politikmöglichkeiten, der in den letzten Jahrzehnten des 20. Jahrhunderts am deutlichsten an den Extrempositionen des Essenzialismus einerseits und des Konstruktivismus andererseits abgelesen werden konnte.

Sexualwissenschaft, die sich nicht als Naturwissenschaft missversteht, erkennt ihren wissenschaftlichen Status in mehrfacher Hinsicht als prekär. Ihr Gegenstand ist, jedenfalls isoliert, gar nicht »theoriefähig«. Das Sexuelle ist nur Prädikat des Individuums und die Sexualität ist nur Prädikat der Gesellschaft. Keine Theorie der Sexualität des Menschen kommt folglich ohne Vorstellungen von Individuum und Gesellschaft und ihrem Verhältnis aus, Vorstellungen, die der Sexualtheorie nicht aufzulagern sind, vielmehr ihren kritischen Kern bilden müssen.

Vor einer Generation war ich noch davon überzeugt, das ungeformte Sexuelle von der geformten Sexualität und diese vom leblosen, verstofflichten Sex theoretisch überzeugend unterscheiden zu können: »Die Wahrheit des Sexuellen liegt in der Unmöglichkeit, es zu definieren. Die Unwahrheit der Sexualität gründet in ihrer gesellschaftlichen Formierung. Der Sex ist die durchgesetzte Adäquanz, eine objektive Doppellüge, subjektiv und transsubjektiv« (Sigusch 1988: 13). Nach wie vor aber gilt: Würden nicht an alles Sexuelle in jedem Moment seines Erscheinens die Scheuklappen der Rationalität angelegt, klänge das Wortungetüm »Sexual-Wissenschaft« dissonant und gefährlich. So aber schüttelt keiner (mehr) mit dem Kopf. Doch wie soll das überhaupt zusammengehen: der Sexualdrang und sein Gegenteil? Sexual-Wissenschaft muss definieren, was undefinierbar ist, muss Einheit schaffen, wo Widersprüche herrschen, muss auf unsere Raison d'être ziehen, was sich dagegen sperrt. Dass das wissenschaftlich gefasste Sexuelle zum ungefassten im Widerspruch steht, gibt die Unwahrheit jeder Sexualwissenschaft preis. Kritische Sexualwissenschaft erkennt darin den Hiatus zwischen Individuellem und seiner Objektivation, richtet ihr Augenmerk auf jene abundanten Merkmale, die die unkritische beim Definieren als überflüssig, da überfließend aussortiert, sofern sie ihrer ansichtig wird.

Die bloße Existenz der Dissonanz Sexual-Wissenschaft ist der Beweis für die Totalität der Aufklärung, die kein Geheimnis ertragen kann, für die Verwissenschaftlichung und damit Versachlichung des Sexuellen. Unwillkürlich hat sie aber, seit es sie gibt, immer auch das Gegenteil bewiesen, nicht aus Unvermögen, sondern aus Sperrigkeit ihres »Gegenstandes« selber. So sehr sich die *Scientia sexualis* auch deskriptiv, experimentell oder begrifflich ihrem Gegenstand anschmiegte, es blieb unübersehbar ein Rest, den sie nicht greifen konnte. Dieser epistemologische Rest – ich habe ihn den »*irreduziblen Sexualrest*« genannt (ebd.: 14) – ist die Substanz des Sexuellen, die sich jeder Adäquanz entzieht. Er ist so groß und so nichtidentisch, dass jede Definition von Sexualität rationalistisches Gelächter erzeugt. Das heißt, auch Rationalisten ahnen, wie ohnmächtig ihre Signifikationen sind. Umso kühner

Länge der Schamspalte. Ein Beispiel für Fragen am Ende des 20. Jahrhunderts

Mann, Dildo, Frau. Ein Beispiel für global veröffentlichte Bilder am Ende des 20. Jahrhunderts

simulieren sie mit ihnen, auf dass das Gelächter in den Orkus der Lust zurückgestopft werde, aus dem es kam. Doch es bleibt, dass weder Sexuelles noch Sexualität in irgendeinem Begriff aufgehen. Immer meinen sie mehr. Immer enthalten sie Rätsel à la Jean Laplanche (1988) und Geheimnisse à la Christina von Braun (2001), die sich in ihrem individuellen Leben zwangsläufig angehäuft haben, wenn nur daran gedacht wird, wie wohl Erregung, Begehren und Befriedigung bei einer Sexualperson zustande kommen.

Denken, dem die Paradoxien und Widersprüche die Schwachstellen des fetischisierten Bewusstseins sind, das ein Gespür entfaltet für das Inkommensurable im Kommensurablen, für das, was untergründig im Eismeer der Geschichte als Wärmestrom dahin fließt, vermeidet das Aufgehen der Realität in den Begriffen, nicht indem es sie summarisch verteufelt, sondern indem es mit ihnen kritisch operiert, aus der generellen Not des Operierens eine Tugend macht, die den herrschenden Begriffen ihr Gegenbild vorhält und sich selbst Begriffe zulegt, die das Nichtidentische signalisieren: bei Hegel das Flüssige, bei Marx der Gebrauchswert, bei Nietzsche das Dionysische, bei Freud der Trieb, bei Marcuse der philosophische Eros, bei Bataille der heilige Eros. »Sexualtheorien«, die an der personalen Erfahrung nichts als die Reichweite und Totalität ihrer Kategorien exemplifizieren wollen, die keine Begriffe haben, die sich dem Nichtidentischen zuwenden, die nicht in diesem Sinne transreal sind, die nicht das negieren, was ihnen Common sense, Ressentiment und herrschende Sexualideologie unablässig injizieren, sind so unwahr wie das Ganze, sind so ängstlich und engstirnig, wie sie es von der gängigen Sexualmoral behaupten.

Ist die Sexualwissenschaft »ihrem Wesen nach eine biologische Wissenschaft«?

Die *Zeitschrift für Sexualwissenschaft* (vgl. Kap. 3), die 1914 gegründet wurde und bis zum Sieg der Nazis erscheinen sollte, ist ein Corpus der Sexualwissenschaft, das bis heute zu den eindrucksvollsten überhaupt gehört. Wie sahen die Begründer Iwan Bloch und Albert Eulenburg den wissenschaftlichen Status der neuen Disziplin, wie konzipierten sie sie? Hören wir die programmatischen Eröffnungssätze von Bloch:

> »Ein wahrhaft wissenschaftliches Studium der sexuellen Phänomene ist nur auf [der] biologischen Grundlage als der *primären* möglich. Aus den biologischen Erscheinungen der Sexualität erklären sich die geistigen und kulturellen. Dieser Kausalzusammenhang kann [...] nie und nimmer außer acht gelassen werden. Trotz der innigsten Wechselbeziehungen zu den Geistes- und Sozialwissenschaften ist die Sexualwissenschaft *ihrem Wesen nach* eine *biologische* Wissenschaft [...] *Zwei* große Prinzipien sind es, die das Studium der Sexualwissenschaft beherrschen. Das eine ist das Prinzip des *sexuellen Chemismus,* das andere dasjenige der *sexuellen Variabilität* [...] Das Problem des Ursprungs und Wesens der Sexualität ist also ein chemisches (*Haeckels* ›erotischer Chemotropismus‹ [...] Diese Vorstellung eines sexuellen Chemismus hat jetzt grundlegende Bedeutung für die Sexualwissenschaft gewonnen und erweist sich als ein überaus glückliches heuristisches Prin-

zip [...] Man kann daher als *allgemeinste Aufgabe* der Sexualwissenschaft die genaue und lückenlose Beschreibung der den sexuellen Phänomenen (im weitesten Sinne des Wortes) zugrunde liegenden chemischen Vorgänge bezeichnen, aus denen dann sekundär die morphologischen und psychischen hervorgehen. Neben dem Chemismus erweist sich das *große Prinzip der Variabilität* als der Leitfaden in dem Labyrinth der sexualwissenschaftlichen Probleme [...] In der unaufhörlichen Aufeinanderfolge der lebendigen Organismen, diesem ewigen Werden und Vergehen seit Jahrmillionen gleicht *kein* lebendiges Gebilde dem anderen, *jedes* ist ein *bestimmtes* Individuum für sich, das *nie, niemals* wiederkehrt, in gewissem Sinne also *unersetzlich* ist. Hier liegt die philosophische Begründung für den neuerdings so oft betonten energetischen, ökonomischen und kulturellen Wert des einzelnen menschlichen Individuums [...] Die von *Mendel* entdeckten Gesetze der Vererbung [...] haben für die Sexualwissenschaft die allergrößte Bedeutung. Wie ihr Studium in der Botanik und Zoologie schon die bedeutsamsten Aufschlüsse [...] geliefert hat, so verspricht auch ihre Anwendung auf den Menschen, namentlich mit den mathematisch-exakten Methoden von *Galton* und *Pearson,* sicher in *theoretischer* Beziehung wertvolle Ergebnisse für die menschliche Vererbungslehre und Familienforschung, wenn auch ihre *praktische* Verwertung in der sogen. ›Eugenik‹ noch in den allerersten Anfängen steht [...] Es darf aber nicht vergessen werden, daß überhaupt durch die bisherigen Forschungen über die sogenannte innere Sekretion der Begriff ›Sexualität‹ und ›sexuell‹ eine ungemeine *Erweiterung* erfahren hat, da außer den Geschlechtsdrüsen im engeren Sinne auch die anderen der inneren Sekretion dienenden Drüsen [...] in hohem Grade an der endgültigen Ausbildung der sexuellen Individualität beteiligt sind [...] Die nächste Aufgabe der Forschung wird sein, die Bedeutung der einzelnen innersekretorischen Drüsen für die Sexualität der beiden Geschlechter [...] genauer zu bestimmen [...] Im Zusammenhang mit dem großen Einfluß des Zentralnervensystems, insbesondere des Gehirns auf die sexuellen Vorgänge und Vorstellungen sei auch auf die nicht zu unterschätzende *Bedeutung früherer sexueller Kindheits- und Jugenderlebnisse* hingewiesen [...] Der hier anknüpfende, namentlich in der Psychoanalyse *Freuds* eine große Rolle spielende Begriff der Verdrängung sexueller Erlebnisse und Traumen ins Unbewußte bedarf entschieden einer objektiven und exakten Untersuchung [...] Ich habe schon 1906 eine *chemische* Theorie der Homosexualität aufgestellt, die die anatomisch kaum zu erklärende Tatsache einer weiblichen bzw. unmännlich gearteten Psyche in einem typisch männlichen Körper mit *normalen* Genitalien aus einer *embryonalen* Störung der *Korrelation* der einzelnen *Sexualhormone* zu erklären versucht. Jedenfalls ist hier ein *gangbarer Weg* zur Aufhellung des Rätsels der angeborenen Homosexualität gegeben [...] Wir sehen also, daß die *rein kausale* Betrachtung schon recht bemerkenswerte Ergebnisse [...] geliefert hat« (Bloch 1914: 3–9, Hervorh. von Bloch).

Sind die Vorstellungen dieser Pioniere und Zeitschriftengründer vom »Wesen« der Sexualwissenschaft und ihres Gegenstandes, von den Aufgaben und Zielen längst theoretisch überholt und praktisch disqualifiziert? Das Individuum als genetisch-chemische Variante? Die »sexuelle Individualität« als Differenz der Drüsensekretion? »Philosophie« als blindes Flüstern der äußeren Natur? Fantasietätigkeit als zerebraler Metabolismus? Das subjektiv Unbewusste als einer entschieden objektiven Untersuchung bedürftig? Galton und Pearson als exakte Mathematiker? »Und endlich als Krönung des Ganzen die Begründung einer *natürlichen Sexualethik*, die von dem Begriff des Sexuellen als einer an sich durchaus *natürlichen* und *edlen* Lebenserscheinung ausgeht, und ihm durch den auf biologischer und medizinischer Basis ruhenden Begriff der *sexuellen Verantwortlichkeit* erst den wahren ethischen Inhalt gibt« (ebd.: 10).

Also: Natur, die durchaus sittlich ist; biologische Medizin, die Ethik begründet; Biologie, Chemie und Medizin als Lieferanten der Leitfäden der neuen Wissenschaft – das ist das Gegenteil dessen, was wir uns heute vorstellen, wenn es um die Wissenschaft von der Sexualität geht. Denn wir sind davon überzeugt: »Sexualität« ist kein biologischer, chemischer oder physiologischer Begriff oder Tatbestand, sondern ein gesellschaftlicher. Bloch (vgl. z.B. 1912 b) hat das als sehr aktiver und einfühlsamer Sittengeschichtsforscher selbst immer wieder belegt, und die Herausgeber der neuen Zeitschrift geben es in ihrer »Vorbemerkung« (Eulenburg und Bloch 1914: 1) ungewollt zu Protokoll, wenn sie »nun endlich die Zeit gekommen« sehen, »in der die Biologie den unbestreitbaren Primat erlangt hat«. Sexualwissenschaft als Naturwissenschaft – das flieht vor den epistemologisch-methodologischen Problemen jeder Individualwissenschaft auf vermeintlich sicheren Boden. Innere Sekretion, Erblichkeitslehre, Eugenik als Hoffnungsträger – das schaltet die Personalitäten aus, biologisiert gesellschaftliche Probleme (im Falle der ehrenwerten Begründer auf idealistische Weise), kneift vor Politik. Am Schluss seines Programmartikels erwähnt Bloch (1914: 10) immerhin »die großen *sozialen* Probleme der Sexualwissenschaft«: sexuelle Aufklärung, Eugenik, »Rassenveredelung oder besser Menschenveredelung«, Geburtenrückgang, »der Einfluß der Schule auf das Sexualleben«, Prostitution, die Beziehung zum Strafrecht usw. Welches dieser »Probleme« könnte eine biologische Wissenschaft lösen, die nicht »Menschenzüchtung« und »Endlösung« als »Biologie« bezeichnete, obgleich sie durch und durch unnatürlich menschlich sind? Keines.

Das Ideologem, Sexualforscher könnten »vorurteilslos und voraussetzungslos Wissenschaft treiben, niemandem zuliebe und niemandem zuleide« (Eulenburg und Bloch 1914: 1) sollte endlich aufgegeben werden, ebenso wie die Illusion, Sexualwissenschaft könnte eine Wissenschaft sein wie Biologie, Physiologie oder Physik. Doch das ist in den Wind gesprochen. Die Vorstellungen Eulenburgs und Blochs leben in der heutigen Sexualwissenschaft nicht nur fort, sie dominieren in Theorie und Therapie. Offenbar ist ein naives naturalistisches Meinen in der Sexualwissenschaft unausrottbar. Heute kursieren, deutlicher als 1914, *drei Sexualitätsbegriffe* in der Sexualwissenschaft: einer, der Biologisches, einer, der Seelisches, und einer, der Gesellschaftliches ins Zentrum stellt. Sexualforscher, die letzteres tun, sind jedoch eine verschwindende Minderheit. Das Gros der Sexuologen missversteht sozial-gesellschaftliche *Tat*bestände wie sexuelles Verlangen, Geschlechtsidentität oder Liebe als letztlich naturale Ereignisse, möchte wie Bloch »rein kausal« vorgehen und den Mechanismus der Sexualität zentral und peripher als neuroendokrin-genetischen bestimmen, ist auf der Suche nach dem organisch fassbaren Sexualstoff, produziert erst ein sexuelles Artificium, um danach dessen natürliche Natur zu suchen.

Sieht manfrau die Fachliteratur der letzten Jahrzehnte durch, ergibt sich, dass naturwissenschaftliche und rationalistisch-empirische Ansätze und Methoden dominieren, sodass es kaum noch jemanden überraschte, als eines schönen Tages in den achtziger Jahren des letzten Jahrhunderts durchschnittlich 70 und in den neunziger Jahren 80 bis über 90 Prozent der impotenten Männer organisch krank waren und nach anhaltender Überzeugung dieser Sexuologen körperlich behandelt werden müssen, im Augenblick am besten mit vasoaktiven Substanzen wie Viagra. Der Blick in die *Journals of Sex Research and Sexual Medicine* ist nach wie vor geeignet, eine Gänsehaut zu erzeugen; denn sie leben alle: Galton und Lombroso, Steinach und Kegel, die Titusperlen und die Orchizithine, die Scheidenpunkte und die Penesmesser, die chemische Theorie der Homosexualität und der Wille zur Veredelung, notfalls auch zur Beseitigung.

René Magritte: Die Liebenden, 1928

Betriebsblind ist eine Sexualwissenschaft, die an so genannten Sexualorganen ihre Aufgaben und Ziele bestimmt. Wie das Studium des Schluckens keine Ernährungswissenschaft konstituiert, so das Studium der Sexual Response keine Sexualwissenschaft. Deshalb sind William H. Masters und Virginia E. Johnson (vgl. z.B. 1966) angelernte Physiologen, und deshalb galten sie in der westlichen wie östlichen Welt als die größten Sexualwissenschaftler ihrer Zeit. Ihre Reputation folgt aus dem anterotischen Syndrom mit seinem Hass auf Meta-Physik, welches noch das letzte sexologische Werk aus der untergegangenen DDR mit solchen aus den USA verband, nur dass letztere nicht auf den ersten Blick als gedankenlos zu erkennen sind, weil sie schließlich den Lauf des Wissenschaftsbetriebes bestimmen. Experimentelle Resultate wie die von Masters und Johnson, nach denen das Herz beim Sexualakt schneller schlägt (wer hätte das gedacht?), sind samt ihren physiologisch ebenso vagen wie theoretisch leeren Generalkriterien »Myotonie« und »Vasokongestion« von jenem Stoff und jener Linientreue, die das somatoforme Denken verlangt.

Die Suche nach den Ursachen

Sind die naturalistischen Vorstellungen über den Grund der Sexualität wenigstens gelegentlich einigermaßen komplex, indem sie erklärtermaßen genetische, hormonelle, psychische und soziale Faktoren miteinander kommunizieren lassen, ohne jedoch das Ziel: Sexualstoffe messen, aus den Augen zu verlieren, geht es schlicht und ergreifend zu, sobald etwas erfasst werden soll, was als Störung oder Pathologie definiert wird. Dann sollen hochkomplexe, seelisch ebenso wie gesellschaftlich bestimmte Bildungen nach dem Modell der Infektionskrankheit des 19. Jahrhunderts von einer einzigen körperlich fassbaren Ursache hervorgerufen worden sein: Kriminalität durch XYY, männliche Homosexualität durch pränatalen Androgenmangel im Gehirn, Transsexualismus durch HY-Antigen-Diskordanz usw. – bis die in den feinsten internationalen Journals servierten Seifenblasen wieder einmal unrevidierbar geplatzt sind (vgl. z.B. Dannecker et al. 1981, Sigusch 1992/1995, 2007a).

Das kann jedoch diese Forschungsart weder entmutigen noch bremsen, weil sie epistemologisch en vogue ist. Wem die Menschen dagegen mehr sind als dekapitierte Frösche, der kann solche mit großem Aufwand betriebenen und mit wissenschaftlicher Inbrunst vorgetragenen Positionen nur als absurd erleben. Offenbar aber ist der Wille zur Reduktion des Komplexen, zur einfachsten Lösung, ja auch zur Endlösung so gewaltig, dass er die, die sich nicht an der Suche nach der Ursache oder der Noxe beteiligen, mit Erfolg als ungenau und unlogisch, letztlich unwissenschaftlich hinstellen kann: Die Kausalisten stehen dann als die wahren Forscher, die Hermeneutiker als Schwätzer, die kritischen Theoretiker als Ideologen da.

Weil reine Unmittelbarkeiten gesucht werden, letzte Gründe, desavouiert sich jedoch die Frage nach den Ursachen als idealistische Metaphysik und als somatologische Bemächtigungsphysik; denn der Boden der Relationen soll als Noxe dingfest gemacht und als Isolat ausgerottet werden. Da sich die somatologisch-kausalistische Bewältigungsphysik, die von den Hau-ruck-Relationen Anlage/Umwelt oder Ursache/Wirkung, in den so genannten Naturwissenschaften längst theoretisch überwunden, nicht loskommt, mit Vorliebe auf das von der Norm Abweichende richtet, fragt sie ihrer eigenen Logik zum Trotz nicht nach den Ursachen der Heterosexualität, aber, wie schon Freud (1910) in der zweiten Auflage seiner *Abhandlungen zur Sexualtheorie* monierte, »natürlich« (und das meint in unserer Kultur immer »gesellschaftlich«) nach den Ursachen der Homosexualität. Dem widerspricht fortschrittlich gesonnene Sexuologie kategorisch, aber nicht kategorial, indem sie einfach invers naturalistisch meint. Insbesondere dann, wenn sich Minderheitenvertreter oder Sexualpolitiker außerstande sehen, den Angehörigen verpönter Minoritäten die vollen Menschenrechte mit Vernunftgründen oder solchen einer menschenfreundlichen Ethik zuzusprechen, ist »Biologie« gefragt – als liefere die äußere Natur aus sich heraus die Maßstäbe für menschliche Freiheit und Gerechtigkeit, als sei sie nicht unfrei (richtiger: freiheits*los*) und ungerecht (richtiger: gerechtigkeits*los*), weil sich diese Kategorien an sie gar nicht anlegen lassen.

Doch die fortschrittlichen Sexualwissenschaftler versammelten sich immer wieder hinter der gut gemeinten, aber wissenschaftlich falschen und politisch defätistischen Parole, nach der dieses oder jenes Sexualverhalten »eine *natürliche* Variante menschlicher Sexualität« sei. Öffentlich wurde dann in Zeiten der Liberalisierung darüber nachgedacht, ob homosexuelle Menschen »vollwertig« seien. Verschanzen sich bei solchen Diskussionen die naiven Sexuologen hinter einer natürlichen Natur des Sexuellen, haben sie den Kampf um die »Vollwertigkeit« der sexuell Abweichenden bereits verloren, weil sie sich partialistisch dem minderheitenfeindlichen allgemeinen Meinen unterordnen; weil sie schon dankbar sein müssten, wenn den Abweichenden nicht mehr eine Körper-, sondern eine Präferenzstörung bescheinigt wird; weil ihnen die Gegenseite trotzdem die angeblich pathologische Beschaffenheit der Körpernatur der Abweichenden immer wieder auftischen wird; weil sie der Genese der gesellschaftlichen und seelischen Mechanismen, die mit Verdrehung und Hass auf Minderwertigkeit hinauswollen, nicht ins Gesicht sehen. Indem diese Sexuologen die Natur hypostasieren, befördern sie, auch gegen ihre erklärten Absichten, die naturwissenschaftliche Suche nach irgendeiner Ursache irgendeiner Sexualität, die es nicht gibt.

Notwendigkeit und Terror der Theorie

Es hieß, das Sexuelle gehe in keinem Begriff auf, immer meine es mehr. Ohne die Kontinuität und Stringenz der begrifflichen Anstrengung aber wäre alle Kritik geschichtslos und die Lebensnot der Menschen nichts als die Wiederkehr des Immergleichen.

Unsere Begriffe wurden vor allem in der Auseinandersetzung mit der Natur gebildet, in dem Bemühen, die Natur zu beherrschen. Als Momente der Auseinandersetzung sind sie angestrengt und hart, als Momente der Beherrschung herrisch, als Momente der Realität unbegrifflich. Die Reflexion dessen zerstört ihren Schein des Ansichseins. Kritische Sexualwissenschaft, die an den Begriffen Trieb und Liebe festhält, beschwört nicht ihr Ansich, sondern ihr Verflochtensein in das Ganze. Der Begriff der Verdinglichung bewahrt seit Hegel das Wunschbild der ungebrochenen Unmittelbarkeit des Subjekts in sich auf. Der Begriff des Triebes widerspricht seit Freud der Vernünftigkeit der Realität, denunziert sie als herrschendes Prinzip, bewahrt, um es in Hegels und Adornos Sprache zu sagen, in sich das Wunschbild der Verflüssigung des Festen, des Dinghaften ohne Rest.

Weil das Ganze antagonistisch ist, sind die Begriffe in sich selbst gebrochen, nicht rund; weil das Ganze nichtbegrifflich ist, entziehen sie sich konstitutiv dem Begrifflichen, das sie doch sein wollen. Je hermetischer sich Drang und Liebe als Begriffe gegenüber ihrem Moment des Nichtbegrifflichen abschließen, je absoluter sie auftrumpfen, desto deutlicher geben sie zu erkennen, dass auch ihre Genese die der gesellschaftlichen Verdinglichung ist. Dem Inhalt nach sind unsere Begriffe des Triebes und der Liebe denen des Instinkts, des Realitätsprinzips und des Tauschs, des verdinglichten Bewusstseins und der Verstofflichung konfrontiert; nicht denen des Seins oder der Macht oder der Kommunikation. Die Konfrontation macht sie aber noch lange nicht von dem frei, dem sie sich konfrontieren. Noch als Gegenbilder, als Signaturen der Sehnsucht sind sie von all dem geprägt, dem sie widersprechen.

Diese Paradoxie ist zu begreifen. Sie gründet in der, die die nach Wahrheit suchende Philosophie, ob idealistisch oder materialistisch genannt, in der Denkbewegung von Kant über Hegel und Marx bis Adorno letztlich verbindet: dass trotz aller Entfremdung, Verdinglichung und Versachlichung Gesellschaft ebenso ein Inbegriff von Personen sei wie deren Negation, wie Personen ein Inbegriff von Gesellschaft seien wie deren Negation. Die Gesellschaftsformationen sind nicht vom Himmel gefallen, nichts Natur- oder Gottentsprungenes, sondern durch menschliche Tätigkeit, Arbeit und Denken (und beides auch nicht) produziert. Heute tendiert die Vergesellschaftung der einzelnen Menschen zum Totalen; heute tendieren Arbeiten und Denken der Individuen zur Bedeutungslosigkeit, die Maschinerie des Bestehenden rollt über sie hinweg. Auch deshalb sind Sexualität und Liebe ein kostbares Gut.

Jedes Denken ist *seiner Form nach* Feststellen, Festhalten, in der vergesellschafteten Gesellschaft gesellschaftlich diktierte Form der fetischisierten Ver- und Entstofflichung, deren notwendig falsche Parolen Einheit, Identität, System einerseits,

Dissoziation, Verschiedenenvielheit, Widerspruch andererseits sind. Denkende Sexualwissenschaft kommt aus diesem Dilemma nicht heraus, sie kann es aber reflektieren.

Jedes wissenschaftliche Corpus tendiert zum Terror. Je entfalteter es ist, desto unentrinnbarer: bio-sozio-psycho-somatisch, auf dass die letzte Ritze, durch die das Personale blinzelt, wissenschaftlich zugekleistert werde. Schlüge das Individuum nicht so viele unvorhersehbare Haken, überlebte es nicht so viele Drahtseilakte, wären die Systeme der Wissenschaften vom Menschen nicht so lückenhaft und unwahr, müsste sich die Kritik nicht nur immer wieder, sondern in erster Linie mit der herrschenden Theorie auseinandersetzen. Denn jede Theorie ist Machtausübung, wendet Formeln auf Formelloses an, die diesem äußerlich bleiben wie die Naturgesetze der Natur. Jede Sexualtheorie transferiert Sinnliches in Übersinnliches. Kontrollierbar wird das Sexuelle dadurch, dass es auf die spezifisch abendländische Episteme gezogen wird. Die Gesetze des menschlichen Geistes sollen die Welt der Sinne und des Sinnlichen metaphysisch zur Äußerungsform, rationalistisch zum Anwendungsbereich der Welt der Zahlen, Normierungen, Axiome, Gesetze und Begriffe machen.

Viele Sexuologen gehen dabei physikalischer als die Physik vor, indem sie jede Unschärferelation bekämpfen, obgleich keine ihrer Gleichungen – dieser Sexualhormonspiegel, jene Appetenz – jemals aufgig. Zum Gegenstand von Forschung und Theorie, von Fibeln und Gesetzesbüchern gemacht, ist der Chaos-Charakter des Sexuellen gebannt, ist das Sexuelle eingespeist in Systeme, die über es verfügen, mal so, mal anders, es aber immer beherrschen, sich seiner bemächtigen. Keine Sexualtheorie kann sich dieser Bemächtigung entziehen, mag sie sich auch noch so wertfrei gebärden. Jede Theorie ist Ordnung versus Entropie.

Dieser metaphysischen Falle des Beherrschens und des geschlossenen Systems wollten die französischen Neostrukturalisten entkommen, zu denen auch Foucault »vorsichtig« gezählt werden kann (Frank 1984: 136). Aber sie hätten es nur gekonnt, wenn sie aufgehört hätten zu denken, weil schon das Denken identifiziert, wenn sie aufgehört hätten, Kategorien zu benutzen und zu entfalten, theoretisch Unordnung zu schaffen als eine andere Ordnung. Keine Theorie kommt ohne die Annahme einer wenn auch noch so brüchigen und begrifflich schwächlichen Einheit aus, die die Einzelheiten, das Verstreute, Disseminierte als etwas von einem Etwas begreift. Theoretisch arbeiten heißt, über das Auflisten oder Herunterplappern von Einzelheiten hinausgehen. Theoretisch sind also auch jene Schriften, die die herrschende Rationalität als Willen zur Macht mit seinen Ableitungen Wille zum Wissen und Wille zur Ordnung kritisieren. Alle Theorie unterliegt dem herrschenden Rationalismus, auch die, die auf das Gegenteil setzen will; indem sie es tut, unterliegt sie dem Willen zum Wissen und zur Ordnung, auch wenn sie beide überwinden will.

Selbst die »offenen Systeme« ohne »innere Einheit«, ohne ein »absolutes Zentrum«, also das, was der Neostrukturalist Lyotard (1979) »la condition postmoderne« nennt, sind ohne Einheit nicht zu denken. Gibt es keine nichtrelative Instanz, kein nichtrelatives Prinzip, von dem aus das Ganze gedacht werden könnte, dann besteht die Einheit in der Unhintergehbarkeit der Relationen, in der Unmöglichkeit, einen Ort der Interpretation einzunehmen, der jenseits der wirklichen Welt läge, der übersinnlich, metaphysisch wäre. Bei Marx bezeichnet die Kategorie des Fetischcharakters, bei Heidegger die des Verweisungszusammenhanges, bei Adorno die des Immanenzzusammenhanges und bei Derrida, dem geistigen Kopf der Neostrukturalisten, immerhin die der Strukturalität der Struktur diese »Einheit«.

Subjekt oder einzelnes Allgemeines?

Das sexuell Dranghafte ist nur Prädikat der Person. Ist aber die Person nur Prädikat des geschichtlich-gesellschaftlichen Prozesses der Marxisten, des absoluten Geistes der Idealisten, des nietzscheanischen Lebenswillens, des Heidegger'schen Seins oder des Systems der Strukturalisten und Systemtheoretiker? Marx hat an den Idealisten seiner Zeit kritisiert, dass sie das Selbstbewusstsein der Subjekte, obgleich nur Prädikat des gesellschaftlichen Prozesses, zum Subjekt erklärt hätten, den gesellschaftlichen Prozess aber, das wirkliche Subjekt, zum Prädikat des absoluten Geistes. Diesen Vorwurf des Quidproquo haben Althusser und Foucault wiederholt. Nicht das Subjekt erkenne die Gesellschaft, sondern die »Struktur«, das »Feld«, die »diskursive Formation« schreibe dem Subjekt vor, was es wie zu praktizieren habe. Das Auge des Subjekts, sein Blick, sei nichts Selbsttätiges, sondern eingepflanzt. Foucault (1966: 12) nennt das »regard déjà codé«. Ein selbstbewusst und verändernd tätiges Subjekt hat in solchen Theorien keinen Platz. Wissen und Wahrheit sind bei dem »Archäologen« Foucault nicht bezogen auf kritisch-souverän entwerfende und prüfende Subjekte, jedenfalls nicht bis zur späten Wende des zweiten Bandes seiner *Histoire de la sexualité* (Foucault 1984), in dem er sich als »Genealoge« daran erinnert, dass das Begehren individuell ist und der antike Bürger durch Selbstpraktiken souverän.

Ich denke, die Gesellschaft, in der wir leben, das sind allgemeine, vor allem epistemische, ökonomische und dispositionelle resp. objektivale Strukturen (vgl. dazu Kap. 1), an denen jenes utopisch-optimistische Denken abprallt, das seinen Halt im transzendentalen, revolutionären oder empirischen Subjekt gefunden hat. Denn die Gesellschaft, die jetzt ist, ist nicht mehr als konstituierende Leistung eines selbstmächtigen Subjekts zu begreifen. Die gesellschaftlichen Prozesse generieren sich durch sich selbst, können von Individuen nicht mehr unter Kontrolle gehalten werden, ob es nun um Genese und Fluss von Informationen geht oder um Kapitalbewegungen und Aktienkurse. Das, was Gesellschaft konstituiert, ist dem Bewusstsein des einzelnen Allgemeinen entzogen. Denn die Gesellschaft beruht nicht auf natürlichen Bedürfnissen, konkreter Arbeit und sicherem Wissen, sondern auf deren

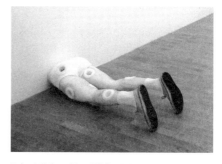

Robert Gober, Ohne Titel, 1993
(Museum für Moderne Kunst Frankfurt am Main, Foto: A. Schneider)

Abstraktion von sich selbst. So gewinnt sie ihre Einheit nur durch Mystifikation: im Kern durch das Selbst-um-Selbst der Objektive. Und der Status des so genannten Subjekts ist epiphänomenal. Es ist nicht Herr (und schon gar nicht Frau) im eigenen Haus und in den Systemen, kein Integral, geschweige denn Konstituens.

Dass den Individuen ihre eigene Vernunft, das hohe Ziel der Bourgeoisie, inkommensurabel ist, macht die Paradoxien der aufgeklärten Gesellschaft vollends *para*dox. Marx (1867) hat das Bewusstsein der Mitglieder der bürgerlichen Gesellschaft als objektiv verdrehtes analysiert. Freud (1892/93: 15) sah die »gehemmten Vorsätze« aufbewahrt in einer Art von Schattenreich, in dem sie »eine ungeahnte Existenz« fristen, »bis sie als Spuk hervortreten«. Solchen Spuk, von dem schon bei Marx die Rede war, als er seinen Begriff des Fetischcharakters verständlich machen wollte, setzte Freud den erhabenen Idealen, dem freien Willen, der selbstgewissen Vernunft der Bürger entgegen. Deren siegreiches Handeln gründete jetzt auf Triebverzicht, Wunschverdrängung und Gedankenhemmung. Freud (1917: 11) behauptete, »daß das *Ich nicht Herr sei in seinem eigenen Haus*«. Das nannte er »die dritte Kränkung der Eigenliebe«, die als »psychologische« der kosmologischen des Kopernikus und der biologischen des Darwin gefolgt sei. Die vierte Kränkung schließlich hat vor allem Adorno (1966) zustande gebracht, indem er das Transzendentalsubjekt als bewusstlos erkannte. Während Marx noch an den Fortschritt durch Beherrschung der Natur glaubte und Adorno an die Versöhnung des Subjekts mit ihr, war für Günther Anders (1956/1980) das Buch der menschlichen Eigenliebe bereits zugeschlagen. Die Menschen seien »antiquiert«, weil sie mit ihren Vermögen das, was sie entfesselt haben, nicht mehr erreichen könnten.

Die Aporie von individuellem Selbstbewusstsein und gesellschaftlicher Verstofflichung spannt unsere Welt zum Zerreißen an. Die Kategorie des Widerspruchs kann ebenso wie die des Triebes oder des Dranges, der sie nahe steht, nur als mit menschlicher Geschichte gesättigte den Riss, der Individuen und Gesellschaft trennt und durch diese selber geht, ins Bewusstsein heben – als Antidot des Einheitsdenkens und doch, weil selber gedacht und historisch, identifizierend und unfrei wie dieses. Weil jede Wissenschaft, auch Metapsychologie und Metasexuologie, tendenziell personalitätslose Rationalität anstrebt, kommt es darauf an, das Moment des Individuell-Personalen an der Kategorie des Widerspruchs zu entfalten: *Verzweifelt ist kein allgemeines, sondern das individuelle Bewusstsein.* Ohne Begriffe aber bliebe es stumm und belanglos; nur deren Kontinuität bewahrt die Kontinuität des Unglücks, wie immanent sie auch, denk- wie notgedrungenermaßen, gefasst seien. Not, die individuell ist, verweist darauf, dass die Individuation der Erkenntnis notwendig ist. Sexualpolitischer Kampf kommt aus dem Bedürfnis, das Unglück zum Sprechen zu bringen. Das geht aber nicht ohne Begriffe. Nur sie können das Schicksal, das ganz persönlich ist, zugleich und zuletzt als Objektivität begreifen, die sich im Individuum niederschlägt. Weil die Differenz des Besonderen vom Allgemeinen von diesem objektiv determiniert ist, prozessieren Identität und Widerspruch ineinander, theoretisch und real.

Schon im letzten Jahrhundert stimmten linke und rechte Kulturphilosophien immer wieder darin überein, dass sich entlang der Subjektivität nicht mehr weiterdenken lasse, dass das Individuelle nur noch ein Epiphänomen sei, dass sich Hegels Subjekt historisch als Fiktion herausgestellt habe, dass Individualität philosophisch hintergehbar und praktisch schon lange hintergangen sei. So nahe diese Philosophien in der Diagnose des Allgemeinbefundes beieinanderliegen, so sehr gehen sie auseinander, wenn die grundsätzliche Wertentscheidung des Denkers zum Zuge kommt. Applaudieren die einen der Verramschung und Überwindung des Individuellen bis hin zur Ausmerzung, beklagen die anderen die Schwäche des individuellen Widerstandes und plädieren für seine Kräftigung wie die kritische Sexualwissenschaft.

Affirmative, fortschrittliche oder kritische Sexualwissenschaft

Die *Prämissen* kritischer Sexualwissenschaft sind: Aufklärung und soziale Bewegung; das sexuelle und geschlechtliche Elend beim Namen nennen; das sexuelle Unglück zum Sprechen bringen; in der Theorie radikal pessimistisch sein, um kritisch zu bleiben, in der Praxis aber radikal optimistisch sein, um selbst das Unmögliche nicht zu versäumen; verzweifelt auf die List des *Homo sexualis*, auf die personale Sexualdifferenz spekulieren, weil das Sexual- und Geschlechtsleben trotz des mittlerweile erreichten Vergesellschaftungsgrades und der Einsicht, dass das Leben nicht lebt und die Sexualität nicht sexuell ist, nur individuell wirklich wirklich ist; das sexuell Besondere also nicht im System ganz aufgehen lassen; keiner Theorie das Alleinvertretungsrecht zuerkennen; nicht nur die allgemeine Selbstzerstörung sehen, sondern auch die Selbstschöpfung; das gesellschaftlich-ökonomische System nicht mit dem Sexualsystem zusammenfallen lassen; von den Differenzen, Paradoxien und Widersprüchen her denken; am Instrument Kritik festhalten, weil es keine Alternative gibt; die Vorgängigkeit der Dispositive resp. Objektive so ernst nehmen wie sie tatsächlich ist. Den Herrn in sich tragen und zugleich sein eigener Knecht sein; Personen als einzelne Allgemeine; Männer und Frauen als gleiche Ungleiche; ein Recht, aber mindestens zweierlei Gerechtigkeit; Individuum und Gesellschaft zusammengebrannt wie nie zuvor und zugleich entzweit wie nie zuvor; Autodestruktion Hand in Hand mit Autopoiesis; Lebendes als Totes und Totes als Lebendes – das sind die *Paradoxien und Widersprüche*, aus denen die Aporien jeder Sexualwissenschaft hervorgehen.

Kritische Sexualwissenschaft – wie ich sie in den achtziger Jahren entworfen habe (vgl. z.B. Sigusch 1984a und b, 1988, 1989a) – denkt vom Widerspruch her, versucht, den Prozess der Aufklärung dialektisch zu begreifen, geht beidem nach, Licht und Schatten, auch in sich selbst. Fortschrittliche Sexualwissenschaft denkt von der Veränderung als solcher her, ist betörend direkt wie ein Reformhauskatalog. Affirmative Sexualwissenschaft denkt gar nicht, das heißt als System. Sie zwingt das Disparate in die herrschenden Identitäten, kann deshalb bruchlos zu Allerweltsgeplapper und Schulbuchwissen werden. Individualsexologie verzweifelt an jedem Curriculum, Rationalitätssexologie ist eines. Affirmative Sexualwissenschaft scheint im Posthistoire angekommen zu sein; Prämissen interessieren nicht, nur Ausstöße. Da sie aber nicht weiß, was Postmoderne meint, könnte sie sich keine transzendente

Position zulegen, nimmt sie weder Abschied von der Aufklärung noch plädiert sie für Nachaufklärung. Affirmative Sexualwissenschaft läuft einfach durch: Es lebe die neueste technische Errungenschaft à la *Safer Sodom up to date*.

Affirmative Sexualwissenschaft hat das Bedürfnis nach Veränderung abgespeist mit Pessaren und Sexualkundeatlanten, mit Nacktkörperkultur und Gardinenpredigten und, wenn es sich nicht abspeisen ließ, bekämpft mit Medikamenten und operativen Eingriffen, mit Gutachten und Experimenten. Kritische Sexualwissenschaft weiß, dass die sexuelle Frage nur ein Teil der sozialen Frage ist und immer mehr meinte und auch heute meint, als die jeweils technologisch beste Fortpflanzungsverhinderung oder irgendein vom Zeitgeist thematisierter Waffenstillstand zwischen den Geschlechtern. Die sexuelle Frage war immer die Frage nach der Art und Weise der eigenen Existenz. Deshalb ist kritische Sexualwissenschaft nicht adäquat wie affirmative und bloß emphatisch wie fortschrittliche. Sie insistiert auf dem, was bisher nur vorgegaukelt wurde oder vergebens vorschwebte, als einer der Geister, die, einmal gerufen, bleiben, solange Disparates erkannt und zum Sprechen gebracht werden kann.

Sich selbst, auch ein Disparates, redet sie ein, auf diesem Weg Lebensnot und Lebenswahrheit finden zu müssen. Da sie aber vom Widerspruch aus denkt, macht sie sich über die Schwere und Unlösbarkeit ihrer Aufgabe keine Illusion: Sexualwissenschaft will zur Befreiung des Sexuellen beitragen und kommt spätestens als Praxis nicht umhin, dessen Zügelung zuzuarbeiten, weil zu sich gekommene Drangliebe keine Bleibe hat, ein *ou topos* ist, eine U-topie: der Mensch *als Mensch* und sein Verhältnis zur Welt *als ein menschliches*. Die Existenz der Sexualwissenschaft selbst ist ein Beweis für die Abstrahierung des konkret individuell Sinnlichen und seine Tilgung als unsinnlich Allgemeines. Folglich hat Sexualwissenschaft, sofern sie kritisch ist und noch nicht in Affirmation übergegangen, unkritischer letztlich nur einen Vorzug voraus: sich nicht willentlich mit dem System gemein gemacht zu haben, sondern mit dem Aufstand der Geschlechts- und Sexualperversen solidarisch.

Kritische Sexualwissenschaft ist auch kritisch gegenüber der Freud'schen Psychoanalyse. Sie muss durch sie hindurchgehen, weil sie nicht ausreichend gesellschaftstheoretisch und philosophierend auf- und überhaupt nicht organisch und empirisch-soziologisch hinabsteigt. Andererseits kommt einzig die unrevidierte Psychoanalyse dem Verhältnis von Individuum und Gesellschaft psychologisch-theoretisch so nahe wie es kritisch zu denken wäre (s. auch Kap. 12). In Freuds Theorie der Person hat das Nichtgesellschaftliche ebenso einen Platz wie das Überindividuelle. So ist vieles an der Freud'schen Psychoanalyse, nicht an der revisionistisch gereinigten, für die Sexualwissenschaft unverzichtbar (vgl. Sigusch 1984c, 2005/2006). Ihre Theorien des Unbewussten und des Konflikts sind für die praktizierende Sexualwissenschaft, die die Nöte der Menschen verstehen will, essenziell. Andererseits neigt die Psychoanalyse als ständische Korporation zur Sektiererei und damit dazu, die Auffassungen anderer als eingetragener Mitglieder zu ignorieren. Auch aus diesem Grund wurde die psychoanalytische Sexualtheorie in den letzten Jahrzehnten stark in den Hintergrund gedrängt, eine Theorie, die seit der ersten Hälfte des 20. Jahrhunderts im allgemeinen Diskurs dominiert hatte. So sind klassische Annahmen der Psychoanalyse, nach denen der Mensch keinen fertigen Sexualtrieb mit auf die Welt bringt, das Kind auch ein sexuelles Wesen ist, die Sexualität in der psychischen Entwicklung eine wesentliche Rolle spielt und sich in bestimmten Phasen different entfaltet, zwischen Perversionen und unauffälliger Sexualität eine Kontinuität besteht usw. zum Allgemeingut geworden. Seit einigen Jahrzehnten jedoch hat sich der Hauptstrom der Psychoanalyse immer stärker zu Gunsten anderer Theoreme von der klassischen Sexualtheorie, insbesondere von der Triebtheorie zurückgezogen. Heute gibt die Psychoanalyse als Wissenschaft nicht mehr im europäisch-amerikanischen Westen sexualtheoretisch den Ton an. Gegenwärtig kann keine Sexualtheorie beanspruchen, in den Wissenschaften gedanklich leitend zu sein. So werden zum Beispiel in einer Übersicht des *Journal of Sex Research* (Jg. 35, Nr. 1, 1998) 39 sexualwissenschaftlich relevante Theorien genannt, von der Evolutionspsychologie über den symbolischen Interaktionismus bis hin zur Ethnomethodologie und zur sozialen Lerntheorie.

Zentraler Streitpunkt der verschiedenen Richtungen ist übrigens die Frage, was an Sexualität resp. Geschlecht natürlich vorausgegeben und was gesellschaftlich fabriziert sei (vgl. Sigusch 1980c). Während die strengen so genannten *Essenzialisten* an »wahre Formen« oder »Essenzen« glauben, die sich über die Zeiten unverändert durchhalten, nehmen die radikalen so genannten sozialen *Konstruktivisten* an, dass im Grunde alles Sexuelle und Geschlechtliche, vom sexuellen Verlangen bis hin zu den Formen der Liebe, gesellschaftlich gebildet und damit veränderbar sei (Übersichten z.B. bei Eder 2002, Lautmann 2002). Für die Theoretiker, die weder einem radikalen Essenzialismus noch einem radikalen Konstruktivismus anhängen, ist unübersehbar, dass das, was unter Sexualität verstanden und als Sexualität gelebt wird, einem ständigen kulturellen Prozess der Umkodierung, Transformation und Umwertung und damit einer ständigen Veränderung unterliegt. Dem Alltagsbewusstsein dagegen scheint es immer noch so, als sei die Sexualität etwas Einheitliches, Unveränderliches, weil von Natur Gegebenes. Tatsächlich aber ist sie ein Zusammengesetztes. Das heißt aber für die kritische Sexualwissenschaft nicht, dass es nicht so etwas wie einen »festen Kern« des Sexuell-Geschlechtlichen gebe.

Sexualwissenschaft und Politik

In erster Hinsicht ist die sexuelle Frage eine gesellschaftlich-soziale Frage und damit eine politische, in zweiter Hinsicht ist sie eine psychische und erst in letzter Hinsicht ist sie eine medizinisch-therapeutische, weil die gesellschaftlichen Objektivationen vorgängig sind und, zum Beispiel, Kinder nur dann Mann und Frau als »gleichwertig« erleben können werden, wenn sie es allgemein tatsächlich sind. Die sexuelle Frage ist trotz der Dominanz von Ärzten im Bereich der universitären Sexualwissenschaft außerdem in letzter Hinsicht medizinisch-therapeutisch, weil die unglücklich oder krankmachende Gesellschaft nicht »behandelt« werden kann, weil Therapie und Politik aus theoretischen Gründen zwei Dinge sind und aus Gründen der Humanität zwei Dinge sein müssen (Sigusch 1980b). Kritische

Sexualwissenschaft weiß also, dass jede Geschlechts- oder Sexualtheorie politisch oder »ideologisch« ist.

Leicht erkannt werden kann das dann, wenn Entscheidungen getroffen werden müssen. Schließt die Theorie eher an den idealistischen oder eher an den materialistischen Denkstrom an? Ist der Tenor eher pessimistisch oder eher optimistisch? Wird der Akzent eher auf der Seite der Personen oder auf der Seite der Objektive, der Institutionen, der Diskurse gesetzt? Vollkommen unmöglich ist es, wie Eulenburg und Bloch sich einredeten, »vorurteilslos und voraussetzungslos« die sexuellen Themen abzuhandeln, »niemandem zuliebe und niemandem zuleide«, weil die Fragen und Gegenstände – nennen wir z.B. Abtreibung, Sexualität mit Kindern, Sextourismus – subjektiv im dreifachen Sinne des Wortes zugerichtet sind. Das macht die Antworten nicht beliebig und unplausibel, sondern im Fall der Introspektion subjektiv im positiven Sinn, das heißt ehrlich, und im Fall der Projektion subjektiv im negativen Sinn, das heißt verstellt. Unsympathisch die Sexuologen, die das nicht wissen; abstoßend die, die es zu verbergen suchen. Ein Forscher, der sich bei sexuellen Fragen auf die Brust schlägt und versichert, »rein« wissenschaftlich zu antworten, hat weder verstanden, was Wissenschaft ist, noch was Sexualität. Eine wertneutrale, universell gültige Theorie ist nicht möglich; jede Theorie verallgemeinert Einzelerscheinungen auf Grund der Schlüsse, die der Theoretiker gezogen hat. Alles Wissenschaftliche enthält Wertentscheidungen des Forschers, auch dann, wenn seine erklärte Entscheidung ist, keine zu treffen, die politisch oder moralisch genannt werden könnten. Jeder Wissenschaftler steht eines Tages vor grundsätzlichen Wertentscheidungen, denen er nicht ausweichen kann. Dadurch wird er parteiisch. Das muss ihm selbst nicht bewusst sein oder kann gerade in der Annahme bestehen, das genaue Gegenteil von Politik zu machen.

Doch es geht auch im scheinbar Aufgeklärten und Vernünftigen widersprüchlich zu. So fällt in der Praxis der Versuch, unkonventionelles Sexualverhalten mit dem Verweis auf natürliche Gegebenheiten zu exkulpieren, oft mit dem Versuch zusammen, dasselbe Verhalten mittels angeblich naturwissenschaftlich begründeter Eingriffe wegzutherapieren. Beide Positionen operieren mit einer Letztbegründung, stellen sich von menschlicher Geschichte frei. Dieses Hand-in-Hand kann besonders leicht an den Meinungen jener alten und neuen Sexuologen studiert werden, die die Abweichenden einerseits als »natürliche Varianten« verteidigen, andererseits aber ihre Körper und Seelen nach Abweichendem absuchen, um notfalls doch ihr Gerede als liberalistisch über Bord werfen zu können.

Sexualforscher, die keine Naturphilosophie vortragen, sondern nur ein naturalistisches Meinen, müssen sich wegen der ideologischen Nähe zur eigenen Position unablässig mit jenem ebenso breiten wie kruden sexuologischen Meinungsstrom auseinandersetzen, dessen Stichworte lauten: Tiere und Naturvölker. Das Bemühen, die Grundzüge unserer Sexualität aus dem Tierreich abzuleiten, verhöhnt jede Wissenschaft vom Menschen, weil die Gattung Mensch ohne den gesellschaftlichen Lebensprozess nicht einmal biologisch existierte. Das Bemühen, unsere Sexualität wertemäßig auf das Leben so genannter Naturvölker zu beziehen, verrät alle Errungenschaften der Aufklärung mit einem Streich. Weil nicht erkannt wird, dass über die Menschenrechte und die »Vollwertigkeit« sexuell Devianter einzig politisch und damit gesellschaftlich entschieden werden muss, sind die Folgen des naiven Naturalismus pornografisch bis inhuman: Die politischen Instanzen können, wie es gerade opportun ist, einmal gestatten, andermal verbieten und jedes Mal nur die Befunde der Naturapologeten benutzen, die ihnen gerade opportunistisch ins Meinen passen. Indem Sexualwissenschaft auf Natur und Naturwissenschaft setzt, erklärt sie ihren politischen Bankrott. Gesundes Volksempfinden und staatliche Politik entscheiden dann unbehelligt, wer ein »vollwertiger«, ein »natürlicher« Mensch ist und wer ein »minderwertiger«, »widernatürlicher« (s. dazu den Abschnitt »Der Umgang mit Aids als Nagelprobe« in Kap. 20).

Sehr spät haben sich die heutigen Generationen der Sexualwissenschaftler die lange weggeschobene Frage vorgelegt, ob und inwieweit ihre Vorgänger in die Barbarei des Nationalsozialismus samt dessen Vorgeschichte verstrickt waren. Erst Jahrzehnte nach 1945 haben einige Sexualforscher zu Protokoll gegeben, wie sehr die Schriften verehrter Sexuologen gezeichnet sind von Herrenmoral, Rassenwahn und Vernichtungswillen, von Kriegsbegeisterung und Chauvinismus (s. bes. Kap. 17 und 19). Affirmative Sexualwissenschaft liebt Gloriolen und pinselt sie aus. Kritische Sexualwissenschaft redet weder sich noch die, die ihr vorausgegangen sind, mit widrigen Umständen oder dem Zeitgeist heraus; sie deckt auch dann auf, wenn es persönlich schmerzt, weil die, die man verehrte, nicht so unbescholten bleiben, wie man es gerne hätte.

Deutsche Sexualwissenschaft kann nur kritisch sein, wenn sie auf der Frage insistiert, welches Denken und Handeln die Verbrechen der Nazis vorbereitet hat. Fragt sie anders, verführt sie sich selbst dazu, der Sexualwissenschaft insgesamt eine weiße Weste anzuziehen, die ihr nicht zusteht. Die Nazis haben die bekannten Sexualforscherinnen und Sexualforscher aus dem Land getrieben, verhöhnt und geächtet. Affirmative Sexualwissenschaft kann es sich also ganz leicht machen: niemand habe Goebbels gedient. Kritische Sexualwissenschaft dagegen legt sich die Frage vor, warum bei einigen Sexuologen von »menschlichem Unkraut«, »minderwertigen Rassen« und »Ausmerze« die Rede ist, bei anderen aber, beispielsweise Freud, nicht. Doch wie das Eintreten für Empfängnisverhütung heute noch keinen kritischen Geist ausmacht, so 1923

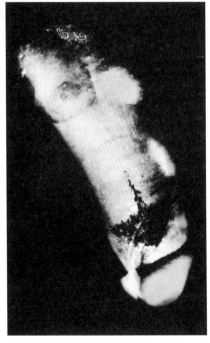

Tilo Keil: Hautbilder (Eremiten-Presse Stierstadt im Taunus, 1969)

nicht das Eintreten für Eugenik einen Faschisten. Hellhörig aber muss manfrau werden.

Sexualwissenschaft und Feminismus

In den letzten Jahrzehnten war der Feminismus, praktisch und politisch als Frauenbewegung, theoretisch als feministische Philosophie, eine der größten Herausforderungen für die Sexualwissenschaft. Die Herausforderung war und ist nach wie vor so riesig, weil das Mann-Frau-Verhältnis das psychosoziale Zentrum des Geschlechtslebens ist wie die Genitalien das geometrische Zentrum des Körpers sind; weil Sexualforschung, wie Gunter Schmidt (2000b) im Detail darlegte, immer Geschlechterforschung war und ist, ob sie das nun zu reflektieren vermochte oder nicht; weil alle Menschen auf allen Ebenen direkt und indirekt, bewusst und unbewusst genötigt werden, sich gefälligst einem der beiden großen Geschlechter möglichst eindeutig zuzuordnen; und weil schließlich die bisherige Sexualwissenschaft aller Richtungen im Wesentlichen von Männern betrieben worden ist.

Die feministische Herausforderung ist generell wie kaum eine andere, weil alle Männer und alle Frauen involviert sind und die Auswirkungen des alltäglichen Patriarchalismus und Sexismus und der wissenschaftlich-philosophischen Andromorphie gar nicht übertrieben werden können. Die männerzentrierte und andromorphe Sicht durchherrscht alles – von der Mathematik wie zum Beispiel Luce Irigaray (1984) gezeigt hat über die Freud'sche Psychoanalyse wie zum Beispiel Christa Rohde-Dachser (1991) dargelegt hat bis hin zur Kultur insgesamt wie Simone de Beauvoir bereits 1949 erkannt hatte: Frauen hätten keinen eigenen Mythos, keine eigene Religion, keine eigene Poesie geschaffen, »selbst wenn sie träumen, tun sie es durch die Träume der Männer« (de Beauvoir 1968: 155). Damit stehen alle Begriffe und Praktiken der andromophen Sexualwissenschaft auf dem Prüfstand, wobei es kaum möglich sein dürfte, bei kritischen Philosophen Rat und Hilfe zu finden, weil Denkriesen von Marx bis Horkheimer selbst andro-logisch argumentiert haben. Ihren Ruf, in den letzten Jahrzehnten immer wieder kritisch und aufklärerisch gewesen zu sein, wird die hiesige Sexualwissenschaft erheblich beschädigen, wenn sich eines Tages herausstellen sollte, dass sie nicht in der Lage gewesen ist, ihren patriarchalen und andromorphen Blick zu hinterfragen und daraus neue und selbstkritische Schlüsse zu ziehen.

In der Auseinandersetzung mit dem Feminismus stand für die kritische Sexualwissenschaft das Verhältnis von Patriarchat und ökonomischem Gesellschaftssystem im Zentrum der theoretischen Überlegungen. Keinem Zweifel ausgesetzt war die Überzeugung, dass die »Frauenfrage« wie die sexuelle Frage historisch erst auf die gesellschaftliche Tagesordnung gesetzt werden konnte, als es in Alteuropa und Neuamerika endlich um mehr ging als ums nackte Überleben im tagtäglichen Kampf gegen Hunger, Krankheiten und äußere Gewalt. Für August Bebel (1879/1893), die proletarische und die sozialistische Frauenbewegung gehörten folglich die soziale Frage und die Frauenfrage zusammen. Gleichzeitig aber musste dem Satz »So verrückt es auch klingen mag: Kapitalismus und Liebe gehören zusammen« (Sigusch

1979d: 6) der Satz »Patriarchat und Liebe gehören zusammen« gleichberechtigt zur Seite gestellt werden, wie Feministinnen zu Recht moniert haben (vgl. im Einzelnen Sigusch 1993c). Und Ernst Blochs Satz aus dem *Prinzip Hoffnung*: »Die Sowjetunion kennt keine Frauenfrage mehr, weil sie die Arbeiterfrage gelöst hat« (1959: II 694) musste als ebenso ideologisch verblendet wie theoretisch falsch entlarvt werden. Die altmarxistische Hierarchisierung von kapitalistischer Produktionsweise und Patriarchat im Sinn von Haupt- und Nebenwiderspruch als theoretisch falsch zu begreifen, war nicht ganz leicht. Dabei folgt die Hierarchisierung ein und demselben Prinzip: dem bürgerlich-patriarchalen. Sie ist auch politisch falsch, weil die Rede vom Hauptwiderspruch über die konkret differente Lebensnot der Diskriminierten und Entrechteten und Verfolgten kalt hinweggleitet. Heute betont die kritische Sexualwissenschaft die Nichtidentität von Patriarchat und Kapitalismus, von Patriarchalismus und »sozialer Marktwirtschaft«. Denn der Sturz des einen hätte keineswegs den Sturz des anderen zur Folge; das Verschwinden von phallischem Monismus und Patriarchat bescherte uns keinen Verein freier Menschen. Diese »Weltanschauung«, die im liberalen Feminismus vertreten wird, ist röhrenförmig eingeengt wie es die sowjetmarxistische Ökonomieorthodoxie war.

Das Widersprüchliche, wenn manfrau so will »Verrückte« am Kapitalismus ist, dass er Freiräume eröffnete, im Kopf und als reale Möglichkeit im Leben, von denen die vorausgegangenen Generationen nicht einmal träumen konnten. So würde ich Michel Foucaults Bemerkungen lesen, nach denen die Macht nicht nur unterdrückt und nein sagt, sondern auch, ich sage es mit meinen Worten, Freude schafft, Wissen ermöglicht, Diskurse produziert und: den Aufstand gegen sich selbst. Die Bourgeoisie hat mit der Zangengeburt des bürgerlichen Individuums, dem deren Gewalt eingebleut ist, die Idee der individuellen Geschlechtsliebe als einen historisch neuen sittlichen Maßstab in die Welt gesetzt: als ein Menschenrecht beider Geschlechter: der Frauen wie der Männer. So weit, so gut. Nicht erkannt aber werden vom liberalen Feminismus die Tendenzen, die den Kapitalismus so paradox machen: Vereinzelung *und* Vergesellschaftung, Befreiung *und* Unterdrückung, Befriedigung *und* Versagung, Aufklärung *und* Mystifikation. Weil die Tendenz zur Unterdrückung die Tendenz zur Befreiung logisch voraussetzt, weil Unterdrückung nicht gedacht und nicht erfahren werden kann ohne Befreiung, sind Kapitalismus und Feminismus logisch und realgeschichtlich miteinander verbunden. Und das Hand-in-Hand von Vereinzelung *und* Vergesellschaftung bedeutet, dass zwar neue Fragen gestellt, Probleme erörtert und Differenzierungen vorgenommen werden können; der allgemeinen Fetischisierung entgeht aber nichts, auf die Adäquanz wird alles gezogen. Um es noch einmal plakativ zu sagen: Weil das Kapital weder jüdisch noch christlich, weder männlich noch weiblich ist, muss die feministische Herausforderung ihre Begrenztheit reflektieren. Weil wir alle der allgemeinen Mystifikation und Verstofflichung erliegen, die nicht auf den phallischen Monismus oder die Andromorphie reduziert werden können, muss die Gesellschaftsformation in Frage gestellt werden und nicht nur das Patriarchat.

Das, was bei uns geil, impotent und gewalttätig als »männliche« Sexualität daherkommt, ist so beschädigt und tot gestellt wie das, was mystifiziert als in sich selbst intakt und lebendig von Gefühlsfeministinnen als »weibliche« Sexualität fantasiert wird. Die Vorstellung, ein ganzes Geschlecht hätte im kulturellen Egoismus altruistisch überwintern können, ein ganzes Geschlecht hätte in der gesellschaftlichen Kälte und Aggressivität friedfertig Wärme bewahren können, ist eine voluntaristisch-naturalistische Illusion. Real verstümmelt sind alle, und angenehm oder schön machen weder Aggressivität noch Unterdrückung, weder Impotenz noch Frustration. Es kann also nur darum gehen, im Zustand der allgemeinen, aber nach dem Geschlecht different sich auswirkenden Adäquanz Gegenbilder zu entwerfen und Gegenrealitäten zu leben, suchend, irrend, verzweifelt und unbeirrt.

Aber nicht genug der Widersprüche und Ambivalenzen und Zwickmühlen, sobald manfrau sich dem Mann-Frau-Verhältnis politisch oder theoretisch nähert. So kann der Patriarchalismus womöglich wesentlich psychologisch verstanden werden, die Gesellschaft aber nicht. So führt der Umstand, sich gleichzeitig im Kampf als Frau bekennen zu müssen, die hergebrachte, alltägliche Geschlechtsrolle aber nicht akzeptieren zu wollen, zu zerreißenden Ambivalenzen. So hat das liberale Mitmachen im Sinne von vollständiger Gleichstellung von Mann und Frau schon heute erkennbar so gut wie nicht zur Folge, dass Frauen Universitätsfrauenkliniken oder Wirtschaftskonzerne oder Großbanken leiten, sondern dass sie jetzt auch wie die Männer an Raucherkrebs sterben und vorher noch Tankstellen überfallen. So ist die Autonomie der autonomen Frauenbewegung eine Fiktion im Leben, das lebt. Denn Mann und Frau sind (noch) auf mindestens dreifache Weise existenziell und unhintergehbar miteinander legiert: (1) *gattungsgeschichtlich* in jeder Hinsicht einschließlich Fortpflanzung; (2) *seelisch* durch den Umstand, dass jeder Mensch eine Mutter und einen Vater hat, die in ihm niedergeschlagen sind, ob nun die Väter physisch präsent bleiben oder nicht; (3) *erotisch-sexuell*, auch wenn die Rätsel der Hetero- und Homo- und Bisexualität nicht gelöst werden können.

Erkenntnistheoretisch scheint mir höchst bedeutsam zu sein, das es nicht nur um Beziehungen zwischen den Geschlechtern im Alltagssinn geht, sondern um eine Dialektik, die in der *Geschlechterdifferenz* selber steckt, weil sie trotz aller patriarchaler und sexistischer Manifestationen ein durch und durch Vermitteltes ist, dem ein Denken in bloßen Ergänzungen, Oppositionen, Neutralisierungen usw. keinesfalls genügt. Denn die Geschlechterdifferenz ist dialektisch in einem eminenten Sinn: weil sie nicht nur ein Niederschlag im Unbewussten und eine Tatsache des Bewusstseins ist, sondern beides selbst produziert. Daraus ergibt sich, dass das Geschlechtliche und das Sexuelle nicht nur dissoziiert sind, sondern ineinander liegen. Das müsste die heute durch Frauenbewegung und Feminismus mehr oder weniger reflektiert genderierte Generation der Sexualforscherinnen und Sexualforscher erkennen, wenn sie die Herausforderung annimmt und nicht durch genderpolitisches oder liberalistisches Gerede, das nichts kostet, abtut.

Von vergleichbarer Bedeutung ist die Einsicht, dass eine entscheidende Schwächung des Patriarchalismus ohne eine *materielle* Gleichheit von Männern und Frauen nicht zu erreichen sein dürfte. In diesem Sinne kann von *psychischen* Geschlechtsdifferenzen eigentlich solange nicht wirklich gesprochen werden, solange die nichtpsychischen, vorgängigen Geschlechterdifferenzen so groß und so wesentlich sind wie sie bei uns immer noch sind. Bisher kennen wir nur die Geschlechtsdifferenzen, die unter materieller und sozialer und politischer und damit auch seelischer Zurück- und Herabsetzung des weiblichen Genus in Erscheinung treten. Erst wenn die Geschlechter gleich behandelt würden und gleich handeln könnten, weil sie als gleichwertig in jeder Hinsicht angesehen werden, bildeten sich erstmalig jene Geschlechterdifferenzen heraus, die ein biotisch-körperliches Fundament haben, eine Basis, die weiter unten als »fester Kern« bezeichnet werden wird. Noch aber bestimmen sich die Geschlechterdifferenzen nicht zuletzt ökonomisch (und nicht per Volkshochschule, Selbsthilfe oder Dekonstruktion). In dem Moment, in dem das kleine Kind die Geschlechterdifferenz wahrnimmt, erfährt es, dass nicht alle Menschen gleich sind. Dass die oder der Andere minderwertig sei, sagen aber nicht die Körper, sondern die vergesellschafteten Menschen.

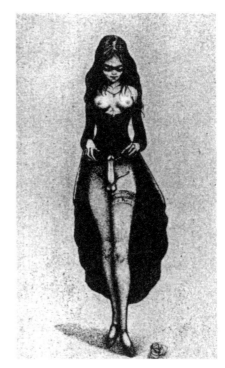

Aus einem Katalog des Antiquariats Ars Amandi, Berlin

Das weibliche Minderwertigkeitsgefühl, das Freud beobachtete und naturalistisch-patriarchal als anatomisches »Schicksal« missverstand, ist noch immer ein gesellschaftliches »Schicksal« (wie nebenbei gesagt, das männliche Stärke-zeigen-Müssen auch). Erst wenn die Frau gesellschaftlich gleichwertig ist, kann das kleine Kind seine Mutter *so wahrnehmen*. Erst wenn beide Eltern dem Kind bewusst und unbewusst ihre eigene Gleichwertigkeit in der Differenz signalisieren, kann vielleicht der kollektive Teufelskreis unterbrochen werden, der von Generation zu Generation aus dem weiblichen Geschlecht das Zweite Geschlecht, *Sexus sequior*, macht und aus dem männlichen das Erste Geschlecht, *Sexus potior*.

Queer Thinking

Die unlösbare Aufgabe, vor der der inzwischen schon wieder gesellschaftlich recht einflusslose Feminismus nach wie vor steht, heißt also: aufzeigen, wie gesellschaftliche und individuelle Sphären nicht zuletzt entlang einer alles durchdringenden Heteronormativität gendert werden, beispielsweise die Wissenschaft, ohne substanzialistisch in das herrschende Denken zu verfallen, das binär nach oben/unten, männlich/weiblich, wertvoll/wertlos, nützlich/nutzlos usw. sortiert und verwaltet. Das superiore Männliche durchs superiore Weibliche zu ersetzen, ist nichts als die Inversion dessen, was sowieso ist. Die Geschlechterdifferenz muss gesellschaftstheoretisch gedacht werden, weil Frauen und Männer Inbegriff von Gesellschaft sind, weil die jeweilige Gesellschaft die Geschlechterdifferenz formal und inhaltlich konstruiert. Ein Feminismus, der keine theoretische Vorstellung von Gesellschaft hat, kann also Geschlechterdifferenz gar nicht wirklich denken.

Da Frauen und Männer aber nicht nur Inbegriff von Gesellschaft sind, sondern zugleich deren Negation, wenn wir uns nicht zu den Waren werfen oder im wie auch immer simulierenden, delirierenden, relationierenden Machtsystembrei versinken, muss die Geschlechterdifferenz auch als personale Differenz gedacht werden. Die universalistische Rede von »der« Frau oder »dem« Mann entlarvt sich dann – heute vor allem dank Queer Thinking – als ebenso affirmativ, weil über andere Konstitutionen und Identitäten hinweggleitend, wie die vom weltweiten »Patriarchat« als oberflächlich, weil formal und nicht inhaltlich argumentierend. Herausstellen müsste sich außerdem, dass reine Weiblichkeit oder reine Männlichkeit – hier war und ist vor allem Magnus Hirschfeld ein sexualpolitischer Pionier ersten Ranges – reine Gedankenschöpfungen sind, gesellschaftliche Mystifikationen, und dass die von US-amerikanischen Sexualforschern wie deutschen Sexualforscherinnen gern geführte Rede von der »primären Weiblichkeit« demselben ursprungsmythologischen Denken entspringt wie die Rede vom *Sexus potior*. Schließlich müsste erkennbar werden, dass es unmöglich sein dürfte, Frauen oder Männer in Anatomie und Gesellschaft zu zerlegen. Die Schnitte aber werden, wie schon die antiken Philosophen wussten, nach den physischen Gelenken gelegt werden müssen, anatomisch wie theoretisch und politisch.

Das wissenschaftlich-kulturelle Resultat, das nicht zuletzt Frauenbewegung und Feminismus sowie die sie gegenwärtig zum Teil ablösende Queer Theory in den letzten Jahrzehnten zustande gebracht haben, lautet: Es gibt jetzt minimal zwei Sexualitäten und zwei Geschlechter *sui generis*. Auch die Sexualwissenschaft ist unter den feministischen Anwürfen zu dieser späten Einsicht gelangt, die nicht zuletzt Freuds andromorphe Sexualtheorie überwinden musste. Heute ist die männliche Sexualität zum ersten Mal seit der historischen Geburt der modernen Sexualform nicht mehr das Modell für die weibliche nach dem Diskursmotto »Die Klitoris ist ein verkümmerter Penis«, und die weibliche Sexualität ist nicht mehr das Negativ der männlichen nach dem Motto »Passiv-empfangend statt aktiv-schöpfend«. Heute werden von Anfang an zwei Sexualformen gesehen: die männliche und die weibliche. Von Anfang an, weil Jungen und Mädchen vom ersten Tag an geschlechtsdifferente bewusste und unbewusste Botschaften erhalten, einer der Gründe, warum auch Freuds Auffassung von der Geschlechtslosigkeit der so genannten Libido endlich problematisiert werden müsste.

Doch angesichts einer »neosexuellen Revolution« in den letzten Jahrzehnten und einer fortschreitenden Differenzierung in Neogeschlechter, Neosexualitäten und Neoallianzen (Sigusch 1998a, 2005a) wäre diese Reflexion nur ein Tropfen auf den heißen Stein. Denn eine Bewegungs- und Denkrichtung wie die Queer Theory, die vor allem von Michel Foucault, Judith Butler, Monique Wittig, Teresa de Lauretis, Gayle S. Rubin, David M. Halperin und Eve Kosofsky Sedgwick unter differenten Aspekten wie Historizität, Performativität oder Semiotik der Geschlechter und Sexualitäten seit den 1990er Jahren in den USA vorangetrieben worden ist (vgl. die Übersichten von Jagose 1996/2001, Heidel et al. 2001, Kraß 2003), muss sich weiterhin und noch stärker hin zu den Asexuellen wie den Zetsexuellen und den vielen Formen des Inter- und Transgender öffnen, die jetzt in Erscheinung treten und sich organisieren.

Für die kritische Sexualwissenschaft, die in Deutschland gerade wieder abgebaut wird, wäre das eine neue Chance und Freude, stimmt sie doch bereits seit Jahren in vielen Einsichten mit der Queer Theory überein:

– dass das Selbstverständliche demontiert werden muss;
– dass die allgemeinen Prozesse des Gewichtens, Differenzierens, Normalisierens und Stereotypisierens im Zentrum der Forschung stehen müssen (vor vierzig Jahren haben wir als Erstes die Struktur der Vorurteile gegenüber sexuell devianten Gruppen untersucht);
– dass kulturelle Heteronormativität und Zweigeschlechtlichkeit alles durchdringen, auch die Kritik und das Queere;
– dass Homonormativität keine Lösung der Probleme sein kann;
– dass die kulturelle binäre Geschlechtsidentität allein schon klinisch eine Schimäre ist;
– dass der Kampf gegen die Ausbreitung der Krankheit Aids gezeigt hat, wie sehr das Handeln entlang starrer sexueller Identitäten in die (tödliche) Irre führt, weil es differente Personen und diverse Gründe gibt, eine bestimmte Sexualtechnik wie den Analverkehr zu praktizieren;
– dass das Typisieren einer sexuell auffälligen, unnormalen Menschengruppe, z.B. »der« Schwulen, die angeblich Charakterisierten ihres immer komplexen und einzigartigen Charakters beraubt;
– dass die rechtlichen und medizinischen generischen Festlegungen an der realen geschlechtlichen Vielfalt für die Individuen schmerzhaft zu Bruch gehen, wie insbesondere in den letzten vierzig Jahren der Umgang mit dem so genannten Transsexualismus gezeigt hat, von dem endlich den »nosomorphen Blick« abzuwenden, der immer nur Krankhaftes sieht, ich bisher vergeblich von den Sexualmedizinern und Geschlechtstherapeuten verlangt habe (Sigusch 1991c, 1992/1995).

Hinzu kommt, dass Vertreterinnen und Vertreter der Queer Theory nicht nur die zweigeschlechtliche Ordnung kritisieren, polymorphe Geschlechtlichkeiten und Sexualitäten in ihr Recht setzen wollen, sich politisch gegen Rassismus, Misogynie, bloße Buntscheckigkeit und für integrative Bürgerbewegungen aussprechen; sie sagen auch, sie seien »nicht kapitalistisch«. Was das in der Konsequenz für ihre Forschung und Politik bedeutet, muss sich zeigen – ebenso wie die Konsequenz, die sich aus dem reflexiven Umgang mit den Grenzen des Reflektierens, Flexibilisierens und Pluralisierens ergibt, Grenzen, die in der Sache selbst liegen, ob nun somatisch oder ethnisch oder gesellschaftlich gegeben. Und schließlich ist zu bedenken, dass die Queer Theory als Theorie immer wieder so flüssig und geschmeidig imponiert wie der neoliberale Turbokapitalismus die einzelnen Allgemeinen, euphemistisch immer noch Subjekte genannt, seit einigen Jahrzehnten zuzurichten sucht: Verflüssigung ihrer alten Identitäten, Bindungen, Sicherheiten und Rechte. Kurzum, Queer Theory und kritische Sexualwissenschaft sollten die bestehenden Distanzen überwinden, aufeinander zugehen und voneinander lernen.

Vom Ende der Sexualwissenschaft

Sexualwissenschaft, die einmal ein Aufschrei war, ist das im Zeitalter kommunikativer Verstofflichung nicht mehr. War sie einst eine moralische Standpauke oder Vehikel des Fortschritts, ist sie heute im besten Fall eine Insel der Kritik der Kritik. Das, was die frühe Sexuologie einst charakterisierte, wird längst von Massenmedien effektiver praktiziert: das Aufklären und Brechen der Tabus, das Vorstellen der sexuellen Sonderbarkeiten, das Lüften »letzter« Geheimnisse, die Preisgabe und Selbstpreisgabe der Individuen. Indem affirmative Sexologie nichts als die Stichwörter liefert, ist sie mit den Warenhauskatalogen identisch. Diese Sexologie ist kein Aufschrei mehr, keine Opposition und ohne Berechtigung, weil vom gesellschaftlichen Kommando zustimmend durchdröhnt.

Als gesellschaftliche Funktion kann Sexualwissenschaft den Interessengegensätzen und Widersprüchen nicht entkommen. Sind die Zeichen wie in den sechziger Jahren offen auf Entsublimierung gestellt, sollen alle Sexualwissenschaften für alle Sexualitäten eine Lanze brechen. Stehen die Zeichen auf Restauration und Entsexualisierung, wird kritische Sexualwissenschaft abgestellt, weil sie immer noch, Herbert Marcuses Wort im Ohr, zunächst einmal den General im vollen Wichs pornografisch findet. An- oder abgestellt, bewähren muss sich kritische Sexualwissenschaft in liberalen wie in reaktionären Zeiten, weil das gesunde und glückliche Sexualleben durchgehend die Ideologie seiner Verhinderung ist; weil monogames und promiskes Verhalten gleich weit entfernt sind von einem freien Sinnesleben, das niemand kennt; weil unsere Helden der Liebe ebenso Indices des falschen Lebens sind wie unsere so genannten Sexualstraftäter; weil die Sphären des Geschlechtlich-Sexuellen nicht in Harmonie verbunden sind, sondern in ungelösten Widersprüchen. Also nicht als Advokat von Monogamie, Promiskuität, Partnertausch, E-Sex, Objektophilie oder sonstwas bewähren, sondern indem versucht wird zu verstehen, warum sich Menschen so und nicht anders verhalten, indem der humane Impuls gesucht und verteidigt wird, der in der Aufklärung und in Emanzipation steckt, indem versucht wird zu begreifen, dass ein Verstand, der sich auf die Leiblichkeit des Sexualdranges besinnt, versucht, ins Unscheinbare vorzudringen, im leibhaftigen Leben einen Ort des geringsten Scheins zu finden, einen Ort, der zu sein die kritische Bestimmung der Vernunft selber ist.

Doch Sexualwissenschaft existiert fort, weil das sexuelle Elend nicht verschwand. Ungestillte Sehnsucht, aufgepeitschte Nerven, abgespeistes Verlangen, Geschlechtszweifel, enttäuschte Liebe, Sexismus, Doppelmoral, Versagen, Angst und Schuld – das Elend kann nicht gemessen und nicht übertrieben werden. Sexualwissenschaft existiert fort, weil in einem scheinbar rationalen Zeitalter spezielle Probleme von einer speziellen Wissenschaft gelöst zu werden haben. Fielen Begehren und Lieben nicht auseinander, kämen Dauer und Intensität, Harmonie und Erregung zusammen, wüssten wir, was ein sexueller Rausch ist und könnten uns in ihn versetzen, scherten wir uns doch um wissenschaftliche Erörterungen überhaupt nicht, hielten wir doch Sexual-Wissenschaft für so irrsinnig wie sie tatsächlich ist. Sexuelles, das in sich ruhte, schwiege glückselig. Und wenn es doch nach etwas riefe, dann gewiss nicht nach Scientia sexualis, sondern nach Ars erotica, um das Begehren, sofern möglich, davor zu bewahren, von Glückseligkeit in aller Stille erstickt zu werden.

D. Anhang

Die Anfänge der Sexualwissenschaft

Eine Chronologie der Ereignisse

Diese Zusammenstellung ist natürlich sehr von der persönlichen Geschichte und Beurteilung des Verfassers abhängig: Welches Ereignis hält er für weichenstellend, was hat ihn sehr beeindruckt, was möchte er nicht vergessen? Neben Ereignissen, die alle Chronisten erwähnen müssen, werden also Ereignisse, Ideengeber, Vorläufer und Pioniere auftauchen, die vielleicht nur der Verfasser dafür hält. Erst nachfolgende Diskussionen werden zeigen, ob diese Sicht auch von anderen Betrachterinnen und Betrachtern geteilt wird. Neben dem persönlichen Aspekt stand für den Verfasser immer ein sachlicher im Vordergrund: Durch die Chronologie können Personen und Ereignisse erwähnt werden, die im Gang des Buches keinen Platz finden konnten, die sich aber aufdrängen, wenn das Leitthema genannt wird. Manfrau will dann nachschlagen können, wann der Minnesang aufkam oder Boccaccio gelebt hat.

Ausgewählte, vorausgegangene Ereignisse

538
Die *Novella 77*, ein Edikt des Kaisers Justinian, verbietet Gotteslästerung und mannmännlicher »Verkehr«, weil sie Hungersnöte, Erdbeben und Pest hervorriefen. Später, seit dem Mittelalter, wird mannmännlicher »Verkehr« mit dem Tod bestraft. Der Artikel 116 des Preußischen Landrechts wird die Todesstrafe bis 1794 regeln. In England wird sie offiziell 1861 abgeschafft werden.

Ende des 11. Jahrhunderts
Die provenzalischen *Troubadoure* sind wohl das überzeugendste Beispiel für den Versuch, in Europa eine Ars erotica zu praktizieren.

Mitte 12. bis Anfang 14. Jahrhundert
Der *Minnesang* geht von bayerisch-österreichischen Gegenden aus. Erster, nicht näher bekannter Minnesänger ist »der Kürenberger«. Es folgen Dietmar von Ast, Walther von der Vogelweide u.v.a.

zwischen 1174 und 1186
Bis heute streiten sich die Interpretatoren, was Andreas Capellanus in seinen berühmten drei Büchern *De amore* eigentlich sagen wollte (vgl. Troje 1992). Wir wissen es auch nicht.

zwischen 1259 und 1265
Der später geheiligte Thomas von Aquin stellt in *Summa contra gentiles* fest, dass die Frau ihrem Wesen nach ein »Schmutzgefäß« sei, zu dem ein Mann nicht einmal freundschaftliche Gefühle haben könne. Diese seien nur zwischen Männern möglich.

um 1300
Der *Codex Manesse* entsteht, eine opulent illustrierte Sammlung mittelhochdeutscher Lyrik, die die Herren von Manesse angelegt haben (s. Walther 1981). Sie enthält fast 6.000 Strophen von 140 Dichtern aus der Zeit von 1160/1170 bis 1330.

um 1350
Giovanni Boccaccio verfasst *Il Decamerone*, ein »Zehn-Tage-Werk«, das aus 100 Novellen besteht: Zehn verliebte junge Leute aus Florenz fliehen vor der Pest. In einem wunderschönen toskanischen Garten erzählen sie sich Geschichten, die vor Sinnlichkeit und Witz sprühen, um die entsetzliche Seuche zu vergessen. Das Werk wurde als ein entscheidender Schritt der Literatur aus dem Mittelalter in die Moderne, als ein Wegbereiter des sinnlichen Menschenbildes der Renaissance interpretiert. Zweifellos gehört es zu den Klassikern der Weltliteratur.

zwischen 1410 und 1425
Antonio Beccadelli, gen. Panormita oder Panormitanus, Schriftsteller in Neapel, schreibt ein Werk, das 1791, beinahe vier Jahrhunderte später, erstmalig vollständig von dem Abbé Barthélomy Mercier de Saint-Léger in Paris veröffentlicht wird. Unter dem Titel *Hermaphroditus* wird es 1824 von Friedrich Carl Forberg in Deutschland erstmalig herausgebracht und mit lateinischen Apophoreta ergänzt. Schließlich wird es von Fr. Wolff-Untereichen 1908 herausgegeben mit einem »sexualwissenschaftlichen Kommentar« von Alfred Kind.

um 1500
Leonardo da Vinci: Anatomische Zeichnungen

1532
Die Peinliche Halsgerichtsordnung Kaiser Karls V., auch *Constitutio Criminalis Carolina (CCC)* genannt, tritt im Heiligen Römischen Reich Deutscher Nation in Kraft. Sie ist das erste allgemeine deutsche Strafgesetzbuch. Die zweite Vereinheitlichung des Strafrechts erfolgt erst mehr als drei Jahrhunderte später.

Die sieben Bände *De humani corporis fabrica* von Andreas Vesalius gelten als Beginn der modernen Anatomie.

17. Jahrhundert

zwischen 1621 und 1651
Paolo Zacchia, Leibarzt mehrerer Päpste und Consulent der Rota Romana, des Obersten Gerichtshofes des Vatikans, legt unter dem Titel *Quaestiones medico-le-*

gales die erste systematische Abhandlung des Wissens- und Ordnungsfeldes vor, das später Gerichtliche Medizin, Medizinische Polizei und Rechtsmedizin genannt und von Ärzten wie Johann Ludwig Casper und Ambroise Tardieu entfaltet werden wird. Zacchia, einer der einflussreichsten und denkfreudigsten Ärzte der Renaissance, spannt den Bogen von der Frage, wann das Leben beginnt und der Fetus beseelt wird, über die Abtreibungsfrage bis hin zu der Frage, wie die »Schändung« eines Knaben durch die Untersuchung des Afters diagnostiziert werden kann.

1622
Marie Le Jars de Gournay, eine Stieftochter Montaignes, die Havelock Ellis 1912 als »Mutter der modernen Frauenbewegung« bezeichnen wird, verfasst *Égalité des hommes et des femmes*.

1633
Richard Capel: *Tentations: Their nature, danger, cure* usw. (dt.: *Geistreicher Tractat. Von Sündlichen Versuchungen worinne ihre Gefahr Natur und Cur gezeiget wird. Anitzo Zur Beförderung des wahren Christentums aus dem Engelländischen ins Hoch-Teutsche übersetzt*, 1701)

Erstes »Goldenes Zeitalter« der Pornografie (etwa 1650 bis 1800)

um 1650
Antonio Rocco: *L'Alcibiade fanciullo a scola*, eine Verteidigung der Liebe eines älteren Mannes zu einem Knaben, wird gedruckt, wurde aber wahrscheinlich schon 20 Jahre früher geschrieben (dt.: *Der Schüler Alkibiades. Ein philosophisch-erotischer Dialog*, hg. von Wolfram Setz, 2002).

um 1660
Nicolas Chorier, Rechtsgelehrter und Historiker: *Aloisiae Sigaeae toletanae satyra sotadica de arcanis amoris et veneris*

1677
Anton(i/e) van Leeuwenhoek und Johan Ham sehen zum ersten Mal die menschliche Samenzelle unter dem Mikroskop und nehmen an, dass sie einen winzigen Menschen (»homunculus«) enthält. Erst ein Jahrhundert später weist Lazzaro Spallanzani in dem berühmten »Hosenfrosch-Experiment« nach, dass zur Fortpflanzung Samen- und Eizelle notwendig sind, wobei er der Samenzelle eine lediglich stimulierende Wirkung zuspricht.

1683
Anton(i/e) van Leeuwenhoek beschreibt verschiedene Formen von Mikroorganismen, die er mit selbstgebastelten Mikroskopen entdeckt hat: In der Mundhöhle lebten mehr »Tierchen« als in einem Königreich.

1688

Nicolai Venette (unter dem Pseudonym Salionci): *De la génération de l'homme, ou tableau de l'amour conjugal* (dt.: *Abhandlung von der Erzeugung der Menschen*, 1698)

18. Jahrhundert

um 1712

Anonymus (früher vermutet ein gewisser Bekkers, heute John Marten): *Onania, or the heinous sin of self-pollution* usw. (dt.: *Onania, oder Die erschreckliche Sünde der Selbst-Befleckung* usw., 1736)

1719

Daniel Defoe: *The life and strange surprizing adventures of Robinson Crusoe,* eine der ersten Schilderungen innerseelischer Erlebnisse der Moderne. Bis 1800 werden mehr als einhundert »Robinsonaden« in deutscher Sprache erscheinen.

1720

Martin Schurig: *Spermatologia historico-medica* usw.

1728

Der französische Diplomat, Soldat und Schriftsteller Charles Geneviève Louis Auguste André Thimothée Chevalier d'Éon de Beaumont wird geboren. Biologisch ein Mann, wird er bis 1810 auf eindrucksvolle Weise viele Jahre als Frau und viele Jahre als Mann leben. Der englische Sexualforscher Havelock Ellis wird diese Lebensweise Eonismus nennen.

1735

Der später geadelte Carl Linné legt zum ersten Mal das weichenstellende taxonomische Werk *Systema naturae* vor. Er spricht von varietates, nicht von races.

1740

Georg Sarganeck: *Ueberzeugende und bewegliche Warnung vor allen Sünden der Unreinigkeit und Heimlicher Unzucht* usw.

1741

Dictionnaire d'amour von M. de ***, das ist Jean François Dreux du Radier

um 1750

Es entstehen Lesegesellschaften und Leihbibliotheken. Die Individualpoesie (»Roman«) ist beliebt.

1751–1776

Denis Diderot und Jean-Baptiste Le Rond, genannt d'Alembert, geben heraus: *Encyclopédie ou Dictionnaire raisonné des sciences, des arts et des métiers,* eine Sammlung des Wissens der Zeit in 34 Bänden (17 Text-, 11 Bild-, 4 Ergänzungs- und 2 Registerbände).

Höhepunkt des Kampfes der Medizin gegen die Masturbation

1760
Samuel Auguste Tissot: *L'onanisme, ou dissertation sur les maladies produites par la masturbation* (dt.: *Von der Onanie oder Abhandlung über die Krankheiten, die von der Selbstbefleckung herrühren*, 1770)

Charles de Brosses: *Du culte des dieux fétiches*

1770
Johann Bernhard Basedow: *Das Methodenbuch für Väter und Mütter der Familien und Völker*

Rousseau schließt das Manuskript seiner Lebensbeichte *Les confessions* ab, die 1782, nach seinem Tod, veröffentlicht wird.

1774
Goethes *Leiden des jungen Werthers* erscheinen zum ersten Mal, werden als »unchristlich« und »wider alle Sitten« gebrandmarkt und lösen durch ihre emotionale Darstellung einer unglücklichen Liebe, die im Suizid des Liebenden endet, ein »Werther-Fieber«, eine »Werther-Mode« und eine »Lesesucht« aus. Offenbar traf Goethe den neuen Nerv der individuellen Geschlechtsliebe, die nicht fragt, ob die geliebte Person verlobt, verheiratet oder ungebunden ist.

1779
Johann Georg Zimmermann: *Warnung an Eltern, Erzieher und Kinderfreunde wegen der Selbstbefleckung, zumal bei ganz jungen Mädchen*

Joachim Heinrich Campe: *Sittenbuechlein für Kinder aus gesitteten Ständen*

1779–1788
Johann Peter Frank: *System einer vollständigen medicinischen Polizey*. Erstes umfassendes Hygienelehrbuch in der Geschichte der Medizin. Bd. 1 handelt von »Fortpflanzung der Menschen und Ehe-Anstalten«, Bd. 2 von der »außerehelichen Zeugung, dem geflissentlichen Mißgebähren und anderen Mißhandlungen der unehelichen Kinder«, Bd. 3 von »Speise, Trank und Gefäßen«, »ungesunder Kindertracht« und »nöthiger Reinlichkeit menschlicher Wohnungen«, Bd. 4 von »Sicherheits-Anstalten«.

1782
Anonymus [d.i. Johann Friedel]: *Briefe über die Galanterien von Berlin*, in denen Pürschchen und Ausschweiflinge, unflätige Böcke, Knabentabagien, das meint Bordelle, usw. aufgespießt werden: »Pfuy!«

1783
Johann Heinrich Pestalozzi: *Ueber Gesezgebung* [sic!] *und Kindermord*

1784
Immanuel Kant: *Beantwortung der Frage: Was ist Aufklärung?*

1785
Donatien Alphonse François Marquis de Sade schreibt in der Bastille *Les 120 journées de Sodome ou l'École du libertinage.*

Christian Gotthilf Salzmann: *Ueber die heimlichen Sünden der Jugend*

1785/86
Johann Georg Zimmermann: *Ueber die Einsamkeit* (4 Theile)

1790
Jean Antoine Nicolas de Caritat, Marquis de Condorcet: *Sur l'admission des femmes au droit de Cité.* Der liberale Marquis verlangt, auch den Frauen die in der Revolution verkündeten Menschen- und Bürgerrechte einschließlich Wahlrecht zu gewähren. Außerdem tritt er dezidiert für die Abschaffung der Sklaverei und für den Freihandel ein.

1791
Im achten Band des *Magazins für Erfahrungsseelenkunde* von Karl Philipp Moritz werden zwei Fälle von conträrer (heute: gleichgeschlechtlicher) Sexualempfindung als unbekannte Pathologie geschildert.

1792
Mary Wollstonecraft, eine englische Schriftstellerin, die heute als erste Feministin der Moderne angesehen wird, weil sie Männer und Frauen als vernunftbegabte Wesen und damit als gleich und gleichberechtigt ansah, verfasst *A vindication of the rights of women with strictures on political and moral subjects.*

1793
Philipp Pinel befreit am 13. September die seelisch Kranken der Anstalt Bicêtre in Paris von den eisernen Fesseln. Zwei Jahre später werden auch die Kranken der Salpetrière befreit.

Olympe de Gouges, die seit Jahrzehnten Menschenrechte für Frauen einklagte, wurde vom so genannten Revolutionstribunal zum Tod verurteilt und am 3. November mit der Guillotine hingerichtet.

1794–1796
Erasmus Darwin: *Zoonomia or The laws of organic life*

um 1795
Wilhelm von Humboldt veröffentlicht eine Abhandlung *Ueber den Geschlechtsunterschied* usw. (1794) sowie eine *Ueber die männliche und weibliche Form* (1795) und entwirft eine Geschichte der Hurerei (vor 1799).

1797
Donatien Alphonse François Marquis de Sade: *Histoire de Justine ou Les malheurs de la vertu* sowie *Histoire de Juliette ou Les prospérités du vice*

1797/98
Immanuel Kant: *Metaphysik der Sitten*

1798
Friedrich Wilhelm Basilius von Ramdohr: *Venus Urania* (3 Teile)

Thomas Robert Malthus, ein anglikanischer Pfarrer und Professor für politische Ökonomie, teilt in *An essay on the principle of population* erstmalig seine Bevölkerungstheorie mit, wonach Bevölkerungen stärker (exponentiell resp. geometrisch) wüchsen als die Nahrungsmittelproduktion (linear resp. arithmetrisch). Sein Lösungsvorschlag: »Moral restraint«, d.h. Geburtenkontrolle durch Abstinenz von Ehe und Geschlechtsverkehr.

Giacomo Girolamo Casanova, Chevalier de Seingalt, gestorben

Beginn des Zeitalters der modernen Sexualität

Um 1800 sondert sich die epistemische Sphäre von der religiösen Sphäre ab. Es entsteht allgemein das Gefühl der Sexualität *als solcher* und damit die Voraussetzung von Erfahrungs-Seelenkunde (Karl Philipp Moritz), Psychopathia sexualis bzw. Sexualpsychopathologie als Teil der Gerichtsmedizin oder der Psychiatrie (z.B. Claude-François Michéa, Johann Ludwig Casper, Ambroise Tardieu, George Miller Beard, Paul Moreau de Tours, Richard von Krafft-Ebing, Pasquale Penta), Sexual-Psychologie (z.B. Havelock Ellis, Max Dessoir, Albert Moll), Psycho-Analyse (z.B. Sigmund Freud) sowie Geschlechts- und Sexual-Wissenschaft (z.B. Karl Heinrich Ulrichs, Paolo Mantegazza, Iwan Bloch, Arthur Kronfeld). Was vordem unreflektiert als Verkündigung oder Naturgegebenes zusammenfiel, bricht auseinander. Die Trümmer, Körper, Seele, Fantasie, Wahnsinn, Fortpflanzung, Dränge, sexuelle Lust, Selbstbewusstsein werden reflektiert und neu zusammengesetzt. Es kommt ein allgemeiner Furor sexualis auf, der im sexuellen Drang den bedeutendsten und mächtigsten aller menschlichen Dränge sieht. Zugleich lösen Vernunft und Reflexionsphilosophie Gott und die Religion als oberste Instanzen ab. Die Psychiatrie wird eine medizinische Deutungsmacht. Mikrobiologie, Parasitologie, Immunologie und Serologie entstehen.

19. Jahrhundert

1802
Pierre Jean Georges Cabanis nimmt in *Rapports du physique et du moral de l'homme* Beziehungen zwischen Krankheitszuständen im Genitalbereich und Geistesstörungen als erwiesen an.

1820
August Henschel: *Von der Sexualität der Pflanzen*

1823
Eros oder Wörterbuch über die Physiologie und über die Natur- und Cultur-Geschichte des Menschen in Hinsicht auf seine Sexualität (2 Bände)

Hermann Joseph Löwenstein: *De mentis aberrationibus ex partium sexualium conditione abnormi oriundis.* Bei Löwenstein und auch bei Häussler (s. 1826) ist schon das Sexuelle ins Zentrum der Betrachtung gerückt, bleibt aber dem Streit zwischen Somatikern und Psychikern ausgeliefert, der zur Zeit der so genannten Romantischen Medizin vor allem in der Psychiatrie tobt, ein tiefer Dissenz, der die westliche Medizin bis heute zerreißt. Löwenstein ist ein Doktorand des Somatikers Christian Friedrich Nasse, der nicht nur auf naturphilosophische Spekulation setzt, sondern auch auf moderne Messmethoden, und seelische Krankheiten dem Körper anlastet und nicht Schuld und Sühne wie zum Beispiel der tonangebende Psychiker Johann Christian August Heinroth, der zu dieser Zeit ein System der psychisch-gerichtlichen Medizin veröffentlicht (s. 1825).

1825
Johann Christian August Heinroth: *System der psychisch-gerichtlichen Medizin* usw.

1826
Karl Ernst von Baer entdeckt die Eizelle des Säugetiers und des Menschen und publiziert diese Entdeckung ein Jahr später.

Joseph Häussler: *Ueber die Beziehungen des Sexualsystemes zur Psyche überhaupt und zum Cretinismus ins Besondere*

1827 oder 1828
Wilhelm von Humboldt skizziert eine *Geschichte der Abhängigkeit im Menschengeschlechte*

11 Pt1832
Erste französische Frauenzeitschrift: *Femme libre*

1836
Alexandre Jean Baptiste Parent-Duchâtelet: *De la prostitution dans la ville de Paris, considérée sous le rapport de l'hygiène publique, de la morale et de l'administration* usw.

(dt.: *Die Sittenverderbnis und Prostitution des weiblichen Geschlechts in Paris unter Napoleon I.*, 1913)

1836 und 1838
Heinrich Hössli: *Eros. Die Männerliebe der Griechen* usw. (2 Bände)

1836–1842
Claude-François Lallemand: *Des pertes séminales involontaires* (3 Bände) (dt. u.a.: Über unwillkürliche Samenverluste, 2 Bände, 1840/41)

1837
Victoria wird am 20. Juni Königin und regiert bis zu ihrem Tod am 22. Januar 1901. Das »Viktorianische Zeitalter« beginnt.

1838
Das erste Okklusivpessar wird von Friedrich Adolf Wilde, einem Berliner Arzt, beschrieben. Über 40 Jahre später wird es erneut »erfunden« von Wilhelm Mensinga.

1839
Kondom

Theodor Schwann zeigt, dass Tiere und Pflanzen aus Zellen bestehen.

1842–1843
Das sozialkritische Werk *Die Geheimnisse von Paris* von Eugène Sue erscheint als Zeitungsroman in Frankreich. Es ist eines der zu dieser Zeit am meisten gelesenen Bücher.

1844
Heinrich Kaan verbindet in seiner *Psychopathia sexualis* die Fantasie, insbesondere die krankhafte Fantasie, mit dem Geschlechtstrieb, genannt Nisus sexualis.

Der Frankfurter Arzt Heinrich Hoffmann schreibt für seinen vierjährigen Sohn als Weihnachtsgeschenk die Episoden auf, die später unter dem Titel *Struwwelpeter* bekannt werden und bis heute denkwürdig sind. In der Urfassung begegnen wir u.a. dem Daumenlutscherkonrad, dem Zappelphilipp, dem Suppenkaspar und dem bösen Friederich.

1849
Claude-François Michéa nennt in seiner Abhandlung *Des déviations maladives de l'appétit vénérien* Beispiele für lustvolle Betätigungen, die nicht einem Fortpflanzungstrieb unterliegen, zum Beispiel den sexuellen Verkehr mit Knaben, Tieren, toten Menschen und toten Gegenständen.

Beginn des Zeitalters der Medikalisierung, Degeneration, Dekadenz und Sexualwissenschaft

Um 1850 konstruiert die Medizin aus bisherigen »Wüstlingen« und »Verbrechern« zunehmend »Kranke«. Dazu Richard von Krafft-Ebing (1891: III) in seinem Vorwort zu Albert Molls Abhandlung über »konträre« Sexualempfindungen, die heute »homosexuell« genannt werden: »Als Casper 1852 die feine Bemerkung machte, dass die bis dahin als eine lasterhafte Verirrung angesehene sogenannte Päderastie auf einer meist angeborenen krankhaften Anomalie beruhen und eine Art geistiger Zwitterbildung darstellen dürfte, hatte wohl Niemand geahnt, dass kaum 40 Jahre später in umfangreichen wissenschaftlichen Werken eine förmliche Pathologie der psychischen Seite der Vita sexualis zu finden sein werde.«

Die Kolportageliteratur blüht. Für das 19. Jahrhundert insgesamt charakteristisch ist die Erbauungsliteratur (»Unterhaltungsroman«), der am Beginn des 20. Jahrhunderts, zunächst in den USA (»Dime-novels«), die Heftchenromane folgen.

1852

Die *Gartenlaube*, das erste deutschsprachige Massenblatt, erscheint. 1855 hat sie eine Auflage von 35.000, 1876 von 400.000 Exemplaren.

Au Bon Marché, das erste französische Warenhaus, wird eröffnet. 1855 folgt *Le Louvre*, 1865 *Printemps*.

Der Gerichtsmediziner Johann Ludwig Casper veröffentlicht *Ueber Nothzucht und Päderastie und deren Ermittelung seitens des Gerichtsarztes*, eine der ersten Abhandlungen, die sexuelle Auffälligkeiten der Medizin zuordnet. Die »Päderastie«, d.h. nach damaligem Verständnis den Analverkehr unter Männern, sah Casper zunächst bei einer Minderheit, später bei der Mehrheit als eine angeborene Neigung an.

1853

Hieronymus Fränkel: *Homo mollis*

Der Aristokrat, Diplomat und Schriftsteller Arthur de Gobineau beginnt, seinen mehrbändigen, verheerend wirkmächtigen *Essai sur l'inégalité des races humaines* zu veröffentlichen (dt. u.a.: *Die Ungleichheit der Menschenrassen*, 1934).

1854

Paolo Mantegazza: *Fisiologia del piacere* (dt. u.a.: *Physiologie des Genusses*, 1881)

1855

Félix Roubaud: *Traité de l'impuissance et de la stérilité chez l'homme et chez la femme*

Mehr als 100 Jahre vor Masters und Johnson beschreibt Roubaud in diesem in Paris erschienenen *Traité* den »Orgasmus« während des Koitus so: »Der Kreislauf beschleunigt sich [...]. Die stark geröteten Augen wirken verstört [...]. Bei den einen ist die Atmung keuchend und kurz; andere halten den Atem an [...]. Die Nervenzentren zeigen eine Stauung [...] und leiten nur noch wirre Sinneseindrücke und Willensempfindungen weiter: Motilität und Sensibilität befinden sich in einer unbeschreiblichen Unordnung; die Glieder, von Konvulsionen und manchmal von Krämpfen ergriffen, bewegen sich unkontrolliert in alle Richtungen, oder sie strecken und versteifen sich wie Eisenschienen; die Kiefer, fest gegeneinander gepreßt, lassen die Zähne knirschen, und manch einen treibt der erotische Wahn so weit, daß er den Partner seiner Lust vergißt und eine Schulter, die man so unvorsichtig war ihm zu überlassen, bis aufs Blut zerbeißt. Dieser Zustand der Raserei, diese Epilepsie, dieser Wahn dauern gewöhnlich nur kurz; sie reichen jedoch, um die Kräfte des Organismus zu erschöpfen, vor allem beim Manne, wo diese Übererregung in einem mehr oder minder starken Samenerguß endet« (1855: 39).

1857
Charles Baudelaire: *Les fleurs du mal*

Gustave Flaubert: *Madame Bovary*

Bénédict Augustin Morel publiziert den *Traité des dégénérescences physiques, intellectuelles et morales de l'espèce humaine et des causes qui produisent ces variétés maladives*, der die medizinisch-psychiatrisch-sexologische Lehre von der Degeneration begründet.

Ambroise Auguste Tardieu legt *Étude médico-légale sur les attentats aux moeurs* vor (dt.: *Die Vergehen gegen die Sittlichkeit in staatsärztlicher Beziehung*, 1860), ein Werk, das zu den Vorläufern der Gerichtlichen Medizin und der Krafft-Ebing'schen *Psychopathia sexualis* gehört.

1857–1858
Johann Ludwig Casper: *Practisches Handbuch der gerichtlichen Medicin* (2 Bände)

1858
Jules Michelet: *L'amour* (18. Aufl. 1889; dt.: *Die Liebe*, 2. Aufl. 1859)

1859
Charles Robert Darwin begründet die moderne Evolutionstheorie mit dem Werk *On the origin of species by means of natural selection, or, The preservation of favoured races in the struggle for life*.

1861
Johann Jakob Bachofen: *Das Mutterrecht. Eine Untersuchung über die Gynaikokratie der alten Welt nach ihrer religiösen und rechtlichen Natur*

1863
Johann Ludwig Casper: *Klinische Novellen zur gerichtlichen Medicin*

1864
Paolo Mantegazza: *Elementi d'igiene*

Der Jurist Karl Heinrich Ulrichs veröffentlicht unter dem Pseudonym Numa Numantius die beiden ersten seiner 12 Schriften *Forschungen über das Räthsel der mannmännlichen Liebe* unter den Titeln *Vindex* und *Inclusa*. Das Motto lautet: »Vincula frango«, das heißt: Ich zerbreche die Ketten. Damit beginnt der Emanzipationskampf der Urninge, die man später Homosexuelle nennen wird.

1865
Der Brünner Augustinermönch Gregor Mendel entdeckt die Gesetze der Vererbung bei Kreuzungsversuchen mit Bohnen und Erbsen. Die Entdeckung wird jedoch nicht zur Kenntnis genommen. 1900 werden die Vererbungsgesetze noch einmal entdeckt.

Karl Heinrich Ulrichs entwirft »Satzungen für den Urningsbund«.

1867
Elizabeth Osgood Goodrich Willard: *Sexology as the philosophy of life: Implying social organization and government* – die erste uns bekannte Verwendung des Wortes »Sexology«

1868
Erste bekannte, nichtöffentliche Erwähnung der Bezeichnungen »homosexual« und »heterosexual« durch Karl Maria Kertbeny (eigentlich: Benkert), der die Wortschöpfung »homosexual« 1869 anonym in zwei Abhandlungen gegen die Pönalisierung der mannmännlichen Liebe verwendet. Seine Wortschöpfung »heterosexual« wird erst von Jäger 1880 publiziert.

Karl Heinrich Ulrichs tritt am 29. August auf dem Sechsten Deutschen Juristentag in München leibhaftig »*einer tausendjährigen, vieltausendköpfigen, wuthblickenden Hydra*« entgegen (1868: 1) und bekennt sich zur mannmännlichen Liebe. Er wird in dieser Geburtsstunde der Homosexuellenbewegung von den Bewahrern des Rechts niedergeschrien.

Ernst Haeckel: *Natürliche Schöpfungsgeschichte*

1869

John Stuart Mill: *The subjection of women*, eines der wenigen philosophischen Werke, das für die Emanzipation der Frauen eintritt (dt.: *Die Hörigkeit der Frau*, 1872)

Carl Westphal, ein Psychiater, drückt in *Die conträre Sexualempfindung* aus, dass die später homo- oder transsexuell genannten Menschen in die Zuständigkeit der Medizin fallen.

Die Preußische Wissenschaftliche Medizinaldeputation, der u.a. die Professoren Bardeleben, von Langenbeck und Virchow angehören, kann (noch) keine medizinischen Gründe nennen, die die »Unzucht« mit Tieren und zwischen Männern mit Strafe zu bedrohen rechtfertigen könnten und plädiert deshalb für deren Straffreiheit, auch weil andere Arten der »Unzucht« nicht verfolgt würden.

George Miller Beard schreibt im »Boston Medical and Surgical Journal« über *Neurasthenia, or nervous exhaustion*. In nachfolgenden Büchern entfaltet der US-amerikanische Arzt das Störungsbild der reizbaren (sexuellen) Nervenschwäche, die durch das moderne Leben bedingt sei: durch Zeitungen, Dampfkraft, Telegraf und »die geistige Aktivität von Frauen«. Beard eilt damit deutschen Sexualforschern und dem europäischen »Zeitalter der Neurasthenie« um Jahre voraus.

1871

Charles Robert Darwin: *The descent of man, and Selection in relation to sex* (2 Bände)

1873

Paolo Mantegazza: *Fisiologia dell'amore* (dt. u.a.: *Physiologie der Liebe*, 1877)

1874

Ernst Haeckel: *Anthropogenie oder Entwickelungsgeschichte des Menschen. Keimes- und Stammes-Geschichte*

1875

Der deutsche Zoologe Oscar Hertwig beobachtet mikroskopisch zum ersten Mal die Befruchtung einer weiblichen durch eine männliche Keimzelle beim Seeigel.

Richard von Krafft-Ebing: *Lehrbuch der gerichtlichen Psychopathologie*

1877

Paolo Mantegazza: *Igiene dell'amore* (dt. u.a.: *Die Hygiene der Liebe*, 1877)

Richard von Krafft-Ebing: *Ueber gewisse Anomalien des Geschlechtstriebs und die klinisch-forensische Verwerthung derselben als eines wahrscheinlich funktionellen Degenerationszeichens des centralen Nerven-Systems*

Charles Lasègue: *Les exhibitionnistes*

Pisanus Fraxi (d.i. Lord Henry Spencer Ashbee): *Index librorum prohibitorum: Being notes bio-biblio-iconographical and critical, on curious and uncommon books*

Sigmund Freud veröffentlicht seine ersten wissenschaftlichen Arbeiten: neuroanatomische Abhandlungen über die hinteren Rückenmarksnervenwurzeln von Ammocoetes sowie den Bau der Lappenorgane des Aals

Der norddeutsche Adlige Wilhelm von Gloeden, ein Pionier der Pleinair-Fotografie, beginnt im sizilianischen Taormina seine sexuelle Vorliebe als Kunstwerk zu inszenieren, indem er auf der Suche nach einer Besänftigung einer unlebbaren Neigung versucht, die Anmut der Knaben in die Anmutung einer arkadischen Antike zu transferieren (vgl. Sigusch 2005a).

1879
Albert Neisser entdeckt den Erreger der Gonorrhoe (»Tripper«).

August Bebels Werk *Die Frau und der Sozialismus* erscheint heimlich und illegal. 1923 erreicht die Verbreitung das 197. Tausend.

S. Lindner: *Das Saugen an den Fingern, Lippen etc. bei den Kindern (Ludeln)*

1880
Paul Moreau de Tours: *Des aberrations du sens génésique*, eine Arbeit, die Krafft-Ebing als Vorläufer seiner *Psychopathia sexualis* erwähnt.

1882
Robert Koch entdeckt den Erreger der Tuberkulose.

Jean Martin Charcot und Valentin Magnan: *Inversion du sens génital*

1883
Die folkloristischen Sammlungen *Kryptadia. Recueil de documents pour servir à l'étude des traditions populaires* starten und werden bis 1911 erscheinen.

Francis Galton, der als der Begründer der Eugenik gilt, führt diesen Begriff ein (s. Weingart et al. 1988: 37).

1884
Robert Koch entdeckt den Erreger der Cholera.

Eugène Gley: *Les aberrations de l'instinct sexuel d'après des travaux récents*

1885
Hermann Heinrich Ploss: *Das Weib in der Natur- und Völkerkunde. Anthropologische Studien* (2 Bände). Nach dem Tod des Verfassers wird die zweite Auflage 1887 von Maximilian Carl August Bartels besorgt, die neunte 1908 von Paul und Max Bartels und die elfte 1927 von Ferdinand von Reitzenstein.

Julien Chevalier: *De l'inversion de l'instinct sexuel au point de vue médico-légale*

Valentin Magnan: *Des anomalies, des aberrations et des perversions sexuelles*

Der englische Mathematiker und sozialistische Eugeniker Karl Pearson spricht in seinem Vortrag *The woman's question* von »science of sexualogy« und »sexualogical difficulties« (s. hier auch 1905).

Der 29-jährige Sigmund Freud wird Privatdozent für Neuropathologie an der Wiener Universität.

Zeitalter der Neurasthenie, Psychopathie und Neurose

1886

Paolo Mantegazza: *Gli amori degli uomini. Saggio di una etnologia dell'amore* (2 Bände) (dt. u.a.: *Anthropologisch-kulturhistorische Studien über die Geschlechtsverhältnisse des Menschen*, 1886)

Benjamin Tarnowsky: *Die krankhaften Erscheinungen des Geschlechtssinnes*, eine Arbeit, die Krafft-Ebing als Vorläufer seiner *Psychopathia sexualis* erwähnt.

Richard von Krafft-Ebing: *Psychopathia sexualis. Eine klinisch-forensische Studie*. Dieses berühmte Werk erreicht 17 ordentliche Auflagen und zahllose unordentliche Ausgaben und wird in mehrere Sprachen übersetzt.

Am 27. November tötet der Rittmeister Armand von Ardenne den Amtsgerichtsrat Emil Hartwich im Duell. In Theodor Fontanes Roman *Effi Briest* heißen die Ehrkämpfer Crampas und Innstetten.

1887

Alfred Binet: *Le fétichisme dans l'amour*

Friedrich Nietzsche: *Zur Genealogie der Moral*

1889

Augusto Ducrey entdeckt den Erreger des Ulcus molle (»weicher Schanker«).

1890

Frank Wedekind: *Frühlings Erwachen*

Richard von Krafft-Ebing: *Neue Forschungen auf dem Gebiet der Psychopathia sexualis*. In dieser Arbeit führt Krafft-Ebing die Bezeichnung »Masochismus« ein und übernimmt die Bezeichnung »Sadismus« aus der französischen Literatur.

Valentin Magnan: *Des »exhibitionistes«*

1891

Leopold Löwenfeld: *Die nervösen Störungen sexuellen Ursprungs*

Albert Moll: *Die Conträre Sexualempfindung*

Edward Westermarck: *The history of human marriage* (dt.: *Geschichte der menschlichen Ehe*, 1893)

Mit einer beträchtlichen zeitlichen Verzögerung gegenüber der Entwicklung in England erscheint die erste deutsche Veröffentlichung, die durch Eugenik die »Fortpflanzungsauslese« verbessern und die »Entartung des Kulturmenschen« aufhalten will. Sie stammt von Wilhelm Schallmayer (s. Weingart et al. 1988: 38).

1892
Albert Freiherr von Schrenck-Notzing: *Die Suggestions-Therapie bei krankhaften Erscheinungen des Geschlechtssinnes. Mit besonderer Berücksichtigung der conträren Sexualempfindung*

1893
Paolo Mantegazza: *Fisiologia della donna*, 2 Bände (dt. u.a.: *Die Physiologie des Weibes*, 1893)

Cesare Lombroso und Guillaume Ferrero: *Donna delinquente, la prostituta e la donna normale* (dt.: *Das Weib als Verbrecherin und Prostituirte*, 1894)

Julien Chevalier: *Une maladie de la personalité: L'inversion sexuelle; psycho-physiologie, sociologie, tératologie, aliénation mentale, psychologie morbide, anthropologie, médicine judiciaire*

1894
Havelock Ellis: *Man and woman: A study of human secondary sexual characters*

Max Dessoir: *Zur Psychologie der Vita sexualis*

Jules Dallemagne: *Dégénérés et déséquilibrés*

Alfred Hegar: *Der Geschlechtstrieb*

Ludwig Schemann gründet eine Gobineau-Vereinigung in Deutschland (s. hier 1853).

Im Septemberheft seiner in lateinischer Sprache erscheinenden Zeitschrift *Alaudae* äußert sich Karl Heinrich Ulrichs zum letzten Mal zur mannmännlichen Liebe, indem er Krafft-Ebing ebenso kritisiert, weil er diese Liebe nach wie vor als »Irrsinn« ansehe und sein Werk schamlos ausplündere, wie zugleich bejubelt, indem er in ihm das einzige »menschliche Herz« entdeckt, in welches sein Samen der Urningsemanzipation gefallen sei.

1895
Oscar Wilde wird in London wegen gleichgeschlechtlicher Handlungen verurteilt, wegen einer »Liebe, die in diesem Jahrhundert ihren Namen nicht nennen darf« (Wilde).

Josef Breuer und Sigmund Freud: *Studien über Hysterie*

Albert Eulenburg: *Sexuale Neuropathie. Genitale Neurosen und Neuropsychosen der Männer und Frauen*

1896
Der italienische Psychiater Pasquale Penta ediert das *Archivio delle Psicopatie Sessuali*, die weltweit erste sexualpathologische Zeitschrift, die aber nur ein Jahr lang erscheint.

Der 21-jährige Adolf Brand beginnt damit, die weltweit erste einigermaßen erfolgreiche Zeitschrift für Homosexuelle unter dem Namen *Der Eigene* herauszugeben. Sie wird mit Unterbrechungen bis zum Beginn der 1930er Jahre erscheinen. Zunächst anarchistisch-egoistisch orientiert, widmet sie sich ab 1898 der »männlichen Kultur« und insbesondere der Jünglings- und Knabenliebe.

Havelock Ellis und John Addington Symonds: *Das konträre Geschlechtsgefühl*. Das Buch erscheint zuerst in Deutschland, weil es in England nicht veröffentlicht werden durfte.

Magnus Hirschfeld publiziert unter dem Pseudonym Th. Ramien *Sappho und Sokrates oder Wie erklärt sich die Liebe der Männer und Frauen zu Personen des eigenen Geschlechts?*

Beginn der deutschen Wandervogelbewegung

1897
Gründung des Wissenschaftlich-humanitären Komitees (WhK), der weltweit ersten Homosexuellen-Organisation, in Hirschfelds Wohnung in Charlottenburg bei Berlin am 15. Mai. Im Dezember reicht das WhK eine Petition in Sachen Entkriminalisierung der Homosexualität beim Deutschen Reichstag ein. Die ersten vier Unterzeichner sind Ernst von Wildenbruch, August Bebel, Franz von Liszt und Richard von Krafft-Ebing.

Albert Molls *Untersuchungen über die Libido sexualis* behandeln erklärtermaßen die normale Sexualität und gehen theoretisch weit über das hinaus, was sich Krafft-Ebing und die anderen Sexualpsychopathologen gedacht haben.

Havelock Ellis beginnt seine Buchreihe *Studies in the psychology of sex*, die bis 1928 bzw. 1936 erscheinen wird. Als erste Bände erscheinen: *Sexual inversion* und *The evolution of modesty. The phenomena of sexual periodicity. Auto-erotism*.

H. L. Green: *Periodicity: A physiological law in the male sex as well in the female*

1898
Sigmund Freud: *Die Sexualität in der Ätiologie der Neurosen*. In diesem Aufsatz kommt nach unserer Kenntnis das Wort »Sexualwissenschaft« zum ersten Mal überhaupt vor.

Havelock Ellis: *Auto-erotism. A psychological study*

Magnus Hirschfeld: *§ 175 des Reichsstrafgesetzbuchs. Die homosexuelle Frage im Urteile der Zeitgenossen*

1899

Magnus Hirschfeld eröffnet das *Jahrbuch für sexuelle Zwischenstufen unter besonderer Berücksichtigung der Homosexualität* mit dem Aufsatz *Die objektive Diagnose der Homosexualität*.

Erste internationale Konferenz zur Bekämpfung der Syphilis und der anderen venerischen Krankheiten vom 4. bis 8. September in Brüssel

Sigmund Freuds Werk *Die Traumdeutung* wird auch in diesem Jahr veröffentlicht; der Verlag nennt aber 1900 als Erscheinungsjahr.

Ernst Haeckel: *Die Welträthsel. Gemeinverständliche Studien über monistische Philosophie*

Charles Féré: *L'instinct sexuel. Évolution et dissolution*

Carl du Prel: *Die vorgeburtliche Erziehung als Mittel zur Menschenzüchtung. Ein Beitrag zur Lösung der socialen Frage*

Albert Eulenburgs *Der Marquis de Sade* ist die erste deutsche wissenschaftliche Arbeit über de Sade.

Hermann Rohleder: *Die Masturbation*

1900

In Paris findet der erste internationale Kongress statt, der dem Neomalthusianismus gewidmet ist. Seit der ersten Hälfte des 19. Jahrhunderts angeregt, formuliert oder organisiert von Männern und Frauen wie Francis Place, John Stuart Mill, George Drysdale, C. R. Drysdale, Annie Besant und Wilhelm Mensinga wollen die Neomalthusianer Malthus' Theorien, die gegen die Armen und gegen Geschlechtsverkehr gerichtet sind, durch die Trennung von Sexualität und Fortpflanzung in der Ethik sowie durch Kontrazeption (und Abtreibung) ins praktische Leben überführen.

In den Jahren um 1900 formiert sich die Freikörperkultur- oder FKK-Bewegung, auch Nacktkultur oder Nudismus genannt. Sie ist eingebettet in eine breite Lebensreform-Bewegung, innerhalb derer wiederum sehr unterschiedliche Ziele verfolgt werden: Bodenreform, Vegetarismus, Kleiderreform, Naturheilkunde, Jugendbewegung usw. Ideologisch und politisch sind alle in der Gesellschaft vorhandenen Strömungen repräsentiert.

Iwan Bloch (unter dem Pseudonym Eugen Dühren): *Der Marquis de Sade und seine Zeit. Ein Beitrag zur Cultur- und Sittengeschichte des 18. Jahrhunderts. Mit besonderer Beziehung auf die Lehre von der Psychopathia sexualis*

Havelock Ellis beginnt seine Buchreihe *Sexual-Psychologische Studien*, deren Bände bis 1924 erscheinen werden. Der erste Band heißt: *Geschlechtstrieb und Schamgefühl*.

Möbius, Paul Julius: *Ueber den physiologischen Schwachsinn des Weibes*

C. Lloyd Morgan: *Animal behavior*

Sigmund Freud schreibt am 8. Januar an Wilhelm Fließ: »[...] kommt die Sexualtheorie, so werde ich sie anhören. Wenn nicht, dann nicht«.

20. Jahrhundert

In den ersten drei bis fünf Jahrzehnten des 20. Jahrhunderts entfaltet sich die Endokrinologie als Lehre von den so genannten Hormonen. Forscher vieler Nationen entdecken eine Regulierungssubstanz nach der anderen (Adrenalin, Thyroxin, Insulin, Östrogen, Testosteron usw.). Auch Sexualwissenschaftler sind fasziniert, nicht zuletzt durch die Keimdrüsen-Transplantationen des Physiologen Eugen Steinach, durch die bei Tieren geschlechtliche Merkmale verändert werden. Steinachs Experimente führen dazu, dass Chirurgen versuchen, homosexuelle Männer durch das Einpflanzen »heterosexuellen« Hodengewebes »umzupolen«, was nicht gelingt. Auch Magnus Hirschfeld hat Patienten zu solchen mit einer Kastration verbundenen Transplantationsoperationen überwiesen.

1902
Iwan Bloch: *Beiträge zur Aetiologie der Psychopathia sexualis* (1. Band). Der 2. Band wird 1903 erscheinen.

Havelock Ellis: *The sexual impulse in women*

Albert Eulenburg: *Sadismus und Masochismus*

Die »Deutsche Gesellschaft zur Bekämpfung der Geschlechtskrankheiten« hält ihre konstituierende Versammlung am 19. Oktober im Roten Rathaus in Berlin ab. Zum 1. Vorsitzenden wird Albert Neisser, zum Generalsekretär Alfred Blaschko gewählt.

Sigmund Freud wird, beinahe siebzehn Jahre nach der Ernennung zum Privatdozenten, zum außerordentlichen Professor an der Wiener Universität ernannt.

1903
Der 23-jährige, homosexuelle Jude Otto Weininger macht Furore mit seiner erweiterten philosophischen Doktorarbeit *Geschlecht und Charakter. Eine prinzipielle Untersuchung*. Vor allem seine antisemitischen und frauenfeindlichen Äußerungen finden außerordentlich viel Beifall und Kritik. Der Mann stehe für Geist, Stärke und Wahrheit, die Frau für Triebhaftigkeit, Alogik und Lüge. Alle Menschen seien aber bisexuell im Sinn von männlichen und weiblichen Anteilen. Wahrscheinlich hat

auch die Widersprüchlichkeit seiner Thesen dazu geführt, dass seine Schrift zahllose Nachdrucke und Übersetzungen erlebte. Wenige Monate nach dem ersten Erscheinen seines Pamphlets nahm sich Weininger das Leben.

Friedrich S. Krauss: *Streifzüge im Reiche der Frauenschönheit*

1903/1904
In Deutschland führt Magnus Hirschfeld die erste empirische sexualwissenschaftliche Studie an Berliner Studenten und Metallarbeitern durch, um zu erfahren, wie der »Prozentsatz der Homosexuellen« ist. Zwei Jahre zuvor hatte bereits der holländische Arzt Lucien S. A. M. von Römer Studenten in Amsterdam befragt. Beide Studien zusammen ergaben 1,5 % homosexuelle und 3,9 % bisexuelle Männer. Hirschfeld wurde noch 1904 von einem Gericht wegen Beleidigung zu einer Geldstrafe in Höhe von 200 Mark bestraft und musste die Kosten des Verfahrens tragen.

1904
Iwan Bloch (unter dem Pseudonym Eugen Dühren): *Neue Forschungen über den Marquis de Sade und seine Zeit.* Zuvor hatte Bloch de Sades Manuskript von *Les 120 journées de Sodome ou L'école du libertinage* gefunden.

William H. Walling, ein US-amerikanischer Professor der Gynäkologie, legt unter dem Titel *Sexology* einen puritanischen Ehegattenführer vor.

Eduard Fuchs: *Das erotische Element in der Karikatur. Ein Beitrag zur Geschichte der öffentlichen Sittlichkeit*

Friedrich S. Krauss veröffentlicht *Die Anmut des Frauenleibes* und beginnt mit der Herausgabe des folkloristischen Jahrbuchs *Anthropophyteia*, das bis 1913 in zehn Bänden erscheinen wird. Hinzu kommen später *Historische Quellenschriften* (4 Bände, 1906–1907) sowie *Beiwerke* (9 Bände, 1907–1929).

Erster Höhepunkt der ersten sexuellen Revolution und der Eugenik

1905
Fritz Schaudinn entdeckt zusammen mit Erich Hoffmann den Erreger der Syphilis.

Etwa ein Drittel der Insassen psychiatrischer Anstalten leidet in Deutschland an den Spätfolgen einer Syphilis (fortschreitende Hirnerweichung resp. progressive Paralyse).

Sigmund Freud: *Drei Abhandlungen zur Sexualtheorie*

August Forel: *Die sexuelle Frage. Eine naturwissenschaftliche, psychologische, hygienische und soziologische Studie für Gebildete*

Helene Stöcker gründet zusammen mit Maria Lischnewska, Walter Borgius, Max Marcuse, Ruth Bré, Iwan Bloch, Lily Braun, Werner Sombart, Henriette Fürth,

Max Weber und anderen den »Bund für Mutterschutz«. Dessen Publikationsorgan ist *Mutterschutz. Zeitschrift zur Reform der sexuellen Ethik.*

In England führt Emmeline Pankhurst mit ihren beiden Töchtern die Frauenbewegung an.

An der Londoner Universität wird der erste Lehrstuhl für National-Eugenik mit Labor eingerichtet, den Karl Pearson erhält (s. hier 1885).

Alfred Ploetz, der sich bereits 1895 um die »Tüchtigkeit unserer Rasse« gesorgt hatte, gründet eine »Gesellschaft für Rassenhygiene«.

Im US-Staat Pennsylvania wird ein Gesetzentwurf vorgelegt, den der Gouverneur ablehnt: Sterilisation Minderwertiger. Später verabschieden mehrere Staaten der USA solche Gesetze.

1905–1912
Marcel Proust verfasst einen großen Teil von *A la recherche du temps perdu.*

1906
Helene Stöcker veröffentlicht ihre Essays unter dem Titel *Die Liebe und die Frauen.*

Sigmund Freud: *Meine Ansichten über die Rolle der Sexualität in der Ätiologie der Neurosen*

Magnus Hirschfeld: *Vom Wesen der Liebe. Zugleich ein Beitrag zur Lösung der Frage der Bisexualität*

Havelock Ellis: *Erotic symbolism. The mechanism of detumescence. The psychic state in pregnancy*

1907
Iwan Bloch: *Das Sexualleben unserer Zeit in seinen Beziehungen zur modernen Kultur*

Otto Stoll, Arzt und Professor der Geografie und Ethnologie an der Universität Zürich, legt das 1.000-Seiten-Buch *Das Geschlechtsleben in der Völkerpsychologie* vor und öffnet damit »die wahre Schatzkammer unseres Wissens von der menschlichen Sexualität«, so Alfred Kind in seiner Rezension in Hirschfelds *Zeitschrift für Sexualwissenschaft* (1908: 48).

Robert Müller: *Sexualbiologie. Vergleichend-entwicklungsgeschichtliche Studien über das Geschlechtsleben des Menschen und der höheren Tiere*

1908
Magnus Hirschfeld gibt unter redaktioneller Mitwirkung von Friedrich S. Krauss und Hermann Rohleder die erste *Zeitschrift für Sexualwissenschaft* heraus, die nur ein Jahr lang erscheint.

Max Marcuse gibt *Sexual-Probleme. Der Zeitschrift »Mutterschutz« neue Folge* heraus.

Sigmund Freud: *Die »kulturelle« Sexualmoral und die moderne Nervosität*

Arthur Kronfeld: *Das Divergenzprinzip und die sexuelle Kontrektation. Ein Beitrag zur Sexualtheorie*

Eduard Fuchs: *Geschichte der erotischen Kunst* (Band 1). Der 2. Band wird 1923, der 3. Band 1926 erscheinen.

1909
Paul Ehrlich entdeckt, wesentlich unterstützt von seinem japanischen Mitarbeiter Sachahiro Hata, die Wirkung des Arsenpräparates »606« gegen die Syphilis. Unter dem Namen »Salvarsan« bringt es die Firma Hoechst 1910 als erstes wirksames antimikrobielles Arzneimittel auf den Markt. Vorher ist die Syphilis vor allem mit Quecksilber behandelt worden. Seit den 1940er Jahren wird sie mit dem von Alexander Fleming entdeckten Penicillin behandelt.

Albert Moll: *Das Sexualleben des Kindes*

Eduard Fuchs: *Illustrierte Sittengeschichte vom Mittelalter bis zur Gegenwart.* Bis 1912 werden insgesamt 3 Bände und 3 Ergänzungs-Bände erscheinen.

Gertrud Anders geboren

um 1910
Es bricht eine Debatte um den Geburtenrückgang in Deutschland aus, an der sich auch Sexuologen wie Max Hirsch, Julius Wolf und Max Marcuse lebhaft beteiligen.

Magnus Hirschfeld: *Die Transvestiten*

Havelock Ellis: *Sex in relation to society*

1911
Albert Moll: *Handbuch der Sexualwissenschaften*

1912
Iwan Bloch: *Die Prostitution* (als Band 1 seines *Handbuchs der gesamten Sexualwissenschaft in Einzeldarstellungen*)

Havelock Ellis: *The task of social hygiene* (dt: *Rassenhygiene und Volksgesundheit*)

Sigmund Freud: *Über die allgemeinste Erniedrigung des Liebeslebens*

Magnus Hirschfeld: *Naturgesetze der Liebe*

Julius Wolf: *Der Geburtenrückgang. Die Rationalisierung des Sexuallebens in unserer Zeit*

1913
Als erste fachwissenschaftliche Gesellschaft dieser Art hält die *Ärztliche Gesellschaft für Sexualwissenschaft«* (später mit dem Zusatz »Eugenik bzw. Eugenetik bzw. Konstitutionsforschung«) (ÄGESE) am 21. Februar ihre konstituierende Sitzung in Berlin ab. Erster Vorsitzender wird Albert Eulenburg. Seine Stellvertreter sind Iwan Bloch und Magnus Hirschfeld.

Am 16. November wird die *Internationale Gesellschaft für Sexualforschung* (INGESE) in Berlin gegründet. Erster Vorsitzender wird der Nationalökonom Julius Wolf. Tonangebend sind außerdem Albert Moll und Max Marcuse. Während die INGESE »rein« wissenschaftlich und vollkommen unparteiisch operieren will, setzt die ÄGESE auf Reformen.

1913-1914
Eduard Fuchs und Alfred Kind: *Die Weiberherrschaft in der Geschichte der Menschheit* (3 Bände)

1914
Die (zweite) *Zeitschrift für Sexualwissenschaft (und Sexualpolitik)* wird gegründet. Sie ist aus heutiger Sicht die umfangreichste und vielfältigste sexualwissenschaftliche Zeitschrift, die vor der Nazi-Zeit und dem Zweiten Weltkrieg erschienen ist. Sie war zunächst das offizielle Organ der ÄGESE, wurde aber vom 6. Jahrgang an (1919/20) von der INGESE übernommen. Herausgeber waren zunächst Albert Eulenburg und Iwan Bloch, später redigierte Max Marcuse die Zeitschrift.

Magnus Hirschfeld: *Die Homosexualität des Mannes und des Weibes*

1915
Julius Wolf veröffentlicht den programmatischen Aufsatz *Sexualwissenschaft als Kulturwissenschaft* im ersten Heft des *Archivs für Sexualforschung*

1916
Margaret Sanger eröffnet am 24. Oktober die erste US-amerikanische Klinik für Geburtenkontrolle in Brownsville, Brooklyn. Nach wenigen Tagen wird die Klinik geschlossen und Margaret Sanger für 30 Tage ins Gefängnis geworfen. Ihr Einspruch führt jedoch dazu, dass ein New Yorker Gericht das Recht von Ärzten anerkennt, über Geburtenkontrolle zu informieren. 1923 kann Sanger ihre Klinik unter der Leitung von Ärztinnen wieder eröffnen.

1917-1920
Magnus Hirschfeld: *Sexualpathologie* (3 Bände)

Nach dem Ersten Weltkrieg:
Zweiter Höhepunkt der ersten sexuellen Revolution und der Eugenik

1919

Magnus Hirschfeld gründet das *Institut für Sexualwissenschaft* in Berlin.

1920

Sigmund Freud: *Jenseits des Lustprinzips*

Karl Binding und Alfred Hoche: *Die Freigabe der Vernichtung lebensunwerten Lebens. Ihr Maß und ihre Form*

Die Prager Karls-Universität beschließt im Dezember das weltweit erste sexuologische *Universitäts*institut, das jedoch erst mehr als zehn Jahre später realisiert wird.

1921

Magnus Hirschfeld organisiert die *I. Internationale Tagung für Sexualreform auf sexualwissenschaftlicher Grundlage* vom 15. bis zum 20. September in Berlin, die nachträglich als erster Kongress der *Weltliga für Sexualreform* (WLSR) verbucht werden wird (s. hier 1928).

Im Oktober wird der Dermatologe Ferdinand Pečírka zum Professor für »Geschlechtslehre beim Menschen« an der Prager Karls-Universität ernannt. Er verstirbt kurz darauf.

1923

Max Marcuse gibt das *Handwörterbuch der Sexualwissenschaft. Enzyklopädie der natur- und kulturwissenschaftlichen Sexualkunde des Menschen* heraus.

Arthur Kronfeld zitiert 1.455 Arbeiten zur Sexualpsychopathologie in Gustav Aschaffenburgs *Handbuch der Psychiatrie*, nachdem Krafft-Ebing 1886 (S. VI) »ausser einzelnen Aufsätzen und Casuistik, nur die Theilgebiete behandelnden Schriften von Moreau und Tarnowsky« jene Lücke ausfüllen sah, die nach seinen Recherchen »über ein bedeutsames Lebensgebiet« in der Literatur existierte.

1926

1. Internationaler Kongress der *Internationalen Gesellschaft für Sexualforschung* (INGESE) in Berlin, den Max Marcuse in 5 Bänden herausgeben wird

Theodoor Hendrik van de Velde, ein holländischer Gynäkologe, veröffentlicht den Bestseller *Die vollkommene Ehe. Eine Studie über ihre Physiologie und Technik* (vgl. Brecher 1971, Kohlhagen 1992).

1926–1930

Magnus Hirschfeld: *Geschlechtskunde* (5 Bände)

1927
Wilhelm Reich: *Die Funktion des Orgasmus*

1928
Von dem dänischen Arzt Jonathan Høegh von Leunbach vorbereitet, findet vom 1. bis zum 5. Juli in Kopenhagen die Gründungstagung der *Weltliga für Sexualreform* (WLSR) statt, die später zur zweiten Tagung erklärt werden wird (s. hier 1921). Magnus Hirschfeld, Havelock Ellis und August Forel fungieren als erste Präsidenten.

Die ÄGESE wird von der INGESE geschluckt.

1929
3. Kongress der WLSR in London

Bronisław Malinowski: *The sexual life of savages in North-Western Melanesia* (dt.: *Das Geschlechtsleben der Wilden in Nordwest-Melanesien*)

1930
Sigmund Freud: *Das Unbehagen in der Kultur*

2. (und letzter) Kongress der INGESE in London

4. Kongress der WLSR in Wien

Wilhelm Reich: *Geschlechtsreife, Enthaltsamkeit, Ehemoral. Kritik der bürgerlichen Sexualreform*

Richard Walther Darré, der unter Hitler Reichsbauernführer und Landwirtschaftsminister werden wird, setzt Tierzucht und Menschenzucht gleich, plädiert für »Hegehöfe« und Eugeniker als »Zuchtwarte« in seiner Schrift *Neuadel aus Blut und Boden*.

1931
Der US-amerikanische Gynäkologe Robert Latou Dickinson und Lura Beam berichten über das Sexualleben von 1.000 verheirateten Frauen, von denen jede zweite keine sexuelle Befriedigung in der Ehe findet: *A thousand marriages. A medical study of sex adjustment*.

1932
5. (und letzter) Kongress der WLSR in Brünn

Wilhelm Reich: *Der Einbruch der Sexualmoral. Zur Geschichte der sexuellen Ökonomie*

1932–1967
Ihre Vorläufer mitgezählt, ist die dreisprachige Schweizer Zeitschrift *Der Kreis/Le Cercle/The Circle* dreieinhalb Jahrzehnte lang das bekannteste und wichtigste Periodi-

kum, das sich unter der Leitung eines gewissen »Rolf« (d. i. der Schauspieler und Regisseur Karl Meier) der gesellschaftlichen Anerkennung der Homosexuellen widmet.

um 1933
In den Jahren 1932 bis 1935 müssen alle von jüdischen Gelehrten geleiteten oder politisch eher links stehenden Vereinigungen und Periodika wie die *Zeitschrift für Sexualwissenschaft*, das WhK, die ÄGESE, die INGESE und die WLSR ihre Aktivitäten oder ihr Erscheinen einstellen. Entscheidend ist die Verfolgung durch die Nazis. Nicht selten kommen ökonomische Gründe hinzu.

1933
Am 30. Januar ernennt der Reichspräsident Paul von Hindenburg den Nationalsozialisten Adolf Hitler zum Reichskanzler. Damit sind das Ende der Weimarer Demokratie und der Beginn einer Diktatur besiegelt. Das von Magnus Hirschfeld gegründete Berliner *Institut für Sexualwissenschaft* wird bereits am 6. Mai von Nazi-Studenten geplündert. Die geraubten Bücher und Sammlungsstücke werden am 10. Mai auf dem Opernplatz zusammen mit den Büchern jüdischer und linker Autoren wie Karl Marx und Sigmund Freud verbrannt. Hirschfeld kehrt von einer Weltreise nicht mehr nach Deutschland zurück. Männer und Frauen, die jüdischer Herkunft sind oder politisch links stehen und sich für eine kritische Sexualwissenschaft oder liberale Sexualreformen engagiert haben, sind der Verfolgung und Vernichtung ausgesetzt und müssen ins Ausland fliehen.

Während der Nazi-Herrschaft werden Zehntausende homosexuelle Männer strafrechtlich verfolgt und mehrere Tausend in Konzentrationslager deportiert. Die meisten haben die KZ-Haft nicht überlebt.

Wilhelm Reich: *Massenpsychologie des Faschismus. Zur Sexualökonomie der politischen Reaktion und zur proletarischen Sexualpolitik*

1934
Der in diesem Jahr für das neue Fach »Geschlechtslehre beim Menschen« an der Prager Karls-Universität habilitierte Dermatologe Josef Hynie baut ein Institut für Sexualpathologie (»Ústav pro sexuální patologii«) auf und wird 1945 zum Professor ernannt.

1935
Magnus Hirschfeld im Exil in Nizza gestorben

1938
Der US-amerikanische Zoologieprofessor Alfred C. Kinsey beginnt seine Studien zum »Sexual behavior« seiner Landsleute, die erstmalig 1948 und 1953 veröffentlicht werden. Er interviewt bis 1963 zusammen mit seinen Mitarbeitern Clyde E. Martin, Wardell B. Pomeroy und Paul H. Gebhard 17.502 Personen, 9.777 Männer und 7.725 Frauen.

1939
Deutschland überfällt am 1. September Polen ohne Kriegserklärung. Der Zweite Weltkrieg hat begonnen. Der Schreiner Georg Elser plant allein ein Bombenattentat in München auf Hitler, mit dem er ihn am 8. November um 13 Minuten verfehlt. Auf persönlichen Befehl Hitlers wird Elser 1945 im KZ Dachau ermordet.

Sigmund Freud im Exil in London gestorben

Albert Moll in Berlin gestorben

Havelock Ellis gestorben

1943
Helene Stöcker im Exil in New York gestorben

1945
Ende des Zweiten Weltkrieges

Pseudonyme

Pseudonym	Wirklicher Name
Aquilejus	Adler, Otto
Arduin, Dr.	Jordan, Karl Friedrich
Back, Georg	Merzbach, Georg
Ballistarius, Till	Casper, Johann Ludwig
Benedikt, A.N.C.	Friedlaender, Benedict
Body, N.O.	Baer, Karl
Bré, Ruth	Bouness, Elisabeth
Butler, Wolf	Marcuse, Julian
Bylo, Max	Marcuse, Julian
Carolan, Hans	Elberskirchen, Johanna
Collas, Georg Friedrich	Schlichtegroll, Karl Felix von
Dühren, Eugen	Bloch, Iwan
Dufour, Pierre	Lacroix, Paul
Eccardus	Hessen, Robert
Elbe, G./Gust. von der	Merzbach, Georg
Ellenbach, E. von	Schertel, Ernst
Fidus	Hoeppener, Hugo
Fraxi, Pisanus	Ashbee, Lord Henry Spencer
Frusta, G.	Fetzer, C.A.
Golm, Rudolf	Goldscheid, Rudolf
Gorgias	Hiller, Kurt
Gorilla	Hiller, Kurt
Gouges, Olympe de	Aubry, Marie
Gystrow, Ernst	Hellpach, Willy
Hagen, Albert	Bloch, Iwan
Harthauser, Wolfgang	Lenz, Reimar
Hasse, Carl	Mensinga, Wilhelm
Heim, Maria	Frischauf, Marie
Helbing, Franz	Haek, David
Herman, G.	Sebaldt, Maximilian Ferdinand
Isenbiel, Martin	Fiedler, Richard
Katte, Max	Jordan, Karl Friedrich
Keith	Hiller, Kurt
Kertbeny, Karl Maria	Benkert, Karl Maria

Klirr	Hiller, Kurt
Kotta, Leo F.	Flake, Otto
Lanz, Julius	Duboc, Karl Julius
Laupts, Dr.	Saint-Paul, Georges
Licht, Hans	Brandt, Paul
Llurr	Hiller, Kurt
Luiz, Dr.	Devaux, Paul
Lynx	Hiller, Kurt
McCabe, Cameron	Borneman, Ernest
Mensinga	Hasse, C.
Meursius, Johannes	Chorier, Nicolas
Mitzi	Frischauf, Marie
Montesperato, Ludvicus de	Carpzow, Benedikt
Moreck, Curt	Haemmerling, Konrad
Multaretuli	Hitschmann, Eduard
Nolo	Mühsam, Erich
Numantius, Numa	Ulrichs, Karl Heinrich
Panormita/Panormitanus	Beccadelli, Antonius
Praetorius, Numa	Wilhelm, Eugen
Prospero	Hiller, Kurt
Ramien, Th.	Hirschfeld, Magnus
Rehruk	Hiller, Kurt
Richardson, Karl	Ellis, Havelock
Sagitta	Mackay, John Henry
Salionci	Venette, Nicolai
Sper, A.	Rau, Hans
Stade	Albrecht, Johann Friedrich Ernst
Stein, G.	Fürth, Henriette
Steuermann, Carl	Rühle, Otto
Syn	Hiller, Kurt
Thurn, Fritz	Foregger, Fritz
Till	Hiller, Kurt
Tissot	Kritzinger, Friedrich Adolph Andemar
Torral	Hiller, Kurt
Veriphantor, Dr.	Bloch, Iwan
Vois, Paul	Hamecher, Peter
Waldassen, Frank	Englisch, Paul
Waldegg, R.	Wunderer, Richard
Welsenburg, Gerhard von	Bloch, Iwan
Wert, Sebaldt von	Sebaldt, Maximilian Ferdinand
Willy	Gauthier-Villars, Henri
Zelvenkamp, Arthur	Blüher, Hans

Weiterführende Literatur nach Sachgebieten

In diesem Kapitel seien biografische, autobiografische und fachwissenschaftliche Arbeiten genannt, die möglicherweise für weitere Studien von Interesse sind. Die kompletten bibliografischen Angaben zu den einzelnen Werken einschließlich eventueller neuer und deutschsprachiger Ausgaben finden sich im nachfolgenden Literaturverzeichnis.

Mir liegt an diesen Hinweisen aus mehreren Gründen. Zum einen können auf diese Weise entlegen publizierte Arbeiten genannt werden, die zu finden gar nicht so leicht ist. Zum anderen bieten die Zusammenstellungen eine Hilfe für Studierende, die zum Beispiel Fachseminare besuchen. Und schließlich kann der Verfasser dieses Buches auf diese Weise unangenehme Lücken ein wenig füllen, Lücken in der eigenen Darstellung, die nicht nur durch Platzmangel bedingt sind. So kamen etliche Themen in dem Buch viel zu kurz, die von anderen Autoren hervorragend behandelt worden sind, ob es nun um Geburtenkontrolle und Bevölkerungspolitik, Freikörperkultur und Homosexuellenbewegung oder gar um die Geschichte der Sexualität geht, die auf ganz andere Weise zu erörtern wäre als die Geschichte einer Wissenschaft.

Autobiografisches

Carpenter, Edward: My days and dreams, 1916
Dessoir, Max: Buch der Erinnerung, 1946
Ellis, Havelock: My life, 1940
Forel, August: Rückblick auf mein Leben, 1935
Hirschfeld, Magnus: Von einst bis jetzt. Geschichte einer homosexuellen Bewegung 1897–1922, 1986
Hirschfeld, Magnus: Die Weltreise eines Sexualforschers, 1933
Lenz, Ludwig L.: Diskretes und Indiskretes, 1951/1954
Moll, Albert: Ein Leben als Arzt der Seele, 1936
Reich, Wilhelm: Passion of youth. An autobiography, 1897–1922, 1988
Reich, Wilhelm: Beyond Psychology. Letters and Journals 1934–1939, 1994
Sanger, Margaret: My fight for birth control, 1931
Schlegel, Willhart S.: Rolf, 1995
[Stekel, Wilhelm]: The autobiography of Wilhelm Stekel, hg. von Emil Gutheil, 1950
Stöcker, Helene: [Lebenslauf, 1939 verfasst]. In: Ariadne, Juli 1986

Stöcker, Helene: Aufzeichnungen zu einer Autobiografie, Peace Collection des Swarthmore College, Pennsylvania, USA (auszugsweise in: Feministische Studien, 1984)
Symonds, John Addington: The memoirs of John Addington Symonds, ed. by Phyllis Grosskurth, 1984

Biografisches und Werke über einzelne Sexualforscher

Allgemein
Sigusch, Volkmar und Günter Grau: Personenlexikon der Sexualforschung, in Vorb.

Alfred Blaschko
Brömmer, Gabriele: Die Bedeutung Alfred Blaschkos bei der Bekämpfung der Geschlechtskrankheiten in Deutschland, 1986

Iwan Bloch
Egger, Bernhard: Iwan Bloch und die Konstituierung der Sexualwissenschaft als eigene Disziplin, 1988
Grau, Günter: Iwan Bloch. Hautarzt – Medizinhistoriker – Sexualforscher, 2007
Heßler, Bernd: Zum Leben und Wirken von Iwan Bloch (1872–1922) unter besonderer Berücksichtigung seiner Leistung als Sexualwissenschaftler, 1987
Hübner, Klaus: Iwan Bloch und die Anfänge der sozialwissenschaftlichen Sexualforschung, 1979
Rolies, Jan: Iwan Bloch (1872–1922): Sexualforscher, Medizinhistoriker und Sexualreformer, 1980

Edward Carpenter and *Havelock Ellis*
Rowbotham, Sheila and Jeffrey Weeks: Socialism and the new life. The personal and sexual politics of Edward Carpenter and Havelock Ellis, 1977

Havelock Ellis
Brome, Vincent: Havelock Ellis, 1979
Collis, John Stewart: An artist of life, 1959
Ishill, Joseph (ed.): Havelock Ellis, in appreciation. By Elie Faure, Bertrand Russell, H. L. Mencken u.a., 1929
Peterson, Houston: Havelock Ellis, [1928]
Goldberg, Isaac: Havelock Ellis, 1926
Calder-Marshall, Arthur: Havelock Ellis, 1959
Grosskurth, Phyllis: Havelock Ellis, 1980

Albert Eulenburg
Bock, Jens-Uwe: Albert Eulenburg (1840–1917) – Wegbereiter der Sexualwissenschaft, 2000

August Forel
Muralt, Alex von: August Forel, [1928]

Wettley, Annemarie: August Forel, 1953

Eduard Fuchs
Benjamin, Walter: Eduard Fuchs, der Sammler und der Historiker, 1937
Gorsen, Peter: Eduard Fuchs. In: Sigusch und Grau, in Vorb.
Huonker, Thomas: Revolution, Moral & Kunst. Eduard Fuchs: Leben und Werk, 1985

Hans Giese
Dannecker, Martin: Hans Giese. In: Sigusch und Grau, in Vorb.
Rönn, Peter von: Die Homosexualitätsentwürfe von Hans Giese und der lange Schatten von Hans Bürger-Prinz, 2000
Sigusch, Volkmar: Hans Giese. In: Lautmann 1993
Zeh, Barbara: Der Sexualforscher Hans Giese. Leben und Werk, 1988

Joseph Häussler, Heinrich Kaan und Hermann Joseph Löwenstein
Gutmann, Philipp: Zur Reifizierung des Sexuellen im 19. Jahrhundert, 1998

Magnus Hirschfeld
Baumgardt, Manfred et al.: Magnus Hirschfeld. Leben und Werk. Katalog, 1985/1992
Becker, Sophinette: Tragik eines deutschen Juden. Anmerkungen zu drei politischen Schriften von Magnus Hirschfeld, 2000
Dannecker, Martin: Vorwort. In: Jahrbuch für sexuelle Zwischenstufen. Neu ediert von W. J. Schmidt, Bd. 1, 1983
Dannecker, Martin: Rede zur Einweihung einer Gedenksäule für Magnus Hirschfeld, 1996
Dobler, Jens (Hg.): Prolegomena zu Magnus Hirschfelds »Jahrbuch für sexuelle Zwischenstufen«, 2004
Dose, Ralf: Magnus Hirschfeld als Arzt, 1989
Gorsen, Peter: Nachwort. In: Jahrbuch für sexuelle Zwischenstufen. Neu ediert von W. J. Schmidt, Bd. 2, 1984
Grau, Günter: Hirschfeld über die Ursachen der Homosexualität, 1989
Herrn, Rainer: »Phantom Rasse. Ein Hirngespinst als Weltgefahr«, 1993
Herrn, Rainer: Sexualwissenschaft und -politik bei Magnus Hirschfeld. In: Jellonek und Lautmann 2002
Herrn, Rainer und Ralf Dose: Magnus Hirschfelds Institut für Sexualwissenschaft, in Vorb.
Herzer, Manfred: Magnus Hirschfeld, 1992/2001
Kotowski, Elke-Vera und Julius H. Schoeps (Hg.): Der Sexualreformer Magnus Hirschfeld, 2004
Schmidt, Gunter: Zur Eröffnung der Ausstellung »Magnus Hirschfeld – Leben und Werk«, 1986
Seeck, Andreas (Hg.): Durch Wissenschaft zur Gerechtigkeit? Textsammlung zur kritischen Rezeption des Schaffens von Magnus Hirschfeld, 2003
Seidel, Ralf: Sexologie als positive Wissenschaft und sozialer Anspruch, 1969

Steakley, James D.: The writings of Dr. Magnus Hirschfeld. A bibliography 1985
Wolff, Charlotte: Magnus Hirschfeld, 1986

Max Hodann
Wolff, Wilfried: Max Hodann (1894–1946). Sozialist und Sexualreformer, 1993

Heinrich Hössli
Herzer, Manfred: Einleitung. Zu: Heinrich Hössli: Eros, 1996
Karsch, Ferdinand: Der Putzmacher von Glarus Heinrich Hößli, ein Vorkämpfer der Männerliebe, 1903
Meier, Pirmin: Mord, Philosophie und die Liebe der Männer. Franz Degouttes und Heinrich Hössli, 2001

Heinrich Kaan
Sigusch, Volkmar: Heinrich Kaan – der Verfasser der ersten »Psychopathia sexualis«. Eine biografische Skizze, 2003

Alfred C. Kinsey
Bancroft, John: Alfred C. Kinsey and the politics of sex research, 2004
Christenson, Cornelia V.: Kinsey, 1971
Dannecker, Martin: Kann empirische Sexualforschung kritisch sein? Zum Andenken an Alfred C. Kinsey, 1989
Gagnon, John H.: Reconsiderations: The Kinsey reports. In: Ders., An interpretation of desire, 2004
Gathorne-Hardy, Jonathan: Alfred C. Kinsey, 1998
Gebhard, Paul H.: Das Kinsey-Institut. In: Magnus-Hirschfeld-Gesellschaft: Für ein neues Berliner Institut für Sexualwissenschaft, 1987
Jones, James H.: Alfred C. Kinsey, 1997
Pomeroy, Wardell: Dr. Kinsey and the Institute for Sex Research, 1972
Reiche, Reimut: Die Aufnahme der Kinsey-Berichte, 1965
Reiche, Reimut: Über Kinsey, 1998
Schmidt, Gunter: Kinsey's unspoken truths. On how the Kinsey Reports were received in West Germany, 1998
Schmidt, Gunter: Alfred C. Kinsey (1894–1956). In: Sigusch und Grau, in Vorb.

Richard von Krafft-Ebing
Gorsen, Peter: Psychopathia sexualis und Kunst, 2003
Oosterhuis, Harry: Stepchildren of nature, 2000
Sigusch, Volkmar: Richard von Krafft-Ebing: Bericht über den Nachlass und Genogramm, 2002

Friedrich Salomo Krauss
Burt, Raymond L.: Friedrich Salomo Krauss (1859–1938). Selbstzeugnisse und Materialien zur Biobibliographie des Volkskundlers, Literaten und Sexualforschers, 1990
Reichmayr, Johannes: Friedrich Salomo Krauss. In: Sigusch und Grau, in Vorb.

Wilhelm Reich
Burian, Wilhelm: Psychoanalyse und Marxismus. Eine intellektuelle Biographie Wilhelm Reichs, 1972
Burian, Wilhelm: Sexualität, Natur, Gesellschaft. Eine psycho-politische Biographie Wilhelm Reichs, 1985
Cremerius, Johannes: Der »Fall« Wilhelm Reich als Exempel für Freuds Umgang mit abweichenden Standpunkten eines besonderen Schülertypus. In: Fallend und Nitzschke 1997
Fallend, Karl: Wilhelm Reich in Wien. Psychoanalyse und Politik, 1988
Fallend, Karl und Bernd Nitzschke (Hg.): Der »Fall« Wilhelm Reich. Beiträge zum Verhältnis von Psychoanalyse und Politik, 1997/2002
Geuter, Ulfried, Schrauth, N.: Wilhelm Reich, der Körper und die Psychotherapie. In: Fallend und Nitzschke 1997
Laska, Bernd A.: Wilhelm Reich, 1985
Ollendorff Reich, Ilse: Wilhelm Reich, 1969
Reich, Peter: A Book of Dreams, 1974
Sharaf, Myron: Fury on Earth, 1983

Helene Stöcker
Abresch, Johannes: Helene Stöcker (1869–1943), 1994
Bockel, Rolf von: Philosophin einer »neuen Ethik«: Helene Stöcker (1869–1943), 1991
Braker, Regina: Helene Stöcker's pacifism: International intersections, 1998
Hamelmann, Gudrun: Helene Stöcker, der »Bund für Mutterschutz« und »Die Neue Generation«, 1992
Hein, Martina: Die Verknüpfung von emanzipatorischem und eugenischem Gedankengut bei Helene Stöcker (1869–1943), 1998
Kokula, Ilse: Helene Stöcker (1869–1943), der »Bund für Mutterschutz« und die Sexualreformbewegung, mit besonderer Berücksichtigung des Emanzipationskampfes homosexueller Frauen und Männer, 1985
Nowacki, Bernd: Der Bund für Mutterschutz (1905–1933), 1983
Schlüpmann, Heide: Radikalisierung der Philosophie. Die Nietzsche-Rezeption und die sexualpolitische Publizistik Helene Stöckers, 1984
Schlüpmann, Heide: Helene Stöcker. In: Lautmann 1993
Schumann, Rosemarie: Helene Stöcker. Verkünderin und Verwirklicherin. In: Groehler 1987
Soltau, Heide: Erotik und Altruismus. Emanzipationsvorstellungen der Radikalen Helene Stöcker. In: Dalhoff et al. 1986
Stopczyk-Pfundstein, Annegret: Philosophin der Liebe. Helene Stöcker, 2003 (mit einer mehr als 400 Arbeiten umfassenden Bibliografie)
Wickert, Christl: Helene Stöcker 1869–1943, 1991

Marie Stopes
Hall, Ruth: Marie Stopes, 1977
Rose, June: Marie Stopes and the sexual revolution, 1992

John Addington Symonds
Grosskurth, Phyllis: John Addington Symonds, 1964/1965
Guldin, Rainer: Verbrüderung. J. A. Symonds, E. Carpenter, E. M. Forster, 1991

Karl Heinrich Ulrichs
Gooß, Ulrich: Von der mannmännlichen Liebe zur Homosexualität. In: Gooß und Gschwind 1989
Herzer, Manfred: Karl Heinrich Ulrichs und die Idee des WhK. Zu einem unbekannten Ulrichs-Text, 1987
Kennedy, Hubert: The life and works of Karl Heinrich Ulrichs, pioneer of the modern gay movement, 1988
Setz, Wolfram (Hg.): Die Geschichte der Homosexualitäten und die schwule Identität an der Jahrtausendwende. Eine Vortragsreihe aus Anlaß des 175. Geburtstags von Karl Heinrich Ulrichs, 2000
Setz, Wolfram (Hg.): Karl Heinrich Ulrichs zu Ehren. Materialien zu Leben und Werk, 2000
Setz, Wolfram (Hg.): Neue Funde und Studien zu Karl Heinrich Ulrichs, 2004
Sigusch, Volkmar: Ein urnisches Sexualsubjekt. Teil I: Karl Heinrich Ulrichs als erster Schwuler der Weltgeschichte. Teil II: Unbekanntes aus dem Nachlaß von Karl Heinrich Ulrichs, 1999
Sigusch, Volkmar: Karl Heinrich Ulrichs. Der erste Schwule der Weltgeschichte, 2000
Sigusch, Volkmar und Wolfram Setz: Korrekturen und Ergänzungen aus zwei Handexemplaren von Karl Heinrich Ulrichs. In: Setz 2000

Eugen Wilhelm
Walravens, Helmut: Eugen Wilhelm, Jurist und Sexualwissenschaftler. Eine Bibliographie, 1984

Julius Wolf
Ferdinand, Ursula: Die kulturwissenschaftliche Sexualwissenschaft des Ökonomen Julius Wolf (1862–1937). Das Konzept einer sexologischen Bevölkerungstheorie. In: Krassnitzer und Overath 2007

Geschichte der Sexualwissenschaft

Aberle, Sophie D. and George W. Corner: Twenty-five years of sex research. History of the National Research Council Committee for research in problems of sex 1922–1947, 1953
Ariès, Philippe und André Béjin (Hg.): Sexualités occidentales, 1982
Birken, Lawrence: Consuming desire. Sexual science and the emergence of a culture of abundance, 1871–1914, 1988
Bland, Lucy and Laura Doan (ed.): Sexology in culture: Labelling bodies and desires, 1998
Braun, Christina von: Ist die Sexualwissenschaft eine »jüdische Wissenschaft«?, 2001

Brecher, Edward M.: The sex researchers, 1969
Bremmer, Jan: From Sappho to de Sade. Moments in the history of sexuality, 1989
Bullough, Vern L.: The physician and research into human sexual behavior in nineteenth century Germany, 1989
Bullough, Vern L.: Science in the bedroom. A history of sex research, 1994
Dannecker, Martin: Menschenbild und Sexualwissenschaft. In: Sigusch 1979a
Dannecker, Martin: Die verspätete Empirie. Anmerkungen zu den Anfängen der Deutschen Gesellschaft für Sexualforschung, 2001
Dannecker, Martin und Agnes Katzenbach (Hg.): 100 Jahre Freuds »Drei Abhandlungen zur Sexualtheorie«, 2005
Dupont, Marc: Sexualwissenschaft im »Dritten Reich«. Eine Inhaltsanalyse medizinischer Zeitschriften, 1996
Dupont, Marc: Biologische und psychologische Konzepte im »Dritten Reich« zur Homosexualität. In: Jellonek und Lautmann 2002
Ellenberger, Henri F.: Die Entdeckung des Unbewußten, 1973
Ericksen, Julia: Kiss and tell. Surveying sex in the twentieth century, 1999
Ferdinand, Ursula, Andreas Pretzel und Andreas Seeck (Hg.): Verqueere Wissenschaft? Zum Verhältnis von Sexualwissenschaft und Sexualreformbewegung in Geschichte und Gegenwart, 1998
Heine, Maurice: Recueil de confessions et observations psycho-sexuelles tirées de la littérature médicale, 1936
Hekma, Gert: A history of sexology: social and historical aspects of sexuality. In: Bremmer 1989
Hekma, Gert und Herman Roodenburg: Select bibliography. In: Bremmer 1989
Herrn, Rainer: Geschlechtsübergänge und Naturgesetze der Liebe, 2003
Herrn, Rainer: Schnittmuster des Geschlechts. Transvestitismus und Transsexualität in der frühen Sexualwissenschaft, 2005
Hill, Andreas: Medizinische Debatte über sexuelle Abstinenz in Deutschland von 1903 bis 1918. Ein Beitrag zur Geschichte der Sexualwissenschaft und der Geschlechtskrankheiten, 1996
Hodann, Max: History of modern morals, 1937
Hohmann, Joachim S. (Hg.): Sexualforschung und -politik in der Sowjetunion seit 1917, 1990
Hutter, Jörg: Die Entstehung des § 175 im Strafgesetzbuch und die Geburt der deutschen Sexualwissenschaft. In: Lautmann und Taeger 1992
Katz, Jonathan Ned: The invention of heterosexuality, 1995
Kentler, Helmut (Hg.): Sexualwesen Mensch. Texte zur Erforschung der Sexualität, 1984
Klabund, Per: Die Anfänge der Sexualwissenschaft in Deutschland, Österreich und der Schweiz 1886–1914, 1992
Kohlhagen, Norgard: Tabubrecher. Von Frauen und Männern, die unsere Sexualität erforschten, 1992
Lantéri-Laura, Georges: Lecture des perversions. Histoire de leur appropriation médicale, 1979

Lautmann, Rüdiger (Hg.): Homosexualität. Handbuch der Theorie- und Forschungsgeschichte, 1993
Liebers, Ralf: Zeitschriften zur erotischen Literatur und zur Sexualwissenschaft. Blätter für Bibliophilen, Der Venustempel, Die Aufklärung, Zeitschrift für Sexualwissenschaft, Kryptadia, Anthropophyteia. Eine Inhaltsbibliographie, Bell 1991
Meyer-Knees, Anke: Verführung und sexuelle Gewalt. Untersuchung zum medizinischen und juristischen Diskurs im 18. Jahrhundert, 1992
Mildenberger, Florian: »... in der Richtung der Homosexualität verdorben«. Psychiater, Kriminalpsychologen und Gerichtsmediziner über männliche Homosexualität 1850–1970, 2002
Nabielek, Rainer: Zum Wirken der ärztlichen Gesellschaft für Sexualwissenschaft und Eugenik, 1989
Nowacki, Bernd: Der Bund für Mutterschutz (1905–1933), 1983
Nye, Robert A.: Sex difference and male homosexuality in french medical discourse, 1830–1930, 1989
Padgug, Robert: Sexual matters: On conceptualizing sexuality in history, 1979
Pomeroy, Wardell B., Carol C. Flax und Connie Christine Wheeler: Taking a sex history. Interviewing and recording, 1982
Porter, Roy und Mikuláš Teich (Hg.): Sexual knowledge, sexual science. The history of attitudes to sexuality, 1994
Pretzel, Andreas: Zur Geschichte der »Ärztlichen Gesellschaft für Sexualwissenschaft« (1913–1933), 1997
Reiche, Reimut: Kritik der gegenwärtigen Sexualwissenschaft. In: Schmidt, Sigusch und Schorsch 1970
Roelcke, Volker: Krankheit und Kulturkritik. Psychiatrische Gesellschaftsdeutungen im bürgerlichen Zeitalter (1790–1914), 1999
Robinson, Paul: The modernization of sex. Havelock Ellis, Alfred Kinsey, William Masters and Virginia Johnson, 1976
Schmidt, Gunter: Helfer und Verfolger. Die Rolle von Wissenschaft und Medizin in der Homosexuellenfrage, 1984
Schmidt, Gunter: Sexualwissenschaft. In: von Braun und Stephan 2000
Schmidt, Gunter, Volkmar Sigusch und Eberhard Schorsch (Hg.): Tendenzen der Sexualforschung, 1970
Schorsch, Eberhard und Gunter Schmidt (Hg.): Ergebnisse zur Sexualforschung, 1975
Schorsch, Eberhard und Gunter Schmidt: Die Abteilung für Sexualforschung der Universität Hamburg. In: Magnus-Hirschfeld-Gesellschaft: Für ein neues Berliner Institut für Sexualwissenschaft, 1987
Seeck, Andreas: Aufklärung oder Rückfall? Das Projekt der Etablierung einer »Sexualwissenschaft« und deren Konzeption als Teil der Biologie, 1998
Sigusch, Volkmar (Hg.): Ergebnisse zur Sexualmedizin, 1972
Sigusch, Volkmar: Die Transsexuellen und unser nosomorpher Blick, 1991
Sigusch, Volkmar: Nachdenken über Feminismus, 1993

Sigusch, V.: 50 Jahre Deutsche Gesellschaft für Sexualforschung. Teil I: Rede zur Eröffnung der 20. Wissenschaftlichen Tagung. Teil II: Materialien zur Geschichte der Gesellschaft, 2001
Sigusch, Volkmar: Anfänge der modernen Sexualwissenschaft, 2005/2006
Sigusch, Volkmar: Das Frankfurter Institut für Sexualwissenschaft (1973–2006), 2007
Soden, Kristine von: Die Sexualberatungsstellen der Weimarer Republik 1919–1933, 1988
Stanley, Liz: Sex surveyed, 1949–1994. From mass-observation's »Little Kinsey« to the National Survey and the Hite Reports, 1995
Sulloway, Frank J.: Freud. Biologist of the mind, 1979
Weingart, Peter, Jürgen Kroll und Kurt Bayertz: Rasse, Blut und Gene. Geschichte der Eugenik und Rassenhygiene in Deutschland, 1988
Wettley, Annemarie und Werner Leibbrand: Von der »Psychopathia sexualis« zur Sexualwissenschaft, 1959

Geschichte der Fortpflanzung, der Geburtenregelung und der Kontrazeption

Asbell, Bernard: Die Pille und wie sie die Welt veränderte, 1996
Bergmann, Anna: Die verhütete Sexualität. Die Anfänge der modernen Geburtenkontrolle, 1992
Dericks-Tan, Jeanne: Onans Kinder. Merkwürdiges zur Sexualität und Fortpflanzung aus Geschichte und Medizin, 2000
Dienel, Christiane: Kinderzahl und Staatsräson. Empfängnisverhütung und Bevölkerungspolitik in Deutschland und Frankreich bis 1918, 1995
Duden, Barbara: Geschichte des Ungeborenen. Zur Erfahrungs- und Wissenschaftsgeschichte der Schwangerschaft, 17.- 20. Jahrhundert, 2002
Gebhard, Paul H., Wardell B. Pomeroy, Clyde E. Martin and Cornelia V. Christenson: Pregnancy, birth and abortion, 1958
Grossmann, Atina: Reforming sex. The German movement for birth control and abortion reform, 1920–1950, 1995
Guillebaud, John: Die Pille, 1982
Himes, Norman: Medical history of contraception, 1936
Hoonakker, Ernst W.: Die Geschichte der Empfängnisverhütung, 1994
Jütte, Robert (Hg.): Geschichte der Abtreibung. Von der Antike bis zur Gegenwart, 1993
Jütte, Robert: Lust ohne Last. Geschichte der Empfängnisverhütung von der Antike bis zur Gegenwart, 2003
Noonan, John T., Jr.: Contraception. A history of its treatment by the Catholic theologians and canonists, 1965/1986
Staupe, Gisela und Lisa Vieth (Hg.): Unter anderen Umständen. Zur Geschichte der Abtreibung. Ausstellungskatalog, 1993
Staupe, Gisela und Lisa Vieth (Hg.): Die Pille. Von der Lust und von der Liebe. Ausstellungskatalog, 1996

Steinecke, Verena: Menschenökonomie. Der medizinische Diskurs über den Geburtenrückgang von 1911 bis 1931, 1996
Usborne, Cornelie: Frauenkörper – Volkskörper. Geburtenkontrolle und Bevölkerungspolitik in der Weimarer Republik, 1994

Geschichte der weiblichen Sexualität und Frauenbewegung

Beauvoir, Simone de: Le deuxième sexe, 1949
Benjamin, Jessica: The bonds of love. Psychoanalysis, feminism, and the problem of domination, 1988
Butler, Judith: Bodies that matter. On the discursive limits of »sex«, 1993
Chodorow, Nancy J.: The reproduction of mothering. Psychoanalysis, and sociology of gender, 1978
[Deutscher Akademikerbund]: Die Frauenfrage in Deutschland. Bibliographie, 1982
[Deutscher Akademikerinnenbund e.V.]: Die Frauenfrage in Deutschland. Bibliographie, 1983–1991
Dinnerstein, Dorothy: The Mermaid and the Minotaur. Sexual arrangements and human malaise, 1976
Epple, Angelika: Henriette Fürth und die Frauenbewegung im Kaiserreich, 1996
Evans, Richard: Sozialdemokratie und Frauenemanzipation im deutschen Kaiserreich, 1979
[Feministische Studien]: Heft 2, 1994: Frauenbewegungen
Gerhard, Ute: Unerhört. Geschichte der deutschen Frauenbewegung, 1990
Duden, Barbara: Das schöne Eigentum. Zur Herausbildung des bürgerlichen Frauenbildes an der Wende vom 18. zum 19. Jahrhundert, 1977
Duden, Barbara: Geschichte unter der Haut. Ein Eisenacher Arzt und seine Patientinnen um 1730, 1987
Hausen, Karin: Die Polarisierung der Geschlechtercharaktere. Eine Spiegelung der Dissoziation von Erwerbsarbeit und Familienleben. In: Conze 1976
Hering, Sabine: »Und das war erst der Anfang«. Geschichte und Geschichten bewegter Frauen, 1994
Hering, Sabine und Cornelia Wenzel (Hg.): Frauen riefen, aber man hörte sie nicht. Die Rolle der deutschen Frauen in der internationalen Frauenfriedensbewegung zwischen 1892 und 1933, 1986
Herlitzius, Anette: Frauenbefreiung und Rassenideologie. Rassenhygiene und Eugenik im politischen Programm der »Radikalen Frauenbewegung« (1900–1933), 1995
Hervé, Florence (Hg.): Geschichte der deutschen Frauenbewegung, 2000
[Historisches Museum Frankfurt am Main]: Frauenalltag und Frauenbewegung 1890–1980. Ausstellungskatalog, 1981
Jackson, Margaret: The real facts of life. Feminism and the politics of sexuality 1850–1940, 1994
Lenz, Ilse, Anja Szypulski und Beate Molsich (Hg.): Frauenbewegungen international. Eine Arbeitsbibliographie, 1996

Mitchell, Juliet: Psychoanalysis and feminism, 1974
Nave-Herz, Rosemarie: Die Geschichte der Frauenbewegung in Deutschland, 1994
Olivier, Christiane: Les enfants de Jocaste, 1980
Omran, Susanne: Frauenbewegung und »Judenfrage«. Diskurse um Rasse und Geschlecht nach 1900, 2000
Pinl, Claudia: Vom kleinen zum großen Unterschied. »Geschlechterdifferenz« und konservative Wende im Feminismus, 1993
Rohde-Dachser, Christa: Expedition in den dunklen Kontinent. Weiblichkeit im Diskurs der Psychoanalyse, 1991
Schenk, Herrad: Die Befreiung des weiblichen Begehrens, 1991
Schmauch, Ulrike: Anatomie und Schicksal. Zur Psychoanalyse der frühen Geschlechtersozialisation, 1987
Schmidt, Gunter and Volkmar Sigusch: Women's sexual arousal. In: Zubin and Money, 1973
Schwarzer, Alice: Der »kleine Unterschied« und seine großen Folgen. Frauen über sich. Beginn einer Befreiung, 1975
Schwarzer, Alice: So fing es an! 10 Jahre Frauenbewegung, 1981
Scott, Joan W.: Gender: A useful category of historical analysis, 1986
Sherfey, Mary J.: The evolution and nature of female sexuality in relation to psychoanalytic theory, 1966
Sigusch, Volkmar: Exzitation und Orgasmus bei der Frau, 1970
Sveistrup, Hans und Agnes von Zahn-Harnack (Hg.): Die Frauenfrage in Deutschland. Strömungen und Gegenströmungen 1790–1930, 1934
Tiefer, Leonore: A feminist perspective on sexology and sexuality. In: Gergen 1988
Twellmann, Margrit: Die deutsche Frauenbewegung. Ihre Anfänge und erste Entwicklung 1843–1889, 1993
Weiland, Daniela: Geschichte der Frauenemanzipation in Deutschland und Österreich, 1983
Wiggershaus, Renate: Geschichte der Frauen und der Frauenbewegung in der Bundesrepublik Deutschland und in der Deutschen Demokratischen Republik nach 1945, 1979
Wittrock, Christine: Weiblichkeitswahn. Das Frauenbild im Faschismus und seine Vorläufer in der Frauenbewegung der 20er Jahre, 1983

Freikörperkulturbewegung

Andritzky, Michael und Thomas Rautenberg (Hg.): »Wir sind nackt und nennen uns Du«. Eine Geschichte der Freikörperkultur, 1989
Bergemann, Hans: Lichtkämpfer, Sonnenfreunde und wilde Nackte. Zur Geschichte der Freikörperkultur in Deutschland. Ausstellungskatalog, 2000
Grisko, Michael (Hg.): Freikörperkultur und Lebenswelt. Studien zur Vor- und Frühgeschichte der Freikörperkultur in Deutschland, 1999

Geschichte der Homosexualität und Homosexuellenbewegung

Bleibtreu-Ehrenberg, Gisela: Tabu Homosexualität. Die Geschichte eines Vorurteils, 1978
Bullough, Vern: Homosexuality: A history, 1979
Dannecker, Martin: Der Homosexuelle und die Homosexualität, 1978/1991
Dannecker, Martin: Der homosexuelle Mann im Zeichen von AIDS, 1991
Dannecker, Martin: Vorwiegend homosexuell. Aufsätze, Kommentare, Reden, 1997
Dannecker, Martin und Reimut Reiche: Der gewöhnliche Homosexuelle. Eine soziologische Untersuchung über männliche Homosexuelle in der Bundesrepublik, 1974
Derks, Paul: Die Schande der heiligen Päderastie. Homosexualität und Öffentlichkeit in der deutschen Literatur 1750–1850, 1990
[Documents of the homosexual rights movement in Germany 1836–1927]: 1975
Frieling, Willi (Hg.): Schwule Regungen – schwule Bewegungen, 1985
Geuter, Ulfried: Homosexualität in der deutschen Jugendbewegung, 1994
Goodbye to Berlin? 100 Jahre Schwulenbewegung. Eine Ausstellung, 1997
Grau, Günter (Hg.): Homosexualität in der NS-Zeit, 1993
Grumbach, Detlef (Hg.): Die Linke und das Laster. Schwule Emanzipation und linke Vorurteile, 1995
Halperin, David: One hundred years of homosexuality and other essays on Greek love, 1990
Hergemöller, Bernd-Ulrich: Mann für Mann. Biographisches Lexikon zur Geschichte von Freundesliebe und mannmännlicher Sexualität im deutschen Sprachraum, 1998/2001
Hergemöller, Bernd-Ulrich: Einführung in die Historiographie der Homosexualitäten, 1999
Herrn, Rainer: Anders bewegt. 100 Jahre Schwulenbewegung in Deutschland, 1999
Herzer, Manfred (Hg.): 100 Jahre Schwulenbewegung. Dokumentation einer Vortragsreihe, 1998
Hinzpeter, Werner: Schöne schwule Welt. Der Schlussverkauf einer Bewegung, 1997
Hirschfeld, Magnus: Von einst bis jetzt. Geschichte einer homosexuellen Bewegung 1897–1922, 1986
Hohmann, Joachim S. (Hg.): Der unterdrückte Sexus. Historische Texte zur Homosexualität von Johann Ludwig Casper u.a., 1977
Hutter, Jörg: Die gesellschaftliche Kontrolle des homosexuellen Begehrens. Medizinische Definitionen und juristische Sanktionen im 19. Jahrhundert, 1992
[Jahrbuch für sexuelle Zwischenstufen]: Auswahl aus den Jahrgängen 1899–1923. Neu ediert von Wolfgang Johann Schmidt, 1983
Janssen, Volker (Hg.): Der Weg zu Freundschaft und Toleranz. Männliche Homosexualität in den 50er Jahren, 1984 [Ausstellungskatalog]

Jellonek, Burkhard und Lautmann, Rüdiger (Hg.): Nationalsozialistischer Terror gegen Homosexuelle, 2002

Keilson-Lauritz, Marita: Die Geschichte der eigenen Geschichte. Literatur und Literaturkritik in den Anfängen der Schwulenbewegung am Beispiel des »Jahrbuchs für sexuelle Zwischenstufen« und der Zeitschrift »Der Eigene«, 1997

Kennedy, Hubert: Der Kreis. Eine Zeitschrift und ihr Programm, 1999

Kertbeny, Karl M.: Schriften zur Homosexualitätsforschung. Hg. von Manfred Herzer, 2000

Kraushaar, Elmar: Hundert Jahre schwul, 1997

Kuckuc, Ina: Der Kampf gegen Unterdrückung. Materialien aus der deutschen Lesbierinnenbewegung, 1975

Lauritsen, John und David Thorstad: Die frühe Homosexuellenbewegung 1864–1935, 1984

Lautmann, Rüdiger (Hg.): Homosexualität. Handbuch der Theorie- und Forschungsgeschichte, 1993

Lautmann, Rüdiger und Angela Taeger (Hg.): Männerliebe im alten Deutschland, 1992

Mayer, Hans: Außenseiter, 1975

Müller, Klaus: Aber in meinem Herzen sprach eine Stimme so laut. Homosexuelle Autobiographien und medizinische Pathographien im neunzehnten Jahrhundert, 1991

Obermayer, Hans P.: Martial und der Diskurs über männliche »Homosexualität« in der Literatur der frühen Kaiserzeit, 1998

Oosterhuis, Harry (Hg.): Homosexuality and male bonding in pre-Nazi Germany. The youth movement, the gay movement, and male bonding before Hitler's rise, 1991

Plummer, Kenneth (Hg.): The making of the modern homosexual, 1981

Pretzel, Andreas: Berlin – »Vorposten im Kampf für die Gleichberechtigung der Homoeroten«. Die Geschichte der Gesellschaft für Reform des Sexualrechts e.V. 1948–1960, 2001

Rönn, Peter von: Politische und psychiatrische Homosexualitätskonstruktion im NS-Staat, 1998

Salmen, Andreas und Albert Eckert: 20 Jahre bundesdeutsche Schwulenbewegung 1969–1989, 1989

Schmidt, Gunter: Helfer und Verfolger. Die Rolle von Wissenschaft und Medizin in der Homosexuellenfrage, 1984

Schmidt, Gunter: Der § 175 aus sexualwissenschaftlicher Sicht. In: Jäger und Schorsch 1987

Setz, Wolfram (Hg.): Die Geschichte der Homosexualitäten und die schwule Identität an der Jahrtausendwende, 2000

Sievert, Hermann: Das Anomale bestrafen. Homosexualität, Strafrecht und Schwulenbewegung im Kaiserreich und in der Weimarer Republik, 1984

Sigusch, Volkmar: Uranität als Existenzweise. Karl Heinrich Ulrichs als Präzeptor der Homosexuellen- und Schwulenbewegung. In: Setz 2000

Sigusch, Volkmar, Eberhard Schorsch, Martin Dannecker, Günter Amendt und Karin Albrecht-Désirat: Aufruf der Deutschen Gesellschaft für Sexualforschung zur Entkriminalisierung der Homosexualität, 1981
Sigusch, Volkmar, Martin Dannecker und Agnes Katzenbach: Der Aufruf der Deutschen Gesellschaft für Sexualforschung zur Entkriminalisierung der Homosexualität vom Januar 1981 im Spiegel einiger Voten, 1990
Steakley, James D.: The homosexual emancipation movement in Germany, 1975
Steinle, Karl-Heinz: Die Geschichte der »Kameradschaft die runde« 1950 bis 1969, 1998
Steinle, Karl-Heinz: Der Kreis. Mitglieder, Künstler, Autoren, 1999
Weeks, Jeffrey: Coming out: Homosexual politics in Britain from the nineteenth century to the present, 1977

Geschichte (und Theorie) der Sexualität

Anders, Günther: Lieben gestern. Notizen zur Geschichte des Fühlens, 1986
Ariès, Philippe und André Béjin (Hg.): Sexualités occidentales, 1982
Ariès, Philippe et al.: L'amour et la sexualité, 1984
Becker, Peter: Leben und Lieben in einem kalten Land. Sexualität im Spannungsfeld von Ökonomie und Demographie. Das Beispiel St. Lambrecht 1600–1850, 1990
Berner, Wolfgang: Trieb, Motus, Motiv? In: Dannecker und Reiche 2000
Bloch, Karl H.: Masturbation und Sexualerziehung in Vergangenheit und Gegenwart, 1989
Bloch, Karl H.: Die Bekämpfung der Jugendmasturbation im 18. Jahrhundert, 1998
Braun, Karl: Die Krankheit Onania. Körperangst und die Anfänge moderner Sexualität im 18. Jahrhundert, 1995
Bredow, Wilfried von und Thomas Noetzel: Befreite Sexualität? Streifzüge durch die Sittengeschichte seit der Aufklärung, 1990
Bremmer, Jan: From Sappho to de Sade. Moments in the history of sexuality, 1989
Bruns, Claudia und Tilmann Walter (Hg.): Von Lust und Schmerz. Eine Historische Anthropologie der Sexualität, 2004
Bullough, Vern L.: The history of prostitution, 1964
Bullough, Vern L.: Sexual variance in society and history, 1976
Caplan, Pat: The cultural construction of sexuality, 1987
Corbin, Alain (Hg.): Die sexuelle Gewalt in der Geschichte, 1992
Dannecker, Martin: Das Drama der Sexualität, 1987/1992
Dannecker, Martin: Sexualität als Gegenstand der Sexualforschung, 1991
Davidson, Arnold I.: Sex and the emergence of sexuality, 1987
Dreger, Alice D.: Hermaphrodites and the medical invention of sex, 1998
Duby, Georges: Die Frau ohne Stimme. Liebe und Ehe im Mittelalter, 1989
Duché, Didier-Jacques: Histoire de l'onanisme, 1994
Duerr, Hans P.: Der Mythos vom Zivilisationsprozeß. 5 Bde., 1988–2002

Dulong, Claude: Zwischen Eros und Sexus. Die Liebe im 17. Jahrhundert, 1971
Eder, Franz X.: Kultur der Begierde. Eine Geschichte der Sexualität, 2002
Eder, Franz X. und Sabine Frühstück (Hg.): Neue Geschichten der Sexualität. Beispiele aus Ostasien und Zentraleuropa 1700–2000, 1999
Eder, Franz X., Lesley A. Hall und Gert Hekma (Hg.): Sexual cultures in Europe, 1999
Elias, Norbert: Über den Prozeß der Zivilisation. 2 Bde., 1939/1969
Engelstein, Laura: The keys to happiness. Sex and the search for modernity in fin-de-siècle Russia, 1992
Erlach, Daniela et al. (Hg.): Privatisierung der Triebe? Sexualität in der Frühen Neuzeit, 1994
Ernst, Stefanie: Machtbeziehungen zwischen den Geschlechtern. Wandlungen der Ehe im »Prozess der Zivilisation«, 1996
Foucault, Michel: Histoire de la sexualité. Tome 1: La volonté de savoir, 1976
Foucault, Michel: Histoire de la sexualité. Tome 2: L'usage des plaisirs, 1984
Foucault, Michel: Histoire de la sexualité. Tome 3: Le souci de soi, 1984
Gagnon, John H.: An interpretation of desire. Essays in the study of sexuality, 2004
Gagnon, John H. and W. Simon: Sexual conduct. The social sources of human sexuality, 1973
Gay, Peter: Erziehung der Sinne. Sexualität im bürgerlichen Zeitalter, 1986
Giddens, Anthony: Wandel der Intimität. Sexualität, Liebe und Erotik in modernen Gesellschaften, 1993
Gilbert, Harriett und Christine Roche: Das Weib sei dem Manne untertan. Eine Geschichte der weiblichen Sexualität, 1989
Gleixner, Ulrike: »Das Mensch« und »der Kerl«. Die Konstruktion von Geschlecht in Unzuchtsverfahren der Frühen Neuzeit (1700–1760), 1994
Gollaher, David: Das verletzte Geschlecht. Die Geschichte der Beschneidung, 2002
Gorsen, Peter: Sexualästhetik. In: Schmidt, Sigusch und Schorsch 1970
Gorsen, Peter: Das Bild Pygmalions, 1969
Gorsen, Peter: Sexualästhetik. Grenzformen der Sinnlichkeit im 20. Jahrhundert, 1987
Goulemot, Jean M.: Gefährliche Bücher. Erotische Literatur, Pornographie, Leser und Zensur im 18. Jahrhundert, 1993
Groneman, Carol: Nymphomanie. Die Geschichte einer Obsession, 2001
Haug, Wolfgang Fritz: Die neuen Subjekte des Sexuellen. In: Dannecker und Reiche 2000
Hekma, Gert und Herman Roodenburg: Select bibliography. In: Bremmer 1989
Herzog, Dagmar: Sex after fascism: Memory and morality in twentieth-century Germany, 2005
Hoof, Dieter: Pestalozzi und die Sexualität seines Zeitalters, 1987
Hull, Isabel V.: Sexuality, state, and the civil society in Germany, 1700–1815, 1996

Hunt, Lynn (Hg.): Die Erfindung der Pornographie. Obszönität und die Ursprünge der Moderne, 1994
Hunt, Morton M.: The natural history of love, 1994
Jacquart, Danielle und Claude Thomasset: Sexualité et savoir médical au Moyen Age, 1985
Koch, Friedrich: Sexualität, Erziehung und Gesellschaft. Von der geschlechtlichen Unterweisung zur emanzipatorischen Sexualpädagogik, 2000
Kornbichler, Thomas und Wolfgang Maaz (Hg.): Variationen der Liebe. Historische Psychologie der Geschlechterbeziehung, 1995
Laqueur, Thomas: Making sex. Body and Gender from the Greeks to Freud, 1990
Laqueur, Thomas and Catherine Gallagher (ed.): The making of the modern body. Sexuality and society in the nineteenth century, 1987
Largier, Niklaus: Lob der Peitsche. Eine Kulturgeschichte der Erregung, 2001
Lautmann, Rüdiger: Der Zwang zur Tugend. Die gesellschaftliche Kontrolle der Sexualitäten, 1984
Lautmann, Rüdiger: Soziologie der Sexualität. Erotischer Körper, intimes Handeln, Sexualkultur, 2002
Leites, Edmund: The puritan conscience and modern sexuality, 1986
Luhmann, Niklas: Liebe als Passion. Zur Codierung von Intimität, 1982
Lütkehaus, Ludger: »O Wollust, o Hölle«. Die Onanie. Stationen einer Inquisition, 1992
Lutterbach, Hubertus: Sexualität im Mittelalter. Eine Kulturstudie zu den Bußbüchern des 6. bis 12. Jahrhunderts, 1999
Maasen, Sabine: Genealogie der Unmoral. Zur Therapeutisierung sexueller Selbste, 1998
Maines, Rachel P.: The technology of orgasm. »Hysteria«, the vibrator, and women's sexual satisfaction, 1999
Maiwald, Stefan und Gerd Mischler: Sexualität unter dem Hakenkreuz. Manipulation und Vernichtung der Intimsphäre im NS-Staat, 1999
Marcus, Steven: The other Victorians. A study of sexuality and pornography in Mid-Nineteenth-Century England, 1966
Matthiessen, Silja: Wandel von Liebesbeziehungen und Sexualität, 2007
Meyerowitz, Joanne: How sex changed. A history of transsexuality in the United States, 2002
Meyer-Zwiffelhoffer, Eckhard: Im Zeichen des Phallus. Die Ordnung des Geschlechtslebens im antiken Rom, 1995
Milligan, Don: Sex-life. A critical commentary on the history of sexuality, 1993
Money, John: Gay, straight und in-between: The sexology of erotic orientation, 1988
Mosse, George: Nationalism and sexuality: Respectability and abnormal sexuality in modern Europe, 1985
Passerini, Luisa: Europe in love, love in Europe. Imagination and politics between the wars, 1999
Pierre, José (Hg.): Recherchen im Reich der Sinne. Die zwölf Gespräche der Surrealisten über Sexualität 1928–1932, 1993

Quindeau, Ilka und Volkmar Sigusch: Freud und das Sexuelle. Neue psychoanalytische und sexualwissenschaftliche Perspektiven, 2005
Reiche, Reimut: Sexuelle Revolution – Erinnerung an einen Mythos. In: Baier et al. 1988
Reiche, Reimut: Geschlechterspannung. Eine psychoanalytische Untersuchung, 1990
Reiche, Reimut: Triebschicksal der Gesellschaft. Über den Strukturwandel der Psyche, 2004
Richter-Appelt, H. (Hg.): Verführung – Trauma – Mißbrauch (1896–1996), 1997/2002
Richter-Appelt, H.: Frühkindliche Körpererfahrungen und Erwachsenensexualität. In: Dannecker und Reiche 2000
Richter-Appelt, H. und A. Hill (Hg.): Geschlecht zwischen Spiel und Zwang, 2004
Ridley, Matt: Eros und Evolution. Die Naturgeschichte der Sexualität, 1995
Rohlje, Uwe: Autoerotik und Gesundheit. Untersuchungen zur gesellschaftlichen Entstehung und Funktion der Masturbationsbekämpfung im 18. Jahrhundert, 1991
Sarasin, Philipp: Reizbare Maschinen. Eine Geschichte des Körpers 1765–1914, 2001
Sarasin, Philipp und Tanner, Jakob (Hg.): Physiologie und industrielle Gesellschaft. Studien zur Verwissenschaftlichung des Körpers im 19. und 20. Jahrhundert, 1998
Schenk, Herrad (Hg.): Frauen und Sexualität. Ein historisches Lesebuch, 1995
Schmidt, Gunter: Motivationale Grundlagen sexuellen Verhaltens. In: Thomä 1983
Schmidt, Gunter: Das große Der Die Das. Über das Sexuelle, 1986/1988
Schmidt, Gunter: (Hg.): Jugendsexualität. Sozialer Wandel, Gruppenunterschiede, Konfliktfelder, 1993
Schmidt, Gunter: Über den Wandel heterosexueller Beziehungen, 1995
Schmidt, Gunter: Das Verschwinden der Sexualmoral, 1996
Schmidt, Gunter: (Hg.): Kinder der sexuellen Revolution. Kontinuität und Wandel studentischer Sexualität 1966–1996. Eine empirische Untersuchung, 2000
Schmidt, Gunter: Das neue Der Die Das. Über die Modernisierung des Sexuellen, 2004
Schmidt, Gunter und Bernhard Strauß (Hg.): Sexualität und Spätmoderne. Über den kulturellen Wandel der Sexualität, 1998
Schmidt, Gunter, Silja Matthiesen, Arne Dekker und Kurt Starke: Spätmoderne Beziehungswelten. Report über Partnerschaft und Sexualität in drei Generationen, 2006
Schnell, Rüdiger: Sexualität und Emotionalität in der vormodernen Ehe, 2002
Scholz, Piotr O.: Der entmannte Eros, 1997
Schröter, Michael: »Wo zwei zusammenkommen in rechter Ehe ...« Sozio- und psychogenetische Studien über Eheschließungsvorgänge vom 12. bis 15. Jahrhundert, 1985

Shorter, Edward: The making of the modern family, 1975
Showalter, Elaine: Sexual anarchy. Gender and culture at the fin de siècle, 1990
Sigusch, Volkmar: Natur und Sexualität, 1980
Sigusch, Volkmar: Die Mystifikation des Sexuellen, 1984
Sigusch, Volkmar: Kritik der disziplinierten Sexualität, 1989
Sigusch, Volkmar: Metamorphosen von Leben und Tod, 1997
Sigusch, Volkmar: Die neosexuelle Revolution, 1998
Sigusch, Volkmar: Lean sexuality, 2001/2002
Sigusch, Volkmar: Neosexualitäten, 2005
Sigusch, Volkmar: Sexuelle Welten, 2005
Sigusch, Volkmar und Gunter Schmidt: Jugendsexualität, 1973
Simon, William: Postmodern sexualities, 1996
Simon, William and John Gagnon: Sexual scripts, 1984
Stein, Edward (Hg.): Forms of desire. Sexual orientation and the social constructionist controversy, 1990
Taylor, G. Rattray: Wandlungen der Sexualität, 1957
Treskow, Nikolai de: Die Hohe Kunst der Verführung. Liebe und Lust nach den Spielregeln der mittelalterlichen Minne, 1997
Ussel, Jos van: Sexualunterdrückung. Geschichte der Sexualfeindschaft, 1970
Walter, Tilmann: Unkeuschheit und Werk der Liebe. Diskurse über Sexualität am Beginn der Neuzeit in Deutschland, 1998
Weeks, Jeffrey: Sex, politics and society: The regulation of sexuality since 1800, 1981
Weeks, Jeffrey: Sexuality and its discontents: Meanings, myths and modern sexuality, 1985
Wernz, Corinna: Sexualität als Krankheit. Der medizinische Diskurs zur Sexualität um 1800, 1993
White, Kevin: The first sexual revolution. The emergence of male heterosexuality in modern America, 1992
Winkler, John J.: Der gefesselte Eros. Sexualität und Geschlechterverhältnis im antiken Griechenland, 1994

Zeitschriften mit historischem Schwerpunkt

Ariadne. Almanach des Archivs der deutschen Frauenbewegung. Kassel
Capri. Zeitschrift für schwule Geschichte. Berlin
Invertito. Jahrbuch für die Geschichte der Homosexualitäten, hg. vom Fachverband Homosexualität und Geschichte e.V. Hamburg: MännerschwarmSkript
Mitteilungen der Magnus-Hirschfeld-Gesellschaft. Berlin
Journal of the History of Sexuality. Austin, Tex.: University of Texas Press

Literaturverzeichnis

Die Vornamen der Autorinnen und Autoren sind im Personenregister, sofern bekannt, ausgeschrieben angegeben. Im Literaturverzeichnis werden nur dann die Vornamen ausgeschrieben, wenn Verwechslungen ausgeschlossen werden sollen. Die verwendeten Abkürzungen bedeuten:

Abh. = Abhandlung(en)
assoc. = association
am. = american
Anat. = Anatomie
ann. = annual
Arch. = Archiv/archives
beh. = behavior
Beitr. = Beiträge
Bd. = Band
Bde. = Bände
Bl. = Blatt/Blätter
brit. = british
Buchh. = Buchhandlung
bull. = Bulletin
clin. = clinical
dis. = diseases
dt. = deutsch
Forsch. = Forschung
Frauenk. = Frauenkunde
Frauenheilk. = Frauenheilkunde
Geburtsh. = Geburtshilfe
gerichtl. = gerichtlich
Ges. = Gesellschaft
ges. = gesamte
H. = Heft

Harnkrankh. = Harnkrankheiten
hist. = history/historical
hum. = human
Hyg. = Hygiene
int. = international
Jb. = Jahrbuch
J. = Journal
med. = medizinisch/medical/medicine
Mitt. = Mitteilung(en)
Mschr. = Monatsschrift
Mus. = Museum
pol. = politisch/Politik
Psychiat. = Psychiatrie/Psychiatry
Psychoanal. = Psychoanalyse/psycho-
   analytisch
res. = research
rev. = review
sex. = sexuell/sexuality
soc. = society
surg. = surgical
u. d. T. = unter dem Titel
u. d. Pseud. = unter dem Pseudonym
wiss. = wissenschaftlich/Wissenschaft
Wschr. = Wochenschrift
Z. = Zeitschrift

Aberle, S. D. and G. W. Corner: Twenty-five years of sex research. History of the National Research Council Committee for research in problems of sex 1922–1947. Philadelphia, London: Saunders 1953

Abraham, F.: Genitalumwandlung an zwei männlichen Transvestiten. Z. Sexualwiss. 18, 223–226, 1931/32

Abraham, K.: Die psychologischen Beziehungen zwischen Sexualität und Alkoholismus. Z. Sexualwiss. 1, 449–458, 1908

Abresch, J.: Helene Stöcker (1869–1943). (Rheinische Lebensbilder, Bd. 14). Köln: Rheinland-Verlag 1994

Adler, A.: Erotisches Training und erotischer Rückzug. In: Marcuse 1928b: 1–7

Adorno, Th. W.: Sexualtabus und Recht heute. In: Bauer u.a. 1963: 299–317

Adorno, Th. W.: Negative Dialektik. Frankfurt/M.: Suhrkamp 1966

Adorno, Th. W., E. Frenkel-Brunswik, D. J. Levinson and R. N. Sanford: The authoritarian personality. New York: Harper & Row 1950

Ahrendt, H.-J.: Geschlechtliche Entwicklung, Sexualverhalten und Kontrazeption 15- bis 17jähriger weiblicher Jugendlicher. Dissertation B [Habilitationsschrift], Med. Akademie Magdeburg 1985 (unveröffentl.)

Aigner, J. Ch.: Ohne Liebe kein Leben. Zum Tod Ernest Bornemans. Werkblatt – Z. Psychoanal. Gesellschaftskrit., Nr. 33, 7–12, 1994 [erschienen nach Bornemans Tod]

Amendt, Günter: Sex-Front. Frankfurt/M.: März 1970a (letzte Neuausgabe in einem Band zusammen mit Schmidt, G.: Das große Der Die Das: Erftstadt: Area 2004)

Amendt, Günter: Empirie, Emanzipation und Sexualforschung. In: Schmidt, Sigusch und Schorsch 1970: 10–22 (zit. als 1970b)

Amendt, Günter: Haschisch und Sexualität. Eine empirische Untersuchung über die Sexualität Jugendlicher in der Drogensubkultur. (Beitr. Sexualforsch., Bd. 53). Stuttgart: Enke 1974

Amendt, Günter: Emanzipationsbewegungen und die Rolle des Wissenschaftlers. In: Dannecker und Sigusch 1984: 113–118

Amendt, Günter: »Sexfront«. Revisited. Z. Sexualforsch. 19, 159–172, 2006

Anders, G. (1956/1980): Die Antiquiertheit des Menschen. 2 Bde. München: C. H. Beck 1980 (l. Bd., 5. Aufl.) und 1981 (2. Bd., 2. Aufl.)

Anders, G.: Lieben gestern. Notizen zur Geschichte des Fühlens. München: C. H. Beck 1986

Andreas Capellanus: De amore. Übers. von J. Hartlieb. München: C. H. Beck 1970

Andritzky, M. und Th. Rautenberg (Hg.): »Wir sind nackt und nennen uns Du«. Von Lichtfreunden und Sonnenkämpfern. Eine Geschichte der Freikörperkultur. Gießen: Anabas 1989

Anonymus [früher vermutet ein quidam Bekkers, heute John Marten]: Onania, or the heinous sin of self-pollution, and all its frightful consequences, in both sexes, considered. With spiritual and physical advice for those who have already injur'd themselves by this abominable practice. London, um 1712 (Titel nach Exemplar von 1716; dt.: Onania, oder Die erschreckliche Sünde der Selbst-Befleckung, mit allen ihren entsetzlichen Folgen, so dieselbe bey beyderley Geschlecht nach sich zu ziehen pfleget; nebst geist- und leiblichem Rath vor alle diejenigen, welche sich durch diese abscheuliche Gewohnheit bereits Schaden zugefüget haben. Aus dem Englischen ins Deutsche übersetzt nach der 15. Herausgebung. Leipzig: Joh. Georg Löwe 1736; vgl. auch Abb. in Kap. 1: neu vermehrte Aufl. Franckfurt, Leipzig: Daniel Christian Hechtel 1749)

Anonymus [Johann Friedel]: Briefe über die Galanterien von Berlin. O. O., o. V., 1782 (Neuausgabe: Frankfurt/M.: Ullstein 1991)

Anonymus [Gotthilf Sebastian Rötger]: Über Kinderunzucht und Selbstbefleckung. Ein Buch bloß für Ältern, Erzieher und Jugendfreunde, von einem Schulmanne. Hg. von Schl. [Johann Gottlieb Schummel]. Züllichau, Freystadt: Frommanns Erben 1787

Anonymus [Karl Maria Kertbeny]: § 143 des Preussischen Strafgesetzbuches vom 14. April 1851 und seine Aufrechterhaltung als § 152 im Entwurfe eines Strafgesetzbuches für den Norddeutschen Bund. Offene, fachwissenschaftliche Zuschrift an Seine Excellenz Herrn Dr. Leonhardt, königl. preussischen Staats- und Justizminister. Leipzig: Serbe 1869 (abgedruckt in: Jb. sex. Zwischenstufen 7, 3–66, 1905) (zit. als 1869a)

Anonymus [wahrscheinlich A. Geigel]: Das Paradoxon der Venus Urania. Würzburg: A. Stuber's Buchh. 1869 (abgedruckt in: Hohmann 1977) (zit. als 1869b)

Anonymus: [Nachruf auf Richard von Krafft-Ebing]. Jb. Psychiat. Neurol. 23, I–III, 1903a

Anonymus: R. v. Krafft-Ebing †. Wiener klin. Rundsch. 17 (2), 33, 1903b

Anonymus [wahrscheinlich Max Marcuse]: Ärztliche Erfahrungen zur Notwendigkeit des Mutterschutzes von einem Arzte. Mutterschutz 1, 489–491, 1905 und 2, 329–330, 1906 (zit. als 1905/1906)

Anonymus [Max Marcuse]: Geleitwort zum IV. Jahrgang. Mutterschutz 3, 501–504, 1907

Anonymus [Max Marcuse]: »Sexual-Probleme«. Ein Wort zur Einführung. Sexual-Probleme 4, 1–5, 1908

Anonymus: Das Institut für Sexualwissenschaft. Jb. sex. Zwischenstufen 19, 51–68, 1919

Anonymus [Magnus Hirschfeld]: Bericht über das erste Tätigkeitsjahr (1. Juli 1919 bis 30. Juni 1920) des Instituts für Sexualwissenschaft. Jb. sex. Zwischenstufen 20, 54–74, 1920 (vgl. den Nachdruck in Z. Sexualforsch. 2, 254–261, 1989)

Anonymus: Nationalsozialismus und Inversion. Mitt. Wiss.-Humanitäres Komitee, Nr. 32, 340–345, Januar/März 1932

Arentewicz, G. und G. Schmidt (Hg.): Sexuell gestörte Beziehungen. Konzept und Technik der Paartherapie. Heidelberg u.a.: Springer 1980 (2., neu bearb. Aufl. Berlin u.a.: Springer 1986; 3., bearb. Aufl. Stuttgart: Enke 1993)

Aresin, L.: Sprechstunde des Vertrauens. Fragen der Sexual-, Ehe- und Familienberatung. Rudolstadt: Greifenverlag 1967

Aresin, L.: Funktionelle Sexualstörungen und einige Aspekte der sexualethischen

Erziehung. In: Kyank, H. und K.-H. Sommer (Hg.): Lehrbuch der Gynäkologie. 3., überarb. Aufl. Leipzig: Thieme 1978: 506–516

Aresin, L.: Die Ehe-, Sexual- und Familienberatungsstellen in der Deutschen Demokratischen Republik. In: Aresin und Günther 1983: 173–182

Aresin, L. und E. Günther (Hg.): Sexualmedizin. Ein Leitfaden für Medizinstudenten. Berlin: Volk und Gesundheit 1983

Ariès, Ph. und A. Béjin (Hg.): Sexualités occidentales. Contribution à la sociologie de la sexualité. Paris : Éd. du Seuil 1982 (dt.: Die Masken des Begehrens und die Metamorphosen der Sinnlichkeit. Zur Geschichte der Sexualität im Abendland. Frankfurt/M.: S. Fischer 1984)

Ariès, Ph. et al.: L'amour et la sexualité. (L'Histoire, Nr. 63). Paris: Société d'Éditions Scientifiques 1984 (2., erweit. Aufl. Paris: Éditions du Seuil 1986) (dt.: Liebe und Sexualität. München: Boer 1995)

Aron, J.-P. and R. Kempf: La bourgeoisie, le sexe et l'honneur. Brüssel: Éd. Complexe 1984

[Artikel und Reden zu Helene Stöckers 60. Geburtstag. 13. November 1929]. Sonderbeilage der Neuen Generation. Berlin-Nikolassee: Verlag der Neuen Generation, o. J. [1930]

Asbell, B.: Die Pille und wie sie die Welt veränderte. München: Kunstmann 1996

Assim, A.: Verlauf der Blaschko-Linien an Kopf und Hals. Med. Diss. Marburg: Tectum-Verlag 2000 (Mikrofiche)

Bach, K. und H. Thinius: Die strafrechtliche Gleichstellung hetero- und homosexuellen Verhaltens in der DDR. Z. Sexualforsch. 2, 237–242, 1989

Bachofen, J. J.: Das Mutterrecht. Eine Untersuchung über die Gynaikokratie der alten Welt nach ihrer religiösen und rechtlichen Natur. Stuttgart: Krais und Hoffmann 1861

Baier, L., W. Gottschalch, R. Reiche, Th. Schmid, J. Schmierer, B. Sichtermann und A. Sofri: Die Früchte der Revolte. Über die Veränderung der politischen Kultur durch die Studentenbewegung. Berlin: Wagenbach 1988

Bancroft, J.: Grundlagen und Probleme menschlicher Sexualität. Stuttgart: Enke 1985

Bancroft, J.: Alfred C. Kinsey and the politics of sex research. Ann. Rev. Sex Res. 15, 1–39, 2004

Barberis, L.: Camillo Golgi. www.torinoscienza.it, 2001

Barré-Sinoussi, F., J. C. Chermann, F. Rey, M. T. Nugeyre, S. Chamaret, J. Gruest, C. Dauguet, C. Axler-Blin, F. Vézinet-Brun, C. Rouzioux, W. Rozenbaum and L. Montagnier: Isolation of a T-lymphotropic retrovirus from a patient at risk for Acquired Immune Deficiency Syndrome (AIDS). Science 220, 868–870, 1983

Basedow, J. B.: Das Methodenbuch für Väter und Mütter der Familien und Völker. Altona, Bremen: Cramer 1770

Bataille, G.: L'érotisme. Paris: Édition de Minuit 1957 (dt.: Der heilige Eros. Frankfurt/M., Berlin: Ullstein 1986)

Bataille, G.: Les larmes d'Éros. Paris: Pauvert 1961 (dt.: Die Tränen des Eros. München: Matthes & Seitz 1981)

Bauer, F., H. Bürger-Prinz, H. Giese und H. Jäger (Hg.): Sexualität und Verbrechen. Beiträge zur Strafrechtsreform. Frankfurt/M., Hamburg: Fischer Bücherei 1963

Bauer, J. E.: Magnus Hirschfeld: Sexualidentität und Geschichtsbewußsein. Eine dritte Klarstellung. Mitt. Magnus-Hirschfeld-Ges., Nr. 37/38, 109–120, 2007

Baumgardt, M. et al.: Magnus Hirschfeld. Leben und Werk. Katalog zur Ausstellung aus Anlass seines 50. Todestages, veranstaltet von der Magnus-Hirschfeld-Gesellschaft. (Schriftenreihe der Magnus-Hirschfeld-Gesellschaft, Bd. 6). Berlin: Rosa Winkel 1985 (2., erweit. Aufl. Hamburg: von Bockel 1992)

Bayer, F. und K. L. Leonhardt (Bearb.): Selten und Gesucht. Bibliographien und ausgewählte Nachschlagewerke zur erotischen Literatur. Stuttgart: Hiersemann 1993

Beard, G. M.: Neurasthenia, or nervous exhaustion. Boston Med. Surg. J. 80, 217–221, 1869

Beard, G. M.: Sexual neurasthenia (nervous exhaustion): Its hygiene, causes, symptoms, and treatment, with a chapter on diet for the nervous. New York: Treat 1884 (post-humous manuscript, hg. von A. D. Rockwell) (dt.: Die sexuelle Neurasthenie, ihre Hygiene, Aetiologie, Symptome und Behandlung. Mit einem Capitel über die Diät für Nervenkranke. Hg. von A. D. Rockwell. Wien: Toeplitz & Deuticke 1885)

Beauvoir, S. de: Le deuxième sexe. Paris: Gallimard 1949 (dt.: Das andere Geschlecht. Sitte und Sexus der Frau. Hamburg: Rowohlt 1951/1968)

Bebel, A. (1879): Die Frau und der Sozialismus. Die Frau in der Vergangenheit, Gegenwart und Zukunft. 18., unveränd. Aufl. Stuttgart: Dietz 1893

Beccadelli, A. [gen. Antonio Panormita oder Panormitanus]: Antonii Panormitae Hermaphroditus [wahrscheinlich geschrieben zwischen 1410 und 1425]. Lat. nach der Ausgabe von Carl Friedrich Forberg (Coburg 1824), nebst einer deutschen metrischen Übersetzung und der deutschen Übersetzung der Apophoreta von C. Fr. Forberg. Besorgt und hg. von Fr. Wolff-Untereichen. Mit einem sexualwissenschaftlichen Kommentar von Alfred Kind. Privatdruck von 520 nummerierten Exemplaren, o. J. sowie Leipzig: Weigel 1908

Bech, H.: Recht fertigen. Über die Einführung »homosexueller Ehen« in Dänemark. Z. Sexualforsch. 4, 213–224, 1991

Bechterew, W. M.: Die Geschlechtstätigkeit vom Standpunkt der Reflexologie. In: Marcuse 1928a: 17–42

Becker, P.: Leben und Lieben in einem kalten Land. Sexualität im Spannungsfeld von Ökonomie und Demographie. Das Beispiel St. Lambrecht 1600–1850. Frankfurt/M., New York: Campus 1990

Becker, S.: Bemerkungen zur Debatte über Bürger-Prinz. Z. Sexualforsch 4, 265–270, 1991

Becker, S.: Tragik eines deutschen Juden. Anmerkungen zu drei politischen Schriften von Magnus Hirschfeld. In: Dannecker und Reiche 2000: 28–46

Becker, S.: Zur Funktion der Sexualität im Nationalsozialismus. Z. Sexualforsch 14, 130–145, 2001
Beckerath, E. von, und elf weitere Herausgeber: Handwörterbuch der Sozialwissenschaften. Bd. 9. Stuttgart u.a.: G. Fischer u.a. 1956
Benjamin, H.: Altersbekämpfung durch Keimdrüsentherapie. In: Marcuse 1928a: 43–55
Benjamin, H.: Clinical observations with a standardised male sex hormone. In: Greenwood 1931: 459–466
Benjamin, H.: The transsexual phenomenon. New York: Julian Press 1966
Benjamin, J.: The bonds of love. Psychoanalysis, feminism, and the problem of domination. New York: Pantheon 1988 (dt.: Die Fesseln der Liebe. Psychoanalyse, Feminismus und das Problem der Macht. Basel, Frankfurt/M.: Stroemfeld/Roter Stern 1990)
Benjamin, W.: Eduard Fuchs, der Sammler und der Historiker. Z. Sozialforsch. 6, 346–381, 1937 (Nachdruck: Z. Sexualforsch. 8, 56–79, 1995)
Bennett, P. und V. A. Rosario II (Hg.): Solitary pleasures. The historical, literary, and artistic discourse of autoeroticism. New York: Routledge 1995
Benoit, J.: Hermaphrodisme et intersexualité expérimentale chez la poule domestique. Étude histologique de l'inversion sexuelle des glandes génitales. In: Marcuse 1927i: 18–43
Bergemann, H.: Lichtkämpfer, Sonnenfreunde und wilde Nackte. Zur Geschichte der Freikörperkultur in Deutschland. Ausstellungskatalog der Magnus-Hirschfeld-Gesellschaft. Berlin: Magnus-Hirschfeld-Gesellschaft 2000
Bergmann, A.: Die verhütete Sexualität. Die Anfänge der modernen Geburtenkontrolle. Hamburg: Rasch und Röhring 1992
[Bericht eines Augenzeugen]. Wie das Berliner Institut für Sexualwissenschaft 1933 zerstört wurde (Dokumentation). Z. Sexualforsch. 1, 379–383, 1988
Berner, W.: Sadomasochismus bei einer Frau. Bericht über eine psychoanalytische Behandlung. Z. Sexualforsch. 4, 45–57, 1991
Berner, W.: Trieb, Motus, Motiv? In: Dannecker und Reiche 2000: 47–66
Berner, W., P. Briken und A. Hill (Hg.): Sexualstraftäter behandeln mit Psychotherapie und Medikamenten. Köln: Deutscher Ärzte-Verlag 2007
Berner, W., A. Hill und P. Briken: Therapie bei sexueller Delinquenz. In: Sigusch 2007a: 308–322
Bernhardt, H.: Mit Sigmund Freud und Iwan Petrowitsch Pawlow im Kalten Krieg. In: Bernhardt, H. und R. Lockot (Hg.): Mit ohne Freud. Zur Geschichte der Psychoanalyse in Ostdeutschland. Gießen: Psychosozial-Verlag 2000: 172–203
Berthold, W.: Exil-Literatur 1933–1945. Eine Ausstellung aus Beständen der Deutschen Bibliothek. 3., erweit. und verb. Aufl. Frankfurt/M.: Deutsche Bibliothek 1967
Bessing, J.: »Das Neuste sind Objektophile«. Das berühmte Frankfurter Institut für Sexualwissenschaft steht vor der Schließung. Neue Zürcher Zeitung am Sonntag, 14. Mai 2006, S. 87
[Bilderbuch der Körperkulturschule Adolf Koch]. Leipzig: Oldenburg 1933

Binding, K. und A. Hoche: Die Freigabe der Vernichtung lebensunwerten Lebens. Ihr Maß und ihre Form. Leipzig: Felix Meiner 1920

Binet, A.: Le fétichisme dans l'amour: Étude de psychologie morbide. Revue philosophique 24, 143–167, 252–274, 1887 (Neuausgabe mit einem Vorwort von A. Béjin. Paris: Payot & Rivages 2000)

Binet, A.: Études de psychologie expérimentale. Le fétichisme dans l'amour usw. Paris: Doin 1888

Birken, L.: Consuming desire. Sexual science and the emergence of a culture of abundance, 1871–1914. Ithaca, London: Cornell Univ. Press 1988

Bjerre, P.: Das Mysterium des Orgasmus. In: Marcuse 1928b: 28–33

Bland, L. and L. Doan (ed.): Sexology in culture: Labelling bodies and desires. Chicago, Ill.: Univ. of Chicago Press 1998

Blaschko, A.: Das Sehcentrum bei Fröschen. Med. Diss. Berlin: H. S. Hermann 1880

Blaschko, A.: Beiträge zur Anatomie der Oberhaut. Arch. mikroskop. Anat. 30, 495–528, 1887

Blaschko, A.: Die Berufsdermatosen der Arbeiter. Ein Beitrag zur Gewerbehygiene. I. Das Galvaniseur-Ekzem. Dt. med. Wschr. 15, 925–927, 1889

Blaschko, A.: Die Behandlung der Geschlechtskrankheiten in Krankenkassen und Heilanstalten. Berlin: Fischer's Med. Buchh. H. Kornfeld 1890

Blaschko, A.: Die Verbreitung der Syphilis in Berlin. Unter Benützung amtlichen Materials bearbeitet. Berlin: S. Karger 1892

Blaschko, A.: Syphilis und Prostitution vom Standpunkte der öffentlichen Gesundheitspflege. Berlin: S. Karger 1893

Blaschko, A.: Die Lepra im Kreise Memel. Berlin: S. Karger 1897

Blaschko, A. (Bearb.): Hygiene der Prostitution und der venerischen Krankheiten. (Handbuch der Hygiene, hg. von Th. Weyl, Bd. 10/1). Jena: G. Fischer 1900

Blaschko, A.: Die Nervenvertheilung in der Haut in ihrer Beziehung zu den Erkrankungen der Haut. (Beilage zu den Verhandlungen der Deutschen Dermatologischen Gesellschaft, VII. Kongress, Breslau, Mai 1901). Wien, Leipzig: W. Braumüller 1902

Blaschko, A.: Die gesundheitlichen Schäden der Prostitution und deren Bekämpfung. Nach einem auf der Generalversammlung des Verbandes fortschrittlicher Frauenvereine gehaltenen Vortrage. Berlin: W. und S. Löwenthal 1904 (zugleich in: Die Frauenbewegung 10, 1904)

Blaschko, A. und M. Jacobsohn: Therapeutisches Taschenbuch für Haut- und Geschlechtskrankheiten. Berlin: Fischer's Med. Buchh. H. Kornfeld 1907 (2. Aufl. 1912; 3., neu bearb. Aufl. 1922)

Blaschko, A.: Die Gefahren der Prostitution. Dokumente des Fortschritts 1, 825–830, 1908

Blaschko, A.: Die Verbreitung der Geschlechtskrankheiten in Berlin. Berlin: S. Karger 1918

Blaschko, A.: Hygiene der Geschlechtskrankheiten. 2. Aufl. [von »Hygiene der Prostitution und der venerischen Krankheiten«, Handbuch der Hygiene, hg. von Th.

Weyl, 1900]. (Weyls Handbuch der Hygiene, hg. von A. Gärtner, Bd. 8/2). Leipzig: J. A. Barth 1920a

Blaschko, A.: Ein neues Gesetz zur Bekämpfung der Geschlechtskrankheiten. (Vortrag, gehalten auf der 18. Jahresversammlung der DGBG am 23. Oktober 1920 in Berlin). Mitteilungen der Deutschen Gesellschaft zur Bekämpfung der Geschlechtskrankheiten 18, 111–121, 1920b

Blaschko, A.: 20 Ratschläge für junge Männer. (Veröffentlichungen der Deutschen Gesellschaft zur Bekämpfung der Geschlechtskrankheiten). Berlin: W. Fiebig, o. J. [1921]

Blaschko, H. K. F. [Sohn von A. Blaschko]: My path to pharmacology. Ann. Rev. Pharmacol. Toxicol. 20, 1–14, 1980

Bleibtreu-Ehrenberg, G.: Tabu Homosexualität. Die Geschichte eines Vorurteils. Frankfurt/M.: S. Fischer 1978

Bloch, E.: Das Prinzip Hoffnung. Bd. 2. Frankfurt/M.: Suhrkamp 1959

Bloch, I. [u. d. Pseud. Gerhard von Welsenburg]: Das Versehen der Frauen in Vergangenheit und Gegenwart und die Anschauungen der Aerzte, Naturforscher und Philosophen darüber. Leipzig: Barsdorf 1899

Bloch, I. [u. d. Pseud. Eugen Dühren]: Der Marquis de Sade und seine Zeit. Ein Beitrag zur Cultur- und Sittengeschichte des 18. Jahrhunderts. Mit besonderer Beziehung auf die Lehre von der Psychopathia sexualis. (Studien zur Geschichte des menschlichen Geschlechtslebens, Bd. 1). Berlin, Leipzig: Barsdorf 1900 (3., vollst. durchges. und verm. Aufl. 1901; 9. Aufl. 1927)

Bloch, I. [u. d. Pseud. Albert Hagen]: Die sexuelle Osphresiologie. Die Beziehungen des Geruchssinnes und der Gerüche zur menschlichen Geschlechtsthätigkeit. Charlottenburg: Barsdorf 1901a (2. Aufl. Berlin: Barsdorf 1906) (Studien zur Geschichte des menschlichen Geschlechtslebens, Ergänzungsband)

Bloch, I.: Der Ursprung der Syphilis. Eine medizinische und kulturgeschichtliche Untersuchung. Jena: Fischer 1901b (Abt. 1.), 1911 (Abt. 2.)

Bloch, I. [u. d. Pseud. Eugen Dühren]: Das Geschlechtsleben in England. Mit besonderer Beziehung auf London. 1901–1903/1912 – Teil 1: Die beiden Erscheinungsformen des Sexuallebens. Die Ehe und die Prostitution. Charlottenburg: Barsdorf 1901c (2. Aufl. 1914; 3. Aufl. 1920) – Teil 2: Der Einfluss äußerer Faktoren auf das Geschlechtsleben in England. Berlin: Lilienthal 1903b – Teil 3: Der Einfluss äußerer Faktoren auf das Geschlechtsleben in England (Fortsetzung und Schluss). Berlin: Lilienthal 1903c – 2., veränd. Aufl. u. d. T. »Englische Sittengeschichte«. 2 Bde. Berlin: Louis Marcus Verlagsbuchh. 1912b

Bloch, I.: Beiträge zur Aetiologie der Psychopathia sexualis. Mit einer Vorrede von Albert Eulenburg. 2 Teile in einem Band. Dresden: Dohrn 1902 (Teil 1) und 1903a (Teil 2)

Bloch, I. [u. d. Pseud. Eugen Dühren]: Neue Forschungen über den Marquis de Sade und seine Zeit. Mit besonderer Berücksichtigung der Sexualphilosophie de Sade's auf Grund des neuentdeckten Original-Manuskriptes seines Hauptwerkes »Die 120 Tage von Sodom«. Mit mehreren bisher unveröffentlichten Briefen und Fragmenten. Berlin: Harrwitz 1904

Bloch, I.: Die Perversen. (Moderne Zeitfragen, Nr. 6). Berlin: Pan-Verlag, o. J. [um 1905]

Bloch, I. [u. d. Pseud. Eugen Dühren]: Rétif de la Bretonne. Der Mensch, der Schriftsteller, der Reformator. Berlin: Harrwitz 1906

Bloch, I.: Das Sexualleben unserer Zeit in seinen Beziehungen zur modernen Kultur. Berlin: Louis Marcus Verlagsbuchh. 1907 (2.-3., vielfach verb. und verm. Aufl. 1907; 4.-6., um einen Anhang verm. und mit Namen- und Sachregister vers. Aufl. 1908; 7.-9., um einen Anhang verm. Aufl.; 10.-12., verb. Aufl. 1919)

Bloch, I.: Die Praxis der Hautkrankheiten. Unnas Lehren für Studierende und Ärzte. Berlin, Wien: Urban & Schwarzenberg 1908a

Bloch, I.: Rezension von Leopold Loewenfeld: Homosexualität und Strafgesetz. Wiesbaden: J. F. Bergmann 1907. Z. Sexualwiss. 1, 106–109, 1908b

Bloch, I.: Die Homosexualität in Köln am Ende des 15. Jahrhunderts. Z. Sexualwiss. 1, 528–535, 1908c

Bloch, I. (Hg.): Sexualpsychologische Bibliothek. 6 Bde. Berlin: Louis Marcus Verlagsbuchh. – Bd. 1 und 2: Die Memoiren des Grafen von Tilly. Mit einem Vorwort von F. von Zobeltitz. 1.–5. Aufl. [1909/1910] (zit. als 1909) – Bd. 3: Verbrechertum und Prostitution in Madrid. Von C. B. de Quirós und J. M. Llanas Aguilaniedo. Vorwort von C. Lombroso. 1.–5. Aufl. [1910a] – Bd. 4: Yoshiwara. Die Liebesstadt der Japaner. Von Tresmin-Trémolières. 1.–5. Aufl. Berlin [1910b] (6.-8. Aufl. [um 1920]) – Bd. 5: Das verbrecherische Weib. Von C. Granier. 1.–5. Aufl. [1910c] – Bd. 6: Das Ende einer Gesellschaft. Neue Formen der Korruption in Paris. Von M. Talmeyr. Mit einem Nachwort von I. Bloch. 1.–5. Aufl. [1910d]

Bloch, I.: Zur Einführung [datiert auf den 22. September 1909]. In: Bloch 1909: V–VI

Bloch, I.: Student und Sexualleben. In: Heidelberger Akademischer Almanach für das Winter-Semester 1909/10, hg. vom Ausschuss der Heidelberger Freien Studentenschaft. Heidelberg: Verlag der Herausgeber 1909; auch in: Almanach für das Sommer-Semester 1910 (zit. als 1909/1910)

Bloch, I. (Hg.): Handbuch der gesamten Sexualwissenschaft in Einzeldarstellungen. Berlin: Louis Marcus Verlagsbuchh. – Bd. 1: Bloch, I.: Die Prostitution, Bd. 1, 1912a – Bd. 2: Bloch, I. und G. Loewenstein: Die Prostitution, Bd. 2, 1. Hälfte [alles Erschienene], 1925 – Bd. 3: Hirschfeld, M.: Die Homosexualität des Mannes und des Weibes, 1914

Bloch, I.: Vorrede (zugleich Einleitung zum Handbuch der gesamten Sexualwissenschaft in Einzeldarstellungen). In: Bloch 1912a: V–XXII

Bloch, I.: Eine neue Wissenschaft. B. Z. am Mittag (Berlin), Nr. 273, Erstes Beiheft vom 21. November 1913

Bloch, I.: Aufgaben und Ziele der Sexualwissenschaft. Z. Sexualwiss. 1, 2–11, 1914/15 (zit. als 1914)

Bloch, I.: Zur Erinnerung an Albert Eulenburg. Med. Klinik 13, 774–776, 1917

Bloch, I.: Albert Eulenburg †. Z. Sexualwiss. 4, 121–122, 1917/1918a

Bloch, I.: Worte der Erinnerung an Albert Eulenburg. [Sitzung der Ärztlichen

Gesellschaft für Sexualwissenschaft und Eugenik vom 15. Juni 1917 in Berlin]. Z. Sexualwiss. 4, 240–243, 1917/1918b

Bloch, I.: Vortrag bei Gründung der Ärztlichen Gesellschaft für Sexualwissenschaft in Berlin am 21. Februar 1913. In: Reitzenstein 1922: 117–126

Bloch, I. und G. Loewenstein: Die Prostitution. Bd. 2, 1. Hälfte [alles Erschienene]. (Handbuch der gesamten Sexualwissenschaft in Einzeldarstellungen, Bd. 2). Berlin: Louis Marcus Verlagsbuchh. 1925

Bloch, K. H.: Die Bekämpfung der Jugendmasturbation im 18. Jahrhundert. Ursachen, Verlauf, Nachwirkungen. Frankfurt/M. u.a.: Lang 1998 (Studien zur Sexualpädagogik, Bd. 11)

Bloch, K. H.: Masturbation und Sexualerziehung in Vergangenheit und Gegenwart. Ein kritischer Literaturbericht. Frankfurt/M. u.a.: Lang 1989

Bloch, R. [Sohn von I. Bloch]: Persönliche Mitteilungen an Volkmar Sigusch vom 29. 7. 1986, 23. 8. 1986, 1. 9. 1986, 18. 1. 1987

Bluhm, A.: Rassenhygiene. In: Marcuse 1926, 2. Aufl.: 640–647

Boccaccio, G.: Das Dekameron. Aus dem Italienischen von K. Witte. Düsseldorf, Zürich: Artemis und Winkler 2005

Bock, J.-U.: Albert Eulenburg (1840–1917) – Wegbereiter der Sexualwissenschaft. Eine wissenschaftsbiographische Studie zur Zeit- und Ideengeschichte der frühen deutschen Sexualwissenschaft. Med. Diss., Humboldt-Universität Berlin 2000

Bockel, R. von: Philosophin einer »neuen Ethik«: Helene Stöcker (1869–1943). Hamburg: Ed. Hamburg, Bormann & von Bockel 1991

Bockting, W. O. und E. Coleman (Hg.): Masturbation as a means of achieving sexual health. New York u.a.: Haworth 2002

Böllinger, L. und R. Lautmann (Hg.): Vom Guten, daß noch stets das Böse schafft. Kriminalwissenschaftliche Essays zu Ehren von Herbert Jäger. Frankfurt/M.: Suhrkamp 1993

Bölsche, W.: Das Liebesleben in der Natur. Eine Entwicklungsgeschichte der Liebe. 3 Bde. Berlin, Leipzig: Eugen Diederichs 1898–1903

Borgius, [W.]: Mutterschutz und Rassenhygiene. Mutterschutz 1, 207–212, 1905

Borck, C.: Stichwort »Sexualität. Teil I«. In: Ritter und Gründer 1995: 725–730

Borneman, E.: Sex im Volksmund. Der obszöne Wortschatz der Deutschen. Bd. 1, Wörterbuch von A-Z. Reinbek: Rowohlt Taschenbuch 1974

Borneman, E.: Das Patriarchat. Ursprung und Zukunft unseres Gesellschaftssystems. Frankfurt/M.: S. Fischer 1975

Borneman, E.: Die Urszene. Eine Selbstanalyse. Frankfurt/M.: S. Fischer 1977

Borneman, E.: Ullstein Enzyklopädie der Sexualität. Frankfurt/M., Berlin: Ullstein 1990

Bornemann, Eva: Leichen am Legendenwegrand. In: Aigner, J. Ch. und R. Gindorf (Hg.): Von der Lust der Last. Sexualität zwischen Liberalisierung und Entfremdung. Wien: Verlag für Gesellschaftskritik 1986: 261–264

Borrmann, R.: Pädagogische Grundlegung sozialistischer Sexualerziehung. In: Grassel, H. und K. Bach (Hg.): Kinder- und Jugendsexualität. Berlin: Deutscher Verlag der Wissenschaften 1979: 176–198

Boyle, T. C.: The inner circle. New York: Penguin 2004 (dt.: Dr. Sex. München: Hanser 2005)

Braker, R.: Helene Stöcker's pacifism: International intersections. Peace & Change 23 (4), 455–465, 1998

Brandhorst, H.: From neo-malthusianism to sexual reform: The Dutch section of the World League for Sexual Reform. J. Hist. Sex. 12, 38–67, 2003

Braun, Ch. v.: Ist die Sexualwissenschaft eine »jüdische Wissenschaft«? Z. Sexualforsch. 14, 1–17, 2001

Braun, Ch. v. und I. Stephan (Hg.): Gender-Studien. Eine Einführung. Stuttgart, Weimar: J. B. Metzler 2000

Braun, K.: Die Krankheit Onania. Körperangst und die Anfänge moderner Sexualität im 18. Jahrhundert. Frankfurt/M., New York: Campus 1995

Bräutigam, W.: Sexualmedizin im Grundriß. Eine Einführung in Klinik, Theorie und Therapie der sexuellen Konflikte und Störungen. Stuttgart: Thieme 1977

Bräutigam, W. und U. Clement: Sexualmedizin im Grundriß. Eine Einführung in Klinik, Theorie und Therapie der sexuellen Konflikte und Störungen. 3., neubearb. und erweit. Aufl. Stuttgart, New York: Thieme 1989

Bré, R. [d.i. Elisabeth Bouness]: Keine Alimentationsklage mehr! Schutz den Müttern! Ein Weckruf an alle, die eine Mutter hatten. Leipzig: Dietrich 1905a

Bré, R. [d.i. Elisabeth Bouness]: Ecce Mater! »Siehe, eine Mutter!« Roman. Leipzig: Dietrich 1905b

Brecher, E. M.: The sex researchers. Boston: Little, Brown 1969 (dt.: Vom Tabu zum Sexlabor. Die erste Geschichte der Sexualforschung. Reinbek: Rowohlt 1971)

Brecht, K., V. Friedrich, L. Hermanns, I. Kaminer und D. Juelich (Hg.): »Hier geht das Leben auf eine sehr merkwürdige Weise weiter ...«. Zur Geschichte der Psychoanalyse in Deutschland. Hamburg: Kellner 1985

Brede, K. u.a. (Hg.): Befreiung zum Widerstand. Aufsätze über Feminismus, Psychoanalyse und Politik. Margarete Mitscherlich zum 70. Geburtstag. Frankfurt/M.: S. Fischer 1987

Bredow, W. von und Th. Noetzel: Befreite Sexualität? Streifzüge durch die Sittengeschichte seit der Aufklärung. Hamburg: Junius 1990

Breidecker, V.: Und das geschlechtliche Elend dauert fort und fort. Jenseits von Psychiatrie und Psychochirurgie: Dem weltweit angesehenen Frankfurter Institut für Sexualwissenschaft droht die Schließung. Süddeutsche Zeitung, 9. Januar 2006, S. 11

Bremmer, J.: From Sappho to de Sade. Moments in the history of sexuality. London, New York: Routledge 1989

Bretschneider, W.: Sexuell aufklären – rechtzeitig und richtig. 11., erg. Aufl. Leipzig u.a.: Urania 1965

Breuer, J. und S. Freud: Studien über Hysterie. Leipzig, Wien: Deuticke 1895 (ohne Breuers Beiträge in: S. Freud, Gesammelte Werke, Bd. 1)

Brocher, T.: Psychosexuelle Grundlagen der Entwicklung. Opladen: Leske 1971

Brome, V.: Havelock Ellis. Philosopher of sex. London: Routledge & Kegan Paul 1979

Brömmer, G.: Die Bedeutung Alfred Blaschkos bei der Bekämpfung der Geschlechtskrankheiten in Deutschland. Med. Diss., Humboldt-Universität Berlin 1986
Brosses, Ch. de: Du culte des dieux fétiches usw. Genf: Cramer 1760; Paris: o. V. 1760 (dt. von Chr. B. H. Pistorius: Über den Dienst der Fetischengötter usw. Berlin: Lange 1786; Reprints der Ausgabe von 1760: Farnborough: Gregg Internat. 1972; Paris: Fayard 1988)
Brouardel, P.: Étude critique sur la valeur des signes attribués à la pédérastie. Annales d'hygiène publique et de médecine légale, 3. Serie, Bd. 4, 182–189, 1880
Brückner, H.: Das Sexualwissen unserer Jugend. Dargestellt als Beitrag zur Erziehungsplanung. Berlin: Deutscher Verlag der Wissenschaften 1968
Bruhn, P. K.: Das erotische Leben der Kinder und der Jugendlichen. In: Greenwood 1931: 565–576
Bruns, C. und T. Walter (Hg.): Von Lust und Schmerz. Eine Historische Anthropologie der Sexualität. Köln u.a.: Böhlau 2004
Buddeberg, C.: Sexualberatung. Eine Einführung für Ärzte, Psychotherapeuten und Familienberater. Stuttgart: Enke 1983 (2., überarb. und erweit. Aufl. 1987; 3., überarb. und erweit. Aufl. 1996)
Bühler, Ch.: Männliche und weibliche Pubertätsentwicklung. In: Marcuse 1928b: 35–41
Bullough, V. L.: The history of prostitution. New Hyde Park, N.Y.: Univ. Books 1964
Bullough, V. L.: Sexual variance in society and history. New York u.a.: Wiley 1976
Bullough, V. L.: Homosexuality: A history. New York: New American Library 1979
Bullough, V. L.: The physician and research into human sexual behavior in nineteenth century Germany. Bull. Hist. Med. 63, 247–267, 1989
Bullough, V. L.: Science in the bedroom. A history of sex research. New York: Basic Books 1994
[Bundeszentrale für gesundheitliche Aufklärung (Hg.)]: Sexualkunde-Atlas. Biologische Informationen zur Sexualität des Menschen. Opladen: Leske 1969
Büntig, W. E.: Das Werk von Wilhelm Reich und seinen Nachfolgern. In: Eicke 1977: 383–425
Burchard, E.: II. [Entgegnung auf Albert Moll]. Deutscher Kampf, H. 8, 32–36, 1905
Bürger-Prinz, H., H. Albrecht und H. Giese: Zur Phänomenologie des Transvestitismus bei Männern. (Beitr. Sexualforsch., H. 3). 2. Aufl. Stuttgart: Enke 1965
Burian, W.: Psychoanalyse und Marxismus. Eine intellektuelle Biographie Wilhelm Reichs. Frankfurt/M.: Makol 1972
Burian, W.: Sexualität, Natur, Gesellschaft. Eine psycho-politische Biographie Wilhelm Reichs. Freiburg i. Br.: Ça-Ira-Verlag 1985
Burt, R. L.: Friedrich Salomo Krauss (1859–1938). Selbstzeugnisse und Materialien zur Biobibliographie des Volkskundlers, Literaten und Sexualforschers mit einem Nachlaßverzeichnis und einem Beitrag von Michael Martischnig. Wien: Verlag der Österreichischen Akademie der Wissenschaften 1990

Buschke, A.: Alfred Blaschko †. Dermatol. Z. 36, 93–102, 1922
Bussche, H. van den (Hg.): Medizinische Wissenschaft im »Dritten Reich«. Kontinuität, Anpassung und Opposition an der Hamburger Medizinischen Fakultät. Berlin, Hamburg: Reimer 1989
Busse, St.: »Von der Sowjetunion lernen«. Pawlow – Der Stein des Anstoßes. Psychologie und Geschichte 8, 220–229, 1998
Butler, J.: Bodies that matter. On the discursive limits of »sex«. New York: Routledge 1993 (dt.: Körper von Gewicht. Die diskursiven Grenzen des Geschlechts. Berlin: Berlin-Verlag 1995)
Butler, J.: Excitable speech. A politics of the performative. New York: Routledge 1997 (dt.: Haß spricht. Zur Politik des Performativen. Berlin: Berlin-Verlag 1998)

Cabanis, P. J. G.: Rapports du physique et du moral de l'homme. Paris: Crapart, Caille et Ravier 1802
Calder-Marshall, A.: Havelock Ellis. London: Hart-Davis 1959
Campe, J. H.: Sittenbuechlein für Kinder aus gesitteten Ständen. Frankfurt/M., Leipzig: o. V., 1779 (Nachdruck: Andernach: KARI-Verlag 1999)
Campe, J. H.: Theophron, oder der erfahrne Rathgeber für die unerfahrne Jugend usw. Hamburg: Bohn 1783
Capel, R.: Tentations: Their nature, danger, cure usw. London: R. B[adger] 1633 (dt.: Geistreicher Tractat. Von Sündlichen Versuchungen worinne ihre Gefahr Natur und Cur gezeiget wird. Anitzo Zur Beförderung des wahren Christentums aus dem Engelländischen ins Hoch-Teutsche übersetzet. Aschersleben, Quedlinburg: Struntz 1701)
Caplan, P.: The cultural construction of sexuality. London: Tavistock 1987
Carpenter, E.: My days and dreams. London: Allen and Unwin 1916
Casper, [J. L.]: Ueber Nothzucht und Päderastie und deren Ermittelung Seitens des Gerichtsarztes. Nach eigenen Beobachtungen. Vierteljahrsschr. gerichtl. öffentl. Med. 1, 21–78, 1852 (teilw. in Hohmann 1977)
Casper, J. L.: Practisches Handbuch der gerichtlichen Medicin. 2 Bde. Berlin: A. Hirschwald 1857 (Bd. 1) und 1858 (Bd. 2)
Casper, J. L.: Klinische Novellen zur gerichtlichen Medicin. Nach eigenen Erfahrungen. Berlin: Hirschwald 1863
Chambard, E.: Du somnambulisme en général: Analogies, signification nosologique et étiologie. Paris: Parent 1881
Charcot, J.-M. und V. Magnan: Inversion du sens génital usw. Archives de neurologie 3, 53–60 und 4, 296–322, 1882
Chasseguet-Smirgel, J. (Hg.): La sexualité feminine. Paris: Payot 1964 (dt.: Psychoanalyse der weiblichen Sexualität. Frankfurt/M.: Suhrkamp 1974)
Chasseguet-Smirgel, J.: Ethique et esthétique de la perversion. Seyssel: Ed. Champ Vallon 1984 (dt.: Anatomie der menschlichen Perversion. Stuttgart: DVA 1989)
Chevalier, J.: De l'inversion de l'instinct sexuel au point de vue médico-légal. Paris: Doin 1885

Chevalier, J.: Une maladie de la personalité: L'inversion sexuelle; psycho-physiologie, sociologie, tératologie, aliénation mentale, psychologie morbide, anthropologie, médicine judiciaire. Vorwort von A. Lacassagne. Lyon, Paris: A. Storck, G. Masson 1893

Chiarelli, B.: Mantegazza autore. Notizie bibliografiche. Biblioteca di Antropologia, Università di Firenze, Nr. 1, 162–172, 1981

Chodorow, N. J.: The reproduction of mothering. Psychoanalysis, and sociology of gender. Berkeley: Univ. of California Press 1978 (dt.: Das Erbe der Mütter. Psychoanalyse und Soziologie der Geschlechter. München: Frauenoffensive 1985)

Chorier, N. (Ps. Meursius, Johannes): Aloisiae Sigaeae toletanae satyra sotadica de arcanis amoris et veneris [um 1660] (dt. u.a.: Die Gespräche der Aloisia Sigaea. Leipzig: Insel 1903)

Christenson, C. V.: Kinsey. A biography. Bloomington: Indiana Univ. Press 1971

Clement, U.: Sexualität im sozialen Wandel. Eine empirische Vergleichsstudie 1966 und 1981. Stuttgart: Enke 1986

Clement, U.: Zum Verhältnis von Sexualwissenschaft und Psychoanalyse. Z. psychosom. Med. 39, 63–74, 1993

Clement, U.: Systemische Sexualtherapie. Stuttgart: Klett-Cotta 2004

Cleminson, R.: »Science and sympathy« or »sexual subversion on a human basis«? Anarchists in Spain and the World League for Sexual Reform. J. Hist. Sex. 12, 110–121, 2003

Clevenger, S. V.: Hunger the primitive desire. Science – A Weekly Journal of Scientific Progress, OS-2 (30), 15. Januar 1818, S.14

Collis, J. St.: An artist of life. A study of the life and work of Havelock Ellis. London: Cassell 1959 (auch u. d. T. »Havelock Ellis: Artist of life. A study of his life and work«. New York: W. Sloane Assoc. 1959)

Colussi, P.: Laura Solera Mantegazza. Una tranquilla famiglia borghese. www.storiadimilano.it (Storia di Milano, Ritratti feminili), 2002

Condon, B.: Kinsey (Spielfilm). USA 2004

Condorcet, J.-A.-N. de Caritat, Marquis de (1790): Sur l'admission des femmes au droit de Cité (Nachdruck). Witney: Micro Graphix 1992

Corbin, A. (Hg.): Die sexuelle Gewalt in der Geschichte. Berlin: Wagenbach 1992

Cremerius, J.: Der »Fall« Wilhelm Reich als Exempel für Freuds Umgang mit abweichenden Standpunkten eines besonderen Schülertypus. In: Fallend und Nitzschke 1997: 131–166

Crozier, I.: »All the world's a stage«: Dora Russell, Norman Haire, and the 1929 London World League for Sexual Reform Congress. J. Hist. Sex. 12, 16–37, 2003

Czarnowski, G.: »Die restlose Beherrschung dieser Materie«. Beziehungen zwischen Zwangssterilisation und gynäkologischer Sterilitätsforschung im Nationalsozialismus. Z. Sexualforsch. 14, 226–246, 2001

Dahmer, H.: Libido und Gesellschaft. Studien über Freud und die Freudsche Linke. Frankfurt/M.: Suhrkamp 1973

Dallemagne, J.: Dégénérés et déséquilibrés. Brüssel: Henri Lamertin 1894; Paris: Félix Alcan 1895

Dannecker, M.: Der Homosexuelle und die Homosexualität. Frankfurt/M.: Syndikat 1978 (3. Aufl. mit einem Nachwort: Hamburg: EVA 1991)

Dannecker, M.: Menschenbild und Sexualwissenschaft. Bermerkungen zu einem verschleierten Verhältnis. In: Sigusch 1979a: 62–75

Dannecker, M.: Vorwort. In: Schmidt, W. J., Jahrbuch für sexuelle Zwischenstufen, Bd. 1, 1983: 5–15

Dannecker, M.: Sehr geehrter Herr Augstein... Offener Brief. In: Sigusch und Gremliza 1986: 52

Dannecker, M.: Das Drama der Sexualität. Frankfurt/M.: Athenäum 1987 (Neuausgabe: Hamburg: EVA 1992)

Dannecker, M.: Kann empirische Sexualforschung kritisch sein? Zum Andenken an Alfred C. Kinsey. Z. Sexualforsch. 2, 207–215, 1989

Dannecker, M.: Homosexuelle Männer und AIDS. Eine sexualwissenschaftliche Studie zu Sexualverhalten und Lebensstil. (Schriftenreihe des Bundesministers für Jugend, Familie, Frauen und Gesundheit, Bd. 252). Stuttgart: Kohlhammer 1990

Dannecker, M.: Der homosexuelle Mann im Zeichen von AIDS. Hamburg: Klein 1991

Dannecker, M.: Sexualität als Gegenstand der Sexualforschung. Z. Sexualforsch. 4, 281–293, 1991

Dannecker, M.: Rede zur Einweihung einer Gedenksäule für Magnus Hirschfeld am 14. Mai 1995 in Berlin. Mitt. Magnus-Hirschfeld-Ges., Nr. 22/23, 9–12, 1996 (auch in: Seeck 2003)

Dannecker, M.: Vorwiegend homosexuell. Aufsätze, Kommentare, Reden. Hamburg: MännerschwarmSkript 1997

Dannecker, M.: Die verspätete Empirie. Anmerkungen zu den Anfängen der Deutschen Gesellschaft für Sexualforschung. Z. Sexualforsch. 166–180, 2001

Dannecker, M.: Probleme der männlichen homosexuellen Entwicklung. In: Sigusch 2007a: 55–65

Dannecker, M. und A. Katzenbach (Hg.): 100 Jahre Freuds »Drei Abhandlungen zur Sexualtheorie«. Aktualität und Anspruch. Gießen: Psychosozial-Verlag 2005

Dannecker, M. und R. Reiche: Der gewöhnliche Homosexuelle. Eine soziologische Untersuchung über männliche Homosexuelle in der Bundesrepublik. Frankfurt/M.: S. Fischer 1974

Dannecker, M. und R. Reiche: Sexualität und Gesellschaft. Festschrift für Volkmar Sigusch. FrankfurtM., New York: Campus 2000

Dannecker, M. und V. Sigusch (Hg.): Sexualtheorie und Sexualpolitik. (Beitr. Sexualforsch., Bd. 59). Stuttgart: Enke 1984

Dannecker, M., G. Schmidt und V. Sigusch: In eigener Sache. Eine Erklärung der Herausgeber [zur Streichung der Begründer H. Bürger-Prinz und H. Giese im

Impressum der Monografienreihe]. In: Beitr. Sexualforsch., Bd. 67 (= C. Wernz, Sexualität als Krankheit), Vorsatzseiten. Stuttgart: Enke 1993

Dannecker, M., G. Schmidt, E. Schorsch und V. Sigusch: Stellungnahme zu den Forschungen des Endokrinologen Prof. Dr. Günter Dörner zum Thema Homosexualität. Sexualmed. 10, 110–111, 1981 (auch in: Dannecker und Sigusch 1984: 123–126)

Darré, R. W.: Neuadel aus Blut und Boden. München u.a.: Lehmann 1930

Darwin, Ch. R.: On the origin of species by means of natural selection, or, The preservation of favoured races in the struggle for life. London: John Murray 1859

Darwin, Ch. R.: The descent of man, and Selection in relation to sex. 2 Bde. London: John Murray 1871

Darwin, E.: Zoonomia, or The laws of organic life. 2 Bde. London: J. Johnson 1794–1796

David, E.: Bessere Sexualauslese. Die neue Generation 6, 299–307, 1910

Davidson, A. I.: Sex and the emergence of sexuality. Critical Inquiry 14, 16–48, 1987 (auch in: Stein 1990)

Dekker, A. und G. Schmidt: Patterns of masturbatory behaviour. Changes between the Sixties and the Nineties. J. Psychol. Hum. Sex. 14, 35–48, 2002

Demisch, H.-U.: Was ist von der »Orgon«-Hypothese Wilhelm Reichs zu halten? In: Sigusch 1979a: 343–350

Dericks-Tan, J.: Onans Kinder. Merkwürdiges zur Sexualität und Fortpflanzung aus Geschichte und Medizin. Alzenau: Abadi 2000

Derks, P.: Die Schande der heiligen Päderastie. Homosexualität und Öffentlichkeit in der deutschen Literatur 1750–1850. Berlin: Rosa Winkel 1990

Dessoir, M.: Zur Psychologie der Vita sexualis. Allg. Z. Psychiat. 50, 941–975, 1894

Dessoir, M.: Vom Jenseits der Seele. Die Geheimwissenschaften in kritischer Betrachtung. Stuttgart: Enke 1917

Dessoir, M.: Albert Moll zum 70. Geburtstag! In: Schulte, R. W. (Hg.): Festschrift zum 70. Geburtstage von Albert Moll. (Abh. aus den Grenzgebieten d. Psychol. u. Med., Bd. 2). Berlin: Verlag der Monatsschrift »Psychologie und Medizin«, Noffz & Zimmermann 1932

Dessoir, M.: Buch der Erinnerung. Stuttgart: Enke 1946 (2. Aufl. 1947)

[Deutsche Bischofskonferenz (Hg.)]: Ehe und Familie – in guter Gesellschaft. 17. Januar 1999. Bonn 1999

[Deutscher Akademikerbund]: Die Frauenfrage in Deutschland. Bibliographie. Bd. 10. München u.a.: Saur 1982

[Deutscher Akademikerinnenbund e.V. (ab Bd. 4: Institut Frau und Gesellschaft)]: Die Frauenfrage in Deutschland. Bibliographie. N. F., Bde. 1–5 (1981–1986). München u.a.: Saur 1983–1991

Dickinson, R. L. und L. Beam: A thousand marriages. A medical study of sex adjustment. Vorwort von Havelock Ellis. Baltimore: Williams & Wilkins 1931

[Die Grünen im Bundestag (Hg.)]: Selbstbestimmt schwul. § 175 ersatzlos streichen (Reihe »Argumente«). Bonn: Selbstverlag 1989

Diebow, H. (Hg.): Der ewige Jude. 265 Bilddokumente. München, Berlin: Eher Nachf. 1937

Dienel, Ch.: Kinderzahl und Staatsräson. Empfängnisverhütung und Bevölkerungspolitik in Deutschland und Frankreich bis 1918. (Theorie und Geschichte der bürgerlichen Gesellschaft, Bd. 11). Münster: Westfälisches Dampfboot 1995

Dinnerstein, D.: The Mermaid and the Minotaur. Sexual arrangements and human malaise. New York: Harper & Row 1976 (dt.: Das Arrangement der Geschlechter. Stuttgart: DVA 1979)

Dobler, J. (Hg.): Prolegomena zu Magnus Hirschfelds »Jahrbuch für sexuelle Zwischenstufen« (1899–1923). Register, Editionsgeschichte, Inhaltsbeschreibungen. Hamburg: von Bockel 2004

Dobler, J.: Ulrichs vs. Preußen. In: Setz 2004: 49–126

[Documents of the homosexual rights movement in Germany 1836–1927]. Reprint Edition. New York: Arno Press 1975 (enthält Arbeiten von Karsch, Ulrichs, Hirschfeld u.a.)

Dohr, B.: [Onanie]. Unveröffentl. Manuskript. O. O., o. J. [Berlin, 1993]

Dörner, K.: Nationalsozialismus und Lebensvernichtung. Vierteljahrshefte für Zeitgeschichte 15, 121–152, 1967

Dörner, K.: Wilhelm Reich – oder Sexualität zwischen Wissenschaft und Politik. In: Schmidt, Sigusch und Schorsch 1970: 128–139

Dose, R.: Magnus Hirschfeld als Arzt. Mitt. Magnus-Hirschfeld-Ges., Nr. 13, 9–23, 1989 (auch in: Gooß und Gschwind 1989: 75–98)

Dose, R.: Zum Hirschfeld-Artikel in der »Encyclopedia of Homosexuality«. Mitt. Magnus-Hirschfeld-Ges., Nr. 15, 58–63, 1991

Dose, R.: Max Marcuse. In: Lautmann 1993: 195–197 (zit. als 1993a)

Dose, R.: Thesen zur Weltliga für Sexualreform. Notizen aus der Werkstatt. Mitt. Magnus-Hirschfeld-Ges., Nr. 19, 23–39, 1993b

Dose, R.: Der wissenschaftlich-homosexuelle Tarnverein im Wandel der Zeit. In: Ferdinand, Pretzel und Seeck 1998: 337–348

Dose, R.: Dr. med. Bernhard Schapiro. Eine Annäherung. In: Dannecker und Reiche 2000: 142–157

Dose, R.: Das »Jahrbuch für sexuelle Zwischenstufen« (1899–1923). Mitt. Magnus-Hirschfeld-Ges., Nr. 33/34, 57–62, 2002

Dose, R.: The World League for Sexual Reform: Some possible approaches. J. Hist. Sex. 12, 1–15, 2003

Dose, R.: Die Familie Hirschfeld aus Kolberg. In: Kotowski und Schoeps 2004: 33–64

Dose, R. und H.-G. Klein (Hg.): Mitteilungen der Magnus-Hirschfeld-Gesellschaft. Bd. 1: H. 1 (1983)–H. 9 (1986). Bd. 2: H. 10 (1987)–H. 15 (1991). 2., durchges. u. erweit. Aufl. (Schriftenreihe der Magnus-Hirschfeld-Gesellschaft, Bd. 7). Hamburg: von Bockel 1992

Dreger, A. D.: Hermaphrodites and the medical invention of sex. Cambridge, Mass.: Harvard Univ. Press 1998

Drexler, S., S. Kalinski und H. Mausbach: Ärztliches Schicksal unter der Verfol-

gung 1933–1945 in Frankfurt/M. und Offenbach. Eine Denkschrift. 2. Aufl. Frankfurt/M.: VAS 1990
Drysdale, Ch. V.: Der Standpunkt des Contraceptionisten. In: Marcuse 1928c: 80–82
du Prel, C.: Die vorgeburtliche Erziehung als Mittel zur Menschenzüchtung. Ein Beitrag zur Lösung der socialen Frage. Jena: Costenoble 1899
Duby, G.: Die Frau ohne Stimme. Liebe und Ehe im Mittelalter. (Kleine kulturwissenschaftliche Bibliothek, Bd. 13). Berlin: Wagenbach 1989
Duché, D.-J.: Histoire de l'onanisme. Paris: Presses Universitaires de France 1994
Dück, J.: Grundfragen der Sexualpädagogik. In: Marcuse 1928b: 42–47
Duden, B.: Das schöne Eigentum. Zur Herausbildung des bürgerlichen Frauenbildes an der Wende vom 18. zum 19. Jahrhundert. Kursbuch 47, 125–142, 1977
Duden, B.: Geschichte des Ungeborenen. Zur Erfahrungs- und Wissenschaftsgeschichte der Schwangerschaft, 17.–20. Jahrhundert. Göttingen: Vandenhoeck & Ruprecht 2002
Duden, B.: Geschichte unter der Haut. Ein Eisenacher Arzt und seine Patientinnen um 1730. Stuttgart: Klett-Cotta 1987
Duerr, H. P.: Der Mythos vom Zivilisationsprozeß. Bd. 1: Nacktheit und Scham, 1988; Bd. 2: Intimität, 1990; Bd. 3: Obszönität und Gewalt, 1993; Bd. 4: Der erotische Leib, 1997; Bd. 5: Die Tatsachen des Lebens, 2002. Frankfurt/M.: Suhrkamp 1988–2002
Dulong, C.: Zwischen Eros und Sexus. Die Liebe im 17. Jahrhundert. Hamburg: von Schröder 1971
Dupont, M.: Biologische und psychologische Konzepte im »Dritten Reich« zur Homosexualität. In: Jellonek und Lautmann 2002: 189–207
Dupont, M.: Sexualwissenschaft im »Dritten Reich«. Eine Inhaltsanalyse medizinischer Zeitschriften. Med. Diss., Universität Frankfurt/M. 1996
Düring, S.: Über sequentielle Homo- und Heterosexualität. Z. Sexualforsch. 7, 193–202, 1994
Düring, S.: Probleme der weiblichen sexuellen Entwicklung. In: Sigusch 2007a: 29–35
Düring, S. und M. Hauch (Hg.): Heterosexuelle Verhältnisse. (Beitr. Sexualforsch., Bd. 71). Stuttgart: Enke 1995
[Dutoit-Mambrini, Ph.:] De l'onanisme ou Discours philosophique et moral sur la luxure artificielle et sur tous les crimes relatifs. Lausanne: Chapuis 1760

Ebbinghaus, A., H. Kaupen-Haas und K. H. Roth (Hg): Heilen und Vernichten im Mustergau Hamburg. Bevölkerungs- und Gesundheitspolitik im Dritten Reich. Hamburg: Konkret Literatur 1984
Ebstein, E.: In memoriam. Iwan Bloch. With Bibliographia Blochiana. Medical Life 30 (2), 57–70, 1923 (fehlerhaft)
Eder, F. X.: Kultur der Begierde. Eine Geschichte der Sexualität. München: C. H. Beck 2002

Eder, F. X. und S. Frühstück (Hg.): Neue Geschichten der Sexualität. Beispiele aus Ostasien und Zentraleuropa 1700–2000. Wien: Turia & Kant 1999

Eder, F. X., L. A. Hall und G. Hekma (Hg.): Sexual cultures in Europe. National histories. Manchester: Manchester Univ. Press 1999

Egger, B.: Iwan Bloch und die Konstituierung der Sexualwissenschaft als eigene Disziplin. Med. Diss., Universität Düsseldorf 1988 (mit Personalbibliografie)

Ehrenfels, Ch. von: Sexuales Ober- und Unterbewußtsein. Pol.-anthropol. Revue 2, 456–476, 1903

Ehrenfels, Ch. von: Das Mutterheim. Pol.-anthropol. Revue 5, 221–239, 1906

Ehrenfels, Ch. von: Sexualethik. (Grenzfragen des Nerven- und Seelenlebens, 56). Wiesbaden: J. F. Bergmann 1907

Ehrenfels, Ch. von: »Doppelte« – und differenzierte Moral. Sexual-Probleme 4, 66–82, 1908a

Ehrenfels, Ch. von: Die gelbe Gefahr. Sexual-Probleme 4, 185–205, 1908b

Ehrenfels, Ch. von: Die sadistischen Liebesopfer des Abend- und des Morgenlandes. Sexual-Probleme 4, 299–320, 1908c

Ehrenfels, Ch. von: Weltpolitik und Sexualpolitik. Sexual-Probleme 4, 472–489, 1908d

Ehrenfels, Ch. von: Die Postulate des Lebens. Sexual-Probleme 4, 614–635, 1908e

Ehrenfels, Ch. von: Die sexuelle Not. [Vortrag vom 16. Dezember 1908 über das Buch »Die sexuelle Not« von Fritz Wittels und Diskussion in der Wiener Psychoanalytischen Vereinigung]. In: Nunberg und Federn 1977, Bd. 2: 74–83 (zit. als 1908/1977a)

Ehrenfels, Ch. von: Züchterisches Reformprogramm. [Vortrag vom 23. Dezember 1908 und Diskussion in der Wiener Psychoanalytischen Vereinigung]. In: Nunberg und Federn 1977, Bd 2: 84–91 (zit. als 1908/1977b)

Ehrenfels, Ch. von: Ein Züchtungsfanatiker. Sexual-Probleme 5, 347–354 und 909–924, 1909

Ehrenfels, Ch. von: Offener Brief an Max Marcuse. Sexual-Probleme 9, 221–224, 1913a

Ehrenfels, Ch. von: Eingesandt [Brief vom 7. April 1913 an Max Marcuse als Redakteur]. Sexual-Probleme 9, 356, 1913b

Ehrenfels, Ch. von: Das Heilgebot des großen Krieges. Unveröffentl. Manuskript, 1915 (zit. nach Rug und Mulligan 1986)

Ehrenfels, Ch. von: Kosmogonie. Jena: Diederichs 1916

Ehrenfels, Ch. von: Kulturelle und eugenische Sexualmoral. In: Weil 1922: 85–98

Ehrenfels, Ch. von: Die Religion der Zukunft. Prag: Calve 1929

Ehrenfels, Ch. von: Die Sexualmoral der Zukunft. Arch. Rassen- und Gesellschaftsbiol. 22, 292–304, 1930

Ehrenfreund, E.: Bibliografia degli scritti di Paolo Mantegazza. Firenze: Stab. Grafico Commerciale 1926

Eicher, W.: Die sexuelle Erlebnisfähigkeit und die Sexualstörungen der Frau. Leitfaden für die ärztliche Praxis. Stuttgart: G. Fischer 1975 (2., neubearb. und erweit. Aufl. 1977)

Eicher, W. (Hg.): Sexualmedizin in der Praxis. Ein kurzes Handbuch. Stuttgart: G. Fischer 1980

Eicher, W.: 10 Jahre Heidelberger Fortbildung. Sexualmed. 15, 290, 1986

Eicher, W.: Sexualmedizin in der Frauenheilkunde. Frauenarzt 36, 575–580, 1995

Eicher, W. und F. Kubli: Sexualmedizinische Probleme in der Gynäkologie. Geburtsh. Frauenheilk. 33, 732–736, 1973

Eicke, D. (Hg.): Die Psychologie des 20. Jahrhunderts. Bd. 3. Zürich: Kindler 1977

Eissler, K. R.: Sigmund Freud und die Wiener Universität. Über die Pseudo-Wissenschaftlichkeit der jüngsten Freud-Biographik. Bern, Stuttgart: Huber 1966

Elias, N. (1939): Über den Prozeß der Zivilisation. Soziogenetische und psychogenetische Untersuchungen. 2 Bde. 2., verm. Aufl. Bern: Francke 1969

Ellenberger, H. F.: Die Entdeckung des Unbewussten. 2 Bde. Bern u.a.: Huber 1973

Ellis, A. und A. Abarbanel (Hg.): Encyclopedia of sexual behavior. New York: Hawthorn Books 1961 (Neuausgabe: New York: Aronson 1973)

Ellis, H.: The new spirit. London: Bell 1890a

Ellis, H.: The criminal. (Contemporary Science Series, Bd. 7). London: Walter Scott; New York: Charles Scribner's Sons 1890b (dt.: Verbrecher und Verbrechen. Leipzig: Wigand 1894; vielf. verb. dt. Ausg. 1895)

Ellis, H.: The nationalization of health. London: Fisher Unwin 1892

Ellis, H.: Man and woman. A study of human secondary sexual characters. (Contemporary Science Series, Bd. 24). London: Walter Scott 1894 und New York: Charles Scribner's Sons 1894 (dt.: Mann und Weib. Anthropologische und psychologische Untersuchung der sekundären Geschlechtsmerkmale beim Menschen. Würzburg: Kabitzsch/Stuber 1894 [auch als: Sexual-Psychologische Studien, Bd. 7])

Ellis, H.: Die Homosexualität (Sexuelle Inversion). Leipzig: Wigand 1896b

Ellis, H.: Sexual inversion. (Studies in the psychology of sex, Bd. 1 oder 2). London oder Watford: Univ. Press [d.i. George Ferdinand Springmuhl von Weissenfeld] 1897 [fraglich, ob erschienen] (s. Ellis 1901a)

Ellis, H.: Auto-erotism. A psychological study. Alienist and Neurologist 19, 260–299, 1898a

Ellis, H.: Affirmations. London: Walter Scott 1898b

Ellis, H.: The nineteenth century. A dialogue in utopia. London: Grant Richards 1900a

Ellis, H.: The analysis of the sexual impuls. Alienist and Neurologist 21, 247–262, 1900b

Ellis, H.: Sexual-Psychologische Studien. 8 Bde. Würzburg: A. Stuber resp. Leipzig: Kabitzsch (1900–1924) [zunächst ohne Bd.-Zählung]: Bd. 1: Geschlechtstrieb und Schamgefühl. 1900c (3. Aufl. 1907; 4. Aufl. 1922) – Bd. 2: Das Geschlechtsgefühl. Eine biologische Studie. 1903a (2. Aufl. 1909; 3. Aufl. 1922) – Bd. 3: Die Gattenwahl beim Menschen mit Rücksicht auf Sinnesphysiologie und allgemeine Biologie 1906a (2. Aufl. 1919; 3. Aufl. 1922) – Bd. 4: Die krankhaften Geschlechts-Empfindungen auf dissoziativer Grundlage. 1907a (3. Aufl. 1922) – Bd. 5: Geschlecht und Gesellschaft. Grundzüge der Soziologie des Geschlechtslebens, I. Teil. 1910a (2. Aufl. 1922) – Bd. 6: Geschlecht und Gesellschaft. Grundzüge der Soziologie des Geschlechtslebens, II. Teil. 1911a (2. Aufl. 1922) – Bd. 7: Mann und Weib. Eine Darstellung der sekundären Geschlechtsmerkmale beim Menschen. [2. Aufl.] 1909 [1. Aufl. 1894 separat erschienen] – Bd. 8: Die Homosexualität (Sexuelle Inversion). [2. Aufl.] 1924 [1. Aufl. 1896 separat erschienen]

Ellis, H.: The evolution of modesty. (Studies in the psychology of sex, Bd. 1 oder 2). Philadelphia: F. A. Davis [ab 2. Aufl. mit dem Zusatz: The phenomena of sexual periodicity. Auto-erotism]. 1900d [Urfass. 1899] (dt.: Geschlechtstrieb und Schamgefühl. Leipzig: Wigand 1900) [auch als: Sexual-Psychologische Studien, Bd. 1]

Ellis, H.: Sexual inversion. (Studies in the psychology of sex, Bd. 2). Philadelphia: F. A. Davis 1901a (s. auch Ellis 1897)

Ellis, H.: The development of the sexual instinct. Alienist and Neurologist 22, 500–521, 615–623, 1901b

Ellis, H.: The sexual impulse in women. Am. J. Dermatol. Genito-Urinary Dis. 6, 46–57, 1902 [enlarged reprint. in: Ders., 1903b)

Ellis, H.: Analysis of the sexual impulse. Love and pain. The sexual impulse in women. (Studies in the psychology of sex, Bd.3). Philadelphia: F. A. Davis 1903b (dt.: Das Geschlechtsgefühl. Eine biologische Studie. Würzburg: A. Stuber [C. Kabitzsch] 1903 [auch als: Sexual-Psychologische Studien, Bd. 2]

Ellis, H.: Sexual selection in man. I. Touch. II. Smell. III. Hearing. IV. Vision. (Studies in the psychology of sex, Bd. 4). Philadelphia: F. A. Davis 1905 (dt.: Die Gattenwahl beim Menschen mit Rücksicht auf Sinnesphysiologie und allgemeine Biologie. Würzburg: A. Stuber [C. Kabitzsch] 1906[b]) [auch als: Sexual-Psychologische Studien, Bd. 3]

Ellis, H.: Erotic symbolism. The mechanism of detumescence. The psychic state in pregnancy. (Studies in the psychology of sex, Bd. 5). Philadelphia: F. A. Davis 1906c (dt.: Die krankhaften Geschlechts-Empfindungen auf dissoziativer Grundlage. Würzburg: A. Stuber [C. Kabitzsch] 1907[b]) [auch als: Sexual-Psychologische Studien, Bd. 4]

Ellis, H.: Sex in relation to society. (Studies in the psychology of sex, Bd. 6). Philadelphia: F. A. Davis 1910b (dt.: Geschlecht und Gesellschaft. Grundzüge der Soziologie des Geschlechtslebens. 2 Teile. Würzburg: C. Kabitzsch [A. Stuber] 1910) [auch als: Sexual-Psychologische Studien, Bde. 5 und 6]

Ellis, H.: The world of dreams. Boston: Mifflin; London: Cassell 1911b (dt.: Die Welt der Träume. Würzburg: Kabitzsch/Stuber 1911)

Ellis, H.: The problem of race regeneration. London: Cassell 1911c

Ellis, H.: The task of social hygiene. Boston: Houghton Mifflin 1912a (dt.: Rassenhygiene und Volksgesundheit. Würzburg: C. Kabitzsch 1912)

Ellis, H.: Impressions and comments. First series. London: Constable; Boston: Mifflin 1914; Second series 1914–1920. London: Constable 1921; Third series 1920–1923. London: Constable; Boston: Mifflin 1924

Ellis, H.: Essays in war-time. Studies in the task of social hygiene. London: Constable 1916; Boston: Mifflin 1917

Ellis, H.: Little essays on love and virtue. New York: Doran 1922

Ellis, H.: The dance of life. Boston, New York: Mifflin 1923 (dt.: Der Tanz des Lebens. Leipzig: Meiner 1928)

Ellis, H.: Moderne Gedanken über Liebe und Ehe. Leipzig: Kabitzsch 1924

Ellis, H.: Eonism and other supplementary studies (Studies in the psychology of sex, Bd. 7). Philadelphia: F. A. Davis (Bd. 7, 1928)

Ellis, H.: More essays of love and virtue. London: Constable; New York: Doubleday, Doran & Company 1931

Ellis, H.: Views and reviews. A selection of uncollected articles, 1884–1932. London: Harmsworth; Boston: Mifflin 1932

Ellis, H.: Psychology of sex. A manual for students. New York: New American Library 1933; London: William Heinemann (Medical Books) 1933

Ellis, H.: My confessional. Questions of our day. London: Lane; Boston, New York: Mifflin 1934

Ellis, H.: Studies in the psychology of sex. 4 Bde. London, New York: Random House 1936a – Vol. I: The evolution of modesty. Analysis of the sexual impulse. – Vol. II: Sexual selection in man. Sexual inversion. – Vol. III: Erotic symbolism. Eonism and other supplementary studies. – Vol. IV: Sex in relation to society.

Ellis, H.: Questions of our day. London: Lane 1936b

Ellis, H.: On life and sex. Essays of love and virtue. New York: Garden City Publishing 1937

Ellis, H.: Freud's influence on the changed attitude toward sex. Am. J. Sociol. 45 (3), 309–317, 1939a

Ellis, H.: Morals, manners, and men. London: Watts 1939b

Ellis, H.: My Life. London, Toronto: William Heinemann 1940

Ellis, H.: Selected essays. London: Dent & Sons 1943

Ellis, H.: Sex and marriage. Eros in contemporary life. Paulton, London: Williams and Norgate 1951

Ellis, H. und A. Moll: Die Funktionsstörungen des Sexuallebens. In: Moll, Handbuch, 1912a: 603–740

Ellis, H. und J. A. Symonds: Das konträre Geschlechtsgefühl. Leipzig: Georg H. Wigand 1896a

Emde Boas, C. van: Het 5de Wereldcongres der Wereldliga voor Sexueele Hervorming. Nederl. Tijdschrift v. Geneeskunde 77, 414–417, 1933

Emde Boas, C. van: Europe, Sex life in. In: Ellis und Abarbanel 1973: 373–383

Emde Boas, C. van: Medizin und Moral. Sexualmed. 1, 9–12, 1972

[Encyclopaedia Britannica:] Wort »Ruthenian«. Bd. 19: 771. Chicago u.a.: Benton 1964

Engelstein, L.: The keys to happiness. Sex and the search for modernity in fin-de-siècle Russia. Ithaca: Cornell Univ. Press 1992

Ensor, R. C. K.: Ellis, Henry Havelock (1859–1939). In: The dictionary of national biography. 1931–1940, ed. by L. G. Wickham Legg. Oxford Univ. Press; London: G. Cumberlege 1949

Enzensberger, H. M.: Mausoleum. Siebenunddreißig Balladen aus der Geschichte des Fortschritts. Frankfurt/M.: Suhrkamp 1975

Epple, A.: Henriette Fürth und die Frauenbewegung im Kaiserreich. Eine Sozialbiographie. (Forum Frauengeschichte, Bd. 17). Pfaffenweiler: Centaurus Verlagsges. 1996

Ericksen, J.: Kiss and tell. Surveying sex in the twentieth century. Cambridge, Mass.: Harvard Univ. Press 1999

Erlach, D. et al. (Hg.): Privatisierung der Triebe? Sexualität in der Frühen Neuzeit. (Frühneuzeitstudien, Bd. 1). Frankfurt/M.: Lang 1994

Ernst, A.-S.: »Der Sozialismus ist die beste Prophylaxe«. Ärzte und medizinische Hochschullehrer in der SBZ/DDR 1945–1961. Münster: Waxmann 1997

Ernst, J.-P., et al.: Reaktionen auf sexuell-agressive Filme. In: Schorsch und Schmidt 1975: 272–298

Ernst, St.: Machtbeziehungen zwischen den Geschlechtern. Wandlungen der Ehe im »Prozess der Zivilisation«. Opladen: Westdeutscher Verlag 1996

[Eros oder Wörterbuch über die Physiologie und über die Natur- und Cultur-Geschichte des Menschen in Hinsicht auf seine Sexualität]. 2 Bde. Berlin: August Rücker 1823

Esquirol, J.-É.-D.: Des maladies mentales usw. 2 Bde. Paris: Baillière 1838

Eulenburg, A. (Bearb): Lehrbuch der functionellen Nervenkrankheiten. Berlin: Hirschwald 1871 (2. Aufl. u. d. T. »Lehrbuch der Nervenkrankheiten«, 1878)

Eulenburg, A. (Hg.): Real-Encyclopädie der gesammten Heilkunde. Medicinisch-chirurgisches Handwörterbuch für praktische Ärzte. 15 Bde. Wien: Urban & Schwarzenberg 1880–1883 (2. Aufl. 23 Bde., 1885–1895; 3. Aufl. 26 Bde. + 9 Erg.-Bde., 1894–1911; 4. Aufl. 26 Bde. + 22 Erg.-Bde., 1907-[1938])

Eulenburg, A.: Über Coitus reservatus als Ursache sexualer Neurasthenie bei Männern. Int. Zentralbl. Harn- und Sexualorgane 4, 3–7, 1893a

Eulenburg, A.: Lombrosos Weib. Die Zukunft, Bd. 5, 2. Dezember 1893b, S. 407–420

Eulenburg, A.: Mann und Weib. Die Zukunft, Bd. 9, 29. Dezember 1894a, S. 586–591

Eulenburg, A.: Rezension von H. Cohn: Was kann die Schule gegen die Masturbation der Kinder thun? Litteratur-Beilage der Dt. med. Wschr., 20. Jg., Nr. 10 vom 11. October 1894b, S. 68

Eulenburg, A.: Rezension von A. Hegar: Der Geschlechtstrieb. Litteratur-Beilage der Dt. med. Wschr., 20. Jg., Nr. 12 vom 8. November 1894c, S. 85

Eulenburg, A.: Rezension von H. Ellis: Mann und Weib sowie Verbrecher und Verbrechen. Litteratur-Beilage der Dt. med. Wschr., 20. Jg., Nr. 13 vom 22. November 1894d, S. 94

Eulenburg, A.: Neuropathia sexualis virorum. In: Zuelzer, W. (Hg.): Klinisches Handbuch der Harn- und Sexualorgane, Bd. IV. Leipzig: Vogel 1894e: 1–79

Eulenburg, A.: Sexuale Neuropathie. Genitale Neurosen und Neuropsychosen der Männer und Frauen. Leipzig: Vogel 1895

Eulenburg, A.: Die Nervosität unserer Zeit. Die Zukunft, Bd. 16, 15. August 1896, S. 302–318

Eulenburg, A.: Paragraph 175. Die Zukunft, Bd. 23, 30. April 1898, S. 185–190

Eulenburg, A.: Der Marquis de Sade. Die Zukunft, Bd. 26, 25. März 1899, S. 497–515, 1899 (auch separat erschienen: Dresden: Dohrn 1901)

Eulenburg, A.: Sacher-Masoch. Die Zukunft, Bd. 35, 25. Mai 1901, S. 306–313

Eulenburg, A.: Sadismus und Masochismus. (Grenzfragen des Nerven- und Seelenlebens, hg. von L. Loewenfeld und H. Kurella, H. 19). Wiesbaden: Bergmann 1902 (2., z.T. umgearb. Aufl. 1911)

Eulenburg, A.: Krafft-Ebing †. Dt. med. Wschr. 29, 39, 1903

Eulenburg, A.: Pathologie der Ehe. Die Zukunft, Bd. 46, 30. Januar 1904a, S. 186–193

Eulenburg, A.: Nervenkrankheiten und Ehe. In: Senator und Kaminer 1904: 594–641 (zit. als 1904b) (2., neubearb. u. verm. Aufl. 1916: 748–797)

Eulenburg, A.: Die Hysterie des Kindes. (Moderne ärztliche Bibliothek, 17). Berlin: Simion 1905

Eulenburg, A.: Rezension von S. Freud: Drei Abhandlungen zur Sexualtheorie. Med. Klinik 2, 740, 1906a

Eulenburg, A.: Sexuale Neurasthenie. In: von Leyden und Klemperer, Bd. 6/1, 1906b: 163–206

Eulenburg, A.: Paragraph 184. Die Zukunft, Bd. 61, 26. Oktober 1907a, S. 121–127

Eulenburg, A.: Geschlechtsleben und Nervensystem. Mitteilungen der Deutschen Gesellschaft zur Bekämpfung der Geschlechtskrankheiten, Bd. 5, Nr. 2 und 5, S. 35–43 und 105–110, 1907b (auch in: Die Umschau 11, 9–12 und 25–29, 1907)

Eulenburg, A.: Sexuelle Diätetik. Zeitschrift für Bekämpfung der Geschlechtskrankheiten 7, 194–213, 1907c

Eulenburg, A.: Rezension von I. Bloch: Das Sexualleben unserer Zeit in seinen Beziehungen zur modernen Kultur. Deutsche Literaturzeitung, Nr. 8 vom 23. Februar 1907d, Spalten 505–507

Eulenburg, A.: Homosexualität und neuer Strafgesetzentwurf. Deutsche Montags-Zeitung (DMZ), Jg. 1, Nr. 13 vom 19. Dezember 1910, S. 1–2

Eulenburg, A.: Die sexuelle Abstinenz und ihre Einwirkung auf die Gesundheit. Zeitschrift für Bekämpfung der Geschlechtskrankheiten 13, 7–36, 1911

Eulenburg, A.: Über sexuelle Perversionen. Z. Sexualwiss. 1, 305–314 und 347–359, 1914/15

Eulenburg, A.: Schopenhauer und die Probleme der Sexualität. Sonntagsbeilage Nr. 24 zur Vossischen Zeitung, Nr. 297 vom 13. Juni 1915

Eulenburg, A.: Moralität und Sexualität. Sexualethische Streifzüge im Gebiete der neueren Philosophie und Ethik. Bonn: A. Marcus & E. Weber's Verlag 1916

Eulenburg, A. und I. Bloch: Vorbemerkung der Herausgeber. Z. Sexualwiss. 1, 1, 1914
Eulenburg, A., W. Kolle und W. Weintraud (Hg.): Lehrbuch der klinischen Untersuchungsmethoden und ihrer Anwendung auf die specielle ärztliche Diagnostik. Berlin u.a.: Urban & Schwarzenberg 1904–1905
Evans, R.: Sozialdemokratie und Frauenemanzipation im deutschen Kaiserreich. Berlin, Bonn: Dietz 1979

Fabian, R. (Hg.): Christian von Ehrenfels. Leben und Werk. Amsterdam: Rodopi 1986
Fallend, K.: Wilhelm Reich in Wien. Psychoanalyse und Politik. Wien/Salzburg: Geyer 1988
Fallend, K. und B. Nitzschke (Hg.): Der »Fall« Wilhelm Reich. Beiträge zum Verhältnis von Psychoanalyse und Politik. Frankfurt/M.: Suhrkamp 1997 (Neuausgabe: Psychosozial-Verlag Gießen 2002)
Fallend, K. und B. Nitzschke: Vorwort zur Neuausgabe. In: Dies., 2002: 13–28
Falck, U.: VEB Bordell. Geschichte der Prostitution in der DDR. Berlin: Links 1998
Farin, M.: Nachtseiten der Liebe. Freisinnig, vorurteilsfrei, aufgeschlossen: der Begründer der Sexualwissenschaft, Richard Freiherr von Krafft-Ebing. Süddeutsche Zeitung, Nr. 184 vom 11./12. August 1990, S. 126
Feddersen, J.: Das Ende der Aufklärung. Das berühmte Institut für Sexualwissenschaft in Frankfurt soll geschlossen werden. Dies wäre mehr als bedauerlich! Es wäre ein zivilisatorischer Verlust – und ein Abschied vom kostbaren aufklärerischen Zeitgeist. Die Tageszeitung (taz), 30. Dezember 2005, S. 11
Fehlinger, H.: Geschlechtsleben und Fortpflanzung der Eskimos. (Abh. aus dem Gebiete d. Sexualforsch., Bd. 3, H. 4). Bonn: A. Marcus & E. Weber's Verlag 1926
[Feministische Studien. Jg. 12, H. 2]: Frauenbewegungen. Weinheim: Deutscher Studien-Verlag 1994
Ferdinand, U.: Die kulturwissenschaftliche Sexualwissenschaft des Ökonomen Julius Wolf (1862–1937). Das Konzept einer sexologischen Bevölkerungstheorie. In: Krassnitzer, P. und P. Overath (Hg.): Bevölkerungsfragen. Prozesse des Wissenstransfers in Deutschland und Frankreich (1870–1939). Köln u.a.: Böhlau 2007: 81–106
Ferdinand, U., A. Pretzel und A. Seeck (Hg.): Verqueere Wissenschaft? Zum Verhältnis von Sexualwissenschaft und Sexualreformbewegung in Geschichte und Gegenwart. (Geschlecht – Sexualität – Gesellschaft. Berliner Schriften zur Sexualwissenschaft und Sexualpolitik, Bd. 1). Münster: LIT 1998
Féré, Ch.: L'instict sexuel. Évolution et dissolution. Paris: Félix Alcan 1899
Ferenczi, S.: Versuch einer Genitaltheorie. (Int. Psychoanal. Bibliothek, Bd. 15). Leipzig, Wien: Int. Psychoanal. Verlag 1924
Feuerbach, L.: Das Wesen des Christenthums. Leipzig: O. Wigand 1841
Finkenrath, K.: I. Internationale Tagung für Sexualreform auf sexualwissenschaft-

licher Grundlage vom 15.–20. September in Berlin. Z. Sexualwiss. 8, 266–272, 1921/22

Fischer, M.: Richard v. Krafft-Ebing. In: Krieger, A. und K. Obser (Hg).: Badische Biographien. VI. Teil, 1901–1910. Heidelberg: Carl Winters Universitätsbuchh. 1935

Flaake, K.: Psychoanalyse. In: v. Braun und Stephan 2000: 169–179

Fleck, F. und M. Fleck: Organische und funktionelle Sexualstörungen. 2., bearb. Aufl. Berlin: Volk und Gesundheit 1974

Fließ, W.: Die Beziehungen zwischen Nase und weiblichen Geschlechtsorganen. In ihrer biologischen Bedeutung dargestellt. Leipzig, Wien: Deuticke 1897

Fließ, W.: Über den ursächlichen Zusammenhang von Nase und Geschlechtsorgan. Zugleich ein Beitrag zur Nervenphysiologie. Halle a. d. S.: Marhold 1902

Forel, A.: Warum, wann und wie sperrt man Menschen in Irrenanstalten ein? Neunter Bericht des Zürcher Hülfsvereins für Geisteskranke über das Jahr 1884. Zürich 1885: 11–22

Forel, A.: Die sexuelle Frage. Eine naturwissenschaftliche, psychologische, hygienische und soziologische Studie für Gebildete. München: Reinhardt 1905

Forel, A.: Rückblick auf mein Leben. Zürich: Büchergilde Gutenberg 1935

Forel, [A.] und [F.] Dehnow: Zu dem nachfolgenden Artikel. Vererbung und Geschlechtsleben 1, 42–44, 1926

Forel, A. und O. Juliusburger: Über Blastophtorie (Keimverderbnis). Z. Sexualwiss. 1, 346–350, 1908

Foucault, M.: Folie et déraison. Histoire de la folie à l'âge classique. Paris: Plon 1961 (dt.: Wahnsinn und Gesellschaft. Eine Geschichte des Wahns im Zeitalter der Vernunft. Frankfurt/M.: Suhrkamp 1969)

Foucault, M.: Naissance de la clinique. Une archéologie du regard médical. Paris: Presses universitaires de France 1963 (dt.: Die Geburt der Klinik. Eine Archäologie des ärztlichen Blicks. München: Carl Hanser 1973)

Foucault, M.: Les mots et les choses. Une archéologie des sciences humaines. Paris: Gallimard 1966 (dt.: Die Ordnung der Dinge. Eine Archäologie der Humanwissenschaften. Frankfurt/M.: Suhrkamp 1971) (zit. 12. Aufl. 1993)

Foucault, M.: L' archéologie du savoir. Paris: Gallimard 1969 (dt.: Archäologie des Wissens. Frankfurt/M.: Suhrkamp 1973) (zit. 5. Aufl. 1992)

Foucault, M.: L'ordre du discours. Leçon inaugurale, faite le mercredi 2 décembre 1970. Paris: Le Collège de France 1971 (dt.: Die Ordnung des Diskurses. Inauguralvorlesung am Collège de France, 2. Dezember 1970. München: Carl Hanser 1974 und Frankfurt/M. u.a.: Ullstein 1977b)

Foucault, M.: Von der Subversion des Wissens. München: Hanser 1974

Foucault, M.: Histoire de la sexualité. Tome 1: La volonté de savoir. Paris: Gallimard 1976 (dt.: Sexualität und Wahrheit. Bd. 1: Der Wille zum Wissen. Frankfurt/M.: Suhrkamp 1977a)

Foucault, M.: Dispositive der Macht. Michel Foucault über Sexualität, Wissen und Wahrheit. Berlin: Merve 1978

Foucault, M.: Das Leben der infamen Menschen. Tumult, Nr. 3, 41–57, 1982

Foucault, M.: Histoire de la sexualité. Tome 2: L'usage des plaisirs. Paris: Gallimard 1984a (dt.: Sexualität und Wahrheit. Bd. 2: Der Gebrauch der Lüste. Frankfurt/M.: Suhrkamp 1986a)

Foucault, M.: Histoire de la sexualité. Tome 3: Le souci de soi. Paris: Gallimard 1984b (dt.: Die Sorge um sich. Frankfurt/M.: Suhrkamp 1986b)

Foucault, M.: Les anormaux. Cours au Collège de France, 1974–1975. Paris: Seuil und Gallimard 1999 (dt.: Die Anormalen. Vorlesungen am Collège de France [1974/1975]. Frankfurt/M.: Suhrkamp 2003)

Frank, J. P.: System einer vollständigen medicinischen Policey [Polizey]. 4 Bde. Mannheim: C. F. Schwan 1779–1788 (2., verb. Aufl., 6 Bde in 8, 1784–1827)

Frank, M.: Slowakische Eiertänze. Ein Tempel für Andy – über die Schwierigkeiten, ein Warhol-Museum zu etablieren. Süddeutsche Zeitung vom 25./26. Oktober 1997, S. VII

Frank, M.: Was ist Neostrukturalismus? Frankfurt/M.: Suhrkamp 1984

Fränkel, H.: Homo mollis. Medicinische Zeitung 22, 102–103, 1853

Fraxi, P. [d.i. Lord Henry Spencer Ashbee]: Index librorum prohibitorum: Being notes bio-biblio-iconographical and critical, on curious and uncommon books. London: Privately printed, 1877

Freud, S. (1877a): Über den Ursprung der hinteren Nervenwurzeln im Rückenmarke von Ammocoetes (Petromyzon Planeri). Sitzungsberichte der kaiserlichen Akademie der Wissenschaften [Wien], Mathematisch-Naturwissenschaftliche Classe, 3. Abt., Bd. 75, S. 15–27

Freud, S. (1877b): Beobachtungen über Gestaltung und feineren Bau der als Hoden beschriebenen Lappenorgane des Aals. Sitzungsberichte der kaiserlichen Akademie der Wissenschaften [Wien], Mathematisch-Naturwissenschaftliche Classe, 1. Abt., Bd. 75, S. 419–431

Freud, S. (1887–1902): Aus den Anfängen der Psychoanalyse. Briefe an Wilhelm Fließ, Abhandlungen und Notizen aus den Jahren 1887–1902. Hg. von M. Bonaparte, A. Freud und E. Kris. London: Imago 1950

Freud, S. (1892/93): Ein Fall von hypnotischer Heilung. Gesammelte Werke, Bd. 1. London: Imago 1952: 1–17

Freud, S. (1895): Über die Berechtigung von der Neurasthenie einen bestimmten Symptomenkomplex als »Angst-Neurose« abzutrennen. Gesammelte Werke, Bd. 1. London: Imago 1952: 313–342

Freud, S. (1895/1950): Entwurf einer Psychologie. In: Ders., Aus den Anfängen der Psychoanalyse (1887–1902). London: Imago 1950: 371–466

Freud, S. (1896): Zur Ätiologie der Hysterie. Gesammelte Werke, Bd. 1. London: Imago 1952: 423–459

Freud, S. (1898): Die Sexualität in der Ätiologie der Neurosen. Gesammelte Werke, Bd. 1. London: Imago 1952: 489–516

Freud, S. (1900): Die Traumdeutung. Gesammelte Werke, Bd. 2/3. London: Imago 1942

Freud, S. (1905/1905a): Drei Abhandlungen zur Sexualtheorie. Wien: Deuticke 1905 [der Wortlaut dieser Erstausgabe kann nicht den Gesammelten Werken entnommen werden; die dort in Bd. 5, S. 27–145, wiedergegebene Fassung wird zit. als 1905a]

Freud, S. (1905b): Der Witz und seine Beziehung zum Unbewußten. Gesammelte Werke, Bd. 6. London: Imago 1940: 1–285

Freud, S. (1906): Meine Ansichten über die Rolle der Sexualität in der Ätiologie der Neurosen. In: L. Löwenfeld: Sexualleben und Nervenleiden. 4. Aufl. Wiesbaden: Bergmann 1906: 242–251

Freud, S. (1908a): Die »kulturelle« Sexualmoral und die moderne Nervosität. Sexual-Probleme 4, 107–129 (vgl. Gesammelte Werke, Bd. 7)

Freud, S. (1908b): Über infantile Sexualtheorien. Sexual-Probleme 4, 763–779 (vgl. Gesammelte Werke, Bd. 7)

Freud, S. (1908c): Hysterische Phantasien und ihre Beziehung zur Bisexualität. Z. Sexualwiss. 1, 27–34 (vgl. Gesammelte Werke, Bd. 7)

Freud, S. (1909): Bemerkungen über einen Fall von Zwangsneurose. Gesammelte Werke, Bd. 7. London: Imago 1941: 381–463

Freud, S. (1910): Drei Abhandlungen zur Sexualtheorie. 2. Aufl. Leipzig, Wien: Deuticke 1910

Freud, S. (1912): Über die allgemeinste Erniedrigung des Liebeslebens. Gesammelte Werke, Bd. 8. London: Imago 1945: 78–91

Freud, S. (1914): Zur Einführung des Narzißmus. Gesammelte Werke, Bd. 10. London: Imago 1946: 137–170

Freud, S. (1915): Triebe und Triebschicksale. Gesammelte Werke, Bd. 10. London: Imago 1946: 209–232

Freud, S. (1916/17): Vorlesungen zur Einführung in die Psychoanalyse. Gesammelte Werke, Bd. 11. London: Imago 1944: 1–482

Freud, S. (1917): Eine Schwierigkeit der Psychoanalyse. Gesammelte Werke, Bd. 12. London: Imago 1947: 1–12

Freud, S. (1918): Das Tabu der Virginität. Gesammelte Werke, Bd. 12. London: Imago 1947: 161–180

Freud, S. (1920): Jenseits des Lustprinzips. Gesammelte Werke, Bd. 13. London: Imago 1940: 1–69

Freud, S. (1923a): Libidotheorie. In: Marcuse 1923: 296–298 (vgl. Gesammelte Werke, Bd. 13)

Freud, S. (1923b): Psychoanalyse. In: Marcuse 1923: 377–383 (vgl. Gesammelte Werke, Bd. 13)

Freud, S. (1925): Einige psychische Folgen des anatomischen Geschlechtsunterschieds. Gesammelte Werke, Bd. 14. London: Imago 1948: 19–30

Freud, S. (1926a): Zur Frage der Laienanalyse. Unterredungen mit einem Unparteiischen. Gesammelte Werke, Bd. 14. London: Imago 1948: 209–296

Freud, S. (1926b): Brief an Max Marcuse vom 26. September 1926 (zit. nach Jones, Bd. 3, 1962: 155 f)

Freud, S. (1926c): Brief vom 6. Mai 1926 an die Mitglieder des Vereins B'nai B'rith. In: Briefe 1873–1939. Ausgew. und hg. von E. und L. Freud. 2., erweit. Aufl. Frankfurt/M.: S. Fischer 1968

Freud, S. (1930): Das Unbehagen in der Kultur. Gesammelte Werke, Bd. 14. London: Imago 1948: 419–506
Freud, S. (1931): Über die weibliche Sexualität. Gesammelte Werke, Bd. 14. London: Imago 1948: 517–537
Freud, S. (1933): Neue Folge der Vorlesungen zur Einführung in die Psychoanalyse. Gesammelte Werke, Bd. 15. London Imago 1944: 1–197
[Freud, S.] (1935): A letter from Freud [an die Mutter eines Homosexuellen, dat. 9. April 1935]. Am. J. Psychiat. 107, 786–787, 1950/51
Freud, S. (1938/1940): Abriss der Psychoanalyse. Gesammelte Werke, Bd. 17. London: Imago 1941: 63–138
Freud, S. (1982): Trauer und Melancholie. Essays. Hg. von F. Fühmann und D. Simon. Berlin: Volk und Welt
Freud, S. (1984): Psychoanalyse. Ausgewählte Schriften zur Neurosenlehre, zur Persönlichkeitstheorie, zur Kulturtheorie. Leipzig: Reclam
Freud, S. und K. Abraham: Briefe 1907 bis 1926, hg. von H. C. Abraham und E. L. Freud. Frankfurt/M.: S. Fischer 1965
Freud, S. und C. G. Jung: Briefwechsel, hg. von W. McGuire und W. Sauerländer. Frankfurt/M.: S. Fischer 1974
Freund, K.: Die Homosexualität beim Mann. Leipzig: Hirzel 1963
Friedeburg, L. v.: Die Umfrage in der Intimsphäre. (Beitr. Sexualforsch., H. 4). Stuttgart: Enke 1953
Friedlaender, B.: Die Renaissance des Eros Uranios. Die physiologische Freundschaft, ein normaler Grundtrieb des Menschen und eine Frage der männlichen Gesellungsfreiheit in naturwissenschaftlicher, naturrechtlicher, culturgeschichtlicher und sittenkritischer Beleuchtung. Schmargendorf-Berlin: Renaissance (Otto Lehmann) 1904
Friedlaender, B.: Paragraph 175. Die Zukunft, Bd. 51, 405–412, 1905
Friedlaender, B.: Denkschrift für die Freunde und Fondzeichner des Wissenschaftlich-Humanitären Komitees im Namen der Sezession des Wissenschaftlich-Humanitären Komitees (1907). In: Ders., Die Liebe Platons im Lichte der modernen Biologie. Gesammelte kleinere Schriften. Treptow bei Berlin: Zack 1909
Friedrich, W.: Jugend und Jugendforschung – Entwicklungsstand und Entwicklungstendenzen. In: Starke, K. und U. Schlegel (Red.): Jugend und Jugendforschung. Entwicklungsstand und Entwicklungstendenzen. 6. Leipziger Kolloquium der Jugendforscher 30. September bis 1. Oktober 1986. Leipzig: ZIJ 1988 (hektografiert)
Friedrich, W., P. Förster und K. Starke (Hg.): Das Zentralinstitut für Jugendforschung Leipzig 1966–1990. Geschichte, Methoden, Erkenntnisse. Berlin: Ed. Ost 1999
Frieling, W. (Hg.): Schwule Regungen – schwule Bewegungen. Berlin: Rosa Winkel 1985
Fritz, U. und A. v. Streit: Über weibliche Homosexualität und ihre wissenschaftliche Untersuchung. In: Sigusch 1979a: 315–340
Fuchs, A.: Richard Freiherr von Krafft-Ebing. Ein Beitrag zur Geschichte der Psy-

chiatrie und Neurologie in Wien. Wiener klin. Rundsch. 17, 243–246, 263–265, 281–284, 1902

Fuchs, A.: Hofrat Richard Freiherr v. Krafft-Ebing †. Münch. med. Wschr. 50, 167, 1903

Fuchs, A.: Richard Freiherr v. Krafft-Ebing. 1840–1902. In: Kirchhoff 1924: 173–183

Fuchs, E.: Das erotische Element in der Karikatur. Ein Beitrag zur Geschichte der öffentlichen Sittlichkeit. Privatdruck. Berlin: A. Hofmann & Comp. 1904

Fuchs, E.: Geschichte der erotischen Kunst. München: Albert Langen 1908–1926 (1. Bd.: Das zeitgeschichtliche Problem, 1908; 2. Bd.: Das individuelle Problem. Erster Teil., 1923; 3. Bd.: Das individuelle Problem. Zweiter Teil, 1926)

Fuchs, E.: Illustrierte Sittengeschichte vom Mittelalter bis zur Gegenwart. 3 Bde. und 3 Ergänzungs-Bde. München: Albert Langen 1909–1912 (1. Bd.: Renaissance, 1909; 1. Erg.-Bd 1909; 2. Bd.: Die galante Zeit, 1910; 2. Erg.-Bd. 1911; 3. Bd.: Das bürgerliche Zeitalter, 1912; 3. Erg.-Bd. 1912)

Fuchs, E. und A. Kind: Die Weiberherrschaft in der Geschichte der Menschheit. 3 Bde. München: Albert Langen 1913 (Bde. 1 und 2) und 1914 (Erg.-Bd.)

Fülgraff, G. und I. Barbey (Hg.): Stereotaktische Hirnoperationen bei abweichendem Sexualverhalten. Abschlussbericht der Kommission beim Bundesgesundheitsamt. Berlin: Reimer 1978

Gagnon, J. H. (1978): Reconsiderations: The Kinsey reports. In: Ders., An interpretation of desire. Essays in the study of sexuality. Chicago, London: Univ. of Chicago Press 2004

Gagnon, J. H. and W. Simon: Sexual conduct. The social sources of human sexuality. Chicago: Aldine; London: Hutchinson 1973

Galdston, I.: Impressions of Iwan Bloch. Medical Life 30 (4), 169–173, 1923 [mit Foto Blochs in seiner Bibliothek]

Gans, O.: Zum 100. Geburtstag von Karl Herxheimer. Hautarzt 12, 241–242, 1961

Garnier, P.: Impuissance physique et morale chez l'homme et la femme. Paris: Garnier Frères 1882

Gathorne-Hardy, J.: Alfred C. Kinsey. Sex the measure of all things. A biography. London: Chatto & Windus 1998

Gay, P.: Erziehung der Sinne. Sexualität im bürgerlichen Zeitalter. München: C. H. Beck 1986

Gebhard, P. H.: Das Kinsey-Institut. In: Magnus-Hirschfeld-Gesellschaft (Hg.): Für ein neues Berliner Institut für Sexualwissenschaft. Berlin: Ed. Sigma Bohn 1987: 19–29

Gebhard, P. H., und A. B. Johnson: The Kinsey data. Marginal tabulations of the 1938–1963 interviews conducted by the Institute for Sex Research. Philadelphia, London: Saunders 1979

Gebhard, P. H., J. Gagnon, W. B. Pomeroy und C. V. Christenson: Sex offenders. An analysis of types. New York: Harper and Row 1965

Gebhard, P. H., W. B. Pomeroy, C. E. Martin und C. V. Christenson: Pregnancy, birth and abortion. New York: Harper and Row 1958 (dt.: Schwangerschaft, Geburt, Abtreibung. Reinbek: Rowohlt 1969)

Gebsattel, V. E. v.: Süchtiges Verhalten im Gebiet sexueller Verirrungen. Mschr. Psychiat. Neurol. 82, 113–177, 1932

Geddes, P. und J. A. Thomson: The evolution of sex. (Contemporary Science Series, Bd. 1). London: Walter Scott 1889 (2., erweit. Aufl. 1901)

Gehlen, A.: Der Mensch. Seine Natur und seine Stellung in der Welt. Berlin: Junker und Dünnhaupt 1940 (13. Aufl. Wiesbaden: Quelle und Meyer 1997)

Gerhard, U.: Unerhört. Geschichte der deutschen Frauenbewegung. Reinbek: Rowohlt Taschenbuch 1990

Geuter, U.: Die Professionalisierung der deutschen Psychologie im Nationalsozialismus. Frankfurt/M.: Suhrkamp 1984

Geuter, U.: Homosexualität in der deutschen Jugendbewegung. Jungenfreundschaft und Sexualität im Diskurs von Jugendbewegung, Psychoanalyse und Jugendpsychologie am Beginn des 20. Jahrhunderts. Frankfurt/M.: Suhrkamp 1994

Geuter, U. und N. Schrauth: Wilhelm Reich, der Körper und die Psychotherapie. In: Fallend und Nitzschke 1997: 190–222

Gicklhorn, J., und R. Gicklhorn: Sigmund Freuds akademische Laufbahn im Lichte der Dokumente. Wien, Innsbruck: Urban & Schwarzenberg 1960

Giese, H.: Untersuchungen zum Wesen der Begegnung. Privatdruck 1945 (Wiederabdruck u. d. T. »Zum Wesen der Begegnung« 1949 in der Eremiten-Presse)

Giese, H.: Rezension von Max Marcuse: »Zur Psychologie der Eifersucht und der Psychopathologie ihres Fehlens«, Psyche – Z. Psychoanal. 1949/50. Z. Sexualforsch. 1, 306–307, 1950

Giese, H. (Hg.): Wörterbuch der Sexualwissenschaft. Bonn: Instituts-Verlag 1952

Giese, H. (Hg.): Die Sexualität des Menschen. Handbuch der medizinischen Sexualforschung. Stuttgart: Enke 1955 (2., neubearb. und erweit. Aufl. 1971)

Giese, H.: Der homosexuelle Mann in der Welt. Stuttgart: Enke 1958 (2., überarb. Aufl. 1964)

Giese, H. (Bearb., in Verbindung mit V. E. v. Gebsattel): Psychopathologie der Sexualität. Stuttgart: Enke 1962a

Giese, H.: Zum Geleit. In: M. Marcuse 1962: 7 (zit. als 1962b)

Giese, H.: Vorwort. In: Sade, D. A. F. Marquis de: Ausgewählte Werke, hg. von Marion Luckow. I. Bd. Hamburg: Merlin 1963

Giese, H. (Hg.): Die sexuelle Perversion. Frankfurt/M.: Akademische Verlagsges. 1967

Giese, H. (Hg): Zur Strafrechtsreform. Symposion der Deutschen Gesellschaft für Sexualforschung vom 13. bis 14. November 1967 in Bonn aus Anlaß des 70. Geburtstages von Hans Bürger-Prinz. (Beitr. Sexualforsch., H. 43). Enke: Stuttgart 1968a

Giese, H. (Hg.): Aufklärung in Illustrierten? (Beitr. Sexualforsch., H. 44). Stuttgart: Enke 1968b

Giese, H.: Zur Psychopathologie der Sexualität [Kapitel aus Giese 1962a]. Mit einer

Einführung von Eberhard Schorsch. Stuttgart: Enke 1973 (identische Ausgabe unter der Autorenschaft Giese und Schorsch im Enke Verlag zusammen mit dem Deutschen Taschenbuch Verlag in dessen »Wissenschaftlicher Reihe« 1973)

Giese, H. und G. Schmidt: Studenten-Sexualität. Verhalten und Einstellung. Eine Umfrage an 12 westdeutschen Universitäten. Reinbek: Rowohlt 1968

Giese, H. und A. Willy (Hg.): Mensch, Geschlecht, Gesellschaft. Das Geschlechtsleben unserer Zeit gemeinverständlich dargestellt. Paris: Guillaume Aldor 1954; dt. Lizenzausgabe: Frankfurt/M.: Günter Zühlsdorf 1954 (2. Aufl. ohne A. Willy: Baden-Baden: Verlag für angewandte Wissenschaften 1961; Taschenbuchausgabe ohne A. Willy, Untertitel: Das Geschlechtleben in unserer Zeit. 2 Bde. München: Wilhelm Goldmann, o. J. [1968])

Gilbert, H. und Ch. Roche: Das Weib sei dem Manne untertan. Eine Geschichte der weiblichen Sexualität. München: Droemersche Verlagsanstalt Knaur Nachf. 1989

Gindorf, R. und E. J. Haeberle (Hg.): Sexualität als sozialer Tatbestand. Theoretische und empirische Beiträge zu einer Soziologie der Sexualitäten. (Schriftenreihe Sozialwissenschaftliche Sexualforschung, Bd. 1). Berlin, New York: de Gruyter 1986

Gindorf, R. und E. J. Haeberle (Hg.): Sexualitäten in unserer Gesellschaft. Beiträge zur Geschichte, Theorie und Empirie. (Schriftenreihe Sozialwissenschaftliche Sexualforschung, Bd. 2). Berlin, New York: de Gruyter 1989

Gindorf, R. und E. J. Haeberle (Hg.): Sexualwissenschaft und Sexualpolitik. Spannungsverhältnisse in Europa, USA und Asien. (Schriftenreihe Sozialwissenschaftliche Sexualforschung, Bd. 3). Berlin, New York: de Gruyter 1992

Gleixner, U.: »Das Mensch« und »der Kerl«. Die Konstruktion von Geschlecht in Unzuchtsverfahren der Frühen Neuzeit (1700–1760). (Reihe Geschichte und Geschlechter, Bd. 8). Frankfurt/M., New York: Campus 1994

Gley, E.: Les aberrations de l'instinct sexuel d'après des travaux récents. Revue philosophique 17, 66–92, 1884

Gley, E.: La question des rapports entre le système nerveux et les glandes sexuelles. In: Marcuse 1927i: 98–104

Gobineau, A. de: Essai sur l'inégalité des races humaines. 4 Bde. in 2. Paris: Firmin-Didot Frères 1853–1855 (dt. u.a.: Die Ungleichheit der Menschenrassen. Berlin: K. Wolff 1934)

Goerke, H. (Hg.): Berliner Ärzte. Selbstzeugnisse. Berlin: Spitz 1965

Goetze, E., A. Mette und L. Pickenhain (Hg.): Tagungs-Bericht der Pawlow-Tagung. Leipzig 15./16. Januar 1953. Veranstaltet vom Ministerium für Gesundheitswesen und Staatssekretariat für Hochschulwesen der DDR. Leitung: D. Müller-Hegemann, A. Peiper, S. Rapoport und M. Zetkin. Berlin: Volk und Wissen 1953

Goldberg, I.: Havelock Ellis. A biographical and critical survey. With a supplementary chapter on Edith Ellis, illustrated & documented. New York: Simon & Schuster 1926

Gollaher, D.: Das verletzte Geschlecht. Die Geschichte der Beschneidung. Berlin: Aufbau-Verlag 2002

[Goodbye to Berlin? 100 Jahre Schwulenbewegung]. Eine Ausstellung des Schwulen Museums und der Akademie der Künste, 17. Mai bis 17. August 1997. Berlin: Rosa Winkel 1997

Gooß, U.: Von der mannmännlichen Liebe zur Homosexualität. In: Gooß und Gschwind 1989: 57–74

Gooß, U. und H. Gschwind (Hg.): Homosexualität und Gesundheit. Berlin: Rosa Winkel 1989

Gorsen, P.: Das Bild Pygmalions. Kunstsoziologische Essays. Reinbek: Rowohlt Taschenbuch 1969

Gorsen, P.: Sexualästhetik. In: Schmidt, Sigusch und Schorsch 1970: 120–127

Gorsen, P.: Kunst und Krankheit. Metamorphosen der ästhetischen Einbildungskraft. Frankfurt/M.: EVA 1980

Gorsen, P.: Nachwort. In: Schmidt, W. J., Jahrbuch für sexuelle Zwischenstufen, Bd. 2, 1984: 257–284

Gorsen, P.: Sexualästhetik. Grenzformen der Sinnlichkeit im 20. Jahrhundert. Reinbek: Rowohlt Taschenbuch 1987

Gorsen, P.: Henri Nouveau et l'esthétique de la sexualité perverse. In: Henri Nouveau. Peintures, collages et dessins. [Ausstellungskatalog]. Antibes: Musée Picasso 1990 : 55–69

Gorsen, P.: Psychopathia sexualis und Kunst. Die Phantasmen der sadomasochistischen Lust. In: Weibel, P. (Hg.): Phantom der Lust. Visionen des Masochismus. Graz, München: Neue Galerie Graz, Belleville 2003: 200–220

Gosney, E. S. und P. Popenoe: Sterilisierung zum Zwecke der Aufbesserung des Menschengeschlechts. (Abh. aus dem Gebiete d. Sexualforsch., Bd. 5, H. 5). Berlin, Köln: A. Marcus & E. Weber's Verlag 1930

[Gotha]. Gothaisches Genealogisches Taschenbuch der Freiherrlichen Häuser. Jg. 91, Teil B. Gotha: Perthes 1941

Goulemot, J. M.: Gefährliche Bücher. Erotische Literatur, Pornographie, Leser und Zensur im 18. Jahrhundert. (Rowohlts Enzyklopädie: Kulturen und Ideen, Bd. 528). Reinbek: Rowohlt Taschenbuch 1993

Gournay, M. Le Jars de (1622): Égalité des hommes et des femmes. A la reyne. Nachdruck: Paris: Côté-femmes 1989

Graaz, H.: I. Die eugenische Abteilung. Aufgaben der Eugenik. Sexualreform 11, 152–158, 1922 [mit vielen distanzierenden Fußnoten der Schriftleitung der »Sexualreform«]

Grassel, H.: Jugend. Sexualität. Erziehung. Zur psychologischen Problematik der Geschlechtserziehung. Berlin: Staatsverlag 1967

Grassel, H.: Zur Problematik der Methoden der Sexualwissenschaft. In: Rennert, H., K.-H. Liebner und H.-D. Rössler (Hg.): Zu aktuellen Problemen der medizinischen Psychologie. Wiss. Beiträge der Martin-Luther-Universität. Halle 1972a: 213–216

Grassel, H. (Hg.): Psychologische und pädagogische Probleme der sexuellen Bildung und Erziehung. Studienmaterial zum Studium der Pädagogischen Psychologie, H. 15. Universität Rostock. Rostock: Manuskriptdruck 1972b

Grau, G.: Entscheidung des Obersten Gerichts der DDR zur Homosexualität. Z. Sexualforsch. 1, 162–165, 1988
Grau, G.: Hirschfeld über die Ursachen der Homosexualität. Zur Bedeutung seiner ätiologischen Hypothesen. Mitt. Magnus-Hirschfeld-Ges., Nr. 13, 17–30, 1989
Grau, G. (Hg.): Homosexualität in der NS-Zeit. Dokumente einer Diskriminierung und Verfolgung. Frankfurt/M.: Fischer Taschenbuch 1993
Grau, G.: Sozialistische Moral und Homosexualität. Die Politik der SED und das Homosexuellenstrafrecht 1945–1989 – ein Rückblick. In: Grumbach 1995: 85–141
Grau, G.: Im Auftrag der Partei. Versuch einer Reform der strafrechtlichen Bestimmungen zur Homosexualität in der DDR 1952. Z. Sexualforsch. 9, 109–130, 1996
Grau, G.: Herrschaft der Sachverständigen. Zur Rolle von Medizinern bei der Durchsetzung der nationalsozialistischen Homosexuellenpolitik. Z. Sexualforsch. 14, 146–165, 2001
Grau, G.: Iwan Bloch. Hautarzt – Medizinhistoriker – Sexualforscher. (Jüdische Miniaturen, Bd. 57). Teetz, Berlin: Hentrich & Hentrich 2007
Grau, G.: Iwan Bloch (1972–1922). In: Sigusch und Grau, in Vorb.
Green, H. L.: Periodicity: A physiological law in the male sex as well in the female. J. Am. Med. Ass. 28, 723–726, 1897
Greenwood, A. W. (Hg.): Proceedings of the Second International Congress for Sex Research. London 1930. Edinburgh, London: Oliver and Boyd 1931
Griesinger, W.: Die Pathologie und Therapie der psychischen Krankheiten für Ärzte und Studirende. Stuttgart: Adolph Krabbe 1845 (2. Aufl. 1861 [diese wird von Sulloway zitiert])
Grisko, M. (Hg.): Freikörperkultur und Lebenswelt. Studien zur Vor- und Frühgeschichte der Freikörperkultur in Deutschland. Kassel: Kassel Univ. Press 1999
Groneman, C.: Nymphomanie. Die Geschichte einer Obsession. Frankfurt/M., New York: Campus 2001
Gross, B.: Willi Münzenberg. Eine politische Biographie. Mit einem Vorwort von Arthur Koestler. (Vierteljahrshefte für Zeitgeschichte, Nr. 14/15). Stuttgart: Deutsche Verlags-Anstalt 1967
Groß, O.: Drei Aufsätze über den inneren Konflikt. (Abh. aus dem Gebiete d. Sexualforsch., Bd. 2, H. 3). Bonn: A. Marcus & E. Weber's Verlag 1920
Grosskurth, Ph.: John Addington Symonds. A biography. London: Longmans 1964 (auch u. d. T. »The woeful Victorian. A biography of John Addington Symonds«. New York: Holt, Rinehart and Winston 1965)
Grosskurth, Ph.: Havelock Ellis. A biography. London: Allen Lane 1980
Grossmann, A.: Reforming sex. The German movement for birth control and abortion reform, 1920–1950. New York: Oxford Univ. Press 1995
Grossmann, A.: Magnus Hirschfeld, Sexualreform und die Neue Frau: Das Institut für Sexualwissenschaft und das Weimarer Berlin. In: Kotowski und Schoeps 2004: 201–216

Grotjahn, A.: Die wirtschaftliche Bevorrechtung der Elternschaft im Lichte der Eugenik und der sozialen Hygiene. In: Marcuse 1928c: 104–113

Grumbach, D. (Hg.): Die Linke und das Laster. Schwule Emanzipation und linke Vorurteile. Hamburg: MännerschwarmSkript 1995

Grünwald, U.: Auswirkungen der Neufassung des § 218 StGB. Erste Ergebnisse einer empirischen Untersuchung an 941 ratsuchenden Frauen. In: Sigusch 1979a: 132–140

Guarnieri, L.: L'atlante criminale. Vita scriteriata di Cesare Lombroso. Milano: Mondadori 2000

Guillebaud, J.: Die Pille. Reinbek: Rowohlt Taschenbuch 1982

Guldin, R.: Verbrüderung. J. A. Symonds, E. Carpenter, E. M. Forster. Literarische Porträts. (Bibliothek Rosa Winkel, Bd. 2). Berlin: Rosa Winkel 1991

Gulyga, A. (1977): Immanuel Kant. Frankfurt/M.: Suhrkamp 1985

[Günther, E. (Wiss. Bearb.)]: Psychosoziale Aspekte der Homosexualität [I. Workshop]. Veröffentlichung der Friedrich-Schiller-Universität. Jena: Manuskriptdruck 1985

[Günther, E. (Wiss. Bearb.)]: Psychosoziale Aspekte der Homosexualität [II. Workshop]. Wiss. Beiträge der Friedrich-Schiller-Universität. Jena: Manuskriptdruck 1989: 43–46

[Günther, E. (Wiss. Bearb.)]: Psychosoziale Aspekte der Homosexualität. III. Workshop. Jena: Verlagsabteilung der Universität 1990

Guradze, H.: Numerische Veränderung im Bestande der Geschlechter (Frauenüberschuß). In: Marcuse 1928c: 114–116

Gutmann, Ph.: Zur Reifizierung des Sexuellen im 19. Jahrhundert. Der Beginn einer Scientia sexualis, dargestellt anhand dreier Texte von Hermann Joseph Löwenstein, Joseph Häussler und Heinrich Kaan. (Marburger Schriften zur Medizingeschichte, Bd. 38). Frankfurt/M. u.a.: Lang 1998

Haberland, H. F. O.: Hermann Rohleder. Zu seinem 60. Geburtstage. Z. Sexualwiss. 12, 345–347, 1925/26

Habermas, J.: Der philosophische Diskurs der Moderne. Zwölf Vorlesungen. Frankfurt/M.: Suhrkamp 1985

Haeberle, E. J.: The birth of sexology. A brief history in documents. O. V., o. O., 1983 (dt.: Anfänge der Sexualwissenschaft. Historische Dokumente. Berlin, New York: de Gruyter 1983) (sehr fehlerhaft)

Haeckel, E.: Natürliche Schöpfungsgeschichte. Berlin: Georg Reimer 1868

Haeckel, E.: Anthropogenie oder Entwickelungsgeschichte des Menschen. Keimes- und Stammes-Geschichte. Leipzig: Wilhelm Engelmann 1874

Haeckel E. Die Welträthsel. Gemeinverständliche Studien über monistische Philosophie. Bonn: Strauss 1899

Hahn, P.: Nos ancêtres les pervers: La vie des homosexuels sous le Second Empire. Paris: Olivier Orban 1979

Haire, N.: The comparative value of current contraceptive methods. In: Marcuse 1928c: 117–127

Haire, N. (Hg.): Sexual Reform Congress. W.L.S.R. Bericht des dritten Kongresses. London: Kegan Paul, Trench, Trubner 1930
Haire, N.: Magnus Hirschfeld in memoriam. Marriage Hygiene 2, 120–122, 1935
Hall, R.: Marie Stopes. A biography. London: Deutsch 1977
Hallermeyer, A.: Rassenveredlung und Sexualreform. Sexual-Probleme 9, 165–187, 225–252, 1913
Halperin, D.: One hundred years of homosexuality and other essays on Greek love. New York: Routledge 1990
Hamelmann, G.: Helene Stöcker, der »Bund für Mutterschutz« und »Die Neue Generation«. Frankfurt/M.: Haag und Herchen 1992
Harthauser, W. [d.i. Reimar Lenz]: Der Massenmord an Homosexuellen im Dritten Reich. In: Schlegel 1967: 7–37
Hartmann, E. von: Philosophie des Unbewussten. Versuch einer Weltanschauung. Berlin: Duncker 1869
Hartmann, U.: Diagnostik und Therapie der erektilen Dysfunktion. Theoretische Grundlagen und Praxisempfehlungen aus einer multidisziplinären Spezialsprechstunde. Frankfurt/M. u.a.: Lang 1994
Hauch, M.: Meine Lust, deine Lust, keine Lust. Überlegungen zu Lust und Sexualität im Kontext geschlechtsspezifischer »Arbeitsteilung«. In: Pro Familia (Hg.): Fachtagung »Zwischen Lust und Technik: UnSicherheiten mit dem Sexuellen«. Frankfurt/M. 1992
Hauch, M.: Zwischen Ausnahmesituation und Alltag. Sexuelle Gewalt gegen Frauen. In: Gräning, G. (Hg.): Sexuelle Gewalt gegen Frauen – kein Thema? Münster: Waxmann 1993
Hauch, M.: Gewalt in der Liebe. Z. Sexualforsch. 7, 131–141, 1994
Hauch, M.: Paartherapie bei sexuellen Störungen. Das Hamburger Modell: Konzept und Technik. Stuttgart, New York: Thieme 2006
Haug, W. F.: Die neuen Subjekte des Sexuellen. Volkmar Sigusch über Neoliberalismus und Neosexualität(en). In: Dannecker und Reiche 2000: 232–251
Hausen, K.: Die Polarisierung der Geschlechtercharaktere. Eine Spiegelung der Dissoziation von Erwerbsarbeit und Familienleben. In: Conze, W. (Hg.): Sozialgeschichte der Familie in der Neuzeit Europas. Stuttgart: Klett 1976: 363–393
Häussler, J.: Ueber die Beziehungen des Sexualsystemes zur Psyche überhaupt und zum Cretinismus ins Besondere. Würzburg: Carl Wilhelm Becker 1826
Haustein, H.: Zur sexuellen Hygiene in Sowjet-Russland. (Abh. aus dem Gebiete d. Sexualforsch., Bd. 5, H. 1). Bonn: A. Marcus & E. Weber's Verlag 1926
Havelock-Ellis, Edith: Neue Horizonte für Liebe und Leben. Mit einer Vorrede von Edward Carpenter und Anmerkungen von Havelock Ellis. Wien, Leipzig: Manz 1922
Hegar, A.: Der Geschlechtstrieb. Eine social-medicinische Studie. Stuttgart: Enke 1894
Hegel, G. W. F. (1798): Daß die Magistrate von den Bürgern gewählt werden müssen. Werke in 20 Bänden, Bd. 1. Frankfurt/M.: Suhrkamp 1971: 268f

Hegel, G. W. F. (1798–1800): Der Geist des Christentums und sein Schicksal. Werke in 20 Bänden, Bd. 1. Frankfur/M.: Suhrkamp 1971

Hegel, G. W. F. (1807): Phänomenologie des Geistes. Werke in 20 Bänden. Bd. 3. Frankfurt/M.: Suhrkamp 1970

Heidegger, M.: Sein und Zeit. Halle a. d. S.: Niemeyer 1927

Heidel, U., S. Micheler und E. Tuider (Hg.): Jenseits der Geschlechtergrenzen. Hamburg: MännerschwarmSripft 2001

Hein, M.: Die Verknüpfung von emanzipatorischem und eugenischem Gedankengut bei Helene Stöcker (1869–1943). Phil. Diss., Universität Bremen 1998

Heine, M.: Recueil de confessions et observations psycho-sexuelles tirées de la littérature médicale. Paris: Crès 1936 (Nachdruck: Paris: Musardine 2000)

Heinroth, J. Ch. A.: System der psychisch-gerichtlichen Medizin, oder theoretisch-praktische Anweisung zur wissenschaftlichen Erkenntniß und gutachtlichen Darstellung der krankhaften persönlichen Zustände, welche vor Gericht in Betracht kommen. Leipzig: C. H. F. Hartmann 1825

Hekma, G.: A history of sexology: social and historical aspects of sexuality. In: Bremmer 1989: 173–193

Hekma, G. und H. Roodenburg: Select bibliography. In: Bremmer 1989: 196–211

Henschel, A. W. E. Th.: Von der Sexualität der Pflanzen. Nebst einem historischen Anhange von F. J. Schelver. Breslau: Wilhelm Gottlieb Korn 1820

Hergemöller, B.-U.: Hans Giese und Martin Heidegger. Anmerkungen zu Hans Gieses »Untersuchungen zum Wesen der Begegnung«. Capri – Zeitschrift für schwule Geschichte 4 (2), 13–27, 1991

Hergemöller, B.-U.: Mann für Mann. Biographisches Lexikon zur Geschichte von Freundesliebe und mannmännlicher Sexualität im deutschen Sprachraum. Hamburg: MännerschwarmSkript 1998 (Neuausgabe: Frankfurt/M.: Suhrkamp 2001)

Hergemöller, B.-U.: Einführung in die Historiographie der Homosexualitäten. Tübingen: Ed. Diskord 1999

Hering, S.: »Und das war erst der Anfang«. Geschichte und Geschichten bewegter Frauen. Zürich, Dortmund: Ed. Ebersbach im eFeF-Verlag 1994

Hering, S. und C. Wenzel (Hg.): Frauen riefen, aber man hörte sie nicht. Die Rolle der deutschen Frauen in der internationalen Frauenfriedensbewegung zwischen 1892 und 1933. Quellenband. (Schriftenreihe des Archivs der deutschen Frauenbewegung, Bd. 2). Kassel 1986

Herlitzius, A.: Frauenbefreiung und Rassenideologie. Rassenhygiene und Eugenik im politischen Programm der »Radikalen Frauenbewegung« (1900–1933). Leverkusen: Deutscher Universitäts-Verlag 1995

Herrn, R.: »Phantom Rasse. Ein Hirngespinst als Weltgefahr«. Anmerkungen zu einem Aufsatz Magnus Hirschfelds. Mitt. Magnus-Hirschfeld-Ges., Nr. 18, 53–62, 1993

Herrn, R.: Anders bewegt. 100 Jahre Schwulenbewegung in Deutschland. Hamburg: MännerschwarmSkript 1999

Herrn, R.: Sexualwissenschaft und -politik bei Magnus Hirschfeld. In: Jellonek und Lautmann 2002: 317–328

Herrn, R.: Geschlechtsübergänge und Naturgesetze der Liebe. Mitt. Magnus-Hirschfeld-Ges., Nr. 33/34, 52–56, 2003
Herrn, R.: Vom Traum zum Trauma. In: Kotowski und Schoeps 2004: 173–199
Herrn, R.: Schnittmuster des Geschlechts. Transvestitismus und Transsexualität in der frühen Sexualwissenschaft. (Beitr. Sexualforsch., Bd. 85). Gießen: Psychosozial-Verlag 2005
Herrn, R.: Sex als Hormonreflex. Neuorientierungen in Sexualtheorie und -therapie um 1910. Mitt. Magnus-Hirschfeld-Ges., Nr. 37/38, 79–88, 2007
Herrn, R.: Einleitung. In: Herrn und Dose, in Vorb.
Herrn, R. und R. Dose: Magnus Hirschfelds Institut für Sexualwissenschaft (1919–1933). Eine Monografie, in Vorb.
Hertoft, P.: Klinisk sexologi. Kopenhagen: Munksgaard 1976 (3. Aufl. 1987) (dt. Ausgabe: Klinische Sexologie. Köln: Deutscher Ärzte-Verlag 1989)
Hertoft, P.: Norman Haire, Jonathan Høegh von Leunbach und das Ende der Weltliga für Sexualreform. Z. Sexualforsch. 1, 242–262, 1988
Hervé, F. (Hg.): Geschichte der deutschen Frauenbewegung. 7., verb. und überarb. Aufl. Köln: PapyRossa-Verlag 2000
Herxheimer, K.: Karl Touton. Dermatol. Z. 70 (4), 247–248, 1934
Herzer, M.: Ein Brief von Kertbeny in Hannover an Ulrichs in Würzburg. Capri – Zeitschrift für schwule Geschichte 1 (1), 26–35, 1987a
Herzer, M.: Karl Heinrich Ulrichs und die Idee des WhK. Zu einem unbekannten Ulrichs-Text. Mitt. Magnus-Hirschfeld-Ges., Nr. 10, 34–38, 1987b [mit dem faksimilierten Ulrichs-Autographen »Satzungen für den Urningsbund«, datiert »Entworfen Sept. 1865«]
Herzer, M.: Homosexualität als Gegenstand der Sexualwissenschaft unter dem Nationalsozialismus. In: Pfäfflin, F. und E. Schorsch (Hg): Sexualpolitische Kontroversen. Ergebnisse der 15. Wissenschaftlichen Tagung der Deutschen Gesellschaft für Sexualforschung. (Beitr. Sexualforsch., Bd. 63). Enke: Stuttgart 1987c: 29–33
Herzer, M.: Magnus Hirschfeld. Leben und Werk eines jüdischen, schwulen und sozialistischen Sexologen. Frankfurt/M., New York: Campus 1992 (2., überarb. Aufl. Hamburg: MännerschwarmSkript 2001)
Herzer, M.: Albert Moll. In: Lautmann 1993: 60–65
Herzer, M.: Einleitung. Zu: Heinrich Hössli: Eros. Materialien. (Bibliothek Rosa Winkel, Bd.15). Berlin: Rosa Winkel 1996
Herzer, M. (Hg.): 100 Jahre Schwulenbewegung. Dokumentation einer Vortragsreihe in der Akademie der Künste. Berlin: Rosa Winkel 1998
Herzer, M. und J.-C. Féray: Karl Maria Kertbeny. In: Lautmann 1993: 42–47
Herzog, D.: Sex after fascism: Memory and morality in twentieth-century Germany. Princton: Princton Univ. Press 2005 (dt.: Die Politisierung der Lust. Sexualität in der deutschen Geschichte des 20. Jahrhunderts. München: Siedler 2005)
Hesnard, A.: Traité de sexologie normale et pathologique. Paris: Payot 1933
Hesse, P.: Die Anfänge der Sexuologie in der DDR. In: Hohmann 1991: 51–61
Hesse, P. G., H. Grimm, G. Harig, F. K. Kaul, A.-G. Kuckhoff und G. Tembrock

(Hg.): Sexuologie. Geschlecht, Mensch, Gesellschaft in 3 Bänden. Bd. 1, hg. von P. G. Hesse und G. Tembrock. Leipzig: Hirzel 1974; Bd. 2, hg. von P. G. Hesse und H. Grimm. Leipzig: Hirzel 1976; Bd. 3, hg. von P. G. Hesse, G. Harig, F. K. Kaul und A.-G. Kuckhoff. Leipzig: Hirzel 1978

Heßler, B.: Zum Leben und Wirken von Iwan Bloch (1872–1922) unter besonderer Berücksichtigung seiner Leistung als Sexualwissenschaftler. Med. Diplomarbeit, Humboldt-Universität Berlin, 1987 (mit Personalbibliografie und Rezensionsverzeichnis)

Heuer, R. und S. Wolf: Die Juden der Frankfurter Universität. Frankfurt/M., New York: Campus 1997

Hildebrandt, K.: Forensische Begutachtung eines Spartakisten. Allg. Z. Psychiat. 76, 479–518, 1920/21

Hill, A.: Medizinische Debatte über sexuelle Abstinenz in Deutschland von 1903 bis 1918. Ein Beitrag zur Geschichte der Sexualwissenschaft und der Geschlechtskrankheiten. Med. Diss., Universität Lübeck 1996

Hiller, K.: Das Recht über sich selbst. Eine strafrechtsphilosophische Studie. Heidelberg: Winter 1908

Hiller, K. (Hg.): Das Ziel. Aufrufe zu tätigem Geist. München, Berlin: Müller 1916

Hiller, K. (Hg.): Tätiger Geist. Zweites der Ziel-Jahrbücher (1917/18). München, Berlin: Müller 1918

Hiller, K. (Hg.): Das Ziel. Jahrbücher für geistige Politik, Bd. 3. München: Wolff 1919

Hiller, K.: § 175. Die Schmach des Jahrhunderts. Hannover: Steegemann 1922

Hiller, K.: Sehr geehrter Herr Dr. Marcuse (Max)! Mitt. Wiss.-Humanitäres Komitee, Nr. 30, März/August 1931

Hiller, K.: Der Sprung ins Helle. Reden, offene Briefe, Zwiegespräche, Essays, Thesen, Pamphlete gegen Krieg, Klerus und Kapitalismus. Leipzig: Lindner 1932a

Hiller, K.: Antwort an ***. Mitt. Wiss.-Humanitäres Komitee, Nr. 32, 346–348, Januar/März 1932b

Hiller, K.: Der Sinn eines Lebens. In memoriam Magnus Hirschfeld. Die Wahrheit (Prag) 14 (Nr. 17), 7–8, 1935 (Nachdruck: Kurt Hiller über Magnus Hirschfeld. Z. Sexualforsch. 6, 345–353, 1993)

Hiller, K.: Köpfe und Tröpfe. Profile aus einem Vierteljahrhundert. Hamburg, Stuttgart: Rowohlt 1950

Hiller, K.: Der Aufbruch zum Paradies. Ein Thesenbuch. München: Desch 1952

Hiller, K.: Ratioaktiv. Reden 1914–1964. Ein Buch der Rechenschaft. Wiesbaden: Limes 1966

Hiller, K.: Leben gegen die Zeit. Bd. 1: Logos. Reinbek: Rowohlt 1969

Hiller, K.: Leben gegen die Zeit. Bd. 2: Eros. Reinbek: Rowohlt 1973

Hiller, K.: Politische Publizistik von 1918–33. Hg. von St. Reinhardt. Heidelberg: Wunderhorn 1983

Himes, N. (1936): Medical history of contraception. New York: Schocken Books 1970

Hinz, S.: »Homosexualität« und »AIDS« in der Öffentlichkeit. Eine qualitative Inhaltsanalyse des Nachrichtenmagazins »Der Spiegel«. Med. Diss., Frankfurt/M. 1989

Hinzpeter, W.: Schöne schwule Welt. Der Schlussverkauf einer Bewegung. Berlin: Querverlag 1997

Hirschfeld, M.: Ueber Erkrankungen des Nervensystems im Gefolge der Influenza. Med. Diss., Berlin 1892

Hirschfeld, M. (u. d. Pseud. Th. Ramien): Sappho und Sokrates oder Wie erklärt sich die Liebe der Männer und Frauen zu Personen des eigenen Geschlechts? Leipzig: Spohr 1896 (2. Aufl. unter dem eigenen Namen 1902; 3., rev. Aufl. 1922)

Hirschfeld, M. (Bearb.): § 175 des Reichsstrafgesetzbuchs. Die homosexuelle Frage im Urteile der Zeitgenossen. Leipzig: Spohr 1898

Hirschfeld, M.: Petition an die gesetzgebenden Körperschaften des deutschen Reiches behufs Abänderung des §175 des R.-Str.-G.-B. und die sich daran anschließenden Reichtags-Verhandlungen. Jb. sex. Zwischenstufen 1, 239–241, 1899a

Hirschfeld, M.: Die objektive Diagnose der Homosexualität. Jb. sex. Zwischenstufen 1, 4–35, 1899b

Hirschfeld, M.: Das urnische Kind. Kinderfehler 8, 241–257, 1903a

Hirschfeld, M.: Ursachen und Wesen des Uranismus. Jb. sex. Zwischenstufen 5, 1–193, 1903b

Hirschfeld, M.: Das Ergebnis der statistischen Untersuchungen über den Prozentsatz der Homosexuellen. Leipzig: Spohr 1904 (auch in: Jb. sex. Zwischenstufen 6, 109–178, 1904)

Hirschfeld, M.: Geschlechtsübergänge. Mischungen männlicher und weiblicher Geschlechtscharaktere. (Sexuelle Zwischenstufen). Leipzig: Verlag der Monatsschrift für Harnkrankheiten und sexuelle Hygiene W. Malende 1905a

Hirschfeld, M.: Zur Klärung des homosexuellen Problems. I. Europa 1, 1094–1099, 1905b

Hirschfeld, M.: Vom Wesen der Liebe. Zugleich ein Beitrag zur Lösung der Frage der Bisexualität. Leipzig: Max Spohr 1906 (auch in: Jb. sex. Zwischenstufen 8, 1–284, 1906) (zit. als 1906a)

Hirschfeld, M.: »Der Fall der männlichen Braut«. Berliner Tageblatt. Beiblatt, Nr. 628 vom 11. Dezember 1906b

Hirschfeld, M.: Zur Abwehr! Charlottenburg: Druck von Ernst Broditz, November 1907

Hirschfeld, M.: Über Sexualwissenschaft. Programmartikel. Z. Sexualwiss. 1, 1–19, 1908a

Hirschfeld, M.: Einteilung der Sexualwissenschaft. Z. Sexualwiss. 1, 569–588, 1908b

Hirschfeld, M.: Zur Methodik der Sexualwissenschaft. Z. Sexualwiss. 1, 681–705, 1908c

Hirschfeld, M.: An unsere Leser. Z. Sexualwiss. 1, 735–736, 1908d

Hirschfeld, M.: Psychoanalytischer Fragebogen. Berlin: Selbstdruck 1908e

Hirschfeld, M.: Die Transvestiten. Eine Untersuchung über den erotischen Verkleidungstrieb, mit umfangreichem casuistischen und historischen Material. Berlin: Pulvermacher; Leipzig: Spohr 1910

Hirschfeld, M.: Naturgesetze der Liebe. Eine gemeinverständliche Untersuchung über den Liebes-Eindruck, Liebes-Drang und Liebes-Ausdruck. Berlin: Pulvermacher; Leipzig: Spohr 1912a

Hirschfeld, M.: Geschlechts-Umwandlungen. (Irrtümer in der Geschlechtsbestimmung). Sechs Fälle aus der forensischen Praxis. Berlin: Adler 1912b

Hirschfeld, M.: Die Homosexualität des Mannes und des Weibes. Berlin: Marcus 1914a (2., unveränd. Aufl. 1920; Nachdruck Berlin: de Gruyter 1984)

Hirschfeld, M.: Warum hassen uns die Völker? Eine kriegspsychologische Betrachtung. (Deutsche Kriegsschriften, Nr. 1). Bonn: A. Marcus & E. Weber's Verlag 1914b [erschienen 1915]

Hirschfeld, M.: Kriegspsychologisches. (Deutsche Kriegsschriften, Nr. 20). Bonn: A. Marcus & E. Weber's Verlag 1916

Hirschfeld, M.: Sexualpathologie. Ein Lehrbuch für Ärzte und Studierende. 3 Bde. Bonn: A. Marcus & E. Weber's Verlag 1917–1920: Bd. 1: Geschlechtliche Entwicklungsstörungen mit besonderer Berücksichtigung der Onanie. 1917a – Bd. 2: Sexuelle Zwischenstufen. Das männliche Weib und der weibliche Mann. 1918 – Bd. 3: Störungen im Sexualstoffwechsel mit besonderer Berücksichtigung der Impotenz. 1920a

Hirschfeld, M.: [Aus der Rede am Grab Albert Eulenburgs]. Vierteljahrsber. Wiss.-humanit. Komitee 17, 144–146, 1917b

Hirschfeld, M.: [Rede zur Institutseröffnung]. In: Anonymus 1919: 53–58

[Hirschfeld, M.:] Bericht über das erste Tätigkeitsjahr (1. Juli 1919 bis 30. Juni 1920) des Instituts für Sexualwissenschaft. Jb. sex. Zwischenstufen 20, 54–74, 1920b

Hirschfeld, M.: Die intersexuelle Konstitution. Jb. sex. Zwischenstufen 23, 3–27, 1923

Hirschfeld, M.: Sexualität und Kriminalität. Überblick über Verbrechen geschlechtlichen Ursprungs. Wien u.a.: Interterritorialer Verlag »Renaissance« (Erdtracht) 1924a

Hirschfeld, M.: Stiftungsrede. In: Institut für Sexualwissenschaft. Dr. Magnus Hirschfeld-Stiftung (1924): Unsere Arbeit. Zweiter Bericht. Berlin 1924b: 3–11

Hirschfeld, M.: Geschlechtskunde auf Grund dreißigjähriger Forschung und Erfahrung bearbeitet. 5 Bde. Stuttgart: Püttmann 1926–1930: Bd. 1: Die körperseelischen Grundlagen. 1926a – Bd. 2: Folgen und Folgerungen. 1928 – Bd. 3: Einblicke und Ausblicke. 1930a – Bd. 4: Illustrationen. 1930b – Bd. 5: Registerteil. Stuttgart: Püttmann 1930c

Hirschfeld, M.: »Homosexualität und Recht«. Vererbung und Geschlechtsleben 1, 44–48, 1926b

Hirschfeld, M.: Havelock Ellis. Zu seinem 70. Geburtstag. Z. Sexualwiss. 15, 580–582, 1928/1929

Hirschfeld, M.: Sexualreform im Sinne der Sexualwissenschaft. In: Riese und Leunbach 1929: 26–36
Hirschfeld, M. (Hg.): Sittengeschichte des Weltkrieges. 2 Bde. Leipzig, Wien: Verlag für Sexualwissenschaft Schneider 1930d
Hirschfeld, M.: Die Weltreise eines Sexualforschers. Brugg/Schweiz: Bözberg 1933a
Hirschfeld, M.: »Zur Sterilisation«. Die Wahrheit (Prag), Jg. 12, Nr. 17 vom 19. August 1933, S. 16 (zit. als 1933b)
Hirschfeld, M.: Männerbünde. Sexualpsychologischer Beitrag zur Röhm-Katastrophe. Pariser Tageblatt vom 20. Juli 1934, S. 1–2
Hirschfeld, M.: »Phantom Rasse. Ein Hirngespinst als Weltgefahr«. Die Wahrheit (Prag), Jg. 13, Nr. 44–52, 1934 und Jg. 14, Nr. 1–9, 1935
Hirschfeld, M.: Racism. London: Gollancz 1938
Hirschfeld, M.: Von einst bis jetzt. Geschichte einer homosexuellen Bewegung 1897–1922. Hg. und mit einem Nachwort versehen von M. Herzer und J. Steakley. (Schriftenreihe der Magnus-Hirschfeld-Gesellschaft, Nr. 1). [Erstveröffentlichung in der Homosexuellen-Zeitschrift »Die Freundschaft« in 53 Folgen 1922/23]. Berlin: Rosa Winkel 1986
Hirschfeld, M. und B. Götz: Das erotische Weltbild. Hellerau bei Dresden: Avalun-Verlag 1929a
Hirschfeld, M. und B. Götz: Sexualgeschichte der Menschheit. Berlin: Langenscheidt 1929b (2. Aufl. 1929)
Hirschfeld, M. und R. Linsert: Empfängnisverhütung. Mittel und Methoden. Berlin: Neuer Deutscher Verlag 1928
Hirschfeld, M. und R. Linsert: Liebesmittel. Eine Darstellung der geschlechtlichen Reizmittel (Aphrodisiaca). Berlin: Man 1929
Hirth, G.: Erbliche Entlastung. In: Ders., Wege zur Freiheit. München: Verlag der Münchner »Jugend« 1903
Hirth, G.: »Sexualwissenschaft!« Jugend, Nr. 17, S. 341, April 1907
[Historisches Museum Frankfurt/M.]: Frauenalltag und Frauenbewegung 1890–1980. Ausstellungskatalog. Basel: Stroemfeld; Frankfurt/M.: Roter Stern 1981
Hite, S.: Hite-Report – das sexuelle Erleben der Frau. München: Bertelsmann 1977
Hitler, [A.]: Sämtliche Aufzeichnungen 1905–1924. Hg. von E. Jäckel zus. mit A. Kuhn. Stuttgart: DVA 1980
Hodann, M.: Bub und Mädel. Gespräche unter Kameraden über die Geschlechterfrage. Leipzig: Oldenburg; Rudolstadt: Greifenverlag 1924 (5., verm. Aufl. Rudolstadt: Greifenverlag 1926; 6. Aufl. 1928; 7. Aufl. 1929; 8. Aufl. 1929)
Hodann, M.: Woher die Kinder kommen. Ein Lehrbuch für Kinder lesbar. Rudolstadt: Greifenverlag 1926 (Neuaufl. u. d. T. »Bringt uns wirklich der Klapperstorch? Ein Lehrbuch, für Kinder lesbar«, 1928; 16.–25. Tsd. Berlin: Universitas-Verlagsges. 1930)
Hodann, M.: Geschlecht und Liebe in biologischer und gesellschaftlicher Beziehung. Rudolstadt: Greifenverlag 1927 (2., verm. Aufl. 1928; Berlin: Büchergilde

Gutenberg 1932; neubearb. und erweit. Volksausg. Berlin: Universitas-Verlagsges. 1932)

Hodann, M.: Die Sexualnot der Erwachsenen. Rudolstadt: Greifenverlag; Berlin: Universitas-Verlagsges. 1928a

Hodann, M.: Sexualelend und Sexualberatung. Briefe aus der Praxis. Rudolstadt: Greifenverlag 1928b

Hodann, M.: Onanie – weder Laster noch Krankheit. Berlin: Universitas-Verlagsges. 1929

Hodann, M.: History of modern morals. London: Heinemann 1937

Hoffmann, H.: Der Struwwelpeter polyglott. Hg. von W. Sauer. München: dtv 1984

Hohmann, J. S. (Hg.): Der unterdrückte Sexus. Historische Texte zur Homosexualität von Johann Ludwig Casper, Adolph Henke, Kurt Hiller usw. Lollar: Achenbach 1977

Hohmann, J. S.: Sexualforschung und -aufklärung in der Weimarer Republik. Eine Übersicht in Materialien und Dokumenten. Mit einem Beitrag über den frühen Aufklärungsfilm. Berlin: Foerster 1985 (2., gekürzte Aufl. u. d. T. »Geschichte der Sexualwissenschaft in Deutschland 1886–1933. Eine Übersicht. Mit einem Beitrag über den frühen Aufklärungsfilm«. Berlin, Frankfurt/M.: Foerster 1987)

Hohmann, J. S. (Hg.): Sexualforschung und -politik in der Sowjetunion seit 1917. Eine Bestandsaufnahme in Kommentaren und historischen Texten. Mit einer Bilddokumentation und einer Auswahlbibliographie 1896–1989. Frankfurt/M. u.a.: Lang 1990

Hohmann, J. S. (Hg): Sexuologie in der DDR. Berlin: Dietz 1991

Hommel, A.: Hermann Rohleder (1866–1934) und die Anfänge der künstlichen Befruchtung in Deutschland. Medizinhistorisches Journal 29, 121–148, 1994

Hoof, D.: Pestalozzi und die Sexualität seines Zeitalters. Quellen, Texte und Untersuchungen zur Historischen Sexualwissenschaft. (Sexualpädagogische Beiträge, Bd. 3). Sankt Augustin: Richarz 1987)

Hoonakker, E. W.: Die Geschichte der Empfängnisverhütung. München: Heyne 1994

Horkheimer, M. und Th. W. Adorno: Dialektik der Aufklärung. Philosophische Fragmente. Amsterdam: Querido 1947 (Neuausgabe: Frankfurt/M.: Fischer Taschenbuch 1969)

Hössli, H.: Eros. Die Männerliebe der Griechen; ihre Beziehungen zur Geschichte, Erziehung, Literatur und Gesetzgebung aller Zeiten. Die Unzuverläßigkeit der äußern Kennzeichen im Geschlechtsleben der Leibes und der Seele. Oder Forschungen über platonische Liebe, ihre Würdigung und Entwürdigung für Sitten-, Natur- und Völkerkunde. 2 Bde. Glarus: bei dem Verfasser 1836 (Bd. 1); St. Gallen: in Kommission bei E. P. Scheitlin 1838 (Bd. 2) (Nachdruck mit einem Materialienband: Berlin: Rosa Winkel 1996)

Hoyndorf, S., M. Reinhold und F. Christmann: Behandlung sexueller Störungen. Ätiologie, Diagnostik, Therapie. Sexuelle Dysfunktionen, Mißbrauch, Delinquenz. Weinheim: Beltz, Psychologie-Verlags-Union 1995

Hübner, K.: Iwan Bloch und die Anfänge der sozialwissenschaftlichen Sexualforschung. Magister-Arbeit, Universität Hamburg 1979

Hufeland, Ch. W. (1796): Makrobiotik oder die Kunst, das menschliche Leben zu verlängern. 5., verm. Aufl. Berlin: Reimer 1823 (Nachdruck Frankfurt/M.: Insel 1984)

Hull, I. V.: Sexuality, state, and the civil society in Germany, 1700–1815. Ithaca, N.Y.: Cornell Univ. Press 1996

Hulverscheidt, M.: Weibliche Genitalverstümmelung. Frankfurt/M.: Mabuse 2002

Humboldt, W. von (1794): Ueber den Geschlechtsunterschied und dessen Einfluss auf die organische Natur. In: Werke in fünf Bänden, hg. von A. Flitner und K. Giel. Bd.1: Schriften zur Anthropologie und Geschichte: 268–295. 3. Aufl. Darmstadt: Wiss. Buchges. 1980

Humboldt, W. von (1795): Ueber die männliche und weibliche Form. In: Werke in fünf Bänden, hg. von A. Flitner und K. Giel. Bd. 1: Schriften zur Anthropologie und Geschichte: 296–336. 3. Aufl. Darmstadt: Wiss. Buchges. 1980

Humboldt, W. von (1827 oder 1828): Geschichte der Abhängigkeit im Menschengeschlechte. Gesammelte Schriften. Hg. von der Königlich Preussischen Akademie der Wissenschaften. Bd. 7, 2. Hälfte: Paralipomena: 653–655. Berlin: Behr 1908 (Nachdruck Berlin: de Gruyter 1968)

Hunt, L. (Hg.): Die Erfindung der Pornographie. Obszönität und die Ursprünge der Moderne. Frankfurt/M.: Fischer Taschenbuch 1994

Hunt, M. M.: The natural history of love. Rev. and updated. New York: Anchor Books 1994 (dt.: Der siebte Himmel. Eine Naturgeschichte der Liebe von Homer bis Kinsey. Frankfurt/M., Wien: Ullstein 1963)

Huonker, Th.: Revolution, Moral & Kunst. Eduard Fuchs: Leben und Werk. Zürich: Limmat 1985

Hutter, J.: Die Entstehung des § 175 im Strafgesetzbuch und die Geburt der deutschen Sexualwissenschaft. In: Lautmann und Taeger 1992: 187–238 (zit. als 1992a)

Hutter, J.: Die gesellschaftliche Kontrolle des homosexuellen Begehrens. Medizinische Definitionen und juristische Sanktionen im 19. Jahrhundert. Frankfurt/M., New York: Campus 1992b

Hutter, J.: Richard von Krafft-Ebing. In: Lautmann 1993: 48–54

Institut für Sexualforschung Frankfurt am Main (Forschungsstelle der Deutschen Gesellschaft für Sexualforschung): Eingabe an die Gesetzgebenden Organe des Bundes in Bonn betr. §§ 175, 175a StGB. Broschüre, datiert 1. November 1950 (auch in: Z. Sexualforsch. 1, 309–332, 1950)

[Institut für Sexualwissenschaft. Dr. Magnus Hirschfeld-Stiftung (1924)]: Unsere Arbeit. Zweiter Bericht. Berlin 1924

[Institut für Sexualwissenschaft (1919–1933)]: Online-Ausstellung. www.magnus-hirschfeld.de/institut

Irigaray, L.: Éthique de la différence sexuelle. Paris: Les Éditions de Minuit 1984 (dt.: Ethik der sexuellen Differenz. Frankfurt/M.: Suhrkamp 1991)

Ishill, J. (ed.): Havelock Ellis, in appreciation. By E. Faure, B. Russell, H. L. Mencken u.a. Berkeley Heights, N. Y.: Oriole Press 1929

Jackson, M.: The real facts of life. Feminism and the politics of sexuality 1850–1940. London: Taylor & Francis 1994

Jackson, R.: The lines of Blaschko: A review and reconsideration. Observations of the cause of certain unusual linear conditions of the skin. Brit. J. Dermatol. 95, 349–360, 1976

Jackson, R.: Nachtrag [mit Porträt Blaschkos] zu : The lines of Blaschko. Brit. J. Dermatol. 97, 341–342, 1977

Jacquart, D. und C. Thomasset: Sexualité et savoir médical au Moyen Age. Paris: Presses Universitaires de France 1985

Jadassohn, [J.]: [Gedächtnisrede auf Alfred Blaschko]. In: Die 20. Jahresversammlung der D. G. B. G. Mitteilungen der Deutschen Gesellschaft zur Bekämpfung der Geschlechtskrankheiten 20 (8), 61–71, 1922

Jäger, G.: Die Entdeckung der Seele. 2. Aufl. Leipzig: E. Günther 1880 [dort die mit Dr. M. gezeichneten Beiträge von K. M. Kertbeny]

Jäger, G.: Ein bisher ungedrucktes Kapitel über Homosexualität aus der »Entdeckung der Seele«. Jb. sex. Zwischenstufen 2, 53–125, 1900 [dort die umfangreichen Ausführungen von K. M. Kertbeny u. d. Pseud. Dr. M.]

Jäger, H.: Strafgesetzgebung und Rechtsgüterschutz bei Sittlichkeitsdelikten. Eine kriminalsoziologische Untersuchung. (Beitr. Sexualforsch., H. 12). Stuttgart: Enke 1957

Jäger, H. und E. Schorsch (Hg.): Sexualwissenschaft und Strafrecht. (Beitr. Sexualforsch., Bd. 62). Stuttgart: Enke 1987

Jagose, A.: Queer theory. An introduction. New York: New York Univ. Press 1996 (dt.: Queer theory. Eine Einführung, hg. von C. Genschel, C. Lay, N. Wagenknecht und V. Woltersdorff. Berlin: Querverlag 2001)

[Jahrbuch für sexuelle Zwischenstufen]. Jahresbericht 1902/1903. Jb. sex. Zwischenstufen 5, 1292–1297, 1903

[Jahrbuch für sexuelle Zwischenstufen]. Hg. im Namen des wissenschaftlich-humanitären Comitées von M. Hirschfeld. Auswahl aus den Jahrgängen 1899–1923. Neu ediert von W. J. Schmidt. 2 Bde. Frankfurt/M., Paris: Qumran 1983 und 1984

James, W.: The principles of psychology. Bd. 2. New York: Holt 1890

Janssen, V. (Hg.): Der Weg zu Freundschaft und Toleranz. Männliche Homosexualität in den 50er Jahren. [Ausstellungskatalog]. Berlin: Rosa Winkel 1984

Jellonek, B. und R. Lautmann (Hg.): Nationalsozialistischer Terror gegen Homosexuelle. Verdrängt und ungesühnt. Paderborn: Schöningh 2002

Jessner, S.: Körperliche und seelische Liebe. Leipzig: Kabitzsch 1924

Jessner, S.: Sexuelle Ethik, Pädagogik und Aufklärung. In: Moll, Handbuch, 3., neubearb. Aufl., Bd. 2, 1926a: 1165–1271

Johansson, W.: Magnus Hirschfeld (1868–1935). In: Encyclopedia of homosexuality. 2 Bde. New York, London: Garland 1990

Johnson, J.: Havelock Ellis and his »Studies in the psychology of sex«. Brit. J. Psychiat. 134, 522–527, 1979
Johnson, J.: Havelock Ellis. J. Royal Soc. Med. 81, 375, 1988
Jones, E.: Psycho-analysis and biology. In: Greenwood 1931: 601–623
Jones, E.: Das Leben und Werk von Sigmund Freud. 3 Bde. Bern, Stuttgart: Huber 1960 (Bd. 1) und 1962 (Bde. 2 und 3)
Jones, H. J.: Alfred C. Kinsey. A public/private life. New York: Norton 1997
Jütte, R. (Hg.): Geschichte der Abtreibung. Von der Antike bis zur Gegenwart. München: C. H. Beck 1993
Jütte, R.: Lust ohne Last. Geschichte der Empfängnisverhütung von der Antike bis zur Gegenwart. München: C. H. Beck 2003
Kaan, Hanns: Der neurasthenische Angstaffect bei Zwangsvorstellungen und der primordiale Grübelzwang. Leipzig, Wien: Deuticke 1892
Kaan, Heinrich: De alcaloidibus. Med. Diss., Universität Wien 1840
Kaan, H.: Psychopathia sexualis. Leipzig: Voss 1844
Kaan, H.: Gedanken eines Arztes über die Cholera als Weltseuche. Innsbruck: Wagner'sche Buchh. 1854
Kaan, H.: Ischl und Umgebung. Wien: Wilhelm Braumüller 1875
Kaan, H.: Ischl et ses environs. Vienne: Guillaume Braumüller 1879
Kaan, H.: La Suisse autrichienne. Excursions aux pays des Alpes. Gratz [sic]: François Pechel, o. J. [um 1880]
Kaan, H.: Der Vater von Ischl. Ischler Wochenblatt, Organ für das innere Salzkammergut, X. Jg., Nr. 5 vom 29. Jänner 1882, S. 1
Kaan, H.: Der Vater von Ischl. Zum 8. März. Ischler Wochenblatt, Organ für das innere Salzkammergut, XIII. Jg., Nr. 10 vom 8. März 1885, S. 2
Kafka, F.: Tagebücher (1910–1923), hg. von M. Brod. Frankfurt/M.: S. Fischer 1967
Kahn, E.: Psychopathie und Revolution. Münch. med. Wschr. 66, 968–969, 1919
Kalckstein, Karl v., Minna Cauer und A. Eulenburg: Nationale und humanistische Erziehung! Kiel, Leipzig: Lipsius & Tischer 1891
Kant, I. (1781/1787): Kritik der reinen Vernunft. Werke in 6 Bänden, hg. von W. Weischedel, Bd. II. Darmstadt: Wiss. Buchgesellschaft 1956
Kant, I. (1784): Beantwortung der Frage: Was ist Aufklärung? Werke in sechs Bänden, hg. von W. Weischedel, Bd. VI. Darmstadt: Wiss. Buchgesellschaft 1964: 53–61
Kant, I. (1797/1798): Die Metaphysik der Sitten in zwey Theilen. Werke in 6 Bänden, hg. von W. Weischedel. Bd. IV. Darmstadt: Wiss. Buchgesellschaft 1956
Kant, I. (1798): Anthropologie in pragmatischer Hinsicht. Werke in sechs Bänden, hg. von W. Weischedel, Bd. VI. Darmstadt: Wiss. Buchgesellschaft 1964
Kant, I. (1803): Über Pädagogik. Werke in 6 Bänden, hg. von W. Weischedel, Bd. VI. Darmstadt: Wiss. Buchgesellschaft 1964
Kaplan, H. S.: The new sex therapy. New York: Brunner/Mazel 1974
Kaplan, H. S.: Sexualtherapie. Ein neuer Weg für die Praxis. Stuttgart: Enke 1979
Kaplan, H. S.: Hemmungen der Lust. Neue Konzepte der Psychosexualtherapie. Stuttgart: Enke 1981

Karplus, I. P.: Krafft-Ebing †. Wiener klin. Wschr. 16, 21–22, 1903
Karsch, F.: Der Putzmacher von Glarus Heinrich Hößli, ein Vorkämpfer der Männerliebe. Leipzig: Spohr 1903
Karsch-Haack, F. (u. d. Kürzel F. K.-H.): Carl Heinrich Ulrichs. Die Freundschaft (Berlin), Nr. 29, S. 4, 1922
Katte, M.: Merkwürdigkeiten im Sexualleben der Pflanzen. Z. Sexualwiss. 1, 19–27, 1908
Katz, J. N.: The invention of heterosexuality. New York u.a.: Dutton/Penguin 1995
Kätzel, S.: Marxismus und Psychoanalyse. Eine ideologiegeschichtliche Studie zu Diskussionen in Deutschland und der UdSSR 1919–1933. Berlin: VEB Deutscher Verlag der Wissenschaften 1987
Katzenstein, A. und A. Thom: Die Stellung der Psychoanalyse in der Psychotherapie: Entwicklung, theoretische und methodische Aspekte. In: A. Katzenstein, H. F. Späte und A. Thom: Die historische Stellung und die gegenwärtige Funktion der von Sigmund Freud begründeten Psychoanalyse im Prozess der Formierung einer wissenschaftlich fundierten Psychotherapie. Vorträge einer Arbeitstagung anläßlich des 125. Geburtstages von Sigmund Freud. Bernburg: Druck des Bezirkskrankenhauses für Psychiatrie und Neurologie 1981: 15–40
Kaupen-Haas, H. (Hg.): Der Griff nach der Bevölkerung. Aktualität und Kontinuität nazistischer Bevölkerungspolitik. Nördlingen: Greno 1986
Kauschansky, D. M.: Evolution des sowjetrussischen Familienrechts. Die Familie im Gesetz und in der Gerichtspraxis. Eine soziologische Studie. (Abh. aus dem Gebiete d. Sexualforsch., Bd. 6, H. 2). Berlin, Köln: A. Marcus & E. Weber's Verlag 1931
Keil, T.: Hautbilder. Photomontagen. Mit einem Vorwort von Prof. Dr. Dr. Hans Giese. Stierstadt im Taunus: Eremiten-Presse 1969
Keilson-Lauritz, M.: Die Geschichte der eigenen Geschichte. Literatur und Literaturkritik in den Anfängen der Schwulenbewegung am Beispiel des »Jahrbuchs für sexuelle Zwischenstufen« und der Zeitschrift »Der Eigene«. (Homosexualität und Literatur, Bd. 11). Berlin: Rosa Winkel 1997
Kellner, St. (Hg.): Der Giftschrank. Remota: Die weggesperrten Bücher der Bayerischen Staatsbibliothek. München: Bayerische Staatsbibliothek 2002
Kennedy, H.: The life and works of Karl Heinrich Ulrichs, pioneer of the modern gay movement. Boston: Alyson 1988 (dt.: Karl Heinrich Ulrichs. Sein Leben und sein Werk. [Beitr. Sexualforsch., Bd. 65]. Stuttgart: Enke 1990 [2., überarb. Aufl. u. d. T. »Karl Heinrich Ulrichs. Leben und Werk«. (Bibliothek Rosa Winkel, Bd. 27). Hamburg: MännerschwarmSkript 2001])
Kennedy, H.: Der Kreis. Eine Zeitschrift und ihr Programm. (Bibliothek Rosa Winkel, Bd. 19). Berlin: Rosa Winkel 1999
Kentler, H. (Hg.): Sexualwesen Mensch. Texte zur Erforschung der Sexualität. Hamburg: Hoffmann und Campe 1984
Kentler, H.: Taschenlexikon Sexualität. Düsseldorf: Schwann 1982
Kern, J.: Ueber die Liebe gegen das andere Geschlecht. Ein Lesebuch für Mädchen und Jünglinge. Winterthur: H. Steiner 1782

Kertbeny, K. M.: Schriften zur Homosexualitätsforschung, hg. und eingel. von M. Herzer. (Bibliothek Rosa Winkel, Bd. 22). Berlin: Rosa Winkel 2000

Keyserling, H. (Hg.): Das Ehe-Buch. Eine neue Sinngebung im Zusammenklang der Stimmen führender Zeitgenossen. Celle: Kampmann 1925

Kind, A.: Bemerkungen zur Nomenklatur der Sexualwissenschaft. Z. Sexualwiss. 1, 34–39, 1908

Kinsey, A. C.: Phylogeny of Cynipid genera and biological characteristics. Bull. Am. Mus. Natural Hist. 42, 357–402, 1920

Kinsey, A. C.: An introduction to biology. Philadelphia: Lippincott 1926 (2., überarb. und erweit. Aufl. u. d. T. »New Introduction to Biology«. Chicago: Lippincott 1933; 3., überarb. Aufl. 1938)

Kinsey, A. C.: The Gall Wasp genus Cynips. A study in the origin of species. Bloomington: Indiana Univ. Press 1930

Kinsey, A. C.: The origin of higher categories in Cynips. Bloomington: Indiana Univ. Press 1936

Kinsey, A. C.: Methods in biology. Chicago: Lippincott 1937

Kinsey, A. C.: New Mexican gall wasps (Hymenoptera, Cynipidae) IV. Proceedings of Indiana Academy of Science 47, 261–280, 1938

Kinsey, A. C.: Homosexuality: Criteria for a hormonal explanation of the homosexual. J. Clin. Endocrinol. 1, 424–428, 1941

Kinsey, A. C.: Sex behavior in the human animal. In: Wortis, S. B. et al. (eds.): Annals of the New York Academy of Sciences XLVII, 635–637, 1947

Kinsey, A. C.: Living with music. Music and love as arts. High Fidelity Magazine, July 1956, S. 27–28

Kinsey, A. C., P. H. Gebhard und C. V. Christenson: Hormonale factorers betydning for de seksuelle adfaerd. In: Hoffmeyer, H. (ed.): Samliv og samfund. Kopenhagen: Hassings Forlag 1957

Kinsey, A. C., W. B. Pomeroy und C. E. Martin: Sexual behavior in the human male. Philadelphia, London: Saunders 1948 (dt.: Das sexuelle Verhalten des Mannes. Berlin, Frankfurt/M.: G. B. Fischer 1955)

Kinsey, A. C., W. B. Pomeroy, C. E. Martin und P. H. Gebhard: Concepts of normality and abnormality in sexual behavior. In: Hoch, P. H. und J. Zubin (eds.): Psychosexual development in health and disease. New York: Grune and Stratton 1949 (dt.: Begriff des Normalen und Abnormen im geschlechtlichen Verhalten. In: Giese und Willy 1954: 849–867)

Kinsey, A. C., W. B. Pomeroy, C. E. Martin und P. H. Gebhard: Sexual behavior in the human female. Philadelphia, London: Saunders 1953 (dt.: Das sexuelle Verhalten der Frau. Berlin, Frankfurt/M.: G. B. Fischer 1954)

Kinskofer, L.: »Klare Worte für Volk und Vaterland«. Erdinger Neueste Nachrichten vom 20. Januar 1983

Kirchhoff, T. (Hg.): Deutsche Irrenärzte. Bd. 2. Berlin: Springer 1924

Kisch, F.: Menschenzucht. Ein Merkblatt für die Reifen beiderlei Geschlechts. Bonn: A. Marcus & E. Weber's Verlag 1920

Kittel, I.-W.: Arthur Kronfeld – Leitender Arzt am Institut für Sexualwissenschaft in den Jahren 1919–1926. Mitt. Magnus-Hirschfeld-Ges., Nr. 6, 25–41, 1985

Kittel, I.-W.: Arthur Kronfeld zur Erinnerung. Schicksal und Werk eines jüdischen Psychiaters und Psychotherapeuten in drei deutschen Reichen. Exil (Frankfurt/M.) 6, 58–65, 1986a

Kittel, I.-W.: Ein Kapitel vergessener Psychotherapiegeschichte. Arthur Kronfeld (1886–1941) zum Gedenken. Praxis der Psychotherapie und Psychosomatik 31, 1–3, 1986b

Kittel, I.-W.: Arthur Kronfeld 1886–1951. Ein Pionier der Psychologie, Sexualwissenschaft und Psychotherapie. (Ausstellungskataloge der Bibliothek der Universität Konstanz, Bd. 17). Konstanz 1988

Klabund, P.: Die Anfänge der Sexualwissenschaft in Deutschland, Österreich und der Schweiz 1886–1914. Magisterarbeit, Universität Köln 1992

Klein, H.-G.: Replik. Mitt. Magnus-Hirschfeld-Ges., Nr. 2, 5–8, 1983

Kleist, K. und F. Wißmann: Zur Psychopathologie der unerlaubten Entfernung und verwandter Straftaten. Allg. Z. Psychiat. 76, 30–88, 1920/21

Klemm, P.: Sexualität im Sozialismus. In: Hesse et al., Bd. 3, 1978: 200–214

Klevenow, A.: Geburtenregelung und »Menschenökonomie«: Die Kongresse für Sexualreform 1921–1930. In: Kaupen-Haas 1986

Klimmer, R.: Die Homosexualität als biologisch-soziologische Zeitfrage. Hamburg: Kriminalistik 1958

Klimowsky, E.: Sexualtyp und Kultur. Elemente einer Darstellung der europäischen Kulturgeschichte auf der Grundlage der vergleichenden Psychologie der Geschlechter. (Abh. aus dem Gebiete d. Sexualforsch., Bd. 5, H. 3). Berlin, Köln: A. Marcus & E. Weber's Verlag 1928

Klimowsky, E.: Lebenslauf Max Marcuse, verfasst 1982, im Archiv Volkmar Sigusch, erhalten von Dr. Ernst Klimowsky, Tel Aviv, im Juli 1984 (unveröffentl.)

Klumbies, G.: Zur Jugendsexualität. Z. Psychother. med. Psychol. 6, 259–267, 1956

Koch, F.: Sexualität, Erziehung und Gesellschaft. Von der geschlechtlichen Unterweisung zur emanzipatorischen Sexualpädagogik. Frankfurt/M. u.a.: Lang 2000

Kockott, G. (Hg.): Sexuelle Störungen. Verhaltensanalyse und -modifikation. München u.a.: Urban & Schwarzenberg 1977

Kockott, G.: Weibliche Sexualität. Funktionsstörungen. Erkennen, Beraten, Behandeln. Stuttgart: Hippokrates 1988a

Kockott, G.: Männliche Sexualität. Funktionsstörungen. Erkennen, Beraten, Behandeln. Stuttgart: Hippokrates 1988b

Kockott, G.: Sexuelle Variationen. Anhang: Sexualität Behinderter. Stuttgart: Hippokrates 1988c

Kohlhagen, N.: Tabubrecher. Von Frauen und Männern, die unsere Sexualität erforschten. Hamburg: Luchterhand Literaturverlag 1992

Kokula, I.: Helene Stöcker (1869–1943), der »Bund für Mutterschutz« und die

Sexualreformbewegung, mit besonderer Berücksichtigung des Emanzipationskampfes homosexueller Frauen und Männer. Mitt. Magnus-Hirschfeld-Ges., Nr. 6, 5–24, 1985

Kopernikus, N.: De revolutionibus orbium coelestium usw. Norimbergae [Nürnberg]: Petreius 1543

Kornbichler, Th. und W. Maaz (Hg.): Variationen der Liebe. Historische Psychologie der Geschlechterbeziehung. Tübingen: Ed. Diskord 1995

Kotowski, E.-V. und J. H. Schoeps (Hg.): Der Sexualreformer Magnus Hirschfeld. Ein Leben im Spannungsfeld von Wissenschaft, Politik und Gesellschaft. (Sifria –Wissenschaftliche Bibliothek, Moses Mendelssohn Zentrum für europäisch-jüdische Studien, Bd. 8). Berlin: Be.Bra Wissenschaft Berlin-Brandenburg 2004

Kraepelin, E.: Psychiatrische Randbemerkungen zur Zeitgeschichte. Süddt. Monatshefte 16, 171–183, 1919

Krafft-Ebing, R. v.: Die Sinnesdelirien. Ein Versuch ihrer physio-psychologischen Begründung und klinischen Darstellung. Erlangen: Enke 1864a

Krafft-Ebing, R. v.: Die Sinnestäuschungen und ihre Bedeutung für die gerichtliche Psychologie. Friedreichs Bl. gerichtl. Med. 4, 243–277, 1864b

Krafft-Ebing, R. v.: Beiträge zur Erkennung und richtigen forensischen Beurtheilung krankhafter Gemüthszustände für Ärzte, Richter und Vertheidiger. Erlangen: Enke 1867

Krafft-Ebing, R. v.: Grundzüge der Criminalpsychologie auf Grundlage des Strafgesetzbuchs des deutschen Reichs für Ärzte und Juristen. Erlangen: Enke 1872

Krafft-Ebing, R. v.: Lehrbuch der gerichtlichen Psychopathologie mit Berücksichtigung der Gesetzgebung von Österreich, Deutschland und Frankreich. Stuttgart: Enke 1875

Krafft-Ebing, R. v.: Über gewisse Anomalien des Geschlechtstriebs und die klinisch-forensische Verwerthung derselben als eines wahrscheinlich functionellen Degenerationszeichens des centralen Nerven-Systems. Arch. Psychiat. Nervenkrankh. 7, 291–312, 1877

Krafft-Ebing, R. v.: Lehrbuch der Psychiatrie auf klinischer Grundlage für practische Ärzte und Studirende. Stuttgart: Enke 1879 (Bd. 1–2) und 1880 (Bd. 3)

Krafft-Ebing, R. v.: Diebstahl und socialistische Umtriebe seitens eines Gewohnheitsverbrechers. Moralischer Irrsinn oder moralische Verkommenheit? Friedreichs Bl. gerichtl. Med. 35, 216–23, 1884

Krafft-Ebing, R. v.: Psychopathia sexualis. Eine klinisch-forensische Studie. Stuttgart: Enke 1886 (12., verbess. u. verm. Aufl. 1903 als letzte von Krafft-Ebing autorisierte Ausgabe; 13., verm. Aufl., hg. von A. Fuchs 1907; 16. und 17., vollst. umgearb. Aufl. von A. Moll 1924)

Krafft-Ebing, R. v.: Neue Forschungen auf dem Gebiet der Psychopathia sexualis. Eine medicinisch-psychologische Studie. Stuttgart: Enke 1890

Krafft-Ebing, R. v.: Vorwort. In: Moll 1891: III–VIII

Krafft-Ebing, R. v.: Der Conträrsexuale vor dem Strafrichter. De sodomia ratione sexus punienda. De lege lata et de lege ferenda. Eine Denkschrift. Leipzig, Wien: Deuticke 1894

Krafft-Ebing, R. v.: Gerichtliches Gutachten über ein von dem Techniker Paul Gassen erfundenes Instrument zur Behebung der Impotenz, genannt Erector. Friedreichs Bl. gerichtl. Med. 48, 217–221, 1897

Krafft-Ebing, R. v.: Arbeiten aus dem Gesammtgebiet der Psychiatrie und Neuropathologie. 4 Hefte. Leipzig: Barth 1897–1899

Krafft-Ebing, R. v.: Neue Studien auf dem Gebiete der Homosexualität. Jb. sex. Zwischenstufen 3, 1–36, 1901

Krafft-Ebing, R. v.: Ueber sexuelle Perversionen. In: von Leyden und Klemperer, Bd. 6/2, 1906: 113–154

Krafft-Ebing, R. v.: Eine Studienreise durch Südeuropa 1869/70. Mit einem Vorwort des Urenkels Rainer Krafft-Ebing. Graz: Leykam 2000

Kraß, A.: Queer Denken. Gegen die Ordnung der Sexualität (Queer Studies). Frankfurt/M.: Suhrkamp 2003

Kraus, E.: Die Familie Mosse. Deutsch-jüdisches Bürgertum im 19. und 20. Jahrhundert. München: C. H. Beck 1999

Kraus, K.: Irrenhaus Österreich. Fackel 6 (166), 1–21, 1904

Krauss, F. S.: Streifzüge im Reiche der Frauenschönheit. Leipzig: Schumann's Verlag 1903

Krauss, F. S.: Die Anmut des Frauenleibes. Leipzig: Schumann's Verlag 1904

Kraushaar, E.: Hundert Jahre schwul. Eine Revue. Berlin: Rowohlt-Berlin-Verlag 1997

Krische, P.: Das Rätsel der Mutterrechtsgesellschaft. In: Marcuse 1928d: 78–84

Kröber, H.-L.: Hans Giese als forensischer Psychiater. Z. Sexualforsch. 9, 95–108, 1996

Kronfeld, A.: Sexualität und ästhetisches Empfinden in ihrem genetischen Zusammenhange. Eine Studie. Straßburg, Leipzig: Singer 1906

Kronfeld, A.: Das Divergenzprinzip und die sexuelle Kontrektation. Ein Beitrag zur Sexualtheorie. Z. Sexualwiss. 1, 257–280, 1908

Kronfeld, A.: Über die psychologischen Theorien Freuds und verwandte Anschauungen. Systematik und kritische Erörterung. Leipzig: Engelmann 1912

Kronfeld, A.: Gegenwärtige Probleme und Ziele der Sexuologie. Dt. med. Wschr. 45, 1140–1141, 1919

Kronfeld, A.: Das Wesen der psychiatrischen Erkenntnis. Berlin: Springer 1920

Kronfeld, A.: Sexualpsychopathologie. In: Aschaffenburg, G. (Hg.): Handbuch der Psychiatrie, Spezieller Teil, Abt. 7, Teil 3. Leipzig, Wien: Deuticke 1923: 1–134 (mit rund 1.400 Literaturangaben)

Kronfeld, A.: Psychotherapie. Charakterlehre, Psychoanalyse, Hypnose, Psychagogik. Berlin: Springer 1924 (2., verb. und verm. Aufl. 1925)

Kronfeld, A.: Psychagogik oder psychotherapeutische Erziehungslehre. In: Birnbaum, K. (Hg.): Die psychischen Heilmethoden für ärztliches Studium und Praxis. Leipzig: Thieme 1927a

Kronfeld, A.: Die Psychologie in der Psychiatrie. Eine Einführung in die psychologischen Erkenntnisweisen innerhalb der Psychiatrie und ihre Stellung zur klinisch-pathologischen Forschung. Berlin: Springer 1927b

Kronfeld, A.: Perspektiven der Seelenheilkunde. Leipzig: Thieme 1930
Kronfeld, A.: Lehrbuch der Charakterkunde. Berlin: Springer 1932
Kruntorad, P.: Krafft-Ebing. In: Krafft-Ebing, R. von: Psychopathia sexualis. [Nachdruck der 14., verm. Aufl. von 1912, hg. von Alfred Fuchs]. München: Matthes & Seitz 1984
Kuckuc, I.: Der Kampf gegen Unterdrückung. Materialien aus der deutschen Lesbierinnenbewegung. München: Frauenoffensive 1975
[Kürschners Deutscher Gelehrten-Kalender]. Hg. von G. Lüdtke, 4. Ausgabe. Berlin, Leipzig: de Gruyter 1931; Spalte 1856 f [in der 5. Ausgabe von 1935 ist Max Marcuse gestrichen]
Kurzweg, A.: Die Geschichte der Berliner »Gesellschaft für Experimental-Psychologie« mit besonderer Berücksichtigung ihrer Ausgangssituation und des Wirkens von Max Dessoir. Med. Diss., FU Berlin 1976

Lacassagne, A.: Vacher l'Éventreur et les crimes sadiques. Autographes et portraits. Lyon, Paris: A. Storck, Masson 1899
Lallemand, F.: Des pertes séminales involontaires. 3 Bde. Paris: Béchet jeune 1836–1842 (dt. u.a.: Über unwillkürliche Samenverluste. 2 Bde. Stuttgart: Hallberger'sche Verlagshandlung 1840–1841)
Lamers, Th.: Inhaltsbibliographie zu Hirschfelds Jahrbuch. In: Erotische Literatur. Mitteilungen zu Erforschung und Bibliographie, hg. von W. von Murat, Nr. 4 und 5. Berlin: Antiquariat Ars Amandi 1998 (Teil 1) und 2000 (Teil 2)
Landucci, G.: L'occhio e la mente. Scienze e filosofia nell'Italia del secondo ottocento. Firenze: Leo S. Olschki 1987
Langer, D. und U. Hartmann: Psychosomatik der Impotenz. Bestandsaufnahme und integratives Konzept. Stuttgart: Enke 1992
Lantéri-Laura, G.: Lecture des perversions. Histoire de leur appropriation médicale. Paris u.a.: Masson 1979
Laplanche, J.: Die allgemeine Verführungstheorie und andere Aufsätze. Tübingen: Ed. Diskord 1988
Laqueur, Th.: Making sex. Body and Gender from the Greeks to Freud. Cambridge: Harvard Univ. Press 1990 (dt.: Auf den Leib geschrieben. Die Inszenierung der Geschlechter von der Antike bis Freud. Frankfurt/M., New York: Campus 1992
Laqueur, Th. W.: Solitary sex. A cultural history of masturbation. New York: Zone Books 2003
Laqueur, Th. and C. Gallagher (ed.): The making of the modern body. Sexuality and society in the nineteenth century. Berkeley, Los Angeles: Univ. of California Press 1987
Largier, N.: Lob der Peitsche. Eine Kulturgeschichte der Erregung. München: C. H. Beck 2001
Lasègue, C.: Les exhibitionnistes. L'union médicale, Nr. 50, 709–714, 1877
Laska, B. A.: Wilhelm Reich, mit Selbstzeugnissen und Bilddokumenten dargestellt. Reinbek: Rowohlt Taschenbuch 1981 (5., aktual. Aufl. 1999 mit Bibliografie)

Laska, B. A.: Sexuelle Revolution (Wilhelm Reich) vs. Neosexuelle Revolution (Volkmar Sigusch). http://www.lsr-projekt.de/wrsex.html, September 2006
Laurent, E.: Les bisexués, gynécomastes et hermaphrodites. Paris: Georges Carré 1894
Lauretis, T. de: Queer theory: Lesbian and gay sexualities. Differences 6, iii-xviii, 1991
Lauritsen, J. und D. Thorstad: Die frühe Homosexuellenbewegung 1864–1935. (Frühlings Erwachen, Bd. 6). Hamburg: Libertäre Assoziation 1984
Lautmann, R.: Soziologie vor den Toren der Jurisprudenz. Stuttgart u.a.: Kohlhammer 1971
Lautmann, R.: Justiz – die stille Gewalt. Frankfurt/M.: Athenäum 1972
Lautmann, R.: Seminar: Gesellschaft und Homosexualität. Frankfurt/M.: Suhrkamp 1977
Lautmann, R.: Der Zwang zur Tugend. Die gesellschaftliche Kontrolle der Sexualitäten. Frankfurt/M.: Suhrkamp 1984
Lautmann, R. (Hg.): Homosexualität. Handbuch der Theorie- und Forschungsgeschichte. Frankfurt/M., New York: Campus 1993
Lautmann, R.: Soziologie der Sexualität. Erotischer Körper, intimes Handeln, Sexualkultur. Weinheim, München: Juventa 2002
Lautmann, R. (im Gespräch mit G. Schmidt): »Ich schreibe einen Anti-Schelsky!«. Z. Sexualforsch 16, 362–371, 2003
Lautmann, R.: Pers. Mitteilungen vom 30. Juni und 3. Juli 2007
Lautmann, R. und A. Taeger (Hg.): Männerliebe im alten Deutschland. Sozialgeschichtliche Abhandlungen. Berlin: Rosa Winkel 1992
Lehmstedt, M.: Bücher für das »dritte Geschlecht«. Der Max Spohr Verlag in Leipzig. Verlagsgeschichte und Bibliographie (1881–1941). Wiesbaden: in Kommission bei Harrassowitz 2002
Leibbrand, A. und W. Leibbrand: Formen des Eros. Kultur- und Geistesgeschichte der Liebe. 2 Bde. Freiburg, München: Alber 1972
Leites, E.: The puritan conscience and modern sexuality. New Haven, London: Yale Univ. Press 1986 (dt.: Puritanisches Gewissen und moderne Sexualität. Frankfurt/M.: Suhrkamp 1988)
Lenz, I., A. Szypulski und B. Molsich (Hg.): Frauenbewegungen international. Eine Arbeitsbibliographie. (Geschlecht und Gesellschaft, Bd. 3). Opladen: Leske + Budrich 1996
Lenz, L. L. siehe Levy-Lenz, L.
Leonardo da Vinci: Anatomische Zeichnungen aus der königlichen Bibliothek auf Schloss Windsor. [Ausstellung Kunsthalle Hamburg]. Gütersloh: Prisma 1979
Lesky, E.: Die Wiener Medizinische Schule im 19. Jahrhundert. Graz, Köln: In Kommission bei Böhlaus Nachf. 1965
Leute, J.: Sozialhygienische Kastration. Die neue Generation 5, 424–431, 1909
Levy-Lenz, L.: Diskretes und Indiskretes. Memoiren eines Sexualarztes. Dischingen/Württ.: Wadi Verlagsbuchh. 1951 (Neuausgabe u. d. T. »Erinnerungen eines Sexual-Arztes«. Baden-Baden: Wadi Verlagsbuchh. 1954)

Lewandowski, I.: Sexualwissenschaftliche Erkenntnisse und ihre juristischen Konsequenzen. In: Hohmann 1991: 142–164

Leyden, E. v. und F. Klemperer (Hg.): Die deutsche Klinik am Eingange des 20. Jahrhunderts in akademischen Vorlesungen. Bd. 6/1: Nervenkrankheiten; Bd. 6/2: Geisteskrankheiten. Berlin, Wien: Urban & Schwarzenberg 1906

Licht, H. [d.i. Paul Brandt]: Die Homoerotik in der Griechischen Literatur. Lukianos von Samosata. (Abh. aus dem Gebiete d. Sexualforsch., Bd. 3, H. 3). Bonn: A. Marcus & E. Weber's Verlag 1921

Liebers, R.: Zeitschriften zur erotischen Literatur und zur Sexualwissenschaft. Blätter für Bibliophilen, Der Venustempel, Die Aufklärung, Zeitschrift für Sexualwissenschaft, Kryptadia, Anthropophyteia. Eine Inhaltsbibliographie. (Arcana Bibliographica, Bd. 10). Berlin: Bell 1991

Lindemann, G.: [Textbeitrag]. In: Magnus Hirschfeld. Leben und Werk. Eine Ausstellung aus Anlaß seines 50. Todestages, veranstaltet von der Magnus-Hirschfeld-Gesellschaft. Katalog. (Schriftenreihe der Magnus-Hirschfeld-Gesellschaft, Nr. 3). Berlin: Rosa Winkel 1985

Lindemann, G.: Magnus Hirschfeld. In: Lautmann 1993: 91–104

Lindner, S.: Das Saugen an den Fingern, Lippen usw. bei den Kindern (Ludeln). Jahrbuch für Kinderheilkunde und physische Erziehung 14, 68–91, 1879

Linné, C. von: Systema naturae sive regna tria naturae usw. Lugduni Batavorum: Haak 1735

Linse, U.: Alfred Blaschko: Der Menschenfreund als Überwacher. Von der Rationalisierung der Syphilis-Prophylaxe zur sozialen Kontrolle. Z. Sexualforsch. 2, 301–316, 1989

Linser, K.: Geschlechtskrankheiten und ihre Gefahren für die Gesellschaft. In: Beyer, A. und K. Winter (Hg.): Lehrbuch der Sozialhygiene. 2., überarb. Aufl. Berlin: Volk und Gesundheit 1959: 304–331

Linsert, R. (Hg.): Paragraph 297,3 »Unzucht zwischen Männern«? Ein Beitrag zur Strafgesetzreform unter Mitwirkung von Magnus Hirschfeld u.a. Berlin: Neuer Deutscher Verlag 1929

Linsert, R.: Liebesmittel. Eine Darstellung der geschlechtlichen Reizmittel (Aphrodisiaca). Berlin: Man-Verlag, o. J. [1930]

Linsert, R.: Kabale und Liebe. Über Politik und Geschlechtsleben. Berlin: Man-Verlag, o. J. [1931]

Linsert, R.: Marxismus und freie Liebe. Hamburg: Libertäre Assoziation 1982

Linsert, R. und K. Hiller (Hg.): Für Magnus Hirschfeld zu seinem 60. Geburtstage. Berlin: Verlag des Wissenschaftlich-humanitären Komitees 1928

Lockot, R.: Erinnern und Durcharbeiten. Zur Geschichte der Psychoanalyse und Psychotherapie im Nationalsozialismus. Frankfurt/M.: Fischer Taschenbuch 1985

Loewenstein, G.: Alfred Blaschko †. Sexualwissenschaftliches Beiheft zum Archiv für Frauenkunde und Eugenetik, Sexualbiologie und Vererbungslehre 8, 255–259, 1922a

Loewenstein, G.: Alfred Blaschko †. Zeitschrift für Bekämpfung der Geschlechtskrankheiten 20, 133–137, 1922b

Lohmann, H.-M.: Sigmund Freud. Reinbek: Rowohlt 1998
Lohmann, H.-M. und J. Pfeiffer (Hg.): Freud-Handbuch. Leben – Werk – Wirkung. Stuttgart, Weimar: J. B. Metzler 2006
Lombroso, C.: L'uomo delinquente studiato in rapporto alla antropologia, alla medicina legale ed alle discipline carcerarie. Milano: Ulrico-Hoepli 1876
Lombroso, C.: Liebe, Selbstmord und Verbrechen. Z. Sexualwiss. 1, 409–435, 1908
Lombroso, C. und G. Ferrero: Donna delinquente, la prostituta e la donna normale. Turin, Rom: Roux 1893 (dt.: Das Weib als Verbrecherin und Prostituirte. Anthropologische Studien, gegründet auf eine Darstellung der Biologie und Psychologie des normalen Weibes. Hamburg: Verlagsanstalt und Druckerei A.-G. [vorm. J. F. Richter] 1894)
LoPiccolo, J. und L. LoPiccolo (Hg.): Handbook of sex therapy. New York, London: Plenum 1978
Löwenfeld, L.: Die nervösen Störungen sexuellen Ursprungs. Wiesbaden: Bergmann 1891
Löwenfeld, L.: Über sexuelle Zwangsvorstellungen. Z. Sexualwiss. 1, 280–289, 1908
Löwenstein, H. J.: De mentis aberrationibus ex partium sexualium conditione abnormi oriundis. Med. Diss., Bonn 1823
Luckow, M.: Biographie III. In: Sade, D. A. F. Marquis de: Ausgewählte Werke, hg. von M. Luckow. Bd. III. Hamburg: Merlin 1965: 9–31
Luhmann, N.: Liebe als Passion. Zur Codierung von Intimität. Frankfurt/M.: Suhrkamp 1982
Luhmann, N.: Soziale Systeme. Grundriß einer allgemeinen Theorie. Frankfurt/M.: Suhrkamp 1984
Luhmann, N.: Die Gesellschaft der Gesellschaft. 2 Bde. Frankfurt/M.: Suhrkamp 1997
Lütkehaus, L.: »O Wollust, o Hölle«. Die Onanie – Stationen einer Inquisition. Frankfurt/M.: Fischer Taschenbuch 1992
Lutterbach, H.: Sexualität im Mittelalter. Eine Kulturstudie zu den Bußbüchern des 6. bis 12. Jahrhunderts. (Beiträge zum Archiv für Kulturgeschichte, Bd. 43). Köln u.a.: Böhlau 1999
Lyotard, J.-F.: La condition postmoderne. Paris: Minuit 1979

[M. de ***, d.i. J. F. Dreux du Radier]: Dictionnaire d'amour, dans lequel on trouvera l'explication des termes les plus usités dans cette langue. La Haye, 1741
Maasen, S.: Genealogie der Unmoral. Zur Therapeutisierung sexueller Selbste. Frankfurt/M.: Suhrkamp 1998
Mackay, J. H.: Die Buecher der namenlosen Liebe von Sagitta. Bd. 1. [Nachdruck der 2., verm. Ausg. von 1924]. Berlin: Rosa Winkel 1979
Magnan, V.: Des anomalies, des aberrations et des perversions sexuelles. Annales médico-psychologiques (Paris), 7ème série, t. 1, 1885
Magnan, [V.]: Des »exhibitionistes«. Archives de l'anthropologie criminelle et des sciences pénales 5, 456–471, 1890

[Magnus-Hirschfeld-Gesellschaft]: Magnus Hirschfeld. Leben und Werk. Eine Ausstellung aus Anlaß seines 50. Todestags. Katalog. (Schriftenreihe der Magnus-Hirschfeld-Gesellschaft, Nr. 3). Berlin: Rosa Winkel 1985

[Magnus-Hirschfeld-Gesellschaft in Verbindung mit dem Schwulenreferat im AStA der FU Berlin (Hg.)]: Für ein neues Berliner Institut für Sexualwissenschaft. Eine Denkschrift. Berlin: Ed. Sigma Bohn 1987

[Magnus-Hirschfeld-Gesellschaft]: Institut für Sexualwissenschaft (1919–1933). Eine Online-Ausstellung. Berlin 2002

Maines, R. P.: The technology of orgasm. »Hysteria«, the vibrator, and women's sexual satisfaction. Baltimore, MD: Johns Hopkins Univ. Press 1999

Maiwald, St. und G. Mischler: Sexualität unter dem Hakenkreuz. Manipulation und Vernichtung der Intimsphäre im NS-Staat. Hamburg, Wien: Europa-Verlag 1999 (Taschenbuchausgabe: München: Ullstein 2002)

Makarenko, A. S.: Ein Buch für Eltern. Berlin: Volk und Wissen 1952

Malinowski, B.: The anthropological study of sex. In: Marcuse 1928d: 92–108

Malinowski, B.: The sexual life of savages in North-Western Melanesia. London: Routledge 1929 (dt.: Das Geschlechtsleben der Wilden in Nordwest-Melanesien. Leipzig, Zürich: Grethlein, o. J.)

Malthus, Th.: An essay on the principle of population, as it affect the future improvement of society. London: J. Johnson 1798

Mantegazza, P.: Fisiologia del piacere. Milano: Bernadoni 1854 (dt. u.a.: Physiologie des Genusses. Autor. Übers. nach der 9. Aufl. Oberhausen, Leipzig: Spaarmann 1881; Physiologie des Genusses. Autor. Übers. nach der 9. Aufl. aus dem Italienischen, 2. Aufl. Styrum, Leipzig: Spaarmann 1888 [im Text zitierte Ausgabe]; Die Physiologie der Wonne. Vollständige dt. Ausgabe, besorgt von Graf A. Wilding, 2. Aufl. Zürich: Caesar Schmidt 1901; Die Physiologie des Genusses. Neue dt. Ausgabe, ausgew. und übers. von H. Passarge, Leipzig: Zenith-Verlag Erich Stolpe 1928) (hier zitiert als 1854/1888)

Mantegazza, P.: Elementi d'igiene. Milano: Brigola 1864

Mantegazza, P.: Un giorno a Madera. Una pagina dell'igiene d'amore. Milano: Rechiedei und Brigola 1868 (dt.: Einen Tag in Madeira. Ein Kapitel aus der Hygiene der Liebe. Leipzig: Scholtze 1882)

Mantegazza, P.: Fisiologia dell'amore. Milano: Bernardoni und Brigola 1873 (dt. u.a.: Physiologie der Liebe. Nach der 2. Aufl. aus dem Italienischen von E. Engel. Einzige vom Verf. autorisirte dt. Ausg. Mit einem Vorwort des Autors. Leipzig: Costenoble 1877; Die Physiologie der Liebe. Einzige autorisirte dt. Ausgabe von E. Engel, 2. verbess. Aufl. Jena: Costenoble 1885 [im Text zitierte Ausgabe]; Die Physiologie der Liebe. Neue dt. Ausgabe von K. Kolberg, 82. Aufl., 275. Tausend. Berlin: Wienersche Verlagsbuchh., o. J.) (hier zitiert als 1873/1885)

Mantegazza, P.: La mia mama. Laura Solera Mantegazza. Milano: Brigola und Rechiedei 1876a

Mantegazza, P.: Il dio ignoto. Milano: Brigola 1876b

Mantegazza, P.: Igiene dell'amore. Milano: Brigola 1877 (dt. u.a.: Die Hygiene der Liebe. Berlin: Schillerbuchh., o.J. [1877]; Die Hygieine der Liebe, nach der

4. Aufl. aus dem Italienischen. Einzige autorisirte Ausgabe, 2. Aufl. Jena: Costenoble, o.J. [1887] [im Text zitierte Ausgabe]; Die Hygiene der Liebe. Neue dt. Ausgabe von K. Kolberg, Leipzig: Zenith-Verlag Erich Stolpe 1928; Die Hygiene der Liebe. Neue dt. Ausgabe von K. Kolberg. 50. Aufl., 220. Tausend, Berlin: Klinger, o.J.) (hier zitiert als 1877/1887)

Mantegazza, P.: India. Milano: Treves 1884 (dt.: Indien. Autorisierte Ausgabe. Aus dem Italienischen von H. Meister. Jena: Costenoble 1885)

Mantegazza, P.: Gli amori degli uomini. Saggio di una etnologia dell'amore. 2 Bde. Milano: Paolo Mantegazza Editore 1886 (dt. u.a.: Anthropologisch-kulturhistorische Studien über die Geschlechtsverhältnisse des Menschen. Einzig autorisierte dt. Ausgabe. Jena: Costenoble, 1886; dto., 2. Aufl., 1888; Die Geschlechtsverhältnisse des Menschen, 7. Aufl. Berlin: Schillerbuchh., o. J. [1924] [im Text zitierte Ausgabe]) (hier zitiert als 1886/1924)

Mantegazza, P.: Fisiologia della donna. 2 Bde. Milano u.a.: Fratelli Treves 1893 (dt. u.a.: Die Physiologie des Weibes. Einzige autorisierte dt. Ausg. Jena: Costenoble 1893; Die Physiologie des Weibes. Autorisierte dt. Ausgabe. Aus dem Italienischen von R. Teuscher, 9. Aufl. Berlin: Neufeld & Henius, o. J. [1912] [im Text zitierte Ausgabe]) (hier zitiert als 1893/1912)

Mantegazza, P.: L' anno 3000. Un sogno. Milano: Treves 1897 (dt.: Das Jahr 3000. Ein Zukunftstraum. Autorisierte dt. Ausgabe. Aus dem Italienischen von W. A. Kastner. Jena: Costenoble, o.J. [1897])

Mantegazza, P.: Idiogamie. Z. Sexualwiss. 1, 223–228, 1908

Marcus, L. und G. Loewenstein: Dr. Iwan Bloch in memoriam! In: Bloch und Loewenstein 1925: V–VII

Marcus, S.: The other Victorians. A study of sexuality and pornography in Mid-Nineteenth-Century England. New York: Basic Books 1966 (dt.: Umkehrung der Moral. Sexualität und Pornographie im viktorianischen England. Frankfurt/M.: Suhrkamp 1979)

Marcuse, Frida: Rezension von Max Marcuse: »Darf der Arzt zum außerehelichen Geschlechtsverkehr raten?«, Leipzig 1904. In: Mutterschutz 1, 115–116, 1905

Marcuse, Frida: Referat zum Vortrag »Für und wider die Ehe« von Grete Meisel-Hess. Sexual-Probleme 8, 76–77, 1912

Marcuse, H.: Eros and civilisation. A philosophical inquiry into Freud. Boston. Beacon Press 1955 (dt.: Eros und Kultur. Ein philosophischer Beitrag zu Sigmund Freud. Stuttgart: Klett 1957; später dt.: Triebstruktur und Gesellschaft. Untertitel ebenso. Frankfurt/M.: Suhrkamp 1965)

Marcuse, H.: One-dimensional man. Studies in the ideology of advanced industrial society. Boston: Beacon Press 1964 (dt.: Der eindimensionale Mensch. Studien zur Ideologie der fortgeschrittenen Industriegesellschaft. Neuwied, Berlin: Luchterhand 1967)

Marcuse, Max [ein Namensvetter des Sexualforschers]: Anatomisch-biologischer Beitrag zur Mykorrhizenfrage. Phil. Diss., Jena 1902

Marcuse, Max [ein weiterer Namensvetter des Sexualforschers]: Über einen Fall von salvarsanfestem afrikanischem Rückfallfieber. Med. Diss., Frankfurt/M. 1923

Marcuse, Max [der Sexualforscher:] Zur Kenntniss [sic!] der Hauthörner. Prag: Hofbuchdruckerei Haase [wahrscheinlich 1901]. Zugleich: Med. Diss., Friedrich-Wilhelms-Universität Berlin 1901 (identischer Abdruck: Archiv für Dermatologie und Syphilis 60, 197–224, 1902a)

Marcuse, M.: Über nodöse Syphilide (»Erythema nodosum syphiliticum«) und syphilitische Phlebitis. Archiv für Dermatologie und Syphilis 63, 3–26, 1902b

Marcuse, M.: Darf der Arzt zum außerehelichen Geschlechts-Verkehr raten? Mschr. Harnkrankh. sex. Hyg. 1, 266–269 und 296–322, 1904a (identische Ausgabe: Leipzig: Malende 1904b)

Marcuse, M.: Die geschlechtliche Aufklärung der Jugend. Vortrag, geh. am 5. April 1905 zu Berlin im »Bund für Mutterschutz«. Leipzig: Dietrich 1905

Marcuse, M.: Hautkrankheiten und Sexualität. Wiener Klinik, Bd. 32: 284–342. Berlin u.a.: Urban & Schwarzenberg 1906a

Marcuse, M.: Uneheliche Mütter. (Großstadt-Dokumente, Bd. 27). Berlin: Seemann [1906b] (mindestens 6 Aufl., hier zit. nach der 4. Aufl., o. J. [1906])

Marcuse, M.: Gesetzliche Eheverbote für Kranke und Minderwertige. Soziale Med. Hyg. 2, 96–108, 163–175, 1907

Marcuse, M.: Zur Kritik des Begriffes und der Tat der Blutschande. Sexual-Probleme 4, 129–152, 1908a

Marcuse, M.: Dirne und Zuhälter. Bemerkungen zu Hans Ostwalds Aufsatz in der vorigen Nummer dieser Zeitschrift. Sexual-Probleme 4, 393–397, 1908b

Marcuse, M.: Das Liebesleben des deutschen Studenten. Sexual-Probleme 4, 667–703, 1908c

Marcuse, M. [unter dem Kürzel M. M.]: Der Bund für Mutterschutz. Sexual-Probleme 4, 32–37, 1908d

Marcuse, M.: Hermaphroditismus beim Menschen. Sexual-Probleme 4, 635–641, 1908e

Marcuse, M. [unter dem Kürzel M. M.]: Personalia. Sexual-Probleme 4, 846, 1908f

Marcuse, M.: Die Bedeutung der sexuellen Abstinenz für die Gesundheit. Dokumente des Fortschritts 2, 6–13, 1909

Marcuse, M.: Die Gefahren der sexuellen Abstinenz für die Gesundheit. Zeitschrift für Bekämpfung der Geschlechtskrankheiten 11 (H. 3 und 4), 81–128 und 129–172, 1910a (identische Ausgabe: Leipzig: Barth 1910b)

Marcuse, M.: »Bürgerliche« und »proletarische« Sexualprobleme der Frau. Dokumente des Fortschritts 3, 333–339, 1910c

Marcuse, M.: Ein Fall von vielfach komplizierter Sexualperversion. Selbstbericht eines katholischen Geistlichen. Z. ges. Neurol. Psychiat. 9, 269–300, 1912a

Marcuse, M.: Die christlich-jüdische Mischehe. Sexual-Probleme 8, 691–749, 1912b

Marcuse, M.: Rezension von Hermann Rohleder: »Die Masturbation«, 3. Aufl. Sexual-Probleme 8, 350–351, 1912c

Marcuse, M.: Die Fruchtbarkeit jüdisch-christlicher Mischehen. Die Umschau, 17. Jg., Nr. 33 vom 9. August 1913a, S. 671–676

Marcuse, M.: Euthanasie. Arch. Kriminal-Anthropol. Kriminalistik 55, 374–376, 1913b

Marcuse, M.: Zur Frage der Verbreitung und Methodik der willkürlichen Geburtenbeschränkung in Berliner Proletarierkreisen. Sexual-Probleme 9, 752–780, 1913c

Marcuse, M.: Homosexuelle Endemie. Arch. Kriminal-Anthropol. Kriminalistik 55, 350–351, 1913d

Marcuse, M. [unter dem Kürzel M. M.]: Aus Vereinen, Versammlungen, Vorträgen [Gründung der Internationalen Gesellschaft für Sexualforschung]. Sexual-Probleme 9, 871–875, 1913e

Marcuse, M.: Sexualphysiologie und Sexualpsychologie des Weibes. Sexual-Probleme 10, 766–779, 1914

Marcuse, M.: Vom Inzest. (Juristisch-psychiatrische Grenzfragen, Bd. 10, H. 3/4). Halle: Marhold 1915

Marcuse, M.: Ein Fall von Geschlechtsumwandlungstrieb. Z. Psychother. med. Psychol. 6, 176–192, 1916

Marcuse, M.: Der eheliche Präventivverkehr, seine Verbreitung, Verursachung und Methodik. Dargestellt und beleuchtet an 300 Ehen. Stuttgart: Enke 1917a (2., völlig neu bearb. Aufl. unter anderem Titel 1931, s. dort)

Marcuse, M.: Ein Fall von periodisch-alternierender Hetero-Homosexualität. Mschr. Psychiat. Neurol. 41, 185–189, 1917b

Marcuse, M.: Wandlungen des Fortpflanzungs-Gedankens und -Willens. (Abh. aus dem Gebiete d. Sexualforsch., Bd. 1, H. 1). Bonn: A. Marcus & E. Weber's Verlag 1918

Marcuse, M.: Die sexuologische Bedeutung der Zeugungs- und Empfängnisverhütung in der Ehe. Vortrag in der Internationalen Gesellschaft für Sexualforschung am 10. Okt. 1919 im ehem. Herrenhause zu Berlin. Stuttgart: Enke 1919

Marcuse, M.: Die Eugenik und das Psychische. Grundsätzliche Anmerkungen zu Schallmayers Lehre vom Rassedienst. Z. Sexualwiss. 6, 27–36, 1919/20

Marcuse, M.: Über die Fruchtbarkeit der christlich-jüdischen Mischehe. Ein Vortrag. (Abh. aus dem Gebiete d. Sexualforsch., Bd. 2, H. 4). Bonn: A. Marcus & E. Weber's Verlag 1920

Marcuse, M.: Über den heutigen Stand der Rasse- und Krankheitsfrage der Juden. Bemerkungen zu der Schrift von M. J. Gutmann. Z. Sexualwiss. 7, 326–329, 1920/21

Marcuse, M.: Orgasmus ohne Ejakulation. Dt. med. Wschr. 48, 1171–1173, 1922

Marcuse, M.: [unter dem Kürzel M. M.]: Dr. Albert Moll zum 60. Geburtstage. Z. Sexualwiss. 9, 96, 1922/23

Marcuse, M. (Hg.): Handwörterbuch der Sexualwissenschaft. Enzyklopädie der natur- und kulturwissenschaftlichen Sexualkunde des Menschen. Bonn: A. Marcus & E. Weber's Verlag 1923 (2., stark verm. Aufl. 1926a; Nachdruck der 2. Aufl. Berlin u.a.: de Gruyter 2001)

Marcuse, M.: Inzest (»Blutschande«). In: Marcuse 1926a: 301–311 (zit. als 1926b)

Marcuse, M.: Kastration. In: Marcuse 1926a: 325–337 (zit. als 1926c)

Marcuse, M.: Neuropathia sexualis. In: Moll, 3. Aufl., 2. Bd., 1926d: 841–900 (zit. als 1926d)

Marcuse, M. (Hg.): Die Ehe. Ihre Physiologie, Psychologie, Hygiene und Eugenik. Ein biologisches Ehebuch. Berlin, Köln: A. Marcus & E. Weber's Verlag 1927a

Marcuse, M.: Rasse. Med. Welt 1, 1193–1196, 1927b

Marcuse, M.: [Ohne Titel. Replik auf den Artikel »Beobachtungen deutsch-jüdischer Rassenkreuzung an Berliner Schulen« von M. Lerche]. Med. Welt 1, 1417–1419, 1927c

Marcuse, M.: Die Bedeutung des männlichen Klimakteriums für die Ehe und die Gattenbeziehung. In: Ders., 1927a: 254–264 (zit. als 1927d)

Marcuse, M.: Verwandtenehe und Mischehe. In: Marcuse 1927a: 342–367 (zit. als 1927e)

Marcuse, M.: Der eheliche Präventivverkehr. In: Marcuse 1927a: 379–399 (zit. als 1927f)

Marcuse, M.: Pädophile Triebabweichung auf Grundlage eines psychischen Infantilismus. Ein ärztliches Gutachten. Med. Welt 1, 580–582, 1927g

Marcuse, M.: Kastration als Therapie sexueller Perversionen und Neurosen. Med. Klinik 1, 1744, 1927h

Marcuse, M. (Red.): Verhandlungen des I. Internationalen Kongresses für Sexualforschung, Berlin vom 10. bis 16. Oktober 1926. 5 Bde. Berlin, Köln: A. Marcus & E. Weber's Verlag 1927 (Bd.1) (zit. als 1927i) und 1928 (Bde. 2–5) (zit. als 1928a-d)

Marcuse, M.: Zum Untergang der deutschen Juden. Z. Sexualwiss. 14, 279–280, 1927/28

Marcuse, M.: Kleine Beiträge zur Kasuistik der Erblichkeit beim Menschen. Arch. soz. Hyg. Demogr. 3 (N. F.), 152–156, 1928e

Marcuse, M.: Eugenische Tagung zu Berlin, 26.–28. Oktober 1928 [Kongressbericht]. Z. Sexualwiss. Sexualpäd. 15, 413–420, 1928/1929

Marcuse, M.: Stichworte Eifersucht (S. 107–110), Rassenpsychologie (S. 465–474), Geschlechtsunterschiede, psychische (S. 173–182), Homosexualität (S. 213–216), Impotenz (S. 235–237), Sexualneurosen (S. 535–540), Sexualpsychopathie, Perversionen (S. 549–555). In: Birnbaum, K. (Hg.): Handwörterbuch der medizinischen Psychologie. Leipzig: Thieme 1930 (zit. als 1930a-g)

Marcuse, M.: Der Präventivverkehr in der medizinischen Lehre und ärztlichen Praxis. 2., völlig neu bearb. Aufl. von »Der eheliche Präventivverkehr« (1917). Stuttgart: Enke 1931

Marcuse, M.: Psychiatrische Gutachten über kriminelle Jugendliche. [Minderjährige] [sic] und jugendliche Zeugen III. Gutachten Dr. Max Marcuse-Berlin. Z. Kinderforsch. 39, 362–386, 1932

Marcuse, M.: Stichworte Homosexualität (S. 676–681), Hymen (S. 682–684), Klimakterium (S. 803–806). In: Elster, A. und H. Lingemann (Hg.): Handwörterbuch der Kriminologie, Bd. 1. Berlin, Leipzig: de Gruyter 1933 (zit. als 1933a-c)

Marcuse, M.: Sexual-Probleme im Kibbuz. Revue »Osé« (Paris), Jg. 13, Mai 1938, S. 4–11 [in deutscher Sprache]

Marcuse, M.: Fragment einer Autobiografie, am 30. April 1949 Hanna Aharoni in Israel diktiert; 32 handgeschriebene Seiten; im Archiv Volkmar Sigusch, erhalten von Hanna Aharoni, Haifa, im August 1984 (unveröffentl.)
Marcuse, M.: Zur Psychologie der Eifersucht und der Psychopathologie ihres Fehlens. Psyche – Z. Psychoanal. 3, 759–777, 1949/50
Marcuse, M.: Fehlende Eifersucht. In: Giese und Willy 1954: 88–96
Marcuse, M.: Selbstdarstellung und Replik auf Hans Giese mit der Zueignung »Für Dich! 31. XII. 59«; neun maschinengeschriebene Seiten; im Archiv Volkmar Sigusch, erhalten von Hanna Aharoni, Haifa, im August 1984 (unveröffentl.)
Marcuse, M.: ABC-Führer durch Sexualität und Erotik. [Mit einem Geleitwort von Hans Giese]. Flensburg: Stephenson 1962
Marcuse, M.: Sexualpsychopathie, Perversionen. In: Giese 1967: 166–174 (Nachdruck der Arbeit Marcuse 1930g)
Marcuse, M. und H. Stöcker: Aus unseren bisherigen Erfahrungen und Erfolgen. Rückblick auf das erste Jahr des Bundes für Mutterschutz [von Max Marcuse]. – Jahresbericht der Vorsitzenden [von Helene Stöcker]. (Schriften des Deutschen Bundes für Mutterschutz, Nr. 1). Frankfurt/M.: Sauerländer 1906 [Aus: Mutterschutz 2, 36–51, 88–95, 1906] (als Separatum zit. nach Sveistrup und Zahn-Harnack 1934/1984)
Marinesco, G.: Études sur le mécanisme histo-biochimique de la vieillesse et du »rajeunissement«. In: Marcuse, Bd. 1, 1927: 117–177
Marion, G.: Paradies der Liebe. Geheimnisse des Liebeslebens. Gelnhausen-Gettenbach: Lebensweiser 1950
Marx, K. (1867): Das Kapital. Kritik der politischen Ökonomie. Bd. 1, Buch 1: Der Produktionsprozeß des Kapitals. MEW, Bd. 23 [nach der 4., durchges. Aufl. von 1890]. Berlin: Dietz 1972
Marx, K. und F. Engels: Manifest der Kommunistischen Partei. London: Hirschfeld 1848
Masters, W. H. und V. E. Johnson: Human sexual response. Boston: Little, Brown 1966 (dt.: Die sexuelle Reaktion. Frankfurt/M.: Akademische Verlagsges. 1967)
Masters, W. H. und V. E. Johnson: Human sexual inadequacy. Boston: Little, Brown 1970 (dt.: Impotenz und Anorgasmie. Zur Therapie funktioneller Sexualstörungen. Frankfurt/M.: Goverts Krüger Stahlberg 1973)
Matthiessen, S.: Wandel von Liebesbeziehungen und Sexualität. Empirische und theoretische Analysen. (Beitr. Sexualforsch., Bd. 89). Gießen: Psychosozial-Verlag 2007
Mayer, H.: Außenseiter. Frankfurt/M.: Suhrkamp 1975
Mayer, T.: Der Sexologe Max Marcuse (1877–1963), seine Beiträge zur Sexualwissenschaft. Med. Diss., Freie Universität Berlin 1986
Mehlan, K.-H.: Internationale Abortsituation – Abortbekämpfung – Antikonzeption. Leipzig: Barth 1961
Mehlan, K.-H.: Probleme der Ehe- und Sexualberatung. Berlin: Volk und Gesundheit 1966

Meier, P.: Mord, Philosophie und die Liebe der Männer. Franz Degouttes und Heinrich Hössli. Eine Parallelbiographie. Zürich, München: Pendo 2001

Meirowsky, E.: Alfred Blaschko †. Zentralbl. Haut- und Geschlechtskrankh. 4, 478–480, 1922

Mengering, A.: Scrutinium conscientiae catecheticum usw. Altenburgk: Michaeln 1642

Meroz, M.: Entwicklung und Bedeutung der kuenstlichen Besamung des Rindes in Israel. Veterinärmed. Diss., Bern 1962

Meroz, Y.: In schwieriger Mission. Als Botschafter Israels in Bonn. Berlin, Frankfurt/M.: Ullstein 1986

Meroz, Y.: Sieben Briefe an Volkmar Sigusch, datiert zwischen dem 28. April 1995 und dem 14. November 1996, im Archiv Volkmar Sigusch (unveröffentl.)

Meroz, Y.: About my father Max Marcuse, 1877–1963. Vortrag, gehalten auf dem V. Kongress der European Federation of Sexology 2000. www.rki.de/Gesund/Archiv/P_Marcuse.htm

Mertens, W.: Entwicklung der Psychosexualität und Geschlechtsidentität. 2 Bde. Stuttgart u.a.: Kohlhammer 1992 (Bd. 1) und 1994 (Bd. 2)

Metschnikoff, E.: Studien über die Natur des Menschen. Leipzig: Veit 1904

Mette, A.: Psychotherapie gestern und heute. Rudolstadt: Greifenverlag 1949

Mette, A.: Diskussionsbeitrag. In: Goetze, E., A. Mette und L. Pickenhain (Hg.): Tagungs-Bericht der Pawlow-Tagung. Leipzig 15./16. Januar 1953. Veranstaltet vom Ministerium für Gesundheitswesen und Staatssekretariat für Hochschulwesen der DDR. Leitung.: D. Müller-Hegemann, A. Peiper, S. M. Rapoport und M. Zetkin. Berlin: Volk und Wissen 1953: 168–170

Mette, A.: Geschichte der Sexuologie. In: Hesse et al., Bd. 1, 1974: 19–48

Metzler-Raschig, M., R. Reiche und V. Sigusch: Sexualmedizinische Fortbildung für Ärzte. Ergebnisse eines viersemestrigen Seminars. Sexualmed. 5, 405–412, 1976

Meyenburg, B.: Empirische Untersuchungen und Analysen zur sexualmedizinischen Ausbildungssituation in der BRD. Med. Diss., Frankfurt/M. 1973

Meyenburg, B.: Das Kondom. In: Sigusch 1979a: 115–131

Meyenburg, B. und V. Sigusch: Sexualmedizin in den USA. Entwicklung und gegenwärtiger Stand der Sex Education. Sexualmed. 1, 442–446, 1972

Meyenburg, B. und V. Sigusch: Sexualität der Frau und Gynäkologie. Eine Umfrage zur sexualmedizinischen Ausbildung. Sexualmed. 2, 382–385, 1973

Meyenburg, B. und V. Sigusch: Sex education for health professionals and sexual treatment in Western Germany. Meeting on Education and Treatment in Human Sexuality: The Training of Health Professionals, Geneva, 6–12 February 1974. WHO-Paper MCH/SYM/73.26, 1974

Meyenburg, B. and V. Sigusch: Sexology in West Germany. J. Sex Res. 13, 197–209, 1977

Meyer, B.: Etwas von positiver Sexualreform. Sexual-Probleme 4, 703–731, 790–811, 1908

Meyer-Knees, A.: Verführung und sexuelle Gewalt. Untersuchung zum medizinischen und juristischen Diskurs im 18. Jahrhundert. Tübingen: Stauffenburg 1992

Meyer-Zwiffelhoffer, E.: Im Zeichen des Phallus. Die Ordnung des Geschlechtslebens im antiken Rom. Frankfurt/M., New York: Campus 1995

Meyerowitz, J.: How sex changed. A history of transsexuality in the United States. Cambridge, Mass.: Harvard Univ. Press 2002

Michéa, C.-F.: Des déviations maladives de l'appétit vénérien. Union médicale, Nr. 85, 338–339, 17. Juli 1849

Michelet, J.: L' amour. Paris: Hachette 1858 (dt.: Die Liebe. Übers. von F. Spielhagen, 2. Aufl. Leipzig: Weber 1859)

Michelsen, J.: Streiflichter zum Thema: 75 Jahre Schwule an der Uni. In: Micheler, S. und J. Michelsen (Hg.): Der Forschung? Der Lehre? Der Bildung? – Wissen ist Macht! 75 Jahre Hamburger Universität. Studentische Gegenfestschrift zum Universitätsjubiläum 1994. Hamburg: Selbstverlag 1994

Mieli, A.: Über den gegenwärtigen Stand der Sexualforschung und -Bewegung [sic] in Italien. In: Marcuse 1928d: 120–127

Mildenberger, F.: »... in der Richtung der Homosexualität verdorben«. Psychiater, Kriminalpsychologen und Gerichtsmediziner über männliche Homosexualität 1850–1970. (Bibliothek Rosa Winkel: Sonderreihe Wissenschaft, Bd. 1). Hamburg: MännerschwarmSkript 2002

Mildenberger, F. und W. Setz: Goethe und das Schwarzbunte oder: Konstitutionsbiologie und Literatur. Willhart S. Schlegel und Roger de Saint Privat. Forum Homosexualität und Literatur, Nr. 43, 43–55, 2003

Mill, J. St.: The subjection of women. London: Longmans, Green, Reader and Dyer 1869 (dt.: Die Hörigkeit der Frau. Berlin: Berggold 1869)

Milligan, D.: Sex-life. A critical commentary on the history of sexuality. London, Boulder, Colo.: Pluto Press 1993

Mitchell, J.: Psychoanalysis and feminism. London: Allen Lane 1974 (dt.: Psychoanalyse und Feminismus. Freud, Reich, Laing und die Frauenbewegung. Frankfurt/M.: Suhrkamp 1976)

Mitscherlich-Nielsen, M.: Psychoanalyse und weibliche Sexualität. Psyche – Z. Psychoanal. 29, 769–788, 1975

Mitscherlich-Nielsen, M.: Zur Psychoanalyse der Weiblichkeit. Psyche – Z. Psychoanal. 32, 669–694, 1978

Mitscherlich-Nielsen, M.: Theorien und Probleme der psychosexuellen Entwicklung der Frau. In: Sigusch 1980a: 54–73

Mittermaier, W.: Der Ehebruch. (Abh. aus dem Gebiete d. Sexualforsch., Bd. 2, H. 1). Bonn: A. Marcus & E. Weber's Verlag 1919

Mochi, A.: Paolo Mantegazza. Lo Sperimentale. Archivio di biologia normale e patologica 78, 1924

Möbius, P. J.: Ueber den physiologischen Schwachsinn des Weibes. Halle: Marhold 1900

Mögling, T., K. Starke und K. Weller: Partner III – Studentensexualität. Sexualität und Partnerschaft von ostdeutschen, westdeutschen und sowjetischen Studenten. Tabellenband. Forschungsstelle Partner- und Sexualforschung. Leipzig: Eigendruck 1992

Moll, A.: Experimentelle Untersuchungen über den anatomischen Zustand der Gelenke bei andauernder Immobilisation derselben. Med. Diss., Berlin, o. J. [1885]

Moll, A.: Der Hypnotismus. Berlin: Fischer's Med. Buchh. H. Kornfeld 1889

Moll, A.: Die Conträre Sexualempfindung. Mit Benutzung amtlichen Materials. Mit einem Vorwort von R. v. Krafft-Ebing. Berlin: Fischer's Med. Buchh. H. Kornfeld 1891 (s. a. 1899a)

Moll, A.: Untersuchungen über die Libido sexualis. 1. Bd. in 2 Teilen (alles Erschienene). Berlin: Fischer's Med. Buchh. H. Kornfeld 1897

Moll, A.: Die konträre Sexualempfindung. 3., teilw. umgearb. und verm. Aufl. Berlin: Fischer's Med. Buchh. H. Kornfeld 1899a (s. a. 1891)

Moll, A.: Die widernatürliche Unzucht im Strafgesetzbuch. Die Gesellschaft 15, 1–11, 1899b

Moll, A.: Die Behandlung der Homosexualität. Jb. sex. Zwischenstufen 2, 1–29, 1900

Moll, A.: Ärztliche Ethik. Die Pflichten des Arztes in allen Beziehungen seiner Thätigkeit. Stuttgart: Enke 1902a

Moll, A.: Sexuelle Zwischenstufen. Die Zukunft, Jg. 10, 425–433, 1902b

Moll, A.: Sexuelle Zwischenstufen. Z. ärztl. Fortbild. 1, 706–709, 1904

Moll, A.: Paragraph 175. Die Zukunft, Bd. 51, 315–320, 1905a

Moll, A.: Zur Klärung des homosexuellen Problems. II. Europa 1, 1099–1101, 1905b

Moll, A.: [Entgegnung auf Benedikt Friedlaender]. Die Zukunft, Bd. 51, 412–413, 1905c

Moll, A.: Artikel »Geschlechtstrieb«. In: Eulenburg, Real-Encyclopädie, 3. Aufl., Bd. 30, 1906: 229–239

Moll, A.: Inwieweit ist die Agitation zur Aufhebung des § 175 berechtigt? Dt. med. Wschr. 33, 1910–1912, 1907a (gekürzt in: Die Umschau 11, 985–987, 1907b)

Moll, A.: Das Sexualleben des Kindes. Berlin: Walther 1909a

Moll, A.: Vorwort [des Herausgebers]. Z. Psychother. med. Psychol. 1, 1–5, 1909b

Moll, A.: Berühmte Homosexuelle. (Grenzfragen des Nerven- und Seelenlebens, H. 75). Wiesbaden: Bergmann 1910

Moll, A.: Die Behandlung sexueller Perversionen mit besonderer Berücksichtigung der Assoziationstherapie. Z. Psychother. med. Psychol. 3, 1–29, 1911

Moll, A. (Hg.): Handbuch der Sexualwissenschaften. Mit besonderer Berücksichtigung der kulturgeschichtlichen Beziehungen. Leipzig: Vogel 1912a (2. Aufl. mit einem Anhang über die Pubertätsdrüse 1921; 3., neubearb. Aufl. 2 Bde. 1926a)

Moll, A.: Sexuelle Hygiene. In: Moll 1912a : 877–922 (zit. als 1912b)

Moll, A.: Bevölkerungspolitik und Homosexualität. In: Hundert Jahre A. Marcus & E. Webers Verlag 1818–1918. Bonn: A. Marcus & E. Weber's Verlag 1919: 313–316

Moll, A.: Die Pubertätsdrüse. Anhang III. In: Ders., Handbuch, 2. Aufl. 1921a: 1014–1030

Moll, A.: Behandlung der Homosexualität: biochemisch oder psychisch? (Abh. aus dem Gebiete d. Sexualforsch., Bd. 3, H. 5). Bonn: A. Marcus & E. Weber's Verlag 1921b

Moll, A. (Bearb.): Psychopathia sexualis mit besonderer Berücksichtigung der konträren Sexualempfindung. Eine medizinisch-gerichtliche Studie für Ärzte und Juristen von R. v. Krafft-Ebing. 16. und 17., vollständig umgearbeitete Aufl. Stuttgart: Enke 1924

Moll, A.: [Die Verhütung unwerten Lebens. Referat einer Aussprache mit Entgegnung auf Dr. Boeters]. Berl. Aerzte-Corresp. 30, 74–76, 1925

Moll, A.: Die Psychologie des normalen Geschlechtstriebes. In: Moll 1926a, Bd. 1: 233–298 (zit. als 1926b)

Moll, A.: Psychopathia sexualis. In: Moll 1926a, Bd. 2: 737–840 (zit. als 1926c)

Moll, A.: Sexuelle Hygiene. In: Moll 1926a, Bd. 2: 1067–1163 (zit. als 1926d)

Moll, A.: Zum Kongreß. Z. Sexualwiss. 13, 193–195, 1926/27a

Moll, A.: Der »reaktionäre« Kongreß für Sexualforschung. Z. Sexualwiss. 13, 321–331, 1926/27b

Moll, A.: Homosexualität und sogenannter Eros. In: Marcuse, Bd. 3, 1928b: 136–146 (zit. als 1928a)

Moll, A.: Über die Indikationen der praktischen Eugenik. In: Marcuse, Bd. 4, 1928c: 146–155 (zit. als 1928b)

Moll, A.: Sterilisierung und Verbrechen. Kriminalistische Monatshefte 3, 121–126, 1929

Moll, A.: Ein Leben als Arzt der Seele. Erinnerungen. Dresden: Reissner 1936

Money, J.: Gay, straight und in-between: The sexology of erotic orientation. New York: Oxford Univ. Press 1988

Montaigne, M. de: Essais. Erste moderne Gesamtübers. von Hans Stilett. (Die andere Bibliothek, hg. von H. M. Enzensberger). Frankfurt/M.: Eichborn 1998

Moreau (de Tours), P.: Des aberrations du sens génésique. Paris: Asselin 1880

Morel, B. A.: Traité des dégénérescences physiques, intellectuelles et morales de l'espèce humaine et des causes qui produisent ces variétés maladives. Paris u.a.: Baillière; Madrid: Bailly-Baillière 1857

Morgan, C. Lloyd: Animal behavior. London: Arnold 1900

Morgenthaler, F.: Homosexualität. In: Sigusch 1980a: 329–367

Mosse, G.: Nationalism and sexuality: Respectability and abnormal sexuality in modern Europe. New York: Howard Fertig 1985

Mühsam, R.: Chirurgische Eingriffe bei Anomalien des Sexuallebens. Therapie der Gegenwart 67, 451–455, 1926

Müller, K.: Aber in meinem Herzen sprach eine Stimme so laut. Homosexuelle Autobiographien und medizinische Pathographien im neunzehnten Jahrhundert. Berlin: Rosa Winkel 1991

Müller, R.: Sexualbiologie. Vergleichend-entwicklungsgeschichtliche Studien über das Geschlechtsleben des Menschen und der höheren Tiere. Berlin: L. Marcus 1907

[Münzenberg, W. (Hg.)]: Braunbuch über Reichstagsbrand und Hitler-Terror. Mit einem Vorwort von Lord [Dudley Leigh Aman] Marley. Basel: Universum-Bücherei 1933

Muralt, A. von: August Forel. (Schweizerköpfe, H. 4/5). Zürich, Leipzig: Orell Füssli. o. J. [1928]

Nabielek, R.: Zum Wirken der ärztlichen Gesellschaft für Sexualwissenschaft und Eugenik. Mitt. Magnus-Hirschfeld-Ges., Nr. 14, 31–37, 1989

Näcke, P.: Penta als einer der besten Kenner und Förderer der Sexualwissenschaft. Z. Sexualwiss. 1, 74–81, 1908

Näcke, P.: Kleine Mitteilungen. Arch. Kriminal-Anthrop. Kriminalistik 55, 363, 1913

Nave-Herz, R.: Die Geschichte der Frauenbewegung in Deutschland. 4., völlig überarb. und erweit. Aufl. Opladen: Leske + Budrich 1994

Neill, A. S.: Summerhill. A radical approach to child rearing. New York: Hart 1960 (dt. u.a.: Theorie und Praxis der antiautoritären Erziehung. Das Beispiel Summerhill. Reinbek: Rowohlt Taschenbuch 1969)

Neubert, R.: Was sag ich meinem Kinde. Woher kommen die Kinder? Rudolstadt: Greifenverlag 1955a

Neubert, R.: Gedanken zum Problem der Sexualpädagogik. In: Neubert, R. und R. Weise: Das sexuelle Problem in der Jugenderziehung. Das aktuelle Traktat. (Beiträge zum Sexualproblem, Reihe 2, H. 1). Rudolstadt: Greifenverlag 1955b

Neubert, R.: Die Geschlechterfrage. Ein Buch für junge Menschen. Rudolstadt: Greifenverlag 1956

Neubert, R.: Das neue Ehebuch. Die Ehe als Aufgabe der Gegenwart und Zukunft. Rudolstadt: Greifenverlag 1957

Neumann, U.: Ohne Jeans und Pille. Als »man« noch heiraten mußte. Stuttgart: Kreuz-Verlag 1994

Nietzsche, F. (1886): Jenseits von Gut und Böse. Vorspiel einer Philosophie der Zukunft. Werke in drei Bänden, Bd. 2, hg. von K. Schlechta. München: Hanser 1966

Nietzsche, F.: Zur Genealogie der Moral. Leipzig: Naumann 1887

Nitzschke, B.: Wilhelm Reich (1897–1957). In: Sigusch und Grau, in Vorb. (vgl. auch: Z. Sexualforsch. 20, 199–215, 2007)

Nitzschke, B., A. Heigl-Evers und F. Heigl: »Wo es in einer Sache nur Gegner oder Anhänger gibt«. Ein bisher unbekannter Brief Sigmund Freuds an Max Marcuse. Z. Sexualforsch. 8, 241–248, 1995

Noonan, J. T., Jr.: Contraception. A history of its treatment by the Catholic theologians and canonists. Cambridge, Mass.: The Belknap Press of Harvard Univ. Press 1965 (erweit. Aufl. 1986) (dt.: Empfängnisverhütung. Mainz: Matthias-Grünewald-Verlag 1969)

Nowacki, B.: Der Bund für Mutterschutz (1905–1933). (Abh. zur Geschichte d. Med. u. d. Naturwiss., H. 48). Husum: Matthiesen 1983

Nunberg, H. und E. Federn (Hg.): Protokolle der Wiener Psychoanalytischen Vereinigung. 4 Bde. Frankfurt/M.: S. Fischer 1976–1981

Nye, R. A.: Sex difference and male homosexuality in french medical discourse, 1830–1930. Bull. Hist. Med. 63, 32–51, 1989

Obermayer, H. P.: Martial und der Diskurs über männliche »Homosexualität« in der Literatur der frühen Kaiserzeit. Tübingen: Narr 1998
Olivier, Ch.: Les enfants de Jocaste. Paris: Denoël-Gonthier 1980 (dt.: Jokastes Kinder. Die Psyche der Frau im Schatten der Mutter. Düsseldorf: Claassen 1987)
Ollendorff Reich, I.: Wilhelm Reich. A personal biography. New York: St. Martin's Press 1969 (dt.: Wilhelm Reich. Das Leben des großen Psychoanalytikers und Forschers, aufgezeichnet von seiner Frau und Mitarbeiterin. München: Kindler 1975)
Omran, S.: Frauenbewegung und »Judenfrage«. Diskurse um Rasse und Geschlecht nach 1900. Frankfurt/M., New York: Campus 2000
Oosterhuis, H. (Hg.): Homosexuality and male bonding in pre-Nazi Germany. The youth movement, the gay movement, and male bonding before Hitler's rise. Original transcripts from Der Eigene, the first gay journal in the world. New York: Haworth Press 1991
Oosterhuis, H.: Richard von Krafft-Ebings Stiefkinder der Natur. Wie die Psychiatrie moderne sexuelle Identitäten produzierte. Capri – Zeitschrift für schwule Geschichte, Nr. 24, 1–27, 1997
Oosterhuis, H.: Stepchildren of nature. Krafft-Ebing, psychiatry, and the making of sexual identity. (The Chicago series on sexuality, history, and society). Chicago, London: Univ. of Chicago Press 2000
Oosterhuis, H: (im Gespräch mit G. Schmidt): Richard von Krafft-Ebing und die »Stiefkinder der Natur«. Z. Sexualforsch. 14, 357–365, 2001
Orthner, H., E. Duhm, U. J. Jovanović, A. König, R. Lohmann, W. Schwidder, J. von Wehren und S. Wieser: Zur Therapie sexueller Perversionen. Heilung einer homosexuell-pädophilen Triebabweichung durch einseitigen stereotaktischen Eingriff im Tuber cinereum. (Beitr. Sexualforsch., H. 46). Stuttgart: Enke 1969

Pacharzina, K.: Sexualmedizin der Allgemeinpraxis. Ergebnisse einer Studie an 100 Ärzten. I: Das Ausbildungsdefizit. II: Die Wissenslücken. Sexualmed. 4, 485–490, 535–542, 1975
Pacharzina, K.: Moralwächter im weißen Kittel. Zur Sexualmedizin in der Allgemeinpraxis. Lollar: Achenbach 1978
Pacharzina, K.: Der Arzt und die Sexualität seines Patienten. Ergebnisse einer Studie an 100 Ärzten für Allgemeinmedizin. In: Sigusch 1979a: 17–40
Padgug, R.: Sexual matters: On conceptualizing sexuality in history. Radical Hist. Rev. 20, 3–33, 1979 (auch in: Stein 1990)
Parent-Duchâtelet, A.-J.-B.: De la prostitution dans la ville de Paris, considérée sous le rapport de l'hygiène publique, de la morale et de l'administration, ouvrage appuyé de documents statistiques puisés dans les archives de la Préfecture de

police, avec cartes et tableaux [...] précédé d'une notice historique sur la vie et les ouvrages de l'auteur, par Fr. Leuret. 2 Bde. Paris: J.-B. Baillière 1836 (2. Aufl. 1837; 3. Aufl. 1857); Bruxelles: Societé Belge de Librairie, Hauman, Cattoir et Ce 1836 (dt.: Die Sittenverderbnis und Prostitution des weiblichen Geschlechts in Paris unter Napoleon I. Aus dem Französischen, durchges. von W. Serner. Berlin: Potthof, o. J. [1913])

Passerini, L.: Europe in love, love in Europe. Imagination and politics between the wars. New York: New York Univ. Press 1999

Paul, E.: Onanie und Impotenz, Selbstbefleckung und Mannesschwäche, ihr Wesen und ihre naturgemäße Behandlung, nebst Heilgeschichten aus dem Bereiche der Naturheilkunde. Leipzig: Expedition R. Gerstäcker 1895

Pearson, K.: The ethic of freethought. A selection of essays and lectures. London: T. Fisher unwin 1888 (2., rev. Aufl. u. d. T. »The ethic of freethought and other addresses and essays«. London: Adam and Charles Black 1901)

Penta, P.: I pervertimenti sessuali nell'uomo e Vicenzo Verzeni strangulatore di donne. Napoli: Pierro 1893

Pestalozzi, J. H.: Ueber Gesezgebung [sic!] und Kindermord. Wahrheiten und Träume, Nachforschungen und Bilder. Frankfurt/M., Leipzig: In Kommißion bey der Buchh. der Gelehrten 1783

Peterson, H.: Havelock Ellis. Philosopher of love. Boston: Houghton Mifflin, o. J. [1928]

Pfäfflin, F.: Grußwort zur deutschsprachigen Ausgabe. In: Haeberle 1983: VI–VII

Pfäfflin, F.: Bemerkungen zur forensischen Psychiatrie. Recht & Psychiat. 5, 134–140, 1987

Pfäfflin, F.: Ein Kapitel aus der Geschichte der Deutschen Gesellschaft für Sexualforschung. Z. Sexualforsch. 4, 258–264, 1991 (vgl. zu Pfäfflins Beitrag die distanzierende »Erklärung« der Herausgeber und der Redaktion der Zeitschrift auf S. 368 dieses Jahrgangs)

Pfäfflin, F., H. Rüb, M. Göpfert, G. Komo, W. Thiele und H. van den Bussche: Die Krankenversorgung. In: van den Bussche 1989: 267–380

[Philo-Castitatis]: »Onania« examined and detected usw. London, o. V. und o. J. [um 1725]

Pichler, A. A.: »Graziöser« Schmerz. Vor 100 Jahren schuf der Psychiater Richard Krafft-Ebing in Graz den Begriff »Masochismus«. Kleine Zeitung (Graz) vom 23. März 1995, S. 30

Pierre, J. (Hg.): Recherchen im Reich der Sinne. Die zwölf Gespräche der Surrealisten über Sexualität 1928–1932. München: C. H. Beck 1993

Pinkus, [F.]: Alfred Blaschko 1858–1922. Med. Klinik (Berlin) 18, 519, 1922a

Pinkus, F. [u. d. Kürzel P.]: Alfred Blaschko, geb. 1858, gest. 1922. Mitteilungen der Deutschen Gesellschaft zur Bekämpfung der Geschlechtskrankheiten 20 (1/3), 1–4, 1922b

Pinkus, F.: Iwan Bloch [Nachruf]. Dermatologische Wschr. 76, 13–15, 1923, 1923

Pinl, C.: Vom kleinen zum großen Unterschied. »Geschlechterdifferenz« und konservative Wende im Feminismus. Hamburg: Konkret Literatur 1993

Platon: Das Gastmahl. Übers. und erläut. von O. Apelt. Neubearb. von A. Capelle. 2. Aufl. Hamburg: Meiner 1960
Ploetz, A.: Die Tüchtigkeit unsrer Rasse und der Schutz der Schwachen. Ein Versuch über Rassenhygiene und ihr Verhältniss zu den humanen Idealen, besonders zum Socialismus. (Grundlinien einer Rassen-Hygiene, Bd. 1). Berlin: Fischer 1895
Ploss, H. H.: Das Weib in der Natur- und Völkerkunde. Anthropologische Studien. 2 Bde. Leipzig: Grieben 1885 (2., stark verm. Aufl., bearb. und hg. von M. C. A. Bartels. Leipzig: Grieben 1887; 9., stark verm. Aufl. von P. und M. Bartels. Neu bearb. und hg. von P. Bartels. 2 Bde. Leipzig: Grieben 1908; 11., stark verm. Aufl., neu bearb. und hg. von F. v. Reitzenstein. 4 Bde. Berlin: Neufeld & Henius 1927)
Plummer, K. (Hg.): The making of the modern homosexual. Totowa, N. J.: Barnes and Noble 1981
Podak, K.: Am Grunde der Liebe. Das Ende von Volkmar Siguschs Institut für Sexualwissenschaft. Süddeutsche Zeitung, 29. September 2006, S. 11
Pokorny, R.: Dr. Max Marcuse – 70 Jahre alt. Mitteilungsblatt (hebräisch: Jedi'ot) des Irgun Olej Merkas Europa (Tel Aviv), Jg. 11, Nr. 16 vom 18. April 1947, S. 9 [in deutscher Sprache]
Poluda, E. S.: Probleme der weiblichen homosexuellen Entwicklung. In: Sigusch 2007a: 43–54
Pomeroy, W. B.: Dr. Kinsey and the Institute for Sex Research. New York: Harper and Row 1972
Pomeroy, W. B., C. C. Flax und C. Ch. Wheeler: Taking a sex history. Interviewing and recording. New York: Free Press; London: Collier Macmillan 1982
Pommerening, H.: Ergebnis der Arbeitstagung vom 11. April 1950. Z. Sexualforsch. 1, 316–326, 1950
Popenoe, P.: Eugenic sterilization. In: Marcuse 1928c: 156–162
Porter, R. und M. Teich (Hg.): Sexual knowledge, sexual science. The history of attitudes to sexuality. Cambridge: Cambridge Univ. Press 1994
Praetorius, N. [d.i. Eugen Wilhelm]: Die Bibliographie der Homosexualität für das Jahr 1905. Jb. sex. Zwischenstufen 8, 701–886, 1906
[Praktische Sexualmedizin]. Referate und Diskussionen der Fortbildungstage für praktische Sexualmedizin in Heidelberg. Alternierend hg. von W. Eicher, H.-J. Vogt, V. Herms und F. Conrad. Wiesbaden: Medical Tribune, o. J. [1976 bis 1992]
Pretzel, A.: Ferdinand Freiherr von Reitzenstein – Lebensgeschichte, Werk und Wirkung eines Kulturanthropologen, der sich der Sexualwissenschaft verschrieb. Mitt. Magnus-Hirschfeld-Ges., Nr. 22/23, 13–50, 1996a
Pretzel, A.: Ferdinand Freiherr von Reitzenstein (1876–1929). Bibliographie und Rezensionen. Mitt. Magnus-Hirschfeld-Ges., Nr. 22/23, 51–66, 1996b
Pretzel, A. (und A. Llorca): Zur Geschichte der »Ärztlichen Gesellschaft für Sexualwissenschaft« (1913–1933) – Dokumentation und Forschungsbericht. Mitt. Magnus-Hirschfeld-Ges., Nr. 24/25, 35–122, 1997

Pretzel, A.: Berlin – »Vorposten im Kampf für die Gleichberechtigung der Homoeroten«. Die Geschichte der Gesellschaft für Reform des Sexualrechts e.V. 1948–1960. (Hefte des Schwulen Museums, H. 3). Berlin: Rosa Winkel 2001

Proudhon, P.-J.: Was ist das Eigentum oder Untersuchungen über den letzten Grund des Rechts und des Staates. Bern: Jenni 1844

Quindeau, I. und V. Sigusch (Hg.): Freud und das Sexuelle. Neue psychoanalytische und sexualwissenschaftliche Perspektiven. Frankfurt/M., New York: Campus 2005

Raffalovitch, A.: Quelques observations sur l'inversion. Archives d'anthropologie criminelle 9, 216–218, 1894

Ramdohr, F. W. B. von: Venus Urania. Ueber die Natur der Liebe, über ihre Veredlung und Verschönerung. 3 Teile. Leipzig: Göschen 1798

Ranke-Heinemann, U.: Eunuchen für das Himmelreich. Katholische Kirche und Sexualität. Hamburg: Hoffmann und Campe 1988

Reich, E. R.: Pers. Mitteilung vom 10. Januar 1987 in Frankfurt/M.

Reich, P.: A book of dreams. Greenwich Connecticut: Fawcett 1974 (dt.: Der Traumvater. Meine Erinnerungen an Wilhelm Reich. Gütersloh: Bertelsmann 1975)

Reich, W.: Zur »Aufklärung« im Kampfe gegen die Geschlechtskrankheiten. Z. Sexualwiss. 6, 391–393, 1919/20

Reich, W.: Trieb- und Libidobegriffe von Forel bis Jung. Z. Sexualwiss. 9, 17–19, 44–50, 75–85, 1922/23

Reich, W.: Die Funktion des Orgasmus. Zur Psychopathologie und zur Soziologie des Geschlechtslebens. (Neue Arbeiten zur ärztlichen Psychoanalyse, Nr. 6). Leipzig u.a.: Internationaler Psychoanalytischer Verlag 1927 (Neuausgabe: Die Entdeckung des Orgons. Die Funktion des Orgasmus. Sexualökonomische Grundprobleme der biologischen Energie. Köln und Berlin: Kiepenheuer & Witsch 1969)

Reich, W.: Erfahrungen und Probleme der Sexualberatungsstellen für Arbeiter und Angestellte in Wien. Der sozialistische Arzt 5, 98–102, 1929a

Reich, W.: Dialektischer Materialismus und Psychoanalyse. Unter dem Banner des Marxismus 3, 736–771, 1929b

Reich, W.: Geschlechtsreife, Enthaltsamkeit, Ehemoral. Kritik der bürgerlichen Sexualreform. Wien: Münster 1930

Reich, W.: Die Sexualnot der werktätigen Massen und die Schwierigkeit der Sexualreform. In: Steiner 1931: 72–87

Reich, W.: Der sexuelle Kampf der Jugend. Berlin: Verlag für Sexualpolitik 1932a

Reich, W.: Der masochistische Charakter. Eine sexualökonomische Widerlegung des Todestriebes und des Wiederholungszwanges. Int. Z. Psychoanal. 18, 303–351, 1932b

Reich, W.: Der Einbruch der Sexualmoral. Zur Geschichte der sexuellen Ökonomie. Berlin: Verlag für Sexualpolitik 1932c (2., erweit. Aufl. Kopenhagen: Verlag für

Sexualpolitik 1935; vgl. auch die letzte dt. Ausgabe: Der Einbruch der sexuellen Zwangsmoral. Zur Geschichte der sexuellen Ökonomie. Köln: Kiepenheuer & Witsch 1995)

Reich, W.: Massenpsychologie des Faschismus. Zur Sexualökonomie der politischen Reaktion und zur proletarischen Sexualpolitik. Kopenhagen u.a.: Verlag für Sexualpolitik 1933a (weitgeh. umgearb. Neuaufl.: Köln: Kiepenheuer & Witsch 1971)

Reich, W.: Charakteranalyse. Technik und Grundlagen für Studierende und praktizierende Analytiker. O. O.: Im Selbstverlage des Verfassers 1933b

Reich, W.: Der Ausschluß Wilhelm Reichs aus der Internationalen Psychoanalytischen Vereinigung [anonym erschienen]. Z. pol. Psychol. Sexualökon. 2, 54–61, 1935

Reich, W.: Die Sexualität im Kulturkampf. Zur sozialistischen Umstrukturierung des Menschen. Kopenhagen: Sexpol 1936 (engl.: The sexual revolution: Toward a self-governing character structure. New York: Orgon Institute Press 1945; dt. Neuausgabe: Die sexuelle Revolution. Zur charakterlichen Selbststeuerung des Menschen. Frankfurt/M.: Europäische Verlagsanstalt 1966)

Reich, W.: Orgasmusreflex, Muskelhaltung und Körperausdruck. Zur Technik der charakteranalytischen Vegetotherapie. (Abh. zur personellen Sexualökon., Nr. 5). Oslo, Kopenhagen: Sexpol-Verlag 1937: 3–49

Reich, W.: The discovery of the orgone, Vol. I: The function of the orgasm. New York: Orgone Institute Press 1942 (dt.: Die Entdeckung des Orgons. Die Funktion des Orgasmus. Köln: Kiepenheuer & Witsch 1969)

Reich, W.: The discovery of the orgone, Vol. II: The cancer biopathy. New York: Orgone Institute Press 1948 (dt.: Die Entdeckung des Orgons. Der Krebs. Köln: Kiepenheuer & Witsch 1974)

Reich, W.: Record of a friendship. The correspondence of Wilhelm Reich and A. S. Neill, ed. by B. R. Placzek. New York: Farrar, Straus & Giroux 1981 (dt.: Zeugnisse einer Freundschaft. Der Briefwechsel zwischen Wilhelm Reich und A. S. Neill 1936–1957. Köln: Kiepenheuer & Witsch 1986)

Reich, W.: Passion of youth. An autobiographie, 1897–1922. Hg. von M. Boyd Higgins und Ch. M. Raphael. New York: Farrar, Straus & Giroux 1988 (dt.: Leidenschaft der Jugend. Eine Autobiographie 1897–1922. Köln: Kiepenheuer & Witsch 1994)

Reich, W.: Beyond psychology. Letters and journals 1934–1939. Hg. von M. Boyd Higgins. New York: Farrar, Straus & Giroux 1994 (dt.: Jenseits der Psychologie. Briefe und Tagebücher 1934–1939. Köln: Kiepenheuer & Witsch 1997)

Reiche, R.: Die Aufnahme der Kinsey-Berichte. Das Argument 7, 15–34, 1965 (Nachdruck: Z. Sexualforsch. 11, 174–188, 1998)

Reiche, R.: Sexualität und Klassenkampf. Zur Abwehr repressiver Entsublimierung. Frankfurt/M.: Verlag Neue Kritik 1968

Reiche, R.: Kritik der gegenwärtigen Sexualwissenschaft. In: Schmidt, Sigusch und Schorsch 1970: 1–9

Reiche, R.: Sexualität, Identität, Transsexualität. In: Dannecker und Sigusch 1984: 51–64

Reiche, R.: Sexuelle Revolution – Erinnerung an einen Mythos. In: Baier et al. 1988: 45–71

Reiche, R. Geschlechterspannung. Eine psychoanalytische Untersuchung. Frankfurt/M.: Fischer Taschenbuch 1990 (Nachdruck: Gießen: Psychosozial-Verlag 2000)

Reiche, R.: Gender ohne Sex. Geschichte, Funktion und Funktionswandel des Begriffs »Gender«. Psyche – Z. Psychoanal. 51, 926–957, 1997

Reiche, R.: Über Kinsey. Z. Sexualforsch. 11, 167–173, 1998

Reiche, R.: Triebschicksal der Gesellschaft. Über den Strukturwandel der Psyche. (Frankfurter Beitr. Soziol. Sozialphilos., Bd. 5). Frankfurt/M., New York: Campus 2004

Reiche, R. und V. Sigusch: Kleine sexualmedizinische Literaturliste. Was soll man zur Einführung lesen? In: Sigusch 1979a: 56–61

Reitzenstein, F. v.: Urgeschichte der Ehe. Ihre Bildung und ihr Entwicklungsgang. Stuttgart: Franckh 1908a (14 Aufl.)

Reitzenstein, F. v.: Entwicklungsgeschichte der Liebe. Stuttgart: Franckh 1908b (10 Aufl.)

Reitzenstein, F. von: Iwan Bloch †. Sexualreform – Beiblatt zu Geschlecht und Gesellschaft, Bd. 11, H. 8, 113–126, 1922

Reitzenstein, F. v.: Das Weib bei den Naturvölkern. Berlin: Neufeld & Henius 1923 (2. Aufl. 1931)

Reynaudi, C.: Paolo Mantegazza. Milano: Treves 1893

Richter, S.: Wet-nursing, onanism, and the breast in eighteenth-century Germany. J. Hist. Sex. 7, 1–22, 1996

Richter-Appelt, H. (Hg.): Verführung – Trauma – Mißbrauch (1896–1996). Gießen: Psychosozial-Verlag 1997 (Neuausgabe 2002)

Richter-Appelt, H.: Frühkindliche Körpererfahrungen und Erwachsenensexualität. In: Dannecker und Reiche 2000: 383–395

Richter-Appelt, H.: Sexuelle Traumatisierungen und körperliche Mißhandlungen in der Kindheit. In: Düring und Hauch 1995: 56–76

Richter-Appelt, H.: Psychotherapie nach sexueller Traumatisierung. In: Sigusch 2007a: 300–307

Richter-Appelt, H. und A. Hill (Hg.): Geschlecht zwischen Spiel und Zwang. Gießen: Psychosozial-Verlag 2004

Riddle, O.: Proofs and implications of complete sex-transformation in animals. In: Marcuse 1927i: 193–218

Ridley, M.: Eros und Evolution. Die Naturgeschichte der Sexualität. München: Droemer Knaur 1995

Rieber, I.: Die operative Implantation von Penisprothesen bei Erektionsstörungen des Mannes. Eine kritische Bestandsaufnahme. In: Sigusch 1979a: 177–203

Riehl-Heyse, H.: Über die Liebe in Zeiten der Cholera – Volkmar Sigusch. Süddeutsche Zeitung Magazin, Nr. 20 vom 19. Mai 1995, S. 10–15

Riese, H.: 1. Kongreß für Sexualreform. Bericht. Arch. Frauenk. Konstitutionsforsch. 14, 409–421, 1928a

Riese, H.: Soziales und Sozialpsychologisches der Geburtenpolitik. In: Marcuse 1928c: 163–179 (zit. als 1928b)

Riese, H. und J. H. Leunbach (Red.): Sexual Reform Congress. W.L.S.R. Bericht des zweiten Kongresses. Copenhagen: Levin & Munksgaard; Leipzig: Thieme 1929

Ritter, J. und K. Gründer (Hg.): Historisches Wörterbuch der Philosophie, Bd. 9. Basel: Schwabe 1995

Robinson, N.: A new method of treating consumptions usw. London: A. Bettesworth, T. Warner u.a. 1727

Robinson, P.: The modernization of sex. Havelock Ellis, Alfred Kinsey, William Masters and Virginia Johnson. New York: Harper & Row 1976; Ithaca, New York: Cornell Univ. Press 1989

Rocco, A. (um 1650): Der Schüler Alkibiades. Ein philosophisch-erotischer Dialog. Übers. u. mit einem Dossier hg. von W. Setz. (Bibliothek Rosa Winkel, Bd. 26). Hamburg: MännerschwarmSkript 2002

Roelcke, V.: Krankheit und Kulturkritik. Psychiatrische Gesellschaftsdeutungen im bürgerlichen Zeitalter (1790–1914). Frankfurt/M., New York: Campus 1999

Rohde-Dachser, Ch.: Expedition in den dunklen Kontinent. Weiblichkeit im Diskurs der Psychoanalyse. Berlin u.a.: Springer 1991

Rohleder, H.: Das Wesen und die Bedeutung des menschlichen Geschlechtstriebes und die Wichtigkeit einer genauen Kenntnis des Geschlechtslebens für die gesamte ärztliche Tätigkeit. Vita sexualis 2 (1), 3–7, 1896a

Rohleder, H.: Die mangelnde Wollustempfindung des Weibes, die Dyspareunie. Anaphrodisie und ihre praktische Bedeutung. Vita sexualis 2 (2), 15–18, 1896b

Rohleder, H.: Die Masturbation. Eine Monographie für Ärzte und Pädagogen. Berlin: Fischer's med. Buchh. 1899 (2., verb. Aufl. 1902 mit dem Untertitel: Eine Monographie für Ärzte, Pädagogen und gebildete Eltern; 3., verb. und verm. Aufl. 1912; 4., verb. und verm. Aufl. 1921)

Rohleder, H.: Vorlesungen über Sexualtrieb und Sexualleben des Menschen. Berlin: Fischer's Med. Buchh. H. Kornfeld 1901

Rohleder, H.: Der Automonosexualismus. Eine bisher noch unbeobachtete Form des menschlichen Geschlechtstriebes. Berlin: Fischer's Med. Buchh. H. Kornfeld 1907a

Rohleder, H.: Vorlesungen über Geschlechtstrieb und gesamtes Geschlechtsleben des Menschen. Berlin: Fischer's Med. Buchh. H. Kornfeld. 2., verb., verm. u. gänzl. umgearb. Aufl. 1907b – Bd. 1: Das normale, anormale und paradoxe Geschlechtsleben. – Bd. 2: Das perverse Geschlechtsleben des Menschen, auch vom Standpunkte der lex lata und der lex ferenda.

Rohleder, H.: Die Sexualwissenschaft in ihrer Bedeutung für die ärztliche Allgemeinpraxis. Z. Sexualwiss. 1, 65–74, 1908

Rohleder, H.: Die Zeugung beim Menschen. Eine sexualphysiologische Studie aus der Praxis. Mit Anhang: Die künstliche Zeugung (Befruchtung) beim Menschen. Leipzig: Thieme 1911; der Anhang auch als Separatdruck: Die künstliche Zeugung beim Menschen. Eine medizinisch-juristische Studie aus der Praxis. Leipzig: Thieme 1911

Rohleder, H.: Monographien über die Zeugung beim Menschen. 7 Bde. Leipzig: Thieme (1911–1921): Bd. 1: Normale, pathologische und künstliche Zeugung beim Menschen. 2., verb. Aufl. 1918a – Bd. 2: Die Zeugung unter Blutsverwandten (Konsanguinität, Inzucht, Inzest). Eine naturwissenschaftliche-kulturhistorische Sexualstudie. 1912a – Bd. 3: Die Funktionsstörungen der Zeugung beim Manne (Sammenflüsse, Impotenz, Sterilität). 1913 – Bd. 4: Die libidinösen Funktionsstörungen der Zeugung beim Weibe. 1914a – Bd. 5: Die Zeugung bei Hermaphroditen, Kryptorchen, Mikrorchen und Kastraten. 1921a – Bd. 6: Künstliche Zeugung und Anthropogenie (Menschwerdung). (Im Außentitel in einer weiteren Klammer: Bastardierung von Mensch und Menschenaffe). 1918b – Bd. 7 [Ergänzungs-Bd.]: Die künstliche Zeugung (Befruchtung) im Tierreich. 1921b

Rohleder, H.: Vorlesungen über das gesamte Geschlechtsleben des Menschen. 3. Ausgabe in 4 Teilen. Berlin: Fischer's Med. Buchh. H. Kornfeld 1912b

Rohleder, H.: Sind die Mischehen in unseren Kolonien schädlich? Geschlecht und Gesellschaft 9, 267–270, 1914b (vgl. Leipziger Neueste Nachrichten vom 22. März 1914)

Rohleder, H.: Die Bedeutung der Sexualwissenschaft für die ärztliche Praxis. Z. Sexualwiss. 1, 54–60, 1914/15

Rohleder, H.: Die Eugenik (Rassenhygiene) und ihre Bedeutung fürs weibliche Geschlecht. Die neue Generation 11, 334–344, 1915

Rohleder, H.: Der heutige Stand der Eugenik. Z. Sexualwiss. 2, 17–28, 1915/16a

Rohleder, H.: Ist die künstliche Befruchtung ein Verbrechen gegen die Eugenik? Z. Sexualwiss. 2, 333–336, 1915/16b

Rohleder, H.: Vorlesungen über das gesamte Geschlechtsleben des Menschen. Berlin: Fischer's Med. Buchh. H. Kornfeld (4. und 5., verbess. u. gänzlich umgearb. Aufl. 1915–1925): Bd. 1: Das normale, anormale und paradoxe Geschlechtsleben. 1920/1923a – Bd. 2: Die normale und anormale Kohabitation und Konzeption (Befruchtung). 1920/1923b – Bd. 3: Das perverse heterosexuelle und automonosexuelle Geschlechtsleben. 1920/1923c – Bd. 4: Die homosexuellen Perversionen des Menschen, auch vom Standpunkt der lex lata und lex ferenda. 1915/1925

Rohleder, H.: Heilung von Homosexualität und Impotenz durch Hodeneinpflanzung. Dt. med. Wschr. 43, 1509–1510, 1917

Rohleder, H.: Ist die Wiederherstellung eines lebenden, längst ausgestorbenen Zwischengliedes zwischen Mensch und Affe als Beweis unserer Abstammung vom Affen möglich? Monistische Monatshefte 6, 205–209, 1921c

Rohleder, H.: Monographien zur Sexualwissenschaft. 4 Bde. Hamburg: Paul Hartung (Bde. 1–2); Leipzig: Ernst Oldenburg (Bde. 3–4) (1921–1924): Bd. 1: Sexualphysiologie. 1921d – Bd. 2: Sexualpsychologie. 1921e – Bd. 3: Sexualbiologie. 1924 – Bd. 4: Sexualphilosophie und Sexualethik. O. J. [1923]

Rohleder, H.: Die Unfruchtbarmachung Minderwertiger. Leipziger Neueste Nachrichten vom 14. Oktober 1927, S. 5

Rohleder, H.: Die Trisexualität. In: Marcuse, Bd. 2, 1928a: 158–161

Rohleder, H.: Trisexualität, eine dreifache, bisher nicht beachtete Form des menschlichen Sexuallebens. Mschr. Harnkrankh. sex. Hyg. 2, 114–119, 1928b

Rohleder, H.: Test tube babies. A history of the artificial impregnation of human beings. Appendix: Lucina sine concubitu, London 1750. New York: The Panurge Press 1934

Rohlje, U.: Autoerotik und Gesundheit. Untersuchungen zur gesellschaftlichen Entstehung und Funktion der Masturbationsbekämpfung im 18. Jahrhundert. Münster: Waxmann 1991

Rolies, J.: Iwan Bloch (1872–1922): Sexualforscher, Medizinhistoriker und Sexualreformer. Inleiding tot het leven en denken van Iwan Bloch. Leuven/Belgien: Katholieke Universiteit, Fakulteit van Geneeskunde, Proefschrift 1980 (mit Personalbibliografie, Rezensions- und Mitteilungsverzeichnis voller Schreibfehler)

Rönn, P. v.: Politische und psychiatrische Homosexualitätskonstruktion im NS-Staat. Z. Sexualforsch. 11, 99–129, 220–260, 1998

Rönn, P. v.: Die Homosexualitätsentwürfe von Hans Giese und der lange Schatten von Hans Bürger-Prinz. Z. Sexualforsch. 13, 277–310, 2000

Rose, J.: Marie Stopes and the sexual revolution. London, Boston: Faber and Faber 1992

Roth, K. H.: Großhungern und gehorchen. Der Aufstieg des Psychiaters Hans Bürger-Prinz. In: Ebbinghaus, Kaupen-Haas und Roth 1984 : 109–135

Roubaud, F.: Traité de l'impuissance et de la stérilité chez l'homme et chez la femme. Paris: Baillière 1855

Rousseau, J.-J.: La nouvelle Héloïse. Paris: o. V., 1761

Rousseau, J.-J.: Du contrat social ou Principes du droit politique. Amsterdam: M. M. Rey 1762a

Rousseau, J.-J.: Émile ou De l'éducation. 4 Bde. Amsterdam: Jean Néaulme 1762b (dt. u.a.: Emil oder Über die Erziehung. 4 Bde., hg. von J. H. Campe. Braunschweig: Verlag der SchulBuchh. 1789–1791)

Rousseau, J.-J.: Les confessions. Suivies des Rêveries du promeneur solitaire. 2 Bde. in 1. Genf: o. V., 1782

Rowbotham, S. and J. Weeks: Socialism and the new life: The personal and sexual politics of Edward Carpenter and Havelock Ellis. London: Pluto Press 1977

Rüdebusch, D.: Sechs Bilder Delmenhorster Geschichte. (Delmenhorster Schriften, H. 12). Delmenhorst: Rieck 1986

Rug, R. und K. Mulligan: Theorie und Trieb. Bemerkungen zu Ehrenfels. In: Fabian 1986: 214–246

Russell, D.: Possible results of birth control in sexual and parental morality. In: Marcuse 1928c: 183–190

Russell, D.: The Tamarisk Tree. 5. Aufl. London: Virago 1989

Sade, D. A. F. Marquis de (1795): Die Philosophie im Boudoir oder Die lasterhaften Lehrmeister. Dialoge, zur Erziehung junger Damen bestimmt. In: Ausgewählte Werke, hg. von M. Luckow. Bd. III. Hamburg: Merlin 1965

Sade, D. A. F. Marquis de: Histoire de Justine ou Les Malheurs de la Vertu. 4 Bde. En Hollande 1797a
Sade, D. A. F. Marquis de: Histoire de Juliette ou Les Prospérités du Vice. 6 Bde. En Hollande 1797b
Sade, D. A. F. Marquis de: Ausgewählte Werke, hg. von M. Luckow. 3 Bde. Hamburg: Merlin 1962–1965
Sadger, I.: Ist die konträre Sexualempfindung heilbar? Z. Sexualwiss. 1, 712–720, 1908
Sagitta [d.i. J. H. Mackay]: Die Bücher der namenlosen Liebe. Gesammtausgabe. Mit einer Einleitung: Die Geschichte eines Kampfes um die namenlose Liebe. Paris: Manuskriptdruck 1913
Salmen, A. und A. Eckert: 20 Jahre bundesdeutsche Schwulenbewegung 1969–1989. (BVH-Materialien, H. 1). Köln 1989
Salzmann, Ch. G.: Carl von Carlsberg oder über das menschliche Elend. 6 Bde. Leipzig: S. L. Crusius 1783–1788
Salzmann, Ch. G.: Ueber die heimlichen Sünden der Jugend. Leipzig: Crusius 1785a
Salzmann, Ch. G.: Ists recht über die heimlichen Sünden der Jugend öffentlich zu schreiben? Schnepfenthal, o. V. 1785b
Sanger, M.: My fight for birth control. New York: Farrar & Rinehart 1931
Sarasin, Ph.: Reizbare Maschinen. Eine Geschichte des Körpers 1765–1914. Frankfurt/M.: Suhrkamp 2001
Sarasin, Ph. und J. Tanner (Hg.): Physiologie und industrielle Gesellschaft. Studien zur Verwissenschaftlichung des Körpers im 19. und 20. Jahrhundert. Frankfurt/M.: Suhrkamp 1998
Sarganeck, G.: Ueberzeugende und bewegliche Warnung vor allen Sünden der Unreinigkeit und Heimlichen Unzucht usw. Züllichau: Fromann 1740
Schäfer, S.: Sociosexual behavior in male and female homosexuals: A study in sex differences. Arch. Sex. Behav. 6, 355–365, 1977
Schelsky, H.: Die sozialen Formen der sexuellen Beziehungen. In: Giese 1955: 241–278 (zit. als 1955a)
Schelsky, H.: Soziologie der Sexualität. Über die Beziehungen zwischen Geschlecht, Moral und Gesellschaft. Hamburg: Rowohlt Taschenbuch 1955b
Schelsky, H.: Die Erfahrungen vom Menschen. Was ich von Bürger-Prinz gelernt habe. Hamburger Jb. Wirtschafts- u. Gesellschaftspol. 24, 203–218, 1979
Schelsky, H.: Die Soziologen und das Recht. Opladen: Westdeutscher Verlag 1980
Schelsky, H.: 8-seitiger Schreibmaschinenbrief an Volkmar Sigusch vom 2. März 1981
Schelsky, H. und H. Bürger-Prinz: Sexualität. In: von Beckerath et al., Bd. 9, 1956: 229–238
Schenk, H.: Die Befreiung des weiblichen Begehrens. Köln: Kiepenheuer & Witsch 1991
Schenk, H. (Hg.): Frauen und Sexualität. Ein historisches Lesebuch. München: C. H. Beck 1995

Schetsche, M. und R. Lautmann: Stichwort »Sexualität. Teil II«. In: Ritter und Gründer, Bd. 9, 1995: 730–742

Scheuer, O. F.: Das Liebesleben des deutschen Studenten im Wandel der Zeiten. (Abh. aus dem Gebiete d. Sexualforsch., Bd. 3, H. 1). Bonn: A. Marcus & E. Weber's Verlag 1920

Schiefelbein, D.: Wiederbeginn der juristischen Verfolgung homosexueller Männer in der Bundesrepublik Deutschland. Die Homosexuellen-Prozesse in Frankfurt am Main 1950/51. Z. Sexualforsch. 5, 59–73, 1992

Schindler, F.: Ferdinand Pečírka, Josef Hynie und Jan Raboch. In: Sigusch und Grau, in Vorb.

Schlaegel, J. et al.: Beziehungen zwischen Jungen und Mädchen. Sexualmoral Jugendlicher. Ehe-Perspektiven Jugendlicher. Sexualmed. 4, 206–218, 306–325, 381–388, 1975

Schlegel, W. S.: Konstitution und Sexualität. In: Über das Wesen der Sexualität. (Beitr. Sexualforsch., H. 1). Stuttgart: Enke 1952: 34–41

Schlegel, W. S.: Konstitution und Umwelt in ihren Wirkungen auf die psychosexuelle Triebrichtung des Menschen. In: Sexualität und Sinnlichkeit. Beiträge zum Problem der Prägung. (Beitr. Sexualforsch., H. 6). Stuttgart: Enke 1955: 95–109

Schlegel, W. S.: Die Sexualinstinkte des Menschen. Eine naturwissenschaftliche Anthropologie der Sexualität. München: Rütten + Loening 1962

Schlegel, W. S. (Hg.): Das große Tabu. Zeugnisse und Dokumente zum Problem der Homosexualität. München: Rütten + Loening 1967

Schlegel, W. S.: Rolf. Eine zeitgeschichtliche Erzählung. Frankfurt/M.: R. G. Fischer 1995

Schlüpmann, H.: Helene Stöcker. In: Lautmann 1993: 105–110

Schlüpmann, H.: Radikalisierung der Philosophie. Die Nietzsche-Rezeption und die sexualpolitische Publizistik Helene Stöckers. Feministische Studien 3 (1), 10–34, 1984

Schmauch, U.: Anatomie und Schicksal. Zur Psychoanalyse der frühen Geschlechtersozialisation. Frankfurt/M.: Fischer Taschenbuch 1987

Schmidt, G.: Totale Sexualmedizin? Trends sexualmedizinischer Ausbildung in den USA. Sexualmed. 3, 497–504, 1974

Schmidt, G.: Was ist und welchem Zweck dient Sexualmedizin? Vortrag, gehalten auf dem 3. Seminar »Psychosomatik in Geburtshilfe und Gynäkologie« der Universitäts-Frauenklinik Düsseldorf am 13. Juni 1981 (unveröffentl. Manuskript)

Schmidt, G.: Motivationale Grundlagen sexuellen Verhaltens. In: Thomä, H. (Hg.): Psychologie der Motive. Göttingen: Hogrefe 1983: 70–109

Schmidt, G.: Helfer und Verfolger. Die Rolle von Wissenschaft und Medizin in der Homosexuellenfrage. Mitt. Magnus-Hirschfeld-Ges., Nr. 3, 21–32, 1984 (auch in: Schmidt 1988 sowie Seeck 2003)

Schmidt, G.: Das große Der Die Das. Über das Sexuelle. Herbstein: März 1986a (überarb. u. erweit. Neuausgabe: Reinbek: Rowohlt Taschenbuch 1988; Nachdruck Erfstadt: Area 2004)

Schmidt, G.: Zur Eröffnung der Ausstellung »Magnus Hirschfeld – Leben und Werk«. Vortrag in der Staatsbibliothek Preußischer Kulturbesitz am 31. Juli 1985 in Berlin. Mitt. Magnus-Hirschfeld-Ges., Nr. 7, 9–13, 1986b

Schmidt, G.: Der § 175 aus sexualwissenschaftlicher Sicht. In: Jäger und Schorsch 1987: 34–36

Schmidt, G. (Hg.): Jugendsexualität. Sozialer Wandel, Gruppenunterschiede, Konfliktfelder. (Beitr. Sexualforsch., Bd. 69). Stuttgart: Enke 1993 (Neuausgabe: Gießen: Psychosozial-Verlag 2000) (zit. als 1993/2000)

Schmidt, G.: Über den Wandel heterosexueller Beziehungen. Z. Sexualforsch. 8, 1–11, 1995

Schmidt, G.: Das Verschwinden der Sexualmoral. In: Ders., Das Verschwinden der Sexualmoral. Über sexuelle Verhältnisse. Hamburg: Klein 1996: 7–16

Schmidt, G.: Kinsey's unspoken truths. On how the Kinsey Reports were received in West Germany. Sexualities 1, 100–103, 1998

Schmidt, G. (Hg.): Kinder der sexuellen Revolution. Kontinuität und Wandel studentischer Sexualität 1966–1996. Eine empirische Untersuchung. (Beitr. Sexualforsch., Bd. 77). Gießen: Psychosozial-Verlag 2000a

Schmidt, G.: Sexualwissenschaft. In: von Braun und Stephan 2000: 180–192 (zit. als 2000b)

Schmidt, G.: Das neue Der Die Das. Über die Modernisierung des Sexuellen. (Reihe »edition psychosozial«). Gießen: Psychosozial-Verlag 2004

Schmidt, G.: Alfred C. Kinsey (1894–1956). In: Sigusch und Grau, in Vorb.

Schmidt, G. und V. Sigusch: Zur Frage des Vorurteils gegenüber sexuell devianten Gruppen. (Beitr. Sexualforsch., H. 40). Stuttgart: Enke 1967

Schmidt, G. and V. Sigusch: Sex differences in responses to psychosexual stimulation by films and slides. J. Sex Res. 6, 268–283, 1970

Schmidt, G. und V. Sigusch: Arbeiter-Sexualität. Eine empirische Untersuchung an jungen Industriearbeitern. Neuwied, Berlin: Luchterhand 1971

Schmidt, G. and V. Sigusch: Women's sexual arousal. In: Zubin, J. and J. Money (eds.): Contemporary sexual behavior: Critical issues in the 1970s. Baltimore, London: The Johns Hopkins Univ. Press 1973: 117–143

Schmidt, G. und B. Strauß (Hg.): Sexualität und Spätmoderne. Über den kulturellen Wandel der Sexualität. (Beitr. Sexualforsch., Bd. 76). Stuttgart: Enke 1998

Schmidt, G., A. Dekker und S. Matthiesen: Sexualverhalten. In: Schmidt 2000a: 39–67

Schmidt, G., V. Sigusch, and U. Meyberg: Psychosexual stimulation in men: Emotional reactions, changes of sex behavior, and measures of conservative attitudes. J. Sex Res. 5, 199–217, 1969

Schmidt, G., V. Sigusch, and S. Schäfer: Responses to reading erotic stories: Male-female differences. Arch. Sex. Beh. 2, 181–199, 1973

Schmidt, G., V. Sigusch und E. Schorsch (Hg.): Tendenzen der Sexualforschung. (Beitr. Sexualforsch., Bd. 49). Stuttgart: Enke 1970

Schmidt, G., S. Matthiesen, A. Dekker und K. Starke: Spätmoderne Beziehungswelten. Report über Partnerschaft und Sexualität in drei Generationen.Wiesbaden: VS Verlag für Sozialwissenschaften 2006

Schmidt, W. J. (Hg.): Jahrbuch für sexuelle Zwischenstufen. Hg. im Namen des wissenschaftlich-humanitären Comitées von Magnus Hirschfeld. Auswahl aus den Jahrgängen 1899–1923. 2 Bde. Frankfurt/M., Paris: Qumran 1983 und 1984

Schmuhl, H.-W.: Rassenhygiene, Nationalsozialismus, Euthanasie. Von der Verhütung zur Vernichtung »lebensunwerten Lebens«, 1890–1945. Göttingen: Vandenhoeck & Ruprecht 1987

Schnabl, S. (1969): Mann und Frau intim. Fragen des gesunden und des gestörten Geschlechtslebens. 5. Aufl. Berlin: Volk und Gesundheit 1972a

Schnabl, S.: Intimverhalten. Sexualstörungen. Persönlichkeit. Berlin: Deutscher Verlag der Wissenschaften 1972b

Schnabl, S.: Korrelationen und Therapie funktioneller Sexualstörungen. Ein Beitrag aus der Sexualberatung und Sexualforschung in der DDR. In: Sigusch 1975: 54–85

Schnell, R.: Sexualität und Emotionalität in der vormodernen Ehe. Köln u.a.: Böhlau 2002

Scholz, P. O.: Der entmannte Eros. Eine Kulturgeschichte. Düsseldorf, Zürich: Artemis & Winkler 1997

Schoof-Tams, K.: Therapie funktioneller Sexualstörungen nach Masters und Johnson. In: Sigusch 1975: 86–99

Schoof-Tams, K., R. Bulla, G. Schmidt, E. Schorsch, V. Sigusch und E.-M. Ziegenrücker: Adaptation der stationären Masters-Johnson-Therapie bei Erektions- und Orgasmusstörungen auf ein ambulantes Behandlungsprogramm. Vortrag, gehalten auf der 11. Wissenschaftlichen Tagung der Deutschen Gesellschaft für Sexualforschung vom 12. bis 14. Oktober 1972 in Hamburg (unveröffentl. Manuskript)

Schopenhauer, A. (1819/1844): Die Welt als Wille und Vorstellung. Bd. II. Sämtliche Werke, hg. von J. Frauenstädt, Neue Ausgabe, Bd. III, 2. Aufl. Leipzig: F. A. Brockhaus 1919

Schorsch, E.: Die sexuelle Perversion, ihre Differentialdiagnose und Therapie. Mschr. Kriminol. Strafrechtsref. 9, 253–262, 1966

Schorsch, E.: Die Sexualität in den endogen-phasischen Psychosen. Mit einem Vorwort von H. Bürger-Prinz. (Beitr. Sexualforsch., H. 39). Stuttgart: Enke 1967

Schorsch, E.: Zur Frage der sogenannten sexuellen Süchtigkeit. In: Schmidt, Sigusch und Schorsch 1970: 88–103 (zit. als 1970a)

Schorsch, E.: Stellungnahme zum Entwurf eines Vierten Gesetzes zur Reform des Strafrechts. Deutscher Bundestag, 6. Wahlperiode, 28. bis 30. Sitzung des Sonderausschusses für die Strafrechtsreform. Protokoll, S. 981–988, 1155–1157, 1970b

Schorsch, E.: Sexualstraftäter. Stuttgart: Enke 1971

Schorsch, E.: Sexuelle Deviationen und Krankheit. In: Sigusch 1972a: 156–161

Schorsch, E.: Psychopathologie der Sexualität? In: Giese 1973: 1–31

Schorsch, E.: Sexuelle Deviationen: Ideologie, Klinik, Kritik. In: Sigusch 1975: 118–155
Schorsch, E.: Die Stellung der Sexualität in der psychischen Organisation des Menschen. Nervenarzt 49, 456–460, 1978
Schorsch, E.: »Höchstrichterliche Männerphantasien. Der Sexualwissenschaftler Eberhard Schorsch über das Peep-Show-Urteil des Bundesverwaltungsgerichts«. Der Spiegel, 36. Jg., Nr. 28 vom 12. Juli 1982, S. 60–61
Schorsch, E.: Gewalt-Verhältnisse. In: Sigusch, Klein und Gremliza 1984: 578–585
Schorsch, E.: Bausteine einer Theorie der Liebe. Universitas – Zeitschrift für Wissenschaft, Kunst und Literatur 42, 753–763, 1987
Schorsch, E.: Die Medikalisierung der Sexualität. Über Entwicklungen in der Sexualmedizin. Z. Sexualforsch. 1, 95–112, 1988
Schorsch, E.: Versuch über Sexualität und Aggression. Z. Sexualforsch. 2, 14–28, 1989a
Schorsch, E.: Kinderliebe. Veränderungen der gesellschaftlichen Bewertung pädosexueller Kontakte. Mschr. Kriminol. Strafrechtsref. 72, 141–146, 1989b
Schorsch, E.: Kurzer Prozeß? Ein Sexualstraftäter vor Gericht. Hamburg: Klein 1991
Schorsch, E.: Perversion, Liebe, Gewalt. Aufsätze zur Psychopathologie und Sozialpsychologie der Sexualität 1967–1991, hg. von G. Schmidt und V. Sigusch (Beitr. Sexualforsch., Bd. 68). Stuttgart: Enke 1993
Schorsch, E. und N. Becker: Angst, Lust, Zerstörung. Sadismus als soziales und kriminelles Handeln. Zur Psychodynamik sexueller Tötungen. Reinbek: Rowohlt 1977
Schorsch, E. und H. Maisch: Trieb und Täter. In: Sigusch, Klein und Gremliza 1984: 109–120
Schorsch, E. und G. Schmidt (Hg.): Ergebnisse zur Sexualforschung. Arbeiten aus dem Hamburger Institut für Sexualforschung. Köln: Wissenschafts-Verlag 1975 (als Taschenbuch Köln: Kiepenheuer & Witsch 1975 und Frankfurt/M. u.a.: Ullstein 1976)
Schorsch, E. und G. Schmidt: Die Abteilung für Sexualforschung der Universität Hamburg. In: Magnus-Hirschfeld-Gesellschaft (Hg.): Für ein neues Berliner Institut für Sexualwissenschaft. Berlin: Ed. Sigma Bohn 1987: 31–41
Schorsch, E., G. Schmidt und V. Sigusch: Sexualwissenschaftliche Überlegungen zur Reform des Sexualstrafrechts. In: Sigusch 1972a: 162–173
Schorsch, E., T. Brand, G. Schmidt und A. Spengler: Zur Versorgung von Patienten mit sexuellen Störungen. Bedarfsanalyse und Entwicklung eines Versorgungsmodells für das Land Hamburg. Sexualmed. 6, 585–590, 1977
Schorsch, E., G. Galedary, A. Haag, M. Hauch und H. Lohse: Perversion als Straftat. Dynamik und Psychotherapie. Berlin u.a.: Springer 1985 (2., unveränd. Aufl. Stuttgart: Enke 1996)
Schover, L. R. und S. B. Jensen: Sexuality and chronic illness. New York, London: Guilford 1988

Schrader, C. und S. Heyer: Grundzüge der Sexualberatung. In: Sigusch 2007a: 76–91

Schrenck-Notzing, A. Freiherr von: Die Suggestions-Therapie bei krankhaften Erscheinungen des Geschlechtssinnes. Mit besonderer Berücksichtigung der conträren Sexualempfindung. Stuttgart: Enke 1892

Schröder, Ch.: Ein Leben im Schatten der Psychoanalyse? Zum 50. Todestag des Sexualwissenschaftlers, Psychotherapeuten und Medizinethikers Albert Moll (1862–1939). Wiss. Z. Karl-Marx-Univ. Leipzig, Math.-naturwiss. Reihe 38, 434–444, 1989

Schröter, M.: »Wo zwei zusammenkommen in rechter Ehe ...« Sozio- und psychogenetische Studien über Eheschließungsvorgänge vom 12. bis 15. Jahrhundert. Frankfurt/M.: Suhrkamp 1985

Schücking, W., H. Stöcker und E. Rotten: Durch zum Rechtsfrieden. Ein Appell an das Weltgewissen. Berlin: »Neues Vaterland«, Berger, o. J. [1919]

Schüle, H.: Nekrolog Richard von Krafft-Ebing. Allg. Z. Psychiat. 60, 305–329, 1903

Schultz, J. H.: Albert Molls Ärztliche Ethik. (Zürcher Medizingeschichtl. Abh., Nr. 185). Zürich: Juris 1986

Schumann, R.: Helene Stöcker. Verkünderin und Verwirklicherin. In: Groehler, O. (Hg.): Alternativen. Schicksale deutscher Bürger. Berlin: Verlag der Nation 1987: 163–195

Schurig, M.: Spermatologia historico-medica usw. Frankfurt/M.: Beck 1720

Schwarz, H.: Schriftliche Sexualberatung. Erfahrungen und Vorschläge mit 60 Briefen und Antworten. Das aktuelle Traktat. (Beitr. zum Sexualproblem. Reihe 2, H. 2). Rudolstadt: Greifenverlag 1959

Schwarzer, A.: Der »kleine Unterschied« und seine großen Folgen. Frauen über sich. Beginn einer Befreiung. Frankfurt/M.: S. Fischer 1975

Schwarzer, A.: So fing es an! 10 Jahre Frauenbewegung. Köln: Emma Frauenverlags-GmbH 1981

[Schwules Museum und Akademie der Künste (Hg.)]: Goodbye to Berlin? 100 Jahre Schwulenbewegung. Eine Ausstellung des Schwulen Museums und der Akademie der Künste. 17. Mai bis 17. August 1997. Berlin: Rosa Winkel 1997

Scott, J. W.: Gender: A useful category of historical analysis. Am. Hist. Rev. 91, 1053–1075, 1986

Seeck, A. (unter Mitarbeit von U. Barthel): »... seine eigenartige Stelle [sic] in unserer Wissenschaft ...« – Bibliographie der Rezensionen zu den Arbeiten Arthur Kronfelds. Mitt. Magnus-Hirschfeld-Ges., Nr. 20/21, 64–95, 1994/95a

Seeck, A.: Arthur Kronfeld (Psychiater, Psychologe, Wissenschaftstheoretiker) über Homosexualität. Mitt. Magnus-Hirschfeld-Ges., Nr. 20/21, 51–63, 1994/95b

Seeck, A.: Aufklärung oder Rückfall? Das Projekt der Etablierung einer »Sexualwissenschaft« und deren Konzeption als Teil der Biologie. Mitt. Magnus-Hirschfeld-Ges., Nr. 26/27, 5–30, 1998 (auch in Seeck 2003)

Seeck, A.: Pers. Mitteilungen vom Dezember 2002 und Januar 2003

Seeck, A. (Hg.): Durch Wissenschaft zur Gerechtigkeit? Textsammlung zur kritischen Rezeption des Schaffens von Magnus Hirschfeld. (Geschlecht. Sexualität. Gesellschaft – Berliner Schriften zur Sexualwiss. u. Sexualpol., Bd. 4). Münster u.a.: LIT 2003

Seeck, A.: »... Dunstkreis der Täter«? Zur kritischen Hirschfeldrezeption. In: Kotowski und Schoeps 2004: 317–328

Seidel, R.: Sexologie als positive Wissenschaft und sozialer Anspruch. Zur Sexualmorphologie von Magnus Hirschfeld. Med. Diss., München 1969

Seidler, Ch. und M. J. Froese (Hg.): Die DDR-Psychotherapie zwischen Subversion und Anpassung. O. O. [Berlin]: Bodoni 2002

Senator, H. und S. Kaminer (Hg.): Krankheiten und Ehe. Darstellung der Beziehungen zwischen Gesundheits-Störungen und Ehegemeinschaft. München: Lehmann 1904: 594–641 (2., neubearb. u. verm. Aufl. Leipzig: Thieme 1916: 748–797)

Setz, W. (Hg.): Die Geschichte der Homosexualitäten und die schwule Identität an der Jahrtausendwende. Eine Vortragsreihe aus Anlaß des 175. Geburtstags von Karl Heinrich Ulrichs. (Bibliothek Rosa Winkel, Bd. 25). Berlin: Rosa Winkel 2000a

Setz, W. (Hg.): Karl Heinrich Ulrichs zu Ehren. Materialien zu Leben und Werk. Berlin: Rosa Winkel 2000b

Setz, W. (Hg.): Neue Funde und Studien zu Karl Heinrich Ulrichs. (Bibliothek Rosa Winkel, Bd. 36). Hamburg: MännerschwarmSkript 2004

Sexau, R.: Aufruf betr. Prof. Dr. Richard Freiherrn von Krafft-Ebing. Vierteljahrsber. Wiss.-humanit. Komitee 2 (3), 341, 1911

[Sezession des Wissenschaftlich-humanitären Komitees]: Fünfseitiges, unpaginiertes Zirkular, gezeichnet von Herbert Stegemann, gedruckt in Berlin, o. V., o. J. [wahrscheinlich 1907]

Sharaf, M.: Fury on earth. A biography of Wilhelm Reich. New York: St. Martin's Press 1983 (dt.: Wilhelm Reich. Der heilige Zorn des Lebendigen. Die Biographie. Berlin: Simon & Leutner 1994)

Sherfey, M. J.: The evolution and nature of female sexuality in relation to psychoanalytic theory. J. Am. Psychoanal. Assoc. 14, 28–128, 1966

Sherfey, M. J.: The nature and evolution of female sexuality. New York: Random House 1972 (dt.: Die Potenz der Frau. Wesen und Evolution der weiblichen Sexualität. Köln: Kiepenheuer und Witsch 1974)

Shorter, E.: The making of the modern family. London: Collins; New York: Basic Books 1975 (dt.: Die Geburt der modernen Familie. Reinbek: Rowohlt 1977)

Showalter, E.: Sexual anarchy. Gender and culture at the fin de siècle. London: Viking Penguin 1990

Sievert, H.: Das Anomale bestrafen. Homosexualität, Strafrecht und Schwulenbewegung im Kaiserreich und in der Weimarer Republik. Hamburg: Ergebnisse-Verlag 1984

Sigusch, V.: Das Bild von sexuell auffälligen und sexuell abnormen Gruppen. Experimentelle Untersuchungen mit den Methoden Paarvergleich und Polaritäts-Profil. Med. Diss., Hamburg 1966

Sigusch, V.: Das Antipathiegefälle gegenüber sexuell devianten Gruppen. Nervenarzt 39, 114–123, 1968

Sigusch, V.: Sexualphysiologische Reaktionen beim Menschen. Schriftenreihe der Bayerischen Landesärztekammer, Bd. 15, 298–308, 1969a

Sigusch, V.: Physiologie der sexuellen Reaktion. Ärztl. Praxis 21, 1168–1172, 1969b

Sigusch, V.: Über die Lust der Medizin. In: Grabner-Haider, A. (Hg.): Recht auf Lust? Wien u.a.: Herder 1970a: 137–154

Sigusch, V.: Sexualität und Medizin. Plädoyer für eine sexualitätsbejahende Medizin. Medizin + Studium 1, 6–16, 1970b

Sigusch, V.: Medizin und Sexualität. Sieben Thesen zur kritischen Reflexion ihres Verhältnisses. Med. Welt 21 (N. F.), 2159–2170, 1970c

Sigusch, V.: Exzitation und Orgasmus bei der Frau. (Beitr. Sexualforsch., Bd. 48). Stuttgart: Enke 1970d (mit rund 800 Literaturangaben)

Sigusch, V.: Sexualphysiologie: Einmaleins der Lust. Vorwort zu: W. H. Masters und V. E. Johnson: Die sexuelle Reaktion. Reinbek: Rowohlt Taschenbuch 1970e (Neuausgabe 1984)

Sigusch, V.: Stellungnahme zum Entwurf eines Vierten Gesetzes zur Reform des Strafrechts. Deutscher Bundestag, 6. Wahlperiode, 28. bis 30. Sitzung des Sonderausschusses für die Strafrechtsreform. Protokoll, S. 861–875, 889–890, 1142–1146, 1970f

Sigusch, V.: Sexuelle Reaktionen bei der Frau. In: Giese, Handbuch, 2. Aufl., 1971: 829–916

Sigusch, V. (Hg.): Ergebnisse zur Sexualmedizin. Arbeiten aus dem Institut für Sexualforschung an der Universität Hamburg. Köln: Wissenschafts-Verlag 1972a (2., durchges. Aufl. im Vertrieb S. Karger, Basel u.a. 1973)

Sigusch, V.: Aspekte und Fakten zur Entwicklung einer Sexualmedizin. In: Sigusch 1972a: 8–23 (zit. als 1972b) (s. auch: Pro Familia Informationen, H. 4, 22–24, 1972)

Sigusch, V.: Junge Mädchen und die Pille. Bemerkungen zur hormonalen Kontrazeption aus sexualwissenschaftlicher Sicht. Sexualmed. 3, 288–297, 1974 (vgl. dazu den Nachtrag »Ein Jahrzehnt früher. Pille für Jugendliche: Der wissenschaftliche Beirat der Bundesärztekammer zieht endlich nach« in: Sexualmed. 14, 349–350, 1985)

Sigusch, V.: (Hg.): Therapie sexueller Störungen. Stuttgart, New York: Thieme 1975 (2., neubearb. und erweit. Aufl. 1980)

Sigusch, V.: Medizinische Experimente am Menschen. Das Beispiel Psychochirurgie. Beiwerk des Jahrbuchs für kritische Medizin, Bd. 2. Berlin: Argument-Verlag 1977a (Neuausgabe: Argument-Studienheft 12. Berlin: Argument-Verlag 1978; Raubdrucke: Heidelberg u.a. 1978 ff)

Sigusch, V.: Sexualmedizin: Auswurf oder Avantgarde. [Leitartikel]. Sexualmed. 6, 133–134, 1977b

Sigusch, V.: Sexualität und Medizin. Arbeiten aus der Abteilung für Sexualwissenschaft des Klinikums der Universität Frankfurt am Main. Köln: Kiepenheuer & Witsch 1979a

Sigusch, V.: Sexualwissenschaftliche Aspekte der hormonalen Kontrazeption bei jungen Mädchen. Ein Vortrag vor Gynäkologen. In: Sigusch 1979a: 79–114 (zit. als 1979b)

Sigusch, V.: Medizinische Experimente am Menschen. Das Beispiel Psychochirurgie. In: Sigusch 1979a: 207–246 (zit. als 1979c)

Sigusch, V.: Das gemeine Lied der Liebe. Sexualität konkret, H. 1, S. 6–9, 1979d (veränd. Nachdrucke u.a. in: Das Argument 121, 403–407, 1980; Sigusch 1984a: 12–19)

Sigusch, V. (Hg.): Therapie sexueller Störungen. 2., neubearb. und erweit. Aufl. Stuttgart, New York: Thieme 1980a

Sigusch, V.: Therapie und Politik. Sexualität konkret, H. 2, S. 10–17, 1980b (ergänzter Nachdruck u.a. in: Sigusch 1984a: 157–173)

Sigusch, V.: Natur und Sexualität. Über die Bedeutung der Kategorie der Natur für eine Theorie der Sexualität des Menschen. Das Argument 119, 3–15, 1980c (veränd. Nachdruck in: Sigusch 1984a: 57–73)

Sigusch, V.: Was heißt Sexualtherapie? Eine Kritik am Furor sanandi. Sexualmed. 10, 208–212, 1981 (erweit. Nachdruck in: Sigusch 1984a: 50–56)

Sigusch, V. (Hg.): Die sexuelle Frage. Hamburg: Konkret Literatur 1982

Sigusch, V.: 50 Jahre danach [Leitartikel]. Sexualmed. 12, 252, 1983 (wesentl. erweit. in: Sigusch 1984a: 182–189)

Sigusch, V.: Vom Trieb und von der Liebe. Frankfurt/M., New York: Campus 1984a

Sigusch, V.: Die Mystifikation des Sexuellen. Frankfurt/M., New York: Campus 1984b

Sigusch, V.: Lob des Triebes. In: Sigusch: 1984a: 27–42 (zit. als 1984c)

Sigusch, V.: Über den Versuch, das Sexuelle zu definieren. In: Sigusch, Klein und Gremliza 1984: 563–569 (zit. als 1984d)

Sigusch, V.: »Man muß Hitlers Experimente abwarten«. Der Spiegel, 39. Jg, Nr. 20 vom 13. Mai 1985a, S. 244–250 (u. d. T. »Hirschfeld und die Hirschfeld-Renaissance« erweit. in: Sigusch 1990a: 31–36)

Sigusch, V.: Rectus in curia: Eberhard Schorsch. Ambulante Therapie von Sexualstraftätern. Sexualmed. 14, 674 und 677, 1985b

Sigusch, V.: Momente der Transferation. In: Brede et al. 1987: 225–234 (zit. als 1987a)

Sigusch, V.: Die Abteilung für Sexualwissenschaft der Universität Frankfurt am Main. In: Magnus-Hirschfeld-Gesellschaft 1987b: 43–58 (aktual. in: Sigusch 1989a: 176–191) (zit. als 1987b/1989a)

Sigusch, V. (Hg.): AIDS als Risiko. Über den gesellschaftlichen Umgang mit einer Krankheit. Hamburg: Konkret Literatur 1987c

Sigusch, V.: Der Ratschläger: Sexologie als Phrase. Pro Familia Magazin 15, 12–16, 1987d (erweit. Nachdruck in: Sigusch 1990a: 84–94)

Sigusch, V.: Was heißt kritische Sexualwissenschaft? Z. Sexualforsch. 1, 1–29, 1988 (auch in Sigusch 1989a: 11–49)

Sigusch, V.: Kritik der disziplinierten Sexualität. Frankfurt/M., New York: Campus 1989a

Sigusch, V.: Der AIDS-Komplex und unser Leviathan. Psyche – Z. Psychoanal. 43, 673–697, 1989b

Sigusch, V.: Homosexuelle und Sexualforscher. Z. Sexualforsch. 2, 55–74, 1989c (zugleich in: Gooß und Gschwind 1989: 31–56)

Sigusch, V.: Anti-Moralia. Sexualpolitische Kommentare. Frankfurt/M., New York: Campus 1990a

Sigusch, V.: 20 Jahre Sexualmedizin und Sexualberatung. Eine Bestandsaufnahme. Med. Welt 41 (N. F.), 206–211, 1990b

Sigusch, V.: Kritik der Sexualität. In: Glatzer, W. (Hg.): 25. Deutscher Soziologentag 1990. Die Modernisierung moderner Gesellschaften. Opladen: Westdeutscher Verlag 1991a: 140–148

Sigusch, V.: »Menschen sind mehr als geköpfte Frösche. Zwanzig Jahre Sexualmedizin – Irrwege, Rückschritte und Mißverständnisse«. Süddeutsche Zeitung, Nr. 46 vom 23./24. Februar 1991b, Feuilleton, S. 1

Sigusch, V.: Die Transsexuellen und unser nosomorpher Blick. Teil I: Zur Enttotalisierung des Transsexualismus. Teil II: Zur Entpathologisierung des Transsexualismus. Z. Sexualforsch. 4, 225–256, 309–343, 1991c

Sigusch, V.: Geschlechtswechsel. Hamburg: Klein 1992a (2., unveränd. Aufl. 1993; Taschenbuchausgabe, Hamburg: Rotbuch 1995) (zit. al 1992/1995)

Sigusch, V.: Nachruf auf Eberhard Schorsch. Z. Sexualforsch. 5, 11–17, 1992b

Sigusch, V.: Hans Giese. In: Lautmann 1993: 251–258 (zit. als 1993a) (u. d. T. »Hans Giese und seine Theorie der Homosexualität« auch in: Z. Sexualforsch. 10, 245–252, 1997)

Sigusch, V.: Kritik der Sexualität. In: Böllinger und Lautmann 1993: 140–148 (zit. als 1993b)

Sigusch, V.: Nachdenken über Feminismus. Z. Sexualforsch. 6, 36–51, 1993c

Sigusch, V.: Abschied von einer Sexualmedizin. [Kommentar]. Z. Sexualforsch. 7, 62–69, 1994

Sigusch, V.: Transsexueller Wunsch und zissexuelle Abwehr. Psyche – Z. Psychoanal. 49, 811–837, 1995a

Sigusch, V.: Albert Moll und Magnus Hirschfeld. Über ein problematisches Verhältnis vor dem Hintergrund unveröffentlichter Briefe Molls aus dem Jahr 1934. Z. Sexualforsch. 8, 122–159, 1995b

Sigusch, V. (Hg.): Sexuelle Störungen und ihre Behandlung. Stuttgart, New York: Thieme 1996a (2. Aufl. 1997; 3., überarb. u. erweit. Aufl. 2001; 4., überarb. u. erweit. Aufl. 2007)

Sigusch, V.: Zum Verhältnis von Psychoanalyse und Sexualwissenschaft. In: Plänkers, T., M. Laier, H.-H. Otto, H.-J. Rothe und H. Siefert (Hg.): Psychoanalyse in Frankfurt am Main. Zerstörte Anfänge, Wiederannäherung und Entwicklungen. Tübingen: Ed. Diskord 1996b: 596–616

Sigusch, V.: Metamorphosen von Leben und Tod. Ausblick auf eine Theorie der Hylomatie. Psyche – Z. Psychoanal. 51, 835–874, 1997

Sigusch, V. Die neosexuelle Revolution. Über gesellschaftliche Transformationen der Sexualität in den letzten Jahrzehnten. Psyche – Z. Psychoanal. 52, 1192–1234, 1998a

Sigusch, V.: The neosexual revolution. Arch. Sex. Behav. 27, 331–359, 1998b

Sigusch, V.: Ein urnisches Sexualsubjekt. Teil I: Karl Heinrich Ulrichs als erster Schwuler der Weltgeschichte. Teil II: Unbekanntes aus dem Nachlaß von Karl Heinrich Ulrichs. Z. Sexualforsch. 12, 108–132, 237–276, 1999a

Sigusch, V.: Stichwort »schwul«. In: 100 Wörter des Jahrhunderts. Frankfurt/M.: Suhrkamp u.a. 1999b: 254–256

Sigusch, V.: Karl Heinrich Ulrichs. Der erste Schwule der Weltgeschichte. (Bibliothek Rosa Winkel, Bd. 21). Berlin: Rosa Winkel 2000a

Sigusch, V.: Uranität als Existenzweise. Karl Heinrich Ulrichs als Präzeptor der Homosexuellen- und Schwulenbewegung. In: Setz 2000a: 64–92 (zit. als 2000b)

Sigusch, V.: Lean sexuality: On cultural transformations of sexuality and gender in recent decades. Sexuality & Culture 5, 23–56, 2001a (Nachdruck in: Z. Sexualforsch. 15, 120–141, 2002)

Sigusch, V.: Stichwort »Sexualität«. In: Der Brockhaus Psychologie, hg. von der Lexikonredaktion des Verlags F. A. Brockhaus. Mannheim, Leipzig: F. A. Brockhaus 2001b: 548–551

Sigusch, V.: 50 Jahre Deutsche Gesellschaft für Sexualforschung. Teil I: Rede zur Eröffnung der 20. Wissenschaftlichen Tagung. Teil II: Materialien zur Geschichte der Gesellschaft. Z. Sexualforsch. 14, 39–52, 53–80, 2001c

Sigusch, V.: Richard von Krafft-Ebing zwischen Kaan und Freud. Bemerkungen zur 100. Wiederkehr seines Todestages. Z. Sexualforsch. 15, 211–247, 2002a

Sigusch, V.: Richard von Krafft-Ebing: Bericht über den Nachlass und Genogramm. Z. Sexualforsch. 15, 341–354, 2002b

Sigusch, V.: Heinrich Kaan – der Verfasser der ersten »Psychopathia sexualis«. Eine biografische Skizze. Z. Sexualforsch. 16, 116–142, 2003

Sigusch, V.: Richard von Krafft-Ebing (1840–1902). Nervenarzt 75, 92–96, 2004

Sigusch, V.: Neosexualitäten. Über den kulturellen Wandel von Liebe und Perversion. Frankfurt/M., New York: Campus 2005a

Sigusch, V.: Sexualwissenschaft als Fußnote. Z. Sexualforsch. 18, 93–97, 2005b (auch in: Dannecker und Katzenbach 2005)

Sigusch, V.: Anfänge der modernen Sexualwissenschaft. Psyche – Z. Psychoanal. 59, 1061–1080, 2005c (Vorabdruck aus Lohmann und Pfeiffer 2006) (zit. als 2005/2006)

Sigusch, V.: Sexuelle Welten. Zwischenrufe eines Sexualforschers. (Beiträge zur Sexualforschung, Bd. 87). Gießen: Psychosozial-Verlag 2005d

Sigusch, V.: Praktische Sexualmedizin. Eine Einführung. Köln: Deutscher Ärzte-Verlag 2005e

Sigusch, V. (Hg.): Sexuelle Störungen und ihre Behandlung. 4., überarb. u. erweit. Aufl. Stuttgart, New York: Thieme 2007a

Sigusch, V.: Das Frankfurter Institut für Sexualwissenschaft (1973–2006). Protokoll einer Abwicklung. Z. Sexualforsch. 20, 216–246, 2007b

Sigusch, V.: Samuel Jessner (1859–1929). In: Sigusch und Grau, in Vorb.

Sigusch, V.: Der Sexualforscher Max Marcuse (1877–1963) in bisher unveröffentlichten Selbstzeugnissen. Z. Sexualforsch., in Vorb.

Sigusch, V. und St. Fliegel (Hg.): AIDS. Ergebnisse des Kongresses für Klinische Psychologie und Psychotherapie Berlin 1988. Tübinger Reihe, Bd. 9. Tübingen: DGVT 1988

Sigusch, V. und G. Grau: Der Kampf um das Frankfurter Institut für Sexualwissenschaft. Aufruf – Proteste – Beschlüsse. Frankfurt/M.: Selbstdruck, August 2006

Sigusch, V. und G. Grau (Hg.): Personenlexikon der Sexualforschung, in Vorb.

Sigusch, V. und H. L. Gremliza (Hg.): Operation AIDS. Hamburg: Gremliza Verlags GmbH 1986

Sigusch, V. und A. Katzenbach: Nachträge zur Personalbibliografie Magnus Hirschfeld. Z. Sexualforsch. 9, 255–262, 1996

Sigusch, V. und B. Meyenburg: Sexualberatung und Sexualtherapie in der BRD. Eine knappe Bestandsaufnahme. Med. Welt 25 (N. F.), 711–715, 1974

Sigusch, V. und G. Schmidt: Experimentelle Untersuchungen über die Wirkungen psychosexueller Stimuli. Nervenarzt 43, 367–376, 1972

Sigusch, V. und G. Schmidt: Jugendsexualität. Dokumentation einer Untersuchung. (Beitr. Sexualforsch., Bd. 52). Stuttgart: Enke 1973

Sigusch, V. und G. Schmidt: Verzeichnis der Schriften von Eberhard Schorsch. Z. Sexualforsch. 5, 18–24, 1992 (ergänzter Nachdruck in: Schorsch 1993)

Sigusch, V. und W. Setz: Korrekturen und Ergänzungen aus zwei Handexemplaren von Karl Heinrich Ulrichs. In: Setz 2000b: 45–68

Sigusch, V., M. Dannecker und A. Katzenbach: Der Aufruf der Deutschen Gesellschaft für Sexualforschung zur Entkriminalisierung der Homosexualität vom Januar 1981 im Spiegel einiger Voten. Z. Sexualforsch. 3, 246–265, 1990

Sigusch, V., I. Klein und H. L. Gremliza (Hg.): Sexualität konkret. Sammelband 2. Frankfurt/M.: Zweitausendeins 1984 (div. weitere Aufl.)

Sigusch, V., B. Meyenburg und R. Reiche: Transsexualität. In: Sigusch 1979a: 249–311

Sigusch, V., G. Schmidt, A. Reinfeld, and I. Wiedemann-Sutor: Psychosexual stimulation: Sex differences. J. Sex Res. 6, 10–24, 1970

Sigusch, V., E. Schorsch, M. Dannecker, G. Amendt und K. Albrecht-Désirat: Aufruf der Deutschen Gesellschaft für Sexualforschung zur Entkriminalisierung der Homosexualität. Frankfurt/M., im Januar 1981. Frankfurter Rundschau, Nr. 115 vom 19. Mai 1981, S. 9 (u.a. auch in: Das Argument 130, 869–870, 1981; Dannecker und Sigusch 1984: 121–122; Die Grünen im Bundestag: Selbstbestimmt schwul. § 175 ersatzlos streichen. [Reihe »Argumente«]. Bonn 1989)

[Simon, D.]: Sigmund Freud und die DDR – Zwischen Subversivem und Etabliertem. Dietrich Simon im Gespräch. In: Ch. Seidler und M. J. Froese (Hg.): Die DDR-Psychotherapie zwischen Subversion und Anpassung. O. O. [Berlin:] Bodoni 2002: 168–211

Simon, W.: Postmodern sexualities. London, New York: Routledge 1996

Simon, W. and J. Gagnon: Sexual scripts: Permanence and change. Society 22, 52–60, November/December 1984

Sinclair, A.: The World League for Sexual Reform in Spain: Founding, infighting, and the role of Hildegart Rodríguez. J. Hist. Sex. 12, 98–109, 2003

Soden, K. von: Die Sexualberatungsstellen der Weimarer Republik 1919–1933. Berlin: Ed. Hentrich 1988

Soltau, H.: Erotik und Altruismus. Emanzipationsvorstellungen der Radikalen Helene Stöcker. In: Dalhoff, J., U. Frey und I. Schöll (Hg.): Frauenmacht in der Geschichte. Düsseldorf: Schwann 1986

Spitz, R.: Autorität und Onanie. Einige Bemerkungen zu einer bibliographischen Untersuchung. Psyche – Z. Psychoanal. 4, 1–24, 1952

Stanley, L.: Sex surveyed, 1949–1994. From mass-observation's »Little Kinsey« to the National Survey and the Hite Reports. London: Taylor & Francis 1995

Starke, K.: Junge Partner. Tatsachen über Liebesbeziehungen im Jugendalter. Leipzig u.a.: Urania 1980

Starke, K.: Jugend und Homosexualität. In: [Günther] 1989: 26–32

Starke, K.: Schwuler Osten. Homosexuelle Männer in der DDR. Berlin: Links 1994

Starke, K. und W. Friedrich: Liebe und Sexualität bis 30. Berlin: Deutscher Verlag der Wissenschaften 1984

Starke, K. und K. Weller: Partner- und Sexualforschung. In: Friedrich et al. 1999: 396–419

Staupe, G. und L. Vieth (Hg.): Unter anderen Umständen. Zur Geschichte der Abtreibung. Katalog zur gleichnamigen Ausstellung, veranstaltet vom Deutschen Hygiene-Museum, Dresden, 1. Juli bis 31. Dezember 1993. Berlin: Argon-Verlag 1993

Staupe, G. und L. Vieth (Hg.): Die Pille. Von der Lust und von der Liebe. Katalog zur gleichnamigen Ausstellung, veranstaltet vom Deutschen Hygiene-Museum, Dresden, 1. Juni bis 31. Dezember 1996. Berlin: Rowohlt 1996

Steakley, J. D.: The homosexual emancipation movement in Germany. New York: Arno Press 1975

Steakley, J. D.: The writings of Dr. Magnus Hirschfeld. A bibliography. (Canadian Gay Archives Publication Series, vol. 11; Schriftenreihe der Magnus-Hirschfeld-Gesellschaft, Bd. 2). Toronto: Canadian Gay Archives 1985

Stein, E. (Hg.): Forms of desire. Sexual orientation and the social constructionist controversy. (Garland Gay and Lesbian Studies, Bd. 1). New York, London: Garland 1990

Steinach, E.: Antagonistische Wirkungen der Keimdrüsen-Hormone. In: Marcuse 1927i: 219–222

Steinecke, V.: Menschenökonomie. Der medizinische Diskurs über den Geburtenrückgang von 1911 bis 1931. (Forum Frauengeschichte, Bd. 9). Pfaffenweiler: Centaurus-Verlagsges. 1996

Steiner, H. (Red.): Sexualnot und Sexualreform. Verhandlungen der Weltliga für Sexualreform. IV. Kongress. Wien: Elbemühl-Verlag 1931

Steinle, K.-H.: Die Geschichte der »Kameradschaft die runde« 1950 bis 1969. (Hefte des Schwulen Museums, H. 1). Berlin: Rosa Winkel 1998

Steinle, K.-H.: Der Kreis. Mitglieder, Künstler, Autoren. (Hefte des Schwulen Museums, H. 2). Berlin: Rosa Winkel 1999

Stekel, W.: Nervöse Angstzustände und ihre Behandlung. Mit einem Vorwort von Sigmund Freud. Berlin, Wien: Urban & Schwarzenberg 1908a

Stekel, W.: Die sexuelle Wurzel der Kleptomanie. Z. Sexualwiss. 1, 588–600, 1908b

Stekel, W.: Die Sprache des Traumes. Eine Darstellung der Symbolik und Deutung des Traumes in ihren Beziehungen zur kranken und gesunden Seele für Ärzte und Psychologen. Wiesbaden: Bergmann 1911

Stekel, W.: Störungen des Trieb- und Affektlebens: (die parapathischen Erkrankungen). Berlin, Wien: Urban & Schwarzenberg [1908]/1912–1928 – Band I: Nervöse Angstzustände und ihre Behandlung. 2., verm. u. verbess. Aufl. 1912 (1. Aufl. s. 1908a) – Band II: Onanie und Homosexualität. 1917 – Band III. Die Geschlechtskälte der Frau. 1920a – Band IV: Die Impotenz des Mannes. 1920b – Band 5: Psychosexueller Infantilismus. 1922a – Band 6: Impulshandlungen (Wandertrieb, Dipsomanie, Kleptomanie, Pyromanie und verwandte Zustände). 1922b – Band 7: Der Fetischismus. 1923 – Band 8: Sadismus und Masochismus. 1925 – Band 9 und 10: Zwang und Zweifel. 1927 und 1928

Stengers, J. und A. van Neck: Histoire d'une grande peur: la masturbation. Bruxelles: Éditions de l'Université de Bruxelles 1984

Stern, A.: Dr. Max Marcuse – 80 Jahre. Jedioth Chadashot vom 15. April 1957 [in deutscher Sprache]

Stern, W.: Der Ernstspiel-Charakter der Jugend-Erotik und -Sexualität. In: Marcuse 1928b: 174–179

Stern, W.: Psychologische Begutachtung jugendlicher Zeugen in Sexualprozessen. In: Marcuse 1928d: 154–160

Stigler, R.: Vergleichende Sexualphysiologie der schwarzen und der weißen Frau. In: Marcuse 1928a: 182–206

Stöcker, H.: Unsere Umwertung der Werte. Magazin für Literatur 1897: 1–5

Stöcker, H.: Zur Kunstanschauung des XVIII. Jahrhunderts. Von Winckelmann bis Wackenroder. (Phil. Diss., Bern). Berlin: Mayer & Müller 1902 (erweit. Ausg. 1904)

Stöcker, H. (Hg.): Mutterschutz. Zeitschrift zur Reform der sexuellen Ethik. Publikationsorgan des Bundes für Mutterschutz. Jg. 1/1905 bis 3/1907. Mikrofiche-Ausgabe. (Historische Quellen zur Frauenbewegung und Geschlechterproblematik, 5). Erlangen: Harald Fischer 1992

Stöcker, H.: Von neuer Ethik. Mutterschutz 2, 3–4, 1906a

Stöcker, H.: Die Liebe und die Frauen. Minden: Bruns, o. J. [1906b] (2., durchges. u. verm. Aufl., o. J. [1908a])

Stöcker, H.: Strafrechtsreform und Abtreibung. Die neue Generation 4, 399–409, 1908b

Stöcker, H.: Verschiedenheiten im Liebesleben des Weibes und des Mannes. Z. Sexualwiss. 1, 706–712, 1908c

Stöcker, H. (Hg.): Die neue Generation. Jg. 4/1908 bis 28/1932. Mikrofiche-Ausgabe. (Historische Quellen zur Frauenbewegung und Geschlechterproblematik, 6). Erlangen: Harald Fischer 1992

Stöcker, H.: Die beabsichtigte Ausdehnung des § 175 auf die Frau. Die neue Generation 7, 110–122, 1911

Stöcker, H.: Ehe und Konkubinat. (Schriften des Deutschen Bundes für Mutterschutz, Ortsgruppe Berlin). Berlin: Bund für Mutterschutz 1912a

Stöcker, H. (Hg.): Karoline Michaelis. Eine Auswahl ihrer Briefe mit einem Porträt. Berlin: Oesterheld, o. J. [1912b]

Stöcker, H.: Staatlicher Gebärzwang oder Rassenhygiene? Die neue Generation 10, 134–149, 1914

Stöcker, H.: Lieben oder Hassen? (Kriegshefte des Bundes für Mutterschutz). Berlin: Oesterheld, o. J. [1915a]

Stöcker, H.: Geschlechtspsychologie und Krieg. (Kriegshefte des Bundes für Mutterschutz, Nr. 3). Berlin: Oesterheld, o. J. [1915b]

Stöcker, H.: Zehn Jahre Mutterschutz. (Kriegshefte des Bundes für Mutterschutz/ Schriften des Deutschen Bundes für Mutterschutz, Ortsgruppe Berlin). Berlin: Oesterheld, o. J. [1915c]

Stöcker, H.: Moderne Bevölkerungspolitik. (Kriegshefte des Bundes für Mutterschutz). Berlin: Oesterheld, o. J. [1916a]

Stöcker, H.: Sexualpädagogik, Krieg und Mutterschutz. (Kriegshefte des Bundes für Mutterschutz). Berlin: Oesterheld, o. J. [1916b]

Stöcker, H.: Die Liebe der Zukunft. Deutsche Revolution. (Eine Sammlung zeitgemäßer Schriften, Bd. IX). Leipzig: Klinkhardt, o. J. [1920]

Stöcker, H.: Liebe. Roman. München: Rösl, o. J. [1922] (spätere, z.T. veränd. Aufl. Berlin-Nikolassee: Verlag der Neuen Generation 1925, 1927)

Stöcker, H.: Erotik und Altruismus. (Kultur- und Zeitfragen, H. 15). Leipzig: Oldenburg, o. J. [1924]

Stöcker, H.: Verkünder und Verwirklicher. Beiträge zum Gewaltproblem, nebst einem zum ersten Male in deutscher Sprache veröffentlichten Briefe Tolstois. Berlin-Nikolassee: Verlag der Neuen Generation 1928

Stöcker, H.: 25 Jahre Mutterschutz. 1905–1930. Berlin-Nikolassee: Verlag der Neuen Generation 1930

Stöcker, H.: Vom Kampf gegen die Gewalt. Die neue Generation 28, 69–79, 1932

Stöcker, H.: Aufzeichnungen zu einer Autobiographie, enthalten im Stöcker-Nachlaß der Peace Collection des Swarthmore College, Pennsylvania, USA. Auszugsweise abgedruckt in: Feministische Studien 3 (1), 151–164, 1984

Stöcker, H.: [Lebenslauf, 1939 verfasst]. In: Ariadne – Almananch des Archivs der deutschen Frauenbewegung, H. 5, Juli 1986

Stöcker, H.: [Psychoanalyse 1911/12]. Luzifer-Amor – Zeitschrift zur Geschichte der Psychoanalyse 4 (8), 181–186, 1991

Stöcker, H., H. Stabel und S. Weinberg: Fort mit der Abtreibungsstrafe! Leipzig: Oldenburg 1924

Stöcker, H., C. Teja, E. Mensch und J. von Dewitz (Hg.): Frauen-Rundschau,

Jg. 4/1903 bis 16/1922. Mikrofiche-Ausgabe. (Historische Quellen zur Frauenbewegung und Geschlechterproblematik, 34). Erlangen: Harald Fischer 1998

Stockert, F. G. v. (Hg.): Die Pädophilie und ihre gutachtliche Problematik. (Beitr. Sexualforsch., H. 34). Stuttgart: Enke 1965

Stolberg, M.: Self-pollution, moral reform, and the venereal trade: Notes on the sources and historical context of »Onania« (1716). J. Hist. Sex. 9, 37–61, 2000

Stoll, O.: Das Geschlechtsleben in der Völkerpsychologie. Leipzig: Veit & Co. 1907

Stopczyk-Pfundstein, A.: Philosophin der Liebe Helene Stöcker. Die »Neue Ethik« um 1900 in Deutschland und ihr philosophisches Umfeld bis heute. Diss., TU Darmstadt. Stuttgart: Books on Demand (Sophia & Logos) 2003

Stourzh, H.: Die Anorgasmie der Frau. (Beitr. Sexualforsch., H. 23). 2. Aufl. Stuttgart: Enke 1962

Strassmann, P.: Gynäkologie und Sexologie. In: Greenwood 1931: 523–533

Strauß, B. (Hg.): Psychotherapie der Sexualstörungen. Krankheitsmodelle und Therapiepraxis – störungsspezifisch und schulenübergreifend. Stuttgart, New York: Thieme 1998

Stümke, H.-G.: Homosexuelle in Deutschland. Eine politische Geschichte. München: C. H. Beck 1989

Stümke, H.-G. und R. Finkler: Rosa Winkel, Rosa Listen. Homosexuelle und »gesundes Volksempfinden« von Auschwitz bis heute. Reinbek: Rowohlt Taschenbuch 1981

Stumpe, H. und F. Böttger: Das Sexualverhalten von weiblichen Strafgefangenen unter den Bedingungen des erleichterten Vollzugs. In: [Günther] 1990: 60–63

Stumpe, H. und K. Weller (Hg.): Familienplanung und Sexualpädagogik in den neuen Bundesländern. Eine Expertise im Auftrag der BZgA [Bundeszentrale für gesundheitliche Aufklärung] unter Mitarbeit von L. Aresin, K. R. Bach, J. Resch-Treuwerth und E. Stapel. (Forschung und Praxis der Sexualaufklärung und Familienplanung, Bd. 2). Köln: BZgA 1995

Sue, E.: Die Geheimnisse von Paris. Berlin: Meyer & Hofmann 1843

Sulloway, F. J.: Freud. Biologist of the mind. Beyond the psychoanalytic legend. New York: Basic Books 1979 (dt.: Freud. Biologe der Seele. Jenseits der psychoanalytischen Legende. Köln-Lövenich: Hohenheim 1982)

Sveistrup, H. und A. v. Zahn-Harnack (Hg.): Die Frauenfrage in Deutschland. Strömungen und Gegenströmungen 1790–1930. Sachlich geordnete und erläuterte Quellenkunde. Burg b. M.: Hopfer 1934 (unveränd. Nachdruck der 3. Aufl. München: Saur 1984)

Swanson, J. M. und K. A. Forrest (Hg.): Die Sexualität des Mannes. Köln: Deutscher Ärzte-Verlag 1987

Symonds, J. A.: The memoirs of John Addington Symonds. Ed. and introd. by Ph. Grosskurth. New York: Random House 1984

Szewczyk, H.: Sittlichkeitsdelikte. In: Hesse et al., Bd. 3, 1978: 231–243

Szewczyk, H. und H. Burghardt (Hg.): Sexualität. Fakten, Normen, gesellschaftliche Verantwortung. Berlin: Volk und Gesundheit 1978

Tardieu, A.: Étude médico-légale sur les attentats aux moeurs. Paris: Baillière 1857 (Neuausgabe: Grenoble: J. Millon 1995; dt.: Die Vergehen gegen die Sittlichkeit in staatsärztlicher Beziehung betrachtet. Nach der 3. frz. Aufl. ins Deutsche übertragen. Weimar: Voigt 1860)

Tarnowsky, B.: Die krankhaften Erscheinungen des Geschlechtssinnes. Berlin: Hirschwald 1886

Taylor, G. R.: Wandlungen der Sexualität. Düsseldorf, Köln: Diederichs 1957

Tennstedt, F.: Alfred Blaschko – das wissenschaftliche und sozialpolitische Wirken eines menschenfreundlichen Sozialhygienikers im Deutschen Reich. Z. Sozialreform 25, 513–523, 600–613, 646–667, 1979

Theilhaber, F. A.: Der Untergang der deutschen Juden. Eine volkswirtschaftliche Studie. München: Reinhardt 1911

Thinius, B.: Aufbruch aus dem grauen Versteck. Ankunft im bunten Ghetto. In: Starke 1994: 11–90

Thom, A.: Erscheinungsformen und Ursachen von Konfrontationen zwischen der revolutionären Arbeiterbewegung und der Psychoanalyse. Wiss. Z. Karl-Marx-Univ. Leipzig, Gesellschafts-wiss. Reihe 30, 183–191, 1981

Thom, A.: Nachwort. In: Freud 1984: 394–421

Thomas von Aquin: Summa contra gentiles. [Lateinisch und deutsch]. Darmstadt: Wiss. Buchges. 2001

Tiefer, L.: A feminist perspective on sexology and sexuality. In: Gergen, M. (ed.): Feminist thought and the structure of knowledge. New York: New York Univ. Press 1988: 16–26

Tissot, S. A. D.: Tentamen de morbis ex manustupratione. Lausanne: Marci-Mic. Bousquet & Soc. 1758 [Anhang zu: Dissertatio de febribus biliosis; seu Historia epidemiae biliosae Lausannensis, An. 1755] (dt.: Versuch von denen Krankheiten, welche aus der Selbstbefleckung entstehen. Aus dem Lateinischen übersetzt. Frankfurt/M., Leipzig: Fleischer 1760)

Tissot, S. A.: L' onanisme, ou dissertation sur les maladies produites par la masturbation. Lausanne: Chapuis 1760 (dt.: Von der Onanie oder Abhandlung über die Krankheiten, die von der Selbstbefleckung herrühren. Nach der 4., beträchtlich verm. Aufl. aus dem Französischen übersetzt. Wien: [J. Th. Edler von Trattner] 1782)

Tögel, Ch.: Freud-Diarium. 1886. www.uchtspringe.de. 2005

Tolmein, O.: Volkmar Sigusch. Konflikterfahren. Frankfurter Allgemeine Zeitung, 28. Dezember 2005, S. 38

Touton, K.: Über sexuelle Verantwortlichkeit. (Flugschriften der Deutschen Gesellschaft zur Bekämpfung der Geschlechtskrankheiten, H. 10). Leipzig: Barth 1908

Treskow, N. de: Die Hohe Kunst der Verführung. Liebe und Lust nach den Spielregeln der mittelalterlichen Minne. Frankfurt/M., New York: Campus 1997

Troje, H. E. (1988): Gestohlene Liebe. Zur Archäologie der Ehe – ein Rettungsversuch. München: dtv 1992

Trübswasser, G.: Ernest Borneman. Werkblatt – Z. Psychoanal. Gesellschaftskrit., Nr. 33, 4–5, 1994 (erschienen nach Bornemans Tod)
Twellmann, M.: Die deutsche Frauenbewegung. Ihre Anfänge und erste Entwicklung 1843–1889. Frankfurt/M.: Hain 1993

Ulitzsch, E. (1920): D. A. F. M. D. S. In: Janin, J.: Der Marquis von Sade und andere Anschuldigungen. Mit einem Text von E. Ulitzsch. München: Ed. Belleville 1986: 5–6
Ulrichs, K. H. (u. d. Pseud. Numa Numantius): Vindex. Social-juristische Studien über mannmännliche Geschlechtsliebe. Erste Schrift über mannmännliche Liebe. Leipzig: Selbstverlag, in Comm. bei Matthes 1864a
Ulrichs, K. H. (u. d. Pseud. Numa Numantius): Inclusa. Anthropologische Studien über mannmännliche Geschlechtsliebe. Zweite Schrift über mannmännliche Liebe. Leipzig: Selbstverlag, in Comm. bei Matthes 1864b
Ulrichs, K. H. (u. d. Pseud. Numa Numantius): Vindicta. Kampf für Freiheit von Verfolgung. Dritte Schrift über mannmännliche Liebe. Leipzig: in Comm. bei Matthes 1865a
Ulrichs, K. H. (u. d. Pseud. Numa Numantius): Formatrix. Anthropologische Studien über urnische Liebe. Vierte Schrift. Leipzig: Matthes 1865b
Ulrichs, K. H. (u. d. Pseud. Numa Numantius): Ara spei. Moralphilosophische und socialphilosophische Studien über urnische Liebe. Fünfte Schrift. Leipzig: Matthes 1865c
Ulrichs, K. H.: Gladius furens. Das Naturräthsel der Urningsliebe und der Irrthum als Gesetzgeber. Sechste Schrift. Kassel: Württenberger 1868a
Ulrichs, K. H.: Memnon. Die Geschlechtsnatur des mannliebenden Urnings. Siebente Schrift. 2 Teile. Schleiz: Hübscher'sche Buchh. 1868b
Ulrichs, K. H.: Incubus. Urningsliebe und Blutgier. Achte Schrift. Leipzig: Serbe 1869a
Ulrichs, K. H.: Argonauticus. Zastrow und die Urninge des pietistischen, ultramontanen und freidenkenden Lagers. Buch IX. Leipzig: Serbe 1869b
Ulrichs, K. H.: Prometheus. Beiträge zur Erforschung des Naturräthsels des Uranismus und zur Erörterung der sittlichen und gesellschaftlichen Interessen des Urningthums. Buch X. Leipzig: Serbe 1870a
Ulrichs, K. H.: Araxes. Ruf nach Befreiung der Urningsnatur vom Strafgesetz. Buch XI. Schleiz: Hübscher 1870b
Ulrichs, K. H.: Critische Pfeile. Denkschrift über die Bestrafung der Urningsliebe. Buch XII. Stuttgart: Selbstverlag; Leipzig: Otto & Kadler 1879
Ulrichs, Carlo Arrigo [d.i. Karl Heinrich Ulrichs] (Hg.): Alaudae. [Lateinische Zeitschrift]. Aquila degli Abruzzi: Selbstverlag 1889 bis 1895 (Nachdruck mit einer Einleitung von W. Stroh. Hamburg: MännerschwarmSkript 2004)
Ulrichs, C. H. [d.i. Karl Heinrich Ulrichs]: Forschungen über das Rätsel der mannmännlichen Liebe. Hg. von M. Hirschfeld. Leipzig: Spohr 1898
Ulrichs, K. H. (1862): Vier Briefe von Karl Heinrich Ulrichs (Numa Numantius) an seine Verwandten. Jb. sex. Zwischenstufen 1, 36–70, 1899

Ulrichs, K. H.: Der Urning und sein Recht. Die Freundschaft (Berlin), Nr. 43, S. 1–2, 30. Okt. bis 5. Nov. 1920 (abgedruckt in: Ulrichs 1994, Bd. 4)

[Ulrichs, K. H.]: Satzungen für den Urningsbund (entworfen Sept. 1865). In: Herzer 1987b: 36–37 [Faksimile]

Ulrichs, K. H.: Forschungen über das Räthsel der mannmännlichen Liebe. Neuausgabe, hg. von H. Kennedy. 4 Bde. (Bibliothek Rosa Winkel, Bd. 7–10). Berlin: Rosa Winkel 1994

[Ulrichs, K. H. (1894)]: »Das Eis ist gebrochen«. Ulrichs' letzte Stellungnahme zur mannmännlichen Liebe. [Lat. Text aus »Alaudae« und dt. Übersetzung]. In: Sigusch 2000: 110–118

[Ulrichs, K. H.]: Autobiographische Zeugnisse. In: Setz 2000b: 35–43

[UniReport]: Die Asexualität der Universität. Das renommierte »Institut für Sexualwissenschaft« des Klinikums steht zur Disposition. UniReport der Johann Wolfgang Goethe-Universität Frankfurt am Main, Jg. 39, 17. Mai 2006, S. 6

Usborne, C.: Frauenkörper – Volkskörper. Geburtenkontrolle und Bevölkerungspolitik in der Weimarer Republik. (Theorie und Geschichte der bürgerlichen Gesellschaft, Bd. 7). Münster: Westfälisches Dampfboot 1994

Ussel, J. van: Sexualunterdrückung. Geschichte der Sexualfeindschaft. Reinbek: Rowohlt 1970

Ussel, J. van: Intimiteit. Deventer: Van Loghum Slaterus 1975 (dt.: Intimität. Gießen: Focus 1979)

Vacher de Lapouge, G.: L' Aryen, son rôle social. Cours libre de science politique, professé à l'Université de Montpellier (1889–1890). Paris: Fontemoing 1899 (dt.: Der Arier und seine Bedeutung für die Gemeinschaft. Frankfurt/M.: Diesterweg 1939)

Vanselow, K.: Vereinigung für Sexualreform. Sexualreform – Beiblatt zu Geschlecht und Gesellschaft 1, 18–20, 1905/06

Velde, Th. H. van de: Die vollkommene Ehe. Eine Studie über ihre Physiologie und Technik. Leipzig, Stuttgart: Konegen 1926 (31. Aufl. Zürich 1928; 45. Aufl. Luzern 1933; 61. Aufl. Rüschlikon-Zürich 1951; engl.: Ideal marriage. Its physiology and technique. New York: Covici, Friede 1930)

Velde, Th. H. van de: Die Abneigung in der Ehe. Eine Studie über ihre Entstehung und Bekämpfung. Leipzig, Stuttgart: Konegen 1928

Velde, Th. H. van de : Die Fruchtbarkeit in der Ehe und ihre wunschgemäße Beeinflussung. Horw-Luzern u.a.: Konegen 1929a

Velde, Th. H. van de: Der Ehespiegel. Ein Bilderbuch mit textlichen Erläuterungen und Betrachtungen. Leipzig, Zürich: Grethlein 1929b

Venette, N. [Erstausgabe u. d. Pseud. Salionci]: [De la génération de l'homme, ou] Tableau de l'amour conjugal considéré dans l'estat du mariage usw. Parme [i. e. Amsterdam]: d'Amour 1688 (dt. u.a.: Von Erzeugung der Menschen. Leipzig: Fritsch 1698)

Vesalius, A.: De humani corporis fabrica. 7 Bde. Basel: Oporini 1543

Vogel, M. und E. Günther: Zu einigen Ergebnissen unserer Coming-out-Studie I. In: [Günther] 1989: 43–46

Vogel, S. G.: Unterricht für Aeltern, Erzieher und Kinderaufseher. Wie das unglaubliche gemeine Laster der zerstörenden Selbstbefleckung am sichersten zu entdecken, zu verhüten und zu heilen. Stendal: Franz & Grosse 1786

Vogt, R.: Das Hieracium-Herbar von Karl Touton. www.bgbm.org/BGBM/research/willdenowia/Vol+28+p+253–261.txt

Voigtländer, E.: Über das Wesen der Liebe und ihre Beziehung zur Sexualität. In: Marcuse 1928b: 189–196

Vorberg, G.: Neue Betrachtungen über Jean Jacques Rousseaus Leiden mit besonderer Berücksichtigung seines 1907 gefundenen Testaments. Sexualpsychologische Studie. Z. Sexualwiss. 1, 321–334, 1908

Vorberg, G.: Der Klatsch über das Geschlechtsleben Friedrich II. Der Fall Jean-Jacques Rousseau. (Abh. aus dem Gebiete d. Sexualforsch., Bd. 3, H. 6). Bonn: A. Marcus & E. Weber's Verlag 1921

Wagner-Jauregg, J.: Festrede aus Anlass des 30jährigen Pofessoren-Jubiläums [sic] von Hofrath v. Krafft-Ebing. Wiener klin. Wschr. 15, 318–319, 1902

Wagner-Jauregg, J.: Richard v. Krafft-Ebing. [»Rede, gehalten anlässlich der Enthüllung des Krafft-Ebing-Denkmales am 7. d. M.«, d.i. 7. Oktober 1908]. Wiener med. Wschr. 58, 2305–2311, 1908

Walling, W. H.: Sexology. Philadelphia, Pa.: Puritan Publishing Company 1904 (2. Aufl. 1909; 3. Aufl. 1912)

Walravens, H.: Eugen Wilhelm, Jurist und Sexualwissenschaftler. Eine Bibliographie. (Arcana Bibliographica, H. 2). Hamburg: Bell 1984

Walter, T.: Unkeuschheit und Werk der Liebe. Diskurse über Sexualität am Beginn der Neuzeit in Deutschland. (Studia Linguistica Germanica, Bd. 48). Berlin, New York: de Gruyter 1998

Walther, I. F. (Hg.): Sämtliche Miniaturen der Manesse-Liederhandschrift. Aachen, Gütersloh: Georgi/Klein und Prisma 1981

Weber, H.: Die Sexualverbrechen im Strafrecht der DDR und einige Probleme ihrer strafrechtlichen Bekämpfung. Jurist. Diss., Deutsche Akademie für Staats- und Rechtswissenschaft »Walter Ulbricht«. Potsdam 1957 (unveröffentl.)

Weeks, J.: Coming out: Homosexual politics in Britain from the nineteenth century to the present. London: Quartet Books 1977

Weeks, J.: Sex, politics and society: The regulation of sexuality since 1800. London: Longman 1981

Weeks, J.: Sexuality and its discontents: Meanings, myths and modern sexuality. London: Routledge und Kegan Paul 1985

Weil, A. (Hg.): Sexualreform und Sexualwissenschaft. Vorträge gehalten auf der I. Internationalen Tagung für Sexualreform auf sexualwissenschaftlicher Grundlage in Berlin. Stuttgart: Püttmann 1922

Weil, A.: Sprechen anatomische Grundlagen für das Angeborensein der Homosexualität? Arch. Frauenk. Konstitutionsforsch. 10, 23–51, 1924

Weiland, D.: Geschichte der Frauenemanzipation in Deutschland und Österreich. Biographien, Programme, Organisationen. Düsseldorf: Econ Taschenbuch 1983

Weindling, P. with U. Slevogt: Alfred Blaschko (1858–1922) and the problem of sexually transmitted diseases in Imperial and Weimar Germany: A bibliography. Oxford: Univ. of Oxford, Wellcome Unit for the History of Medicine 1992

Weingart, P., J. Kroll und K. Bayertz: Rasse, Blut und Gene. Geschichte der Eugenik und Rassenhygiene in Deutschland. Frankfurt/M.: Suhrkamp 1988

Weininger, O.: Geschlecht und Charakter. Eine prinzipielle Untersuchung. Wien, Leipzig: Braumüller 1903

Weiße, I.: Sex und andere Irrtümer. Ende der Aufklärung. Warum das legendäre Frankfurter Institut für Sexualwissenschaft von der Schließung bedroht ist. Der Tagesspiegel (Berlin), 3. März 2006, S. 24

Weisskopf, J.: Der Brünner Sexualkongreß. Sexus 1, 26–33, 1933

Weller, K.: Sexualität und Partnerschaft von Strafgefangenen. Forschungsbericht 1992. (Leipziger Texte zur Sexualität, hg. von der Gesellschaft für Sexualwissenschaft, Forschungsstelle für Partner und Sexualforschung, H. 2). Leipzig: Manuskriptdruck 1992

Werner, R.: Homosexualität. Herausforderung an Wissen und Toleranz. Berlin: Volk und Gesundheit 1987

Wernz, C.: Sexualität als Krankheit. Der medizinische Diskurs zur Sexualität um 1800. (Beitr. Sexualforsch., Bd. 67). Stuttgart: Enke 1993

Werthauer, J.: Forensische Sexualmedizin. Ein Grenzfall. Z. Sexualwiss. 1, 374–379, 1908

Werthauer, J.: Iwan Bloch. Ein Nachruf. 8-Uhr-Blatt (Berlin) vom 26. Januar 1923

Westermarck, E.: The history of human marriage. London: Macmillan 1891 (dt.: Geschichte der menschlichen Ehe. Jena: Costenoble 1893)

Westphal, C.: Die conträre Sexualempfindung, Symptom eines neuropathischen (psychopathischen) Zustandes. Arch. Psychiat. Nervenkrh. 2, 73–108, 1869

Wettley, A.: August Forel. Ein Arztleben im Zwiespalt seiner Zeit. Salzburg: Otto Müller 1953

Wettley, A. (in Verbindung mit W. Leibbrand): Von der »Psychopathia sexualis« zur Sexualwissenschaft. (Beitr. Sexualforsch., H. 17). Stuttgart: Enke 1959

White, K.: The first sexual revolution. The emergence of male heterosexuality in modern America. New York: New York Univ. Press 1992

[WHO]: Education and treatment in human sexuality: The training of health professionals. Genf 1975

Wickert, Ch.: Helene Stöcker 1869–1943. Frauenrechtlerin, Sexualreformerin und Pazifistin. Eine Biographie. Bonn: Dietz 1991

[Wiener k. k. Universität]. Taschenbuch der Wiener k.k. Universität für das Jahr 1841, hg. von dem k. k. Universitäts-Pedellen-Amte. Wien: In Commission der Fr. Beck'schen Universitäts-Buchh., o. J.

Wieth-Knudsen, K. A.: Die Frauenfrage der Gegenwart. In: Marcuse 1928b: 197–214

Wiggershaus, R.: Geschichte der Frauen und der Frauenbewegung in der Bundesrepublik Deutschland und in der Deutschen Demokratischen Republik nach 1945. Wuppertal: Hammer 1979

Willard, E. O. G.: Sexology as the philosophy of life: Implying social organization and government. Chicago, Ill.: Published for the author by J. R. Walsh 1867 (Nachdruck als Bd. 2 der Reihe »Sex in history«. Buffalo, New York: The Heritage Press 1974)

Willi, J.: Die Zweierbeziehung. Reinbek: Rowohlt 1975

Winkelmann, O.: Albert Moll (1862–1939) als Wegbereiter der Schule von Nancy in Deutschland. Prax. Psychother. 10, 1–7, 1965

Winkelmann, O.: Pers. Mitteilungen vom 6. Oktober 1986, 13. und 15. Dezember 1994 sowie 13. März 1995

Winkler, J. J.: Der gefesselte Eros. Sexualität und Geschlechterverhältnis im antiken Griechenland. Marburg: Hitzeroth 1994

Wittels, F.: Die sexuelle Not. Wien, Leipzig: C. W. Stern 1909

Wittig, M.: The straight mind and other essays. New York, London: Harvester Wheatsheaf 1992

Wittrock, Ch.: Weiblichkeitswahn. Das Frauenbild im Faschismus und seine Vorläufer in der Frauenbewegung der 20er Jahre. Frankfurt/M.: Sendler 1983

Wolf, J.: Der Geburtenrückgang. Die Rationalisierung des Sexuallebens in unserer Zeit. Jena: G. Fischer 1912

Wolf, J.: Aus Vereinen, Versammlungen, Vorträgen. Sexualforschung [Rede zur Gründung der Internationalen Gesellschaft für Sexualforschung]. Sexual-Probleme 10, 83–88, 1914

Wolf, J.: Sexualwissenschaft als Kulturwissenschaft. Arch. Sexualforsch. 1, 1–10, 1915/16 (hier: 1915)

Wolf, J.: Geburtenrückgang und Sexualmoral. In: Marcuse 1928c: 207–216

Wolff, Ch.: Magnus Hirschfeld. A portrait of a pioneer in sexology. London: Quartet Books 1986

Wolff, W.: Max Hodann (1894–1946). Sozialist und Sexualreformer. (Schriftenreihe der Magnus-Hirschfeld-Gesellschaft, Bd. 9). Hamburg: von Bockel 1993

Wollstonecraft, M.: A vindication of the rights of women with strictures on political and moral subjects. [Part I = alles Erschienene]. London: Johnson 1792

Wood, R.: Sex reform movement. In: Ellis und Abarbanel 1973: 956–966

Wulffen, E.: Die Sexualnot der Straf- und Untersuchungsgefangenen. In: Marcuse 1928d: 170–181

Wurm, C., J. Henkel und G. Ballon: Der Greifenverlag zu Rudolstadt 1919–1993. Verlagsgeschichte und Bibliographie. Wiesbaden: Harrassowitz 2001

Wurzbach, C. von: Biographisches Lexikon des Kaiserthums Oesterreich. 10. Theil. Wien: Kaiserlich-königliche Hof- und Staatsdruckerei 1863

Zacchia, P. (zwischen 1621 und 1651): Quaestiones medico-legales. Leipzig: Rehefeld 1630; Frankfurt/M.: Bencard 1688

Zavaroni, A.: Dizionario di sesso, amore e voluttà dagli scritti di Paolo Mantegazza. Illustrato da Nanni Tedeschi. Milano: Mazzota 1979
Zeh, B.: Der Sexualforscher Hans Giese. Leben und Werk. Phil. Diss., Frankfurt/M. 1988
Zeh, B.: Hans Giese und die Sexualforschung der 50er Jahre. In: Gooß und Gschwind 1989: 99–111 (nachgedruckt in: Z. Sexualforsch. 8, 359–368, 1995)
Zeh, B. und V. Sigusch: Sex research in Germany before and after the Nazi era. XX. Annual Conference der International Academy of Sex Research, Tutzing 1987 (unveröffentl.)
Zehden, G.: Mit Hörrohr und Spritze. Karikaturen aus alter und neuer Zeit. Berlin: Verlag der Lustigen Blätter 1910
Zettl, S. und J. Hartlapp: Sexualstörungen durch Krankheit und Therapie. Ein Kompendium für die ärztliche Praxis. Berlin u.a.: Springer 1997
Zichy, M.: Liebe. Vierzig Zeichnungen. Hamburg: Raritätenpresse im Gala Verlag 1969
Zilbergeld, B.: Männliche Sexualität. Tübingen: Deutsche Gesellschaft für Verhaltenstherapie 1983
Zimmermann, J. [Ignaz]: Briefe für Knaben von einer kleinen Sittenakademie. Solothurn: P. J. Scherer 1772
Zimmermann, J. G.: Warnung an Eltern, Erzieher und Kinderfreunde wegen der Selbstbefleckung, zumal bei ganz jungen Mädchen. In: Baldinger, E. G. (Hg.): Neues Magazin für Aerzte. Bd. 1, Stück 1. Leipzig: Jacobäer 1779
Zimmermann, J. G.: Ueber die Einsamkeit. Zweiter Theil. Troppau: o. V. 1785
Zollikofer, G. J.: Abhandlung über die moralische Erziehung, hg. von J. Ch. F. Gerlach. Leipzig: Weidmann 1783
Zoske, S.: Vom Außenseiter zur Autorität. Frankfurter Allgemeine Zeitung, 17. Januar 2006, S. 44
Zuelzer, W. (Hg.): Klinisches Handbuch der Harn- und Sexualorgane. Leipzig: Vogel 1894
Zvěřina, Jaroslav: Lékařská sexuologie. Praha: H&H 1991
Zwaardemaker, H.: Die Physiologie des Geruchs. Leipzig: Engelmann 1895

Bildnachweis

Die Leihgeber und, sofern bekannt, die Inhaber der Urheberrechte sind an Ort und Stelle angegeben. Fehlt eine solche Angabe, stammt das Dokument oder das Bild aus dem Privatarchiv von Professor Volkmar Sigusch.

Nicht genannte Inhaber von Rechten bitten wir, sich gegebenenfalls beim Verlag zu melden.

Die Fotografin H·A·M Hölzinger, Bad Nauheim, hat alle Bilder und Dokumente sorgfältig für den Druck vorbereitet. Dafür danken ihr der Verlag und Autor herzlich.

Personenregister

Abderhalden, Emil 113
Abendroth, Wolfgang 399
Aberle, Sophie D. 577
Abraham, Felix 100, 347, 354f, 361
Abraham, Karl 61, 92, 111, 267f, 354
Abresch, Johannes 576
Abusch, Alexander 365
Adenauer, Konrad 398, 446, 516
Adler, Alfred 98, 321, 332, 359, 570
Adler, Otto 92
Adorno, Theodor W. 32, 152, 191f, 393, 406, 409, 413, 424, 427, 434, 512, 523, 525f
Aharoni, Hanna 310, 324
Ahrendt, Hans-Joachim 503
Aigner, Josef Christian 446f
Albest, Raymund von 169
Albrecht-Désirat, Karin 418, 426, 585
Alfaundre, Nathalie 22
Alkibiades 545
Amendt, Günter 403, 405, 418, 425f, 431f, 440, 442, 454, 485, 585
Anders, Gertrud 546
Anders, Günther 526, 585
Andritzky, Michael 582
Arco, Graf 350
Arentewicz, Gerd 444, 463, 466, 468, 474, 484
Aresin, Lykke 470, 497, 503, 507
Aretino, Pietro 238
Ariès, Philippe 577, 585
Arnert, Martin 23
Arnold, Franz Xaver 33, 393, 417ff
Asbell, Bernard 580
Assim, Atessa 250
Augspurg, Anita 255, 260

Augustinus 303

Bach, Kurt R. 409, 503, 507
Bachofen, Johann Jakob 50, 297, 318, 554
Bader, Karl Siegfried 393, 416, 418f
Baer, Karl Ernst von 550
Baier, Lothar 588
Bancroft, John J. 118, 468, 575
Bangs, Alan 442
Barberis, Laura 121
Barbey, I. 420
Bardeleben, Heinrich Adolf (von) 234, 555
Barré-Sinoussi, Françoise 452
Bartels, Maximilian Carl August 80, 130, 289, 361, 556
Bartels, Paul 556
Bartsch, Jürgen 22, 119, 480f
Basedow, Johann Bernhard 34, 547
Bastian, Philipp Wilhelm Adolf 293, 297
Bataille, Georges 282, 518
Batkis, Grigori/Gregor 100
Baudelaire, Charles 553
Baudrillard, Jean 442
Bauer, Fritz 393, 423, 427
Bauer, J. Edgar 209, 591
Baumann, Hermann 417ff
Baumgardt, Manfred 450, 574
Bausch, Pina 399
Bayer, Franz 229
Bayertz, Kurt 580
Beam, Lura 77, 567
Beard, George Miller 131, 235, 549, 555

Beauvoir, Simone de 30, 393, 532, 581
Bebel, August 17, 59, 237, 241, 249, 298, 532, 556, 559
Beccadelli, Antonio (gen. Panormita oder Panormitanus) 544, 571
Bech, Henning 165
Bechterew, Wladimir Michailowitsch 98, 310, 321
Becker, Nikolaus 465 ff, 479
Becker, Peter 585
Becker, Sophinette 22, 387, 398, 418, 422, 427, 429, 435, 438, 454 f, 476, 574
Beethoven, Ludwig van 206, 385
Behrend, G. 298
Beier, Klaus M. 438, 469
Beigel, Hugo B. 18, 22
Béjin, André 577, 585
Bekkers s. Marten, John 33, 35
Belonoschkin, Boris 419
Benjamin, Harry 22, 98, 100, 102, 310, 321
Benjamin, Jessica 279, 581
Benjamin, Walter 351, 574
Benkert, Karl Maria s. Kertbeny, Karl Maria
Benoit, Jacques 98, 321
Bergemann, Hans 582
Bergman, Ingmar 401
Bergmann, Anna 580
Bergmann, Ernst von 229, 315
Berliner, Arnold 249
Bernays, Martha 61
Berner, Wolfgang 118, 417 f, 427, 437, 455, 486, 585
Bernhardt, Heike 491
Bernheim, Hippolyte 57, 209, 265
Bernstein, Eduard 249
Berthold, Werner 365
Besant, Annie 560
Besser, Karl 354
Bessing, Joachim 476
Bessunger, August 354 f, 360
Bethmann-Hollweg, Theobald von 303

Beuys, Joseph 399
Biermann, Wolf 442
Binding, Karl 378, 566
Binet, Alfred 188, 264, 557
Birken, Lawrence 577
Birnbaum, Karl 268, 310, 318, 323, 344
Bismarck, Otto Fürst v. 181
Bjerre, Poul 98, 321
Bland, Lucy 577
Blaschko, Alfred 7, 58 f, 86, 92, 111, 113, 225, 247–253, 314, 316, 561, 573
Blaschko, Charlotte 250
Blaschko, Hermann K. F. 250
Blaschko, Margarete Felicia 250
Bleibtreu-Ehrenberg, Gisela 583
Bloch, Ernst 351, 533
Bloch, Iwan 8, 11, 16, 22, 51 f, 56 f, 62, 68 f, 80, 84, 86 f, 92 f, 98, 106,111 ff, 115 ff, 123, 130, 166, 184, 209, 221 f, 236 ff, 247, 255, 262 ff, 266, 268, 275, 283, 285–307, 344, 373, 376 ff, 451, 490, 514, 518 ff, 530, 549, 560–565, 570 f, 573, 585
Bloch, Karola 399
Bloch, Louis 285
Bloch, Ludwig 289
Bloch, Robert 22, 285, 299
Blüher, Hans 109, 160, 571
Bluhm, Agnes 113, 311, 326 f
Boccaccio, Giovanni 543 f
Bock, Jens-Uwe 240, 573
Bockel, Rolf von 576
Bockting, W. O. 39
Bolewski, Hans 417 f, 425
Böll, Heinrich 399
Boller, Norbert 438, 476
Böllinger, Lorenz 418, 424, 427
Bonaparte 317
Bondy, Hugo 100
Bonhoeffer, Karl 359
Borgius, Walter 82 ff, 111, 255, 562
Born, Max 59, 249
Borneman, Ernest 443–448

Bornemann, Eva 445
Boroffka, Alexander 23
Borrmann, Rolf 497
Bosinski, Hartmut A. G. 438, 463, 469
Boss, Medard 412
Boyle, T. C. 79
Braker, Regina 576
Brand, Adolf 104, 108, 152, 160, 230, 559
Brandenburg, Ulrike 120, 417, 455
Brandhorst, Henny 102
Brandt, Paul s. Licht, Hans
Braun, Christina von 18, 279, 373f, 429, 518, 577, 579
Braun, Karl 36, 585
Braun, Lily 83f, 111, 255, 342, 562
Bräutigam, Walter 393, 467
Bré, Ruth (d.i. Elisabeth Bouness) 82, 84, 86, 91, 255, 562, 570
Brecher, Edward M. 566, 578
Brecht, Karen 371
Bredekamp, Horst 454
Bredow, Wilfried von 585
Breidecker, Volker 476
Breitling, Gisela 442
Bremmer, Jan 578, 585f
Bretschneider, Wolfgang 506
Breuer, Josef 61, 559
Briken, Peer 120, 437, 455, 486
Brocher, Tobias 468
Brod, Max 331
Brome, Vincent 573
Brömmer, Gabriele 251, 573
Brosses, Charles de 547
Brücke, Ernst 60
Brückner, Heinrich 276, 497, 499
Bruhn, Karl 98
Bruns, Claudia 21, 585
Brupbacher, Fritz 100, 450
Buchholz, Ernst 393, 424
Buddeberg, Claus 468
Bühler, Charlotte 98, 321
Bühler, Karl 98
Bulla(-Küchler), Roswitha 463, 466

Bullough, Vern L. 578, 583, 585
Bülow, Franz Josef von 82
Bumm, Ernst 340
Burchard, Ernst 212
Burdon, Eric 442
Bürger-Prinz, Hans 118, 372, 387, 393f, 396f, 399f, 415ff, 418ff, 423f, 427ff, 434, 478f, 574
Burian, Wilhelm 76, 576
Burt, Raymond L. 575
Buschan, Georg 107, 217
Buschke, A. 249
Busse, Stefan 492
Butler, Judith 279, 536, 581

Cabanis, Pierre-Jean-Georges 188, 550
Calder-Marshall, Arthur 573
Campe, Joachim Heinrich 34, 36, 547
Capel, Richard 33, 545
Caplan, Pat 585
Carpenter, Edward 364, 572f, 577
Carpzow, Benedikt 571
Caruso, Igor 446
Casanova, Giacomo Girolamo, Chevalier de Seingalt 549
Casper, Johann Ludwig 155, 188, 545, 549, 552ff, 570, 583
Cauer, Minna 260
Chambard, Ernest 264
Charcot, Jean Martin 57, 174, 188, 197, 229
Chasseguet-Smirgel, Janine 279
Chevalier, Julien 188, 557f
Chiarelli, B. 121, 136
Chiavacci, Ludwig 101
Chodorow, Nancy J. 279, 581
Chodziesner, Siegfried 363
Chorier, Nicolas (Pseud. Meursius, Johannes) 545, 571
Chotjewitz, Peter O. 442
Christenson, Cornelia V. 77, 79, 575, 580
Christmann, Fred 469
Cinatl, Elisabeth 447
Clauberg, Carl 98

Clement, Ulrich 119f, 274, 417f, 432, 442, 444, 454, 466f
Cleminson, Richard 102
Coleman, E. 39
Collis, John Stewart 573
Colussi, P. 121
Condon, B. 79
Condorcet, Jean-Antoine-Nicolas de Caritat, Marquis de 548
Conrad, Fried 465
Conze, Werner 581
Corbin, Alain 595
Corinth, Lovis 335
Corner, George W. 577
Cremerius, Johannes 76, 576
Crew, Francis Albert Eley 98
Crozier, Ivan 100, 102
Csendes, Peter 23
Czarnowski, Gabriele 429

d'Alembert (eigentlich Jean-Baptiste Le Rond) 546
d'Éon de Beaumont, Charles Geneviève Louis Auguste André-Thimothée Chevalier 546
Dalhoff, Jutta 576
Dalla Torre, K. W. von 114
Dallemagne, Jules 558
Dannecker, Martin 5, 22, 78, 109, 120, 161, 209, 262, 294, 382, 384, 395, 397, 400, 412f, 417f, 420, 422, 424, 426f, 429ff, 435, 438, 440f, 444, 450, 452, 454f, 466, 475f, 485, 496, 511, 521, 574f, 578, 583, 585f, 588
Darré, Richard Walther 567
Darwin, Charles Robert 16, 71, 124, 192, 261, 299, 304, 324, 326, 328, 526, 553, 555
Darwin, Erasmus 548
David, Eduard 67
Davidson, Arnold I. 585
Defoe, Daniel 546
Degouttes, Franz 575
Dehnow, Fritz 231, 380

Dekker, Arne 39, 455, 588
Delisle, Françoise 63
Delius, R. von 319
Demisch, Hans-Ullrich 74, 431, 467
Dericks-Tan, Jeanne 580
Derks, Paul 583
Dessoir, Max 22, 94, 98, 114, 208, 215, 220f, 229, 266f, 549, 558, 572
Deussen, Julius 372
Deutsch, Helene 393
Dewitz, Jenny von 67
Di Ciaula, Tomasio 442
Dickinson, Robert Latou 77, 567
Diderot, Denis 546
Diebow, Hans 232
Diederichsen, Diedrich 442
Dienel, Christiane 580
Dinnerstein, Dorothy 279, 581
Doan, Laura 577
Dobler, Jens 109, 148, 450, 574
Döblin, Alfred 293
Dohm, Hedwig 86
Dohr, B. 36
Döpp, Hans-Jürgen 22, 276, 515
Döring, Horst 450
Dormagen, Christel 454
Dörner, Günter 383, 426, 438, 507f
Dörner, Klaus 76, 394, 427
Dornes, Martin 476
Dose, Ralf 23, 99f, 109, 201, 209, 216, 218, 223, 231, 323f, 346, 361, 443f, 449f, 574
Dreger, Alice D. 585
Dreux du Radier, Jean François 546
Drewitz, Ingeborg 442
Drysdale, C. R. 560
Drysdale, Charles V. 98, 100, 321
Drysdale, George 560
Du Bois-Reymond, Emil 234
Duboc, Julius (Pseud. Julius Lanz) 571
Duby, Georges 585
Duché, Didier-Jacques 585
Dück, Johannes 94, 321
Ducrey, Augusto 557
Duden, Barbara 580f

Duensing, Frida/Frieda 86
Duerr, Hans P. 585
Dufour, Pierre (d.i. Paul Lacroix) 298, 570
Dühren, Eugen (d.i. Iwan Bloch) 68, 287, 289, 296, 560, 562, 570
Duis, B. T. 415 f
Dulong, Claude 586
Dupont, Marc 371 f, 429, 435, 578
Dürer, Albrecht 319
Düring, Sonja 279, 417 f, 422, 427
Durkheim, Émile 444
Dutoit-Mambrini/DuToit Mambrion, Philippe 34
Dylan, Bob 443

Ebstein, Erich 295
Ebstein, Wilhelm 306
Eckardt, H. von 416, 419
Eckert, Albert 584
Eckstein, Manfred 476
Eder, Franz X. 21, 529, 586
Egells, Carl Robert 149
Eggeling, Tatjana 457
Egger, Bernhard 295, 573
Ehrenfels, Christian Maria von 60, 86, 112, 222, 327–343
Ehrenfreund, E. 121, 136
Ehrhardt, Helmut 418
Ehrlich, Paul 247, 251, 564
Eicher, Wolf 120, 436, 464 ff, 468
Einstein, Albert 254, 262, 294, 359
Elberskirchen, Johanna 100 f
Elias, Norbert 29, 586
Ellenberger, Henri F. 167, 578
Ellis, Albert 22, 609
Ellis, Havelock 15, 19, 52, 56, 62 ff, 94, 100, 107, 111, 113, 116, 184, 188, 209, 217, 241, 262 ff, 266, 268, 289, 293, 322, 344, 368, 545 f, 549, 558, 559 ff, 563 f, 567, 569, 572 f, 579
Elser, Georg 569
Elsner, Gisela 442
Elster, Alexander 323
Encke, Georg 229

Engels, Friedrich 493, 497
Engelstein, Laura 586
Engert, August (»Gustl«) 338, 393
Englisch, Paul 571
Ensor, R. C. K. 63
Epple, Angelika 581
Ericksen, Julia 578
Erlach, Daniela 586
Ernst, Stefanie 586
Eucken, Rudolf 239
Eulenburg, Albert 7, 56 f, 86, 92 f, 93, 98, 112 f, 117, 181, 221, 234–246, 263, 268, 289, 302, 307, 373, 518, 520, 530, 559 ff, 565, 573
Eulenburg, Auguste 234
Eulenburg, Moritz Michael 234
Evans, Richard 581

Fain, Nathan 454
Falck, Uta 495
Fallend, Karl 73, 76, 576
Fantoni, Gräfin Maria 121
Farin, Michael 188, 191
Fassbinder, Rainer Werner 399
Faure, Elie 573
Feddersen, Jan 457, 476
Federn, Ernst 266 f, 271, 333
Federn, Paul 73, 101
Fehlinger, Hans 115
Fenichel, Otto 73
Féray, Jean-Claude 146
Ferdinand, Ursula 93, 209, 450, 577
Féré, Charles Samson 264, 560
Fermandois Casas, Patricia 477
Ferrero, Guglielmo 241, 558
Fetscher, Caroline 442
Fetscher, Rainer 320
Feucht, Rainer 22
Feuchtwanger, Thekla 361
Fichte, Hubert 399
Fichte, Johann Gottlieb 239
Fichtel, Folker 22, 476
Fick, Adolf 285
Fidus (d.i. Hugo Hoeppener) 570
Finkenrath, Kurt 222, 320

Finkler, Rudi 218
Fischer, Eugen 93, 326
Fischer, Peter-Axel 419, 434
Fischer-Dieskau, Dietrich 399
Flaake, Karin 279
Flato, Fritz 360
Flaubert, Gustave 553
Flax, Carol C. 579
Fleck, Franz 506
Fleck, Margarethe 506
Fleming, Alexander 564
Flesch, Max 83, 111
Fliegel, Steffen 455
Fließ, Wilhelm 61, 113, 276, 305, 561
Forberg, Friedrich Karl/Carl Friedrich 544
Ford, Clellan Stearns 393
Forel, August(e) 63, 66f, 79, 86, 100ff, 111, 116, 231, 262, 359, 376–378, 451, 562, 567, 572, 573f
Forrest, K. A. 468
Forst, Willi 396
Forster, E. M. 577
Forster, Johann Georg 46
Foucault, Michel 27ff, 36, 40, 42, 44, 158, 163, 166f, 184, 192, 373, 524f, 536, 586
Frank, Johann Peter 34, 547
Frank, M. 170
Frank, Manfred 542
Franke, Renate 438, 476
Fränkel, Hieronymous 552
Frankl, Viktor E. 419
Fraxi, Pisanus (d.i. Lord Henry Spencer Ashbee) 556, 570
Freud, Anna 22
Freud, Sigmund 7f, 15f, 19, 22, 31, 42, 50, 52, 56, 58–64, 66, 74ff, 92, 98, 110, 112, 114, 116, 124, 126, 174f, 184, 188, 191f, 208f, 211, 229, 232, 235f, 238, 261–286, 294ff, 302, 308, 310, 312, 325, 328, 331ff, 344, 368, 371ff, 384, 386, 400, 444, 447, 468, 490f, 510, 513, 515, 518, 522f, 526, 531, 535, 549, 556f, 559, 561ff, 566ff, 580, 587f
Frevert, Pierre 23
Friedeburg, Ludwig von 397, 399, 434
Friedel, Johann 547
Friedel, Sylvia 450
Friedenthal, Hans 355
Friedjung, Josef Karl 100f
Friedlaender, Benedict 82, 109, 154, 160f, 212, 225, 385, 570
Friedreich, Johann Baptist 107, 168
Friedrich II., König von Preußen 115
Friedrich, Walter 500, 502ff
Friedrichs, Hans-Joachim 399
Frieling, Willi 583
Frischauf(-Pappenheim), Marie 74, 570f
Fritz, Ursula 467
Froese, Michael J. 491
Frosch, Hauptmann 147
Frühstück, Sabine 586
Fuchs, Alfred 175, 178, 188
Fuchs, Eduard 80, 562, 564f, 574
Fuchs, Gerd 442
Fuerth, Rudolf (d.i. Rudolf Feistmann) 365
Fühmann, Franz 491
Fülgraff, G. 420
Fürbringer, Paul 113, 291
Fürst, Sidonie 101
Fürth, Henriette 86, 101, 111, 255, 562, 571, 581

Gagnon, John H. 575, 586, 589
Galdston, I. 291
Galedary, Gerlinde 468, 483
Gallagher, Catherine 587
Gallo, Robert 452
Galton, Francis 50, 324, 519, 521, 556
Garrels, Lutz 476
Gassen, Paul 104
Gathorne-Hardy, Jonathan 79, 575
Gauweiler, Peter 454
Gay, Peter 586

Gebhard, Paul H. 77ff, 118f, 419, 449, 568, 575, 580
Gebhardt, Volker 311
Gebsattel, Viktor Emil Frh. von 393, 412, 415, 419, 479, 484
Gehlen, Arnold 397f, 404, 412
Geigel, Alois 154, 312
George, Götz 442
George, Stefan 160
Gergen, Mary 582
Gerhard, Ute 439, 581
Gerstäcker, Rudolf 104
Geuter, Ulfried 76, 371, 576, 583
Giddens, Anthony 586
Gide, André 368
Gielen, Michael 399
Giese, Annemarie 391
Giese, Friedrich 391f
Giese, Fritz 22, 319
Giese, Hans 8, 20, 22, 118f, 310, 336ff, 368, 372, 375, 387, 391ff, 396f, 399f, 403ff, 409–420, 422ff, 427ff, 433f, 437, 445, 455, 460, 468, 478f, 482, 484, 486, 512, 516, 574
Giese, Karl 201, 233, 347, 351, 355f
Gilbert, Harriett 586
Gindorf, Rolf 425, 443ff, 447
Gleixner, Ulrike 586
Gley, Eugène 98, 188, 321, 556
Gloeden, Wilhelm von 556
Gobineau, Arthur de 181, 552, 558
Göbl, Michael 23
Godwin, Mary s. Wollstonecraft, Mary
Goebbels, Joseph 531
Goerke, Heinz 219f, 222, 227ff
Goerttler, Viktor 417ff
Goethe, Johann Wolfgang von 46, 205, 305, 319, 383, 391, 547
Goetze, Eberhard 490
Gogli, Camillo 121
Goldberg, Isaac 573
Goldscheid, Rudolf 101, 570
Goldschmidt, Lina 67, 258f
Goldschmidt, Rudolf 22

Golgi, Camillo 121
Gollaher, David 586
Gooß, Ulrich 577
Göring, Hermann 364, 429
Gorsen, Peter 109, 209, 442, 574f, 586
Görttler/Goerttler, Viktor 417ff
Gosney, Ezra Seymour 115
Götz/Goetz, Berndt 22, 347, 356f, 360
Goudsmit, Walter 465
Gouges, Olympe de (d.i. Marie Aubry) 548, 570
Goulemot, Jean M. 586
Gournay, Marie Le Jars de 545
Graaz, Hans 346, 356
Gräfenberg, Ernst 100, 371
Grass, Günter 399
Grassel, Heinz 490, 497, 499, 503
Grau, Günter 3, 8, 22f, 80, 218, 295, 409, 429, 435, 439, 450, 470, 476, 487, 505f, 509, 573f, 583
Graupner, Helmut 447
Green, H. L. 559
Green, Richard 119
Greenwood, Alan William 98
Gremliza, Hermann L. 442, 452
Griesinger, Wilhelm 177, 181, 234
Grimm, Gebrüder Jacob und Wilhelm 46
Grimm, Hans 487
Grisko, Michael 582
Groehler, Olaf 576
Gromus, Beatrix 418, 427
Groneman, Carol 586
Gross, Babette 365, 351
Gross/Groß, Hans 94, 324
Groß, Otto 114
Grosskurth, Phyllis 573, 577
Grossmann, Atina 346, 387, 580
Grotjahn, Alfred 92, 98, 321
Grumbach, Detlef 583
Grünberger, Hans 438
Grünwald, Ursula 432, 467
Grüters, Hans 23
Gschwind, Herbert 435, 438, 476, 577

Guarnieri, L. 121
Gugler, O. M. 23
Guillebaud, John 580
Guldin, Rainer 577
Gulyga, Arsenij 515
Gumpert, Martin 250
Günther, Erwin 470, 503f, 507
Günther, H. F. K. 325
Guradze, Hans 321
Gurwitsch, Leo 100
Gutheil, Emil Arthur 116, 572
Gutmann, Philipp 23, 168f, 184, 574
Guze, Henry 22

Haag, Antje 468, 483
Habe, Hans 427
Habel, Hans 416
Haberland, Hermann F. O. 71
Habermas, Jürgen 399f
Haeberle, Erwin J. 444, 451
Haeckel, Ernst 71, 113, 297, 305, 345, 354, 554f, 560
Hagen, Albert (d.i. Iwan Bloch) 287, 570
Haire, Norman 98, 100, 102f, 223, 230, 321, 368, 393
Hall, Lesley A. 586
Hall, Ruth 576
Halle, Felix 100, 363
Hallermann, Wilhelm 418f, 463
Hallermeyer, August 327
Halperin, David M. 536, 583
Ham, Johan 545
Hamecher, Peter 571
Hamelmann, Gudrun 576
Hammer, Wilhelm 104
Hannibal, O. 415
Harig, Gerhard 487
Harlan, Veit 428
Harnack, Adolf 303
Harthauser, Wolfgang (d.i. Lenz, Reimar) 218, 396, 570
Hartlapp, Joachim 469
Hartmann, Eduard von 123, 229
Hartmann, Max 393, 417f, 419

Hartmann, Uwe 120, 469
Hasselmann, Carl Max 416, 418
Hata, Sahachiro 247, 564
Hatch, Bobby 454
Hatzfeld, Fürst 345, 367
Hauch, Margret 23, 417f, 422, 426f, 437, 442, 444, 455, 466, 468, 483
Hauer, Gudrun 447
Haug, Wolfgang Fritz 586
Hausen, Karin 581
Häussler, Joseph 168, 188, 263, 550, 574
Haustein, Hans 115
Havelock-Ellis, Edith 63
Hegar, Alfred 86, 113, 237, 298, 312, 558
Hegel, Georg Wilhelm Friedrich 31, 299, 518, 523
Heidegger, Martin 391, 404, 412, 525
Heidel, Ulf 537
Heiman, Julia 118
Hein, Martina 576
Heine, Maurice 578
Heinemann, Gustav 424
Heinemann, Rosa 285
Heinroth, Johann Christian August 550
Hekma, Gert 578, 586
Helbing, Franz (d.i. David Haek)
Hellpach, Willy 86, 570
Helmholtz, Hermann von 302
Henschel, August Wilhelm Eduard Theodor 46, 550
Hentig, Hans Wolfram von 23
Henze, Hans Werner 399
Herburger, Günter 442
Hergemöller, Bernd-Ulrich 412, 422, 583
Hering, Sabine 581
Herlitzius, Anette 581
Herman, G. (d.i. Maximilian F. Sebaldt)
Herms, Volker 465
Herrn, Rainer 23, 50, 208f, 346, 364, 387, 450, 574, 578, 583

Herschel, Wilhelm 152
Hertoft, Preben 100, 103, 223, 429, 468
Hertwig, Oscar 312, 555
Hervé, Florence 581
Herxheimer, Karl 314, 316
Herzer, Manfred 50, 82 146, 209, 232, 271, 385 ff, 429, 441, 450, 574 f, 577, 583 f
Herzog, Dagmar 21, 586
Hesse, Peter G. 415, 470, 487, 494, 497, 500 f
Hesse, Petra 23
Heßler, Bernd 295 f, 573
Heyer, Silvia 464
Heymann, Lida Gustava 255
Heyse, Paul (von) 22, 234
Hildebrandt, Dieter 399
Hildebrandt, K. 44
Hill, Andreas 120, 236, 339, 437, 486, 578, 588, 595
Hiller, Kurt 67, 100, 161, 221, 161, 233, 254 ff, 271, 323, 359, 363, 371, 392, 450, 570 f
Himes, Norman 580
Hindenburg, Paul von Beneckendorf und von 568
Hinz, Stefan 455
Hinzpeter, Werner 583
Hirsch, Max 79 f, 92 f, 98, 255, 315, 564
Hirschfeld, Magnus 7, 18 f, 21 f, 51 f, 58, 62–67, 70 f, 73, 76, 79, 81 f, 92 f, 99 ff, 108 ff, 115, 117, 123, 142, 149, 152, 154 f, 158, 161, 167, 175, 179, 184, 197 f, 200 f, 206–216, 218–223, 225 ff, 230 ff, 239, 256, 262 f, 265–271, 274, 292, 295, 299, 302, 306, 322 ff, 329, 339, 342, 345–351, 354 ff, 359–374, 376, 378–387, 392, 395, 413, 429 f, 441, 444, 448 ff, 456 ff, 471, 479, 481, 483, 490, 536, 559–568, 571 f, 574 f, 583
Hirth, Georg 51, 86, 288

Hitler, Adolf 19, 197, 206, 232 f, 311, 336, 365 f, 382, 385, 448, 567 ff, 584
Hitschmann, Eduard 101, 332, 571
Hobbes, Thomas 20
Hoche, Alfred 378, 566, 596
Hochheimer, Wolfgang 424
Hodann, Max 100, 103, 211, 346, 356, 360, 371, 488 f, 575, 578
Hoff, Ferdinand 393, 419
Hoff, Grethe 74
Hoffmann, Erich 562
Hoffmann, Heinrich 551
Hoffmann, Rainer 439
Hofstätter, Peter R. 424
Hohlweg, Walter 98
Hohmann, Joachim S. 509, 578, 583, 592
Holler, Geschwister 230
Holt, Jan G. H. 442
Holy, Michael 23, 440
Homer 11, 46
Hommel, Andrea 71
Honnens, Brigitte 439
Hoof, Dieter 586
Hoonakker, Ernst W. 580
Höpker, Wilhelm 23
Horkheimer, Max 210, 434, 532
Hornbostel, Erich von 446
Horney, Karen 22, 92, 320, 393
Hössli, Heinrich 153, 160, 551, 575
Hövels, Otto 434
Hoyndorf, Stephan 469
Hrdlicka, Alfred 442
Hübner, Klaus 293, 573
Hufeland, Christoph Wilhelm 35
Hull, Isabel V. 586
Hulverscheidt, Marion 45, 133
Humboldt, Karoline von 301
Humboldt, Wilhelm von 13 f, 15, 299, 300 f, 315, 451, 469, 549 f
Hunerlach, Frau 23
Hunt, Lynn 587
Hunt, Morton M. 587
Huonker, Thomas 574

Hutter, Jörg 439, 578, 583
Hynie, Josef 117f, 487, 568

Ingersoll, Inge (später Hochscheid) 476
Irigaray, Luce 532
Isherwood, Christopher 351
Ishill, Joseph 573

Jackson, Margaret 581
Jackson, R. 250
Jacobs, Meta Helen 259
Jacquart, Danielle 587
Jadassohn, Josef 98, 249f, 314f
Jadassohn, Werner 314
Jäger, Gustav 107, 146, 160, 554
Jäger, Herbert 393, 417f, 423f, 584, 485
Jagose, Annamarie 537
James, William 209
Janssen, Volker 583
Jaspers, Karl 359, 404
Jazbinsek, Dietmar 23
Jellonek, Burkhard 218, 574, 578, 584
Jensen, S. B. 468
Jessner, Samuel 71, 117, 119
Jochimsen, Luc 442
Johansson, W. 231
Johnson, A. B. 64, 78f
Johnson, Virgina E. 22, 78, 119, 131, 281, 403, 451, 461, 463, 466, 484, 521, 553, 579
Jones, Ernest 98, 124
Jones, James H. 79, 575
Jordan, Karl Friedrich 109, 570
Juliusburger, Otto 92, 101, 111, 310, 363, 378
Jung, Carl Gustav 266f, 271, 319
Jürgens, Curd 399
Justinian, Kaiser 543
Jütte, Robert 310, 580

Kaan, Hanns 174
Kaan, Hans 174
Kaan, Heinrich/Henri/Henrico 7, 21, 35, 107, 166–175, 181, 184ff, 192, 263, 551, 574f
Kaan, Samuel Heinrich Edler von Albest 169
Kaan, Simon/Heinrich 169
Kafka, Franz 329, 331
Kahl, Ernst 442
Kahn, E. 44
Kaminer, Isidor J. 429, 438, 476
Kant, Immanuel 29, 35, 39f, 70, 185, 191, 277, 514, 516, 548f
Kantorowicz, Alfred 365
Kaplan, Helen Singer 468
Kaposi, Moritz 249
Karplus, I. P. 182
Karrer, Aurora 74
Karsch(-Haack), Ferdinand 109, 152, 158, 214, 575
Katte, Max (d.i. Karl F. Jordan) 109f, 570
Katz, Otto 365
Katz, Jonathan Ned 578
Kätzel, Siegfried 489
Katzenbach, Agnes 22, 65, 262, 294, 400, 435, 454f, 477, 578, 585
Katzenstein, Alfred 490f
Kaufmann, Wilhelm 356
Kaul, Friedrich Karl 487, 501
Kauschansky, D. M. 115
Keil, Tilo 531
Keilson, Hans 249
Keilson-Lauritz, Marita 82, 109, 584
Kellner, Stephan 442
Kennedy, Hubert 54, 149, 577, 584
Kentler, Helmut 47, 424f, 442, 444f, 578
Kern, Johannes 34
Kern, Sigrid 23
Kernbauer, Alois 23
Kertbeny, Karl Maria (d.i. Karl Maria Benkert) 146, 160, 554, 570, 584, 592
Kesten, Hermann 442
Key, Ellen Karolina Sofia 111
Keyserling, Graf Hermann 320, 322

Kind, Alfred 110f, 544, 563, 565, 594
Kinsey, Alfred C. 8, 12, 20, 23, 76ff, 118f, 309, 375, 387, 393, 397ff, 403, 406, 419, 430, 432, 451, 473, 568, 575, 579f
Kinskofer, Lieselotte 454
Kipphan, Horst 476
Kipphardt, Heinar 442
Kirchhoff, Auguste 450
Kisch, Enoch Heinrich 378
Kischlat-Schwalm, Bärbel 22, 435, 455, 463, 477
Kißling/Kissling/Kiszling, Maria Luise/Louise 178, 192
Kittel, Ingo-Wolf 360
Klabund, Per 578
Klein, Hans-Günter 385f, 449
Klein, Ingrid 442
Kleist, Karl 44, 411
Klemm, Peter 496, 499, 501
Klemperer, Georg 312
Klevenow, Annegret 454
Klimmer, Rudolf 22, 497, 506
Klimowsky, Edith 310
Klimowsky, Ernst 22, 115, 310, 319, 371
Klug, Ulrich 393, 424
Klumbies, Gerhard 497, 499
Knaus, Hermann 422
Knef, Hildegard 397, 399
Köberle, Adolf 393, 416, 418f
Koch, Adolf 211, 356
Koch, Friedrich 587
Koch, Robert 229, 309, 451, 556
Koch, Volker 439
Kockott, Götz 119f, 465ff, 468
Koeppen, Wolfgang 399
Koerber, Heinrich 92, 268
Koestler, Arthur 365
Koffka, Else 424
Kohler, Josef 297
Köhler, Otto 442
Kohlhagen, Norgard 566, 578
Kohls, Helene Frida Elisabeth 316
Kokula, Ilse 86, 450, 576

Kolle, Kurt 311, 401
Kolle, Oswalt 401f, 406, 454, 501
Kollontai, Alexandra Michailowna 100, 102
Kollwitz, Käthe 254, 359
König, René 393, 398f, 424
Kopernikus, Nikolaus 192, 526
Körbitz, Ulrike 447
Kornbichler, Thomas 587
Kotowski, Elke-Vera 209, 451, 574
Kraepelin, Emil 44, 231
Krafft-Ebing, Friedrich Karl Konrad Christoph Frh. von 177
Krafft-Ebing, Klara Antonie Freifrau von 177f
Krafft-Ebing, Marion Josefine Georgine (verh. Eisele) 176, 192
Krafft-Ebing, Rainer Franz Constantin 176, 178, 192
Krafft-Ebing, Richard Frh. von 7, 11f, 15, 21f, 44, 52, 55f, 60, 63, 65, 70, 76, 82, 104ff, 116f, 123, 130, 166, 175, 177–193, 208f, 215, 217, 235, 241f, 263ff, 271, 275f, 287, 289, 293f, 305, 323, 338, 369, 373, 393, 513f, 549, 552f, 555ff, 566, 575
Krämer, Christoph 442
Kraß, Andreas 537, 640
Krassnitzer, Patrick 577
Kraus, Elisabeth 250
Kraus, Karl 189
Krause, H. R. 418
Krause, Werner F. J. 418, 425
Kraushaar, Elmar 584
Krauss, Friedrich Salomo 71, 80, 101, 104, 110, 371, 562f, 575
Kreiselmaier, Hans 346, 359f
Kretschmer, Ernst 359, 395f
Kring, Brunhild 23, 435
Krische, Maria 100, 211, 321
Krische, Paul 98, 100, 211, 321
Kröber, Hans-Ludwig 409, 422
Kroll, Jürgen 580
Kronfeld, Arthur 79, 110, 254, 268, 310, 318, 345ff, 351, 354, 359f, 362

Kronfeld, Lydia 351
Kruntorad, Paul 175
Kubli, F. 464
Kuckhoff, Armin-Gerd 487, 627f
Kuckuc, Ina 584
Kuczkowski, Constantin von 23
Kuhlmann, Marlis 23
Kühn, Li(e)sbeth 285, 295
Kühnau, J. 415, 419
Kunz, Hans 410, 412, 419
Kurella, Hans 107
Kürenberger, der 543
Kürschner, Joseph 319
Kurzweg, Adolf 208, 267
Kyank, Helmut 593

Labus, Johanna 311
Lacan, Jacques 278
Lacroix, Paul (Pseud. Pierre Dufour) 298
Lafitte-Cyon, Françoise 63
Laier, Michael 23
Lallemand, Claude-François 186, 551
Lamers, Th. 109
Lampl, Otto 101
Landucci, G. 121
Lang, Theo 372
Lange, F. A. 297
Langenbeck, Bernhard R. K. von 555
Langer, Dieter 469
Lantéri-Laura, Georges 578
Laqueur, Thomas W. 35f, 42, 587
Largier, Niklaus 587
Lasègue, Ernest-Charles 188, 263, 555
Laska, Bernd A. 76, 576
Latte, Margarete 250
Laupts (d.i. Georges Saint-Paul) 571
Lauretis, Teresa de 536
Lauritsen, John 584
Lautmann, Rüdiger 23, 47, 218, 396f, 400, 418, 424, 439, 442, 444, 529, 574, 576, 578f, 584, 587, 599
Ledig-Rowohlt, Heinrich Maria 399
Lees, Edith 63
Lehfeldt, Hans 22, 100, 310, 371

Lehmstedt, Mark 109, 450
Leibbrand-Wettley, Annemarie (s.a. Wettley) 448, 580
Leibbrand, Werner 372, 44, 580
Leidesdorf, Max 179
Leites, Edmund 587
Lemke, Rudolf 372, 491
Lenin, Wladimir Iljitsch 493
Lenz, Ilse 581
Lenz, Ludwig L. s. Levy-Lenz, Ludwig
Lenz, Reimar s. Harthauser, Wolfgang
Lenz, Siegfried 336, 399
Leonardo da Vinci 12, 544
Leonhard, Karl 497, 506
Leonhardt, Karl Ludwig 229
Lesser, Edmund 247
Lessing, Gotthold Ephraim 255, 260, 317
Leunbach, Jonathan Høegh von 100, 102f, 368, 567
Leute, Jos. 67
Levy-Lenz, Ludwig 346f, 360f, 371, 572
Lewandowski, Herbert 371
Lewandowski, Ingolf 505
Licht, Hans (d.i. Paul Brandt) 115, 571
Lichtenberg, Georg Christoph 38f, 325
Liébeault, Auguste Ambroise 57, 209, 265
Liebers, Ralf 104, 579
Liebknecht, Karl 229
Liehr, Heinz F. S. 22, 394
Liepmann, Hugo 359
Liepmann, Wilhelm 103, 310
Liguori, Alfonso Maria di 303
Lilienthal, Karl von 94
Limp, Christopher 168
Linde, Carl 22
Lindemann, Gesa 209f, 385f, 418, 450
Lindenberg, Elsa 74
Lindenberg, Udo 399
Lindner, Paul 114
Lindner, S. 556
Lindsey, Benjamin Barr 101, 322, 368

Lingemann, Heinrich 323
Linné, Carl von 546
Linse, Ulrich 253
Linser, Karl 494f
Linsert, Richard 271, 360, 371
Lipschütz, Alexander 98, 310
Lischnewska, Maria 82ff, 87, 91, 111, 255, 562
Liszt, Franz von 82, 559
Littaur, Eugen 360
Litthauer, Johanna 250
Llorca, A. 93
Lloyd Morgan s. Morgan, C. Lloyd 561
Löbe, Paul 255
Lockot, Regine 371, 595
Loewenstein, Georg 58, 68, 117, 249f, 291, 299
Lohmann, Hans-Martin 60f, 278
Lohse, Hartwig 468, 483
Lombroso, Cesare 62, 66, 79, 107, 111, 135, 235, 241, 289, 319, 521, 558
LoPiccolo, Joseph 468
LoPiccolo, Leslie 468
Loti, Pierre 368
Löwenfeld, Leopold 110, 263, 557
Löwenstein, Hermann Joseph 167f, 188, 263, 550, 574
Luckow, Marion 405, 516
Luhmann, Niklas 400, 439, 587
Luschan, Felix von 94, 97
Lütkehaus, Ludger 36, 40, 587
Lutterbach, Hubertus 587
Lutz, Hans 406
Luxemburg, Rosa 59, 65, 249
Lyotard, Jean-François 524

Maasen, Sabine 587
Maass, Ernst 171
Maaz, Wolfgang 587
Mackay, John Henry 160, 189, 571
Magnan, Valentin 188, 556f
Maines, Rachel P. 587
Maisch, Herbert 424, 442, 479f
Maiwald, Stefan 587

Makarenko, Anton 492
Malende, W. 106
Malinowski, Bronisław 62, 80, 98, 321, 567
Malthus, Thomas Robert 549
Mandt, Martin 172
Mannheimer, Babette 249
Mantegazza, Giovan Battista 121
Mantegazza, Paolo 7, 11f, 16, 18f, 31, 42, 45, 52f, 55f, 59, 63, 65f, 68, 71, 76, 79f, 105, 110, 116f, 121–143, 175, 263, 277f, 289, 295f, 373, 552, 554f, 557f
Marbach, Rainer 457
Marcus, Steven 587
Marcuse, Carl 311
Marcuse, Frida 316
Marcuse, Hans Renatus s. Meroz, Yohanan
Marcuse, Hedwig 311
Marcuse, Herbert 400f, 518, 538
Marcuse, Lina 312
Marcuse, Max 8, 19, 22, 52, 58, 65, 70ff, 82ff, 86–91, 93–98, 110ff, 116f, 206, 221f, 250, 255, 262, 268, 308–344, 361, 371, 373, 393, 419, 490, 562, 564ff
Marcuse, Max (Namensvettern des Sexualforschers Max Marcuse) 315f
Marinesco, G. 221
Marion, Georg 395
Marks, Isaac 465, 466
Marten, John 35, 546
Martin, Clyde E. 77, 118
Marx, Eleanor 63
Marx, Karl 63, 76, 181, 191, 232, 373, 444, 493, 518, 523, 525f, 532, 568
Masaryk, Thomas G. 331
Masters, William H. 22, 78, 119, 131, 281, 403, 451, 461, 463, 466, 473, 484, 521, 553, 579
Matthiesen, Silja 455, 588
Mauz, Gerhard 442
Mayer, August 98
Mayer, Hans 584

Mayer, Thomas 308, 315
Mayreder, Rosa 100, 255
McCabe, Cameron (d.i. Ernest Borneman) 446, 571
Mehlan, Karl-Heinz 470, 497f
Meier, Karl (»Rolf«) 568
Meier, Pirmin 575
Meiner, Arthur 171
Meir, Golda 336
Meirowsky, E. 249
Melzer, August 230
Mencken, H. L. 573
Mendel, Gregor 519, 554
Meng, Heinrich 100
Mengele, Josef 394, 428
Mengering, Arnold 33
Mensinga, Wilhelm (Pseud. Carl Hasse) 86, 551, 560, 570f
Mercier de Saint-Léger, Abbé Barthélomy 544
Mergen, Armand 23, 416, 419, 424
Meroz, Michael 22, 335f
Meroz, Yohanan 22, 308, 310, 317, 335f
Mertens, Wolfgang 469
Merzbach, Georg 570
Mesmer, Franz Anton 155
Messner, Reinhold 442
Metschnikoff, Elias/ Ilja 288
Mette, Alexander 487, 490
Metzler-Raschig, Margarete 465
Meursius, Johannes (d.i. Nicolas Chorier) 571
Meuser, Michael 439
Meyenburg, Bernd 18, 22, 168, 418, 420, 425, 431, 438, 461, 463, 465, 467, 476
Meyer, Adolf-Ernst 119, 282, 417f, 425, 454
Meyer, Bruno 111, 327
Meyer, Heinrich 84
Meyer, Rosette 285
Meyerhof, Otto 359
Meyer-Knees, Anke 579
Meyerowitz, Joanne 587

Meyer-Zwiffelhoffer, Eckhard 587
Meynert, Theodor 61, 179, 276
Michéa, Claude-François 188, 549, 551
Michelet, C. L. 299
Michelet, Jules 123, 553
Michels, Robert 321
Michelsen, Jakob 428
Mieli, Aldo 98, 100, 115, 321
Mildenberger, Florian 394f, 579
Mill, John Stuart 555, 560
Milligan, Don 587
Mischler, Gerd 587
Mißriegler, Anton 116
Mitchell, Juliet 279, 582
Mitscherlich, Alexander 399f, 419
Mitscherlich-Nielsen, Margarete 279, 399, 465
Mittermaier, Karl Josef Anton 177
Mittermaier, Wolfgang 94, 114
Möbius/Moebius, Paul Julius 561, 293, 263
Mochi, Aldobrandino 121
Moeller-Gambaroff, Marina 442
Mögling, Tatjana 503
Moll, Albert 7, 15, 18, 21f, 52, 57, 62, 71, 86, 93ff, 109, 114ff, 123, 153, 167, 184, 188, 197–209, 211–223, 225, 227–233, 235, 262–268, 274, 285ff, 293f, 320f, 325f, 329, 344, 371ff, 385ff, 490, 549, 552, 557, 559, 564f, 569, 572
Molsich, Beate 581
Mommsen, Theodor 235, 244
Money, John 22, 119, 582, 587
Montaigne, Michel Eyquem de 124, 545
Montemajor, Jacobita Tejeda de 121
Moor, Paul 22
Moreau (de Tours), Jacques-Joseph 188, 289, 566
Moreau (de Tours), Paul 263, 549, 556
Moreck, Curt (Pseud. Curt/Konrad Haemmerling) 571

Morel, Bénédict/Benoît Augustin/
    Auguste 181, 264, 553
Morgan, Conwy Lloyd 297, 561
Morgenthaler, Fritz 465
Moritz, Karl Philipp 548f
Moser, Wolfram 442
Moses, Julius 114
Mosse, Familie 250
Mosse, George 587
Muck, Mario 464
Muckermann, Hermann 22, 326
Mühlberger, Kurt 23
Mühsam, Richard 363, 571
Müller, Johannes 234
Müller, Klaus 584
Müller, Robert 94, 425, 563
Müller, Rudolf 442
Müller-Braunschweig, Carl 22, 92, 363
Müller-Glissmann, Christian 23
Müller-Luckmann, Elisabeth 23, 416ff, 428
Müller-Lyer, Franz Karl 94
Mulligan, K. 331
Munk, Hermann 249
Münzenberg, Willi 351, 365f
Muralt, Alex von 573
Mussolini 61, 391, 412
Mutzenbacher, Josefine 442

Nabielek, Rainer 93, 295, 579
Näcke, Paul 79, 107f, 117, 263, 338
Nannini, Gianna 442
Nasse, Christian Friedrich 168, 550
Nave-Herz, Rosemarie 582
Negt, Oskar 399
Neill, Alexander Sutherland 74
Neisser/Neißer, Albert 59, 79f, 86, 113, 247, 252, 286, 289f, 314, 556, 561
Nelson, Leonard 359
Neubert, Rudolf 489f, 492, 497, 506
Neugebauer, Franz Ludwig von 109, 214
Neuwirth, Augusta von 169

Neven DuMont, Reinhold 399
Niemann, Walther 363
Nietzsche, Friedrich 67, 254, 298, 518, 525, 557, 576
Nitribitt, Rosemarie 397
Nitzschke, Bernd 73, 76, 268, 344, 394, 576
Noetzel, Thomas 585
Noonan, John T., Jr. 580
Nothnagel, Hermann 61
Nowacki, Bernd 84, 86, 91, 576, 579
Numantius, Numa (d.i. Karl Heinrich Ulrichs) 144, 554, 571
Nunberg, Hermann 266ff, 271, 333
Nye, Robert A. 579

Oberg, Eduard 82
Obermayer, Hans P. 584
Olivier, Christiane 279, 582
Ollendorf Reich, Ilse 74, 76, 576
Omran, Susanne 582
Oosterhuis, Harry 177, 575, 584
Opll, Ferdinand 23
Orthner, Helmuth 393, 419f
Overath, Petra 577
Overzier, Claus 393

Pacharzina, Klaus 431, 462
Paczensky, Susanne von 442
Padgug, Robert 579
Pankhurst, Emmeline 563
Panormita/Panormitanus (d.i. Antonio Beccadelli) 544, 571
Parent-Duchâtelet, Alexandre Jean Baptiste 289, 550
Parin, Paul 454
Parnass, Peggy 442
Pasche-Oserski, Nikolaj 100
Passerini, Luisa 587
Pastötter, Jakob 444
Paul VI., Papst 402, 443
Paul, Ewald 104f
Pausanias 145
Pawlow, Iwan Petrowitsch 492, 595
Pearson, Karl 50, 324, 519, 557, 563

Pečírka, Ferdinand Otakar 117, 506
Penta, Pasquale 106f, 263, 271, 549, 559
Perner, Rotraud 447
Pestalozzi, Johann Heinrich 34, 548, 586
Peterson, Houston 573
Pfäfflin, Friedemann 398, 418, 426f, 451, 455, 466
Pfretzschner, Antonia von 169
Pfürtner, Hubertus (früher Pater-Stephanus) 417f
[Philo-Castitatis] 34
Pierre, José 587
Pillay, A. P. 116
Pinel, Philippe 548
Pinkus, Felix 59, 249, 291, 295
Pinl, Claudia 582
Piwitt, Hermann Peter 442
Place, Francis 560
Placzek, Siegfried 231
Plant, Richard 23
Platon 12, 48, 136, 145f, 296, 299
Plaut, Paul 22
Ploetz, Alfred 86, 104, 262, 324, 563
Ploss, Hermann Heinrich 50, 80, 105, 129f, 289, 361, 556
Plummer, Kenneth 584
Podak, Klaus 476
Poluda, Eva S. 279
Pomeroy, Wardell B. 77, 79, 118, 568, 575, 579f
Pommerening, Horst 396, 416
Popenoe, Paul Bowman 98, 115, 206, 321
Popper, Karl 444
Porter, Roy 579
Posner, Carl 92f
Praetorius, Numa (d.i. Eugen Wilhelm) 212, 214, 571
Prange, Franz 360
Praunheim, Rosa von 440, 454
Prel, Carl du 560
Premsela, Benno 100

Pretzel, Andreas 93, 361, 450, 457, 578f, 584
Proust, Marcel 368, 563

Quant, Mary 402
Quidde, Ludwig 67, 255f
Quindeau, Ilka 262, 294, 588
Quitmann, Susanne 429

Rabl, Johann 173
Raboch, Jan 118
Radó, Sándor 73
Raffalovich, André M./Marc-André 107
Ramdohr, Friedrich Wilhelm Basil(ius) von 153, 263, 549
Ramien, Th. 154, 226, 348, 559, 571
Ramshorn-Privitera, Angelika 438, 476
Ranke-Heinemann, Ute 167
Rasch, Wilfried 23, 393, 419, 424, 428, 479
Rau, Johannes 507
Rautenberg, Thomas 582
Reemtsma, Jan Philipp 19, 22f, 176
Regler, Gustav 365
Reich, Annie 73
Reich, Cecilia 73
Reich, Eva R. 74
Reich, Léon 73
Reich, Lore 74
Reich, Peter 74
Reich, Wilhelm 22, 65, 72ff, 101ff, 277, 279, 371, 373, 375, 382, 407, 446, 488f, 491, 513, 567f, 572, 576
Reiche, Reimut 22, 78, 120, 395, 403ff, 412f, 420, 422, 431, 433, 438, 440f, 444, 465, 467, 476, 485, 575, 579, 583, 585f, 588
Reicher, Jacobus Wilhelmus 465
Reichmayr, Johannes 575
Reich-Ranicki, Marcel 399
Reimann, Hans 322
Reinhold, Marion 469
Reinisch, June M. 118

Reiss, Ira L. 22
Reitzenstein, Ferdinand Frh. von 57, 80, 117, 286, 299, 302, 360f, 556
Rennert, Helmut 497, 499
Renz, Barbara 114
Rétif (Restif) de la Bretonne, Nicolas Edme 287
Reuter, Gabriele 111
Reynaudi, C. 121
Ribbing, Seved 94, 217
Richter, Jochen 450
Richter, S. 36
Richter-Appelt, Hertha 119, 417f, 427, 437f, 455, 588
Riddle, Oscar 321
Ridley, Matt 588
Rieber(-Hunscha), Inge 425, 467, 476
Rieckert, Andreas 23
Riehl-Heyse, Herbert 455
Riese, Hertha 22, 98, 100, 222, 321
Riese, Walther 371
Rinser, Luise 399
Robinson, Nicholas 34
Robinson, Paul 579
Robinson, William Josephus 115f
Rocco, Antonio 545
Roche, Christine 586
Röder, Fritz Douglas 420
Roelcke, Volker 579
Rohde-Dachser, Christa 279, 532, 582
Róheim, Géza 320
Rohleder, Hermann 35, 69ff, 92, 98, 106, 110, 116f, 222, 321, 338f, 460, 560, 563
Rohlje, Uwe 588
Rojankovsky, Feodor, gen. Rojan 276
Rolies, Jan 295, 573
Römer, Lucien S.A.M. von 82, 109, 562
Rönn, Peter von 398, 422, 574, 584
Roodenburg, Herman 578, 586
Roosevelt, Franklin Delano 61
Rose, June 576
Rosenthal, Max 84
Roßbach, Edith 457

Rötger, Gotthilf Sebastian 38, 592
Roth, Karl Heinz 428
Roubaud, Félix 552f
Rousseau, Jean-Jacques 34, 36, 111, 115, 378, 547
Rowbotham, Sheila 573
Rubin, Gayle S. 536
Rübsamen, Andrea 22, 477
Rüdebusch, D. 285
Rug, Reinhild 331
Rühle, Otto 571
Rühmann, Frank 454
Rühmkorf, Eva 399
Rühmkorf, Peter 399, 446
Runkel, Gunter 444
Rupo, Elio de 163
Russell, Bertrand 100, 573
Russell, Dora 98, 100, 102, 222, 321, 450
Ruzicka, Leopold 361

Sacher-Masoch, Leopold von 193, 242
Sade, Donatien Alphonse François Marquis de 20, 68f, 185, 237, 287, 289, 292, 296, 384, 514ff, 548, 560, 562, 578, 585
Sadger, Isidor 73, 109, 111, 332
Sagitta (d.i. John Henry Mackay) 160, 571
Saint-Paul, Georges (Pseud. Laupts) 571
Salmen, Andreas 584
Salzmann, Christian Gotthilf 34ff, 548
Samosata, Lukianos von 115
Sanchez, Thomas 303
Sand, Knud 98
Sander, Jil 399
Sanders, Stephanie A. 118
Sanger, Margaret Louise Higgins 100, 102, 368, 565, 572
Sappho 154, 225f, 348, 559, 578, 585
Sarasin, Philipp 588
Sargane(c)k, Georg(e) 34, 546
Sauerländer, J. D. 90f, 111f

Schachtschabel, H. G. 416
Schaefer, Lea 22
Schäfer, Siegrid 431
Schallmayer, Wilhelm 86, 113, 324, 326, 329, 333, 558
Schapiro, Bernhard 100, 347, 360f, 371
Schaudinn, Fritz Richard 562
Schaun, Inge 392
Scheidemann, Philipp 229
Scheler, Max 229, 239
Schelsky, Helmut 393, 397ff, 403ff, 408, 412, 419, 439
Schemann, Ludwig 558
Schenk, Herrad 582, 588
Schertel, Ernst 570
Schetsche, Michael 47, 439
Scheuer, Oskar F. 114, 310
Schiefelbein, Dieter 22, 397
Schiller, Friedrich 13, 205, 301
Schindler, Franz 23, 118
Schlaegel, Jürgen 431
Schlegel, Willhart S. 394ff, 445, 572
Schlegtendal, Regierungsmedizinalrat 211
Schleich, Carl Ludwig 249
Schlüpmann, Heide 576
Schmacke, Norbert 454
Schmauch, Ulrike 279, 417f, 422, 427, 582
Schmidt, Gunter 5, 22, 39, 77f, 119, 209, 216, 223, 350, 383, 387, 394, 403, 406, 418f, 422, 424ff, 429ff, 437ff, 442ff, 451, 454f, 463, 465f, 468, 474, 479, 484f, 532, 574f, 579, 582ff, 586, 588f
Schmidt, Helmut 408
Schmidt, Wolfgang Johann 574, 583
Schmith, Medizinaldirektor 392
Schmuhl, Hans-Walter 324
Schnabl, Siegfried 465, 466, 470, 491, 498ff, 503f, 507
Schneider, Doris 23
Schnell, Rüdiger 588

Schoeps, Julius H. 209, 451, 574
Scholz, Piotr O. 588
Schoof-Tams, Karin 431, 463, 466, 484
Schopenhauer, Arthur 40, 123, 299
Schorer, Jonkheer J. A. 82
Schorsch, Eberhard 21, 118f, 409, 424ff, 431, 434, 437, 442, 449, 454f, 462f, 465ff, 470f, 478–486, 579, 584ff, 591
Schorsch, Gerhard 478
Schorsch, Helene 478
Schover, L. R. 468
Schrader, Christiane 464
Schrauth, N. 76, 576
Schreiber(-Krieger), Adele 83, 86f, 90, 94, 111
Schreiner, Olive 63, 569
Schrenck-Notzing, Albert Frh. von 94, 237, 263, 292, 558
Schröder, Chistina 200, 209, 218, 265
Schröder, Max 365
Schröder, Paul 372
Schröder, Rudolf 324
Schröter, Michael 588
Schubert, Gerhard 422
Schüle, Heinrich 177ff, 181, 191, 193
Schulte, Robert Werner 229
Schultz, Franz 391
Schultz, J(ohannes) H(einrich) 201, 218f, 222, 229f, 230, 359, 372, 393
Schultz, Julius Henri 230
Schultze, Oskar 312
Schulze, Hartmut 442
Schumann, Rosemarie 576
Schumann, Sarah 442
Schurig, Martin 34, 546
Schuster, Julius 268
Schwantje, Magnus 350
Schwarz, Hanns 489, 497, 506
Schwarz, Oswald 310
Schwarzer, Alice 399, 408, 440, 582
Schweitzer, Johann Baptist von 147
Scott, Joan W. 582

Sebaldt, Maximilian Ferdinand (Pseud. G. Herman/Sebaldt von Werth) 570f
Sedgwick, Eve Kosofsky 536
Seeberg, Reinhold 94
Seeck, Andreas 23, 209, 345, 354, 360, 385, 450f, 574, 578f
Seelenfreund, Grete (geb. Freudenthal) 317, 335
Seidel, Ralf 209, 448, 574
Seidler, Christoph 491
Seitz, Ludwig 98
Sellheim, Hugo 94, 114, 310, 312
Semmelweis, Ignaz 231
Senator, Hermann 312
Setz, Wolfram 23, 55, 164, 179, 394 ff, 545, 577, 584
Shakespeare, William 11, 46, 48, 116, 205
Sharaf, Myron 76, 576
Sherfey, Mary J. 279, 442, 582
Sherwin, Robert Veit 22
Shorter, Edward 589
Showalter, Elaine 589
Siebecke-Giese, Evemarie 391f
Siefert, Helmut 23
Sievert, Hermann 584
Siewert, Anneliese 435, 477
Sigusch, Volkmar 45f, 119, 249, 394, 400, 403, 406, 418f, 425ff, 430f, 434f, 438, 441ff, 455, 459, 460–469, 475f
Silberstein, Raphael 228
Simon, Dietrich 491
Simon, William 586, 589
Simone, André 365
Sinclair, Alison 102
Slevogt, Ursula 249, 251, 253
Slotopolsky, Benno 310
Soden, Kristine von 450, 580
Soeder, Michael 23
Sokrates 154f, 225f, 348, 559
Solera, Laura 121
Soltau, Annegret 399
Soltau, Heide 576

Sombart, Werner 84, 111, 255, 562
Spallanzani, Lazzaro 545
Späte, Helmut F. 490
Spinoza 60
Spitz, René 33, 36
Spohr, Max 82, 106
Spranger, Carl-Dieter 454
Spranger, Eduard 225
Springer, Bruno 67
Stabel, Heinz 363
Staeck, Klaus 399
Staff, Curt 417 ff, 427
Stalin, Josef 493
Stanley, Liz 580
Starke, Kurt 470, 500, 502 ff, 507 ff, 588
Starke, Uta 503
Staub, Hermann 23
Staupe, Gisela 580
Steakley, James D. 65, 450, 575, 585
Stein, Edward 589
Steinach, Eugen 70, 94, 98, 114, 216, 218, 223
Steinecke, Verena 581
Steiner, Herbert 100f
Steinle, Karl-Heinz 585
Steinmetz, S. R. 114
Stekel, Wilhelm 111, 116, 271, 359, 572
Stelter, René 152
Stelzner, Helene Friderike/Helenefriderike 22, 94, 320, 341
Stengers, J. 36
Stephan, Inge 279, 579
Stern, William 22, 98, 321
Stieve, Hermann 372, 393, 415f, 418f, 491
Stigler, Robert 321
Stöcker, Helene 8, 15, 66f, 76, 82–88, 90f, 100, 111, 113, 184, 222, 254–260, 262, 323f, 343, 359, 362, 371, 450, 562f, 569, 572f, 576
Stockert, Franz Günther Ritter von 418f
Stoecker, Adolf 234

Stolberg, M. 35f
Stoll, Otto 94, 563
Stopczyk-Pfundstein, Annegret 576
Stopes, Marie Carmichael 100, 576
Stourzh(-Anderle), Helene 101
Strassmann, Paul 98, 310
Strauß und Torney, Karl Klemens Hugo von 94
Strauß, Bernhard 120, 418, 427, 455, 469, 588
Strauß, David Friedrich 710
Streit, Alexandra von 442, 467
Strobel, Käthe 403
Stroczan, Katherine 438, 476
Stryk, Gustav von 301
Stümke, Hans-Georg 82, 218
Stumpe, Harald 503
Sudhoff, Karl 71
Sue, Eugène 551
Sulloway, Frank J. 16, 60, 208f, 228, 264ff, 580
Suttner, Bertha von 67, 260
Sveistrup, Hans 582
Swanson, J. M. 468
Swoboda, Hermann 100
Symonds, John Addington 559, 573, 577
Szewczyk, Hans 497, 505
Szypulski, Anja 581

Taeger, Angela 439, 578, 584
Tandler, Julius 94, 114
Tannenbaum, Samuel Aaron 115f
Tanner, Jakob 588
Tardieu, Ambroise-Auguste 181, 188, 289, 545, 549, 553
Tarnowsky, Benjamin 188, 263, 298, 557, 566
Taylor, G. Rattray 456, 589
Teich, Mikuláö 579
Teja, Carmen 67
Tembrock, Günter 487
Tennstedt, F. 249ff
Teutsch, Hans-Rainer 447

Tewes, August 148
Theilhaber, Felix Aron 333, 335, 371
Thinius, Bert 508
Thinius, Hubert 409
Thiessen-Liedtke, Gerhard 466
Thom, Achim 489ff
Thomas von Aquin 544
Thomasset, Claude 587
Thorstad, David 584
Tiefer, Leonore 435, 582
Tietze, Christopher 22
Tissot, Samuel Auguste David/Simon André David 34, 36f, 41, 70, 185, 547, 571
Tobias, Recha 351
Tögel, Ch. 235
Toller, Ernst 101
Tong, Li Shiu (Tao Li) 356
Treitschke, Heinrich von 234, 239, 312
Treskow, Nikolai de 589
Troje, Hans Ernst 543
Trotta, Margarethe von 399
Trübswasser, Gerhild 446
Turville-Petre, Francis 351
Twellmann, Margrit 582
Tylor, Edward Burnett 50, 297

Uhse, Beate (d.i. Beate Rotermund) 106, 337f, 402f
Uhse, Bodo 365
Ulitzsch, Ernst 516
Ulrichs, Hermann Heinrich 144
Ulrichs, Karl Heinrich 7, 11f, 18f, 21f, 31, 45, 52ff, 59, 76, 108, 116, 144–165, 175, 178ff, 184, 188, 215, 243, 277, 295, 339, 350, 369, 373, 441, 450, 549, 554, 558, 571, 577, 584
Undeutsch, Udo 415
Unna, Paul Gerson 285
Usborne, Cornelie 581

Vachet, Pierre 100

Vaerting, Mathilde Themis 222, 259
Vahle, Hans 22
Valérien, Harry 22, 399
van de Velde, Theodoor Hendrik 77, 320, 322, 368, 566
van den Bussche, Hendrik 428
van Emde Boas, Coenraad 101, 103, 470, 487
van Leeuwenhoek, Anton(i/e) 545
van Neck, A. 36
van Ussel, Jos 36
Vanselow, Karl 50, 103f, 238f
Venette, Nicolai/Nicolas/Nicolaus (Pseud. Salionci) 33, 546, 571
Venske, Henning 442
Verheugen, Günter 399
Veriphantor, Dr. (d.i. Iwan Bloch) 287, 571
Verschuer, Otmar Frh. von 22, 93, 326, 372, 393f, 415f, 419, 428
Verzeni, Vicenzo 107
Vesalius, Andreas 544
Viereck, George Silvester 368, 387
Vierkandt, Alfred 94, 114, 311
Vieth, Lisa 580
Villinger, Werner 372, 391, 418f
Virchow, Rudolf 58, 148, 229, 234f, 250, 306, 555
Vogel, Bruno 67, 257
Vogel, Michael 503
Vogel, Samuel Gottlieb 35
Vogt, Hermann-J. 465f, 469
Voigtländer, Else 98, 319, 321
Völker, Gudrun 477
Voltaire (eigentlich François Marie Arouet) 378
Vorberg, Gaston 110, 115

Wagner, Kurt 417f
Wagner-Jauregg, Julius 181f, 191, 312
Wahala, Johannes 447
Walczak, Leonhard 431
Waldeyer-Hartz, Wilhelm von 58, 93
Walling, William H. 50, 562
Walravens, Helmut 577

Walser, Martin 399, 442
Walther von der Vogelweide 543
Walter, M. 425
Walter, Tilmann 21, 585, 589
Walther, Ingo F. 544
Warhol, Andy 170
Wassermann, August von 251
Wawerzonnek, Marcus 23, 197
Weber, Hermann 292
Weber, Max 255, 563
Wedekind, Frank 557
Weeks, Jeffrey 573, 585, 589
Wegener, Melanie Thekla Jenny 70
Wegner, Georg 249
Weil, Arthur 100, 117, 322, 361f
Weiland, Daniela 582
Weindling, Paul 249, 251, 253
Weingart, Peter 206, 324, 556, 558, 580
Weininger, Otto 561f
Weismann, August 304
Weiße, Ina 476
Weissenberg, Richard 217
Weisskopf, Josef 101
Weizsäcker, Richard von 336
Weller, Konrad 502ff
Welsenburg, Gerhard von (d.i. Iwan Bloch) 287, 571
Wenzel, Cornelia 581
Wernz, Corinna 36, 589
Werres, Johannes 22, 394
Werthauer, Johannes 69, 221, 286, 363
Wertheim, Friedrich 345, 354, 360, 362
Westermarck, Edvard/Edward/Eduard Alexander 289, 297f, 558
Westphal, Carl 146, 188, 555
Wettley, Annemarie (s.a. Leibbrand-Wettley) 166f, 216, 295, 448, 574, 580
Wetzel, Ines 84
Wheeler, Connie Christine 579
White, Kevin 589
Wickert, Christl 576

Wickert, Ingelore 466
Wiese, Leopold von 98, 114, 311
Wieth-Knudsen, K. A. 321
Wietholt, Ferdinand 393
Wigand, Georg H. 110
Wiggershaus, Renate 582
Wilde, Oscar 154, 223, 244, 368, 558
Wildenbruch, Ernst von 82, 559
Wilhelm, Eugen (Pseud. Numa Praetorius) 109, 214, 571, 577
Wilke, Gabriele 22, 477
Willard, Elisabeth Osgood Goodrich 48f, 554
Wille, Bruno 86
Wille, Reinhard 425, 463
Willi, Jürg 468
Winkelmann, Otto 22, 94, 209, 218, 220, 228ff, 265, 267
Winkler, John J. 589f
Wißmann, F. 44
Wittels, Fritz 101, 116, 332f
Wittig, Monique 536
Wittrock, Christine 582
Wolf, Julius 79f, 93f, 101, 114, 222, 255, 294, 321, 342, 371, 564f, 577
Wolf, Walter 347, 362
Wolfert, Raimund 450
Wolff, Charlotte 103, 209, 230, 451, 575
Wolff, Wilfried 575
Wolffheim, Nelly 22
Wolff-Untereichen, Friedrich 544
Wollstonecraft, Mary (verh. Godwin) 548
Woltmann, Ludwig 86, 104
Wolzogen, Karoline von 13, 301
Wood, R. 103
Wulffen, Erich 98, 319, 321

Wunderer, Richard (Pseud. R. Waldegg) 571
Wurm, Carsten 489
Wurm, Mathilde 258
Wurmb, Franz 172
Wurzbach, Constant von 169
Wyneken, Gustav 221, 225

Zacchia, Paolo/Paulus 544f
Zadek, Ignaz 59, 228, 249
Zadek, Walter 22, 349
Zahl, Peter Paul 442
Zahn-Harnack, Agnes von 582
Zastrow, Carl von 163
Zavaroni, Adolfo 136
Zeh, Barbara 19, 23, 391, 409, 418, 422, 426, 428f, 574
Zehden, Georg 346
Zehetmair, Hans 453
Zerssen, Detlev von 396
Zetkin, Clara 249, 255
Zettl, Stefan 469
Zhou, Liana 23, 309
Zichy, Michael 236
Ziegenrücker, Eva-Maria 463
Zilbergeld, Bernie 468
Zille, Heinrich 253
Zillich, Norbert 450
Zimmermann, Johann Georg 34, 37, 547f
Zimmermann, Joseph [Ignaz] 34
Zola, Émile 368
Zollikofer, Georg Joachim 34
Zoske, Sascha 476
Zubin, Joseph 582
Zvěřina, Jaroslav 118
Zwaardemaker, Hendrik 305
Zweig, Arnold 254, 359

Sachregister

Abhandlungen aus dem Gebiete der Sexualforschung 72, 98, 114f, 308, 320
Abolitionismus 81, 252, 298
  s. auch Neoabolitionismus
Abstinenz, sexuelle 72, 236f, 243, 306, 337, 339f, 510, 549, 578, 613, 647
Abteilung zur Erforschung der Geschlechter- und Sexualverhältnisse, Bremen 439
Abtreibung 16, 49, 294, 340f, 347, 360, 407, 424, 441, 494, 499, 530, 545, 560, 580, 620, 677ff
Abweichungen, sexuelle 12, 43f, 235, 263, 412, 480
  s. auch Perversionen
Aggression, sexuelle 421, 484, 514, 669
  s. auch Gewalt, sexuelle
AIDS 164, 247, 252, 384, 421, 426, 438f, 443f, 452ff, 457, 511f, 537, 583, 593
Akrotomophilie 457
Analverkehr 123, 146, 238, 395, 537, 552
Anaphrodisie 122, 126, 133, 274, 662
Anästhesie 190
Anorgasmie 43, 463, 680
  s. auch Orgasmusstörungen
Anthropologie 16, 52, 121, 361, 395, 412, 487, 558, 585, 601
Antibabypille 401f
Anti-Masturbations-Kampagne 32–43
Antisemitismus 162, 234, 239, 249, 325, 330, 334, 375, 561

Archiv für Sexualforschung 98, 114, 320
Archives of Sexual Behavior 119, 456
Archivio delle Psicopatie Sexuali 104, 106f, 263, 559
Ärztliche Gesellschaft für Sexualwissenschaft (und Eugenik) (ÄGESE) 57, 65, 69, 71, 91ff, 295, 342, 377, 565, 567f
Asexualität 30, 291
Asexuelle 30, 457, 537
Arzt-Patient-Beziehung 472
Aufklärung, sexuelle 12, 21, 52, 62, 91, 100, 251, 306, 339f, 347, 399, 403, 407, 489, 492f, 497, 520, 527, 533
Autoasphyxie 457
Autoerotismus 33, 263, 278, 305, 559f
Automonosexualismus 70, 321

Beate-Uhse-Versandhandel 106, 402f
Begehren, sexuelles 152f, 158, 282, 372, 525, 538f, 582, 593
Begutachtung 44, 193, 354, 362
  s. auch Forensik
Beratung s. Sexualberatung
Beschneidungen 33, 132f, 586
Bevölkerungspolitik 41, 99, 205, 334, 491, 580f, 636, 679
Bewegungen, soziale 18, 31, 82, 93, 103, 197ff, 201, 209ff, 223, 527
  s. auch Frauen-, Homosexuellen-, Schwulen- und Studentenbewegung
Bisexualität 110, 262, 304, 321, 456, 534, 561, 563, 617

Bisexuelle 30, 160, 394, 431, 439, 444, 457, 562, 642
Bund für Mutterschutz 82, 92, 111, 227, 255f, 259f, 262, 341ff, 350, 363, 563, 576, 579, 625, 638, 647, 655
s. auch Mutterschutz

Candaulismus 457
Coitus 76, 78, 136, 328
– interruptus 36, 235, 340
– reservatus 235, 612
s. auch Koitus
Curricula s. Sexualmedizin, Fort- und Weiterbildung

Degendering 43
Degeneration(slehre) 86, 178, 188, 201, 206ff, 236, 264, 267, 287ff, 293, 552f, 555
s. auch Regeneration
Dégénérescense 44, 181, 274, 553, 654
Delinquente nato 80, 135, 241
Delinquenz, sexuelle 41, 438, 479, 485, 595
Der Eigene 104, 108, 152, 559, 584
Detumeszenztrieb 208, 264, 277
Deutsche Gesellschaft für Sexualforschung (DGfS) 375, 415–429, 464, 469f, 580
Deutsche Gesellschaft für sozialwissenschaftliche Sexualforschung (DGSS) 426, 443ff
Deutsche Gesellschaft zur Bekämpfung der Geschlechtskrankheiten 59, 81, 247, 561
Deviationen, sexuelle 420f, 430f, 470, 479, 513, 515, 551
s. auch Perversionen, sexuelle
Dioning 54, 145, 154f, 157, 159f, 162, 165
Diskurs(analyse) 12, 21, 27, 31f, 37ff, 43, 48f, 53, 68f, 122, 136, 160, 183f, 276, 278ff, 293ff, 325, 373, 386f, 467, 474, 525
s. auch Sexualdiskurs
Drei Abhandlungen zur Sexualtheorie 42, 61, 116, 261ff, 266, 268, 274, 278, 294, 302, 562, 578
Dogging 457

Ehe 14, 16, 29, 67, 72, 100, 104, 114, 126, 134, 142, 163, 207, 242, 252f, 297f, 301, 316f, 320, 322, 325, 327ff, 330ff, 333f, 339ff, 346, 354ff, 360, 402, 453, 470, 497f, 500, 503, 507, 510, 547, 558, 562, 566f, 585f, 588, 592ff
Ejaculatio deficiens 126
Ejaculatio praecox 126, 361
Ejakulation 78, 131, 225
Ejakulationsstörungen 190, 648
Elektrotherapie 50, 177, 205, 234, 306, 346
Emanzipation 31f, 45, 65, 94, 225, 274, 342, 371, 374, 382, 407, 421, 448f, 461, 508, 538
– der Frauen 44f, 50, 81, 104, 297, 340, 408, 555, 576, 581f
– der Homosexuellen 12, 54, 81, 148, 154, 179, 271, 392, 440, 448, 554, 558, 567f, 576, 583
Emetophilie 457
Emma 440
Empfängnisverhütung 16f, 104, 126, 142, 361, 402, 499, 531, 580f
s. auch Kontrazeption, Zeugungsverhütung
Empirie 12, 41, 53, 58, 77ff, 121, 124, 247, 264, 339, 348, 393f, 397f, 406, 413, 421, 430ff, 438f, 444, 461f, 467, 479, 483, 485, 498–503, 528, 562, 575, 578
Endlust 281f
Entartung 44, 135, 180, 191, 236, 243, 288, 292f, 302, 326f, 342, 376f, 558

s. auch Degeneration
Entsublimierung, repressive 401, 403, 538
Eonismus 546
Ephebophile 160, 225, 385, 559
Erektion des Penis 131, 153, 190, 225, 265, 281
Erektionsstörungen 361, 467f
Eros 20, 46f, 145, 153, 225, 275, 284, 298, 481, 513, 550f, 586, 588
– paidagogos 395
– philosophischer 400f, 518
Essenzialismus 78, 157, 277, 280f, 421, 516, 529
Eugenik 19, 65f, 69ff, 79, 81, 91ff, 99, 101, 104, 201, 206ff, 236, 267, 306, 320f, 324ff, 333f, 337, 343, 371–387, 449, 510, 519f, 532, 556ff, 562f, 565ff, 580f
Euthanasie 325, 378, 648, 668
Exhibitionismus 263, 347, 354, 379, 481, 557, 644

Familie 29, 40f, 43, 45, 115, 134, 298, 327, 332ff, 354, 356, 362, 372, 404, 453, 493f, 497f, 500, 503, 507, 519, 581
Fantasie versus Verhalten 261–284
Fellation 235
Felching 457
Feminismus 48, 279, 408, 532–538, 579, 582
s. auch Frauenbewegung
Fetisch 28, 32, 74, 182, 184f, 191, 193, 347, 373
Fetischismus 38, 305, 325, 342, 513, 525f, 533, 551
Fetischisten 180, 193, 231, 511
Fisiologia del piacere 121, 125, 129, 136f, 140, 552
s. auch Piacere
Fisiologia della donna 122, 136f, 139f, 274, 558
Forensik 108, 421, 433, 438, 478–486
s. auch Delinquenz, sexuelle

Fortpflanzung 15, 17, 28ff, 39, 46, 48, 62, 70, 104, 114f, 126, 186, 188, 318, 325ff, 328, 332f, 342, 359, 372f, 401, 404, 421, 448, 470, 493, 534, 545, 547, 560, 580f
Fortpflanzungstrieb 264, 291, 328, 339, 551
Fragebogen in der Sexualforschung 269ff, 352f, 503, 629
Frauenbewegung 17, 66, 84, 260, 328, 340, 342, 408, 413, 442, 445, 447f, 450, 532–536, 545, 563, 581f, 589
s. auch Feminismus
Freikörperkultur 104, 356, 560, 582
Freudomarxismus 72f
Frigidität 31, 43, 274, 282, 305, 332

Geburtenkontrolle 81, 549, 565, 572, 580f
Geburtenregelung 16, 67, 77, 99ff, 223, 256, 306, 321, 356, 416, 510
Geburtenrückgang 94, 306, 321, 520, 564, 580f
Gender 48, 279, 456, 581f, 587, 589
s. auch Sex-and-Gender-Diskurs
Gender Blending 30, 43
Genesis 115
Genitalien 15, 20, 123, 137, 153, 186, 264f, 281f, 288, 519, 532
– Verstümmelung 33, 132, 291
Genuss 12, 122, 125f, 133, 136ff, 235, 238, 290, 552
Geschlecht s. Männlichkeit, Weiblichkeit
– drittes 157, 159, 218, 263, 292, 346, 387
Geschlechterdifferenz 49, 125ff, 534ff, 582
Geschlechterforschung 144ff, 532ff
Geschlechterverhältnis 49, 53, 136, 421, 438, 442, 589
Geschlechtsidentität 12, 43, 48
Geschlechtsidentitätsstörungen 43, 438, 469, 520, 537

s. auch Transsexualismus
Geschlechtskrankheiten 16, 58f, 72, 81, 94, 100, 104, 241, 247–253, 290, 314, 316, 325f, 339f, 349, 361, 374, 377, 494f, 510, 561, 573, 578
Geschlechtsliebe, individuelle 17, 533, 547
Geschlechtsrolle 48, 534
Geschlechtstrieb 30, 46, 58, 72, 166, 184ff, 188, 190, 213, 215, 237, 263ff, 274, 282, 291, 300f, 305, 377, 551, 555, 558, 561
s. auch Nisus, Sexualtrieb
Geschlechtswissenschaft 54, 156f, 162
Geschlechtsumwandlung 210, 341, 360
Geschlechtsunterschiede 13, 278, 301, 318f, 549
s. auch Geschlechterdifferenz
Geschlechtswechsel 321, 421, 674
Gesellschaft zur Förderung sozialwissenschaftlicher Sexualforschung (GFSS) 443f
Gewalt, sexuelle 30, 254, 340, 379, 421, 440, 442, 457, 484, 493, 533, 579, 585
s. auch Delinquenz, sexuelle; Missbrauch, sexueller
Gonorrhoe s. Geschlechtskrankheiten

Handbücher, sexuologische 116f
Hermaphrodit(ismus) 43, 49, 161, 346, 360, 544, 585, 595, 647, 663
Heteronormativität 399f, 535ff
Heterosexualität 29, 73, 75, 122, 146, 164, 264, 285–307, 421, 522, 554
Hirschfeld-Renaissance 210, 382ff, 448ff
Homosexualität 31, 42ff, 54, 58, 62, 64f, 70, 75, 78, 82, 108f, 115, 144–165, 179f, 188f, 200f, 208, 210–218, 223, 225ff, 241, 243f, 264f, 267, 271, 273f, 292f, 323f, 333, 343, 346ff, 351, 362, 376, 383ff, 392–400, 409–416, 423–426, 433, 438ff, 443, 448f, 493, 519, 521f, 554, 583ff, 589
– männliche 16, 81, 356, 372, 421, 431, 438, 444f, 503–508, 521
– weibliche 16, 278f, 372, 376, 384, 431, 439, 441, 457, 467
Homosexuelle 44f, 55, 205, 233, 235, 355, 361, 363, 374, 381, 420, 428f, 452f, 457, 511, 562, 568
s. auch Emanzipation der Homosexuellen, Homosexuellenbewegung, Schwulenbewegung
Homosexuellenbewegung 23, 54, 108, 148f, 152f, 201, 210, 214, 218, 413, 440f, 449, 507, 554, 583ff
s. auch Schwulenbewegung
Hormone 210, 216, 286, 321, 355, 361, 372, 383, 460, 467, 507, 519, 521, 524, 561
Hyperästhesie 190

Impotenz 43, 53, 104, 126, 132, 137, 236, 282f, 305, 336, 383, 463
Infantilismus 457, 649, 678
Institut für Sexualforschung, Kronberg i. Ts./Frankfurt am Main 118, 392f, 419, 425
Institut für Sexualforschung, Hamburg 431, 437f, 444, 462f, 478, 485f
Institut für Sexualwissenschaft, Berlin 93, 117, 208, 222, 232f, 345–364, 382, 448, 458, 566, 568
– Mitarbeiter 354–363
– Zerstörung durch die Nazis 365–370
– Augenzeugenbericht 366–370
Institut für Sexualwissenschaft, Frankfurt am Main 119, 431, 433ff, 438, 455, 463, 475f
Institute for Sex Research, Bloomington, USA 23, 78, 118, 575
International Academy of Sex Research 19, 119

Internationale Gesellschaft für Sexualforschung (INGESE) 57, 72, 93–98, 294, 565
Intersexualität 100, 133, 158, 321, 438
s. auch Hermaphroditismus, Zwitter
Intersexuelle 45, 108, 346ff, 457
Inversion 107, 293, 556ff
Inzest 29, 40, 283, 648, 663
Irrumation 235

Jahrbuch für sexuelle Zwischenstufen 64, 82, 104, 108f, 152, 214, 263, 348, 369, 450, 560, 574
Journal of Sex Research 19, 22, 456
Jugendsexualität 321, 415, 427, 431, 588f
Jungfräulichkeit 133f, 155

Kapitalismus 28, 75, 330, 447, 537, 628
– und Sexualität 17, 404, 444, 493, 532f
Kastration, chirurgische 67, 206, 216, 320, 325, 336, 372, 379, 383, 438, 481, 506, 561
Kindheit 33, 131, 281
Kinsey-Institut s. *Institute for Sex Research*
Kinsey-Reports 77f, 118, 375, 397ff, 403, 406, 430, 432, 575
Klassifikationen 157, 159f, 175, 193, 513
Klitoridektomie 33, 45, 132
Klitoris 45, 133, 374, 536
Koitus 36, 62, 76, 122, 131f, 136ff, 402, 432, 553
Kondom 339, 402, 453, 467, 551
Konstitutionsbiologie 64, 109, 315
Konstitutionsforschung 91ff, 98, 395f, 565
Konstruktivismus 157, 277, 280, 282, 421, 516, 529
Konträrsexuale 43, 45, 153, 191, 218

s. auch Sexualempfindung, konträre
Kontrazeption 72, 81, 98, 308f, 343, 402, 441, 467, 498, 560, 580f
Kontrektationstrieb 110, 208, 264, 277, 564
Krankheitsobjektiv 43ff, 52, 55, 60, 168, 185f, 325
s. auch Objektiv

Laboratoř pro sexuologii a studium fertility, Prag 117f
Laboratoř pro výzkum neplodnosti, Prag 117
Laktaphilie 457
Lean Sexuality 589
Lesbenbewegung 439, 441, 456, 584
s. auch Homosexuellenbewegung
Lesbische Liebe 159, 185, 212, 384, 431, 439, 467
s. auch Homosexualität, weibliche
Leviratsehe 36
Liberalisierung(sprozess), sexuelle(r) 16, 152, 293, 341, 343, 374, 409, 413, 421, 424, 440, 463, 483, 504
Libido (sexualis) 58, 185, 201, 208, 217, 264f, 268, 274f, 277f, 333, 481, 536, 559
Libidotheorie 50, 74, 271, 344
Liebe 11f, 16f, 21, 27, 29ff, 34, 42, 46, 48, 52ff, 67f, 75, 82, 111, 121–143, 144–165, 179, 185f, 189, 191, 193, 209, 218, 222, 239ff, 243, 258, 262, 264, 277, 281ff, 290ff, 297ff, 302, 305f, 332, 346, 348, 383, 395, 401, 412, 442, 445, 457, 484, 489, 492, 503f, 506f, 510, 512, 520f, 523, 528f, 532f, 538, 547, 553f, 555, 558f, 563f, 575f, 577f, 580, 583–587, 589
– Freie 16, 67, 104, 252, 254–260, 263, 403
– Phänomenologie 296ff
Lues s. Syphilis

Lust, sexuelle 16, 20, 29f, 32, 41f, 46, 49, 52f, 122, 137, 139, 188f, 277, 281ff, 284, 299, 332, 339, 372, 384, 430, 459ff, 397, 499, 514f, 518, 549, 580, 585, 589
Lustlosigkeit, sexuelle 43, 284
Lustmord 190, 483
Lustprinzip 42, 275, 281, 566

Magnus-Hirschfeld-Gesellschaft 103, 208, 211, 351, 355, 363, 367, 369, 382, 448ff, 451, 575, 579, 589
Männlichkeit 49, 158, 160, 189, 277, 304, 439, 510, 536
Masochismus 179f, 183, 237, 240, 282, 337, 347, 511, 557, 561
  s. Sadomasochismus
Masters-Johnson-Therapie 463, 668
  s. auch Paartherapie
Masturbation s. Onanie
  s. auch Anti-Masturbations-Kampagne
Menschentypisierungsobjektiv 43ff
  s. auch Objektiv
Menschenzüchtung 328, 511, 520, 560, 607
Menstruation 126, 132, 448
Missbrauch, sexueller 30, 43, 49, 421, 425, 427, 438, 442
Monogamie 86, 329–333, 343, 538
Moral s. Sexualmoral, Sexualethik
Moral Insanity 44
Mukophagie 457
Mundverkehr 78, 235f, 238
Mutterschutz 74, 84ff, 91f, 110ff, 201, 254ff, 274, 488, 510
  s. auch *Bund für Mutterschutz*

Nacktheit 127, 495
  s. auch Freikörperkultur
Nationalsozialismus 76, 254, 400, 428f, 439, 568, 584
– und Sexualwissenschaft 19, 115, 161, 218, 308, 324, 365–387, 391, 394, 397, 413, 491, 531, 578
Nekrophilie 107, 185, 240, 551
Neoabolitionismus 250ff
  s. auch Abolitionismus
Neoallianzen 536
Neogeschlechter 536
Neomalthusianismus 70, 81, 340, 560
Neosexualitäten 46, 438, 536, 589
  s. auch Revolution, neosexuelle
Nervosität 180, 244f, 331f, 564
  s. auch Neurasthenie
Neurasthenie 131, 166, 180, 183, 235f, 244, 274, 286, 305, 339, 555, 557
Neurose 50, 75, 131, 183, 186, 190, 235, 277, 284, 286, 340, 344, 472f, 490, 506, 509, 557, 559, 563
Nisus sexualis 11, 46, 166, 184ff, 263, 551
Nitribitt-Affäre 397
Nymphomanie 30, 132, 185, 586

Objektiv 27ff, 31f, 40, 43ff, 52ff, 59f, 68, 127f, 144, 161, 182, 275, 325, 526f
  s. auch Krankheitsobjektiv, Operationsobjektiv, Sexualitätsobjektiv, Wissensobjektiv
Objektophilie 30, 457, 538, 595
Ödipuskomplex 59, 261, 263f
Onanie 32–43, 70, 104, 107, 138f, 166–174, 185f, 188, 236, 288, 291, 324f, 432, 457, 547, 587
Onanisten 43, 45
Operationsobjektiv 515
  s. auch Objektiv
Orgasmus 45, 49, 52, 73ff, 78, 122, 136, 278, 321, 337, 432, 441, 509, 513, 553, 567, 582
– klitoridal 133, 374, 441
– vaginal 441
Osmolagnie 457
Österreichische Gesellschaft für Sexualforschung (ÖGS) 447

Outing 149, 214

Paartherapie 438, 467, 484
s. auch Sexualtherapie
Päderastie 70, 136, 138, 146, 185, 552, 583
Pädicatio s. Pedikation
Pädophile 160f, 381, 420f, 545, 556, 559
Pädosexuelle 161, 410, 545, 547, 551
Paraphilie 438, 513, 515
s. auch Perversion, sexuelle
Partialtriebe 208, 261, 264, 278
Patriarchalismus 30, 40, 44, 49, 66, 75, 241, 252, 278, 280, 282, 445, 532–538
Pedikation 146, 225
Penisprothesen(implantation) 210, 438, 467, 661
Perversion, sexuelle 12, 30, 42f, 45, 58, 60, 62f, 78, 107, 126, 130, 153, 205, 225, 231, 236ff, 264, 268, 274, 277f, 287ff, 293, 305, 323, 344, 372, 375, 384, 393, 404, 409–413, 415, 421, 438, 440, 454, 457, 472, 478–486, 513, 515, 528f, 557, 578
Phantasia morbosa 166, 185, 263
Pharmaka und Sexualität 69, 286, 288, 306, 407, 424, 455, 438, 460, 528
Piacere 11, 122, 274
s. auch Genuss
Pikazismus 237
Pioniere s. Sexualwissenschaft
Pollutionen 33, 35, 37, 126, 131f, 156, 190, 305, 546
Polyamory 457
Polygynie 328f, 333, 343
Pornografie 81, 94, 193, 285, 288, 370, 377, 439f, 512f, 538, 545, 586f
– eperimentelle Untersuchungen 431
Potenz, orgastische 76
Pro Familia 426, 464, 484
Prostitution 16, 49, 58f, 68f, 81, 94, 100, 113, 117, 134, 141, 234f, 247–153, 263, 274, 289f, 292, 294, 297–301, 306, 314, 376, 408, 415, 493ff,
Pseudonyme 570f
Psychoanalyse und Sexualwissenschaft 59ff, 72–76, 92, 109, 114ff, 118ff, 208ff, 229, 261–284, 286, 302, 332f, 343f, 348, 359, 363, 403, 413, 420, 468f, 476, 479, 483f, 490, 519, 528f
Psychochirurgie 45, 189, 383, 420, 438, 467, 672f
Psychotherapie 57f, 74, 98, 120, 201, 208f, 216, 306, 359, 469, 474, 483, 490f
Pubertät 126, 131, 156, 186, 188, 241, 261, 264f, 275f, 281f, 321, 431

Queer Nations 456ff
Queer-Theorie 78, 456ff, 536ff
Queer Thinking 535–538

Rassegna di Studi Sessuali (e di Eugenica) 115
Rassenbiologie 306, 318, 321, 327
Rassenhygiene 72, 84, 86, 93, 113, 115, 253, 311, 318, 320, 326f, 329, 334, 350, 428
Regeneration 206, 236, 610
s. auch Degeneration
Repressionshypothese 32
Reproduktion s. Fortpflanzung
Revolution
– neosexuelle 536, 589
– sexuelle 17, 31, 73, 152, 262, 274, 391, 401, 442
rororo sexologie 394

Sadismus 179, 237, 240, 282, 292, 337, 467, 480, 557, 561
Sadomasochismus 292, 595
Sakrofrikose 457
Salvarsan 247, 251, 262, 316, 564

Scham(losigkeit) 54, 62, 106, 125 ff, 138, 153 f, 186, 236, 238, 273, 298, 330, 561
Schwangerschaft 342, 441, 448, 580
– ungewollte 349, 498
Schwangerschaftsabbruch s. Abtreibung
Schwule 11, 43, 152, 163 f, 444, 506 f, 577
Schwulenbewegung 149, 153, 408 f, 440 f, 444, 448, 457, 485, 583 f, 589
s. auch Homosexuellenbewegung
Selbstbefriedigung s. Onanie
Selfsex 31, 46, 188
Sex-and-Gender-Diskurs 27, 48, 534 f
Sexfront 403, 405, 440
Sexpol 74, 375, 407, 489
Sexualaufklärung s. Aufklärung, sexuelle
Sexualberatung 74, 354, 356, 464, 470, 473, 478, 489, 498, 580, 601
Sexualchirurgie 15, 132 f, 306, 346, 354, 359, 363, 420, 467, 510, 561, 654,
s. auch Kastration, Psychochirurgie
Sexualdelinquenz s. Delinquenz, sexuelle; Forensik
Sexualdiskurs 11, 51, 175, 275, 295, 374, 528 ff
Sexualempfindung, konträre 42, 58, 111, 146, 178 ff, 190, 215, 217 f, 265, 548, 552, 555, 557 ff
s. auch Konträrsexuale
Sexualethik 67, 70 f, 260, 443, 519
s. auch Sexualmoral
Sexualethnologie 16, 52 f, 80, 101, 108, 121, 129 ff, 264, 287 f, 301 f, 306, 321, 354, 360, 563
Sexualerziehung 81, 100, 403, 440, 492, 585
s. auch Sexualpädagogik
Sexualforensik s. Forensik
Sexualform 11, 17, 30 ff, 41 ff, 46, 62, 76, 153, 164, 210, 294 f, 384, 510, 536

Sexualhormone s. Hormone
Sexualinstinkte 394 f
Sexualität
– Geschichte 21, 36, 585–589
– infantile s. Sexualität, kindliche
– kindliche 33, 58, 112, 131, 201, 261, 266, 274, 281, 305, 372, 492, 519
– männliche 12, 374, 413, 415, 421, 431, 533, 536, 549
– weibliche 12, 45, 53, 55, 122, 136, 138, 278 ff, 374, 413, 431, 441, 448, 503, 534, 536, 549, 581 f, 586
– Wortgeschichte 46–51
s. auch Sexualform, Sexualtrieb, Sexualverhalten
Sexualität konkret 442 f
Sexualitätsobjektiv 28 ff, 43, 52, 166, 275
Sexualkriminalität s. Delinquenz, sexuelle; Forensik; Gewalt, sexuelle
Sexualkunde-Atlas 403
Sexualmedizin 69, 106, 117, 120, 237, 293, 431, 433, 435 f, 438 f, 459–477, 579
s. auch Sexualtherapie
Sexualmoral 72 f, 76, 78, 86, 99, 101, 112, 329 ff, 332, 401, 403, 504, 518, 564, 567, 588
s. auch Sexualethik
Sexualökonomie 74, 80, 100, 489, 568, 660
Sexualpädagogik 113, 223, 321, 354, 393, 421, 425, 488 f, 493 f, 497, 587
s. auch Sexualerziehung
Sexualphysiologie 71, 80, 131, 281, 461, 521, 553
Sexualpolitik 112 f, 274, 378, 407, 421, 442, 522, 568, 604, 608, 621, 660
Sexual-Probleme 91, 110 ff, 250, 262, 268, 308, 320, 327 f, 331, 342, 344, 564
Sexualreformbewegung 82 ff, 92 f, 200, 274, 347 ff, 576, 578, 614

s. auch *Weltliga für Sexualreform*
Sexualstrafrecht 16, 81, 100, 223, 350, 356, 393, 404, 409, 413, 421, 423f, 426, 449, 463, 510, 669
Sexualstraftäter 43, 421, 478, 485, 538, 595
　s. auch Delinquenz, sexuelle; Forensik
Sexualtherapie 120, 132, 417, 444, 466, 468, 471, 473
　s. auch Paartherapie
Sexualtrieb 14, 27, 46f, 55, 58ff, 71, 190, 215, 266, 275, 277, 281, 283, 291, 293, 321, 384, 395, 400f, 420, 513ff, 518, 523, 526, 529, 585f, 588
　s. auch Detumeszenztrieb, Fortpflanzungstrieb, Geschlechtstrieb, Kontrektationstrieb, Nisus, Partialtriebe
Sexualverhalten 43, 78, 118, 430ff, 444, 498ff, 502f, 522, 530
Sexualwissenschaft
– affirmative 18f, 21, 275, 309, 414, 527ff, 531, 536, 538
– Anfänge 11–18, 552–557
– Chronologie der Ereignisse 543–569
– in der DDR 487–509
– empirische s. Empirie, Sexualverhalten
– fortschrittliche 18, 21, 527ff
– Gesamtdarstellungen 116f
– historische Voraussetzungen 27–46
– als »jüdische Wissenschaft« 373ff
– kritische 18f, 21, 309, 510–539
– Organisationen, erste 81–103
– Periodika, erste 103–116
– Pioniere 52–80
– als soziale Bewegung 197–233
– universitäre Einrichtungen 117–120
– als reine Wissenschaft 197–233, 299f
– Wortgeschichte

s. auch Eugenik, Psychoanalyse, Nationalsozialismus
Sexuell übertragbare Krankheiten
　s. Geschlechtskrankheiten
Sexuelle Befreiung s. Emanzipation
Sexuelle Frage 13, 16f, 79, 91, 116, 122, 262, 300f, 342, 377f, 498, 510, 528f, 532, 562
Sexuologický ústav, Prag 117f
Sexus potior 31, 535f
– sequior 171, 280, 535
Sexwelle 391, 403, 496
Sitophilie 457
Sittengeschichte 80, 104, 348, 560, 564, 585
Sodomie 44, 146, 185, 551
Soulaschieren 38, 41
Sozialhygiene 66, 70, 253, 314, 498, 643
Spermatorrhoe 190
Sterilisation 321, 383, 385, 563
　s. auch Zwangssterilisation
Studentenbewegung 65, 73f, 403ff, 422, 448, 593
Syphilis s. Geschlechtskrankheiten

Thanatos 275, 481, 513
Tötungen, sexuell motivierte 479
Transgender 457, 537
Transsexualismus 421, 425, 438, 445, 521, 537, 555, 578, 587
Transsexualität s. Transsexualismus
Transsexuelle 30, 43, 45, 108, 160, 347, 467, 475, 579
Transvestiten 43, 108, 346ff, 354f, 362, 564
Transvestitismus 161, 306, 342, 578
Trichophilie 457
Tripper s. Geschlechtskrankheiten
Trisexualität 321, 664

Uranier 145, 161, 225
Uranierin 145
Uranität 161ff, 584

Uranos 145, 152
Uranus 149 ff
Urnin 145, 157
Urning 45, 54f, 81, 144f, 149, 156–163, 179, 189, 191, 218, 243f, 554, 558
Urningin 145, 158f
Ústav pro sexuální patologii, Prag 117, 568

Venerie 81, 247, 252, 263, 274, 290, 494, 510
 s. auch Geschlechtskrankheiten
Venus Urania 11, 145, 153, 263, 549
Venus vulgivaga 11, 145
Verhalten versus Fantasie 261–284
Verjüngung 104, 221, 321, 360
Vita sexualis 71, 104ff, 662
Vorlust 281

Weiblichkeit 49, 61, 158, 160f, 189, 234–246, 277, 279ff, 304, 373, 510, 536, 581f
Weiterbildung, sexualtherapeutische 421, 469, 474f, 477
Weltliga für Sexualreform (WLSR) 63, 65, 93, 98–103, 210, 223, 230, 255, 348, 350, 356, 359, 363, 367, 369, 371, 376, 429, 566f
Wissenschaftlich-humanitäres Komitee (WhK) 64, 81f, 108f, 148, 161, 179, 210, 212, 214, 241, 271, 342, 347f, 350, 354f, 360ff, 384, 392, 559
Wissensobjektiv 43, 54, 144, 161, 188

 s. auch Objektiv
Wohllust 11, 35, 39ff, 46, 122, 282, 515
Wollust 11, 29, 31f, 38ff, 53f, 121ff, 126ff, 132, 136ff, 148, 190, 238, 264f, 282, 515, 587

Zeitschrift für Sexualforschung (1950) 393, 396, 419
Zeitschrift für Sexualforschung (seit 1988) 21, 254, 307, 310, 371, 438, 454ff, 485
Zeitschrift für Sexualwissenschaft (1908) 64, 66, 71, 110f, 262, 563
Zeitschrift für Sexualwissenschaft (und Sexualpolitik) (1914–1932) 57, 69, 72, 93, 98, 110, 112ff, 240, 268, 295, 307f, 310, 320, 371, 518, 565, 568, 579
Zeitschriften, sexuologische 103–116, 456
Zeugungsverhütung 17, 126
 s. auch Empfängnisverhütung, Kontrazeption
Zipper Sex 457
Zonen, erogene 264, 275, 278, 281
Züchtung s. Menschenzüchtung
Zwangssterilisation 209, 350, 429
Zwischenstufen, sexuelle und geschlechtliche 55, 81, 159, 210, 214f, 346, 382ff, 395
Zwitter(tum) 30, 43, 157–163, 215, 297, 304
 s. auch Hermaphroditismus, Intersexualität, Intersexuelle